Treasures for Scholars Worldwide

中山大学图书馆学丛书　第七种
Sun Yat-sen University Library Science Series, No.7

2016年
中文古籍整理与版本目录学国际学术研讨会论文集

The Proceedings of the International Symposium on Descriptive Bibliography and Scholarly Editing of Chinese Ancient Books in 2016

程焕文　沈津　王蕾　张琦　主编

上

GUANGXI NORMAL UNIVERSITY PRESS
广西师范大学出版社
·桂林·

图书在版编目（CIP）数据

2016年中文古籍整理与版本目录学国际学术研讨会论文集 / 程焕文等主编．—桂林：广西师范大学出版社，2018.6
（中山大学图书馆学丛书．第七种）
ISBN 978-7-5598-0683-3

Ⅰ．①2… Ⅱ．①程… Ⅲ．①古籍整理—国际学术会议—文集②版本目录学—国际学术会议—文集
Ⅳ．①G256-53

中国版本图书馆CIP数据核字（2018）第032576号

广西师范大学出版社出版发行
（广西桂林市五里店路9号　邮政编码：541004
网址：http://www.bbtpress.com）
出版人：张艺兵
全国新华书店经销
湖南省众鑫印务有限公司印刷
（长沙县榔梨镇保家村　邮政编码：410000）
开本：787 mm × 1 092 mm　1/16
印张：58　　字数：863千字
2018年6月第1版　2018年6月第1次印刷
定价：388.00元（全2册）

“中山大学图书馆学”丛书
总　　序

大学图书馆的使命是为教学和科研服务。在美国，大学图书馆通常称为“Academic Library”(也可译作高校图书馆)，“Academic”在词义上含有“教育”与“研究”的双重意义，所以，“Academic Library”本身就具有宣明大学图书馆使命的意义。尽管如此，如同大学有三六九等一样，大学图书馆也有层次高低之分，普通大学的图书馆侧重为教学服务，而研究型大学(Research University)的图书馆则侧重为科研服务，因为研究型大学往往以培养研究生为主，为教学服务实质上也就是为科研服务。通常，研究型大学的图书馆也是研究图书馆(Research Library)，但是研究图书馆不单是研究型大学的图书馆，也包括负有为科研服务使命的其他类型图书馆。例如，美国的研究图书馆协会(Association of Research Libraries，ARL)拥有126个北美研究图书馆成员馆，除了119个研究型大学的图书馆以外，还包括美国国会图书馆、国家医学图书馆、国家农业图书馆、纽约公共图书馆、波士顿公共图书馆等7个研究型的图书馆。

研究图书馆在为教学和科研服务的同时，还必须履行学术研究的职责，因为没有图书馆学术研究的支持，研究图书馆不仅自身难以发展，而且也难以满足教学和科研的需求。因此，大凡研究图书馆都比较重视图书馆学术研究，并因此推动图书馆的发展和科学研究的发展。

美国国家医学图书馆（National Library of Medicine，NLM）于1964年建立全美医学文献网络，研发了生物医学数据库（MEDLINE）等数据库，其检索语言与检索技术的研发，不仅极大地提高了全球生物医学期刊文献的利用率，有力地促进了生物医学的科学研究，而且引发了一场传统检索方法的革命，并因此极大地提高了全球研究图书馆为科学研究服务的效率。

1967年在俄亥俄大学图书馆创设的俄亥俄州大学图书馆中心（Ohio College Library Center，OCLC），建成世界上第一个联机编目图书馆系统，1977年发展成为全美图书馆联机编目中心（Online Computer Library Catalog，Inc.，OCLC），1981年进一步成为世界最大的国际性图书馆网络——联机计算机图书馆中心（Online Computer Library Center，Inc.，OCLC），研究开发了一系列的信息资源管理技术、方法和产品，目前面向全球100多个国家和地区的数万个图书馆提供服务，极大地促进了全球知识共享和科学研究的发展。

美国国会图书馆于1972年成功研发了标志全球图书馆进入自动化时代的机器可读目录（Machine Readable Catalog，MARC），不仅极大地提高了文献的利用率，而且极大地促进了全球信息资源共享。同样，20世纪90年代美国国会图书馆的数字图书馆研发项目也引领了全球数字图书馆建设和发展的潮流，把研究图书馆为教学和科研服务带入了一个新的数字化网络化时代。

进入21世纪以后，e-Science，e-Research，e-Learning的出现改变了学术交流的环境，美国麻省理工学院（MIT）图书馆与美国惠普公司实验室（Hewlett-Packard Labs）联合研发的机构知识库（Institutional Repository，IR）数字空间系统（Dspace），以及其他研究图书馆研发的机构知识库，为研究型大学提供了永久保存知识资源和知识共享的平台。

我国的研究图书馆在图书馆学术研究上远不及美国的研究图书馆，其关键不在研究人才的匮乏，而在于研究人才缺乏必要的组织和团队合作，大多一盘散沙、各自为战，难以做大做强。可喜的是，近10余年来这种状况颇有改观，呈现出一派新气象。

上海图书馆于1995年与上海科技情报研究所合并，将科学研究与图书馆服务融为一体，在图书馆学术研究和为科学研究服务上开创了一条新的路径，取得了十分丰硕的研究成果。

中国国家图书馆自2003年以后开始重视有组织的图书馆学术研究，成立了国家图书馆研究院，相继设立国家图书馆重大科研项目、国际访问学者项目，与南京大学联合培养图书馆学专业博士研究生，2008年设立博士后工作站，2010年与武汉大学签订战略合作协议，在高层次人才培养、高端培训、全国图书馆事业发展理论与应用研究、图书馆与信息领域重要工程和重大项目的建设等方面开展全方位合作。

深圳图书馆的馆藏资源尚未达到研究图书馆的规模，但是在图书馆学术研究上则处在领先水平，从深圳图书馆自动化集成系统（ILAS），到图书馆之城建设和城市街区24小时图书馆的研发应用，一直走在全国公共图书馆的前列。2009年成立了我国第一个公共图书馆研究院，以“前沿、创新、分享”为研究方针，广泛延聘海内外图书馆学专家，开展公共图书馆研究，促进公共图书馆事业的发展。

北京大学图书馆一直比较重视图书馆学术研究，又得天时地利之便，设有中国高等教育文献保障系统（CALIS）管理中心、中国高校人文社会科学文献中心（CASHL）管理中心和《大学图书馆学报》编辑部，1999年还成立了北京大学数字图书馆研究所，图书馆学术研究十分活跃，成果颇丰，为高校图书馆事业的发展做出了积极的贡献。

中山大学图书馆具有优良的图书馆学术研究传统，2002年成立了中山大学图书馆学与资讯科学研究所，加上原有的中山大学医学情报研究所（1989年成立，原属中山医科大学，2001年两校合并后并入中山大学图书馆），拥有比较健全的图书馆学术研究机构。

中山大学图书馆学与资讯科学研究所成立以后，开展了一系列的图书馆学与资讯科学研究，取得了不少重要的研究成果。为集中反映中山大学图书馆、中山大学图书馆学与资讯科学研究所的研究成果，从2004年起，中山大学图书馆开始编辑出版两套丛书。一套丛书是专门反映馆藏文献书目编撰成果的“中山大学图书馆书目”丛刊，已出版（第一种）中山大学图书馆编《中山大学图书馆古籍善本书目》（桂林：广西师范大学出版社，2004年），其他书目亦在编撰之中。另一套丛书是反映多学科研究成果的“中山大学图书馆学术”丛书，迄今已经出版7种：（第一种）戴镏龄著《外国图书馆学术研究——戴镏龄文集续编》（广州：广东人民出版社，2004年）；（第二种）程焕文、张靖、周旖辑注《邹鲁未刊稿》（桂林：广西师范大学出版社，2008年）；（第三种）冯双编著《邹鲁年谱》（上、下册）（广州：中山大学出版社，2010年）；（第四种）冼玉清编著，陈莉、谢光辉整理《广东印谱考》（北京：文物出版社，2010年）；（第五种）林明、谢光辉整理《黄士陵印存》（上、中、下册，线装）（北京：文物出版社，2010年）；（第六种）邹永著《浮生点滴——邹永回忆录》（广州：中山大学出版社，2008年）；（第七种）谭祥金、赵燕群著《谭祥金赵燕群文集》（上、下册）（广州：中山大学出版社，2010年）。

2010年秋，中山大学图书馆特聘专家沈津先生建议编撰一套专门反映中山大学图书馆图书馆学专业研究成果的学术丛书，与现有的“中山大学图书馆书目”丛刊和“中山大学图书馆学术”丛书共同构成一个完整的学术研究成果体系。笔者深表赞同，乃将第三套学术丛书命名为“中山大学图书馆学”丛书，专门收录图书馆学研究成果，并将“中山大学图书馆学术”丛书的收录范围从原来收录包括图书馆学在内的多学科研究成果，调整为只收录图书馆学以外其他学科的研究成果。于是，“中山大学图书馆书目”丛刊、“中山大学图书馆学术”丛书与“中山大学图书馆学”丛书，三者既相互区别，又彼此关联，共同构成了全面反映中山大学图书馆学术研究成果的体系。

“合抱之木，生于毫末；九层之台，起于累土。”“不积跬步，无以至千里；不积小流，无以成江海。”只要中山大学图书馆能够始终坚持不懈地努力，并致力于上述三套丛书的编撰，假以时日，中山大学图书馆必将成为中国图书馆界的学术重镇。

广西师范大学出版社高度重视“中山大学图书馆学”丛书的编辑出版工作，以统一格式、统一开本，统一色彩、统一封面，精装出版这套学术丛书。这既体现了广西师范大学出版社与中山大学图书馆的深情厚谊，也体现了广西师范大学出版社的高雅学术品位。在此，谨向广西师范大学出版社及本套丛书的编辑团队表示由衷的感谢！

程焕文

2012年2月4日

于中山大学康乐园竹帛斋

中文古籍整理与版本目录学国际学术研讨会开幕式致辞

尊敬的各位嘉宾、各位专家、各位代表：

上午好！

首先我谨代表中山大学向来参加由中山大学图书馆主办的“中文古籍整理与版本目录学国际学术研讨会”的海内外的专家、学者表示诚挚的欢迎和衷心的感谢！这是中山大学图书馆自2012年、2014年之后第三次组织主办的中文古籍研究领域的又一次重要学术会议，也是中山大学建校92周年校庆系列学术活动之一。

中山大学成立于1924年，由孙中山先生亲手创办。在92年的发展历史中，学校始终秉承“博学、审问、慎思、明辨、笃行”的校训，秉承孙中山先生以“教育为神圣事业，人才为立国大本”之精神，致力于人才培养、科学研究、文化传承与社会服务的四大使命。92年来，中山大学在几代中大人的共同努力下，从20世纪20年代的广州市文明路校本部，到20世纪30年代的石牌新校，从20世纪50年代的康乐园校园，到新世纪的广州南校区、北校区、东校区和珠海校区，一步一个脚印，逐步发展成为中国南方地区学术与文化的重镇和国内一流、国际知名的大学，并在向世界一流大学和全球学术重镇不断迈进。

在这个过程中，中山大学图书馆一直是学校学术、教育与人才培养发展的坚实后盾，是中山大学学术文化传承的重要基地。中山大学图书馆自创办之初就确立了“为中国南方最大之一刊物保存所”的宏伟目标。90多年来，几代中大学人和图书馆人一直在为此目标奋斗。今天，中山大学图书馆已拥有藏书600多万册，其中古籍40多万册，位于全国高校图书馆的前列。近年来又着力加强民间历史文献的收集和整理，在徽州文书、水书等民间文献收藏方面取得了卓越的成绩。图书馆馆舍面积近12万平方米，在全国高校遥遥领先。未来三年还将在中山大学深圳校区、珠海校区再建立两座新图书馆，进一步提高学术服务水平。

中山大学图书馆历来重视古籍与特藏文献资源的建设与发展，是国务院批准的第一批全国古籍重点保护单位。自2000年以来，图书馆全面积极地开展古籍整理与研究工作，开展了一系列的古籍整理与出版，以及版本目录研究项目。《广州大典》《清代稿钞本》《域外汉籍珍本文库》等大型古籍整理与出版项目的开展，扩大了中大图书馆的学术影响力。与此同时，图书馆还集中力量加强古籍整理、版本鉴定、目录学人才培养，聘请了多位海内外古籍整理与研究专家前来指导，取得了极大的成绩。

本次国际学术会议的召开，对提升中山大学文献学、古籍整理与版本目录学的发展具有重要的促进作用，对促进中山大学与海内外文献学、古籍整理学界进一步加强广泛的联系与交流具有重要的意义。衷心地希望各位专家、代表在未来的发展中对中山大学图书馆能够给予关心与关注。

祝本次国际学术研讨会圆满成功！

谢谢！

中山大学　颜光美

2016年11月8日

目　录

主旨报告

古籍整理工作和国外所藏汉籍——在中山大学“中文古籍整理与版本目录学国际学术研讨会”上的主旨演讲 …… 安平秋　1

会议论文

美国华盛顿大学东亚图书馆中文古文献的收藏与整理 …… 姚伯岳　沈志佳　9
加拿大不列颠哥伦比亚大学亚洲图书馆中文古籍与特藏 …… 武亚民　刘　静　43
湖北省图书馆鄂籍家谱文献资源建设之尝试 …… 范志毅　59
书藏濠镜　翰墨飘香——何东藏书楼古籍珍藏与数码化 …… 黄洁碧　陈志亮　69
GIS在历史研究中的应用进展与思考

…………………………………… 胡　迪　胡昊宇　贺　力　78
云南大理国写经的发现、整理及研究 …………………… 王水乔　88
东亚活字印刷术在世界史上的价值 …………………… 徐忆农　105
晚明士人的商业出版活动 ……………………………… 何朝晖　123
世皆贵金不贵书,书价谁知倍不足——说清代的书价
…………………………………………………………… 沈　津　142
古纸与开化纸初探 ……………………………………… 骆　伟　166
慕学勋及“慕氏藏书”初探 ……………………………… 李国庆　174
山东益都李文藻广东刻书述略及其意义探析 ………… 唐桂艳　198
右文斋藏山东文献述略 ………………………………… 刘洪金　220
姚觐元藏书、刻书活动考略 …………………………… 王江东　228
试论《旧雨楼藏汉石经》之文献意义 ………………… 赵飞鹏　236
汉熹平石经残字伪宋拓两种简介 ……………………… 柳向春　247
《李一氓旧藏花间集汇刊》序 ………………………… 王嘉陵　255
《天禄琳琅知见书录》序 ……………………………… 严佐之　261
中国印谱版框的功能与美学 …………………………… 刘浩敏　265
张灏《承清馆印谱》的版本流变及载印考论 ………… 杜志强　289
海珠遗珍——《古雪楼印存》与清末广州河南地区的
文人艺事 ………………………………………………… 陈文妍　303
近代《太平广记》校勘整理之专著述评 ……………… 王国良　318
日本宫内厅书陵部藏本《百川学海》的版本价值 …… 久保辉幸　348
《文献家通考》举正 …………………………………… 陈鸿森　358
吴大澂与吴云交游考略 ………………………………… 李　军　411
华燧会通馆活字印本丛考 ……………………………… 刘向东　431
出资借版,质量保证——再谈晚清书肆“督造书籍印”
及其功用 ………………………………………………… 郭明芳　465
晚清广州社会阅读演变探析——以《广州大典》所收蒙

学图书为视角 …………………………………… 唐　艳　478
浅析清代社会通俗小说发展的三个阶段及其特点
…………………………………… 赵俊杰　赵　辰　487
书志写作的传统、现在和未来——兼论《书志》集刊的创立
…………………………………… 张　波　495
赵万里与《续修四库全书总目提要》述略 ……………… 付　佳　504
守望传统文化的精彩接力——《安徽省图书馆馆藏章伯钧
书志》评介 …………………………………… 舒和新　515
南京大学图书馆藏古籍善本书志七种 ……………… 李轶伦　520
吉林大学图书馆善本书志四则 ……………………… 王丽华　538
浙江图书馆藏《嘉兴藏》残本叙录 ………………… 吕　芳　552
浙江图书馆藏王修题跋考 …………………………… 曹海花　571
广东特殊版式之诗文集叙录四种——兼谈顺德梁氏家族
…………………………………… 肖　卓　588
黄景仁《两当轩集》版本述略 ………………… 邓骏捷　许隽超　597
莫伯骥《叶氏藏书纪事诗补续》佚文及其文献价值 …… 许艳青　615
关于随庵藏书目之整理问题 …………………… 李弘毅　张晓熹　626
《广州大典》僧人诗文集二种述论 ………………… 李福标　635
金陵大学图书馆农业图书研究部抄本方志初探 ……… 周　艳　650
《嵇康集》佚名题跋姓氏考辨 ……………………… 沈燮元　659
论明万历北监本《尚书注疏》 ……………………… 杜泽逊　665
《洞天玄记》袭自《太平仙记》考 …………………… 黄仕忠　683
山东省图书馆藏宋赣州本《文选》递藏考 ………… 李勇慧　697
明刻《盛唐四大家集》小记 ………………………… 王　德　707
《玉篇》流传及两种版本小考 ………………… 胡建强　许　欢　715
略论《古今图书集成》的描润本与石印本 …………… 冯立昇　726
《四部丛刊》本《贞观政要》之底本非明成化内府刻本

…………………………………………………… 董运来 737
《燕京岁时记》编著出版考 ………………… 赵长海 刘 洋 743
《杜阳杂编》中华书局排印本底本小识 ………… 刘 瑛 757
明孤本财政册籍《山东经会录》补考 …………… 申 斌 764
嘉业堂影刻《三国志》所据底本考辨 …………… 刘奉文 781
关于阮氏提要及“二礼编目”话题 ……………… 李国庆 788
陶子麟刻《张氏宗谱》 ………………………… 励双杰 809
浙江图书馆藏《图书府》初探 ………………… 秦华英 818
《元城先生语录》朱印本初探 ………………… 吕文瑞 828
孔平仲《续世说》考述 ………………… 郭向东 李 辉 835
清初刻本《吟红集》初印、后印本比较研究………… 唐新梅 844
南开馆藏稿抄本作者信息考辨四则 …………… 惠清楼 856
四川大学图书馆藏《守中正斋丛书》考辨 ……… 宋桂梅 864
厦门大学图书馆藏四部未刊古籍题跋辑录 ……… 王志双 872
王大隆手辑严元照《悔庵书跋》 ……………… 眭 骏 884
沈兆奎致文禄堂、德友堂信札辑注 …………… 康冬梅 程仁桃 892

中山大学2016年“中文古籍整理与版本目录学国际
学术研讨会”后记…………………………………… 沈 津 901

古籍整理工作和国外所藏汉籍

——在中山大学“中文古籍整理与版本目录学国际学术研讨会”上的主旨演讲

安平秋

（北京大学）

谢谢程焕文先生的邀请，谢谢沈津先生的安排。来参会之前，沈津先生吩咐我讲两个问题，一是古籍整理，一是国外所藏汉籍。今天，我讲的题目是把两个问题连在一起，即古籍整理工作和国外所藏汉籍。第一个问题讲当前古籍工作的构成和人才培养，重点是人才培养；第二是对国外所藏汉籍认识上的两个问题。

第一个问题，当前古籍工作的构成和人才培养。在我国，古籍工作由三个部分构成：一是古籍的收藏与保护，二是古籍的整理与研究，三是古籍的出版与规划。

古籍的收藏与保护，以图书馆为主。近年成立了两个领导和协调机构，一是2007年成立的国家古籍保护中心，一是2015年成立的中国古籍保护协会。这两个机构建立之前，在国家图书馆的协调之下，在文化部和各省市相关部门的领导之下，全国图书馆的古籍收藏和保护工作已经进行多年，做出许多成绩。国家古籍保护中心和中国古籍保护协会建立之后，就做得更有声有色。图书馆隶属国家文化部，这些年，在古籍的收藏和保护方面，图书馆对国内的古籍做了全国性普查工作，并且公布了五批珍贵古籍名录，举办了一些培训班，建立了国家古籍保护人才培训基地。复旦大学还专门成立古籍保护研究院。国家图书馆还和复旦大学、中山大学合作,进行相关研究项目。在古籍的保护和收藏工作方面,做得风生水起。

古籍的整理与研究,以高校为主。1983 年,教育部建立了全国高等院校古籍整理研究工作委员会。之后,全国各个大学相继建立了研究所、研究室。另外设立五家培养古典文献学本科生的专业,培养出相当一部分研究生,当然也有文史哲其他专业培养的本科生去读古典文献或相关学科的硕士、博士。这五家专业是北京大学中文系古典文献学专业;浙江大学中文系古典文献学专业;南京师范大学古典文献学专业,现在改名叫古文献学系;上海师范大学古典文献学专业,多年前已经扩展成系;再有就是陕西师范大学的古典文献学专业。这五个专业每年培养的本科生一百五六十人。同时全国有 82 家古籍整理研究所或古文献研究所,像中山大学的古文献研究所,是王季思先生首创发起的。在高校系统,这些研究所和古典文献学专业重点培养硕士生、博士生。高校隶属教育部,图书馆隶属文化部,彼此互相呼应。这些年高校系统培养了相当一批人才,无论是本科生,还是硕士生、博士生,其中有些今天已成为相当知名的学者。同时也产生几千项科研成果,其中有一些是有分量的。

古籍的出版与规划,以出版系统、出版社为主,目前,是由国家古籍整理出版规划领导小组主持。它的前身是 1956 年成立的国务院古籍整理出版规划小组,在"文化大革命"时曾停顿一段,1981 年恢复工作,1993 年被撤销,改名叫国家古籍整理出版规划小组,隶属于当时的新闻出版总署,1999 年又加"领导"二字,即国家古籍整理出版规划领导小组,领导全国古籍整理工作,特别是古籍整理出版工作。这个机构现在隶属国家新闻出版广电总局,主要负责出版。前两个部分即古籍的收藏保护、古籍的整理研究成果,是要由古籍的出版规划来体现,由出版社出版。(现在全国有二十几家古籍专业出版社,还有非专业出版社出版古籍整理和研究的书。)因为它的前身是国务院古籍整理出版规划小组,从 1956 年开始做规划,多年延续下来,起到一个指挥棒的作用。他们既做前期规划,起到指导作用,又为出版社出版大家整理研究的成果,起一个导向和集大成的作用。所以这一部分很关键,很重要。同时,由于实际工作的需要,国家古籍整理出版规划领导小组,这些年办了不少培训班,培训在职的编辑,不止是专业古籍出版社,非专业古籍出版社的编辑也参加。这个班已经办了多年，原来办的有中级班、高级班，今年是统起来办一个班。今天参会在座的有几位先生都在培训班上讲过课，如严佐之先生、杜泽逊先生。这些年这个机构在国家新闻出版广电总局领导下做得也是有声有色。

这些年，特别是2007年国家古籍保护中心成立后的最近十年时间，这三个系统工作互相呼应，互相协作，形成我国一个完整的关于古籍整理的工作体系。

论及上述三个部分，是为讨论人才培养做铺垫。三个部分都涉及人才培养，都需要古籍整理研究的人才。例如古籍的收藏与保护，需要目录学、版本学的功力。在这个领域工作，首先要有目录方面的基本功、基础知识，能够实战，在实践中能够做出至少符合标准的成果。版本学也是这样，古籍版本鉴定，看上去很简单，实际学问很大，包括版本的纸张、刻工情况和印章。前不久我在耶鲁大学看到一部古籍上的印章，无法识别，连夜请教我的一位书法界朋友。这次国际会议也有很多此类论文，指出国家几批书目在判断书中印章上的错误，这也是个基本功。一个印章的辨别都容易出现错误，可见版本鉴定之难，而且还有古籍修复技能，甚至包括纸张的鉴别等等。古籍的收藏与保护需要培养这方面的人才，培养这方面的基本功。古籍的整理与研究也是这样，它首先需要阅读古籍的能力，需要标点断句的能力，需要校勘和写校勘记的能力，在这个基础上进一步研究古籍内容和古籍作品的能力。古籍的出版规划系统近年举办了各类培训班，就是因为专业出版社和非专业出版社要出版古籍整理和研究的书，编辑的水平、能力需要提高。做为一个合格的古籍整理编辑，相当不容易，需要多年努力。比如古籍的选题、审稿，甚至包括校对方面，都要求有过硬的专业功底。

这三个部分的人才都需要进一步的提高、培养，但是这三部分对人才培养的要求有共性也有差异，侧重点不同。这里很重要的要求是要在原来学习基础上的实践。所以我有一个建议，就是上文提到大学有五家培养古籍整理、古文献学本科生的院系，每年有毕业生一百五六十人，在现在古典文献本科生的基础上，向古籍的收藏保护系统，古籍的出版规划系统，也包括古籍的整理研究系统，输送研究生。以这些古典文献的本科生为主要的来源，同时也吸收古代文史哲专业的本科生，甚至在这个基础上进一步培养博士生。这是培养古籍整理三个部分人才的省力办法。然后，在攻读硕士、博士的过程中，甚至在今后工作中，一边实践，一边深造，一边提高，逐渐培养成为核心人才。这样就产生另外一个更进一步需要解决的问题，即建议国家相关部门能够考虑建立古文献学一级学科。现在古文献或者古籍整理没有一级学科，而是在一级学科文学之下有二级学科古典文献学，在一级学科历史学之下有二级学科历史文献学。可否将古文献学超脱出来，组成一级学科？这个一级学科实际上是我们研究中国古代文史哲的基础，因为这是中国古代的文献，研究中国古代文史哲，甚至打通到现当代，离不开中国的文献，特别是古文献，它应该是一个基础。所以我希望古文献学能够作为一级学科，下面再分若干二级学科。二级学科的分法，可以按照我们说的三个部分来划分，比如说古籍的保护方向、古籍的出版方向、古籍的整理方向，也可以按照其他的办法来划分。这成为研究中国古代文化、传统文化、古代文史哲的一个基础的学科，能够正视古文献学这样一个存在，提高它的位置，为中国文化的新发展打下一个根基。这是我跟大家说的第一个问题，即当前古籍工作的体系构成和人才培养。

第二个问题，国外所藏汉籍认识上的两个问题。今天在座的有从美国、日本来的朋友，都在东亚馆或亚洲馆工作，比我更了解美国、日本所藏汉籍情况。今天到会的国家图书馆的张志清先生这几年也在负责这件事，对此非常熟悉。我从 1992 年开始到现在，也做了一些海外汉籍的了解和调查工作。在座的北京大学卢伟先生，他做了二十年的调查工作，对美国的图书馆收藏的宋元版汉籍，进行了全面调查，相当熟悉。具体的问题我就不再多谈，我只就两个我接触到的问题谈谈看法，首先什么是海外汉籍，其次海外汉籍的流传和回归。这都是在工作中碰到的。

首先，什么是海外汉籍。前几年国内出版一套书，叫《域外汉籍珍本文库》，由西南师范大学出版社等几家出版社出版。这套书里包含相当多韩国人用汉字写的书，第一批影印出版后，引起一些争论，即韩国人用汉字写的书算不算汉籍？所以需要搞清楚什么是汉籍。其实“汉籍”这个概念是从日本而来，日本人说：“汉籍是针对国书（或称和书）而言，是中国人用汉字写的书。”这是日本学者下的定义。什么叫汉籍，就是说中国人用中文写的书。我们沿袭这样一个名词来研究汉籍，那么存藏在海外的就叫海外汉籍。那么《域外汉籍珍本文库》中，韩国人用汉字写的算不算？因此实际工作中有三种理解。第一种理解是中国人用汉字写的书籍，在中国刻印的，流传到了海外，叫海外汉籍，或者叫国外所藏汉籍。这个名字，还有一些争论，是叫域外汉籍、海外汉籍，还是叫国外所藏汉籍，有不同看法。为了不引起分歧，我把它简称为国外所藏汉籍，这个大家没有什么异议。这样我国的宋刻本、元刻本流传到国外，都叫国外所藏汉籍或者海外汉籍，这是第一个概念。我们从事古籍整理的人，更看重这个概念，认为这是最基本的。第二种理解是外国根据中国古籍重新刻印的书籍，比如和刻本、韩刻本等。第三种理解是外国人用汉字写的书籍，且是在外国刻印的。比如《韩国文集丛刊》，韩国人用汉字写的，韩国人编著，汇成一个韩国文集的丛刊。现在有些学者在做的《燕行录》整理与研究，越南的、韩国的，也是属于这一类。这些外国人用汉字写的，还是在外国刻的书籍，包括一些传教士或在中国或回国后用中文写的关于中国的文字，可以理解为外国人的汉文书籍。这样逐渐扩大到三个圈，三个理解，三个范围，这是一个客观存在。我觉得要把海外汉籍研究作为一个整体来看，不要太拘泥。从事海外汉籍或是国外所藏汉籍研究工作的人，前些年很少，这些年这一研究成为热点，才逐渐增多，我们需要互相支持。20世纪90年代和这个世纪初期，这项研究工作刚起步不久，内部有过争论，互相指责，这不是兴旺发达之道。我们应该包容、兼容并蓄，避免互相指责。

在一系列协商之后，2013年12月，北京大学古文献中心和《域外汉籍珍本文库》的编委会，以及其他一些从事海外汉籍工作的朋友，在重庆召开了一次国际汉学学术研讨会。这是一个标志，标志着大家共同承认这三个圈，大家在这三个圈里工作，互相支撑，互相呼应，共同建设海外汉籍学术研究的整体结构。

其次，海外汉籍的流传和回归。前些年的学术会议，有一些比较权威的学者和参与学术工作的领导发表了一些讲话。大意是说我们有丝绸之路，有海上丝绸之路，还有书籍之路，而书籍之路是屈辱之路，就是这些书都是被抢去的，还讲了一些例子。我觉得这个观点第一是对的，我们有一些书确实是被侵略者掠夺去的，第二是不全面的，因为有些书不是被掠夺去的。不光一些领导和学者持有这样的观点，也还有一些域外朋友，有类似的看法，和国内观点相呼应。我认识一位美国纽约一份时报的专栏主笔，华人，从中国台湾到美国多年，出版了五六本关于中国历史的书，是位有学问的美籍华人。他2006年到北京，我们见面，他关心地问我："你是不是在做日本、美国那些古书？"我说是的。他以友好迎合的态度说："日本鬼子和美国鬼子抢了我们不少东西吧！"我就和他解释不都是抢的，是怎么回事。我想这么一位见多识广的朋友，他也是这种看法，难怪我们有些部门领导说那是屈辱之路。我们应该抱一个平和的心态来看待流传到海外的汉籍是如何流传出去，才能考虑它回归的问题，是把它全买回来，还是复制回来，还是怎么对待。所以我就做了一些分析，分析我们的书籍到底是怎么出去的，大概有八种情况：

一是清政府赠送给国外的。比如美国国会图书馆里有一批古籍，是清同治八年(1869)，美国送给清政府十种书、十种农作物种子，清政府回赠美国的一批书，也是十种书，约一千册。美国政府将其存放在美国国会图书馆。再有耶鲁大学东亚图书馆收藏有中国政府1878年通过容闳送去的一批书的书单。有一年我曾在东亚图书馆进门大厅的玻璃柜看到展出的书单，是用毛笔字书写的。这是中国政府赠送的，不算屈辱。

二是国外图书馆正常购买。如芝加哥大学远东图书馆，在20世纪50年代，曾到香港购买一大批中国书。1958年在香港买了三十多万册中国书，以经部书最多。这是钱存训先生亲口说的。国外图书馆到中国购书，也不算屈辱，应该是正常的。

三是外国人在中国生活一段时间之后，从中国带回去的。有的是自己买了带回去，有的是中国朋友送给他，然后他带回去的。早期的像日本遣唐使，不少佛经就是他们带过去的。晚一点如美国一些传教士，也带回去不少。有一位叫恒慕义的传教士，有的翻译成韩慕义，1928年回到美国，做了美国国会图书馆中文部主任，他把自己的书捐给美国国会图书馆。他的儿子叫恒安石，后来做了驻中国大使。我想这也不屈辱，等于他买回去的书培养了一位任驻中国大使的儿子。

四是外国人专门到中国来购买、搜求，这个情况比较复杂。有的是国外书店，日本东京有个文求堂，1901年开张，20世纪50年代停业。它的堂主叫田中庆太郎。这个店专门经营中国图书，先到北京收罗，又到江南，特别是到上海去搜寻，购买大批中国书。如在北京就先买了十册《永乐大典》，150日元一册，后来又买了十册，共二十册。其中五六册卖给了美国国会图书馆，今天在美国国会图书馆看到的《永乐大典》，有几册是田中庆太郎的文求堂卖给他们的，这是正常的买卖。还有些学者，如长泽规矩也曾在中国北京为静嘉堂文库购买三鱼堂《四书大全》零本，他当时是为学校教学使用购买的样书，后来捐给静嘉堂文库。但十册只买一册，那九册就跟这一册分开了。购书第二年，时任北京图书馆副馆长的袁同礼先生桌子上放着那九册书，长泽规矩也去拜访他，袁先生问长泽这是怎么回事，他是否知情。长泽并没有如实回答。再有就是日本三菱财团静嘉堂文库买的那批皕宋楼的藏书，我国国内学者耿耿于怀。同样，美国葛思德，因为他患眼疾，非常信任中国医药，着重购买中国的医书，同时扩大买了一些。买回去后，存放在加拿大麦吉尔大学的地库里，后以十万美元卖给普林斯顿，才有了普林斯顿的葛思德东方图书馆。这是买书的各种各样情况，总而言之是在中国购买的。

五是真是侵略者掠夺走的。东三省的部分藏书，包括满铁。圆明园文源阁《四库全书》，烧了以后残存部分也是被抢夺出去的。我曾在东京东洋文库看到《永乐大典》，还有文源阁《四库全书》的残本。那显然是从圆明园出去的。

六是中外勾结盗窃出去的。最典型的是敦煌藏经洞那批文献，英国的斯坦因，法国的伯希和，俄国的奥登堡，通过各种手段连劫带买。斯坦因《西域考古记》里面有详细记述，斯坦因说："我尽我所有的金钱来引诱这个道士，到最后他得到很多马蹄银，觉得十分满足"，而斯坦因掠夺走的是"所有装满二十四口箱子的写本，另外还有五口箱子里面很仔细地装满了画绣品。这样就平安地安置于伦敦不列颠博物馆"。

七是中国人外流时带走的。大约是二战期间比较集中，包括日本投降以后，二战胜利以后，1949 年以后，有些人到了中国香港，又辗转到其他国家。他们带出一些家产，有些是藏书家，就将藏书带出去了。近一二十年，有几位很有名的藏书家的书，回到了上海图书馆、上海博物馆或中国国家图书馆。

八是抗日战争时期，北平图书馆委托美国国会图书馆代为保存的书。1941 年的 12 月 6 号，太平洋战争珍珠港事件发生前一天，钱存训先生才把最后一箱寄出去，共 102 箱（箱数说法不一，此处据钱先生说法）。最初以为会书沉大海，最终美国国会图书馆还是收到了。1965 年还给了中国台湾。虽然不是完全物归原主还给北京图书馆,但他认为台湾是中国的,还是还给了中国。

因为书籍流传出去的情况复杂多样,那么我们分析如何回归,就要有一个基本的态度,就是存藏在海外的中国古籍,无论当年是通过何种渠道流传到海外的,今天都已经成为国外众多图书馆收藏的书,甚至是这些图书馆的重要存藏。世界各国的人,只要能看得懂,到图书馆就可以借中国的古书来看,这是中国文化在世界上的影响,这使得中国文化财富也成为世界文化的宝藏。我觉得不必笼统简单地强调古籍必须回归,不回归就是屈辱,不必牵强地把古籍回归和爱国、政治、民族尊严联系起来。近年,北京大学做得漂亮的一件事就是大仓文库整库中国古籍的回归,这是原书的回归,是可以载入北京大学史册、中国图书馆史册的盛事。但是不可能所有的古籍都这样,所以,我觉得更多的应该还是复制。这些年,我们团队在做的事就是复制日本官方机构所藏的中国古籍宋元版,并选择性地出版。日本宫内厅的 144 种宋元版古籍,目前我们已经复制了 143 种,出版了 69 种。还有日本国会图书馆藏宋元版汉籍,日本国立公文书馆,即内阁文库所藏宋元版汉籍。

还有第三个问题,就是海外汉籍的价值,怎么估量,数量上和质量上怎么看。由于时间关系,有机会再谈。

谢谢。

美国华盛顿大学东亚图书馆中文古文献的收藏与整理

姚伯岳　沈志佳

（北京大学图书馆　美国华盛顿大学东亚图书馆）

华盛顿大学（University of Washington，UW）位于美国西北部华盛顿州的西雅图市，创建于1861年，是世界顶尖级的研究型大学，也是美国西部历史悠久、规模较大的大学之一。华盛顿大学图书馆有总、分馆共16个，馆藏纸本文献800万册件，在北美高校图书馆中排名第十五。作为其分馆之一的东亚图书馆堪称美国西部收藏中日韩图书数据的重镇，2015年纸本馆藏总量达到68万册件，馆藏中文古文献也颇具规模。但长期以来，由于缺乏相应的专业人员，相当一部分中文古文献没能得到正规的编目整理，东亚图书馆所藏中文古文献的构成、数量、来源等情况有如一团迷雾，使人无从窥其全貌。2014年，美国华盛顿大学东亚图书馆和加拿大不列颠哥伦比亚大学亚洲图书馆联合向美国梅隆基金会资助的图书馆情报学资源委员会（CLIR）①申请的“发现近代中国——UW和UBC的中文典藏”项目获得批准，到2016年8月项目结束，不仅将馆藏中文古文献基本整理完成，而且也大致搞清了这些文献的数量和来源等情况，使原来的混沌局面得到根本改观。现将相关研究结果缕述如下。

①英文全称是：Council on Library and Information Resources。

一、华盛顿大学东亚图书馆中文古文献的收藏及来源

华盛顿大学东亚图书馆收藏中文图书的历史，可追溯到1909年华大聘请赫伯特·高文(Herbert H. Gowen)首次开设亚洲研究课程并创办东方学系，高文为首任系主任。当时没有中文图书，教学研究所需的中文图书是由该系教师们把自己的藏书出借给图书馆供师生使用。1937年，华盛顿大学图书馆从洛克菲勒基金会(Rockefeller Foundation)接受到一笔赞助资金，购买了一批中文书籍，此为东亚图书馆中文藏书的开始。次年，哥伦比亚大学(Columbia University)又捐赠了2000册中文图书。这些书被集中存放在华大主图书馆即苏塞罗图书馆(Suzzallo Library)中的一个房间，起名叫东方学会议室(Oriental Seminar Room)，供有关师生阅览。1945年，华盛顿大学远东和俄国学院(UW Far Eastern and Russian Institute，FERI)成立，并获得洛克菲勒基金会资助，购买中、日、俄文图书。1947年，华大图书馆在上述藏书基础上成立远东图书馆(The Far Eastern Library)，Dr. Ruth Krader为首任馆长，当时收藏规模仅为20800册。1950年，远东图书馆迁入Thomson Hall的地下室。20世纪50年代，入藏洛克博士(Joseph Francis Rock)的部分藏书，以及高文教授原藏的一批中文古文献。60年代，购进卫德明教授(Prof. Hellmut Wilhelm)之中文古籍1346种。1976年，远东图书馆改名为东亚图书馆(The East Asia Library)，并搬迁到目前所在的高文楼(Gowen Hall)，图书馆空间大大增加，购书量快速增长。20世纪80年代初，时任华大东亚图书馆馆长卢国邦先生以10万美元将香港万有图书公司的全部库存共10万余册一次性收购，其中包括陈凡私人藏书数万册，里面有许多线装书。此外，历年来还陆续接受了一些私人捐赠，如萧公权、房兆楹等著名学者所藏的中文古籍等。

粗略计算，目前华盛顿大学东亚图书馆所藏中文古文献应在3000种以上，类型包括中文古籍、拓片、书信、舆图等。但由于其中一部分存放在总馆，东亚图书馆的一部分中文古籍仍与中文普通书混合典藏，还没有做到全部中文古籍的集中典藏，所以尚未统计出一个准确的数字。

图 1:华盛顿大学东亚图书馆读者阅览室

下面分述华大东亚图书馆中几个重要的收藏来源。

(一)卫德明教授收藏的中国古籍

华大东亚图书馆藏中文古籍中最主要的来源之一,就是20世纪60年代购入的卫德明所藏中国古籍1346种①,其中仅明版书即有上百种,无论在数量上还是在质量上都极大地提升了华大图书馆中文古籍收藏在美国的地位。

卫德明(Hellmut Wilhelm,1905—1990)②,德裔美籍汉学家,以研究中国历史、文学、哲学而著称。其父卫礼贤(Richard Wilhelm,1873—1930)是在国际上享有盛誉的汉学家。卫礼贤著述甚多,其最具代表性的成就是对《易经》的翻译。③

①此数据根据华大东亚图书馆保存之卫德明赠书清单。

②此文卫德明的资料和图片主要来自"Sinological Profiles/Hellmut Wilhelm".[2016-12-1]. https://www.umass.edu/wsp/resources/profiles/wilhelmh.html.

③此文卫礼贤的资料和图片来自百度百科:"卫礼贤"。[2016-12-1]. http://baike.baidu.com/view/493598.htm.

图 2:卫德明(Hellmut Wilhelm)

图 3:卫礼贤(Richard Wilhelm)

卫德明 1905 年出生在中国青岛,并在那里接受了早期教育。第一次世界大战后,他随父母迁回德国。他深受父亲影响,醉心中国文化,并于 1932 年获得柏林大学汉学研究的博士学位,随后返回中国。1933 年至 1937 年,他在国立北京大学德国语言文学专业任教,同时为德国和瑞士报纸做通讯记者。此后他长期主持中德学会的工作。1948 年,他离开中国赴美,进入华盛顿大学远东斯拉夫语言文学系(The Department of Far Eastern Slavic Languages and Literature)任教,直到 1971 年退休。

卫德明的研究领域遍及中国哲学、历史、政治、宗教以及文学等各个方面。他的博士论文是关于顾炎武的研究。他对清代禁毁书颇感兴趣,对钱谦益的研究非常深入。在中国期间,他讲授关于中国历史、中国社会结构和政治思想等方面的课程,并发表和出版了一系列的论文和著作。他曾协助其父翻译《易经》,他在中国期间所做的关于《易经》的系列讲座也被编订为《变幻:易经八讲》一书,于 1944 年在德国出版,1960 年又由贝恩斯翻译为英文,成为西方人学习《易经》的指南。在华盛顿大学任教期间,他是美国汉学界的领军人物,世界各地的学子慕名前来追随他,以获得深造。

卫德明既是学者也是藏书家,他继承了父亲卫礼贤的藏书,①加上他本人的长期搜集,中文古籍收藏数量很大而且质量很高。他极力支持图书馆中文藏书的建设,并于20世纪60年代将他从中国带来的全部中文古籍出售给了当时的华大远东图书馆。这批书成为后来华大东亚图书馆最重要的中文古籍收藏。

(二)洛克博士收藏的中国地方志

华大东亚图书馆藏中文古籍的另一重要来源是洛克博士的收藏。

约瑟夫·洛克(Joseph Charles Francis Rock,1884—1962)②,美国探险家、植物学家、地理学家、语言学家、纳西文化研究家。洛克出生于奥地利维也纳,1902年大学预科毕业后,便开始漫游欧洲和北非。1906年至美国,1911年进入夏威夷大学,主要从事植物学研究工作,建立了当地第一座植物标本馆,并在1911—1920年间担任馆长。他1913年加入美国国籍,1919年成为夏威夷学院植物学教授。从1922年起,洛克曾六次到中国,以美国《国家地理》杂志撰稿人和摄影家、美国农业部与哈佛大学植物研究所派出学者的身份,到云南各地及滇缅边境和四川、甘肃、青海、西藏考察,拍摄生物资源照片,测绘地形地图,搜集并带走大量生物标本和文物资料。洛克撰写发表了大量关于中国西南地区的景物和民情的文章及照片。希

图4:约瑟夫·洛克(Joseph Charles Francis Rock)

①华大东亚图书馆现藏清抄本《经余必读》内叶就钤有卫礼贤的藏章"Ex Libris R. Wilhelm 尉礼贤希圣印"。

②此文洛克的资料和图片来自百度百科:"约瑟夫·洛克"。[2016-12-1]. http://baike.baidu.com/view/1070768.htm.

尔顿那部著名的小说《消失的地平线》(又名《失落的境界》),就是在洛克探险记录的影响和启发下写成的,小说中的人间仙境香格里拉因之名满天下。1944年,洛克从中国回到美国,成为哈佛燕京学社的研究员。他也曾漫游北京、上海、南京等地。1946年,他最后一次来到中国,1949年7月返回美国。20世纪50年代中期定居于夏威夷,直到1962年12月5日去世。

约瑟夫·洛克被称为"西方纳西学之父",在中国停留的27年间,共收集了大约8000册纳西族东巴文经书,这些经书后来分别收藏在欧美的各大图书馆。他对东巴教仪式和东巴文文本的研究持久深入,发表了数十种相关论著。其早期主要著作为两卷本的《中国西南古纳西王国》(*The Ancient Na-khi Kingdom of South-West China*, 1947),列为《哈佛燕京丛刊》第8卷。晚期的《纳西语英语百科辞典》(*A Na-khi English Encyclopedic Dictionary*)为纳西族象形文字研究的权威之作,在纳西学和东巴文研究史上有着极为重要的地位和价值,被列为《罗马东方丛书》第28种,第1部于1963年、第2部于1972年出版。

除东巴文经书外,洛克还收集了大量的中文图书文献,这些图书文献后来被转售给美国各大图书馆和研究机构,主要是哈佛大学、夏威夷大学、美国国会图书馆、卡耐基梅隆大学亨特学院以及华盛顿大学图书馆等。

华盛顿大学图书馆入藏的洛克藏书是1954年购入的,数量达数千种之多。其中的英文和其他西文图书当时很快就被编目上架,入藏苏塞罗图书馆,纳入到华大图书馆的藏书体系中。其中的中文文献则主要是中国的地方志和拓片,当时拨归华大东亚图书馆典藏。1967年由楼珍希先生(Joseph Dzen-His Lowe)编辑的《华盛顿大学中国地方志目录》记录华大东亚图书馆藏民国以前的方志总计为883种,约万卷以上,其中就包括洛克所藏①。这部分地方志直到1990年10月到1991年12月间,借助美国联邦政府教育部资助的"清人诗文集清代地方志整理编目"项目,才全部完成计算机编目。由于无法查到入藏的购书清单,所以一时还不能明确洛克原藏地方志数量,估计有数百种。这批书大多签有"骆博士印"篆

①Joseph Dzen-His Lowe, *A catalog of the Official Gazetteers of China in the University of Washington* (Zug Sweizerland: Inter Documentation Company AG, 1967).

体朱文印章，印章四周有鸟兽图案，应该是纳西族东巴象形文字，印章下方有英文署名“J.F.ROCK”。华大东亚图书馆这批洛克原藏中国地方志，有许多是风格颇为统一的抄本，并且纸张洁白，墨色新鲜，很有可能是洛克在中国雇人抄写完成的。对华大东亚图书馆这批洛克搜集的中国地方志进行深入研究，将是今后一个有益的课题。

洛克收藏的中国拓片有40多种，因为找不到专业的人来编目，所以一直放在东亚图书馆的仓库里。2005年其中的一箱约16件被人们发现后，移送到总馆的特藏库收藏。遗留在东亚图书馆的20余件拓片，则在2015年的CLIR项目中被整理编目。

（三）整批购进的原香港万有图书公司库存书

1981—1984年间，时任华大东亚图书馆馆长卢国邦先生将香港万有图书公司全部库存总计10万册以上，以10万美元的价格一次性收购，其中包括万有图书公司代为购进的陈凡私人藏书数万册。

陈凡（1915—1997），字百庸，笔名周为、徐克弱、张恨奴、陈众一等，1915年12月26日出生于广东三水，《大公报》著名的左派记者、诗人、武侠小说作家；性情刚直，嫉恶如仇，多才多艺，交游广泛。1941年考入桂林《大公报》做记者，先后派驻重庆馆、上海馆、广州办事处等处，1949年后赴香港任《大公报》采访主任、副总编辑等职，长期主持香港《大公报·艺林》副刊；20世纪80年代中期退休，1997年9月30日在香港去世。主要著作有散文集《海沙》《无华草》《灯边杂笔》，新体诗集《往日集》，旧体诗词集《壮岁集》，新闻报告集《转徙西南天地间》《一个记者的经历》《走马人间数十年》等，以“百剑堂主”笔名写武侠小说《风虎云龙传》，用“陈上校”笔名撰《金陵残照记》，编有《齐白石诗文篆刻集》《黄宾虹画语录》等。①

陈凡晚年体弱多病，可能是因为无力打理藏书，故将其藏书通过香港万有图书公司整体售予华盛顿大学东亚图书馆。香港万有图书公司现名

①陈凡的生平资料主要参考下列文献：祝淳翔：《陈凡与香港〈大公报·艺林〉始末》，上海：《东方早报·上海书评》，2013-07-07［2016-12-02］. http://blog.sina.com.cn/s/blog_54cbd8880101cips.html.许礼平：《说百剑堂主陈凡》。2013-03-17［2016-12-02］. https://www.douban.com/note/266889745/.

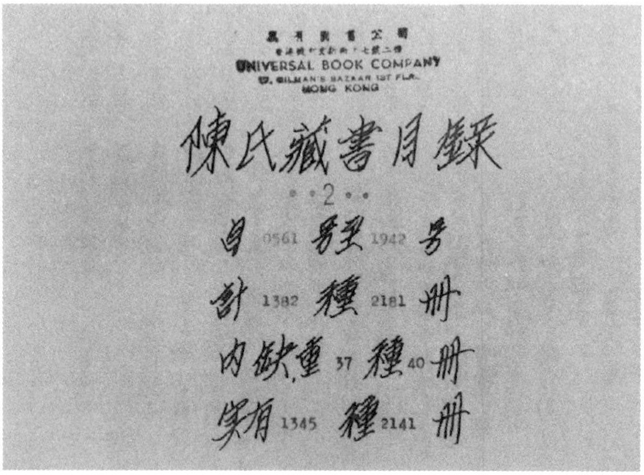

图5:万有图书公司开列的陈凡部分藏书目录

万有图书贸易公司,由徐炳麟(1909—1991)于1955年创立,早期主要为欧美各大学东亚图书馆、美术馆供应所需图书,兼营旧书的买卖业务。华大东亚图书馆20世纪80年代初一次性购买万有图书公司库存书的同时,也整体收进了陈凡的藏书。陈凡的这批藏书购进时不仅编有完整的目录,而且目前所见的线装书中,还都贴有印着英文"Chen Fan Collection/ University of Washington Library"字样的藏书票,如《陈后山陆放翁生日诗录》二卷、《元倪云林书诗真迹》、《元俞紫芝临乐毅论真迹》、《金匮藏画评释》、《新体广注唐诗三百首读本》六卷等。这说明陈凡藏书进入华大东亚图书馆时,是与从万有图书公司购进的其他图书区别对待的。

除陈凡的藏书外,这批书中还有许多原为岭南藏书名家如东莞莫伯骥五十万卷楼、广州徐信符南州书楼、澳门姚钧石蒲坂书楼、邓芬澫丝孔居等收藏的中文线装书,很多是用万年红纸装衬前后书衣,呈现出典型的广东藏书特点。如明正统十二年(1447)刻本宋代曾巩撰《南丰先生元丰类稿》五十卷续附一卷钤有"广东肇阳罗道关防""有斐斋图书""退一步斋藏书图记""澫丝孔居""东莞莫伯骥号天一藏书之印""东莞莫氏五十万卷楼"等印,该书是华大东亚图书馆藏版刻年代最早的中文古籍善本。抄本《怀古田舍诗钞》二卷一册,书衣钤有"徐氏南州书楼寄托"字样及编号之印记;抄本《黄牡丹诗笺注》书衣有"南州书楼藏"墨笔。清康熙内府刻本《钦定篆文六经四书》卷端钤"蒲坂书楼""钧石所藏金石书画印""民国庚辰"等印。清康熙四十九年(1710)朱昌辰等刻本《韦斋集》十二卷,卷端钤"邓芬""蕅丝孔居"等印。明崇祯十三年(1640)乌程闵齐伋刻本《孙职方集》《刘拾遗集》,清抄本《网山集》八卷等书也均钤有上述二印。由此看来,这实在是一次颇具眼光、物有所值的购藏行动。

这批书很多是广东版本。其中广州出版的书就有数十种,如:清光绪三十二年(1906)广州陶氏爱庐刻本《梦溪笔谈》二十六卷,《补笔谈》三卷,《续笔谈》十一篇,清道光二十二年(1842)广州云梯阁刻本《四书不二字音释》,民国三年(1914)广州石经堂石印本《五千字字课》等。这些书虽然在内容上地方特点不鲜明,但反映了清末民初广州的图书出版水平,有其独特研究价值。

还有一些书是东莞、潮安、香港等地出版的,内容上有浓厚的地方特色,如:民国十一年(1922)东莞祖坡吟馆铅印本《羊石吟社诗册》,民国二十三年(1934)潮安丽新印刷所铅印本《庸叟日记菁华》五卷卷首一卷,民国八年(1919)香港奇雅印务局刻本《仙桂重芳册(陈嘉谟暨夫人梁氏)》,民国二十一年(1932)香港永新公司铅印本《筌蹄诗草》六卷,1956年香港东南书局铅印本《金匮藏画评释》等等,都是居住其地人士的著作。

并且作者或内容与广东有关的也不少,如:何惠群等撰《岭南即事》,赵长龄撰《廉洋平贼记》,梁士诒撰《广东乡试朱卷(光绪己丑恩科)》,伍朝枢编辑之《伍秩庸(伍廷芳)博士哀思录》,吴趼人撰《我佛山人滑稽谈》,张之洞撰《忆岭南草木诗十四首》等。

总之,从香港万有图书公司购进的这批书广东地方特色最为浓厚。这也成为今天华大东亚图书馆藏中文古籍的一个突出特色。

(四)教授学者的捐赠

华大东亚图书馆所藏中文线装书中有不少是名家所赠,这类书大都贴有藏书票。如《佩文韵府》一百零六卷附拾遗一百零六卷、《佩文诗韵释要》五卷,这两部书前都贴有UWL的藏书票,印有英文"From the collection of Professor Kung-chuan Hsiao",说明是晚年在华大任教的著名学者萧公权教授的赠书。清乾隆四十四年(1779)松桂读书堂刻本《李义山诗集笺注》十六卷、乾隆四十八年(1783)北京武英殿刻本《春秋经传集解》三十卷卷首附考证等古籍善本,也是萧公权教授的赠书。

还有一批书,都贴有题"THE GIFT OF MR. LLOYD LOCK"的藏书票,应为MR. LLOYD LOCK的赠书。如《音注小仓山房尺牍》八卷、《齐东野语》二十卷、《遗山先生新乐府》四卷、《樊山书牍》二卷、《疑云集》、《简斋诗外集》、《灵素提要浅注》十二卷、《医方集解本草备要合编》、《增广正续验方新编》二十一卷等。

一些墨笔题记显示其为在美居留的中国学者的藏书，如《郑板桥道情词墨迹复印件》一书，书衣墨笔题书名并题词："兆楹学兄惠存/陈云豹敬赠。"盖此书原为房兆楹所藏书。房兆楹是恒慕义主编之名著《清代名人传记》一书最重要的作者，是国际知名的中国史专家。

还有一个非常重要的捐赠者就是赫伯特·高文教授（Herbert H. Gowen，1864—1960）。

赫伯特·高文1864年出生于英格兰的雅茅斯，1886年在坎特伯雷的圣奥斯汀学院以文学士毕业，之后在英国、美国夏威夷、加拿大的教堂担任各级神职。1897年来到美国西雅图任教区主持人，1909年开始在华盛顿大学授课，并担任华大东方学研究系首任系主任直到1929年，1944年7月1日退休，1960年在西雅图去世。

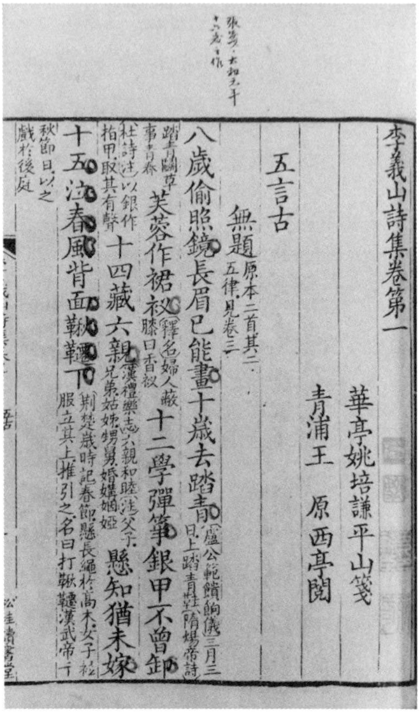
李義山詩集卷第一
華亭姚培謙平山箋
青浦王　原西亭閱
五言古
無題 原本二首其二 五律見卷三
八歲偷照鏡長眉已能畫十歲去踏青（盧公範饋餉儀三月三日上踏青鞋 隋煬帝詩蹋青鬭草事青春）
芙蓉作裙衩（釋名婦人蔽膝曰香衩）十二學彈箏銀甲不曾卸（杜詩注以銀作指甲取其有聲）
十四藏六親（漢禮樂志六親和睦 注父子兄弟姑姊甥舅婚媾姻婭）懸知猶未嫁
十五泣春風背面鞦韆下（荊楚歲時記春節懸長繩於高木女子袨服立其上推引之名曰打鞦韆漢武帝于秋節日以之戲於後庭）
松桂讀書堂

图6：萧公权教授原藏清乾隆四十四年（1779）松桂读书堂刻本《李义山诗集笺注》十六卷

高文教授是美国著名的历史学家、汉学家，撰写出版了《中国简史》《日本简史》《印第安文学史》《宗教史》等著作，发表学术论文150多篇，是欧美许多学术团体的成员，在国际学术界享有很高声誉。今天华大东亚图书馆所在的Gowen Hall就是以他的姓命名的。

高文教授最突出的捐赠是拓片，华大东亚图书馆藏开封一赐乐业教寺的犹太教三大碑都是他捐赠的。还有一些日本和韩国拓片也极有可能是高文教授的捐赠。

图 7:MR. LLOYD LOCK 赠书上粘贴的藏书票

图 8:高文教授(Prof. Herbert H. Gowen)

二、华盛顿大学东亚图书馆中文古文献的整理

(一)前期的整理

华大东亚图书馆的清人诗文集收藏比较丰富,苏精早年就编有《西雅图华盛顿大学东亚图书馆清代文集目录初稿》,惜未能正式出版。1975年,美国旧金山中国数据中心有限公司(Chinese Materials Center, INC.)出版了李直方编撰的《华盛顿大学远东图书馆藏明版书录》,共著录馆藏明版书138种。其中最早者为弘治刻本,而以常熟毛晋汲古阁刻书为最多,计65种。该书按照经、史、子、集、丛书五大类编排,对每部书的著录体例是:书名,卷数,册数,作者,出版事项,卷端原题,板式,序跋名称,藏印,考核(主要著录参考书目)。作为书志来讲,著录内容甚简;但较之一般的书目记录,著录详细程度则过之,且每书均有英文的作者、书名和内容介绍,更是该书录的一大特点。

在长期的典藏过程中,华大东亚图书馆尽其所能地对所藏中文古籍进行了编目整理,大多数馆藏中文古籍都有卡片目录,一半以上的中文古籍在 OCLC① 上有 MARC 格式的电子记录。

1990 年 10 月至 1991 年 12 月,华大东亚图书馆申请到美国联邦政府教育部提供的特别经费,实施了"清人诗文集与清代地方志整理编目"项目,将馆藏清人诗文集 1302 种、清代中国地方志 1727 种合计共 3029 种中文图书采用 MARC 格式编目,录入到 OCLC 的书目数据库中,其中三分之一以上为中国线装古籍。该项目负责人为汪珏女士,主要编目员为孙燕言女士等,前后几任馆长卢国邦、刘应淑、周明之也都为此项目耗费了心血。②

除编目外,华大东亚馆还与台湾"中央图书馆"合作,于 2010 年 1 月到 2012 年 12 月间,进行了一次较有规模的馆藏中文古籍的数字化扫描工程。整个项目历时 3 年,共扫描中文古籍 382 种、3483 卷、236424 影幅,其中很多是卫德明教授原藏书,绝大多数为善本,其中仅明刻本就有 78 种,最早版本为明正德五年(1510)刻本《鲍明远集》十卷。此外还有 11 种清抄本。

(二)"发现近代中国——UW 和 UBC 的中文典藏"项目

2014 年,美国华盛顿大学东亚图书馆和加拿大不列颠哥伦比亚大学(The University of British Columbia, UBC)亚洲图书馆联合向美国梅隆基金会资助的图书馆情报学资源委员会(Council on Library and Information Resources, CLIR)申请的"发现近代中国——UW 和 UBC 的中文典藏"项目获得批准,华大东亚图书馆长兼中文研究馆员沈志佳担任项目主持人,不列颠哥伦比亚大学亚洲图书馆中文研究馆员刘静女士为协同主持人。应该项目请求,北大图书馆派出古籍编目总校姚伯岳研究馆员前往这两个图书馆,作为项目古籍专家顾问兼古籍编目员,帮助完成该项目的实施。其间在华大东亚图书馆工作 1 年有余。

CLIR"发现近代中国"项目中,华大东亚图书馆的目标是向 OCLC 书目数据库提交 1000 条 OCLC 中没有的馆藏原始编目记录,编目范围涵盖馆藏各类中文古文献(古籍、舆图、拓片、书画、书信等)、广东木鱼书、民

①全称是:Online Computer Library Center。

②汪珏:《罕见的钱谦益遗著及其他清季善本诗文集——介绍西雅图华盛顿大学东亚图书馆藏书之一》,《"国立中央图书馆"馆刊》1992 年新 25 卷第 2 期,第 151—162 页。

图 9:"发现近代中国——UW 和 UBC 的中文典藏"项目华大东亚图书馆海报

国版图书等。具体的著录工作是在 OCLC 和 CALIS① 高校古文献资源库两个编目系统上完成的,也就是说,每一种原始编目都分别有 MARC21 和基于 Dublin Core 的中国古籍元数据格式两种不同格式的书目记录。

2016 年 7 月底项目完成,华盛顿大学东亚图书馆共计提交馆藏各类古文献编目记录 929 条,详情如下:

文献类型	种数	册件数
善本古籍	49	328 册
普通古籍	646	4199 册
拓片	74	148 件
书画	154	229 件
舆图	4	12 件
书信	2	4 册
合计	929	4920 册件

此外,还提交馆藏木鱼书记录 261 条、粤剧剧本 40 条,晚清民国版非线装书图书记录 110 条,总共提交原始编目记录 1271 条。

华大东亚图书馆实施 CLIR"发现近代中国"项目的另一大收获是,在提交 OCLC 上没有的原始编目记录的同时,还对馆藏未编目古籍进行了

①即中国高等教育文献保障系统(China Academic Library & Information System,简称 CALIS)。

全面的整理。通过在OCLC上检索,在进行原始编目之后,将其他馆藏古籍未编书,分别用套录(copy)、提升(enhance)、判定为复本(duplicate)等方法,进行了编目整理。该项工作情况列表如下:

书目记录加工类型	套录(copy)	提升(enhance)	复本(duplicate)	总计(total)
种数	403	161	342	906

这样一来,华大东亚馆的CLIR"发现近代中国"项目,实际变成了对馆藏未编目古籍全面彻底的编目整理,取得了远超出项目预期的成果。

稍感遗憾的是,由于时间关系,尚有135种馆藏古籍,虽在OCLC上经检索确认没有书目记录,但没来得及在项目结束前完成原始编目,只能对这些书做了一个大致的分类统计,详情如下:

版本类型	种数	册数
刻本	29	79
石印本	32	141
影印本	20	68
铅印本	45	150
钤印本	1	1
稿本	2	2
抄本	2	2
晒印本	1	1
朝鲜铅印本	1	1
和刻本	1	1
拓本	1	1
合计	135	447

遗留的未及编目的这批书虽然数量不大,但是品种丰富,版本类型基本齐全,非常适合用作华大东亚系、历史系、中国研究中心等教学单位关于中国文献学教学的实习用书,亦可发挥其独特的价值和作用。

三、华盛顿大学东亚图书馆中文古文献重点简介

(一)古籍

华大东亚图书馆的镇库之宝是清乾隆十三年(1748)内府精写精校本《御制盛京赋》20册(见图10)。①

乾隆八年(1743),乾隆皇帝到盛京(今沈阳)祭奠祖先,心情激动,写了一篇感情真挚、文辞华丽的《御制盛京赋》,共3390余字,盛赞盛京这座清代开国皇帝建立的第一个都城。清乾隆十三年,乾隆皇帝指授臣工将该赋拟制32体满汉文篆书,由武英殿刊刻印行,分装32册。该刻本目前海内外也仅有少数图书馆有收藏。但在刻本之前,还有一个写本。该写本共64册,32体满、汉文篆书,每种篆体满、汉文各为一册。华大东亚图书馆藏有满、汉文10体共20册,另有21体计42册藏辽宁省图书馆,还有1体2册不知遗失何处。华大图书馆所藏满、汉文10体分别为:奇字篆、大篆、穗书、蝌蚪书、鸟书、鹄头书、麟书、龟书、龙书、金错书。每册半叶5行,行7字,每个篆字右侧有楷体小字释文;四周双边,白口,无鱼尾,版框为朱色,满文正文中常贴有黄签校正文字。

该写本为孤本,其中辽宁省图书馆所藏21体42册已于2014年影印出版,但华大东亚馆所藏20册仍秘诸深闺,少为世人所知。

华大东亚图书馆所藏中文古籍的另一宝物是261种木鱼书(见图11)。木鱼书是明末至民国时期流行于珠江三角洲地区的一种民间说唱曲本,属于弹词系统,龙舟歌、南音等都可归属此类。广州中山大学黄仕忠教授等人费十多年心血调查访求编撰而成的《现存广东木鱼书、龙舟歌、南音、解心叙录》②,著录也不过455种,而华大东亚图书馆所藏的这批木鱼书,内容集中,数量较大,品相完好,受到海内外有关学者的高度重视。

①详见沈志佳、施懿超《华盛顿大学珍藏之一:清乾隆十三年内府精写精校本〈御制盛京赋〉》,载《天禄论丛》第7卷,桂林:广西师范大学出版社,2017。

②见程焕文、沈津、王蕾主编《2014年中文古籍整理与版本目录学国际学术研讨会论文集》,桂林:广西师范大学出版社,2015,第76—155页。

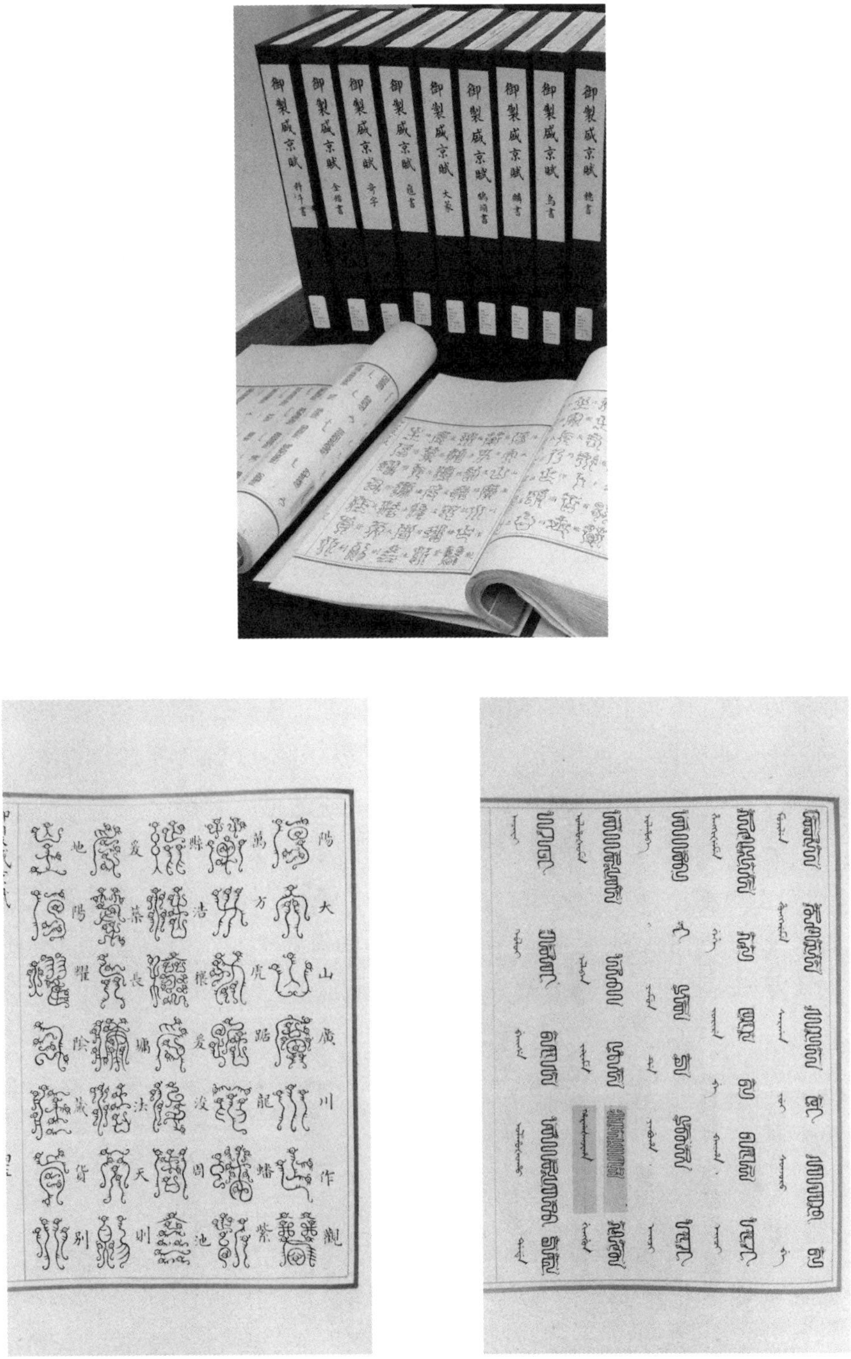

图10:清乾隆十三年写本《御制盛京赋》外观及满汉文《龙书》内叶

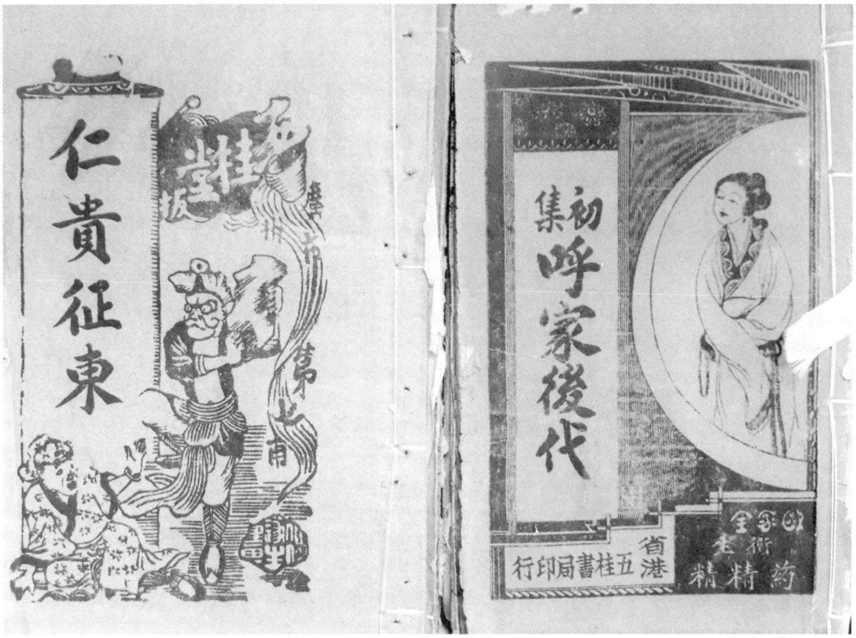

图 11:华大东亚图书馆藏木鱼书

华大东亚图书馆藏明版书比较丰富。李直方先生编撰的《华盛顿大学远东图书馆藏明版书录》,共著录馆藏明版书 138 部,这些明版书大多来自卫德明教授的收藏。

现知馆藏版本最早的中文古籍是明正统十二年(1447)刻本宋代曾巩撰《南丰先生元十类稿》五十卷续附一卷(见图 12),该书线装 8 册,半叶 11 行,行 21 字,四周单边,版心黑口,顺鱼尾。这个版本也是这部书在明代的第一个刻本。该书很有可能是 20 世纪 80 年代初一次性购进香港万有图书公司全部库存图书时获得的,所以没有出现在李直方先生 1975 年编撰出版的那部《明版书录》中。

2015 年 CLIR 项目编目时,又新发现 5 部明版书,即:明万历沈氏尚白斋刻本《眉公笔记》二卷(2 册);明崇祯广文堂《辍耕录》三十卷(8 册);明天启崇祯间常熟毛晋汲古阁刻本《松陵集》十卷(5 册);明万历十七年(1589)刘思诚刻本《颜鲁公文集》十五卷、补遗一卷、年谱、行状、神道碑铭、旧史本传、新史本传、后序(4 册);明末天德堂刻本《朱文公校昌黎先生文集》存卷六至二十二(4 册)。

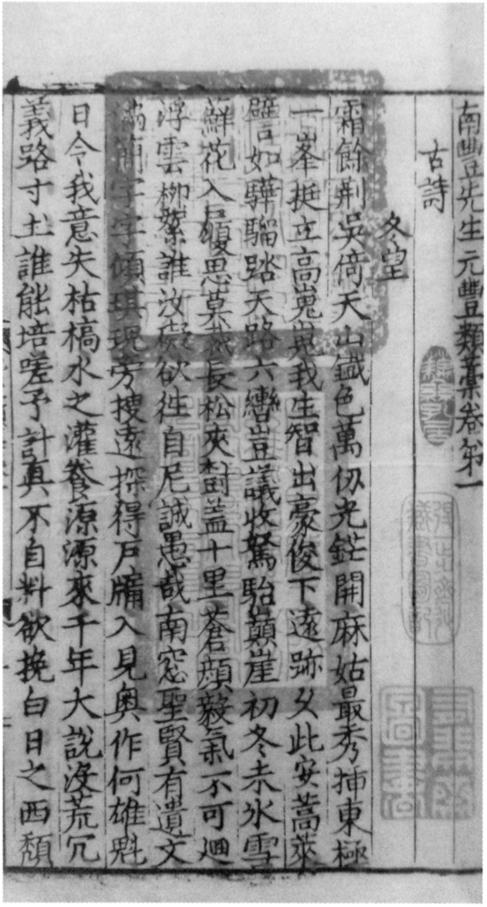
南豐先生元豐類藁卷第一
古詩
冬望
霜餘荊吳倚天山鐵色萬仞光鋩開麻姑最秀插東極
一峯挺立高嵬嵬我生智出豪俊下遠迹久此安蒿萊
譬如驊騮踏天路六轡豈議收駑駘顛崖初冬未氷雪
鮮花入履思莫裁長松夾樹蓋十里蒼顏毅氣不可廻
浮雲柳絮誰汝礙欲往自尼誠愚哉南窗聖賢有遺文
滿簡字字傾琪瑰旁搜遠探得戶牖入見奧作何雄魁
日令我意失枯槁水之灌養源源來千年大說没荒冗
義路寸土誰能培嗟予計真不自料欲挽白日之西頹

图 12：明正统十二年刻本《南丰先生元丰类稿》五十卷续附一卷

综上所述，则现知华大东亚图书馆藏明版书至少有 144 部，实际数量应该比这个数字多得多。

华大东亚馆藏清代善本也不少。2010 年 1 月到 2012 年 12 月间与台北“中央图书馆”合作扫描的中文古籍 382 种中，清版书乾隆以前刻本就有 105 种。最近 CLIR 项目的编目中，新发现的康熙刻本就有 11 种，清乾隆刻本 13 种。如清康熙四十九年（1710）朱昌辰刻本《韦斋集》十二卷，作者朱松是朱熹的父亲，钤印众多，流传有自；清康熙刻本《西堂乐府》六种、清康熙四十四年（1705）北京王士禛刻本《香祖笔记》十二卷、清乾隆二年（1737）赵侗斆刻本《赵裘萼公剩稿》四卷等书，均刻印精美，版本珍贵。以常识推断,华大东亚馆的清代乾隆以前的刻本数量不会少于该馆所藏明刻本的数量,应该在200种以上。

华大东亚图书馆的普通古籍中也常有罕见的品种和版本。如卫德明原藏的光绪刻本《甲午大吉诗编》一卷续编一卷(见图13),这是1894年初杭州地方绅士给慈禧太后祝寿的一部诗集,其中还有八千卷楼主人丁丙的贺诗。因为书中所收的一百多首诗,每句开头的字组合起来,都是“甲午大吉”4字,故以此作为书名。此书大概是因为随后的中日甲午战争的缘故,没有得到流传,华大所藏为仅见的一部。

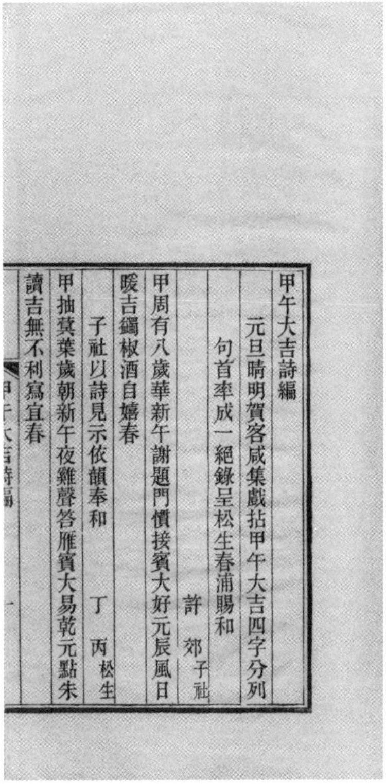
甲午大吉詩編
元旦晴明賀客咸集戲拈甲午大吉四字分列
句首率成一絕錄呈松生春浦賜和
許　郊 子社
甲周有八歲華新午謝題門慣接賓大好元辰風日
暖吉鐲椒酒自嬉春
子社以詩見示依韻奉和　丁　丙 松生
甲抽萁葉歲朝新午夜雞聲答雁賓大易乾元點朱
讀吉無不利寫宜春

图13:清光绪二十年刻本《甲午大吉诗编》一卷续编一卷

清光绪三十四年(1908)唐县刘永诗刻本《选绿斋诗钞》三卷诗余一卷,作者韩德玉(1847—1899),号浣云,又号选绿斋主人,清末唐县刘传祁(字永诗)之妻。女性著作是当前古籍整理和学术研究的热门话题,此书目前仅知苏州图书馆有收藏,海外此本为仅见。

彩色木刻套印本中,也有一些比较罕见的珍品,如清末木版彩印之《贵州百苗图》,他处均未见著录和收藏。贵州苗图一类书,许多图书馆藏有彩绘本,但木版彩印之本却极为少见。华大此本,为我们提供了珍贵的样本。

清嘉庆五年(1800)木活字本《历代继统纪年总录》三卷6册,清乾嘉时汤棫撰,为自唐虞至明末三千年间之中国历史大事记。该书不见任何书目有著录。

华大东亚图书馆的稿抄本收藏也值得一提。例如这次CLIR项目的

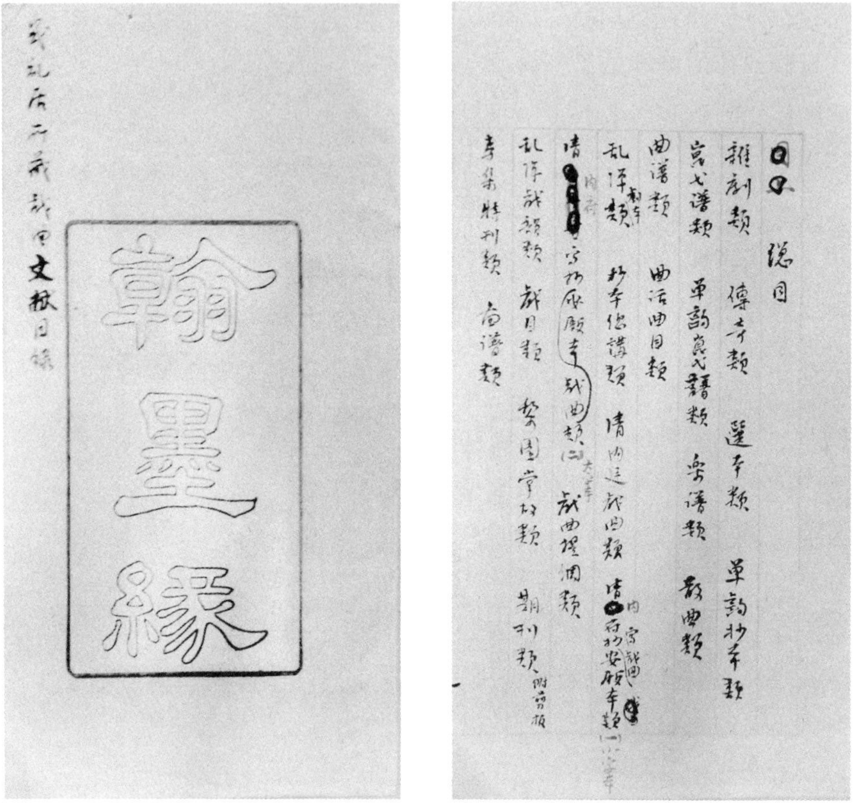

图 14：民国三十六年周明泰稿本《几礼居所藏戏曲文献目录》

编目中，就发现了民国三十六年（1947）周明泰编纂的稿本《几礼居所藏戏曲文献目录》2 册（见图 14）。

周明泰（1896—1994），字志辅，别号几礼居主人，祖籍安徽至德县（今东至县），近代著名实业家周学熙长子，周馥嫡孙。酷爱戏曲，与民国时著名京剧演员交往甚密。他熟悉梨园掌故，广泛搜集戏曲文献，并高薪聘人用特制笺纸工楷抄录清内府所藏戏曲传奇各书，是民国时期的藏书大家，所藏与马廉、齐如山相颉颃。曾任北洋政府总统府秘书、内务部参事等，亦从事实业。1949 年由上海移居香港，后定居美国华盛顿州，潜心学术。生平撰著有《〈都门纪略〉中之戏曲史料》《道咸以来梨园系年小录》《五十年来北平戏曲史料》《清升平署存盘事例漫抄》《近百年的戏曲》《元明乐府套数举略》《几礼居杂著》《几礼居随笔》《读曲类稿》《枕流答问》《续剧说》《续曲类稿》《明本传奇杂录》《续封泥考略》《后汉县邑省并表》《三国志世系表》《三曾年谱》《易卦十二讲》《续易卦十二讲》等。生前将其戏曲藏书全部捐赠上海图书馆,唱片收藏捐赠中国京剧院。1994 年 5 月 28 日在美国逝世。

华大东亚图书馆收藏的 2 册《几礼居所藏戏曲文献目录》,系周明泰亲手编订录写。该书蓝格,框高 19.8 厘米,宽 11 厘米,单鱼尾,半叶 8 行,行 20 余字不等,小字双行。盖其书虽在 1949 年其离沪赴港时委托合众图书馆顾廷龙馆长代为保管,但目录却随身携带一直到美国。这部稿本何时进入华大图书馆已无从知晓,但反映出周明泰晚年或身后可能与华大产生过某种交集。

除《几礼居所藏戏曲文献目录》外,此次 CLIR 项目编目中,还发现了其他一些稿本,如《瀛鸥词稿》1 册、《陆恩长牍文汇抄(光绪二十九至三十一年)》1 册、《(民国)维西县志稿》5 册等。这些稿本均未见正式出版,有较高参考价值。

华大东亚馆藏中文古籍抄本数量较大,是其一大特色。如清抄本中有宋蒲积中编《古今岁时杂咏》12 册,宋崔与之撰《崔清献公全录》2 册,清戴名世撰《孑遗录》一卷 1 册,清苏了心撰《周易本义补》四卷 3 册,《湖北江西江宁军营钦奉上谕及奏折各稿》22 册,清萨迎阿、奕山撰《新疆龙堆奏议》四卷 6 册,清汤鹏撰《善后事宜三十条》1 册,清崔永安等禀《湖田垦务卷宗》2 册,《御定六壬直指》二卷 7 册,《各省官兵花名册》10 册,等等。

中文古籍中,除中国古籍外,还有一些和刻本、朝鲜本、越南本等。和刻本如日本元禄八年(1695)神雒书肆、甘节堂、汲古斋刻本《杼山集》十卷 4 册;朝鲜本如朝鲜光武年间(1897—1907)抄本《孙武子直解》三卷 2 册;越南本如越南维新五年(1911)河内刻本《中学越史撮要》五集 4 册(见图 15)。

铅印本、石印本、油印本出版年代虽然较近,但华大东亚馆所藏之本中,多有罕见或极具参考价值者。

如未见各家著录的清光绪三十三年(1907)铅印本《奏办吉林外国语学堂暂行章程》,从版本上讲好像并不起眼,但其内容极其珍罕,书中许多内容可以和稍后的《京师大学堂章程》相印证,对于中国近代教育史的研

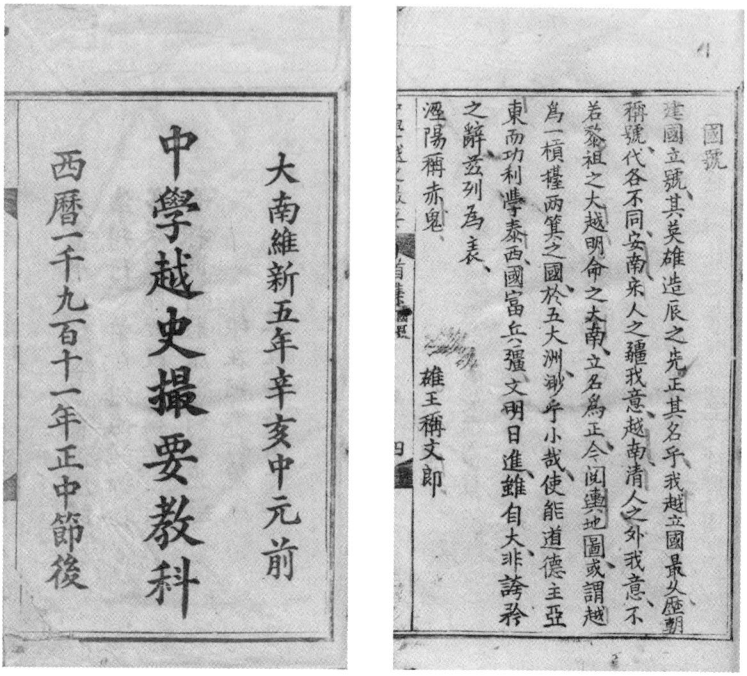
大南維新五年辛亥中元前
中學越史撮要教科
西曆一千九百十一年正中節後

國號
建國立號其莫雄造辰之先正其名乎我越立國最久歷朝
稱號代各不同安南宋人之藴我意越南清人之外我意不
若黎祖之大越明命之大南立名爲正今閲輿地圖或謂越
爲一槓槿兩箕之國於五大洲渺乎小哉使能道德主亞
東而功利學泰西國富兵彊文明日進雖自大非誇矜
之辭茲列爲表
涇陽稱赤鬼
雄王稱文郎

图15:越南维新五年(1911)河内刻本《中学越史撮要》五集

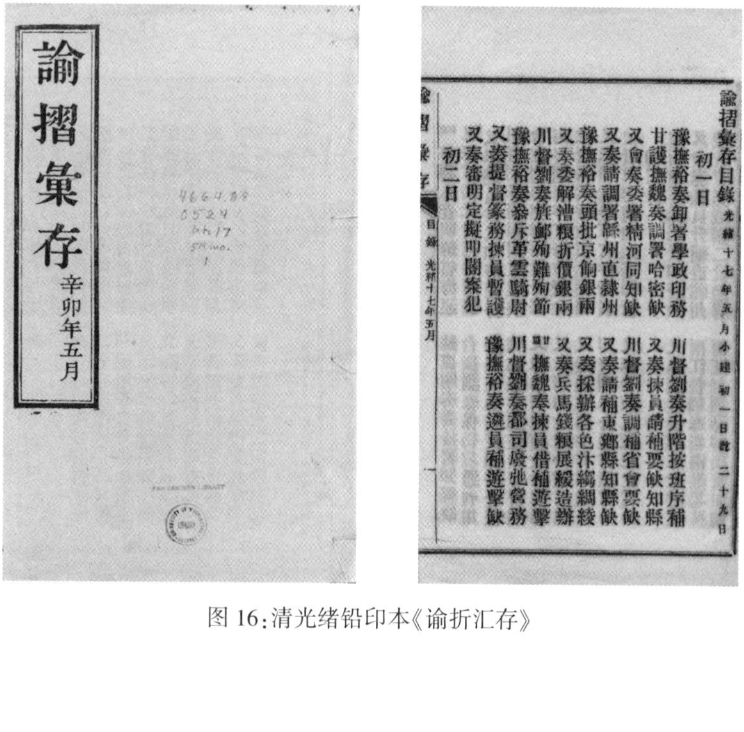
諭摺彙存
辛卯年五月

諭摺彙存目錄 光緒十七年五月小建初一日數二十九日
初一日
豫撫裕奏卸署學政印務
甘護撫魏奏調署哈密缺
又會奏委署精河同知缺
又奏請調署綏州直隸州
豫撫裕奏頭批京餉銀兩
又奏委解漕糧折價銀兩
川督劉奏旌郵殉難殉節
豫撫裕奏參斥革雲騎尉
又奏提督篆務揀員暫護
又奏審明定擬叩關案犯
初二日
川督劉奏升階按班序補
又奏揀員請補要缺知縣
川督劉奏調補省會要缺
又奏請補東鄉縣知縣缺
又奏採辦各色汴綢綢綾
又奏兵馬錢糧展緩造辦
甘護撫魏奏揀員借補遊擊
川督劉奏都司廢弛營務
豫撫裕奏遴員補遊擊缺

图16:清光绪铅印本《谕折汇存》

究有重要价值。

清光绪铅印本《谕折汇存》(见图16),中国国内高校图书馆中收藏数量最大的是北京大学图书馆,为1004册。但华大东亚馆藏该版本为1110册,内容从光绪十七年(1891)五月至光绪三十二年(1906)十二月,数量超过了北大馆。

《悟善社诗文集》,民国八年(1919)北京悟善社油印本。悟善社是民国初年出现的带有宗教色彩的秘密结社,又称"世界六圣宗教大同会",创办者为四川人唐焕章。该教教义称此教融合儒家、佛教、道教、天主教、基督教与伊斯兰教六大宗教为一体,教主唐焕章自称是创世以来继各教创始人之后的世界第七大教主。这部《悟善社诗文集》为国内外仅见,对于了解中国近现代民间教派组织的宗旨和活动方式、内容等有一定的帮助。

(二)拓片

华大东亚图书馆藏全部拓片现知共74种,由于缺乏相关编目人员,长期未能编目。另有16种拓片收藏在总馆的特藏部,也未编目,由于一时难以找出,故此次实施CLIR项目,仅对东亚馆藏这74种予以编目整理,采用RDA编目规则将记录提交到OCLC,现在世界各地的读者都可以检索到这些记录。

华大东亚图书馆藏的这些拓片大致可分为3个来源:

一是民国期间拓自陕西西安碑林,这部分数量最大,有43种,但来源不详。

二是民国时搜集自云南各地,这部分有20余种,原本应该是洛克博士的收藏。收藏在总馆特藏部的16种拓片,也是洛克博士原来的收藏。

三是高文教授原藏的开封一赐乐业教寺的犹太教三大碑;还有3种日本拓片、1种韩国拓片,很有可能也是高文教授的收藏。

华大东亚图书馆拓片总体数量虽然不是很大,但有几个特点比较突出:

1.图像多。如:清康熙刻《至圣先师像》,清刻《万世师表孔子像》,民国三十二年(1943)昆明邓教坤造像《太上老君圣像》,清康熙三年(1664)

刻《吴道子绘观音像》,清康熙六十年(1721)刻《关圣帝君像》,明末清初刻《明崇祯丽江处士和青墓前之浮雕金童玉女》,清疯癫和尚绘清刻《达摩图》二幅,清刻《福禄寿三星图》,清刻《关中八景图》,清刻《关中八景》之《骊山晚照》《草堂烟雾》,民国二十八年(1939)昆明刻《汉祠老柏诗图》,光绪七年(1881)刻《彭玉麟为俞樾绘俞楼红梅图》,唐代刻《唐墓石椁线刻画像石》十六幅等。这些拓片大多捶拓于民国年间,纸质、品相皆好。

2.大幅面碑刻多。如:唐永徽四年(653)刻《大唐皇帝三藏圣教序及记》,唐咸亨三年(672)刻《大唐三藏圣教序并心经》,唐会昌元年(841)刻《玄秘塔碑》,唐龙朔三年(663)刻《道因法师碑》,唐天宝二年(743)刻《隆阐法师碑》,唐德宗建中二年(781)刻《大秦景教流行中国碑》,唐元和元年(806)刻《唐故招圣寺大德慧坚禅师碑》,唐开元二十四年(736)刻《大智禅师碑》,唐长庆二年(823)刻《梁守谦功德铭并序》,明嘉靖二十五年(1546)七月刻《大观堂修造记》,明万历十六年(1588)钟化民刻《正己格物说》(见图17),清康熙刻《康熙临米芾书李白送友人寻越中山水诗碑》《康熙御笔草书七律诗碑》《康熙赐川陕总督佛伦诗碑》,清雍正间刻《雍正皇帝赐岳钟琪诗碑》,清道光十七年(1837)刻《洪瑚琏祝文碑》等,这些碑刻碑高都在2米左右。

3.墓志所占比例较大。74种拓片中,墓志有12种之多,其中北魏墓志10种:《元羽墓志》、《元悦墓志》、《元晖墓志》、《尔朱绍墓志》(见图18)、《尔朱袭墓志并盖》、《元天穆墓志》、《侯刚墓志并盖》、《王悦及妻郭氏墓志》、《元诲墓志盖》、《笱景墓志盖》;五代后梁墓志1种:《石彦辞墓志盖》;北宋墓志1种:《安守忠墓志盖》。

4.云南地方碑刻多且较为罕见。按刻立年代罗列如下:

《昆明玉案山筇竹寺圣旨碑》。元仁宗爱育黎拔力八达撰,元延祐三年(1316)昆明玄坚和尚立石。

《温泉庵记》。明高宗敬撰并书,明永乐十年(1412)云南大理杨禾镌。

《大观堂修造记》。明李元阳撰并书,明嘉靖二十五年(1546)大理刘琳等立石。

《万德宫记》。明木高撰,明嘉靖三十五年(1556)云南丽江府刻石。

图 17：明万历十六年钟化民刻《正己格物说》（民国拓本）

图 18:北魏永安二年(529)洛阳刻石《尔朱绍墓志》(民国拓本)

《明崇祯丽江处士和青墓前之浮雕金童》《明崇祯丽江处士和青墓前之浮雕玉女》。明末清初(1628—1661)立石。

《升庵先生像及赞》(见图 19)。清范承勋撰,清康熙二十八年(1689)昆明范承勋立石。

《升庵先生祠落成敬纪诗二首》。清许弘勋撰,清康熙二十八年(1689)昆明立石。

《山中逸趣叙》。题明徐宏祖撰并书,清至民国丽江立石。

《白沙金刚大定二刹碑记》。清管学宣撰,清乾隆八年(1743)云南白沙镇管学宣刻石。

《云南鹤丽镇鸣音汛帝阁新建石碑记》。清陶宣撰,清嘉庆二十年(1815)秋云南鹤丽镇陶宣刻石。

《普济寺大喇嘛纪略》。清李樾撰,清道光十七年(1837)丽江普济寺立石。

《云南丽江知府勘定田亩界址告示碑》。清王氏撰,清光绪元年

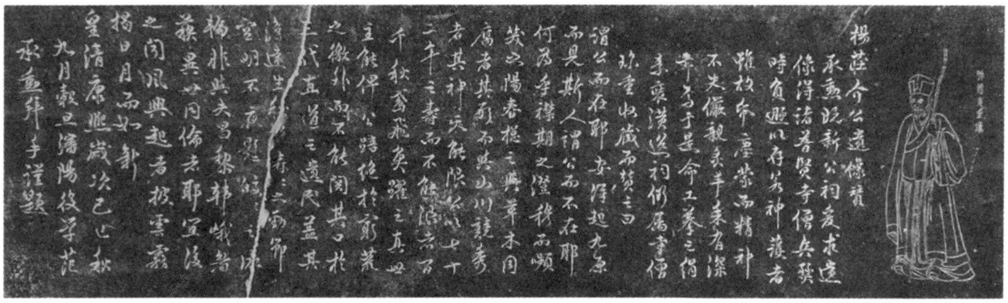

图 19:清康熙二十八年昆明范承勋立石之《升庵先生像及赞》(民国拓本)

(1875)云南丽江闵士达等立石。

《汉祠老柏诗图》。吴翼翚撰并书,民国二十八年(1939)昆明立石。

《老子像》。胡应祥绘像,民国三十二年(1943)昆明邓教坤造像。

《中甸南面四百里乾岩房端峰摩岩》。端峰撰并书,明至清(1368—1911)摩崖。

《端峰乙巳五言诗刻摩崖》。题乙巳年三月摩崖。

这些拓片虽然捶拓时间都在民国,但碑刻时间却元、明、清、民国皆有,反映了云南各地历朝各代不同的碑刻乃至摩崖的真实面貌,其中一些碑刻可能今已不存,则更属珍贵罕见。

5.开封一赐乐业教寺的犹太教三大碑拓片俱有,这是古代犹太人在中国生活历史的最直接说明。这三大碑分别是:

明弘治二年(1489)五月吉日开封金瑛、金礼立石之《重建清真寺记》(见图 20)。

明正德七年(1512)七月甲子日开封尊崇道经寺立石之《尊崇道经寺记》。

清康熙十八年(1679)三月开封赵承基立石之《祠堂述古碑记》。

“一赐乐业”是希伯来文,即“以色列”的古音译。北宋年间,一批犹太人从西方来到东京汴梁,进贡西洋布于皇帝,皇帝下旨:“归我中夏,遵守祖风,留遗汴梁。”允许他们在开封居住并保留信仰和风俗。金世宗大定三年(1163),开封犹太人在闹市区建起一座犹太会堂,以后历朝各代不断重修翻建,寺名也不断改换,先后有“清真寺”“尊崇道经寺”“一赐乐业教寺”等名称。自明末以来,中外学者对开封一赐乐业教关注甚殷,多所研究,其中以陈垣先生 1923 年所著《开封一赐乐业教考》一文最具代表性。上述三大碑则为开封一赐乐业教的研究提供了原始的记录信息,现在已被妥善保存在开封博物馆。

6.日本、韩国拓片虽数量不大，但颇具代表性：

馆藏日本拓片首推日本天平胜宝五年（753）奈良药师寺立碑的《佛足石歌碑》。该拓片约拓于20世纪上半叶，品相完好，卷轴装1幅；纸幅高188厘米，宽62厘米；墨纸高151厘米，宽49厘米；正书，碑文分两节，上节11行，下节10行，行约38字。

佛足石指刻有释迦牟尼足掌印、以表千辐轮等妙相之石。又称佛脚石、佛足迹。当年佛将入灭，于摩揭陀国留足迹。后人相传见佛之足跖而参拜，如同参拜生身之佛，可灭除无量之罪障。唐初王玄策出使印度，曾图写佛足石归国，遂流传各地乃至日本。日本现存最古的佛足石收藏在奈良药师寺。依其铭文所记，乃天平胜宝元年（749）所造。天平胜宝五年（753）又在佛足印之侧镌刻二十一首诗歌颂扬佛祖，用万叶假名记音，世称《佛足石歌碑》。今二者皆为日本国宝。

馆藏另外2幅日本拓片是藤田东湖撰并书的《回天诗史》《瓢兮歌》，二者都是明治时期刻石和拓印，有可能是高文教授的收藏。

藤田东湖（1806—1855），名彪，号东湖，是日本江户时代末期的著名思想家，尊王倒幕运动的先驱，对日本近代思想的发展有很大影响。《回天诗史》是他所作最著名的一首诗。诗作于甲辰年（1844），重录于己酉年（1849），诗后有跋，落款为虎文藤田彪。拓片未装裱，高130厘米，宽62厘米；行草，8行，行22字，小字行33字。《瓢兮歌》亦生动地抒发了藤田东湖的人生志趣。拓纸高126厘米，宽32厘米；行草，正文8行，行23字；诗文下刻瓢图；最下有日本庆应丁卯（三年，1867）青山季跋，14行，行9字。

韩国拓片有百济义慈王时期（641—660）立石的《砂宅智积碑》（见图21），拓纸高108厘米，宽34厘米，未托裱；正书，4行，行14字。该碑发现于1954年，花岗岩制，仅存残碑高约1米，碑上残留文字共56字："甲寅年正月九日，奈祇城砂宅智积，慷身日之易往，慨体月之难还；穿金以建珍堂，凿玉以立宝塔；巍巍慈容，吐神光以送云；峨峨悲貌，含圣明以……"甲寅年即百济义慈王十四年（654），很可能就是此碑的刻立之年。砂宅智积当时官职是百济国的大佐平，大致相当于宰相。此碑刻为现存百济碑刻中最佳者，其体格与北魏造像题记同，而无其犷率，方整清和，楷法差备，气息与隋碑为邻里，书法史上评价很高。

图 20:明弘治二年立石之《重建清真寺记》(清末拓本)

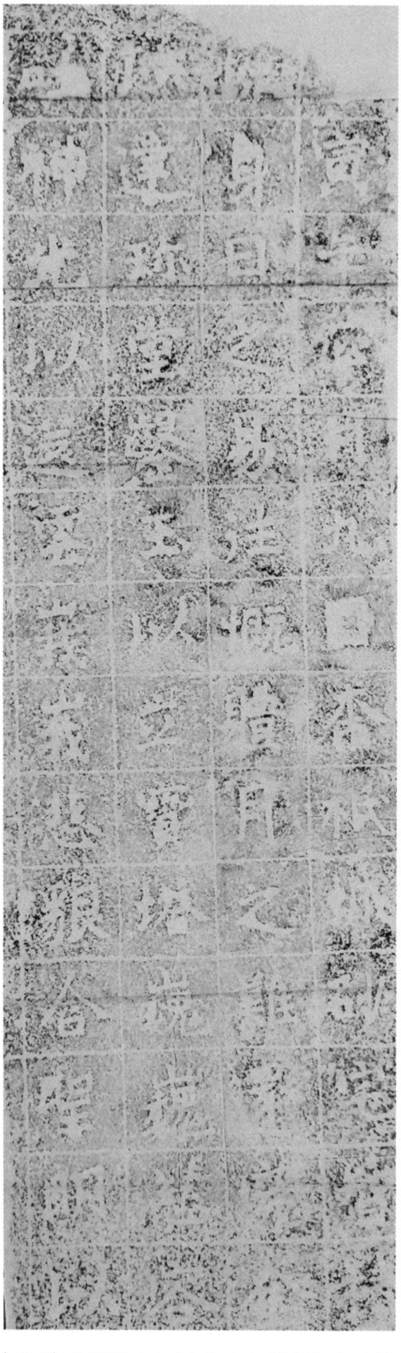

图 21：百济义慈王时期立石之《砂宅智积碑》(韩国近拓本)

(三)书画

此次实施 CLIR 项目,对华大东亚馆所藏书画做了比较彻底的清理和编目,共计整理编目各类书画 154 种,其中大多数是 1949 年以后北京荣宝斋、上海朵云轩、天津美术出版社、杭州浙江美术学院水印工厂制作的木版水印作品。木版水印书画虽然是印刷品,但由于制作工艺复杂,手工操作性强,印刷量小,所以也是价值不菲的珍贵文献。刻印工序大体可分勾描、刻版、印刷三步,有时一幅画分色多达 1 千余版。华大东亚图书馆藏《猴神》(永乐宫壁画部分)、《清石涛听泉图》、《清金农墨梅》等木版水印图画,均酷似原作,可以说是木版水印工艺的代表作。

图 22:北京荣宝斋新记木版水印唐周昉绘《簪花仕女图》

绢本的原样复制千百年来一直是个空白,除了手工临摹,无他法可想。但 1949 年新中国成立后,荣宝斋发明了印绢上水法,攻克了绢画印制的技术难关。华大东亚图书馆所藏的北京荣宝斋新记印唐周昉绘《簪花仕女图》(见图 22)、宋佚名绘《宋人射猎图》、明王仲玉绘《陶渊明像》等,都是在绢上进行的木版水印,更是惟妙惟肖,精彩绝伦。

此次 CLIR 项目在编目整理华大东亚图书馆藏书画时,意外发现其中竟有一幅张大千所绘水墨画原作《云林生古木竹石》(见图 23)。该画画面右上方墨笔题:“云林生古木竹石/戊子三月过渝州写似/大千张爰”。下钤朱印二枚:“张爰之印”“大千”。图外左下方有墨笔小字题:“曾约重来啖荔枝,春花落尽别经时;风流前辈差堪拟,不属云林更有谁。/大千于春初入蜀,约期重游香港,期期不来,诗以寄意。/国英先生吟正/三十八年六月十二日马鉴于老学斋。”下钤阴文朱印:“马鉴”。马鉴是民国时著名的宁波“五马”兄弟之一,时任香港大学文学院院长。张大千的原作加上马鉴的跋语墨迹,使得该幅作品更显珍贵。

书法墨迹华大东亚图书馆所藏不多,其中较珍贵的有:《戴季陶赠镛声先生楷书条幅》《吴敬恒赠镛声先生篆书条幅》《盛朗卿先生七言对》等。

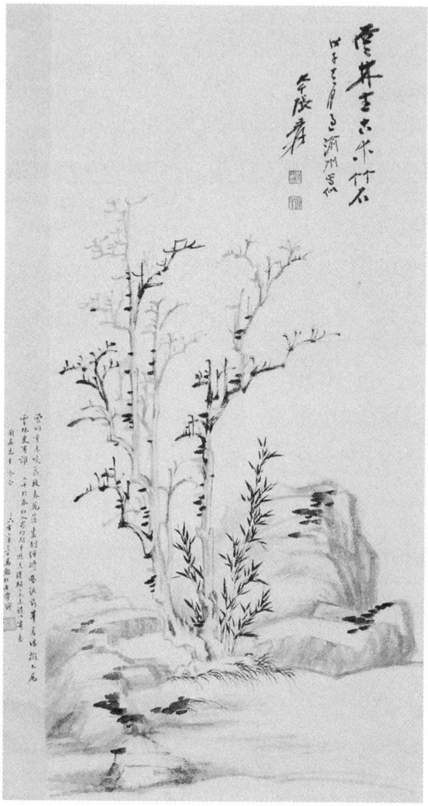

图23:张大千绘水墨画原作《云林生古木竹石》

(四)书信

华大东亚图书馆藏古人书信原件目前只发现2种,但书信内容集中,且经整理,皆粘裱在硬纸上,总数近百通。

第一件《钱宫詹时贤通札》书信共7开,皆为乾隆年间钱大昕友人如秦蕙田、袁枚、卢文弨、顾修等人的来信。前有墨笔题书名4开,落款题:“潜盦主人藏/周世恒题”,左侧钤印:“邃清池馆”“孙心盦又号西桥”“汝南仲氏”。

第二件《陈法、孙嘉淦致李元直书札合集》中,陈法书札共35开1册,孙嘉淦书札共47开,分装2册。时间从康熙末年至乾隆初年。陈法、孙嘉淦都是清代名臣;收信人无姓名,从信中透露出的信息来看为山东人,陈、孙二人皆称之为“年长兄”,应与孙嘉淦、陈法同于康熙五十二年(1713)中进士。查康熙五十二年癸巳恩科山东进士中,与信中内容最相符合的人物就是李元直。

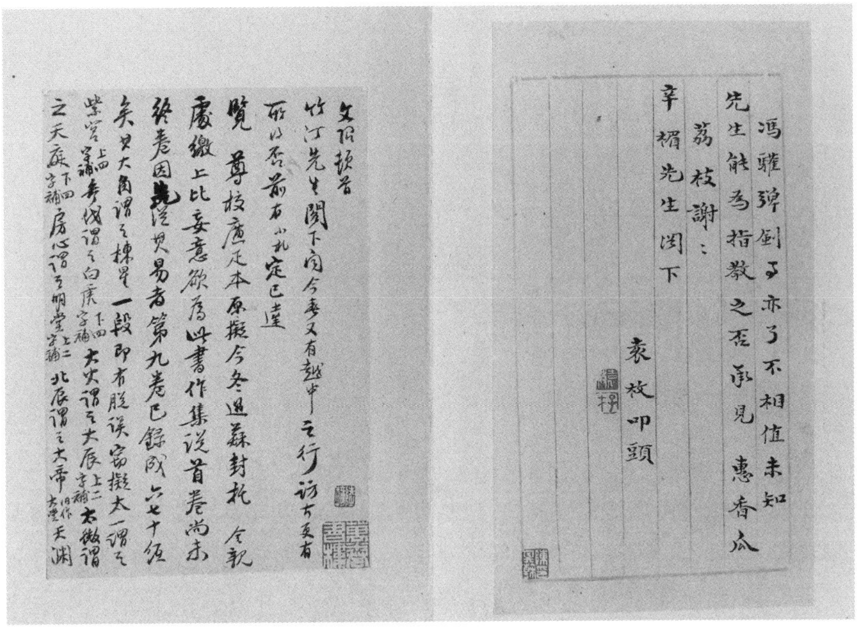

图 24：袁枚、卢文弨致钱大昕书信二通

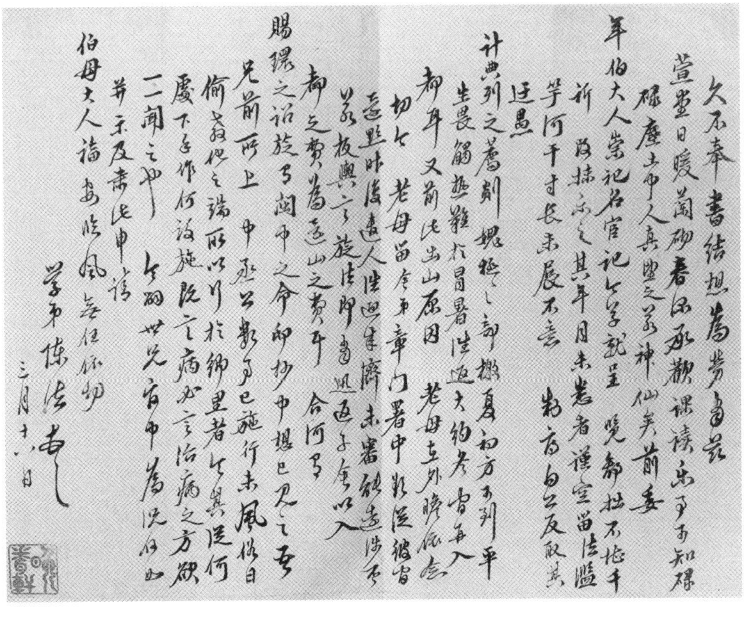

图 25：陈法致李元直书札

李元直(1686—1758),原名元真,避雍正皇帝讳改为元直,字象先,号愚村,山东高密人,康熙五十二年进士,选翰林庶吉士。三年后授翰林编修。雍正七年(1729),考选四川道监察御史。为人刚介,直言敢谏,莅任仅八个月,即上谏章数十道,直声震台垣,被人褒呼为"戆李"。不久奉命巡视台湾,访察时弊,问民疾苦,革除陋规数十项,却被督抚诬劾"侵官",降三级罢官。遂绝意仕途,怡志林泉,居家二十余年卒,《清史稿》有传。元直与孙嘉淦、陈法、谢济世交好,以古义相互砥砺,时称"四君子"。

这批书信的发现是一件大事,将为清代政治、学术的研究提供新的资料,而其本身也具有较高的文物价值。

(五)舆图

华大东亚图书馆藏中文地图大多为民国时期印制,收藏中国古代地图不多,今人据清代彩色手绘长卷影印复制的《黄河图》《台湾地图》虽非原件,亦弥足珍贵。二图均长达七八米,极其精美壮观。

另有2幅朝鲜地图,其中清末朱墨蓝三色彩绘本《大东舆地全图》,是当时的朝鲜全国地图,描绘非常精细,很有研究价值。另一幅1864年雕版墨印的《首善全图》,描绘的是当时的朝鲜京城,也有一定参考价值。

结　语

客观而言,华大东亚图书馆及其前身一直以来虽没有刻意大量收藏中文古文献,但几十年来的种种机缘,最终造就了该馆的中文古文献收藏规模,使之与华大在美国高校中的排名和地位颇相吻合。经过数代华大东亚图书馆人的积极努力,特别是此次CLIR项目的集中整理,华大东亚馆藏中文古文献的编目任务基本完成,今后的工作方向:

1.实现馆藏中文古文献的集中典藏,改善保存条件,修复破损文献;

2.编出印刷本的馆藏中文古文献总目和古籍善本书志;

3.继续进行馆藏珍贵中文古文献的数字化扫描,建立全文图像数据库,对全世界读者开放使用,为扩大华大在全球的影响添上精彩一笔!

展望未来,任重而道远,只有努力前行!

加拿大不列颠哥伦比亚大学亚洲图书馆中文古籍与特藏

武亚民　刘　静

（加拿大不列颠哥伦比亚大学）

加拿大不列颠哥伦比亚大学（University of British Columbia，简称UBC，又译为“英属哥伦比亚大学”或“卑诗大学”）位于加拿大西部通往亚太地区的门户城市温哥华，是北美的汉学研究重镇之一。其亚洲图书馆于1960年建馆伊始，就确定了以中国研究为中心的文献收集政策。经过半个多世纪的积累、经过前辈同人的不懈努力和私人藏书家的慷慨捐赠，中文藏书目前已达到30余万册，是加拿大西部最大的中国文献中心。尤为珍贵的是其中6万余册中文线装古籍，在北美地区的东亚图书馆中，是数量大、质量高而且颇具特色的重要收藏。这批珍贵的古籍不仅为本校的中国学研究和人才培养打下了坚实的基础，也随着其越来越深入地被整理和揭示，不断吸引着世界各地的研究学者和国际合作伙伴。在过去的两年，由美国梅隆基金会（Mellon Foundation）和图书馆信息资源委员会（Council on Library and Information Resources，缩写为CLIR）提供经费支持，UBC亚洲图书馆联手美国华盛顿大学东亚图书馆以及北京大学图书馆，对馆内积压多年的十几种专藏的近万种中文图书进行了清理，并挑选出1200种十分珍贵的、在北美地区甚至海内外都罕见的图书进行了详细的编目,正式纳入馆藏①。其中既包括中文古籍善本书也包括民国时期的稀见书刊,使馆藏中文藏书的质量大幅提升。CLIR 项目已经于 2016 年 5 月结束,这些书也开始为教学与研究服务。

近年来,UBC 亚洲图书馆把建设有特色的中文藏书资源作为新的工作重点,并已取得一定的成效,但同时也面临诸多困难。本文将重点讨论我们是如何在经费和人才紧缺的困境中寻求国际合作、深入开发特色资源的。我们将以刚完成的 CLIR 项目为例,来展示如何在以西文为主的学术环境中,探索和发展有特色的中文藏书资源建设的道路。

一、中文古籍的来源、构成及特色

UBC 亚洲图书馆的中文古籍有两个主要来源,即购买和捐赠。学校通常没有固定的预算来发展中文古籍馆藏,必须寻求特殊的渠道,如接受捐赠或者寻求一次性的特殊经费购买。相对于北美地区其他历史久远的东亚馆来说,UBC 亚洲图书馆的起步较晚,1960 年才正式建馆。从建馆伊始,其中文藏书就是紧密围绕着本校亚洲学研究的需要,有计划、有重点地从中国香港、中国澳门以及东南亚地区购买,这就决定了其中文古籍藏书的主体,在学科内容上有所侧重,重点学科的藏书逐渐形成了比较完整和独特的藏书体系。例如,蒲坂藏书是于 1959 年购自澳门,景颐斋和宋学鹏藏书于 1966 年购自香港,还有一些小批量的古籍来自 20 世纪 60—70 年代的中国港澳台以及日本。每次购买都是补充藏书之不足,使藏书体系更加完善,更适合教学研究的需要。另一方面,温哥华是华侨登陆北美大陆的落脚点之一,是加拿大华人移民的聚居地,不乏晚清和民国时期的名人之后,更是华人侨团活跃的地方。华侨先驱们不仅投资印刷少量的传统中文古籍线装书,许多老华侨也保存有从原居地和迁徙地(如东南亚和日本等地)带来的中文古籍。他们慷慨的捐赠进一步强化了亚洲图书馆的中文特色资源,不仅对保存和传播中华文化意义深远,同时也为研究加拿大华侨历史提供了重要线索。

①该项目的网站:http://guides.library.ubc.ca/clir。

蒲坂藏书是于1959年由当时执教于本校的何炳棣教授(1917—2012)代表UBC远赴澳门购得,共计3200余种,45000多册,内容涵盖经史子集各个主要方面。在此基础上UBC于1960年成立了亚洲图书馆(当时称为亚洲部),次年设立亚洲研究系并开始广罗全球的汉学家。蒲坂藏书的主人原是澳门的富商姚钧石(1889—1973),他在1941年从举家躲避战乱至香港的藏书家徐信符手中购买了一大批南州书楼的旧藏。自认为舜帝后裔的姚先生,以舜的都城"蒲坂"命名了自己扩充后的藏书为"蒲坂书楼藏书"①,后来当姚先生有意出售这批藏书时,北美、中国香港、中国台湾以及新加坡的几家大学都有意购买,而最终被UBC大学夺得头筹。为了能够体现藏书的沿革,这批书到达UBC之后,便被称为"蒲坂藏书",从此"蒲坂藏书"便成为UBC亚洲图书馆中文古籍藏书的代名词。这第一批大规模的中文藏书,奠定了UBC亚洲图书馆的基础,使亚洲图书馆的藏书在数量和质量上都后来居上,在当时的北美高校馆中处于领先的前五名位置②。据前辈馆员谢琰先生回忆,1959年,蒲坂藏书在大木箱中运抵UBC时,被比作来自中国的长城。其规模之巨可想而知。这一采购整座中国私人藏书楼的做法,在海外实属罕见。蒲坂藏书至今仍是UBC亚洲图书馆中文古籍藏书的主体,约占总数的70%,珍善本的数量过千,孤本逾百,最早的版本是元刻本,明刻本和清初刻本更是俯拾皆是,其中套印本、粤版书占有一定的比例,还有大量的批校本、精抄本和稿本。蒲坂藏书的内容特色之一,就是集中保存了广东的地方文献,基本上覆盖了整个岭南的珠江三角洲地区,这些藏书大多继承自徐信符的南州书楼旧藏。在形式上蒲坂藏书也是多种多样,除了刻本、稿抄本外,还有部分拓本以及地图等。

①姚钧石在每种书上都钤有"姚钧石藏书""蒲坂书楼""民国庚辰"印记,并编有《蒲坂书楼藏书目录》。

②"Research and special collections," *The U.B.C. Alumni Chronicle*, V. 14 (4), Winter 1960, p. 20.

图1:蒲坂藏书排架图(一)

图2:蒲坂藏书排架图(二)

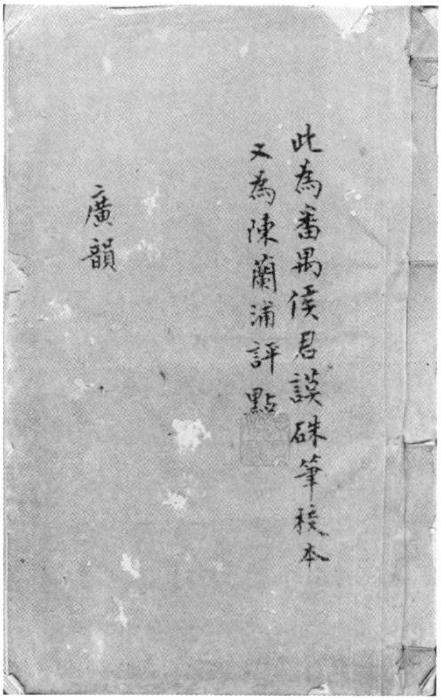

图3:徐信符手书

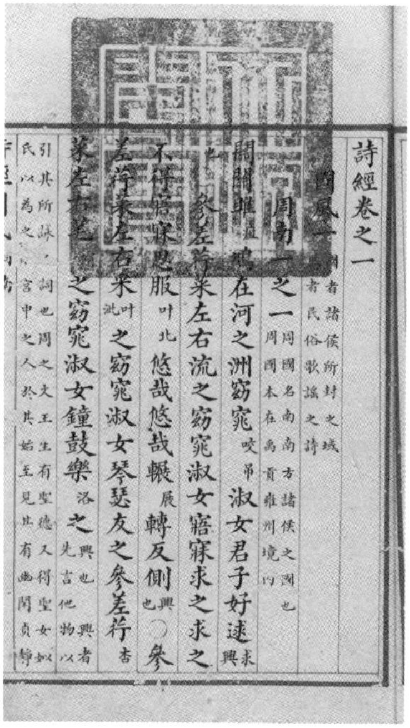

图4:清道光间内府精写本《五经》,钤有“文源阁宝”朱文方印

图 5：清居巢《古印藏真》清光绪五年（1879）钤印本，稿本

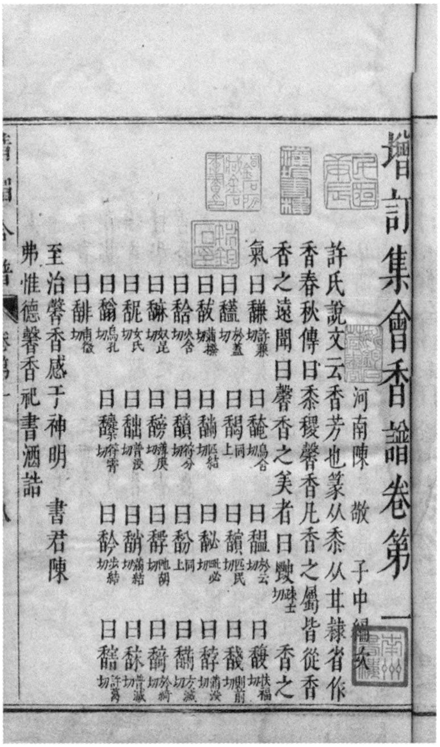

图 6：明益王朱慈炱辑《清媚合谱》十六卷，明崇祯十三年（1640）刻本，是现存唯一一部全本。钤有徐信符“南州书楼”印，姚钧石“蒲坂书楼”等五枚印记

继蒲坂藏书之后，UBC 亚洲图书馆又陆续在香港访得景颐斋和宋学鹏的藏书。景颐斋藏书是原香港富商陈启濂的藏书，约 160 种，4000 多册，以史部和集部为主，而且大套书较多。宋学鹏，名宝琳，字学鹏，其藏书多围绕着自己的研究兴趣，手自批校，其中几部广东的方志非常重要，另外佛教书籍也比较多，其藏书共 89 种，约 500 册。这两批藏书虽然数量不大，但扩充了亚洲图书馆藏书的学科覆盖面，而且其中也不乏明清善本书，特别是几部清初内府编印的大套殿板书保存完好齐全，尤为难得。

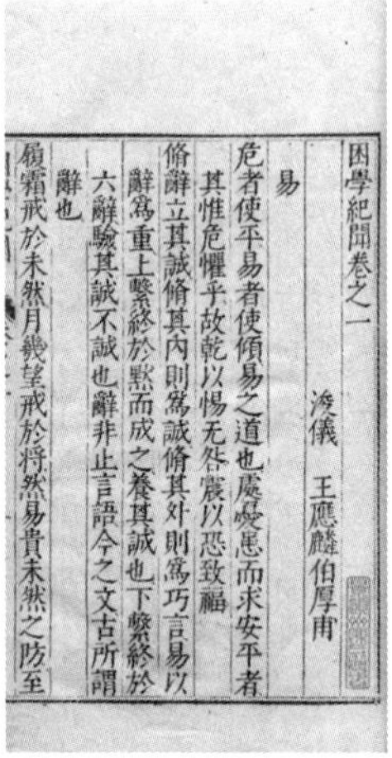

图7:宋王应麟《困学纪闻》二十卷,明万历三十一年(1603)吴献台刻本,清乾隆五十一年(1786)方成培校跋。钤有陈启濂"景颐斋陈氏藏书"朱文细条印

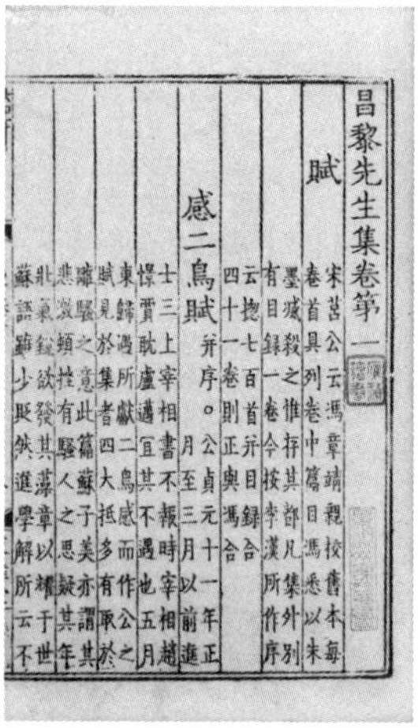

图8:唐韩愈《昌黎先生集》四十卷,明万历间(1573—1620)徐氏东雅堂刻本。钤有陈启濂"景颐斋陈氏藏书"朱文细条印

图9:明李贤等纂《大明一统志》九十卷,明嘉靖三十八年(1559)杨氏归仁斋刻,明末继贤堂印本。宋学鹏藏书

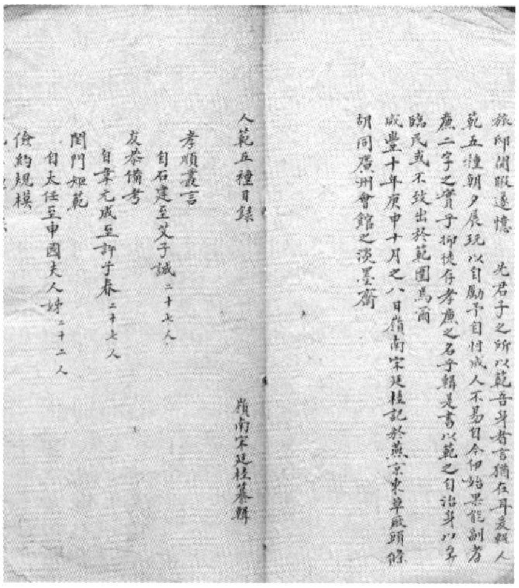

图10:清宋廷桂纂辑《人范五种》,清咸丰十年(1860)稿本。宋学鹏藏书

1997 年,UBC 图书馆又从原皇家安大略博物馆馆长 Peter Swann 手中购得 1000 多种有关东方艺术史的藏书,其中包含数百种 20 世纪初用珂罗版影印的中国古代书画集,如上海有正书局、神州国光社等影印的历代名画大观等等。中国古代名画历来都是藏在深宫内院,秘不示人,犹如凤毛麟角,难得一见。但是到了清末民初时期,随着清王朝的没落和灭亡,许多珍品陆续从宫中散出,落入私人手中。当时西方的摄影技术在出版印刷业上的应用刚刚传入中国,这种先进的摄影印刷技术正适应了对书画复制的需求,使得这些名画得以批量地被复制。虽然许多图书馆都或多或少地收藏有这类画册,但是如此完整的收藏并不多见。Swann 专藏的这些珂罗版画册,可以说是中国古代美术发展史的一个缩影。今天,这些名画的原件有些已经失传了,有些则又被锁在了公私藏家的密室里。而珂罗版画册,作为这些名画的第一次影印副本,就成为研究中国古代美术史的珍贵资料。Swann 专藏的这些画册长期以来没有被系统地整理,在 2015 年的 CLIR 项目中,它被列为工作重点之一,目前有近百种比较稀见的画册已经整理完成。

除了有重点地采购之外,UBC 图书馆还先后接受过几次规模较大的私人捐赠,形成了几个较有特色的中文专藏。早期的有司徒旄专藏和梁觉玄医生专藏,近期的则有庞镜塘专藏。

司徒旄(1889—1967)出生在加拿大的移民先驱家庭,靠自学通晓中国传统文化,精通古典诗词绘画并且学贯中西,自由地交往行走于中西不同社群。司徒旄为孙中山的挚友,曾为辛亥革命争取海外华侨的支持。他担任加拿大太平洋铁路麾下的远洋轮船公司客务经理 40 多年,交游甚广。民国早期的精英阶层不乏他的朋友或者受他关照之人。面对当年对华人的种族歧视,他据理力争甚至游说国会。而对中国的天灾人祸,他也始终在募集海外捐助的最前线。司徒先生一生积累藏书 1100 多种 2000 多册,有关中国历史、文学、佛学、书法等。在他 1967 年去世后,由女儿司徒美仙和女婿雷玉堂捐献给亚洲图书馆。

梁觉玄医生曾经在中国香港、美国和加拿大行医,是第一位在温哥华开设中医诊所和学校的中医师。他为北美的针灸合法化奔走呼吁,可谓中医在北美大陆的拓荒者。他身后留下的140余种中医古籍和手稿尤为珍贵，其中不乏稀见之本①。

庞镜塘专藏是由其家人辗转从中国大陆带至台湾，又从台湾带至温哥华，并最终捐赠给UBC图书馆。庞镜塘（1900—1977），山东荷泽人，生长于官宦世家，喜爱收藏古书和名人字画，藏书多达9万余册，其中有不少珍本秘籍。1925年，庞参加国民革命，曾任黄埔军校政治教官、国民党中央组织部秘书长、国民党山东省党部主任委员等。1948年济南战役时，庞镜塘被解放军俘虏，其妻杨宝琳携带两女及贵重物品（包括部分藏书、字画等）赴台。杨去世后，其女庞祎将遗留下来的藏书字画等带到温哥华。庞祎曾就读于本校的亚洲研究系，在她于2000年去世后，其子女方志豪（Paul Fang）等主动联系UBC图书馆，将部分藏书和碑帖拓片捐赠给亚洲图书馆，图书馆给予了妥善的保管与整理。方志豪及其姊妹有感于图书馆员对其捐赠品所付出的辛勤劳动和整理揭示工作，以及图书馆良好的保存条件，于2014年又再次捐赠，除少量善本、拓片外，还有字画60余幅（轴）。两次捐赠总计近200种1000册（件），包括古籍善本、碑帖拓片、名人手札及书画扇面等，都是庞氏藏书的精华，其中许多是出自山东名家之收藏，包括著名的海源阁旧藏。由于这些藏品几经辗转，没有得到妥善的保管，破损非常严重，内容也多有缺失。值得欣慰的是，其中有一部《史晨碑》拓本，因书册断裂为两部分而分散在两次捐赠之中，虽相隔14年而终成完璧。

除此以外，UBC亚洲图书馆还经常接受一些小规模的捐赠，这些捐赠虽然数量不多，不足以形成专藏，但是许多赠品都别具特色，甚至捐赠者本身就值得研究。例如：本校的蒋北扶医生捐赠的他收集了70多年的华侨档案以及少量的中文古籍；毕业于哈佛大学的民国经济学家魏挺生后人捐赠的魏的著作和中文藏书等等。这些最初收集于中国官宦世家和士大夫阶层的珍藏，历经劫难，远渡重洋，最终汇聚于加拿大温哥华的UBC亚洲图书馆，亟待开发利用。

①袁家瑜、戴联斌：《不列颠哥伦比亚大学亚洲图书馆藏中医古籍选目初编》，2013。

二、中文古籍的整理、出版和数字化

正如多数北美高校的东亚图书馆一样,UBC 亚洲馆也是面临资金少和人手短缺等问题。没有古籍整理的专门人才,大量的珍本秘籍一藏就是半个世纪。虽然先后也请过诸如王伊同、钱存训、潘铭燊、李直方、马泰来、沈迦、戴联斌等专家学者进行短时间的梳理,但也主要集中在对善本的整理上,一直没能对中文古籍加以全面系统的整理、鉴定、编目和保护,尤其是采用机读目录后,许多入藏多年的古籍图书并没有被纳入到机读目录当中,或者机读目录中揭示的信息不全面、不正确,使得这些藏书成为馆藏中的盲点,无法得到充分的利用。

对于蒲坂藏书,姚钧石先生本人曾编有《蒲坂书楼藏书目录》,手稿本共五册,按照经史子集丛五大部类编排,各部类及其所属小类之间均留有空叶,以备随时增添。著录项目有书名、作者、册数、卷数、版本。UBC 亚洲图书馆基本上按照这个目录顺序排架,后来又根据实际排架情况编制了书本式的书名笔画索引,供内部工作使用。

1959 年蒲坂藏书抵达 UBC 后,当时负责接收和整理工作的王伊同教授,应海内外学者的请求,根据姚钧石的目录,选取其中的 300 余种宋元明刻本及抄稿本,整理编制出蒲坂藏书的善本目录《加拿大英属哥伦比亚大学宋元明及旧钞善本书目》。王先生在姚目的基础上,检核藏书,增加了行款、批注、钤印等内容。此目录虽然没有正式出版,但也复写了多部,分发给友人和相关机构,后来又收录到其《王伊同学术论文集》之中。不久王先生又用英文发表了较为详细的介绍蒲坂藏书的文章①,使蒲坂藏书在中西学术界都产生了极大的影响,至今人们仍然在引用或转述王先生的文章或目录中的内容,也仍然有学者按照目录中的著录查询藏书。但是,王先生当时并没有重新考证版本,只是照录姚目的内容,而其中所列的宋元版书,经过后来专家学者的多次考证,除了丢失的几部之外,能够确定的只有一部元版书,即《晋书》。因此这部目录虽然仍有很大的参考价值,但已经不能准确

①Wang, Yi-T'ung, "The P'u-pan Chinese Library at the University of British Columbia," *Pacific Affairs* Vol. XXXIV, No. I, Spring 1961.

反映蒲坂藏书的真实情况。

1991—1992 年间,为了加强对蒲坂藏书的保护,UBC 亚洲图书馆决定为蒲坂藏书投保,但是保险公司要求提供每部书的投保价值。为此,图书馆特聘请美国芝加哥大学东亚图书馆的钱存训先生,和香港城市大学的潘铭燊教授为蒲坂藏书估价。潘铭燊先生亲临温哥华,用了 5 个月的时间,逐一检核藏书,在姚钧石目录的基础上,修订并编制出全新的蒲坂藏书目录,作为估价用的工作目录。钱存训先生即根据此目录逐一为藏书做了估价,UBC 亚洲图书馆最后以 316 万美元的价值为全部蒲坂藏书购买了保险。

这次估价工作的一个重要副产品,就是潘铭燊先生编制的全新的蒲坂藏书目录。这个目录虽然仍是以姚钧石的目录为底本,但是潘先生做了大量的工作,增添了许多新的内容,对蒲坂藏书的影响十分深远,许多方面至今仍然在沿用。第一,为蒲坂藏书分配了流水号码,总计 3244 号①,每种书一个号,丛书及多卷书按总题名计算,这是对蒲坂藏书的一次彻底清点,数字相对比较准确②,这个号码也被称为蒲坂号码,被加入到书目数据中,至今还在使用。第二,对藏书的版本进行了重新鉴定,对版本项的内容作了全面的修订,成为后来 UBC 机读目录的依据。第三,著录项目更加详细,增加了装订项、书品项等特殊项目,还为书名增加了韦氏拼音。第四,将所有书目信息输入到计算机系统(DOS 系统)中,使书目信息的修订和使用更加方便,同时也使编辑出版蒲坂藏书目录成为可能。但遗憾的是亚洲馆当时没能趁热打铁,书目的出版未能实现,功亏一篑。而这套目录实际上就成为了蒲坂藏书的典藏目录,目前使用的两部内部用工作目录都是从这个目录打印出来的副本。这套目录的不足之处是对每种书的卷数和册数没有清点核实,仍照录姚目的数字。

在估价投保工作进行的同时,UBC 亚洲图书馆还积极参加了由美国研究图书馆组织(RLG)发起的“中国古籍善本书国际联合目录项目”。该项目由普林斯顿大学图书馆的艾思仁博士主持。UBC 提供了约 1100 条蒲坂藏书中的善本书的书目信息和书影。由于该项目是一个国际性的项目,各

①几个副本的号码略有不同,有后来手写增加者,这个号码是打印本中的最后一个号码。
②整套号码中有个别空号,有少量一号多书,还有个别藏书未被编号。

馆提供的信息有机会相互印证相互补充，尤其是书影的相互比对，明确了许多传统鉴定上的不确定因素，使各馆的书目信息都不同程度地得以修正，UBC也因此而获益匪浅。RLG项目的数据最初是在一个独立的数据库系统(RLIN)之中。2006年，RLIN系统并入OCLC的联机目录WorldCat，UBC的这些善本书目信息也因此而得以更广泛地传播。其后，亚洲图书馆又聘请李直方先生，陆续将蒲坂藏书的其他部分编目并输入到机读目录中。目前，90%以上的蒲坂藏书都可以通过机读目录查询。相比之下，景颐斋、宋学鹏、庞镜塘等藏书，直到2015年的CLIR项目，才被编目整理并纳入到机读目录当中。

在2014—2015年间，UBC亚洲图书馆与美国华盛顿大学东亚图书馆合作，成功地完成了“发现近代中国：华盛顿大学与不列颠哥伦比亚大学的中文典藏”项目。该项目是由梅隆基金会(Mellon Foundation)和美国图书馆信息资源委员会(CLIR)资助，目标是将两馆鲜为人知的珍本秘籍编目共享，使它们可以被全世界的学者了解和利用。该项目的成功申请，除了有两馆的精诚合作外，还得益于美国、加拿大、中国和欧洲的学者们的大力支持，从而使两馆能够在众多的申请馆中胜出，赢得宝贵的课题经费，因而也能够邀请国内颇有成就的专家前来，对两馆大量尚未整理的藏书进行鉴定，并挑选出有价值的藏书进行编目，为教学与研究服务。

北京大学图书馆的姚伯岳老师作为CLIR项目的华盛顿大学中文古籍编目馆员，于2015年1月开始在西雅图进行为期13个月的工作。他还在2015年4、5两个月前来UBC担任项目顾问。原辽宁省图书馆特藏部的武亚民老师，被聘为UBC亚洲图书馆的善本书编目员。两位知名的中文古籍专家凭借其丰富的专业知识，对两馆尚未整理的藏书进行了整体的评估，鉴定并整理出2000多种古籍善本、碑帖拓片以及民国时期较为罕见的图书，同时也对北美地区东亚图书馆界中文古籍工作提出了建议，对北美地区中文古籍编目条例的修订提供了建设性的意见。

本校的研究生也积极参与到该项目当中，他们在前期做了大量的准备工作，清点和整理了数量巨大的未编图书和档案材料，努力从中发现有较高研究价值的，编制成稀见图书的清单，并对藏书的破损情况进行登记。后来,又为两位专家做助手,大大节省了专家的时间,保证了项目的顺利完成。

在这个历时近两年的项目中,UBC 亚洲图书馆共完成了对近万册未整理藏书的清点,挑选并整理出 1200 种价值较高的图书,其中 1912 年以前出版的图书占 80%以上。包括蒲坂、景颐斋、宋学鹏、庞镜塘藏书,部分 Swann 藏书,以及魏挺生、李乐天、梁觉玄等人的捐赠。其余部分也将争取早日进行整理,也希望能够得到各方的大力支持。

在 CLIR 项目的推动和促进下,学校与总馆都加强了对中文古籍保护工作的重视程度,但由于人员、技术、材料、经费等方面的原因,目前只能做些最基本的保护工作。从 2016 年 5 月起,开始实施了为中文古籍配置函套的项目,目前已经完成了近千个函套,同时对破损严重的古籍进行登记,为将来的修复工作做准备。

作为 CLIR 项目的一个意外收获,就是 UBC 的亚洲图书馆和华盛顿大学的东亚图书馆有幸成为中国高等教育文献保障系统(CALIS)重点建设的"学苑汲古——高校古文献资源库"的首批海外成员馆,在此我们要感谢北京大学图书馆和 CALIS 管理中心,以及姚伯岳教授。加入 CALIS 联合目录不仅使我们两所大学的教授与学生能够通过近 70 万条在线数据和约 30 万幅书影来利用中国(含港澳地区)的馆藏善本,同时也把我们两校的中文古籍善本书信息贡献到资源库中,分享给国内的学人。目前我馆已经有四百多条数据及书影信息加入到"高校古文献资源库"中,今后还将陆续增加。

除了在北美地区寻求合作伙伴,我们也在积极参与并寻求与国内机构的合作,努力把有价值的藏书分享给国内的学者。前几年我们主要参与了《广州大典》和《海外广东珍本文献丛刊》等合作项目,提供了馆藏中的几十种孤本和珍本,并把数字化后的影像发布到网上,提供免费阅览。目前我们正在筹划对馆藏古籍中的稿本、抄本进行数字化,以及庞镜塘藏书图录的出版,希望为全球的数字人文课题做出应有的贡献,同时也期待着与国内外有关机构的进一步合作。

三、中文古籍的利用情况

亚洲图书馆的中文古籍藏书,一直以来都是亚洲系教学与研究不可或缺的资料来源,也是海内外学者查询的一个重要资源。但从使用的情况来看,大概可以看出一个波浪式的起伏。20 世纪 80 年代之前,中文古籍藏书是图书馆藏书的主体,是教学、研究以及学生论文的主要资料来源,利用率比较高。20 世纪 80、90 年代以后,随着我国的对外开放,新印古籍,古籍的整理、校点、翻译以及研究著作越来越多地入藏到图书馆;2000 年以后,数字化古籍的逐渐兴起与普及使得古籍在内容上更加容易获取,因此教授和学生对古籍原本的需求和利用有所减少。这一时期,对古籍原本的利用主要集中在特色藏书,即珍本、孤本、稿抄本等有特殊内容、特殊作者以及特殊版本的藏书上面。近几年来,对古籍原本的利用又有所回升,人们似乎又开始重视"书籍实体"。下面通过一些实例,来说明馆藏古籍藏书的使用情况。

蒲坂藏书入藏之后,带来了 UBC 亚洲研究的兴旺局面,除何炳棣、王伊同等史学教授外,叶嘉莹教授也利用其中的文学典籍和大量的清人文集来教授中国古典诗词。叶教授已经桃李满天下,她的学生中又产生了几代的教授,无论他们服务于哪所大学,仍然会使用蒲坂藏书。

叶教授的弟子、我校亚洲研究系的施吉瑞教授(Jerry D. Schmidt)在研究清代郑珍(1806—1864)诗集的过程中,发现现代出版的郑珍诗集除校勘有错误外,往往删除了作者本人的序,而蒲坂藏书中的《巢经巢诗抄》则保存了作者的自序及其好友莫友芝、翁同书等人的序跋。因此他认为,蒲坂藏书中的《巢经巢诗抄》至今尚不能被重印的新版本取代。

由本校卜正民(Timothy Brook)教授领衔的一个课题组与法兰西学院的魏丕信(Pierre-Etienne Will)教授合作研究丘濬的《大学衍义补》,该书对明代以降的中国甚至欧洲的经世思想均产生过影响。课题组的戴联斌博士发现蒲坂藏书中的版本与众不同,将它与所有传世版本进行了比对,最终确定蒲坂所藏是福建坊间翻刻嘉靖三十八年(1559)吉澄刻本,对课题的研究有很重要的价值。本校音乐系的 Alan Thrasher 教授在 2016 年出版有关曲牌的书①时,也利用本馆古籍,如《白石道人歌曲》四卷等。

①*Qupan in Chinese music: melodic models in form and practice*, edited by Alan R. Thrasher, Routledge, 2016.

近些年来，由于数字化古籍的逐渐普及，古籍内容的获得相对容易，而对古籍的感性认识越来越少，许多从事中国传统文化研究的老师和学生甚至从未接触过古籍实体。有鉴于此，亚洲学系阮思德教授(Bruce Rusk)专门在善本特藏部安排了一次关于《诗经》的实践课，他从古籍藏书中挑选出十几种不同时期、不同版本的《诗经》，指导学生们如何去认识古籍、阅读古籍，通过观察版式、行款等来发现不同版本是如何突出或削弱经文及注释的。阮教授说："当学生们意识到他们在面对一部，比如说，被几百年前另一位学生阅读、划重点、注释，或者可能拿来为应付考试而研读过的古籍的时候，他们确确实实感受到了与过去的联系。虽然古籍中相同的词句已经可见于现代的印刷版本，在很多情况下，此类古籍的存在对学生以及高级学者而言仍然都十分重要。"①学生们对此也都十分感兴趣，反应非常积极。而录取自北大和美国的博士生们从本馆特藏和未编书的项目中不断有惊喜的发现，并且到国际会议上宣读他们的考证研究成果。例如：亚洲研究系的韦胤宗写成了论文《作为作者的出版商：明清古籍形式所产生的意义》。除本校的师生外，也有北美、欧洲，以及中国(包括香港、台湾)的学者查询和使用我们的藏书。英国牛津大学查找有关广东沿海军队设置的军用地图，专程到馆使用《广东清代档案录》和《驻防广州小志》。普林斯顿大学的马泰来博士需要参考《闽中十子诗》，他认为1886年的版本虽然不被看作善本，但它比明代的版本更有使用价值。北京大学的潘建国教授在研究明代邓志谟时，找遍了中国和日本也没能找到万历年间刻印的《蝉吟稿》一书，而最终在蒲坂藏书中找到了此书的唯一存世本。也有学者委托加拿大的朋友代为查询，例如麦吉尔大学的方秀洁教授代国内学者查问恽敬的各种版本的《蒹塘词》。更有学者从亚洲飞来UBC查阅所需资料，例如广东的学人亲赴温哥华查询温子颢传世的唯一抄本《倚铜琶馆词钞》。来自安徽的管锡华教授在UBC做访问学者期间，对馆藏清代岭南著名诗人黎简的手稿残本《五百四峰堂诗稿》作了深入研究，辑录出黎简自删诗19首，对黎简研究具有重要意义。

---

①引自韦胤宗项目总结用户调查报告。

四、中文古籍的修复与保护

古籍修复与保护工作是图书馆古籍整理工作的组成部分,是古籍开发与利用的重要保障。但是,在加拿大,以及中国(包括香港、台湾)以外的其他地区,中文古籍修复的技术和人才都十分短缺,甚至根本就没有。长期以来,UBC 亚洲图书馆的中文古籍修复与保护工作都是处于一种若有若无的状态,直到最近才刚刚起步,但是也只能做一些简单的保护和登记工作,连最基本的修修补补也做不到。总馆有一名文献保护员,虽然对中文古籍的保护也非常重视,但对中文古籍保护的知识与技术了解不多,只能在宏观上做一些相应的工作,许多具体的实质性工作尚无法展开。

蒲坂藏书自落户 UBC 以来,前二十年是在总馆(旧馆)的地下室,后移至地上楼层;中间三十年是在亚洲图书馆的书库中;至 2013 年始搬入总馆新建的善本特藏库。温哥华的气候,温度不高、温差不大,但是湿润多雨,易于滋生书虫,而且中国传统手工制作的纸张,吸湿性强,易老化。目前,虫蛀的现象不是很严重,因为这些书在南州书楼或蒲坂书楼时,经过重新装裱,衬入了岭南特有的万年红衬纸,对防虫起到了一定的作用。但是纸张老化的问题相当严重,由于馆舍的逐渐陈旧,通风、防尘等条件都达不到要求,甚至局部漏雨的现象也有发生,因此书籍因受潮而老化的程度非常严重。在搬迁至新的善本书库时,因为达不到善本库的要求,一半以上的书都将函套撤掉,甚至将书衣、书底等部分页面撕掉,严重者被放入冷柜中保存,至今尚等待处理。而庞镜塘藏书在捐赠到 UBC 之前,就已经破损严重,绝大多数无法提供使用。

据粗略估计①,UBC 图书馆所藏的全部中文古籍中,大概有 70%—80% 的藏书有不同程度的破损,至少有 20% 左右的藏书破损严重,无法提供使用。因此,目前最大也最急需解决的问题就是古籍的修复与保护。这是一项耗时、耗力的工作,投入大,见效慢。除了技术、人才等客观上的因素外,还有一个认知上的差异。在国内,图书馆及其各级主管领导对古籍保护工作都非常重视,对人才的培养、经费的投入都十分地支持。而在国外,各级

①据笔者接触到的约四分之一的藏书量估算的。

决策者的意见很难达成一致。这是一个文化认知上的差异,因此,对我们来说,中文古籍修复与保护工作的开展,难度很大。我们一直在不断努力地争取,也呼吁国内有识之士和有能力的机构,对海外中文古籍的修复与保护施以援手,纳入到传承和保护中华文化的大范畴之中,共同把中华文化的瑰宝发扬光大。

近年来,我们已经完成了将中文古籍搬迁至总馆善本书库的工作。总馆善本书库是一个现代化程度极高的书库,具备可控的自然通风系统,温湿度调控系统,可以保持恒温恒湿,采用冷光灯、密集书架,防火、防尘、防光照等各方面都符合标准要求,24 小时监控,保证安全。目前我们正在开展的工作还有:对破损古籍进行登记,为将来的修复工作做准备。对破损特别严重的古籍用无酸纸包裹,并贴上“纸张老化,不提供使用”的标签,同时在机读目录的馆藏项中也明确显示“纸张老化,不提供使用”的信息,提醒读者暂时不要借阅。另外,为没有函套的古籍配置简单的函套等等。我们尽最大的努力去做我们能做到的事情,希望通过这些措施,来延缓中文古籍的老化破损的进度,为将来更有效地保护中文古籍起到一定积极的作用。

总之,加拿大不列颠哥伦比亚大学亚洲图书馆将坚持把有特色的中文藏书作为藏书建设的重点,而中文古籍藏书则是不可缺少的重要的组成部分,对中文古籍的收藏整理、开发利用,以及保存与保护将是我们工作的重中之重,以使中华文化的瑰宝在海外能够不断地传承和发扬。

湖北省图书馆鄂籍家谱文献资源建设之尝试

范志毅

(湖北省图书馆)

家谱是中国历史文献中的一朵奇葩,其所记载的是一个家族的历史。国家修史、地方修志、家族修谱,成为中国历史文献的三大支柱。就其内容而言,是中国五千年文明史中具有平民特色的文献,是记载同宗共祖血缘集团世系人物和事迹等方面情况的历史图籍。家谱是珍贵的人文资料,对于历史学、民俗学、人口学、社会学和经济学的深入研究,均有不可替代的独特功能。

梁启超说:"乡乡家家皆有谱,实可谓史界瑰宝。"荆楚文化源远流长,而在中国古代移民史上,"江西填湖广,湖广填四川",湖北因此也是家谱盛产的区域,所以,做好鄂籍家谱文献资源建设乃是湖北省图书馆地方文献工作的重中之重。近年来,在湖北省文化厅和馆领导的高度重视下,鄂籍家谱文献资源建设取得了可喜的成绩,馆藏数量由原200余部增加到2000余部(其中纸质家谱1300余部、数字资源600余部、家谱缩微胶片100余部),并且以每年新增200余部的速度增加。我馆设立专门阅览区,采用纸质原件、数字资源、缩微胶片等方式,为读者的阅读利用提供了方便快捷的服务。现就我馆鄂籍家谱文献资源建设的尝试作以下简介。

一、家谱信息的寻找

家谱究竟有多大数量,至今还没有人作出确切统计。因为家谱在传承中多有秘不示人的家(族)规,另外每当家谱30年一小修、60年一大修后,旧的家谱除留下极少几套保存在宗祠或族长手中外,其余都要销毁。这种特殊的风俗习惯,为古老家谱的保存制造了人为障碍。同时,对了解、搜集散落在民间的家谱,也带来极大的困难。获取家谱的收藏信息是家谱文献资源建设最重要的一步,我们的做法是:

(一)积极参与有关家谱文献的普查工作。如通过参与2000年6月上海图书馆牵头立项的《中国家谱总目》的编纂,摸清了本馆家谱的藏存情况,并为我馆鄂籍家谱文献资源建设及本省图书馆系统做好各自家谱的收藏工作提供了信息保障。

图1:中国家谱总目

（二）成立谱牒文化分会，获取家谱信息。2009 年向湖北省炎黄文化研究会申请成立“湖北省炎黄文化研究会谱牒文化分会”，并获得批准。设立于我馆的分会积极参与省内各个姓氏的修谱工作，并于每年农历六月六举办“晒谱节”活动，吸引读者参与，获取大量家谱信息，至 2015 年晒谱节已经举办七届。

图 2：晒谱节活动现场

（三）利用各种媒体大力宣传，并在我馆读者窗口大量散发家谱文献征集函。对向我馆捐献家谱的人在我馆网站“赠书留芳名”栏目中公示，吸引读者咨询和捐献家谱。

（四）在古籍阅览区中设置“家谱文献阅览区”，免费为读者提供家谱文献的阅览、查询指导，并获取民间家谱收藏与编修信息。

（五）积极参与民间的修谱活动，获取民间家谱收藏与编修信息。例如2012年10月27日参加湖北省蕲春县《楚北傅氏宗谱·国纲房分卷》的颁谱会议。

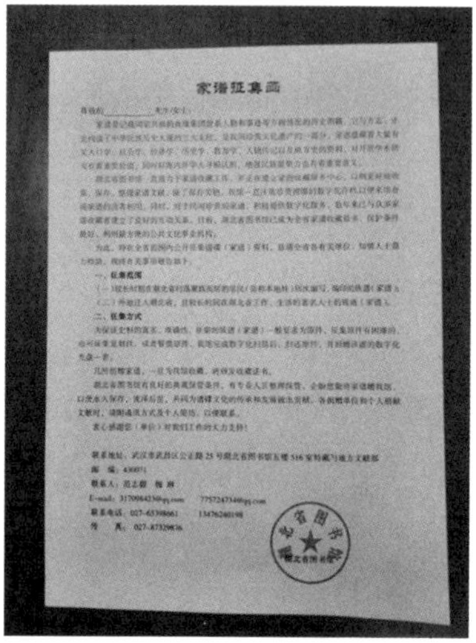
家谱征集函

图3：家谱征集函

图4：湖北省图书馆“家谱文献阅览区”

图 5:参与民间修谱活动

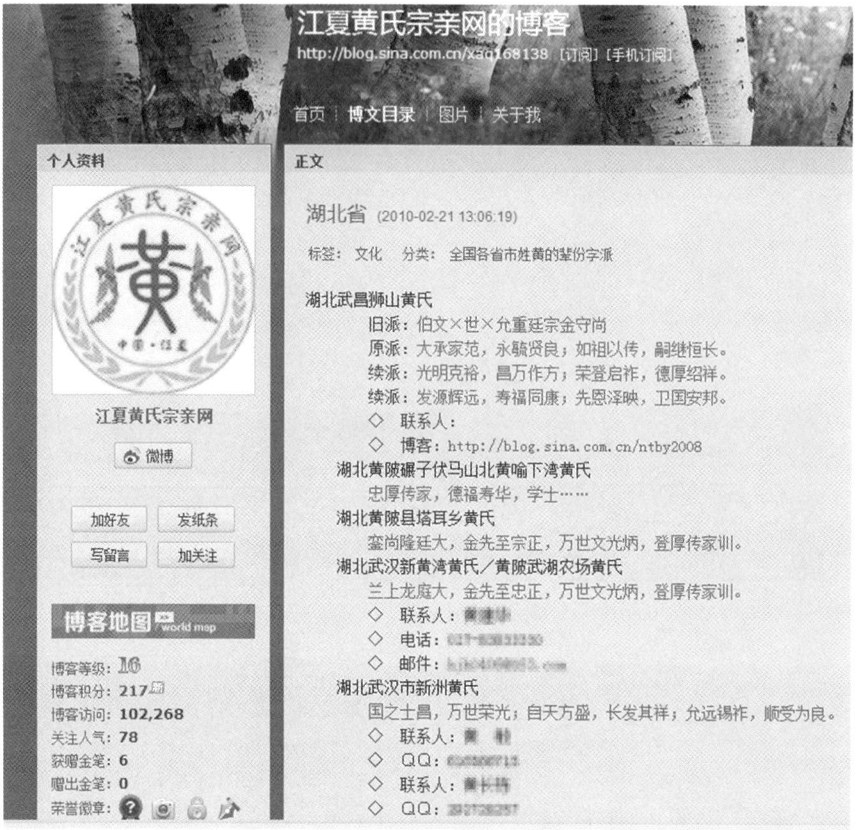

图6：江夏黄氏宗亲网相关网页信息

（六）通过网络获取家谱信息。近三十年来，各地民间修谱此起彼伏，方兴未艾。伴随着修谱活动的开展，各姓氏宗亲会及网站应运而生，我们也会在各姓氏宗亲会及网站上获取其家谱信息，以及通过经营旧书的网站获取家谱信息。

（七）通过印刷厂获取家谱信息。民间修谱编纂完成后，最后都要印刷，大量的印刷一般都在小的印刷厂进行，特别是一些专业印刷家谱的印刷厂。通过走访，与他们建立关系，亦可以获取大量信息。例如，我们已经建立关系的几个专业印刷家谱的印刷厂："湖北家国文化科技有限公司""湖北省仙桃市新华印刷厂""江苏省常州市金坛兰陵印务有限公司""湖北省大冶市炎黄谱业文化中心"等等。

图7:印刷家谱的机构

(八)通过古玩市场的职业收藏人获取家谱信息。经常抽空去湖北省内的古玩市场走走,与民间家谱收集人建立良好的关系,利用网络保持信息畅通。

(九)通过合作关系或者其他关系获取档案馆、博物馆等其他公藏单位和私人的家谱收藏信息。例如,我们与湖北科技学院建立合作关系,通过湖北科技学院到湖北省通城县档案馆获取其馆藏信息并借来我馆进行数字化扫描。

二、鄂籍家谱文献资源建设

通过各种渠道获取家谱信息,面对湖北丰富的家谱文献,我们运用现代信息技术,采用多种方式,多方合作,实现家谱文献的长期保护、开发与利用,以逐步建立湖北家谱收藏中心,达到资源的共享,更好地为民众提供寻根谒祖和研究之用。我们的做法是:

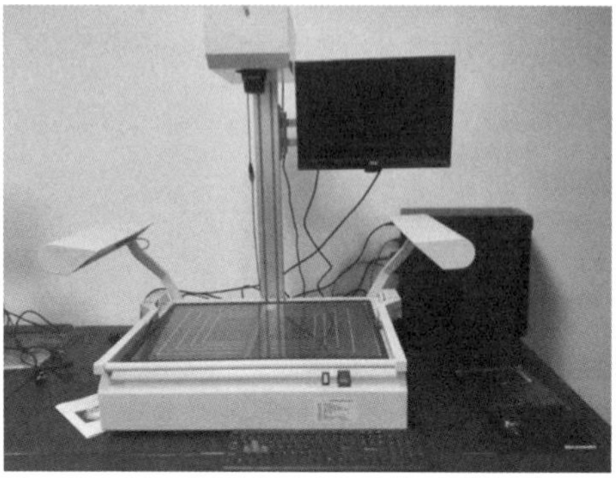

图 8:馆内部分复制设备

（一）提高思想认识水平,加大经费投入力度。由于家谱文献在史学研究上的独特资源价值,馆领导在思想上高度重视家谱文献资源建设,利用新馆建设契机,购买了一批现代数字扫描设备、赛数 OP 500 型数字存档机和缩微设备,能实现家谱文献的数字阅览和永久保存,同时加大了家谱文献购买经费投入。

（二）积极主动开展考察工作,深入乡村搜集家谱文献。我们加强了同各姓氏宗亲的联系,深入乡村进行实际的田野考察,最大程度抢救和保护民间家谱。不断地搜集各姓氏的家谱资料,采取担保借出的方式带回馆里进行数字扫描,完成扫描后归还,同时赠送刻录光盘一张,告之以后看谱不用再看原件了,直接在电脑上阅读,极大地保护了原件。

例如:2014 年 11 月 21 日我们去湖北省大冶市小箕铺镇胡家钢家借了家谱,并写了借条。

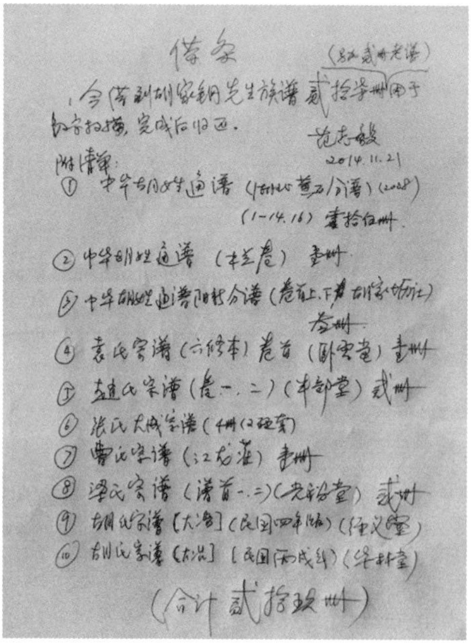
借条
（[illegible]贰册老谱）
今借到胡家钢先生族谱贰拾[illegible]册用于数字扫描，完成后归还。
[illegible]
2014.11.21
附清单：
① 中华胡姓通谱（[illegible]分谱）（2008）（1-14、16）壹拾伍册
② 中华胡姓通谱（[illegible]卷）壹册
③ 中华胡姓通谱[illegible]分谱（卷首上、下 [illegible]）叁册
④ 袁氏宗谱（六修本）卷首（[illegible]）壹册
⑤ 赵氏宗谱（卷一、二）（[illegible]堂）贰册
⑥ 张氏大成宗谱（[illegible]）
⑦ 曹氏宗谱（[illegible]）壹册
⑧ 潘氏宗谱（谱首一、二）（[illegible]堂）贰册
⑨ 胡氏宗谱【大[illegible]】（民国四年[illegible]）（[illegible]堂）
⑩ 胡氏宗谱（[illegible]）［民国丙戌年］（[illegible]堂）
（合计贰拾玖册）

图 9:借谱的借条

應山易氏重修族譜卷
民國丁卯孟秋刊
家乘
白泉堂珍藏

應山易氏族譜叙
古者宗法掌於官府雖歷世千百
派別支分秩然不紊觀春秋内外
傳所稱述莫不原原本本以有典
籍可稽也古者姓少而氏族繁以
氏統族以姓統氏魯有孔氏衛亦
有孔氏齊有國氏鄭亦有國氏然
氏同而姓自不同故傳云男女辨
姓禮云買妾不知其姓則卜之降
及後世官失其司民間三世無文
人往往不能舉高曾之名字而宗
法更無論矣又姓氏不分觀漢高

图 10:部分馆藏家谱

(三)利用现代信息技术,对家谱文献进行电子化处理和保护。已获取的家谱信息,按姓氏分类排序、编目存档,依信息开展征集工作。对能直接获取的家谱进行入藏加工,在馆藏目录中予以揭示,为读者提供检索。对不能获得的家谱文献采取租借的方式带回图书馆进行数字化扫描,同时编目,将信息录入馆藏目录,数字扫描后的文件通过赛数 OP 500 型数字存档机制作成缩微胶片入库永久保存。对数字化的家谱计划尽快建立家谱文献影像全文数据库,以方便读者通过网络获取文献资源。

(四)整合本省各馆优势,共建共享家谱文献资源。依托中华古籍保护计划的实施,与省内各图书馆开展家谱文献的共建共享工作,并与省内博物馆、档案馆、地方志办公室和各地政协等单位开展合作,利用各自优势对家谱文献进行整合,以实现真正意义上的家谱文献资源共建共享,使之在更广泛的范围内得以传播和利用。目前,正在不断完善中的《湖北家谱知见录》,即在此基础上编纂而成。

三、展　望

鄂籍家谱文献是湖北地区的重要文献,对其进行深层次开发与利用,对开展地方史的学术研究有着重要的价值;同时,随着改革开放和经济全球化的发展,对海内外华人寻根认祖,增强民族凝聚力,吸引海外华人来大陆投资,促进地方经济建设也有着重要意义。

2016 年 1 月 27 日,在政协湖北省第十一届委员会第四次会议上,委

图 11:省政协委员陈新建议传承家谱文化,重视家教,树好家风

员陈新呼吁重视传承家谱文化,以弘扬家教优良传统,助推和谐家庭家风建设。陈新委员建议,政府应重视并引领家谱编修活动。省文化主管部门应把家谱列为市县图书馆的收藏内容,并开展家谱的有关研究,推进家谱文化的传承。湖北省图书馆应设立鄂籍家谱收藏中心,以指导家谱的收藏、使用,促进家谱文化的研究。随着政府对家谱文献的重视,鄂籍家谱文献资源建设的速度必将大大加快,对激发海内外湖北籍人士爱国爱乡的情怀,为湖北的文化、经济建设做出贡献具有深远的意义。

书藏濠镜　翰墨飘香

——何东藏书楼古籍珍藏与数码化

黄洁碧　陈志亮

(澳门公共图书馆)

一、现况简介

(一)何东藏书楼简介

澳门公共图书馆隶属于文化局公共图书馆管理厅,由15间图书馆以及1辆穿梭于街头巷尾的流动图书车组成,是澳门最大的公共图书馆网络。其中何东图书馆和民政总署大楼两分馆,分别藏有中西文古籍。

何东图书馆大楼建于1894年以前,原为官也夫人的府第。此后数易其主,1918年香港富绅何东爵士以澳门币16 000元购入,题名“何东楼”。1956年4月26日,何东爵士在港逝世,后人遵照其遗嘱将大楼赠予政府,同时捐赠25 000港元,用以购置中文图书,建立一所收藏中文书籍的公共图书馆。

1958年8月1日,何东图书馆正式对外开放,是当时澳门最具规模的中文公共图书馆,也是港澳地区唯一一所园林式图书馆。2000年以后,澳门特区政府文化局从保存历史建筑物和发挥现代化公共图书馆功能上考虑,斥资千万澳门元,在何东图书馆后花园侧兴建新大楼,于2006年11月13日投入使用。而古典优雅的旧大楼作为澳门历史城区的一部分,于2005

年7月15日被联合国教科文组织正式列入《世界文化遗产名录》。

(二)何东藏书楼重要馆藏简介

何东藏书楼位于何东图书馆旧大楼二楼,室内陈设雅致,散发着中国古典书斋的韵味。现藏有线装书及精、平装书各1万册,其中1912年前的中文古籍5000多册。

何东藏书楼的重要馆藏,包括以下七类型:

1.嘉业堂藏书

共654册,明、清代的稿本或钞本,最早者为《雍大记》,属明嘉靖刊本。

本馆的"嘉业堂"藏书,共十六套,是近代著名藏书家刘承幹"嘉业堂"的旧藏,也是何东藏书楼最珍贵的馆藏,分别为:《翁方纲纂四库提要稿》、《通鉴纪事本末补后篇》、《太平御览》、《桯史》、《三朝要典》、《雍大记》、《中兴纲目》、《皇明大政记》(明钞本)、《圣政记》、《皇明大政记》(明崇祯刊《皇明史概》本)、《皇明大训记》、《皇明大事记》、《罪惟录》、《江南野史》、《国朝典故》及《资治通鉴大事录》。

刘承幹(1882—1963),浙江吴兴人。刘家经营缫丝,富甲一方。刘承幹喜爱收藏古籍图书。民国九年至十三年(1920—1924),刘承幹在浙江南浔镇西南郊建成藏书楼,命名为嘉业堂。自1933年后,刘氏家道中落,不得不变卖藏书,其中十六种辗转由居澳葡萄牙学者白乐嘉(José Maria Braga,1897—1988)所得,后于1958年售予何东图书馆。

各藏书中以《翁方纲纂四库提要稿》最为珍贵。翁方纲(1733—1818),历任广东、江西、山东等地学政,官至内阁学士。翁氏勤于著述,尤以书法驰誉于世,位居清代四大家之首,于乾隆三十八年(1773)入四库全书馆参与修书,先后断续参与《四库全书》的编纂工作近二十年。《四库提要稿》为翁氏手书稿笺,是翁氏在四库馆中担任"校办各省送到遗书纂修官",负责校阅采进图书之时所撰的札记及提要稿,涉及经史子集四部和丛书,共著录经眼图书1000余种,数量庞大。此稿是现存内容最丰富的《四库全书》以及《四库全书总目》编纂原始记录,对于研究《四库全书》这部旷世巨编,具有重大意义。鉴于《四库提要稿》是《四库全书》编纂史上的重要文献,又是著名学者、书法家翁方纲的亲笔真迹,具有极高的史料价值、学术价值以及艺术价值,2010 年被收录于文化部评定公布的《国家珍贵古籍名录》(第三批)之内。

除了《提要稿》外,明末清初人张星曜的《通鉴纪事本末补后篇》稿本也甚为珍贵,对研究明清中国儒家天主教徒的思想观点和立场,以及天主教传华史,相当重要。因属传世孤本,近年也成了海峡两岸一些学者的研究对象。

除稿本外,“嘉业堂”旧藏十六种中还有数种重要的明清抄本,其中明抄本《太平御览》,今存 99 册,仅缺 1 册 10 卷。《太平御览》的宋刻本原有数种,可惜国内多已湮灭不存,今传世者亦皆为残本。本馆所藏此本属较完整的一套,加上有近代著名学者、藏书家缪荃孙的校语,增添了它的学术价值。

至于刻本,顾秉谦、徐绍言等纂修的《三朝要典》为明天启六年(1626)内府本。开本阔大,字大行疏,墨色润泽,与国家图书馆、上海图书馆藏本不同,是难得一见的明代皇家刻印之书。

2.西方传教士的宗教著作

共 20 多册,清同治至民初年间,最早为清同治九年至十年(1870—1871)的《天路历程》。

由于特殊的历史原因,澳门在明清时期成为中西文化交流桥梁的重要角色,而图书翻译是文化交流的主要手段之一。本馆有不少清末民初西方传教士的宗教著作,包括:《天路历程》《人灵战纪》《训史浅译》《新约全书》《旧新约全书》《新约圣经译注(四史圣经译注)》及其他宣传教义教理之书。

《天路历程》(*The Pilgrim' s Progress*)上、下两卷,是著名的基督教寓言文学作品,被翻译成世界多种文字。本馆所藏为清同治九年至十年惠师礼堂刻本,配上富有中国色彩的插图。约翰·班扬(John Bunyan,1628—1688),为著名基督教作家和牧师,早年曾参加“自由教会”。1660 年因非法讲道,被判入狱约 12 年之久。其大部分著作都在狱中撰写。

3.传统蒙学著作及近代新式教科书

约 100 册,清末民初之间。

传统蒙学著作包括:张铁任注释《四书白话旁训》六卷,(清)邹圣脉纂辑《礼记全文备旨》十一卷(善美堂藏版),(唐)郑氏撰《女孝经》一卷(文光楼发行)及《新增诗经补注附考备旨》八卷等。

近代新式教科书则主要有:姚祖义编纂《最新中国历史教科书》,上海商务印书馆光绪三十二年(1906)铅印本;蒋维乔、庄俞等编纂《最新国文教科书》,上海商务印书馆光绪三十二年铅印本;会文学社编译所编辑《初等小学生理卫生教科书》,上海会文学社光绪三十三年(1907)石印本;陆费逵等编《新式国文教科书》,上海中华书局民国九年(1920)石印本等。

4.汉洋合璧汉语教科书

数十册,清末民初之间。

包括:《公余琐谈》(中葡对照),光绪十六年(1890)铅印本。以及邝容阶编《增广英语撮要》(中英对照),光绪二十四年(1898)申昌昼室铅印本等。

《公余琐谈》的原作者为 A. Mouillesaux de Bernières(曾任北京总税务司公署),被澳门翻译家伯多禄·施利华(Pedro Nolasco da Silva)译成葡萄牙语,专为教授澳门中央小学(Escola Central)的学生使用。作者将100篇不同主题的闲谈对话编译成英、法两种外语,向需要学习日常中文惯用语的外国人提供一本珍贵的教材。

5.地方史料

约100册,清代及民初。最早为《香山县志》,清乾隆年间(1736—1795)刻本。明清时期,澳门隶属香山县管辖,所以《香山县志》中有不少关于澳门的史料。何东图书馆所藏《香山县志》计有三种,分别是清乾隆年间刻本、清道光年间刻本及民国年间刻本。《香山县志》八卷,清道光七年(1827)刻本,卷四:海防附澳门;有海防总图、濠镜澳全图、东环图及西环图。《香山县志》十卷,清乾隆间刻本,卷八为濠镜[澳],介绍澳门史地、社会、政治及风俗。

民国十一年(1922)出版的《镜湖医院壬戌征信录》铅印本,内容包括医院的内部规条、捐赠者名录、历年开支账目、治愈者及不治者名录等,为了解澳门镜湖医院在民国年间的情况提供不少重要史料。居澳名人的著作更是澳门地方文献的重要组成部分,包括:清屈大均《翁山文外》、郑观应《盛世危言后编》等。还有近代改良主义教育家陈子褒及其澳门荷兰园蒙学书塾编印的白话蒙学教材若干种，是澳门近代教育史上的重要文献。

6.洋务运动时期线装军事教科书

17册，清同治至光绪年间。最早为清同治元年(1862)至清光绪三十四年(1908)的《汽机发轫》。

清代末年，江南制造局除了生产制造军事机械之外，更设有广方言馆(即语言学校)、翻译馆以及工艺学堂，介绍西方知识，培养语言和科技人才。何东藏书中便有若干种江南制造局翻译刻印的外国军事教科书，如《兵船汽机》《汽机发轫》《行军测绘》《考试司机》。《兵船汽机》，清代翻译之军事教科书；《汽机发轫》，清代江南制造局翻译之英国军车教科书；《行军测绘》，清代洋务教育之翻译军事教材；《考试司机》，清代洋务教育的教科书，是培养洋轮、战船司机之教材。

7.重要赠书

5000多册，主要为清末至上世纪60年代。

何东藏书楼在近二十年来，收到的重要赠书包括：上世纪90年代收到澳门三间学校的赠书(东南学校1600多册、商训中学1300多册、励群学校700多册)；2002年本馆接受澳门著名教育学者刘羡冰女士之赠书208册；2004年4月本馆接受澳门著名地产商吴利勋先生赠书26种，合共202册；2013年8月收到广茂香后人岑茂兰女士以其先父岑锡康先生名义捐赠的古籍，共计226种，1294册。

其中刘羡冰女士所赠的《御制数理精蕴》，清光绪十九年(1893)上海江南制造局刻本，于1713年由清廷组织专人编纂，1773年收入《四库全书》，内容包括西方算术、代数、几何、三角等，是中国最早引进的西方数学教科书。

二、古籍保护

何东藏书楼原为住宅，所以在环境控制上面临一定的困难与挑战。何东藏书楼的中文古籍，现大多贮藏于有门的樟木书柜内。在温度控制方面,楼内设有二十四小时空调系统,其温度可控制在 21±2℃。由于藏书楼为文物建筑,楼内的密闭性相对较差,容易受外界温度变化影响。潮湿可引致纸质文献霉变、虫蛀、古籍外观变形等,所以藏书楼的相对湿度控制更为重要,但同时也极为困难,而一般空调系统所吹出的是既冷且湿的空气,需另行配置湿度控制设备来控制藏书楼内的相对湿度。本馆选用瑞典制造的湿度控制系统,该设备除有较高的运行效率外,在除湿过程中不生成水而直接把湿气排出室外,这样的设备除可持续不间断地运行外,也可减少因倒水而造成的影响。当前,藏书楼内的相对湿度可长期控制在 55±5%。

此外,藏书楼内有多扇门窗,考虑到古籍保护及环境控制的需要,除供人员进出之门外,其余均长期紧闭,不透光,因长期光线照射会令纸质文献褪色,而且此褪色的影响是不可逆转的。另外,因藏书楼内以木柜作为贮存柜,测出柜内甲醛及其他挥发性有机化合物的最高浓度为 $0.079mg/m^3$,而藏书楼内空气中的 PM2.5 最大值为 $14\mu g/m^3$,均处于正常及优良状态。由于何东藏书楼的环境及古籍的保存状况仍在不断监测和改善当中,除藏书楼的温度、相对湿度、光照、甲醛、挥发性有机化合物外,本馆正陆续开展对藏书楼内的其他方面的环境质量进行持续的监测和改善工作,如:降尘量、空气霉菌洁净度、昆虫监测等。

三、古籍利用

为更有效保存本馆珍贵的文献古籍,延展其不可再生的文化价值,便于研究人员利用、保护文物原件,普及知识和再出版等,加上由缩微影像胶片转成的古籍数码化影像只属黑白规格,影像质量较差,且不完整。因此,2015 年 4 月本馆对馆藏较为珍贵的文献古籍作评估,按照其历史文化价值订定处理的优先次序,甄选出何东藏书楼最珍贵的十六套清刘承幹嘉业堂藏书(其中一套已列入《国家珍贵古籍名录》)及清乾隆版《香山县志》,共 17 种,654 册,共计 35 000 叶,邀请专业公司进行数码化外判工作。其数码化格式要求分三个等级:400 dpi,24bit 彩色 TIFF 输出(供储存及出版);400 dpi,24bit 彩色 PDF 输出(供馆内阅览);150 dpi,24bit 彩色 JPEG 输出(供网络利用),并于影像的右下方加设识别防伪水印。

此 17 种古籍的清单如下:

序号	书名	版本	册数	约每册叶数	约总叶数	半叶版面长×宽(厘米)	半叶版框长×宽(厘米)
1	皇明大事记	明崇祯刊《皇明史概》本	47	70	3,290	26.5×15.0	21.9×14.6
2	资治通鉴大事录	稿本	48	85	4,080	27.6×13.6	—
3	国朝典故	明钞本	32	85	2,720	27.9×14.6	19.3×12.7
4	皇明大政记	明崇祯刊《皇明史概》本	33	40	1,320	26.6×15.4	21.6×14.8
5	三朝要典	明天启六年内府刊本	22	45	990	31.2×18.1	26.8×18.1
6	翁方纲纂四库提要稿	稿本	150	—	1,600	31.2×19.0	20.7×14.0
7	通鉴纪事本末补后编	稿本	40	40	1,600	24.0×13.0	—
8	圣政记	明钞本	10	65	650	26.5×15.0	20.5×14.2
9	皇明大政记	明钞本	18	100	1,800	32.1×19.7	25.2×19.1
10	皇明大训记	明崇祯刊《皇明史概》本	16	40	640	26.5×15.5	21.4×15.2
11	太平御览	明钞本	99	100	9,900	26.6×15.6	22.1×15.3
12	桯史	四库全书本	1	50	50	27.4×15.3	20.5×13.8
13	雍大记	明嘉靖刊本	20	30	600	25.7×15.2	20.0×15.0
14	江南野史	清钞本	4	25	100	29.0×16.0	—
15	中兴纲目	清钞本	10	42	420	26.1×15.0	—
16	罪惟录	清钞本	100	43	4,300	29.2×15.7	—
17	香山县志	清乾隆年间刻本	4	—	700	23.7×14.5	19.3×14.5

馆藏中文古籍的部分纸张，属于纸质较脆和较薄的竹纸，因此，在数码化过程中，纸张另一面的文字内容容易映到影像上。为改善影像效果，本馆采用垫纸的方法并取得满意的数码化影像效果，具体操作简述如下：

1.用稀浆糊把单宣托为夹宣，并上墙绷干；

2.夹宣下墙，双面涂蜡再研光；

3.用水笔把夹宣“裁切”成适当的大小及毛边；

4.打开古籍检查以了解古籍的保存状况，若发现有脏物，用长锋羊毛排扫轻力扫走；

5.用铁氟龙骨刀穿过纸叶之间，测试有否黏连；

6.用厚无纺布穿入纸叶之间，使其留有距离，让涂蜡研光后的夹宣更易垫入；

7.扫描后，抽取垫纸前，先松一松书叶，然后轻力逐步拉出。

在开展中文古籍数码化工作前，本馆修复人员为数码化工作人员举办了一场工作坊，除简述具体的操作步骤外，亦向数码化工作人员提出并讲解扫描工作的一些注意事项，包括：

1.以古籍安全为基本原则；

2.保持工作环境的清洁、净空与通道的顺畅，不可将饮料食物携入工作区；

3.进入藏书楼触摸古籍前要用肥皂洗手，保持手部清洁与干爽；

4.手部及身上不适宜佩戴饰物，如：戒指、手表、手链等，以避免勾住或直接、间接伤害文物；

5.衣服穿着简洁，或可穿着工作服，冬季注意厚衣造成的不便（特别注意容易产生静电的毛衣）；

6.配戴口罩及洁净手套，不可用手直接碰触文物；

7.扫描前必须逐叶检查古籍状况，若发现有问题，需尽快通知修复人员跟进；

8.若扫描的古籍未能于当天交回藏书楼，需暂时存放于有锁的书柜内，柜内必须放置除湿硅胶（必须放最下层）以去除书柜内的湿气，并定期更换；

9.若遇书叶黏连或折角等情况，需要通知修复人员跟进，切勿强行打开。

最后，本馆中文古籍藏品中有较多的手抄本，一些古代“贴纸修改”或“挖纸修改”的纸条，容易因书叶的翻动而脱落，若不立刻跟进加固处理，除影响古籍数码化图像的完整性外，这些碎片也容易丢失，而处理的方式是还原纸张碎片的位置后，使用稠浆糊固定碎片的四周于书叶上。

四、总　结

古籍特藏储藏环境的温湿度、空气质量和光照条件，是影响文献保存寿命的重要因素；古籍特藏库的消防、保安设施，是保障文献的重要设施，所以必须做好古籍文献的保存、保护、消毒、修复及维护等日常工作，以及书库的温湿控制、紫外线控制、清洁、防虫及保安等的管理工作。

当前，国内外众多的图书馆都为馆藏的古籍文献进行数码化扫描。然而，在古籍数码化的同时，也有不少案例是因为数码化而对古籍原件造成伤害，究其因由，与数码化过程中未重视古籍的保护和修复人员未能参与其中有关，因此，古籍扫描处理过程中，文献修复人员参与其中并作出一些相应的保护处理是有必要的。在进行古籍数码化前，必须先进行必要性的修复、夹宣工作，并进行持拿和翻动古籍文物技巧的专业培训，以保证数码化影像的质量及避免古籍原件在数码化过程中遭受破坏。

参考文献：

[1]　邓骏捷.澳门古籍藏书[M].香港：三联书店，2012：21—33.
[2]　吴青，陈焕强.一部澳门所藏清初天主教史籍珍本：张星曜《历代通鉴纪事本末补后编》[J].文化杂志，2011(冬)：134—141.
[3]　黄洁碧.翁方纲纂四库提要稿辗转澳门[N].人民日报(海外版)，2010-07-26(8).

GIS在历史研究中的应用进展与思考

胡　迪[1]　胡昊宇[1]　贺　力[2]

(1.南京师范大学地理科学学院　2.西安交通大学人文社会科学学院)

一、引　言

计算机、数据库、地理信息系统等信息技术与人文、社会科学的交叉融合,深刻地改变了传统人文、社会科学的研究方法,形成了数字人文、空间综合人文与社会科学等新的研究领域,并逐步向新的学科发展①。数字化、空间化成为现代人文、社会科学的重要特征和发展趋势。

历史与地理存在密切的关系,特别是研究过去地理事物和地理现象及其发展演变规律的历史地理学,拉近了历史与地理的距离。得益于地理信息系统技术的快速发展与广泛应用,GIS在历史学特别是历史地理领域发展迅速,取得了一系列颇为引人注目的成果。

当前,GIS在历史学各领域中的应用还存在一定的局限性,GIS技术未能充分发挥其效用,历史GIS的基础理论和关键技术研究进展不大,历史GIS的数据模型、分析方法和基础软件平台仍有待探索。本文试图通过对国内外相关文献的回顾,以及对已有历史GIS典型应用与研究案例

①王晓光:《"数字人文"学科的产生、发展与前沿》,载全国高校社会科学科研管理研究会组编《方法创新与哲学社会科学发展》,武汉:武汉大学出版社,2010。林珲、张捷、杨萍,等:《空间综合人文学与社会科学研究进展》,《地球信息科学》2006年第2期,第30—37页。

的介绍分析,探讨 GIS 在历史研究中的应用进展与发展趋势,以期推动 GIS 与历史学的融合发展与创新。

二、地理空间思维与历史研究

(一)地理与地理空间思维

地理学可以被认为是一门关于空间的科学①。正如一切现象因存在于时间而有了历史,一切现象也因存在于空间而有了地理②。地理学区别于其他学科的最显著、最重要的特性,即地理学的区域性。地理学从空间的视角来研究问题,关注自然、人文要素的区域差异、分布规律及形成机制。

地理空间思维是地理学的一种思维特征。人们在认识和理解地理世界时,将产生地理区域、地理综合体、地理景观、区域地理系统等空间意向③。从地理空间的角度来认知世界,可以充分挖掘不同尺度下地表要素异质性及区域单元内部的相对均质性,认识地域系统中不同层级各组分间相互作用的规律与机制。在此空间认知的基础上,有助于建立面向解决地理问题的 GIS 空间数据模型。运用 GIS 中蕴聚的地理空间思维,可为许多问题的研究开启新的思路。

(二)地理信息系统与历史研究

地理信息系统(Geographic Information System,GIS)是采集、存储、管理、分析、表达、传输和发布具有地理空间定位特征数据的综合性技术系统④,形成了地理信息系统技术、地理信息科学与地理信息服务的综合体系。GIS 的出现与发展,极大地提升了地理学的研究手段,拓展了地理学

---

①Hartshorne R. ,"The Concept of Geography as A Science of Space, From Kant And Humboldt to Hettner," *Annals of the Association of American Geographers*, 2005, 48(2):97-108.

②蔡运龙、陆大道、周一星,等:《地理科学的中国进展与国际趋势》,《地理学报》2004 年第 6 期,第 803—810 页。

③鲁学军、周成虎、龚建华:《论地理空间形象思维——空间意象的发展》,《地理学报》1999 年第 5 期,第 401—408 页。

④黄杏元:《地理信息系统概论》,南京:南京大学出版社 1993。邬伦、任伏虎:《地理信息系统教程》,北京:北京大学出版社,1994。

的研究方法①。GIS 不同于一般的管理信息系统(MIS)、计算机辅助设计软件(CAD),本质区别在于 GIS 独特的空间数据和属性数据一体化管理、空间查询与分析、多维时空可视化表达能力,可用于解决有关位置、条件、趋势、模式和模拟等方面的问题。

历史学则更多的是一门时间科学。长期以来,历史研究侧重于历史现象的时间特征,而对历史现象的空间特征相对关注不够②。GIS 可以有效地整合、存储、分析和表达各种时空信息,探索历史现象的时空分布和演变规律。GIS 对历史学研究的价值在于:质疑和修正既有说法;处理尚未解决的疑难问题;作为提出新问题的方法。反之,GIS 在历史学研究应用中出现的有关数据、方法和平台方面的问题可以促进 GIS 的发展③。具体而言,GIS 不但可以对传统历史文本中的地理信息进行分析,同时可以对观测得到的地理信息进行分析。对这些地理信息进行空间化和可视化表达,从而有利于发现过去史料所不易观察到的地理要素间空间关系和格局及其变化过程,定性和定量分析历史现象与地理要素之间的相互联系④。

三、GIS 在历史研究中的应用进展

在历史学研究中,GIS 的应用主要集中在专门史学科,尤其以历史地理学中的应用最为广泛且最为深入,其次在社会史、谱牒学、方志学和人物研究等学科领域都有少量的研究。历史是记载人类社会过去的活动的,与地理的关系尤其密切。如果缺失对地理空间的认知,历史事件是难

---

①何建邦、钟耳顺:《论地理信息系统及其在地理学中的地位》,《地理学报》1993 年第 1 期,第 84—90 页。

②林珲、张捷、杨萍、刘佳:《空间综合人文学与社会科学研究进展》,《地球信息科学》2006 年第 2 期,第 30—37 页。

③范毅军:《走进时光隧道:GIS 与时空信息的整合》,台北:台湾"中央研究院",2007。王法辉:《社会科学和公共政策的空间化和 GIS 的应用》,《地理学报》2011 年第 8 期,第 1089—1100 页。

④范毅军、廖泫铭:《历史地理信息系统建立与发展》,《地理信息系统季刊》2008 年第 1 期,第 23—30 页。Gregory I N and Ell P S., *Historical GIS: Technologies, Methodologies, and Scholarship* (Cambridge University Press, 2007).

以被全面理解的。梳理自然地理、行政区划等基础地理要素的历史演变，结合历史地图、遥感影像与现代地理空间进行对位，建立历史 GIS 基础平台，是 GIS 应用于历史研究的基础。对于具体的历史问题，通过地理环境、人物、事件的历时分析和共时空间分析以及两者的结合，发现历史演变规律，重现历史场景。

（一）历史 GIS 基础平台建设

1977 年 Thrift 首次提出历史 GIS 的概念①，1978 年 Basoglu 和 Morrison 设计了最早的历史 GIS②，悉尼大学研发的时间地图（TimeMap）是最早的交互式、基于时间的分布式制图系统，可以记录、分析和共享具有时空特征的各种数据③。美国、英国、比利时、德国、葡萄牙、爱尔兰和荷兰等国以历史行政区划数据和统计数据为基础相继建立了国家历史地理信息系统，实现了数据查询、访问和专题制图等功能④。各系统的数据和功能对比如表 1 所示。

表 1：国外主要国家历史地理信息系统

国家	时间范围	数据	功能与作用
美国	1790—2010	各类统计数据、边界变化数据等	网络数据访问、地图系统
英国	19 世纪早期以来	行政边界变化数据、统计数据、边界数据	绘制主题地图、历史数据整合
比利时	1800—1961	人口、农业、产业统计数据库和历史地图	行政区历史统计数据的可视化表达
德国	19 世纪	人口、经济等统计数据、王朝更替数据等	重现各州和地区发展历程

①Thrift N J.，“An Introduction to Time Geography，”*Geo Abstracts*（Norwich：University of East Anglia，1977）.

②Basoglu U and Morrison J.，“ The Efficient Hierarchical Data Structure for the U.S. Historical Boundary Data File，”*Harvard Papers on GIS*，1978，4.

③Johnson I and Wilson A.，“The TimeMap Project：Developing Time-based GIS Display for Cultural Data，”*Journal of GIS in Archaeology*，2003，（1）：123-135. Wilson A.，“Sydney TimeMap：Integrating Historical Resources Using GIS，”*History and Computing*，2001，（13）：45-70.

④Knowles A K.，“Reports on National Historical GIS Projects，”*Historical Geography* 2005，33：134-158.

续表

国家	时间范围	数据	功能与作用
葡萄牙	1801—2001	行政区划、人口统计、选举投票等	数据查询、专题制图
爱尔兰	1821—1971	人口统计数据	呈现历史时期社会结构的变化历程
荷兰	1812—2000	统计数据、城市地图数据	历史地名词典,将拓展为 WebGIS

在我国,以历史地名、历史地图为基础的历史地理信息系统建设已取得了较为丰富的成果,正史、方志、家谱与 GIS 结合研究正在逐步展开。在全国性历史地理信息系统平台方面,主要有台湾"中央研究院"的中华文明之时空基础架构(CCTS)、中国历史地理信息系统(CHGIS)和中国社会科学综合地理信息系统服务平台(CASSGIS)。(可分别参考各平台网站。)CCTS 是以中国为空间范围,以中国历史为时间纵深,以中国文明为内涵的具有精确空间定位、整合时间与空间属性的汉学研究应用环境。历史地图数据按历史时期进行划分,以朝代为单位进行组织①。CHGIS 通过描述历史时期地名、行政建制等基础地理要素随时间的连续变化,建立可靠的、开放的中国历史时期连续变化的基础地理数据库,为用户提供历史地名查询检索、历史地图浏览以及数据下载。CHGIS 设计了"生存期"模型来描述时间维信息,即只描述对象某种状态的开始时间和结束时间②。CASSGIS 以时空为基础对社会科学领域的信息和研究成果进行整理和整合,建设具有时空特性的综合性信息服务平台,促进社会科学信息资源的整合、共享和交换,增强空间分析、地图表达等方法在社会科学领域的应用。平台采用分类+图层的数据整合模式,专题数据共享基础地理

①廖泫铭、范毅军:《中华文明时空基础架构:历史学与信息化结合的设计理念及技术应用》,《科研信息化技术与应用》2012 年第 4 期,第 17—27 页。

②葛剑雄、周筱:《创建世界一流应该有明确的目标——为什么要研制"中国历史地理信息系统"》,《东南学术》2002 年第 4 期,第 43—46 页。葛剑雄:《中国历史地图:从传统到数字化》,《历史地理》2002 年第 18 期,第 1—11 页。满志敏:《走进数字化:中国历史地理信息系统的一些概念和方法》,《历史地理》2002 年第 18 期,第 12—22 页。

数据的数据分类、图层属性和关联性数据资源①。CCTS、CHGIS 和 CASSGIS 系统或平台比较如表 2 所示。

表 2:CCTS、CHGIS、CASSGIS 系统或平台比较

项目	CCTS	CHGIS	CASSGIS
基础地理数据	1990 年 1 : 100 万中国地图	1 : 100 万中国地图、GTOPO-30 DEM 数据	2006 年全国 1 : 100 万全要素中国地图
历史地理数据	谭其骧《中国历史地图集》; 各类历史地图; 遥感影像	谭其骧《中国历史地图集》及其编纂时积累的数据描述、定位和考释资料; 补画部分县界、县以下聚落和地名,部分界线调整和扩充	谭其骧《中国历史地图集》
专题数据	"中央研究院"汉籍电子文献系统、清代粮价数据库、明清地方志联合目录数据库等		汉语方言、民族分布和民族语言等专题数据库
主要功能	整合检索、地图制作	地名查询、地图浏览、数据下载	数据共享、专题地图、数据管理、地图操作、空间查询、空间分析
GIS 软件	ArcGIS	MapInfo、MapServer	SuperMap

(二)专题、区域历史 GIS 研究

许盘清等通过对正史文本的解析、重构与时空定位,逐步建设以时间、地点、人物、事件和场景五大要素为基础的正史时空数据库和正史 GIS,完成了前四史的数据建库和地图表达②。刘龙雨等对《读史方舆纪要》中地名信息进行了提取、解析和空间定位,建立了具有地理坐标的明

①徐昂、杨东娴:《数据共享与学科交叉研究——浅析社科领域的 GIS 系统应用》,《地理信息世界》2011 年第 1 期,第 28—34 页。

②马青、许盘清、曾志雄,等:《历史地图优化表达与设计方法——以前四史地图集为例》,《南京师范大学学报》(工程技术版),2013 年第 2 期,第 48—54 页。

代地名数据库①。Li He 等以《史记》为例设计了史籍要素及其关系的表达规范、史籍要素与统一时空框架的匹配方法②。地方志以行政区划为范围记载自然和社会各方面的历史与现状,可作为 GIS 的广义数据源。建立以地方志为广义数据源的地理信息系统是省情信息资源网(库)的发展方向③。家谱从时间上记录了家族的世代传承关系,从空间上记录家族的分布和迁移。陈述彭等探讨了 GIS 在宗族文化景观方面的应用,提出建立明清民居和祠堂谱系管理信息系统的设想④。闾国年等设计了家谱时空谱系数据模型,构建了以时间参照数据库、古今地名数据库、历史行政区划数据库为基础的统一时空框架,开发了华夏家谱 GIS 平台,实现了家族传承关系的空间分布的可视化表达,试图探索家族传承和发展的驱动机制⑤。胡迪等探讨了统一时空框架下的硃卷整理与解析方法,提出了面向 GIS 的硃卷履历时空数据模型⑥。

近年来,区域性地理信息系统也开始逐渐涌现。苏基朗等将晚明时期松江地区的地貌、市镇、人口、交通、寺庙和学校等地理信息进行处理,建立了"晚明松江地区历史地理信息系统数据库"(MSJGIS)(可参考其网站)。北京大学历史地理研究中心与北京市测绘设计研究院合作计划编制北京历史数字地图⑦,进而建立了"北京历史文化地理信息网"(可参考其网站)。陈刚利用历史地理文献资料建立了六朝建康历史地理数据库,

①刘龙雨、胡迪:《〈读史方舆纪要〉数据库建设中地名解析的原则与方法》,《江苏科技大学学报》(社会科学版)2014 年第 4 期,第 29—34 页。

②He L,Chen M,Lu G N,et al. An Approach to transform Chinese historical books into scenario-based historical maps," *The Cartographic Journal*,2013,50(1):49-65.

③龚强、胡运权:《论 GIS 广义数据源》,《测绘软科学研究》2001 年第 7 期,第 27—30 页。龚强:《省情信息资源网络发展前瞻——兼论地方志与地理信息系统》,《中国地方志》2001 年第 6 期,第 23—26 页。

④陈述彭、黄翀:《文化遗产保护与开发的思考》,《地理研究》2005 年第 4 期,第 489—498 页。

⑤闾国年、陈旻、温永宁,等:《华夏家谱 GIS 平台构建研究》,《空间综合人文学与社会科学研究》,北京:科学出版社,2010,第 114—118 页。胡迪、温永宁、闾国年,等:《基于 GIS 的家谱资源整合集成研究》,《人文地理》2012 年第 1 期,第 50—53 页。

⑥胡迪、闾国年、林伯工、温永宁:《面向 GIS 的硃卷履历数据组织与采集》,《计算机工程》2012 年第 9 期,第 24—27 页。

⑦唐晓峰:《北京历史地图的数字化》,《北京社会科学》2004 第 4 期,第 90—94 页。

并基于 Hypermedia GIS 研制了以超媒体电子地图为界面的网络历史地理信息系统,实现了六朝建康的专题制图、多媒体信息浏览、可视化信息查询、信息发布与共享等功能①。李凡等以佛山历史地图为基本空间数据,建立了古佛山镇的空间和属性数据库,实现了历史文化景观的数据获取与处理、空间查询和分析、专题图表显示和输出②。“国际化大都市(上海)历史人文地理信息系统”项目已建成涵盖上海地区自宋代以来的各类历史人文景观详细内容和变化过程的基础数据库,绘制了上海城市历史人文地图集,并将逐步建成上海城市历史人文地理系统平台③。

中国历史地理数字化应用平台是基于 CHGIS 数据的应用系统。平台将 CHGIS 中以“生存期”表示的地名数据转化为“逐年”地名数据。一般用户使用平台浏览和查询历史地图,专题地图用户可以利用平台绘制各种专题历史地图,包括以线路表达为主的事件专题图和以数量为主的统计专题图,例如人物生平行踪图、人物籍贯分布图等。专题系统是平台针对不同的专题来扩展系统功能并建立专用系统,例如唐代文学历史地理信息系统。基于 CCTS 系统的专题应用研究正逐步推广,已形成唐代黄河泛滥缓冲区分析、明清江南市镇空间变迁分析、清代粮价与人口整合空间分析、苏轼东南诗行经路线研究等案例。

四、讨论与展望

本文对 GIS 在历史学的应用进行了介绍。总体来看,GIS 在历史学中的应用已经全面铺开,呈现出良好的发展态势。然而,受制于历史学学者对 GIS 的认识和操作技术的限制,许多应用尚停留在领域知识载体的数字化和空间数据库建立阶段;而与之对应,许多技术工作者由于欠缺历史学学科知识、不了解历史学研究内容,在参与历史 GIS 工作时亦存在一

①陈刚:《超媒体地理信息技术在六朝建康历史地理研究中的应用刍议》,《南京晓庄学院学报》2004 年第 3 期,第 41—46 页。

②李凡、符国强、齐志新:《佛山历史文化地理信息系统设计和实践的探讨》,《佛山科学技术学院学》(自然科学版)2009 年第 2 期,第 59—64 页。

③《“国际化大都市(上海)历史人文地理信息系统”研制取得阶段性进展》,《上海师范大学学报》(哲学社会科学版)2011 年第 5 期,第 F3 页。

定的局限性。

目前,GIS 的历史学模型分析已经在相关研究领域取得进展,预示着更大的发展空间。数据是历史学 GIS 研究和建设的基础与核心,数据采集、预处理、入库等工作一般占到整体 GIS 系统建设的 70%左右。在未来一段时间内,历史学 GIS 的研究和建设将仍然停留在数据整理、整合和建库方面。之后应探索如何将数据转化为知识,即研究重点应从数据处理转向知识分析与挖掘,相应地,对 GIS 的需求也将从资料数字化、数据库构建转向空间分析、空间建模、空间数据挖掘等。笔者认为,历史 GIS 在以下若干方面可进一步发展与完善:

一、历史地理数据的获取方法。历史地理数据主要来源于历史典籍和历史地图,需要研究者进行大量的搜集、整理工作,结构化、量化处理以及空间定位。在现代信息技术的支持下,需要发展自动化、半自动化的历史地理信息获取和处理方法和技术,从而为历史 GIS 的快速发展提供数据保障。同时,在元数据、编码规范方面应有统一协调,为数据的集成共享提供条件。

二、历史时空数据模型。历史时空数据模型是对历史地理进行分析研究的基础。现有的数据模型在一定程度上能够支持历史地理数据的可视化表达和分析,但在时空过程表达和时空分析方面尚需加强,制约了历史 GIS 的深入应用和发展。需要建立新的数据模型,以全面深入地将地理信息的空间、属性、时间进行整合,使之符合历史学的学科特性。

三、面向历史研究的 GIS 分析方法与模拟模型。目前,历史 GIS 的分析方法十分有限。GIS 中经典的矢量和栅格空间分析方法对时间信息的处理能力均有限,难以进行时间过程分析和时空分析,严重制约了 GIS 在历史研究中的深入应用。在当前阶段,历史研究者主要是借鉴、采用其他学科领域的研究方法,缺少在分析方法层面的创新研究。未来,需要进一步拓展深化 GIS 的分析方法与模拟模型,使之与历史研究的实际需求相吻合。

四、历史地理数据的时空集成与共享。利用 GIS 对历史地理数据进行时空集成已普遍为历史学者所接受,形成了数量可观的历史地理专题数据库和信息系统。但是,目前这些数据库和软件系统仍是各自独立建设，业内尚未有统一的数据采集与处理规范，系统间的信息共享与集成亟待研究解决。在 GIS 领域，地理信息的共享和服务已经较为普遍，相关的技术和方法已经较为成熟，可以支撑历史地理数据的分布式共享，促进历史地理大数据的形成、挖掘与利用。

云南大理国写经的发现、整理及研究

王水乔

（云南省图书馆）

1956年8月，全国人民代表大会民族委员会云南少数民族社会历史调查组到大理专区（同年改为大理白族自治州）进行历史文物调查，在凤仪县北汤天董氏“金銮宝刹”大殿中发现了两大橱古本经卷。全部经卷情况相当零乱，残篇碎页和首尾残失的约占三分之一。云南省、地、市有关部门派专人对这批经卷进行了认真清理。当时，云南省图书馆的周泳先先生奉命前往参加整理工作，通过清理，认为其中就有南诏晚期和大理国时代的写本经卷，共20余卷册。① 同时参加整理工作的大理州杨延福先生，也撰文介绍了全部经卷的收藏情况，并将其分为五大类别，其中第一类就是郑氏大长和国、段氏大理国两个时期的写抄经卷20多卷，并认为这些经卷多残损，其中有抄写年代的仅3卷，即《护国司南抄》卷第一、《释道常荐举七代先亡写疏》残卷、《诸佛菩萨金刚启请》一卷。②

侯冲先生认为，凤仪发现的元代及其以前古本写经，有半数是密教经轨，但也有半数是显宗经典。这些经典大都是从内地传来的汉地佛教经

①周泳先：《凤仪县北汤天南诏大理国以来古本经卷整理记》，载李家瑞等编著《大理白族自治州历史文物调查资料》，昆明：云南人民出版社，1958，第7—8页。

②杨延福：《法藏寺古经卷清理杂记》，载《南诏史论丛》②，云南省大理白族自治州南诏史研究学会编印，1986。

典。其中的阿吒力教经典,事实上只有被周泳先先生称为"秘教(瑜伽)经仪"的三十五册。另与阿吒力教经典有关的,是《大黑天神道场仪》和《广遮无施道场仪》,但它们只能算是前阿吒力教经典——阿左梨经典。①

在写本经卷中,时间最早的一卷是《护国司南抄》,经目下题"内供奉僧崇圣寺主密学教主赐紫沙门玄鉴集",卷末题"时安国圣治六载甲寅岁朱夏之季月也",则知纂集者为云南大长和国内供奉僧、崇圣寺主、密学教主、赐紫沙门玄鉴。原书有疏释五卷,《校勘录》一卷,保存下来的只有《护国司南抄卷第一》,本文仅残存三行,其余为本经校勘文字。经卷高30.8厘米,由三个断卷组成,首尾两段现藏云南省社会科学院图书馆,中间一段现藏云南省图书馆。曾有学者认为此卷为南诏写经。事实上玄鉴纂集该文献的时间为云南大长和国安国六年(908),今存本为大理国保安八年(1052)释道常抄写本。②

《护国司南抄》就是玄鉴引述汉地佛教经籍,也引录儒道两家要籍,对良贲《仁王护国般若波罗蜜多经疏》的注释,所注释并非良贲《仁王护国般若波罗蜜多经疏》的全文,而是其中的部分文句或字词。由此可以看出南诏时期云南僧人的佛学水平以及中原儒道思想和汉传佛教对南诏文化的影响程度。③ 在征引古籍时引用的书有音义如《华严音义》《众经音义》《庄子音义》,有字书如《切韵》《广雅》《唐韵》《玉篇》,有佛经如《金刚经》《最胜王经》《楞伽经》《普曜经》《维摩诘经》《法华经》,有经部、诸子著述如《庄子》《老子》《国语》《书》《春秋》《易》《白虎通》,有佛经及经部、诸子著述注疏如《周礼注》《孝经注》《毛诗传》《论语疏》《毛诗注》《尚书注》《三乘放道疏抄》《维摩疏》《法华疏》《梵网经疏》《智度论》《贤劫章疏》,有佛教著述如《补阙钞图》《显隐词》《止迷记》《西域记》《唐三藏传》《法本记》《释迦方志》《周书异记》,有史志及文选如《文选》《文选注》《帝王略论》《帝王目录》等。④ 由于玄鉴引录的部分典籍今已不存,因此《护

①侯冲:《云南阿吒力经典的发现与认识》,载侯冲著《云南与巴蜀佛教研究论稿》,北京:宗教文化出版社,2006,第188页。

②侯冲整理《护国司南抄》,载方广锠主编《藏外佛教文献》第七辑,北京:宗教文化出版社,2000,第68页。

③同上。

④杨学政主编《云南宗教史》,昆明:云南人民出版社,1999,第57页。

国司南抄》保存了较为珍贵的文献资料。此外的20余卷册大理国写经，周泳先先生在《凤仪县北汤天南诏大理国以来古本经卷整理记》一文中有详细记录，认为有："首尾均残的一册'裱背装'写经，中有'囫师阿左梨王德彰□'字样。蝴蝶装的一册'通用启请仪轨'，卷末题'大阿左梨周梵彰述'。'根本说一切有部奈耶杂事'，卷三十九、四十□两册，纸背钤有'皇帝圣德奉戴玄珠'的硃印多颗，与现藏省博物馆天开十九年的一卷印记、纸质完全相同，当为同时代的写本。残卷写经两段，纸背钤有'僧杨义隆造'印记。杨义隆名，见保安八年一册的题记，谓'爰有佛弟子持明沙门释照明，俗讳杨义隆'云云，知必为同时同人造写。梵文(悉昙文)写的经卷，共找出三卷四段，从纸质和纸背的印记，参照整理出的其他经卷，也可断为大理国时代的写本。其中一卷纸背钤有'施主释明镜为法界有情等造'硃印，和省博物馆天开十九年的一卷，纸背钤的另一图记'灌顶阿左梨释智生为法界有情等敬造'是同一款式。"①

在这批大理国写本佛经中，有一册蝴蝶装的写经《华严经》，钤盖有"大圆济宫藏经"。一些刻本藏经，有的钤盖"金相寺大藏""置大理弘圣寺塔殿大藏尊经""邓川州万福寺藏经"的印记。据景泰、正德、万历《云南通志》和道光《云南通志》记载，大圆济宫、金相寺等寺庙均在大理。刻本藏经中有的附刻有元至正九年(1349)段信苴义、段信苴祥的"大理赵州华藏寺大藏经"的题记。"可知现存的这批数达三四千册的古本经卷，是时代不同、版本不同、来源不同，经过一段时间，由不同地区、不同庙宇蒐访汇集到凤仪去的。"②

在大理国写本经卷中，其中七八册有用硃墨夹写的梵文或梵文旁注，也有用硃笔画的符咒，或在一些字上飞有赤金。这些都是阿吒力教的经典。③

这批佛经的收藏地为法藏寺，又名"金銮宝刹""金銮宝殿"。据资料记载，北汤天法藏寺始建于明洪武二十五年(1392)，为凤仪密教大阿吒力董贤所建，并被赐封为"金銮宝刹"，时人也将"金銮宝刹"呼为"金銮宝

①周泳先：《凤仪县北汤天南诏大理国以来古本经卷整理记》，第14页。

②同上书，第10页。

③同上书，第16页。

殿”。明永乐十年(1412),董贤入觐明成祖,受赐国师,装修殿宇,该寺又称国师府,过厅及厢房为清末所建。法藏寺为一四合院,东向,南靠民居,西为大殿五开间,东为过厅楼房三间,中一间为门道,楼上内向为戏台,南为楼房三间,北为平房三间。①

法藏寺建成后,历经明、清、民国,这批经卷都保存完好。每年阴历六月初六,方圆百里内皆有人前来朝拜礼佛,采院内柏枝叶扫书中尘埃,故数百年间,书籍无虫蛀霉烂现象。抗日战争时期,“一些国民党兵军纪松弛,遂将部分经书烧毁,或用于手纸、包装纸,这批经书算是又遭到了一次劫难。此后,寺内和尚后继无人,经书无人专管,亦有少量散遗民间”。②

在该寺内有一块“钦颁法藏”的匾额,寺内大殿旁有董贤于永乐十九年(1421)撰的《赵州南山大法藏寺碑》,碑末题“大明永乐十九年辛丑岁孟秋望日大理府赵州法藏寺住持神僧钦取赐红阿拶哩不动辣麻董贤撰”。碑文对这批经卷的来源有记载,略云:“今之法藏乃赵州知州段信苴祥,清平老比丘并杨善等,前来钱塘印造三乘大藏之经文,置于本州大华藏寺。至大明圣世洪武壬戌春,天兵入境,经藏毁之。余等俭岁之中,救得二千许卷,安于石洞。数年之间,切念斯之圣教唯启丰珠,未窥全宝。予等前法滇池,于太慈、圆通二寺之中,请得五千余卷,捋来本郡,合为一藏。洪武二十五年命工起兹藏殿,以经置之。”华藏寺位于大理凤仪,珍藏有元代赵州(即凤仪)知州段信苴祥、清平和尚等人到江浙请来的大藏经,这部藏经,为寺中阿吒力僧拥有和使用。③

到了永乐十年(1412),董贤得到皇上接见,“钦赐红袈裟、五佛冠、紵丝宝钞数百件,又赐护国密部全经,授以都纲”。④

在这批古本佛经收藏地,还保存有《赐国师董贤圣旨碑》。碑文云:

奉天敕命,皇帝诏曰:董伽罗氏,出自海东。天降一卵,入于草中。

①薛琳主编《新编大理风物志》,昆明:云南人民出版社,1999,第117页;董国胜:《北汤天法藏寺的经藏》,载《南诏史论丛》②,云南省大理白族自治州南诏史研究学会编印,1986。

②董国胜:《北汤天法藏寺的经藏》,1986。

③杨学政主编《云南宗教史》,第22页。

④同上书,第21页。

仙鸾覆育，神异奇丰。历朝护国，累代神通。有德有行，克始克终。延及国师，不亚其宗。三次赴绍，有劳有功。军免军差，民免民役。尔子尔孙，永体朕意。右赐国师董贤遵旨。洪武二十七年仲冬颁。敕命之宝。

历史上，董姓为白族十大名家之一。董伽罗系董贤始祖，大理海东人，笃信佛教，为南诏密教首领，在南诏后期是权倾朝野的贵族，史称董伽罗为阁罗凤之军师，帮助阁罗凤打败了鲜于仲通、李宓，被南诏封为国师。所谓国师，相当于高僧。公元 938 年，董伽罗辅佐段思平打败杨干贞，建立大理国，被封为开国宰相。董氏既在各朝均为佛教显贵，历代相传，珍藏了不少经书。①

董贤，生活于元末明初。高奣映《鸡足山志》卷七有传，名其为"不动喇嘛"，其父董量精于密教，并称董贤"至鸡山，日夜精进，遂通阴阳历数之术，能役使鬼神，使龙代其耕耨，驱鬼怪以负薪"，"永乐十八年(1420)，钦遣司礼监李谦召之。贤同子寿偕至京，篾筐盛水，红线缚风，大显神异。钦赐红色袈裟、五佛冠、纻丝宝钞数百件。又赐护国密部全经，授以都纲。"②由此说明他是一位阿吒力僧人。董贤和家人在元末明初刊印和抄写了一批佛经。

在佛教盛行的古代社会，塔是佛教徒的崇拜对象，他们总是要把自己认为最最珍贵的东西奉献给这种神圣的建筑物，以表示自己对佛的虔诚与忠贞，求得佛对自己的保佑。20 世纪 70 年代以来，在维修大理地区南诏、大理国时期的古塔过程中，从崇圣寺三塔、弘圣寺一塔、佛图塔等古建筑遗物中出土了一大批重要文物。这批文物是云南省迄今发现的南诏、大理国时期的文物中数量最多、内容最丰富、历史价值最高的一批，其中就有宗教题材的经卷。③

1978 年，在维修大理崇圣寺塔中，发现了大理国时期大批写经。

崇圣寺塔，俗称三塔，位于大理市城北门外苍山中和峰麓。三塔中间

①董国胜：《大理北汤天白族大姓董氏族谱研究》，载张旭主编《南诏·大理国史论文集》，昆明：云南民族出版社，1993，第 157 页。

②(清)高奣映著，侯冲、段晓林点校《鸡足山志》，北京：中国书籍出版社，2005，第 290 页。

③李朝真、张锡禄：《大理古塔》，昆明：云南人民出版社，1985，第 55 页。

大塔，又称千寻塔，共十六级，高69.13米，南北两个小塔，各十级，高42.19米。千寻塔塔刹基座内原藏经很多，1925年地震后塔刹中心柱断裂，塔顶掉落，致使藏经部位进水。由于50多年的雨水浸泡和虫鼠糟蹋，全部经卷腐朽。其中有100多枚经卷之轴头和残卷，可见数量之巨，惜已毁坏。经文写在绢或纸上，朱书或用金粉书写，文字多残泐，可辨者有《金刚般若波罗蜜经》。在一件鎏金铜函内，发现了二卷写经，一卷是《无垢净光大陀罗尼经》，墨书于一幅长1950厘米的棉质平纹布上，有经文6000多字；另一卷是《自心印陀罗尼法咒语》，共有99条咒语14000余字。① 汪宁生先生认为，这二种经卷："大部分应为大理国时期，且主要为大理国后期。"②

大理市下关佛图塔，俗称"蛇骨塔"，是南诏国时期的古塔之一。1981年5月，在对佛图塔进行维修的过程中，清理出了两批共40多卷经卷。经卷种类12种，主要有《金刚般若波罗蜜经》《妙法莲华经》《大通方广经》《金光明经》《大方广佛华严经》等。装帧形式有卷轴装、经折装和蝴蝶装三种。大部分经卷为元代文物，有少部分为大理国时期文物。③

保存至今的大理国写本佛经，其组成比较复杂，"既有直接传自印度的，如大理摩伽国三藏赞那屈多译的《大灌顶仪》及不识名梵文残卷，又有显然传自中原的，如不空译《仁王护国般若波罗蜜多经》，还有大理地区僧人的撰述如《护国司南抄》《通用启请仪轨》等，既有密宗典籍如《佛说千眼千手观世音菩萨陀罗尼经》《千眼千臂观世音菩萨陀罗尼大身真言经》《佛说金轮佛顶大威德炽盛光如来吉祥陀罗尼经》，又有显宗典籍如《大般若经》《金刚经》《华严经》《维摩诘经》"。④ 对于这些经籍，鉴于它们大都是汉文佛典的抄写，各本经典所用词如"启请""仪轨""灌顶""金刚萨""息灾"等都是汉文典籍中的常有词⑤，因此将其一概视为汉传

①李昆生：《云南考古学论集》，昆明：云南人民出版社，1998，第350页。

②汪宁生：《云南考古》，昆明：云南人民出版社，1992，第265页。

③张锡禄：《大理白族佛教密宗》，昆明：云南民族出版社，1999，第118、119页。

④苏青：《云南阿吒力教及其经典和音乐》，《云南宗教研究》1995年第1期。

⑤蓝吉富：《阿吒力教与密教——依现存之大理古代文物所作的考察》，载《云南大理佛教论文集》，高雄：佛光出版社，1991。转引自杨学政主编《云南宗教史》，第20、21页。

佛教典籍。①

现存大理国汉传佛教经卷有以下三类:②

第一类,经及仪轨。有:《大般若经》《金刚般若波罗蜜多经》《般若波罗蜜多心经》《仁王护国般若波罗蜜多经》《大方广佛华严经》《药师琉璃光如来本愿功德经》《大方广圆觉修多了义经》《大佛顶如来密因修证了义诸菩萨万行首楞严经》《妙法莲华经》《维摩诘经》《大通方广经》《佛说地藏菩萨经》《佛说高王观世音经》《佛说千眼千手观世音菩萨陀罗尼经》《千眼千臂观世音菩萨陀罗尼大身真言经》《佛说金轮佛顶大威德炽盛光如来吉祥陀罗尼经》《无垢净光大陀罗尼经》《佛说灌顶拔除过罪生死得度经》《摩利支天菩萨经》《通用启请仪轨》《大黑天神仪轨(残卷)》。

第二类,疏。大理国僧人作的疏类有《护国司南抄》。传自内地的疏有《大方广佛华严经疏》《大方广圆觉修多了义经疏》《维摩诘经疏》《说无垢称经赞》《佛说灌顶药师经疏》《大日经疏》《法华疏》《梵网经疏》《贤劫章疏》《三乘入道疏抄》。

第三类,撰述。大理国僧人的撰述有:《海会八明王四种化现歌赞》《转四业酒□歌》《封民三宝记》。传自内地的有:《法门名义集》《诸菩萨金刚启请》《补阙钞图》《显隐词》《止迷记》《西域记》《唐三藏传》《法本记》《释迦方志》。

1956 年这些经卷的发现,立即引起了当时云南学术界研究白族历史、语言的学者们的兴趣,都认为是研究白族历史的重要资料。周泳先认为,这批经卷,有价值和可研究的资料实在太多了,如一些断册残页佛经的纸背上,就每有明代初年墨写的有关社会经济的资料;明清两代白族人民刻印的佛经里,卷末每有一些刻印的、钤印的或墨写的发愿文或印造记,其中戚族间的称谓或三字名,有一些还是第一次见到,都是研究白族社会历史最珍贵的资料。③ 对于这批写本佛经的发现,当时有的文物考古专家认为,可与敦煌卷子相媲美。④ 对这批经卷的研究,一直延续至

①杨学政主编:《云南宗教史》,第 21 页。

②同上书,第 52—54 页。

③周泳先:《凤仪县北汤天南诏大理国以来古本经卷整理记》,第 19 页。

④李孝友:《云南书林史话》,昆明:云南人民出版社,1998,第 9 页。

今。侯冲认为:“这是继敦煌藏经洞之后我国古代宗教文献的又一次重要发现,具有较高的学术价值。”①并认为,《护国司南抄》保存了大量较为珍贵的资料,至少在音韵学、佛典校勘、佛经版本学及唐代年号的考订,以及帮助人们认识和理解佛教义学等方面有较高的学术价值。②

第一,它丰富了南诏大理国研究的文献资料。

元代云南地方史志流传至今的惟有郭松年《大理行纪》及李京《云南志略》而已,且李京《云南志略》已系残本。其他如《僰古通纪》《云南事迹总录》《主诏通说》《云南风土记》《云南实录》等,均佚。因此,元代的这两种史料已被认为是研究南诏大理国史“不可或阙的重要史籍”。③ 因此,早于元代的大理国写经的发现,其史料价值显得尤为珍贵。

如果说唐宋文献如《蛮书》《旧唐书》《新唐书》及《资治通鉴》对南诏国资料还有记载的话,那么宋代对大理国的记载就少得十分可怜了。周泳先先生认为:“南诏时代的直接文献,保留下来的,仅南诏德化碑、建极铜柱、崇圣寺钟款识,和解放后始发现的石宝山天启石刻三四件。其他不唯实物不存,著录下来的也没有。因此,研究南诏的历史,除汉文文献如《蛮书》《旧唐书》《新唐书》《通鉴》等外,可凭藉的资料是很不够的”,“大理国时代的直接史料,保存下来的也非常少。时代与大理国相终始的两宋王朝,和大理国的关系时断时续,在宋人的文献里,有关大理国的资料,就远不如唐代记录南诏时代的多。故研究大理国时代的历史,每令人有‘文献无征’之叹。因而这次出现的二十多卷册大理国时的写经,对于研究白族历史和大理国历史,就具有非常重要的意义。”④方国瑜先生对此颇有同感,认为:“大抵南诏大理事迹,见于记录者少,诸家所载,又多参差缺略,合而考校,庶可得其实。在公元一九三九年,曾以当日所得诸家之书,剪贴汇抄批注成一册,后有增益,未及补苴,而错杂无理,欲稽其源流,辩其得失,视为难事。”⑤他曾在《试论大理图志诸问题》一文中指出:“自

①侯冲:《滇云法宝:大理凤仪北汤天经卷》,《云南社会科学》2012 年第 6 期。

②侯冲:《大理国写经〈护国司南抄〉及其学术价值》,《云南社会科学》1999 年第 4 期。

③王叔武:《大理行纪校注云南志略辑校 · 前言》,昆明:云南民族出版社,1986。

④周泳先:《凤仪县北汤天南诏大理国以来古本经卷整理记》,第 10、12、13 页。

⑤方国瑜:《云南史料目录概说》,北京:中华书局 1984,第 614 页

唐天宝至宋宝祐之五百余年间,唐设云南安抚司,宋设云南节度使,任命土长蒙氏、段氏以守之,其政区名号,见于地方载记之书,蒙氏时事迹,有樊绰《云南志》及《新唐书·南诏传》所载,可知大概;段氏时事迹,今存当时载籍甚少,惟赖元明人所述,可资考究,然未能确切。"①木芹先生也认为:"段氏统治之三百余年,在云南历史发展进程中,占有重要地位,然而有关大理时期之资料甚少。"②马曜先生认为:"大理国时期的写本佛经是研究密宗'阿阇梨'教的唯一实物资料。"③侯冲先生认为:"《护国司南抄》是研究南诏佛教,正确认知南诏佛教的第一手资料。"而据《护国司南抄》卷首"内供奉僧、崇圣寺主、义学教主、赐紫沙门"一行题识,南诏以密教为盛的说法不能成立,而且《护国司南抄》中不见一个梵文或藏文字母,内容亦全是汉地佛教的内容,证明南诏佛教的传入路线主要是汉地。④《护国司南抄》也是了解唐代和南诏时期佛教义学、南诏佛教官制的重要资料。⑤《诸佛菩萨金刚等启请》《大黑天神道场仪》中的相关内容,是目前所见可以解读大理国张胜温绘《梵像卷》的文字资料。《通用启请仪轨》后附的《海会八明王四种化现歌赞》是解读大理国埋藏刻凿的剑川石钟山石窟的第六窟的文本依据。它们与《大灌顶仪》等一样,是解读南诏、大理国密教的钥匙。⑥

第二,进一步推动了写经的版本学研究。

这批写经发现后,学术界就围绕其中一些经卷的成书年代及版本和文字等学术问题展开了热烈的讨论。

一是关于《护国司南抄》的成书年代问题。《护国司南抄》卷首序文"时安国圣治六载甲寅岁之季月"这句话,是学术界判断此经年代的依据。周泳先先生在《凤仪北汤天南诏大理国以来古本经卷整理记》一文中指出,郑买嗣在唐昭宗龙纪元年己酉(889)已在大理称帝,改元为安国圣治元年,至乾宁元年甲寅(894)正是安国圣治六年。乾宁四年丁巳

①方国瑜:《试论大理图志诸问题》,载《中国社会科学》1980第1期。

②木芹:《南诏野史会证》,昆明:云南人民出版社,1990,第344页。

③马曜:《大理丛书·金石篇序》,昆明:云南民族出版社,2010,第20页。

④侯冲:《大理国写经〈护国司南抄〉及其学术价值》,《云南社会科学》1999年第4期。

⑤侯冲:《从凤仪北汤天大理写经看旋风装的形制》,《文献》2012年第1期。

⑥同上。

(897)隆舜内嬖失道，为竖臣杨登所杀。他又拥立舜化贞中兴蒙氏王朝，不数年终于夺取了南诏的天下，这正是南诏后期贵族重臣专权必走的道路。因此，这卷安国圣治六年所写的经卷，应是唐昭宗乾宁元年(894)南诏隆舜时期的写本。[①] 方国瑜在《云南史料目录概说》一书中也认为，郑买嗣改元安国在唐昭宗龙纪元年(889)，其安国六年当乾宁元年甲寅(894)年。而李家瑞先生在《历史研究》1958 年第 7 期发表了《用文物补正南诏及大理国的纪年》一文，文中认为"安国"是大理国郑买嗣的年号，圣治是对纪元的祝颂之辞，安国圣治六年即为公元 906 年，即郑买嗣安国六年，其干支甲寅有误，当为戊辰，按此说，则《护国司南抄》当系大理国时代写经。云南省社会科学院宗教研究所的侯冲先生也认为："以安国六年为甲寅当是重抄者抄误或补误。玄鉴集《护国司南抄》的时间，是郑买嗣大长和国安国六年，即公元 908 年，是五代时期而非唐代"，"所以，不少学者认为是南诏写本的《护国司南抄》，事实上集于云南大长和国安国六年(908)，现存抄本则为释道常奉举七代先亡抄于大理国保安八年(1052)，是大理国写经而不是南诏写经。"[②]因此，侯冲先生认为："到现在为止，还没有发现现存哪一件写经是南诏时期写经，所以我们不像以往一样把大理国时期的写经称为南诏大理写经、南诏大理的写本佛经或南诏大理写经，而只称之为大理国写经。"[③]

二是关于大理国时期有无刻本佛经的问题。云南省博物馆李昆生先生在《南诏大理文物精粹》一文中写道，1991 年，云南省博物馆赴瑞士展览的佛教经卷共有五卷，有二卷是大理国时期的刻印本佛经，即《大方广佛华严经第五十二》和《慈悲道场忏法第六》；另外三卷是北汤天大理国写经，其中一卷就是《佛说长寿命经》，经卷长 928 厘米，高 23.4 厘米。[④]张秀民先生在《中国印刷史》一书中，认为"南诏和大理时代盛行佛教，大理点苍山沿山多寺庙，不论寺庙中的和尚，或有家室的'师僧'，都念汉文

---

①周泳先：《风仪县北汤天南诏大理国以来古本经卷整理记》，第 10、11 页。

②侯冲：《大理国写经〈护国司南抄〉及其学术价值》，载侯冲著《云南与巴蜀佛教研究论稿》，第 73、74 页。

③侯冲：《大理国写经的发现、著录与研究》，侯冲先生赐稿。

④李昆生：《云南考古学论集》，昆明：云南人民出版社，1998，第 350 页。

佛经。他们除向宋王朝购买佛经外，又自己动手抄写，并发展到自己刻印佛经”，并指出：“《佛说长寿命经》一卷竟是大理国刻本。大理国刻本，是中国印本书中过去闻所未闻、见所未见的，今藏云南省博物馆图书室。”① 《中国古籍善本书目》(子部)也将《佛说长寿命经》著录为大理国刻本。② 第一批《国家珍贵古籍名录图录》也将其著录为大理国刻本。③ 李晓岑则认为把《佛说长寿命经》定为大理国第一种木刻版本，这是误定，该经应为写经。④ 伍小劼对《佛说长寿命经》进行了整理，并在《佛说长寿命经》一文中写到，《佛说长寿命经》在中国历代藏经中均未被收录，佛教经录中也未见记载。20世纪50年代，在大理市凤仪北汤天村法藏寺金銮殿内发现本文献写本，证明本文献产生于中国，后传到日本。此文献现初步认定为大理国时期写本。⑤

三是关于经卷中的白文问题。费孝通先生最早认为北汤天经卷中的一卷明天顺经卷可能是白文写的。⑥ 周泳先认为：“在称为‘仁王护般若波罗密多经’的一长卷里，和不知名的另一个残卷里，发现了大理国时期的‘白文’。在前一长卷里，全卷并有硃笔旁注，卷尾有较长的墨笔疏记。另一卷不知经名的残卷里，卷内并有硃笔旁注和一些浮签疏注。这些旁注、疏记和浮签疏注，没有一条能读得断，就是三五个字的旁注也是如此，不可识的字更多。”⑦白文研究专家赵衍荪指出经卷《仁王经抄》中的一些偏旁部首或草写体字是白文。⑧ 马曜先生认为：“值得注意的是，大理国的一些经卷旁常有朱笔或墨笔批注，除少数注藏文者外，多以汉字为音符注出当地少数民族语言，当是最早的白文，是研究白文的宝贵资料。”⑨侯

---

①张秀民著、韩琦增订《中国印刷史》，杭州：浙江古籍出版社，2006，第196页。

②《中国古籍善本书目》(子部)，上海：上海古籍出版社，1990。

③中国国家图书馆中国国家古籍保护中心编《第一批国家珍贵古籍名录图录》第四册，北京：国家图书馆出版社，2008，第166页。

④李晓岑：《白族的科学与文明》，昆明：云南人民出版社，1997，第202、203页。

⑤伍小劼整理《佛说长寿命经》，载《藏外佛教文献》第二编总第十三辑，北京：中国人民大学出版社，2010。

⑥费孝通：《云南大理历史文物的初步察访》，载《考古通讯》1957年第3期。

⑦周泳先：《凤仪县北汤天南诏大理国以来古本经卷整理记》，第15页。

⑧赵衍荪：《浅论白族文字》，载《云南民族语文》1989年第3期。

⑨马曜：《大理丛书·史籍篇序》，昆明：云南民族出版社，1993，第20页。

冲先生则认为:"这批大理国写经保存了隋唐时期佛经的抄写惯例,即经论用正楷书写,注疏用草书,注疏的注疏,则用更加简便的草书。'经论则真书,而注疏则草书',这是佛教东传汉地后出现的一种重要文化现象。故这批经典保留了汉地佛经较早的抄写形式。但由于更加简便的草书往往是以某个偏旁部首即代表某字,使用中有较大的随意性,阅读时如不联系上下文就不能读断,故一直被人们误以为是大理国时期的'白文'。"①因此,侯冲先生认为"大理写经中并无所谓白文"②。

四是关于写经的装帧问题。侯冲先生认为,大理国写经中的一卷《密教散食仪》,首尾残缺,内容共分三个部分,均属密教行持法会时的启请仪文,此前周泳先先生在整理时认为此卷为包背装,实际上此卷是旋风装。③ 另一卷写经《密教启请次第》,存叶 2 张,首尾残缺,内容为佚名书汉文与朱笔梵文字母相同的密教法会仪式次第,也属旋风装。写经中的另一卷《密教观行次第》,存叶 1 张,内容为佚名书密教观行次第,也属旋风装。写经中的另一卷《诸佛菩萨金刚等启请》,也属旋风装。这些旋风装叶子是目前国内现存原汁原味的旋风装的珍贵遗物。④

北汤天发现的这批古本经卷,后分别收藏于云南省图书馆、云南省社会科学院、云南省博物馆和大理州、市相关机构。其中云南省图书馆收藏最多,其次为云南省社会科学院。《护国司南抄》分三个断卷,第一段和第三段就收藏于云南省社会科学院图书馆,第二段收藏于云南省图书馆。收藏丁云南省图书馆的人理国写本《金刚般若波罗蜜经》《灌顶药帅经》《药师琉璃光如来本愿功德经疏》《大佛顶如来密因修证了义诸菩萨万行首楞严经疏》《普贤菩萨行愿赞疏》《密教散食仪》《通用启请仪轨》《密教启请次第》《密教观行次第》《仁王护国般若波罗蜜多经抄》,分别收藏于云南省博物馆和云南省图书馆的《诸佛菩萨金刚等启请》,收藏于云南省博物馆的大理国写本《长寿命经》和《大般若波罗蜜多经》,收藏于云南省

①侯冲:《云南阿吒力经典的发现与认识》,第 187 页。

②侯冲:《大理国写经〈护国司南抄〉及其学术价值》,《云南社会科学》1994 年第 4 期。

③周泳先:《大理国写经目》,载侯冲《滇藏考》,载《藏外佛教文献》第二编总第十三辑,北京:中国人民大学出版社,2010。

④侯冲:《从凤仪北汤天大理写经看旋风装的形制》,《文献》2012 年第 1 期。

图书馆的元代刻本《大华严方广普灭罪称赞佛名宝忏》,收藏于云南省图书馆的元代官刻大藏经本《大般若波罗蜜多经》《小品般若波罗蜜经》《大宝积经》《大方等大集经》《无言童子经》《自在王菩萨经》《大集大虚空藏菩萨所问经》《阿惟越致遮经》《大方便佛报恩经》《法集经》《佛说顶生王因缘经》《不空羂索陀罗尼自在王咒经》《菩提场庄严陀罗尼经》《观自在大悲成就瑜伽莲华部念诵法门》《弥沙塞部五分律》《四分律藏》《五分弥沙塞比丘戒本》《根本说一切有部毗奈耶药事》《十地经论》《释摩诃衍论》《众经目录》《续高僧传》《大慧普觉禅师住径山能仁禅院语录》,云南省社会科学院收藏的元代官刻大藏经本《文殊师利所说不思议佛境界经》,均已被列入第一批《国家珍贵古籍名录》。①

大理国古本经卷的形成,有着一定的政治和经济原因。

政治方面原因是佛教与南诏大理国密不可分。

七至八世纪时,强盛的唐王朝和新兴的吐蕃政权在云南展开了激烈的争夺。当时,滇西分布着许多地方部落集团,其中以蒙舍诏的势力最为强大。它借助唐王朝的支持,于八世纪前期吞并了其余五诏,建立了南诏国,进而又统一了云南。南诏为了击败互不统一的大小"鬼主",利用外来的佛教势力,把它作为实现宗教和政治统一的精神武器。南诏中后期,统治者开始推崇佛教。劝龙晟时,用金三千两铸佛三尊,送佛顶寺,并建造不少佛寺。至丰祐时,佛教大盛,三塔寺佛一万一千四百,屋八百九十,铜四万五百五十斤。大塔十六层,用式七百七十万八千一百四十一个,用金银布帛绫罗缎锦值金四万三千零五十四斤,耗时八年。② 继南诏之后,大理国佛教盛极而不衰,开国之主段思平是一位极虔诚的大施主。据《南诏野史》,段思平"好佛,岁岁建寺,铸佛万尊"。③ 他重用阿吒力师董伽罗为军师,联合普遍信仰佛教的三十七夷众为帮手,终于打败了杨干贞而成就霸业。由于他的崇佛,大理国王室一代比一代更虔诚。其子段思英继承皇统后,仅一年就避位为僧,法名弘修大师。段思英后,献身佛门的国

①国家图书馆中国国家古籍保护中心编《第一批国家珍贵古籍名录图录》第四册。

②《白古通记浅述》,转引自(明)倪辂辑,(清)王崧校理,(清)胡蔚增订,木芹会证《南诏野史会证》,昆明:云南人民出版社,1990,第161页。

③(明)倪辂辑,(清)王崧校理,(清)胡蔚增订,木芹会证《南诏野史会证》,第210页。

王前赴后继，又有九位先后禅位为僧。大理国灭后二十余年，大约在至元二十三年(1286)至大德四年(1300)间，元代郭松年来到大理，还记载了此地之遗风："此邦之人，西去天竺为近，其俗多尚浮屠法，家无贫富，皆有佛堂，人不以老壮，手不释珠"，"沿山寺宇极多，不可殚记。"①大德三年(1299)，李京奉命宣慰乌蛮，两年后写了元代云南第一部省志《云南志略》，在书中他对当地白人风俗这样描绘："佛教甚盛。戒律精严者各得道，俗甚重之。有家室者名师僧，教童子，多读佛书，少知六经者；段氏而上，选官置吏皆出此。民俗，家无贫富皆有佛堂。"②大理国时期政治制度上的一大特点是开科取士，以佛教辅佐治理。王崧《南诏野史》载："段氏有国，亦开科取士，所取悉僧道读儒书者。"③郭松年《大理行记》载："师僧有妻子，然往往读儒书。段氏而上国家者，设科取士，皆出此辈。"④李京《云南志略》也记载："有家室者名师僧，教童子，多读佛书，少知六经者。段氏而上，选官置吏，皆出此辈。"⑤

由于佛教盛行，因此佛经需求量很大。不论是寺庙中的和尚，还是有家室的师僧，都念汉文佛经。在大理北汤天和部分唐宋古塔中发现了不少从内地传入的华严宗经卷，如《大方广佛华严经》(残卷)、《华严忏仪》、《大方广佛华严经疏》、《大方广圆觉修多罗了义经疏》等。宋徽宗崇宁二年(1103)，大理国十五代王段正淳使高泰运入宋，求经籍，得六十九家，药书六十二部。⑥ 宋嘉泰二年(1209)，大理国又入宋"取大藏经置五华楼，凡一千四百六十五部"。⑦ 1956年发现的北汤天古本经卷中，其中的《金光明经》末题"嘉熙三年杭州王初书、陈秀刊"，《赎取藏经记》残卷末附"龙门惟心庵僧固铁笔"及"杭州路众安桥北经坊章九郎印行"的款识，

①王叔武校注《大理行记校注云南志略辑校》，昆明：云南民族出版社，1986，第22、23页。
②同上书，第87页。
③(明)倪辂辑，(清)王崧校理，(清)胡蔚增订，木芹会证《南诏野史会证》，第261页。
④王叔武校注《大理行记校注云南志略辑校》，第23页。
⑤同上书，第87页。
⑥(明)倪辂辑，(清)王崧校理，(清)胡蔚增订，木芹会证《南诏野史会证》，第269页。
⑦同上书，第305页。

说明这些经卷当是从内地传入。[①] 有时宋王朝还派人送经书至大理国。宋淳祐四年(1244):"蒙古兵出灵关,伐大理。祥兴遣将高禾迎战,禾败死之。段连祐归宋,宋遣使吊祭,致经书、银缎。"[②]

当然,我们也要看到,南诏大理国时期,除了对佛教典籍的需求外,也热衷于中原内地的其他类文献。据范成大《桂海虞衡志》记载,乾道癸巳(九年,1173)冬,忽有大理人李观音得、董六斤黑、张般若师等,率以三字为名,凡二十三人,至横山议市马。出一文书,字画略有法。大略所须文选五臣注、五经广注、春秋后语、三史加注、都大本草广注、五藏论、大般若十六会序及初学记、张孟押韵、切韵、玉篇、集圣历、百家书之类。[③]

大理国时期,除向宋朝购买佛经外,为了还愿或积功德,还自己动手抄写佛经。范成大《桂海虞衡志》在记载大理国到横山进行市马交易中,写到:"其人皆有礼义,擎诵佛书,碧纸金银字相间。邕人得其《大悲经》,称为坦绰赵般若宗,祈禳目疾而书。"[④]李元阳万历《云南通志》记述了大理国僧玄凝手写佛经的情况:"玄凝宗师,日以写经为课,笔法常如神助,滓洒须臾,便能累纸,坐化之日,计其生平手书藏经,多至万卷。"[⑤]《滇释记》也记载了大理国僧无言写经:"无言和尚尝书《大乘般若经》千余卷。"[⑥]可见当时写经之风甚炽。

大理国自己的写经,有时还向宋王朝输出。据《宋会要》,绍兴六年(1136)大理国给宋王朝贡品中就有金银书《金刚经》三卷、金书《大威德经》三卷。[⑦]《新纂云南通志》转引龚鼎臣《东原录》记载:"宋绍兴丙辰(六年)夏,大理国遣使杨贤时彦贲、副使王兴诚……进表两匣及金藤织两个,并系大理国王封号金银书《金刚经》三卷,金书《大威德经》三

①张增祺:《洱源火焰山砖塔出土文物研究》,载云南省博物馆编《云南铁器时代文化论》,昆明:云南人民出版社,1992,第288页。

②(明)倪辂辑,(清)王崧校理,(清)胡蔚增订,木芹会证《南诏野史会证》,第326页。

③同上书,第295、296页。

④同上书,第269页。

⑤万历《云南通志》卷十三,民国二十三年(1934)排印本。

⑥(清)释圆鼎:《滇释记》卷一,民国三年(1914)刻本。

⑦《宋会要》第一百九十七册《蕃夷》。转引自王海涛《云南佛教史》,昆明:云南美术出版社,2001,第222页。

卷。”[①]范成大《桂海虞衡志》也有类似记载。罗振玉《松翁近稿》记述了其1925年曾在天津看到大理国段正严时写的《维摩诘经》,被一日本人买去,后不知所终。[②] 此经1947年又被转卖至美国,藏于纽约大都会博物馆。经卷高29厘米,长约7米,绀纸泥金书,卷首有《南无维摩诘会》图像,金银线勾勒,填以五彩,绘“文殊问疾”故事,经卷末有金书题跋。此经是大理国相高泰明于文治九年即宋重和元年(1118)命人写成后赠送给宋廷派来的两位大使的。[③]

经济方面原因是南诏大理国时期,作为手工业的造纸业已有了一定程度的发展。

早在南诏后期,就已经有了造纸手工业。《五代会要》卷三十记载:“续有转牒,称督爽大长和国宰相布燮等上大唐皇帝舅奏疏一封,自鹤拓发递,历几美、白崖爽等,又入弄栋演习白鹦鹉郡膳裔爽等,又入平夷、新安、标莎,差人转送黎州。其纸厚硬如皮,笔力遒健,有书诏体。”对此记载,木芹先生认为:“南诏后期,接受汉文化的范围扩大,影响日深,并开始出现释儒阶层,于是自造纸张的工艺出现了,制作工艺不见于记录,惟所谓厚硬如皮的纸,工艺虽还很粗糙,然而足以证明为本地所造,从而说明有了造纸手工业。”[④]

大理国时期,造纸业得到进一步发展。1966年在大理洱源火焰山砖塔出土的文物中,有大量的包裹药物用的棉纸,纸上有墨书药名或硃书梵文经咒,字迹多模糊不清。因系包装纸,故大小不一,一般每块长40厘米、宽20厘米左右。将这批包装棉纸和过去发现的大理国写经棉纸作比较,发现其组织结构及所用原料均相同,证明为大理国时期棉纸无疑。[⑤] 大理国时期白族地区生产的纸主要用于抄写大量佛经。20世纪80年代,在下关佛图塔的清理中,发现了宋元时期用与白棉纸完全相同的纸裱褙的经卷。这些纸薄而坚韧,色白,纤维均匀,表面平滑,造这样的纸在选

①《新纂云南通志》卷一百二《宗教考》,民国三十七年(1948)铅印本。

②王海涛:《云南佛教史》,昆明:云南美术出版社,2001,第223页。

③同上书,第223、224页。

④(明)倪辂辑,(清)王崧校理,(清)胡蔚增订,木芹会证《南诏野史会证》,第260、261页。

⑤张增祺:《洱源火焰山砖塔出土文物研究》,第287页。

料、浆灰、洗涤等工艺方面都有较高的要求,不仅要使纸浆均匀,还要有熟练的抄纸技艺,说明大理国时期白族造纸技术已相当纯熟。①

据李晓岑对《护国司南抄》首尾两段纸质的观察,认为两段写经的纸质完全相同,均为白色,泛黄,纤维都很均匀,并可见帚化现象,纤维形态似为树皮,质地比今天的白棉纸稍厚,但在古纸中仍属紧薄而匀细的纸,说明对纸料的舂捣是比较精细的。李晓岑还认为,凤仪北汤天法藏寺发现的大理国时期写经,有十余卷,纸质均与《护国司南抄》相似。大理写经中还有竹纸出现,对《佛说长寿命经》的鉴定表明,纸质中竹纤维明显,使用的应是竹纸,说明在大理国时期,云南已有竹纸出现。②

①李晓岑:《白族的科学与文明》,昆明:云南人民出版社,1997,第201页。

②李晓岑:《南诏大理国科学技术史》,北京:科学出版社,2010,第117—118页。

东亚活字印刷术在世界史上的价值

徐忆农
（南京图书馆）

一、引　言

印刷术是图书的一种重要生产技术，具体来说，它是把图文转移到载体之上的复制技术。东亚是印刷术的诞生地和成长地，按照出现的先后顺序来看，东亚古代的印刷术大致可分为雕版、活字与套色三种印刷术。2009年“中国雕版印刷技艺（China engraved block printing technique）”入选联合国教科文组织宣布的“人类口头和非物质遗产代表作名录”。据中国非物质文化遗产网介绍：“雕版印刷技艺是运用刀具在木板上雕刻文字或图案，再用墨、纸、绢等材料刷印、装订成书籍的一种特殊技艺，迄今已有1300多年的历史，比活字印刷技艺早400多年。它开创了人类复印技术的先河，承载着难以计量的历史文化信息，在世界文化传播史上起着无与伦比的重要作用。”2010年“中国活字印刷术（Wooden movable-type printing of China）”入选联合国教科文组织宣布的“急需保护的非物质文化遗产名录”。据中国非物质文化遗产网介绍：“中国的木活字印刷术是世界上最古老的印刷技术之一，浙江瑞安保持了这门技术，那里依然使用这种技术编印谱牒。……目前，掌握了全套技术的五十岁以上的师傅仅有十一名。若再不受到保护，这项传统行业技艺不久将会消失。”从英文名称和中文介绍看,此项目仅涉及木活字,而印刷品也仅提及谱牒,完全没有述及其在世界史上的价值。

与此同时,在西方学者撰写的世界史相关著作中,对以中国为核心的东亚活字印刷技艺的历史价值认识尚不够充分。

英国哲学家培根(1561—1626)在1620年出版的《新工具》指出:"我们还该注意到发现的力量、效能和后果。这几点是再明显不过地表现在古人所不知、较近才发现、而起源却还暧昧不彰的三种发明上,那就是印刷、火药和磁石。这三种发明已经在世界范围内把事物的全部面貌和情况都改变了:第一种是在学术方面,第二种是在战事方面,第三种是在航行方面;并由此又引起难以计数的变化来;竟至任何帝国、任何教派、任何星辰对人类事务的力量和影响都仿佛无过于这些机械性的发现了。"①在此文中,培根虽然赞扬了印刷术对世界的贡献,却称其起源"还暧昧不彰"。

历史学家丹尼尔·布尔斯廷曾任美国国会图书馆馆长,他在1983年出版的《发现者——人类探索世界和自我的历史》②一书中说,欧洲的印刷术兴起时,指的是活版印刷,即用金属制的活字进行印刷。在中国和受中国文化影响的其他亚洲国家,雕版印刷是至关重要的发明,印刷术兴起时指的是木版印刷。因此,不可将西方的"印刷术"和东方的"印刷术"混为一谈。虽然作者承认,中国人早在欧洲人之前很久就已试用活字印刷了,而且简要介绍了宋元时期沈括、王祯所记录的胶泥、铸锡、木刻等活字印刷技艺及其在朝鲜半岛、日本的传播与演变过程,但仍把德国的谷登堡看作是"发明印刷术的人",或者至少是"活字"的发明者。因为作者认为谷登堡是一位以机器做书写工作的新世界的先知。在那个世界里,印刷术可以代替缮写室,而知识也就可以传播到无数看不见的社会中去。

1999年出版的《世界史上的科学技术》③,由美国詹姆斯·E·麦克莱伦第三与哈罗德·多恩二位当代职业科学史家合著。此书可以说是关

①[英]培根著,许宝骙译《新工具》,北京:商务印书馆,1984,第103页。

②[美]丹尼尔·J·布尔斯廷著,吕佩英等译《发现者——人类探索世界和自我的历史》,上海:上海译文出版社,2006。

③[美]詹姆斯·E·麦克莱伦第三、[美]哈罗德·多恩著,王鸣阳译《世界史上的科学技术》,上海:上海科技教育出版社,2003。

于科学和技术的世界通史,曾获 2000 年度美国世界史协会图书奖,被译成多种文字出版。作者在中文版序称,大体说来,就在不久以前,人类知识和技术的不同传统还一直是沿着各自的轨迹独立发展的,无论在时间上还是空间上都是如此。在结束语中作者表示,在任何一种文明中,技术都是塑造和维持人类社会的决定性因素。然而,作者特别强调,在谈论中国的技术时,我们不要仅仅注意到中国人领先于其他文明的这种或那种发明,这一大批"第一"确实令世人瞩目,但对此进行深入的历史分析,其价值非常有限。中国在 7 世纪的头十年出现了木板印刷术。中国发明的活字印刷出现在 1040 年左右,那项技术传到朝鲜后得到进一步发展。15 世纪 30 年代后期,显然与亚洲的印刷术发明无关,谷登堡独立发明了活字印刷术。这项意义重大的新技术在 1450 年以后逐渐传播开来,使近代早期欧洲的文化面貌为之一新。这种新型媒介导致了一场"交流革命",使人们能够获得大量十分准确的信息,也使得抄写图书成为过去。

进入 2000 年后,美国历史学家威廉·麦克高希著《世界文明史——观察世界的新视角》开篇提出"哪些事件应该写进历史"的问题。在作者眼中,一部世界史,重点要确定历史转折点在哪里。他创造性地提出了"文化技术"的概念和"世界五大文明"的学说。他认为并不是所有的技术发明都重大到足以改变历史。每一种文明都是以一种新的占主导地位的文化技术的引入为开端的,文化技术是文明背后的决定因素。文明一,始于原始的或表意文字;文明二,始于字母文字;文明三,始于欧洲的印刷术;文明四,始于电子通信技术;文明五,始于计算机技术。在这里,没有一项是东亚的贡献。实际上,中国的印刷术比欧洲早出现数百年,中国在 7 世纪发明了雕版印刷术,11 世纪又发明了活字印刷术。15 世纪中期,欧洲德国的谷登堡才制造出铅合金活字。为什么印刷术被认定是欧洲的贡献呢?作者在书中说,印刷使文字靠近了大众,它培育了一种更加精确的思想方式,这对于现代的学术和科学研究是至关重要的。印刷术从中国传播到了西方。谷登堡对活字的最先使用导致了印刷文献的激增。由于欧洲人的书面文字基于字母系统,这使批量生产变得十分经济,因此能够比中国人更有效地开发这一技术。"尽管印刷术很早就在中国和朝鲜使用,但因为文字的不同,它在东亚社会的使用并没有达到西欧使用的程度。”①

那么,我们该怎样认识东亚活字印刷术在世界史上的价值呢?

二、诞生于中国的活字印刷术在古代东亚文明中占有重要地位

关于东亚的范围,一直存在不同的说法。美国汉学家费正清等著《东亚文明:传统与变革》一书中表示,东亚的定义有三种含义,它首先是一个地理概念,其次是人种概念,最后是文化概念,主要指渊源于古代中国的文明圈:“我们把研究集中于中国、日本、朝鲜和越南的历史,这些地区高度发达的文明及基本的文字体系都渊源于古代中国,从这种意义上,可以说东亚就是‘中华文化区’。”②而学术界通常所说的“东亚汉文化圈”当与此范围相同。

雕版印刷术至少在中国唐代(618—907)就已出现,在15世纪中期德国谷登堡研制出铅合金活字前,是世界范围使用最广泛的印刷术,当时欧洲正处于中世纪。美国菲利普·拉尔夫等著《世界文明史》中说,“中世纪”一词是欧洲人在17世纪新创的,意即处于光辉灿烂、成就显赫的古典希腊罗马与他们自身所处“现代时期”之间一个长期的、灰暗的时期。中世纪大约开始于公元600年,结束于约1500年。尤其是中世纪早期(600—1050),西欧的物质生活水平和精神生活水准确实都非常低③。在谷登堡之前,欧洲的人口大概不满一亿,大多数人不识字,手抄本书籍仅可以千计。而当时中国的经济、文化与科学技术却日益走向其发展的顶峰。特别是因为有印刷术的广泛使用,中国书籍的总量超过全世界其他地区的总和。雕版印刷术是将图文刻在一整块木板或其他质料的板上,制成版,然后在版上加墨印刷,因而也叫整版印刷术。由于雕版印刷术每

①[美]威廉·麦克高希著,董建中、王大庆译《世界文明史——观察世界的新视角》,北京:新华出版社,2003,第241页。

②[美]费正清等著,黎鸣等译《东亚文明:传统与变革》,天津:天津人民出版社,1992。

③[美]菲利普·李·拉尔夫等著,赵丰等译《世界文明史》,北京:商务印刷馆,1998,第466页。

印一叶书就要雕造一块书版，造成人力、物力浪费很大，于是到了 11 世纪中国北宋庆历年间（1041—1048），有一位叫毕昇的人就发明了活字印刷术。毕昇发明的活字与用活字印刷的书籍并无实物存世，我们今天之所以知道活字印刷术明确的发明者，是因为北宋沈括（1031—1095）在其不朽著作《梦溪笔谈》中对此事进行了较详细记载。

由于活字本印制方式特别，又由于首次记录毕昇发明“活版”的沈括是“中国历史上兴趣最广博的思想家之一”①（英国李约瑟语），其著作《梦溪笔谈》自问世起关注者一直不乏其人，以至于使人们对活字印刷术也颇为留意，文献记载从宋至清连绵不绝。如南宋周必大（1126—1204）著《庐陵周益国文忠公集》称用沈括所记的方法，以“胶泥铜版”印自著《玉堂杂记》；元姚燧（1238—1313）在《牧庵集》载姚枢（1201—1278）教学生杨古用“沈氏活版”，刷印了《小学》《近思录》和《东莱经史说》等书；元王祯在《农书》中附《造活字印书法》一文，叙述用泥、锡、木造活字与排印的方法，并称以所造木活字印刷过《旌德县志》100 部；元李洧孙（1243—1329）撰《知州马称德去思碑记》载马称德“活书板镂至十万字”。明陆深著《金台纪闻》中有“近时毗陵人用铜、铅为活字”之语。这些文献记载的活字与活字印本虽无一存世，但如果将其与目前存世的活字实物、活字印本顺次排列，就可大致理清中国活字印刷术的演进历程。

首先，我们已获知中国活字印刷术问世近千年来，一直处于发展变化的过程中。而且从技术层面看，一度曾处于世界领先水平。在制字材料方面，中国古代曾使用过泥、木、锡、铜、铅等活字。在制字方法方面，活字有刻字与以字模翻制之分。木活字自然只能刻字，但元代王祯是先刻字后分割成活字，而清代金简（？—1794）是先制成木子后刻成活字。泥活字在毕昇时代是一个一个刻上去的，但清代翟金生泥活字有以字模翻制而成的。在文献记载中，元代王祯曾提到“铸（或作注）锡作字”，说明在王祯之前，中国已有用字模铸造的金属活字。明华燧（1439—1513）的传记资料有“范铜为版，镂锡为字”之语，但也称“范铜板、锡字”，而清代林春祺（1808—？）撰《铜板叙》载其所用铜字为“镌刊”的，说法不一，有待考

①［英］李约瑟原著，［英］柯林·罗南改编，上海交通大学科学史系译《中华科学文明史》，上海：上海人民出版社，2014，第 118 页。

证。虽然从工艺技术角度讲,铸要比刻复杂,难度也大得多,但我国的金属铸造工艺,早在商周时代已有相当高的水平,铸造或镌刻在青铜器上的文字被称为金文,常载于各种彝器、乐器、兵器、度量衡器、钱币、铜镜和金属印章之上。自商代起,青铜器上的文字就铸多于刻。因而金属活字刻字还是铸字的争议仅是史实的考证问题,在技术上都是可以实现的。从外观上看,毕昇发明泥活字应是与雕版上的文字一样,为阳文反字,其后直至谷登堡的铅合金活字也是如此。例外的是清代吕抚(1671—?)印其自著《精订纲鉴二十一史通俗衍义》使用的泥活字,被称为"字母",是阴文正字,类似于铸字用的字模。从排印方式上看,中国古代多是用活字摆成一版而直接刷印的,但到了清代雍正末乾隆初,即1736年前后,吕抚制造阴文正字的泥"字母",用来压制阳文反字在泥版上而再刷印上纸,这是活字与整版相结合的印刷方式,如果不考虑字体因素及多人同时排印等情况,理论上无须造重复字就可排版刷印书籍。而从毕昇起直接用活字来排版刷印的方式,就要将常用字"之""也"等重复多刻一些,不然几乎连一版书也排印不出。现在知道元代王祯刻制木活字是3万余个,马称德(?—1322)刻制木活字为10万多个,清代金简主持武英殿刻木活字是25万余个,清道光林春祺刻制大小铜活字则达40多万个。字数越多,其制字、存储、拣字、归字所费人力物力都随之增加。而吕抚在实际操作时,称制3000余字可印文章,制7000余字可印古书,这是已知史料中,中国古代以最少的汉文活字来印刷书籍的记录,在中国活字印刷史上是个奇迹。同时,吕抚之法还克服了活字版不能保留整版的最大弊端,为世界已确知的泥版印刷之始。直到1804年,英人斯坦荷普伯爵以泥覆于活字版上,才制作出用来浇铅版的泥版。泥版易散碎,至1829年法人谢罗用纸型代替泥版,纸型可以多次浇版,从而解决了保留整版的问题,但仍需造重复之字。19世纪80年代美国首先制造出实用的英文打字机,使用活字冲击而制版,这种活字是无须制造重复之字的。但打字机多用于制成供油印的蜡纸孔版,印刷效果不佳,因而直到20世纪中后期,在世界范围内的主流文字印刷方式,还是谷登堡铅活字与纸型浇铸铅版的组合模式。如果排除材料的因素,可以说18世纪吕抚的活字泥版刷印术,在排印程序上,拥有其同时代最先进的理念。

其次，活字印刷术在今天看来明显比雕版印刷术先进许多，但直到西方现代印刷术传入之前，中国图书长期是以雕版印刷术为主的。郑如斯等先生在《中国书史》中统计《增订四库简明目录标注》著录约 2 万部书，活字本 220 部；《北京图书馆善本书目》著录约 1.1 万部书，活字本 150 余部①。笔者统计《中国古籍善本书目》著录近 5.7 万部书，活字本约 340 部。平均计算，活字本在中国古籍中仅占 1%左右。另外，从目前研究成果看，中国古代的家谱有许多是以活字排印的。据张秀民先生统计，日本出版《宗谱的研究》著录 1228 种我国家谱中，612 种为木活字本，占总数的近 50%。因此，除家谱外，活字印本在中国古籍中占的比例，或许不到 1%。

再次，由于活字印刷术在古代中国未被普遍运用，而人们往往又有物以稀为贵的心态，因此古代活字印本自然被收藏家视为珍籍秘本，于是我们今天还可以领略到各个时期活字印本传世之作的多彩风貌。中国宋元时期活字印本，存世非常稀少，其中 20 世纪发现的西夏文活字印本佛教书籍现为学术界所认可，《国家珍贵古籍名录》已陆续公布 17 部西夏至元代活字印本，另还有不少藏于域外。与此同时，20 世纪初，法国人伯希和曾在敦煌石窟发现了 960 枚回鹘文木活字，今藏巴黎。其后，我国与俄国考古人员又陆续有新的发现，目前存世的回鹘文木活字已逾千枚。而汉文活字印本目前尚存在争议，如温州出土的《佛说观无量寿佛经》有人认为是北宋活字印本，也有人认为是雕版印本。明代活字印本，在《中国古籍善本书目》中著录的最早一部书是明弘治三年（1490）华燧会通馆铜活字印本《会通馆印正宋诸臣奏议》，有学者据有关文献的记载，推论它是锡活字印本而非铜活字印本②，因而比较稳妥地说它是中国现存最早的金属活字印本。许多学者发现，中国古代铜活字印本（或称金属活字印本），大部分出现于弘治至嘉靖间（1488—1566），如当时无锡华氏与安氏所印之书至今存世还较多。分析原因，周叔弢（1891—1984）先生曾说“余颇疑是从朝鲜传播而来”③，而赵元方（1905—1984）先生认为是“商

①郑如斯、肖东发编著《中国书史》，北京：书目文献出版社，1987，第 143 页。
②潘天祯：《潘天祯文集》，上海：上海科学技术文献出版社，2002，第 55—94 页。
③冀淑英编《自庄严堪善本书目》，天津：天津古籍出版社，1985，第 123 页。

力渐充”与“产铜日旺”造成的结果①。当然,在《中国古籍善本书目》中,明代也有不少活字印本未著录制字材料,其中有木活字印本,也有造字材料不详的活字印本,由于缺乏文字描述,仅靠目测难以分别,有待于进一步研究。清代活字印本相对于其以前各代来说,存世数量较多,印刷方式也丰富多彩,造成这种状况的一个重要原因是清朝政府直接组织人力、物力造活字刷印图书,如清廷雍正时用所造铜活字印制完成字数达 1.6 亿的《钦定古今图书集成》,乾隆时造木活字刷印篇幅达数千卷的《武英殿聚珍版书》。这种直接参与的行为,无形中带动了民间活字印刷术的运用与推广。如吕抚、李瑶、翟金生、林春祺等人以较大精力从事泥、铜活字制造或改进工作,传世之作虽不多,但风格各异,有较高的观赏价值。与此同时,《中国丛书综录》著录木活字排印本汇编丛书达 18 种,从最早的清乾隆木活字排印本《武英殿聚珍版书》开始,到其后嘉庆、道光、咸丰、光绪各朝皆有木活字排印本丛书存世。这应该不是巧合。因为木活字在我国古代常常用来摆印家谱。大量摆印普通典籍,看来与聚珍版书不无关联。而清代后期,许多活字排版印本称“聚珍”本,更是明显的例证。如清李兆洛撰《养一斋文集》,清道光二十三年(1843)维风堂活字印本,书名叶题“维风堂聚珍板”,中国国家图书馆藏;明翟台纂修《泾川水东翟氏宗谱不分卷》,清咸丰七年(1857)泾川翟金生泥活字印本,书名叶题“大清咸丰七年仲冬月泥聚珍板重印”,安徽省图书馆藏。

最后,在古代中国,活字印刷书籍总量虽然有限,但内容广泛,可以说经史子集丛五部皆备,如明铜活字蓝印本《毛诗》、明弘治三年(1490)华燧会通馆铜活字印本《会通馆印正宋诸臣奏议》、明嘉靖三十一年(1552)芝城铜活字蓝印本《墨子》、明铜活字印本《曹子建集》、清乾隆武英殿活字印《武英殿聚珍版书》等等。前文已述,中国古代的家谱有许多是以活字排印的。因为家谱是时常变动的,所以活字常常在古代用来摆印家谱。家谱具有重要的学术价值。因为国家史(如二十四史)、地方史(各种地方志)、家族史(以家谱为代表)和个人史(如个人传记)四个层次的古代史书共同构成完整的历史资料。以前人们更多关注王侯将相,但是家谱

①王玉良:《明铜活字本〈曹子建集〉与〈杜审言集〉赵元方题跋》,《文献》1991 年第 3 期,第 207—209 页。

把目光投向了普通人，对于研究民风民俗、民族迁徙、区域经济发展水平等都很有帮助。除家谱外，活字印本在中国古籍中所占比例虽少，但也发挥了继绝存真、传本扬学的重要作用。如《开元天宝遗事》是五代王仁裕撰写的笔记小说，其中保存不少唐代社会史料，是从其他正史中所不能见到的，可补史书之阙。而国家图书馆藏明建业张氏铜板印行本《开元天宝遗事》，是以活字据宋陆游之子陆子遹桐江学宫刻本摆印而成，宋刻原本今已无传，故清代藏书家黄丕烈在此活字印本题有跋语云："古书自宋元板刻而外，其最可信者，莫如铜板活字。盖所据皆旧本，刻亦在先也。"与此同时，有些珍贵的活字印本经后世翻印，成为不少通行本的祖本。如南京图书馆所藏明活字印本《晏子春秋》，嘉庆二十一年(1816)顾广圻为吴鼒校刻，即据此本影刻；《四部丛刊》印本，即据此帙影印。另外，中国古代有部分传世名著之首版是以活字印本行世的，如前文所述清廷雍正时用所造铜活字印制完成字数达1.6亿的《钦定古今图书集成》，乾隆时造木活字刷印篇幅达数千卷的《武英殿聚珍版书》，再如清代乾隆萃文书屋活字印本《红楼梦》、道光邵阳魏氏木活字印本《海国图志》，皆为最好的例证。《红楼梦》是中国古代四大文学名著之一，堪称古代小说的巅峰之作和中华文化的优秀代表，在国内外都有很高的知名度。而《海国图志》是亚洲第一部系统叙述世界史地、科技的名著，开创了近代中国人向西方寻求真理的新风，对此后中国的洋务运动和日本的明治维新都产生过深远的影响。特别是传入日本后，被日本学人摘译翻刻达22种版本以上。

中国的活字印刷术诞生后，很快就向周边汉文化圈国家传播。朝鲜半岛在中国的东部。1世纪前后，朝鲜半岛一带形成高句丽、百济、新罗三个古国。7世纪中叶，新罗在半岛占据统治地位。10世纪初，高丽取代新罗。14世纪末，李氏王朝取代高丽，定国号为朝鲜。大约在汉末，中国的纸质书就向东传入朝鲜半岛。3世纪时，造纸术也随之而入。一般学者以为，372年高句丽国正式开始推行汉字，并引进儒家《五经》等文献施于国子教育。1966年在韩国庆州佛国寺佛塔内发现的汉字雕版印刷品《无垢净光大陀罗尼经》，中国学者考订认为该经是8世纪初唐朝刻印而由僧人带入半岛的①。在古代东亚,使用活字版印书最多的是朝鲜半岛。从现在已知的材料看,从高丽时代起,朝鲜半岛就出现了活字印刷术。按照韩国的文献记载,1234 年宰相晋阳公崔怡(1195—1247)用铸字印成《详定礼文》二十八本,这一记载被称为世界最早的使用金属活字印刷的记录。韩国现存最早铸字本是 1377 年清州牧兴德寺印的金属活字本《佛祖直指心体要节》,被称为存世最古金属活字印本。从高丽至朝鲜时期,活字印刷术不断发展起来,曾用木、陶、瓢、铜、铁、铅等各种材料制造过活字。据张秀民先生《中国活字印刷史》②考证,仅 1376 年至 1895 年,已知雕造木活字 28 次,1403 年至 1863 年铸造金属活字 34 次,内铅字 2 次,铁字 6 次,余皆为铜活字。又据国家图书馆张志清副馆长介绍,韩国国立中央博物馆收藏 82 万枚古活字,其中金属活字 50 万枚,大多是 17—20 世纪初朝鲜中央政府和王室使用的。其他类活字还有木字、铁字、泥字等,以及活字储存柜、活字制作陶模、工具、活字分类目录等,为了解朝鲜活字制作、分类和检索提供了珍贵资料。如此巨大的馆藏堪称世界最大的古代印刷活字宝库,很多内容都值得认真研究。那么,朝鲜半岛出现活字印刷术,与中国活字印刷术有何关系呢?1234 年,高丽出现活字印刷术之时,中国正处于南宋理宗端平元年,在此前后,正是中国雕版印刷的黄金时代,高丽使节入贡中国,宋朝皇帝先后将《大藏经》《文苑英华》等许多重要典籍送给高丽。宋朝人往使高丽时,亦把高丽的一些书籍带回来,说明当时宋朝与高丽之间是有交往的。15 世纪朝鲜金宗直(1432—1492)是一位有着许多追随者的有名望的学者兼官吏,他在跋朝鲜活字本《白氏文集》中说:“活板之法始于沈括,用铸字印书,凡经、史、子、集,无家不有。”虽然将毕昇误说成沈括,但说明《梦溪笔谈》早已传入朝鲜半岛,故为该国学者熟知。总之,高丽出现的活字印刷术晚于毕昇,而当时高丽与宋朝有着密切的文化交往,因而高丽出现的活字印刷术是有可能受中国毕昇发明的影响的,这一点也为古代朝鲜学者承认。朝鲜半岛的古代出版物,今日有学者习惯于称“高丽本”,黄建国等先生编《中国所藏高丽古

①张秀民著,韩琦增订《中国印刷史(插图珍藏增订版)》,杭州:浙江古籍出版社,2006,第 24—26 页。

②张秀民、韩琦著《中国活字印刷史》,北京:中国书籍出版社,1998。

籍综录》一书，收录中国 51 个单位所藏“高丽本”2754 种。其中铜活字印本 86 种，以大连图书馆藏朝鲜太宗十六年（1415）铜活字印本《东国史略》为最古；木活字印本 397 种，以上海图书馆藏“明宣德三年”（1428）朝鲜木活字印本《文选五圣并李善注》为最古；铁活字印本 2 种，较珍贵的为朝鲜哲宗时铁活字印本《鲁陵志》，国家图书馆与复旦大学图书馆有藏；瓢活字印本 1 种，即朝鲜瓢活字印本《论语集注大全》，北京大学图书馆有藏。另外还有刊本 1193 种，稿抄本 288 种，石印本 10 种，铅印本 36 种。由此推算，传统活字印本占 30%左右，所占比例相当可观。此外，黄建国等先生还在书中介绍说：“与中国印书以雕版为主的现象相反，高丽印书的特点，是活字压倒雕版。”①说明在古代朝鲜半岛，传统活字印刷术已发挥了相当重要的作用。

日本的活字印刷术，一般学者以为有两个来源，一是西洋活字，因所印多为教会宣传品，故在当时影响不大；另一来源为从朝鲜传入的汉文活字。1591 年，欧洲铅活字印刷术传入日本，称“切利支丹本”。1593 年，日本用活字印成《古文孝经》，一般学者以为是日本第一部传统活字印本，现已不存。1597 年，日本木活字印本《劝学文》，称“此法出朝鲜”。据张秀民先生《中国活字印刷史》载，日本知有活字印刷术，在日本文禄元年（1592），相当于明万历二十年，当时丰臣秀吉侵略朝鲜，在汉城（今韩国首尔）发现铜活字、活字印刷工具及活字印本图书，于是将其抢到日本，所以在初期日本活字本中常有“此法出朝鲜”之语。第二年即 1593 年，日本用这些抢来的活字及印刷工具，印成了《古文孝经》。日本庆长二年（1597）天皇下令仿朝鲜铜活字雕木活字。日本庆长十年（1605）德川家康命在圆光寺以《后汉书》为字本，铸造大小铜活字 10 万，第二年（1606）完工，实造 91255 字，献给后阳成天皇，这是日本历史上第一次铸造活字。中国人林五官参与此事。但是严绍璗先生著《汉籍在日本的流布研究》一书中，对上述观点表示怀疑，他指出：“若推考日本近世活字印刷的源头，恐怕应当推古活字本《五百家注韩柳文集》。……古活字本《五百家注韩柳文集》似应刊行于 1396 年，若与文禄年间《古文孝经》相比较，则早了

①黄建国、金初升主编《中国所藏高丽古籍综录》，上海：汉语大词典出版社，1998，第 1—6 页。

一百八十余年。这一技法大概是元末明初中国人东渡日本时带入的。至庆长年间,依靠朝廷的财力,便得以推广。"①严先生看来也只是推测,还不算最后的结论。总之,不管日本的活字印刷术是间接传自朝鲜,还是直接传自中国,都是中国活字印刷术的延续,这一点是毋庸置疑的。与此同时,许多中国汉籍都有日本刊刻、摆印本传世,被学界统称为"和刻本"②。如唐代魏徵等撰《群书治要》一书,日本存平安、镰仓时代写本,元和二年(1616)德川家康据金泽文库旧藏古写本用铜活字付梓出版,此后又出现日本天明七年(1787)尾张藩刻本,此书在中国宋初已失传,幸有和刻本传世,现有多本藏于中外众馆。

越南历史上有记录最早的印刷品是陈朝元丰年间(1251—1258)木版印刷的户口帖子。1712 年,越南出版的《传奇漫录》据说是最早的活字本。1855 年越南又从中国买去木活字印刷《钦定大南会典事例》③。由此可见,越南的活字印刷也是由中国传去的。

三、东亚造纸和印刷术对欧洲印刷事业具有决定性影响

当毕昇发明活字 400 年后,在 1450 年前后,德国人谷登堡(约 1394—1468)根据西方拼音文字的特点,研制出字模浇铸铅合金字母活字。他发明了木制印刷机,开创了印刷机械化的先河。因而西方人长期认为活字印刷术是谷登堡发明的。19 世纪中叶,法国汉学家儒莲把沈括《梦溪笔谈》所载毕昇发明活板一节译成法文,于是较多的欧洲人才知道,在谷登堡以前中国人早已发明了活字印刷术。不过,一个有争议的话题是,谷登堡研制铅合金活字有没有受到东亚发明活字印刷术的影响。美国丹尼尔在《发现者》一书中介绍,有些历史学家曾经提出,早于谷登堡一个半世纪的远在朝鲜所进行的活字印刷工艺试验,也许给予谷登堡以极为重要的启发。但丹尼尔在书中说:"不过没有任何足以说服人的证据能说明谷

①严绍璗著《汉籍在日本的流布研究》,南京:江苏古籍出版社,1992,第 155 页。

②王宝平主编《中国馆藏和刻本汉籍书目》,杭州:杭州大学出版社,1995。

③潘吉星著《中国古代四大发明——源流、外传及世界影响》,合肥:中国科学技术大学出版社,2002,第 418 页。

登堡曾经听到朝鲜人用活字印书的片言只字。”①然而，目前我们有一些材料可以证明，谷登堡的研制与中国不是没有关联。

首先，纸是一种重要的印刷材料，1150年，中国造纸术经阿拉伯传入欧洲，1312年，造纸术由意大利传入德意志。而丹尼尔在《发现者》一书中也明确表示，纸张是中国对书籍发展所作的极其重要的贡献。

其次，中国的活字印刷术是由雕版印刷术发展而来的。在蒙古入主中土之前，中国和欧洲很少有直接交往，而成吉思汗西征扩大了中国和欧洲交往的道路。此时东西经济和文化正面相遇，直接进行了交流。欧洲传教士和商人开始陆续到中国来，其中最著名的首推威尼斯人马可·波罗，他于1271年自家乡启程，沿古代丝绸之路东行，于1275年到达中国，留居17年之久。后经其口述，他人笔录，诞生了举世闻名的《马可波罗行纪》(又译《马可·波罗游记》)一书，首次向西方打开了神秘的东方之门。这部书有一章专门介绍元朝政府制造纸币的情况②。张秀民等先生根据有关史料分析，认为元代的纸币是用木版与铜版印刷而成的。1310年，波斯(今伊朗)史学家拉希德·丁(1248—1318)著《世界史》，书中介绍了中国的雕版印刷术，这部书后来流传到欧洲。现在公认欧洲存世最早的木版画是在法国普洛塔家族中发现的一块胡桃木雕版的残片，刻制的时间大约是1380年。现存最早的有明确年代的木版画是在德国南部发现的刻于1423年的《圣克利斯道夫像》。与此同时，德国出现最早的插图活字印本《珠玑集》，是1461年左右用木刻图版与活字版拼版印制的③。另外，丹尼尔在《发现者》一书中介绍，雕版印刷传至西方，也许是以一种没有多大意义的雕版图画为媒介的。那就是纸牌，它和骨牌一样，似乎都发源于中国。玩纸牌的风气当时在西进的蒙古军队中似很普遍。这种印刷的纸牌到1377年在德国和西班牙已是人所共知的东西，而且风靡一时。有位神秘的“纸牌大师”(约1430—1450)印制了一套精美的纸牌，有人认

①[美]丹尼尔·J·布尔斯廷著，吕佩英等译《发现者——人类探索世界和自我的历史》，第441页。

②[意]马可·波罗著，冯承均译《马可波罗行纪》，上海：上海书店出版社，2000，第237页。

③[法]费夫贺、[法]马尔坦著，李鸿志译《印刷书的诞生》，桂林：广西师范大学出版社，2006，第75页。

为是谷登堡本人所刻。当纸张的雕版印刷最后在欧洲出现时,它使人想见这一切都是从中国传来的。由此说明中国与德国之间的路是相通的。虽然位于中国西部诸国,在相当于宋元时期,目前还未发现有活字印刷活动的记录,但元王朝的政权混一欧亚,在东西方相通的时代,整版印刷术既然可以由东向西传播,活字印刷术也是有机会同步相随的。

再次,从现在发现活字印本和活字实物看,活字印刷术在 12 至 14 世纪就传到了西夏和回鹘等地区。20 世纪出土的活字印西夏文佛经,仅距北宋毕昇发明泥活字一百多年①。西夏是党项拓跋氏所建王朝。1038 年元昊(1003—1048)称帝,至西夏宝义元年(1227)为蒙古所灭,共历十帝,凡 190 年。最盛时辖二十二州,先后和辽、宋及金鼎峙。西夏活字本的产生,可以推测为,一是可能受《梦溪笔谈》的影响。因为《梦溪笔谈》的著者沈括在宋夏边境率兵驻防,元丰四年(1081),西夏引兵扰边,沈括帅鄜延路师击破西夏七万之众。说明沈括与西夏人进行过直接的接触。另外,《梦溪笔谈》中直接记载了有关西夏文创制之事,说明沈括对西夏文化有所了解。因此,西夏人接触《梦溪笔谈》也不是完全没有机会的。二是可能受汉族实际的印刷实践活动影响。今日之所以没有发现与西夏文活字本同时期的汉文活字本,并不是说明汉族人无实际运用活字印刷技术,而是从西夏的地理环境看,气候干燥,易于纸本文献的保存,且西夏王朝存在的时间较短,在其消亡后,西夏文已无多少人可识,又在边远地区,人烟稀少,使其文化典籍免除许多人为的灾难,故幸存至今日。三是西夏文的字数较少,共六千多字,也便于造活字。四是西夏文颁行于广运三年(1036),与毕昇发明活字的时间非常接近,也就是说西夏文可能开始印书不久就使用活字,成为后世的成法,也许这是今天存世西夏文活字印本较多的最重要原因。与此同时,许多学者认为 20 世纪发现的回鹘文木活字,约出现于 1300 年前后。也有学者考虑到回鹘在敦煌的活动情况及莫高窟兴衰的历史,将回鹘文木活字的时代推定在 12 世纪末到 13 世纪上半叶之间②。但无论如何都可以说这是当今世界上最古老的木活字实

---

①史金波:《现存世界上最早的活字印刷品——西夏活字印本考》,《北京图书馆馆刊》1997 年第 1 期,第 67—78 页。

②杨富学:《回鹘文献与回鹘文化》,北京:民族出版社,2003,第 352 页。

物。这个时代正是西夏活字印刷术兴盛的时代,而回鹘与西夏关系密切,完全有可能在印刷技术上互相有所影响。1450 年德国谷登堡研制出铅合金活字,不仅比 11 世纪中国毕昇发明的泥活字晚出现 400 年,也比中国回鹘文木活字晚出现上百年。回鹘文是一种拼音文字,是回鹘人采用粟特字母创制的文字。粟特为中亚古地名,粟特字母来源于阿拉米字母。约公元前 13 世纪,居住在地中海东岸的腓尼基(今黎巴嫩、叙利亚沿海一带)人,主要依据古埃及文字制定了历史上第一套字母系统,它们衍生了阿拉米字母,阿拉米字母是亚洲许多文字的基础,基督教《圣经》的《旧约全书》中有一部分是用阿拉米文写的。腓尼基字母在传入希腊后产生了希腊字母。希腊字母后来又孳生了拉丁字母和斯拉夫字母,因此腓尼基字母成为欧洲以及后世西方文字的渊源。所以可以说,腓尼基字母是世界大多数拼音文字的来源,也就是说,现在发现的木活字回鹘文,与德国谷登堡铅活字所用的拉丁文,都是腓尼基字母的"后裔"。另外,古代回鹘人活动的地区,处于中原与西方的中间地带,因此回鹘文木活字,有可能起着中国印刷术与谷登堡制造铅合金活字之间的桥梁作用,在印刷史上,具有十分重要的意义。

上世纪前期,美国卡特在《中国印刷术的发明和它的西传》①中表示,现在要斩钉截铁地说中国、朝鲜的活字印刷与欧洲的活字印刷没有直接的关系,还嫌过早。是中国首先发明了造纸和印刷,并对欧洲造纸和印刷事业的开始,都起了决定性影响。今天看来这一推论仍是令人信服的。而进入 2000 年后,美国威廉·麦克高希在《世界文明史——观察世界的新视角》中,虽然认为始于欧洲的印刷术是主导新文明出现并足以改变历史的文化技术,但却明确表示:"作为两项产生于中国发明的结果,印刷技术在公元 15 世纪传入欧洲。一项是便宜的纸张,另一项是活字印刷术。"而"欧洲人能够比中国人更有效地开发这一技术"②。这里显然已承认中国的造纸和活字印刷技术对欧洲印刷事业是有重要影响的。只是此说缺少传播路径的描述,我们现可将其当作一种观点看待。

---

①[美]卡特著,吴泽炎译《中国印刷术的发明和它的西传》,北京:商务印书馆,1957。

②[美]威廉·麦克高希著,董建中、王大庆译《世界文明史——观察世界的新视角》,第 361 页。

谷登堡排印的书籍,以1455年铅活字印本《四十二行圣经》影响最大。从谷登堡印刷《圣经》开始,铅活字印刷术迅速向别国扩散,逐步成为世界上的主流印刷方式。1465年铅活字印刷术传入意大利,其后又传入巴黎、荷兰、比利时、波兰、西班牙、英国、丹麦、瑞典、挪威、葡萄牙。1516年传入非洲摩洛哥。1539年传入墨西哥。1561年传入印度果阿。1591年欧洲铅活字印刷术传入日本。1590年欧洲传教士在中国澳门用西方活字印刷拉丁文《日本派赴罗马之使节》。这是现代铅活字印刷术首次登陆中国,但只是匆匆而过,没有停留。直到19世纪以后,中国进入印刷术的西法东渐时期,其间,铅活字凸印率先传入,随后,石印术、平版胶印、雕刻凹版、照相凹版、泥版与纸型铅版、珂罗版等也相继传入,从此,中国的印刷事业迈入了近代的历史阶段。中国传统的手工雕版、活字印刷术虽与之并行一段时期,但由于技术落后,最终为之所取代。如果说中国古代印刷术完全是以人的手工技艺为特征进行图文刷印的话,那么近代印刷术则主要是由人驾驭的动力机械来完成图文转印的。这一切,与谷登堡的贡献是分不开的。

四、中国活字印刷术未盛行世界的原因

在古代中国,图书长期是以雕版印刷术为主,抄写为辅,而活字印刷术在发明后的几百年中,虽时时有人运用并改进这项技术,印出的书籍却很有限。

分析原因,一方面可能是技术水平上存在一定问题,如雕版印刷所用水墨,基本不能用于金属活字印刷,如果不改变墨性,就制约了活字材料的改进;再如中国古代活字许多为用原生性木材镌刻而成,不如金属铸造活字能产性强,阻碍了活字印刷术向规模化方向发展。同时,汉字自产生数千年来,一直处于表意体系阶段,字数越来越多,汉代许慎(约58—约147)撰《说文解字》,连重文在内仅收字10516个,而当代《汉语大字典》收字56000个左右,这样多的文字,就是不造重复之字,其制字、存储、拣字、归字均费时又费力,如果以完整过程看,传统活字印刷术也许并不如雕版印刷术方便快捷。

然而,更深层的原因应该与社会需求有关,因为“需求是发明之母”。

如中国古代用金属版印制图文有着悠久的历史。广州西汉南越王墓出土的印花铜版，证明在公元前2世纪，已用铜版在丝织品上印花。宋代的纸币、商标广告也是用铜版印刷。这些铜版实物都流传至今。这证明，至少在宋代，已解决了铜版印刷的制版与用墨问题。而中国在纸和印刷术发明之前，已产生了孔子、老子、墨子等伟大的思想家。但从汉代以后，绝大多数统治者都把儒家学说当作治国之本，整个社会长期受其支配。在古代中国，通过科举考试踏上仕途是读书人的主要生存之道，而各级科举考试着重考查以儒家学说为基础的文、史和学术知识，因此这些著作需要重复印刷。但长期以来，活字印刷术不能保留整版，常常是随时需要随时排印，对于经常有需求的图书，相比之下，可反复刷印的雕版要方便得多。虽然据中外学者统计，在15世纪欧洲广泛使用印刷术以前，中国抄、印本总的页数要比当时世界上用一切其他语言文字集成的页数总和都多①，但其中显然有不少重复印刷的书籍。重复就意味着停滞，没有对新知识的渴望，也就没有对活字印刷术的需求。由于中国许多最优秀的人才将大量精力耗费在读经求功名上，自然使其创造天性渐渐磨灭了。于是，当19世纪西方"具有智力"的列强闯入的时候，主要靠科举入仕者掌管的国家就只能处于被动挨打的境地。在此国破家亡之际，儒家等传统学说派不上用场，也来不及在本土上产生足以自强的新思想，域外强者的理论观念自然被吸纳进来。虽然中国很早就发明了活字印刷术，但始终未能脱离手工劳动方式。当各种新知识、新思想需要迅速传播时，近代铅活字机器印刷技术就体现出无比的优越性，取代了传统手工印刷术，成为近现代中国的主流印刷方式，最终给整个国家带来了翻天覆地的变化。

时至今日，仍有许多西方人坚持认为活字印刷术是谷登堡发明的，毕竟中国人直接用传统活字印刷的书籍，几乎没有给他们的生活带来过什么影响。而由谷登堡改进并使用活字印刷术后，书籍的生产量大大提高，使更多的人能接触知识，摆脱愚昧。可以说正是这些纸质印刷品解放了人们的头脑，人类才走向一个更为理性的新世界。活字印刷术出现在欧洲，很快成为生产图书的主流印刷方式，并形成一种庞大的印刷工业，直

①钱存训著，郑如斯编订《中国纸和印刷文化史》，桂林：广西师范大学出版社，2004，第362页。

接推动了文艺复兴运动的发展,最终使西方成为世界现代化的发祥地,因而有“文明之母”之称。

五、结束语

图书是记录和传播知识的工具。而诞生于中国的印刷术,则是图书的一种重要生产技术。在印刷术产生之前,图书采用的是以抄写为手段的复制方式,费时费力,复本稀少,很难满足人们阅读的需要。印刷术发明后,图书能够比较容易印刷出许多复本,便于长久保存,并得以广泛而迅速传播,进而使知识得到普及。凝聚着中华民族智慧的活字印刷术,自宋代发明后,很快陆续向东传于朝鲜半岛、日本、越南等东亚汉文化圈,同时又向西传入西夏与回鹘地区,最后很有可能传至欧洲。活字印刷术自传入异域后,在外邦智者的努力下,成为人类最重要的传播知识与思想的手段之一,从而推动包括近现代中国在内的整个世界文明向前发展。因此可以说,以中国为核心的东亚活字印刷术,对人类文明的发展,产生了重大影响,而且这种影响一直延续到今天。与此同时,现代全球政治、经济、文化的实质,是近代以来东西方文明融合的产物。近代是从分散到整体的世界,现代文明中实际存在着大量东亚文明要素,这些要素不少是凭借东亚印刷技术直接或间接传递的。东亚活字印刷的书籍所传递的思想精华,至今仍是人类文化宝库中的瑰宝,相信今后也将对世界文明进程产生积极的推动作用。

晚明士人的商业出版活动

何朝晖

（山东大学儒学高等研究院）

晚明士人大量从事商业出版活动，无论在中国士人的发展史上，还是在中国出版史上，都是一个值得注意的新现象。尽管在明代以前，已经存在士人参与商业出版活动的事例，但在规模和程度上，晚明达到了一个前所未有的高度，并由此对士人身份和角色的转换，以及出版业的发展进程都带来了深刻的影响。

晚明时期，有两个因素促成了士人与商业出版的结合。一是社会上出现了大量官僚体系所无法接纳的“冗余”士人；二是商业出版市场的极大繁荣，为许多无法进入仕途的士人提供了一种新的安身立命的方式。本文将对这两个因素进行分析，并观察晚明士人从事商业出版活动的方式、状态和作用。

一、晚明士人之分化

（一）科举仕途的壅塞

嘉靖、隆庆以后，明代经过两百年的发展，人口数量大大增长。根据何炳棣的研究，明代人口从14世纪后期的约6500万，上升到万历二十八年(1600)的约1.5亿。[①] 曹树基认为,到崇祯三年(1630),中国人口达到了1亿9250万,比洪武二十六年(1393)增长了1.65倍。[②]

明朝建立伊始,就建立了完备的官学制度。北京、南京设有国子监,地方上府、州、县皆设置各级学校。又实行"科举必由学校"的政策,使得士子进入官学学习的积极性很高。随着经济社会的发展,受教育人口的数量较明初大为增长。官学生员在明初本已规定限额,但不久就因为不敷需要而增广,于是出现了廪膳生员与增广生员的区别。以后名额还是不够,又额外增取,谓之附学生员。到明末,在地方各级学校中学习的生员至少达到五六十万人。[③]

虽然人口数量增长了一倍多,参加科举考试的士子数量也大大增加,但终明之世,官僚集团的规模和科举考试的解额却并没有显著增加。如此就造成明代乡试、会试的录取率越来越低,举子的入仕之途越来越窄,注定有大量士人终生都无法入仕。

根据钱茂伟、郭培贵、陈宝良、吴宣德等人的研究,明代乡试的录取率在三十分之一左右,会试的录取率在10%上下。[④] 而且从明初到明末,在录取额没有大的增加的情况下,应试人数不断增多,录取率越来越低。[⑤]

明代中期以后,能够入仕的基本上只有进士以及一部分举人和监生,生员是无法做官的。无法进入仕途的举人、监生和生员必须在传统的"学而优则仕"之外,寻找别的出路。

---

①[美]何炳棣:《1368—1953中国人口研究》,葛剑雄译,上海:上海古籍出版社,1989,第261—262页。

②曹树基:《中国人口史》第4卷,上海:复旦大学出版社,2000,第281页。

③按顾炎武《生员论》:"今(晚明)则不然,合天下之生员,县以三百计,不下五十万人,而所以教之者,仅场屋之文。"陈宝良:《明代地方儒学生员数蠡测》,载《顾诚先生纪念暨明清史研究文集》,郑州:中州古籍出版社,2005,第109—138页:明末地方儒学生员人数约在六十万之上。根据韩国学者吴金城的研究,明初全国生员三至六万,十六世纪增至三十一万人,明末达五十余万。吴金城:《明清时代绅士层研究的诸问题》,见《中国史研究的成果与展望》,中国社会科学出版社,1991,第179—203页。

④钱茂伟:《国家、科举与社会——以明代为中心的考察》,北京:北京图书馆出版社,2004,第94—105页。郭培贵:《明代科举各级考试的规模及其录取率》,《史学月刊》2006年第12期。陈宝良:《明代儒学生员与地方社会》,第270—272,521—523页。吴宣德:《中国考试制度通史·第四卷·明代》,第485—486页。

⑤钱茂伟:《国家、科举与社会——以明代为中心的考察》,第103页。

(二)山人群体的出现

山人之名唐代已有,多指隐居山林者。明代嘉靖以后出现的山人群体,含义则与此不同。沈德符《万历野获编》卷二三“山人名号”云:“山人之名本重,如李邺侯仅得此称。不意数十年来出游无籍辈,以诗卷遍贽达官,亦谓之山人。始于嘉靖之初年,盛于今上之近岁。”

这是在科举考试竞争日趋白热化的情势下,选择远离科场,自主谋食的一群士人。不少山人早年都曾进学,意图博取功名,科场不利或久试倦怠之后选择归隐。嘉靖时著名山人郑若庸曾为诸生,以任侠不羁遭斥。沈明臣淹滞诸生,乡试久不售,遂专意于文学。王稺登曾入太学,仕途不偶,后乃以布衣山人名。晚明大山人陈继儒曾为诸生,在二十九岁时主动“弃巾”,更是轰动一时。明代山人并不隐逸于山林,而是奔走于权门官宦之间,靠帮闲卖文为生。所谓“昔之山人山中人,今之山人山外人”,①“山之不山,人之不人”。②

山人的谋生手段,主要是投靠官宦、宗室等,赋诗助兴,撰文代作,以换取主人的资助和供养。但由于山人游走不定,浪迹四方,这种收入来源并不稳定,有时还要辅以其他的手段。

(三)罢闲官员的增加

国家设官分职有规制,官员的数量有一定的稳定性,文官的法定编制在 2 万至 2.4 万员之间。③ 虽然随着国家机构的膨胀和冗员的出现,会有所增加,但终究是有限的。景泰间,为解决财政困难,实行捐监制度。天顺间,又允许年龄达到 40 岁的生员上贡国子监。取得入仕资格的士人数量不断增加,由此造成了仕途的壅滞,待选士人越来越多,弘治末期就已达 33900 余人。④ 为了加以疏通,政府主要采取了两个办法:一是缩短官员的任期,加快官员的升迁速度。以前九年考满方可升迁,后来任职两三年迁转渐成常态。二是裁撤和罢黜官员,以便腾出空缺。从洪武到崇祯,政府曾多次有系统地裁撤官员,其中万历八、九年间(1580、1581)是规模

①《罪惟录》列传卷之一三中“沈一贯传”。
②冯梦龙:《挂枝儿》卷九“山人”。
③钱茂伟:《国家、科举与社会——以明代为中心的考察》,第 83 页。
④《明孝宗实录》卷一〇九。

最大的一次,裁撤文官近五百人。① 加之明代后期,崇尚心学、三教融合等新思潮的兴起使士人的道德观念和行为方式发生变化,不少官员放诞自适,离经叛道,遭到弹劾;另一方面,晚明党争激烈,相互攻讦,因而被罢免闲居的官员比比皆是。

嘉靖年间,广西提学佥事袁袠痛切地指出为解决壅滞问题而采取的短视行为所造成的恶果:

> 自夫鬻爵之例数开,而士之待选于都下者,日以停壅。当衡者欲疏通之,繇是长吏数易,而迁转无常,外之牧守、丞簿,内之台谏、郎署,率不满一考而即叙迁。不如是,则人多缺少,而停壅者益甚。甚者,三载考绩,则令丞以下多不察其材否而概罢之,以处待选之士。下既数易,则上必递迁。曾不数年,内而拜京堂官,外不失为方岳伯者,往往是矣。迁转既速,则罢黜亦易,贤愚莫分,略不爱惜,积薪之喻,良可慨叹。②

罢闲官员失去了俸禄和官场带来的其他收入,有的可以依靠原有的田产而衣食无忧,有的则需要另谋出路。

二、在野士人的出路

明代的学校和科举制度的发展十分完备,自下而上的社会流动机制已经比较成熟,下层百姓可以通过进学和科举考试进入士人和官僚的行列。这使得明代士人的社会构成发生了变化。

明代学校和科举体系的开放性,使得出身于中、下层庶民家庭的子弟逐渐成为官学学生的主体。以国子监为例,唐、宋时,贵族、官宦子弟占据了较大比例。明代国子监也有官生、民生之分,但官生所占比例日渐减少。洪武初年,官、民生的比例约为二比一③。到洪武三十年(1397),1829名太学生中,官生仅有3名。④ 此后,民生便居于主导地位。顾炎武

①钱茂伟:《国家、科举与社会——以明代为中心的考察》,第80页。

②袁袠:《世纬》卷下“久任”。

③陈茂同:《中国历代选官制度》,上海:华东师范大学出版社,1997,第270页。

④黄佐:《南雍志》卷一五“储养考上”。

在《生员论》中指出，晚明五十万名生员中，有十分之七是为了“免于编氓之役，不受侵于里胥，齿于衣冠，得以礼见官长，而无笞捶之辱”的目的而当生员的，说明这些生员出自于平民百姓之家。

这些出身于平民的“无恒产”的士人，如果不能入仕或不再做官、靠官俸来养活自己，就只能转而从事其他行业，否则便无以安身立命。这些行业大致有以下几种：

（一）充当幕客

即投入官僚权贵门下，协助他们处理公文，赞划机务，吟诗作赋，陪宴凑趣。也就是所谓的“帮忙”和“帮闲”。

明代中叶以后，各色官员聘请幕宾开始蔚然成风。① 这种风气的形成，一方面出自官员自身的需要，一方面与社会上存在大量需要谋业“治生”的文人有关。嘉靖间，宗室赵康王门下先后有郑若庸、谢榛等山人为其撰著文辞，赋诗遣兴。剿灭倭寇的功臣、东南军务总督胡宗宪幕中，有徐渭、何心隐、王寅、沈明臣、颜钧等布衣文人。官员王思任罢职闲居期间，曾应召入川黔总督蔡敬夫幕中。② 明末史可法督师扬州期间，幕中成员达百名之多。③

（二）处馆

处馆就是做私塾先生，以收取“束修”维持生计。无论是罢闲官员，还是未入仕的举人、监生、生员以至布衣儒士，都有以处馆为生的，可以说是在野士人从事最广的一种职业。

弘治三年（1490）状元钱福授官翰林院修撰，后罢职家居，被江阴徐氏以“五百金为脯脡，延致家塾”。④ 正德时，河南副使顾璘致仕归里，“训蒙童数人以自给”。⑤ 徐渭、陈继儒都曾到别人家里做过先生，训诲或伴读主人子弟。魏大中在进学前，因天资颖异，也曾应聘于乡间小馆，训蒙

①陈宝良：《明代幕宾制度初探》，《中国史研究》2001 年第 2 期。

②张岱：《琅嬛文集》卷四“王谑庵先生传”。

③何龄修：《史可法扬州督师期间的幕府人物》，见《燕京学报》第 3 期（1997 年）、第 4 期（1998 年）。

④李诩：《戒庵老人漫笔》卷五“钱鹤滩馆江阴遗诗”。

⑤何良俊：《四友斋丛说》卷一〇“史六”。

为生。①

（三）经商

明中叶以后社会价值观念和士商关系发生了深刻的变化，对此余英时先生作过深刻论述。士人对从商的态度有很大的转变，产生了“良贾何负闳儒”的观念。士人和商人的角色日益交汇、融合，出现了“士商相杂”的现象，士人“弃儒就贾”者不在少数。

从“治生”的角度来说，从商似乎比科举成功的机会要大得多。当时流传着一种说法：“士而成功也十之一，贾而成功也十之九。”②

在晚明通俗小说“三言二拍”中，有不少士人从商的事例，是当时社会现实的反映。《喻世明言》卷一八中的杨复，“年近三旬，读书不就”，便去往漳州一带做生意；《醒世恒言》卷一〇，刘奇“自幼攻书，博通今古，指望致身青云”，后来却“无心于此”，开起了布店；《二刻拍案惊奇》卷三七，“渔村大姓，世代儒门”的程宰，抛下书本，跑到辽东贩卖人参、松子、貂皮、东珠。

（四）从医

医者济世救人，切合于儒家仁爱、兼济天下的观念。士人学医、行医有悠久的历史，西晋张华，唐代王勃、刘禹锡，宋代苏轼、沈括皆精于医道。若要达到儒家的济世目标，“不为良相，便为良医”。宋代以降，“儒医”渐成潮流，受到士大夫阶层的普遍认同。

因而从事医道，也就成为在野士人一种很自然的选择。名医葛乾孙“屡试不偶，乃传父业”。③ 李时珍三次举业不遂，专心医道，终于撰成名著《本草纲目》。徽州、吴中地区，更是儒医辈出的地方。

（五）为人撰文、售卖字画

晚明社会经济文化繁荣，滋生了一个庞大的文化市场，上至达官显宦，下至黎民百姓，对书序、赠序、寿序、传记、墓表等各种应酬文字都有广

---

①黄煜：《碧血录》卷上“魏廓园先生年谱”。

②《丰南志》第五册“百岁翁状”，见张海鹏、王廷元《明清徽商资料选编》，合肥：黄山书社，1985，第251页。

③《明史》卷二八七“葛乾孙传”。

泛的需求。如唐顺之所说:“屠沽细人有一碗饭吃,其死后则必有一篇墓志。……如生而饭食、死而棺椁之不可缺。”①这样就为掌握文字技能的士人提供了一条获取收入的途径,即替人撰文,以获取“润笔”之资。收取“润笔”的现象在15世纪中叶以后普遍起来,标准也大幅度提高。② 山人王稚登文名甚高,求其文者众。“学士欲行其诗若文者,非先生序不取;征自王公,下逮齐民,思显亲不朽者,非先生竹石金帛之篇不惬意;二氏欲兴其教、新其宫,官私有事于关梁道路,若古胜迹者,非先生疏不檀施;法书名画、古鼎彝器与技能工巧,青楼歌舞依倚就声价者,非先生品题不踊贵;筐篚包匦上交,私觌陈庶侈者,非先生手笔不为腆。故先生一日之内,临文十四,对客十六,而精神意气略无厌倦。”③

还有的士人精于书画,人争购求,遂售字画以获利。如唐寅言志诗所云:“不炼金丹不坐禅,不为商贾不耕田;闲来写就青山卖,不使人间造业钱。”张凤翼罢官后,卖字自给,榜其门曰:“本宅缺少纸笔,凡有以扇求楷书书满面者银一钱,行书八句者三分。特撰寿诗、寿文,每轴若干。”④

(六)从事出版

此为本文论述之重点,详下。

三、晚明商业出版之繁荣

国内外多位学者的研究表明,晚明的商业出版出现了大繁荣。这种繁荣既有定性的描述,也有量化的证据。

明代初年,由于元末明初战乱的影响,经历了一个出版史上的低迷阶段。杨士奇等于正统六年(1441)编成的《文渊阁书目》,著录图书7297号,其中“锓板十三,抄本十七”。明代中期以后,出版业得到了恢复,并取得了飞跃式的发展。杜信孚《明代版刻综录》共著录明版书7740种,其中洪武至弘治(1368—1505)766种;正德、嘉靖、隆庆(1506—1572)2237

①唐顺之:《荆川先生文集》卷六“答王遵岩”。

②余英时:《士与中国文化》,上海:上海人民出版社,2003,第536页。

③李维桢:《大泌山房集》卷八八“征君王百谷先生墓志铭”。

④沈瓒:《近事丛残》,北平:广业书社,1928,第29页。

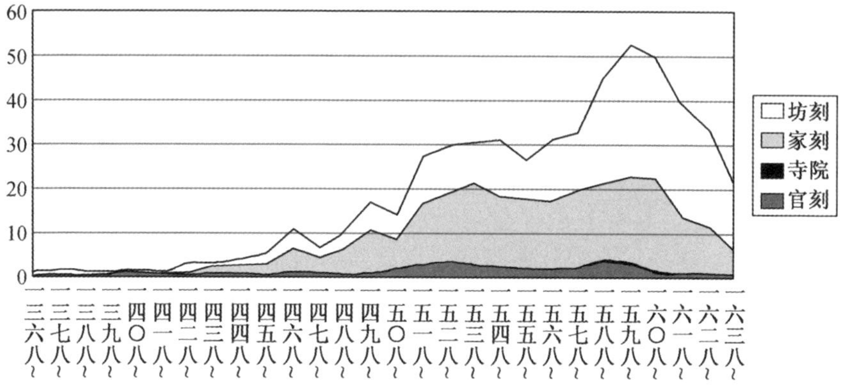

图 1：明代出版的发展趋势图（引自胜山稔《关于明代坊刻本的出版状况》）

种；万历至崇祯（1573—1644）4720 种。这清楚地表明了明代出版业的加速进程。大部分现存明版书是在明代中后期出版的。

中国传统的出版格局，可以分为官方出版和民间出版两大部分。明中期以后出版业的爆发式发展，主要应归功于民间出版业。胜山稔以《明代版刻综录》著录的书目数据为基础，分官刻、寺院、私刻、坊刻几类进行了统计，他在资料统计基础上所绘制的明代出版发展趋势图（图 1）颇能说明问题。①

从图 1 可见，明代官刻书规模前后变化不大。而家刻和坊刻在明后半期则有大幅度增长，明代后期出版量的激增主要是由民间出版的增长所带来的。明代前期，官方刻书与民间刻书大体处于一种相对均衡状态，越到后期，民间出版所占的比重越大，逐渐形成了对官方出版的压倒性优势。胜山稔的统计表明，在现存明代的所有出版物中，官刻仅占 6.15%，寺院刻书占 0.61%，而家刻和坊刻则分别占到 45.46%和 47.78%。这种格局的形成，主要是由于明代后期官刻的相对萎缩和民间出版的巨大发展。

中国雕版印刷术发明于隋唐之际，而官刻、家刻、坊刻三足鼎立的出版格局是在宋代奠定的。宋代的官方刻书占有十分重要的地位，北宋汴京、南宋临安国子监先后刊行正经正史等书，刻印精美，校勘严谨，成为这些书当时最重要的版本之一。帅、漕、宪、仓、府、州、县等各级地方政府亦

①［日］胜山稔：《关于明代坊刻本的出版状况——从明代整体出版数量看建阳坊刻本》，《东亚出版文化研究论集》，东京：二玄社，2004，第 83—100 页。

大力刻书，尤袤、朱熹、吕祖谦、陆游、洪适、洪遵、洪迈都曾在地方官任上刻过大量的书，宋代出现了大量的“郡斋”本、“郡庠”本。地方公使库经费充足，擅长刻大部头的书，也是宋代官方刻书的一大特色。元代，中央政府设兴文署，专司图书的出版。中书省参与管理书籍出版活动，许多书籍是由中书省牒下诸路刊行的。在地方上，行中书省和各道肃政廉访司积极组织刻书活动，而具体的刻书工作则是由各路儒学承担的，其最著名的成果就是大德九路“十七史”。元代的书院带有浓厚的官方背景，书院刻书是元代一大出版特色，校勘、刻印质量很高，以西湖书院为最。明代的官刻书，在中央主要是南北国子监和内府司礼监刻书。地方政府刻书相较宋元呈现萎缩的趋势，主要的成就在于各地方志的出版。地方官任上惯于刻“书帕本”以供馈送，然“其不工反出坊本下，工者不数见也”。①由此可见，明代官方刻书的地位，与宋元相比已显著下降。相反民间出版业经过明代前半期的长期停滞，到正德、嘉靖以后出现了爆发式的增长。

商业出版指的是坊刻业。贾晋珠（Lucille Chia）根据《明代版刻综录》所作的统计表明，在明代坊刻业最发达的江南和建阳地区，所出版的坊刻书明代前半期（洪武至弘治年间）只占该地区整个明代出版总量的10%左右，绝大部分书是在正德以后出版的。② 正德、嘉靖间是一个关键的转折点。李诩《戒庵老人漫笔》卷八“时艺坊刻”云：“余少时学举子业，并无刊本窗稿……今（隆庆、万历间）满目皆坊刻矣，亦世风华实之一验也。”

举业书是坊刻书中的大宗。嘉靖初年李濂说：“比岁以来，书坊非举业不刊，市肆非举业不售，士子非举业不览。”③但举业书仅仅是明后期市场上出现的品类繁多的坊刻书中的一种。此外还有百姓日用类书和生活指南（如《万用正宗不求人全编》《居家必用事类全集》《天下便用文林妙锦万宝全书》《天下通行书柬活套》）、各种职业技能指南（如《习吏幼学指南》《官常政要全书》《士商要览》《天下路程》《一握坤舆》《盘珠算法士民

①（明）陆深：《金台纪闻》，北京：中华书局，1985。

②Lucille Chia, “Counting and Recounting Chinese Imprints,” *The East Asian Library Journal* Vol. X:2, Aut.2001 (published 2003), p. 67.

③李濂：《纸说》，黄宗羲编《明文海》卷一〇五。

利用》)、休闲小品(如《新刻京台公余胜览国色天香》或《幽闲玩味夺趣群芳》《万锦情林》)、通俗小说戏曲等。其中有不少是出版商根据市场的需要开发出的新品种,反映了坊刻业的创新精神。比如建阳书坊开发的"白眉""争奇"体小说,《国色天香》等具有杂志雏形特点的休闲读物等。

学者张献忠认为,宋代的商业出版仍然是以"精英文化"为导向的,①而晚明的商业出版,则以关注市井百姓的精神需求为重要特征。它是以教育的普及、识字率的提高和一个广泛存在的阅读市场为基础的。晚明张岱谈到浙江一带百姓的文化程度时说:"余因想吾八越,惟余姚风俗,后生小子无不读书,及至二十无成,然后习为手艺。故凡百工贱业,其《性理》《纲鉴》皆全部烂熟,偶问及一事,则人名、官爵、年号、地方枚举之,未尝稍错。"②妇女阅读也形成了一个市场。"佳人出游,手捧绣像于舟车中,如拱璧。"③书籍的刊刻出版也进入了寻常百姓家。"数十年读书人,能中一榜,必有一部刻稿;屠沽小儿,身衣饱暖,殁时必有一篇墓志,此等板籍,幸不久即灭。假使尽存,则虽以大地为架子,亦贮不下矣。"④

四、士人参与商业出版

晚明时期,社会上既已存在大量徘徊于仕途之外的"冗余"士人,民间商业出版的大发展又对策划、撰稿、编辑、写样、校对等脑力劳动者产生了大量需求,两者可谓一拍即合。以下举罢闲官员、名士、山人、布衣各一例,说明晚明各阶层士人对于商业出版的参与。

(一)屠隆

屠隆(1543—1605),字长卿、纬真,号赤水,又号溟涬子、冥寥子、由拳山人、蓬莱仙客、一衲道人、鸿苞居士等,浙江鄞县人。万历五年(1577)进士,出为颍上县令,一年后调任青浦县令。万历十一年(1583)升礼部仪制司主事,十二年(1584)刑部新任主事俞显卿因宿怨,诬陷屠隆与西

---

①张献忠:《从精英文化到大众传播——明代商业出版研究》,桂林:广西师范大学出版社,2015,第35页。

②张岱:《夜航船》序。

③朱一是:《蔬果争奇》跋。

④叶德辉:《书林清话》卷七"明时刻书工价之廉",北京:中华书局,1957,第185—186页。

宁侯宋世恩纵淫，屠隆因而被罢官。屠隆“既不仕，遨游吴越间，寻山访道，啸傲赋诗”，①过起纵情自适、诗酒风流的生活，最后落拓而终。

屠隆本出身于贫寒之家，家资并不富厚，年轻时经历坎坷。他自述说：“玄同子（屠隆别号）少数奇，游甚困，年二十岁就食开化。”②“弱冠以家贫，走万山中假馆负米，寄食羽士。资粮不继，旁无漂母。溯舟严濑，停桡罗刹。大雪蒙头，寒风穿肘。”③

屠隆为人恃才放旷，纵情诗酒，好宾客，喜写剧、演剧，“每剧场辄阑入群优中作伎”。④ 晚年“每置酒燃烛，独坐斋中，填乐府十数阙，命善歌者王子长定点拍唱之”。⑤ 他还建立了自己的家班，到处演出自己的戏曲。可以想见他的开销是很大的。被罢官后，他失去了收入来源，只能“卖文为活”。⑥ 时时面临拮据的窘境，有时甚至要靠友人施舍度日，十分潦倒。“晚年，家益贫。出游，阻冻金阊，作歌从李叔元乞米，自嘲自戏，读者怜之。”⑦他的诗文集《白榆集》中收录了他向友人邢侗、顾养谦、胡从治等人乞钱买山置田的书信。⑧

屠隆著述宏富，达二三十种。其中有一部分明显是商业出版物，主要是为了赚取收入补贴家用的。可分为两类：

（1）举业书。前面已经说过，这类书在科举时代是首屈一指的畅销书，主要是帮助士子理解经义。

《读易便解》四卷。此书以朱子本义为主，间加己见。见《鄞县通志·文献志》。

《订正篇海类编》二十卷。《四库全书总目》卷四三：“其书取韩道昭五音篇海，以部首之字分类编次，舛陋万状。……殆于醉梦颠倒，病狂谵语。屠隆虽不甚读书，亦不至此，殆谬妄坊贾所托名也。”

《缥缃对类》二十卷。《四库全书总目》卷一三八：“是编采对偶字句

①钱谦益：《列朝诗集小传》丁集上“屠仪部隆”。

②屠隆：《由拳集》卷一八“开化纪游下”。

③屠隆：《鸿苞集》卷一七“文章”。

④沈德符：《万历野获编》卷二五“昙花记”。

⑤《甬上屠氏宗谱》卷三六“逸事”。

⑥《明史》二八八“屠隆传”。

⑦《甬上屠氏宗谱》卷二四“主事赤水公传”，引《甬上耆旧传》。

⑧屠隆：《白榆集》文集卷一四“再与子愿”，同卷“答胡从治开府”。

自一字至四字，各区门类，皆市井幛轴之词。其首载习对歌之类，尤俚陋可资笑噱。隆虽佻荡不检，游谈无根，然其谬尚不至此，殆坊贾所托名也。”

《翰墨选注》十二卷。《四库全书总目》卷一九三：“是书皆历代尺牍，谬妄不可殚述。……隆虽纵诞之士，不以学问名，然其陋不应至是。必书肆伪托也。”

《讵文》十二卷。《四库全书总目》卷一九三：“是集杂选经传及古文词，分宏放、悲壮、奇古、闲适、庄严、绮丽六门。仅八十篇。以《考工记》《檀弓》诸圣贤经典之文与稗官小说如《柳毅传》《飞燕外传》等杂然并选，殊为谬诞。疑亦坊贾托名也。”

四库馆臣怀疑《订正篇海类编》《缥缃对类》《翰墨选注》《讵文》为书坊托屠隆之名作伪。疑则疑矣，未为确论。即便这些书为托名屠隆之伪作，屠隆亦必谙于此道，名声在外，否则不会被书坊仿冒。

(2)尺牍评注、戏曲小说评注。此类书在当时的士人当中亦有广阔市场。

《屠赤水先生批评荆钗记》二卷。剧本原作《王十月荆钗记》，为南戏古曲，元柯丹邱著。《古本戏曲丛刊初集》收入。

辑《国朝七明公尺牍》八卷，收入王世贞、徐中行、李攀龙、汪南明、宗方诚、吴川楼、王世懋等七人尺牍，今存万历文斐堂刻本。

评点陆采编的小说集《虞初志》，今存明吴兴凌氏朱墨套印本。

(二)陈继儒

陈继儒(1558—1639)，字仲醇，号眉公、眉道人，松江华亭人。他出身贫困，早年曾为生员，两次乡试不第，二十九岁时遂作《告衣巾呈》，“取儒衣冠焚弃之”，隐居不仕，屡获征召而不出，成为晚明名气最大的山人。

绝意仕途后，起初陈继儒的收入来源主要靠不停地坐馆授徒，先后就馆于沈太仆、杨继礼、徐阶、王士骐、项扆虚等人处。到万历三十四年(1606)他四十九岁时，仍在项扆虚家处馆。① 万历三十五年(1607)是陈继儒人生的一个分水岭，是年他得到杨廷筠的上书举荐，名声天下传扬。

①陈梦莲：《眉公府君年谱》，万历三十三年(1605)。

此后数年,吴甡、何乔远、沈演、吴永顺、闵洪学、黄道周、解学龙等多名官员先后荐举陈继儒,使之声价日隆。检视《眉公府君年谱》,可以看到他在五十岁以后为人撰作的墓志铭、志传、序文等应酬文字的数量大为增加,其中不少是为新安商人和洞庭商人所作,可以想见酬劳不菲。

陈继儒著述之丰,令人叹为观止。题名陈继儒著述、编纂、评点的著作,今存大约有八十种。① 由于他的名气实在太大,无异于畅销书的商标,书估的伪托之作不少。如郑振铎所说:"眉公著述,余所得颇多,见者亦不少。惟大抵皆明季坊贾妄冒其名,或挖去作者姓氏,补印眉公名里,以资速售耳。"②陈继儒自己也说"为吴儿窃姓名,庞杂百出,悬赝书于国门"。③ 这些著作中哪些是他自己的作品,哪些是书估托名作伪的,有些已为研究者甄别,有些则难以确考。④

托名陈继儒的书分几种情况。有些书与陈继儒无关,纯属书商作伪。拿影响很大的《宝颜堂秘籍》来说,陈继儒在世时就否认是自己的作品,但他对于书估的托名似乎并不在意,抱着听之任之的态度。⑤ 杜泽逊考证出托名陈继儒的《福寿全书》,实为书商将郑瑄的《昨非庵日纂》初集加以窜乱、改题并翻刻而成。⑥《捷用云笺》《秦汉文脍》等书,据研究也是冒用陈继儒名义刊行的。有些书则是书估擅自将陈继儒的零散作品结集出版。《陈眉公集》自序反映的就是这种情况:"生平不喜留草,随作随逸。一日友人史辰伯氏自吴昌来,手捧一函,揖谓予曰:'此陈先生诗若文也!将事梨枣,唯先生辑而授我。'予笑谓辰伯:'为我杀青,不如为我浮白。身与名孰亲,老氏能言之。予唯潜神塞兑之余,与渔歌牧唱答和娱老,愿且毕矣!使以区区敝帚博身后名,宁取以覆酒瓮。'辰伯俯不答,胠箧掉臂而去。"⑦陈继儒之子陈梦莲说:"先生有《晚香堂小品》《十种藏书》,皆系

①郭孟良:《晚明商业出版》,北京:中国书籍出版社,2011,第60页。

②郑振铎:《劫中得书记·古逸民史》,载《西谛书话》(中),北京:生活·读书·新知三联书店,1983,第300页。

③王衡:《缑山先生集》,陈继儒"王太史辰玉集叙"。

④参见李斌《陈眉公著述伪目考》,《学术交流》2005年第5期。

⑤陈继儒:《白石樵真稿》卷一,《与戴悟轩》:"但书坊所刻《祕笈》之类,皆伪以弟名冒之。念此曹病贫,贾不能救正,听其自行,多有极可笑可厌者。弟之不好名,此亦足以见其一斑矣。"

⑥杜泽逊:《明刊〈福寿全书〉辨伪》,《文献》1996年第3期。

⑦《陈眉公集》自序。

坊中赝本。"[①]《晚香堂小品》实为汤大节将陈继儒之文章自行收集刊刻成集。有的著作则至今仍有争议。如署名陈继儒批评的十五种曲本,朱万曙认为具有较高的可靠性,蒋星煜和黄仕忠则对其真实性表示怀疑。[②]

但陈继儒积极投身于图书的编纂出版活动,这是毋庸置疑的。这些著作大部分出版于他成名以后。此时他声名显赫,能够支配大量的出版资源。他手里掌握了许多出版素材,不少是主动送上门来的。李日华《广秘籍序》说:"眉公先生之笈多异书。尝一再发之,以惠同好。同好之士读之,益用色飞神动,竞出所蓄隐文逸简以求当先生。先生以笈受之,恒满,而又辄恒发之。"

他自己似乎不怎么刻书,主要是纂辑图书给书坊刊刻。他编纂的书籍多是文人休闲读物,"刺取琐言僻事,诠次成书,远近竞相购写"。[③] 刊刻陈继儒图书的有沈氏尚白斋、亦政堂,萧氏师俭堂,余氏自新斋,金陵世德堂、万卷楼等等。由于他的书在市场上十分抢手,书估争相向他索稿。尚白斋主沈德先在《宝颜堂秘籍》续集序中说:"余既镌汇秘籍,犹然不疗饕癖。复从陈眉公簏中索得若干种,辄以艳诧。"于是在正集之后又刊刻了续集。

前来投靠陈继儒的寒士很多,这些下层文人成为给他捉刀代笔的雇佣劳动力。因而陈继儒绝不是一般的出版从业者,他是所谓的"老板编辑家"[④],"延招吴越间穷儒老宿隐约饥寒者,使之寻章摘句,族分部居,刺取其琐言僻事,荟蕞成书,流传远迩。"[⑤]他的不少书其实自己并没有经手,而是学生、门客代劳的。如他在《古论大观》自序中说:"往者坊刻《论

①陈梦莲:《陈眉公先生全集序》,陈文新主编《中华大典·文学典·明文学部二》,南京:凤凰出版社,2005,第940页。

②朱万曙:《明代戏曲评点研究》第三章第三节,"'陈评'系统",合肥:安徽教育出版社,2002。蒋星煜:《陈眉公评本〈西厢记〉的学术价值》,载《〈西厢记〉的文献学研究》,上海:上海古籍出版社,1997。黄仕忠:《陈眉公批评本〈琵琶记〉是赝本》,载《〈琵琶记〉研究》,广州:广东高等教育出版社,1996。

③《明史》卷二九八《陈继儒传》。

④周绍明著,何朝晖译《书籍的社会史:中华帝国晚期的书籍与士人文化》,北京:北京大学出版社,2009,第97页。

⑤钱谦益:《列朝诗集小传》丁集卷一六《陈徵士继儒》。

脍》,皆门生辈裒集成之。就中某一论为士大夫訾议,余不知也。”[①]这也无怪乎他的著作数量庞大,失于芜滥,这实在不是一个个人,而是一个文化工作室的产出量。

陈继儒除编撰图书外,还曾担任过书坊主的出版策划和顾问。许自昌、许元恭父子是晚明苏州重要的刻书家,也是陈继儒的至交和姻亲(元恭次女嫁眉公孙陈仙觉)。许氏刻书中,有不少是出于营利目的而刊刻的,陈继儒经常为许氏父子出谋划策。今存《甫里许氏家乘》中有陈继儒写给许氏父子的书札十六通,有不少这方面的内容。例如陈继儒建议许氏印行陆龟蒙的《陆鲁望集》,“此集若行,发幽阐秘,犹胜为李杜拈一瓣香”;推荐刊刻《道藏》中的《化书》,云“此举业之径路,容寄老亲家刻之”。劝阻刊刻《唐类函》,认为它“局促不甚利益”,“即刻不行,即行不广”,“不如姑止之”。在刊刻王世贞《读书后》时,多次提出建议:关于体例,“目录悉列于前,观者艳其多,寻者乐其易,跋语姑置后可也”;关于印数,“第多刷数千,一日而发之,纸贵无疑”;关于续编,“尚可抽其(指王世贞)论经、论史者共为一部,则远可行、久可传,只恐翻版耳”。[②]

(三)俞安期

俞安期(1550—1627后),原名策,字公临;后更名安期,字羡长,号震维居士,南直隶吴江人。他出身于平民之家,早年“孤贫流离”[③]。终生未仕,以布衣终老,一生为生计奔波。[④] 俞安期勤于读书、著述,“才气豪逸”[⑤],弱冠即以善诗名。他是否进过学,不得而知,但他似乎很早就弃绝了科举之路,“自弱冠厌经生业,而好从大人长者游”[⑥]。自那以后,就成了游走于仕宦名流之间的山人中的一员。他的诗得到了当时的文坛名宿汪道昆、王世贞、吴国伦等人的推奖,由是声名鹊起。

俞安期常年游走于权贵、富商之间,充当幕客,但他家口众多,生活过

①《四库全书总目》卷一九三,“古论大观”条引。

②参见黄裳《梅花墅》,见《皓首学术随笔——黄裳卷》,北京:中华书局,2006,第190—204页。

③潘柽章:《松陵文献》卷九。

④俞安期:《翏翏集》卷一〇,小像自题三百五十字:“少且鲜奇资,老复无长计。”

⑤万斯同:《明史》卷三八八《俞允文传》附。

⑥吴国伦:《甔甀洞稿》续稿,文部卷五《俞山人纪游诗序》,明万历刻本。

得十分拮据。万历十五年(1587),他曾在一首诗中写道:“年来艰索米,春入待餐英。”①中年以后,他移居宜兴,生活艰难②,曾得到县令陈邃玮的礼遇和资助。③

编纂、刊刻图书,是俞安期的一项重要活动。万历三十九年(1611)他62岁,作《小像自题》一诗回顾自己的一生,其中提到图书编刊活动:“典籍恣编搜,文辞浪游戏。”“醪醴过浆家,饔飧仗书肆。”④最后一句明确地表明编刊图书是他的一项重要收入来源和谋生手段。直至万历四十四年(1616),已年近古稀的俞安期仍不顾劳顿,跋涉入闽,借宅于曹学佺编刻《启隽类函》。

俞安期刻书之堂号为翏翏阁,除了出版自著诗文集之外,主要有以下几种类型:

(1)纂辑类书。有《唐类函》《诗隽类函》《启隽类函》《类苑琼英》,以及可能未能成书的《法藏类函》《道藏类函》等。⑤ 这些书无论是对于举子参加科举考试,还是文人间唱和酬答,都很有帮助,在市场上很受欢迎。《唐类函》刊成后因为畅销,很快被人盗版,俞安期施巧计遏止,成为中国版权史上的一段轶事。⑥

(2)选择书籍刊刻获利。有《真诰》《庄骚合刻》《续世说》《唐世说》《淳化阁帖》等。《真诰》是俞安期依据《道藏》本翻刻的,先后于万历二十八年(1600)和万历三十二年(1604)刻过两次,似乎较为畅销。《庄骚合刻》合编《庄子南华真经》《楚辞》而刊行之。《续世说》是俞安期以友人安绍芳所藏珍稀宋本,翻刻行世。他又与冯梦祯将《续世说》与《大唐新语》合刻,改题《唐世说》刊行。⑦ 他还从徽州人汪景淳(又作汪景醇)处,

---

①《翏翏集》卷二六《丁亥元日桃源坞即事四首》。

②《翏翏集》卷二三《卜居阳羡杂言八首因寄海内诸游好》:“吴淞辞旧里,阳羡卜新邻。……壤僻艰深入,家贫轻远移。”

③《翏翏集》卷六《赠别陈玉甫》序。

④《翏翏集》卷一〇《小像自题》三百五十字。

⑤《唐类函凡例》。

⑥冯梦龙:《智囊》卷二八:“吴中镂书多利,而甚苦翻刻。俞羡章(长)刻《唐类函》将成,先出讼牒,谬言新印书若干,载往某处,被盗劫去,乞官为捕之。因出赏格,募盗书贼。于是《类函》盛行,无敢翻者。”

⑦事见《四库全书总目》卷一四〇子部五〇《大唐新语》条。

借得稀见的《淳化阁帖》夹雪本翻刻出售。

俞安期只是个一般的山人，没有陈继儒那样大的名气和雄厚的实力，因此他的图书编纂、刊刻活动需要依靠官僚势要和朋友的支持。《唐类函》卷帙浩大，编纂费时十年，其间颇得李维桢、茅维（茅坤之子）、吴梦旸、章嘉祯、胡震亨等人襄助。沈思孝序云，是书之刻，安期“遍谒同好，乃分陆大夫之装，贷监河侯之粟。侠客赠其匕首，酒人解其杖头。期不载周，遂成函轴”。沈德符《万历野获编》亦谓安期刻此书时“遍干朋友，以及妓女、方外，靡不捐赀助之”。①《诗隽类函》各卷订校者不同。李维桢序云：“自顷秘书往往间出，而苦于剞劂费，传布不广。羡长杀青时，好事者有所资助，每被以校订之名。余两儿乳臭，亦点其中。”则是书之刊行多得李维桢、曹学佺等人资助。《启隽类函》则借宅于曹学佺家完成。②

（3）作为山人，替所服务的官员、富商编刻著作。有《雍胜略》《玄羽外编》《九芝集》《大泌山房集》《诗纪》《唐诗纪》等。《雍胜略》是万历二十五年（1597）俞安期游历至陕西时，客于陕西提学副使李应祥幕中，为李所代纂。《玄羽外编》是万历三十九年（1611）客于南京贵州道监察御史张养正时，替张养正纂辑其同乡张大龄的著作。《九芝集》，题“武陵龙膺著”“东吴俞安期定”，是俞安期与文人汪宗姬为当时在西北任官的龙膺编刻③，俞安期游西北时曾为龙膺门客。《大泌山房集》是隆庆二年（1568）进士，官至南京礼部尚书的李维桢的诗文集。俞安期与李维桢交往密切，此集初版滥恶，李维桢托俞安期修订再印。④《诗纪》与《唐诗纪》，是俞安期在做寓居南京的徽州富商吴琯的门客时，与谢陛、陆弼等其他门客共同为吴琯编校、刊刻的。⑤

（四）童佩

童佩（1524—1578），字子鸣，一字少瑜，浙江龙游人。自明中叶起，龙

①沈德符《万历野获编》卷二五，著述，类隽类函。

②《翏翏集》卷三四，《丙辰元旦》诗题下小注。

③黄宗羲《明文海》卷二四九，顾起元《九芝集选序》。

④金文京：《晚明山人俞安期的活动》，复旦大学文史研究院编《都市繁华——一千五百年来的东亚城市生活史》，北京：中华书局，2010，第178页。

⑤胡震亨：《唐音癸签》卷三一；《翏翏集》汪道昆序；《明文海》卷二二五，李维桢《唐诗纪序》。

游商帮兴起。童佩幼年时“家贫,不能从塾师”,乃随父童彦清贩卖书籍,往来吴越间。

童佩是一个书商,同时又是一个文人,“以鬻书为业,而志存儒道,兼有事于诗文,盖隐于贾者也”。他由贩书而读书、藏书、编书、著书,“喜读书,手一帙,坐船间,日夜不辍,历岁久,浏览既富,所为诗风格清越,不失古音”。① 遇有善本便藏之不售,藏书二万五千卷,皆手自校勘。胡应麟尝见其藏书目录,谓颇多秘籍,“所胪列经史子集,皆犁然会心,令人手舞足蹈”。② 又精于考证书画名迹、金石彝器。

童佩不光藏书,而且有著述,这在商人中是很少见的。他留心纂辑乡邦文献,辑有唐时邑令杨炯《杨盈川集》、邑人徐安贞《徐侍郎集》,与县人余湘合纂万历《龙游县志》。著有诗文《童子鸣集》六卷。他与王世贞、归有光、胡应麟、王稚登等当时知名文人交往甚密,深得他们的认可,王世贞为他作传,王稚登为他的书作序。

童佩自己似乎并不刻书。王世贞所作的《童子鸣传》中说,童氏所辑《杨盈川集》《徐侍郎集》,乃衢州知府韩邦宪所梓行。他自己的诗文集,也是在他身后由梁溪谈氏天籁堂刊行的。③

童佩是一个“贾而好儒”、儒贾合一的人物,可以说是以一种独特的方式跻身士人行列的。从现有资料来看,他参与出版活动,主要是从事图书编纂工作。童佩与其他士人的不同之处在于,从事书籍的编纂出版对于他来说,并不是场屋、仕途不得志之后转而从事的一种“副业”,而是他本来就赖以为生的主业的延伸。他纂辑乡邦文献,在谋取利益之外,更可以看到一种文化上的追求。正是这一点,使这个商人身上充溢着传统士人的气息。

结　语

晚明,由于文化教育的发展、仕途的壅塞,导致了士人数量的增多、士

①王世贞:《弇州山人续稿》卷七二《童子鸣传》。

②胡应麟:《少室山房集》卷一〇六《报童子鸣书》。

③王士禛:《蚕尾集》卷一〇《跋童子鸣集》。

人社会构成的变化和士人的分化;与此同时,出版业在经历了明初的沉寂之后勃然兴起,尤其是民间的商业出版大放异彩。出版业吸纳了大量需要寻找出路谋生的“冗余”士人,反过来士人的加入又成为出版业繁荣的强劲动力。

从事商业出版业的士人来自各个阶层,既有曾风光于官场、因各种原因罢职的官员,也有厌弃场屋自谋生路的士子,还有靠自学跻身士人行列的平民商贾。士人对商业出版的介入是全面而深入的,这里所举的几个例子,主要从事的是书籍的编纂、刊刻,实际上,书籍出版流程中的编辑、校对、抄书、写样等工作,在在离不开士人的劳动。陈继儒门下的寒士,恐怕就有不少人在他的出版“流水线”上从事这些卑微而琐屑的工作。由于数据的分散和匮乏,我们对这些在出版活动中默默无闻的士人还缺乏足够的认识。这里面也没有包括书坊主。至少从宋代开始,作为士人与商业出版结合的一个类型,书坊主就很活跃了。笔者在本文中谈的,是除了书坊主之外,晚明时期士人参与到商业出版中来的一种新趋势。

就我们所分析的案例初步看来,士人从事商业出版活动多少是一种绝望于仕途之后的被动的选择。同时在多数士人那里,书籍出版并非倾力为之,来自商业出版的收入也只是占他们收入的一部分,他们的很多精力还要放在买田置地、奉迎权贵求得恩惠、为人撰文获取润笔等其他活动上面。从这两个意义上讲,这些士人和真正的“职业文人”还有距离。

世皆贵金不贵书，书价谁知倍不足

——说清代的书价

沈　津

书历来都是商品，在各种商品的物价中，书的价格有着特殊意义。有位朋友在北京某出版社工作，业余时间就在研究书价，他想写一本有关中国书价的专著，即收集自宋至清末各个不同时期的书价（包括刻本、抄本、版画等），加以分析排比研究，但虽经努力，成绩却不甚理想。他告诉我，不易着笔的一个重要原因，就在于第一手的资料难得，此外，也不知道什么书中有零星的点滴资料可觅。我认为以这个题目去作研究，是件好事，只要有心去做，必定会修成正果。所以，我费了一些工夫，从旧日的读书笔记中寻得多则，录于下，或对朋友的研究有些许小补。

书价的资料太少，尤其是清初，所以很难查找。上海图书馆藏《颜氏家藏尺牍》，有李渔致友朋札一通，云："渔行装已束，刻日南归，所余拙刻尚多，道路难行，不能携载，请以贸之。同人或自阅，或赠人，无所不可。价较书肆更廉，不论每部几何，但以本计，每本只取纹价五分，有套者每套又加壹钱。南方书本最厚，较之坊间所售者，一本可抵三本，即装订之材料工拙，亦绝不相同也。不用则已，用则别。"李渔是明末清初文学家、戏剧家，明末秀才，入清后无意仕进，从事著述，后居于南京，其居所即为"芥子园"。李曾开设书铺，编刻图籍，他既为书商，便有他自己的生意经。此札可证售书以册计，且每册纹银五分，如一部书以三册计算，那即为一钱五分。有无函套,装帧不同,价也有异。如若李渔不欲南归,并不急于找友人处理这批图书,那么书价必不至廉。清初书价资料,极难得,此其一证也。

清初常熟毛氏《汲古阁珍藏秘本书目》也列有价目,读者诸君自可阅之,至于其他文集(含题跋)、笔记中也略有涉及,但不多。

乔衍琯先生有《乾嘉时代的旧书价格及其买卖——读〈荛圃藏书题识〉札记》一文。黄丕烈是清代著名藏书家,他搜集的善本书里,多写有自己的题跋,其中涉及当年购书的价钱,乔先生于此得出:从乾隆末年到道光初年的四十多年中,书价是有变动的,而且这中间的银价、物价也影响到书价;从明末毛氏汲古阁到黄氏的百余年间,书价涨了数倍乃至六十倍;算出了当时番钱合银两的比价;收书的时间不同,价也悬殊;书价可以商榷;逾时书即涨价;得书与惜钱,二者不可兼得;书估哄抬书价;书估利润可观;用家刻书换书;藏家之间也相互买卖等。黄丕烈跋中的这些材料,都非常有用,且是研究中国货币史的专家学者所不注意的实例,经乔先生的提示,研究者必将多受裨益。

黄丕烈晚年,其长孙习业,开设书籍铺,其家藏图书亦皆铺中之物。张芙川颇嗜古书,因向黄氏购宋刻本《纂图互注荀子》二十卷。黄氏致张信云:"铺中以市道待人,何妨议价乎?且计较多寡矣无已。拟直拾洋,合缗钱每册一六,不为多也。特送上,即希付价与来人。实缘今日乃挂牌吉日,取生意兴隆,得此十金,是佳谶也。敢以实情奉告,谅允行矣。外附去元版《通考》一函,实直六洋,留则给值,否则还书可也。"黄氏为藏书家,他的另一面则是贾人,所言直为生意人语。

我选择书价的第一手资料,是基于清代刻本的书名页上所钤"木记",此"木记"材料为木,非石质,或方或长或圆,乾隆刻本往往在书名页的右下角,嘉道以后,则或左下角或右下角不等。因为这种"木记"中的内容都是该书的售价,和明代万历及天启、崇祯时一些图书书名页左下方有售价的"木记"一样,是明季刻本有书价资料的延续。这种有书价的"木记"较稀见,它是当年坊肆书贾所钤,对于研究中国货币史、物价史、图书史、出版史者来说,是第一手的不可或缺的资料,而且不见于它书之记载。

以下为我所经眼的清代刻本(含活字印本)的书价材料,并以时间先后列如下:

《医门法律》六卷,清初葵锦堂刻本。书名页刻“医门法律。豫章喻嘉言先生著。是集穷致物理,发明心地,法开广大之门,律简微细之慝,言言阃奥,字字竿头,俨具药王手眼,医圣炉鞲。敬授之梓,以为世范。葵锦堂主人识”。并钤有“价纹壹两贰钱不折”木记。“不折”者,不打折扣也。

《抚豫宣化录》四卷,清雍正五年(1727)刻本。序之第一页下钤“价值纹银拾肆两正”。北京大学图书馆藏。

《经史待问三略》不分卷,清乾隆三十八年(1773)刻本。书名页刻“经史待问三略。乾隆癸巳仲冬。经史识略附策。经济要略附策。经史纪数略。一本堂藏板”。并钤长形木记“甲午增校定本,实价纹银壹钱,不折不扣”。甲午,当为乾隆三十九年(1774)。此书稀见,不见各家书目著录。坊贾深知顾客讨价还价,颇费口舌。索性开诚布公,“不折不扣”,价仅壹钱,没有商量余地。

《安居金镜》八卷,清乾隆四十五年(1780)周氏寿南堂刻本。书名页刻“安居金镜。钱塘周梅堂手辑,仁和王司直参阅。寿南堂藏板”。钤有“仙根周氏图书”及“每部纹银实价四两”木记。周南序署“钱唐周南梅堂氏书于寿南堂中”,寿南堂为周南堂号,则此为其自刻本。此为趋避书,民间百姓、富商大贾,均以冀求平安为要务。此书价甚贵,当非一般人所能购买,乃奇货可居之书。

《甫里逸诗》二卷,清乾隆五十六年(1791)周氏易安书屋活字印本。卷上姓氏目录后镌“印一百部,五十分送四方,五十待售纹银贰钱”。此为私家活字印本,每部纹银贰钱例。

《红楼梦》一百二十回,清代有乾隆五十六年萃文书屋活字印本及乾隆五十七年(1792)萃文书屋活字印本二种。清毛庆臻《一亭考古杂记》云:“乾隆八旬盛典后,京板《红楼梦》流行江浙,每部数十金,至翻印日多,低者不及二两。其书较《金瓶梅》愈奇愈热,巧于不露,士夫爱玩鼓掌,传入闺阁,毫无避忌。”弘历八旬盛典后,当为乾隆五十五年(1790)之后,所谓“京板《红楼梦》”,即乾隆五十六年萃文书屋活字印本及乾隆五十七年萃文书屋活字印本。书价,以原本流传稀少为贵,一旦翻印重刻,则为习见，但是低者不及二两，那高者或数倍于是。

《钦定四库全书总目》二百卷，清乾隆六十年(1795)沈青等刻本，藏香港中文大学图书馆。书名叶上钤有红色圆印“遵照文澜阁本敬刊”。又有长方印，钤“奉宪印行。每部制钱二十四两，定价不贰”。末有阮元撰“恭纪”，云：“乾隆四十七年(1782)，《四库全书》告成，特命如内廷四阁所藏，缮写全册，建三阁于江浙……《四库》卷帙繁多，嗜古者未及遍览，而《提要》一书，实备载时、地、姓名及作书大旨。”“乾隆五十九年(1794)浙江署布政使司臣谢启昆……恭发文澜阁藏本校刊，以惠士人。贡生沈青、鲍士恭等咸愿输资鸠工蒇事，以广流通。六十年(1795)工竣。”这是我所见到的清代刻本所钤木记中记录书价最昂的书，二十四两，绝对不是一个小数字，当然，此书也是大部头，有一百十二册之多。

《陈忠裕公全集》，清嘉庆八年(1803)簳山草堂刻同治印本。书名页有“同治己巳五月重古庐何氏重修刻刷。每部工价洋钱两圆四角”。同治己巳为同治八年(1869)。

《古文苑》九卷，清嘉庆十四年(1809)孙氏重刊宋淳熙本。书名页有“古文苑九卷。宋淳熙本重刊”。并钤有小木记：“工价纹银壹两捌钱”。

《隶韵》卷附碑目一卷考证一卷，刘球撰。清嘉庆十五年(1810)刻本。书名页刻“隶韵。宋石刻本。刘球纂。碑目一卷考证一卷附”。有木记，“板存扬州百尺楼书坊，每部纸墨工洋钱贰元”。

《续古文苑》二十卷，清嘉庆十七年(1812)刻本，封面上有“冶城山馆藏版”。钤有“每部工价纹银肆两”。北京大学图书馆藏。

《年华录》不分卷，清嘉庆二十年(1815)刻本。书名页刻“年华录。全谢山先生辑。嘉庆二十年镌。日新堂藏板”。有木记，“每册计七折，银叁钱贰分”。这是打了折的书，用今天的话来说，就是折价处理。

《可庐著述十种序例》(清钱大昭撰)及《既勤著述七种序例》(清钱东垣撰)，于嘉庆初合刻出售，封面钤有价格表，除上述书外，尚有其他三种，当时的价格是：十七种序例(每部一钱四分)、建元类聚考二卷(钱东垣撰、每部一钱二分)、列代建元表十卷(钱东垣撰、每部四钱二分)、三国志辨疑三卷(钱大昭撰、每部一钱二分)。

《元遗山诗集笺注》十四卷，清道光二年(1822)刻本。书名页作“南浔瑞松堂蒋氏藏版”,为家刻本,又钤“每部发价英洋壹元”。

《群芳列传》四卷,清道光三年(1823)刻本。书名页有“道光癸未年新镌,步秀阁藏本”,下钤“每部板□工价纹银六钱”。

《绝妙好词笺》七卷《续钞》一卷,清道光八年(1828)刻本。书名页钤有“每部纹银壹两贰钱”。北京大学图书馆藏。

《关帝全书折中》□卷,清道光十一年(1831)刻本。刻“湖北汉阳县铁门关上首大生堂善书局藏书”。钤有“定价□平实纹银壹两陆钱”。

《校补金石例四种》,清道光十二年(1832)吴郡李瑶泥活字印本。书名页有“七宝轮藏定本仿宋胶泥板印法”牌记,并钤“每部实兑纹银四两”朱文长方木记。

《桂杏联芳谱》四卷,清道光十七年(1837)漱润斋刻本。书名页有“桂杏联芳谱。道光丁酉冬镌。板存京都琉璃厂东门内路北漱润斋刻字铺,每部竹连纸工价银贰钱陆分;杭连纸工价银叁钱肆分”。

《抚黔奏疏》八卷,清道光二十五年(1845)海宁杨氏述郑斋刻本。书名页有“道光二十有五岁在乙巳春三月海宁杨氏述郑斋重雕”牌记,左下有“每部大钱壹仟肆佰文”。

《关帝觉世真经阐化编》十六卷,清道光二十五年刻本。书名页刻“关帝觉世真经阐化编。道光乙巳年重镌。板存京都琉璃厂厂东门外桶子胡同内路南会文斋刻字铺每部工价纹银八钱”。

《诗毛氏传疏》三十卷,清道光二十六年(1846)陈氏扫叶山庄刻本,十册。书名页有“每部工价纹银陆两”墨记,各卷末左栏外有“武林爱日轩朱兆熊镌”一行。按:此书为家刻,印量定然不多,成本也高,故书价六两银子,虽甚贵,但和书坊之书不同,应属不牟利者。

《大生要旨》□卷,清道光二十七年(1847)刻本。刊“板存京都前门外西首众善君子施□□□□内路北龙元斋陈姓刻字□□□□,川纸工价纹银一钱二分,扛□□□□□”。北京大学图书馆藏。

《春晖堂试帖详注》四卷二集四卷,清同治六年(1867)刻本。书名页刻“春晖堂试帖。分韵详注。退思书屋藏板。同治六年孟春新镌”。有木记,“每部一百八十文”。

《吴兴科第表》,清同治十一年(1872)刻本。内有刊板、印数及书价之资料,为难得。此书最初有乾隆五十八年(1793)刻本,然戴氏解组归田,版已遗失,书之存者,亦寥寥不可多得。嘉庆二十五年(1820)璐子春溪有增补,由毛谟重付梓人印行。至道光二十五年(1845)蔡赓飏又“悉心披览,参以群书,详加厘订”,予以重刻。此道光本有“规条”四则,其一云:“此书板多字少,梓人刻价,连板片并包承办,故议定每百字白银一钱八分,其刷印装订用太史连纸,每本白银二钱二分。”“此书初成时,仍以公项刷印百部,分送京外同郡搢绅先生暨留京公车应京兆试诸君。此后索者或多,未能为继,拟照刷印工价每部取白银二钱二分交值年收存,为刷印之资。每岁值年处,刷书三十部备用。”然而,岁久漫漶,以次续增,故同治十一年,再有重刻之举。重刻本有续增规条二则,其一云:“此书刷印装订原价每部银二钱二分,现在篇页较多,议定仍用太史连纸,分订两本,外用布套,每部价银三钱。重刊告成,先提公项刷订百部,分送同郡京秩及会试朝考诸君。此后如有索取者,每部收书价银三钱,以抵刷订之资。”

《舒艺室随笔》六卷,清同治十三年(1874)刻本。牌记作“同治十三年冬十月金陵冶城宾馆刊张裕钊署首”,应为私人出资刻本,又有钤“定价划一每部两洋”。

《金石四例》,清同治李氏活字本。书名页钤有朱记“每部实兑纹银四两”。

《檀弓论文》二卷,清光绪七年(1881)刻本。书名页刻“檀弓论文。光绪七年重刊。常州状元第庄藏板”。有木记“每部工料英洋两角”。英洋,即鹰洋,旧时来自墨西哥的一种银元。

《中西纪事》二十四卷,清光绪十年(1884)当畲(涂)夏氏江上草堂活字印本。书名页有“甲申孟夏月用活字版重印于江上草堂”,左下木记钤“每部实价洋钱壹圆”。

《暗室灯注解》二卷,清光绪十五年(1889)南州植固堂刻本。书名页有:“重刻暗室灯注解。光绪己丑年镌。此书刷印纸张装订每本需工本银捌拾伍分,如有同志者请赴江西省广润门内甲戌坊熊雨粟斋刻字店存板刷印刻捐送姓氏籍贯。南州植固堂重刻。”

《搢绅全书》,清光绪十五年春季荣录堂刻本。书名页刻“白《文搢绅》每部市白银六钱四分、白《武搢绅》每部市白银三钱二分、袖珍《文搢绅》每部市白银三钱二分、袖珍《武搢绅》每部市白银一钱六分”。发售时间以朱色木戳记于旁，为光绪十五年二月十九日。四种《搢绅》四个价，武搢绅相较文搢绅价钱少一半，那内容也就少一半，一般来说，《搢绅录》传世多为文搢绅，武搢绅很少得见。袖珍本的开本较一般本子小，所以价钱也就便宜一半，一分银子一分货，倒也合理。十五年是己丑科，一甲三名，二甲一百三十二名，三甲一百六十一名。其中后来名声较大者如一甲第二的李盛铎，二甲中有费念慈、江标、叶昌炽、王同愈、金蓉镜、梁于渭等，三甲中如陈三立、邱逢甲、杨深秀等。《搢绅录》，多为北京琉璃厂的坊肆所刻，记载京朝及外省职官姓名、籍贯、出身、履历等，乾隆初同陞阁刻《满汉搢绅全书》、乾隆五十七年宝名堂刻《大清搢绅全书》，而鸿远堂、崇寿堂、五本堂等亦刻卖各种搢绅册子。所以，买《搢绅录》的顾客，当是官府中人，因为这是极为实用的“联络图”，对于寻常百姓人家是没有什么用的。清光绪十八年(1892)冬季北京荣录堂刻本《搢绅全书》，原装红色函套，内里粘有该堂广告一纸，云：“荣录堂搢绅店。本堂专刻各种例书、六部奏定新章程，南纸笔墨减价发售。”下列各书名及价银若干，如“《新刻律例精言》二钱；《奏对合编》三钱”等。

《今文房四谱》一卷，清光绪十六年(1890)刻本。书名页有木记，“一得阁寄卖。每部京钱壹千文”。

《音释坐花志果》八卷，清光绪十七年(1891)竹简斋石印本。书名页有“图咏音释坐花志果。辛卯年武林竹简斋石印”。有木记：“是书每册有夹板计洋叁角正，无夹板贰角五分，托杭城启源钱庄照本折售，以冀推广。特白。”

《兰蕙同心录》二卷，清光绪十七年石印本。书名页有“兰蕙同心录。光绪十七年春景修。竟芳仙馆藏”。有木记“娱园集议定价每部足纹壹两”。

《达生编》，清光绪二十一年(1895)庆福斋刻本。书名页刻“达生编。光绪乙未年重镌。每本纸张工价钱肆拾文。板存省城盐道街庆福斋”。

《新订第四版卫生学问答》，清光绪二十七年(1901)无锡丁福保畴隐庐石印本。书名页木记钤“每部三百文，翻印必究”。

《桐城吴先生全书》，清吴汝纶撰，计六种，清光绪三十年(1904)刊印出售，其中四种封面页印有价钱，另二种仅作附录无价钱。当时的价钱是：第一种《易说》，每部定价库平足银贰两。第二种《尚书故》，三两。第三种《文集》二两。第六种《尺牍》，三两。除此之外，又见此书的二个后印本，价钱与前者不同，其一之第六种《尺牍》，每部定价库平足银三两。如与《文集》合售，共四两捌钱。其余三种标价同上。其二者，在总目前封面有朱文木记，"每部定价大洋五元整"。此实为全书之价钱。

《天咫偶闻》十卷，清光绪三十三年(1907)甘棠转舍刻本。书名页钤"洋壹元肆角"。

《洗冤集录详义》□卷，清光绪刻本。刻有"京都琉璃厂荣禄堂重刊。发售每部纹银壹两整"。北京大学图书馆藏。

《测地肤言》，清末定海夏仁杰活字印本。有日新斋告白，云："精校足本《测地肤言》，附绘图分角片一块，每部纹银三钱六分。《测绘浅说附秦鄂舆图章程》，并绘图，分角片、计步尺各一块，每部银三钱六分。《增广中西度量权衡表》，每部银一钱二分。以上三部，共价纹银八钱。《三角测量说》，每部银一钱。《富国精言》，每部银一钱。零售绘图，分角片、计步尺，每块计银一钱。上白对方纸测量册，每百张计银八分，均由经售处代售。外埠零加寄费。日新斋特白。"定海，在浙江省，书属科技富国类，三种书计纹银八钱。

《古文渊鉴》六十四卷，清宣统二年(1910)学部图书局石印本。书名页钤"每部二十四册，定价陆圆贰角"。

《广舆古今钞》，清刻本。书名页刊"广舆古今钞。古歙临河程氏订。有诚堂藏板"，并钤"每部纹银贰钱四分"木记。

以上是书之扉页上有木记的书价资料。除此之外，在牌记上有时也会出现刊刻的书价。较早的如乾隆十年(1745)刻本《景州志》六卷，卷末有刊书牌记六行，云："是书选材镌刻颇费心力，校对字画一无舛讹。用粉连纸刷印，细蓝布做套，每部需工料银钱五分，用太史连纸减银五分。但刷印、装订本地并无良工，邻境德州尚有能手。嗣后刷印此书照数发价，责成礼房万勿克减，委之拙匠，致书不堪寓目也。"景州，在河北省。德州为大邑，在山东省。书的价钱，有时也因印书用纸不一，而有不同之价，盖因纸张原料、粗细、产地、成本之故。一种书用二种纸刷印，标明不同的售价,这种情况似乎最早见于清代中期的书中。如《戒士图说》,清道光十五年(1835)刻本。书名页刻“是书足钱。头号毛太纸二百文,次毛太纸每部足钱一百六十文。加布套四十二文。凡好善信士发心印送者,向嘉定南翔镇东街漱芳斋范绶章刻字店承办,庶不致误。特此谨白”。嘉定,清代属江苏太仓州,今属上海。毛太纸,也分头号、次号,之间相差四十文。商家做生意,按质论价,真的是一板一眼。

《普济应验良方》,清咸丰七年(1857)刻本。书名页刻“板存宁郡又新街三味堂元记书坊。刷印,其竹纸每部钱一百十二文,连史纸每部一百六十八文”。连史纸较之竹纸细白,两者相差五十六文。

《得一录》十六卷,清同治十一年(1872)刻本。有扉页,钤“版存汴省布政司东首北兴街聚文斋,杭连纸八开每部壹千二百五十文,十开每部壹千五十文,装订夹板在内”。

《说文引经考证》八卷,清光绪十年(1884)三益庐刻本。有一方小记,“竹连毛边壹千五四百文”。即竹连壹千五百文,毛边壹千四百文。两者仅差一百文。

还有一种情况是民间百姓常用书,如经书、善书、医书等书板雕成后,存放于书肆或刻字店内,供顾客付钱刷印,在书板上刻有用纸及价钱。如《最乐编》,清同治十三年(1874)刻本书名页刻“板存浙省大井巷内张翰文斋刻字铺。刷印白竹每部制钱一百六十二文”。

《观音灵签》,清光绪十年刻本。扉页刻“观音灵签。光绪十年孟夏重镌。普陀原本,校正无讹。□□□□□签,方先须沐手,一心敬信,庶不亵渎。板存上海新北门内穿心街文艺斋刻字店内。如有乐善好施印送者到店预定刷印,用重毛太纸,观音签每本五十文。大士方合订每部九十六文。每签上有空白,凡寺院中用,可刻某处某某寺补印在空白内。”

《圣谕像解》,清光绪十三年(1887)宝善堂石印本,书名页刻“咸丰丙辰。广州味经书坊重镌。光绪丁亥湖南宝善堂重镌。板存南阳街聚德刻刷店。杭连纸每部壹千壹百文,官堆纸每部捌百文”。

《拱宸桥竹枝词》,清光绪刻本。拱宸桥位于京杭大运河南端的杭州老城区北,桥为三孔石拱桥,是杭州标志性古桥之一。此书亦题《瓜山新咏》,收七言四句竹枝俚词120首,咏拱宸桥一带自清末开埠后出现的新鲜事物与百业之形态,当为地方上之文献。此本钤有红色木记:“每部取工料洋贰角。借板刷印抽取三成。板存察院前文元斋。”可以知道,此本非为牟利之书,只取纸墨等工本费而已。借板刷印,当为传播流通。文元斋,为杭州书坊,当为刊刻此书之处,也可推理为售卖之肆,地点在察院之前。此见《上海嘉泰 2011 春季艺术拍卖会古籍善本图录》。

《岳忠武王文集》,清光绪刻本。书名页刻:“板存河南省城南书店街中路西乔文耀斋刻字店内。刷印每部纸料工价钱:毛边、杭连纸柒、陆百五、八十文;棉、连纸四百六十文。”(即毛边柒百五十文、杭连纸陆百八十文;棉纸及连纸都是四百六十文。)

同治十二年(1873)曲水书局活字印本《易经如话》十二卷首一卷,书名页刻“安徽献书”,封里左下刻“常郡韩文焕斋承刻聚珍排印,并用为上白连纸,及写校之费,每篇本价银三厘,装潢每帙本价银一分”。

方志中亦有不同纸张不同定价的例子,如(道光)《长清县志》十六卷末一卷,清道光刻本。卷十六末孙观跋后刻有“白纸印本工价大钱壹千壹百文”“竹纸印本工价大钱陆百文”。白纸和竹纸两种,白纸贵,竹纸贱。这种例子亦少见。

以上各书的刊刻地,分别在北京、河北、江苏、浙江、湖南、广东地区,书价大多在二百文以下,因此书的册数定不会多,但书坊所用纸张,却大有讲究,有竹纸及连史纸、杭连纸及官堆纸、粉连纸及太史连纸之别,即使是毛太纸,也有头号及次等之分。因此,不同的纸,包括其质量,都是决定书价的因素之一。

清末的一些坊肆,如李光明庄、扫叶山房等,都在自己刊刻的图书中,附有已刻书目,包括书名、价目等,那些资料都较为易得,此处不再赘述。

实际上,除了坊刻本、家刻本外,清廷内府刻本也可以标价对外售卖,那是因为所印书籍太多复本,“充溢库内,不特书籍繁多,日久存贮为难,且安放多年,将来保无霉蠹”。所以这种处理也算是“皇上嘉惠士林有加无已之至意”。据乾隆三十九年(1774)五月十一日永瑢、王际华、英廉、金简等请旨:“伏查武英殿修书处刊印各种书籍,向例预备多部,以供内廷传用陈设,其余颁赏之外,有蒙圣恩准令通行者,裨愿读中秘之人,交纳纸张工价请领,历久遵行在案。查通行书籍,随印随发,存下者甚少。惟预备传用陈设之书,缘初告成時,各宫殿应行陈设之处,俱经陈设,嗣后即有传用,为数无几,现在存积甚多。又自康熙年来臣工陆续奏进之书,向例不在通行之列。如《佩文韵府》,现存一千九十余部,此即外进之一种。其他《性理精义》《御选唐诗》《朱子全书》等类,现存六七百部至一二百部不等,充溢库内,不特书籍繁多,日久存贮为难,且安放多年,将来保无霉蠹。臣等公同商酌,请将前项书籍,无分外进内刊,凡数至一千部以上者,拟留二百部;一百五十部以上至六七百部者,拟留一百部;其一百五十部以下者,拟留五十部。此各种书籍,俱系原板初印,纸墨较通行者尤善。臣等仰体我皇上嘉惠士林有加无已之至意,合无请照通行书籍之例,概予通行,俾海内有志购书之人,咸得善本,必皆踊跃鼓舞,益感我皇上右文惠士之恩于无既矣。"(翁连溪编《清内府刻书档案史料汇编》,扬州:广陵书社,2007,第191页。)

一个多月后的六月二十六日,售书事有了新的进展。"今将因何贱售缘由及原印若干部、已售去若干部,据实声复交臣查奏等因。各行知去后。兹据英廉复称,查得此项《佩文韵府》,向来用台连纸刷印发售,每部价银十一两六钱二分九厘。今次所售因系库存原板初刊,又系竹纸刷印,是以按照纸色工费,每部银十二两四钱六分,较台连纸书每部增价银八钱三分一厘。至此外尚有《渊鉴类函》等书十种,亦系精好适用,现在出售价值,均按旧例,分别连四竹纸、榜纸作价,比之台连纸,亦皆稍增。谨分别缮单寄覆。等语。又据金简复称,武英殿通行书籍,自乾隆九年奏准售卖,悉按部数多寡,计其所需纸张、棕墨、工价外加耗余合计作为定价发售。查旧日通行之书,亦有《佩文韵府》,但系台连纸刷印,每部纸张、工价作银九两五钱四分八厘,外加耗余银二两八分一厘,共银十一两六钱二分九厘,具系散本散篇,并不装钉。现在所售库存《佩文韵府》,因系初刊,字画明白,又系竹纸刷印,较旧时发售者更为精好。是以未敢照台连纸旧价售变。公同酌核,遵照竹纸定旧例,每部作价十二两四钱六分,亦系散本散篇,并不装钉。此项《佩文韵府》,原有一千九十六部,奏明存库二百部,应发售八百九十六部,已卖去四十四部,得价银五百四十八两二钱四分,尚余八百五十二部,现在存库。再,此项发售书籍共五十四种,此内有榜纸、连四竹纸之分,亦俱按其纸张等差,照例分别三等量加耗余作价。如定价太昂,转恐售变壅滞。此亦公同按例定拟之事,非简自敢独出臆见。今蒙圣询,不胜悚惧。等语。奴才查英廉、金简所复情形,以《佩文韵府》一书,因系库存初印,又系竹纸本,是以酌增价值,较之通行台连纸刷印者已增价银八钱三分,且系草钉散本。若加以装钉做套,精致者约需银二十余两,其次亦需银十余两,即每部不下二三十两以上,较外间书肆所售,装成纸本其价转觉浮多。再,查此书共计八百九十六部,自本年五月奏准发售之日起,迄今仅售去四十四部,拟外间尚无贪图贱价趋买情形。应否交英廉、金简另议,加增价值,抑或仍照现定价值发行之处,请旨遵行,并将送到各单一并呈览。谨奏。”(《清内府刻书档案史料汇编》第194—195页。)所以,《佩文韵府》的内府刻本,对外的发售价为每部作价十二两四钱六分,亦系散本散篇,并不装钉者。像这样的一百六卷的大部头书,坊间不仅没有资格去刻印,即使交付雕板,也是难以完成的。

其他这类书价资料,在有关目录、书影或跋中亦偶有所见,曾见赵烈文撰《天放楼书录》(封思毅编注,台北:商务印书馆,1981),中有同治光绪年间书价事数则。赵烈文为江苏阳湖(常州)人,字惠甫,号能静、能静居士,室名天放楼、能静居等,曾国藩、曾国荃之幕僚。有《能静居日记》等。兹录于下。

同治九年(1870)九月廿九日:初印汲古阁《新唐书》。早食后,同傅清渠入德州城游观,进自大西门遵大路,至南门,于书肆见初印汲古阁《新唐书》,甚精好,索价八十缗。余为述书板之所在及相当价值,肆主亦哑然,自笑其言之不当也。终以俯仰悬殊,买之未成。

同治十年(1871)三月廿四日:以去岁购得之宋板《十七史详节》、《鹤林玉露》、明北监本《廿一史》,易殿板《廿四史》一部,贴银壹百八十两。纸本完好,印虽不初,尚为中品,惜缺页多耳。

光绪七年(1881)十一月十二日:得汪文盛本前后《汉书》,各缺数卷,其直番银八饼。

光绪七年十一月二十七日:买《容斋随笔》等书二十部,直洋银二十八圆。

光绪七年十二月二十九日:书贾鲍叔寅,持明人重刻宋绍兴无注本《通鉴》来售,其佳处可以是正元兴文署本者几百余条,真宝书也。以番银二十六饼易之，书林又增一壮观矣。

光绪八年（1882）五月朔日：苏州侯氏书肆得元板《宋季三朝政要》，书止二册，其直至六银饼。盖斯书仅有存者，季沧苇家旧物，故甚贵重。又元板《礼记集说大全》十本，价四圆。又抄本《都公谭纂》二本，价二圆。都公，南濠，都穆也。书系小说，因孤本，又士礼居物，中有黄荛圃记得书始末一纸，故亦留之。又明板《医统正脉》五十九本，缺五本，价十二圆。

又读台北“中央图书馆”《标点善本题跋集录》，录得清代书价之交易记录二十四则：

《中州杂俎》三十五卷，清陈氏德星堂抄本，八册。“道光十五年（1835）方载豫以钱二千文得自考棚书肆。”

《千顷堂书目》三十二卷，旧抄本，十六册。清吴骞手校并跋，杭世骏、鲍廷博手书题记。乾隆三十六年（1771）鲍氏云：“鲍氏知不足斋收藏，其值六金。”

《说苑》二十卷，清王谟刻《汉魏丛书》本，四册。清光绪十年（1884）姚觐元手校并题记，有云：“此书今在海宁查司马处，光绪甲申十月，同乡书贾郁老宝持来求售，索值番银一百二十饼，许以五十饼，不售。已而仆人崔福复持以来，仆亦海昌人也，增至六十饼，仍不售……”

《朱子圣学考略》十卷，旧抄本，十册。清光绪二十四年（1898）恽毓鼎题记，云：“今年正月，游琉璃厂，乃于火神庙敝摊中遇此本，以白金五两得之，欣喜如获至宝，以知物必聚于所好，专心求之，未有不得者也，乐而志之。”

《雪庵字要》一卷，明抄本，一册。有黄丕烈跋，有云：“余以缗钱一千易之。”

《麈史》四卷，明蓝格抄本，四册。有清初毛扆校并跋，又韩应陛题记。韩题记云：“咸丰己未（九年，1859）十一月朔日得之金顺甫，价银三元。”

《游宦纪闻》十卷，明抄本，四册。清黄丕烈跋，跋中有云：“爰出白金陆两易得。”

《新编宣和遗事》二卷，黄丕烈跋。跋中有云：“其直十二番云。”

《艺文类聚》一百卷，明初刻本，二十四册。1916 年沙元炳有题记，云:“丙辰六月,书友周应祯持此书来视,云以银十五圆易诸马塘旧家者,虽甚蠹蚀,而古香腾溢,辨其印识,知为邵山人潜夫旧藏。”

《改正湘山野录》三卷《续录》一卷,旧抄本,二册。清周星诒及其妻李蕙校并跋,又录清黄丕烈跋。周跋中有“同治丙寅秋九月,购之福州陈氏,为价七钱。季贶。”丙寅,同治五年,为1866年。

《枫窗小牍》二卷,明万历间会稽商濬刊《稗海》本,二册。近人瓶粟居士跋,跋云:“民三夏暮,予应陈公之招,溯江入川,道经安庆,得之于某旧书肆,以墨银四枚易归。”

《冲虚真经》八卷,明万历九年(1581)两淮都转运司慎德书院刊四子本,二册。清同治七年(1868)李公弼题记,云:“同治戊辰六月十五日,由苏返润,道经无锡,泊舟西门,间行见席地卖废弃物者,于故纸堆中得此本,以钱两百购之,纸板完好。”

《石林燕语》十卷,明正德元年(1506)河南官刻本,一册。清叶树廉题记。有云:“庚子岁夏五月,用青钱二百五十,贸于东塔前书铺,随装讫。”庚子,清康熙五十九年(1720)。

《神农本草经》三十卷,明天启五年(1625)海虞毛氏绿君亭刻本,十册。清刘汉臣题记。云:“咸丰辛亥,余与三弟科试白门,见坊间有此,翻阅之,知为毛氏绿君亭刻本,缪氏之书固不易购,若绿君亭刻本尤为希有,亟以青蚨四千以易之。”咸丰辛亥,为元年(1851)。

《方氏家传喉科秘法》一卷,清初朱墨抄本,一册,清陈念祖跋。跋云:“余昔在都市地摊以壹百六十文购得《方氏喉科秘法》,此方阅而妙之。查未有传本,永远保存。嘉庆十二年秋后日陈念祖录。”

《五曹算经》五卷,清乾隆歙县鲍氏知不足斋抄本,一册。清丁传跋。跋云:“予二十岁时,有以宋雕此书来售者,许以十二金而不卖,因为手模一本。雕本即毛氏物,丁酉六月二十,以毛氏影宋本为校此册,深幸与是书获奇缘也。希曾记于贞复堂。”

《止斋先生奥论》八卷,明刻黑口本,八册。清韩应陛题记。题记云:“咸丰九年七月二十三日,得之苏州书友蒋恕□,价洋一元六角。读有用书斋主人识。”

《昌黎先生集》四十卷外集十卷,明万历间东吴徐氏东雅堂刻本,二十四册。清韩应陛题记。有云:“咸丰庚申二月十六日,淞沪营兵由省中调去开船,余于宝晋斋书坊内见此及《□□斋集》,共还价洋二元五角,主人不售,已□□□□□续告警。时隔一月有馀,又闲行到彼,仍以原还价收之。此书价约得二洋,书系初印,纸张开阔。”庚申,为咸丰十年(1860)。

《晦庵先生五言诗钞》一卷,明宣德十年(1435)钱宣刻本,一册。此本有清黄丕烈抄补并题记,又韩应陛题识。题识云:“咸丰戊午六月朔日得于士礼居,洋银三角廿分。应陛记。”戊午,为咸丰八年(1858)。

《守黑斋遗稿》十一卷,明永乐十一年(1413)上虞叶氏刊正统五年(1440)补刻本,二册。有清黄丕烈跋、清韩应陛题记。题记云:“咸丰己未十一月得之金顺甫,价洋银二元五角。”

《西山先生真文忠公文章正宗》,宋刻本(配补元刻本),存六卷又目录一卷,八册。清汪泰基跋。跋云:“宋椠本书珍与宋拓碑帖等,季沧苇、钱遵王、黄荛圃所藏,可谓空前绝后,然不全者十之八九,且元明时刷印居多。兹真西山《文章正宗》,虽仅有八册,妙在宋椠之初印者,斯时纸帘纹阔可证也。其装订褾面,尚是前明,真希所见也,不必抄补齐全,亦不碍其为宝也。己丑夏日,梧桐乡人汪泰基得于申江寓次,其值英洋肆拾饼。”

《文章正论》十五卷《绪论》五卷,明万历十九年(1591)徐图广陵刻本,二十册。清温君勒跋。跋云:“是书去取虽未尽当,而纸版颇精,以二十金购得之。时在光绪甲申乙酉之间,今则西学盛行,古籍日少,明版书更不易得矣。”甲申,为光绪二十五年(1899)。

《陶杜诗选》二卷,清乾隆三年(1738)查岐昌手稿本,一册。清黄丕烈、韩应陛跋。黄跋云:“近日书直昂贵,苟有旧本出,无论刻抄,每册动以番饼论价。此一册亦索直半饼,余故以书相易,及付装池,又需青蚨二百馀文。此书几七折制钱一金矣,后人勿轻视之。余得时,有座客斥为故纸者,因书此解嘲云尔。复翁。”

《圣宋文选》三十二卷,宋刻本(有抄补),十二册。清黄丕烈、缪荃孙跋。黄跋云:“此宋刻《圣宋文选》三十二卷,旧时抄补,而仍缺七至十一。常熟苏姓书贾携以售余者也……客冬,书贾来,余因其家在常熟,毛钱诸家物必多,属渠搜访。书贾遂举此书以对,至今秋始来,余一见即诧为异书，虽无二古（汲古阁、述古堂）藏书图记，而墨敝纸渝，颇饶古趣，即有残缺，亦不失为片甲残鳞。爰问其值，须以新刻《十三经》易之，遂与交易（时阊门书业堂新翻汲古阁《十三经》，每部需银十四两……）。”

以上书价多道光、咸丰间，而康熙、乾隆、嘉庆朝各一笔，同治朝二笔，光绪朝三笔，余为不明时代及民国间者。版本不同，地区不同，售价自然亦不同。

黄丕烈的《士礼居题跋》等书中有不少书价资料，如《续后汉书》二卷，为影宋抄本，仅存二卷，书估以为未见之书，索黄丕烈重值，后易以家刻书乃得，其直合番饼三枚。时嘉庆十七年（1812）。《茅亭客话》十卷，抄本。此虽为抄本，但世不多有，原藏顾广圻处，后为黄丕烈以白金十八两而得。《蔡中郎文集》十卷外集一卷，为明锡山华氏兰雪堂铜活字印本。书贾居奇，售与黄氏番饼五枚。

读赵宗建的《旧山楼书目》，中有《张江陵全集》，抄本，二十册。其备注云：“价人公自□（京）中一笔帖式家买得，价银四两，其子殿元公抄录。诗文均较刊本为少，明本朝诸名人均有题，共有三十二人，真宝贵也。”

清代乾嘉时的善本书价那是不低的，在宋刻本《重雕足本鉴诫录》（今藏上海图书馆）中有黄丕烈跋（与《荛圃藏书题识》有小异），跋云：“近年念鞠宦游江西，家中书籍大半散佚，唯此书未见。询诸伊戚毛榕坪，知此书亦欲售去，以榕坪劝阻，尚为宝藏。余闻斯言，知物主未必无去志，缘谋诸书贾之素与往来者，久而始得见其书，索直白镪卅金。余爱之甚，且恐过此机会难以图成，遂易以番钱三十三圆，书计五十七叶，并题跋一叶，以叶论银，当合每叶四钱陆分零。宋刻书之贵，可云贵甚，而余好宋刻书之痴绝矣。”

我曾在另一则材料中也见到黄氏提到的宋刻本《重雕足本鉴诫录》，那是顾广圻告黄丕烈云：“有宋刻《鉴诫录》，为程念鞠豪夺以去，此事逾二十年矣。念鞠秘不示人，余虽识念鞠，未便索观也。近念鞠宦游江西，家中书籍大半散佚，惟此书尚宝藏。余谋之书贾之素与往来者，久而始得其书，索白镪三十金。余爱之甚，易以番钱三十三圆。书计五十七页，题跋一页，以页论钱，每页四钱六分，宋刻书之贵，可云贵甚。而余好宋刻书之痴，可云痴绝矣。”时嘉庆甲子（九年，1804）正月也。

《清稗类钞》鉴赏类中还有一例可证,那是说乌程严元照年及冠,即好宋椠书。杭州汪氏藏宋椠本二十册,索值五百金,爱甚,必欲得之。求之急,索直廿六万钱。议既定,顾无从得钱,乃尽卖家所有书,得钱畀之。书癖之名,遂播于一时。严氏尝购得宋张洽《春秋集传》,钱广伯为之作缘,与朱朗斋明经往来书札,皆议价值之多寡。朗斋复广伯云:"敝居停汪九先生宋板《春秋》一书,当时置本,实系七折钱六十两,前需二百金,不为过多。此书虽缺,究属久佚之遗经,较寻常宋元板书,差为珍重。今读严先生来谕谆谆,意殊可感。若必执意昂价,是属市道,非所以待有道也。但照七折钱六十两之数,断不可少,势不能使九先生亏本以曲从耳。"又复广伯云:"书籍流传,除《兔园册子》外,皆无益于举业者。必谓有益于举业而后当出价购求,而后当宝爱,此语而出自严先生之口,立言为失体矣。要而言之,此书在汪九先生从二百金之价让至六十金,已属减无可减。在严先生从十六千之价加至三十五千,亦属增无可增。今为折中之论,劝严先生再出三千五百文,足成五十五两之数。是否有当,伏乞裁定。"

三十多年前,见管庭芬笔记两种,其一《破铁网》卷上有四则涉及其时书价事。其一说的是宋叶适《习学记年》八十卷,旧钞本,楷法精妙,是非庸手所能,索价甚昂。虽未写出价值,但用"甚昂"两字,当是一般人莫能得之。而元刻本之价就是上了几个等级的了,所载《唐律义疏》三十卷,每卷装作一册,即三十册,有楠木匣,索价须百金。而宋刻本呢?自是另价。其载《东莱读书记》二楠木匣,纸墨字画之精,非明季刻本所比拟,故佳,索价须两百金。另一种宋刻《五百家播芳文粹》,二楠木匣,延令季氏物,前有季沧苇私印,后有朱彝尊跋。纸帘阔寸余,纸色似不甚旧,而沉静之态大非近世劣纸可比,拟价须三百金。管氏为道光间人,书价亦应是其时之价。

光绪十六年,清末重臣翁同龢收得明万历许自昌刻本《集千家注杜工部诗集》(藏四川成都市图书馆),其书名页有翁同龢题识,云:"光绪庚寅长至,翁同龢收得之,白金四两。"并钤有翁印。庚寅,为光绪十六年(1890),但此书仅为万历本,且并不难得,翁为显宦,四两银子,自是不在话下。

清人震钧有《开咫偶闻》,书中记有当年北京琉璃厂书肆之大致书价，云："咸丰庚申以后，人家旧书多散出市上，人无买者，故值极贱，宋椠亦多。同治初元以后乃渐贵，然收者终少。至光绪初，承平已久，士夫以风雅相尚，书乃大贵。于时南皮张孝达学使有《书目答问》之作，学者按图索骏，贾人饰椟卖珠，于是纸贵洛阳，声蜚日下，士夫踪迹半在海王村矣。然其价亦不一，宋椠本计叶酬直，每叶三五钱；殿版以册计，每册一二两；康乾旧版，每册五六钱。然如孙、钱、黄、顾诸丛书，价亦不下殿版也。此外新刻诸书，则视纸板之精粗、道途之远近以索值，大抵真字版较宋字赢十之三，连泗纸较竹纸亦赢十之三，道途之远较近者又赢十之三，于是同一新版，有倍价者矣。"

孙殿起有《琉璃厂小志》，其332页有按语云："余昔尝闻吾肆中诸长者言：杨氏《连筠簃丛书》等板，质于琉璃厂西门南柳巷某当铺中。《连筠簃丛书》曾经印书，每部售纹银一两馀。"

又有《贩书琐记二则》，其一说的是在咸丰、同治、光绪三朝的琉璃厂，"唯骡马市大街，平日书摊不少，时有好书。如姚君大荣（著有《惜味道斋集》《马阁老洗冤录》）游此，以纹银一两，购得明弘治刊黑口本《元遗山集》一书（即《四部丛刊》影印之底本）"。另一则却很有意思，说的是："书商胡君治稳（琉璃厂正文斋书铺伙友）往某宅送书，经过该地书摊，以纹银一两五钱，购得明嘉靖间通津草堂刊本《论衡》一书，随将此书卖于某宅，得价纹银二十两，异常欢喜，返铺面告铺长。不意铺长闻之，喟然不悦，戒之曰：汝能买书获利，固然可嘉，但此书尚未经吾过目，自主卖去，则于情理有所失当。"（见《琉璃厂小志》270页。）

曾读《藏书纪事诗》卷七江标条，王欣夫之补正云：昔年于悬桥老书贾杨馥堂处见建霞手书目录一纸，系当时托为代售者。兹录于下：宋刻《通鉴》残本七十馀卷，即常熟瞿氏所藏之半，两匣，二百两。《读史管见》，宋刻宋印，三十本，一百两。《古文集成》，宋刻宋印，袁漱六藏本，亦即《四库》所收原本，此书天下无第二部，二十本，一百两。宝祐本《晋书》，即九行十六字本，罕见，略缺数卷，六十本，二百两。宋本《杨子》二本，一匣，四十两。宋本《盐铁论》二本，一匣，八十两。宋本《中说》三本，一匣，三十两。宋巾箱本《论语注疏》，即廖莹中刻本，罕见，廿四本，四函，二百四十两。元本《李太白集》八本，一匣，七十两。元本《王右丞集》

六本,一匣,四十两。《华阳国志》,陈仲鱼校钞,四本;《语林》,黄校、周校,一本;《山窗小□》,黄校,一本,共一千五百两。屈翁山《崇祯宫词》、顾云美《三吴旧语》、元本《广韵》、元本《礼记集说》,共四百两。元刻巾箱本十六卷本《礼记集说》二十本,有缺页,银一百两;此刻尚在未改十卷本之前,罕见之本,刻印精致,无异宋椠。

此也可见清末光绪年间之书价,然版本之认定乃江氏所鉴定,或有不妥之处,如宋本《盐铁论》是不可能出现的。陈仲鱼校钞的《华阳国志》等三种,竟开价一千五百两,自是宋本之 N 倍,当是天价无疑。

清代币制,和明代相同,大数用银,小数用钱。铜钱和银两之间,为一两银子抵和制钱一千文。银两凭成色重量流通,以两计算。制钱则以文计算。在市场上银两与制钱并行流通。当然银钱比价非一成不变,而时有变化。嘉庆十七年至十八年(1812—1813),银价每两兑制钱九百文内外(见张廷济壬申、癸酉两年日记)。清初至乾隆,使用银两,嘉庆以后的八九十年,外国银元在中国流通。官俸以银计算和支付,官吏的收入,也并非全为银两,还有禄米。

根据记载,清顺治元年文官俸银标准为:正一品,一百四十四两;正三品,一百二十两;正四品,七十二两;正五品、正六品,皆四十八两;正七品,三十六两;正八品,二十四两;正九品,十二两。一般来说,清代官吏之俸禄并不高,许多吏员的收入难以维持生活,一个七品县官,年俸禄为四十五两。即使总督、巡抚,每年的俸银也仅一百五十至一百八十两。康熙时,一品京官一年仅一百八十两俸银。

以山西为例,据清乾隆刻本《晋政辑要》卷一"各官俸银"记载,督抚兼尚书衔者支食一品俸银一百八十两。其兼侍郎衔者支食二品俸银一百五十五两。晋抚系兼侍郎衔,照二品俸加二十五两。按察使俸银一百三十两。太原府俸银一百五两、通判六十两、教授四十五两、训导四十两。知州八十两、州判四十五两、学正四十两。知县四十五两、县丞、教谕四十两、主簿、典史、巡检及驿丞均为三十一两五钱二分。如此看来,一般官员的年薪,都在三十两以上,五十两以下。

我们还可以用河北省康熙时的方志所载来看,《大城县志》[康熙十二年(1673)刻本]载知县俸银二十七两四钱九分,典史、教谕、训导皆十九两五钱二分,书办工食银七两二钱。又《保定府志》[康熙十九年(1680)刻本]载知府俸银六十二两四分四厘,同知四十二两五钱五分六厘,训导十九两五钱二分,书办工食银十两八钱。

康熙朝如此,那乾隆朝呢?《博野县志》[乾隆三十一年(1766)刻本]载知县俸银四十五两,典史三十一两五钱二分,教谕四十两,训导也四十两。《宁河县志》[乾隆四十四年(1779)刻本]载知县俸银四十五两,典史三十一两五钱二分,教谕四十两,训导也四十两。《涿州志》[乾隆三十年(1765)刻本]载知州俸银八十两,学正四十两。

当然,京官最为清苦,枝巢子《旧京琐记》里说,五品实缺官岁俸不足百金、两季米十石余,正途候补者减半支给,捐纳并半俸无之,生活之需多仰给外官之冰炭敬与别敬。所以,要想买一部如《钦定四库全书总目提要》这样一部大书,实在是困难之极。即使想买《安居金镜》,纹银实价四两,也不是那么容易得到的。

《晋政辑要》中,还载有如有中进士者,各县旗匾贺仪银三两三钱三分三厘。而中举人者,各县不等,自二两、二两五钱至五两不等。又铺司兵以递送公文,其工食每名自三两八钱二分至七两二钱不等。而在各省司道府厅州县佐杂衙门各设民壮数名至数十名,每名岁支工食银七两二钱。所以一般百姓,对于价钱略高的书籍,也只能是望“书”兴叹的了。

以清代乾嘉时民间百姓对日常粮食的购买力看,《骨董琐记》载乾隆三年(1738)上谕李卫所开米价:“保定稻米每一仓石价,自二两六钱至二两七钱五分,钱为价中。大名每一仓石,自一两七钱五分至二两一钱四分,为价贱。岂有如此米价,尚得为中为贱乎?”《石渠馀记》卷五亦云:乾隆二十六年(1761)苏州米价为:“每石二两上下为贵,一两五钱上下为中,一两上下为贱。麦每石一两为贵,七八钱为中,五六钱为贱。”

盐,为百姓生活的必需品,乾隆元年(1736),云南盐价昂贵,每百斤自二两四五钱起,竟有卖至四两以上者。(见《清高宗实录》元年三月)绸缎,嘉庆二十年(1815),《户部续则例》规定,杭细绸每匹定价银二两八钱五分。大绿、桃红杭细绸每匹定价银三两一钱五分。白熟细画绢每丈定价银七钱八分。至于饭局,嘉庆时有“火锅一品备肥羍,随常款客无多费,恰够京钱三百文。”俭者二百四十文(《燕市积弊》卷三)。

按，清代各个时期物价多有不同，《扬州画舫录》，如意馆食肆……故老相传云，旧时此馆每席约定二钱四分，酒以醉为程，名曰包醉。《骨董琐记全编》又有多例，其一云：清初戏酒价，《平圃遗稿》云："康熙壬寅，予奉使出都，相知聚会，止清席，用单柬，及癸卯还朝，无席不梨园鼓吹，皆全柬矣。梨园封赏，初止青蚨一二百，今则千文以为常。大老至于纹银一两者。一席之费，率二十金，以六品官月俸计之，月米一石，银五两。两长班工食四两，马夫一两。石米之值，不足饷马，房金最简陋，月需数金，诸费咸取称贷，席费之外，又有生日节礼庆贺及公祖父母交知出都诸公分，如一月贷五十金，最廉五分起息，越一年即成八十金矣，贷时尚有折数，有轻秤抵色，一岁而计，每岁应积债二千金矣，习以为常，若不赴席，不宴客，即不列于人数。昔人谓都门宴客为酒肉卯，予谓今日赴席为啖债，良不诬耳。又堂邑张凤翔疏云，移风易俗，当自辇毂始，迩来官员非有喜庆典礼每酒一席，费至二两，戏一班，费至七两，宜饬令节省。""乾隆时金价二十换，见陈辉祖案明谕。视明末已倍之矣。又张文敏《咨奏手稿》云：银一两易大制钱九百上下，或八百五十上下。米色虽高下不等，市价以八百文为率，谓一石也。"以乾嘉时饭局之例，杭州富人一席之费，几至六七千文，盖又务为精别相高，虽罗列数十品，绝无一常味也。甚而有某姓者，尝以钱五十千治一席，又以十千买初出鲥鱼二尾为尝新。

富裕人家可以尽情享受，而社会上一般平民百姓所购生活用品，当可反映具体物价，如有心人将之与书价作一对比，不难获知其中之差价。骈渠道人《姜露庵杂记》云："晋江王伯咨先生命岳《耻躬堂集》，其家训中述往事云，银三钱可得钱一百二十文，吾每日买柴一文，三日共菜脯一文，计二十日用二十七文而足，存九十三文买米一斗五升，足家中二日半之粮。按此银一两，仅值钱四百，米斗不过六十文，薪火菜脯之类尤极贱。"又云："同治初，江南咸卵一枚值钱二十四，吾越橄榄一枚值钱一百六十。"按骈渠道人未知其详，据书中自述姓施名山，或为道光至同治间人。

至于上海的物价，则有清初叶梦珠所撰《阅世编》可参阅，兹录数种之价格：肉桂，香料之一种，从中医药来说，有补火助阳、引火归源、散寒止痛、活血通经之效。用于阳痿、宫冷、心腹冷痛、虚寒吐泻、经闭、痛经、温经通脉。肉桂旧价止二三钱一斤，数年以来价至每斤七八两，甚至十二三两，几与人参价相若。近来稍差，最上者每斤价银五两而已。再以燕窝菜为例，叶氏幼时每斤价银八钱，然犹不轻用，顺治初价亦不甚悬绝。其后渐长，竟至每斤纹银四两，是非大宾严席不轻用。又记藕粉价，藕粉是久负盛誉的传统滋养食品，营养价值高，药疗作用好，味道鲜美，老少皆宜。在明末，惟露香园有之，主人用为服饵等于丹药，市无鬻者。顺治初始有鬻之于市面，其价甚昂，每斤纹银一两五六钱，后减至一两二钱。九年壬辰夏犹卖纹银八钱一斤，而铺主人犹以价贱为恨。而愈往后，在十二三年之际，制作方法传开，习者甚多，沿街列卖每斤不过六七分。当然，质量不不如前，盖因半和伪物，味亦大不如前矣。再以眼镜为例，清初时，得自西洋者最佳，每副值银四五两，以玻璃为质，象皮为干，非大有力者不能致。顺治后，价渐贱，每副值银仅五六钱。又由于苏杭一带有人亦制之，并遍地贩卖，人人可得，最贵者仅七八分，直有二三分一副者。

《西清笔记》（功顺堂丛书），有毛笔之价格，云："写泥金字不可用毫笔，于前门笔铺中市其最下者，董香光所谓三文钱鸡毛笔，今则须五六文矣。"

从咸丰元年（1851）始，地价就有很大的变动。主要就在于太平天国运动，造成长江下游地区的大动乱，导致该地区地价的剧烈变动。连年征战，农民逃亡，地价下降，而到同治三年（1864）达于顶点。以皖浙赣三地水田价格看，从 1851—1870 年，自 12.34 两跌至 4.93 两。咸丰间，许多土地买卖以文钱计算，有时又以两计算。每两纹银折钱的比率时有变动。乾嘉时每两换钱千文，道光初年尚换得一千三四百文，至咸丰元年则成一两值二千文，咸丰四年（1854）增到一两二千三四百文。据此，战争时，兵燹后书价也会跌至谷底，也就是说，书价及其他生活用品的价格也会随之变动。

无论是明代还是清代，普通工人的月钱应该在一两至二两之间，较为稳定。康熙间，一文钱可以买二个烧饼。袁逸《中国古代的书价》（《图书馆杂志》1991 年 4 期），有："清代的书价也大致与明代持平，平均每册均在 0.3 两银左右。如嘉庆十年（1805）刻印的《唐才子传》一部二册，'每部计银六两’。嘉庆十八年(1813)刻印的《三经音义论孟孝经》,一部一册,售价‘三钱二分’。其时米价约每两银 80 斤米,每册书的价值在二十四斤米价左右。而清代一个七品知县的薪俸为每月八两银,约可购书 27 册。若要购买当时出版的大型工具书《佩文韵府》(每部 12.46 两银),则需支付一个半月的工资。当时一个普通的政府文书人员(抄书贡生)月薪 1.8 两银,除了应付日常的吃穿用外,买书是十分困难的。”

应该说,清代书价较高,一般的读书人亦苦于无钱买书。马镇为长洲人,其《半间云诗》有《无钱买书叹》一首,云:“生不恨书无满腹囊无钱,但恨秦火烧之烧不完,使我耽此空流涎。又恨世人有钱不善用,半为花输半酒俸,平生挥霍如土泥,张目不知汉唐宋。吁嗟乎喟哉,倾箱倒箧无长物,水衡可借口还吃。琅环福地哪许寻,捃摭残编辨屡屈。凿壁余光光虚照,负此三余堪一笑。天公何故置我不农不士不工间,便欲呼天叩天发大叫。天公笑谓尔有读书志,使尔他生化作白蟫鱼,食尽三千神仙字。”

总之,书价之高低,和成本有着极大的关系:书稿完竣后,由书籍刊刻的书坊为之,或请技工至宅,一般来说,写工、刻字工、印工,乃至成页后的折页、分书、齐栏、添副页、草订,外加书衣、截书、打磨、包角、订眼、穿线、贴签等都是不可或缺的工序。至于雕版用的木料,如梨木如枣木如杂木及纸张的优劣,或是有绘图的书,册数的多寡等,选择不同,成本都会相应增损。其他因素如地域的环境、交通(陆海)便利与否、丰年灾年兵燹等等,都影响着书的价钱。

我似乎记得叶昌炽的日记中也记有书价,但无暇再觅。我不仅没有时间,也没有本事去作书价的研究,只能罗列点材料,供有心人省却点功夫。但我相信,总的来说,书价并不便宜。清鲍鈖《道腴堂诗编》卷二十九有《购书诗》,云:“俸钱苟有半年储,喜购从无触手书。力学何妨从政后,遂心不异服官初。漫留尘牍污褫赙,顿释烦襟整部居。三十年来多未见,一床堪傲子云居。”然而,书价无论高低,对于贫寒之士来说,还是买不起的,他们只能通过借书抄书来解决读书求知的需求。贵州著名诗人郑珍,同治二年(1863)时,年 58 岁,在郡城书院月薪仅斗米,莫能养家,借贷过活,数月不知盐味。次年九月即病逝。可想而知,郑珍应是望书兴叹之一人。

昔释苍雪有《南来堂诗集》，其卷一《赋赠毛子晋壬午赴试南场》云："千金万金置田屋，谁见挥金买书读。世皆贵金不贵书，书价谁知倍不足。"最后一句涉及书价，虽不切题，但权以此句用作题目。

2009 年 12 月 20 日初稿

2010 年 4 月 11 日补充

2015 年 2 月 6 日再修改

古纸与开化纸初探

骆　伟

（中山大学资讯管理学院）

纸，乃为我国古代四大发明之首，其对人类文明及历史发展的作用和意义，自不言而喻。现在，纸是人们生活中最普通、最平常的物件，阅读、书写、绘画，无不与纸有关。即使在当今信息化、电子化、数字化、网络化的时代，纸的作用仍无法被取代，特别是在历史文化、国际事务与交流中，纸仍具有举足轻重的地位。

一、关于纸的发明与发展

纸的发明与使用，是我国古代人们智慧的结晶，有着悠久的历史和经历。相传在上古时代，先人主要以结绳记事，后来逐渐发明了文字，最早的文字是在天然的岩石上、摩崖上涂写的，其后人们开始用甲骨、青铜器作为书写的载体。到了春秋战国时期，又发明利用竹片和木片以及缣帛作为书写材料，取代以前难找的甲骨和笨重的石头、青铜器。但由于竹片连接有问题，而缣帛又过于昂贵，不便阅读与传播。于是在汉代发明了纸，它终结了古代简牍繁杂的制度，大大促进了文化的发展与传播。造纸术是在何时由何人发明的，至今学界尚存争议，一般认为是东汉宫廷官员蔡伦发明的。

蔡伦(约61—121),字敬仲,桂阳(今湖南耒阳)人。永平末年(71—75)开始在汉宫任职。建初时曾任小黄门,汉和帝时升为中常侍,参与宫廷议事,后升任尚方令(即太监),此时他对纸的监制十分感兴趣,终于制出了纸,元兴元年(105)上奏朝廷,受到和帝刘肇的称赞,过了三年,汉安帝刘祜元初元年(114)升为龙亭侯,故时称"蔡侯纸"。后因参与宫廷内斗,被赐喝毒药而死。上述事例在《后汉书》《东观汉记》都有记载(详见《后汉书》卷七十八《宦官传》)。认为纸的发明人为蔡伦,以《辞海》为例,称他为"东汉造纸术发明家"。① 然而,西汉已有纸的发现,那又怎么解释呢?我认为纸的发明者为我国西汉劳动人民,而蔡伦则总结前人造纸的经验,改进了造纸原材料和工艺,把它规范化,从而为后世制出更多更实用的纸。因此,蔡伦对造纸术作出了重大贡献,这也是不争的事实。

据业内专家称:"纸寿千年,绢八百。"也就是说纸最多可存放一千年,如手卷或纸本文献;而绢本手卷最多也只保存八百年。因此,两汉纸本文献已荡然无存,只见诸近年出土发现,如西安考古发现西汉"灞桥纸",甘肃天水出土西汉"放马滩纸"的纸质地图和敦煌出土的麻纸;而东汉纸则是在1987年兰州市博物馆在清理城关区龙尾山伏龙坪东汉墓时,发现了三张圆形文字纸,经专家考证,这三张纸很可能是"蔡侯纸"。总之,纸是中国人早在两千年前发明的。

纸张经过两千多年的流传与改进,特别是唐宋以来的现存纸,其品种特别多,据今出版的《纸鉴——中国古代书画、文献用纸鉴赏》② ·书记载,其种类达百种以上。现在,纸的生产可谓"百花齐艳",品种繁多。另据媒体报导,现世界纸的品种多达5000多种,其中,一些发达国家能生产1000多种,而我国则在700多种左右。今天,人们日常生活和社会活动中,无不与纸有关联。纸的分类可供选项有多种,如按材质可分有机纸和无机纸,无机纸占了绝大部分;按加工可分手工纸和机器纸,机器纸多为无机纸;按用途可分印刷纸、书写纸、生活纸、复制纸、特种纸(如钞票、债券纸等)、装饰纸以及卫生纸等。纸的大千世界,品种纷繁,云遮雾绕,上

①辞海编辑委员会:《辞海》,上海:上海辞书出版社,2000,第155页。

②田洪生编《纸鉴:中国古代书画、文献用纸鉴赏》,太原:山西古籍出版社,2008。

下千年,纵横万里。本文探讨的是古纸,即有机纸或手工纸。

造纸术和印刷术起着相辅相成的作用,它们各为我国古代四大发明之一,对中国乃至世界文明作出了重要贡献。从先秦至魏晋以来,凡先人的著述和书法、绘画,都是经纸流传下来的。唐代发明了雕版印刷术,使经典著作得到更多的复本,方便阅读与传播。特别是宋、元、明、清四朝,大量先人的著作,经官刻、家刻和坊刻轮翻印刷,造就了古籍的积累和流传。因此,印刷术需要纸,而纸又经印刷术得到广泛的发展。两者互为表里,是一种完美的结合体,也是我们了解古代社会、政治、经济、哲学、诸子百家、文学、戏曲以及语言文字、历史、地理等情况较理想的载体。

二、关于开化纸的产生与生产

开化纸是古籍用纸之一,因纸质好,其印本备受收藏者追捧。开化纸盛产于浙江开化县,故以地命名,南方称之为桃花纸或桃花笺。考开化位于浙江西部边陲,与安徽省休宁和江西省婺源接壤,是浙、皖、赣三省七县交界处,也是浙江省母亲河钱塘江的源头,地理位置十分重要。

人们对开化纸的认知,一般是从清初开始,因顺治、康熙、雍正、乾隆四朝所编纂的著作,大多是采用开化纸印刷的,开化纸因而名声大噪。然而,我们从历史文献中,又可以发现开化纸的研发至少在明代中期就已开始。例如明成化年间,官授浙江参政①的陆容②,他不仅对衢州境内进行采风,并就明代典章制度、历史掌故、风俗民情、经济情况等作了详细准确的记载,他所著的《菽园杂记》,全书十五卷,其中卷十三对开化纸造纸术作了详细介绍:"衢(州)之常山与开化等县人以造纸为业,其造法采楮皮蒸过,擘去粗质,糁石灰,浸渍三宿,蹂之使熟。去灰,又浸水七日,复蒸之,濯去泥沙,曝晒经旬,舂烂,水漂,入胡桃藤等药,以竹丝帘承之。俟其凝结,掀置白上,以火干之。白者,以砖板制为案卓状,圬以石灰,而厝火

①参政:明代为布政使下属官员,一般为正四品。

②陆容,字文量,号式斋,太仓人,生于明正统元年(1436),卒于弘治九年(1496)。成化二年(1466)进士,曾授南京主事,后迁兵部郎中,官至浙江参政。

其下也。"①这短短一段文字,具有较高的史料与经济价值,其作用有四:一为指出了开化纸的原料为楮皮。楮为落叶乔木,叶似桑,树皮为制造桑皮纸、宣纸等的原料,开化纸正取材于此。二为介绍了开化纸的制作工艺,如蒸、浸、漂、晒、烘等的时间,对当代复制开化纸制作技术有重要参考价值。三为把开化纸的真正制作时间从清初提升到明代中期,即提早了二百年。四为这段记载准确可靠。今仅以与陆容同时代,官居侍讲学士(从四品)的王鏊的话为证,他说:"本朝纪事之书,当以陆文量为第一。"②此语即指此书,说明这段记事是可靠的和可信的。

至于开化纸,目前学界还有争议,有人认为开化纸不以地命名,那它从古代以来就有此称谓,该对应什么纸呢?窃以为陆容的论述,只说"衢之常山与开化等县人以造纸为业",并未明说开化纸,但开化人最先研发这种纸,至清初才有"开化纸"名称,这是陆容身后之事。

考古代纸张的名称,主要来源于两个方面。

(一)植物纤维

如:麻纸。取苎麻和大麻两种纤维制作,又分白麻纸、黄麻纸。

稻麦秆纸。取麦秆、稻草等纤维制作,成本低,制作简单,因此,价格低廉,但宋代后不再制作。

棉纸。取棉秆或楮树皮纤维制作,其种类繁多,如白棉纸、黑棉纸、黄棉纸等。由于棉纸受人们青睐,市场需求量大,于是各地纷纷生产棉纸。如山西棉纸、上海棉纸、河南棉纸、浙江棉纸、贵州棉纸等。

竹纸。取竹子纤维制作。南方盛产竹,为造纸提供了广阔的材料来源。但竹纸韧性差,质地略脆,特别是江西、福建盛产竹纸。厚者为"毛边",薄者为"毛太",为明末清初出版家毛晋所创,汲古阁刻本均用这种纸。

桑皮纸。因用桑树皮作材料造纸而得名,质地坚韧,有黄、白两种颜色,宋、元、明曾生产这种纸,但传世的印本却很少见。

藤纸。用藤树皮的长纤维所造,最早在晋代已有,唐代大量生产。它

①见陆容《菽园杂记》卷十二,北京:中华书局点校《元明史料笔记丛刊》本,1985,第157页。
②《四库全书总目提要》,北京:中华书局,1965,第1204页。

产于浙江、江西两省，为官方书写文书所用，有白藤纸、青藤纸之分，早已失传。唐代李肇在《翰林志》一书中对此作了记载。

椒纸。椒是一种植物，如花椒、香椒，具有辛辣味。以椒染纸造纸，可防虫杀虫，使纸张免遭虫蛀之患。椒纸如金粟笺，薄而光滑，坚固耐用，常用来保护古籍。

（二）纸张产地

纸张虽用植物纤维制造，但不以材质命名，而用纸张产地冠名。如：

麻沙纸。麻沙镇为福建建阳县一个镇，那里是宋代产纸与刻书中心。麻沙纸颜色略黄，纸纹不明显，其厚薄和韧性与麻纸相似，也有黄、白麻纸之分，因其材料主要源自苎麻和大麻，宋版麻沙本多用之，称麻沙本。

宣纸。该纸盛产于安徽宣州府而得名。主要用青檀的树皮制作，它是皖南一带的植物特产，其质地与桑树相似，唐代就研发生产，至今仍在生产使用。宣纸经石灰处理、日光漂白及打浆、抄造而成。质地柔韧、洁白、平滑，色泽经久不变，不易虫蛀，便于长期保存，至今为书法绘画专用纸。

迁安纸。俗称茅头纸，因产于河北迁安县而得名。色灰白，质地厚松，略呈棉性，产时较晚，近代民间启蒙读物，如《三字经》《百家姓》《千字文》等就用此纸印刷。

东昌纸。质地与迁安纸相似，因产于山东东昌府（今聊城）而得名。当地在近代的书坊，如善成堂、文成堂、老二酉堂等，多用此纸印刷通俗读物。因该书纸质松软，吸水性好，古籍修复又常用之撤水吸潮。

上述事例说明，开化纸以地命名，是可以成立的。

而且，开化地处中亚热带常绿阔叶林带，为浙江山丘、青冈苦槠林植被区，具有南北交汇过渡带的特色森林，植被类型繁多，植被种类也丰富，为造纸业创造了基础。

开化纸具有质地细腻、极洁白、帘纹不明显、纸薄而韧性强、柔软可爱、手感极好等特点。因此，在清代前中期（顺、康、雍、乾）宫廷印书，用开化纸极多，如内府、武英殿、扬州书局等印刷的《御制古文渊鉴》《御纂周易折中》《佩文斋广群芳谱》《全唐诗》等。自嘉庆、道光以后的纸产品质量逐渐降低,数量也大为减少,宫廷印书也相对减少。只用质量次之的“开化榜纸”印了一点书,为数很少。而私刻个别也有用开化纸,如康熙刻本《王荆公百家诗选》、道光许梿套印《六朝文絜》等。由于开化纸印本美观大方,民国初江苏武进藏书家陶湘最爱收藏殿版开化纸印本,故有“陶开化”之誉,一时传为艺林佳话。总之,开化纸有过辉煌时期,享有“御用开化纸”“清初最好的纸”“名闻遐迩的开化纸”以及“清代最名贵的纸”等美誉。

三、关于古纸与目录版本学的关系

古纸与目录版本学有关联性,而且是古籍版本鉴定依据之一。业内人士有古籍鉴定七字诀:纸(张)、墨(色)、字(体)、行(款)、序(跋)、批(校)、装(帧)。虽然其中有五点为古籍外在因素,不能凭单项作出正确判断,但古纸在每个朝代、某个地区和官刻、私刻等用纸都有一定规律。如宋、元多用麻纸,明代多用棉纸、宣纸、竹纸等;皖、浙、吴多用棉纸、宣纸等,广东则用本槽纸、南扣纸等;明代官刻多用棉纸,清初宫廷多用开化纸,明末清初毛氏汲古阁则用毛边纸、毛太纸等。然而,当今从事古籍整理的工作者,大多忽略纸张的考证与著录,因它具有多元性、复杂性与实践性,非行家里手不能为之。因此,纸的鉴别确有一定难度。故在各馆书目中,难得一觅纸张的著录。我仅知山东省图书馆在新中国成立初期整理的《馆藏海源阁书目》(稿本,未印)中,每条款目有纸张的著录,这是我唯一见到有纸记录的书目。然而,当代文献工作者对古纸的研究,少之又少。但是,古籍修复者对古纸的认知,应是他们的基本知识。

我之所以对古纸感兴趣,缘于我的老师路大荒先生的教导。他是我国著名的文学家、书法家和版本目录学家,也是我国研究蒲松龄的第一人,现山东淄博市蒲松龄纪念馆正堂中的匾额“聊斋”,就是他书写的,他也是新中国成立初《山东馆古籍善本书志》编撰者。他教我从事古籍整理,全在实践工作中进行。如他鉴定一书版本,若特点明显则对我说,这是什么纸,版本鉴定依据是什么以及流传经过等等。1960 年 11 月,应山东宁阳县人民政府的邀请,我跟他去宁阳检看清嘉庆时曾任广东巡抚的黄恩彤的旧藏。这批书是1948年解放宁阳时被政府没收的,约有几万册,堆放在一间古庙中,凌乱不堪,像一个小山似的,简直无法查看。路师叫我在书堆中捡纸白或纸色发深黄的出来。我只能从书口上去找,我们工作了一周,从中挑出不少白棉纸、宣纸、竹纸和开化纸的清内府等明清刻本。这次看书,让我开了眼界,长了知识,这是在课堂上无法学到的。

2000年暑假,我应澳门大学图书馆之邀,去讲授古籍整理课。课余,王国强、梁德海先生邀我去馆中检阅善本。书整齐摆在书架上,共有14000余册,7000余种,若每种翻阅,必费时不少,我于是专挑那些白棉纸书口略旧,竹纸深黄与装帧较好的古籍。结果,一个半天便挑出30多种善本,令他们喜出望外。我印象最深的一种便是白棉纸隆庆刻本《尺牍清裁》。明隆庆至今已历440多年,它经历了沧桑岁月而留下略显陈旧的痕迹,此是显而易见的。后来又陆续挑出近百种善本,可以说澳门大学图书馆的古籍善本,都是经我挑选出来的。后来,他们编印了馆藏古籍《图录》,又申报了《国家珍贵古籍名录》。

又如2011年5月,中山市图书馆邀我去该馆作专题讲座。由于来车接我较早,讲座又安排在下午进行,还有一点时间空余,我问该馆副馆长:"贵馆有古籍吗?"答曰:"有,不多。""可否让我去看看?""行。"于是引我到三楼一间书库,内有新书、平装书和线装书,混杂在一间库房内,无人管理。古籍有二三千册,安放在四五排架上,我本意想看看有无香山黄佐家族藏书存在,也按澳大做法挑看,结果一个钟头发现了近20种善本,但没发现黄佐家族旧藏。馆长看我没看完,于是留我住一晚。第二天一早又引我去看,又抽出了20多种乾隆及乾隆以前的刻本。其中,有一种书签称"铜版西清古鉴",书开本大,纸洁白,书品好,十册装。考《西清古鉴》四十卷《钱录》十六卷,为清乾隆十六年(1751)武英殿铜版印本,纸可能为开化纸,装帧也好,为国家古籍定级标准乙等类书,可申报《国家古籍珍贵名录》,据说该馆后来把它收放在保险柜里。

上述事例,是我外出到他馆看书的模式,这是当年跟路师学的。因为这么多书,逐本逐种翻着看必费时日,只能有选择地抽看。为什么在书丛中,去挑选这三种情况的古籍呢?主要有三点:一是从纸张选发旧的白纸。因无论什么纸,若经氧化而存放时间长,其书口(背)、书脑、书根必显略旧，或黑或黄或粹，表明此书版本相对较早，但单凭发白，不一定是棉纸、宣纸，因为白纸种类较多，时间有早有晚。二是从竹纸选深黄色，因竹纸时间长，易发黄发脆，故称“黄纸”。但竹纸选材地区较广，时间有早有晚，若新出的竹纸不会变深黄，也不会脆。三是从古籍装帧形式去选，常见的如宋刻本蝴蝶装，明清刻本的包背装、线装等，如较旧的包背装，多为明刻本。书多为四眼装，书主对自己喜爱的珍善本，为保护书和增加美感，常在书脑、书根部各加一眼，即为六眼装，以利包角或做金镶玉。而书套讲究些的则做四合套、六合套，甚至做月牙式和如意式，这些多为善本。当然，此仅指北方而言。南方多雨潮湿，书套易生虫或霉烂，均去书套而平放保存。

除了上述三点凭古籍外型特征鉴定外，当然还要求我们要具备一定的版本学知识和经验，特别是纸，一般要目验和触摸才能感知，否则，仅凭纸和装帧是不可靠的。这样，才能从表及里，精准鉴定古籍版本。此是个人学习的心得体会，仅供参考。然而，对纸的认知，尚存很大的空间，有待人们去开发研究。

近日，《广州大典》创始人，广州市原市长，广州市政协现主席陈建华先生表示，《广州大典》续集一定采用开化纸印刷，等三年、五年、十年也要等，他对开化纸情有独钟，这是一种信念、执着和传承文化的精神。我深信，在现代科学发达的条件下，对纸进行定性、定量化验分析，一定可研发、复制与再生开化纸，使古纸再创辉煌。①

①本书还参考了潘美娣《古籍修复与装帧》，上海：上海人民出版社，1995。

慕学勋及“慕氏藏书”初探

李国庆

（美国俄亥俄州立大学图书馆）

一

国内学界对慕氏及其藏书的介绍与研究，之前主要可依靠者，惟有吴晓玲先生（1914—1995）的《加拿大多伦多大学东亚图书馆所藏蓬莱慕氏书库述概》（《文献》1990年3期，以下简称《述概》）一文。因收藏馆详细书目及书志阙如，且远隔重洋不易查检，后出之有关藏书与藏书家的工具书，如《中国著名藏书家与藏书楼》《山东藏书家史略》《清代人物生卒年表》《中国文献学资料通检》《中国藏书家通典》《中国旧书业百年》等，或明或暗地引用，一路沿误。评估慕氏藏书，目前我们所有的可靠依据：一是慕氏自编、自刊的《蓬莱慕氏藏书目》①（以下简称《书目》），著录2551种书，分属经史子集丛杂六部。除有书名、撰注者、版本、卷册数、函数等内容外，尚有备考一栏，简记各书的刊刻、收藏与用纸等情况。二是该馆最近编撰的《加拿大多伦多大学东亚图书馆藏中文古籍善本提要》②（以下简称《提要》），收录该馆所藏至清乾隆六十年（1795）的所有中文古籍

①林夕编《中国著名藏书家书目汇刊（近代卷）》第31册。北京：商务印书馆，2005。

②加拿大多伦多大学郑裕彤东亚图书馆编《加拿大多伦多大学东亚图书馆藏中文古籍善本提要》，桂林：广西师范大学出版社，2009。

善本,以及民国元年(1911)以前所有抄本、稿本,共计625种。按《提要》编者的介绍,这也就是慕氏藏书中的善本这部分。各条目的撰写体例依次为书名、该馆藏书号、卷数、著者、版本、册数、版框尺寸、行款、扉页、序跋、凡例、目录、牌记等。其后有著者简介、卷次、内容简述、著录、钤印、刻工等。就藏书内容而言,他们给出了普通古籍和善本古籍的大概面貌。但是印章、题跋等部分,前者的著录大多缺失或十分简略,不足以考察其来源;后者因是一项浩大的工程,受条件所限,当时并没做完善,使得原能揭示藏书来源和递传等重要信息的线索湮没不彰。

现有的对慕氏和慕氏藏书的介绍,大多如下:

> "慕氏藏书"的原收藏者为慕学勋(1880—1929)。慕氏为山东蓬莱人,字玄文,曾就读于天津北洋大学堂并毕业于民国元年。毕业后,慕氏长期任职于北京德国公使馆,为中文秘书,共十七年。慕氏去世后,其子因到外省任职,而将其父的所有古籍收藏以一万零五百加元的价格卖给了当时加拿大英国圣公会河南教区主教威廉·怀特(怀履光)。到1935年6月该批图书运抵多伦多时,图书的总量已达五万余册。其中有怀特在1933至1935年间又陆续在各地购得的一万册图书,其中包括山东、河南两省的方志和民国时期出版物。慕氏藏书来加后先落户在多伦多皇家安大略博物馆。1961年,慕氏藏书加上美术、考古书和五千帖拓本等,迁移到多伦多大学的文理大楼第八层,即多伦多大学郑裕彤东亚图书馆。

对比之下,可知这都采用了吴先生发现的材料和叙述。吴晓铃先生的《述概》给人的印象是它是吴先生1985年任加拿大多伦多大学东亚系客座教授时的调查成果,通篇没有一处引文或转述的说明。然其中所述,大多无中文文献可证。比如慕学勋的字,"玄文",按理一定是有据可查的。遍查中文资料无果,查英文文献,于是发现,《述概》一文百分之九十五的内容译自朱维信、上中修三的《多伦多大学东亚图书馆的收藏》①一文。

---

①Raymond W. H. Chu and Shuzo Uyenaka,"The East Asian Library Collection in the University of Toronto," *Pacific Affairs*, Vol. 46, No. 4 (Winter, 1973-1974), pp. 548-556.

两文是这样开篇的：

（朱文）Unlike most of the medium-size Chinese library collections in North America, that in the University of Toronto, with present holdings of over 100 000 volumes, has a history of almost four decades. In March 1933, the Rev. William C. White, the former Anglican Bishop of Honan, went to Peking on a regular missionary trip from his diocese in Kaifeng. While he was there, he was informed by a close friend, Mr. William Pettus, that a fine Chinese collection was available for sale. It consisted of roughly 40,000 volumes belonging to the family of a Chinese scholar, Mr. Mu Hsiieh-hsiin (1880—1929), who for the seventeen years prior to his death was Chinese Secretary to the German Legation in Peking.

（当页注）Mr. Mu Hsiieh-hsiin (courtesy name Hs'ian-fu), native of P´eng-lai district, Shantung, graduate of Peiyang University in T´ientsin.

（《述概》）多伦多大学的东亚图书馆虽然只有五十年历史，但是和北美的许多中型汉籍图书馆比较，藏书高达十万余册，已经具有现代专业图书馆的规模了。

1933年3月，驻在河南省开封府的英格兰教宗韦廉·怀德（Rev. William C.White）主教，因公到北京巡视所属教堂，他的朋友韦廉·庇托斯（William Pettus）告诉他：蓬莱慕氏所藏约四万册的珍本古籍有出售的迹象。藏书主人慕学勋（1880—1929），字玄文，山东省蓬莱县人。毕业于于天津北洋大学。其后在德国驻北京公使馆任中文秘书达十七年，直到逝世。

中文对英文亦步亦趋，翻译的痕迹一目了然。问题是翻译得既不规范，也不准确。先说规范。怀德即怀履光。按惯例，凡有汉名的西人应用汉名。而这样做的好处实在很大。以此为例，写明此人是怀履光，不懂英文的学人也大多知道他的事迹。Anglican 直译是英国国教，习称圣公会。因而他也绝不会是英格兰教宗了。同样，庇托斯即裴德士，北京华文学校（College of Chinese Studies）校长。这还不是致命的问题，只是给不懂英文的人添了麻烦。再说准确。按说先生有一定的英文基础,因为燕大是教会学校,以英文授课,译这样一篇文章应该不是问题。原文第一句说多大的中文图书馆跟北美的大多数中型汉籍图书馆不同,已有近四十年的历史了(不是译文说的五十年)。《述概》译错一词,将东亚馆跟汉籍图书馆比,于逻辑不通了。此文写于 1973 年。北美大多数中型中文图书馆是受惠于美国政府 1958 年制定的国防教育法案而建立的。作者的意思是多大馆历史相对“悠久”一点。原文第二句说,1933 年 3 月,前河南主教怀履光从其教区主教堂所在的开封府前往北京,本是一次普通的公差。所以第三句原文的意思是他知道慕氏藏书待售,纯属偶然。但其时怀氏已 59 岁,即将退休,正在考虑回加拿大从事教学研究,对这批书志在必得,那却是必然。怀氏是河南主教,北京是没有其下属教堂的,何来巡视?关于慕氏的姓名籍贯,原文是个注,《述概》结合到正文了,这也无妨,但慕学勋的字是“玄父”,明明白白,其拼音形式即便在韦氏拼法中也一样。父和文形近,或为作者笔误,或为手民之误。本为小事,但误传几十年,贻害极大,以至于假作真时真亦假,非得要做一番考证,才有可能让人信服。此点待下文详述,在此继续说翻译。

《述概》接下来说:“慕氏之子秉承遗志,坚持购藏对方须为研究机构,而诸多此类性质单位的藏书均具相当规模,若购入慕氏藏书全部,势必出现多种副本,因而迟迟不能售出。其时,法国汉学名家保罗 · 伯希和教授(Prof. Paul Pelilut)正来我国访书,颇有问鼎之意。”原文是:The only condition attached to the sale was that the library must be kept intact in a research institution. This discouraged many potential competitors who represented institutions that already had basic Chinese collections, and for whom the addition of Mu´s collection would mean a great deal of duplication; among these was Professor Paul Pelliot who was at that time on a book-buying trip in China。

对照可知,慕氏后人出售的条件是不能打散“慕氏藏书”,要完整保持在一个研究机构里。这样的机构一般都已有基本藏书,与慕氏藏书中的大部分重复,为避免接受大量复本,大都望而却步。伯希和是其中之一,并没有问鼎之意。

继续逐字对比似无必要，为节省篇幅，以下只再举数例，辩证较为重要的问题。

《述概》说：怀氏觉得机不可失，“迅速地提出加币一万零五百元购买全部书籍，慕氏遗族同意了这笔交易，怀德主教当即预付了三分之一的定金”。原文是：Bishop White, perhaps afraid of losing this unique opportunity, immediately made an offer, which was accepted, of Can. \$10, 500 for the whole collection, about one-third of the price normally paid at that time for comparable collections。说的不是定金，而是书买得便宜，只合当时市价的三分之一。

书买到后，“编目工作是由北京美国公使馆退休海军专员埃·维·杰列斯(I.V. Gilils)领导下的十名中国雇员进行的。编目法是根据麦克吉勒大学的葛思德图书馆制定的方案进行的”。原文是：The cataloguing was done by ten Chinese under the supervision of Commander I. V. Gillis, a retired Navy Attache of the American Legation in Peking. The system used was the one designed by Gillis for the Gest Library at McGill University。该人即前驻华使馆海军武官，汉名义理寿，前此辞去公职，专为葛思德买书。采用的编目法就是他为当年落户麦吉尔大学的葛思德藏书设计的。

《述概》说：1953 年被任命为中国语言文学系主任的德卜逊教授从多伦多市某合作社组织为图书馆募得捐款加币四万二千元购书费。查原文，那“合作社”其实是 Carnegie Corporation，不是多伦多，甚至也不是加拿大的。美国钢铁大王卡内基自 1881 年起，16 年内，一共捐资 1200 万美元，兴办图书馆近三千间，其他国家，包括加拿大，也都有他捐建的图书馆。由此可知，多大东亚馆的发展，得到过卡内基基金的资助。

《述概》又说：1961 年，慕氏藏书加上美术、考古书和五千帖拓本，再加上德卜逊教授补购的图书和期刊集中起来，迁移到多伦多大学的文理大楼第八层，这就是驰名北美的多伦多大学东亚图书馆。原文是 In 1961, the original Mu Collection, with the exception of materials related exclusively to art and archaeology and 5, 000 rubbings, was integrated with the collection bought by the Carnegie grant。《述概》完全说反了。慕氏藏书来加后先落户在多伦多皇家安大略博物馆，转交给多大东亚馆时，留下了艺术和考古类的图书,以及五千拓片。

《述概》中为数不多的非翻译语句仅百字左右,最集中的一段话是:我在大学客座时,每周除了在星期二、四到东亚学系为本科学生授"中国古典小说"课和为博士班学生授"《金瓶梅》研究"课各二课时外,绝大部分光阴都浸沉于东亚图书馆的邺架之间,特别是慕氏藏书几乎全部经眼,司典守责的沧州张老曾说:"你是唯一的一位看过慕氏藏书全貌的国人。"

这段话的问题,第一个是,一边含糊说自己"几乎全部经眼",一边借他人之语坐实已"看过藏书全貌",有欠诚恳。事实是他没有,也不可能全都看过。说看得不全,至少可从上文得知,东亚馆所藏并非"慕氏藏书"的全部。说有没看过的,举一例。他说:"《福堂寺人小草》,明刘若愚撰。清初钞本,曾藏黄丕烈家,然未见《荛圃藏书题识》著录,可能是书贾伪钤黄氏印记,疑莫能明。" 原文是:Fu-t'ang-shih-jen hsiao ts'ao, by Liu Jo-yii. This Ch'ing copied manuscript was once owned by the famous bibliophile, Huang Jao-p'u。可见中文前半段是朱文说过的,后半句是吴先生加的。实际上此本钤印累累,题识数条,可据以大致看出其流传经过。吴先生应该没有看过,不然绝不会不加注意。第二个问题是,朱先生原文接下来说了:The University of Toronto is much indebted to Professor Ch'u Wan-li of "National Taiwan University" who came to Toronto in 1966 and helped verify a great many rare books in the Chinese collection。所以,不让吴先生专美于前的是,屈万里先生 1966 年已来看过"慕氏藏书",并帮助鉴定了大部分善本。吴先生文中例举的珍本,就是朱文引用的屈氏鉴定结果。

从上面的分析可见,《述概》应是一篇翻译文字,且多有误译。我发现,目前所能见到的对"慕氏藏书"西传的叙述,最早和最完整的就是朱维信先生的文章①。朱先生台湾大学历史系毕业,1963 年起任东亚馆馆

①该文署名如此:RAYMOND W. H. CHU, Associate Professor and Bibliographer, SHUZO UYENAKA, Lecturer - librarian, Department of East Asian Studies, University of Toronto。Bibliographer 在不同地方有不同译法。接任的馆长称他是馆长,见余梁戴光著《令人神往的前景:多伦多大学东亚图书馆》,载周欣平主编之《东学西渐:北美东亚图书馆(1868—2008)》(*Collecting Asia: East Asian Libraries in North America, 1868-2008*),北京:高等教育出版社,2012,第 153—169 页。

长兼东亚系副教授，1974 年辞图书馆职，转任全职教授，接任馆长为余梁戴光。几年前在介绍该馆历史和文献时，后者采用的还是朱先生的文字，不过增添了许多注释。由这些注释可知，朱先生的叙述源于馆藏有关“慕氏藏书”的档案，包括怀履光的信件，应属可靠。今后欲研究“慕氏藏书”者，应跳过《述概》，直接看朱维信文（英文）或余梁戴光文（中文）。① 那样当可避免因错误的信息而导致不应有的错误判断，对“慕氏藏书”的西传史有个正确的了解，对其价值有个比较公允的评价。

二

上文说了，《述概》一出，似乎举世皆认慕学勋字玄文了。大陆学界有过一次纠错的机会，遗憾的是错过了。国家图书馆藏有一册《永乐大典》，袁同礼著录的原藏家为“慕玄父”。有人看到就质疑说：“慕玄父，‘父’、‘文’形近，当为慕玄文之误。”②对于这种情况，本该厚古薄今才对，因为同时代人所记，一般比较可靠。最近台湾一位博士生在评论《提要》时也注意到这一点，说慕氏的字“一般或作‘玄文’，根据《提要》中《庄子因》（页 272）附书影藏印‘慕玄反藏印’可以知道慕氏之字当为‘玄反’”③。

其实此印篆文尚属标准，不难辨认。印见《提要》341《庄子因》六卷，清林云铭撰，清乾隆二年（1737）辅仁堂刻本和404《意林》五卷，唐马总撰，清乾隆三十九年（1774）武英殿聚珍版上。印文为“慕玄父印”。这两本书，《庄子因》载《书目》第 74 页，编列号数为 21；《意林》载第 77 页，号为 22。两印属于慕学勋应无疑问。

查国立北洋大学光绪二十一年（1895）班毕业同学录（《中国近代学

①即上注中的余梁戴光文。

②赵爱学：《国图藏嘉靖本〈永乐大典〉来源考》，《文献》2014 年第 3 期，第 52 页。

③郭明芳：《评介〈加拿大多伦多大学东亚图书馆藏中文古籍善本提要〉》，《东海大学图书馆馆讯》2015 年新 169 期，第 100 页。

制史料·第一辑》下册,页56),慕学勋字元辅。“元”古同“玄”,清代避康熙帝(玄烨)名讳,以“元”代“玄”者多有。“甫”是古代在男子名字下加的美称,亦作“父”。方豪著《中国天主教史人物传》页358提到,1928年“马相伯题赠慕玄父(元甫)先生曰‘伯略文名颇早,奉教颇晚……’”。想来慕学勋的字原是玄父,因避讳而作元辅或元甫。民国之后无须再避,有一段时间两者并用或混用。如北京宣元阁1916年《西洋大历史》卷一(李泰棻著,页131)提到一块埃及棺刻:“此棺铭清端方午桥氏使西洋时所得。后归山左慕学勋元父。”上例引文要在“玄父”之后注明此即“元甫”,就是为了避免误会。慕氏自己为文则径署“玄父”,如《重刊〈忍字辑略〉序》,署“庚申年(1920)嘉平蓬莱人慕玄父作”;《民国时期总书目》著录《希腊埃及时代棺铭考释》作者为慕玄父;《蓬莱慕氏藏书目》第91页、编列号数为31之《柏堂师友言行记》,注曰“蓬莱慕玄父校刊本”。还有在特殊情况下,两者同用的例子,如《近代中国银行业机构人名大辞典》(姜建清编,2014,页300)载1919年11月1日开业的溥益银号,是“由沈吉甫、张嘉墩、杨荫荪、慕玄父、徐辑甫、赵润秋、邓宇安合资创办,……监察人沈吉甫、慕元甫……”。似乎是为了避自己监督自己的嫌疑吧。可发一噱。笔者认为,根据现有材料,慕学勋字玄父,一作元辅、元甫,可成定案。

从前因“玄文”故,慕氏的生平只能查到“曾就读于天津北洋大学堂并毕业于民国元年。毕业后,慕氏长期任职于北京德国公使馆,为中文秘书,共十七年”等寥寥数条。确定慕氏字玄父(元甫)后,略查民国文献,就可发现,他的短暂人生还是丰富多彩的。

上引《近代中国银行业机构人名大辞典》指出,他是北京第一家银钱业股份有限公司的创办人之一。同书还记载了他列名中华储蓄银行(1919)董事。1922年2月创办于北京的同福银号,创办人中也有慕玄父,董事有曹汝霖等。这些在刘兰兮主编的《中国现代化过程中的企业发展》中也有记载。除了涉足银行业,1917年时,慕元甫还是河北峰峰地区上拨剑村(3.56平方公里)和羊台马庄(3.46平方公里)两处煤窑的法人(峰峰矿区地方志编纂委员会编《峰峰志》,页143)。

他担任过北洋大学教授,第一届辅仁大学校董(王炳照主编《中国教育史专题研究》页378)和中国大学董事[《中国大学董事录(1922年6月)》,《中华民国史档案资料汇编·教育》第260页];1922年4月24日成立的“京师公益联合会”会记股副主任(《中华民国史档案资料汇编·政治》第908页);北京赎路集金会(1921年)发起人(《中华民国史档案资料汇编·民众运动》第703页)。

此外,他还客串过报纸翻译。方豪《英敛之先生创办〈大公报〉的经过》一文第十七条“慕元甫任翻译严又陵入股”曰:“二十一日记曰:‘蓬莱慕元甫来,系前日由严又老嘱王觉臣转荐英文翻译人,甚精爽。交其英文报,先试译一段。’严又老为严又陵先生;慕元甫,亦作玄父,此后成为英先生知交之一;英先生与马相伯先生校刊明末清初教会名著,在经济上多得慕先生之资助。”(《方豪六十自定稿》下册,页2053)。又参与谋划编纂基督教文献。陈垣1917年12月8日自日本大阪致慕元甫函,告知在奈良访得《贞元释教目录》,在大阪访得《破邪集》,所著《元也里可温考》已引起日本学界的注意,以及欲仿《贞元释教目录》之例撰著《乾隆基督教目录》的设想[刘乃和撰,《陈垣年谱(附陈垣评传)》页26—27]。

其收藏不止于书籍。上文已提到一块埃及棺刻,是端方使西洋时所得,后归慕学勋收藏。《中华民国国立历史博物馆概略(1925)》又载:“慕玄父先生赠齐梁隋诸帝画像照片。”(《中华民国史档案资料汇编·文化》第274页)。可注意的是,跟他同时列名溥益银号董事的沈吉甫,浙江宁波人,在西交民巷独资开设懋业银行,是北京较早的金融界知名人士,上海朵云轩创办人,也极喜收藏,藏品大多为古代名贵瓷器,达千余件。收藏似乎是那个圈子里共同的爱好,当然也都是有丰厚财力支持的。

有人评论说:“慕元甫系山东蓬莱人,学贯中西,与王正廷(曾任国民政府代理国务总理兼外长,被誉为‘中国奥运之父’)、王宠惠(近现代中国法学的奠基者之一,曾任国民政府外交部长、国务总理等职)、马相伯、应敛芝诸先生是好朋友。慕教授平日重道德,淡仕进。”①

①陈小平:《湄洲湾建港第一人萧碧川》,福州:海峡文艺出版社,2013,第30页。

至于慕氏家世，查道光蓬莱县志、光绪蓬莱县续志及民国县志，仅得慕维德，字如山，嘉庆己卯（二十四年，1819）进士，官至光禄寺少卿，著有《松龛古今体诗存》《如山奏议》《修治良规》等。其孙荣干，字次和，同治戊辰（七年，1868）进士，官至翰林院侍讲，录《通志》。维德曾孙昌治，邑庠生，初佐宋忠勤公戎幕，复随袁世凯赴朝鲜，充仁川领事、釜山副领事。历充抚顺煤税局总办、巡警局总提调、财政局提调。"好聚书，所居插架千万轴"，子二，学笃庠生，安东电报局长，学光任浙江余姚验放局监督，先昌治卒。此二人也是"学"字辈，但未知与学勋是何关系。顺便说一句，在考察慕氏及其藏书时，有友人告知，山东大学杜泽逊先生做过蓬莱慕氏藏书的文章。经查，那是慕湘（1917—1988），解放军少将，在蓬莱县有慕湘藏书楼。两者没有关系。

《述概》对慕氏藏书的价值是这样评判的："慕氏藏书相当芜杂，作为一般阅览，显然门类不够广泛；作为专业利用，则又嫌有所不足；只能说是一个旧派读书人的私藏，足供个人遮眼消闲而已。"

笔者认为，从现有资料看，慕氏藏书之所以芜杂，原因并不在此。慕氏乃清末民初那一代既有旧学根基，又通晓西方文化的精英之一，领时代潮流之先，游政学工商四界，收藏似乎只是他的一种业余爱好，应当也有保值和投资的考量。《提要》所录625种书上，有慕氏藏书印的只有两种，而且也不是钤在最珍贵的书上，并不像一般藏书家那样有"子子孙孙永宝藏"的打算。题跋则一条也没有，更没见任何相关著述。从本文揭示的慕氏生平看，他是有一定的经济实力来搜罗古本、善本的。只是因为并不著力于此，所以仅凭身在京城之利，随时收取当时市面上可见的较为珍贵之书，并无重点。其时正值改朝换代之际，清代的官刻图书、朝廷老档以及名家旧藏钞本、稿本等流入书肆颇多，被他得到，乃属随机的幸运。

三

《提要》所收625部善本当中，217部上有印，每部有印1到25方不等，分别为书坊印、序跋者印、题识者印、鉴藏印和闲章等，总共约600方不同的印。其中属可考的藏书名家者颇多，包括丁氏嘉惠堂、张敦仁与古楼、朱梫之滂喜堂、曹寅、富察昌龄、张师亮笃素堂、罗以书青芝山房、方功惠碧琳琅馆、甘鹏云息园、吴广霈剑华堂、查莹赐研堂、孔继涵微波榭、王瀣冬饮庐、高世异苍茫斋、傅增湘、袁克文、王靖廷寿椿堂、马国翰玉函山房、金安清偶园、惠周惕红豆书屋、王仁俊籀鄦簃、徐惟起红雨楼、顾嗣立秀野草堂、叶名澧敦夙好斋、法式善梧门书屋、张祥云鞠园等,但大多每人只有一二种,最多的是周贞亮书种楼一家,也仅有九种。

(一)周贞亮书种楼九种

028《周易传义》二十四卷,宋程颐传,朱熹本义,明刻本。《书目》第8页、编例号数17作《周易集义》。

钤印:"鼉中周氏宝藏""退舟""贞亮""退舟学人曾读之书""汉阳周氏书种楼藏籍"。

031《春秋四传》三十八卷,明刻本。钤印:"汉阳周贞亮退舟民国纪年后所收善本""鄂中周氏宝藏""贞亮私印"。见《书目》第8页、编例号数17。

038《书经集传》六卷,清咸丰年间钞本。钤印:"鄂中周氏宝藏"。《书目》第9页、编例号数17作明刻本。

049《礼记集说》三十卷,元陈澔撰,明嘉靖吉澄刻本。钤印:"汉阳周贞亮退舟民国纪年后所收善本""鄂中周氏宝藏""退舟""贞亮"。《书目》第9页、编例号数17作《礼记集传》。

055《诗经集传》八卷,宋朱熹撰,明嘉靖吉澄刻本。钤印:"鄂中周氏宝藏""武陵珍玩""棣川世家""汉阳周贞亮退舟民国纪年后所收善本""退舟""贞亮"。见《书目》第9页、编例号数17。

334《南华经》十六卷,明凌刻四色套印本。钤印:"退舟心赏""鄂中周氏宝藏""玄思阁""汉阳周贞亮退舟民国纪年后所收善本""杨永之印""朱氏珍藏"。

361《百家类纂》四十卷,明沈津纂辑,明隆庆元年(1567)王嘉宾刻本。钤印:"汉阳周氏书种楼藏籍""鄂中周氏宝藏""贞亮""退舟""晚喜庐""中华民国三年五月汉阳周贞亮率男成侃敬造佛像一区愿一切图书永无灾厄"。

495《王文成公全书》三十八卷,明王守仁撰,明万历二十四年(1596)熊惟学刻本。钤印:“检过”“汉阳周氏书种楼藏籍”“汉阳周贞亮退舟民国纪年后所藏善本”“中华民国三年五月汉阳周贞亮率男成侃敬造佛像一区愿一切图书永无灾厄”“鄂中周氏宝藏”“周贞亮”“退舟”“书穜”。

594《古今辞命达》八卷,明胡正心纂辑,明崇祯十二年(1639)胡氏十竹斋刻本。钤印:“汉阳周贞亮退舟民国纪年后所收善本”“贞亮私印”“鄂中周氏宝藏”。

又:《书目》第15页、编例号数1《二十四史》、第96页号5《文章辨体》也记作汉阳周贞亮藏,然不载于《提要》。

按:周之桢(1861—1933),字贞亮,晚年以字行,又字子干,别号退舟。湖北汉阳(今蔡甸)人。年轻时应童子试,五场连冠榜首,被选为经心书院斋长。光绪三十年(1904)中乡举,次年取进士,放刑部主事,旋入进士馆。后奉派赴日本进修,毕业于日本法律专科学堂。归国后,廷试一等,分发邮传部襄办路政。宣统元年(1909)出任黑龙江财政局会办,次年转任保定高等检察署审判厅厅丞等职。辛亥革命后,历任法制局参事、资政院评事兼警察学校教务主任。后绝意仕途,曾先后在北京国立师范大学、辅仁大学、天津南开大学、武汉大学任教授,于目录学有深入研究,与江西南城李之鼎合编《书目举要》。其藏书室有“晚喜庐”“津逮”“书种楼”等。周贞亮辑有《五百家骈体文章》八卷、《越缦堂骈文》四卷。撰著有《退舟文集》《退舟诗草》《晚喜庐随笔》《丛书举要》《昭明太子年谱》《联隽》等。周氏1933年卒于武汉大学教席,晚于慕学勋(1929),当是周氏藏书在其生前因某种原故已成批散出了。

又,“鄂中周氏宝藏”印用字偏古,故多家著录错误。如《国家图书馆古籍藏书印选编》作“丧中周氏宝藏”[见第十册页232,明万历六年(1578)吉藩崇德书院刻本《二十家子书》],台湾“国家图书馆”作“器中周氏宝藏”(见《文史通义》旧钞本,216.1 05185)。咢、噩古同字。容庚云:咢即噩,又孳乳为鄂也。

(二)另外比较有意思的几种书如下,提出来跟大家讨论

1.《福堂寺人小草》

《提要》257《福堂寺人小草》二十一卷,明刘若愚撰,明钞本。上有钤印:“虞山张氏”“味经书屋收藏”“臣蓉镜印”“小琅环福地秘笈”“曾藏张蓉镜家”“润碧轩”“邵棨印”“秘殿绸书”“后之视今犹今之视昔”“琴川张蓉镜寓目”“沈直涛”“芙川氏”“黎川万成公二十五世孙”“秋谷”“孙镐”“芑溪”“怡燕堂”等。

常熟张氏,张应增、张燮、张定球、张蓉镜四代嗜书,陆续建立了小嫏嬛福地、味经书屋、双芙阁藏书,为常熟著名书香世家。张应增曾任蒲江县令。子张燮,字子和,乾隆五十八年(1793)进士,官至浙江宁绍台兵备道。告假归,掌教绍兴蕺山书院。孙张定球,字伯温。诸生。由国史馆誊录选兴国场盐课大使,会缺裁,授长芦石牌场大使。曾孙张蓉镜(1802—?),字芙川,一字伯元,小名长恩,娶姚畹真为妻。姚畹真号芙初女史,夫妇皆喜藏书,有藏书楼名“双芙阁”,取夫妇字号为名,一名“小琅嬛仙馆”。孙镐(1733—1789),字丰谋,一字芑溪,号讷夫,昭文(今江苏常熟)人。贡生出身,曾任潞安知府。张子和之妇翁。①

此书上尚有题识三则。一则是在卷末:“乾隆戊申(五十三年,1788)九

①孙镐生平详见其子孙原湘(1760—1829)所撰《先府君行状》,载《天真阁集》(清嘉庆五年刊增修本),卷四十八,页13上—17上。孙镐子原湘称张燮为姊夫,见孙原湘《跋祝京兆草书梁绍甫〈善政记〉及〈孝友堂记〉长卷》,载《天真阁集》卷四十四,页7下。

月中旬古吴黄氏得之虞山西城书坊。珍藏。此秘本也。”钤“荛圃”朱椭圆印。黄丕烈(1763—1825),字绍武,又字荛圃、荛翁,别署复翁、佞宋主人,藏书家、版本目录学家。江苏苏州府吴县(今苏州市)人。一则曰:“嘉庆己卯(二十四年,1819)四月中澣虞山女史席佩兰假读三复,因志。”钤印“道华”。席佩兰(1760—1829后),清代女诗人,袁枚女弟子。名蕊珠,字韵芬,一字遗华,号浣云、道华、佩兰等,昭文(今江苏常熟)人,孙镐子孙原湘妻。又一则曰:“道光庚寅(十年,1830)秋七月皖桐女士方氏若蘅叔芷获观。”钤印:“若蘅”“叔芷”“畹芳女士”。方若蘅字叔芷,一字畹芳,方维甸之五女,为杨希铨续配,工诗,著有《镜清阁集》。方维甸(约1758—1815)字南耦,号葆岩,桐城人,方观承之子,方式济之孙,贡生,累官至直隶总督。杨希铨原配张采荇是张蓉镜的姑母,方家和姚氏也世有通婚。是故方若蘅有机缘获观此本。她的书跋,《芷兰斋书跋续集》①中有两条,对比之下,笔迹近似,不同处在印章。

①韦力:《芷兰斋书跋续集》,北京:国家图书馆出版社,2013,第117—118页。

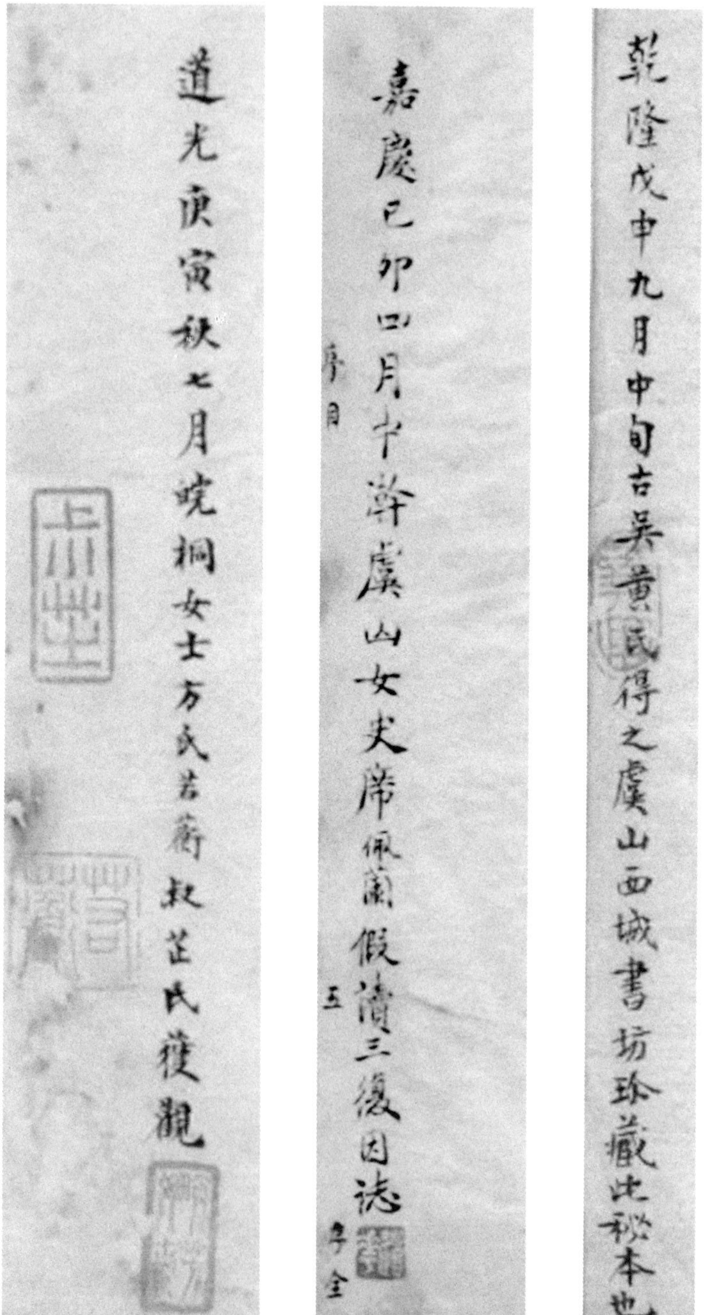
乾隆戊申九月中旬古吳黃氏得之虞山西城書坊珍藏此秘本也

嘉慶己卯四月中澣虞山女史席佩蘭假讀三復因誌

道光庚寅秋七月曉桐女士方氏若蘅叔芷氏獲觀

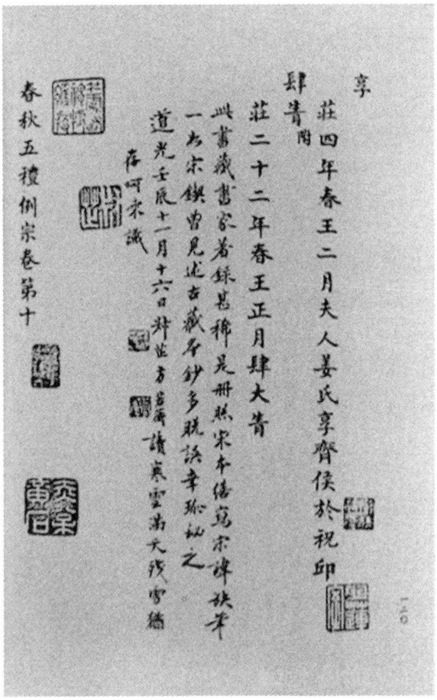

享
莊四年春王二月夫人姜氏享齊侯於祝邱
肆眚 閲
莊二十二年春王正月肆大眚
此書藏書家著錄甚稀是册然宋本傳寫宋諱缺筆
一如宋槧曾見述古藏本鈔多脫誤幸瑯嬛秘之
道光壬辰十一月十六日讀寒雲天殘雪
存呵朱識
春秋五禮例宗卷第十

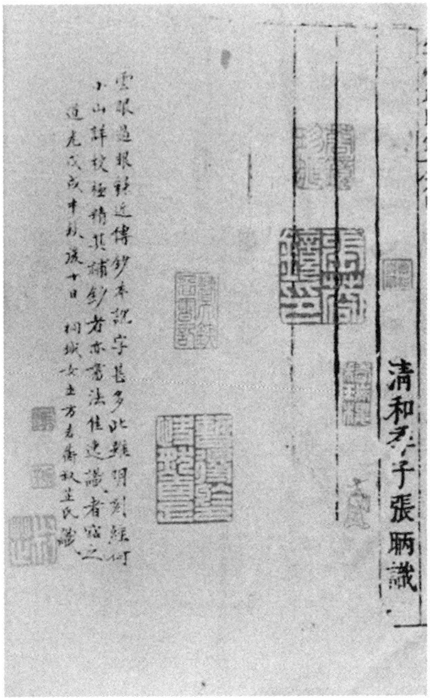

雲眼過眼錄近傳鈔本訛字甚多此雖明刻經何
小山詳校極精其補鈔者亦書法佳達謹者寶之
道光戊戌中秋後十日 桐城女士方老秋氏識
清和君子張昞識

2.陈金城怡怡堂

524《曝书亭集》八十卷,附录一卷,清朱彝尊撰;《笛渔小稿》十卷,朱昆田撰,朱桂孙、朱稻孙校,朱振祖、朱赐书覆校,清康熙刻本。

钤印:“衣德堂”“三多斋图书”“怡怡堂珍藏”“有妫之后”。

按:现有工具书多把“怡怡堂珍藏”和“有妫之后”印列在郑燮名下。如《历代藏书家辞典》郑燮条:今美国国会图书馆藏明万历间刻本《笔山崔先生文集》十卷、四册,仙源崔涯著。卷内有“有媛之后”“怡怡堂珍藏”“郑燮之印”“郑印谟伟”等印记。室名“怡怡堂”。《中国藏书楼》附“中国私家藏书印印文选录”郑燮条:有嫫之后、怡怡堂珍藏、郊燮之印、郑印谟伟。皆将“有妫之后”印文释错。《左传·庄公二十二年》:陈厉公之子陈完奔齐,死后谥为敬仲。“初,懿氏卜妻敬仲,其妻占之曰:‘吉。是谓凤皇于飞,和鸣锵锵。有妫之后,将育于姜。’”《元和姓纂》卷三云:“陈:妫姓,舜后。”《左传·隐公八年》:“天子建德,因生以赐姓。”杜预注:“因其所由生以赐姓,谓若舜由妫汭,故陈为妫姓。”所以此印应属于陈姓之人,而非郑姓者。《辽宁省图书馆藏古籍精品图录》(王筱雯主编,沈阳:沈阳出版社,2008,第75页)著录一医闾先生集,明嘉靖二十三年(1544)齐宗道刻本。上钤“有妫之后”“怡怡堂珍藏”印记。是知此二印当属同一人,或即陈金城(1802—1852),字念庭,号殿臣者。福建洛阳镇岭头村人。道光二年(1822)举人。此后两次会试皆不中,遇“大挑”,以二等选署古田教谕,旋授连城训导。后调京为内阁中书,嗣改刑部云南司主事。遗有《怡怡堂文集》六卷。本编444《增订二三场群书备考》四卷,明袁黄撰,明崇祯十五年(1642)大观堂刻本。钤印:“怡怡堂图书”或属同一印主。

3.博尔济吉特氏铁保

519《读杜心解》六卷,清浦起龙撰,雍正二年(1724)静寄东轩刻本。载《书目》第92页编例号数2,记作宁我斋。

钤印:“臣心铁石”“徐进者少患”“西拉木棱旧族”“碧玲龙馆主人”“博尔济吉特氏”“长记牒中有名字”“铁臣”“恭锴之印”。

按:本书卷六末有跋:“乾隆四十年岁次乙未十二月虚闲堂主人读竟并识/五十七年壬子典试江南识于浦口之临江楼。”钤印:铁臣、恭锴之印。

查《听雨丛谈》卷十:"五十七年壬子乡试。主考:吏尚书刘墉、刑侍郎王昶、阁学瑚图礼(景南)。江南主考:礼侍郎铁保、阁学李潢。外省主考正副均典大员,罕有也。"是知其为铁保(1752—1824),字冶亭,号梅庵。乾隆三十七年(1772)进士,历任翰林院侍讲学士、内阁学士、礼部侍郎。

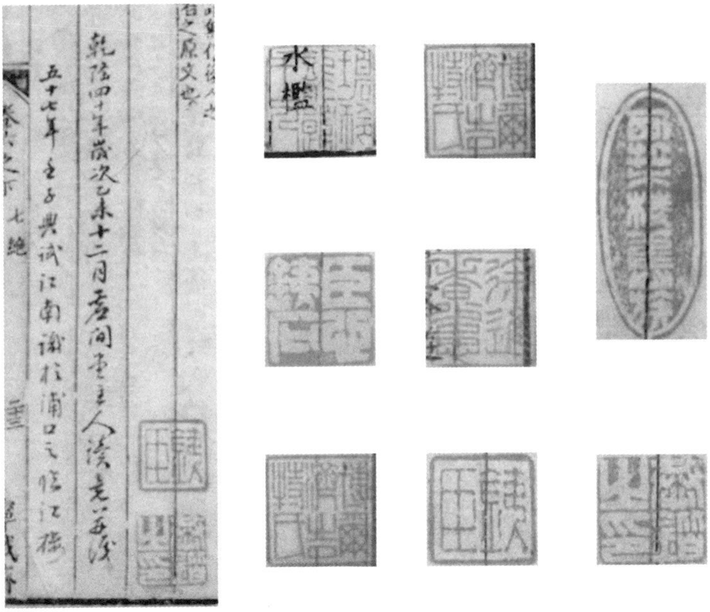

4.马佳宝康佞汉斋、李彦章

429《表异录》二十卷,明王志坚辑,明崇祯十四年(1641)刻本。

钤印:"孝劼所藏书画金石""砚勋伯子""梅里长""丙子以后见""小西湖长""宝康""孝劼""青珊瑚馆""马佳宝康字孝劼号铁麋一字道鱶之印"。

按:马佳宝康,生卒年不详,字孝劼,号佞汉斋主人。满洲镶蓝旗人,其父崧蕃,官至云贵总督,岳父盛昱为著名藏书家。其藏书处有"佞汉斋"。藏书印有"宝孝劼藏宋元经籍""孝劼所藏书画金石"等。一般著录称其号梦曦、梦曦主人,与此印章不符。

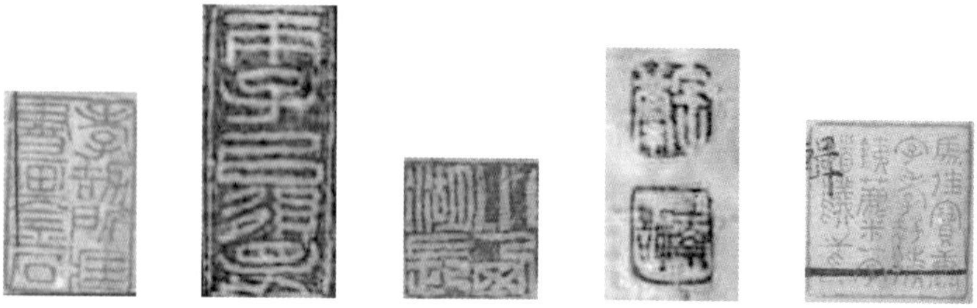

5.韩世昌

014《千文六书统要》二卷,附《篆法偏旁正讹歌》一卷,《千字文》二卷,清胡正言撰,十竹斋刻本。

钤印:“韩世昌”“我便要浮槎到四边”“臣名世昌”“□□仿古图”“一天星斗焕文章”。

按:韩世昌,清乾隆时人,字支百,山西临汾人。精医术,尤工篆刻,卒年七十余,斋堂为问古堂。据《临汾县志》,其性嗜古篆,日与金石为缘。存世有《圣谕十六条图印》。此当为其案头必备之书。

(三)下列印虽见于著录,但未考出印主或生平,录以待同好指教

1.018 说文解字

钤印:“先农部公遗金石书画记”“卧游天公”“飞鸿”。

按:傅增湘《藏园群书经眼录》著录之《法书考》上有“先农部公遗金石书画记”印。

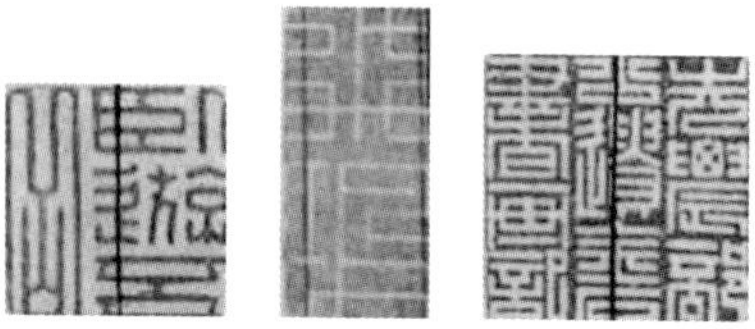

2.059 **皇朝名臣言行外录**

钤印:“金菊子”“妙香斋”“□路里印”

按:“金菊子”印亦见于上海图书馆藏宋淳熙八年(1181)尤袤池阳郡斋刻递修本《文选》。又《徐兆玮日记4》云:“四月十日,癸亥二月二十五日,晴。晨起,写汪荃台寿诗,九时始毕。昨日,在孔群观《苏文忠公集》宋刊残本,有金菊子一印,予所得《欧阳文忠公集》残本亦有此印,盖一家所藏也。”

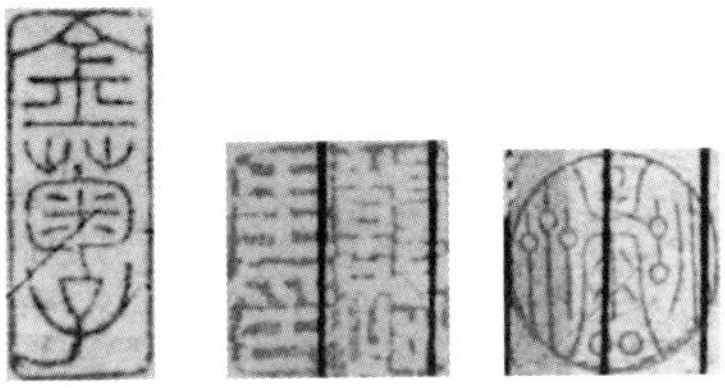

3.064 **经世要略**

钤印:“渚阳魏氏珍藏书画印”。

按:台湾“中央图书馆”藏《西极篇》明刊本钤有此印。

4.243 **通鉴辑览**、246 **御批历代通鉴辑览**

钤印:“黟山程氏松韵藏书印”。

5.259 **洪武圣政记**

钤印:“晋江曾鲁珍藏书籍印”。

按:此印亦见于台湾“中央图书馆”藏明正德庚辰年(十五年,1520)闽中刊本全唐诗话上。

6.294 **荀子**

钤印:“六勿斋”。

按:台湾《东海大学馆藏善本书简明目录》著录一“六勿斋检阅书画之章”。

7.329 **列子通义**

钤印:“朱氏珍玩书印”“皇明奉国将军蕴鐎玄圃之印”“明高皇帝苗裔”“清一子”“玄甫”“蕴鐎之印”。

8.352 **尚直编、尚理编**

钤印:“老茂最得意之物”“培经堂印”“张氏藏书”“梦生庵主人茂南氏过眼书画之章”“士、源(连珠印)”。

按:哈佛大学燕京图书馆藏《扬州梦传奇》,蕴端撰,清康熙本,有“梦生庵主人茂南氏过眼书画之章”,“齐氏所藏戏曲小说印”等章。日本汉籍数据库 CiNii Books 著录之《据梧诗集 15 卷都门赠行诗 1 卷万里小游仙集 1 卷》有“诗龛居士存素堂图书印”“诗龛鉴臧”“塙经堂印”“老茂最得意之物”“梦主庵乃茂南氏过眼书画之章”“存素堂珍藏”印记。其中“塙”“主”字当为误释。

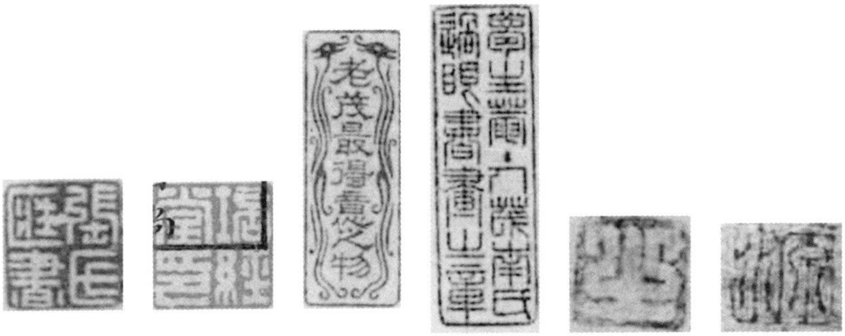

9.370 **封氏闻见记**

钤印:“夷山王氏”“丰林私印”。

按:《清华大学藏善本书目》第164页著录前印。

10.378 **困学纪闻**

钤印:“风流本色”“志不在温饱”“郎氏家藏”“郎锦骝珍赏书画印”“郎锦骝章”“紫澜”。

按:《柏克莱加州大学东亚图书馆中文古籍善本书志》第349页著录一《新安二布衣诗八卷》上有“郎锦骝章”“紫澜”朱文方印。嘉德四季第二十三期拍卖会上有一书法册,其中隶书两页,署紫澜郎锦骝。是知印主名郎锦骝,号紫澜,然生平不详。

11.465 **宋李忠定公奏议选**

钤印:“丁继离印”“长庚传记”。

按：丁继离，字南峰，福建邵武举人。康熙五十七年至雍正五年(1718—1727)任定安县知县。

12.466 **宋孙仲益内简尺牍**

钤印："栖州读"。

按：上海驰翰2010春拍张问陶行书上亦有"栖州读"印。

13.469 **苏长公密语**

钤印："确山马氏文献世家图书之记"。

14.624 **增定汉魏六朝别解**

钤印："赵彦良氏""士康印""□泽长贻""赵□珍藏""士康山人""经腴眼福""篮种留根"。

按：台湾"中央图书馆"藏宋宝祐六年(1258)临安陈解元书籍铺刊本唐僧弘秀集上有"经腴眼福"印。傅增湘《藏园群书题记》中提到文友堂主人魏经腴："适闻文友堂书坊收得校本一部，乃商之书坊主人魏经腴，长期假我，……先后置余几案者三年。昨岁七月，校订之功告成，乃举以返之。[庚辰(1940)十一月]。"余不详。

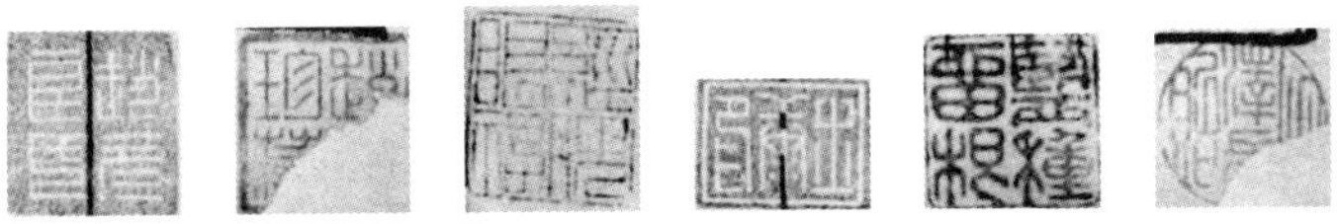

四

综上所述,《述概》只是一篇不太准确的翻译文字。对“慕氏藏书”的概况和西传经过的描述,最早和最完整准确的是朱维信先生的英文文章。简而言之,多伦多大学郑裕彤东亚图书馆现存“慕氏藏书”的原收藏者山东蓬莱慕学勋(1880—1929),字玄父,一作元甫或元辅,天津北洋大学堂(1895年班)毕业,在北京德国公使馆任中文秘书17年,业余亦投资银行业和矿业,担任过大学的教授、董事及社会团体的诸种职务,是清末民初那一代既有旧学根基,又通晓西方文化的精英之一。慕氏去世后,加拿大英国圣公会河南教区主教怀履光满足了其家属之要求,以约市价三分之一的一万零五百加元的价格将其约四万册藏书整体买下,入藏多伦多皇家安大略博物馆。成交后,北京美国公使馆退休海军武官义理寿招募了十名中国学者花一年多的时间为慕氏藏书编目。1935年6月该批图书运抵多伦多时,总量已达五万余册,增加了怀履光在1933至1935年间陆续在各地购得的一万册图书,其中包括山东、河南两省的方志和民国时期出版物。1961年多伦多皇家安大略博物馆转交给多大东亚馆时,留下了艺术和考古类的图书以及五千拓片。有关慕氏藏书的简介和采购过程的原始档案现仍藏于多大东亚馆。该馆还保留有义理寿主持编纂的慕氏藏书目录底稿。这份目录和慕氏本人在1920年代自编、自刊的《蓬莱慕氏藏书目》是了解慕氏藏书之历史面貌的基本资料。近年该馆编纂的善本提要则可让我们一窥其中的精华。笔者的初步印象是,藏书是慕氏不太措意的副业,又因书主英年早逝,结果是其整体上显得凌乱芜杂,鱼龙并存。但因天时地利,其中不乏珍稀之物,且出于官府或收藏大家,流传有绪。作为我国为数不多的西渡北美的大宗私人藏书之一,慕氏及其藏书都值得做进一步的研究。

山东益都李文藻广东刻书述略及其意义探析

唐桂艳

（山东省图书馆）

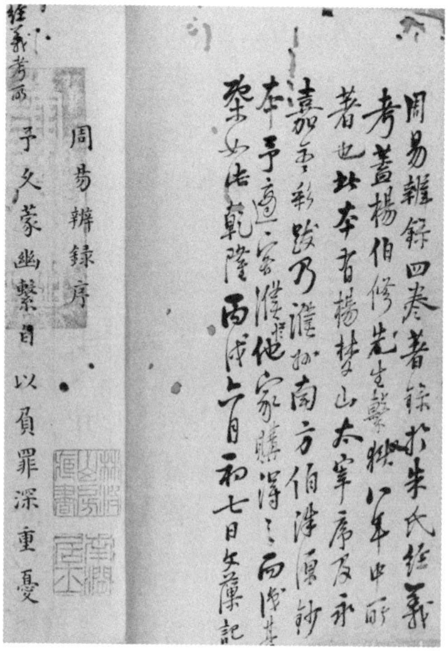

图1：李文藻跋四库底本《周易辨录》，山东省图书馆藏

李文藻（1730—1778），字素伯，一字茝畹，晚又号南涧。山东益都人。父名远，字拙斋。弟文涛、文渊、文濬。李文藻乾隆二十六年（1761）成进士，三十四年（1769）谒选广东恩平县知县。到任后奉檄署新安县，又奏调潮阳县知县。庚寅、辛卯二科，分校广东省试。以海疆三年俸满保荐，擢桂林府同知。未及一年，卒于官，时乾隆四十三年（1778）八月。藏书处为大云山房、竹西书屋、训厚堂。著述颇丰，有《毛诗本义》《隶补》《南北史考略》《齐藩录》《国朝献征录》《师友记》《尧陵考》《青社拾闻》《泰山金石考》《益都金石考》《山东元碑录》《金石书录》《云门碑目》《齐谚》《粤谚》《饾

钉录》《南涧文集》《濮雅》《尹河南集笺注》等。先后参与了《泰安府志》《诸城县志》《历城县志》的编纂工作。

今人视李文藻为藏书家、学者，对其在藏书、读书、著书三方面的贡献多有研究与探讨，而对其刻书则较少关注。实际上，李文藻在二十年的为官为学生涯中，刻书二十馀种，以个人之力刻书数量如此之大，在清乾隆时期的山东亦不多见。他于乾隆二十三年（1758）在家乡益都刻王士禛的《渔洋诗话》三卷，乾隆四十年至四十三年（1765—1768）间在广西桂林刻山东聊城邓汝功的《上谷集》《密娱斋诗稿》《邓谦持时文稿》三种，另有未知刻书地和刻书时间的《四松记》《岭南诗集》《律诗合谱》《春秋辨义》《古文尚书考》《李静叔遗文》《拙斋集》等。在广东刻者则有《山左明诗钞》和《贷园丛书初集》。

一、李文藻广东刻书述略

李文藻在广东刻书有两种：《山左明诗钞》《贷园丛书初集》。其中，《贷园丛书初集》是一部小丛书，包含十二种书。

（一）《山左明诗钞》三十五卷，清宋弼辑，清乾隆三十六年（1771）益都李文藻恩平县衙刻本

此书封面题："乾隆辛卯开雕，恩平县衙藏板。"目录题："通邑大夫甘肃提刑按察司按察使宋弼选。"

弼字仲良，号蒙泉，乾隆十年乙丑（1745）进士，历官甘肃按察使。著有《德州新志稿》《州乘馀闻》《蒙泉学诗草》《文稿》《国朝山左诗补钞、续钞》《广川四子集》《说诗二种》等，尤致力于山东地方文献的搜集与刊刻。

《四库全书总目》此书提要曰："是集辑明代山东一省之诗，所录凡四百三十一人。其体例全仿朱彝尊之《明诗综》。其去取之间，则谨守王士禛之门径，纤毫不肯异同也。"

书前有李文藻乾隆三十六年序："《山左明诗钞》三十五卷，德州宋仲良先生之所辑也。先是，其州人两淮盐运使卢君属先生选国朝山东人诗，成六十卷，刻于戊寅己卯间，因而遂征山东明人诗。先生时长泺源书院，郡县之士来学者，使各搜讨其所知，而予所购得者盖数十种。后先生入

京，逢人求索，有得即手自誊写，无寒暑、游宴之闲。岁癸未（按：乾隆二十八年，1763），卢君致仕归里，先生以全稿畀卢，予适授徒德州，趣卢付之梓，而卢以所集未备为辞。及先生由赞善出为巩秦阶道，予又购寄叶廷秀、李主中辈十数人诗，且以书与先生，论王乘箓终于明季及董樵、张尔岐诸人诗皆宜移入此集，而未得先生答书。戊子秋（按：乾隆三十三年，1768），卢君得罪籍家，而先生以甘肃按察使入觐，道卒洛阳。予恐此书之遂湮也，己丑（按：三十四年1769）正月走德州，从州官求买此书。卢氏书入官者数十万卷，吏为检三日，得《明诗选》凡三本，一为路中允斯道本，一为惠文学栋本。路惟钞撮十郡志乘，惠所录仅数十家，皆未成卷帙。其一即此本，裒然三十五卷，作者四百三十一人，中间评点，先生手迹也。惟《小传》一册佚去。越数日，先生柩至自洛阳，予迎哭已，启笈得《小传》，则先生所手录也。是秋予谒选，得广东恩平令，携以行，庚寅（按：三十五年1770）夏到官。其冬政稍暇，校而梓之，颇有疑绪未晓之处，又或有传无诗，先生既往，无从质正，不敢遽有增改，谨完其为先生之书而已。昔新城王文简尝欲辑海右五十家诗而弗果，先生此集之成，岂偶然哉？予郡先达正德、嘉靖间有《海岱吟社》一集，仅存写本。予尝以奉先生，先生方食，辄辍匕读，命酒豪吟，十二卷立尽其半。其于先正遗文诚笃好而深嗜之，天性然也。登、莱、青三郡寄选诗，其草稿多付予收藏，今尚盈簏。此集刻于恩平。明年署新安，乃获蒇事，而先生不及见矣。乾隆辛卯冬十一月益都李文藻序。"

据以上李文藻序，可知是书刊刻不易。先是乾隆二十三年（1758），德州卢见曾刊刻了《国朝山左诗钞》，接着嘱宋弼搜集山东明人的集子，李文藻也参与其中。乾隆二十八年（1763），卢见曾见稿未备，不予刊刻。岂知三十三年（1768），卢见曾事发，被抄没家产，而宋弼亦于是年卒。李文藻慨然以刊刻此书为己任，去德州翻检卢见曾被抄没的书籍，幸此稿尚在，但《小传》不在。于是李文藻迎宋弼灵柩于道上，终得《小传》一册。李文藻三十四年（1769）谒选恩平县令，三十五年（1770）夏到任，随即校刊付梓，三十六年（1771）蒇事。

此书十一行二十一字，黑口，左右双边。字体端庄，刻印精良。

山左明詩鈔三十五卷德州宋仲良先生之所輯也先
是其州人兩淮鹽運使盧君屬先生選 國朝山東人
詩成六十卷刻於戊寅己卯閒因而遂徵山東明人詩
先生時長濼源書院郡縣之士來學者使各搜討其所
知而予所購得者蓋數十種後先生入京逢人求索有
得即手自謄寫無寒暑游宴之閒歲癸未盧君致仕歸
里先生以全槀畀盧予適授徒德州趣盧付之梓而盧
以所輯未備爲辭及先生由贊善出爲肇秦階道予又
購寄葉廷秀李士中輩十數人詩且以書與先生論王
乘籙終于明季及董樵張爾岐諸人詩皆宜移入此集
而未得先生答書戊子秋盧君得罪籍家而先生以甘

山左明詩鈔序 一

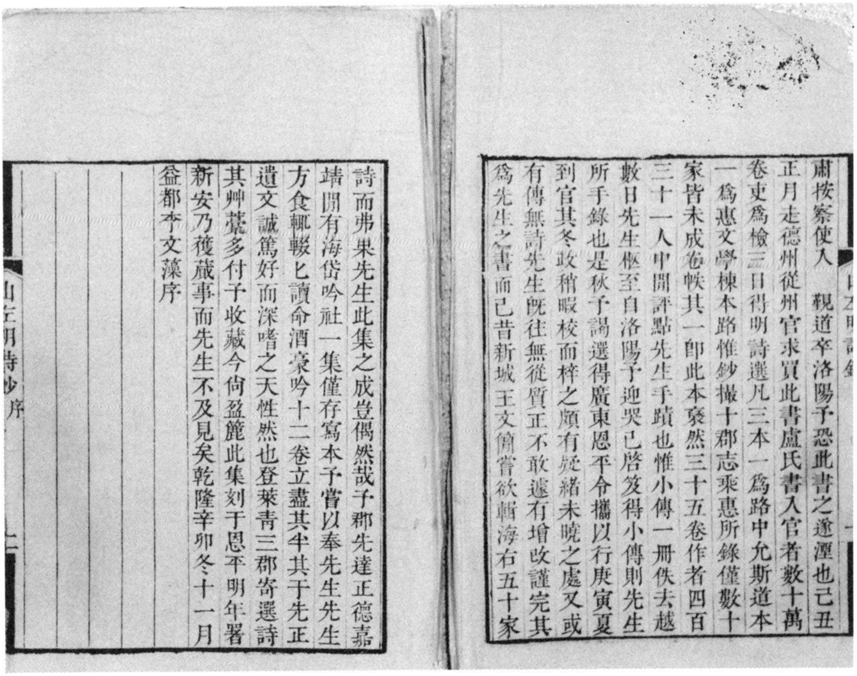

肅按察使入 覲道卒洛陽予恐此書之遂湮也己丑
正月走德州從州官求買此書盧氏書入官者數十萬
卷吏爲檢三日得明詩選凡三本一爲路中允斯道本
一爲惠文學棟本路惟鈔撮十郡志乘惠所錄僅數十
家皆未成卷帙其一即此本裒然三十五卷作者四百
三十一人中閒評點先生手蹟也惟小傳一冊佚去越
數日先生柩至自洛陽予迎哭已啓笈得小傳則先生
所手錄也是秋予謁選得廣東恩平令攜以行庚寅夏
到官其冬政稍暇校而梓之顧有疑緒未曉之處又或
有傳無詩先生既往無從質正不敢遽有增改謹完其
爲先生之書而已昔新城王文簡嘗欲輯海右五十家
詩而弗果先生此集之成豈偶然哉予郡先達正德嘉
靖閒有海岱吟社一集僅存寫本予嘗以奉先生先生
方食輒輟匕讀命酒豪吟十二卷立盡其半其于先正
遺文誠篤好而深嗜之天性然也登萊青三郡寄選詩
其夥蒐多付予收藏今倘盈簏此集刻于恩平明年署
新安乃蕆事而先生不及見矣乾隆辛卯冬十一月
益都李文藻序

山左明詩鈔序 二

图 2:李文藻《山左明诗钞序》

(二)《贷园丛书初集》十二种四十九卷,清周永年辑,清乾隆三十六至四十年(1771—1775)益都李文藻竹西书屋刻乾隆五十四年(1789)历城周永年重编印本

此书扉页题:"贷园丛书初集,竹西书屋藏版。"

书有周永年乾隆五十四年《贷园丛书初集叙》:"《贷园丛书初集》共十二种,其板皆取诸青州李南涧家。其不曰《大云山房丛书》者,何也?曰:'尚思续刻以益之。凡藏弆书板者,又将多所借以广之,不必限以一家故也。'余交南涧三十年,凡相聚及简尺往来,无不言传抄书籍之事。及其官恩平潮阳,甫得刻兹十馀种,其原本则多得之于余。今君之殁已十一年,去年冬始由济南至青州,慰其诸孤,因携板以来。忆君有言曰:'藏书不借,与藏书之意背矣;刻书不印,其与不刻奚异!'尝叹息以为名言,使果由此多为流布,君之志庶几可以少慰乎。乾隆五十四年岁次己酉仲夏历

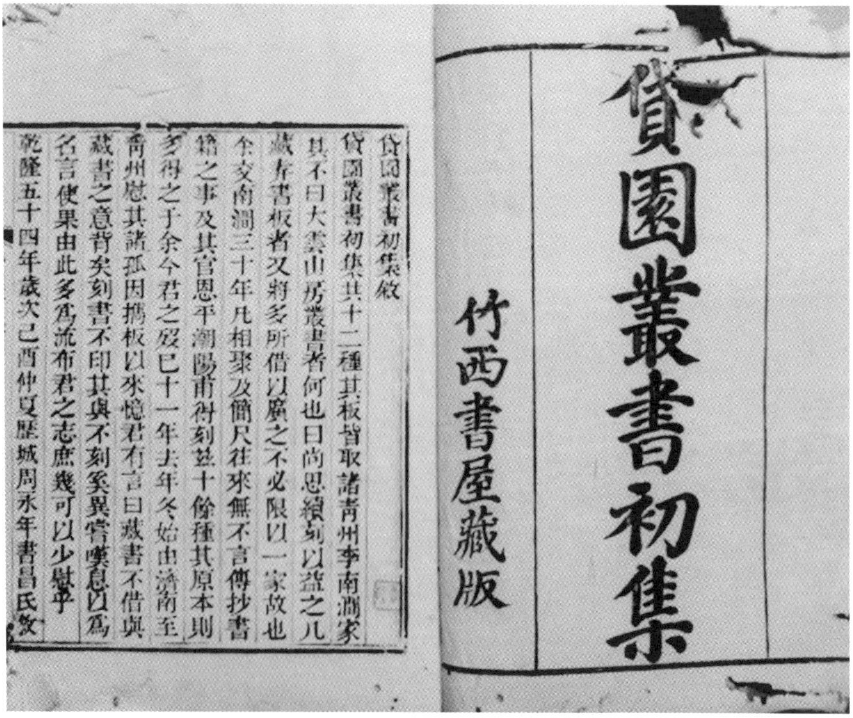

图3:《贷园丛书初集》扉页、周永年《叙》

城周永年书昌氏叙于京宣武坊寓舍。”据此，则知板存益都，但《山东通志·艺文志》曰：“是编乾隆间刊，版存京师琉璃厂。”不知所据。《中国丛书综录》题：“乾隆五十四年历城周氏竹西书屋据益都李文藻刊版重编印本”①，将“竹西书屋”置于周永年名下，误。“竹西书屋”实为李氏所有，盖其板藏于李家“竹西书屋”，周永年得之重印。周永年，字书昌，山东历城人，乾隆三十六年进士。他是山东著名藏书家，人称其藏书“甲于山左”。他有感于明代曹学佺之论，作《儒藏说》。他还是著名的学者，在校勘学、目录学和图书馆事业上成绩卓著。乾隆三十八年(1773)与修《四库全书》，任子部分校官。周永年与李文藻为至交，他不仅为李文藻刻书提供底本，二人还共同纂修《历城县志》《泰安府志》，校订王苹的《蓼村集》。

今将《贷园丛书初集》各书刊刻情况缕述如下。

1.《四声切韵表》一卷、《凡例》一卷，清江永编，清乾隆三十六年益都李文藻恩平县衙刻本

此书无封面。前有《凡例》，末署“重茭单阏岁皋月罗有高叙于广东恩平寓舍”。

李文藻乾隆三十四年谒选恩平县令，三十五年夏到任，三十六年六月还在恩平，后署新安，三十七年(1772)五月任潮阳知县，四十年(1775)任桂林府同知。刻此书时为三十六年五月，当刻于恩平县署。

此书十行二十二字，黑口，左右双边，单黑鱼尾。

2.《古韵标准》四卷，清江永编，清乾隆三十六年益都李文藻恩平县衙刻本

此书封面题：“乾隆辛卯锓，潮阳县衙存版。”每卷卷端题：“婺源江永编，休宁戴震参定，益都李文藻覆校。”

书前有乾隆三十六年辛卯六月瑞金罗有高于恩平寓舍书《古韵标准叙》。

李文藻乾隆三十六年六月在恩平，故刻版在恩平，三十七年携至潮阳，版存潮阳。

此书十行二十三字，小字双行二十三字，黑口，左右双边，单黑鱼尾。

①上海图书馆：《中国丛书综录》，上海：上海古籍出版社，2007，第144页。

3.《九经古义》十六卷，清惠栋撰，清乾隆三十八年益都李文藻潮阳县衙刻本

《目录》下一行题："东吴惠栋学，男承绪校。"大题在上，小题在下。每卷末有校订人姓氏。卷一、四、五、六、七、十、十四末署"益都李文藻覆校"；卷二、十一末署"顺德张锦芳覆校"；卷三、九末署"钦州冯敏昌覆校"；卷八末署"潮阳郑安道覆校"；卷十二末署"连平颜德润覆校"；卷十三末署"南海冯经覆校"；卷十五末署"顺德张锦麟覆校"；卷十六末署"长宁赵希潢覆校"。

据李文藻《易例》序，知此书乾隆三十八年刻于潮阳。校刊者张锦芳，字粲夫，号药房，一字花田，号曲红外史，广东顺德人，乾隆四十五年(1780)解元，五十四年(1789)进士，翰林院编修，博览群书，究心《说文》，工诗，善画，擅长刻印，与黄丹书、黎简、吕坚合称"岭南四家"，又与冯敏昌、胡亦常合称"岭南三子"，著有《逃虚阁诗钞》《南雪轩文钞》《诗馀》等。冯敏昌，字伯求，号鱼山，乾隆四十三年(1778)进士，广东钦州(今属广西)人，户部主事，工诗善书。冯经，字雁山，乾隆三十五年举人，广东潮阳人，官教谕。张锦麟(1749—1776)，字瑞夫，号玉洲，广东顺德人，乾隆三十三年举人，锦芳弟，兄弟并为翁方纲器重。赵希潢，字渭川，广东长宁人，乾隆四十四年(1779)举人，官安阳知县。以上数人皆为广东人，此书刻于广东无疑。

此书十一行二十二字，黑口，左右双边，双对黑鱼尾。

4.《春秋左传补注》六卷，清惠栋撰，清乾隆三十八年益都李文藻潮阳县衙(实为羊城)刻本

此书封面题："左传补注，潮阳县衙锓版。"卷端题："春秋左传补注。"无目次。卷一、二、三末署"益都李文藻覆校"；卷四、五末署"顺德胡亦常覆校"；卷六末署"顺德张锦芳覆校"。

胡亦常(1743—1773)，字同谦，一字君甫。广东顺德人。乾隆三十六年举人。少时已有诗名，与冯敏昌、张锦芳合称"岭南三子"，尤以五言为出色。有《赐书楼诗草》。

书末有李文藻乾隆三十九年(1774)跋："惠定宇先生《左传补注》六卷，向在京师假阅未及录。乾隆壬辰(按：三十七年)冬，历城周书昌寄副

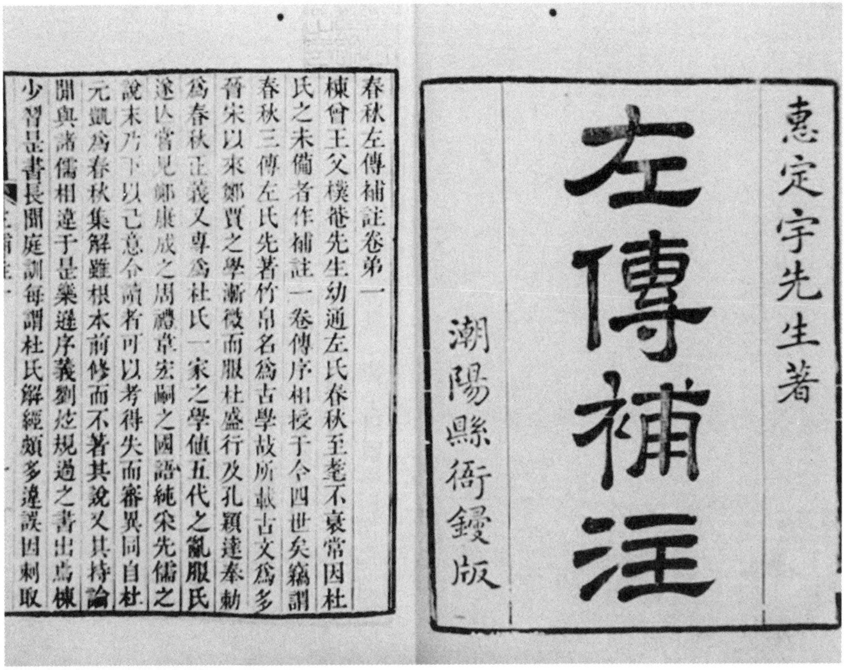
春秋左傳補註卷第一

棟曾王父樸菴先生幼通左氏春秋至耄不衰常因杜氏之未備者作補註一卷傳序相授于今四世矣竊謂春秋三傳左氏先著竹帛名爲古學故所載古文爲多晉宋以來鄭賈之學漸微而服杜盛行及孔穎達奉勅爲春秋正義又專爲杜氏一家之學値五代之亂服氏遂亾嘗見鄭康成之周禮韋宏嗣之國語純采先儒之說末乃下以己意令讀者可以考得失而審異同自杜元凱爲春秋集解雖根本前修而不著其說又其持論間與諸儒相違于是樂遜序義劉炫規過之書出焉棟少習是書長聞庭訓每謂杜氏解經頗多違誤因刺取

惠定宇先生著

左傳補注

潮陽縣衙鐫版

图 4:《春秋左传补注》书影

至羊城,乃戴东原先生手挍本。予覆挍其半,将府潮阳,以付顺德胡生亦常刻之。明年癸巳(按:三十八年)三月,胡生书至,云刻未竣而病。久之,始知其是月已死。其冬,予再至羊城,属顺德张君锦芳蒇其事,而胡生不及见矣。胡能诗古文,精六书,予辛卯分校乡试所得士,会试报罢,与东原同舟行月馀,慕其学。归益钻研经义,豁然有心得。而天弗假以年,惜哉。甲午二月益都李文藻记。"据此序可知,此书乾隆三十八年刻于羊城,由胡亦常和张锦芳二人相继续刻而成。

此书十一行二十一字,黑口,左右双边,单黑鱼尾。

5.《易例》二卷,清惠栋撰,清乾隆三十九年至四十年益都李文藻羊城刻本

此书无序,无封面。末有李文藻乾隆四十年跋:"惠定宇先生言《易》之书,予所见《周易述》《郑氏易》先有刻本。《周易古义》为九经中一种,癸巳岁(按:乾隆三十八年)予刻于潮阳。《易汉学》尝录而复失之。甲午(按:乾隆三十九年)十月,予自潮来羊城,周校书永年寄《易例》一册,亦先生所辑，中多有目无说，盖未成之书。然读先生之《易》者，非此无以发其凡。予以意厘为二卷，属顺德张明经锦芳校刊。乙未（按：乾隆四十年）夏再至，已蒇事。而《易汉学》一书，予座主少詹事钱公（按：钱大昕）有写本，当求而刻之。先生又有《左传补注》《尚书故考》，亦予所刻也。是年五月五日益都李文藻记。”

据此序，知此书乾隆三十九年刻于羊城，四十年刻成。所用为周永年底本，顺德张锦芳操办。

此书十一行二十二字，黑口，左右双边，单黑鱼尾。

6.《左传评》三卷，清李文渊撰，清乾隆四十年益都李文藻潮阳县衙刻本

文渊（1742—1767），字静叔，文藻弟，卒于乾隆三十二年（1767）。另著有《得心录》一卷、《遗文》一卷。

此书封面题：“李静叔左传评，乾隆乙未潮阳县衙锓版。”

前有钱大昕序：“益都李静叔，好学嗜古，手评左氏《传》，议论颇有出

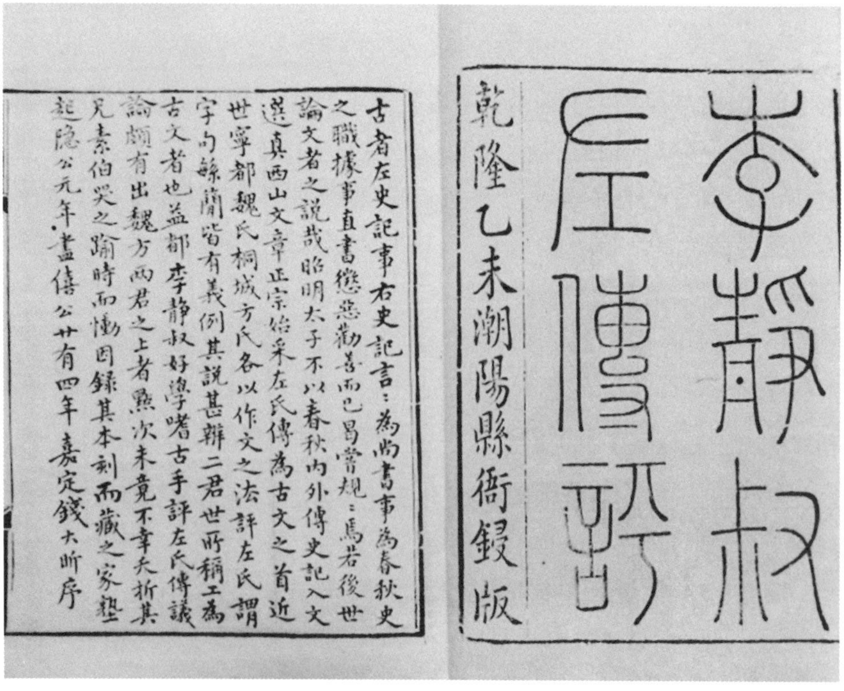
李靜叔左傳評
乾隆乙未潮陽縣衙鋟版

古者左史記事右史記言：為尚書事為春秋史之職據事直書懲惡勸善而已曷嘗規：焉若後世論文者之說哉昭明太子不以春秋內外傳史記入文選真西山文章正宗始采左氏傳為古文之首近世寧都魏氏桐城方氏各以作文之法評左氏謂字句餘蘭皆有義例其說甚辯二君世所稱工為古文者也益都李靜叔好學嗜古手評左氏傳議論頗有出魏方兩君之上者點次未竟不幸夭折其兄素伯哭之踰時而慟因錄其本刻而藏之家塾起隱公元年盡僖公廿有四年 嘉定錢大昕序

图5：《左传评》书影

魏、方两君之上者。点次未竟，不幸夭折。其兄素伯哭之，踰时而恸，因录其本刻而藏之家塾。”卷一下有乾隆三十年乙酉（1765）九日仅堂李文渊识。末有李文藻跋：“自为《墓志》且标其文可存者之目。予尽得其草稿而藏之，所读书盈三巨簏，键置其事，以付弟妻郇，予与平仲、季深皆不忍启视矣。己丑春，予将谒选，哭而启之，检得所评《左传》二册，才至僖公廿有四年耳。先是静叔好古文辞，壬午岁见周书昌于济南，归而潜心《易》《礼》两经，取古人图像传注罗而绎之者数年，以至于病且死，故他所评阅或未终卷。是书予携以入都，投学士嘉定钱公及瑞金罗君台山、馀姚邵君二云，皆以为可采而惜其未竟。其冬，予过里闬，平仲忽发箧取去，谓予自扬州入粤，舟行且七千里，书无副，虞其失也，予竟不能强。庚寅夏到官恩平，惟时展视其文及海内诸文匠所为表、传、哀辞，以抒予恸而已。辛卯冬，季深自新安回里视平仲。壬辰五月，予方移潮阳，而季深携此书之副复来。彝三年，至甲午（按：乾隆三十九年）冬，钱公以少詹事督广东学政，相见于羊城，即索观此书，且为之序。予乃厘为三卷，命之《左传评》以付梓，其城濮已后诸战，静叔自谓所见胜于方氏者，今集内尚未著笔，呜呼……乾隆乙未（按：四十年）四月廿五日伯兄文藻书。”

此书刊刻不易。首先李文渊视自己的著述如生命，手稿不轻易示人。其次其兄弟视手稿亦如生命，因为无副本，怕丢失，弟平仲竟将原藏于文藻箧中的手稿取走，三年后，由弟季深取回副本交文藻，又三年，文藻才于潮阳刻成。《山东通志·艺文志》作李文渊原刻本，不确。

此书十一行二十二字，黑口，左右双边，单黑鱼尾。

7.《蒿庵闲话》二卷，清张尔岐撰，清乾隆四十年益都李文藻潮阳县衙刻本

此书封面题：“乾隆乙未锓，潮阳县衙存版。”

十一行二十二字，黑口，左右双边，单黑鱼尾。

8.《谈龙录》一卷，清赵执信撰，清乾隆四十年益都李文藻潮阳县衙刻本

此书与《蒿庵闲话》合一册。封面题：“乾隆乙未锓，潮阳县衙存版。”

十行二十三字，黑口，左右双边，单黑鱼尾。

9.《声韵考》四卷，清戴震撰，清乾隆三十七年至四十年间益都李文藻潮阳县衙刻本

此书封面题："潮阳县署锓版。"

十一行二十二字，小字双行二十二字，黑口，左右双边。

10.《凤墅残帖释文》二卷，清钱大昕撰，清乾隆三十七年至四十年间益都李文藻潮阳县衙刻本

此书与《声韵考》《石刻铺叙》合一册，封面题："潮阳县署锓版。"

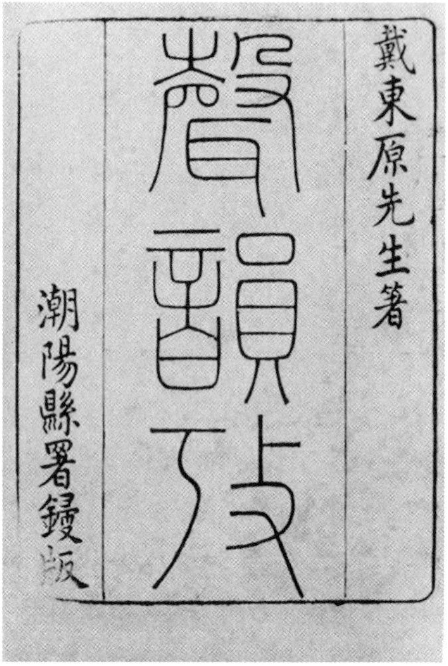

图6:《声韵考》书影

前有乾隆三十四年九月嘉定钱大昕书《跋凤墅法帖》。

十行二十一字，黑口，左右双边，单黑鱼尾。

11.《石刻铺叙》二卷，宋曾宏父撰，清乾隆三十七年至四十年间益都李文藻潮阳县衙刻本

此书与《声韵考》《凤墅残帖释文》合一册。封面题："潮阳县署锓版。"

末有乾隆三十四年钱大昕跋："去春得宋庐陵曾氏《凤墅法帖》二册于钱塘，今来都门，闻益都李南涧抄得《石刻铺叙》，亟假归，手写而藏之。……乾隆己丑九月二十二日嘉定钱大昕书于官菜园寓舍。"

此书十一行二十一字，黑口，左右双边，单黑鱼尾。

12.《三事忠告》四卷，元张养浩撰，清乾隆三十六年至四十年益都李文藻广东刻本

此书单独一册，无封面题署，不知在何地所刻。后有康熙二十四年(1685)张养浩九世孙张家声跋，此书或康熙年间刻过，但据《四库全书总目》，未提及刻过之事。

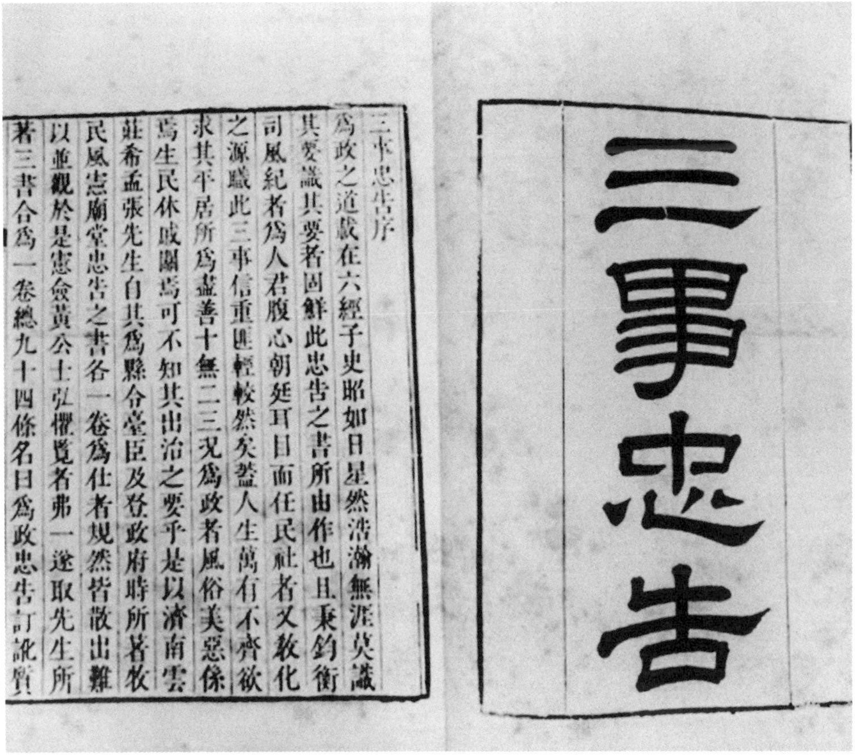
三事忠告

三事忠告序
爲政之道載在六經子史昭如日星然浩瀚無涯莫識
其要識其要者固鮮此忠告之書所由作也且秉鈞衡
司風紀者爲人君腹心朝廷耳目而任民社者又教化
之源職此三事信重匪輕較然矣蓋人生萬有不齊欲
求其平居所爲盡善十無二三況爲政者風俗美惡係
焉生民休戚關焉可不知其出治之要乎是以濟南雲
莊希孟張先生自其爲縣令臺臣及登政府時所著牧
民風憲廟堂忠告之書各一卷爲仕者規然皆散出難
以並觀於是憲僉黃公士弘懽覽者弗一遂取先生所
著三書合爲一卷總九十四條名曰爲政忠告訂訛質

图 7:《三事忠告》书影

十一行二十一字,黑口,左右双边,单黑鱼尾。

综上,李文藻刻《贷园丛书初集》,大多在书中明确标有刻书时间和刻书地,刻书行款不一,多为十一行二十一、二十二字,或为十行本,版框大小不一,盖非一时一地所刻。

二、李文藻广东刻书意义探析

(一)刻书数量:居鲁人在粤刻书第一位

清代山东人在广东刻书始于新城王士禛,康熙四十年(1701),王士禛在广东刻《居易录》三十四卷。之后,历任广东新宁、花县、宝昌、潮阳县知县的胶州黄立世于乾隆二十四年(1759)在花县为其师冯文炌刻《柏荫堂诗钞》一卷。目前所知,在李文藻之前,山东仅有此二人在广东刻书两种,而大规模的刻书则始于李文藻。李文藻一生以刻书为业,共刻书二十馀种,在广东刻者达十三种,是山东人在广东刻书最多者。

李文藻之后,鲁人在粤刻书者层出不穷。乾隆五十九年(1794),胶州法坤宏在广东西湖街六书斋刻《春秋取义测》十二卷;嘉庆十一年(1806)、十二年(1807),官广东开平知县的济南朱曾武先后在广东刻《唐诗绎律初集》四卷、《四书字义说略》二卷;道光元年(1821),利津李端照于羊城刻其祖父李源《历代纪元考》一卷;道光七年(1827),历城李廷芳在广东刻《湘浦诗钞》二卷、《赋钞》一卷、《试帖》二卷;道光二十五年(1845)至二十八年(1848),任广东巡抚的宁阳黄恩彤先后刻《名宦传》二卷、《于文定公读史漫录》二十卷、《粤东省例新纂》八卷、《憩亭赋稿》一卷、《使粤诗草》二卷、《忘余诗草》一卷;道光二十七年(1847),诸城李璋煜先后在潮州刻《潮州耆旧集》《朱子小学集解》《孝经集解》《吕氏小儿

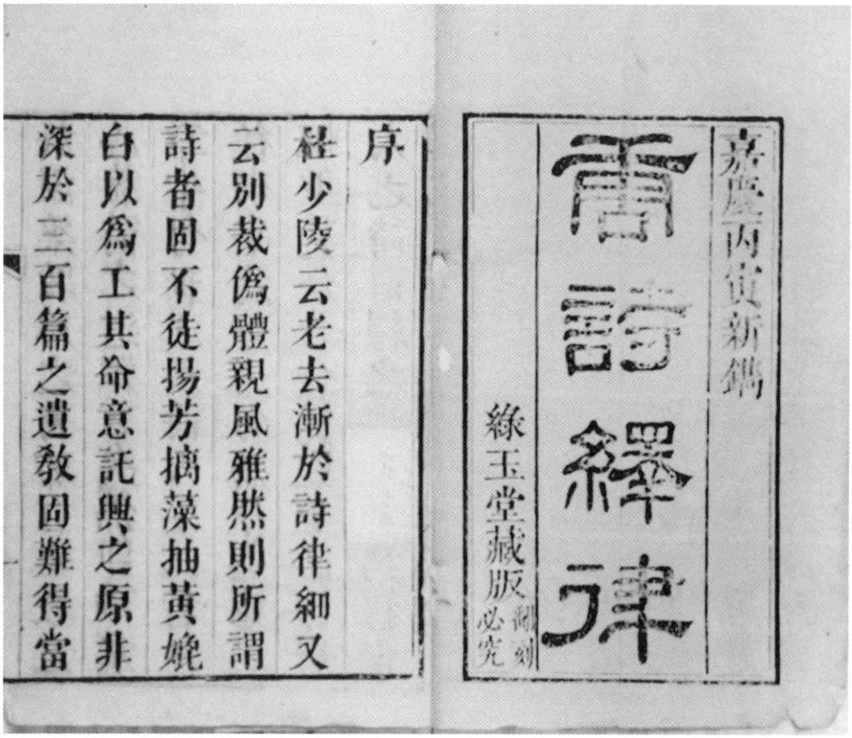

图8:济南朱曾武刻《唐诗绎律初集》

语》《续小儿语》《视己成事斋官书》;同治七年(1868)至八年(1869)间,曲阜郑晓如在广东刻《郑氏四种》,刻书铺为广州华文堂;同治九年(1870),时任广东巡抚的济宁李福泰于龙藏街萃文堂刊许鸿磐《尚书札记》四卷,附于阮元所刻《皇清经解》之后,同时刊刻的还有《六观楼文集拾遗》一卷;光绪四年(1878),时任广东巡抚的潍县张兆栋刻自撰《凤翔纪事诗存》一卷;光绪十七年(1891),济宁孙氏于羊城刻孙楫《郭亭诗稿》。

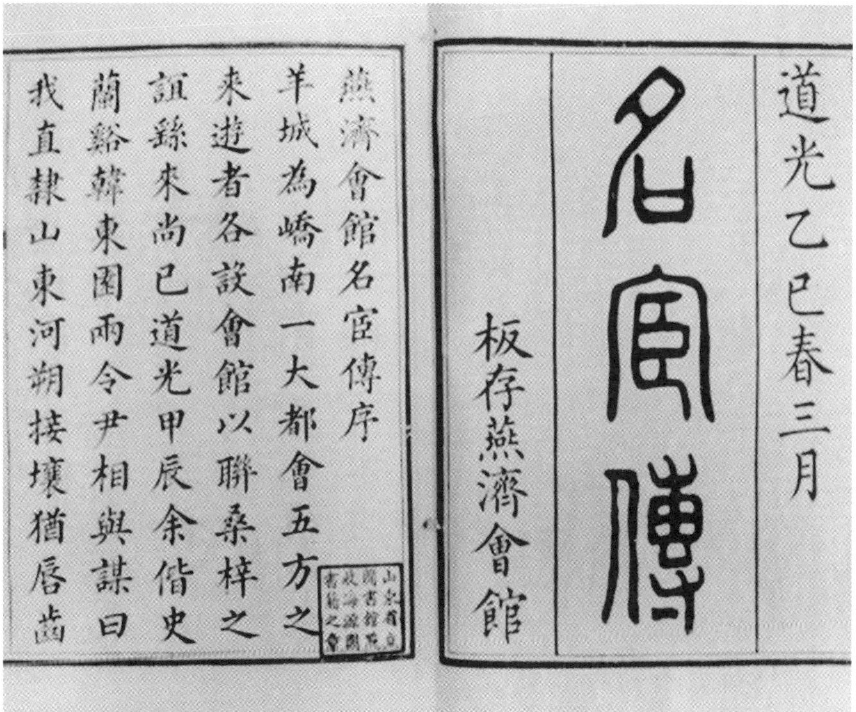
道光乙巳春三月

名宦傳

板存燕濟會館

燕濟會館名宦傳序

羊城為嶠南一大都會五方之

来遊者各設會館以聯桑梓之

誼錄来尚已道光甲辰余偕史

蘭谿韓東園兩令尹相與謀曰

我直隸山東河朔接壤猶唇齒

图 9:宁阳黄恩彤刻《名宦传》

图 10:诸城李璋煜刻《潮州耆旧集》

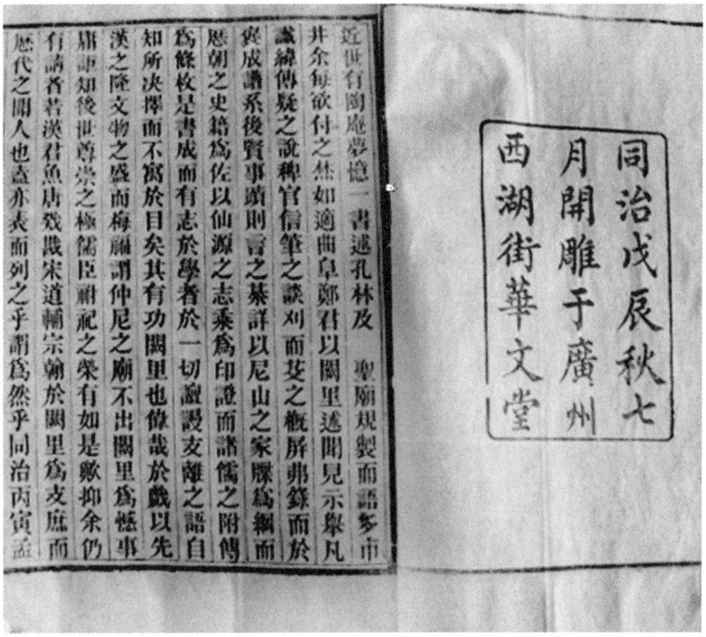

图 11:曲阜郑晓如刻《郑氏四种》

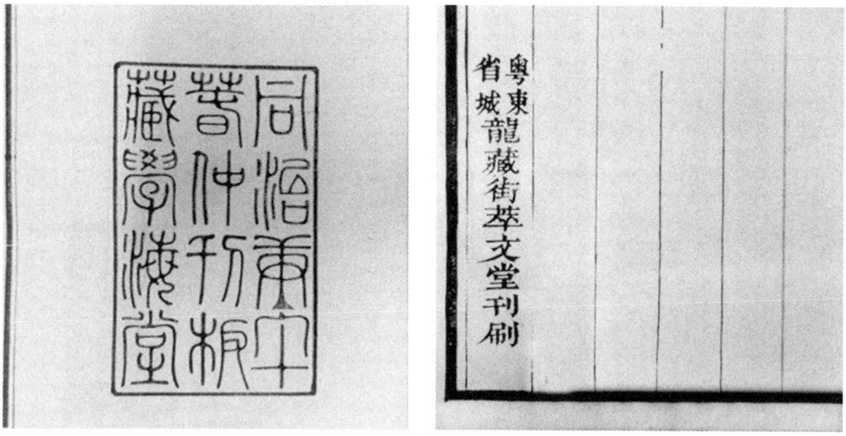

图 12:济宁李福泰刻《尚书札记》

(二)刻书内容:立足山东人著述

李文藻广东所刻书大多关乎山东文献。

《山左明诗抄》是明代山东人的诗歌选集,是继卢见曾《国朝山左诗钞》之后,对山东明人的诗歌进行的汇辑和总结。这样,明清两代的山东人诗歌得到了梳理。这样的梳理在中国文学发展史上有着非常重要的意义。因为明清两代,山左诗最盛,尤其是嘉靖以后“前后七子”中的边贡、李攀龙所引领的复古热潮,拉开了山左诗坛振兴的旗帜。到了清代,山左诗空前繁荣,逐渐取代了江浙诗派在诗坛的地位。在这个时候,对山左诗人的诗歌进行发扬与传播,无疑奠定了山左诗人在诗歌史上的地位。同时,此书的刊刻,激发了后来对山东诗歌的进一步整理,如上林张鹏展辑刻《国朝山左诗续钞》《补钞》,历城余正酉辑刻《国朝山左诗汇钞后集》等,使得山东人诗歌得到了全面的展示与清理,并由此掀起了各地辑刻当地先贤诗文的热潮,规模盛大。可见此书刊刻意义之大。

《贷园丛书初集》亦关注山东人的著述,如张养浩、张尔岐、赵执信、李文渊,尤其是张尔岐,他的著述多未见刊刻,虽然顾炎武称“卓然经师,吾不如张稷若”,但对一位布衣来说,若非李文藻等人刊刻其著述,他的思想又能为多少人了解,不可得知。

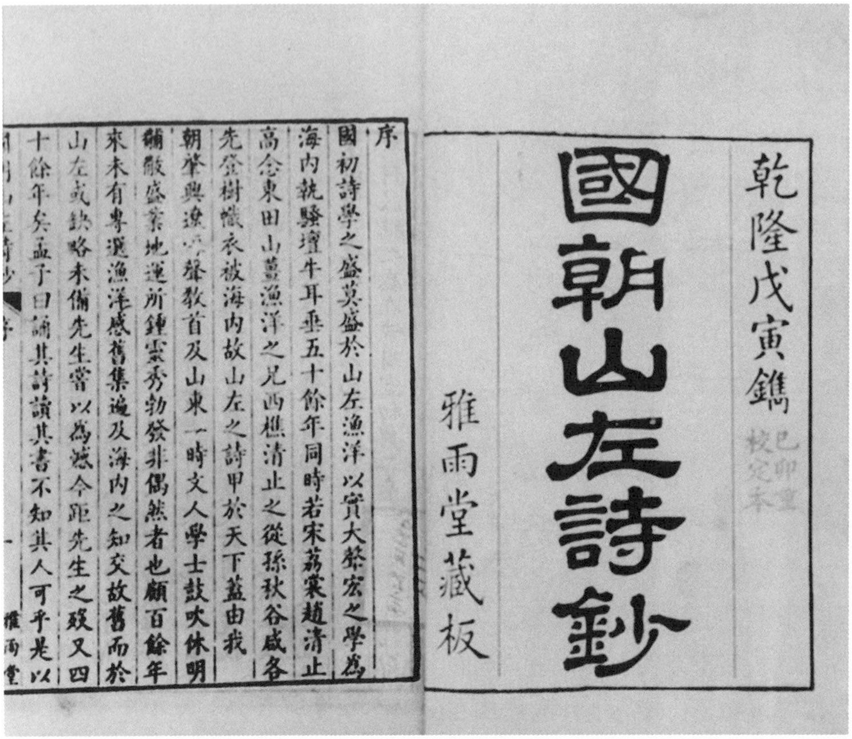

乾隆戊寅鐫
國朝山左詩鈔
雅雨堂藏板

序
國初詩學之盛莫盛於山左漁洋以實大聲宏之學為
海內執騷壇牛耳垂五十餘年同時若宋荔裳趙清止
高念東田山薑漁洋之兄西樵清止之從孫秋谷咸各
先登樹幟衣被海內故山左之詩甲於天下蓋由我
朝肇興漁[illegible]發教首及山東一時文人學士鼓吹休明
黼黻盛業地運所鍾靈秀勃發非偶然者也顧百餘年
來未有專選漁洋感舊集遍及海內之知交故舊而於
山左或缺略未備先生嘗以為憾今距先生之歿又四
十餘年矣孟子曰誦其詩讀其書不知其人可乎是以

图 13：德州卢见曾刻《国朝山左诗钞》

（三）刻书旨趣：揭示学术研究新成果

李文藻刻书关注学术发展，揭示最新研究成果。

《贷园丛书初集》十二种，内容上多为经部书，除宋人著述一种，元人著述一种外，其馀皆为当代学人著述。这些学人多为考据学家，如戴震、惠栋、江永。

李文藻所处的时代，正是乾嘉学术兴盛之时，考据大兴，对于这些考据学家的著述，李文藻不遗馀力地搜集刊刻，一是源于他与钱大昕的师生关系，而钱大昕又与惠栋为忘年交，钱大昕、戴震、李文藻三人为至友；二是因为李文藻本身就是一个考据学家。在他中进士时，他就与周永年担任了《泰安府志》的分纂，此志考证精详，注重引用书目，共引用书目 418 种。乾隆二十七年（1762），李文藻应诸城县知县宫懋让之邀，主纂《诸城县志》。乾隆三十八年（1773），李文藻又应历城县知县胡德琳之请，与著名藏书家、好友周永年一起主纂了《历城县志》。对于李文藻主纂的诸城、历城两志，著名学者梁启超也给予很高评价：“注意方志之编纂方法，实自乾隆中叶始……李南涧历城、诸城两志，全书皆纂辑旧文，不自著一字，以求绝对的征信。后此志家，多踵效之。”①李文藻生活于乾隆朝的承平时代，这一时期是我国地方志编修史上的鼎盛时期，方志理论的研究和争鸣也空前活跃，并且形成了撰著、纂辑两大流派。李文藻主张修志用纂辑之法。近人朱士嘉也把李文藻放在纂辑派代表人物的首位，足见李文藻对于清代纂辑派修志实践和理论研究的开创之功。

所以，作为北方朴学代表，李文藻关注经部书尤其是韵书是很自然的事情，李文藻刻书的目的很单纯，即顺应当时考据学的发展，刊刻考据学家的作品以弘扬他们的治学方法。

（四）刻书方式：充分利用广东资源

《贷园丛书初集》的刊刻时间集中于乾隆三十六年至四十年。刻书地主要在恩平和潮阳。其中，潮阳所刻尤多，因他在此为官时间稍长。三十六年五月刻江永《四声切韵表》于恩平；六月刻江永《古韵标准》，恩平刻版，潮阳存版；三十八年刻惠栋《九经古义》于潮阳，刻惠栋《春秋左传补注》，署“潮阳县衙锓版”，由胡亦常和顺德张锦芳接续校刊于羊城；三十九年委托顺德张锦芳在羊城刻惠栋《易例》，四十年五月刻成；四十年刻李文渊《左传评》、张尔岐《蒿庵闲话》和赵执信的《谈龙录》于潮阳；三十七年至四十年间于潮阳刻戴震《声韵考》、钱大昕的《凤墅残帖释文》、曾宏父的《石刻铺叙》；三十六年至四十年间刻张养浩的《三事忠告》。在这五年中刻书共十二种，比较密集。

李文藻之所以能在五年之内刻成十二种书，并且校勘精审，刊印精良，学术价值很高，这与广东当地的刻书资源密不可分。

首先是在书籍的校勘上，多仰赖广东当地人。如《九经古义》的刊刻涉及多位当地有名的文人，或书法家，或诗人，他们皆有一技之长，校订之功尤巨。而在刻书的实际操作上，张锦芳、胡亦常为最得力之人，他们常在羊城替李文藻具体操办刻书事宜。

---

①梁启超：《清代学者整理旧学之总成绩》下册，北京：商务印书馆，1999。

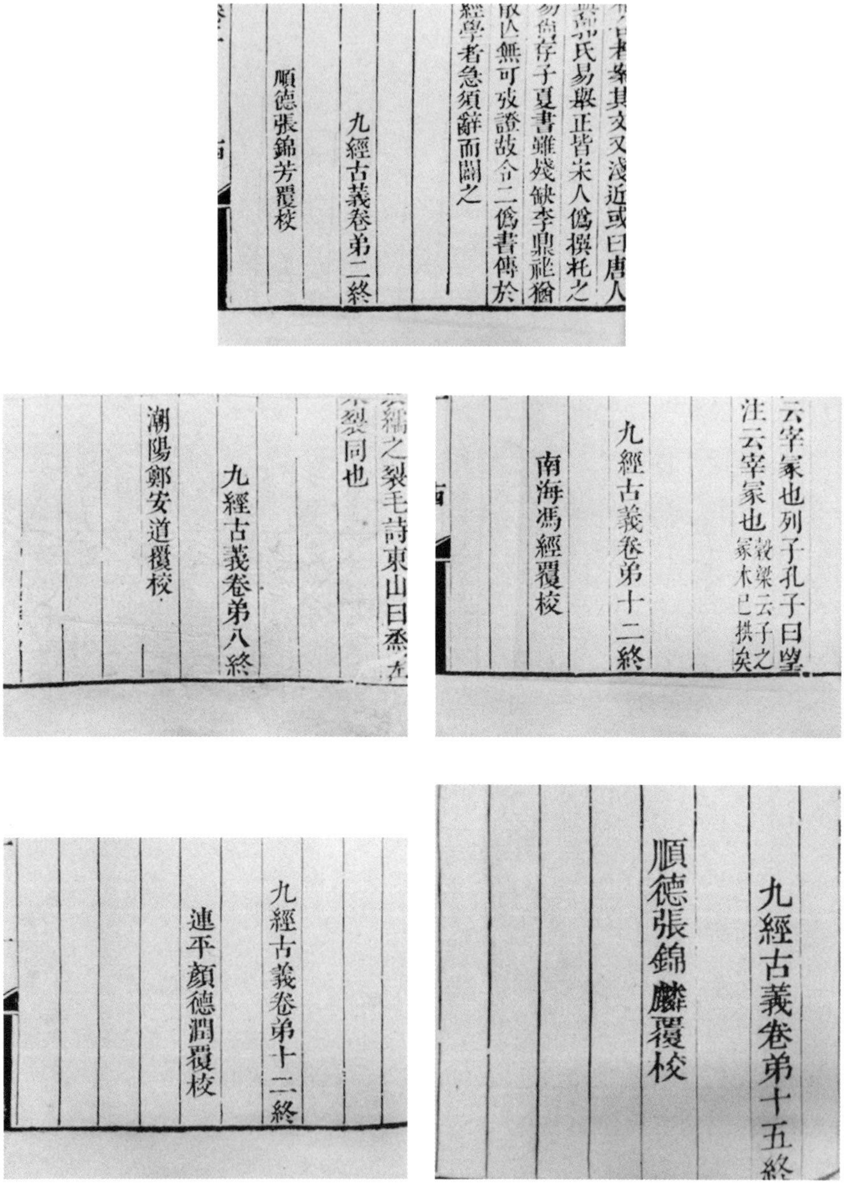
氏易與正皆宋人僞撰托之
易僞存子夏書雖殘缺李鼎祚猶
取以無可攷證故今二僞書傳於
經學者急須辭而闢之
九經古義卷弟二終
順德張錦芳覆校

穪之裂毛詩東山曰烝在
裂同也
九經古義卷弟八終
潮陽鄭安道覆校

云宰冢也列子孔子曰望
注云宰冢也穀梁云子之冢木巳拱矣
九經古義卷弟十二終
南海馮經覆校

九經古義卷弟十二終
連平顏德潤覆校

九經古義卷弟十五終
順德張錦麟覆校

图 14:《九经古义》校勘者

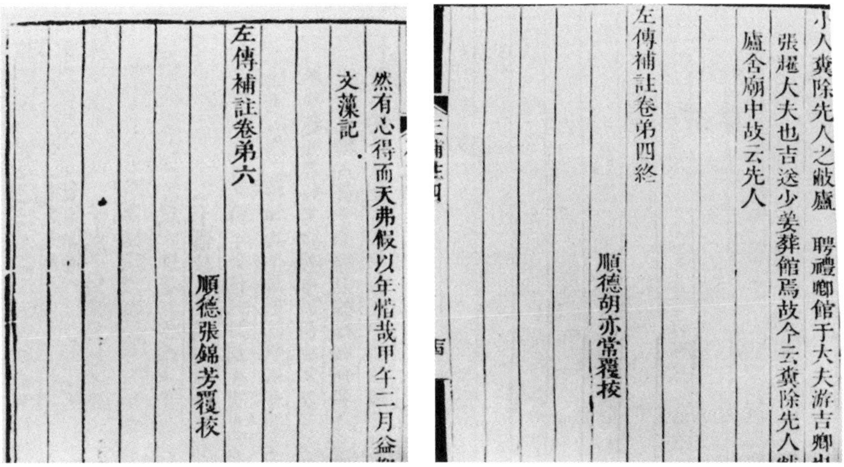
然有心得而天弗假以年惜哉甲午二月益
文藻記
左傳補註卷弟六
順德張錦芳覆校

小人糞除先人之敝廬　聘禮卿館于大夫游吉卿
張趯大夫也吉送少姜葬館焉故今云糞除先人
廬舍廟中故云先人
左傳補註卷弟四終
順德胡亦常覆校

图 15:《春秋左传补注》校勘者

其次是在书籍的刊印上,广东拥有优良的刻书传统。曾被陈振孙《直斋书录解题》称“福清曾噩子肃刻板五羊漕司,字大宜老,最为善本”的《新注校定集注杜诗》就是南宋广东刻本。林子雄《宋元时期广东刻书》①引张秀民在《中国印刷史》的说法:“值得注意的广南东路的潮州,刻书为岭南之冠……宋代潮州刻书多至三十四种,共一万八百九十板。”而李文藻在广东刻书最多的地方就是潮阳,隶属潮州府。罗志欢《明清广东刻书质量考述》②一文中说,乾隆年间,广东民间雕版印刷业发展迅速,成为书籍的主要产地之一,最著名的是广东顺德县的马冈村,后来逐渐发展到广州和佛山。咸丰《顺德县志》载,顺德马冈妇孺皆能镂版,工价低廉,外地书商携书入粤所刻书版,“见者以为苏板”,说明顺德马冈所刻书质量之高。今见李文藻所用校订之人,张锦芳、张锦麟、胡亦常三人均为顺德人。而羊城在清代已是广东刻书中心,清代末期,羊城的坊铺达 120 多家,西湖街六书斋最为有名,乾隆至道光间,多名山东人在六书斋刻书,李文藻就有两部书在羊城刻成。

(五)刻书特点:关注版本

李文藻是刻书的行家,刻书注重版本。他对每部书的版本来源十分

①林子雄:《宋元时期广东刻书》,《图书馆论坛》2015 年第 12 期。
②罗志欢:《明清广东刻书质量考述》,《文献》2006 年第 2 期。

清楚，在底本的选择上尽量用稀见之本。

《蒿庵闲话》据国家图书馆藏此书真合斋磁版前王献唐跋语，知当是周永年所藏，李文藻从而钞刻，为少见之本。此书乾隆三十二年（1767）钞本现存上海图书馆。

《谈龙录》的版本众多。此书成于康熙四十八年（1709），卢见曾扬州刻本最早，在乾隆三十三年前所刻，但被《四库全书总目》诟病，认为随意删改内容，调和王、赵二人的观点，不被认可。其次是乾隆三十九年《饴山诗文集》家刻附本，未失原貌。此本紧随其后，虽然与家刻本几乎同时，但一南一北，扩大了赵执信在南方的影响，在诗坛尚在"神韵派"把持的情况下，此书的刊刻，为清中期诗风的转变开启了新的契机。

李文藻刻《石刻铺叙》固然与他性嗜金石有关，常携仆人刘福善及纸墨随时椎拓，但还有另外一个原因，即此书罕见，流传不广。在李文藻刻本前，经宋、元、明、清四朝，《石刻铺叙》一直以抄本流传，据《中国古籍善本书目》，现存的抄本在李文藻刻本前有：明范氏卧云山房抄本，清朱彝尊抄本，清佚名抄本二部，清雍正元年（1723）何堂家抄本，清乾隆二十五年（1760）董兆元抄本。李文藻此抄本所据底本不详。他的刻本是现存此书的最早刻本，在版本学上有着重要的意义，对宋人作品的流传起到了重要的作用。

《三事忠告》包括三种：《牧民忠告》二卷，《风宪忠告》一卷，《庙堂忠告》一卷。元明两代，张养浩此书，或以三书立名，或以《三事忠告》立名，或以《为政忠告》立名，刊刻多次。清朝，由山东人刊刻的只有两次：一次是李文藻刻，名《三事忠告》；一次是尹济源刻，名《为政忠告》。李文藻本在前，被四库馆选为《四库全书》底本，可见其刊刻之精善。尹济源本后出，在道光年间，所据为元刻本，因贴近原本，较他本更优。

王献唐先生在《李南涧之藏书及其他》①一文中说："综观南涧生平，有可纪述者四事：一曰藏书，二曰读书，三曰刻书，四曰著书。藏书而不能研读，如不藏等；读书而不能流通，但供一己之受用，与人群何豫？刻书而

①王献唐：《李南涧之藏书及其他》，载《山东省立图书馆季刊》1931年第一集第一期。

无学识以济之，则斠校不精，鉴别不明。故善藏书者，必能读书；善读书者，必能刻书；善刻书者，必能著书。以自身求书之不易，推及他人，故能藏者必能刻。以自身探讨之心得，启示他人，故能读者必能著。南涧有四者兼备之长，抱利己利他之愿，求诸历代藏书家中，实为少睹。”言南涧既读书又著书，既藏书又刻书，四者兼备，献唐先生所言极是。

右文斋藏山东文献述略

刘洪金
（私人藏书家）

余少时即好读书为文，弱冠负笈岭南，入读中山大学中文系，乃少窥治学门径。毕业后，暇时好游书肆。廿年前，始钟情于线装古籍之收藏，从此遨游书山，与古为徒，一发而不可收。闻有佳本秘籍，食不甘味，夜不能寐，必欲得之而后心安，虽举债亦不辞也。得之则细心侍弄，着意护持。晴窗展读，如沐春风；夜深把卷，似对佳人。此中乐趣，不足为外人道也。人谓我为“书痴”，我亦欣然受之。廿年来，不避寒暑，不畏劳苦，东西求索，南北奔走，足迹遍及全国，交游略无虚日，终于聚少成多，积至近四千册，一万余卷，乃辟专室曰“右文斋”庋藏焉。

右文斋中书，以清代为主，上追明季，下及民国，四部皆备，品类略具。其中尤以齐鲁乡邦文献为藏书之大宗。

山东文献，包括山东人著作、外地人写山东之著作、山东刻印书，以木刻本为主，另有部分木活字本、铅活字本、石印本、钤印本、稿抄校本、拓本，总数五百余种，大多首尾完整，保存良好，史料价值、文物价值、艺术价值兼具。

今特将寒斋所藏山东文献，择其要者略加条理，绍介如次。

一、藏书中之孤本、稀见本

以下数种未见任何书目著录，可称孤本：《安德诗搜》道光丙申年（1836）李清渭刻本、《大莹、东武诗草合编》光绪壬寅年（1902）刻本、《利津李氏考卷》嘉庆己卯年（1819）刻本、《莒县崇俭行善会章程》民国刻本、《客途纪录》宣统三年（1911）烟台诚文信铅印本。

《金石录》顺治七年（1650）谢世箕刻本，黄永年先生《清代版本图录》云："传世无多，乾隆中雅雨堂刊刻时即云'近代济南谢氏刻本亦但见其影抄者'矣。"

《古香堂六种》乾隆癸丑年（1793）刻本，其中两种《杯湖欸乃》《杏花村琴趣》（合称《巏嵍山人词集》），著名藏书家黄裳先生《来燕榭读书记》谓其罕传。右文斋所藏六种完整无缺，更显珍罕。

《半奎楼集》咸丰二年（1852）仁附堂刻八卷本，刻成之后与《说文解字义证》书版同毁于战火。民国学者在撰写《续修四库全书总目提要》时曾见过此书，然时至今日，此版本国内公共图书馆均已不存。

《玉函山房辑佚书》为辑佚巨著，同治十年（1871）济南皇华馆书局汇印成书，光绪十年（1884）章丘李氏重印本陈锦序云："同治辛未，省垣书局补刻缺叶，加总目于其首，印出数十部，海内好古之士，争购不遑。"今传世此书以光绪印本为多，同治印本颇为少见。

《楹书隅录》光绪二十年（1894）海源阁刻本，据海源阁研究专家丁延峰先生考证，此书初刻初印本仅中国科学院图书馆藏有一部，其余公藏皆为光绪二十一年（1895）柯劭忞补跋二次刷印本。宣统三年（1911）董康得书版补刻，则又等而下之。今人《清人书目题跋丛刊》《续修四库全书》均以董康补刻本为底本影印，版本目录学家王绍曾先生《订补海源阁书目五种》，亦以董刻本为底本点校，可见初刻初印本之孤罕。

他如《太华太白纪游略》光绪甲申年（1884）焦护刻本、《出山草续存》宣统元年（1909）刻本、《清画家诗史》光绪至民国间刻本，以及十余种乡试朱卷等，皆为罕传之本。

另不见载于《山东通志·艺文志》《山东文献书目》者更是所在多有，可补公藏之不足。

二、藏书中之稿、抄、校本

右文斋所藏稿、抄、校本二十余种，大多未见刊行。

《出劫纪略》为研究丁耀亢生平之珍贵资料，寒斋所藏为早期抄本。

《其楼杂记》作者张宪诰名不显于经传，然其杂记为时人所重。此作记鲁东南一带风物、人文、传奇故事，文笔简洁清丽，内容丰富，可与蒲松龄《聊斋志异》比美。是书遍查诸家书目均无记载，孤传秘本入藏寒斋，冥冥中如有神助。

《周易本义引蒙》（清稿本）、《夏小正释义》（清抄本）、《种蕉听雨轩诗抄》（清抄本）、《偷闲吟》（清稿本）、《傅少虞先生文抄》（民国十笏园清稿本）皆为难得之齐鲁先贤著述。

诸城水西王氏为世家望族，以王中孚为首之王氏子弟诗作颇丰，然甚少刊刻，多以抄本传世，寒斋藏有《蓼溪诗集》《蓼溪诗选》《痴生诗草》《信可庵诗抄》《牧坡居士诗》《王氏诗草》等精抄本数种，为王氏家族世代相传之物。

《东皋府君行述》可为了解窦光鼐生平提供最翔实之史料。

《方舆考证总部》书前有作者许鸿磐识语，言其为两部誊清稿本之一。

它如《泰山游览指南》《瘟病集腋》亦为未刊稿本，《韩昌黎诗集编年笺注》为王金策批校本，均可为架上增色。

三、藏书中之精刻精印本

有清一代，山东刻书不乏精品，寒斋所藏，亦有可称道者。

《迂斋学古编》乾隆海上庐刻本、《为政忠告》道光辛卯年（1831）碧鲜斋刻本，此两种刻本王献唐先生于《双行精舍书跋辑存》中对其赞赏备至，称为清代手书上版精写刻本之代表，右文斋藏本初刻初印，得之不易。

《蔡中郎集》咸丰二年（1852）东郡杨氏海源阁刻本、《惜抱先生尺牍》咸丰五年（1855）海源阁刻本，均以刊刻精美而备受藏家追捧，二书后世均有翻刻本，原刻本颇为难得。

《攈古录金文》光绪二十一年(1895)刻本,佳纸精印,开本阔大,为王懿荣进奉内廷初印十部之一,珍贵自不待言。

《历代画像传》《初学人物十八则》《菊谱传真》为潍县乡绅丁善长精心创作,以名贵黄杨木制版,而非常用之梨木或枣木(此事王献唐先生手札、郭兰村先生回忆文章均有述及),人物画法极为高超,写工、刻工亦能传其神韵。自此书出,北方版刻始得扬眉,堪称山东清代精刻之典范。

它如《佳山堂诗集》康熙古吴朱士儒刻本、《杞田集》康熙庚寅年(1710)春岑阁刻本、《金石图》乾隆十年(1745)刻暨拓本、《刘文清公遗集》道光六年(1826)味经书屋刻本、《长安获古编》东武刘氏刻本、《石莲庵汇刻九金人集》海丰吴氏石莲庵刻本、《韵香阁诗草》光绪十二年(1886)刻本、《仿古粹编》民国十三年(1924)问月轩刻暨钤印本、《北海人范》民国丁丑年(1937)潍县和记印刷局石印本等,均以刻印精美而为藏书家所钟爱。

四、藏书中之东武刘氏家族专题

东武刘氏为山左望族,刘墉之书法、刘喜海之金石收藏研究称誉海内,寒斋所藏二人著述数十种,择其要者列目如次:

《刘墉行书》　嘉庆三年(1798)拓本

《清爱堂石刻》　嘉庆十年(1805)刘镮之石刻拓本

《清爱堂墨刻》　嘉庆十年(1805)刘镮之石刻拓本

《刘文清公遗集》　道光六年(1826)味经书屋刻本

《刘氏贡举文集》　道光丙申年(1836)清爱堂刻本

《宝刻类编》　道光十八年(1838)嘉荫簃刻本

《金石苑》　道光丙午年(1846)刻本

《论泉截句》　道光刻本

《刘文清公法书(曙海楼帖)》　咸丰戊午年(1858)沪上王庆勋石刻拓本

《长安获古编》　东武刘氏家刻本

《东武刘氏诗萃》　民国十二年(1923)刘氏爱闻簃石印本

《海东金石苑》　民国嘉业堂刻本

《嘉荫簃集》　民国《咫园丛书》木刻红印本

另有刘喜海藏拓三十余种一百余纸,为刘氏审定寺庙吉金拓片,经著名收藏家戚叔玉递藏,弥足珍贵。

五、藏书中之路大荒旧藏专题

路大荒先生为著名聊斋学研究先驱、版本目录专家,学术造诣精深。右文斋藏书中有先生旧藏十余种,或为先生手书,或为其批校题跋,皆为先生编辑《聊斋文集》时之底本或参考资料。近年路先生藏书陆续散出,右文斋竭力搜罗,所得独多,为保存先贤遗珍可谓尽心竭力。要目如次:

《藏书百咏》　邢蓝田撰　路大荒抄本

《明湖波影录、聊斋偶存草》　路大荒抄本

《聊斋制艺》　蒲松龄撰　路大荒抄本

《聊斋诗集卷四之卷五目录、聊斋诗集续录目录、南游诗草附文目录》　蒲松龄撰　旧抄本　路大荒校(其中"续录目录"、"南游诗草附文目录"为路大荒手书)

《聊斋诗集续录第二册》　蒲松龄撰　路大荒抄校

《聊斋诗萃》　蒲松龄撰　冯继照选　旧抄本　路大荒校

《聊斋文集》　蒲松龄撰　旧抄本　路大荒校

《聊斋先生墙头记四回》　蒲松龄撰　旧抄本

《聊斋四六文集》　蒲松龄撰　旧抄本

《聊斋志异未刊稿》　蒲松龄撰　潍县刘阶平编　民国铅印本　刘阶平签赠　栾调甫跋

《草木传十回》　蒲松龄撰　旧抄本

《慈悲曲》　蒲松龄撰　旧抄本

《聊斋问天词、书札》　旧抄本

六、藏书中之山左印谱专题

清代山左金石收藏研究领先全国,相应带动印学发展。右文斋藏山左印谱三十余种,无论集古印谱抑或流派印谱,多为不经见之品,要目如次:

《稽庵古印笺》 光绪乙酉年(1885)保铸山房钤印本

《古印偶存》 光绪十六年(1890)钤印本

《续齐鲁古印攈》 光绪十七年(1891)潍县郭氏钤印本

《印揭》 光绪十七年钤印本

《撷华斋古印谱》 光绪二十一年(1895)钤印本

《印寄》 光绪二十六年(1900)潍县梁孝昌辑印本

《双虞壶斋印存》 清钤印本

《得壶山房印寄》 清钤印本

《十钟山房印举》 民国十一年(1922)上海商务印书馆影印本

《仿古粹编》 民国十三年(1924)问月轩钤印本

《周句鑃斋印选》 民国东武王氏鄦阁钤印本

《陈簠斋先生藏秦汉印选粹》 民国陈君善钤印本

《聂松岩印谱》 乾隆癸酉年(1753)阅微草堂钤印本

《松筠桐荫馆印谱》 乾隆四十二年(1777)钤印本

《松雪堂印萃》 乾隆钤印本

《印法集成》 乾隆胶州法氏钤印本

《印文详解》 道光二十八年(1848)文石阁钤印本

《醉石山房印草》 光绪辛卯年(1891)亖山堂钤印本

《津西堂初选印券》 光绪丙午年(1906)钤印暨石印本

《有怀堂印存》 清钤印本

《云浦印存》 清钤印本

《松年印谱》 清钤印本

《石隐印稿》 清钤印本

《隐厚堂印谱》 民国钤印本

其中《印寄》《周句鑃斋印选》《陈簠斋先生藏秦汉印选粹》《印法集成》《有怀堂印存》《云浦印存》《松年印谱》《石隐印稿》仅见于右文斋，余之书缘可谓不浅。

七、藏书中之方志、族谱专题

国有史，邑有志，族有谱。方志、族谱者，地方变迁、家族繁衍之见证，历史文献之渊薮。余用力访求潍坊地区方志、族谱，得数十种，择其要者列目如次：

《益都县志》　康熙刻本

《益都县图志》　光绪丁未年(1907)益都官舍刻本

《昌邑县志》　乾隆七年(1742)刻本

《潍县志》　乾隆二十五年(1760)刻本

《诸城县志》　乾隆甲申年(1764)刻本

《临朐县志》　光绪十一年(1885)木刻红印本

《高密县志》　民国二十四年(1935)铅印本

《景芝赵氏族谱》　咸丰乙卯年(1855)祠堂藏板

《昌邑姜氏族谱》　同治九年(1870)刻本

《北岩黄氏家谱》　光绪戊子年(1888)忠恕堂刻本

《高密单氏家乘》　宣统二年(1910)刻本

《安邱曹氏族谱》　清抄本

《潍县郭氏族谱》　民国二十五年(1936)铅印本

《安邱张氏族谱》　民国石印本

以上仅就右文斋所藏述其大略。寒斋所蓄，皆节衣缩食觅得，虽无宋椠元刊，惊世秘本，特以得之不易，故虽片纸只字亦不忍弃，时有敝帚自珍之感。余虽已届知天命之年，然于学术毫无建树，稍可自足者，唯藏书耳。近年来，蒙诸君不弃，将寒斋部分藏书纳入"山东文献集成""中华民间珍藏善本再造"项目，影印出版，使敝藏化身千百，嘉惠学林，此亦吾所深愿者也。去岁六月，余获邀参加国家图书馆主办之“册府千华——民间珍贵典籍收藏展”，今年三月，又以个人藏品举办“金石传薪——东武刘燕庭藏拓、著述展”，是学术乃天下之公器，典籍为文化之命脉，吾辈虽人微而言轻，仍愿为中华文化之传承增砖添瓦，略尽绵薄之力，是为记。

姚觐元藏书、刻书活动考略

王江东

（甘肃省图书馆）

清光绪三十四年（1908），两江总督端方在其《奏江南图书馆购买书价请分别筹给片》的奏折中称："窃维京师为首善之区，中外观瞻所系，图书馆之设，所以敷宣圣治，嘉惠艺林，尤宜从速观成，力求美备。惟是善本秘籍，至为难得。东南各省，夙称文物荟萃之区，虽经兵燹之摧残，不少搢绅之藏弆，不胫而走，时有所闻。自应代为购求，冀以免流失而资补助。当经饬由藩、学两司会同购定浙绅姚氏藏书一千零十一种、皖绅徐氏藏书六百四十一种，两项书籍计共十二万九百余卷。分装一百八十箱，共编目录一份，于光绪三十四年十二月，委员领赍解送学部验收。所有两项书价，共银二万两，均由奴才饬由财政局分别筹给，除咨部外，谨附片陈明。"①奏折中所言"浙绅姚氏"，即浙江归安姚氏。姚氏藏书、刻书活动始于姚文田，家族藏书活动绵延近一个世纪，至姚觐元最为光大。姚觐元藏书、刻书活动的历史价值在于：藏书因收为公藏大多存世，而其依靠家藏编刻之古籍亦多流传。

①李希泌、张椒华：《中国古代藏书与近代图书馆史料（春秋至五四前后）》，北京：中华书局，1982，第146页。

一、姚觐元藏书活动考

姚氏世居吴兴，自明中叶后为名门望族，以科举传家、代有闻人，曾祖姚益治(1733—1807)，字深仲，号达斋，县学增生，赠光禄大夫。祖父姚文田(1758—1827)，初名加畬，后改文田，字经田，号秋农，晚号梅漪老人。嘉庆己未(四年1799)一甲一名进士，授修撰，官至礼部尚书，谥文僖公。姚文田博学多识，“于书无所不读，尤究心汉学，于《说文》用工尤勤”。一生著作甚丰，有《邃雅堂集》十卷、《邃雅堂学古录》七卷等。又与同郡严可均同治《说文》，考校唐宋石经，全赖丰富家藏。父姚衡(1789—1850)，初名培赏，官名衡，字大卿，号雪逸。国学监生，江西建昌府同知，著有《寒秀草堂笔记》四卷。姚觐元(1823—1890)，初名经炳，榜名觐元，字裕万，号彦侍，晚号复丁老人。姚觐元少时颖敏，及长，博览群书，深于考订之学，兼好金石文字。道光二十三年(1843)，中顺天乡试举人。次年考取景山官学教习。咸丰五年(1855)，补内阁中书。同治八年(1869)补云南司郎，记名御史。同治十年(1871)，简放四川川东道。同治十一年(1872)，加布政使衔。次年因防剿功，赏二品顶戴。光绪四年(1878)擢湖北按察使。光绪五年(1879)，由湖北布政使升广东布政使。光绪九年(1883)以追论户部司员案内落职。罢官之后，寓居苏州萧家巷。著有《涪州石鱼文字所见录》《咫进斋善本书目》《弓斋日记》《汉印偶存》等。子姚慰祖(1857—1891)，初名学莪，后更名慰祖，字公寥，归安县监生，分部主事，以军功保举分省补用知州，赏戴花翎。受父亲姚觐元影响，姚慰祖也精研古书，尤精目录之学，“凡某书之源流，某刻之行款字数，言之凿凿”①。

姚觐元承其祖父姚文田家学，喜好聚书，家有藏书楼“咫进斋”。“咫进斋”藏书具体卷数未知，但根据清光绪三十四年端方购买姚氏藏书一事，可窥见姚氏藏书之规模。端方此次购书共一千六百五十二种，十二万九百余卷，其中姚氏藏书一千零十一种，占总购书数六分之一。这些书籍并非姚氏藏书全部，还有部分书籍散出后流入书肆，如瞿启甲曾在给孙毓

①《公寥刺史小传》，载《姚氏家乘》卷十六，清宣统二年(1910)重修本。

修的信中提及在苏肆中买得恖进斋钞本一事①,又罗振常在《自怡悦斋藏书目录》序中亦云曾在姑苏购得归安姚氏"恖进斋"藏书②,可见,姚覲元"恖进斋"藏书颇具规模。

"恖进斋"藏书楼藏书主要得力于姚覲元的多方搜罗。陆树藩在其《答瞿子久问两浙藏书家书》一文中称"邃雅堂之书为姚文僖文田所收,其书本寄石门胡氏,皆毁于兵。其孙广东布政使覲元续有搜罗,所知者有宋刊中字本《百川学海》《通鉴纪事本末补遗》《刘宾客集》"③,祖父姚文田有"邃雅堂"藏书,惜毁于兵燹,并没有成为姚覲元藏书的基础,姚覲元主要还是通过购买、自抄、自刻等方式来聚书。

购买是姚覲元藏书最主要的途径。在其日记中,常常可以看到密集的购书行为。以"同治十四年"(实即光绪元年,1875)为例,姚覲元在其日记中写到:"同治十四年岁在乙亥,三月初一,蔡君送书画来,观皆赝□页,惟陈省□祝枝山二卷当可,……初四日,阴,微晴,午刻□门蔡君送书来,惜旧本都不全,有《文选》甚佳,卷四十后题词:'此蜀郡文都县裴氏善本,今重雕于汝郡袁氏之嘉趣堂,嘉靖丙午(二十五年,1546)春日。国朝改文都县为双流县,属成都府。'卷五十二后题:'毋昭裔贫时,常借《文选》不得,发愤曰:异日若贵,当板镂之,以遗学者。后至宰相,遂践其言……'初五日,晴,蔡君购得《五经文字》、《九经字样》一函,《韵会小补》一部,又九种古义《群经补义》、《周礼疑义举要》、《方言疏证》为一种,其直十二金八钱。……十五日,购得《佩文斋咏物诗》一部,其直十金。……四月初二日,晴,购得《梅氏丛书》宋字本,其直五金。按:此版旧在吴门,咸丰己未(九年,1859)岁,余于役吴门,有持以出售者,贫不能得,劝南城梅小素刻史体萱购之,板微有损蚀,重修后以印本十部见贻,今俱散去,回忆旧游,恍然如梦。……"④有时因为条件所限,姚覲元买不到想要的书籍,他会嘱托好友代为购买,如他曾写信给缪荃孙:"《说文考异》

①丁小明:《瞿启甲致孙毓修信札十一通》,《文献》2009年第4期,第148页。

②郝润华:《二十世纪以来中国古籍目录提要》,上海:华东师范大学出版社,2012,第114页。

③袁咏秋、曾季光:《中国历代国家藏书机构及名家藏读叙传选》,北京:北京大学出版社,1997,第320页。

④姚覲元:《姚覲元日记》,稿本。

将次写完，而苦于无书可校，汲古阁《说文解字》务恳即为购寄。”①抄书是补充藏书的重要方式，姚觐元也不例外，他的抄本纸用十三行绿格，版心下镌有“咫进斋”，其所抄之书，不乏精品，如汉许慎《说文解字》十五卷、唐虞世南《大唐类要》一百六十卷、唐颜真卿《颜鲁公文集》十五卷《年谱》一卷《行状》一卷、唐陆龟蒙《笠泽丛书》四卷《补遗诗》一卷、明汪翁仪等撰《湖州府志》二十四卷、明张渊纂《湖州府志》二十二卷等，并将诸如《大唐类要》《说文解字》等抄本付之剞劂，以广其传。

“咫进斋”藏书品质上乘。汪康年在其《穰卿笔记》一书中称：“近来学部有开图书馆之议，顾造端宏大，筹款为难。前南洋大臣端午桥制军，特以南陵徐氏（徐仁山观察所藏，由其子徐厚余观察乃光以抵官款者）、归安姚氏（姚彦侍方伯觐元所藏，由其孙某出售）两家之书，咨送学部。徐氏所藏多普通日用之书，及各种官书；姚氏则多精本。”②邓之诚亦云“归安姚氏咫进斋藏书颇多佳籍”③。姚觐元根据“咫进斋”所藏善本编撰的《咫进斋善本书目》，著录善本达“三百三十五种一万零二百五十四卷”④。

二、姚觐元刻书活动考

姚氏刻书始自姚文田。嘉庆九年（1804）姚文田曾在粤东督学使署刻《说文声系》，在其卷首序中云“恩命视学粤东，遂先取《声系》刊以问世”⑤。姚觐元父亲姚衡也刻书，姚觐元在《〈重刻咽喉脉证通论〉后记》中提及父亲姚衡刻书事实：“右《咽喉脉证通论》一卷，先府君曾于道光辛丑年（二十一年，1841）五月刻于广州，卷首有府君手书序二篇，工刻精绝，宛然真迹。惜江浙寇乱，板已不存。同治十三年（1874）冬，觐元在川东检点书簏得初印样本一册，因续授之梓，以广其传，仍模刻面页标题、年

①陈子凤：《姚觐元致缪荃孙尺牍（下）》，《收藏家》2007 年第 7 期，第 14 页。

②汪康年：《汪穰卿笔记》，上海：上海书店出版社，1997，第 183 页。

③邓之诚、邓瑞：《邓之诚文史札记》（上），南京：凤凰出版社，2012，第 490 页。

④赵红娟：《姚觐元、姚慰祖父子生平与藏书活动考述》，《中国典籍与文化》2012 年第 3 期，第 106 页。

⑤姚文田：《说文声系序》，载《邃雅堂全书》，清嘉庆至光绪间归安姚氏刻本。

月及署检，用存手泽。”①藏书毁于兵燹、板片也因寇乱而不存，好在经姚觐元多方搜罗，“咫进斋”藏书已颇具规模，繁富的藏书为姚觐元刻书提供了便利，从同治到光绪十多年间，姚觐元以咫进斋、川东官舍及广东藩司的名义，刊刻了如《咫进斋丛书》《姚氏丛刻》《汉印偶存》等三十多种古籍，其子慰祖也参与其中，并以自己名义刊刻《晋石厂丛书》。

姚觐元深知历代典籍传之不易，自己藏书读书之难，因而当他千方百计广聚图书之后，并没有将这些书当作私有财产，而是利用其藏书进行校勘，进而将校勘和汇编好的图书刊刻出来，其刻书目的，一是为了保存古籍，如光绪二年（1876），姚觐元重刊《集韵》《类篇》《礼部韵略》，在《重刻集韵类篇礼部韵略序》中言明：“《玉篇》《广韵》刻者众多，不患不传，惟《集韵》《类篇》《礼部韵略》三书别无他刻，三十年前印本尚多，今已希如星凤，恐更阅数十年而其书亡矣，先大夫尝藏有初印精本，乱后失去。同治戊辰（七年，1868），在京师购得《集韵》。甲戌（同治十三年，1874），在川东从章上舍硕卿假得《类篇》《韵略》，欲为三书更延五百岁之寿。”②姚觐元强调刻书的“传承性”，常见者不刻，已有人刻者不刻。《新斠注地理志》一书，姚觐元本来打算自刻，但是好友章硕卿先行刻入丛书，姚觐元知道后，改刻其他书籍。二是为了嘉惠后学。光绪元年（1875），姚觐元刻《说文检字》，在其补遗序中交代刻书缘由：“《说文检字》二卷，同里毛侍郎谔亭先生辑。……此书专为治许学者道其路径，依字典分十二集，冠以十二辰，又变《说文》部首以今隶书笔划之多寡，别为部居，凡行似者悉入其类，不复见六书之旧……觐元以其便于初学，重付开雕。”③

据现存姚觐元所刻书分析，其刻书特点如下：

第一，刻书精选底本，校勘精善。番禺陈澧为《咫进斋丛书》作序，认为“其别择精，而校雠善，足补从前丛书之未备”④。姚觐元非常重视校勘工作“每刻一书，必期尽善而后止”，曾写信恳请缪荃孙到四川协助其校

---

①姚觐元：《重刻咽喉脉证通论后记》，载《咫进斋丛书》，清同治光绪间归安姚氏刻本。

②姚觐元：《重刻集韵类篇礼部韵略序》，载《姚氏丛刻》，清光绪二年（1876）归安姚氏川东官舍刻本。

③姚觐元：《说文检字序》，载《咫进斋丛书》，清同治光绪间归安姚氏刻本。

④陈澧：《咫进斋丛书序》，载《咫进斋丛书》，清同治光绪间归安姚氏刻本。

勘："弟自去岁以来，奔走俗尘，且多不称意，除治事会客外，非不终日伏案，然所制者官书而已，非特无读书校书之暇，幸伯更在此，将《说文考异》校完，然尚差四卷未完。伯更于上年冬间回里，一去杳然，今正书来告急，川资寄往，又复杳然，以故诸事搁起，民手仅留数人，余也散去。亟思整理，而苦无人相助，吾兄惠然肯来，不胜欣幸。小园荷花上年大盛，来此消夏至佳，何必待凉风天末乎？切盼之。"①伯更，即郑知同，郑珍之子，治学效其父郑珍，服膺许、郑，造诣颇深，小学成就尤高。此外，姚觐元刻书非常严谨，尽量保持古书原貌，即使有讹误，也不擅自改动，而是在卷末附校勘记。如《三十五举》卷首有姚觐元序："姑就朱象贤《印典》、李渔《述古印说》所节录，参以甘旸《印正附说》、徐坚《戋说》、许容《说篆》所论述，互相对勘，有不可通者精心思之，必求其通而后已，其终不可通者缺之，别为校勘记附后以质博雅君子。"②

第二，刻书选择多残籍秘本或零星小种。《咫进斋丛书》三集三十五种，是姚觐元同治光绪间在其四川川东道、广东布政使任上陆续刊刻而成，番禺陈澧为之作序，称："搜采独多，皆世间不传之本，又能虚怀博访，往往从故家藏本暨通人写本中辗转录出，好古之士有终身求之而不得者。"③姚觐元以阐发隐微为己任，刊刻了大量秘籍，对保存和传播珍贵古籍起了很大作用。姚觐元同时也非常重视零星小种的刊刻，他认为父亲姚衡的《寒秀草堂》四卷"虽小文而公家掌故文房考证往往而在，读者慎勿以小说家言而忽视之"④，故刊刻以流传。

第三，刻书内容多小学类著作、金石著作。与刊刻经典著作的刻书家不同，姚觐元刻书以清代经学家、文字学家及音韵学家的著作为主，如《咫进斋丛书》刊刻了凌曙的《公羊问答》二卷、孔广牧的《礼记天算释》一卷、翟灏的《尔雅补郭》二卷、段玉裁的《汲古阁说文订》一卷、郑珍的《说文新附考》六卷等。姚觐元喜好金石，李慈铭曾在《越缦堂日记》中记载"庶常

①陈子凤：《姚觐元致缪荃孙尺牍（上）》，《收藏家》2007 年第 6 期，第 12 页。

②姚觐元：《三十五举序》，载《咫进斋丛书》，清同治光绪间归安姚氏刻本。

③陈澧：《咫进斋丛书序》，载《咫进斋丛书》，清同治光绪间归安姚氏刻本。

④姚觐元：《寒秀草堂笔记四卷跋》，载《咫进斋丛书》，清同治光绪间归安姚氏刻本。

（缪荃孙）久客蜀中，读书甚富，今日言姚彦侍为川东道，购书及金石甚多”①，缪荃孙也说“彦侍工篆书，搜访金石刻，与荃孙最莫逆”②，因而《咫进斋丛书》中又刊刻了翁方纲的《苏斋唐碑选》、姚晏的《中州金石目》等金石著作。

第四，所刻书多有序跋来详陈刻书原委，如《姚氏药言》后记云：“……道光庚戌（三十年，1850）先大人督江西，漕输京师，于白下购得唐氏本，将重刊以传后，事未举而弃诸孤，觐元谨志之不敢忘。今二十又四年矣，同治癸酉（十二年，1873）在川东检校先世著述，乃举以付手民，原书仍李氏之旧，首行题曰‘姚承庵先生药言’，次行列李君名字，今节去首行前五字，而于次行列府君讳，移李君名字于篇末，例当如是也，原书页前后各九行，行十八字，通三十页，今刊入丛书，页前后各十三行，行二十二字，通十七页。欲公诸世便省览也。原书雠校未精，今于其知者正之，疑者缺之，示慎也。又原书缺弟二十八页，当今十七页；‘人偶’条下、‘门第’条上以无他本，不得补，仍首尾衔写并识之，以俟后之得全书者补完焉。是岁冬十有一月朔十世孙觐元谨识。”③《姚氏药言》为姚舜牧所著，姚觐元是其十世孙，同治十二年（1873），姚觐元将其刊入丛书，并于卷末记其刻书原委。

姚觐元对书的感情极为浓厚，常常会因为工匠将原书折污而心疼不已：“工匠写本往往将原书折污，狼藉不堪，弟处《说文校议》已受其累，此书前后及书面皆星伯先生手迹，至为精美，尚祈加意忧护，勿为钞胥所损，至祈至感！”但他不再为收藏而藏书，而是利用其藏书，积极从事目录、版本、金石等方面的研究，并与当时有名的学者如缪荃孙、郑知同、陈澧、章硕卿等互通有无，进行校勘、辨伪、辑佚、编纂、刊刻等方面的学术活动，其《咫进斋丛书》有功艺林甚巨，而《清代禁毁书目四种》，亦是研究清代文字狱的原始资料。

聚书、刻书贯穿了姚觐元的一生，在姚觐元、姚慰祖父子相继去世后，其书开始散出，虽有部分流入书肆而失其下落，但大部分藏书因归入京师

①李慈铭：《越缦堂日记》，扬州：广陵书社，2004，第7145页。

②杨洪升：《缪荃孙研究》，上海：上海古籍出版社，2008，第30页。

③姚觐元：《姚氏药言后记》，载《咫进斋丛书》，清同治光绪间归安姚氏刻本。

图书馆而至今流传。所梓丛书板片也被瞿启甲收购而藏于常熟瞿氏铁琴铜剑楼："余购得归安姚氏所梓丛书板片，《咫进斋》三集板片完好无缺，第四集或刻而未竣，或有缺页，或有墨钉，为觅本校补，凡十八种，命工摹印，附首三集以行。"[①]1949 年后，瞿氏后人秉承"书不分散，不能守则归之公"的遗志将铁琴铜剑楼全部藏书及板片捐献国家。相比于其他藏书家、刻书家的藏书、板片散失后不知所终，姚觐元的大部分藏书和板片有了永久的归宿。

①载《铁琴铜剑楼研究文献集》，上海：上海古籍出版社，1997，第 143 页。

试论《旧雨楼藏汉石经》之文献意义

赵飞鹏

（台湾大学中文系）

一

石经是中国古代印刷术发明以前，书籍存在的形式之一。所谓“石经”，即是将经典的文字刻在石碑上，供读者阅读、传拓。其中又以儒家经典最早刊刻成石经，历来研究者也较多。其他如佛教、道教，虽然也都有刊刻石经之事迹，但文献价值及影响均不及儒家石经。①

刊刻儒家经典于石碑，始于东汉时期，《后汉书·儒林传序》云②：

昔王莽、更始之际，天下散乱，礼乐分崩，典文残落。及光武中兴，爱好经术，未及下车而先访儒雅，采求遗文，补缀漏逸。四方学士，自是莫不抱负坟策，云会京师。……建武五年(29)，乃修起太学，稽式古典，笾豆干戚之容，备之于列。……自是游学增盛，至三万余生。然章句渐疏，而多以浮华相尚。儒者之风盖衰矣！党人既诛，其高名善士，多坐流废，后遂至忿争，更相言告。亦有私行金货，定兰台漆书经字，以合其私文。

①参见曾昭聪《中国古代的石经及其文献学价值》，《华夏文化》2002年第1期，第26—27页。

②《后汉书集解》卷六十九上，台北：艺文印书馆，1978，第908页。

由此序言可知,东汉晚年学术界风气败坏,虚浮成风,甚至有人贿赂官员,偷改政府的藏书字句,以证明自己根据的本子无误。其主要症结在于汉代儒者说经,有师法、家法,五经博士各有师承,又有今、古文之争,官民不同。导致经书版本繁多,经文漫无标准,人各异辞。再加上诸儒之说经,涉及"利禄之途",与切身利益有关,更形成争端。解决之道,首先即是由朝廷颁行"标准本",确立经典文字内容。《后汉书·儒林传序》又云:

熹平四年(175),灵帝乃诏诸儒正定五经,刊于石碑,为古文、篆、隶三体书法①,以相参检,树之学门,使天下咸取则焉。

然而汉灵帝之下诏刊刻石经,是经过大臣建议的,《后汉书·蔡邕传》云②:

邕以经籍去圣久远,文学多谬。俗儒穿凿,疑误后学。熹平四年,乃与五官中郎将堂溪典、光禄大夫杨赐、谏议大夫马日磾、议郎张驯、韩说、太史令单扬等,奏求正定六经文字,灵帝许之。邕乃自书册(一作丹)于碑,使工镌刻,立于太学门外。于是后儒晚学,咸取正焉。

又据《后汉书·宦者传》云③:

时,宦者济阴丁肃、下邳徐衍、南阳郭耽、汝阳李巡、北海赵佑等五人,称为清忠,皆在里巷,不争威权。(李)巡以为诸博士试甲乙科,争第高下,更相告言。至有行贿定兰台漆书经字,以合其私文者。乃白帝,与诸儒共刻五经文于石,于是诏蔡邕等正其文字。自后五经一定,争者用息。

---

①案:汉石经字体皆为隶书,并非古、篆、隶三体,前人多有考辨,《后汉书》所云,乃误将曹魏所刻之三体石经作为汉石经。详见张国淦《历代石经考》,收入《历代石经研究资料辑刊》(第四册),北京:北京图书馆出版社,2005,第78—92页。

②《后汉书集解》卷五十下,第706页。

③《后汉书集解》卷六十八,第904页。

可知当时向灵帝提出此议的,除了蔡邕(132—192)等儒者之外,尚有知书守礼的宦官。又熹平四年(175)只是开始书写经文、刊刻立碑之时,其完成则在光和六年(183),据《水经注·谷水》云①:

汉灵帝光和六年,刻石镂碑,载五经,立于太学讲堂前,悉在东侧。

熊会贞《疏》引《隶释》云:

盖诸儒受诏在熹平,而碑成则光和年也。

熹平石经所刻经书为:《周易》《尚书》《鲁诗》《仪礼》《春秋》《公羊传》《论语》等七种,《后汉书》则称五经,是将《公羊传》并入《春秋》,而《论语》尚未列于经书之故,这是汉人的习惯讲法。

至曹魏正始年间(240—247),又有刊刻三字(体)石经之事,三字为古文、篆书、隶书,《晋书·卫恒传》:"至魏正始中,立三字石经。"刊经内容为《尚书》、《春秋左氏传》(至庄公中叶止)二经,所立位置亦在洛阳太学之前,因此历代战乱中亦受到波及,其残存比汉石经更为稀少。

汉代熹平石经刻成后,未几即毁于东汉末年的董卓之乱,经过魏晋南北朝的不断破坏,到了唐代,几已完全毁灭。然而从宋代以后陆续有汉代石经的残存石碑出土,引起学者的注意。学者加以研究,浸然形成了"石经学"②。张国淦(1876—1959)认为历来的石经研究可分为两派③:

自来言石经者,一考原流,一考文字。其考原流者,如顾氏炎武《石经考》、万氏斯同《石经考》、杭氏世骏《石经考异》、桂氏馥《历代石经略》、瞿氏中溶《汉石经考异补正》、刘氏传莹《汉魏石经考》等皆是也。

①《水经注疏》卷十六,南京:江苏古籍出版社,1989,第1427页。

②见王献唐《汉魏石经残字叙》:"石经之在今日,已蔚为专学。"载屈万里先生《汉魏石经残字二卷校录一卷》书前,台北:联经出版事业公司,1985。

③张国淦:《历代石经考》,第1页。

其考文字者，如黄氏伯思《东观余论·论书论语字》、洪氏适《隶释隶续·诸经残碑字》、顾氏炎武《唐国子学石经》、翁氏方纲《汉石经残字考》、孙氏星衍《魏三体石经残字考》、严氏可均《唐石经校文》、王氏昶《后蜀毛诗石经残字》、吴氏骞《蜀石经毛诗考异》、冯氏登府《石经考异》等皆是也。

晚清民国以来，研究石经之风仍然延续不断，如王国维《魏正始石经残石考》、章太炎《新出三体石经考》等。

二

台北“国家图书馆”（前“中央图书馆”）之古籍善本藏书丰富，其主要来源则大多是清末民初私人藏书家的旧藏。20世纪上半叶，正当中国对日抗战期间，沿海各省（包括江南地区）属于主要战场，因而受创严重。各个私家藏书楼，也因饱受战乱威胁，子孙或无意典守，或迫于生计无奈，纷纷将藏书悬价求售。当时闻风而来，志在抢购的，不但有日本人、各地旧书商，还有欧美的知名大学图书馆。一时之间，数百年来的古籍善本积藏，颇有尽数飘零异域之虞。因此刚成立不久的中央图书馆（1933年成立于南京）认为古籍文献是国家民族文化精神之所寄，虽然国难当前，各项经费有限，实不能坐视其毁于战火，或是沦落异邦，必须尽全力抢救。于是在首任馆长蒋复璁先生（字慰堂，1898—1990，当时为中央图书馆筹备处主任）的主持之下，经政府批准，特拨中英庚款之一部分作为购书经费，在抗战最艰困的两年（1941、1942）中，先后搜购了贵池刘氏“玉海堂”、广州莫氏“五十万卷楼”、江宁邓氏“群碧楼”、嘉兴沈氏“海日楼”、庐江刘氏“远碧楼”、顺德李氏“泰华楼”、邓氏“风雨楼”、吴兴刘氏“嘉业堂”、张氏“适园”等众多藏家之藏书，数量凡一万五千多部，八万多册。到了1949年，这一大批珍贵的图书文献被带到台湾。①

①参考苏精《抗战时期秘密搜购沦陷区古籍始末》（收入《近代藏书三十家》增订本，北京：中华书局，2009，第235、239页）；卢锦堂《屈故馆长翼鹏先生与“中央图书馆”在抗战时期所搜购我国东南沦陷区之古籍最精品》（收入台湾大学中文系主编《屈万里先生百岁诞辰国际学术研讨会论文集》，2006，第73—77页）。

在台北“国家图书馆”的善本收藏之中，有一部题名为《旧雨楼藏汉石经》的书，是汉代熹平石经残字的拓片，裱褙册叶线装四册，共计一万两千字以上。民国三十四年(1945)，抗战胜利，中央图书馆复员还京，已故台湾大学中文系教授兼系主任、“中央研究院”院士屈万里先生(1907—1979)当时正担任中央图书馆特藏组主任，奉命接收汪精卫伪政府内政部长陈群(1890—1945)“泽存书库”的藏书①，其中即有此书。屈先生曾先后请徐森玉②、蒋谷孙③两位先生鉴定，皆谓其非伪。1962年，屈先生撰《汉石经周易残字集证》，曾使用这批资料，但始终觉得其字体、行款太过一致，似出于一人之手，而觉得可疑。不久屈先生继撰《汉石经尚书残字集证》时，才因其中一个错字而证明此《旧雨楼藏汉石经》拓本确是伪刻。1969年，屈先生再撰《旧雨楼藏汉石经残字辨伪》一文，分别从四个方面详细论证其伪④：

①陈群(1890—1945)，字人鹤，福建长汀人，早年就读于福州私塾，辛亥革命后赴日本早稻田大学留学，参加中华革命党。1922年，出任广东大元帅府党务处处长，1927年，奉命前往上海，主持清党事宜。其后，相继出任上海法政学院总务长、首都警察厅厅长、内政部政务次长等职。抗战爆发后，受日本人的引诱，于1938年出任伪内政部长兼伪教育部长。1942年，陈群在南京颐和路2号建成一座三层楼的“泽存书库”，以收藏他搜罗的40多万册新旧图书。1943年接任伪江苏省省长。1945年8月日本投降，服毒自杀。参见苏精《近代藏书三十家》，第175页。

②徐森玉(1881—1971)，名鸿宝，字森玉，浙江省吴兴县人。近代著名文物鉴定专家、文献学家，清末就读白鹿洞书院，曾中举人，后入山西大学堂习化学。民国后历任教育部佥事、故宫博物院古物馆馆长，抗战期间参与抢救古籍善本之工作。1949年以后，历任上海博物馆馆长、中央文史研究院副院长。

③蒋谷孙(1902—1973)，名祖诒，浙江湖州南浔镇人，近代大藏书家蒋汝藻(1877—1954)之子，以其家学深厚，亦长于文物鉴别、善本收藏。1949年以后到台湾，曾任教于台湾大学中文系所，开设书画鉴定等课程。参见《台湾大学中国文学系系史稿(1929—2002)》，台北：台湾大学中文系，2002，第40页。

④《旧雨楼藏汉石经残字辨伪》，收入《屈万里先生文存》第一册，台北：联经出版事业公司，1985，第25—35页。

图1:《旧雨楼藏汉石经》(《尚书》图版)

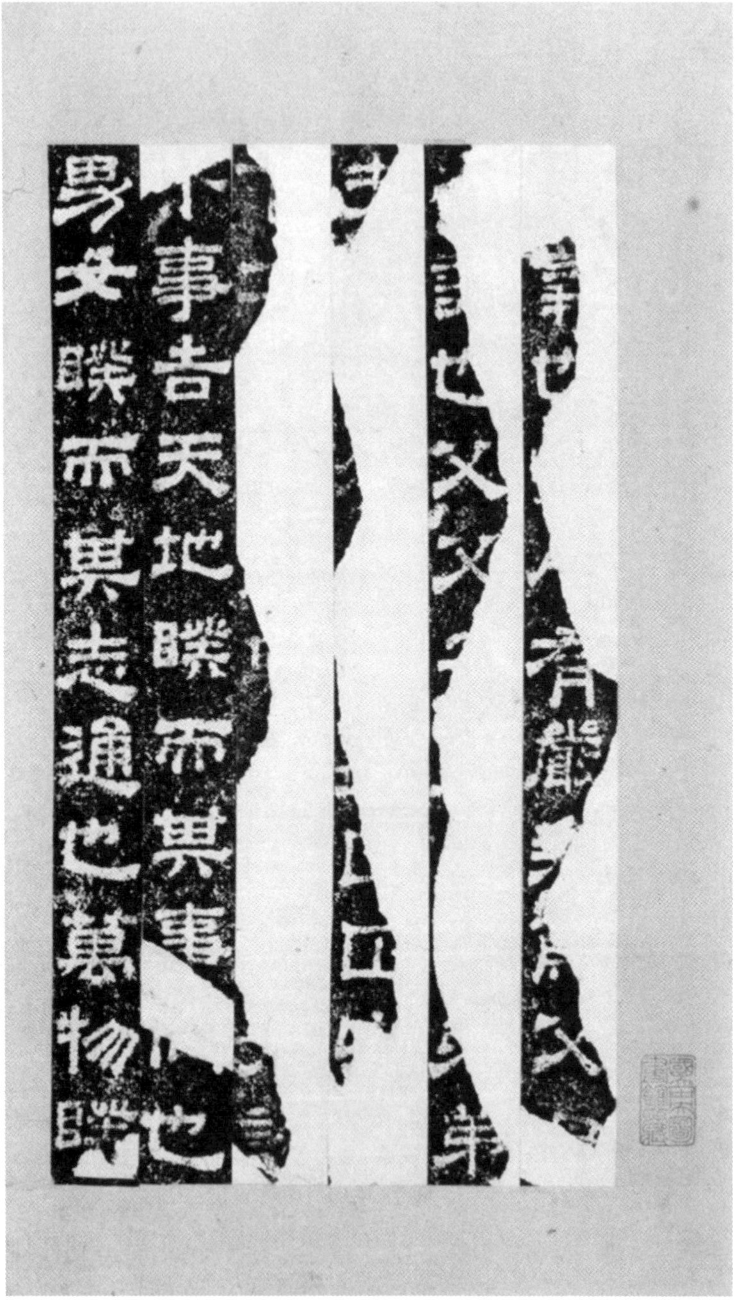

图 2:《旧雨楼藏汉石经》(《周易》图版)

一、“字体不合”。宋洪适《隶释》卷十四已云：“今所存诸经字体不同，虽邕能分善隶，兼备众体，但文字之多，恐非一人可办。”再据后来发现确实是汉石经残石的字体，各经多不相同，即使同为《周易》一经之中，笔法也不一样。而《旧雨楼藏汉石经》字体完全出于一手，足知其伪。①

二、“碑数不合”。王国维曾据《洛阳记》推定汉石经共四十六碑，张国淦作《汉石经碑图》即据王氏之说。然而屈先生复原《尚书》时，发现其每碑行数与张氏之图所定不合，张氏每碑之行数相差甚大，显然有误。今《旧雨楼藏汉石经》，《尚书》部分之碑数与张氏全同，足证其乃依据张氏之说伪刻，而不知其误，并非真品。

三、“部位不合”。屈先生根据自己复原的《尚书》残石碑图，发现《旧雨楼藏汉石经》竟将应分属两块石碑的文字刻在同一块石碑上，甚至有石碑正面与背面行数相差达三分之二的现象，作伪之迹显然。

四、“经文误字”。如《微子》篇“小民方兴，相为敌雠”。其中“方”字旧雨楼本据段玉裁之说改为“旁”，然此字于皮锡瑞《今文尚书考证》卷九已订正为“并”；又《吕刑》篇“度作刑以诘四方”，其中“诘”字旧雨楼本据孙星衍《尚书今古文注疏》卷二七改为“诰”，然而孙氏之说乃是根据了错误的《困学纪闻》的本子，一误再误，使得旧雨楼本之伪迹证据确凿。

三

今《“国家图书馆”善本书志初稿·经部》著录此书，云②：

> 旧雨楼藏汉石经不分卷四册
>
> 墨拓本 01258
>
> 民国不著编人。版匡高 26.3 公分，宽 14.6 公分。每半叶六行，行十一字。各册封面扉叶左上方题“旧雨楼藏汉石经”，下各经名。各册石经拓本分别为：第一册易经，第二册书经、诗经，第三册仪礼、春秋，第四

①关于熹平石经书写之人的问题，可参见王力春《汉〈熹平石经〉书人问题述评》，《辽宁大学学报》（哲学社会科学版）2011 年第 5 期，第 135—137 页。

②《“国家图书馆”善本书志初稿》第一册《经部》，台北：“国家图书馆”，1996，第 334 页。

册公羊传、论语。原碑拓多处漫漶不全。书中钤有“中央图/书馆收藏”朱文长方印、“方若/之印”白文方印、“劬园/是宝”朱文方印。

对于此书仅有简略说明。由书名及藏书印记得知,此书应出于方若之手。方若(1869—1955),原名方城,字楚卿,辛亥后更名若,字药雨,号劬园,浙江定海人,其藏书楼即名为“旧雨楼”。清末曾任知府,因倡议维新,与康有为、梁启超等人同遭清廷追捕,乃避居日本。入民国后,以经商致富。生平喜收藏古钱币,所藏甚伙,自号“古货富翁”,与张叔驯(1899—1948)、罗伯昭(1899—1976)鼎足而三。又善书画,风格古朴浑厚。著有《药雨古化杂咏》《校碑随笔》《访印随笔》《旧雨楼古货全稿》等①。今传有方若所撰之《旧雨楼汉石经残石记》②一文,记其事甚详。今就《旧雨楼汉石经残石记》所见,略加考述。该文分三部分:(一)得石先后;(二)三经校文;(三)碑刻辑证;又附续记、再续记。兹节录其中与汉石经残字之发现有关的部分文字,排比如下:

岁癸酉(1933)四月,客持《论语》两小石来归,因予晚年喜读《论语》,犹时人之好佛经,遂留之。两小石灭一面者,《宪问篇》之文也。……五月续得一石,则大两面完具,……此《泰伯篇》《子路篇》《宪问篇》之文也。……九月复得二石,与两小石同《子路篇》之文也。……十一月复得一石,尤大,两面完具,《述而篇》《泰伯篇》《宪问篇》《卫灵公篇》之文也。……十二月复得一石,但表面,《学而篇》《为政篇》之文也。……综七石字数,残余并计得一千零八字。

《鲁诗》二石得于同年九月、十一月,先《大雅》而后《国风》,皆灭一面者,……综二石字数,残余并计得二百十五字。

《公羊传》一石,石最大,得于同年十月,两面完具。……此《桓公》《定公》《哀公》之文也。……残余并计得一千一百八十四字。

岁甲戌(1934)三月,得汉石经《尚书》残石,……一石大两面完具,

①盛观熙:《记古钱学家方若先生》,《中国钱币》1993年第2期,第74页。

②方若:《旧雨楼汉石经残石记》,收入《历代石经研究资料辑刊》(第五册),北京:北京图书馆出版社,2005,第33—63页。

残余并计得六百二十八字。……五月初，又得汉石经《仪礼》残石，……一石，石之大与先得《公羊》等，两面完具，《乡射礼》《大射仪》之文也。……残余并计得一千一百六十七字。

据方氏自言，两年之间，其所得仅《论语》《鲁诗》《公羊传》《尚书》《仪礼》等五经，字数也不过3574字。然而据笔者目验，今台北“国家图书馆”所收藏之《旧雨楼藏汉石经》拓本，共收7部经书，约13926字。则其多出的部分何时、如何得到，不得而知。又据方氏所言，其入藏此书之拓片，也是得自于他人，虽然是伪书，但是否如屈先生《旧雨楼藏汉石经残字辨伪》所言，全书皆出于方氏伪作，还是另有其人？目前资料不足，尚有待全面研究。

四

从文献保存及版本学的角度来看，一部已被认定为伪书的资料，似乎没有加以研究或讨论的价值，然则笔者何以要撰述此文？再者，令人好奇的是：此书作伪之迹显然，何以一直无人指出？屈万里先生又何以不在第一时间指出其伪？

笔者于2011年至2013年，执行“科技部”多年期专题研究计划“屈万里先生之版本目录学研究”时，因阅读、整理屈先生有关汉石经残字研究的文章，注意到此书，并特地至“国家图书馆”借阅此书。当时就想：此书之属于伪刻，非常明显，主要是其拓印之形式，与现存出土所有的熹平石经残石，均不相类，即使是对古文字学外行如笔者，也一眼就看出其可疑之处，何况是屈万里先生？再者，历代出土的熹平石经残石，大多都是零零碎碎的，也从未有人将现存的石经残片传拓集合为一书的。如果此书是真的，所收经文字数又如此之多，一定会轰动学术界，成为众所瞩目、极其重要的资料，怎么可能经过多人（至少两人）收藏，却一直沉埋于世，不为人知，直到屈万里先生才加以发掘、考证？笔者深入思考《旧雨楼藏汉石经》一书的文献意义，可以得到两点结论：

一、从《旧雨楼藏汉石经》的运用与考辨，可以看到一位学者的谨慎态度。屈万里先生是研究古文字学的专家,从甲骨文到秦汉金石文字,都有相关的重要著述。又精通版本、目录之学,可以说任何一部伪书,很难逃得过屈先生的法眼。如前所述,屈先生一开始见到此书时,也觉得可疑,还特别礼请古文物专家徐鸿宝、蒋祖诒两位先生鉴定。不知为何,两先生均以为是真,或许是因为此书出自方若旧雨楼,方某又是著名的收藏家,两先生一时不便指出其伪吧。然而屈万里先生是学者,则不必有此顾虑。但是,屈先生一开始即使怀疑,也不愿轻易从直觉或外观上做出判定,而是在后续研究过程中,不断发现、累积证据,以支持此书是伪造的事实,不到证据充分确凿,决不轻下断语,直到最后确认,才正式撰文发表。这是何其谨慎、忠厚的态度!

二、《旧雨楼藏汉石经》一书,虽然从文献史料的角度来看,是一部伪书,没有多少学术价值。但是换个角度看,也许此书一开始制作的动机,本来就并不是作为考古或文献资料使用,而是类似书迹临摹之字帖或观赏用的艺术品而已。这种情形在书法史、艺术史上,也并不少见,同时也可以解释为何之前的收藏者,都并未将其用在学术研究用途,也不为世人所知了。

汉熹平石经残字伪宋拓两种简介

柳向春

(上海博物馆)

汉石经残石在有唐一代已经有所发现,并曾经拓墨,黄长睿《东观余论》云:“开元中,尝藏拓本于御府,以‘开元’二字小印印之,与法书名画同藏。盖唐世以前未录前代石刻,独此见收,其可宝如此。”①另外,在《隋书·经籍志》中,也著录了不少石经拓片,其中显然有一部分指的是汉石经。入宋以来,也确有拓本存在,如黄长睿《东观余论》又说到:“此石在洛宫前御史台中,年久摧散,洛中好事者时时得之。今张焘龙图家有十版,最多。张氏婿家有五六版,王晋玉家有小块,洛中所有者止此。予皆得其拓本。”②但以上所说的这些拓片和残石,都早已湮没在历史之中,毫无踪迹了。宋代熹平石经的拓本其实不止于此,在残石出土之际,这些汉代文献的遗存,就已为当时的学者视为瑰宝。故而多曾翻刻,比如洪适曾刻于会稽蓬莱阁,胡宗愈曾刻于成都西楼,另外还有越州石氏本等,但这些本子之间是什么关系?现在却还没法搞清楚。

从清代以来流传的熹平石经残石宋拓,其实只有两本。一是后来因藏于仁和黄易处而被称作小蓬莱阁本,另一本则因曾藏大兴孙承泽处而

①黄长睿:《东观余论》卷上《法帖刊误下》,光绪间《邵武徐氏丛书》本。

②同上。

被称作砚山斋本。小蓬莱阁本存《尚书·盘庚》五行、《论语·为政》八行、《尧曰》四行,共计 127 字;砚山斋本则较小蓬莱阁本《盘庚篇》又多出一行四字:"凶德绥绩",共计 131 字。据顾炎武《金石文字记》中所言:"予两见此本,一于邹平张氏,一于京师孙氏。"①仔细考究顾氏所言,则他要表达的意思或许是,这个宋拓本,他曾先后在张、孙二氏两处获见。也就是说,张本、孙本其实就是同一拓本,也就是现在所谓的砚山斋本。而既然张、孙二氏并联而言,则此本之流传,当即就是由张而孙。那么这个邹平张氏究竟指的是谁?现在还不敢确定。但顾炎武在顺治十五年(1658)过邹平时,曾与张万斛有过交游,并作有《邹平张公子万斛园上小集各赋一物得桔槔》一诗,则这里所说的邹平张氏,或者就是万斛吧!据《梁邹西张氏族谱》(孝册)"忠定公幼子万斛"小传中所言:"万斛,字幼量,号定庵。拔贡,性情淡远,胸襟洒落。善书法,别业在城西美井庄。号药圃,自署其门曰'桃花源里人家'。诵读其中,琴樽盛友,徜徉自适。晚家不幸,家人徐升龙充巡抚署中书吏,后为公仆殴毙,事连公,有司文致其罪,陷文网,十年乃脱。"②亭林过张氏之时,想来已是万斛出狱之后,此时张氏家族已渐衰落,而这个石经残字拓本,应该也就是这次观赏之后不久,就从其府中流出,转入大兴孙氏退谷之手的。

顺治十五年(1658)的八月,此拓本已经为孙承泽所藏,曾被孙氏著录入其《庚子销夏记》中。孙退谷殁后,此本并没立即转手,直到康熙二十四年(1685)时,朱彝尊还在孙府中再次观摩了此拓,并予以题跋。最晚在康熙末年时,此本以三十金的价格,被转让给了华亭王鸿绪,一直流传数代,直到乾隆中期,尚在王鸿绪的孙辈王显曾之手。

到了嘉庆年间,此本从华亭王氏家族中散出,流入济南市肆。嘉庆十一年(1806),时任山东督粮道的孙星衍从济南购得这个宋拓本,存于江宁的孙氏祠堂之中。但在嘉庆二十三年(1818)渊如去世后不久,这个本子可能就从孙氏家中流出了。顾千里道光四年(1824)至孙氏冶城山馆拜访时,这个拓本已经不见踪迹了。到同治二年(1863),川沙沈树镛费

①《顾炎武全集》第 5 册,上海:上海古籍出版社,2011,第 236 页。

②按:此条承泰山周郢先生传送书影,因未见原书,故不知版本。

一年之力,终于在年底时以两万金购得此本及小蓬莱阁本,并于川沙正前街沈宅西斋专辟汉石经室来贮藏这两册拓本。从此之后,这两册宋拓开始了其四五十年的聚合期,其中存于沈氏凡三十五年,之后又同储于汉阳万氏至光宣之间。光绪二十七八年间,万氏将两本同携上海,付诸石印,从此化身千百,不虞放失。很有可能是在此后不久的二十八年(1902)三月,万中立就将这两册拓本转让给了曾先后任湖北巡抚和署理湖广总督的长白端方。可惜的是,宝华庵中的长物,随着陶斋身殁,很快就散失了。这两册宋拓,也随同陶斋的其他藏品,转入了满洲完颜衡永及景贤叔侄之手。现在砚山斋本封面楷书题签:“宋拓汉石经/孙退谷本/寸园酒仙氏臧”,下钤“酒仙所臧金石”白文方印。小蓬莱阁本封面楷书题签:“宋拓汉石经/黄小松本/寸园酒仙氏臧”,下钤“酒仙所臧金石”白文方印,就是衡永收藏时留下的印记。衡永 1965 年 4 月 22 日病故,终年 84 岁。而这两件宋拓本应该是在此后不久,也就再次分散了。小蓬莱阁本在 1972 年时,就经文物商店售予了故宫博物院。而砚山斋本,则又曾经康生收藏,直到 1984 年,也进入了故宫。这两本宋拓残字,分分合合多次之后,终于又得延津剑合,一起安藏于故宫文物库房之中。

与砚山斋本相较,小蓬莱阁本见于记载更要晚上百年左右。根据清代中期江都江藩的说法,这个本子先是藏于扬州马氏小玲珑山馆。至于后来又如何北上入京,被汉军董元镜所藏,则不得而知。乾隆四十二年(1777)七月,仁和黄易晋京,听说董氏藏有汉石经残字宋拓本三段(《尚书·盘庚》五行、《论语·为政》八行、《尧曰》四行)共计 127 字,固求一见而不得。但黄易并未就此放弃,一月之后,董氏因嫁女需资,黄易抓住机会以数十金获得此本。将其重新装池,又请吴江沈塘为绘制小像、嘉定钱坫题耑以为纪念。黄易得到此本之后,喜不自胜,多次邀请大兴翁方纲共同赏玩,并由翁氏为其于卷首题“小蓬莱阁”字,从此之后,此本就被称为小蓬莱阁本。黄易殁于嘉庆七年(1802),想来这本宋拓应该一直由他保藏。而其殁后是否仍存其家,则不得而知。咸丰六年(1856)时,此拓本惊鸿一现,为碑估携至潘祖荫处访售,却终入他人之手。小蓬莱阁本再次有了明确的藏家线索,是在同治二年(1863),这一年末,沈树镛同时得到这两个宋拓石经残字。光绪二十三年(1897)秋,万中立因翁绶祺之介,从沈树镛之子手中购得小蓬莱阁本。之后，则如上文所述，此本又经万氏之手转入了端方的宝华庵中，再入衡永的寸园思鹤庵。上世纪六七十年代，这两本宋拓再次分道扬镳，一则入了故宫，另一则被康生收藏，直到1984年，才再次合璧。

2014年9月，承友人故宫书画部副主任汪亓先生作缘，我曾有幸在故宫地库一睹这两本宋拓的风采，甫一开卷，自有一种古香扑面而来。加以两本前后，均有累累题跋，文采墨妙，交相辉映，不由得令人赞叹不绝、流连忘返。

除了以上两种宋拓，历来的记载中，还会时时提及清代以来流传的另外两种所谓的宋拓熹平石经残字拓本，一为钱泳旧藏本，一为阮元旧藏本，即文选楼本。钱泳曾经自述道："余于乾隆五十年(1785)七月偶于书肆中购得旧本《管子》一部，中夹双钩五六纸，率皆残缺不全，细心寻绎，得《尚书·洪范篇》七十八字，《君奭篇》十三字，《鲁诗·魏风》七十三字，《唐风》三十一字，《仪礼·大射仪》三十七字，《聘礼》廿八字，《公羊·隐公四年传》十八字，《论语·微子篇》百七十字，《尧曰篇》三十九字，又盍、毛、包、周有无不同之说及博士左立姓名十八字，合五百余字，不详何人所摹……自余模勒之后，南昌学宫有重模本，绍兴学宫有重模本，如皋姜氏有重模本，而王司寇《金石萃编》亦载之①。五十七年(1792)，余北行过济宁，钱塘黄小松时为运河司马，又藏有旧拓《尚书·盘庚》五行、《论语·为政》八行、《尧曰》四行。小松属余并刻之，均为艺林罕见之宝。"②钱梅溪的这个漏实在是捡的够大，情节非常离奇。但有一点，就是钱氏明确说明，他所藏的是前人的双钩本。再根据钱泳自己的说法："余生平无所嗜好，最喜阅古法帖，而又喜看人墨迹。见有佳札，辄为双钩入石，以存古人面目……其余所模刻者尚多，有古碣，有今碑，有墓志传诔，有诗刻题名，如《秦会稽刻石》与《碣石门刻石》《泰山》《琅邪》《之罘》《东观》诸刻石，《汉熹平石经》残字，《郭有道》《陈仲弓》《杨伯起》《曹娥》诸碑，及缩本汉碑、《定武兰亭》、褚模《兰亭》旧本、《乐毅论》、《九成宫》、《醴泉铭》、《砖

①见王昶《金石萃编》卷十二，嘉庆十年(1805)刻本。

②钱泳：《履园丛话》卷九"碑帖类"之"汉熹平经(熹平四年)"条，北京：中华书局，1979，1997年第2次印本，第235页。

塔铭》、孙过庭《书谱》之类，不可枚举，俱别载《写经楼金石刻目录》中。”①对于他自己所藏的石经残字双钩本，梅溪也是如法炮制，曾经将其一一上石。既然双钩本可以上石，那以此为摹本，重新翻刻一个墨本也并非难事。在我看来，从梅溪这里出来的残字墨本，都可作如是观。

但离奇的是，王国维曾经写过有一个叫做《阅古漫录》的小册子，其中有一条，说的就是钱梅溪的石经残字墨本。他说②："金匮钱梅溪泳所藏宋拓汉经九纸，凡《尚书·洪范》十行、《君奭》二行，《鲁诗·魏风》八行、《唐风》四行，《仪礼·大射仪》七行、《聘礼》六行，《春秋公羊·隐四年传》三行，《论语·尧曰篇》四行，又《论语》篇末识语二行。前有梅溪藏汉石经小像，翁覃溪题。每纸后有梅溪释文，常熟翁叔平相国同龢所藏，后归庐江刘健之观察……上虞罗叔言参事跋云：'汉熹平石经，海内知名者凡三本：一孙北海藏本，一黄小松藏本，一阮文达藏本。虽屡经劫火，均尚在人间。孙本归吴窓斋中丞，阮本归端忠敏，黄本归汉阳万镜涛。此三本皆残字四段，《尚书》一，《论语》三，存字均有二十余字。而黄本《尚书》残石末行较孙、阮二本又少"凶德绥绩"四字。海内士夫佥以为当日鸿都石刻，海内所存仅此而已。金匮钱氏有双勾本《诗》《仪礼》《公羊》《论语》残字，其所著《履园丛话》及王少司寇《金石萃编》等书均载之。翁氏既据以入《两汉金石记》，又刻石置南昌郡庠。顾以不知其祖本所在，致有疑为钱氏伪造者。光绪乙巳，予在吴门，忽见梅溪得之年小像立帧于肆中。颇疑但得钩本，何以画象以志得意，知其所得必为墨本。及辛亥国变，南中故家所藏，大半流入贾肆。常熟翁相国故物，亦多为好事者所得。庐江刘健之得是本，亟移书假观，则即《丛话》所记钩本之祖也。梅溪自题凡十三纸，而但存九纸。翁跋谓其后人佚去，细检之，则所佚正是《尚书》一，《论语》三。始知钱氏当日所得实墨本，而惧势家夺之，又力不能久守，乃割其诸家所有者四纸售之，而自留其九纸。此皆海内人士所未见之孤本，故但托钩本之说，以示同好。观卷中《论语》一纸，首行"以万方"，"以"字之上，割裂之迹宛然。则翁氏谓其子孙失之，不免为梅花亭

①钱泳：《履园丛话》卷九"碑帖类"之"家刻"条，第258—260页。

②本节引文见于《王国维全集》第三卷，杭州：浙江教育出版社、广州：广东教育出版社，2010，第582—584页。

长所欺矣。颇疑阮氏本即从梅溪藏本中割出者,以纸墨与此卷正同也。江郑堂跋阮本,谓出蔡松原家。殆梅溪既售之文达,而请其勿泄,文达遂托辞以告郑堂。彼本并无蔡氏一字一款,是未必果出蔡氏之证。予既喜见此孤本,并记此一段公案,亦可喜也。'云云。余案:罗跋破梅溪之案,可谓快事。然梅溪所刊双钩本,尚有《论语·微子》篇百七十字,此亦孙、黄、阮三本所无。此本亦无之,必此本尚存十段,《论语》后识语实为二段。翁云九段,盖误其所缺者为《尚书·盘庚》,《论语·为政》、《微子》二段及《尧曰》篇上半截。今合此本与阮本,已得十二段,惟《微子》篇百七十字无有,不知尚在人间否也。"观堂这里引罗雪堂之说来为自己佐证,并认为"阮氏本即从梅溪藏本中割出者,以纸墨与此卷正同也",但雪堂的推论实在有些用力过猛,他说"江郑堂跋阮本,谓出蔡松原家。殆梅溪既售之文达,而请其勿泄,文达遂托辞以告郑堂。彼本并无蔡氏一字一款,是未必果出蔡氏之证。"文选楼本诚然很有可能是原本出自梅溪之手,但托言为蔡松原之说,则近于小说家言,恐不可取。另外罗氏所言三本的流传,多有误会处,可见他其实并不了解这几个本子。又据雪堂之说:"颇疑阮氏本即从梅溪藏本中割出者,以纸墨与此卷正同也。"那么很有可能,文选楼此本是钱梅溪直接售予了蔡氏,然后再转入阮氏府中收藏的。另外需要说的是,雪堂的这一题跋大概撰作较早,事实上,晚年的雪堂,对于梅溪藏品已经另有领悟。张国淦曾经说:"钱氏又得墨本,云是原石拓本,一裱为卷,后归合肥刘氏体乾,日本博文堂景印即其本也①。一裱为册。均前有钱氏画像,后有诸家题跋。此两本上虞罗氏曾均见之。罗氏后又得墨本,与此两本同,但无画像题跋……考钱氏所得,不知其所从来,《公羊》十八字为洪氏所未有,其他亦无著述及之者。数百年后,安得有此?且果系原拓,何以同一时发见,又同在钱氏之家?作伪之拙,可以概见。"又云:"近质之罗氏,亦以为钱氏赝作也。"又云:"钱氏又有《学而篇》三十八字,亦得之弊簏故纸中,有徐树丕印。徐子武子,明长洲人。翁氏以为汉石摹得,余未得见。然钱氏既能伪此,其《学而篇》同在弊簏,亦可想象

①按:此本就是上文王国维所言由翁同龢转入刘健之的那一本。

得之。明人工于作伪,或者非出自钱氏与?"①可见雪堂与张国淦一样,应该是认为凡出自梅溪之处的墨拓都有问题。以王观堂的学力与眼界,其实本不难作出正确判断。但他悍然为罗氏的早年观点背书,很有可能是因二人的交谊致然。

其实,梅溪旧藏的汉石经残字拓本还不止张国淦文中所言的三本而已,浙江博物馆陆易曾撰《对浙博馆藏〈石鼓石经缩本〉的几点认识》一文,介绍浙江馆藏此本册页:"册页后十二开内容为清代钱泳缩摹汉熹平石经的文字拓片。"②此册系海日楼后人捐献国家的,之前曾经观堂的东主蒋氏观赏,再加上观堂又是沈曾植的密友,无论哪个途径,观堂想来对此册的存在应该是了解的。这一本虽然是缩本,但其来源显然就是梅溪所藏双钩本?③ 可惜的是,王氏对此并无评论。梅溪在《履园丛话》中说,他曾于乾隆五十七年(1792)过黄易,请其共赏所藏之双钩本。黄易且请梅溪将所藏石经残字宋拓与这个双钩本一起上石摹刻。但奇怪的是,这个缩本之扉页上就是一条黄易的题签,上用隶书撰写"石鼓石经缩本",下方又书有"乾隆壬子(1792)六月四日梅溪携至济宁宫廨获观自题。黄易"。可见小松当时所见应该是这本册页,而非梅溪《履园丛话》中所说的双钩本。梅溪书中所言,不过又是故作狡狯而已。而所以如此者,无非就是想行其瞒天过海之计罢了。

清代中期以来,说熹平石经残字宋拓者,除了砚山斋本和小蓬莱阁本之外,还有一个扬州阮氏文选楼藏本。据张国淦所录文选楼本诸跋所述,此本流传大概可知。④ 江藩《汉石经残字跋》云:"熹平石经,予所见者三本,一为孙退谷藏本,旧在华亭王氏,今归孙伯渊先生。一为吾郡玲珑山馆马氏藏本,后归黄君小松。一为蔡松原所藏,即此本也。考宋时传刻有二本,会稽洪文惠刻于蓬莱阁,石熙明刻于越州。何义门、徐坛长皆云,朱竹垞见退翁所藏,不察为石氏刻本,误为中郎原石。此说予以为不然。今以三本互勘,小松本《盘庚篇》无'凶德绥绩'四字,与孙、蔡本不同,安知

---

①见于张国淦《历代石经考》之《汉石经》,第120B—121B。

②见于《东方博物》第37辑,杭州:浙江大学出版社,2010,第63—72页。

③小蓬莱阁本翁方纲手跋:"钱君又于吴郡刘氏斋壁缩摹此诸经残字,尤称精善。"

④见于张国淦《历代石经考》之《汉石经》,第119B—120A页。

非文惠所刻耶？此册与退翁本点画波磔一一相同，虽非洛阳旧迹，其为蓬莱阁本盖可知矣。蔡松原原名嘉，丹徒人。能诗善画，亦玲珑山馆座上之客也。”阮元跋云：“予家琅環仙馆旧藏册籍，富甲南中。几经兵火，散佚殆尽。幸此册幅叶完好，展对为之慨然。子膺司马世台耽嗜古见赏，即以持赠，聊供清玩。”南湖渔者又跋：“汉阳万东卿先生谓此帖为蓬莱底本，非蓬莱拓本，其为洛阳旧石无疑。此册为世间孤本，子孙宝之，以俟巨眼考镜。咸丰丁巳（七年，1857）秋八月，南湖渔者子膺识。”杨守敬又跋：“此本旧藏蔡松原，后归阮文达，又归南湖渔者，今藏匋斋制府处。”罗振玉云：“此汉石经三拓本，今由端忠愍后人归满洲衡永。”上文提到的这个南湖渔者，很有可能是邢世铭，字子膺，号柳汀，江西兴国人。曾官知州。有《南湖草堂诗存》。根据这些跋文，可以推断出这个本子的流传线索是：蔡松原—阮元—邢世铭—端方—衡永。但再据南湖渔者的跋尾可知，同时藏有孙、黄二本的万氏曾经见到过这个文选楼本，且明确认为这个本子与他的两本不同，故而有“蓬莱底本”的说法。问题在于既然洛阳原石拓本向无人道，怎么可能就凭空突现呢？因此，万氏这个说法，很大程度上应该只是应酬，所谓“灌米汤”而已。另外，衡永所藏的另外两种宋拓安然无恙，现在仍存于世，那么这个文选楼本也应该不会损毁才对。但令人奇怪的是，这个本子似乎自此之后，就无声无息，再也没有露过面了。但无论如何，这个本子极其可疑，很有可能是出自钱梅溪摹刻。

这个文选楼本与两本宋拓石经残字，不仅曾同聚一处，且曾同时付刻，合于一石。据《许宝蘅日记》1945 年 7 月 15 日：“愔丈示鄂刻《熹平石经》残本三种初拓本。原本为黄秋庵旧藏，有覃溪、蝯叟、扮叔三君题首，光绪中为汉阳万航所得，端匋斋闻而谋得之，张文襄乃约陶斋出付陶子麟摹刻于石，置之两湖书院，今不知尚存否？原本今归衡亮生永。愈斋作跋，嘱余书之。”①愈斋，即徐思允，为溥仪御医，也是许宝蘅的亲家。愔丈，则为胡嗣瑗。这个摹刻之石，现在似乎已经不存。而这个摹拓本现在是否仍存于世，也不可知。但这，大概就是这一文选楼本最后的踪迹了。

①许宝蘅著，许恪儒整理《许宝蘅日记》，北京：中华书局，2010，第 1420 页。

《李一氓旧藏花间集汇刊》序

王嘉陵

（四川省图书馆）

四川省图书馆古籍库中，一个浅棕红色的书橱格外引人注目，书橱宽约三尺、高二尺，内中竖一立隔，右边横置四层木格，左边五层，橱门是插入式的，门上有李一氓亲笔题款：花间集明清镌刻汇藏。内中储放了各代各种版本的《花间集》，而这些不同版本的《花间集》，皆为李一氓先生旧藏。为研究者和《花间》词爱好者免却搜寻资料之苦，也为纪念一氓先生将这些典籍捐赠公藏，我们将这些书籍汇集，加以整理出版。

一、李一氓生平及藏书

李一氓（1903—1990），原名民治，自更名一氓，四川彭县（现彭州市，属四川成都）人。革命家，藏书家，学者，擅诗词书法。早期共产党人，主要负责宣传文化工作。抗战和第三次国内革命战争时期，担任淮海区、苏北区、苏皖边区及旅大区等地党政要职，一度兼任大连大学校长。新中国成立后，历任保卫世界和平理事会常务理事、书记，中国驻缅甸大使，国务院外事办副主任等职。“文革”中入狱六年，复出后，任至中联部常务副部长。1982 年选为中共中央纪委副书记、中顾委委员、常委。

战争年代，李一氓即已开始关注古字画、典籍，继而治学著文，收藏古籍。由于李一氓在古文献的搜集、整理方面造诣甚深,1981年,经陈云提名担任国务院古籍整理领导小组组长。此后近十年中,尽其所长,领导了《中华大藏经》《肇域志》《全辽文》《全元诗》《全明词》《全清词》《台湾府志》《古逸丛书三编》等重大专项工作,推动整理出版古籍约三千五百种。此数乃与清一代编修《四库全书》所收典籍之数相若。他还清醒地认识到古籍整理人才匮乏,力推在高校成立一批古籍研究机构,开设古籍整理课程。

李一氓是政界人士中少有的嗜书成癖者,在京常去琉璃厂,即使出差乃至出使国外也不忘去逛书肆店铺。维也纳、伦敦、莱比锡、巴黎的旧书店都曾留下过他的足迹。他不仅自己购书,也热心受托于他人或机构而搜购书籍。成都杜甫草堂不仅是一所专门的博物馆,也是一所海内外收藏杜集版本最全的图书馆,草堂所藏杜集中至少有三十五六种是李一氓代买的(多属孤本、善本),有一部珍稀宋版杜集残本也是由李一氓帮助购进的,并且由他出面请朱德、陈毅、郭沫若等题写了款识。李一氓一生中自己所搜集入藏古籍、文物,当然也很丰富。但他并没有将其所藏视为私产,至其晚年,毫无保留地一并捐赠公藏。其字画、扇叶若干捐赠给博物馆。部分古籍捐赠北京图书馆(今国家图书馆)。有些专书捐给了专门的机构,如"杜诗本子约三十种,外文本四十来种",捐给了杜甫草堂纪念馆。而其余的古籍分二次捐赠四川省图书馆:1974年捐了七十二种二百四十三册;1987年又捐了一次,这次所捐古籍的内容很集中,主要为词类总集、选集和专集,近期由特藏部统计出来有一千四百九十种合三千三百九十册,珍籍善本有七百余册。各版《花间集》即为其中一部分。(据《李一氓回忆录》)他还有平装书四千二百册,尽数捐赠家乡彭县图书馆。1993年彭县撤县设市,现彭州市图书馆以此设为"一氓书屋",为该馆的特色阅览室。

二、李一氓所藏《花间集》

李一氓藏书不惟重视珍稀版本的收藏,古籍中又多乡邦文献,并偏好诗词文集。《花间集》正好是一部文人词总集,而且极具西蜀地方特色。

《花间集》编辑者赵崇祚,字弘基,甘肃天水人,宦蜀,官至后蜀卫尉少卿。或疑其为后蜀开国功臣中书令赵廷隐之子。《花间集》于后蜀广政三年(940)成书,收入自唐开成元年(836)后百年中十八位词人的五百首词,这些词人有温庭筠、皇甫松、韦庄、薛昭蕴、牛峤、张泌、毛文锡、牛希济、欧阳炯、和凝、顾敻、孙光宪、魏承班、鹿虔扆、阎选、尹鹗、毛熙震、李珣等,其中十五人是蜀或宦蜀之人。如韦庄(约836—约910)原籍为陕西,仕蜀,于天祐四年(907)劝王建称帝,官至吏部侍郎兼平章事(即宰相)职。欧阳炯(896—971)则为益州(今成都)人,前后蜀皆供职朝廷,官终同平章事,后随孟昶降宋。赵崇祚编好《花间集》,欧阳炯又受赵崇祚之请,为词集题名并作序。欧阳炯本是词人,又高居庙堂,熟悉词论,对集子有很好的评价,并名之曰《花间集》。后人遂以"花间派"称这一集子中词人,而花间派遂成为文学史上奠定词这一形式的重要的一支。科举时代,文化、艺术集于士大夫阶层,宰相也写很好的诗词文章。

《花间》词人中,温庭筠(约812—866)是唐初宰相温彦博的后裔,一生中屡进不第。因其不修边幅,既耽于弦歌声色,性情放诞,又桀骜不驯,有无行文人的嫌疑,只做过两个县衙的县尉,官终国子监助教,是很小的官职。但他才华横溢,词名最高,居于《花间词》之首。《旧唐书》《新唐书》等十数种文献皆有其生平或逸闻记载。《花间集》中有三人不是蜀或仕蜀之人,另外还有两人是黄甫嵩和和凝。温庭筠非蜀人,也未曾有过仕蜀的经历,却被列为《花间》词人之首,除其词写得好,才艺过人之外,应与他是晚唐词人不无关系。皇甫嵩生卒年无考,举进士不第,终生布衣,但他是唐穆宗和唐文宗时宰相牛僧孺的外甥,又是唐散文家皇甫湜(777—835)之子。以皇甫湜的卒年推算,皇甫嵩也应是唐末词人。只有和凝(896—955)既不是蜀或仕蜀词人,又不是晚唐词人,但其在后梁、后唐、后汉、后周为官,同时写词,影响应该是很大的。

这样,大致可以见到,赵崇祚编辑《花间集》时,对于选入的词人,其实是有标准的。这就是:首先,要选入唐末有影响力的词人;其次,要选入五代迄至编辑集子为止的词作;第三,主要收入后蜀的词作。有文章讲,《花间集》未收入五代南唐李璟、李煜二主的词,或是囿于地域的原因。事实上,应该也有时间的原因。《花间集》结集于后蜀广政三年(940),两年后即位的李璟才25岁;而李煜则要等到978年才登基。《花间集》结集之时,二主一位词名未显,一位尚且年幼,怎能有词作入选呢？以此推论,《花间集》只收近人的词,唐末、五代百年间之前的零星词作,由于年代久远,没有收入。至于明万历庚辰(八年,1580)茅一桢刊本,简称茅本,补选了李白以下十四人的七十一首词为《花间集补》,这成了以后一些明版效法的样板,这种做法未尝不可,但并非《花间集》初编者的本意,则是应该说明的。

三、《花间集》版本述略

《花间集》自宋镌刻刊印以来,截至晚清数百年间,有过二十个以上的版本。李一氓收藏明清版本《花间集》十一种,民国时期影刻、翻刻版本五种,在捐赠四川省图书馆的专门收藏《花间集》的书橱中,几乎占到了历代《花间集》版本的十之八九。加上《花间类抄》等校勘稿、上世纪50年代影印的一部宋刻本及一部据明本所校香港排印本,总共二十二部。迄今为止,尚没有发现海内外藏家和图书馆,藏有《花间集》这么齐备的版本。即或国家图书馆以宋版书见长,藏有现存最早的宋版的《花间集》,但也没有这么丰富的各版的《花间集》入藏。李一氓所收藏的《花间集》虽然缺少宋版,但仍然包括了影印的宋本。

李一氓搜集《花间词》的过程,实际上也是对此书版本的整理、校勘、研究、阐释的过程。《一氓序跋》中有四篇文章是专为《花间集》版本考释与校勘所作,各本内还散见有关版本说明的批注多处,对自南宋三个初本至明清、民国及以后的版本的源流及版本的递传影响,有翔实的论说。此外,《花间集校》十卷,以宋绍兴十八年(1148)刊本为底本所校,为李一氓的手稿本。这次,将李一氓所藏《花间集》及抄本、校勘本汇为一部刊出,乃《花间集》古今版本文献之集大成,对于研究者惠莫大焉！特别值得一提的是,李一氓所藏《花间集》虽然包含了宋版的影印本,反映了宋版的源流和影响,但是独缺宋版原版,不能不令人感到遗憾。这次《汇刊》的出版中,国家图书馆古籍馆允以宋绍兴十八年建康郡斋刻“晁本”和宋淳熙刻递修册子纸本补齐,对研究者和《花间》词爱好者而言,这不能不说是幸事！这使得研读者可以见识《花间集》现存的最早的版本，并从版本的流变研究《花间集》、欣赏《花间》词。

四、《花间集》的词学价值与文学地位

《花间集》是中国文学史上第一部词总集，有很高的词学价值和文学地位。古诗的沿革，如明戏曲家汤显祖言："自三百篇降而为骚、赋，骚、赋不便入乐，降而古乐府；古乐府不入俗，降而以绝句为乐府；绝句少婉转，则又降而为词。"（明版《汤评〈花间集〉序》）诗在唐代达到巅峰后而式微，词的出现是诗的流变与拓展。词分出长短句，多辞藻艳丽，便于入乐，更能描述幽微意象和抒发委婉情怀。宋晁谦之跋《花间集》言其"情真而调逸，思深而言婉"，至为贴切也。又有陆放翁诟病"花间词"云："《花间集》，唐五代时人作。方斯时，天下岌岌，生民救死不暇，士大夫乃流宕至此，可叹也哉！"此乃对末世士人生活态度的责问。但同是放翁则又云："唐自大中后，诗家日趣浅薄。其间杰出者，亦不复有前辈宏妙浑厚之作，久而自厌……会有倚声作词者……颇能摆落故态，适与六朝跌宕意气差近。此集所载是也。故历唐季、五代，诗愈卑而倚声辄简古可爱。"（见《一氓题跋》）却是对代表了倚声作词的《花间集》的艺术成就的肯定。近人王静安作《人间词话》，可视为词史、词论，屡屡谈及唐五代、北宋的词与词人，评语甚佳；并频频引录"花间"词人温庭筠等。

今人叶嘉莹在她的《迦陵论词丛稿》《唐宋词十七讲》两部著作里，都把温庭筠列在卷首开讲。她直言早年读词，不喜温氏，或因其词作与自己追求的理想主义情怀和回肠荡气的诗意情怀不符，又以自己喜欢词风的天然朴拙，不喜华丽雕饰之作为由。而这两部著作把温庭筠放在一个重要的位置加以论说，实因他是唐五代一代宗师，无可回避；而岁月易逝，自己的学问、思想和情感也趋于成熟，不唯取决于年少时的喜好。上世纪80年代，叶嘉莹从海外归国讲学，见到自己年轻时尊崇的川大教授缪钺先生，二人议定合著一部词论著作，取名《灵溪词说》。缪钺于书中撰写《〈花间〉词平议》文，认为：词本始于民间，《花间》词人则使词的格律规范化，促其在文辞、风格、意境等方面摆脱原始的粗糙率直之弊，获得艺术的

增强。而且,《花间》词不唯美艳秾丽、多对女性的描写,也有多样性的作品,如凭吊怀古的阎选《临江仙》、毛熙震《后庭花》,写边塞者牛峤《定西番》,写羁旅行役兼及异乡风土景物者欧阳炯《南乡子》、顾夐《河传》,也有家国情怀、痛伤故国者如鹿虔扆《临江仙》等。以末一首录于后,可见其一斑:

金锁重门荒苑静,绮窗愁对秋空。翠华一去寂无踪。玉楼歌吹,声断已随风。

烟月不知人事改,夜阑还照深宫。藕花相向野塘中。暗伤亡国,清露泣香红。

诗言志,词则更多情感的描写。"诗之境阔,词之言长。"(王国维语)归宋以后,词风屡有变化,或婉约,或豪放,或集二者于一身。而这些都可追溯至《花间》词人作词的源头。

参考文献:

[1] 李一氓.一氓题跋[M].北京:生活·读书·新知三联书店,1981.
[2] 李一氓.李一氓回忆录[M].北京:人民出版社,2001.
[3] 中华书局编辑部.李一氓纪念文集[M].北京:中华书局,2002.
[4] 缪钺,叶嘉莹.灵溪词说正续编[M].北京:北京大学出版社,2005.
[5] 王国维著,文轩,注释.人间词话注释[M].上海:上海三联书店,2001.

《天禄琳琅知见书录》序

严佐之

（华东师范大学古籍研究所）

刘蔷新著《天禄琳琅知见书录》杀青在即，这是她“天禄琳琅”专题研究规划中与前著《天禄琳琅研究》相辅相成的“姐妹篇”：已出版的《天禄琳琅研究》是对清宫“天禄琳琅”藏书及《天禄琳琅书目》的整体研究，将出版的《天禄琳琅知见书录》则为个案研究。个案研究是整体研究的文献基础，整体研究是个案研究的理论阐述，正如撰者所云：“两者相合，堪为此专题之完整论述。”然而依我观之，这二部专著的关联不仅在于“整体”与“局部”的分合，还在于二种著述体裁的“古今合璧”：《天禄琳琅研究》分章为五，先后论述清宫“天禄琳琅”藏书始末，综述藏书之现存状况及版本实情，详考《天禄琳琅书目》编纂始末，剖解《天禄琳琅书目》体例特点，归纳《天禄琳琅书目》版本学成就及考证得失，的属现代学术论著之标准模式；《天禄琳琅知见书录》则沿袭清人莫友芝《郘亭知见传本书目》以“知见”入目的特点，逐一考察《钦定天禄琳琅书目后编》著录各书的存佚及流传，补其无考，正其错讹，辨其真伪，考其存佚，胪列版本特征，叙述递藏授受，凡可援资考订之文献皆详录之，乃属传统书志体式之目录专著。现代论著形式与传统书目体式在某一专题研究中得以完美合璧，这样的事例近来还不止一个，如郭立暄《中国古籍原刻翻刻与初印后印研究》的“通论编”与“实例编”，孙猛《日本国见在书目录详考》的“考证篇”

与“研究篇”。若此个中之义,岂不大可玩味?这至少说明,在中国学术吸收西学、步入现代的今天,以古代书目为研究对象的古典目录学,仍是一门“活在当下”的学问,历史悠久且丰富多样的传统书目类型与体式,仍可在众多研究领域中展示其“生命力”而大有作为。刘蔷新著《天禄琳琅知见书录》,无疑为此“个中之义”增添了一个新的案例,树立了一个新的典范。因为在我看来,作为一部具有专题研究性质的版本目录,《天禄琳琅知见书录》既是对古代书目《天禄琳琅书目后编》的补正考辨,又体现了传统“知见录”的书目特点,并对传统“藏书志”目录体式的“推陈出新”“与时俱进”不无贡献。

《天禄琳琅知见书录》著录“天禄琳琅”旧藏善本古籍七百二十三部,凡现存者多经直接目验,书佚或未知存处则移录文献或注明线索。因为这些版本散落于海内外众多公私藏家,而非庋藏一处,故而体现了传统“知见录”书目的性质特征。撰者自称“本书沿袭莫友芝《郘亭知见传本书目》以‘知见’入目的特点”,是即谓此。然而,刘蔷《书录》之“知见”虽源自郘亭《书目》,其“沿袭”却非亦步亦趋,而是从实际出发,有所变例。此所谓“实际”,就是刘《录》之“知见”与莫《目》之“知见”并非完全一致。郘亭“知见”的对象,是以《四库简明目录》著录为基准的(少量《四库全书》未著录之书)传世版本,而刘蔷“知见”的对象,则是以《天禄琳琅书目后编》著录为基准的(少量《后编》以外的“天禄琳琅”别藏)“天禄琳琅”旧藏善本。“传世版本”当然会纷杂众多,凡所知见之《四库总目》著录图书的历代版本皆可入目;而“旧藏版本”则是指定和唯一的,非原藏“天禄琳琅”者莫属。因为要注记众多“知见”版本,所以莫友芝《郘亭知见传本书目》、邵懿辰《四库简明目录标注》等“知见录”倡始者,大都采用“简目”体式著录版本,后世继之者大多如法炮制,鲜有逾越。唯近今杜泽逊先生《四库存目标注》出,方始突破藩篱:在通常“知见录”详记版式行款之外,间或“于原书序跋,均记其年月姓名,并撷取与刊钞有关者,以为鉴别佐证”;于“藏书家之题跋识语”之“罕见者”,则“迻录之”;于“白纸初印、刊镂精工者,特识之”,大大丰富了“知见录”的版本信息含量。照理论分析的说法,就是在通常简目体“知见录”中,增入了“藏书志”的部分要素。而刘著《书录》对通常简目体“知见录”的“突破”,则要比杜著《标注》更为彻底。当然，这是从实际出发不得不为的变例：《天禄琳琅书目后编》书目体式既已呈“藏书志”面目，那么以“知见”《后编》著录版本入目的《天禄琳琅知见书录》，又怎可继续沿袭“知见录”通常的简目体式呢？且不论其书志撰写如何，唯此一个“突破”，便从传统“知见录”书目体式“旧枝”上开出一个“新果”。至于说到书志内容，《书录》的突出优异之处，就在考订版本“藏弆源流”与“鉴别真伪”的二端。而这正是揭示“天禄琳琅”旧藏原本真相最吃紧的要务：曾经庋藏清宫的珍善版本，当年如何流出禁城，其间怎样辗转各处，如今遗存几许，散藏何方；《钦定天禄琳琅书目后编》虽称“重在鉴藏，不嫌博采”，惜其著录版本讹误颇多，当年馆臣何以错失至此，其版本真伪究竟如何。为此，《书录》对“审定版本及存藏情况”的书写可谓不惜“浓笔重彩”：“特别揭示版本作伪痕迹，辨析阐明《钦定天禄琳琅书目后编》致误原因”；“过录鉴赏家题识、题跋、题款、题诗”，“略考收藏家姓名字号与生平”；“核以《赏溥杰书画目》，记其流出清宫时间，列出民国以来经眼、收藏及现今馆藏书目著录信息”，“备注出宫以后之递藏授受源流”。较之以往“藏书志”目录，也不失为“别出心裁”。

作为“天禄琳琅”专题研究中的一个部分，赏读《天禄琳琅知见书录》，会很容易想到余嘉锡先生的目录学名著《四库提要辨证》。这当然不是要拿现在的刘蔷与已走入历史的大师相比，而是因为这二部目录专著实在有着很多的相似性。《四库全书总目》和《天禄琳琅书目》（前后编）同为乾隆时代二部最重要的官修书目，被后世称为“清代目录学史上并峙的双峰”。一部是旨在指导“读书”的提要目录，一部是重在指导“鉴赏”的书志目录，二者“代表了古典目录学的两大流派”，都在古典目录学史上居有重要地位，发生过重大影响。但同样的遗憾是，这二部官修书目也都因为种种原因而留下诸多阙失与讹误。《四库全书总目》的失误，余先生在《〈四库提要辨证〉序录》中已道其详，并以九十篇精彩辨证文章，汇为一书，树立了“四库全书总目”专题研究目录的典范。《天禄琳琅书目》特别是《后编》的“版本鉴定错误及其原因”，刘蔷女史在《天禄琳琅研究》中也有专节讨论，继而覆验遗存旧本，撰成书志六百六十四篇，合为一书，为“天禄琳琅藏书”专题研究目录的编撰开启新河。由此设想，今之研读《四库全书总目》者，固已视余氏《辨证》为断断不可绕过的经典，后之研读《天禄琳琅书目》者，是否也将无法绕过刘蔷《书录》呢？我的预见，自然是肯定的。

我获识刘蔷女史已十有余年，其初的印象是特别聪明颖悟，久之则更感觉她的异常刻苦勤勉和认真细致。既聪明颖悟，又刻苦勤勉、认真细致，在学术事业上要不出大成就也难。所以能在不到十年时间里，相继完成《天禄琳琅研究》《天禄琳琅知见书录》二部力作，她的成就之大，足以骄人傲世。幸运的是，这二部大著我都获睹在先。六年前，我忝席其博士论文答辩委员会，见证了《天禄琳琅研究》问世的初啼。今复辱承厚爱，赐示新稿，并嘱一言。受命展诵，获益良多，感慨滋深。然自忖疏离目录版本学研究前沿已有年月，知识渐趋老化，眼界难免囿限，于此书要旨精义，不足阐扬以万一。惟念起潜先师尝云"目录之有功于学术文化，盖难以一二语尽之也"，遂敢抒鄙意，率记数语，聊为新著嗥引，且志观成之喜云尔。

中国印谱版框的功能与美学

刘浩敏

（香港中文大学）

自唐代始，雕版印刷技术的应用渐广，古籍刊刻日趋增多。据现存最古的唐刻本《金刚经》①，版框已见使用，并历年来，由简而繁，发展出不同的样式。其中，版框于印谱者，可谓在古籍版式之中最具特色，却鲜为人所论及。

版框，亦称“边栏”，一般指版面四周的框线，上方称“上栏”，下方为“下栏”，两旁则为“左右栏”。框线的设计，既可是单线或双线、粗线或幼线，甚至粗幼两线并用（图 1），至于格式上，可分为“半框”和“全框”；然大多简单，变化甚少。

相对而言，印谱版框则丰富繁多，究其原因，与文人艺术家涉足印学不无关系。随篆刻艺术发展日渐活跃，印谱汇辑成风，其版框也由传统单栏、双栏等较纯粹的样式，掺入文人意趣，甚或民间风俗色彩，衍生出各式各样的面目，不仅为版面增添形式美，且具有区分印谱版本的功用。从中，后来者更可窥见制谱者的个人品位、审美观，以至其所向往的精神与人格。

①《金刚经》为唐代雕版印刷的佛经，以七张纸缀合成卷，全长 4.877 米，高 0.33 米，扉页印释迦牟尼佛说法图，为现存最早署年（唐咸通九年，868 年）木刻印书。现藏于英国国家图书馆。

图1:《春帆印存》

一、兼具实用性与装饰美

印谱版框,既具观赏性又有实用功能。一般来说,版框在叶面上有规范作用,与未附框者相较(图2、3),具版框者版面更整洁,视觉上有平衡、稳定效果,读者的视点更能集中于内容部分,方便阅读。该项基本功能以外,印谱版框的样式和颜色,可用作区分版本,对印谱的鉴别工作有一定用途。

与一般古籍版本考订大致相同,印谱版本主要以四种信息为鉴定依据:一为册数,二为版框(样式与颜色),三为序跋,四为内容。若遇残本或重装,册数较难比对,而序跋、内容二项在比较版本异同上所需时间较长,故以版框作为辨别,则较直接,对于印谱版本的鉴定尤其重要。

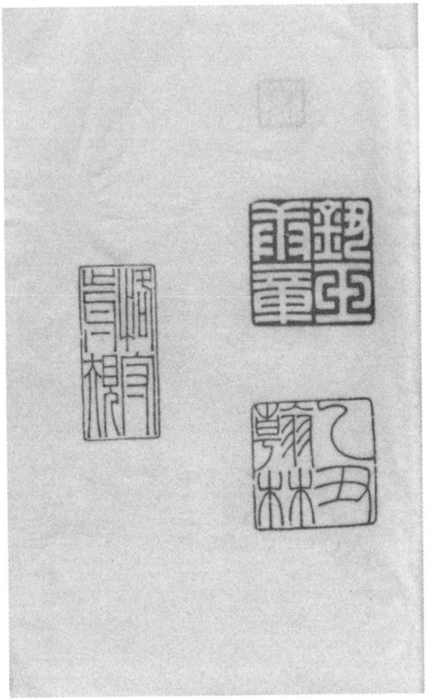

图 2:《书香仙馆印存》

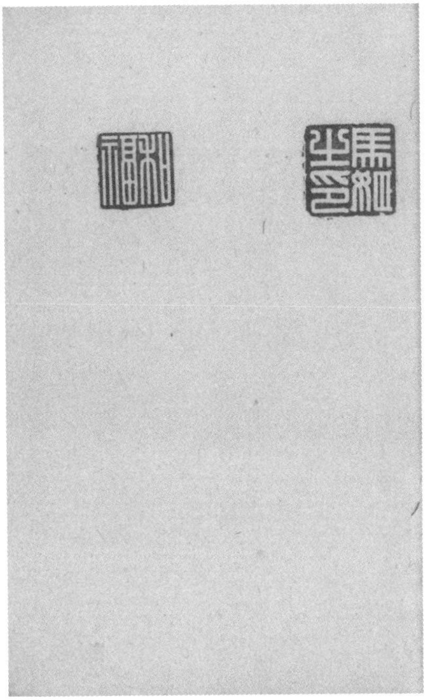

图 3:《古玉印谱》

以《听松别馆印谱》及《汉铜印丛》二谱为例。《听松别馆印谱》共有三种版本,其中以初钤本与定稿本两者作对比,两册初钤本,版框以环节纹为饰,蓝刷,书口下方附一钱币纹饰(图 4);定稿本同是两册本、蓝刷,所录印章与初钤本亦大致相同,但版框已换成变体双龙纹式(图 5),显然不同。《汉铜印丛》有多种版本,分别是十二册本、八册本,八册本又分无序跋本和有序跋本。十二册本为最早钤印本,与后来八册刊行本也有差异;初钤本,蓝刷,版框为花草纹饰(图 6),而八册初稿本、定稿本,则改以松、竹、梅为纹饰(图 7、8)。明显可见,相同印谱而版框不同者,均源自于不同版别,成书年亦不一样。

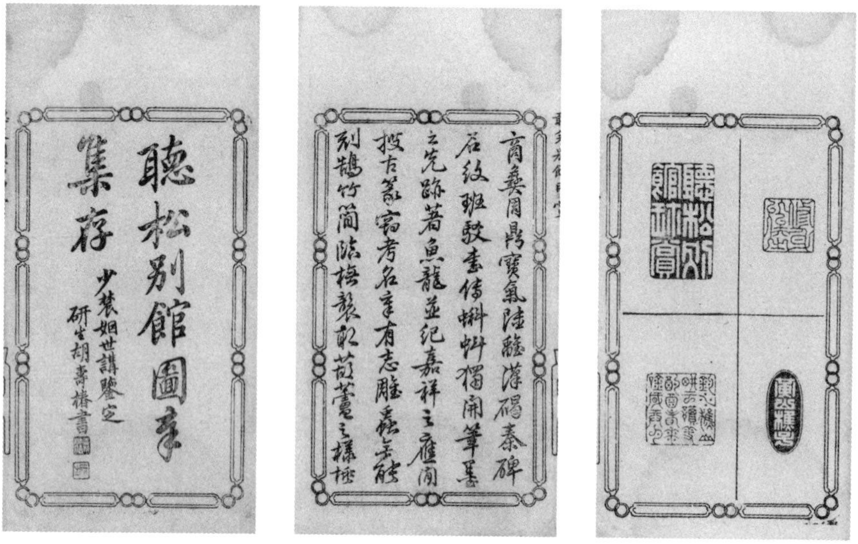
聽松別館圖章集存
少蕘姻世講鑒定
研生胡壽椿書

商彝周鼎寶氣陸離滹碣秦碑石紋班駮書傳蝌蚪獨開筆墨之先跡著魚龍並紀嘉祥之應聞披古篆窮考名章有志雕蟲無能刻鵠竹簡臨橅襲取葫蘆之樣極

图 4:《听松别馆印谱》初钤本

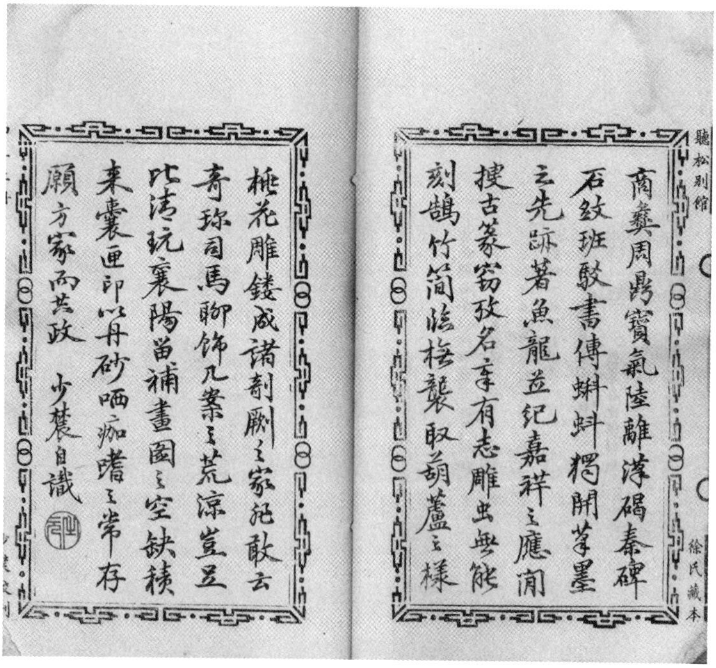
聽松別館

商彝周鼎寶氣陸離滹碣秦碑石紋班駮書傳蝌蚪獨開筆墨之先跡著魚龍並紀嘉祥之應聞搜古篆窮考名章有志雕蟲無能刻鵠竹簡臨橅襲取葫蘆之樣

徐氏藏本

椎花雕鏤咸諸剞劂之家紀敢云奇琢司馬聊飾几案之荒涼豈足比清玩襄陽留補畫圖之空缺積來囊匣印以丹砂哂痂嗜之常存願方家而正政
少蕘自識

图 5-1:《听松别馆印谱》定稿本

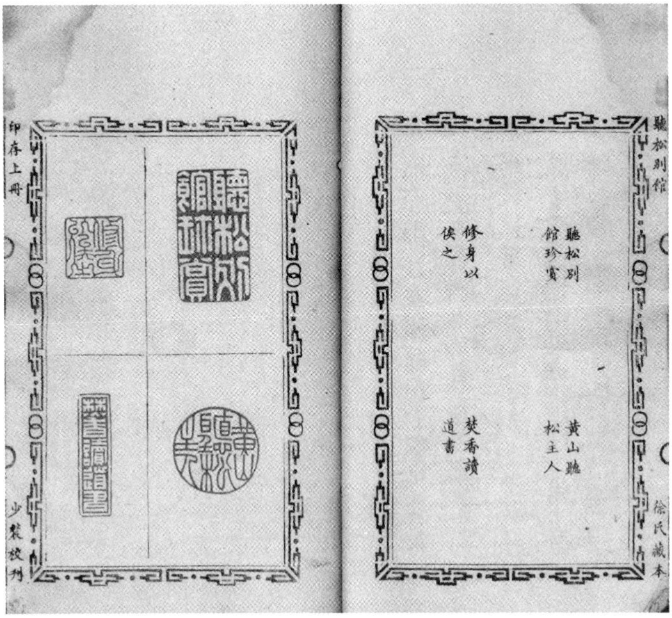

图 5-2:《听松别馆印谱》定稿本

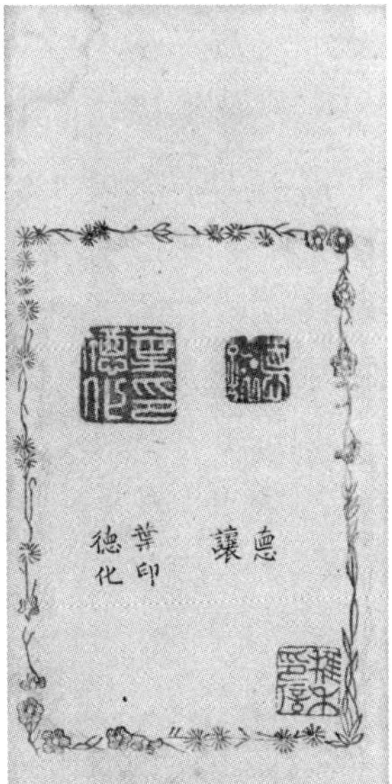

图 6:《汉铜印丛》十二册初钤本

图7:《汉铜印丛》八册初稿本

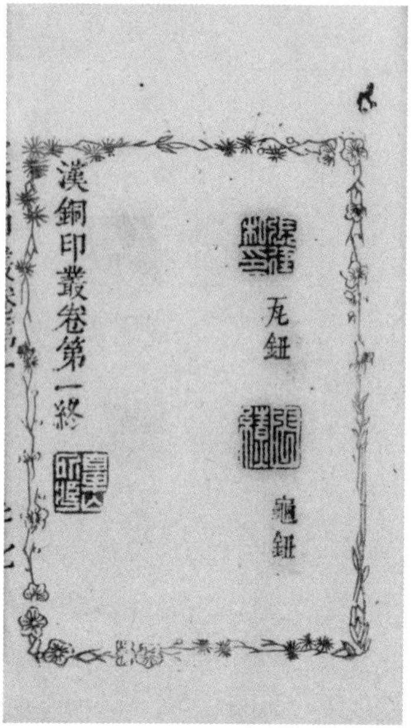

图8:《汉铜印丛》八册定稿本

除版框纹样外,颜色也可作鉴定印谱之用,如《求是斋印存》,初钤本为蓝刷,刊行本则为墨刷,以区分两种不同版本(图9、10)。在古籍版本学上,不同颜色可用以辨别试打本、初印本或刊行本;红印本、蓝印本是最初印的本子,主要用作校正,刊行本则以黑印本为多。印谱学却不尽然,版框用色并没有既定标准,最初印的本子未必是红、蓝刷,而刊行本除黑色墨刷外,也见红、蓝、绿、黄、橙、灰、棕等,较视乎制谱人的喜好而定,以营造出不一样的视觉感观。

从上述《汉铜印丛》可见,初钤本与刊行本分别以不同颜色作为区分;十二册初钤本为蓝色刷本,而八册刊行本,无论是初稿本或定稿本,均为绿刷,有别于传统版本印刷的惯例和做法。另外,印谱版框虽以墨刷为多(图11、12、13),偶见以不同颜色刷成,红刷如《只斋藏印》《汉印临存》(图14、15);蓝刷《西泠四家印谱附存四家本》《春酒堂印集》(图16、17);绿刷《观自得斋秦汉印谱》《十六金符斋印存瓦当纹本》(图18、19);黄刷《忍寒印存》《春秋馆刻印》(图20、21)等,相对于其他古籍而言,印谱版框用色较活泼多样。

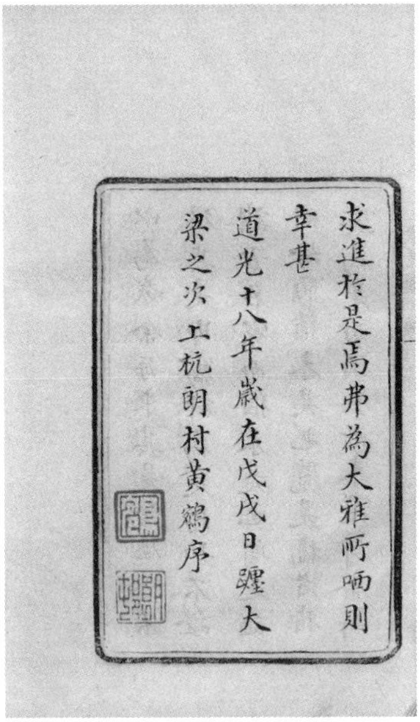

图 9:《求是斋印存》初钤本

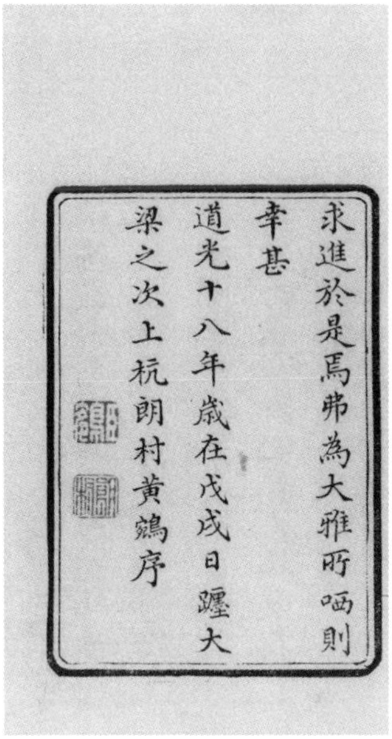

图 10:《求是斋印存》刊行本

图 11:《十六金符斋印存》无瓦当纹本

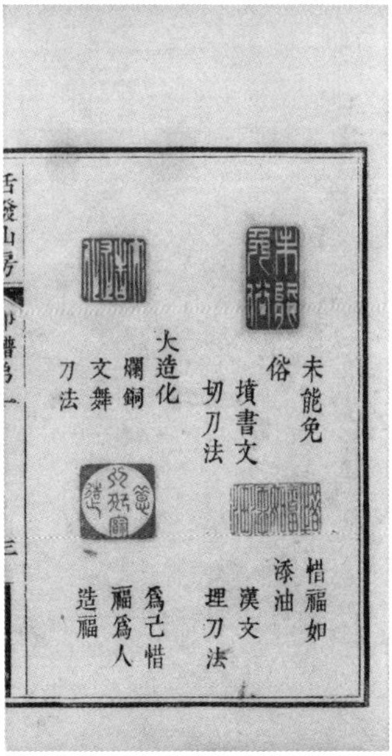

图 12:《活泼山房印谱》

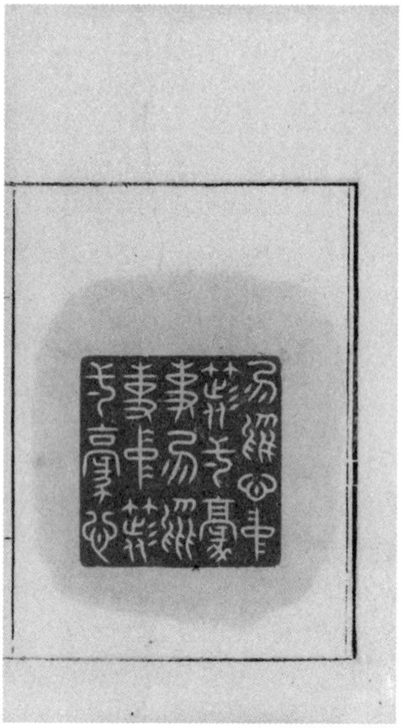

图 13:《林鹤田印谱》四册本

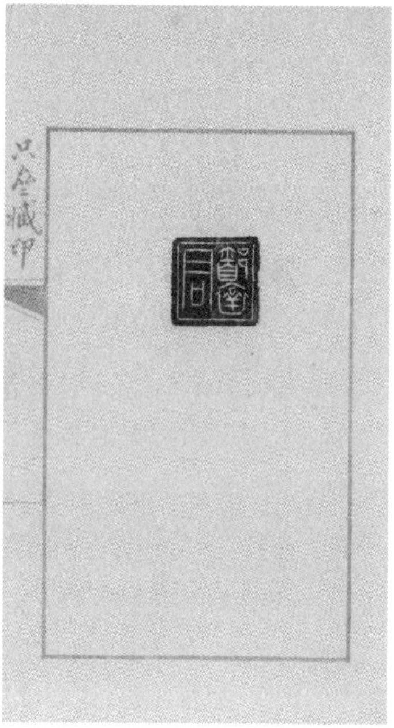

图 14:《只斋藏印》

图 15:《汉印临存》

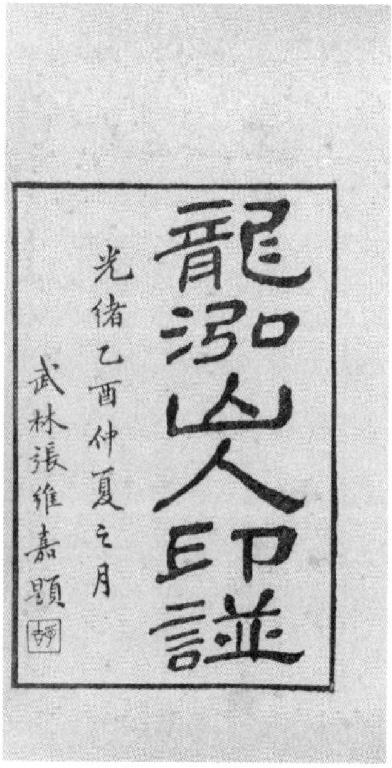

图 16:《西泠四家印谱附存四家本》

图 17:《春酒堂印集》

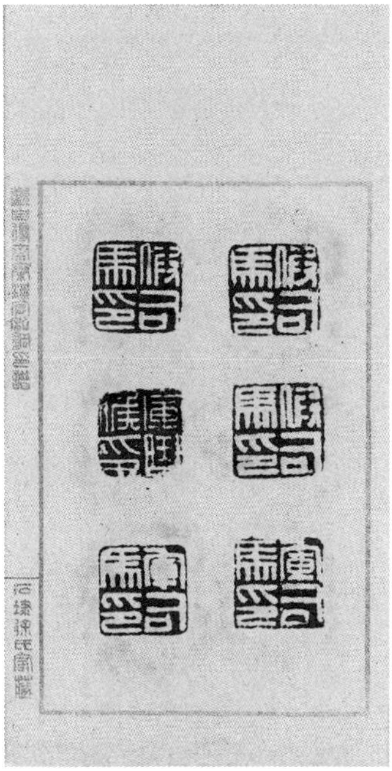

图 18:《观自得斋秦汉印谱》

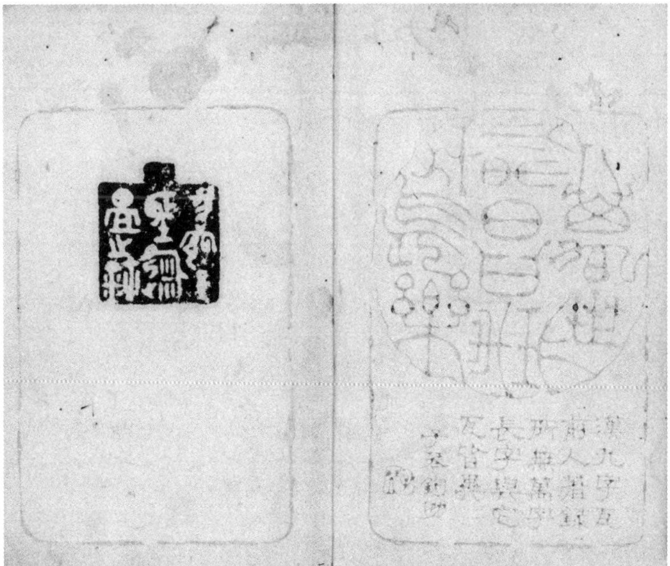

图 19:《十六金符斋印存瓦当纹本》

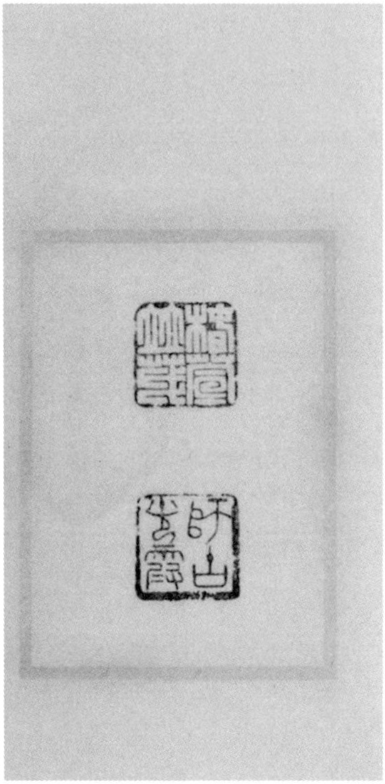

图 20:《忍寒印存》

图 21:《春秋馆刻印》

二、由文人美学观所倡导

明、清以来,篆刻研习之风日盛,印章由实用转化为艺术,与文人介入有密切关系。印谱,作为一种印章传承的重要载体,其版面设计也深受影响,用以衬托或突出内容主体,尤其于版框,往往别具心裁,融入了美学元素,与所收印章的艺术性互相配合,观赏价值极高。

事实上,文人介入印章艺术,早于唐、宋时期。自书画收藏及鉴赏盛行,不少书画家、收藏家及鉴赏家等,均在书籍或书画作品上钤盖印章,作为凭信、点缀之用,也作为鉴定或标明拥有权。虽然,印章于当时的使用偏向实用性,但书、画、印已形成了密不可分的关系。

宋代印章,无论在形式或是内容上,也有了新发展;如葫芦、八角、爵、鼎等印章形式的出现,斋馆印、词句印、字号印也逐渐流行。宋人米芾

(1051—1107)①对于印章的使用,也始见艺术赏评之趣味;他分别用不同鉴赏印以品评书画,如:最上品钤"神品",绝品用"米芾之印",次品"米姓清玩之印"等。以印章区分书画等级,无疑深化了印章作为欣赏的使用。他还提出对鉴藏印的看法:"印文虽细,圈须与文等。"②可算是注意到印章形式的第一人。可见,米芾用印的观念,已介于实用与欣赏之间。

另一方面,宋人开始把印章汇集成谱,最早一部印谱是北宋杨克一《集古印格》,成书约于北宋大观元年(1107),后有姜夔辑《集古印谱》、赵孟頫辑《印史》、杨遵辑《集古印谱》等十数部问世,继而风气渐开。最初,印谱属金石图录性质,用作记录古印图式,以研究古代社会官制、印章制度及文字演变等,作为考证之用,却为后来篆刻发展提供了重要的条件。

及至元代,吾丘衍(1268—1311)③、赵孟頫(1254—1322)④分别著《三十五举》《印史》,提出印学理论,把印章视作独立的艺术形式,而非书画的附属品,赋予印章更高的欣赏价值。后有王冕(1287—1359)⑤、文彭(1497—1573)⑥用花乳石、青田石治印,解决了印章制作的问题,文人开始自篆自刻,标志着篆刻艺术的真正起始点。简而言之,印学得以发展,可说是文人介入并逐渐走向成熟的结果。

---

①米芾(1051—1107),太原(今属山西省)人,迁居襄阳(湖北)。初名黻,字符章,号襄阳漫士、海岳外史、鹿门居士。北宋著名的书法家、画家、鉴定家、收藏家。宣和时为书画学博士,后至礼部员外郎。好洁成癖,多蓄奇石,人称"米颠"。其书效羲之,诗追李白,篆宗史籀,隶法师宜官,晚年出入规矩,深得意外之旨。

②米芾:《书史》,载于《丛书集成新编》第 51 册,台北:新文丰出版股份有限公司,1985,第 233 页。

③吾丘衍(1268—1311),太末(浙江龙游)人,家居钱塘(浙江杭州)。一作吾衍、邱衍,字子行,号贞白、竹房、竹素、布衣道人、真白居士。秉性豪放,作事不拘时俗。左目失明,左脚病跛,行动仍颇有风度。好古学,精通经史百家,工文字学,熟悉音律。书法,以隶书和小篆见长。治印不为成法所囿,印文用玉箸篆,圆润秀劲,与赵孟頫齐名。

④赵孟頫(1254—1322),浙江湖州人。字子昂,号松雪道人、水晶宫道人,又称赵鸥波,别署在家道人、太上弟子,谥文敏。斋堂为松雪斋。宋宗室。工书法,正行篆隶章草,无一不精。书体圆转遒丽。能治印,擅画人物、山水。以复古来改变南宋院画的积弊,创一代新风。

⑤王冕(1287—1359),浙江诸暨人。字符章,号煮石山农、饭牛翁、会稽外史、梅花屋主。擅画墨梅,师法扬无咎,善作繁枝密花,万蕊千花,自创一格,笔法劲健。能刻印,并始以花乳石自书自刻。

⑥文彭(1497—1573),长洲(江苏苏州)人。文征明长子。字寿承,号三桥。曾任两京国子监博士,人称文国博。幼承家学,致力于诗、文、书、画、篆刻创作。精篆刻,象牙章往往自书印文,请金陵李文甫奏刀,后以冻石自书自镌。印款以双刀为之,多行楷,笔势飞动,秀美而有逸趣。

三、形式与内涵多样化

自印谱辑录的风气日兴,其版式设计亦趋多样化,依照制谱者的喜好,或考虑到印谱的内容,格外注重美观,以提高阅读及欣赏价值。因而,与一般古籍相较,印谱版框更显丰富多样。

除一般古籍所见传统单栏、双栏,较为简单,或基本而稍加变化的版框(图22—25)外,印谱版框若以其形式和内涵为基础,大致可分三大类:(一)文人雅趣,主要为植物花草纹饰,如梅、兰、菊、竹、松的个别图案或组合;(二)民间风俗,包括回纹、卷草纹、龙纹、蝙蝠、祥云、暗八仙、双环纹等;(三)博古文字,以古器物图纹,如彝器、铜镜、玺印、砚台、钱币、古砖等,或配合文字所组成。

(一)文人雅趣

中国传统的文人思想,萌芽于唐,兴盛于宋、元,主要表现于绘画,其次表现于书法、篆刻、诗词歌赋中。文人常借描绘自然景物抒写内心感受,随兴所至,表达笔情墨趣,甚至自身的清高文雅。在画面中,他们崇尚不求形似、游心物外的境界。题材常见有四君子、岁寒三友等:四君子即梅、兰、竹、菊四物,分别代表着傲、幽、坚、淡四种不同人格,所描写的不单纯是自然物象而是君子之化身;岁寒三友则指松、竹、梅,也有高尚品德或长寿的寓意。

由于梅、兰、菊、竹、松是文人所向往的人格象征,不少制印谱者也应用在版框设计中,以单一图案或组合为装饰,借喻文人君子的特质。这些版框可见各种不同的组合,例子如上述《汉铜印丛》八册刊行本,以松、竹、梅组成花栏,又如《味香室金石谱》(图26),以内外框之间作画面,描绘松、竹、梅,花叶树干各具姿态,框中有画,意境深远。

这类版框,最多见以梅(图27—30)或竹(图31、32、33)为主题,且表现手法变化多样,如纹样设计、图框造型、版面构图等,均各具巧思。以梅花为题材,《吟莲馆印谱》内框蓝刷,以回纹、如意图案为装饰,蓝框以外,则以绿刷梅花图为背景,梅花枝穿插交错,生动自然;《映雪山房印存》则巧取梅花的姿态变化构成边栏,苍古而清秀。竹者,《名家印集》绿刷,重复竹节纹样以组成竹节栏,甚具特色;《对竹轩印存》则以前景的主枝作为版框的主要构成部分,对角配以零散竹叶,恰成画境,空白处署谱名"对竹轩印存"五字,不仅保持版框的完整与平衡,字与画互相呼应,可堪细味。

图 22:《观月听琴室印存》

图 23:《金罍山民印存》

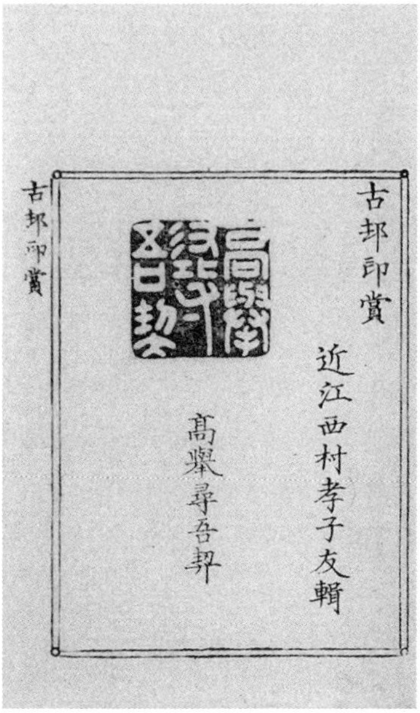

图 24:《古邨印赏》

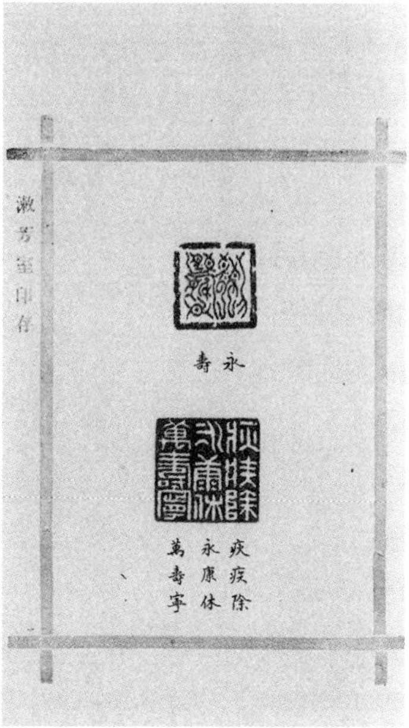

图 25:《漱芳室印存》

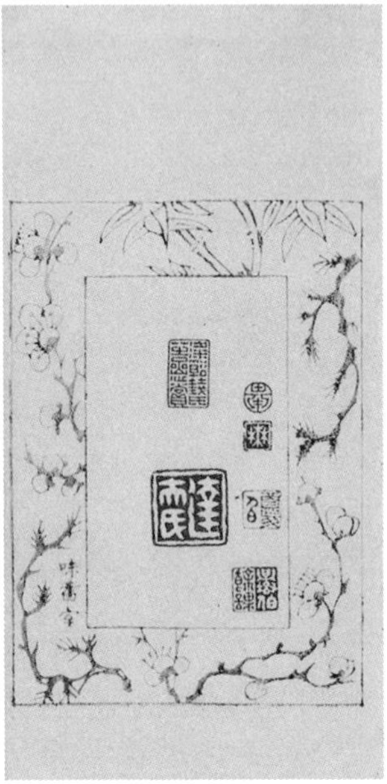

图 26:《味香室金石谱》

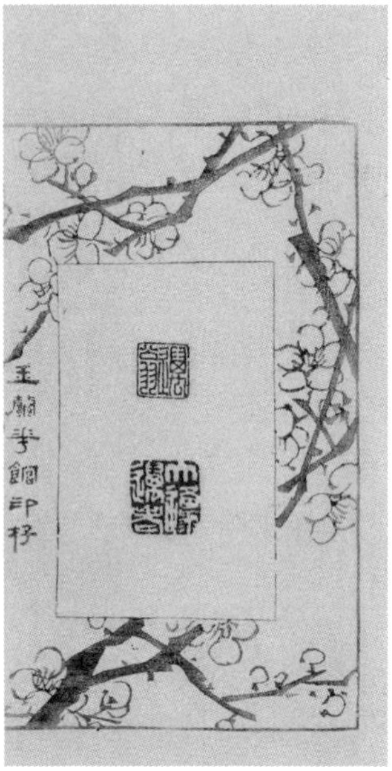

图 27:《玉兰花馆印存》

图 28:《吟莲馆印谱》

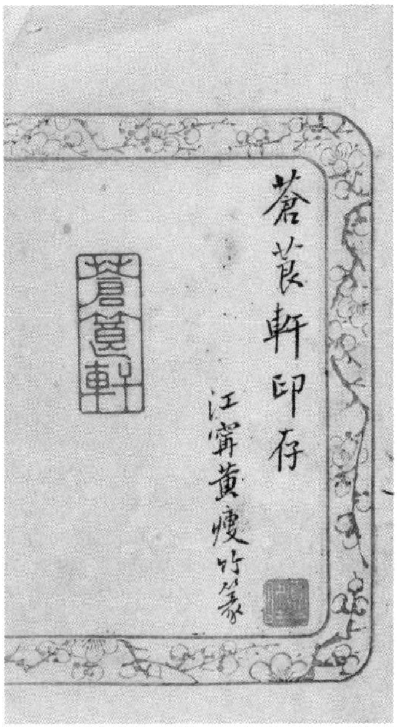

图 29:《苍莨轩印存》

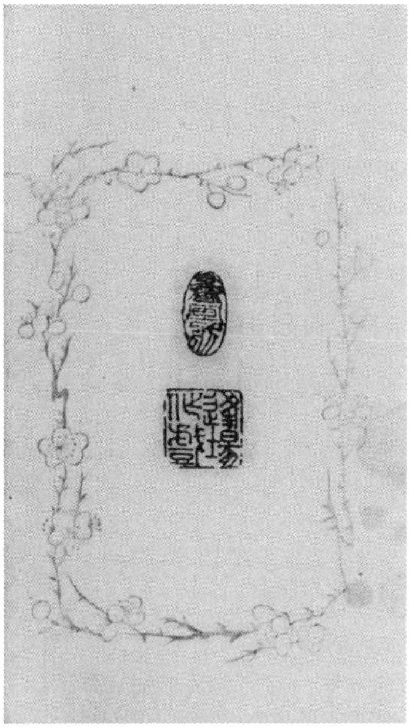

图 30:《映雪山房印存》

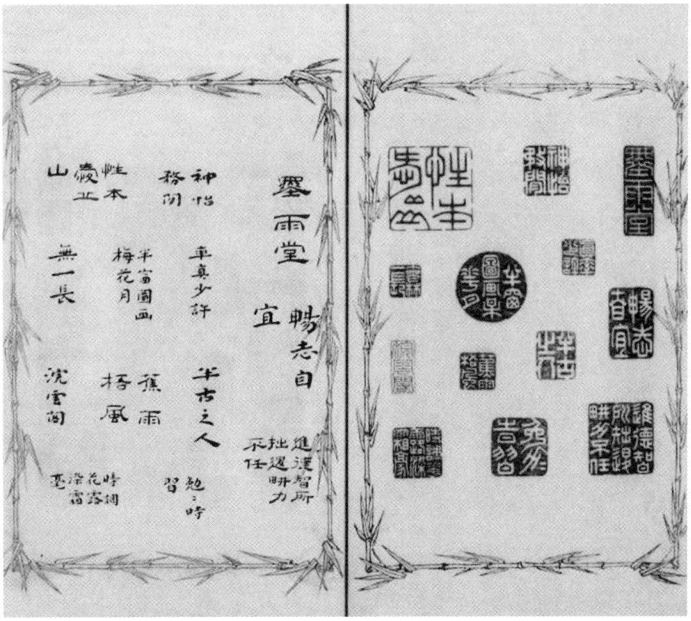

图 31:《介庵印谱》

图 32:《名家印集》

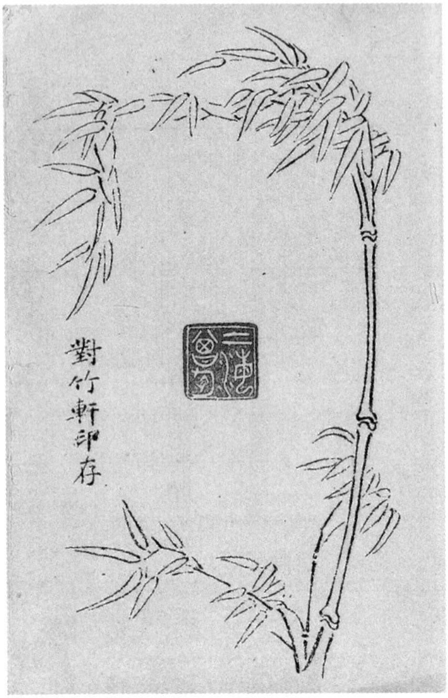

图 33:《对竹轩印存》

(二)民间风俗

中国民间风俗追求吉利、渴望祥和,且会崇拜一些超自然力量,信奉鬼神、瑞兽等,因而,早在商、周,神兽纹样、吉祥图案或一些几何图形已经出现,并应用于古代青铜器、陶器、古玺等。古人将这些元素融入日常物品或工艺品之中,除作装饰之用,大多具驱邪、招福等寓意,以表达自己的美好愿望;尤其吉祥图案,有别于一般装饰图案,具有寓意吉祥的内涵而广泛被使用。这些装饰纹样、图案的应用,大大丰富了视觉效果,也合乎文人对于装饰的需求和审美,可说是和谐统一的美学追求。①

在印谱版框中,回纹、卷草纹、龙纹、蝙蝠、祥云、暗八仙、双环纹等,皆处处可寻。最常见为回环状纹饰,如《纫芳簃印存》《秦汉丁氏印绪》(图34、35);回纹是一种几何装饰纹样,由古代陶器和青铜器上的雷纹衍化而

①李砚祖:《装饰之道》,北京:中国人民大学出版社,1993,第6页。

来，形如“回”字，故称。由于其结构似是不断延续，民间借此寓意“富贵不断头”“吉利永长”等。卷草纹饰也十分常见，例子如：《锦囊印林》《试篆印存》（图36、37）；卷草纹是中国传统图案之一，多以忍冬、荷花、牡丹等花草为蓝本，以构成“S”形曲线的连续图案。《锦囊印林》版框墨刷，饰以卷草纹，带有流动的韵律感，美观且甚富抒情意味；《试篆印存》为蓝刷，版框以卷草纹为基调，掺合花叶，层次丰富，具鲜明的装饰效果。另外，龙是中国古代神话中的神兽，具神圣祥瑞的象征，不少文人都喜以龙纹作为版面的点缀，如《粪翁印谱》《酣古集印谱》《文华斋印谱》（图38—40），三者版式设计迥然不同，各具特色。

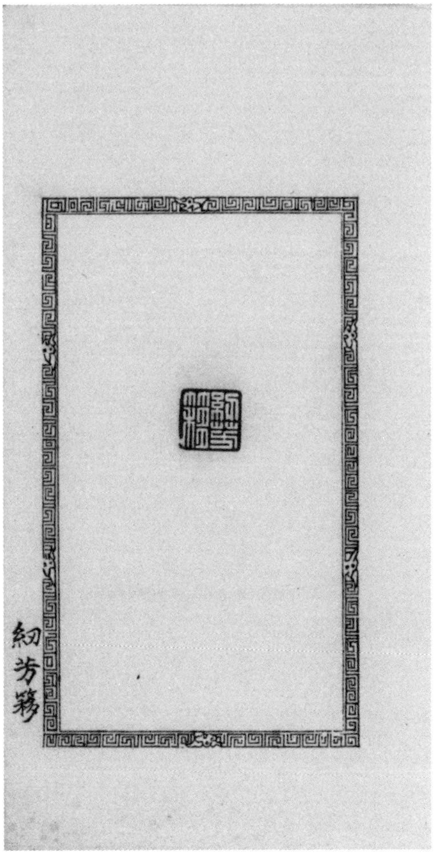

图34：《纫芳簃印存》

图35：《秦汉丁氏印绪》

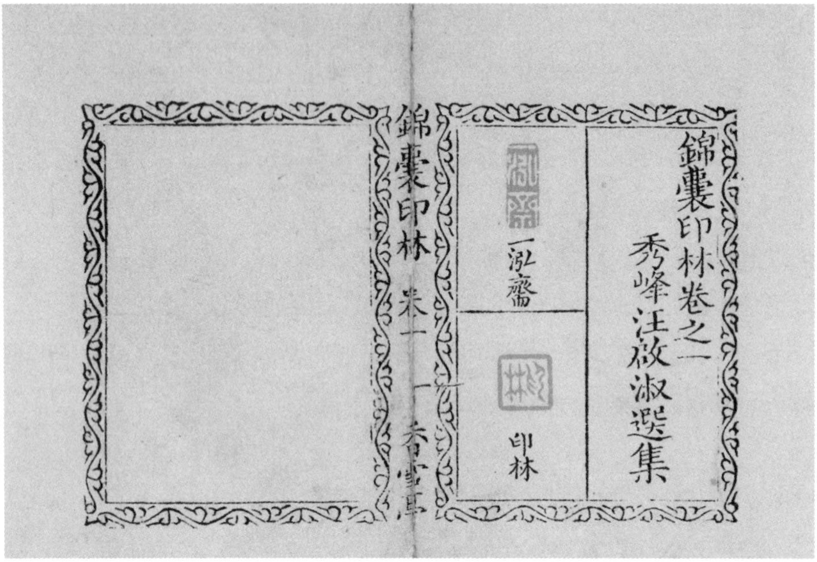

图 36:《锦囊印林》

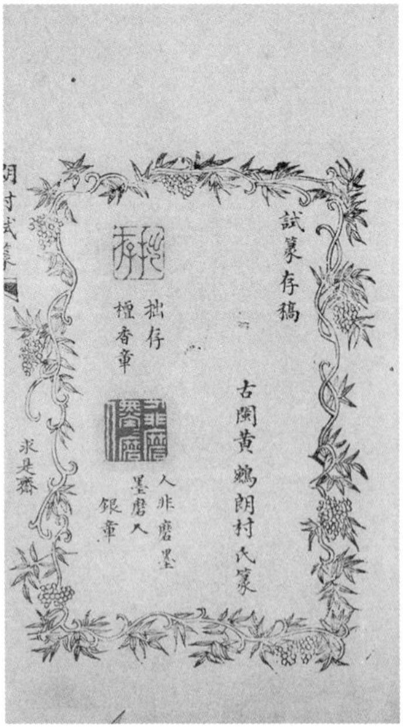

图 37:《试篆印存》

图 38:《粪翁印谱》

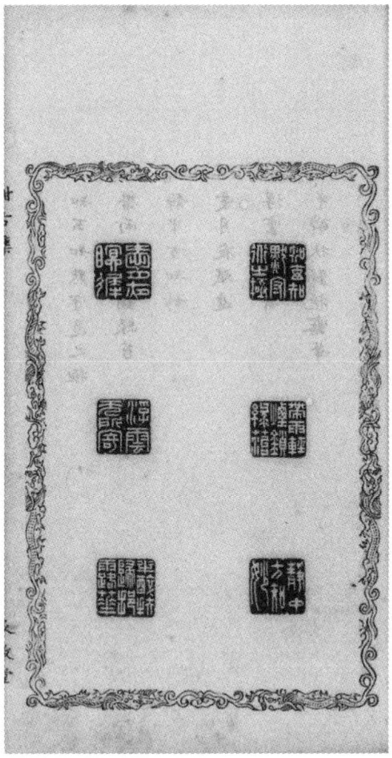

图 39:《酣古集印谱》

图 40:《文华斋印谱》

其次,印谱版框也常用蝙蝠、祥云、暗八仙等纹饰,分别见于《秦汉印谱》《龙喜吟墅印存》《四本堂印谱》(图 41—43),带有吉祥、招福等寓意。其中《四本堂印谱》采用暗八仙为纹饰,以道家八宝,即蒲扇、葫芦、花篮、荷花、宝剑、竹笛、鱼鼓、玉版,其中的法器为组合,具祝颂长寿之意。这些民间风俗的纹饰,内涵丰富,并互相结合成不同的表现形式,例子如《五梅花馆印赏》《玩月草堂印存》(图 44、45);前者蓝刷,左右栏饰以龙纹,上栏为双环纹,下栏用如意结作点缀,在设计上巧见心思,后者绿刷,一谱兼有两种不同版式,一为蝙蝠、竹叶纹样所组合而成,二为环节纹饰,装饰与功能性互相结合,丰富了版面的艺术效果。

图 41:《秦汉印谱》

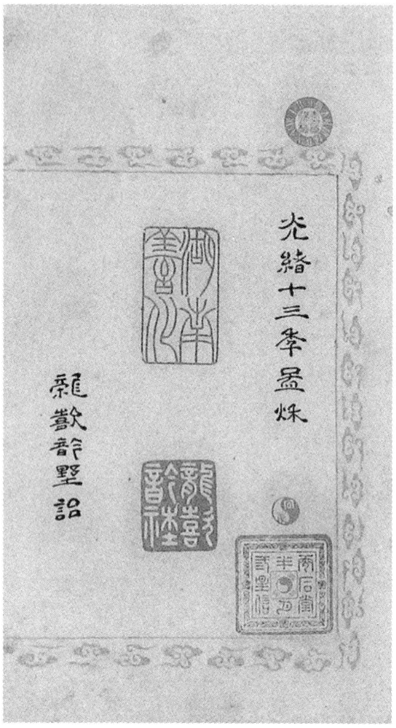

图 42:《龙喜吟墅印存》

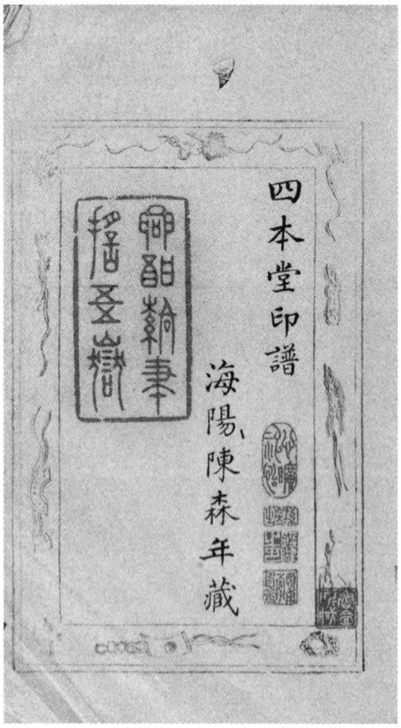

图 43:《四本堂印谱》

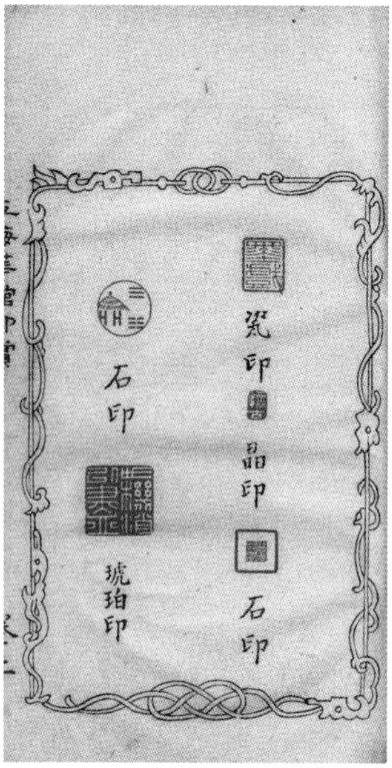

图 44:《五梅花馆印赏》

图 45:《玩月草堂印存》

(三) 博古文字

一般来说,博古泛指以古器物为装饰的题材,寓意清雅高洁,有崇尚儒雅之意。① 博古纹多具金石韵味,古雅朴拙,见之于印谱者,包括彝器、铜镜、玺印、钱币、砚台、古砖等,例子分别为《尊古斋印存》《金石留痕》《六家金石留真》《当代名家刻印》《斐然斋印谱》《双鱼壶斋印存》等(图46—51),造型各式各样,或以古物造型为版框如《尊古斋印存》,或以古物图案作装饰如《双鱼壶斋印存》,饶有古趣。

另外,文字图纹于印谱版框的运用也极为广泛,内容有吉祥语句、诗词歌赋,又或是谱名、制书年、书斋号等,字体主要为篆书,次为隶、楷,或工整,或随意。《漱芳书屋集印》《梦得双鱼馆印稿》《忍斋百忍印谱》(图52—54)皆用篆字,分别布排于"亚"字形框、左右栏、"日"字格;《环溪草庐集印》(图 55)以"吉金乐石"四字布于版框四角,《星堂印存》(图 56)则"星"字为上栏、左右栏组合成"草"字、下栏为"堂"字,字体设计灵活多变,呈现出独特的巧思与布置。

①铁源编《明清瓷器纹饰鉴定——博古文字卷》,北京:华龄出版社,2002,第 8 页。

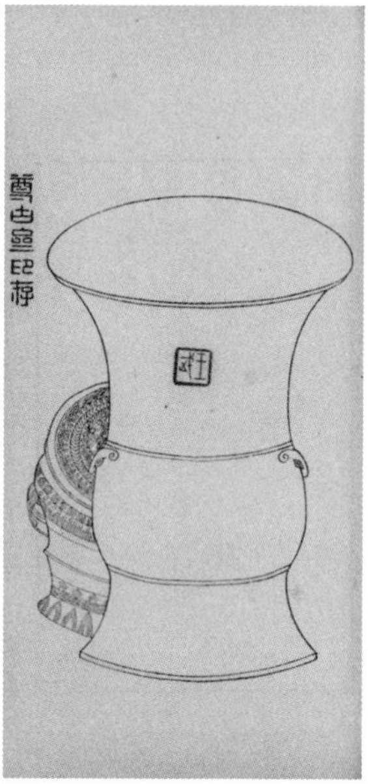

图 46:《尊古斋印存》

图 47:《金石留痕》

图 48:《六家金石留真》

图 49:《当代名家刻印》

图 50:《斐然斋印谱》

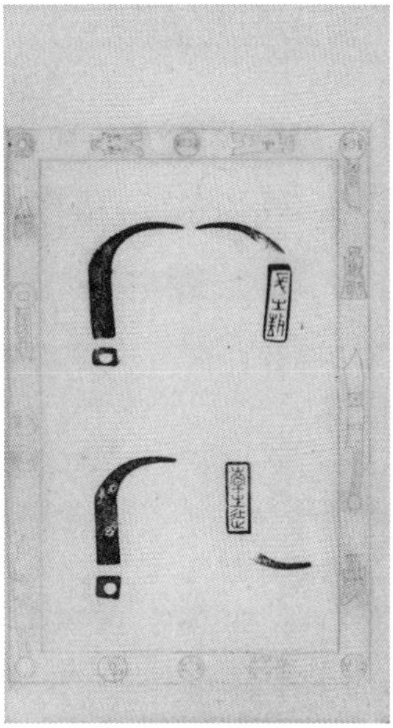

图 51:《双鱼壶斋印存》

图 52:《漱芳书屋集印》

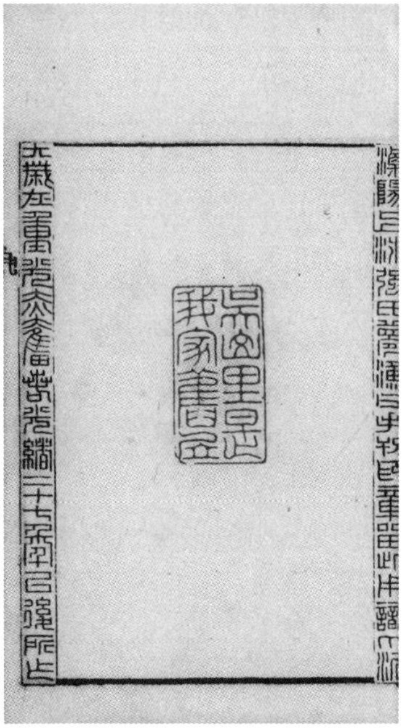

图 53:《梦得双鱼馆印稿》

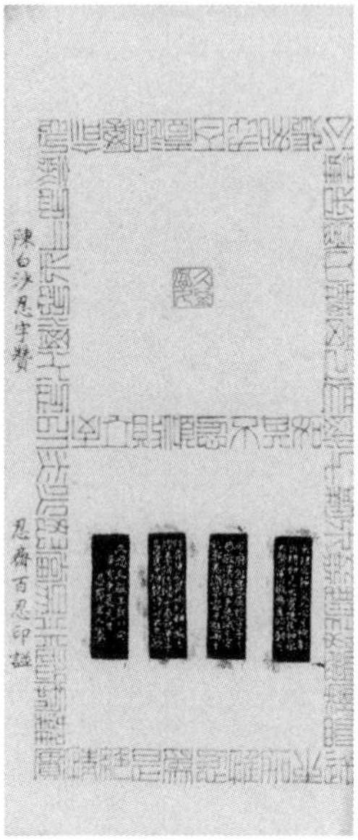

图 54:《忍斋百忍印谱》

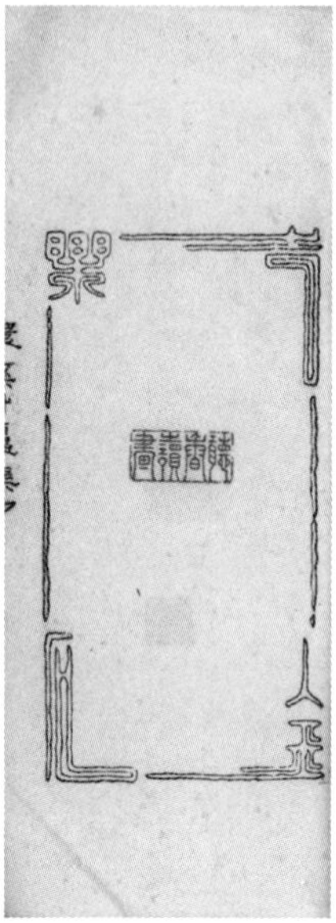

图 55:《环溪草庐集印》

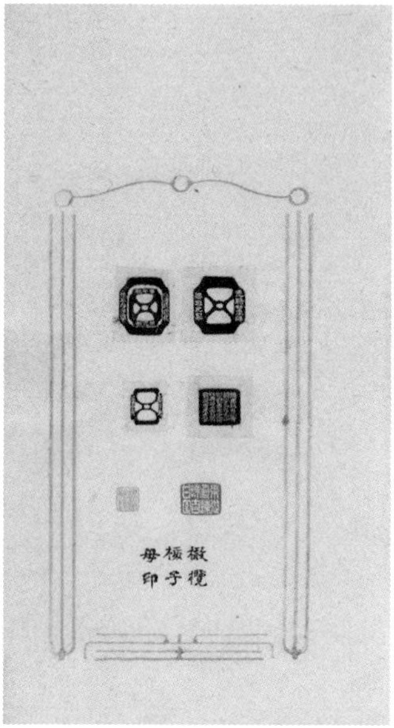

图 56:《星堂印存》

结　语

装饰是常见的美术加工手法,运用纹样、图案来美化视觉效果,为艺术方式的一种;印谱版框的装饰,糅合作者的个人品位、审美观、艺术修养等,且有美好祝愿的寓意,不仅具基本的规范作用,也与印谱内涵互相配合,兼具实用与美学功能,整体更和谐统一以外,印谱的欣赏及收藏价值更高。

事实上,中国印刷术的发明,直接或间接地继承了古代刻印的技术,印谱亦因印刷术的广泛应用而存世,成为印章传承的重要载体;从而可见,各项技巧在中国艺术的历史发展和演变中,互相影响、互为因果的微妙关系。随中国印学的蓬勃发展,审美意识不断累积,印谱版框的设计也推陈出新,研究价值相应提高,实为印学研究者不可忽视的一环。

张灏《承清馆印谱》的版本流变及载印考论

杜志强

（西泠印社社员）

《承清馆印谱》的编辑者为晚明南直隶苏州太仓文人张灏。张灏（1586—？），字夷令，一字长公，又名休，字康侯。南京工部尚书张辅之仲子，“复社”领袖张溥的堂兄。以胄子入监，见时事甚棘，无意仕进，旋隐于故里不仕。雅好文史，好吟哦，收藏甚富。著有《檀心馆集》《迂仙书记》，编有《承清馆印谱》《学山堂印谱》。

张灏《学山堂印谱》一直以来与清周亮工《赖古堂印谱》、汪启淑《飞鸿堂印谱》并称为“三堂印谱”。可以说“三堂印谱”的概念出现在当代每一部篆刻通史著作中。但当我们站在版本学和印谱出版史的角度看，我们对《学山堂印谱》和先于它的《承清馆印谱》，却既熟悉而又陌生，本文先就其中的《承清馆印谱》版本作一考察。

此谱在四百年的流传过程中，存世的版本流变所幸仍相对完整，从这点来说，它较之明代另一部著名古玺印谱——顾从德《集古印谱》——残缺的流变轨迹要完整许多。现据所知见存世本的不同刻本分作三种版本系统，从而完成对《承清馆印谱》的版本认知。

一、《承清馆印谱》诸种刻钤印本考

(一)《承清馆印谱》二十页刻钤印本

“邵鲁重藏本”①是我们目前所知见硕果仅存的二十页刻钤印本。

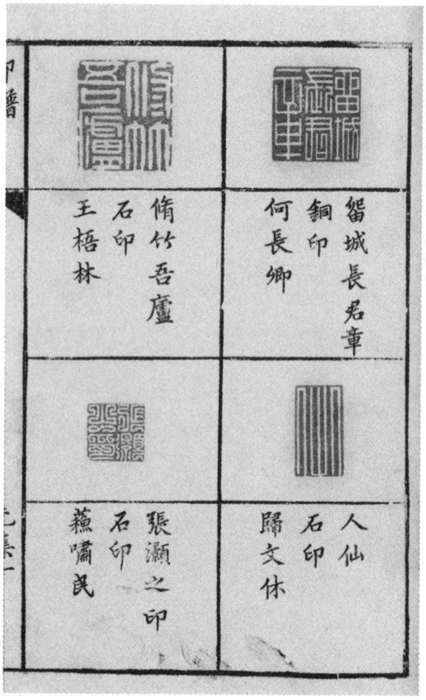

图1:二十页刻钤印本书影

该谱全帙二册(高29.3厘米,宽18.2厘米)。四周单边。版框高22.3厘米,宽14.1厘米,墨色版刷。单黑鱼尾,二行四列界格划分。双面钤印,每面四方,取上印下注版式,下注释文、印质、治印者姓氏。版心上刻“印谱”。下刻“元(续)集”及页次。

册一卷前依次有张崃“承清馆印谱序”、陈元素“印谱题辞”、张嘉“印谱引”、张灏“自叙”。正文载印160方。始于何长卿刻铜印“留城长君章”白文印,止于第20页后幅程彦明刻石印“绣佛斋”白文印。卷末依次有李继贞“印谱跋”、王在公“印谱跋”、王伯稠“书印谱后”、李吴滋“印谱跋”、浦士龙“跋张长公印谱”、金在熔“书承清馆印谱后”。

册二卷前依次有管珍席“印谱续集引”、张寿朋“题辞”、陆文献“印谱续集题辞”、归昌世“印谱续集序”、张灏“印谱续集自叙”;并附录有归昌世“刻刀诀”一篇。正文载印160方。始于归文休刻铜印“留侯世家”白文印,止于第20页后幅叶德荣刻石印“按剑心飞扬”白文印。卷末依次有薄淡儒“跋承清馆印谱续集”、钱龙锡“印谱续集跋”、王志坚“跋印谱续集”、陆献明“题张长君印谱续集后”。

全谱共钤印320方,著录有治印者姓氏15人。详“表一”。

①该谱原由苏州瓦翁先生珍藏,后捐赠苏州市图书馆。卷内钤:“邵鲁重家藏记”朱文,“顾思肤印”白文,“瓦翁好之”朱文鉴藏印。

表一:二十页刻钤印本著录作者及载印数

姓名	载印数	姓名	载印数
归文休	79	叶德荣	10
何长卿	76	张休孺	10
沈从先	34	周朗生	8
杨汉卿	19	陈居一	7
苏啸民	17	程彦明	7
王梧林	16	梁千秋	7
文三桥	14	钱适之	6
沈千秋	10		

在印谱所提供著录的明代印人者中既有我们熟悉的文三桥、何长卿、苏啸民、归文休、程彦明等,也有尚待我们探究的周朗生、钱适之。

印章材质在该谱分为五类,均予以标示。其中金印 2 方、玉印 9 方、银印 16 方、铜印 38 方,其余 255 方均为石印。

在该谱留存的二十篇序跋中,有四篇文字值得特别留意。

归昌世“刻刀诀”是仅存于此版中的明代篆刻技法名篇。张崃、李继贞两篇中分别记录有谱本的载印数“不下二百”,此数据与我们现在读到的“邵鲁重藏本”载印 320 方,尚有百方之差距,在此之前或尚有更早的版本存在?暂且设问于此。金在熔“书承清馆印谱后”文字中的纪年,为《承清馆印谱》成谱时间提供了重要依据:“是谱肇于丙丁之际,而今春始告成”,文中的“丙丁”,当即为明万历丙午、丁未,也即万历三十四年(1606)、万历三十五年(1607)。结合其后版本出现的纪年,我们认为所述“今春”即指万历三十六年(1608)。

(二)《承清馆印谱》三十页刻钤印本系统

1.三十页初印刻钤印本

所知有苏州图书馆“种纸山房藏本”、上海博物馆“徐懋斋藏本”、苏州博物馆“郑潢藏本”、浙江省图书馆“傅以礼藏本”等。该谱全帙二册,单黑鱼尾,四周单边。版框高 22.2 厘米,宽 14 厘米,墨色版刷。双面钤印,每面四方,二行二列界格划分,取上印下注格式,下注释文、印质、治印者。版心上刻“印谱”。下刻“初(续)集”及页次。

册一卷前依次有张崃“承清馆印谱序”、陈元素“印谱题辞”、张嘉“印谱引”、舒日敬“序印谱”、张灏“自叙”。正文载印 240 方。始于李长蘅石印“帝言汝仙才努力勿自轻”白文印,止于第 30 页后幅沈千秋刻石印“多病惟亲药”白文印。卷末依次有李继贞“印谱跋”、王在公“印谱跋”、王伯稠“书印谱后”、李吴滋“印谱跋”、徐日久“承清馆印谱跋语”、金在熔“书承清馆印谱后”。

图 2:三十页初印刻钤印本书影

册二卷前依次有管珍席“印谱续集引”、张寿朋“题辞”、陆文献“印谱续集题辞”、归昌世“印谱续集序”、黄元会“序印谱续集”、张大复“序印谱续集”、菊月张灏“印谱续集自叙”。正文载印 240 方。始于张休孺铜印“石尹山居”白文印,止于第 30 页后幅叶德荣刻玉印“娄东张氏鉴藏”朱文印。卷末依次有薄淡儒“跋承清馆印谱续集”、钱龙锡“印谱续集跋”、王志坚“跋印谱续集”、陆献明“题张长君印谱续集后”、王瑞璋“跋印谱续集”、高梦兆“印谱续集跋”。

全谱共钤印 480 方,著录有治印者姓氏 22 人。

这 22 位著录治印者及所治印章数见“表二”:

表二:三十页初印刻钤印本著录作者及载印数

姓名	载印数	姓名	载印数
归文休	40	张休孺	20
何长卿	38	归道玄	20
苏啸民	38	吴考叔	20
沈从先	21	程彦明	19
王梧林	21	文三桥	19
叶德荣	21	王修之	19
李长蘅	21	徐上甫	19
陈居一	20	梁千秋	18
钱适之	20	周朗生	18
沈千秋	20	王晋卿	17
杨汉卿	20	王玄阳	11

在此三十页本初印本中,著录的明代印人者较二十页版多出归道玄、李长蘅、王晋卿、王修之、王玄阳、吴考叔及徐上甫七位。

关于印章材质在该谱中所标示出的情况也渐趋复杂,其中金印、商金印、商金印各1方,鎏金、琥珀印各2方,宝石印5方、水晶印8方、玛瑙印9方、银印10方、玉印24方、铜印77方,其余340方均为石印。

该版留存序跋24篇,较之前二十页版删剔了浦士龙"跋张长公印谱"、归文休"刻印诀"二篇,增加了舒日敬、徐日久、黄元会、张大复、王瑞璋、高梦兆①六篇文字。

两篇分别记录有谱本载印数的文字,张崃序中未有变更,李继贞序文挖改为"不下三百",此数据与我们现在读到的"三十页本初印版"载印480方,也有百方之距,可知序文数仅为一大致的虚数,那么"之前或尚有更早的版本存在"的疑问似可取消。

在新增的序跋文字中有二篇记载了纪年信息,它们是徐日久"岁己酉

①浙江省图书馆"傅以礼藏本"、中国国家图书馆"孙汝梅藏本"中,高梦兆"印谱续集跋"缺佚。

(万历三十七年,1609)余授经曹周翰氏”、黄元会“盖岁壬寅(万历三十年,1602),……又七年(1609)予北游”。据此该版成谱当在此1609年间,而上述“二十页本”之1608年春之说亦可落实。

2.三十页修版刻钤印本

所知有南京图书馆“沈长慰藏本”①及私家“槐荫层晖室残本”②,它们在版本上保持了初版本的基本形态。

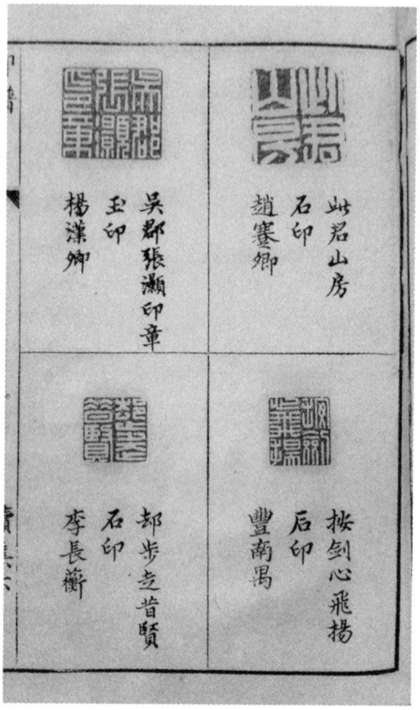

图3:三十页修版刻钤印本书影

册一卷前依次有舒日敬“序印谱”、张崃“承清馆印谱序”、项鼎铉“张长公印谱序”、陈元素“印谱题辞”、陈世埈“印谱题辞”、张嘉“印谱引”、张灏“自叙”。卷末依次有李继贞“印谱跋”、徐日久“承清馆印谱跋语”、王在公“印谱跋”、王伯稠“书印谱后”、李吴滋“印谱跋”、浦士龙“跋承清馆印谱”。

册二卷前依次有张寿朋“题辞”、黄元会“序印谱续集”、吴晧“续印谱题词”、管珍席“印谱续集引”、武文达“印谱续集序”、张大复“序印谱续集”、陆文献“印谱续集题辞”、归昌世“印谱续集序”、张灏“印谱续集自叙”。卷末依次有薄淡儒“跋承清馆印谱续集”、袁德温“印谱续集跋”、钱龙锡“印谱续集跋”、王志坚“跋印谱续集”、陆献明“题张长君印谱续集后”、金在镕“书承清馆印谱后”、王瑞璋“跋印谱续集后”、高梦兆“印谱续集跋”。

全谱共钤印480方,著录有治印者姓氏30人。

①索书号:GJ/0118098。卷内钤“元和沈长慰珍藏”长方朱文、“元和沈长慰伯安所得”朱文鉴藏印。

②残存“初集”一册。拜观于姑苏王哲言先生书斋“槐荫层晖室”中,今已上拍,未知归属。

这30位著录治印者及所治印章数见表三：

表三：三十页修版刻钤印本著录作者及载印数

姓名	载印数	姓名	载印数	姓名	载印数
沈从先	21	杨汉卿	20	王少微	14
王梧林	21	张休孺	20	文三桥	12
叶德荣	21	归道玄	20	王玄阳	11
李长蘅	21	吴考叔	20	吴丘愚	11
陈居一	20	周朗生	18	陈古凡	10
归文休	20	王修之	18	王西室	9
何长卿	20	王晋卿	17	赵蹇卿	9
钱适之	20	程彦明	16	董青芝	8
沈千秋	20	徐上甫	15	丰南禺	7
苏啸民	20	梁千秋	14	许高阳	7

在此三十页本修版中，著录的明代印人者较初印版多出陈古凡、董青芝、丰南禺、王少微、王西室、吴丘愚、许高阳及赵蹇卿八位。

关于印章材质在该谱中所标示出的情况与上版也有少许变化，其中金印、商金印各1方，琥珀印2方，宝石印5方、水晶印8方、玛瑙印9方、银印10方、玉印23方、铜印74方，其余347方均为石印。

该版留存序跋30篇，较之前三十页初印版又增加了项鼎铉、陈世埈、吴晧、武文达、袁德温5篇文字。前版删剔的浦士龙"跋张长公印谱"，经更换全部文字以"跋承清馆印谱"之目重新出现。

在新增的序跋文字中又出现了新的纪年信息，吴晧"续印谱题词"的署题为"辛亥七月吴晧题于娄东公署"。"辛亥"万历三十九年（1611）据此该版成谱当在1611年间。

3.三十页修定刻钤印本

所知有中国社科院文献情报中心"匋斋藏本"、中国艺术研究院图书馆藏本，以及"郑堂著录本"①。它们在版本上同样保持了三十页系统的基本形态，置于二卷首末的四部分序跋，仅册一卷末部分有所变化，删剔了王伯稠、浦士龙两篇，取而代之的是：吴震元"印谱跋语"和陈万言"承

①（清）周中孚：《郑堂读书记·补逸》卷二十三。北京：中华书局，1993，第504页。

清馆印谱跋”。其中陈万言文字为《承清馆印谱》中唯一之所见,故嘉庆间周中孚著录之本,即此“三十页修定刻本”。

“三十页修定本”最明显的版本特征是,将前版全部的著录印人姓名原位铲剔,而保留了印章释文和印章材质记录。全谱共钤印仍为480方,但印章及对应的释文较“三十页修版本”有部分更换,印质记录则沿承前版未作变化。

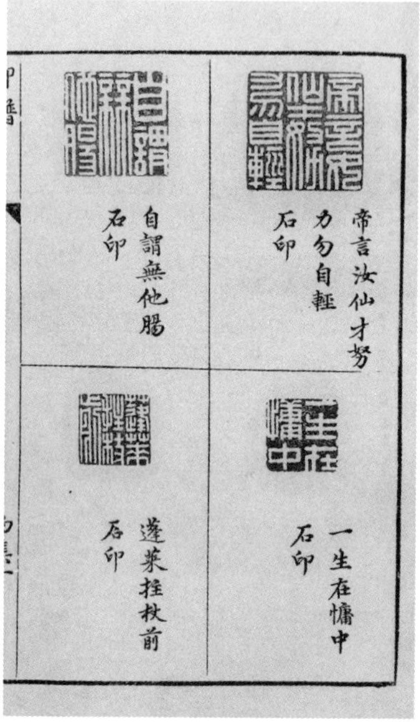

图4:三十页修定刻钤印本书影

(三)《承清馆印谱》四十二页刻钤印本

四十二页刻钤印本为三十页系统刻本的延续,在继“三十页修定刻本”删剔作者姓名后,重新刊版编辑。所知有上海图书馆“许光宗藏本”、西泠印社博物馆“望云草堂藏本”①、私家“槐荫层荫室藏本”及“松荫轩藏残本”、苏州图书馆“瓦翁捐藏残本”等。全秩二册。单黑鱼尾,四周单边。版框高22.9厘米,宽14厘米,墨色版刷。双面钤印,每面四方,二行二列界格划分,取上印下注格式,下注释文、印质。版心上刻“承清馆印谱”。下刻“初(续)集”及页次。

册一卷前依次有黄元会“序印谱”、张寿朋“题印谱”、项鼎铉“张长公印谱序”、吴晧“印谱题词”、陈世埈“印谱题辞”、武文达“印谱序”、张峡“承清馆印谱序”。正文载印336方。始于冻石印“投躯寄天下长啸寻豪英”朱文印,止于第42页后幅冻石印“忧心醉江上”白文印。卷末依次有李继贞“印谱跋”、陆献明“题印谱后”、王在公“印谱跋”、袁德温“印谱跋”、薄淡儒“跋承清馆印谱”。

册二卷前依次有舒日敬“序印谱”、王志坚“印谱叙”、管珍席“印谱续

①该藏本序跋据郁重今《历代印谱序跋汇编》相校,文字有出入数处,恐亦存先后印本问题。尚待机缘访读原本。

集引”、陆文献“印谱题辞”、张大复“叙印谱”、张嘉“印谱引”、张灏“自序”，后有刊工署名“张元春镌”一行。正文载印336方。始于冻石印“滓尽骨逾清道存貌自泽”白文印，止于第42页后幅宣铜印“娄东张氏鉴藏”朱文印。卷末依次有吴震元、徐日久“印谱跋语”，李吴滋、钱龙锡、高梦兆“印谱跋”。

全谱共钤印672方。印章材质在该谱中所标示出的情况是：玛瑙、银印各20方，玉印、水晶印、琥珀印、金印各21方，宝石印22方、宣铜印23方，其余503均为石印。

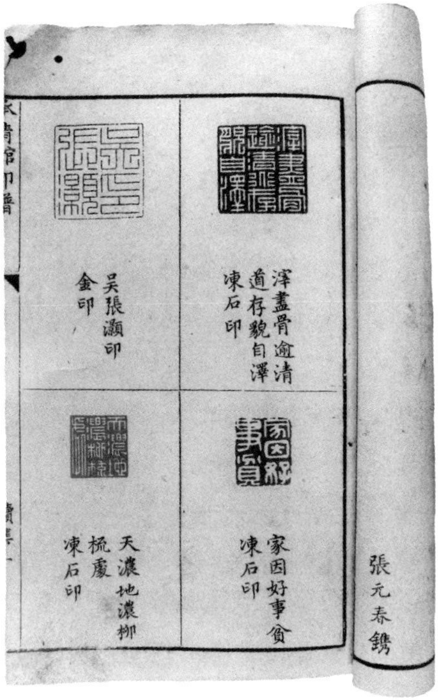

图5：四十二页刻钤印本（册二）书影

该版留存序跋23篇，从篇幅数上看较之前“三十页修定刻本”删剔了陈元素、张灏（自叙）、陈万言、管珍席、归昌世、金在镕、王瑞璋等7篇。序跋全部更换了文字版片，从序跋文字内容上说，篇目和文字大多作了改动，其中王志坚“印谱序”和张灏“自序”更是通篇换文。

两篇分别记录有谱本载印数的文字，张峡序改称“不下四百余印矣”，李继贞序文则挖改为“不下五百许”。

在被更换内容的张灏“自序”署名中含有纪年，署为“万历丁巳秋日扣石山主人张灏识”。据以可知该“四十二页刻钤印本”的成谱时间为万历四十五年（1617）。

至此，我们对《承清馆印谱》诸种刻钤印本，从1608年到1617年十年间，各次版本形态的流变有了一个较为完整的了解。这之后张灏《承清馆印谱》的编辑刊印也告一段落，《学山堂印谱》的编撰，将在此基础上即将展开。

二、《承清馆印谱》诸本载印记录论

通过上文的考察,我们对《承清馆印谱》谱本形态的流变状况有了一定的了解,而与谱本形态同步变化的印章钤印状态,同样印证着这一流变的连续性。

我们从《承清馆印谱》初版"二十页刻本"所载的320方印,被其后各版次所沿用钤印的统计数量来看:

表四:二十页本系统载印沿用统计

版本	采用印章数	沿用率
三十页初印本	231	72.20%
三十页修版本	218	68.10%
三十页修定本	206	64.30%
四十二页本	152	47.50%

从"是谱肇于丙丁之际"起,首批制谱的大部分印章,一直被延续使用,制作钤印成新的版次谱本,各版本之间所载印章的更迭替换、增加剔除也始终未曾停息。因而,各版本间载印有着较强的连贯性、重复性。

《承清馆印谱》依分类属"集篆印谱",它集聚了晚明时期众多篆刻名手之作品,在印谱史上此为创例。谱本中的作者具名均出现在前三种版本,所涉篆刻印人名录前文已有交待。"因每印均注出作者,从而为我们明确地提示了明季一些篆刻家的真实作风,成为考察明代众多印人篆刻风貌的重要依据。"①这样一份历来受到印学研究者重视并利用的名录,在"三十页修定刻钤印本"中不知出于什么缘由,被辑集者张灏自行铲剔。这一编辑现象在其后各版序跋文字中并没有涉及和注解。

这里,我们通过著录于文彭名下的全部28方印章情况,具体解析谱本中的这一载印现象。所取采用的28方印载于"二十页初版本"的有14方,载于"三十页初刻钤印本"的有19方(其中与前版重复者5方),而"三十页修版刻钤印本"所载的12方均与"三十页初刻钤印本"重复相同。

---

①韩天衡:《张灏的〈承清馆印谱〉》,载《天衡印谈》,上海:上海书店出版社,1993,第277页。

表五:《承清馆印谱》著录于文彭(三桥)名下印章汇综

序号	版本 印文	二十页本	三十页初印本	三十页修版本	三十页修定本	四十二页本
1	爱酒不愧天	/	石印　文三桥	石印　王少微	石印	冻石
2	帝曰大布衣	/	石印　文三桥	石印　文三桥	石印	玛瑙
3	抚顶弄盘古	/	石印　文三桥	石印　文三桥	石印	冻石
4	翰墨卿	石印　文三桥	石印　沈千秋	石印　沈千秋	石印	冻石
5	行迈心多违	石印　文三桥	/	/	/	/
6	何地置老夫	/	石印　文三桥	石印　文三桥	石印	冻石
7	皇天无老眼	/	石印　文三桥	石印　文三桥	石印	冻石
8	结发受长生	/	石印　文三桥	石印　王少微	石印	宝石
9	酒酣喝月使倒行	石印　周朗生	石印　文三桥	石印　文三桥	石印	冻石
10	苦吟人	石印　文三桥	琥珀　归文休	琥珀　吴丘愚	琥珀	冻石
11	老大谁能更读书	石印　文三桥	石印　文三桥	石印　文三桥	石印	冻石
12	乐琴书以消忧	石印　文三桥	玉印　周朗生	玉印　周朗生	玉印	银印
13	论心游侠场		石印　文三桥	石印　王少微	石印	冻石
14	谬似高人迹	石印　文三桥	/	/	/	/

续表

序号	版本 / 印文	二十页本	三十页初印本	三十页修版本	三十页修定本	四十二页本
15	盘白石兮坐素月	石印　文三桥	石印　梁千秋	石印　梁千秋	石印	
16	书不求甚解琴聊以自娱	石印　文三桥	石印　文三桥	石印　文三桥	石印	冻石
17	素赏斋	石印　文三桥	石印　何长卿	石印　何长卿	/	/
18	谈昔居	银印　归文休	石印　文三桥	石印　文三桥	石印	冻石
19	檀心轩	/	石印　文三桥	石印　文三桥	石印	/
20	天外宾	/	石印　文三桥	石印　王少微	石印	/
21	无才不敢累明时	/	石印　文三桥	石印　王少微	石印	冻石
22	衔杯乐圣称避贤	石印　文三桥	石印　文三桥	石印　王少微	石印	冻石
23	心事一杯中	石印　文三桥	石印　何长卿	石印　王少微	石印	冻石
24	偃卧恣疏顽	石印　文三桥	石印　文三桥	石印　王少微	石印	/
25	一醉累月轻侯王	石印　文三桥	石印　文三桥	石印　文三桥	石印	/
26	阅尽交情好闭门	/	石印　文三桥	石印　文三桥	石印	冻石
27	长乐	石印　文三桥	玉印　周朗生	玉印　周朗生	玉印	玛瑙
28	自称臣是酒中仙	石印　杨汉卿	石印　文三桥	石印　文三桥	石印	宣铜

由上表可知著录于文彭名下的印章，在不同的《承清馆印谱》版本中又分别著录列名于梁千秋、沈千秋、吴丘愚、杨汉卿（以上各1方）、归文休、何长卿（以上各2方）、周朗生（3方），尤其是归于王少微名下达8方。而文彭名下印质材料著录均为石印，然归属他人后或玉印、宝石或玛瑙、琥珀，甚或银印、宣铜不一而足。

这种印谱中钤印印蜕与著录姓名、印章材质在各次版本间相互不能够十分吻合的现象，在《承清馆印谱》的遗世原石中也同样存在。"壮心徒许国"一印，原石旁款"泉"字，当是指叶白泉（国华）所制，可印谱的两个版本中均归署"归道玄"名下。①

有学者曾以"明清旧谱，多为先印刷版框然后钤谱，由于种种因素，虽为同一印谱，出现存印数、注释、序跋，乃至于成书年份的差异都是屡见不鲜的"②，来试释《承清馆印谱》编辑中出现的这一现象。

但是，首次改版的"三十页初印本"即有此紊乱错列，随着又一次的刊印著录印人的增加而愈演愈烈。所以它是主观编辑思想造成的，此或是因印章边款署名在当时的"缺位"，或是部分印章镌刻者对著作权的"申索"，故而造成"三十页修定本"直接铲剔"姓名"的结果。但编辑者更多的是要"匪直神游古初，而身世亦且与俱往，即予亦不自知其托情至此已"（张灏自序语）。名单的铲剔并不影响编辑主旨，故又有了"四十二页刻钤印本"继续编辑。

方去疾先生《明清篆刻流派印谱》在文彭所系传略中曰："他的篆刻作品，在当时没有编过印谱，原作存世极少，而张灏在万历年间编所藏印成《承清馆印谱》中，有文彭刻的白文印十九方，但这些印章原石，至今未曾发现。"③行文中虽然也透露出些许疑虑，但还是在书中录用了"天外宾""檀心轩""何地置老夫"三方印章。据方先生称："有文彭刻的白文印十九方"，我们可知其所据版本为《承清馆印谱》"三十页初刻钤印本"。其中"天外宾"后又归于"王少微"名下。

①见孙慰祖"承清馆遗印"跋，载《西泠印社社员题跋小品展图录》，杭州：西泠印社出版社，2011，第52页。

②韩天衡：《张灏的〈承清馆印谱〉》，第278页。

③方去疾：《明清篆刻流派印谱》修订本，上海：上海书画出版社，1980。

黄惇先生《中国历代印风系列 · 明代印风》①虽然在文彭印蜕中谨慎地未予采选《承清馆印谱》之作,但在何震 52 方印蜕中有 23 方同样也采自《承清馆印谱》"三十页初刻钤印本"。而在整个《承清馆印谱》曾经著录于何震名下的印章有 108 方之多,仅"三十页初刻钤印本"中就有 38 方。更为集中采录的是王炳衡全部 13 方"用印"和沈野全部 6 方印章,悉数分别采自于"三十页初刻钤印本"的王梧林、沈从先名下。

以上两部现代印学重要著作亦反映出:人们对《承清馆印谱》的认识运用,往往集中在《承清馆印谱》"三十页初刻钤印本"上,而对其他版本的认知或因谱本资料的稀缺尚未能展开。

以上述考论只能就历史史实予以还原和揭示,以警示印学研究者在材料运用过程中,充分认识并考虑到这些客观存在的印谱版本。

《承清馆印谱》版本探究的意义在于:第一,作为晚明某一具体篆刻者的个人风格印式标本,该谱载印确实不可靠,但它为我们提供了一个考察晚明印人群体篆刻风貌的重要依据。第二,该谱为我们具体保留了一批明代万历间可靠印人名录。第三,通过十年间印谱的五次编辑,所汇集的数十篇序跋,为我们具体了解明代万历间篆刻创作所处的社会、人文环境提供了丰富的文献史料。

这也许就是古籍版本学运用于现代印学研究所带来新的认知和启迪。

①黄惇:《中国历代印风系列 · 明代印风》,重庆:重庆出版社,1999。

海珠遗珍

——《古雪楼印存》与清末广州河南地区[①]的文人艺事

陈文妍

(香港中文大学艺术系博士候选人)

一

广州由于地理上的优势,自古便为中国对外贸易的港口。乾隆二十二年(1757),清高宗下令只留四海关中的粤海关,这样:"广州成为清代唯一合法对外开放的海洋贸易口岸,以广州十三行商馆为中心的贸易口岸,逐步发展成为华洋贸易的中心。"[②]

十三行位于现今广州市文化公园一带,毗邻珠江,与河南仅一河之隔。河南地区风景秀美、民风淳朴[③],尤其是十三行对岸的漱珠涌一带素

①"河南一地,清代称河南堡,今为广州市海珠区主要部分。四面环绕的水道,东面自磨碟涌口起,经赤岗涌,至南面敦和涌、沥滘涌出珠江后航道,转西面南石水至洲头咀,再转北面珠江前航道,直至磨碟沙涌口止。"黄任恒编纂《番禺河南小志》,广州:广东人民出版社,2012,第3页。

②潘刚儿、黄启臣、陈国栋编著《广州十三行之一——潘同文(孚)行》,广州:华南理工大学出版社,2006,前言页1。

③陈华《河南》诗曰:"隔江犹有古淳风,犬吠鸡鸣路四通。桑陌雨晴收嫩绿,茶园霜落摘新红。地连海市鱼虾美,居绕潮田稻黍丰。三十三村人不少,相逢多半是花农。"参见温汝能编纂《粤东诗海》卷九十,广州:中山大学出版社,1999,第1690页。

称有“卧龙漱珠”福地之象①,加上广州老城日渐拥挤,河南地区尚待开发,土地价廉,有众多水网可供利用,于是十三行富商潘氏、伍氏及西关富豪多在此建筑园林别业②。潘氏一族的入粤始祖潘启(振承)在乾隆四十一年(1776)于漱珠涌西侧置地开屯,建宅筑祠,居处仍名龙溪乡(潘氏祖籍为今福建省漳州市龙溪县),以示永不忘祖。③ 其为当时的粤东首富,建造了极其豪华的潘家大院,院中尽亭台水榭、奇花异卉、宝木珍禽之胜。他还在漱珠涌上筑建漱珠桥、环珠桥、跃龙桥三桥,以方便民众出行。④伍家花园则由怡和行伍氏在嘉庆八年(1803)于漱珠涌东侧建造,据说是一座可以与《红楼梦》中的大观园媲美的园林建筑,并将此地取名为安海,以思故土福建晋江安海。两家书斋楼阁中的古籍、书画、器物藏品众多,吸引并聚集了不少骚人墨客。

此外,河南当地代有才人,寓居此地的文人也不凡,如黄子高(1794—1839)、居巢(1811—1865)、居廉(1828—1904)、谢兰生(1760—1831)、许玉彬(1809—?)、符翕(1840—1902)等。

杨永衍(1818—1903)、杨其光(1862—1925)祖孙为河南瑶溪人。永衍,字椒坪,业茶,曾参与林则徐查办督缴洋药一事,生平好施济,倡办爱育善堂、重修双洲书院等。擅诗词及山水,收藏甚富,著有《添茅老屋诗草》,辑有《粤东词钞二编》等。他在白鹤洲有鹤州草堂、添茅小屋,在窑头乡有半园,均为张维屏(1780—1859)、黄培芳(1778—1859)、熊景星(1791—1856)、陈澧(1810—1882)等岭南文士雅集唱和之佳所,永衍与二居交情尤笃,于侍郎式枚(1853—1915)尝主于其家。⑤ 文孙杨其光,字仑西,幼承家学,工诗词,善山水,亦好治印,著有《花笑词》《归梦醒余》

①河南分布着一系列红岩台地,从东岛西呈线状排列,堪舆家认为,此实为一“蛟龙”象,龙头在官洲,龙尾在漱珠涌旁的乌龙岗。漱珠涌也是一条小龙,涌口的鳌洲小岛,仿佛就是龙口中吐出的一颗明珠,与漱珠涌构成“卧龙吐珠”的景象,故有漱珠涌之名。参见梁国昭《广州漱珠涌历史文化景观与旅游开发》,《热带地理》2013年第3期,第343页。

②广州市越秀区档案馆编《水润花城——千年水城史话》,广州:广东人民出版社,2012,第236页。

③潘刚儿、黄启臣、陈国栋编著《广州十三行之一——潘同文(孚)行》,第42页。

④广州市越秀区档案馆编《水润花城——千年水城史话》,第241页。

⑤番禺市地方志编纂委员会办公室主持整理《民国版番禺县续志》点注本,广州:广东人民出版社,2000,第439页;黄任恒编纂《番禺河南小志》,第99、124、142页。

《华月词》《锦瑟哀辞》等。

二

国家图书馆藏有《古雪楼印存》①八册，是谱少见于著录②，为杨其光辑居巢所藏古铜印及自刻印而成③，钤印本④，一函八册。每册外观高 20 厘米，宽 13.3 厘米。序言及印蜕页板框为红色环扣式样，板框横 9 厘米，竖 13.2 厘米，书口下署“添茅小屋”楷书四字。⑤

册一扉页上有隶书“古印藏真”四字，右署“光绪己卯（五年，1879 年）云开卩（节）⑥迂道人⑦书”，钤“柯有榛”朱文印，左署“今夕盦所㝵（得）”，钤“某（梅）生⑧”朱文印（图 1）。此与 1872 年版的《添茅小屋古铜印谱》⑨扉页题端“古印藏真”四字隶书相同，署款不同⑩（图 2），1879 年版扉页里页无 1872 年版的牌记“同治壬申（十一年，1872）仲秋杨氏添茅小屋拓本”。（图 3），为后出的版本。两种《古印藏真》均在居巢逝世之后刊行，是为纪念亡友，或是这批古印后来为杨氏保存⑪，还是出于其他原因，有待考证。

①为笔者根据是谱之序所提及的谱名。

②相关的一条资料为：“《添茅小屋印谱》，清杨其光刻印。四册。共存印八十五方，以姓名、斋馆印为主，多为自用印。第四册为《今夕盦所得古印藏真》。成书于光绪二十七年（1901）。”（韩天衡主编《中国篆刻大辞典》，上海：上海辞书出版社，2003，第 507 页。）但与此谱仍有许多不同之处。

③册一为居巢所集古铜印《古印藏真》，余册为杨其光自刻印。

④不少印蜕及边款乃剪贴入谱中。

⑤符翕的《蔬笋馆印存》亦用此版框。

⑥“岳州自元正献岁，邻里以饮宴相庆，至十二日罢，谓其日为云开节（风土记）。”参见《中华文化百科全书》第四册，台北：中华文化基金会，1984，第 405 页。

⑦即柯有榛。

⑧即居巢。

⑨参见广州图书馆主编《广州图书馆藏仪清室所集广东印谱提要》，桂林：广西师范大学出版社，2014，第 45 页。

⑩《添茅小屋古铜印谱》扉页题端署款为：“今夕盦所得，迂道人书。”下系“云虚”朱文小印为墨刷。

⑪松荫轩亦藏有《添茅小屋古铜印谱》，惜无书名页、牌记或序跋说明出版时间，估计杨氏添茅小屋曾拓行居氏所藏古铜印多次，至少有两个明确出版时间的版本行世。

图 1

图 2

图 3

册二有潘光瀛(1838—1891)①与僧莲西②的序,潘序曰:

范铜刻玉始成章,秦汉摩挲有古香。一变山农工煮石,终归简易判阴阳。

漫夸印谱便名家,增减从心恐或差。会淂汉碑书额法,个中真意是南华。

近代丁黄不世才,钱陈而外等尘埃。离奇毕竟矜心作,古厚能教众妙该。

奏刀已觉解人难,好比诗吟一字安。不道樵夫甘拜倒,杨家飞将独登坛。

仑西二兄大雅,出印存一册嘱题。潘光瀛。

潘氏在以诗语概括篆刻史之外,指出篆法"古厚"的重要性,以及游艺于篆刻的舒心,并推许杨氏篆艺。其后,僧莲西的序如下:

杨生志趣奇,早岁好奇字。古迹辨鸟虫,异体认龙穗。
秦玺与汉章,朴茂滂(溯)渊邃。是知篆刻间,古学所攸寄。
当其掺刀时,四满踌躇志。界划运灵机,控纵骋轻辔。
触目无全牛,游刃有余地。毛锥与铁笔,互用玅(妙)游戏。
当时赵吾流,陈黄踵其次。生今能步趋,实亦千载事。
金石归陶镕,岁月备铭记。红坭灿藻火,卷轴光怪萃。
我欲为君言,岂曰雕虫技。为学当及时,有好志恐坭。
君其善刀藏,寻常莫轻易。他日发新硎,藻刻庙堂器。
仑西二兄大雅,出印存一册嘱题。莲西初稿。

虽多为称赞之语,但也透露出杨其光从小接触古字篆刻,运刀刻印巧妙灵动、游刃有余,印出秦汉、元印与浙派。两则序言均为手书,都提及杨其光出《印存》一册属题,没有具体的谱名,亦无书写作时间,可见当时杨氏仅

①潘光瀛,字宗诒,号珏卿。潘恕子,入嗣定桂。附贡生。光瀛独承祖砚,分读父书,既青其衿,能素所守,食税衣租,弦诗读画,致足乐也。所作骨格坚苍,风神澹远。著有《梧桐庭院诗钞》。参见黄任恒编纂《番禺河南小志》,第345页。

②即僧宝筏,字莲西。海幢寺僧。性高淡,幼通释典,兼习儒学。喜藏古画,善作山水。有《莲西诗存》。参见黄任恒编纂《番禺河南小志》,第376页。

集有自刻印印存一册。

册三存黄晦闻(1873—1935)①之序：

奇石镌功薄汉儿，凄凉未勒海门碑。
栎园旧记文山印，移为君题篆刻辞。
多少才名归笔削，磨崖奇气破空青。
千秋待箸飞鸿传，第一人推裒爽亭。
仑西二兄先生篆刻印集，属题即正，纯熙。

辗转借古人旧事进行推许。

册五则有萧伯瑶(1836—1915)②与潘飞声(1858—1934)③的序，萧氏序言：

杀画匈奴有卫青，何如飞燕掌中轻。
美人大将皆千古，都在吾贤指下生。
一枝铁笔与谁侪，何震文彭剩折钗。
关内羊头求不淂，却从花乳写萧斋④。腕底秦碑字字工，水宕花映印泥红。
他年定有覃溪老，来埸残铜到粤东。

仑西大兄夙承家学，兼工诗文，偶一治印，独得秦汉神味。甲申(光绪十年，1884)秋，过鹤洲草堂赏菊见示《古雪楼印存》一帙，盖年

①黄节，字晦闻。顺德人。弱冠师事简朝亮，通贯大体。少寓河南，居海幢寺读书。后走上海，与邓实等集国学保存会，作《国粹学报》。民国兴，自高等学堂监督，历京师大学文史教授，凡在北平十七年。出任广东教育厅长、通志馆长。著有《蒹葭楼诗》二卷。参见黄任恒编纂《番禺河南小志》，第390页。

②萧鍑常，字伯瑶，号瑶生。南海人。太学生。才气卓荦，好学嗜书。爱登临，喜觞咏。所著有《萧斋余事集》。参见黄任恒编纂《番禺河南小志》，第388页。

③潘飞声，字兰史，号剑士、老剑，又号独立山人，番禺人。早岁从叶衍兰学诗词，就学于学海堂。光绪十三年(1887)游学德国，受聘于柏林大学，讲授汉文学，归国后，举荐经济特科。后加入南社，为“南社四剑”之一。辛亥革命后，居上海，鬻文为生。著有《说剑堂集》等。参见孙克强等编著《清人词话》，天津：南开大学出版社，2012，第1991页。

④唐代李约在江南得到南朝梁萧子云草书作品“萧”字，带回洛阳悬挂在新建书斋的壁上，并称自己的书斋为“萧斋”。后人则以“萧斋”代称书室。佟玉斌等编著《诗书画印典故辞典》，北京：长征出版社，2001，第512页。

余奏刀，已逾百颗矣。异时媲美丁黄，亦吾粤之二樵也。即成三绝句奉题卷首，以为左券。南海萧䇞常伯瑶。

潘氏序云：

日日添茅老屋过，秦砖汉瓦共摩挲。
杨生铁笔当筵见，划断龟螭似太阿。
宗道文孙逈出尘，千篇集古录翻新。（杨宗道著《集古印录》十余焉）
更从缪篆归圆厚，金剪光芒镂玉筋。
长句何人独擅场，却教延誉到诗狂。
即今片石藏琼笈，长照书堂一剑光。（君爱予长篇，尝刻杜句见赠曰：近来海内为长句，予不克当然感其意矣。）
家学词场旧有名，韶龄书遍换鹅经。（君工小楷）
平蛮海内需才急，望子燕然更勒铭。

甲申（1884）秋集添茅小屋菊燕，仑西二兄有道出观《古雪楼印存》，谨撰小诗奉题，并希哂政。弟潘飞声。

此二序均作于1884年秋，其时杨其光招集同好于家中赏菊，并出示所集自刻印一帙，印已逾百颗，名曰《古雪楼印存》，请萧、潘二氏写序。伯瑶赞其印得秦汉神味，甚至将之与丁敬、黄易以及黎简相媲美。飞声更言及杨姓先祖元代杨遵所集的《集古印录》①，衬托杨其光印谱的超群不凡。

册二至八所收印蜕，绝大多数为杨其光所刻，不少是受朋友嘱托而作，从此可见杨氏的朋友圈及与之相关河南文人雅事。

仑西交游广泛，《解连环·居梅生、何丹山、熊笛江、李子虎、潘鸿轩、袁颜卿、莫子青、陈古樵、符子琴、居古泉诸世丈来添茅小屋或鹤洲草堂作画，数十年间觞咏颇甚，夜则弦度曲，备极欢娱，今忆及之为赋是解》②一词即为明证。

①杨遵，字宗道，浦城人，徙居钱塘。其所辑《集古印录》已佚，仅存王沂、俞希鲁、唐愚士、周伯琪、王祎所作序文、题词及赞文五篇，载于明顾氏《印薮》中。王俅、赵孟頫、吾丘衍等谱皆未若此谱为详。约成书于元至元四年（1338）。参见王崇人主编《中国书画艺术辞典·篆刻卷》，西安：陕西人民美术出版社，2002，第117页。

②杨其光著，陈步墀选《绣诗楼丛书第五种·花笑词》，香港：绣诗楼，1946，第20页。

在《古雪楼印存》中，嘱杨其光刻印最多的要数潘飞声，有“潘氏家藏”“潘飞声印”“罗浮西樵绝顶题名”“沧海归来”“天外题诗”“乘槎十万里”“羊城潘兰史随身书画”“红是相思绿是愁”等印。其中“潘氏家藏”款文说明此印是杨氏为飞声所刻数十方印中的第一枚①。“恨不见顾玉山”印边(图4)刻有：

我友兰史河阳子，小筑园亭百花里。
彝鼎书画列窗几，埭径延宾频倒屣。
酒酣得句若弹指，笑对琼英歌皓齿。
我才愧非□夫似，如君风流阿瑛比。
属刻瑶章钤侧理②，夜阑或有蛟龙起。

可见杨其光对潘氏园亭十分熟悉，为其中雅集的常客。“近来海内为长句”印侧记：“用杜句寄赠兰史。甲申冬，仑西刻。”“仑西刻此见赠……知我深矣。飞声记于说剑堂，伯瑶、一山同观。”(图5)杨、潘二人在同一方石上对话，情意臻臻，而且潘氏还请萧伯瑶、何一山③两位友人共赏。潘飞声也常到杨氏书斋，甚至冒雨前来④，有时胡曼⑤也在场⑥。此外，潘氏在其所辑的《名印集观》“潘郎”印蜕旁记有：“……光绪癸巳(十九年，

①款曰：“仿曼生法为兰史诗人作印。癸未冬，仑西。”“仑西为兰史作印数十方，此其始也。”

②晋代纸名。据记载此纸以水苔制成，故又名苔纸或苔笺。因其纸上呈纵横斜侧之纹理，而称之为侧理纸。参见周倜主编《中国历代书法鉴赏大辞典》，北京：北京燕山出版社，1990，第1950页。

③何桂林，字子劭，号一山。增城人。福建候补县丞。尝寓河南溪峡。著有《海天琴思词》。参见黄任恒编纂《番禺河南小志》，第387页。

④“不易”款曰：“越日，兰史冒雨携印来雈洲，仑西为仿汉铸。”

⑤胡曼，字汉秋，号洞雪等。顺德县人。生年未详，1929年卒于广州，年六十余岁。其刻榄核印极精，书画金石早具根基。从柯有榛治印，专攻浙派，黄牧甫盛誉之，以为广东之一佳手。参见马国权《广东印人传》，香港：南通图书公司，1974，第63页。

⑥如“珠江载酒”款云：“仑西为兰史作此印，盖仿竹垞老人江湖载酒句也，而刀法奇劲直驾古人矣。汉秋观。”

图 4

图 5

1893)三月二十一夜，遇汉秋桥西草堂看所藏印……回忆汉秋招余与管生①同宿堂中，一灯论印，恍如梦寐，而管生殁已亦载矣，题此深为怃然。飞声记，□三鼓。”均反映了此地印学嗜好者共聚一堂赏印、论印的情景，甚至还铭记了深厚的情谊。

胡曼和杨其光是挚友，也是亲戚。杨氏所刻“宗潢”款曰：“汉秋表兄，余水乳契也。自总角交十数年如一日。惟兄与余家相距一河，思慕所致，未免有篱索之感耳。爰作是印，以证神交，他时抚石摩挲，何异一堂晤对耶？甲申(1884)冬十月，杨其光识。”(图 6)句句真情，往事今情均涌上心头。而“宗潢私印”款文则记录了胡曼书斋中雅集的盛况：“乙酉

①“柯兆良(管生)，广东南海(今广州)人。字管生。斋堂为里木山房。柯有榛少子。出生于咸丰间，而卒于清末叶。幼年即从其父习治印，所作纯宗西泠，以读古谱多，亦常有汉人风致，功力虽不及其父有榛，然当可与其兄兆明仰齐足而并驰也。”参见真微印网 http://www.sealbank.net/m2MainFind.asp? LM = 2&L1 = 2&L2 = 2&L3 = 0&LS = C&SRCHTXT = R5609&SK = MV，检索日期：2016 年 4 月 13 日。

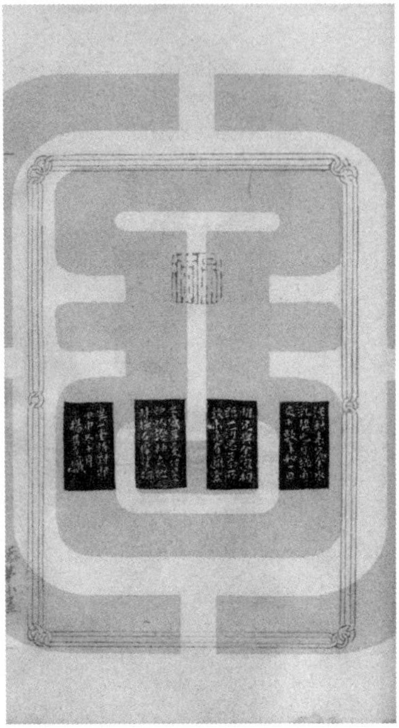

图 6

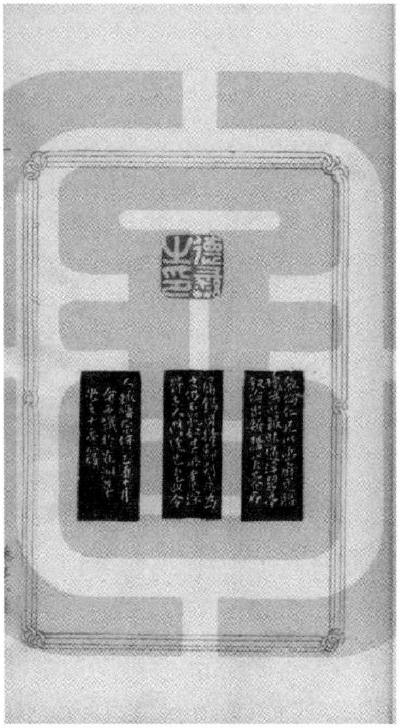

图 7

(1885)集螺青馆①秋禊,萧伯瑶丈作诗,潘兰史填词,主人作画,余与柯管生刻印,酒阑同步月于桥东西,兴尽乃渡江归草堂。"胡氏还出示陈曼生的《种榆仙馆印谱》与杨其光同观②,符翕③也曾将自己所藏的赵次闲《静娱室印跌》与杨君共赏④。

①胡曼室号。

②"螺青馆印"款曰:"甲午秋过螺青馆,检读《种榆仙馆印谱》过,兴酣为主人作印,即师其法。花笑词人仑西。"

③符翕,字子琴,号石叟,别署朋石、蔬笋居士,湖南衡阳人,晚清著名书画篆刻家。著有《蔬笋馆诗稿》《蔬笋馆印存》等。参见李砺著《湖湘篆刻》,长沙:湖南美术出版社,2009,第 84 页。

④"花笑楼"款云:"仑西填词得花间,遗韵尝高寄一楼,榜曰:花笑。崔咏秋为绘图,余与伯瑶丈题词记焉……甲午花朝……蔬笋馆符子琴司马出示赵次闲《静娱室印跌》□间雅疏密悉珎,归拟抚之……"

杨其光也为伍德彝(1864—1927)[1]刻印多方,如"德彝之印"(图7)、"叙伦写生"、"容可室主金石书画"、"倪澹轩"、"菊孙梅号"。二人惺惺相惜,杨氏曾刻"抱绝世之才"印,款署:"端居刻志,所为诗词,风流英发。正如河朔少年,洵足领袤侪辈。尝与讨论,心得卓越,人表意少,当可未知,与古谁比?而独许于予,深愿摒弃尘务,从君于镜秀浮碧间,放褒声律。"

仑西的艺文之友众多,谱中所见,如:

人物	印文
潘光瀛	光瀛
伍乐陶	芳蘅馆藏
刘玉笙	刘氏、玉笙
俞旦	伯惠所书
邱菽园	邱君菽园
居秋海	私淑南田师造化
居廉	居廉长寿、古泉七十以后作
陈树人	陈韶画印
孔宪瑶	家住太平烟浒、会逢山水即唫诗、南海孔宪瑶字颂平号性腴、乐志居主、日饮无俗
陈璞	息翁
周端	周子名端
黄节	臣黄节、独立君
高剑父	麐、爵廷、高麟
叶衍兰	写十年幽恨分付唫笺
黄绍昌	绍昌长寿、香山黄氏收藏
梁松年	楼观沧海、鹤巢

①伍德彝,字懿庄,号花田逸史。伍延鎏次子。克承家学,为居古泉入室弟子,时有出蓝之誉。画则山水人物,花鸟草虫,无一不精,字则篆隶楷草,无一不妙,又善诗词,允称三绝。尤工古籀篆刻,已采入印人传中。著有《松苔馆诗钞》《浮碧词集》若干卷。参见黄任恒编纂《番禺河南小志》,第352页。

续表

人物	印文
刘啸芬	小衡手校、小衡四十后作、曾经沧海、一生好入名山游、桃花源里人家、东海钓徒
陈鉴	金石交、名花当美人、寿泉、六郎
冯建昌	长生安乐冯建昌之印、璇图、越国公孙
黄叔鸣	岭南六石草庐黄氏叔鸣印记、叔鸣珍赏
葛璞	小堂画课、葛璞长寿、葛璞画章、绍堂甫
刘庆镗	嗣伯启事、刘庆镗印
冯鉴民	鉴民、大尌将军之裔
黄纯熙	顺德黄纯熙珍藏金石书画记、佩文、黄斋、曾藏黄纯熙处
冯兆年	冯兆年印
尹困	尹困长寿、溪石书印

文人雅聚的逸兴也常流露于仑西印侧,像自刻印“仑西”款语:“光绪甲午(二十年,1894)□重阳,区镜涵招同邻子杞材与予泛桅窖溪渡隔山,访居古泉丈,舟过梁真吾村居,晚归漱珠桥畔酒楼……仑西自制印并记录事。”与杨氏《花笑词》中的《摸鱼儿 · 十一月二十三日区镜涵招游小港探梅,暮归待月桥畔,饮梁真吾村居》①的出游类似。“番禺杨其光印”款云:“光绪辛卯(十七年,1891)仲冬二十六日,同黄佩文、胡仁阶游广雅书院访黄屺乡。茶话方般,舟人来告,溪潮将下,匆匆鲜缆归舟。欸乃回望西郫烟水,松翠山光,兴甚欣然。余既成一词□制此印,舟行方抵珠江,因记数语,以志清游之快,其光。”所提及之词,即为《花笑词》里的《高阳台 · 冬日黄晦闻上舍招游广雅书院,访黄屺乡孝廉。余与屺乡一别七载,重逢

①“曾记看,琼葩如雪,万枝寒印疏影。香风送出今番暖,缕缕花魂吹醒。　飞逸兴,便擫笛、狂吟追和当年咏。重烹苦茗,借浇透诗肠,攀条索笑,新句倚栏听。　炊烟暝,归去林幽鸟静,田园离绝尘境。山容水态斜阳嫩,莫是画图描剩。　开蒋径,倾百盏、鹅黄竹里行觞政,醉中闲省。认一路凉蟾,满身落瓣,好把旧游证。”杨其光著,陈步墀选《绣诗楼丛书第五种 · 花笑词》,第15页。

话旧，情味弥亲。而暮潮催人，匆匆解缆归舟，回望西郊烟水，又增人一番惆怅也。因倚长调寄之》①。其为伍德彝所刻的“德彝”印侧有“丁亥（十三年，1887）上巳，雀洲草堂修禊，同人并约为蝴蝶会，论诗品画作，竟日欢酒酌。懿庄有道出此石索刻，是日春和景明，颇极文宴之乐，因治数语以志快，仑西杨其光。”记录了杨氏鹤洲草堂雅集的热闹场景。

凭借仑西之印，我们也可了解杨氏部分祖辈、父辈及其子辈的概况：

姓名	与杨其光的关系	印文
杨永衍	祖父	丁亥年七十、半园逸叟、雪松旧宅、十青菉、悟言室、辛庵
杨文桂	父亲	文桂印、文桂私印、别字沛舲
杨湘舲	叔伯	养艳室
杨其汾	四弟	杨其汾印
杨其溥	五弟	碧怡红笑、叔雨
杨景棠	子	杨景棠长寿年宜子孙、伯召、景棠长寿
杨景牧	子	杨景牧印
杨景荣	子	荣儿生朝、景荣长寿
杨景椿	子	长生安乐杨景椿之印、杨氏彭孙

另从杨氏自刻印边款中可知其别号、斋馆号众多，计有洸、孟端、公亮、寄渔、南武狂夫、窑溪钓师、水窗墨客、茭塘渔隐、静轩、可且轩、茹古居、日吉利斋、东香阁、安雅堂、花笑楼、梅子熟也迦室等。而“番禺杨氏安雅堂所得经籍金石书画记”的边款也透露了其家藏之丰，如有宋椠《文选》、明拓《礼器碑》、名人诗墨三册、清湘②松石巨幅、查梅壑③书画册等。

①杨其光著，陈步墀选《绣诗楼丛书第五种·花笑词》，第15页。
②即石涛。
③即查士标。

三

《古雪楼印存》中杨其光所刻的“桃花源里人家”等印边款①均提及《杭州七家印稿(集)》,他亦曾亲手描摹《杭州七家印谱》②。七家分别为丁敬、黄易、金农、蒋仁、奚冈、陈鸿寿、郑燮,除金农与郑燮之外,其余均列入“西泠八家”,为清代浙派的领军人物。而描摹本印谱与原钤、木刻、锌版及影印本印谱不同,是用以油涂抹后透明度增高的宣纸覆于原谱上影写(图8),为一种学习的本子。此谱后传至其女婿方绍勋,方氏将是谱的成谱过程记录为序,宝贵之处在讲述了浙派印风于河南地区流布的原因,兹录原文于下:

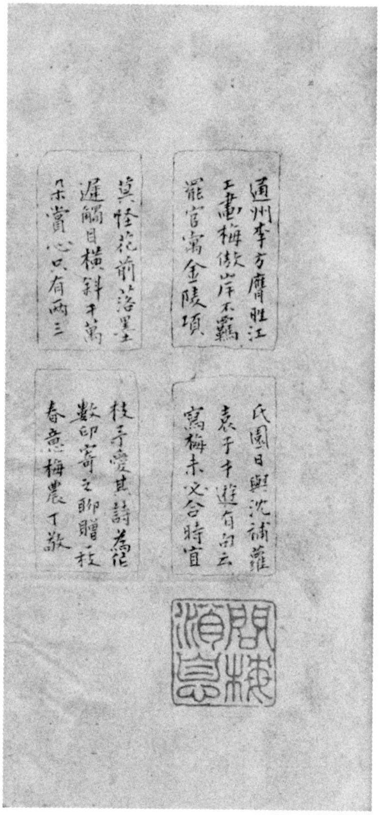

图8

尝闻诸先外舅杨仑西曰:“汉派篆刻创自杭州七家,有《七家印谱》,为世所珍。”即此是也。忆陈氏曼生传印学于赵次闲氏,赵传于吴下常棣华云生。常携此谱原本来粤,客安海伍氏。其时,南海柯有榛,号云虚者,亦客于伍氏之门,固传汉派篆刻之学焉。柯有子管生、铁生,能读父书。先外舅及表伯胡曼叔均尝学于管生,而再从云虚氏研究者也。

①“桃花源里人家”款曰:“樵《杭州七家印稿》中六字,为寉巢老友鉴定。”“名花当美人”款为:“奇石为良友,名花当美人。《七家印集》中钝丁曾刻此,余摘句以刻寿泉画印。庚子(光绪二十六年,1900)仲冬。”“半园逸叟”款云:“钝丁先生曾制此印,见《杭州七家印集》中。余家有半园,大父大人命樵一钮,敬为拟之。”

②松荫轩藏。参见 http://blog.sina.com.cn/s/blog_6f6c6b6f0102w9ny.html,检索日期:2016年4月13日。

若伍乙庄氏，亦柯氏金石弟子也。因得睹常氏《七家》真本，又以真本价逾数百金，为不易得也。乞常氏借出影榻，计乙庄伯影榻乙部，先外舅亦影榻乙部，今留于粤者只此二部而已。旦若从先外舅学金石，不一载而艺成，先外舅乃检出此部，嘱为保存，并影榻乙份，以增所学，并云："此部前已被人窃出，沽之于外，幸得黄晦闻先生购回送还，切勿遗失。"盖此犹汉派印之衣钵云尔。甲子（1924年）春月，禺山方绍勋旦若谨志。

可见曾馆于伍家的入粤印人、浙派嫡系常云生的传艺，及其携来的《杭州七家印谱》原钤本影响甚众，而师其法的柯有榛与二子更是将浙派印风传扬于交游圈中。《古雪楼印存》杨氏所镌印蜕有仿钟鼎文、汉印、圆朱文，及清代浙派的丁敬、蒋仁、黄易、陈鸿寿、赵次闲、钱松、赵之琛、董洵诸子，呈现的面貌亦以浙派为主，可为例证。

小 结

乾隆年间的一口通商使广州经济崛起，同时也为河南地区带来文化艺术发展的契机。富商大户的迁入吸引各地文人墨客寓居、过访，本地亦隽秀辈出，雅集泛舟流行，文艺作品层出。

河南地区为岭南画派的发源地已家喻户晓，但少人探寻此地在清中晚期岭南印学史上的重要性，生长于斯的杨其光等名士寂寂无闻。当时，杨永衍、杨其光、居巢、潘飞声、伍德彝等本地文人与流寓的篆刻家常云生、柯有榛、冯兆年、符翕等常有交流，印学条件和氛围均十分优良。杨其光留存至今的八册《古雪楼印存》是其交游、印艺的最佳见证，惜长久深藏故纸堆中，少人问津。杨氏印宗浙派，风格明显，是受师友影响的结果，表明了浙派印风为清中晚期岭南印坛在黄牧甫印风以外的重要风格。而且，当时广州河南地区艺文活动繁盛，名士间往来甚密，然长期以来被忽视，值得继续深入研究。

近代《太平广记》校勘整理之专著述评

王国良

（台北大学中文系）

一、前　言

北宋太平兴国二年（977）三月，太宗诏儒臣李昉（925—996）、徐铉（916—991）等人编纂《太平广记》（以下简称《广记》），网罗中国自先秦至宋初之野史稗说，有三四百家，分类编辑，内容丰富，向来有小说家"渊海"之美称。① 再者，唐代以前旧籍，大半已散佚或残阙不全，较为重要之小说作品，每每靠着《广记》的收录，方能流传至今，其对于文献资料之保存，尤属功不可没。②

《广记》编成以后，李昉等于太平兴国三年（978）八月十三日进呈，二十五日奉敕送史馆，六年（981）正月依圣旨开雕颁天下。然言者以为"非学者所急"，乃收墨板藏太清楼。③ 因此，《广记》镂板虽早，恐未即大量行世。南宋始由官方及坊间覆刻通行，可惜历宋至元，传者甚罕。迨至有明

①语见清纪昀撰《太平广记》提要，载《四库全书总目》第142卷，台北：艺文印书馆，1964，第2801页。

②参考邓嗣禹《太平广记引得·序》，北京：燕京大学图书馆引得编纂处，1934；《太平广记引得》，上海：上海古籍出版社，1990，注40《〈太平广记〉引用书目统计表》。

③宋王应麟《玉海》第54卷，京都：中文出版社影印，1986，第35页右，"六年诏令镂版"注语。

中叶，无锡谈恺（字十山）得旧钞本，与友人合力校雠，刊而行之；其后翻刻排印者不绝，流传浸广，购置阅读称便。

今日所知版本，其残宋本、钞宋本均为过录本①，不予计数而外。依其传钞刊印先后，大致有：明嘉靖谢氏有嘉堂钞本、嘉靖沈氏野竹斋钞本、嘉靖谈氏刻本、隆庆活字本、万历许氏刻本；清乾隆黄氏刻本、乾隆《四库全书》钞本；民国《笔记小说大观》本、扫叶山房石印本、人民文学出版社排印本、中华书局排印本、团结出版社排印本、哈尔滨出版社排印本、黑龙江人民出版社排印本、燕山出版社排印本等十数种。

传世各家《广记》之文字内容多有出入，版本错综复杂。其所以然者，盖因明代以下诸本所据之宋本，早先即已存有残阙之情形，特别是第141、150、261、262、263、264、265、269、270等九卷。为弥缝补充以成全帙，明代之沈氏钞本、谈刻本与许刻本，不约而同地在《广记》目录、卷次分合、篇目、正文暨出处等方面，进行变造缀补之工作。由于诸家处理之方式不同，遂造成种种混乱与歧异。②

北宋初年编就之《太平广记》，流传至今已有千余年。宋版、元刻固已不存人间，明代以下诸种抄本、印本皆有其优劣得失之处。时至今日，吾人不只亟需一部由专家汇集众本，校勘订正，备有详细校记，可供研究之《广记》精校本；亦需要一部根据汇校本再予整编精印，适合一般读者翻阅品赏之普及本。若能开发一种具备全文检索功能又内容准确之电子版，则更加理想。③ 以下仅选取20世纪之后跟《广记》整理点校相关的专书、论著，按年代先后略略加以检视评骘，并提出个人对于新点校本的期待与建议。其有见闻不够全面，思虑不够周到之处，尚祈诸位专家同好不吝指教。

①所谓残宋本系指清嘉庆中陈鳣据以校吴骞收藏许自昌刻本的工作本而言，原书不传；陈校本今藏北京国家图书馆善本书部。钞宋本则谓清康熙年间孙潜据以校正谈恺刻本的工作参考本，今亦不传；孙氏校本，目前存于台湾大学图书馆特藏室。

②参考张国风《试论〈太平广记〉的版本演变》，《文献》1994年第4期，第3—17页。又见张氏著《〈太平广记〉版本考述》，北京：中华书局，2004，第74—83页。

③据个人所知，日本京都花园大学禅文化研究所、中国台北“中华投资教育基金会”，均曾委托中国大陆人士将《太平广记》全文输入计算机。京都版已见由日本大学中国文学科师生使用中；台北版正进行三校工作，正式问世时间，目前无法确定。又网络上可见者不止一种版本，校对不精，不宜率然引据。

二、相关专书论文述评

(一)汪绍楹校点《太平广记》

《太平广记》汪绍楹校本是目前最早问世又较好的《太平广记》排印本。目前所知,汪校本出过以下几个平装、精装版本:首先,人民文学出版社1959年7月出版布脊精装本,共5巨册,印2000册。这个版本只出了精装本,没出版平装本,现在孔夫子旧书网仍然常见有零本出售。其次,中华书局1961年9月修订后出了新1版,为10册平装本。这个版本是现在通行版本的祖本,直到现在中华书局仍然不断再印,印刷效果越来越差。再次,中华书局1981年8月2印本,亦为10册。这个版本是2印本,本不该计入不同版本之列,之所以单独列一个版本,原因是这个2印本还出了一套10册漆布脊精装本。

1.中华排印本的长处:

根据汪绍楹的点校说明,我们知道点校本是以谈恺本为底本,用陈鳣校宋本、明沈氏野竹斋抄本(原北京图书馆,今国家图书馆藏)校勘,并参酌了明许自昌刻本和清黄晟刻本,而谈恺刻本的三种印本都曾用来互校。其中,所参校各本有些重要的出入之处,例如第265卷和第270卷,都把异文收作附录,以供参考。所以此本的优点是出校的引文较多,引文有出处者较多,相同题目下之异文较多,相同引文下各本所注不同出处皆尽量开列。因此,各个版本的不同之处在这一个版本中大抵可以领略到,帮难以见到其他珍贵古版本的研究者提供了很好的资料。在此举几例以说明中华本校雠上的长处:

(1)卷21谈本《尹君》条,中华本根据沈抄本将“尚书李公”增补为“尚书李公诜”,让历史人物有了交代。卷141谈本《王微之》条,中华本根据许本改为“王徽之”(可惜未作说明),这是比较符合此卷内所收故事人物的时代及风格特点的。卷196谈本《李龟寿》条“唐晋公白敏中,宣宗朝再入相”句,中华本系根据《续谈助》改动,出校谓:“上二句原作‘唐晋公王铎禧宗朝再入相’。据《续谈助》知系《广记》纂修时所改。原文本作‘外王父中书令晋国公宣宗朝再启黄阁’。按指白敏中。改时误为王铎。今依事实文意复之。”则展现了点校者的扎实考证功夫。

(2)卷232谈本《令狐绹》条云：

> 唐丞相令狐绹因话奇异之物，自出铁简，径不及寸，长四寸，内取小卷书，于日中视之，乃九经并足。其纸即蜡蒲团，其文匀小，首尾相似，其精妙难以言述。又倾其中，复展看轻绢一匹，度之四丈无少，秤之才及半两，视之似非人世所。返报，太守惧，追叟欲加刑。叟曰："乞使君不草草。某知书，褚辈只须此笔。乞先见相公书迹，然后创制。"太守示之。叟笑曰："若如此，不消使君破三十钱者，且更寄五十管。如不称，甘鼎镬之罪。"仍乞械系，俟使回期。太守怒稍解，且述叟事云："睹相公神翰，宜此等笔。相府得之，试染翰甚佳。"复书云："笔大可意，宜优赐匠人也。"太守喜，以束帛赠叟而遣之。(出《芝田录》)

其后接《周邯》条。中华本文同，惟在“视之似非人世所”之“所”字后断句，并加注云：“按‘所’字下脱佚甚多。‘返报’二字似系‘虔州刺史’条之下半。中脱‘裴岳’等四条。”我们细读此条，会感觉其注前文字与注后文字的确文意不接，殊不顺畅。看谈本卷目，知《令狐绹》后应有《裴岳》《苟讽》《红沫》《铁头》《虔州刺史》五条，之后乃及《周邯》；又试翻总目，《周邯》虽紧承《令狐绹》，惟最末有“《裴岳》(以下皆原阙)、《苟讽》、《红沫》、《铁头》、《虔州刺史》”(黄本同。)但谈本将《令狐绹》半截文字与《虔州刺史》半截文字混为一篇，让人无法读通。中华本则在此予以注明，读者乃知注前之文字属《令狐绹》条，注后则属《虔州刺史》条，前者失其尾段，后者失其首段，对于理解此两篇都有益处。当然中华本在此也有一点小缺疵，即谈本在总目《令狐绹》下注出处“阙”，而《虔州刺史》条出《芝田录》，结果中华本竟把出处《芝田录》放在了《令狐绹》篇后，尽管它已经说明此文后半截是《虔州刺史》的文字，但是这样很容易让人误会《令狐绹》条也出自《芝田录》，黄本也是如此，而且连两段文字都没有断开或加注。因而邓嗣禹主编的《太平广记篇目及引书引得》，也就把《令狐绹》条收入了《芝田录》。

(3)卷314谈本《郭厚》条云：

李宗为舒州刺史，重造开元寺。工徒始集，将浚一废井。井中如言而得之，船屋上有脯腊，妇人取以食四卒，视其手，土寇犯阙，天下乱，僧辈利吾行资，杀我投此井中，今骸骨在是……

吾人细读之，则第二行与一行或三行意势均不衔接，而中华本在"井如言而得之"之"井"字后加注云："井字下原有'中如言而得之船屋上有脯腊妇人取以食四卒视其手'二十二字。系本卷内'朱廷禹'条内文。误衍于此。今删。今本《稽神录》无'郭厚'条。明钞本于此处空一行记二十二字。"并于正文中去掉误衍之文字。依注寻阅，则见其前六条《朱廷禹》有云：

其人忙怖不复记，但云："物已尽矣。"妇人云："在船后挂壁（壁原作璧。据《稽神录》改）篋中。"如言而得之。船屋上有脯腊，妇人取以食四卒，视其手，乌爪也。

中华本注释果然不错，始知此第二行系复错之文。且谈本原条注出《稽神录》，然今《津逮秘书》本、《学津讨源》本皆无《郭厚》条，《四库全书总目》卷142谓今本从他书录出，盖非原文。然则《郭厚》所缺文，已无从意补。

(4)卷497谈本《赵宗儒》条云：

赵宗儒检校左仆射太常卿，太常有师子乐，备五方之色，非朝会聘享不作。至是中人掌教坊之乐者移牒取之，关白，宗儒忧恐不已，相座责以懦怯不任事，改换散秩为太子少师。

此文读来颇不通顺，文意亦不衔接，黄本亦同。而中华本则云：

赵宗儒检校左仆射为太常卿。太常有师子乐。备五方之色。非朝会聘享不作。至是中人掌教坊之乐者移牒取之。宗儒不敢违。以状白宰相。宰相以为事在有司。其事不合关白。宗儒忧恐不已。相座责以懦怯不任事。改换散秩。为太子少师。

考谈本此条下即接《席夔》条云：

韩愈初贬之制，舍人席夔为之词，曰：早登科第，亦有声名。席既物故，友人多言曰：席无令子弟，岂有病阴毒伤寒？而宗儒不敢违，以状白宰相，宰相以为事在有司，其事不舍与不洁，韩曰：席不吃不洁太迟。人曰：何也？曰：出语不当，岂有忿责？词云：亦有声名耳。

乃知《赵宗儒》条有一行正文阑入《席夔》条之中，一经中华本勾换，两条各通，“不舍关白”应正作“不合关白”，《旧唐书》卷167《宗儒本传》亦云：“宗儒不敢违，以状白宰相，宰相以为事在有司执守，不合关白。”可以互证。但中华本在此未能加注说明谈本错夺之原貌暨中华本勾换之校雠，使读者不能完整了解情况，仍是一种遗憾。

诸如上述的例子很多，无法一一枚举。《广记》在谈恺校前亥豕鲁鱼，甚至不能句读，而谈恺校后仍留许多错夺处。中华本在校雠时下了比较多的工夫，使《广记》变得文通字顺，功劳不小。

另外，这个版本正文前有汪绍楹的点校说明。除了交代参校时所采用的底本和辅本之外，其中也提到谈本至少有三种印本的说法，给后世研究者很大启发。

2.中华排印本的不足处

当然，汪氏点校本也难免有一些美玉之瑕。程毅中先生在《〈太平广记〉的几种版本》(《社会科学战线》1988年第3期)曾经提到：

汪绍楹先生校点《太平广记》的时候，广泛参考了许多版本，校勘工作做得相当严谨精密，整理出了一个比较完善的新版本。然而限于严格地以谈刻本为准的体例，只在少数地方根据别本改正了错误，还未能充分反映出不同版本、不同印次的差异……只在中华书局新一版《太平广记》的《点校说明》里补作了一些简括的介绍，读者才了解到谈刻本有不同印本的问题。

可能由于时间和人力不足的缘故，中华排印本无法完全搜览现存《太平广记》不同的版本，加以完整的对勘、校雠并且录入异文。它基本上是以谈本为底本的，对其他各本虽然有所参考，但不是太全面完整。仅谈本自身的三次印本的互补工作就没有完全做到位，如卷269《陈延美》条，谈甲本不缺（《永乐大典》卷913亦引有此条）；卷270《周迪妻》（出《妖乱志》）、《邹待征妻》（出《国史补》）、《郑神佐女》（出《北梦琐言》）、《卢夫人》（出《朝野佥载》）、《符凤妻》（同上）、《吕荣》（出《文枢镜要》）、《高彦昭女》（出《广德神异录》）等条，谈甲本都有出处，而在校点本中却没有加以说明，未免有沧海遗珠之憾。除了谈本初印本中残阙的七卷之外，其他地方也还有一些值得注意的异文。如果有选择地出一些校记，必要时再作一些他校，那可能就更完善了。可惜限于当时的条件，出版社为避免"繁琐校勘"的批评，只要求忠于底本，尽量少作改动，不校异文，某些明显的错误只好径改而不出校记。因而还是留下了一些遗憾。

另外，汪绍楹先生在点校说明里提出谈本至少有三种印本的说法，给后人很大启发。但他对这三种印本印行的先后顺序的假定却存有一些问题。汪先生云：

> 据今日所见，谈恺刻本至少有三种印本：第一种是没有第二六一至二六四卷，第二六五卷、二七〇卷卷首没有隆庆元年识语的，后来谈氏在隆庆元年识语中说："其四卷仅十之二三，博洽君子其明以语我，庶为全书云。"这当是指最早的印本，假定它为初印本；第二种印本也没有第二六一至二六四卷，但于二六五卷、二七〇卷卷首增有隆庆元年的识语，且所收文字不同，假定它为后印本；第三种印本是多出第二六一至二六四卷的（后来许刻本、黄刻本都有这四卷，大概就是从这个本子来的），而第二六五卷、二七〇卷则和后印本相同，假定它为最后印本（北京图书馆藏有胶卷）。

吾人以为推定谈刻几次印本时间的早晚,似乎不应以有无谈恺识语为后印、初印的标志。因为对于识语,往往有一个规律,即校印者本人重视识语,而后世翻刻翻印之书商有的重视,有的忽略。汪先生把无识语的谈刻印本看作是初印本,即印于明嘉靖四十五年(1566)正月,把含有隆庆元年(1567)七月识语的看作是后印本。这里就出现两个问题:一是在一年半的时间里,谈恺本人不可能进行两次大型的印刷;二是谈恺于隆庆二年就去世了,他都未必见到《太平广记》第一次印刷的完整结束,就更不可能见到第二次,即其他印本应该都是别人主持的;三是1566年开始印刷后,谈氏完全有可能在一年半后即1567年写了识语,并加入到还未完工的第一次印本中。从常理来讲,谈恺本人的识语也应该首先出现在由他主持的第一次刻印中,因而有识语的极可能是初印本。①

(二)王锳《重印本〈太平广记〉疑误》

1989年7月,贵州大学王锳教授在《古籍整理与出版情况简报》121期上,曾针对1981年中华重印汪绍楹点校本《太平广记》,从"文字方面"及"断句方面"中的疑似问题进行讨论,写成《重印本〈太平广记〉疑误》,总计32条。王文所校颇能令人信其有误,但因无书可资参定,校勘全用"理校法",缺乏版本依据,因此也无法把问题深化。该文已收录于《语文丛稿》(北京:中华书局,2006年4月),有兴趣者可取阅。

(三)毛娜《〈太平广记〉前一百卷校点札记》

中华书局于1961年出版的汪绍楹先生校点本《太平广记》(以下简称"汪校本"),是今天学术界最为常用、也是目前较为完备的本子,但其在校点方面仍存在不少问题。

汪氏未出校点凡例,因此我们无从得知其出校原则。据张国风考证,汪校本径改底本而不出校的地方所在多有,因而也就减弱了校勘的科学性。②

除此以外,汪校本主要还存在以下两个问题:其一,校勘参考材料不

①有关中华书局排印本的优点及不足之处,主要参考引录张华娟《〈太平广记〉》版本流传研究,《新亚论丛》第7期,2005,第228—242页。

②参见张国风《〈太平广记〉版本考述》,北京:中华书局,2004,第39页。

足。即自校不足和他校不精。由于条件之限,汪先生无法使用文渊阁《四库全书》本《太平广记》(以下简称“四库本”)参校,但是四库本《太平广记》却颇有校勘参考价值。据张国风考证,文渊阁四库本的底本并不是谈刻本,而是黄晟的乾隆二十年(1755)槐荫草堂本。① 汪校本“他校不精”的问题主要在于:汪氏虽间取他书校理,但缺乏标准,有时取校,有时则否。且《太平广记》作为一部大型类书,所引书目多达500种左右,其中约3/4的书籍今已亡佚,只存部分条目散见于他书之中,而当时的辑佚工作还不够,相对来说,利用这些散见的条目进行他校的难度较大。因此汪先生他校所利用的材料不是很广泛,很多有价值的文献没有得到利用。

其二,不明词义而误校误点。汪氏校理此书距今已半个世纪,当时中古语言研究还处于萌芽状态,故其校点时由于不了解部分中古汉语词汇的意义和用法而导致失误的情况时有出现。今天我们虽不应以此苛责汪氏,但在新的历史条件和新的学术条件下,我们不能不为之补苴。

张国风先生著《〈太平广记〉版本考述》一书,专门考论此书版本,但在校勘方面没有直接提出多少见解,偶然言及,也仅为说明版本问题。随着今天学术研究不断深化,重新以汪校本为基础,进一步进行校理,已经有十分迫切的需要了。②

有鉴于此,复旦大学中国古代文学研究中心毛娜以汪校本为底本,以四库本为对校本,并杂采其他类书、传世文献,结合已有的相关研究成果,对汪绍楹先生校点本《太平广记》前一百卷进行进一步校理,纠正和弥补其在校勘和断句上的一些错误与不足,希望能为该书的重订印行工作贡献一点力量。

正文以札记形式构成,包括校勘和标点两方面。校勘除提出版本依据外,辅以必要的考释,包括对词语和文意、语法等的顺释。词语考释的

①参见张国风《文渊阁四库本〈太平广记〉底本考索》,载《中国文学的文化思考》,北京:人民日报出版社,2000,第192页。

②新的点校本据悉有以下三种:王希斌、车承瑞主持点校的《太平广记》、张国风校点的《太平广记会校》、张秉楠主持的《太平广记集注》。第一种,已于1999年2月由黑龙江人民出版社出版。后两种为国家古籍整理出版“十五”重点规划项目。张国风《太平广记会校本》已于2011年11月由北京燕山出版社出版。张秉楠主持的《太平广记集注》,据云将由上海古籍出版社出版,至今亦未见面世。

主要对象是与道教、佛教语言文化相关的常见词语和中古的常用俗语词。总计在校勘方面有27条,标点方面有8条,颇称精审可取。[①]

(四)严一萍校录《〈太平广记〉校勘记》

汪绍楹点校《太平广记》,在当时固已尽力而为。然因不知台北台湾大学收藏有清康熙孙潜以钞宋本校过之谈刻本,无法及时采用勘正,十分遗憾。1969年夏,台北艺文印书馆主人严一萍(1912—1987)利用孙氏校宋本,以及《类说》《说郛》等书,进行比对校雠,同时也吸收汪氏点校本的精华,并转录汪校本中所载的陈鳣校残宋本、沈与文野竹斋抄本的数据,前后费时约两年,撰成《〈太平广记〉校勘记》一厚册,总计400页。它附于艺文印书馆影印谈恺本《太平广记》卷末,1970年10月出版,粲然可观,用处颇大。此外,严氏在书前序言中详考清康熙戊申(七年,1668)手校谈刻本《太平广记》的"葴园"乃苏州校勘家孙潜,过了两百多年,清同治十二年(1873)该校本再落到福州乌石山房主人龚易图(1836—1893)手中,最后则转售台北"帝国大学"(今台湾大学前身)的传承历史,十分精彩,值得一读。

(五)高明才、邹进先、张安祖等点校《太平广记》(新整理本)[②]

汪绍楹整理的《太平广记》,1959年7月由人民文学出版社排印,1961年9月由中华书局重新印行。它校正了谈恺刻本中大量的错讹夺漏,成为《太平广记》最好的印本;而且排印本作了断句,给读者带来很大便利。但是,由于《太平广记》原书成书匆促,更由于校勘时依据的版本的限制,中华书局的排校本仍然存在许多文字问题。1990年上海古籍出版社影印出版了文渊阁《四库全书》本。文渊阁本提要说:"此本为嘉靖中右都御史谈恺所刊,卷页间有缺失,无从校补,今亦仍之。"这个本子的文字,比起中华书局排校本所依据的谈刻本来,文字的错讹舛夺少得多。

①参见毛娜《〈太平广记〉前一百卷校点札记》,载《古籍研究》总第57—58卷,合肥:安徽大学出版社,2013,第124—134页。本小节文字基本复述毛氏原文。

②高明才、邹进先、张安祖等点校《太平广记》(全10册,附引书索引),哈尔滨:哈尔滨出版社,1995。

中华书局排校本底本的缺文误字，文渊阁本往往不缺不误，同时，还可以校改中华书局排校本的参校本（即陈校宋本、明钞本、黄本、许本）无法解决的原本的许多文字问题。

这个新点校本，以中华书局排校本为工作本，又以文渊阁本重新进行校勘，俾整理成一个文字错讹夺漏更少、更便于研读的本子。这次校勘，凡利用文渊阁本可以校改的，一律以文渊阁本校改，并作出校记；文渊阁本无法解决的文字错漏而中华书局排校本已解决了的，仍然保留中华书局本的校记。

经过这次整理校改，此书文字上错讹夺漏虽然又纠正很大一部分，但是，未能解决的文字问题仍然颇多。这就有待进一步的校勘和发现更多的版本以资参校了。

为了便利阅读，本书对正文施加了目前通行的标点符号。此外，还对正文适当地划分了段落，以便头绪清楚醒豁。为了便利一般读者的阅读，在每一类前加了一个简短的说明，对该类文章的内容、特点做了扼要评述，对该类中比较重要的篇章予以短简的分析评介。

（六）王希斌、车承瑞等点校，《太平广记》（新整理本）[①]

《太平广记》约七千则，近三百万字。该书不只是我国古代小说总集，同时还是一部以类分门的百科全书。它保存了丰富的古代社会风俗、人文地理和自然科学等方面的珍贵资料，可供相关学科的工作者发掘、探索。

这样一部重要的典籍，几十年来在社会上流传的只有中华书局的句读本。当然，我们不能低估中华书局句读本的质量及影响。由于点校者做了大量的补阙正讹工作，因此同明清以来的诸本相比，它堪称佳本。近年来，一些出版社出版的选本、译本和白话本均以此本为蓝本。但正如王希斌、车承瑞的新点校本前言所说："这个本子对于广大读者来说，不是很理想的读本。"一是，此本由于受所据底本和参校本的局限，句子窒碍不通之处，所在多有。仅举其中的几例，如卷150的"前二首无所遗限"，卷153的"住参佐桥之"、卷154的"此梦固往"、卷155的"与游者皆高士之

①王杀斌、车承瑞等点校《太平广记》（全5册，附索引），哈尔滨：黑龙江人民出版社，1999。

名”、卷156的“舒元舆自侍御史辞归东部迁奉”，卷159的“此非世间书，君因得见”、卷160的“托媒求间”、卷131的“棺木开，女遂透棺中”，诸如此类，不胜枚举。二是，某些参校本的异文虽然可以订正底本的某些讹误，但点校者只将异文列于正文之下的夹注中，这无疑会给一般读者通读正文带来不便。三是，此本为句读本，且用繁体字和大量的异体字排印，这就使它的读者面仅局限于少数有较高古文阅读能力的读者。

吉林大学王希斌、车承瑞主持点校的《太平广记》，已于1999年2月由黑龙江人民出版社出版。这是我国古籍整理工作的重要成果，对于人文学科的研究者来说，无疑是一件功德无量的好事。此书的出版，为广大读者和人文科学工作者提供了方便阅读的版本。点校者用《四库全书》文渊阁本、中华书局排印本问世以来学者的勘误成果以及中华书局本参校本的异文，直接订正了中华书局本正文中的大量讹误，并在卷末写出校勘记，这样不仅使中华书局排印本中句子窒碍不通之处，释然可读，而且还在校勘记中保留了已被订正的中华书局排印本的原文。此点校本采用横行、简化字和正体字排印，并分段加新式标点，这样会使这部大型文学典籍获得更多的读者。①

（七）张秉楠执笔《〈太平广记〉校勘札记》

1994年夏，张秉楠邀请十位学者组成《太平广记》校注课题组，列入吉林省“八五”社科规划项目。经由全体同人合作努力，于1998年夏告竣，唯迄未出版。所幸该校注课题组委由张秉楠执笔撰成《〈太平广记〉校勘札记》，于2000年10月发表在《文史》五十二辑（中华书局），吾人可略窥此校注工作的部分成果。

全文分为：《广记》成书、版本、引书，以及校勘方式四大项。有关成书部分，根据《广记》书前李昉进表加以考证，确认《表》中撰人官衔皆与《宋史》本传所载太平兴国三年（978）任职相合，而与八年任职不合。因此，《广记》成书于太平兴国三年当为可信。有关版本部分，课题组通过对陈鳣校宋本、谈恺刻本、活字本、沈氏野竹斋抄本、许自昌刻本、孙潜校宋钞本等版本的考察，得出认识如下：《广记》至南宋坊刻时便有缺佚，即

①参见张宗海《〈太平广记〉新点校本面世》，《黑龙江社会科学》2000年第6期，第79页。

缺卷141、卷261—265、卷269、卷270。在宋刻日益稀见的情况下，便有各种抄本的出现。野竹斋抄本、谈刻本所据之传写本、孙潜所采的钞本都是。这些抄本有一个共同特点，即对缺卷进行割补。自谈恺刻本开始，对原书缺卷做全面考补，至许自昌刻本而定型下来。有关引书部分，由于《广记》引书繁多，历来无精确统计。谈刻本所附《太平广记引用书目》当为谈本制作，而非原书所有。因此，它不能作为《广记》引书统计的基础。再者，《广记》各条引文所注出处，存在大量误名、异名现象，问题甚多，在进行引书统计的时候当倍加注意。

在校勘方式上，则强调当自校与他校并举。以往《广记》各校本，都只限于《广记》各种不同版本之间的对校、自校（本校），而缺乏与其他引书及相关书籍对校、他校。盖《广记》为群籍引文类编，每有修饰改作，唯有借助他校，方可正本清源。对《广记》来说，可当作他校者应包括：他书引《广记》者、《广记》各引他书、引书又为他书所引者、各条所记事见于他书者四个方面。①

（八）张国风点校《太平广记会校（附索引）》②

中国人民大学中文系张国风教授经过十数年的准备与辛勤工作，完成了20厚册，五六百万字的《太平广记会校（附索引）》，2011年底由北京燕山出版社印行。张国风先生曾在中国国家图书馆善本部工作多年，他所整理的《太平广记会校》，以谈恺刻本为底本，参校孙潜校宋本、沈与文野竹斋钞本、陈鳣校宋本、韩国《太平广记详节》本、活字本、许自昌刻本、黄晟巾箱本、文渊阁《四库全书》本等，同参校《搜神记》《法苑珠林》《艺文类聚》《太平御览》《太平通载》等相关古籍。在体例上，纠正通行的汪校本的大量疏漏，包括进书表、正文、出处、篇名等；补充佚文，提供有价值的异文；凡改动谈本处必有校记。大体而言，这是一部文字准确，错误相对也最少的新著。它是《太平广记》校点的集大成之作，值得学界重视和参考，相信出版后将取代汪本成为新的通行本。

《太平广记会校》出版后，迭见媒体记者、学界专家评论。以下谨就

---

①参见张秉楠《〈太平广记〉校勘札记》，《文史》五十二辑，中华书局，2000，第131—146页。
②张国风点校《太平广记会校（附索引）》（全20册），北京：北京燕山出版社，2011。

所知的几篇评论，略作简介（节录原文，文字偶有改动）。

1.《中华读书报》的报导

《中华读书报》记者陈香在2012年03月28日该报2版发了《张国风10年磨出〈太平广记会校〉》的相关报导。陈氏谓：

> 张国风先生历经10年潜心研究，整理出的《太平广记会校（附索引）》是文献整理的重大突破，也可以说是《太平广记会校》整理工作的顶级学术成果。张国风先生在旧材料中发现了很多新问题，花了很大的精力与工夫收集到大量珍贵文献版本材料，如现藏于台湾大学研究图书馆的孙潜用宋钞校过的谈恺刻本，以及藏于韩国的古朝鲜刊刻本《太平广记详节》等前所未知的珍贵文献。对于汪本使用的版本，如陈鳣校宋本、野竹斋抄本充分使用，新旧文献材料相互参证。最终呈现的《太平广记会校》，从某种程度上而言，已超越谈刻本，更接近宋本原貌。

2.宁稼雨教授在《中华读书报》的推介

2012年5月23日《中华读书报》登载了南开中文系宁稼雨教授撰《〈太平广记会校〉本的价值和意义》专文。宁教授谓：

> 《太平广记》具有文献、文学……多方面的价值。但由于太平兴国二年（977）书成后没有及时出版，原本样貌不清，给后人了解其原版全貌造成很大困难。相比之下，对于《太平广记》的版本研究力度与该书的实际价值相比，还有很大的距离。对于《太平广记》版本问题下功夫最多，研究最为深入的还是要推张国风先生在这部"会校本"基础上写成的《〈太平广记〉版本考述》一书。也就是说，这部"会校本"是张国风先生对《太平广记》版本问题做过多年深入研究的结晶。
>
> "会校本"亮点的重要表现，是新版本材料的发现和使用。这些材料的发现和使用，使得该书在《太平广记》的版本认识方面超出前人一大步，并为《太平广记》及唐人小说的校勘整理提供了坚实的文献基础。
>
> "会校本"的重要学术价值就在于不仅广泛采用已知汪校本未能充分利用的重要版本，如清陈鳣校宋本、明野竹斋抄本等，而且还从海外广

为搜寻，从海外找到若干前所未知的重要版本，如台湾大学所藏清孙潜校宋本、韩国各地所藏《太平广记详节》《太平通载》诸本。这些数据的共同价值，就是间接地包含多处谈恺刻本未见的宋本原貌。利用这些材料，“会校本”作者解决了一些重要的学术问题。一是在很大程度上廓清了《广记》版本问题中的一些重要悬案——卷一四一和卷一五〇的残缺问题。二是发现了许多以前通行本未收的宋本佚文和异文。

把对《太平广记》版本问题的学术研究运用于“会校本”中，是该书重要特色和成绩。珍贵文献材料的价值更应该体现在它在整个学术研究链条中的重要关联作用的证明。这就需要在掌握材料的基础上，对相关对象的学术背景有相当的了解，进而准确地判断和分析出珍贵文献材料的价值所在，并藉以深入揭示出某种学术问题的真实面貌和内在关联。除此之外，还应包括在所谓旧材料中发现新价值，并与新材料相互参证，解决新问题，并将其运用于会校工作当中。这些也正是“会校本”的重要特色。

总之，经过“会校本”的辛勤爬梳，《太平广记》一书的版本问题已经在原有基础上提高了一大截，取得了突破性的进展。“会校本”是《太平广记》乃至中国古代小说版本研究的重大收获。可以想见，它对于与《太平广记》有关的各种学术研究所要产生的积极影响和推动作用，是不可估量的。

3.方广锠教授在《古籍整理出版情况简报》的推介

2012年10月《古籍整理出版情况简报》(总500期)登载方广锠教授所撰《寒霜欺鬓风欺面，可怜廿年磨一剑——评张国风〈太平广记会校〉》一文。方氏云：

最近，北京燕山出版社推出张国风先生的呕心之作——《太平广记会校》(以下简称《会校》)。

近几十年来，学术界通行的是1961年中华书局出版的汪绍楹先生校点本(新一版)。汪本以谈本为底本，校以明沈与文抄本、明许自昌刻本、清陈鳣校本、清黄晟刻本。汪本用力甚勤，但在底校本的收集、利用及点校体例方面颇有可商榷处。故此次北京燕山出版社推出的张国风《会校》本想必将起到推陈出新之效。

我认为张国风的《会校》本今后必将取代汪绍楹本,是因为《会校》本具有如下四大特点:

一、精研诸本,查核佚异

汪绍楹虽然收集了五种传本,可惜未能充分利用。张国风经过艰苦努力,除上述汪绍楹利用的五本外,又寻觅到刊刻于隆庆万历年间的活字本、康熙年间孙潜据宋钞的校本、《四库全书》本、古代朝鲜刊刻的《太平广记详节》与《太平通载》两种选本。这样,可利用的底校本增加到十种,其中如孙潜校本乃据宋本校勘,而《太平广记详节》保存大量宋本原文,不仅均为极稀见的传本,且校勘价值极高。这就为张国风的《会校》本奠定了更加广阔坚实的基础。

张国风整理《太平广记》,正是从清理、研究诸传本的关系入手。为此,他在着手会校之前,先对每一种传本的传承、优劣、相互关系做了详尽的研究,撰写了30多万字的《〈太平广记〉的版本考述》。通过这一研究,他解决了不少《太平广记》版本方面含糊不清的问题,对《太平广记》版本的演变了然于胸,这就让他在下一步的校勘整理工作中取得主动。

不仅如此,张国风在前人研究的基础上,对《太平广记》的引书做了进一步考证、查索,由此补充、查核了一批《太平广记》的佚文与异文,纳入《会校》。还尽量对照查核每篇故事在其他古籍中的引用情况,由此不仅校勘错讹,更能全面把握故事演变、行文演化之线索。

正由于张国风在版本研究方面下了苦功夫,得到真收获,因此与一般的古籍整理相比,这部《太平广记会校》的起点高、基础实,这是该《会校》能够取得成功的基本保证。我不敢说这一《会校》已经尽善尽美,但从一个从事古籍整理多年的同行的角度,我以为对《太平广记》这一部类书,《会校》的前期准备工作能够做到张国风这种程度,应该是到位了。

二、地校勘详尽,体例转精

古籍整理到底应该怎么做?上世纪五六十年代,标准的做法是"忠于底本""不校异文",以避免繁琐校勘。那样做的好处是减少了工作量,加快了古籍整理的进度。应该说明,那种做法并不源自当时流行的"多快好省"的总路线精神,而是沿袭了前此的传统。

进而,在校勘实践中采用"忠于底本""不校异文"那种做法,整理本的最终价值完全取决于整理者的水平。如整理者的水平高到足以发现与纠正底本中所有的错误,该整理本的价值自然非同一般。否则如底本有错,整理者便跟着错,那整理本的价值未免要打个折扣。由此,传统的"忠于底本""不校异文"那种做法的弊病就非常清楚了。

张国风《会校》本的"校勘凡例"规定:"底本与他本两通者,一般不改文字而出校说明。"这样,《会校》本提供给读者的,不仅仅是整理者的整理成果,也公布了整理者所利用的原始数据,这不仅让读者窥见其他校本的风貌,也等于把文本准确性的裁量权最终交到读者手中。这种体例,无疑远优于"忠于底本""不校异文"。我以为,就《太平广记》这种数据性著作而言,如果能够做到"逢异必校",使读者一本在手,诸本在胸,则价值可能更高。当然,"逢异必校"的方法大大增加校记的数量,不适合于普及性的古籍整理。

《会校》本"校勘凡例"第七条规定:"采用通行的繁体字。凡异体字、简体字,皆径改为通行的繁体字而不出校记。人名、地名除外。"我非常赞同。

古籍整理的对象虽然是古籍,但毕竟是今人在做,为今人而做。也就是说,古籍整理有它的时代性。体现这种时代性的标志之一,就是正字,也就是用当代通行的文字标准来规范各种不符合当代标准的字。当然,正如《会校》凡例所定,凡属人名、地名,应该名从主人。即使是异体字、简体字,依然需要原样保留。

三、索引实用,功德无量

像《太平广记》这样一部篇幅达500卷的类书,若无实用索引,使用极为不便。就索引的形式而言,《会校》本与汪本一样,都附有两个索引,一为"篇名索引",按照汉语拼音音序将全书篇目一一罗列。一为"引书索引",先按照汉语拼音音序将全书所引书籍一一罗列,然后再将从该书引征的数据按照其在《会校》本中的次序一一罗列。但是,汪本对原书出处中同书异名、异书同名的情况未加考订、交代,对原书出处错误者亦一任其旧。而《会校》本则对同书异名、异书同名详加考订,纠正了原书出处中的错误。

特别值得提出的是,《太平广记》原书有些篇目没有出处,汪本亦不出索引。《会校》本不但尽量考定出处,列入索引;还查阅大量古籍,说明该数据在其他古籍中的用例,然后将这些用例出处全部作为校记,列于每篇的后面。有些篇目的用例出处,竟多达十多条。由此可见张国风爬梳资料之勤,所下功力之巨,亦说明《会校》本数据价值之大。此类校记虽然没有以索引的面目出现,实际也起到索引的作用。

因此,如果说《会校》本的前一个索引仅提供了阅读的方便,则《会校》本的后一个索引及每篇的用例出处校记将成为研究者索隐钩沉、进一步研究《太平广记》的重要工具,实在嘉惠学林,功德无量。

四、补缺弥漏,正本清源

《太平广记》煌煌数百万字,仅用一年半时间就编成,其粗制滥造之处,自然不少。什么引文错漏、出处错漏,诸如此类,不一而足。古籍整理时,遇到这种情况怎么办?是抱残守缺,还是尽量依据原始资料予以订正?《会校》本采取的是后者,即尽可能查找原始数据,依据原始数据纠正错误,并将原文情况及修订依据一并写入校记。这样,读者既可以依据校记复原出原书面貌,达到"尊重古人,尊重原书"的效果;又给读者以更加准确的信息,实际是代替读者查核了原始数据。我以为《会校》本所采取的后一种做法远胜前一种"抱残守缺"的态度,应该提倡。但作者为此付出的辛劳也可以想见。

张国风的这部《会校》有无可以商榷的地方?自然也是有的。在此提出两点:

第一,如前所述,在我看来,如果能在校勘体例中加一条"逢异必校",可以达到一本在手,总揽诸本之效,本书的数据价值也许更高。当然,"逢异必校"这种方法,虽然在编校《中华藏》时曾经实践,目前我主持的《藏外佛教文献》仍在继续实践,但并没有得到古籍整理界的普遍认同。本文提出这一问题,不过是希望与古籍整理界的同行对这一校勘体例交流意见。

第二,《会校》本中,凡属校改底本文字的校勘记,有两种写法。一种为:某,原作某,现据某某本改。一种为:原作某,某某本作某,现据某某本改。窃以为前一种简洁、直观、明了。后一种行文拖沓，且略嫌晦涩。既为同类校记，表述方法统一为好。

至于书中的漏校、错录，我想这是所有的古籍整理作品都难以完全避免的。我一贯认为，古籍整理不可能毕其功于一役。一个优秀的文本必然是在整理者与读者的互动中逐渐形成，这也是我主张“逢异必校”的原因之一。从某种意义上讲，张国风《会校》本的出现就是与汪绍楹本互动的结果，从而使《太平广记》的文本整理达到一个全新的高度。我相信，张国风的这个《会校》本起码能为学术界服务几十年。几十年以后，一百年以后，一定会有更好的本子再次出来履行推陈出新的使命，我们的学术就是这样前进的。

上世纪90年代初，我与张国风在国家图书馆善本部共事，他从那时开始萌发重新会校《太平广记》的意愿。在这二十年中，我看着他海内海外，上下求索。看着他从研究版本着手，然后逐字会校、反复修订，乃至编制索引、再三校对。看着他如何克服常人难以想象的种种困难，诸如书稿损毁，甚至居无定所。看着他从一个壮年人，成为一个老头。也看着他矢志不移，兀兀穷年，终于以个人之力，把这件事情做成了。今天看到燕山出版社出版的这二十册煌煌大作，不禁涌起“寒霜欺鬓风欺面，可怜廿年磨一剑”之叹，现在做一点实实在在的古籍整理工作，真是太难了。但也为他高兴，一个人一辈子做不了多少事，能真正为民族文化的积累做成一件事情，在民族文化的长链中铸上坚实的一环，此生足矣。①

4.程毅中先生在《光明日报》的推介

2012年07月15日《光明日报》登载程毅中先生《梳理版本源流　呈现宋本原貌——读〈太平广记会校〉》一文。程先生评论该书的成绩与特点：

①参见“水源之形的博客”，http://blog.sina.com.cn/s/blog_53c23f3901017dvz.html.（2012-06-24）。该文后刊载于《古籍整理出版情况简报》2012年第10期（总第500期）。

宋代《太平广记》收入了许多五代以前的小说和杂史笔记，有很大的文献价值。《太平广记》成书以后，宋代不止有一个刻本，但久已失踪。现存最早的大体完备的是明代嘉靖、隆庆年间谈恺所刻的版本。谈恺所根据的钞本已有残缺，他和合作的朋友们一再校补，还是留下了不少遗憾。明清两代据之翻刻、钞写的本子又有一些校补，但成绩不大。

直到20世纪50年代，由人民文学出版社出版的汪绍楹校点本，才用到了谈刻的三种印本和野竹斋钞本、陈鳣校宋本、许自昌刻本、黄晟刻本等，做了一次认真的校勘，改正了一些明显错误，成为一个比较完整可信、使用方便的新版本。1961年，汪绍楹先生又稍加修订，由中华书局印出了新一版。此后通行了几十年，是海内外学界最常用的版本。然而限于当时的条件，出版社为避免"繁琐校勘"的批评，只要求忠于底本，尽量少作改动，不校异文，某些明显的错误可以径改而不出校记。因而还是留下了一些遗憾。

现在张国风先生又从头开始，以谈刻的第三次印本为基础，校以明清各本，幸而又见到了台湾大学所藏的孙潜校宋本和韩国所藏的《太平广记详节》等新资料，以个人的力量和"十年磨一剑"的精神，进行仔细的校勘，做成了一个更完善、更精确的《太平广记会校》。这是古籍整理工作的一项重大的新成就。

首先，张国风在认真研究了现存各种版本的基础上，充分利用文献数据，梳理了《太平广记》版本传承的源流。从孙潜校本、陈鳣校本、沈与文野竹斋钞本、《太平广记详节》本和《永乐大典》所引佚文等考证了宋刻本的大致面貌。因而能追本溯源，探索到谈刻本之前的某些变异，也就是说他已经超越了谈刻本所有的局限，部分恢复了宋本的原来面目。

其次，他对谈本的校订采取了十分严谨的态度，改字、补字一定出校说明，必以已知的宋本为准。

再次，对于他本的异文可以两通的，也写入校记而不改正文，异文较多的则全文附在篇后。辑录的佚文补在各卷之末，以便继续考证。这就保证了原书的客观可信，避免了校订工作的主观随意性。

应该说，这完全是恪守古籍整理规范的做法。《太平广记》是一本经典性的大书，虽说它是古代小说家的渊海，但并非一般的读本。不仅是小说史的重要文献资料，书中还有许多古代文化史、政治史、宗教史乃至科技史的材料。加以传本已有残缺错讹，情况复杂，在北宋的四部大书中问题最多，需要进行认真全面地研究。版本的考证、文字的校勘、佚文的辑集，是对古籍最基础的研究工作。因此《太平广记会校》的出版，是值得我们欢迎和感谢的。

张国风对《太平广记》的研究坚持了二十多年，已经作出了许多阶段性的成果。《太平广记会校》则是在研究基础上的一个总结性的成果。《会校》的工作几经周折，时间拖得很久，但是也有不少幸运的机遇。如在韩国发现的新资料，就对校勘工作很有裨益，使书稿质量有所提高。这正好有助于整理者克服时下流行的浮躁之风。张国风坚持了精益求精的工作态度，根据新资料在校样上还不断有所加工。①

5.李剑国教授在《书品》的纠谬

2013年5月及8月，南开大学李剑国教授连续在中华书局《书品》2013年3期、4期发表了长达38页的专文《〈太平广记会校〉失误举例——兼及校勘学养与校勘原则》(上)(下)，比较全面而深入地检讨张国风《太平广记会校》的优劣问题，特别针对书中明显的失误，分别从：轻率改动底本文字、校改愆误、失校失改及其他问题四个面向，详加举例批评纠谬。

甲、轻改、误改——由于知识不足，不能正确判断是非，故而轻改乃至误改。

1.不明训诂、文字。例如：②

(1)卷二九八《柳智感》：司仓走归家，见其妇在机中织，无恙，甚不信之。《会校》：恙，原作"患"。现据沈本改。按：患，疾病，与"恙"义同。《广韵・谏》："患，病也。"《冥报记》今本及《法苑珠林》卷七引俱作"患"。

(2)卷四〇〇《苏遏》：问曰："甚么人?"《会校》：甚么，原作"甚没"。

①本文主要意思，亦见于程氏所撰《〈太平广记会校〉序》，载(宋)李昉等编，张国风会校《太平广记会校(附索引)》，北京：北京燕山出版社，2011。

②节录原文，原文例证不止三种。下同。

沈本作“没甚”。现据陈本改。按:甚没,即甚么。《敦煌变文集》卷一:《李陵变文》:“是甚没人?”

(3)卷四三二《南阳士人》:家人惊怪,失之已七八月矣。《会校》:矣,原作“日矣”。现据沈本改。按:月日,指一个月时间。唐孙思邈《备急千金要方》卷二《妇人方·妊娠恶阻第二》:“恶闻食气,欲啖咸酸果实,多卧少起,世谓恶食。其至三四月日已上,皆大剧吐逆,不能自胜举也。”

2.不明文意。例如:

(1)卷五二《张卓》:向来入门,见非常之气,及其门口,果有太乙使者。《会校》:门,原作“开”。现据孙本改。按:前文云:“一朱符可置舌上,有不可却者,开口示之。”又云:“又以刀剑击刺之,卓乃开口,锋刃断折。”改作“门口”误。

(2)卷三三三《李陶》:其夕,至陶所,相见忻悦。……云:“知卿疾甚,故此相视。”索所持药,因和以饮陶,陶疾寻愈。《会校》:索,原作“素”。现据沈本改。按:素,平素。此言鬼妇平时所带之药,非李陶之药而索要也,故饮药后陶疾寻愈。

(3)卷四六七《李汤》:公佐复说前事,如汤所言。《会校》:汤,原作“杨”。现据沈本改。按:作“杨”是。杨指前文所云征南从事杨衡,非楚州刺史李汤。

3.不明名物。例如:

(1)卷二二六《马待封》:于是司南车、记里鼓、相风鸟等,待封皆修改。《会校》:司,原作“指”。现据孙本、沈本改。按:晋崔豹《古今注》卷上《舆服》:“大驾指南车,起于黄帝。”《晋书》卷二五《舆服志》:“司南车,一名指南车。”

(2)卷三六二《王愬》:同曲唐家二牛暴死……《会校》:唐,原作“磨”。现据沈本改。按:磨家,磨坊也。《宋高僧传》卷三〇《唐镇州龙兴寺头陀传》:“释头陀,本下磨家之子。”磨坊以牛拉磨,故有牛暴死之事。①

①以上节自李剑国《〈太平广记会校〉失误举例——兼及校勘学养与校勘原则(上)》,《书品》2013年第3期,第30—45页。

4.不明制度。例如：

(1)卷二二四《殷九霞》：张侍郎某为河阳乌重胤从事，同幕皆是名辈。《会校》：重胤，原作"重裔"。……现据《唐书·乌重胤传》改。按：《广记》作"乌重裔"者，乃避宋太祖赵匡胤讳而改。原文如此，绝不能改动。

(2)卷二七三《周皓》：时都亭驿所有魏贞。《会校》：有，原作"由"。现据《酉阳杂俎》改。按：所由，有关办事官吏或差役。张鷟《朝野佥载》卷五："张松寿为长安令，时昆明池侧有劫杀。奉敕十日内须获贼，如违，所由科罪。《广异记·田氏》(《广记》卷一〇四)："王令所由领往推问。"

5.不明史实。例如：

(1)卷一七九《王维》：及贼平，兄缙为北都副留守，请以己官爵赎之，由是免死。《会校》：兄，原作"凡"。现据孙本、沈本改。按：王缙乃王维弟。《旧唐书》卷一一八《王缙传》："王缙……与兄维早以文翰著名。"《新唐书》卷二〇二《王维传》："王维……与弟缙齐名。"应改"凡"为"弟"。

(2)卷四九〇《东阳夜怪录》：我实春秋向氏之后，卿以我为盘瓠裔……《会校》：氏，原作"戌"。现据沈本改。按：向戌，春秋宋国大夫，有贤名，《左传》多记其事。此借戌之名而影射狗，戌为十二支之一，属狗。《会校》据改，大谬。

6.不明文献、典故。例如：

(1)卷六三《骊山姥》：经言君子得之固穷，小人得之轻命，盖泄天机也。《会校》：穷，原作"躬"。现据沈本、陈本改。按："经"指《阴符经》。《黄帝阴符经疏》卷中："君子得之固躬，小人得之轻命。"躬，身体。应点作"《经》言：'君子得之固躬，小人得之轻命。'盖泄天机也。"

(2)卷四九〇《东阳夜怪录》：狞守酒旗，谄同妖狐，窃脂眠灶，安敢言人之长短？《会校》：眠，原作"媚"。现据沈本改。按：《论语·八佾》："与其媚于奥，宁媚于灶。"媚灶，意谓讨好厨房的厨子。

7.不明地理。例如：

(1)卷三〇九《蒋琛》：吴人蒋琛，精熟二经……《会校》：吴，原作"霅"。现据孙本、沈本改。按：霅，指唐代湖州乌程县(今浙江湖州市)，境内有霅溪。霅溪,苕溪下游。吴,吴县,唐为苏州治所,即今江苏苏州市。作“吴”误。

(2)卷三五四《田达诚》:庐陵有贾人田达诚……治第新成,有夜扣门者……《会校》:成,原作“城”。现据沈本、陈本及《稽神录》改。按:《太平寰宇记》卷一〇九《江南西道七·吉州·庐陵县》:“庐陵故城,在县南一里,晋咸康末太守孔伦所筑。”新城当对故城而言,指新建庐陵县城。庐陵县,今江西吉安市。

8.不明诗律、文法。

(1)卷三〇九《蒋琛》:既霸业之将坠兮,宜嘉谟之不从。……处鸱夷之困兮,入渊泉之九重。《会校》:兮,原无此字。现据沈本补。困兮,原作“大困”。现据沈本改。按:此为七〔六〕言对仗句式,前句皆不当有“兮”,“大困”对“九重”。

(2)卷四七八《徐玄之》:而我亟以用性,昧于知人。《会校》:性,原作“已”。现据孙本、沈本、陈本改。按:“用已”与下文“知人”反义相对。用已,刚愎自用。

9.不明小说文献。

(1)卷三〇〇《杜鹏举》,末注“出处士萧时和作传。”《会校》改作“出《杜鹏举传》”,妄也。宋末周密《志雅堂杂钞》卷下《书史》云:“《景□(云)天祚永归录》,所言睿宗龙飞先兆,大历间萧时和撰。”此传殆为《景云天祚永归录》中文字。

(2)卷三八四《许琛》,末注“出《河东记》下”,《会校》据沈本删“下”字。按:《秘书省续编到四库阙书目》小说类及《通志·艺文略》均著录《河东记》三卷。三卷之书一般分作上中下卷,此“下”者即卷下也。

10.无谓之改。例如:

有不少校改,字义或词意全同,殊无必要。如“饥”改“馁”(卷七四《陈季卿》),“导”改“引”(同上)……“袋”改“囊”(卷三八八《齐君房》)……“分袂”改“分手”(卷三四三《郑德懋》)……“揁突”改“唐突”(卷四二七《李征》)……等等。如此之改,实为多事之举。

以上轻改、误改例证,绝大多数是据孙本、沈本而改。陈本因只有一百五十一卷出校异文,因此较少。孙本、陈本所据校版本均为宋本,沈本的底本张国风认为也是一个宋本。确实此三本多有可校正谈本之处,

《会校》做了不少正确的校改工作。但问题是过于迷信宋本,基本上以宋本定是非。其实,《广记》即在宋代也有各种不同的版本,各本文字不可能全同,孙、沈、陈三本即是如此。谈本来历不明,但也必辗转来自宋本,因此不能因其为明刻而轻视之。事实上,从上述例证看,它也多有优于三本之处。而且,《会校》既然以谈本为底本,那就不能颠倒主客关系,喧宾夺主。倘若信不过谈本,干脆即以沈本或孙本为底本好了,省得在谈本上大动手脚。

乙、失校、失改——一方面是只出校异文而当改未改,一方面是未能充分利用已有校勘数据(包括《广记》版本数据及诸书引文)而失校失改。

1.校而未改的情况。例如:

(1)卷七三《李处士》:仲尼,大圣也,而云:"未知生,焉知死?"子能贤于宣文耶?《会校》:文,孙本作"父"。按:宜据孙本改,《阙史》今本亦作"父"。《新唐书·礼乐志五》:"(贞观)十一年,诏尊孔子为宣父,作庙于兖州。""(开元)二十七年,诏夫子既称先圣,可谥曰文宣王。"

(2)卷三四九《韦鲍生妓》:予春初塞游,自鄜坊历乌延,抵平夏,止灵武而回。《会校》:武,孙本及《古今说海》作"盐"。按:宜据孙本及《古今说海》改。灵,灵州,治回乐县(今宁夏灵武市西南)。盐,盐州,在灵州东,治五原县(今陕西定边县)。又"鄜坊"应断开,即鄜州与坊州。

(3)卷四一八《李靖》:唐卫国公李靖,微时尝射猎灵山中。《会校》:灵,《续玄怪录》卷四作"霍"。按:《详节》卷三六亦作"霍",宜据改。霍山,又名霍太山、太岳山,在今山西霍州市东。自春秋晋国开始,历代建祠于山,祭祀霍山神,以免水旱。

2.失校失改的情况。例如:

(1)卷一六〇《李行修》:时王公亡,移镇江西矣。《会校》此条据校版本数据有《详节》卷一一。"亡"《详节》及《太平通载》卷一九引《太平广记》作"已"。《会校》失校。按:王公指王仲舒。据《旧唐书·穆宗纪》,元和十五年(820)六月,以中书舍人王仲舒为洪州刺史、江西观察使,至故事发生之长庆二年(822)已历三年。又据《韩昌黎集》卷三一《唐故江南西道观察使洪州刺史太原王公神道碑》,仲舒长庆三年薨于洪州。故是年十月,以御史中丞李绅为江西观察使(《旧唐书·穆宗纪》),代仲舒。长庆二年仲舒犹在江西镇,不得云亡。

(2)卷四一五《贾秘》:所喜者,絮飞则才子咏诗,叶嫩则佳人学画。《会校》注明《永乐大典》卷八五二七引《潇湘记》此条。"才子"《大典》作"才妇"。《会校》失校。按:《详节》卷三五亦作"才妇"。此用谢道韫咏柳絮典故,见《世说新语·言语》。

(3)卷四四八《李参军》:萧又作书与县官,借头花钗绢兼手力等,寻而皆至。汪绍楹校:"明抄本绢作媚。"《会校》失校。《详节》卷四〇亦作"媚",宜据改。按:媚即媚子,一种首饰。北周庾信《庾子山集》卷一《镜赋》:"悬媚子于搔头,拭钗梁于粉絮。"张鷟《朝野佥载》卷三:"妙简长安、万年少女妇千余人,衣服、花钗、媚子亦称是。"原文应点作"借头花、钗、媚兼手力等。"

以上诸项所列,均属举例性质,在笔者所发现的问题中仅为一小部分。而且这些都只限于《广记》中的传奇作品。若就《广记》全部条文来说,校改失误的严重程度就可想而知了。

丙、校勘版本资料有所欠缺。

《会校》所用《广记》版本资料相当齐全,但也有欠缺。最重要的是《太平广记详节》不全。《详节》朝鲜成任编,原书五十卷,韩国今散存残卷二十六卷,韩国首尔学古房2005年影印出版。成任还编有《太平通载》八十卷,今残存十二卷,韩国首尔学古房2009年影印出版。《详节》所据为较早的宋本,而《太平通载》引用《太平广记》颇多,所据即是《详节》。因此此二书乃是《广记》的重要版本数据,有很高的校勘价值。《会校》作者搜集的《详节》只有十六卷;《太平通载》的搜集情况不明,笔者未见《会校》使用。

以上三方面的问题是就校勘而言,《会校》还存在其他一些问题。一个是据校书的版本选择不当。如所谓黄本并不是槐荫草堂巾箱本。张国风《〈太平广记〉版本考述》所著录黄本版本是江苏广陵古籍刻印社1995年版本,此本实际是影印上海进步书局石印的《笔记小说大观》本。并不是槐荫草堂巾箱本。《大观》本《广记》前有黄晟序,底本当是黄本,但文字据《四库全书》本等有所改动，已非黄本旧观。又如《古今说海》，乃用《四库全书》本，《四库》本馆臣常常乱改，不足为信。《会校》可能也用了一些今人点校本，如程毅中先生点校的《玄怪录》。但所用是中华书局1982年版的旧校本，系据陈应翔勘四卷本点校。2006年新版校本则是据明末高承埏稽古堂刊十一卷本为底本，高本远胜于陈本。另一个问题是句读标点时见失当或误断，这往往又与校勘的失误相关。

平心而论，《会校》的主要价值，在于提供了《广记》各版本的异文数据。校勘学有所谓"死校""活校"之法，窃以为《会校》作者若用"死校"之法，只校异文，不定是非，由不失为善法。今用"活校"之法反致弊讹丛出，实乖作者初衷。①

三、对于一套崭新校点本的期待与展望

个人翻阅利用《广记》前后已达四十几年。求学时代做硕士、博士论文，接着在大学教六朝唐代小说暨写升教授论文，来来回回选读、细读过几遍，至今可谓累积了不少心得与感想，而对这部恩重如山的大书，更有一份特别的感情和回馈心愿。以下谨就个人平日构思所及，对于新校点本提出一些期许与建言，希望几年之内可以见到一部比较理想的《太平广记》文本。

（一）有关底本选择问题

《太平广记》现在已无宋本传世，稍早而完整的版本只有明代嘉靖—隆庆谈恺刻本。谈刻本印行过几版，虽经过校补修订，仍存在不少问题。嘉靖年间，苏州藏书家沈与文野竹斋有一部完整抄写本，今藏于中国国家图书馆。个人曾建议某学术机构设法将它影印出来，甚至考虑取之为校勘底本。不过，最近几年曾在国家图书馆借阅该书摄制胶卷，也申请影印一部分书影，再参酌《太平广记会校》校记所引述沈氏野竹斋抄本，发现它比起其他校宋本、节录宋本的《广记》，文字跟原本有出入，屡见不鲜，似不宜作为工作底本。因此，我们主张仍然选用谈恺刻本第三次印本（张

①以上节自李剑国《〈太平广记会校〉失误举例（下）——兼及校勘学养与校勘原则》，《书品》2013年第4期，第89—108页。

国风教授撰序,国家图书馆出版社影印,2009 年)为底本。

(二)有关参校本问题

可分为:《广记》相关版本数据,以及所有参校数据两方面。

1.《广记》相关版本资料

(1)印本:明隆庆(?)活字本、明万历许自昌刻本、明崇祯冯梦龙选本、清乾隆黄晟刻本。

(2)抄本:明嘉靖谢少南抄本(存 40 卷,藏上海图书馆善本部)、明嘉靖沈与文抄本、清乾隆《四库全书》本。

(3)校本:清康熙孙潜校宋本(存 486 卷,藏台湾大学图书馆善本部)、清乾隆陈鳣校宋本(藏北京国家图书馆善本部)。

(4)域外印本:朝鲜成任(1421—1484)编印《太平广记详节》(可含《太平通载》)。

2.《广记》引用相关书籍资料(分四部举例,明清以下辑本不录)

(1)经部:《说文解字》。

(2)史部:正史至《旧唐书》止。《唐会要》、《越绝书》、《华阳国志》、《洛阳伽蓝记》、《高僧传》、《续高僧传》、《宋高僧传》、《神仙传》(《四库全书》本)、《续仙传》……

(3)子部:《山海经》《西京杂记》《抱朴子》《世说新语》《颜氏家训》《云溪友议》《北梦琐言》……,以及《大藏经》《道藏》有关书籍。

(4)集部:《白居易集》《皮日休文集》《中兴间气集》等。

3.唐、宋、元、明(至嘉靖前)类书

《北堂书钞》《艺文类聚》《初学记》《雕玉集》《白氏六帖事类集》《太平御览》《事类赋》《分门古今类事》《孔氏六帖》《海录碎事》《事物纪原》《记纂渊海》《类林杂说》《岁时广记》《永乐大典》《群书类编故事》……

4.其他

《东坡诗集注》《山谷诗注》《类说》《绀珠集》《能改斋漫录》《唐诗纪事》《诗话总龟》《姬侍类偶》《绿窗新话》《说郛》《古今说海》……

(三)有关校记问题

1.底本不误而他本误者,一般不出校。

2.底本与他本两通者,一般不改字,视需要出校说明。

3.尽量细校精校,避免失校误校。

4.底本有误而改字或补字者,必须具有版本或相关旁证做依据。

5.底本明显刊刻误字,一般径改不出校。

6.避讳字明确者,回改并加以必要说明。

7.异体字、简体字,皆径改为通行正字,一般不出校;唯人名、地名除外。

8.避免阑入证据力薄弱、晚出而无益于校勘之一般数据。

(四)有关附录问题

1.底本原有进表、引用书目(明刻本所加者)、目录,均应保留。正文之后,可附上《广记》各种版本相关序跋,也可搜集历代藏书家、学人之题记跋语。

2.全文之后附参考引用书目,清楚交代校勘所据各种书籍的版本。若有其他比较完善的版本可做选择,尽量不用《四库全书》本。

3.篇名索引、书名(引书)索引,甚或人名索引,宜独立成书单行。

四、结　语

《太平广记》自北宋太平兴国三年八月编纂完成并进呈,至今已有1000余年岁月。其间,历经刊刻传抄,鲁鱼亥豕,错简阙文,所在多有。明清不少藏书家、校雠家、出版家对这部小说“渊海”进行了不同程度的校补整治,可惜未竟全功。20世纪以来,关心《太平广记》的专家学者,更是一再费心尽力校勘补正,追求文本的正确可读,目前所知已完成点校注释又正式出版者,约有四五家。60年来,在学界管领风骚的是中华书局所印行的汪绍楹点校本,近几年经过十年磨剑功夫,堂堂推出,声势浩大的,则为北京燕山出版社出版的张国风教授的《太平广记会校》。

目前以繁体字刊行的,主要是汪绍楹点校本《广记》,平装10册,本文加校记约250万字,虽也存在一些缺陷,一般学人差堪购读使用,销路历久不衰;另外,张国风会校本,精装20册,本文加校记,以及篇目索引、引书索引,总数不下500万字,学术评价却是毁誉参半,其销售状况则不得而知之。至于用简体字排印的,包括:团结出版社本、哈尔滨出版社本、黑龙江人民出版社本等,基本上都以汪绍楹点校本《广记》为主体,再斟酌参校《四库全书》本,当成一般阅览普及本固然十分便利,但却不宜拿来做为研究用底本。

我们仍然期待不久能够出现一部更精确可信的《广记》汇校本,提供专家学者更多的文本信息,好让大伙儿放心据以做科研底本。同时,我们也盼望有一部对大多数读者比较适用的定本,阅读、参考两相宜。日后,若能开发成为全文电子版,就更方便了。当然最好有繁简不同版本,服务一条龙,虽费工夫,却意义重大。

日本宫内厅书陵部藏本《百川学海》的版本价值*

久保辉幸

(浙江工商大学东方语言文化学院)

一、《百川学海》

随着出版的商业化,丛书形式的书籍在宋代以后陆续出现,而且规模越来越大。其中著名的丛书就有清乾隆期的《四库全书》、民国时期的《四部备要》《四部丛刊》和《丛书集成》等,至今仍然有各种丛书不断出版。本文探讨的《百川学海》是被视为南宋末期的一部最早期的综合性丛书,收录《许彦周诗话》等诗话、《中华古今注》《茶经》《橘录》等的最早版本,与《儒学警悟》并列被认为中国丛书之鼻祖。

在中国古代文献中早已出现类似于丛书形式的书籍,东汉熹平四年(175)石刻的《熹平石经》可视为一部儒家经典的丛书式石刻文献。此外,还有后唐长兴三年(932)刻《九经》、宋朝开宝年间刻《开宝藏》等丛书形式的文献,但均未被《中国丛书综录》著录。早期的丛书形式文献专题性较

---

* 本研究由武汉工程大学科学研究基金 2015—2017"Song Dynasty Intellectuals' Perception of Nature"以及美国"Mellon Foundation Fellowship Scholar in Needham Research Institute 2008-2009"支持。本文以笔者博士学位论文部分内容为基础而展开。此时,有幸得到博士导师罗桂环教授的悉心指导。同时,从茨城大学名誉教授真柳诚先生受教文献学方面的知识和研究方法。另外,中文经杭州师范大学许菊芳老师修改过。特此表示衷心的感谢!

强，而且如五经、大藏经、道藏等，大多是儒释道三家的丛书。南宋时期出现了短篇的汇集，如《直斋书录解题》所载的《牡丹芍药谱》七卷（已佚）等。这些出版物可以视为小丛书。大约在南宋末期，一个完全无可考的人物“左圭”收集了一百种书，辑成《百川学海》。如《中华古今注》《茶经》等，以《百川学海》所收的文献版本为最早、最可靠，往往也是现行本的祖本。

《百川学海》的编辑者是左圭（字禹锡）。他在自序中表达了对类书的不满。如初唐的《艺文类聚》、北宋的《太平御览》等类书是从各种书籍收集摘录资料编辑的书。另外还有随意改文以便缩短等问题。于是，左圭收集一百种短篇书，编成一套丛书，命名为“百川学海”。“百川”比喻不同支流的一百种书籍；“学海”即博学。通过学习不同领域的书籍，培养海洋般的宏观视界，犹如百川归海最终归于达成博学。与五经等专题性较强的汇集不同，左圭对博学的重视可能反映了南宋的学术精神。

二、《百川学海》的诸版本

以下列举较早的《百川学海》诸版本。

南宋刊本：（1）国家图书馆藏陶湘旧藏本；（2）国家图书馆藏“季振宜读书”印袁克文跋零本①；（3）台湾“国家图书馆”藏零本②。

刊刻时间存疑之刊本：（1）宫内厅书陵部藏狩谷棭斋旧藏本《百川学海》（或南宋咸淳本，或明刊本）；（2）日本静嘉堂文库藏徐渭仁旧藏本［或南宋理宗年间南宋麻沙坊刊本③，或嘉靖十五年（1536）福建建阳宗文堂本］

明清刊本：（1）华燧活字本④（据张秀民所闻，某图书馆曾经存 9 册 17 种）；（2）华珵弘治十四年（1501）年本；（3）嘉靖十五年（1536）福建建

①中国国家图书馆索书号 08702。傅增湘：《藏园群书经眼录》，北京：中华书局，1983，第 917—918 页。

②宋刊钞补本，排架号：1785A。据阿部隆一（《增订中国访书志》，东京：汲古书院，1983，第 520 页）：“《百川学海》存 10 种，18 卷……六册。新补浓绀绢表纸（28.3cm×17.7cm），金镶玉装，原料纸 25……左右双边（17.8cm×12.7cm）有界 12 行，行廿字。版心线黑口三黑鱼尾……上象鼻有大小字数，下象鼻间或有‘王’‘立’‘仁’‘刘’等刻工姓名……”

③严绍璗：《日本藏宋人文集善本钩沉》，杭州：杭州大学出版社，1996，第 297—320 页。

④张秀民：《明代的活字印刷》，《史学史资料》1980 年第 1 期，第 30—38 页。

阳宗文堂刊本;(4)明刊本《百川学海》111 种读书坊藏版①;(5)清刊本《百川学海》112 种阙名重编。

明代书坊往往随意窜入书籍,扩大《百川学海》。又出现冯可宾(或属托名②)辑《广百川学海》(收载 132 种书)、吴永重编的《续百川学海》《再续百川学海》《三续百川学海》等等。这些版本都存在误刻、随意改字等问题。

在民国时期,上海博古斋本、黄冈陶湘本分别出版;1949 年以后,还有台湾新兴书局、中国书店、国家图书馆出版社(原北京图书馆出版社)、人民出版社等陆续出版影印本。但各书未提及《百川学海》版本系统。

1.华珵本

如上所述,在明代无锡的华燧(1439—1513)印出《百川学海》活字本。然而,其叔伯华珵(1438—1514)买得古本《百川学海》并且翻刻出版,即弘治十四年(1501)本(本文简称为"华珵本")。钱福(1461—1504)为此作《重刊百川学海序》曰:

> 顷者尚古先生华〔珵〕汝德购得古本《百川学海》。喜甚,曰:"近时刻本无存好古博雅者,展转假借,疲于誊录,讹舛相踵,至不能读,而况欲求其文势事迹义理哉。人之患犹吾之患也。即所得本付梓,择良工刊之。与天下后世无吝惜,且不计所费赀。"〔钱〕福闻之以为难,而往观焉,则垂成矣。先生请曰:"左〔圭〕录每书各厘为册,凡百。每聚数种成一帙,以十千第之甚妙。"……先生(华珵)之编次适有合焉。……弘治十四年辛酉秋八月廿有九日甲戌赐进士及第翰林国史修撰儒林郎华亭后学生钱福序。③

①日本静嘉堂请求番号:309—2。静嘉堂还藏有明刊本《百川学海》111 种,竹天光鸿手校本,全 32 册,陈明卿先生订,读书坊藏版(请求番号:309—2);清刊本《百川学海》112 种,阙名重编,全 60 册(请求番号:62—20)。

②钱泰吉:《曝书杂记》卷中:"古鄮山人左圭禹锡(叙文自署如是)《百川学海》,《四库总目》杂家类杂纂之属未收。盖其所辑百种,多已分录其目矣。附存目中,但录《广百川学海》者,辨其托名冯可宾所编也。"日本国立国会图书馆请求番号 082.1-Ko544S《校经山房丛书》。

③《百川学海》第 4 页 b—第 7 页 a,弘治十四年华珵本(静嘉堂藏)。

可知，华珵为了读者方便有意重编收书次序，例如原来分散在甲集至癸集的植物谱录著作都移至末尾的“壬集”“癸集”中等。华珵本虽然刻字较众多明刊本精致，但与宋刊本相比，仍然存在误刻等问题。

日本静嘉堂文库藏有徐渭仁旧藏本。徐渭仁旧藏本先被清末的陆心源（1834—1894）收藏于皕宋楼，后被岩崎小弥太（岩崎弥之助子）所购，现归于静嘉堂文库。在陶湘本《百川学海》的叙文中，陶湘写道：

> 咸淳以后翻刻有三，一弘治无锡华氏本，一嘉靖莆田郑氏本，一坊本。坊本擅易原书，不足讨论。郑本原书仍旧，而并十集为廿卷，目次行格亦均不同。归安陆〔心源〕氏曾析为百目，散入《皕宋楼藏书志》。其第一种《九经补韵》行格悉与郑合，是陆氏不但未见宋本，且未见华本。华本目次虽更，行格未改。以陆氏收藏之富甲于东南，乃所得不过郑本，即侈然以为宋本。其他更何足论。而真宋本久如星凤，亦从可知矣。

陶湘认为，陆心源因没看过咸淳刊本，而以为徐渭仁旧藏本是南宋本。并且将《百川学海》所收书的每一种书看作单独的宋本，在《皕宋楼藏书志》中一一列举。陆心源的做法受到叶德辉（1864—1927）的非难。①

徐渭仁旧藏本现收藏于日本静嘉堂文库。《静嘉堂文库汉籍分类目录》将其鉴定为明刊本。据笔者考察，理宗赵昀去世于景定五年（1264），而徐渭仁旧藏本《百川学海》却收《东谷所见录》（1268）；徐渭仁旧藏本缺卷首，但收书次序与华珵本很相似（谱录类著作移至后面等）；版式半页14行28字，与嘉靖十五年（1536）福建建阳宗文堂（郑希善一族的藏书）刊本相同。② 正如陶湘所说，静嘉堂文库的徐渭仁旧藏本应当是嘉靖十五年（1536）福建建阳宗文堂刊本。

---

①叶德辉：《书林清话》，北京：中华书局，1957，第225页。

②施廷镛编《中国丛书题识》，2003，北京：北京图书馆出版社，第10页。“此本编为二十卷，每卷收三数种，页次均相连，每半页十四行，行二十八字，上下单边，左右双边，版心高十六公分，宽十六公分”。徐渭仁旧藏本的版式是四周单边。国家图书馆电子馆藏目录、《中国古籍善本书目·丛部》（上海古籍出版社）等目录著录宗文堂本版式左右双边，但根据胶卷的笔者初步调查，都也是四周单边。

2. 民国陶湘影刻宋本

在民国时期,《百川学海》再次受到人们的关注。首先,1921 年上海博古斋翻刻了华珵本(图 1)。然而,在 1920 年冬,天津的盘山行宫旧藏《百川学海》流出至琉璃厂的书贾,就为析津张鸿卿所购。其后,武进陶湘(陶子麟)从张鸿卿拿到《百川学海》古本,即陶湘旧藏咸淳本。据陶湘序文,先为文征明一族的停云馆藏本,后来经过泰兴季氏、昆山徐氏等明清历代藏书家。现在归藏于中国国家图书馆(本文简称为"陶湘旧藏本")。①

笔者阅读陶湘旧藏咸淳本的微缩胶卷,发现首卷卷头有一张小书签:

……己巳之夏江安傅沅……书东瀛于宫内省图书馆得觏咸淳真序目在焉。……先呈已售于予家,故未得订正次序。……少山记。

此书缺卷首,已失去序目部分。另外,还失去《前定录》等 10 部(表 1)。其中的《学斋佔毕》,陶湘从德化李氏藏本借到了。德化李氏藏本《学斋佔毕》也有崑山徐氏的藏书印,因而可知这是后来从崑山徐氏藏书流出的一本。陶湘和傅增湘(1872—1949)决定重刻出版,全书由黄冈饶星舫写样。当初,序目也根据华珵本摹刻。

事前,宜都人杨守敬(1839—1915)赴日,在 1880—1882 年跟森立之等日本文献学家交往颇多。森立之《经籍访古志》中就有书陵部本的记载(当时被认为南宋本)。杨守敬从日本回来后,20 多年一直在湖北。此间,他从日本著名雕版师第四代木邨嘉平学到雕版技术,并教给陶湘等人。② 1929 年 11 月 11 日,傅增湘赴日到日本帝国图书寮看到书陵部本。后来也获取序目影印。③ 1930 年,陶湘据此重新摹刻序目部分,且修订收书次序(图 2)。陶湘在 1927 年翻刻后获得书陵部本书影,得知原本的收书次序,重刻序目部分且复原原本的收书次序,于 1930 年重刊。两种陶湘刊本至今陆续被影印出版。

①北京国家图书馆索书号:7895,微缩胶卷 2404—2407。

②陈捷:《明治前期日中学术交流研究》,东京:汲古书院,2003,第 513—528 页。

③《藏园群书经眼录》,第 917—918 页。

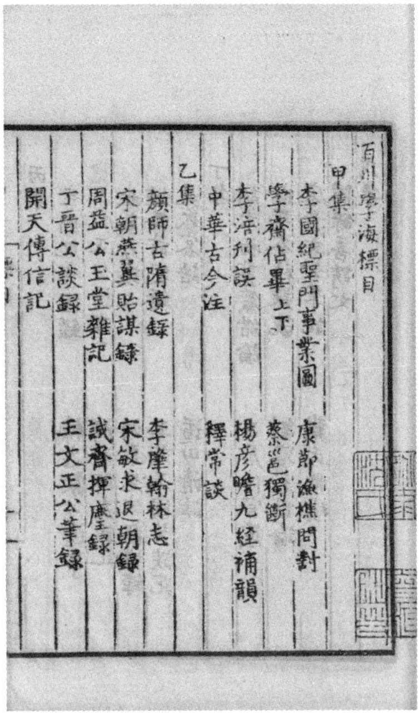

百川學海標目
甲集
李國紀聖門事業圖　康節漁樵問對
學齋佔畢上下　蔡邕獨斷
李濟刊誤　楊彥瞻九經補韻
中華古今注　釋常談
乙集
顏師古隋遺錄　李肇翰林志
宋朝燕翼貽謀錄　宋敏求退朝錄
周益公玉堂雜記　誠齋揮麈錄
丁晉公談錄　王文正公筆錄
開天傳信記

图 1：1921 年上海博古斋影印华珵本的书目部分（笔者私藏本）

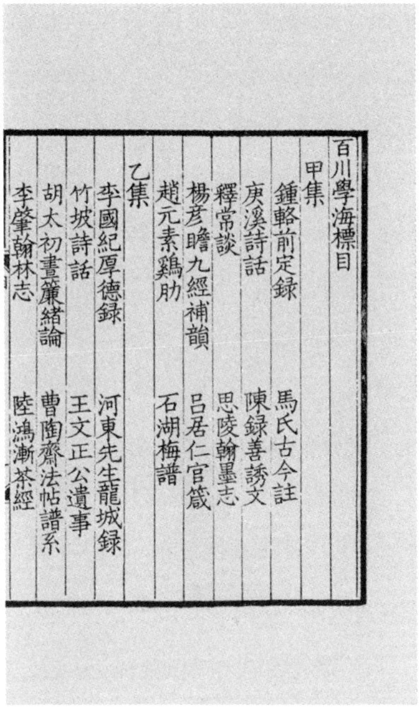

百川學海標目
甲集
鍾輅前定錄　馬氏古今註
庚溪詩話　陳錄善誘文
釋常談　思陵翰墨志
楊彥瞻九經補韻　呂居仁官箴
趙元素鷄肋　石湖梅譜
乙集
李國紀厚德錄　河東先生龍城錄
竹坡詩話　王文正公遺事
胡太初晝簾緒論　曹陶齋法帖譜系
李肇翰林志　陸鴻漸茶經

图 2：陶湘 1930 年刊本《百川学海》书目部分（日本国会图书馆所藏本）

宫内厅书陵部藏本收书缺少 12 种（除此之外，部分缺页），依华珵本补写。① 在陶湘旧藏本里已经失去的 9 部中（不含德化本《学斋佔毕》），书陵部藏本保留的 8 部原本（两套中皆无者只有《圣门事业图》）。陶湘没法做到这 8 部的摹刻，他只能随华珵本仿宋体刻板，于 1927 年出版。后来陶湘通过宫内厅的书影认识到原书的序目原貌以及次序。陶湘得到的《百川学海》次序与华珵本完全一致，这是后人据华珵本重新编排的缘故。

如表 1 所示，书陵部本第一册"甲集上"收入序目、《前定录》和《续前定录》，可以推断陶湘旧藏本丢失首卷时，失去序目以外，还失去《前定录》、《续前定录》（国家图书馆本丙集）。同样，陶湘旧藏本缺卷的《选诗

①缺页、缺卷部分：《中华古今注》总目、《晁氏客话》第 15 页、《圣门事业图》、《石湖菊谱》第 3 页、《孙公谈圃》第 7 页、《李东谷所见》第 16 页、巳集下（《书史》《煎茶水记》《菌谱》《笋谱》《蔬食谱》）、辛集上（《文房四友除授集》《宝章待访录》）、癸集中（《栾城先生遗言》《六一诗话》《西畴常言》《道山清话》）、《丁晋公谈录》第 2 页、《荔支谱》第 7 页 b。

句图》（陶湘旧藏本庚集）、《宝章待访录》（陶湘旧藏本辛集）两书，在书陵部本都在"辛集中"。这两处的情况证明，陶湘旧藏本收书次序原来也与书陵部本一致，失去了序目后，有人根据华珵本重新编排。

陶湘和傅增湘虽然认识了手里的古本《百川学海》存在收书次序的问题，但是没有改动复原收书次序。后来它藏入于国家图书馆，至今，中华再造善本《百川学海》仍旧沿袭华珵本的收书次序。①

中华再造善本《百川学海》依陶湘本补《圣门事业图》。不过，陶湘翻刻陶湘旧藏本时，对《圣门事业图》等缺卷部分根据华珵本的文字仿宋翻刻。所以，从版本价值来言，陶湘本《圣门事业图》不可超越华珵本。然而，最近影印出版的版本为陶湘本，华珵本在上海博古斋1921年缩印以后，再也没有影印出版。笔者认为影印《百川学海》时采用华珵本《圣门事业图》为好。

表1:《百川学海》陶湘藏本与书陵部本存佚情况及主要刻工姓名

册	收书书名	陶湘旧藏本	书陵部本	主要刻工姓名(备注)
甲上	序目	佚	存	
	《前定录》	佚	存	华珵本收于丙集
	《续前定录》	佚	存	华珵本收于丙集
甲中	《中华古今注》	存	总目补写	
	《庚溪诗话》	佚	存	
乙下	《竹坡老人诗话》	佚	存	
	《茶经》	存	存	陶湘旧藏本部分印字不清晰
丙上	《晁氏客话》	存	存	第1页"应友";第2页"友"
	《许彦周诗话》	佚	存	
丙中	《圣门事业图》	佚	佚	
丙下	《孙过庭书谱》	佚	存	
	《鼠璞》	存	存	第1页"应友"

①左圭编《百川学海》，北京：国家图书馆出版社，2004。

续表

册	收书书名	陶湘旧藏本	书陵部本	主要刻工姓名(备注)
戊下	《李涪刊误》	存	存	第1页、第3页“应友”
己下	《书史》《煎茶水记》《菌谱》《笋谱》《疏食谱》	存	佚	
庚上	《砚史》	存	存	第1页“王琳(?)”
辛上	《子略》	序文补写	佚	散见“文政”;卷3—8页“应?”
	《宋景文公笔记》	存	佚	卷上多见“立”;卷中“祁(?)”
辛中	《选诗句图》	佚	存	华珵本收于庚集
	《宝章待访录》	佚	存	华珵本收于辛集
辛下	《南方草木状》	存	存	卷上—1“李珏”
壬上	《韩忠献公遗事》	存	存	卷上—1“李珏”
壬中	《文房四友除授集》	存	佚	散见“立”“全”
	《法帖释文》	存	佚	
壬下	《橘录》	存	存	序“李珏”;卷上—1“钟立”;卷中—3“丁伟”
癸上	《学斋占毕》	存(德化李氏藏本)	卷2—20补写	
癸中	《栾城遗言》《六一诗话》《西畴常言》《道山清话》	存	佚	
存	全100种	91种	86种	

表注:收书按照书陵部本次序排列。除此之外台湾藏宋本有:《宋景文公笔记》《西畴老人常言》《六一居士诗话》《中华古今注》《书断列传》《书史》《古今刀剑录》《海棠谱》《道山清话》《笋谱》,国家图书馆的宋版零本有袁克文跋本:《丁晋公谈录》《王文正公笔录》《国老谈苑》《栾城先生遗言》

四、结　语

如上所述，至今存在不少《百川学海》影印本。但是，陶湘旧藏本《百川学海》直到 2004 年仍没有影印出版，一般读者只能通过微缩胶卷阅读。由于图书馆要开始拍摄古籍时，首先着手宋元善本，因而难免存在胶卷质量低、拍摄技术不熟等问题；加之，善本的胶卷比后来拍摄的胶卷更老而严重劣化。因此国家图书馆选出一百多种宋元本（陶湘旧藏本《百川学海》包括在内）并系列出版的中华再造善本具有重大意义。

目前最完善且较容易看得到的《百川学海》善本就是中华再造善本。国家图书馆所藏的众多善本由众多研究人员、出版社的努力已经出版不少。但大多是排印版，版面、刻字字样等不得而知。若要校对字样、调查版式等时，必须到北京的国家图书馆，通过微缩胶卷看版面。中华再造善本的出版，给全国、海外研究人士带来莫大的方便，大幅促进了善本的利用。但中华再造善本《百川学海》也难免美中不足。陶湘旧藏本《百川学海》原来缺 9 种收书，缺卷据陶湘本补全；收书次序与华珵本完全一致，并非咸淳本的原貌；还有，史正志《菊谱》虽然完整收入于陶湘旧藏本《百川学海》，但中华再造善本漏印最后一页等。

日本宫内厅书陵部藏有古刊本《百川学海》。官方目录《图书寮汉籍善本书目》虽然将其定为明刊本，但是其板式、字体、刻工姓名与上述的陶湘旧藏本完全一致。书陵部本与陶湘旧藏本的收书次序却完全不同，而陶湘旧藏本与华珵本收书次序完全一致。因为陶湘旧藏本缺失卷首序目，并且华珵本是华珵重新编排收书的版本，可以知道曾经有人根据华珵本改编南宋咸淳本收书次序。再者，根据陶湘旧藏本佚书情况证明，南宋咸淳本的收书次序，原来与书陵部本《百川学海》一致。书陵部本保留宋刊原貌，很可能与南宋咸淳本同一个版木。

《百川学海》所收 100 种书中，陶湘旧藏本佚书 9 种以及序目，宫内厅书陵部本佚书 13 种。陶湘旧藏本与书陵部本互补，就能复原 99 种书。唯一两套皆欠缺的《圣门事业图》以使用华珵本为最善。陶湘旧藏本已有中华再造善本影印本，可是书陵部本未被《日本宫内厅书陵部藏宋元版汉籍影印丛书》收入，至今没有影印本的出版。如果能将书陵部本和华理本《圣门事业图》影印出版，其对学界有重大意义。

《文献家通考》举正

陈鸿森

（台湾"中央研究院"历史语言研究所）

郑伟章先生积十数年之功，网罗清初以来藏弆家、文献研究者计一千五百馀人，各为小传，荟为一书，以补续叶昌炽《藏书纪事诗》之不足。郑君自云：

> 拙稿之所以拟名《文献家通考》者，以其不仅纪藏书，且纪校书、勘书、刻书、辑书及书目、题识等，似应以"文献家"概之为更贴切。"通"者，不仅各篇撰写遵循通一之体例，且自清初至现代，通贯三百馀年也。"考"者，笔者撰是稿，二十年中着实下了一番苦功，遍考史籍，几乎篇篇有考出新史料也。①

其书自1999年出版以来，流传甚广，治古文献后生案头莫不有此书，以为涉津之筏、馈贫之粮，其沾丐来学，良非浅鲜；顾其舛误失考者亦所在多有。余平素鲜阅时人通论性之书，此书直至今年六月纂《朱文藻年谱》，始由从游某君借得前二册携归读之。余粗阅乾嘉诸老十数传，其讹误者往往而见；然其中若干藏弆家，"名不挂通人之口，缥缃既散，蒿莱寂

①郑伟章：《文献家通考》，北京：中华书局，1999，《前言》第10页。

然”，为余向所未闻者亦复不少。适中山大学图书馆“2016年中文古籍整理与版本目录学国际学术研讨会”来书征稿，因拟就此书拈其若干传，撰为专文，订讹补阙。从游诸君知余拟为此稿，咸诧异之。鄙意此书流播既广，空言讥诋，毋宁各即所见订之补之，庶为读是书者之一助，亦为异时纂辑同类型著作者参考之资焉。因截稿期迫，今聊举三十六传订补之。[①]此皆余向所素习者，然即为此小文，亦费时一月有馀；郑君之为此书，钩稽考索，露钞雪纂，条理之诚大不易，间有讹舛，固不可免。要其网罗放佚、发潜阐幽，功自不可没也。稿成，爰叙其始末如此。丙申中秋后二日，时马勒卡台风由台湾北部掠过，而前日莫兰蒂台风方肆虐南部成灾也。

杭世骏

杭世骏条："字大宗，号堇浦，一作槿浦，归田后自号秦亭老民，又号智光居士，浙江仁和人。……康熙三十七年生，乾隆三十八年卒，终年七十六岁。……有《续礼记集说》百卷、《史记考证》七卷、《三国志补注》六卷、《榕城诗话》、《道古堂诗文集》、《金史补》、《补史亭剩稿》等。"（页218）

森按：杭世骏生卒年寿，向有数说，迄未论定：

（一）《清史列传》卷七十一本传，云"[乾隆]三十八年（1773）卒，年七十六"。[②] 依此，则生于康熙三十七年（1698）。郑君所述，盖本此说。

（二）应澧撰堇浦《墓志铭》云："以乾隆三十七年（1772）七月庚辰考终里舍，寿七十有八。"[③]依此说，则堇浦生于康熙三十四年（1695）。张舜徽《清人文集别录》从之。[④]

（三）钱大昕《疑年录》作康熙三十五年（1696）生，乾隆三十八年卒，

①与本文同时成稿者，另有《〈清史列传〉汪宪、朱文藻传订误》《汪师韩生卒年小考》二文，亦订及此书，今别文另刊，此不更及。

②《清史列传》，北京：中华书局点校本，1987，第5865页。

③应澧：《墓志铭》，载杭世骏《道古堂文集》，《续修四库全书》本，卷首，第3页。

④张舜徽：《清人文集别录》，北京：中华书局，1980，第139页。

年七十八。[①] 郑天挺《杭世骏〈三国志补注〉与赵一清〈三国志注补〉》、[②]姜亮夫《历代人物年里碑传综表》从之。[③]

(四)许宗彦《杭太史别传》云:"太史生康熙三十五年(1696),卒于乾隆三十七年(1772)。"[④]依此,则杭氏享年七十七。

(五)《清儒学案》卷六十五本传云:"在扬州最久,好奖借后生。晚归里,乾隆三十七年卒,年七十六。"[⑤]依此,则生于康熙三十六年(1697)。

(六)支伟成《清代朴学大师列传》卷十五本传言"卒年八十馀"。[⑥]

诸说纷挐,莫衷一是。今考其生年,当以堇浦自言者为定,检杭氏《道古堂诗集》卷二十四《十二月十九日东坡先生生辰,释方珍合竹西群彦设祭寒香馆,赋诗纪事》诗,首联云:"玉局仙人姓苏氏,与我生年同丙子。"[⑦]则堇浦应生于康熙三十五年丙子,其异于此者,诸说皆非。

至其卒年,应澧撰《墓志铭》谓堇浦"三十七年七月庚辰考终里舍",应氏为堇浦女夫,郑天挺特辨其误曰:

> 据是年(三十七年)七月为甲午朔推之,其月无庚辰日;而三十八年七月为戊午朔,其二十三日则适为庚辰。窃意应氏以女夫之亲,志窀葬之文,既具载其卒逝时日,不宜有误,此必传钞者误"三十八"为"三十七"耳。

近时学者颇从此说,然郑氏臆说实未可取,知者,堇浦友人查礼《铜鼓书堂遗稿》编年诗卷十七《哭杭大宗编修》,及汪师韩《上湖诗纪续编》卷

---

①钱大昕:《疑年录》,《续修四库全书》本,卷四,第9—10页。

②郑天挺:《杭世骏〈三国志补注〉与赵一清〈三国志注补〉》,北京大学《国学季刊》1935年第五卷第4号,第74—75页。

③姜亮夫:《历代人物年里碑传综表》,北京:中华书局,1965,第580页。

④许宗彦:《鉴止水斋集》,《续修四库全书》本,卷十七,第5页。

⑤徐世昌纂《清儒学案》,民国二十七年(1938)天津徐氏原刊本,卷六十五,第1—2页。

⑥支伟成:《清代朴学大师列传》,长沙:岳麓书社,1998,第219页。

⑦杭世骏:《道古堂诗集》,《续修四库全书》本,卷二十四,第5页。

一《挽堇浦先生》,二者皆系于乾隆三十七年,[1]断无二者编年亦同时俱误之理。然则应澧"七月庚辰"虽纪日有误,其逝时年月固不误也。诸说惟许宗彦《别传》所言生卒年俱合,盖宗彦之父祖京曾从堇浦问故,《别传》云:"乾隆辛亥(1791)、壬子(1792)间,先君子藩粤东,太史子宾仁携《道古堂诗文集》至,为刊之",许《传》所记堇浦生卒年岁,盖即闻之其子杭宾仁也。

杭氏中岁以后颇萃力于诸史疏证、补注工作,所著《史记考证》七卷、《三国志补注》六卷,俱有刊本行世。另据堇浦《补史亭记》言:"杭子疏证《北齐书》既毕功,越明年,乃补《金史》。……岁月既多,卷帙遂衍,文成数万,埒于前书。惟《天文》《律历》二志尚阙焉未逮,其馀排纂粗有成就。"[2]据此,则堇浦复有《北齐书疏证》一书,稿佚待访。杭氏《金史补》生前应已具稿,今遗稿荡佚,北京国家图书馆藏堇浦稿本《艺文志》《风土志》,及列传六十三、六十四;南京图书馆另藏钞本五册,为《世纪》《太祖本纪》《太宗本纪》,丁丙八千卷楼旧藏,北京大学图书馆、京都大学人文科学研究所并有钞本,内容与南图本同。[3] 另北京师范大学图书馆藏杭氏《金史补阙》钞本四十卷,[4]卷帙独多,《中华再造善本》有影印本行世,惟核其书实后人依《大金国志》伪造,[5]非杭氏本书。

堇浦另著《史记疏证》《汉书疏证》《后汉书疏证》三书,乾隆《杭州府志》卷五十七著录。[6] 北京国家图书馆藏佚名氏《史记疏证》六十卷,清钞本;[7]又《汉书疏证》二十七卷,清钞本,未著撰人,[8]前后无序跋。此二书《续修四库全书》有影印本,近年学者考证,已证实此二书皆堇浦佚著,[9]

---

[1]查礼:《铜鼓书堂遗稿》,《续修四库全书》本,卷十七,第 15—16 页;又汪师韩《上湖诗纪续编》,《续修四库全书》本,卷一,第 14 页。按此说本从游陈琬婷《杭世骏年谱》,高雄"中山大学"中文研究所 2007 年硕士论文,第 114 页。

[2]杭世骏:《道古堂文集》,卷十九,第 20 页。

[3]徐旭晟:《杭世骏〈金史补〉稿抄本及其史学价值》,《史林》2014 年第 6 期,第 52—59 页。

[4]《中国古籍善本书目·史部》,上海:上海古籍出版社,1991,第 84—85 页。

[5]苗润博:《〈中华再造善本〉所收杭世骏〈金史补阙〉辨伪》,《史学史研究》2016 年第 2 期,第 124—126 页。

[6]邵晋涵纂《(乾隆)杭州府志》,《续修四库全书》本,卷五十七,第 22 页。

[7]《中国古籍善本书目·史部》,第 20 页。

[8]同上注,第 44 页。

[9]董恩林:《佚名〈史记疏证〉、〈汉书疏证〉作者考》,《历史研究》2010 年第 3 期,第 183—188 页。

其书辨疑订误，引证极详赡。惜《后汉书》《北齐书》两《疏证》，不知遗稿尚存天壤间否？

汪日桂

字一枝，号一之，浙江仁和人，居义井巷春草堂，生卒年及仕履未详。贡生。兄弟十人，登科者五人。其兄日章，历官江苏巡抚；唯日桂覃研经史。……有《欣托斋书目》，杭世骏为撰《欣托斋藏书记》。……乾隆四十六年，曾重刻《十六国春秋》百卷，见莫友芝《郘亭知见传本书目》卷五。（页221）

森按：汪怡、汪诒年纂《平阳汪氏迁杭支谱》载：汪日桂，仁和县学岁贡，生于乾隆十三年（1748）三月十一日，卒于嘉庆十六年（1811）七月二十三日，年六十四。① 据《支谱》所载，汪日桂属平阳汪氏迁杭第八十七世，与振绮堂主人汪宪之父光豫属同一辈。

南京图书馆藏朱文藻《校订存疑》钞本，册三为《隶释》《隶续》校语，朱氏校《隶续》题识云："乾隆辛丑（四十六年，1781）秋仲，从汪氏欣托山房新刻本校阅一过，录其可疑者如左"云云，则今传乾隆丁酉（四十二年，1777）、戊戌（四十三年，1778）汪日秀楼松书屋所刻《隶释》二十七卷、《隶续》二十一卷，②亦汪日桂所刻。

吴颖芳

字西林，自号临江乡人，释名树虚。……有《吹豳录》五十卷、《说文理董》四十卷、《文字源流》六卷、《金文释》六卷、《临江乡人诗集》四卷等。……其家曾遭回禄，遗著仅《吹豳录》五十卷稿本，朱文藻得诸灰烬之馀；又汪氏振绮堂有副本。（页239）

森按：吴氏撰述甚夥，复研精因明、唯识，王昶撰《传》云：

①汪怡、汪诒年纂《平阳汪氏迁杭支谱》，民国二十年（1931）铅印本，卷一，第11页。
②《中国古籍善本书目·史部》，第1427页。

先生于儒书之外，兼通释典，所著有《唯识论文释》二卷；又即其论中条例指授学者，谓之《五要须知》。论释之外，更有《观所缘缘论释》、《因明入正理论后记》、《因明正理门论》各一卷，东城馀庵僧莲饮、西城慧安寺僧超尘，各受其书而传。之昭庆律寺，为撰《志》十卷；又同寺僧辑《律仪法数》三十二卷。同里吴氏长公有遗稿数千则，皆《释藏》中精语，先生为整比而诠次之，名曰《大藏摘髓》。又为辨利院撰《志》四卷。①

《因明入正理论后记》、《大昭庆律寺志》十卷、《辨利院志》四卷，今并有刊本行世。

西林经部小学诸书多未付刻，然所存非止郑君所言《吹豳录》一种耳。按《吹豳录》五十卷，北京国家图书馆藏有全书钞本；其振绮堂原钞本现藏南京图书馆，存卷二十六至三十，卷四十六至五十，共十卷。②《说文理董》一书，上海图书馆藏缪氏艺风堂钞本，存卷七至卷十五等九卷。③南京图书馆另藏《理董后编》钞本六卷，④有民国十八年(1929)国学图书馆影印本。西林晚年栖息里门，犹著《周易类经》二卷，南京图书馆藏一钞本，丁氏八千卷楼旧藏。⑤ 其《临江乡人诗》四卷，有乾隆三十九年(1774)孙氏寿松堂刊本；同治间，丁丙取与丁敬、金农、魏之琇、奚冈四家诗合刻，名《西泠五布衣遗著》；丁氏另摭拾西林遗文佚诗，录为《临江乡人集拾遗》一卷，附刻本集之后。

宋大樽

字左彝，号名香，一作茗香，浙江仁和人。生卒年未详。乾隆三十九

①王昶：《临江吴西林先生传》，载吴颖芳《临江乡人诗》卷首，杭州：浙江古籍出版社《西泠五布衣遗著》点校本，2015，第19页。

②《中国古籍善本书目·经部》，上海古籍出版社，1989，第233页。

③同上注，第409—410页。

④同上注，第410页。

⑤同上注，第89页。

年举人，官国子监助教，以母老引疾归。……有《学古集》《茗香诗论》《牧牛村舍诗钞》。……尝与陆芝荣、陈培得等手校《尔雅新义》，审定镂板。（页312）

森按：严元照嘉庆九年（1804）三月九日《读书敏求记》校本题识云："此书……刻本多伪脱，予家藏沈会侯祖彬手钞本最善，因为宋茗香助教校一过。"又四月廿九日识语："三月初旬，予校此书，未及寄还，而助教于四月初五日殁于西湖昭庆寺。予来唁小茗，以此书还之，痛助教之不及见也，相对惨然。"①则宋氏卒于嘉庆九年。另检戚学标撰《国子助教茗香宋君墓志铭》云："嘉庆甲子（九年）四月初五日，无疾卒于湖上。……卒年五十九，其生以乾隆丙寅岁（十一年，1746）四月初一日也。生平所著，有《学古集》、《牧牛村外集》各四卷、《读我书塾课本略》八卷、《续方言补正》十二卷、《诗论》一卷、《校定尔雅新义》二十卷。《诗论》刻《知不足斋丛书》中，馀或刻，或稿存家。"②可补郑君此传之缺。

郁 礼

字佩宣，一作佩先，又作陛宣，号潜亭，浙江钱塘人。嘉庆、道光间人，生卒年未详。与厉鹗、鲍廷博、朱文藻等人相过从。……家在城东骆驼桥，与厉鹗樊榭山房相去不一里，传录其秘册尤多。厉没后，其家出所著《辽史拾遗》手稿，郁氏以四十金购焉。（页342）

森按：郑氏谓郁礼为"嘉庆、道光间人"，其说可商。《碑传集》各书及诸家文集无郁氏传志，生卒年莫可确考。然厉鹗乾隆十七年（1752）九月十一日卒，年六十一，③是年鲍廷博二十六岁，朱文藻十八岁。④郁氏尚及与厉鹗过从游处，其年岁应较鲍、朱二人略长，则为乾、嘉时人甚明，郑氏

①管庭芬原辑、章钰补辑《读书敏求记校证》，民国十五年（1926）长洲章氏自刊本，卷末，第19—20页。

②戚学标：《鹤泉文钞续选》，《续修四库全书》本，卷七，第15—16页。

③陆谦祉：《厉樊榭年谱》，上海：商务印书馆，1936，第82—83页。

④参拙稿《朱文藻年谱》，南京大学《古典文献研究》第19辑下卷，2017。

以为嘉、道间人,误也。

郁氏家有东啸轩,藏书多精钞秘本。台北“中央图书馆”藏鲍廷博困学斋钞本宋李季可《松窗百说》,书后鲍氏识语云:“乾隆丙子(二十一年)季春,传汪西亭立名写本于郁佩先礼。”①又乾隆二十七年(1762),鲍廷博复从郁氏借钞玉玲珑阁钞本《芦浦笔记》。② 又三十四(1769)年冬,朱文藻从苏州朱奂滋兰堂借得《说文系传》钞本,复假郁氏东啸轩藏本对校,著《说文系传考异》一书。③ 合此数事绎之,知乾隆二三十年间,郁氏插架已多外间罕见秘笈,其年岁、藏书活动应较鲍廷博略早。

郁礼能诗,曾与杭郡厉志黼、倪一擎、黄模等结为吟会,④吴振棫《杭郡诗续辑》卷十二选录其诗三首。⑤ 按朱文藻为阮元纂辑《两浙輶轩录》,其书刊于嘉庆六年(1801);⑥又吴颢《杭郡诗辑》刊于嘉庆五年(1800),⑦两书编例俱不收录见存之人诗作,则郁礼必卒于嘉庆五年以后,是年鲍廷博七十三岁,郁氏卒年应在七十五以上。

余萧客

字仲林,号古农,以读书弗辍致目疾,人称盲先生,江苏吴县人。……应直隶总督方观承之聘修《畿辅通志》,以目疾归。教授乡里,皆以口授,以布衣终身。慨汉唐诸儒旧经注多散佚,爰采辑各家,分条纂录,著为《古经解钩沈》三十卷。又有《文选纪闻》三十卷、《文选杂题》三十卷、《文选音义》八卷、《选音楼诗拾》若干卷及文集二十馀篇。(页344)

森按:《文选纪闻》与《文选杂题》实为一书,同治《苏州府志·艺文

①“中央图书馆”特藏组编《善本题跋集录》,台北:“中央图书馆”,1992,第341页。

②刘昌诗:《芦浦笔记》,鲍氏《知不足斋丛书》本,卷末鲍廷博《跋》。

③陈鸿森:《朱文藻年谱》乾隆三十四年条。

④吴振棫辑《杭郡诗续辑》卷十二“厉志黼”条小传云:“尝与苏展亭许堂、柯大岩观、郁陛宣礼、倪嘉树一擎、黄书压模、周亦庵骏发,为文字之会,分题审韵,无集无诗。”[光绪二年(1876)丁氏重刊本,卷十二,第24页。]

⑤吴振棫辑《杭郡诗续辑》,卷十二,第16—17页。

⑥陈鸿森:《朱文藻年谱》嘉庆二至六年条。

⑦吴颢辑:《杭郡诗辑》,历史语言研究所傅斯年图书馆藏嘉庆五年守惇堂刊本。

志》著录:“余萧客《文选纪闻》三十卷”,附注云:“一作《文选杂题》。”①王欣夫先生藏余氏弟子朱邦衡(秋崖)手钞稿本《文选纪闻》残本一册,云:

> 此册残存第六、七两卷,当从手稿录出。……原题《文选杂题》,后改《文选纪闻》,是“杂题”为其初名,“纪闻”疑出秋崖所易,故《汉学师承记》犹仍初名也。……其体例博采群书,分条编次,有所见,则附双行按语,一如定宇著书家法。清代治《选》学成专著者,当以此为嚆矢。②

是“杂题”后改名《纪闻》,郑氏以为二书,误也。此书古农疾革时,以稿本付朱邦衡,朱氏为缮录藏之。光宣间,方功惠始刻入《碧琳琅馆丛书》;民国二十四年(1935),黄肇沂复刻入《芋园丛书》。

《汉学师承记》卷二《余古农先生传》云:

> 居恒手一编弗辍,日不足,则继之以夜,于是目力亏损,不见一物。有人传以坐暗室中,目蒙蓝布,存想北斗七宿。一年之后,目虽能视,然读书但能读大字本而已。直隶总督方恪敏公观承闻其名,延至保定,修《畿辅水利志》。间游京师。……因目疾复作,举歙戴震以代,遂南归。以经术教授乡里,闭目教授,生徒极盛。是时,江震沧孝廉名筠者,亦以目疾教读,时人皆号为“盲先生”。③

《师承记》谓方观承聘修《畿辅水利志》,此非其书原名。按乾隆中,方观承总督直隶(十四年至三十三年),创修《直隶河渠水利书》,赵一清曾为之参订,成书一百三十卷,未竟成,赵氏辞归。乃延古农继其事,余氏旋因病目辞归,举戴震自代。后戴氏删去“水利”二字,易名《直隶河渠书》。④ 郑氏此作《畿辅通志》,误矣。

---

①冯桂芬等纂《苏州府志》,同光间江苏书局刊本,卷一三七,第24页。

②王欣夫:《蛾术轩箧存善本书录》,上海古籍出版社,2002,第326—327页。

③江藩:《汉学师承记》,中华书局钟哲点校本,1983,第32页。

④参拙稿《余萧客编年事辑》乾隆三十一年(1766)条,《中国经学》第10辑,2012,第65—95页。

据江藩《汉学师承记》，余萧客目盲教授乡里，时人称“盲先生”。然余氏是否瞽目以终，余颇疑之。按古农《古经解钩沈后序》云：

己卯（乾隆廿四年）杪秋，萧客从事《钩沈》，载寒暑，《易》、《尚书》古注旁搜略遍。……越一岁辛巳（廿六年），遂下榻滋兰精舍，丹铅朝夕，乐不为疲，至于左目几成青盲。①

据此，则余氏病目在乾隆廿六年（1761）。《后序》又言：“壬午（廿七年，1762）夏五，扶疾缮写；八月，书二十九卷毕。”则翌年目尚能视。其后目疾渐愈，故乾隆三十一年应方观承之聘，赴保定修书；翌年目疾复作南归，②授徒乡里。其后痊愈能视，知者，《汉学师承记》言：“乾隆年间，诏开四库馆，征四方名彦充校雠之任。有人以山阴童钰及先生名达于金坛（按指总裁于敏中），因一诸生，一布衣，格于例，不果荐。”③则乾隆三十八年（1773）诏开四库馆时，古农当已复明，否则焉有敢荐目盲者预校书之任，此其一。乾隆三十九年（1774）五月，古农为周琳《高山堂诗钞》撰序，全文以篆体书之，此亦目疾复明之验也，④其证二。四十年（1775）秋，余氏跋《东皋子集》云：“《集》为北宋椠本，吴松岩影钞。予以注先君《苏黄沧海集》，托再从弟仁山转借得之。从游吾子（按名学海）再请影写，以四日有半而毕；然吴本尚有脱误，当求元本及别本正之，良不易得，如何！乙未初秋，萧客。”⑤其时古农欲为其父《苏黄沧海集》作注，且能影写宋钞本，此固非明眼人莫办，其证三。是年十月，古农复从朱奂滋兰堂借得《圣宋九僧诗》，传录一帙，古农并跋其后，⑥其证四。而古农晚岁著《文选杂题》三十卷，其书引证浩博，多宋元罕见秘籍，盖由滋兰堂渔猎得之，此断非目

①余萧客：《古经解钩沈》，乾隆间原刊本，卷一上，第2—3页。

②详参拙稿《余萧客编年事辑》乾隆三十一（1766）、三十二年（1767）条。

③江藩：《汉学师承记》，第32页。

④参拙稿《余萧客编年事辑》乾隆三十九年条。

⑤王文进：《文禄堂访书记》，民国三十一年（1942）文禄堂聚珍本，卷四，第5页。按《访书记》校勘未精，错讹满纸。所记《东皋子集》，现藏台北“故宫博物院”，有孙星衍手书题记及孙氏过录古农跋，“费工四日有半”，王书误作“四月”；“吴本尚有脱误”，“吴本”二字误作“虞”，今依原书改正。

⑥宋希昼等：《圣宋九僧诗》，宜秋馆校刊本，卷末，第2页。

盲者单凭记忆所能为之者,故知余氏目疾其后当复明也。

周　莲

字予同,号玉井,浙江海宁人,周春之兄,生卒年未详。乾隆十八年(1753)举人。家多藏书,偕其弟春自为师友,皆以博学名。(页348)

森按:乾隆《杭州府志》卷九十一《孝友·周莲传》云:“乾隆乙酉(三十年,1765)领乡荐”,①阮元《两浙輶轩录》卷三十六“周莲”条小传言“乾隆乙酉举人”,②《海宁州志稿·艺文志》同,③则周氏为乾隆三十年举人。郑氏作十八年者,误也。

周莲生卒年,今尚可考。按周春《耄馀诗话》卷四首条,自注:“先兄庚子赴都,至淮安病归,遂不起。”④则卒于乾隆四十五年(1780)。同书卷九《六十生日述怀》诗,元注:“先兄卒于庚子,年六十”,⑤则生于康熙六十年(1721)。

此传不载周莲著作,按《海宁州志稿·艺文志》著录周莲著有《旧五代史钞》六卷、《五百罗汉志》十二卷及《玉井山樵诗钞》。⑥ 周莲辑《旧五代史》,在邵晋涵之前,此事周春屡言之,一则言:“先兄向辑《旧五代史钞》六卷,邵二云留心此书,实自先兄发之,其时未知《永乐大典》中所有也。”⑦再则言:

乾隆乙亥(二十年,1755)、丙子(二十一年)间,先兄手辑《旧五代史钞》,上册卷一梁,卷二、卷三唐;下册卷四晋,卷五汉,卷六周。丁丑(二十二年)之秋,下册燬于火,残缺不全。乙酉,计偕北上,携余同行,遇邵

①邵晋涵纂《(乾隆)杭州府志》,卷九十一,第59页。

②阮元:《两浙輶轩录》,《续修四库全书》本,卷三十六,第38页。

③许传霈、朱锡恩等纂《海宁州志稿》,民国十一年(1922)排印本,卷十四《典籍十二》,第1页。

④周春:《耄馀诗话》,《续修四库全书》本,卷四,第1页。

⑤同上注,卷九,第7—8页。

⑥许传霈、朱锡恩等纂《海宁州志稿》,卷十四《典籍十二》,第1页。

⑦周春:《耄馀诗话》,卷四,第1页。

二云晋涵于山左旅店，道及此书，时并未知《永乐大典》中所有也。又及余《尔雅补注》四卷，因西庄言，增订[为]《广疏》三十卷。二云之用力于两书，实自先兄发之。今二云《尔雅正义》早已刊行；《旧五代史》复为经进之书，列于二十四史。而先兄所辑，世无知者，展阅再三，不禁老泪渍纸也。①

按邵晋涵辑《旧五代史》，是否果由周莲启发之，未可单凭周春一家之说质言之。今录此，藉存一段学林故实耳。

周广业

又名灵根，字勤补，号耕厓。……乾隆三十三年(1768)乡试副榜；四十八年(1783)始登贤书，三试礼闱无所遇，辄归而杜门，著书终生。……曾参加四库全书馆分校工作，故谙于目录学，乾隆二十九年(1764)至四十年(1775)，撰《目治偶钞》四卷。……乾隆四十九(1784)、五十年(1785)著《四部寓眼录》四卷，合所阅官家书及友人惠借书共若干部，一一提要之。又有《时还读我书录》。(页 358—359)

森按：此言耕厓"曾参加四库全书馆分校工作，故谙于目录学"，说似颠倒。周广业乾隆四十八年举人中式，年已五十有四。② 其冬十二月十八日计偕北上，③明年甲辰科会试，被落。耕厓《过夏杂录·自序》云：

甲辰闰三月会闱将撤，友人沈嵩门以余癖书，引司雠校，将藉此免就暑途。既而王秋部疏雨遣子从游。一经援止，无由自脱，两度蜂鹩，非本

①周春：《耄馀诗话》，卷二，第 11—12 页。

②吴骞《周耕厓孝廉传》云："生雍正庚戌(1730)十一月十二日，卒嘉庆戊午(1798)正月初一日，年六十有九。"(《愚谷文存》，《拜经楼丛书》本，卷十，第 12 页)周氏乾隆四十八年(1783)中举，时年五十四。周春《蓬庐文钞·序》言"癸卯登贤书，年已五十矣"，盖举其成数，非其实龄也。

③周广业著《冬集纪程》一卷，系计偕北上途中所撰，起癸卯(乾隆四十八年)十二月十八日，讫甲辰(四十九年)二月十五日，有道光二十年种松书塾家刻本。

怀也。①

耕厓入都之前,第一份《四库全书》业于四十六年(1781)十二月六日告竣,四十七年(1782)正月廿一日,贮于文渊阁。② 同年十一月,第二份告成,贮于文溯阁。③ 四十八年冬,第三份告竣,贮于文源阁。④ 耕厓四十九年会试失利后,本将南归,因沈景熊(嵩门)之介,"引司校雠",盖为校阅第四份《四库全书》誊录之讹错。周春序耕厓《蓬庐文钞》云:

> 计偕北上,时纂四库书,馆阁亟需校勘,争相延致,君肆应精详,各餍所请以去。凡卷帙经君寓目者,悉成善本。⑤

按四库每书缮录就正之后,需经分校校订、总校覆勘、总裁抽阅,数次发出收回后,始勒为定本。耕厓博极群书,其学自足胜任四库书校订工作,惟此类佐校,系分校馆员私人延致,故周春言"争相延致""各餍所请以去",明非入四库馆参与分校也,故吴骞撰耕厓《传》,全无一语语及校四库书事。郑氏此传言耕厓"曾参加四库全书馆分校工作",并非其实。

惟耕厓入都前著《经史避名汇考》,已写录丛考数十卷,⑥"甲辰春,橐以入都,与校《四库全书》,多所增益。丁未冬南旋,为条贯件系而手录之"。⑦ 后历经增订,数易其稿,嘉庆二年(1797)闰六月写定覆校,并自为序,距其卒仅半年耳。此书为周氏半生心力之所萃,陈垣称其书"可谓集避讳史料之大成";⑧张舜徽先生言:

---

①周氏《过夏杂录》,收入《周广业笔记四种》祝鸿熹等点校本,下册,杭州:浙江古籍出版社,2013,第1页。

②翁方纲《复初斋诗集》有《四库全书第一部缮录告成,正月廿一日奉贮于文渊阁,臣以校理与观陈设,敬歌以纪》,《续修四库全书》本,卷二十四,第19—20页。

③黄爱平:《四库全书纂修研究》,北京:中国人民大学出版社,1989,第152页。

④同上注,第153页。

⑤周广业:《蓬庐文钞》,《续修四库全书》本,卷首。

⑥周广业:《过夏杂录》,下册,第109页。

⑦周广业:《蓬庐文钞》,卷三,第16页。

⑧陈垣:《史讳举例》,合肥:安徽大学出版社,2009,卷首《序》,第3—4页。

避讳之俗，所起甚早，而大盛于唐宋，书籍之言及避讳者，亦至宋而始广。……顾未有辑为专书，穷数十年之岁月，以从事于此，作有系统之研究者，有之，盖自广业始。广业尝竭心力至三十馀年之久，博征群书，撰成《经史避名汇考》四十六卷。……吴骞尝读其稿，称其于书史能爬梳抉剔，疏通证明，务探其赜而穷其本（元注：详《愚谷文存》卷四《经史避名汇考跋》），可知其书在当时已有定评。乃未见传本，抑亦书林憾事也。①

按此书史语所傅斯年图书馆藏耕厓仲子勋常校录本；台北"中央图书馆"藏张钧衡适园钞本，一九八一年台北明文书局曾据以影印出版。《续修四库全书》则据北京国家图书馆所藏钱塘金氏豸华堂钞本影印。郑君此条未述及《汇考》，故为补录之。

又按耕厓《蓬庐文钞》卷二《重修滋德堂记》，载其高祖文爚，字晦如，富藏书，著有《香梦楼藏书目》，又著《梦香词》《则百楼集》。② 郑君此书凡诸家有藏书目者，备记不遗，今附录于此，以补其缺。

王鸣韶

原名廷谔，字鹗起，号鹤溪子，江苏嘉定人，王鸣盛之弟。生于雍正十年，卒于乾隆五十三年，年五十七。濡染家学，善诗工书画。……有《逸野堂文集》十卷、《春秋三传考》、《十三经异义》、《祖德述闻》、《竹窗琐碎》等。（页366）

森按：钱大昕撰《鹤溪子墓志铭》，谓鸣韶"生于雍正十年某月日，殁于乾隆五十三年某月日，春秋五十有七。"③《清史列传》卷七十二本传同，④此郑氏所本。湖南省图书馆藏王鸣韶文集稿本《鹤谿文编》，二〇〇

①张舜徽：《清人文集别录》，第213—214页。
②周广业：《蓬庐文钞》，卷二，第2页。
③钱大昕：《潜研堂文集》，上海古籍出版社吕友仁点校本，1989，第842页。
④《清史列传》，第5883页。

九年余纂《王鸣盛年谱》，曾访书长沙，亲阅其书，卷首有钱大昕手书题识，云：

鹤谿之文，其妙处有三，曰不俗，曰不腐，曰有物，较之吾乡四先生，殆有过之，无不及也。当世无谢象三其人者，遂使撰述不得流播海内，然丰城剑气自有不可掩抑者，显晦有时，必不终没没已也。庚戌正月，钱大昕题，时鹤谿下世已三阅月，抚卷泫然。①

庚戌为乾隆五十五年，庚戌正月"鹤谿下世三阅月"，则王鸣韶应卒于五十四年（1789）十月。钱氏题识为当日所记，最可凭信。《墓志》则后来所撰，已不能详其时日，故误忆耳。钱氏《墓志》言"鹤谿子少予四岁"，按钱大昕生于雍正六年，②则鹤谿生于雍正十年（1732），享年五十八。

翁方纲

字正三，一字忠叙，号覃溪，晚号苏斋，北京大兴人。……《翁氏家事略记》云："自癸巳（乾隆三十八年）春入院修书，时于翰林院署开四库全书馆。……每日清晨入院，院设大厨，供给桌饭，午后归寓。"翁氏在馆中主要是撰写书目提要，其提要手稿共九百九十六篇，入《总目》有八百五十四篇，有一百四十二篇未采用。这些手稿分为二十五卷，清末经刘承幹、王欣夫递藏，今归上海复旦大学图书馆。……其子翁树培，字宜泉，乾隆五十一年举人，翌年成进士，曾充国史馆、会典馆纂修官及会试同考官，然先方纲而卒。方纲卒时，仅遗一五龄幼孙颖达。（页380—382）

森按：此传谓翁氏分纂之《提要》手稿，"清末经刘承幹、王欣夫递藏，今归上海复旦大学图书馆"，其说非是。据刘承幹《求恕斋日记》稿本，癸丑（1913）八月十八日记：此稿由张元济介绍，"共计二十四箱，每箱六册，

①王鸣韶：《鹤谿文编》，湖南省图书馆藏原稿本，卷首钱大昕手书题识。
②钱大昕：《竹汀居士年谱》，咸丰十年（1860）钱氏家刻本，卷上，第1页。

兹已购取,计洋四千元"。其后此稿流出,展转为葡萄牙人 Sr. José W. AriaBraga 所得,1950 年入藏澳门何东图书馆。[1] 2000 年上海科技文献出版社曾影印出版,2005 年该社另出版整理本;吴格等点校《四库提要分纂稿》亦收之。[2]

至复旦大学图书馆所藏则是嘉业堂钞本,王欣夫先生旧藏,王氏《书录》云:"此钞出于故友海门施君韵秋手,君名维藩,典掌嘉业堂藏书楼逾廿年,曾佐张咏霓寿镛校刊《四明丛书》;余刊《黄顾遗书》,亦资君之力。"[3]《书录》明言所藏系嘉业堂钞本,不知郑氏何以误为覃溪手稿?

另据《翁氏家事略记》,翁树培生于乾隆二十九年(1764),嘉庆十六年(1811)九月八日卒,[4]年四十八,翁方纲《文集》卷十三有《次儿树培小传》。[5] 宜泉研精泉学,著称于时,著有《古泉汇考》八卷,金锡鬯《晴韵馆收藏古钱述记》载:

> (宜泉)专心收辑古钱,积数十年不倦。……所著《古泉汇考》一书,终日随身,闻其夜卧亦置之枕畔,签改粘缀,不遗馀力。予于壬戌晤于京;后数年留京,时至予旅馆,常见其书,欲留一宿而不能,其坚持之固如是。翁君无子,闻其殁后,所积古金一散而尽。[6]

《古泉汇考》翁氏生前并未付刻,刘喜海有校录本,现藏山东省图书馆。翁氏稿本则藏北京大学图书馆,近年并有影印本行世。宜泉另有《古泉汇》一书,与《古泉汇考》并行焉,历时廿二年勤苦搜求,铢积寸累,特选其精者,"排次前后,拓装为十五册,统计四千五百九十四枚"。今残存十

①沈津:《翁方纲与〈四库全书总目提要〉》,收于所著《书韵悠悠一脉香》,桂林:广西师范大学出版社,2006,第 34—46 页。

②翁方纲等著,吴格、乐怡标校整理《四库提要分纂稿》,上海:上海书店出版社,2006,第 1—384 页。

③王欣夫:《蛾术轩箧存善本书录》,第 527 页。

④翁方纲:《翁氏家事略记》,道光间英和刻本,第 32 页;又第 57 页。

⑤翁方纲:《复初斋文集》,《续修四库全书》本,卷十三,第 11—13 页。

⑥金锡鬯:《晴韵馆收藏古钱述记》,上海:中国书店影印原稿本,民国十九年(1930),《附录》第 14 页。

册，容庚云："第一册昭代，第二册上古、夏、商、周布及圜钱，第三册刀，第四、第五、第六册均铲布，第七册两宋，第八册不知年代及外夷，第九、第十册压胜、吉语、马格。经杨继震补入不少，其三、四、五、六四册，则全由杨氏补入者。而秦、汉、六朝、隋、唐、辽、金、元、明诸朝之钱复佚去，莫可踪迹矣。"①此二书外，北京国家图书馆藏翁氏《古泉随笔》八卷，刘喜海辑本。又，该馆及北京市文物局并藏洪遵《泉志》，宜泉批校本。② 郑君附传未载宜泉著述，兹为补录之。覃溪孙颖达，为四子树崐妾所生，据《翁氏家事略记》，应做"引达"为正。③

陈熙晋

原名津，字析木，浙江义乌人。生年不详，卒于嘉庆十五年。优贡生，以教习官贵州开泰、龙里、普定知县，擢湖北宜昌知府。有《春秋述义拾遗》八卷、《贵州风土记》三十二卷、《帝王世纪》二卷、《黔中水道记》四卷、《日损斋文集》八卷、《笔记考证》一卷、《征帆集》四卷等。（页389）

森按：陈熙晋，《清史列传》卷六十八、《清史稿》卷四八一有传，④然两传全文无纪年，读之终篇，茫不知其时世也，史臣荒陋、短于史才如此。⑤郑君此条谓熙晋"卒于嘉庆十五年(1810)"，未详所据，其说实误。

熙晋，号西桥，王柏心《百柱堂全集》卷四十《西桥陈公传》，载其生平事迹甚详：

（熙晋）年十三，以《冬笋赋》受知刘金门学使，补博士弟子，食饩。

①容庚：《记翁树培〈古泉汇考〉及〈古泉汇〉》，燕京大学《文学年报》1938 年第 4 期，第 188 页。

②《中国古籍善本书目 · 史部》，第 1488 页。

③翁方纲：《翁氏家事略记》，第 59 页。

④《清史列传》，第 5546—5547 页；赵尔巽等撰《清史稿》，北京：中华书局点校本，1977，第 13221—13222 页。

⑤按《陈熙晋传》出缪荃孙手笔，见闵尔昌纂《碑传集补》，民国十二年(1923)燕京大学国学研究所排印本，卷三十九，第 20—21 页。

……嘉庆己卯(廿四年,1819)科,考取优贡生。庚辰(廿五年,1820)朝考,充镶黄旗教习。……官学期满,引见,以知县用。道光五年(1825),拣发贵州。

西桥先后权广顺州、开泰知县。补龙里知县,调普定,擢仁怀厅同知;后权都匀府;"道光二十一年(1841),选授湖北宜昌知府……守宜昌六载"。丁母忧归,咸丰元年(1851)五月卒,年六十一,①则生于乾隆五十六年(1791),可补史传之缺。

王柏心撰《传》,载熙晋著作云:

撰《骆临海集笺注》十卷、《帝王世纪》二卷、《贵州风土记》三十二卷、《黔中水道记》四卷、《仁怀厅志》二十卷。晚而耽研经学,其刘炫《春秋规过考信》九卷、《春秋述义拾遗》八卷、《古文孝经疏证》五卷,与《宋大夫集笺注》三卷,皆守宜昌时撰。……所自著古文二卷,淳懿有法度;《古今体诗》六卷、《征帆集》四卷,安雅精练,善含蓄,新城尚书之亚也。

按熙晋《春秋规过考信》,今刊本作三卷,与《春秋述义拾遗》八卷、《河间刘氏书目考》一卷,并刊入光绪间《广雅丛书》,盖于北朝刘炫一家之学,致力尤深也。《仁怀直隶厅志》二十卷,有道光二十一年(1841)本署刊本;《骆临海集笺注》十卷,有咸丰三年(1853)松林宗祠刊本。又,《日损斋笔记》一卷,附《考证》一卷,有同治间永康胡氏退斋刊本。另,《中国古籍善本书目·史部》著录上海辞书出版社图书馆藏《黔中风土记》三十二卷,清钞本,②不记撰者姓名。此书当即王柏心撰《传》所云《贵州风土记》三十二卷,乃熙晋佚著,一线仅存也。

王柏心撰《传》、两史传并言熙晋著《孝经述义疏证》五卷,然刘炫《孝经述义》佚文,清人可见者仅邢昺《孝经正义》所引十数事耳,《疏证》焉得有五卷之多?此虚充卷数耳。

①王柏心:《百柱堂全集》,《续修四库全书》本,卷四十,第11—16页。
②《中国古籍善本书目·史部》,第990页。

周永年

字书昌,一字书愚。……结茅林汲泉侧,因称林汲山人。生卒年未详。乾隆三十六年(1771)进士,改庶吉士,散馆授编修。时值开四库馆,四十年(1775),与邵晋涵、程晋芳、戴震等人因有夙望,被荐入馆修《四库全书》,任校勘《永乐大典》纂修兼分校官。……卒时,年六十三。(页400)

森按:此传所述,颇有误者。章学诚《周书昌别传》开篇即言:"余去京师四年,春明故人日益以远。今年邵晋涵与桐书来,言书昌病归狼狈,殊可念。俄又书来,言书昌死矣,乾隆五十六年辛亥秋七月也。"传末云"卒年六十有二"。① 细核郑氏此传文字,显依据章氏《别传》,然误钞其卒年作六十三,其误一也。周永年乾隆五十六年(1791)卒,年六十二,则生于雍正八年(1730)。此有明文可依据者,郑氏乃言"生卒年未详",盖读之未审也?

郑氏谓书昌"乾隆三十六年进士,改庶吉士,散馆授编修",此说亦误。按周永年乾隆三十六年辛卯恩科二甲三十一名进士,②然并未入词馆,而系归班候铨,章学诚《别传》固明言:"辛卯,始识与桐,欲访书昌。时二君甫成进士,俱罢归铨部,意不自得,先后出都门。"邵晋涵为此科会元,乃因目眚,亦未选入翰林,③故后来二人与戴震等同被征修四库书,时称"五征君"。郑氏盖因章学诚《别传》"书昌乾隆三十六年进士。特授翰林庶吉士,散馆授编修,充文渊阁校理"之文而误也。章氏为文故为简古,后人读之,每易致误。此所云"特授翰林庶吉士"者,乃被诏修书后所授。《高宗实录》卷九三八,乾隆三十八年(1773)七月十一日谕曰:

①《章学诚遗书》,北京:文物出版社,1985,第181—182页。

②江庆柏编《清朝进士题名录》,北京:中华书局,2007,第589页。

③钱大昕《日讲起居注官翰林院侍讲学士邵君墓志铭》:"君少多病,左目微眚,清羸如不胜衣,而独善读书。"又《赠邵冶南序》:"始予典试浙江,得馀姚邵子与桐。……今春,天下贡士集礼部,主司思拔汲古不为俗学者,以救墨卷浮滥、剿袭之失,而与桐褎然为举首。榜出,海内有识者咸曰:'数十科来无此才矣!'故事,南省第一人当在词馆之选,而与桐独不得与。"(《潜研堂文集》,第786页,又第375页)。

前据办理《四库全书》总裁奏:“请将进士邵晋涵、周永年、余集,举人戴震、杨昌霖调取来京,同司校勘。”业经降旨允行。但念伊等现在尚无职任,自当予以登进之途,以示鼓励。着该总裁等留心试看年馀,如果行走勤勉,实于办书有益,其进士出身者,准其与壬辰科庶吉士一体散馆;举人则准其与下科新进士一体殿试,候朕酌量降旨录用。①

则书昌特旨授翰林院庶吉士在三十八年七月,非三十六年原科进士选入词馆改庶吉士也,故章氏云“特授”以别之。其误二。

书昌与邵晋涵、戴震等奉诏修书,其事在乾隆三十八年,此传作四十年者,非是。按《清史稿·选举志》云:

三十八年,诏开四库馆。延置儒臣,以翰林官纂辑不敷,大学士刘统勋荐进士邵晋涵、周永年;尚书裘曰修荐进士余集、举人戴震;尚书王际华荐举人杨昌霖,同典秘籍。后皆改入翰林,时称“五征君”。②

钱大昕撰邵晋涵《墓志铭》言:“乾隆三十八年,有诏编次四库书,思得如刘向、扬雄者用之。宰相首以君名入告,召赴阙,除翰林院庶吉士,充纂修官。逾年,授编修。”③则邵、周授编修在三十九年。钱氏撰《戴先生震传》,亦言:“癸巳岁(三十八年),天子开四库馆,妙选校雠之职,总裁诸公疏荐先生。以乡贡士入馆,充纂修官,特命与会试中式者同赴廷对。乙未夏,授翰林院庶吉士。”④戴震因举人出身,故迟至四十年始授庶吉士。此俱言诸人奉诏修书在乾隆三十八年;郑氏以为四十年者,殆亦因章学诚《别传》之文致误也。《别传》云:

辛卯,始识与桐,欲访书昌。时二君甫成进士,俱罢归铨部,意不自得,先后出都门。余亦游涉江湖,不遑安处。乙未入都,二君者方以宿望

①《高宗实录》卷九三八,北京:中华书局,1986,第654页。
②《清史稿》,第3187页。
③钱大昕:《潜研堂文集》,第786页。
④同上注,第712页。

被荐，与休宁戴震等特征修四库书，授官翰林，一时学者称荣遇。①

郑氏殆缘此“乙未（乾隆四十年）入都”云云之文，误以书昌等被荐修书在四十年。然细绎章文，“乙未入都”者乃章学诚自谓，非周永年也，其误三。

汪汝瑮

字坤伯，号涤原，汪宪之长子。……生卒年未详。尝捐职大理寺寺丞，有《北窗吟稿》。乾隆间开四库馆，征书天下，汪汝瑮“先以储藏善本经大吏遣官精选，得二百馀种，汇进于朝。最后，中丞以振绮堂藏书选剩者尚堪增采，命重选百种，以毕购访之局”。可知汪氏两次进书达三百馀种，著录《四库全书总目》一百五十一种，一千八百九十四卷。（页403）

森按：汪怡、汪诒年纂《平阳汪氏迁杭支谱》载：汪汝瑮生于乾隆九年（1744）八月二十三日，卒于嘉庆十年（1805）十月十八日，年六十二。②

汪氏振绮堂经进书数，此据朱文藻《重校说文系传考异跋》之说，谓“两次进书达三百馀种”。而吴锡麒《涤原公传略》则云：“大理寺寺丞汪君家藏善本六百馀种上之，蒙恩赐《佩文韵府》全部，复御题《书苑精华》《曲洧旧闻》二种。”③丁申《武林藏书录》卷下“振绮堂”条亦言：“高宗诏求四库遗书，汝瑮恭呈家藏善本六百馀种”，④二说不一，兹录之以备异闻。

朱奂

字文游，江苏吴县人，居南濠，朱邦衡之侄。生卒年不详，乾隆年间

①《章学诚遗书》，第181页。

②汪怡、汪诒年纂《平阳汪氏迁杭支谱》，卷一，第30—31页；又汪大燮、汪诒年纂《汪氏振绮堂宗谱》，民国十九年（1930）铅印本，卷二，第5页。

③《平阳汪氏迁杭支谱》，卷五，第17页；又《汪氏振绮堂宗谱》，卷二，第19页。

④丁申：《武林藏书录》，光绪二十六年（1900）丁氏《武林掌故丛编》本，卷下，第15页。

人，与惠栋为莫逆交。……乾隆三十四年(1769)十月杪，朱文藻馆于汪宪振绮堂，尝为主人向朱氏借《说文系传考异》。……又朱氏尝以八十金得宋淳化元年(990)本、庆元六年(1200)重刊《春秋正义》，是书经孙承泽、季振宜、徐乾学递藏。余萧客曾馆其家，因得博览滋兰堂藏书。(页418)

森按：此传有数误：

一、郑氏谓朱奂为"朱邦衡之侄"，下《朱邦衡》条亦言邦衡为"朱奂之叔"，①此说盖本叶昌炽《藏书纪事诗》，其说实非。黄丕烈《经典释文》校本识语云：

乾隆壬子(五十七年，1792)仲冬，从同郡朱秋崖家假得惠松崖手校善本。秋崖为余言：伊小阮文游曾有影宋钞本，即松崖所据以校《易·释文》者也。②

叶氏据此"伊小阮文游"之语，释之曰：

文游即奂字也。秋厓为余萧客高弟，其传录《国语》惠校本，自署"小门生朱邦衡"，盖以仲林为松厓弟子也。荛翁《太平御览跋》云："朱丈文游与惠征君栋为莫逆交"；又顾千里诸书跋尾，亦多称文游为丈，则其辈行虽较秋厓为幼，而其齿必较长矣。③

江标《黄荛圃年谱》乾隆五十五年(1790)条亦言："朱秋崖，名邦衡，姪文游名奂，藏书处曰滋兰堂。"④亦以朱奂为邦衡之姪。其后，学者悉沿两家之说，异口同辞，几为定说矣。⑤ 然黄丕烈跋朱邦衡手钞影宋钞本

①郑伟章：《文献家通考》，第567页。

②缪荃孙、章钰等辑《荛圃藏书题识》，民国八年(1919)金陵书局刊本，卷一，第9页。

③叶昌炽：《藏书纪事诗》，附王欣夫《补正》，上海：上海古籍出版社，1989，第514页。

④江标：《黄荛圃年谱》，光绪二十三年(1897)《灵鹣阁丛书》本，第3页。

⑤如日本近藤光男译注《汉学师承记》(东京：明治书院，2001，上册，第314页)、(清)江藩纂，漆永祥笺释《汉学师承记笺释》(上海：上海古籍出版社，2006，第226页)并沿此误。

《孟子章指》《孟子音义》则言：

> 庚戌小春望日，访余友朱秋崖先生，出手钞影宋钞本赵岐《孟子章指》、孙奭《孟子音义》一册见示，余假以校戴氏所刊《孟子赵注》。……秋崖为文游先生之小阮，而所钞之书，与文游先生所藏之本又适相合。戴公（按东原）所勘之书既借资于文游先生所藏之书；而余之借以校戴氏书者，又借资于秋崖先生之书。天下事之巧，何一至于此耶！……盖朱氏于吴郡颇称藏书之家，秋崖又继文游而深汲古之功者也，故略识数语于简末，使其名得附朱氏书以传，岂非厚幸乎哉！乾隆庚戌十月，荛圃烈。①

此跋撰于乾隆五十五年，在上引《经典释文》识语之前。黄丕烈当日从朱邦衡借校，郑重跋识其后，一则言"秋崖为文游先生之小阮"，再则言"秋崖又继文游而深汲古之功者"，则邦衡显为朱奂之侄。复据江藩《汉学师承记》卷二《余古农先生传》云：

> 吴县朱丈文游，藏书之富甲于吴门，延先生教读，馆于滋兰堂中，得遍读四部之书。②

据余萧客《古经解钩沈·后序》云："辛巳，遂下榻滋兰精舍，丹铅朝夕，乐不为疲"，③则余氏馆于滋兰堂在乾隆二十六年（1761），江藩所谓"延先生教读"者，盖朱邦衡即于斯时从余氏受学也。朱奂与惠栋为莫逆之交，而朱邦衡则受学惠栋弟子，则邦衡为朱奂从子，辈行正合。黄丕烈《经典释文》识语所云"伊小阮文游"，盖一时误笔，不可援为确证也。

二、朱文藻为汪氏振绮堂向朱奂借校者，乃滋兰堂所藏《说文系传》钞本；而《系传考异》则朱文藻自著之书，此事朱文藻乾隆三十五年（1770）十月《说文系传考异跋》言之甚详：

---

①王大隆辑《荛圃藏书题识续录》，民国二十二年（1933）王氏学礼斋刊本，卷一，第5—6页。

②江藩：《汉学师承记》，第32页。

③余萧客：《古经解钩沈》，卷一，第2—3页。

南唐徐锴《说文解字系传》四十卷，今世流传盖鲜，吾杭惟城东郁君陛宣购藏钞本。昨岁因吴江潘君莹中，获谒吴下朱丈文游，从其插架借得此书，归而影写一过。复取郁本对勘，讹阙之处，二本多同；其不同者，十数而已，正讹补阙；无可疑者，不复致说。其有与今《说文》互异及传中引用诸书，随案头所见，有与今本异者，并为录出，作《考异》二十八篇。又采诸书中论列《系传》及徐氏事迹，别为《附录》，分上下二篇，随见随录，故先后无次，并附于后。

又同年十一月《与朱文游书》云：

承假《说文系传》，本拟速为钞竣，适入夏后猝遭鱼亭先生尊人大故，未免间以他务停止。嗣因勉赴秋闱，又停一月，蹉跎至今。钞毕之日，正欲造堂面缴，快聆清诲，恰值潘先生有还吴之便，原书附顺奉上。外有《考异》二十八篇、《附录》二篇，合为一册，并呈教正。①

是《系传考异》为朱文藻自著甚明。郑氏此言"向朱奂借《说文系传考异》"，误也。

三、郑氏言朱奂"尝以八十金得宋淳化元年本、庆元六年重刊《春秋正义》"，按其书即今所谓越刻八行本《春秋左传正义》三十六卷。朱奂卒后，此书归金榜所有。② 其后展转入涵芬楼，现藏北京国家图书馆。

此本为《左传》注、疏最早之荟刻本，南宋庆元六年绍兴府刻、宋元递修本，并非郑氏所云"宋淳化元年本、庆元六年重刊"，其说盖沿段玉裁之误也。朱奂因此本有淳化元年校勘诸臣衔名，故误为淳化刻本，段氏误信

①陆心源：《皕宋楼藏书志》，《续修四库全书》本，卷13，第11页。

②张金吾《爱日精庐藏书志》卷五载录段玉裁《临陈芳林校宋本左传正义跋》云："此宋淳化庚寅官本，庆元庚申摹刻者也。凡宋本佳处，此本尽有。凡今日所存宋本，未有能善于此者也。为滋兰堂朱丈文游物，陈君芳林于乾隆戊子借校一部。……文游名奂，藏书最精，今皆散。《左传》今在歙金修撰辅之家。"［光绪十三年(1887)灵芬阁木活字本，卷五，第2页。］

其说，①遂谓注疏合刻在北宋时。此本陈树华（芳林）曾于乾隆三十三年（1768）由滋兰堂借校一部；陈氏卒后，嘉庆七年（1802），段氏复从陈树华家借得，临校一部。段氏见此本有庆元六年沈作宾《后序》，因改口云“北宋淳化庚寅官本，庆元庚申摹刻本”，其实误也。余早年撰《钱大昕〈养新馀录〉考辨》一文，曾论其致误原委。② 近时讨论越刻八行本者众，此已有定说，兹不复具论。

丁　杰

原名锦鸿，改名杰，字升衢，号小山，又号小疋，浙江归安人。……乾隆四十六年（1781）进士，官宁波府学教授。肆力于经史，旁及《说文》、音韵、算数，博学多通。有《周易郑注后定》十二卷、《大戴礼记绎》、《小酉山房文集》。……入都，“入四库馆，佐校小学一门，与朱筠、戴震、卢文弨、金榜、程瑶田等相讲习”。（页425—426）

森按：此言丁杰曾“入四库馆，佐校小学一门”，原注谓本许宗彦《丁教授传》，此说未确。检许君撰《传》但言：

乾隆辛卯科，庄侍郎廷屿主浙江试，③发策问《大戴礼》，教授所对尤赅贯，遂举乡荐。入都，时方开四库馆，任事者多延之佐校，小学一门往往出其手。因与朱学士筠、戴编修震、卢学士文弨、金修撰榜、程孝廉瑶田等相讲习。④

许《传》并未言丁杰曾入四库馆校书，此郑氏臆说耳。按丁杰乾隆三

①钱大昕《竹汀日记钞》：“晤段懋堂，云曾见《春秋正义》淳化本于朱文游家。今哀公《疏》，南、北监本俱载《释文》而缺《正义》，但于疏下注‘同上’，唯淳化本有之。”（《式训堂丛书》本，卷一，第37页）

②陈鸿森：《钱大昕〈养新馀录〉考辨》，《“中央研究院历史语言研究所”集刊》1988年59本第4分，第913—926页。

③按乾隆三十六年辛卯科，浙江乡试主考官为内阁学士庄存与（法式善辑《清秘述闻》，北京：中华书局，1982，第237页），此云“庄廷屿”，误也。

④许宗彦：《鉴止水斋集》，卷十七，第12页。

十六年(1771)举人,翌年入都会试,报罢,淹留京师。三十八年(1773)春,诏开四库馆修书,丁氏因研精小学,故"任事者多延之佐校"。翁方纲《丁小疋传》云:

> 予在馆中(森按:指四库馆)校雠数年,所时资取益者,卢抱经精校雠,王石臞、桂未谷精训诂,而君兼有之。每竟一编,校签细字压粘,倍其原书,皆目光、髯影栩栩飞动处。①

丁杰与翁方纲往来尤密,现存《四库提要分纂稿》,其中翁方纲所纂小学类提要计二十八篇,②其中或多丁氏佐校者。另,阮元《集传录存·丁杰传》云:"开四库馆,朱筠、戴震皆延之佐校。"③其时丁杰尚未进士登第,此类"佐校",皆馆臣私人在外延聘,非"入四库馆佐校"也。卢文弨《重校方言序》云:

> 《方言》至今而始有善本,则吾友休宁戴太史东原氏之为也。……小雅(按丁杰)于此书采获裨益之功最多,戴氏犹有不能尽载者。因出其钞集众家校本凡三四,细书密札,戢孴行间,或取名刺余纸反覆书之,其已联缀者如百衲衣,其散庋书内者纷纷如落叶,勤亦至矣。以余为尚能读此书也,悉举以畀余。……予嘉丁君之绩,而惜其不登馆阁,书成,不得载名于简末,世无知焉。……其学实不在戴太史下云。④

据此,可知戴震所校《方言》,实多出丁杰参校者。而卢氏"惜其不登馆阁"一语,尤可为丁杰未入四库馆校书之确证也。

丁氏所著各书,生前皆未付刻。《周易郑注后定》十二卷,嘉庆末,萧山陈氏刻入《湖海楼丛书》,今有《续修四库全书》影印本。丁氏另著《汉隶字原校勘记》(又称《汉隶字原考正》),稿本现藏香港大学冯平山图书

①翁方纲:《复初斋文集》,卷十三,第5页。
②翁方纲等:《四库提要分纂稿》,第66—83页。
③阮元:《揅经室续二集》,《续修四库全书》本,卷二,第14页。
④卢文弨:《抱经堂文集》,北京:中华书局,1990,第31—32页。

馆，书后钱坫《跋》，称其书“考证处精核之至”，与任大椿《归潜志校案》可称双绝。①

许宗彦《丁教授传》，谓丁氏“于《大戴礼》用功尤深”。所著《大戴礼记绎》一书，未见稿钞本留传。南京图书馆藏孔广森《大戴礼记补注》，有赵春沂校跋，并录丁杰及卢文弨、王念孙、孙志祖、阮元、严元照诸家校语。赵氏跋云："丁小山先生，于世间所有《大戴》本悉取而校之，盖数十年于此矣。最后得孔氏《补注》本，丹黄点勘，详加校正，益之评证，最善本矣。"②孙诒让《大戴礼记斠补》，载录丁杰之说凡百馀事，可略见其概矣。

丁氏事迹久湮霾，今治清学者罕知其人，余有《丁杰行实辑考》一文，③可为知人论世之资。

余 集

字蓉裳，号秋室，浙江仁和人。生于乾隆三年(1738)，道光二年(1822)重宴鹿鸣时年已八十五，卒年不详。乾隆三十一年进士，三十八年荐修《四库全书》，授编修，与邵晋涵、周永年、戴震、杨昌霖称为“五征君”。官至侍读学士。……有《梁园归棹录》、《忆漫庵剩稿》二册、《秋室学古录》等。(页429—430)

森按：余氏有《秋室居士自撰志铭》，文末英和跋云："先生卒于道光三年(1823)九月十三日，春秋八十有五"，④依此推之，则秋室生于乾隆四年(1739)。然余氏《自撰志铭》开篇即言："嘉庆丁丑(廿二年，1817)，余年八十"，⑤则余集应生于乾隆三年(1738)，道光三年卒，享年八十六。《清史列传》卷七十二有传。⑥

---

①丁杰：《汉隶字原校勘记》，香港大学冯平山图书馆藏稿本，卷末。

②丁丙：《善本书室藏书志》，《续修四库全书》本，卷二，第30页。

③陈鸿森：《丁杰行实辑考》，上海社会科学院《传统中国研究集刊》第六辑，2009，第274—307页。

④余集：《秋室学古录》，《续修四库全书》本，卷六，第28页。

⑤同上注，卷六，第25页。

⑥《清史列传》，第5923—5924页。

宋世荦

字卣勋,号确山,浙江临海人。生于乾隆十年(1745),卒于道光元年(1821),终年七十七。乾隆五十三年(1788)举人,补咸宁宫教习,选福建大田知县,调陕西扶风,道光元年罢归。……有《周礼故书疏证》六卷、《仪礼古今文疏证》二卷、《确山骈体文》四卷、《红杏轩诗抄》十七卷。(页454)

森按:姜亮夫《历代人物年里碑传综表》载宋世荦生于乾隆三十年(1765),卒于道光元年,元注谓本《清史列传》卷六十八。① 惟检《清史列传》本传,并不载确山生卒年寿,②不知姜氏何据也?江庆柏《清代人物生卒年表》则据《清代官员履历档案全编》二十五,谓确山生于乾隆三十二年(1767),卒年不详。③ 两说并与此异。余考王棻《台学统》卷九十五载洪颐煊《文林郎陕西扶风县知县宋君墓表》,云:

> 君素有痰疾,庚辰(嘉庆廿五年,1820)冬以积劳复发,遂决意去官归,道光元年辛巳五月初八日抵家。君方自幸半生旅宦,乍赋倦游,家中藏书万馀卷,金石鼎彝,璀璨满目,日与故人邻戚欢然道故。佥谓君当享优游之福,不意遽婴末疾,以是年七月十六日终于正寝,年仅五十有七。④

洪颐煊与宋君年相若,所居相近,志趣复同,自少时即相过从,所述年月当可据也。据《墓表》,则确山生于乾隆三十年。郑君云"生于乾隆十年,……终年七十七"者,误也。

确山所著书,已刻者另有《沛川诗征》《扶风县志》《扶风杂咏》《兰行纪程》。未刊稿有《古铜爵书屋金石文》《台郡识小录》《台诗三录》等。⑤

①姜亮夫:《历代人物年里碑传综表》,第645页。
②《清史列传》,第5550页。
③江庆柏:《清代人物生卒年表》,北京:人民文学出版社,2005,第371页。
④王棻:《台学统》,《续修四库全书》本,卷九十五,第2页。
⑤同上注,第2—3页。

钱馥

字广伯，号幔亭，尝取濂溪诗意，自号绿窗。……浙江海宁人，居路仲里。约生于乾隆十三年(1748)，卒于嘉庆元年(1796)，年未五十。……平生潜心于张履祥(号杨园)之书，尤善六书音韵之学。有《集古锺鼎千文》一卷、《图书谱》一卷、《小学庵遗稿》四卷。(页466)

森按：《海宁州志稿》卷二十九《钱馥传》言："以力学得瘵疾，年甫四十而没"；①阮元序广伯《小学盦遗书》，则言："以力学得瘵疾，于丙辰(1796)冬卒，年未五十"。② 郑君从阮说臆推之，其实误也。检《小学盦遗书》卷四《书胡生元仁重装画卷后》，云："乾隆岁在壬辰，余年十七，读书同里亲戚家。"③以壬辰(乾隆三十七年，1772)年十七推之，则钱馥生于乾隆二十一年(1756)，卒于嘉庆元年冬，④年止四十一。

陈鳣与钱馥同治小学，陈鳣长于《说文》，钱氏则从周春讲求字母之学，长于音韵，论学尤契，后结为姻亲，钱馥之女即嫁陈鳣长子陈箕。《海宁州志稿》本传云："卢学士刊《丛书》，聘主雠校，详审异同，无一误。"⑤则卢文弨校刻《抱经堂丛书》多延广伯主校雠，此当表出之，以备学林故实。

《海宁州志稿·艺文志》载钱馥著作，尚有《杨园先生年谱集证》一卷、《钱氏谱系略》一卷。⑥ 前者稿本原藏管庭芬处，⑦惜当日管君未为写定付刻，今莫知所归矣。本集卷四有《钱氏谱略叙》《书杨园先生年谱后》

①许传霈、朱锡恩等纂《海宁州志稿》，卷二十九，第11页。

②钱馥：《小学盦遗书》，光绪二十一年(1895)清风室校刊本，卷首。

③同上注，卷四，第14页。

④陈鳣：《祭钱广伯文》："维嘉庆元年十一月壬寅朔，越二十二日癸亥，姻愚弟陈鳣率子门下缌服壻箕，谨以清酌庶羞之仪，致祭于清故处士钱君广伯亲家之灵"云云。(陈鳣：《简庄文钞》，《续修四库全书》本，卷六，第13页。)

⑤许传霈、朱锡恩等纂《海宁州志稿》，卷二十九，第11页。

⑥同上注，卷十四《典籍十四》，第12页。

⑦《管庭芬日记》道光三年十月三日条："晚刻，之意山处，蒙以绿窗表叔《杨园先生年谱集证》手稿一册见惠。"(北京：中华书局点校本，2013，第229页。)

两文,①可觇其略也。

汪继培

> 字因可,一字厚叔,号苏潭,浙江萧山人,……汪辉祖四子。生年不详,约卒于嘉庆二十四年(1819)之前。嘉庆十年(1805)进士,官吏部主事。淡于宦情,乞假言归。娴习子史,搜讨不倦。……辑《尸子》三卷,较孙星衍所辑为详;又有《潜夫论笺》九卷;又尝笺释《盐铁论》。(页471)

森按:汪辉祖《病榻梦痕录》乾隆四十年(1775)条载:"是年七月十四日,第四男继培生。"②另据史语所傅斯年图书馆藏全祖望《鲒埼亭集》,有民国二年(1913)邓楫传录缪荃孙过录严元照评本,严氏题记云:

> 《鲒埼亭集》三十卷,馀姚史氏所编刻。此集五十卷(按指《鲒埼亭外集》),不署刻书姓名,实萧山汪吏部继培也。吏部既成进士,便归养亲。读书嗜古,恂恂雅饬。少余一岁,与余缔交。昨戴刑部北上,③枉顾山斋,知吏部已归道山矣。乙亥七月二十二日,元照题。④

据严氏文末诸语,苏潭盖卒于嘉庆二十年(1815)乙亥,年止四十一。

复据王端履《重论文斋笔录》卷二,其一条云:"《居易录》载桐城姚文燮年六十馀,忽病不识字,即其姓名亦不自知,医不知为何证也。端履案:余友汪苏潭吏部继培亦患此症。"⑤则苏潭晚病失智症。《笔录》又云:

---

①钱馥:《小学盦遗书》,卷四,第4页;又第13—14页。

②汪辉祖:《病榻梦痕录》,光绪间《汪龙庄先生遗书》本,卷上,第44页。

③戴刑部,盖指戴敦元(1768—1834),字金溪,浙江开化人,乾隆五十八年(1793)进士。由刑部主事,历员外郎、郎中,出为广东高廉道。历江西按察使、山西布政使,署湖南巡抚,迁刑部尚书,卒于官。《清史稿》卷三七四有传。

④《傅斯年图书馆善本古籍题跋辑录》,台北:"中央研究院"历史语言研究所,2008,第213页。

⑤王端履:《重论文斋笔录》,道光二十六年(1846)受宜堂刊本,卷二,第21页。

苏潭著述甚富，惜天不假年，仅成《潜夫论注》一书，已刊入《湖海楼丛书》中。《盐铁论注》《汉人说经录》诸书，皆未卒业，殁后遗稿散失。①

则《盐铁论笺释》并未成书。所著《潜夫论笺》，王欣夫先生极称之，谓"解缪达恉，传信阙疑，博访通人，致精极覈，且能规节信（王符）之过而理董之"。② 惜中寿而卒，致其他所著未厎于成。《笔录》又一条云："苏潭为文，援据奥博，精审不苟。今殁垂三十年，家徒四壁，长嗣又亡，断简零篇，字字皆当珍惜。"书中特录苏潭早岁名篇《史记阙篇补篇考》《周代书册制度考》《纬候不始哀平辨》三文，③皆肄业诂经精舍时所撰，可觇其学诣也。另由上引严元照识语，知全祖望《鲒埼亭外集》乃苏潭所刻，亦当表出之。

汪继壕

别号萧山主人，浙江萧山县人，……汪辉祖之五子，继培之弟。生卒年、仕履不详。家有环碧山房，藏书甚富。……丁丙《善本书志》卷十八有其所藏《宣和北苑贡茶录》。（页472）

森按：汪辉祖《病榻梦痕录》乾隆四十四年（1779）条载："三月初二日，第五男继堉生（今名继壕）。"④则汪继壕生于乾隆四十四年，卒年不详。

《病榻梦痕录》记载汪氏诸子从事举业甚详，独汪继壕不事科举，五十七年条载："十月，继壕援例补国子生。"⑤即十四岁时捐赀监生，然并未从事儒业，故乾隆六十年（1795）汪辉祖编家藏《书目》，序中言："培儿尚知慕学，匙归收管。培如他出，听其交托，但不得付不知学问之人经

①王端履：《重论文斋笔录》，卷二，第28页。

②王欣夫：《蛾术轩箧存善本书录》，第577页。

③王端履：《重论文斋笔录》，卷二，第22—28页。

④汪辉祖：《病榻梦痕录》，卷上，第46页。

⑤同上注，卷下，第56页。

手。"[1]又嘉庆元年(1796)口授遗属,云:"培、壕两儿数月奉事甚谨,余习而安焉。因于公书中酌赏,以犒其劳。培儿喜读经考古,给《通志堂经解》全部,《通典》《通志》《通考》各一部。壕儿喜杂览,给《说郛》一部,令各自收藏检阅,不入公书数内。"[2]今由《梦痕录》《梦痕录馀》所见,汪继壕多佐理家务,及汪辉祖晚年护视之劳,既无著述,亦不以藏弆名家,似不宜遽以文献家目之也。

章宗源

字逢之,浙江会稽人。……章氏所辑佚书,今知者有:《古史考》一卷、《汉官仪》二卷、华峤《后汉书》一卷、张璠《后汉纪》一卷、洗怀远《南越志》二卷、《琴操》二卷,补遗一卷、《尸子辑本》二卷、《物理论》一卷、《燕丹子》三卷、《顾子逸篇》等。其《隋书经籍志考证》,本意为助章学诚撰《史籍考》而成,故仅史部。(页473)

森按:王欣夫先生《蛾术轩箧存善本书录》著录章宗源辑魏张揖《埤仓》一卷,及李登《声类》一卷,后者凡佚文二百一十馀条;陈鳣后得其稿,为增订补治成书。[3] 则章氏所辑隋以前古佚书,兼及经部小学类矣。而孙星衍平津馆所刻逢之原辑本《琴操》《尸子辑本》《物理论》《燕丹子》各种,则皆子部书。孙星衍撰《章宗源传》云:

少聪颖,不喜为时文,以对策博赡发科,益好学。积十馀年,采获经史群籍传注,辑录唐宋已来亡佚古书盈数笈,自言:"欲撰《隋书经籍志考证》,书成后,此皆糟粕,可鬻之。然编次成帙,悉枕中秘本也。"……其已辑各书,编次成帙,皆为之叙,通知作者、体例曲折,词旨明畅。[4]

逢之所辑既兼有经部、子部,则所撰《隋书经籍志考证》原书当不限

①汪辉祖:《病榻梦痕录》,卷下,第72页。
②同上注,第76页。
③王欣夫:《蛾术轩箧存善本书录》,第814—816页。
④孙星衍:《五松园文稿》,《续修四库全书》本,卷一,第26页。

于史部。今传光绪元年(1875)崇文书局刊本《隋书经籍志考证》十三卷，仅有史部者，盖其时章学诚为毕沅纂辑《史籍考》，因邵晋涵而知逢之辑古佚书甚富，即由毕氏购其所辑《逸史》各种，以与《史籍考》配合，期与经部朱彝尊《经义考》、余萧客《古经解钩沈》相侔。关于此，章学诚《与邵二云书》言之甚详：

> 逢之寄来《逸史》，甚得所用。至云“摭逸之多，有百馀纸不止者，难以附入《史考》，但须载其考证”，此说亦有理。然弟意以为搜罗逸史，为功亦自不小，其书既成，当与余仲林《经解钩沈》可以对峙，理宜别为一书另刻，以附《史考》之后。《史考》以敌朱氏《经考》，《逸史》以敌余氏《钩沈》，亦一时天生瑜亮，洵称艺林之盛事也。但朱、余二人各自为书，故朱氏《经考》本以著录为事，附登纬候逸文；余氏《钩沈》本以搜逸为功，而于首卷别为五百馀家著录。盖著录与搜逸二事本属同功异用，故两家推究所极，不侔而合如此。今两书(森按：指《史籍考》与《逸史》)皆出弇山(毕沅)先生一人之手，则又可自为呼吸照应，较彼二家更便利矣。……①

味此信所述逢之“但须载其考证”之语，则《考证》之稿成于《史籍考》之前明矣，郑君谓“《隋书经籍志考证》，本意为助章学诚撰《史籍考》而成”，其说殆不然矣。盖逢之辑录群书佚文，其辑有成稿者，“皆为之叙，通知作者、体例曲折”，孙星衍亲见其稿，说当可据。此叙录之文，即《隋书经籍志考证》之所本，故孙星衍撰《传》引述其言，有“《考证》书成后，此皆糟粕，可鬻之”之说。余意《考证》原稿初不仅史部而已，特逢之家贫，半生奔走衣食，全书或未竟成，②今因史部其稿鬻人，故《考证》史部之稿先写定，反藉是以存也。

①《章学诚遗书》，第117页。

②陈鳣《埤仓辑本·序》云：“章逢之孝廉博览群书，集为一卷，第随各书采录，未及详校。鳣始补治之，用《说文》部分编次，使读者易于寻求也。”(转引自《蛾术轩箧存善本书录》，第815页。)

汪诚

字孔皆，号十村，……杭郡人，汪宪之孙，璐之子。……生卒年未详。乾隆五十九年举人，官刑部江西司主事。……“病中手编《振绮堂书目》五册，……凡得书三千三百种有奇，通计六万五千卷有奇。”……这是汪氏振绮堂第一部藏书目，五册，经史子各一册，集部两册。今存全帙。（页478）

森按：汪怡、汪诒年纂《平阳汪氏迁杭支谱》卷二载：汪诚生于乾隆三十七年（1772）九月初五日，卒于嘉庆二十四年（1819）十一月初八日，年四十八。①

汪诚之孙曾唯撰《振绮堂书目跋》，云：“余家自明季迁杭，代有藏书。高大父鱼亭公（按汪宪）嗜之尤笃，点注丹黄，插架甚富。朱朗斋茂才文藻为辑《振绮堂书录》，摭其要旨，载明某某撰述，何时刊本，某某钞藏，校读评跋于后，手编十册。”②《书录》为振绮堂第一部书志，较汪诚简目学术价值尤高。1937年，《文澜学报》第二卷《浙江文献展览会专号》著录《振绮堂书录》原稿本六册，杭县叶葵初藏：“书凡十册，（洪杨）乱后佚去，仅存此数。起地志，至集部止。稿中有涂改，为振绮堂主人手批，末亦有光绪十二年（1886）振绮堂后人汪曾唯跋。”③则《书录》稿本尚有残本存世，今不知归于何所，附记于此，以待明教。

陈鳣

字仲鱼，号简庄。……（嘉庆）三年（1798）中举。专心训诂，精于经学。……吴衡照《海昌诗淑》谓其“博闻强记，手不释卷，尤深于许郑之学，同时推为汉学领袖”。有《续唐书》七十卷、《简庄缀文》六卷、《简庄文钞》及《续编》、《简庄诗钞》、《诗人考》三卷等。……会试至京，于琉璃厂书肆识朝鲜使臣朴修，共检书，各操笔以通语言。朴修以其所撰

①汪怡、汪诒年纂《平阳汪氏迁杭支谱》，卷二，第14—15页。
②汪诚：《振绮堂书目》，民国十六年（1927）东方学会铅印本，卷末。
③《文澜学报》第二卷，第65页。

《贞蕤稿略》贻鳣，鳣报以《论语古训》，各相倾许，一时传为佳话。……晚年归隐海宁紫薇山麓，构向山阁，藏书十万卷。向山阁之外，尚有坝上之士乡堂、六十四砚斋。（页497—499）

森按：此传有数误。

一、《简庄缀文》六卷与《简庄文钞》实同一书，此书嘉庆十年（1805）士乡堂原刻本名《缀文》，为《简庄集》之一种。① 光绪十四年（1888），羊复礼重刻《缀文》于粤东，易名《简庄文钞》；羊氏复辑仲鱼遗文、佚诗为《续编》二卷、《诗钞》一卷，与《文钞》合刻之。民国五年（1916），海昌人士醵金购羊氏刻板，移庋紫薇讲舍，好事者争相刷印；民国十五年（1926），板燬于火。而羊氏同时，吴中蒋氏心矩斋亦覆刻此书，未毕工中辍。羊刻板燬之年，心矩斋书板适散出，由朱瑞祥购得之，补刻其阙，即杭州抱经堂本，仍名《简庄缀文》，陈乃乾所为序者即此本。郑君以《缀文》《文钞》为两书，误也。

二、仲鱼与韩国使臣交往事，见所撰《贞蕤稿略序》：

> 嘉庆六年（1801）三月，余举进士，游都中，遇朝鲜国使臣朴修其检书于瑠瑶厂书肆，一见如旧相识，虽语言不通，各操不律书之，辄相说以解。检书通经博古，工诗文。……时余同年友嘉定钱君既勤（按名东垣，钱大昭之子）继至，既勤克承家学，著述甚夥。检书偕同官柳君惠风（按名得恭）亦闳览多闻，卓然儒雅，四人者赏奇析义，舐墨濡毫，顷刻尽数纸。……②

郑君所述，即本此文。按陈文述《画林新咏》卷二“朴贞蕤”条：“名齐家，字修其，自号贞蕤居士，朝鲜使臣也，工书善画。乾嘉之际，屡以奉使来京师，与中朝士大夫多酬倡之作。家仲鱼征君刻其诗文为《贞蕤稿

①陈乃乾《补刻〈简庄缀文〉叙》云：“简庄征君文稿，嘉庆十年士乡堂原刻本，首行题‘《缀文》一’，下题‘《简庄集》卷□’，盖以《缀文》为《简庄集》之一种，馀如《集孝经郑注》《六艺论》《论语古训》《对策》诸书，凡士乡堂原刻者，皆如此式。”（陈乃乾著，虞坤林整理《陈乃乾文集》，北京：国家图书馆出版社，2009，第367页。）

②陈鳣《简庄文钞》，卷二，第12—13页。

略》。”[①]朴氏名齐家，字修其，检书其官也。《海宁州志稿》卷二十九本传误读仲鱼文，误以“其”字为“共”，以“共检书”三字为句，遂误其名曰“朴修”。[②] 郑君失考，言仍其误。

三、郑氏以六十四砚斋为仲鱼斋名，此说叶昌炽《藏诗纪事诗》首误之，[③]王欣夫先生《补正》未及正之，致今学者悉沿其误。[④] 按吴寿旸《拜经楼藏书题跋记》载录仲鱼乾隆四十九年(1784)《南部新书跋》，末署“新坡陈鳣记于六十四砚斋”，[⑤]此叶氏所本。然仲鱼《河庄诗钞》有《观六十四研斋所藏时壶率成一绝》，[⑥]则六十四砚斋非仲鱼斋名，较然可知。考王国维《观堂集林》卷二十三《敬业堂文集序》云：“他山先生冢孙岩门(岐昌)辑此集，稿藏花溪倪氏六十四砚斋，陈简庄鳣首录一本，张沤舫从之传录，吴氏(按指吴骞)又录张本。”[⑦]吴骞《敬业堂文集跋》亦言：“乡先辈查初白内翰，……文集未经授梓，故传本尤少，予昔于倪敏修大令六十四研斋见之。”[⑧]合此两文，知六十四砚斋乃海宁花溪倪氏斋名，倪氏名学洙，字敏修，号兰畹，乾隆二十二年(1757)进士，曾官江苏沭阳知县。[⑨] 倪氏藏书多精钞秘籍，故仲鱼时从之借读也。

吴寿照

字南辉，号小尹。……吴骞长子，吴寿旸之兄。生卒年不详。乾隆四十五年(1779)以诸生应召试，得文绮，旋登五十一年(1786)乡榜。翌

①陈文述：《画林新咏》，咸丰五年(1855)西泠印社聚珍本，卷二，第30页。

②许传霈、朱锡恩等纂《海宁州志稿》，卷二十九，第11页。

③叶昌炽：《藏书纪事诗》，附王欣夫《补正》，第588页。

④陈乃乾编，丁宁补编《室名别号索引》(北京：中华书局，1982，第11页)；杨廷福、杨同甫编《清人室名别称字号索引》(上海古籍出版社，2001，第78页)；郑伟章、李万健《中国著名藏书家传略》(北京：书目文献出版社，1986，第120页)；顾志兴《浙江藏书家藏书楼》(杭州：浙江人民出版社，1987，第199页)；任继愈主编《中国藏书楼》(沈阳：辽宁人民出版社，2001，第1478页)；顾志兴《浙江藏书史》(杭州出版社，2006，第413页)；陈心蓉《嘉兴藏书史》(北京：国家图书馆出版社，2010，第139页)等，俱沿此误。其他单篇论文踵讹袭谬者尤更仆难数。

⑤吴寿旸：《拜经楼藏书题跋记》，上海：上海古籍出版社，2007，第53页。

⑥陈鳣：《河庄诗钞》，《续修四库全书》本，第7页。

⑦王国维：《观堂集林》，石家庄：河北教育出版社，2001，第718—719页。

⑧吴骞：《愚谷文存》，卷六，第9页。

⑨许传霈、朱锡恩等纂《海宁州志稿》，卷十四《典籍十二》，第6页。

年计偕入都，不意染目疾，两目失明，士论惜之。（页512）

森按：吴瑗《休宁厚田吴氏宗谱》载："寿照，……生乾隆戊寅（二十三年，1758）六月十八日，卒道光己丑（九年，1829）四月初八日，寿七十二。"①

吴寿旸

字虞臣，又字周官，号苏阁。……吴骞次子，寿照之弟。生卒年未详。岁贡生。管庭芬道光十九年（1839）客硖川蒋氏别下斋，时寿旸没已数年，当卒于道光十年（1830）左右。……尝汇录其父藏书题跋语，撰为《拜经楼藏书题跋记》五卷，秘之箧衍，不以示人。（页513—514）

森按：吴寿旸生卒年，《海宁州志稿》、姜亮夫《历代人物年里碑传综表》、江庆柏《清代人物生卒年表》俱阙。检《吴兔床日记》嘉庆十五年（1810）十月七日条云："是日为次儿四十生朝，忆其生时，予亦客桃溪也。"②以此推之，则吴寿旸生于乾隆三十六年（1771）。顷检吴瑗纂《休宁厚田吴氏宗谱》卷四"吴寿旸"条载："寿，……杭府廪贡生，生乾隆辛卯（三十六年，1771）十月初七日，卒道光辛卯（十一年，1831）十一月二十四日"，③享年六十一，可补诸家年表之缺。

吴昂驹

字笨云，又字千仲，号醒园，……吴骞从子，吴春照之兄。生卒年未详。嘉庆二十三年（1818）岁贡生。有《敬业堂集参正》一卷，《桃溪书画录》五卷、卷首一卷、《补遗》一卷，稿本，嘉庆十三年（1808）自序。（页514—515）

---

①吴瑗纂《休宁厚田吴氏宗谱》，道光二十三年（1843）木活字本，卷四，第5页。

②吴骞：《吴兔床日记》，南京：凤凰出版社，2015，第229页。

③吴瑗纂《休宁厚田吴氏宗谱》，卷四，第5页。

森按：吴瑗《休宁厚田吴氏宗谱》载："昂驹，……海宁廪贡生。生乾隆丙戌（三十一年，1766）十二月十四日"，[1]缺其卒年。醒园晚年与管庭芬踪迹颇密，检管君《日记》咸丰辛亥九月十一日条载："是日星沧有友人来，知吴醒园老伯于又八月二十四日去世。先生性极慈和，邃于经术。晚岁屡遭丧明之痛，境过（按此盖"遇"之讹）寥落，虽年登大发（疑"耄"字之误），而后起无人，天之厄于先生至斯已极。"[2]则醒园卒于咸丰元年（1851）闰八月，享年八十六。

《海宁州志稿·艺文志》缺吴昂驹条。按管庭芬《日记》道光十二年（1832）二月初九日条载：

> 午后之醒园丈处，并出示所著《敬业堂诗集参正》二卷、《初白庵诗评补钞》一卷、《初白庵诗书画录》一卷、《史记评钞》一卷及《醒园古文草》一卷、《竹初山房分体诗钞》一卷。[3]

可补《州志》之缺。管庭芬曾跋醒园《敬业堂诗集参正》，中言：

> 盖先生谈诗，一宗初白，竭卅载之力，寝食于斯。所著《竹初山房集》，古风格律苍劲，近体蕴藉含蓄，实得初白不传之秘。兼之少日侍尊伯兔床先生拜经楼中，时得与卢抱经学士、钱竹汀宫詹诸名宿共相切磋，故闻见渊奥，考古精核。……《参正》既成，……当与赵云松观察之作《诗话》，许蒿庐、陈半圭两乡先辈之作《诗评》《年谱》，并为敬业功臣，可卓传不朽矣。[4]

据此，则其诗集名《竹初山房集》。郑君《通考》历记诸家室名斋号，

[1]吴瑗纂《休宁厚田吴氏宗谱》，卷四，第6页。按道光二十五年（1845）十二月醒园八十生辰，管庭芬与蒋光煦曾往拜寿。翌年正月十七日管君《日记》载醒园来书，中言"弟幸臻八十之年"云云（页1214），可证渠生于乾隆三十一年不误。

[2]《管庭芬日记》，第1417页。

[3]《管庭芬日记》，第668页。按《初白庵诗书画录》，"诗"字疑衍。此书校勘粗疏，讹文误字，触目皆是。

[4]《管庭芬日记》道光十二年二月十一日条，第668页。

据上引两文，知醒园斋号为初白庵、竹初山房。王欣夫先生《蛾术轩箧存善本书录》著录醒园辑有《卢忠肃公（象升）家书》一卷，有管庭芬道光甲午年跋；又《彭节愍公（期生）家书》一卷，有醒园嘉庆庚辰跋。①

吴春照

字子撰，号迟卿。……吴骞从子，吴昂驹之弟。以豪饮得噎疾卒。汪远孙卒于道光十六年（1836），吴氏相继卒，亦当卒于此年前后。县诸生。《海昌艺文志》云："精雠校，家藏书数千卷，丹黄几遍。钱塘汪久也（远孙）重刊《咸淳临安志》，延子撰佐校勘，并为校《史》《汉》。"（页515）

森按：吴瑗《休宁厚田吴氏宗谱》卷四"吴春照"条："春照，……杭府庠生。生乾隆甲辰（四十九年，1784）正月十二日，卒道光乙未（十五年，1835）十月初四日。"②其卒在汪远孙之前，享年五十二。郑君不载吴氏著作，《海宁州志稿》卷十五载所著有《字说》《汉书校勘记》等，管庭芬按语云："子撰寓武林汪氏振绮堂最久，为校两《汉书》，作《校勘记》。"③

王宗炎

原名琰，字以除，号谷塍，别号晚闻居士，浙江萧山人，……与王绍兰为族兄弟。生于乾隆二十年（1755），卒于道光六年（1826），终年七十二。乾隆四十五年（1780）进士，淡于进取，杜门不出，终身不仕。……章学诚晚居绍兴塔山之下，整理所著三四十巨册，特造萧山王宗炎家，请为细加编订。王氏应命，精心钩稽，书成而章氏卒，是为《章氏遗书》。有《晚闻居士遗集》九卷。（页528）

①王欣夫：《蛾术轩箧存善本书录》，第512—514页。

②吴瑗纂《休宁厚田吴氏宗谱》，卷四，第5页。

③许传霈、朱锡恩等纂《海宁州志稿》，卷十五《典籍》，第14页。

森按：王宗炎，原名宗琰，[1]因避仁宗颙琰讳，易名宗炎，郑君谓"原名琰"，误也。[2] 其号谷塍，郑书误"睦"，盖讹文失校也。

王氏生卒年，《萧山县志稿》卷十八《王宗炎传》作道光五年(1825)卒，年七十二，[3]则生于乾隆十九年(1754)，与郑君所记者异。今据《晚闻居士遗集》卷九《嘉庆甲戌晚闻居士年六十矣，上元前二日读画对烛题二诗》，云："癸酉去我十三日，乙亥生来六十年。镫下误书仍举烛，定知老态过于前。"[4]此出乎王氏自道者，其生年当以乾隆二十年乙亥为定，《萧山县志稿》误也。另据《晚闻居士遗集》书后道光八年(1828)十二月王绍兰跋，云："距兄听琴考终，盖驷之过隙越三年矣。"[5]则晚闻应卒于道光五年，《萧山县志稿》所记者是，此作道光六年卒，误也。王氏享年七十一。

盛百二

字秦川，一字相舒，号柚堂，浙江秀水人。生卒年未详。乾隆二十一年(1756)举人，官山东淄川知县，在官一年，即以忧归，不复出。……著《尚书释天》六卷、《柚堂文存》四卷、《柚堂笔谈、续谈》十二卷、《问水漫录》四卷、《皆山阁诗集》等十馀种。(页562)

森按：盛百二，《清史列传·儒林传》有传。[6] 孙葆田纂《山东通志》卷七十五，盛氏小传云："乾隆三十一年(1766)，任观城县；三十三年(1768)，调知淄川县。慈祥宽厚，蒲鞭示辱。退食之暇，不离书史，以文学为政事。"[7]据盛百二《柚堂文存》卷二《观录序》言："乾隆三十一年，余视观城篆，明年四月新令至，计在任百有二十日耳。"[8]则柚堂任淄川知县

---

①王欣夫《蛾术轩箧存善本书录》著录王氏手钞精校《吴越备史》，有乾隆五十年(1785)两跋，署名皆作"宗琰"(第100—101页)，可证。

②顾志兴《浙江藏书史》云："王宗炎，原名琰，字以除。"(第339页)亦沿此误。

③民国《萧山县志稿》，民国二十四年(1935)铅印本，卷十八，第7页。

④王宗炎：《晚闻居士遗集》，道光十一年(1831)杭州爱日轩刊本，卷九，第11页。

⑤王宗炎：《晚闻居士遗集》，卷末，第4页。

⑥《清史列传》，第5507页。

⑦孙葆田纂《山东通志》，民国七年(1918)铅印本，卷七十五，第12页。

⑧盛百二：《柚堂文存》，乾隆五十七年(1792)宝纶堂刊本，卷二，第12页。

前，曾摄观城令也。

柚堂生卒年，史传及诸家传记并阙。按周春《耄馀诗话》卷九云：

> 宋半塘夫子丙子分校秋闱，得秀水盛晴川百二，驰札招余云："君精字母韵学，今之潘稼堂也；盛君精天文算法，今之梅定九也。不图两贤出我门下，乞即理櫂快晤，何如？"余随上省订交。……戊戌君年六十，余以双声诗寄祝云云。……次年，君卒于济南书院。①

周春言乾隆四十三年（1778）盛百二年六十，逆推之，则生于康熙五十八年（1719）；乾隆四十四年（1779）卒，享年六十一。惟据周永年《盛秦川六十寿序》云：

> 余友秀水盛秦川先生，生于秦，长于齐于粤，宦学于齐鲁。所至之地，必与其贤士大夫游。……余交于先生二十年矣。……己亥春仲，为先生六十览揆之辰，因书一时问答之语以侑觞焉。②

此言乾隆四十四年（1779）二月，盛氏六十初度，则生于康熙五十九年（1720）。另《柚堂文存》卷首有梅花村人乾隆四十三年所撰《柚堂居士著述序》，中言：

> 余与居士并生于康熙五十九年。……居士今年五十有九，主任城讲席者四载于兹，未有仕进意，所论著者当未有艾，更有进于此者。③

据此，则柚堂应生于康熙五十九年。

至柚堂卒年，周春谓卒于乾隆四十四年，此耄年误忆也，其说未可据。检《柚堂文存》卷三有乾隆四十六年（1781）三月上巳所撰《书咏贞集

---

①周春：《耄馀诗话》，卷九，第1—2页。

②周永年：《林汲山房遗文》，《续修四库全书》本，第3—4页。

③盛百二：《柚堂文存》，卷首，第1—4页。

后》,[1]又有乾隆四十八年(1783)夏所撰《闻湖盛氏重刻家集序》《书朱张氏世系图后》两文,[2]则其卒当在乾隆四十八年以后。复检桂馥《缪篆分韵》,卷首有柚堂乾隆四十九年(1784)七月二十一日《序》;[3]又乾隆五十一年(1786),柚堂曾请黄易以汉隶写《朱子家训》,并刻诸石,[4]则其年当在六十七以上。

邢佺山

寓居浙江嘉禾,字号、生卒年及仕履不详,与黄丕烈为同时人。《荛识》卷四有其旧钞本《石门集》二册,黄丕烈跋云:"辛未春闰月三日,有事至嘉禾,访寓公邢佺山于北门,因佺山与余同好古书,面未识而神已交也"云云。按是书佺山借抄于戴松门。(页583)

森按:邢佺山名澍,字雨民,佺山其号,甘肃阶州人。乾隆五十五年(1790)进士,历充壬子、戊午、庚申、辛酉乡试同考官。任浙江永康、长兴知县,刑清政简,有循声。署江西饶州府知府,寻迁南安府知府,嘉庆戊辰(十三年,1808),以病乞归。《清史列传》卷七十三、《清史稿》卷四八六有传。[5]

史不载佺山生卒年寿,冯国瑞《邢佺山先生事迹考》,据张廷济《桂馨堂集·感逝诗》元注,考知佺山生于乾隆二十四年(1759)六月;嘉庆二十四年(1819)六十一岁回籍,卒年不详。[6] 李鼎文《甘肃文史丛稿·邢澍》一文,据邢氏七世孙邢之仪所述,佺山卒于道光三年(1823)八月初八日,

---

①盛百二:《柚堂文存》,卷三,第15—16页。

②同上注,卷二,第16—17页;又卷三,第13—14页。

③盛百二:《缪篆分韵序》,桂馥:《缪篆分韵》,嘉庆元年(1796)姚觐元校刊本,卷首。

④杨国栋:《黄易活动年表简编》,乾隆五十一年条云:"任城书院山长盛百二邀请黄易以汉隶书写《朱子家训》并刻石。黄易隶书原石已失,清末翻刻石现藏曲阜孔庙内。"(秦明主编《黄易与金石学论集》,北京:故宫出版社,2012,第383页。)

⑤《清史列传》,第5984页;《清史稿》,第13409页。

⑥冯国瑞:《邢佺山先生事迹考》,收于所辑《守雅堂稿辑存》,兰州:甘肃人民出版社漆子扬、王锷点校本,1992,第73—79页。按此《考》甚简略,仅具椎轮,邢氏遗闻坠事可增补者,不下一二十事。

享年六十五,[1]可补史传之缺。

佺山好古博闻,酷嗜金石之学,曾与孙星衍合辑《寰宇访碑录》十二卷,嘉庆七年(1802)付刻。复据唐宋以前金石刻,并宋元刊本《隶释》《隶续》等书,搜其字体不同者,撰为《金石文字辨异》十二卷,以刊正字体俗讹。夙留意乡邦文献,著有《关右经籍考》十一卷,北京国家图书馆藏一部。[2] 另有《守雅堂文集》,北京大学图书馆藏一钞本,仅文二十篇。1938年,冯国瑞取与其诗《南旋诗草》合印,并补辑遗文九篇、佚诗七首,合为《守雅堂稿辑存》。[3] 复留意姓氏之学,尝与钱绎合辑《两汉希姓录》六卷,其书未刊,仅有一序存本集中。

本条所引黄丕烈《石门集跋》,见于王大隆辑《荛圃藏书题识续录》卷四,[4]郑君引作《荛圃藏书题识》,误。

王柳村

字号不详,江苏扬州人,居翠屏洲。生卒年、仕履亦未详。储积清朝诗集甚多,而江苏尤备。欲辑《江苏诗征》,嘉庆十一(1806)、十二年(1807),阮元服忧在里,乃岁资以纸笔钞胥,柳村遂益肆力征考。……嘉庆二十一年(1816),辑成五千四百三十馀家,勒为一百八十三卷。后阮元官粤,乃命江藩、许珩、凌曙删订校正之,于道光元年(1820)刊成《江苏诗征》。(页607)

森按:王氏名豫,字应和,一字柳村。"家焦山北岸之翠屏洲,杨柳桃花数万本,隔江,京口诸山皆在几案间,豫吟咏其中,不求闻达",[5]以布衣

---

①李文原收于所著《甘肃文史丛稿》,兰州:甘肃人民出版社排印本,《守雅堂稿辑存》点校本附载,1986,第125—132页。

②《中国古籍善本书目·史部》,第1417页。

③冯国瑞《守雅堂稿辑存》,有民国二十七年(1938)铅印本;漆子扬、王锷两君点校本,复增补遗文《金石文字辨异序》一篇,计存遗文三十篇。余近复辑得佚文数篇,待刊。

④王大隆辑《荛圃藏书题识续录》,卷四,第8—11页。

⑤《清史列传》,第6023—6024页。

终其身。[①] 与吴朴、应让、鲍文逵、张学仁、顾鹤庆、钱之鼎并称“京江七子”。[②] 阮元曾为序《种竹轩诗集》及所编《群雅集》。[③] 阮氏《群雅集·序》云：

丹徒王君柳邨之论诗也，以宗伯(按沈德潜)为归。近日数大家声气炫赫之时，王君独去之若浼，抱残守拙。……以故伏处大江金、焦两山之北渚，而交游亦几遍于海内。用是著录国朝《别裁》以后诸家之诗，积成卷帙，名曰《群雅集》，即以归愚宗伯居首。

王昶《蒲褐山房诗话》谓柳村“襟情潇旷，超然物外，仅与词客梵僧扁舟来往。……诗宗刘昚虚、王龙标诸人，长于五言古体；古文亦似南宋人小品”。[④] 性好义，倡同善堂，买田二百亩，存活穷黎，州人称焉。道光三年(1823)，江水没田庐，柳村煮粥倡赈，活人无算。节妇五十馀人，子孙微，柳村为牒诸大吏，皆旌其门。生于乾隆三十三年(1768)，道光六年(1826)九月以疾卒，年五十九。[⑤] 所著另有《瓜洲志》《焦山志》《京江耆旧集》《明世说新语》《荻汀录》《儒行录》《惜阴笔记》《蕉窗日记》《盟鸥溆笔谈》《种竹轩馀话》《名媛诗话》《种竹轩文集》等；并与阮亨同辑《淮海英灵续集》。[⑥]《清史列传》卷七十三有传。

洪颐煊

字旌贤，号筠轩，晚号倦舫老人，浙江临海人。生于乾隆三十年

①按刘宝楠《清故国子监生王君之铭》，谓柳村“少补丹徒学附生，援例入太学”(刘台拱、刘宝楠等著《宝应刘氏集》，扬州：广陵书社张连生等点校本，2006，第308页)，王昶《蒲褐山房诗话》亦云柳村“诸生”(《湖海诗传》，《续修四库全书》本，卷四十四，第7页)。然阮元撰《王柳邨种竹轩诗序》云：“王君身处蓬茅，名满海内，布衣而老。”(《揅经室三集》，《续修四库全书》本，卷五，第11页。)于树滋《瓜洲续志·王豫传》，亦云“以布衣终”[民国十六年(1927)瓜洲于氏凝晖堂铅印本，卷十四，第13页]；《清史列传》本传亦言柳村“布衣”，今从后说。

②《宝应刘氏集》，第308页。

③阮元：《揅经室三集》，卷五，第10—11页；又第17—18页。

④王昶：《湖海诗传》，卷四十四，第7页。

⑤《宝应刘氏集》，第308—309页。

⑥同上注，又《清史列传》，第6024页；并参于树滋《瓜洲续志》，卷二十六，第3—4页。

(1765),卒于道光十三年(1833),年六十九。……嘉庆二年(1797),入阮元幕,分纂《经籍籑诂》之《释名》《小尔雅》。嘉庆六年(1801)拔贡,曾官广东罗定州州判、新兴县知事。不十年乞归,键户著书,终日不倦。所著有《礼经宫室问答》《孔子三朝记》《读书丛录》《经典辑林》《诸史考异》《筠轩文钞》《诗钞》等。(页610)

森按:此传颇有误者:

一、洪颐煊,《清史列传》卷六十九、《清史稿》卷四八六有传,①不载生卒年寿。陆心源《三续疑年录》载洪氏乾隆三十年生,云"以道光十三年六十九推之";阙其卒年。② 姜亮夫《历代人物年里碑传综表》因之,径谓筠轩卒于道光十三年。③ 然冯登府《论语异文考证》,卷首有筠轩道光十四年(1834)五月所撰《序》;④又筠轩《诸史考异》,卷首有道光十六年(1836)八月七日《自序》,⑤则姜氏《综表》谓筠轩卒于道光十三年者,其误断然可知。郑氏失考,仍袭姜《表》之误。

洪氏生卒年今尚可考。检筠轩《台州札记》卷五"兴贤坊新居"条云:"余生于乾隆乙酉年正月十二日",⑥则生于乾隆三十年(1765)。又,同治《临海县志》卷二十一《儒林·洪颐煊传》,据筠轩《家传》,云"卒年七十三",⑦光绪《台州府志》卷一百五本传同,⑧则卒于道光十七年(1837)。余纂有《洪颐煊年谱》一编,⑨可为知人论世之资。

二、此传言筠轩"嘉庆二年,入阮元幕,分纂《经籍籑诂》",说亦未确。按筠轩《昆季别传》:"第五弟讳震轩,……补博士弟子员,与余同以治经受知于阮云台学使,檄调杭州,肄业敷文书院,时有大小洪之目。戊午夏,

①《清史列传》,第5598页;《清史稿》,第13411—13412页。

②陆心源:《三续疑年录》,《续修四库全书》本,卷九,第18—19页。

③姜亮夫:《历代人物年里碑传综表》,第644页。

④冯登府:《论语异文考证》,《续修四库全书》本,卷首。

⑤洪颐煊:《诸史考异》,《续修四库全书》本,卷首,第3页。

⑥洪颐煊:《台州札记》,《传经堂丛书》本,卷五,第18页。

⑦张寅等纂《临海县志》,民国二十三年(1934)铅印本,卷二十一,第18页。

⑧喻长霖等纂《台州府志》,民国二十五年(1936)铅印本,卷一百五,第9页。

⑨陈鸿森:《洪颐煊年谱》,《"中央研究院历史语言研究所"集刊》80本第4分,2009,第691—771页。

为学使校《经籍籑诂》,与臧君在东、丁君小雅晨夕辨难。臧君尝叹曰:‘大洪渊博,小洪精锐,两君之卓识,吾不及也。’”①筠轩兄弟于嘉庆二年受知于学政阮元,同补诸生。阮氏檄调之,入杭州敷文书院就读,并参与《籑诂》分纂、校订工作,并非入阮元学政幕。盖其时洪氏兄弟方补诸生,岂有即入本省学台幕府之理?此郑君妄臆耳。

三、筠轩嘉庆六年拔贡,翌年入都朝考,以书法不佳被落(详拙谱)。后捐赀州判,嘉庆十九年(1814)春分发广东试用,二十年(1815)、廿一年(1816)先后短期署理罗定州州判、新兴县知县,然并未实授。②

嘉庆二十二年(1817),阮元调任两广总督,“知颐煊吏才短而文学优,延之入幕,诹经谘史以为常”。③ 余检嘉、道历年《缙绅录》,俱无洪颐煊名,盖始终未实授州、县职也。道光八年(1828)秋,辞归返里。前后在粤者十五年,此云“不十年乞归”,亦非其实。

四、筠轩著作已刻者凡十数种,其著者另有《孝经郑注补证》一卷、《汉志水道疏证》四卷、《管子义证》八卷。馀详拙作《洪颐煊年谱》后附《著述考略》,此不具录。其《经典集林》凡三十二卷,郑君误书作“辑林”;又《孔子三朝记注》八卷,此缺“注”字。

五、光绪《台州府志》卷一百五《洪颐煊传》末附:“子瞻墉,字容甫,号少筠,嗜古,有父风,工篆籀。著有《建元分韵考》二卷、《台州金石略》一卷、《钱王铁券考》三卷、《兰雪轩钱谱》十四卷。”郑君本条载筠轩藏书章,有“小筠书印”“小筠金石”“小筠平生珍赏”“小筠考藏金石文字”等,④皆洪瞻墉印,非筠轩也。

六、筠轩弟震煊,字百里,一字樾堂。少刻苦厉学,与筠轩齐名。尝参与分纂《经籍籑诂》;后阮元撰《十三经注疏校勘记》,分纂《礼记》一经。嘉庆十八年(1813)选拔贡,翌年入都朝考,不第,以此居恒郁郁。二十年冬,入顺天学政杜堮幕,佐之校文,卒于保定旅邸,年四十六。著有《礼记

①洪颐煊:《筠轩文钞》,《邃雅斋丛书》本,卷八,第24页。

②《台州府志》卷一百五本传云:“累举不第,入赀为直隶州州判,署广东罗定州州判及新兴县事。”并参拙稿《洪颐煊年谱》嘉庆二十年、二十一年条。

③《清史列传》本传云:“入赀为直隶州州判,署广东新兴县事。适阮元督两广,知颐煊吏才短而文学优也,延之入幕,诹经谘史以为常。”《清史稿》本传同。

④郑伟章:《文献家通考》,第611页。

注疏校勘记》六十三卷、《礼记释文校勘记》四卷、《夏小正疏义》四卷、《椒堂诗钞》一卷。[①] 筠轩为序《夏小正疏义》,谓:"震煊精天算,故解是书多创获"。[②] 书中辨正戴震、孔广森诸家之误,多前人所未发云。郑氏《通考》缺洪震煊条,兹为补小传附此。

陈逢衡

字履长,号穆堂,江苏江都人……陈本礼之子,生卒年未详。……道光初元诏举贤良方正之士,有司以其膺选,力辞不就。丰于财,性慷慨,好施与,卒年七十一。有《读骚楼诗集》初、二、三集,《竹书纪年集证》、《逸周书补注》、《博物志考证》等。(页 695)

森按:穆堂生卒年,诸书所记不一,迄未论定,兹考之如次:

一、《清史列传》卷六十九本传云:"道光十一年(1831)卒,年七十一",[③]则生于乾隆二十六年(1761)。

二、《清儒学案》卷一三一穆堂小传:"咸丰五年(1855)卒,年七十有八",[④]则生于乾隆四十三年(1778)。

三、姜亮夫《历代人物年里碑传综表》载穆堂生于乾隆四十三年(1778),卒于道光二十八年(1848),年七十一。[⑤]

四、江庆柏《清代人物生卒年表》,则谓穆堂生于乾隆四十五年(1780),道光三十年(1850)卒,[⑥]年七十一。

诸说年代颇为参差。余考"中央研究院"历史语言研究所傅斯年图书馆藏穆堂《穆天子传注补正》原稿本,卷首有道光二十年(1840)十一月朔穆堂《后序》,中言:"自嘉庆甲子年(九年,1804),予二十七岁,集证《竹书纪年》,十年而成。"据此推之,则穆堂生于乾隆四十三年(1778);《后

①洪颐煊:《筠轩文钞》,卷八,第 24 页;并参项元勋《台州经籍志》,民国四年(1915)浙江图书馆排印本,卷三,第 15—16 页。

②洪颐煊:《筠轩文钞》,卷三,第 16—17 页。

③《清史列传》,第 5604 页。

④徐世昌纂《清儒学案》,卷一三一,第 25 页。

⑤姜亮夫:《历代人物年里碑传综表》,第 660 页。

⑥江庆柏编《清代人物生卒年表》,第 458 页。

序》文末记“时年六十有三”,[①]亦一证也。上述四说,《学案》、姜氏《综表》所记生年为是,而《学案》之说元注谓本“金长福撰《传》”;姜《表》注云:本“《碑传集补》卷四十八”,则亦金氏撰《传》,二者同据一文,却两说互异,殊不可解。今检《碑传集补》卷四十八金长福《陈征君传》,但言穆堂暮年薄滋味,节饮食,“喜服峻利之剂,遂至暴下不起。其呻吟床褥时,犹手一编,注视不倦。卒年七十有一。”[②]并无姜《表》所载穆堂生卒年,亦无《学案》“咸丰五年卒,年七十八”之说,不知两书何所本而云然?金氏撰《传》未记穆堂卒逝之年,惟以“卒年七十有一”推之,则卒于道光二十八年(1848)。

史语所傅斯年图书馆所藏《穆天子传注补正》稿本,穆堂《后序》自述生平及撰著各书次第甚详:

> 予少承庭训,家有藏书。自嘉庆甲子年(九年),予二十七岁,集证《竹书纪年》,十年而成。又十馀年,而《逸周书补注》成,盖其年已将五十矣。嗣是家渐凋零,书日散去,然幸于五十岁前将二书前后灾梨。……道光庚寅(十年),予续有《穆天子传注补正》底本,缮写一通,藏之匣笥。偶有改更,辄加涂乙,至是又十年矣。……予则凡注一书,必以十年为期,此如求道者日向河水而拜,积之岁年,必有功效,亦可见矣。……忆予二十岁时,岁有租田数顷之入,拥书十馀万卷,从容寝息游衍其中,故得从事铅椠,搜索虫鱼,有左右逢源之乐焉。予于此注外,又有疏证《博物志》十卷、《续博物志》十卷,亦幸窃有成书,未敢问世。今则田园卖尽,书籍尽亡,茕茕白首,并无蓬头王霸之子与为周旋,犹复日钻故纸,取胡氏(按应麟)所最不信之《山海经》而说之,非敢忽而同,忽而异,亦聊以证明古册,且兼以消遣岁月而已。[③]

此可补金长福撰《传》所未及,兹录存之,以备观览。据此《序》,则穆

①陈逢衡:《穆天子传注补正》,“中央研究院”历史语言研究所傅斯年图书馆藏原稿本,卷首。

②闵尔昌纂《碑传集补》,卷四十八,第26—27页。

③陈逢衡:《穆天子传注补正》,卷首。

堂著《博物志疏证》十卷外,另有《续博物志疏证》十卷。至此文之末所言《山海经》,即所著《山海经汇说》四卷,有道光二十五年(1845)刊本,两书郑君俱失载。

严元照

> 字修能,号久能,又号蕙櫋,又号晦庵居士,浙江湖州归安石冢村人。乾隆四十九年(1784)生,嘉庆二十三年(1818)卒,年仅三十五。县诸生。……所著有《悔庵文钞》八卷、《诗钞》、《词钞》、《娱亲雅言》、《尔雅匡名》八卷等。(页711—712)

森按:郑君下文记严氏藏书章,其一曰"严氏元照字久能,今改字修能",①则"久能"为其早年表字。其号曰悔菴,此作"晦庵"者,误也。

严元照,《清史列传》卷六十九、《清史稿》卷四八二有传。②《清史稿》不载其年寿;《清史列传》则云"嘉庆二十二年(1817)卒,年三十五",似即郑君所本,而误钞其卒年作"二十三年"。按《清史列传》之说实误,考严氏所钞《东莱书说》,卷五末修能识语云:

> 生年卅七,未尝作嘉禾之游,昨因嘉兴郡尊鄦斋李公丧其母夫人,往吊之,始得游烟雨楼、茶禅寺。寺中有至正十一年(1351)黄文献所撰碑,周伯琦书,书法工整,石亦完好可熹。寺本名景德寺,门前有小浮图三座,俗呼其处为三塔湾云。往返三日,得诗六首。(三月)廿八日,修能书。③

据此,则史谓修能卒年三十五者,其误显然。另考修能《柯家山馆词》卷二《金缕曲・小序》言:"壬申三月廿四日,仆四十初度。"④壬申为嘉庆十七年(1812),修能时年四十,则生于乾隆三十八年(1773)。

---

①郑伟章:《文献家通考》,第713页。

②《清史列传》,第5585页;《清史稿》,第13256页。

③吕祖谦:《东莱书说》,民国十七年(1928)中社影印严元照钞宋本,卷五,第12页。

④严元照:《柯家山馆词》,《湖州丛书》本,卷二,第15页。

严氏卒年,诸家所记不一。许宗彦《三文学合传》言:“嘉庆二十二年,(汪)家禧自闽中归,得疾而殁,无子。其次年,元照亦殁。”①如其说,则修能卒于嘉庆二十三年。惟据姚椿《汪家禧别传》言汪氏“嘉庆二十一年卒,年四十二”;②又赵坦《汪汉郊墓志铭》亦言:“嘉庆二十一年十月十八日,仁和汪君家禧卒。”③修能殁于汪氏卒后一年,则嘉庆二十二年卒。徐球序修能《柯家山馆遗诗》云:“辛未(嘉庆十六年,1811)之秋,悔菴居士属球序其诗,越一年而居士病,④病五年而竟不起。”⑤其编年诗稿至嘉庆二十二年丁丑而止,则修能卒于二十二年(1817)无疑,得年当为四十五。⑥ 钱林《文献征存录》谓严氏“卒年仅三十馀”,支伟成《清代朴学大师列传》同;⑦袁行云《清人诗集叙录》卷五十四谓修能“卒于嘉庆二十二年,年五十五”,⑧并误。近江庆柏编《清代人物生卒年表》,仍沿《清史列传》之误,⑨未及订正也。

周勋懋

字虞嘉,号竹泉。……周广业次子,生卒年未详。道光二年(1822)乡试副贡。好藏书,遇善本不惜重价购之,曰:“此吾所以贻后人也。”嘉庆七年(1802)十月初六日,重校讫其父著《四部寓眼录》,并有题识于

①闵尔昌纂《碑传集补》,卷四十八,第18页。按三君者,汪家禧、杨凤苞、严元照也。

②闵尔昌纂《碑传集补》,卷四十八,第19页。

③赵坦:《保甓斋文录》,民国二十七年(1938)燕京大学图书馆排印本,卷下,第18页。

④严元照《柯家山馆遗诗·病榻读书漫述》小引:“仆自壬申(嘉庆十七年,1812)仲秋患肠澼之疾,久而弗愈。去冬重以痎疟右胁生瘕,两乳作痛,夏间又患腹胀,侵寻岁月,九死一生”云云(《湖州丛书》本,卷五,第5页),可相参证。

⑤严元照:《柯家山馆遗诗》,卷首,第2页。

⑥按严氏生卒年考订,拙稿《乾嘉学术小记》一文“《清史列传·严元照传》订误”条(《张以仁先生七秩寿庆论文集》,台北:学生书局,1999,第267—269页);又,《〈清史列传·儒林传〉考证》“严元照”条并有详考(上海社会科学院《传统中国研究集刊》编辑委员会:《传统中国研究集刊》第三辑,上海:上海人民出版社,2007,第558—559页)。近有撰《严元照生卒年考辨》者(《湖州师范学院学报》2008年第5期),所考严氏生卒年与余说同,然拙稿两文发表之年固在其文之前也,特此申明。

⑦钱林:《文献征存录》,咸丰八年(1858)有嘉树轩刊本,卷九,第69页;支伟成:《清代朴学大师列传》,第149页。

⑧袁行云:《清人诗集叙录》,北京:文化艺术出版社,1994,第1898页。

⑨江庆柏:《清代人物生卒年表》,第232页。

后。(页 799)

森按:此传所述,颇有误者:勋懋乃周广业长子,次子名勋常。周勋懋《显考孝廉耕厓府君行略》,末云:"子二,长不孝勋懋,邑庠生,娶钱氏,太学生讳学曾公女;次不孝勋常,邑庠生,娶吴氏,贡生讳霖公女。女一。"①郑氏以勋懋为"周广业次子",其误一。《海宁州志稿》卷二十九《文苑传》,《周勋懋传》下云:"弟勋常,字纪君,号兰江,增生。……好藏书,遇善本,不惜重价购之,曰:'此吾所以贻后人也。'"②则此传"好藏书"云云诸语,乃勋常也,郑君未细读《海宁州志稿》传语,误属之勋懋,其误二。

周勋懋生卒年寿,今尚可考。按勋懋《竹泉诗存》,《前集》卷四《次苇如丙寅元日试笔韵》,自注:"余生丙戌(乾隆三十一年),已三见丙矣。"③又乙亥年(1815)有《五十初度口占二律》,④则生于乾隆三十一年(1766)。管庭芬从学于勋懋,往来密迩,检《管庭芬日记》道光二十三年(1843)二月十六日条载:"侵晨即得竹泉夫子讣音,不胜惊痛,即往哭。卅年师弟,不啻友朋,从今问字无从,能不抱千古之恨乎!"⑤又同月廿四日条:"午后,谦谷命舟来邀办竹泉夫子丧务。"⑥知周勋懋卒于道光二十三年二月,年七十八。

周广业所著书,家贫,生前多未能刻,赖勋懋兄弟钞传存之,并遍乞硕学名公为之序,⑦今散见各地图书馆,郑君仅举《四部寓眼录》一种,则所见尚隘也。《海宁州志稿》卷二十九勋懋本传:"平生手写其父所著书,排比整齐,数十年不稍息。《海昌诗系》未成,宗谱失修已久,俱续辑详备。

①周勋懋:《小蓬庐杂缀》,《清代诗文集汇编》影印原稿本,第 94 页。

②许传霈、朱锡恩等纂《海宁州志稿》,卷二十九,第 43 页。

③周勋懋:《竹泉诗存》,《清代诗文集汇编》影印原稿本,第 40 页。

④同上,第 57 页。

⑤《管庭芬日记》,第 1111 页。

⑥同上注,第 1112 页。

⑦王欣夫《蛾术轩箧存善本书录》著录周广业《过夏杂录》钞稿本,云:"此系未刊稿本,昔年乞徐君行可从嘉庆己巳耕崖子勋懋本传钞。"(页 592)又《读相台五经随笔》条,勋懋曾以此稿乞序于王引之、马瑞辰。王欣夫先生云:"耕崖著作繁富,及身所刊,只《孟子四考》《广德州志》等数种。幸有子克家,未刊各种,皆整理清写,求序于名公。于是贵池刘氏刊《意林注》于《聚学轩丛书》,燕京大学刊《蓬庐文钞》,吾友吴兴周子美刊《四部寓眼录》。"(第 791 页)

又纂《彤史拾遗》,以表扬一州苦节之未旌者。"①传中所云"宗谱",即《重修洛塘周氏家乘》十二卷,有刊本行世。又《海昌诗系补》二十卷,勋懋跋云:"《诗系》一卷,先君子于乾隆戊寅辑《宁志馀闻》时,就所见而采录之,自六朝迄明,共三十八家。随以著述他书置巾箱中,仅有稿本。勋懋幼读是书,亟为录出,因留意于吾邑之前贤往哲可以补入者,私为搜辑。……管生芷湘(庭芬)熟于旧闻,助予陆续裒集之,续得五百馀家。"②《海宁州志稿·艺文志》著录勋懋所著,别有《小蓬庐札记》十八卷、《小蓬庐杂缀》二卷、《运河图说》二卷,《竹泉诗存》前、后、续集十六卷等,凡十数种,③盖于乡邦文献尤留意焉。郑君此条所述,未得其要。

汪文台

> 字士南,安徽黟县人,居碧山学士里。……补廪生。与同邑俞正燮相善而齐名。……作《十三经注疏校勘记识语》,阮元服其精博,聘至扬州。以当道不识夷情,作《红毛蕃英吉利考略》《淮南子校勘记》《脞稿》等。(页799)

森按:汪文台,字南士,④此作"士南"者,盖沿《清史稿》之误也。⑤ 汪氏著作,以辑《七家后汉书》为最著,郑君此乃无一语齿及,疏矣。所辑计吴谢承《后汉书》八卷、晋薛莹《后汉书》一卷、晋司马彪《续汉书》五卷、晋华峤《后汉书》二卷、晋谢沈《后汉书》一卷、晋袁山松《后汉书》二卷、晋张璠《汉纪》一卷,另佚名者一卷。光绪八年(1882),赵之谦等为校勘付梓。南士弟子程鸿诏撰《传》,谓南士以"《论语》邢昺《疏》、《孟子》伪孙奭《疏》俱疏略,《孟子》已有焦循氏别为之疏,而《论语》未有疏者,因取证古义,博采子史笺传,依韩婴《诗传》,作《论语外传》",此书未见刊本。程氏

---

①许传霈、朱锡恩等纂《海宁州志稿》,卷二十九,第43页。

②同上注,卷十五《典籍》,第9页。

③同上注,卷十五《典籍》,第9—10页。

④汪氏弟子程鸿诏《黟两先生传》,《有恒心斋全集》,光绪间刊本,卷八,第2—13页;又朱师辙《黟三先生传》,闵尔昌《碑传集补》,卷五十,第1页。

⑤《清史稿》,第13423页。

另藏南士《说文校字录》,莫友芝尝临其校语,王欣夫先生旧藏。[1] 南士《红毛蕃英吉利考略》,黄彭年曾刻之,大指具见程氏撰《传》。

汪氏另一弟子汤球,字伯玕,得南士家法,于《晋书》用功尤深,有《晋书辑本》四十三卷、《晋纪辑本》七卷、《晋阳秋辑本》五卷、《汉晋春秋辑本》四卷、《三十国春秋辑本》十八卷,而《十六国春秋辑补》一百卷最为巨观,诸书并有光绪间广雅书局刊本。汤氏另"辑郑康成逸书九种,刘熙《孟子注》、刘珍等《东观汉记》、皇甫谧《帝王世纪》、谯周《古史考》、《傅子》、伏侯《古今注》"。[2] 同治六年(1867)举孝廉方正。光绪七年(1881)卒,年七十八。《清史稿》卷四八六有传。郑氏《通考》无汤球条,今附存于此。

二〇一六年九月廿七日定稿,是日台风过境,风狂雨急,群木摧折

①王欣夫:《蛾术轩箧存善本书录》,第433—434页。
②《清史稿》,第13424页。

吴大澂与吴云交游考略

李　军
（江苏省苏州博物馆）

苏州先后有两位吴云，前者字润之，号玉松。安徽休宁人，寄籍长洲。乾隆五十五年（1790）进士，官至彰德知府。卒于道光十七年（1837），年九十有二。著有《醉石山房诗文钞》。后者原名钧，字少甫，号平斋。浙江归安人，官至镇江、苏州知府。卒于光绪九年（1883），年七十有三。与吴大澂有交往者即后者吴平斋。

一

吴云（1811—1883），字少甫，号平斋，又号退楼、愉庭。其家世居浙江湖州滨湖之钱溇，实隶乌程，而世籍归安。俞樾《江苏候补道吴君墓志铭》记其家世云：

> 谱毁于火，先世无征焉。有曰元卿公者，于君为六世祖。元卿公再传曰鲁招，是为君曾祖。鲁招生世杰。世杰生鳌，则君之考也。以君及君之子承潞贵，曾祖赠通奉大夫，祖与父并荣禄大夫。君生六岁，母康太夫人卒。十岁，父荣禄公卒①。

①《春在堂杂文》四编卷三。

俞樾与吴云、吴承潞父子交情笃深,在吴氏乔梓身后,并为两人撰有墓志铭。更于光绪六年(1880),应吴云之请,在其父吴鳌逝世六十周年之际,补撰《味琴吴公传》,其文有云:

吴公讳鳌,字青鳌,别字味琴。浙江归安人。吴故右族,累世富厚。父讳世杰,字鲤泉,善废举之术,能通流财物,使相归移。恒往来楚蜀闲,候时转物,致赀累巨万。公生而敏悟,授之书,不再读,诵如流。父老嗟叹,有奇童之目。以大器期之。会鲤泉公春秋高,有所往,命公从行,遂废铅椠之业。……生平精于鉴别,所藏书画,悉名人真迹,无一赝本。喜李北海书,每日必临摹数百字,后得赵文敏行书《胡笳十八拍》长卷,宝爱之,寝食恒于斯。中年以后,书法益进。咸丰之季,东南大乱,公所遗翰墨散佚无存。其子平斋观察于故纸中得数字,标饰成册,其笔意神似赵吴兴,洵可宝也①。

吴味琴所书字册,俞氏《春在堂随笔》论书法时曾经涉及。吴云自幼父母双亡,而能自奋于学,可惜屡试不第,凡六试始入庠。道光二十四年(1844),吴云三十四岁时,援例以通判分发江苏。此后历权宝山、金匮县事,咸丰八年(1858)权知镇江府。次年,调权苏州知府。未几而金陵、常州陆续为太平军所陷,苏州告警,吴云奉命赴上海,与西洋诸国领事官会议,欲借外援保守苏城。未及定议,而苏州陷落,吴云滞留上海。同治三年(1864)春,苏城克复后,方归吴门。

吴云因壮年以后久在江苏任职,且儿辈亦多在苏州等地任官,故长年寄寓苏城。其所居之地,在城中金太史场,宅后构有园林一处,名曰听枫山馆,以为休养游憩之地,其中设有平斋、两罍轩等。吴云不但与吴大澂外祖父韩崇为同道好友,更与潘曾玮、顾文彬两家有儿女姻亲之谊②。此

①《春在堂杂文》三编卷二,清光绪刻本。

②据杜文澜《憩园词话》卷三所记,太平军攻打苏州时,由吴云"倡议藉泰西兵力以定人心,遂与潘季玉、顾子山两观察密商于吴晓帆方伯,力白薛中丞,设立会防局"。潘曾玮之子祖颐后娶吴云之女为妻,顾文彬之孙则娶吴云孙女为妻。

外,如同样侨居苏州的耦园主人沈秉成,亦为其亲家。吴云晚年与潘氏、顾氏、沈氏以及寓苏之勒方锜、杜文澜、俞樾、李鸿裔等,轮流在各家园林中举行雅集,赏鉴书画古器、古籍善本,题咏纪事,绘图留真①。吴中老宿,自太平天国运动之后,至光绪初年,近十年间,陆续凋零。吴云对此每有感叹,同治十三年(1874)夏曾致函吴大澂称:

> 仆衰病侵寻,已成老废。惟平生笔墨之外,别无耆好,长夏无事,焚香执卷,以读书为乐。间取商周彝器置之几席,摩挲赏玩,与古为欢。子青尚书好书好画,香严、筱舫、仲复、骏叔喜收藏,凡有名迹,莫不折衷于鄙人。大约一月之内,必见宋元以来名书画一二种,寻常之品则所见尤多。千金市骏骨,此中固有不胫而至者也。惟年来朋旧凋零,平生师友兼资者,一蝯叟,一校邠,未及一年,先后殂谢。……四海之遥,学者甚众,求如何、冯两兄之根柢朴茂、无书不览,一时实乏其人②。

按函中子青尚书即张之迈,香严、筱舫、仲复、骏叔依次是李鸿裔、杜文澜、沈秉成、顾承。顾承为顾文彬长子,卓有父风,可惜英年早逝③。至于吴云所说逝世的两位友人,何蝯叟即何绍基,冯校邠即冯桂芬。何绍基系湖南道州籍,晚年应丁日昌之邀来苏州,主持书局事务,直至同治十二年(1873)七月去世,前后凡四年之久。冯桂芬本为吴人,世居木渎,晚年主纂《苏州府志》,其事未竣,竟于同治十三年(1874)四月去世。两人之中,何氏以书法名,冯氏以辞章名,然兼通金石小学,并以博学称。面对同辈学者先后去世,吴云哀痛之余,深感可与论学之人日少,同时自感日渐年迈,于是将学问一道,寄希望于后进身上,故对吴大澂等青年才俊颇为看重,引为忘年之友。

吴云、吴大澂两人往来之渐密,始于苏州城的陷落。咸丰十年(1860)四五月间,吴大澂与家人避居周庄。吴云曾自上海专程赴周庄,

---

①参看王亮《光绪初年吴门真率会与士礼居旧藏宋本五种之递传》,《中国典籍与文化论丛》(第十二辑),南京:凤凰出版社,2009。

②《两罍轩尺牍》卷十,吴云致吴大澂函第5通,清光绪刻本。

③为吴大澂祖父作小传的顾承,号醉经,为吴中名布衣,卒于咸丰末年,与此顾承非同一人。

面晤韩崇，商议军事，对随侍韩氏身旁的吴大澂有所印象。同年八月，韩崇避乱江北，因病去世，吴大澂因吴云对其颇为欣赏，便投入其幕府效力。次年（1861）腊月，吴云奉薛焕之命，率炮船会合洋兵，收复松江府城，吴大澂即随往协办。不过次年（1862）吴大澂终以母命辞幕，入京应试。此后，吴大澂南归，必面谒吴云，而两人南北书信往来，更是日渐频繁。

吴云年长吴大澂二十余岁，为其父执辈。吴云对吴大澂确实也以子侄视之，无论在为政，还是学问上，对他均寄予厚望，时时不忘向当道者推荐其人。吴大澂中举之后，次年会试失利。同治七年（1868），吴氏再上春官。吴云当时虽已退居林下，但在苏声望未衰，正逢江苏官书局重开，乃荐吴大澂于当权之丁日昌，同时致函告知吴大澂。同年四月初七日，吴大澂复函云：

> 前月初秋谷到京，接读手谕，谨悉壹是。适以试事匆迫，致稽肃复。敬维禔躬集福，颐养冲和，允符颂祷。中丞雅意求才，而长者迺以贱名谬应，不足以副清问，过蒙奖励，益形惶愧。书局先刊牧令书，亦实事求是之意，此外似宜于经史中择其切要者刊刻数种，尤为堂皇冠冕，称此盛举。广盦棣综理其事，当必有所陈说也。
>
> 仲夏称觞，柳门、韵初与同榜诸君谊应制锦恭祝，望前即可托寄。其文请许隺巢同年及小豁兄分撰，各擅胜场。侄不能文，不足以阐扬懿德，特以平日垂爱之深，谊同骨肉，不可无一言以侑觞，谨序篆屏八小幅，月内觅便寄呈。如榜后下第南归，闰月初必可到苏，面聆训诲也①。

秋谷即吴氏好友潘康保，中丞指丁日昌。当时吴承潞担任书局提调，故函中有“广盦棣综理其事”一说。又因同年（1868）仲夏间为吴云寿辰，吴大澂、汪鸣銮、沈树镛等与同榜同年，决定寄送寿幛，聊表敬意。其中，撰文者推为许玉瑑、徐有珂二人。吴大澂自感不文，乃作篆屏八幅为寿，对于两人关系，其自言“谊同骨肉”，似不无原因。

吴云因好友杜文澜来信谈及江浙水利事，覆函中以为此事须有地方

①《吉林省图书馆藏名人手札五辑》，全国图书馆文献缩微复制中心，1995，第209—210页。

绅士襄办，于江苏方面又举荐吴大澂，其函云：

承询水利一节……吾弟欲办此事，必须官绅中先求主持之人，官场兄不敢妄参末议，亦无人可举。绅士中，兄敢举二人，浙则缦云侍御，苏则清卿太史，二君向为同志，皆究心水学者。缦老昨日书来，云李中丞邀办善后，已渐理归装。清卿定八月间出都。此二君肯出而任事，将来用人即由二君保举，可期周妥得力。兹事体大，今得吾弟主持于上，又得二君为之襄助，此千载一时之会也①。

按周缦云名学濬，浙江乌程人。道光二十四年(1844)榜眼及第，官至侍读学士、山东道监察御史。周越然即其后人。函中称吴大澂为太史，则此函作于吴氏散馆授编修之后，即同治十年(1871)夏。吴云力荐吴大澂与周学濬二人，不仅因其"皆究心水学"，且以两人作为江浙两地绅士代表，在举贤任材，筹划安排等方面，并有过人之处。而吴大澂此年八月以后，因在京办理直隶赈灾事宜，并未南归，此说最终也就不了了之。但从吴云屡次为吴大澂荐事，可见其确实对其才能深为激赏。

同治十二年(1873)八月，吴大澂奉旨放陕甘学政。吴云获信之后，曾致书吴大澂，于其莅任后诸项事宜，均有所建议：

本月十二日奉寄一函，适得简放陕甘学政之信，匆匆附致数行申贺。计此书月底可以澈览。旋丁二十日接七月廿三、八月初十日先后所发两函，展诵之余，一一领悉。秦凉山川雄厚，自古帝王所都，兵燹之后，正宜振兴文教。风俗之醇漓，视乎士习。学政有三年久任，与主考不同。老阮台素有澄清大志，正可及时展布德行，道艺政事，参观并访，举一人而众人劝，黜一人而众人儆，维持风化，培养人才，此中关系治术甚大。词章之学，止能润身而已，尚非探本之务也。幕友闻已延定四人，观人观友，知必学行兼优之士。小谿现在湖州郡志局，馆况尚好。篆香归去乡试，昨已飞信前往，力为劝驾②。

①《两罍轩尺牍》卷四，致杜文澜函第1通。
②《两罍轩尺牍》卷十，致吴大澂函第4通。

从此函中“老阮台素有澄清大志，正可及时展布德行”云云等语，可见吴云对吴大澂的才干深有信心，并为他延请得力幕友，关切之情，溢于言表。

光绪二年(1876)冬，吴大澂陕甘学政任满，请假回籍省亲，次年四月入都覆命。九月初四日，李鸿章奏请现办赈务，需人协助，仍官编修的吴大澂接到上谕，命其克日前赴天津，会同前任天津道丁寿昌、津海关道黎兆棠等筹办一切赈务。光绪四年(1878)春，吴云接吴大澂从山西来函，作覆云：

> 前月接到正月廿四日泽州所发手书，发函雒诵，备悉凤阳所属荒灾，道殣相望，饿殍满野，疾苦颠连之状，比之郑监门流民图十倍惨目，真有不忍卒读者。吾恒轩筹账筹款，煞费苦心。去岁底体履小有违和，仍复力疾从事，起死人而肉白骨，存活不可以计数。天道好还，报施不爽，不特他日勋位可与富郑公比烈，而行道有福，尤必使身名俱泰，到处逢庥。昔湘东王制三等笔，凡记忠孝两全者用金笔，德行清操者用银笔，文藻华丽者则以湘管书之。论恒轩平日文章金石，合用湘管。而今在数千里外，厕身饿丐之中，艰苦备尝，不遗余力，直当以金银二笔并书之而不胜书也。……承示夏初回南，可以图晤，闻之老怀顿开，眉宇喜溢。自念年衰学落，曩时金石之交，零落已尽，得与我恒轩考论旧学，商酌新知，虽一席之谈，直抵十年之读，岂特如苏子瞻所云一日如两日哉①。

此函中“去岁底体履小有违和”等语，与《愙斋自订年谱》光绪四年正月所载“因去腊往来风雪中，感受寒气，遂患伤寒，卧病十余日”一说相合。吴云于此函中，先以北宋名臣富郑公相况，足见其期望之殷。按富弼(1004—1083)，字彦国，河南洛阳人。早年立志“济世安民”，与范仲淹共同推行“庆历新政”，在贬谪期间，以赈灾立功，后官至宰相，又晋封郑国公，故后人称之为富郑公。吴云继而又以梁元帝萧绎为湘东王时，制三等

①《两罍轩尺牍》卷十，致吴大澂第13通。

笔分记不同之人为喻，仿佛古人以立德、立功、立言为三不朽，建议吴大澂要将志向放在立德、立功两方面。

鉴于吴大澂在办理山西赈务上的功绩，李鸿章为其具摺向清廷请功。据《愙斋自订年谱》，光绪四年(1878)五月初二日有上谕，升任吴大澂为翰林院侍读学士。吴云就此在函中又谓：

近日颇传合肥相国欲荐恒轩以监司之任，未知确否？论眼前人才，欲求学识兼全，体用俱备，又肯实心任事，不辞劳瘁，四海虽广，如吾恒轩者，实未易觏。倘由监司而早膺疆寄，兴利除弊，为地方生民造福，比之文学侍从，更有实济。欧阳公云，文章止能润身，政事足以及物，此之谓也。至于学士头衔之晋，不足为恒轩贺也①。

吴云认为担任文学侍从之职，不如外放任地方官，能造福生民，力劝吴大澂坚持济世的初衷，勿计较一时之虚衔。

吴大澂办事之干练，同样深受李鸿章赞赏。吴氏本拟办完山西赈务，请假回苏省亲，旋因李鸿章再委其与李金镛筹办河间春赈，至八月始事竣回津。旋即又获李鸿章奏保，入京引见，至十二月升授河南河北道。此时已无暇南归，故与吴云相见之约，终未能实践。吴大澂接连办理山西、河间等地繁剧赈务，因其精心统筹，故能游刃有余，对此潘祖荫、陈介祺等也与吴云看法一致，认为他实是同道中所少有之人才，此在吴云信中也曾间接述及：

郑盦目空一世，平骘人才，绝少当意，日前书来，云恒轩作事缜密无间，所造未可限量，此国家之福，不第吾党之光。其倾倒可谓至矣。簠斋亦频有书至，辄拳拳于左右，并有念念在心②。

对于吴大澂，吴云曾不止一次称赞，求之古人，他应“是范文正、富郑公一流人物”。

①《两罍轩尺牍》卷十，致吴大澂函第13通。
②《两罍轩尺牍》卷十，致吴大澂函第14通。

光绪五年(1879),吴大澂任河南河北道期间,勤政爱民,深受百姓爱戴,上官也对其十分信任,屡荐其能。同年十月,即获赏加二品顶戴。次年(1880)春,吴大澂奉旨赏给三品卿衔,出关赴吉林帮办一切事宜。从同治十年(1871)散馆任编修,未及十载,从七品升至三品,仕途可称得意者。闻讯之下,吴云在致其子吴承潞信中称:

> 昨阅运斋书,始知恒轩因李、涂保奏,故有此命,来将功名在西北矣。伊家家运正隆,恒轩如能培养元气,目前犹是一时之荣,将来径彭世泽,亦在意中。即是运斋此次携银一万,亲致李相,必能大悦,此又结契报好之机会也①。

运斋即吴大澂胞弟吴大衡,时任翰林院庶吉士。吴大澂吉林之行,一去数载,至光绪九年(1883)正月吴云逝世,两人再未晤面。吴云去世前一年,即光绪八年(1882)夏间,吴云寄信远在吉林的吴大澂,其函中有云:

> 以恒轩之经济文章,而年力又正强壮,他日勋侔韩、范,世之所谓出将入相者,仆虽老,或尚及见之②。

内中以"韩、范"二人相期,颇中吴大澂心意。在甲午战争中,吴氏出关应战前夕,在致兄长吴大根家书中,就曾提及要"远师韩、范,近法曾、胡"。吴云去世后,吴大澂虽身任疆寄重臣,却因效法"韩、范",主动请缨赴辽东抗敌,不幸失利,最后抑郁而终,此则已非吴云所能料及者。

二

吴云在入仕一事上,对吴大澂时加策励,期望甚高。而对于其在金石考证方面的认可,则是由来已久。虽在论及政事时,他屡屡援引欧阳修文

①沈美芹整理《吴平斋家训》,《古今》半月刊第40期,第31页。

②《两罍轩尺牍》卷十,致吴大澂函第21通。

章只能润身一语，却也对吴大澂在公余勤于访古治学，深加赞赏，晚年更有意将力所不逮之事，托付于吴大澂。

咸丰十年（1860）八月韩崇去世后，吴大澂旋入参吴云幕府。从现存吴氏《辛酉日记》所记，咸丰十一年（1861）一至三月间，吴大澂在吴云处陆续观其所藏书画古器。如一月初四日日记云：

> 至陈家木桥，谒吴平斋太守，见四王、恽、吴扇面画册，内有八大山人、石涛和尚两帙，尤为奇妙①。

初十日，吴大澂又往吴云处，见其外祖父旧藏魏文靖手札真迹卷。吴云并托以四王、恽、吴扇交刘清翰斋装裱，吴大澂将之带归寓中，得以冰梅素面临王麓台仿大痴设色秋山一幅。

同年（1861）一月二十五日，吴大澂移住俞家衖厘捐局，住第二进楼上东厢。吴云出示田黄印章三十余方，吴氏日记谓：

> 皆极精珍品，中有田白数方，质尤温润而明净，微带萝卜纹，得未曾见。罗列几案间，炳烛而观，令人银海生花，应接不暇，世间珠宝翡翠，不足珍也②。

二月朔，吴云接到江北寄到书画箱，吴大澂又得以饱览平斋所藏书画。同时，吴大澂也应命为吴云刻印画图，料理文墨。吴大澂《辛酉日记》对当时之事，详载如下：

> （一月）二十八日，……代居停题吴冠云《海上观云图》（五古）。
>
> 二十九日，……居停嘱刻牙章“理同事异”四字细朱文，又索绘扇面山水二。
>
> （二月）十一日，晴。居停以田黄精品嘱刻“归安吴云平生珍秘”八字细朱文。

①吴大澂《辛酉日记》，稿本，上海图书馆藏。
②吴大澂《辛酉日记》。

十七日，晴。居停索画帐，颜仿汤禄名，人物横披，略为变化。邻女效颦，自惭形秽耳。

二十一日，晴。居停出“虢季子白盘”拓本，嘱题其首，并录释文一篇于下。

三月朔日，晴。居停嘱画书，惟写梅花两枝。

初六日，……为居停绘“遂启祺鼎”。是鼎有铭十二行，百三十四字，向为叶东卿先生所得，携置金山，今已付之劫火。居停此拓有文无器，因属补图于下。

初八日，……为居停刻封完印信，仿汉白文。

按：吴冠云即主持海上苹花社之吴宗麟，吴大澂当时亦曾入社参加雅集。从吴氏日记中有关记录看，计为吴云刻印三次，绘画三次，题词两次，摹图一次。虽然当日文人多通艺事，但如吴大澂之擅长书画篆刻，并精于摹绘古器者，却并不多见，故吴云对他颇为倚重。吴大澂入幕之初，上海局势尚还稳定，故此时主要为吴云办理笔墨文案。此后，因势渐趋严峻，吴大澂与吴云宾主二人始专心办理松江防务。

同治元年(1862)，吴大澂入京应试，场后留京两年有余。直至三年(1864)南下应江南乡试，才与吴云再次相见。从同治二年(1863)起，吴云应亲家常镇道许道身之请，开始编修《焦山志》。此志最后编订成二十六卷，其中涉及钟鼎彝器、金石碑刻者计有七卷之多。由于深知吴大澂精于金石之学，吴云乃力邀其参与编辑事宜。当时吴大澂在致应宝时函中曾提及：

大澂为退楼主人助修焦山志书，终日伏案，讨搜旧闻，聊任钞胥之事。读书功课，为俗务所牵，半归颓废，清夜自维，且愧且惧①。

从此函中吴氏称研读宋明诸儒之书，回首十载，以及苏城恢复等语，可知必作于同治三四年间。据同治十二年(1873)吴云致吴大澂函有云：

---

①《吴大澂书札》，国家图书馆藏。

《焦山志》早已蒇事,《周鼎考释》一篇,特属鹤笙弟用极薄东洋纸录出,寄请斧削。《山志》现已刷印,将来拟将焦山金石另刻专书,尊意如何?①

可见,吴大澂当时所主修者,确实是金石类。上海图书馆所藏《愙斋杂稿》中尚存《焦山金石志》残稿,仅存第四、第五、第六、第十二页,共四页,计宋代十四条、元代一条、明代二条,无疑是当时编订《焦山志》所残存之草稿。

关于前文所引《辛酉日记》言及,咸丰十一年(1861)吴大澂在吴云幕府中时,曾为之摹绘遂启諆鼎图形,此鼎即藏于焦山,本应入《焦山志》,详加考订,而今独略之。对此,今人王献唐所作《吴愙斋先生年谱校记》就年谱中同治十二年焦山僧人曾寄拓本至京,吴大澂致函王懿荣,言及此拓"尚有原字,显然可睹,留此作证据"一条,曾作按语云:

遂启諆鼎原止九字,为"遂启諆作庙叔宝尊彝"。陕贾从其四面伪刻字三百,售之叶东卿,东卿不察,为作考释,辇置金山,并以考释刻石。陈簠斋知为伪刻(刘燕庭、鲍子年亦皆知之)多字,曾告京友,为东卿所闻,甚怒。后簠斋出燕庭所藏鼎文原拓九字证之,人无间言,而东卿怒仍不解也。此事颇为当时一掌故,愙斋函中云云,即指此事②。

其实,吴大澂与吴云正因熟知此段掌故,所以对此鼎未作深究。吴云在致吴大澂书札中曾加以帮助:

东卿先生所得之遂启諆鼎,原旧款识本两行,其余篆文闻为苏氏兄弟伪刻。此说翁叔均常言之,盖闻诸燕翁、寿卿诸君也。此鼎东卿师送置金山,山寺为贼所燬,鼎为寺僧埋藏得免于劫。……深惜伧父渔利,以字多可得价,添此蛇足,使三千年重器鱼目相混,言之堪痛恨。仆以师门古物,不便深言,故此鼎虽在焦山多年,《志》中不著一字,良有以也。来

①《两罍轩尺牍》卷十,致吴大澂第6通。

②王献唐:《吴愙斋先生年谱校记》,稿本。

谕之说，恰与鄙意相合，佩服佩服①。

吴云因此鼎有关师门名誉，故置而不论。从其复函可知，吴大澂于来信中曾言及遂启諆鼎真伪一事，认为可“存而不论”，可见其处事之得当。

从同治三年（1864）至七年（1868）四年间，吴大澂由举人而成进士，在此期间，除办理留养灾民等公益事务外，在学问方面，也受到老辈的赞许。潘曾玮编刻其父潘世恩的《正学编》，吴大澂得以商订内容，其所作笔记并被附刻书中，可见他在研究宋明理学上的造诣，受到肯定。而参与《焦山志》的编修，则是他在金石学方面的成就，受到吴云的认同。

光绪初年，与吴云同辈的金石学家如李佐贤、鲍康等，陆续下世。当时健在者，北方以陈介祺为代表，南方则吴云为硕果仅存，沈秉成、李鸿裔等收古物，常请吴云过目②。潘祖荫与吴大澂两人，则被诸老视为后进③，尤其是吴大澂年富力强，并勤于学问，不同于潘氏之久羁京师，政务缠身，难以专心治学。所以，吴、陈二老均乐与之往来，时时有建议合著一书，或以无力完成之著作相托付。

道光二十五年（1845），吴云与陈介祺在沈兆霖家中订交④。此后因战乱，断绝音信十数载，再通书札时，两人均已年逾花甲。吴氏与陈氏志同道合，为至交好友，但两人体质、性格以及治学之态度，却不尽相同。吴云较陈介祺年长两岁，虽仅比后者早一年去世，但其晚年体质却远不如陈氏。从吴氏晚年信札所述，他时常卧病，很少出门，曾赴上海看西医。反之，陈介祺晚年连得子女数人，且书札洋洋数千言，无一懈笔，可见其精力充沛，远胜于吴氏。

由于体质精力上的差异，吴云与陈介祺两人对待著作之态度，在晚年

①《两罍轩尺牍》卷十，致吴大澂第7通。

②《潘郑盦致吴愙斋书札》第286通云：“李眉生、沈仲复所得全恃平斋为耳目。度极真极精者，平老必自留之。”顾廷龙抄本，苏州博物馆藏。

③《两罍轩尺牍》吴云致鲍康函第5通有云：“海内金石同志，止此数人，非老即病，独簠斋精力弥健，耆古弥笃。郑盦广搜博采，所获既多且精，年富力强，名位隆盛，学识又足以副之。清卿继起，用力尤锐，心思精到，将来所造，皆未可量。”

④《两罍轩尺牍》卷七吴云致潘曾绶函云：“忆乙巳年，弟下榻沈文忠公寓斋，寿卿与老亲家同日过访，是为三人订交之始，今皆白发飘萧，六十以外老翁矣。”

更趋明显。较之陈介祺治学力求精益求精,吴云则倾向于速成。当时,吴中真率会中诸老,年纪与吴云相仿,虽亦收藏金石碑版,却更喜谈书画,故吴云谓:

吴中谈书画者,如子山、香严、筱舫、仲复即张子青先生,颇不乏人。独金石考证之学,落落寡俦,大抵三四同志,多在数千里外。寿老月必通书,亦常提及恒轩、郑盦。……而吾恒轩年力最富,学识至优,文章政事,远可追欧阳文忠,近则直继阮文达,蕲为一代大儒,非老朽所能望肩背也①。

吴云并非无后人,其子吴承潞与吴大澂为知交好友,亦好书画金石,且在苏州、太仓任官,常迎养乃翁至官署中,但承潞最嗜古泉,于文字考证之学,不甚留意,未能传乃翁之学。因此,吴云转而对吴大澂深抱期许,其在光绪二年(1876)致陈介祺函中有云:

清卿年力富强,好古既专,用志又锐。此次视学秦凉,正当兵燹之后,金石之散置于人间者,未必有人过问。而清卿轺车所至,校试之余,四出搜罗,三年之中,所得如此之富,此固金石缘深,造物特以所处之境,玉汝于成也。关中金石自燕庭先生搜括之后,阅三十年而清卿继之,从此冀北群空矣②。

对于陈介祺之学养及其收藏之富,吴云固然推崇备至,但对其对著述之要求尽善尽美,不无微词。他在致李佐贤、鲍康、潘祖荫及吴大澂等人书札中都曾谈及此事,其中致潘祖荫函言之最具代表性:

子年书来,谓簠斋收藏豪富,乃谆劝他人刻书,而自己转无著作,且编纂之书,亦所未见。子年深以为异。实则簠斋心眼过高,不肯稍稍牵就,前年来信,欲荟萃先秦两汉以至六朝官私古印,成《印举》一书。以

①《两罍轩尺牍》卷十,致吴大澂第7通。
②《两罍轩尺牍》卷九,致陈介祺第19通。

已之所藏，再合他人所有汇为一书，洵属大观。云虽心以为然，却知其未必能成。盖簠斋作事，每每精益求精，务欲人人叹为空前绝后，无毫发之憾而后已，任此役者，势必因难生畏，望而却走。今阅三年，鄙言不幸而中。曩时又商集先秦古器款式，汇刻成书，为《积古斋》之续，云允与执事相助为理，后即奉书左右，果蒙欣然相从。复又专函转告，一再怂恿，现又束之高阁，不复置议矣。世固有轻率授梓，灾梨祸枣，诚属可鄙，然过于求精，遂至心高手硬，因噎废食，亦所不取也①。

吴云在此并非有意于背后贬损老友陈介祺，主要还是想劝戒同道，于著述一事，不能过于苛求，否则容易因噎废食，此从吴云致陈介祺函中可以得到证明②。

吴云本人不但勤于撰述，同时也积极筹划刊刻事宜。对于金石学著作的刊刻，与一般经史著作、诗文别集要求有所差异。此类著作除了文字考释之外，尚需摹绘器形铭文，延请良工雕刻，试印后再经修整，才能正式刷印。其中摹绘器物，与上版雕刻、依样修版，需要专门人才，非常人所能措手。前辈学者如浙江籍金石学家张廷济，其刊刻金石类书籍，即主要依靠胡裕(衣谷)、张辛(受之)二人。吴云为刻书，也长期延请名手李锦鸿、张玉斧二人。其中，李氏曾受教于金石僧六舟达受，精于摹拓，深为吴荣光、刘喜海及吴云等赏识。张玉斧名屿，其父张萃山为名刻工，他因受家庭影响，遂精于此技。同治初年，翁同龢因京中刻工不佳，曾托吴大澂将其父翁心存墓志专程寄苏，请张玉斧操刀。同治十二年(1873)，吴大澂自京师致吴云函，即提及觅良工之不易：

此间梓民刻图尚工，款识往往失神，却有一二佳者，未能欲速，一促迫之，便以他手滥充。俗工刻钟鼎文，大率有三弊，起笔刻圆，转折刻方，

①《两罍轩尺牍》卷八，致潘祖荫第18通。

②《两罍轩尺牍》卷九致陈介祺第3通云："南中自兵燹以后，手民之劣，以及纸张刷印，无一可以入目，兼之各省书局、舆图局皆选良工，稍有本领者，皆为罗致而去，迥非乱前可比。兄眼界过高，倘不肯降心相从，必欲如从前之精益求精，转恐有因噎废食之患。大约刻金器，首重篆文，此外皆可从略也。"

粗细刻匀，如此便类小篆，大失古意，不如尊处有张玉斧，无此三弊也①。

陈介祺处，摹拓则有王石经、陈佩纲二人。陈氏后入吴大澂幕府，卒于河南。除了摹拓、雕版需得人之外，好纸佳墨，也是刻书所必不可少之物。吴大澂在西北访拓古碑，即因无适用之纸，不能多拓。陈介祺也曾托吴云在南方购纸，以备摹拓、写样。吴云身在苏州，各方面条件视陈介祺自然更为方便。不过，以上均属客观条件，尚可设法克服，最主要的原因，仍是两者主观对待著作态度上之差异。

吴云早年辑金石考证之作，编刻为《二百兰亭斋金石文字记》三卷，至晚年因所藏益富，故复加董理，重刻《彝器图释》一书②。并欲将家藏百数十面古镜，编刻为《古镜录》。因获陈介祺函，言及其家亦藏古镜颇多，刻镜一事因此中辍。后吴大澂在陕甘学政任上，搜获古镜数十种，吴云闻讯后重起刻镜之念，为此曾致函吴大澂，与之商议：

尊处新得古竟，汉魏以来，共有七十余种，令人艳羡不已。寿老寄来藏竟拓本一百六十余种，合三家所有，已在三百以外，倘能选择其字文之至精者刻之，亦可以补金石专书所未备。《西清古鉴》多内府奇珍，不敢比拟，此外如《宣和博古图》及世传各种金石书，附刻古竟皆不过数十种。仆自以所藏一百三十余种颇足自豪，于是有《古竟录》之刻，工将及半，后知寿老藏竟之富，因遂辍业。今吾恒轩又有七十余种之多，……仆老矣，体又多病，伏案稍久，便觉心火上升，时有不适。今夏将《古印考》一书补录续得各印，务欲克期蒇事，中间颇有出瞿氏《集古官印考证》之外者。至古竟之刻，惟望吾恒轩成之，剞劂之费，仆当力任③。

《古镜录》最终未能刻成问世，究其原因，似是吴大澂对待著作之要

①《吴大澂尺牍》。

②吴云本拟将家藏古印附入《彝器图释》，后因陈介祺建议而将古印单刻为《古官私印考》。说见《两罍轩尺牍》卷九吴氏致陈氏第二通："弟所辑《吉金图释》皆一家之器，本欲仿《啸堂录》例，将古印附刻于后。嗣因卷帙稍多，考例较详，意欲另编成集。正在迟疑未决，适得手教，遂决意另编矣。"

③《两罍轩尺牍》卷十，致吴大澂第7通。

求，更接近于陈介祺。同治十二年(1873)春，吴大澂接获吴云所寄来之《两罍轩钟鼎彝器图释》样本后，在致王懿荣书札中，颇以其收录失之太滥为言，坦言自己“所欲刻之品，须精而又精，宁少毋多”。不过，吴大澂深知吴云对自己之关切与期望，始终事之甚恭，在京时，曾为吴云代购鹿胎之类药物，赴西北任官后，仍不忘寄赠金石拓片，时通音问，商订彝器文字。同治十三年(1874)夏，吴云在信中言及昔日与陈介祺所议合编古器图录之设想，其函有云：

> 当今金石之学定推寿卿，收藏之富，敻绝今古，尚犹孜孜不倦，广为搜罗。仆月必接其一二书，商及刻三代文字。仆谆属其就收藏之彝器拓本八九百种，选择其字多而精确者，仿薛、阮二书之例，倩好手精刻，即为阮书之续，其字少无关考证者汰之，亦足继往开来，决为必传之作。乃其必欲依许氏《说文》部首，创例成书，穷年累月，正不知何时始得告蒇。郑盦谓其刻意求工，转致因噎废食，有以哉①。

从此函所述，吴云提议仿阮元《积古斋钟鼎彝器款识》之例，著录阮氏未收之古器，编成一书。陈介祺则认为，按照许慎《说文解字》部首顺序，依次著录三代文字。从文字学研究角度看，陈介祺所设想，似是在充分研究文字基础上，编纂一部性质与现代学者容庚所著《金文编》相类似的著作。其学术价值之高，自非一般之古器图录所能比拟，但其编纂难度也不容小视。反之，吴云所说在当时更具可行性，其立足整理保存原始文献的观点，确实值得肯定。

吴大澂对吴云所述编辑彝器图录一事，颇有赓续其事之意。光绪二年(1876)腊月，吴大澂请假回苏后，曾就此事与吴云详加面谈。吴云因此寄希望于吴大澂，助其实现夙愿。两人商议之后一日，吴云又作长函，

①《两罍轩尺牍》卷十，致吴大澂第5通。此函中提及郑盦云云，似即同书卷八致潘祖荫函第8通所云：“簠斋为当代传人，惟其天性好胜，所作务要出人头地，刻意求工，转致因噎废食，即如汇刻先秦文字一端，若照薛、阮二书之例，选择器之多而精确者，得好手影摹之，再得我二人相助为理，此书一出，亦足继往开来，决为必传之作，乃欲依许氏《说文》部首创例成书，条件既繁，诠证匪易，穷年累月，不知何日得成。来谕谓其刻古金文一事不能成，想即指此也。”

就编书事细加申述：

昨所商辑刻三代款识，愚意就现在各家所有彝器并收藏款识拓本，择其篆文精美者，仿《积古斋》例钩摹锓版，即为《积古》之续，计算出各器与旧时著名之品，及器逸而拓本存者，大约至少可得八百种。其一二字而无关考证者汰之，比《积古》所录，已加倍之多(积古斋止四百余器)，亦可谓集一时古文之大观也。鄙人蓄愿未偿，今得老阮台同有此意，实为至幸，特将昔年与让之诸君商辑残稿奉阅。此稿无甚考释，不能有所裨助，姑作喤引而已。请从速属草，先将拓本选择标明目录，次第钩橅，释文有考者录之，疑者阙之，不必穿凿，总以传古文为主，将来剞劂之赀，鄙人独任，此书成后，署某某同辑。……往年寿卿欲作此书，鄙人再三敦促，许以相助为理，而狃于体例未果。今仆精力日衰，心思益拙，……前日闻老阮台竟有同志，喜幸真难言喻。至云橅取钟鼎文字，编韵成书，俾学者易于繙查取证，此虽盛举，似可从缓①。

从此函所述来看，当初除吴云、陈介祺两人外，参与其事者尚有吴让之(熙载)等，而且吴云与吴让之已着手摹绘古器，终因与陈介祺在体例上的分歧，未能成事。吴云对此一直耿耿不能释怀，至晚年已无力重拾旧业，故将之托付吴大澂，以为得人。光绪三年(1877)四月，吴大澂入都后，吴云于书信中仍为此不断督促之：

续《积古斋款识》鄙意深盼速成，务必将目录编定，酌分若干种，归鄙人相助为理，钩橅脱稿，即可付刻，约二年可期蒇事。传三代文字，以裨来学，此不朽之盛业也，幸勿视为缓图。至祷至祷②。

然而此后两年间，吴大澂忙于赈灾，奔走各地，实不暇专心治学。但未忘前议，在京时，吴大澂就曾与潘祖荫言及此事：

①《两罍轩尺牍》卷十，致吴大澂第9通。
②《两罍轩尺牍》卷十，致吴大澂第10通。

前在苏时，退楼丈欲与大澂同刻《款识》，仿严、姚之例，愿任刻费。鄙意吾师藏器藏拓最富，亦必乐闻其事，即簠斋丈、廉生如欲同纂，不妨并列，其体例仍依阮刻，以器为次序，首钟，次鼎，次敦彝（皆名敦，从簠斋说），次酒器（壶、卣、尊、斝、角、觚、爵、觚、觯之属），次烹饪器（甗、鬲之属），次盥器（般、匜），次兵器。如簠、簋盛黍稷之器，宜在鼎敦之后。释文考据，皆不可无。唯释文去其穿凿，考据去其繁冗，不可释字依本文释之①。

吴大澂所言，与吴云之设想，颇相近似。至光绪五年（1879），升任河南河北道后，始稍得闲暇。同年七月，吴云在书札中敦促吴大澂实践前约：

行馆轩爽，几案清洁，早晚赴工督办厢埽之外，得以暇晷从事翰墨，钩摹彝器文字，一半月间可得一二百种。秋冬事简，明春期成书，寄南付刻。此蓄志三十年未得遂愿之事，今可睹厥成功，闻之老怀顿开。直欲距跃三百，谨当预觅良工购版以俟。鄙意此书卷帙不少，非旦夕可蒇，将来钩出若干种，应即寄下，以次授梓，不必待成书之后始锓版也。鄙人年老多病，簠斋牵于家务，斗米尺帛，俱欲亲自料理，耆古虽笃，不能专心著述。海内一代作家，断推恒轩，实至名归，欲退让而不可得者②。

此函所述，似吴大澂曾致函吴云，告以在办公之余，确曾摹绘古器，从事考证。本以为数月之后，书稿将粗加编定，不料吴大澂竟因公务繁剧，未能按时竣事。次年（1680）春，吴大澂又奉命赴吉林帮办一切事宜，以至编书一事，一再迁延，直至光绪九年（1883）吴云去世，终未能竣事。

光绪八年（1882）夏，吴大澂自吉林致书吴云，附告正在撰写《说文古籀补》，吴云退而求其次，覆信称愿为其刊刻此书。在同函中，吴云仍念念不忘续刻阮氏《款识》一事，其函云：

---

①《吴大澂尺牍》致潘祖荫第71通，稿本，国家图书馆藏。

②《两罍轩尺牍》卷十，致吴大澂第16通。

承示入春以来杜门五十日，考订籀文，多有创解，所撰《说文古籀补》一书，约千余字，重文数百字。旧释不可信者，概从阙略，附于卷末，则别为一篇。此书若出，不独篆籀之学藉为依考，而于许君亦实有匡益，洵不朽之盛业也。剞劂之事，仆当任之。昔年与恒轩及让之兄商辑先秦古器款识，拟为阮氏《积古》之续，所约已逾十年，迄未能践。总之，此事过求精，必致因噎废食。鄙意一经脱稿即寄来，附去东洋纸三十页，以备缮写，即以原字上版，籀篆非尽人能写也①。

据体例来看，《说文古籀补》是依照许氏《说文》部首顺序，著录古文，其形式无疑近于陈介祺当年所主张者，惟其规模略小而已。但此书仅摘录古器文字，未附原器形制及款识全文，不存古器原貌，是其不足之处。

其实，吴大澂从与吴云商议之后，直至后者去世，十余年间，并未忘记当年所议之事，他在撰写、修订《说文古籀补》的同时，仍从事于古器拓片、款识之搜集与考释。

光绪十三年(1887)八月，吴大澂所撰《毛公鼎考释》一篇，以《周诰遗文》之名，由上海同文书局石印问世，此文后收入《愙斋集古录》。《愙斋集古录》虽是吴大澂身后始由王同愈、吴本善、吴湖帆等整理出版，但在其生前期稿已初具规模。全书收录古器千余种，其范围正如吴云所言，为当时“各家所有彝器并收藏款识拓本”。至于所附考释文字，亦本“有考者录之，疑者阙之”之旨。而对各器款识之考释，间有牴牾之处，此为各器随得随录，最后整比成书之旁证。

《愙斋集古录》稿本二种，今藏上海图书馆，一全一残。上图并藏有《集古录目录》残稿数种。结合目录与稿本看，吴大澂编辑此书之程序，似与吴云书札中所述相同。而两种《集古录》稿本中，全者后出，凡十二册，多用拓片黏贴，再加考释，此即目前通行影印本之底本。不过此本付印之后，又经吴湖帆改装，以致其与影印本已有所不同。至于残本，现存四册，与全本无论著录器物数量及次序，均与付印底本不同，全稿所用拓片，均是吴大澂亲手摹绘，文字考释无多，与影印底本相比，稍嫌粗略。故

①《两罍轩尺牍》卷十，致吴大澂第21通。

疑此残本,或即吴大澂于光绪五年(1879)所亲手钩摹之物,后又重装成册而已。

比较两稿可知,残稿四册仍沿袭宋元以来,钩摹器形、款识之传统,与阮氏《积古斋钟鼎彝器款识》可谓一脉相承。此法虽能再现古器之整体形貌,但由于缩小钩摹之后,难免会失真,尤其是铭文款识,对于研究古文字而言,点画丝毫之差,其结论可能会谬以千里。吴大澂之所以忍痛割弃前人钩摹全形之传统方式,选择以古器拓片为主,附加考释,编订成《集古录》,正是其一贯治学求精之态度所致。容庚在《清代吉金书籍书评》中曾评此书曰:"我对于宋代摹本铭文,觉得失真太甚,……吴氏此书所编的字,皆据拓本,去伪存真,慎重摹写,为字书空前的著作。虽现在看来,间有误释的字,尚待修正。但近人一再续补,尚未能跳出他的范围。"①容氏一语中的,堪为定论。

吴云与吴大澂两人之交往,从咸丰末年至光绪初年,凡二十余载。吴云以其为挚友之后,以子侄视之,对其才干、学识均甚为赏识,以其为同辈中之佼佼者。无论是为政,抑或治学,吴云对之都时加勉励,晚年更有意将未成之著作,托付予吴大澂,并愿为吴大澂刊刻著作。吴大澂接获吴云讣音时,人在东北,据《北征日记》所载,他曾发唁信于吴承潞,挽联中有"古籀文字,只恨一编"之语,似即念念于两人昔日所议编书事,未能在吴云生前实现。

①《容庚文集》,广州:中山大学出版社,2004,第137页。

华燧会通馆活字印本丛考

刘向东

（中国扬州雕版印刷博物馆）

明弘治年间，江苏无锡苏州一带流行用活字排印书籍，至今存世有十数种，其中华氏会通馆领风气之先，用活字印书十余种，最为有名。据《中国古籍善本书目》①（下文均作《善本总目》）著录，弘治三年（1490）华燧会通馆铜活字印本《会通馆印正宋诸臣奏议》为最早。因此，几乎所有的印刷史、版本鉴定教科书都将此书定为最早的中国汉文铜活字印本，其在活字印刷史上的重要地位不言而喻。笔者全面收集相关华氏活字的研究著作和文章，研读后发现，研究方法偏重于史料考证，极少见有研究者对华氏活字原本进行目验。于是费时两年对存世的所有华氏活字印本做了目验，结合史料文献，对华氏活字本重新进行鉴定，在此基础上，提出版本鉴定意见，并对学术界关于华氏使用活字材质的争论提出新看法。

《善本总目》共著录华燧及会通馆弘治五年（1492）、八年（1495）以及稍后的活字印本计 10 种。详见下文。

沈津先生《书城风弦录》介绍有会通馆的活字印本 3 种，《善本总目》均未著录。它们是排印于弘治十年（1497）的《会通馆校正音释诗经二十卷》《会通馆校正音释春秋十二卷》和排印时间不详的《会通馆校正音释

①中国古籍善本书目编委会：《中国古籍善本书目》，上海：上海古籍出版社。

易经四卷》。《诗经》《易经》分别藏美国哥伦比亚大学东亚图书馆和加拿大英属哥伦比亚大学图书馆。《诗经》还附有书影两帧。①

此外,《善本总目》还著录明刻本《会通馆印正文苑英华纂要八十四卷辨证十卷》,中国国家图书馆等5家藏。虽是刻本,字体版式均极似华氏会通馆活字印本,判断当年必有活字印本传世。故本文也将其一并纳入考察。

张秀民、钱存训、傅增湘诸先生在著作中,或详或略的记载有华燧或会通馆的其他活字印本,因为不见确切存世记录,无法经眼验证,不能确定是否就是华氏活字印本。另外,私人藏家和海外(如日本)或许还有华氏或会通馆活字印本存世,因缺乏信息,容再考。

本文的考察范围即是上述有存世记载的14种华燧及会通馆活字印本。

一、对现存华燧会通馆活字印本版本的梳理

1.《锦绣万花谷四十卷后集四十卷续集四十卷》,9行17字,框高23.9厘米,宽16.3厘米。版心上印"弘治岁在/玄黓困敦"(弘治壬子,五年)两行,下印"会通馆活/字铜板印"两行。黑鱼尾,双栏。《善本总目》著录:明弘治五年华燧会通馆铜活字印本。(书影1、2)

按:《善本总目》著录国家图书馆藏一部。从书影判读,国家图书馆实际藏有2部。依据是两本相校,许多字字形相近但非同一字。比如首行题目"万花"两字、第三行"九关虎豹"中的"虎"字;特别明显的是第八行双行小字第二行的第二字,书影1作"此",书影2作"北"。说明两本不是一版,而是两次重排之本。

2.《锦绣万花谷四十卷后集四十卷续集四十卷》,9行17字,框高23.6厘米,宽16厘米。版心上印"弘治岁在/阏逢摄提格"(弘治甲寅,七年,1494)两行,下印"会通馆活字铜板印"两行。单栏。《善本总目》著录:明弘治七年华燧会通馆铜活字印本。(书影3)

①沈津:《书城风弦录》,桂林:广西师范大学出版社,2006,第24—27页。

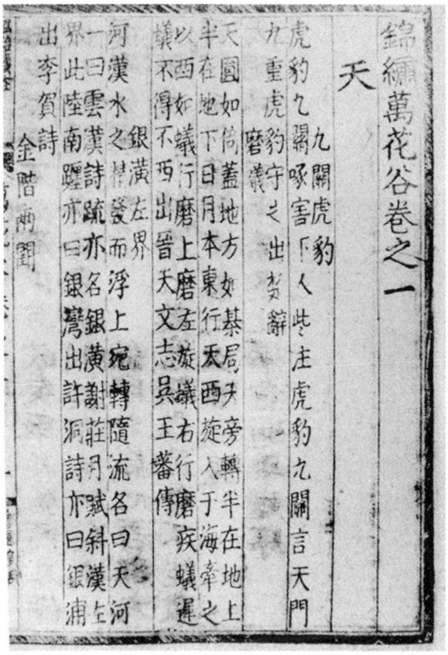
錦繡萬花谷卷之一

天

虎豹九關九關虎豹啄害下人此注虎豹九關言天門

九重虎豹磨牙守之出楚辭

天圓如倚蓋地方如棊局天旁轉半在地上半在地下日月本東行天西旋入于海牽之以西如蟻行磨上磨左旋蟻右行磨疾蟻遲不得不隨磨西出晉天文志吳王蕃傳

銀漢左界河漢水之精發而浮上宛轉隨流名曰天河一曰雲漢詩疏亦名銀漢謝莊月賦斜漢左界此陸南躔詩疏亦曰銀灣出許渾詩亦曰銀浦出李賀詩

金階兩鬪

书影1：锦绣万花谷，明弘治五年印本。第八行双行小字第二行的第二字作“此”

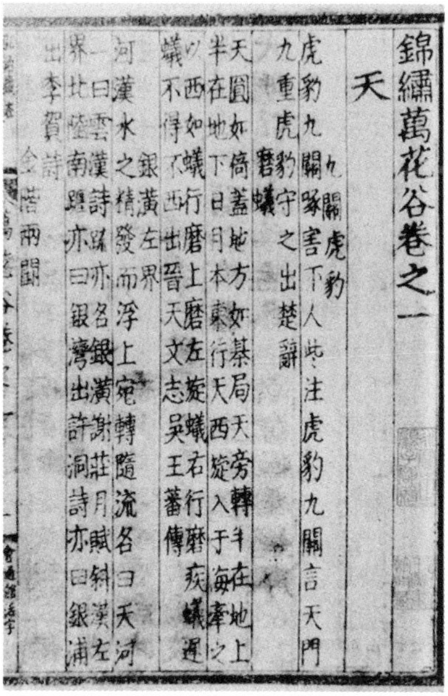
錦繡萬花谷卷之一

天

虎豹九關九關虎豹啄害下人此注虎豹九關言天門

九重虎豹磨牙守之出楚辭

天圓如倚蓋地方如棊局天旁轉半在地上半在地下日月本東行天西旋入于海牽之以西如蟻行磨上磨左旋蟻右行磨疾蟻遲不得不隨磨西出晉天文志吳王蕃傳

銀漢左界河漢水之精發而浮上宛轉隨流名曰天河一曰雲漢詩疏亦名銀漢謝莊月賦斜漢左界北陸南躔詩疏亦曰銀灣出許渾詩亦曰銀浦出李賀詩

金階兩鬪

书影2：锦绣万花谷，明弘治五年印本。第八行双行小字第二行的第二字作“北”

按：《善本总目》著录仅上海图书馆藏，存三十八卷①；版心上印“弘治岁在/阏逢摄提格”（弘治甲寅，七年）两行。应该是弘治七年印本。另见台北“国家图书馆”网站②著录美国国会图书馆藏两部，南京图书馆藏后集目录一册。

3.《会通馆印正锦绣万花谷一百卷》（或名“锦绣万花谷一百卷”），7行13字，框高16.1厘米，宽12.7厘米。白口，黑鱼尾，左右双栏。版心上有刻工（排印工）“邹杲、邹、广、员、儿”等。《善本总目》著录：明华氏会通馆铜活字印本。（书影4）

①索书号：线善825693-704。后集一至十六、三十五至四十、续集十七至三十二。

②台北“国家图书馆”古籍影像［DB/OL］：http://rarebook.ncl.edu.tw/rbook/hypage.cgi?HYPAGE=search/search.hpg&flag=d。

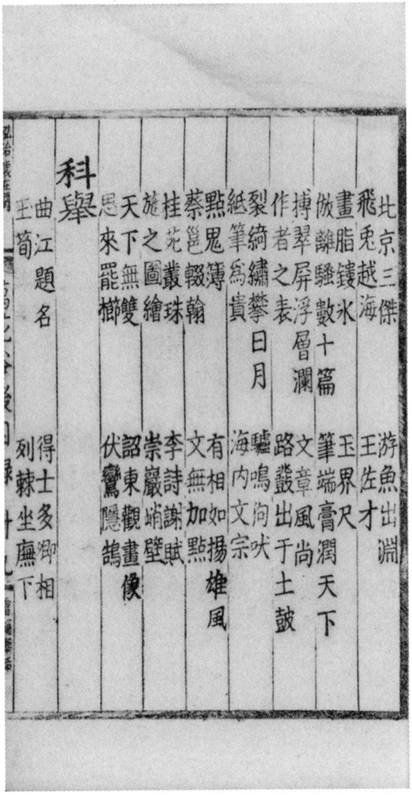

北京三傑　游魚出淵
飛兎越海　王佐才
畫脂鏤水　玉界尺
倣雕騷數十篇　筆端膏潤天下
摶翠屏浮層瀾　文章風尚
作者之表　路叢出于土鼓
裂綺繡攀日月　驢鳴向吠
紙筆爲貴　海内文宗
黜鬼簿　有相如揚雄風
蔡邕輟翰　文無加點
桂花叢珠　李詩謝賦
旌之圖繪　崇巖峭壁
天下無雙　詔東觀畫像
思來罷櫛　伏鸞隱鵠
科舉
曲江題名　得士多御相
王篇　列棘坐廡下

书影 3：锦绣万花谷，明弘治七年印本。“言”字第一笔写作竖

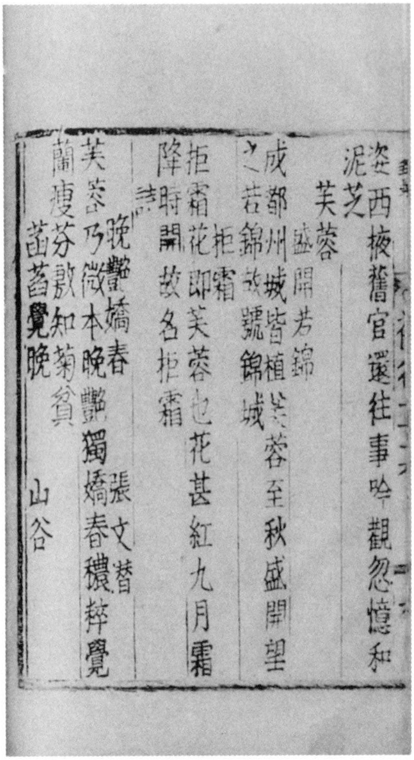

姿西掖舊官還往事吟觀忽憶和
泥芝
芙蓉盛開若錦
成都州城皆植芙蓉至秋盛開望
之若錦故號錦城
拒霜
拒霜花即芙蓉也花甚紅九月霜
降時開故名拒霜
詩　晚艷嬌春　張文潛
芙蓉乃微本晚艷獨嬌春穠萃覺
蘭瘦芬敷知菊貧　山谷
菡萏覺晚

书影 4：会通馆印正锦绣万花谷，明华氏会通馆活字印本。“言”字第一笔写作横

按：上海图书馆藏一部，题名《锦绣万花谷》，存九十六卷①。台北“国家图书馆”藏两部，题名《会通馆印正锦绣万花谷》，一部存九十九卷（缺卷四），一部存八十五卷②。上海图书馆藏本卷五末一行题“印正锦绣万花谷卷五”，其余各卷题作“锦绣万花谷卷□”。据版式字体判断，和台湾藏《会通馆印正锦绣万花谷一百卷》为同一版本。

华燧排印《锦绣万花谷》有两个版本系统，一是 9 行本系统，是按宋本前集四十卷后集四十卷续集四十卷排印的；另一是 7 行本系统，卷次和

①卷一至六、九至十八、二十至二十三、二十五至一百。

②卷一至二、九至二十五、三十一至三十四、三十九至一百。

9行本分为前集后集续集各四十卷完全不同，将前后续集的相同门类的内容，重新编排为一百卷，文字也有较大的差异，书名也改为《会通馆印正锦绣万花谷》。

简单说，《锦绣万花谷》的弘治五年印本有两种版本：《中国印刷史》所附的两页书影正好分别就是两版。弘治七年印本又是一版，当是弘治五年印本的修改重排版。比如，五年印本卷十第七页第五行小字第六字作“亭”，七年印本改作“院”。由此可见，仅九行本《锦绣万花谷》，华氏就先后排过三版。加上七行本，华燧先后排印《锦绣万花谷》至少四次。从现存的四种不同版本可以知道，华燧编印《锦绣万花谷》时花费精力最多。他将宋代一百二十卷本《锦绣万花谷》，先后排印了三次，同时还在进行将其改编为一百卷的工作。“会通华君传”中“（华燧）好校阅同异，辄为辨证，手录成帙，遇老儒先生，即持以质焉”①，大约就是对华燧痴迷编辑排印《锦绣万花谷》时的真实写照。

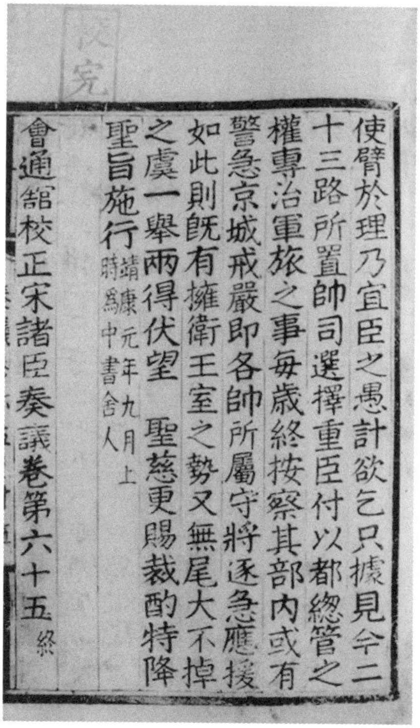
校完
使臂於理乃宜臣之愚計欲乞只據見今二
十三路所置帥司選擇重臣付以都總管之
權專治軍旅之事每歲終按察其部內或有
警急京城戒嚴即各帥所屬守將逐急應援
如此則既有擁衛王室之勢又無尾大不掉
之虞一舉兩得伏望 聖慈更賜裁酌特降
聖旨施行 靖康元年九月上時爲中書舍人
會通舘校正宋諸臣奏議卷第六十五 終

书影5：会通馆校正宋诸臣奏议，明弘治五年印本。注意上面的“校完”朱戳

经比对，明嘉靖十四年（1535）徽藩崇古书院刻本《锦绣万花谷》翻刻于弘治七年会通馆活字印本。《锦绣万花谷》弘治五年印本边框为双栏，弘治七年印本则为单栏。崇古书院本为单栏，和弘治七年印本版式一致，字体风格及细节和七年印本几乎分

①《华氏传芳集》，明嘉靖十一年（1532）华从智刻隆庆六年（1572）华察续刻本，卷十五。

毫不差。看来,华燧较为满意弘治七年的《锦绣万花谷》活字印本,此后未见有新排印本。

4.《会通馆校正宋诸臣奏议一百五十卷》,9行17字,框高23.9厘米,宽16.3厘米。大黑口,双栏。《善本总目》著录:明弘治华燧会通馆铜活字印本。(书影5)

按:《善本总目》著录三部。据查,均为残本。中国社会科学院文学研究所存十七卷①,上海图书馆存二十一卷②,天津图书馆存二卷③。

台北"国家图书馆"藏一部。索书号:212.2 04830,存二十三卷④。

美国哈佛大学哈佛燕京图书馆藏一全本。《美国哈佛大学哈佛燕京图书馆中文善本书志》著录:弘治三年排印;藏全书"一百二十册"。⑤《书丛老蠹鱼》则著录:"哈佛燕京图书馆藏的《会通馆校正宋诸臣奏议》是大字本,一百五十卷。今存卷二至七、十一至一百五十,一百十四册。"⑥但书中明明又有卷一的书影。不知何因造成两本描述的差异。

《书城风弦录》还记载:美国哥伦比亚大学东亚图书馆藏有《会通馆校正宋诸臣奏议》第四十一卷,购于傅增湘。⑦

除哈佛大学哈佛燕京图书馆藏全本和天津图书馆所存卷三十三、三十四两卷外,其余四家所藏正好是一部书的各卷:卷十四至十七(台湾)、二十一至二十三(上海)、二十八至四十(上海)、四十一(美国哥伦比亚大学)、四十二(上海)、四十七(台湾)、四十八(台湾)、六十至七十三(文研所)、七十五(台湾)、七十六至七十九(文研所)、八十九至九十一(台湾)、九十三至九十六(台湾)、九十八(上海)、一百〇一至一百〇七(台湾)、一百三十六(台湾)、一百三十七(台湾)、一百四十(上海)、一百四

①卷六十至七十三、七十六至七十九。

②卷二十一至二十三、二十八至四十、四十二、九十八、一百四十、一百四十五、一百四十八。

③卷三十三至三十四。

④卷十四至十七、四十七、四十八、七十五、八十九至九十一、九十三至九十六、一百〇一至一百〇七、一百三十六、一百三十七。

⑤沈津:《美国哈佛大学哈佛燕京图书馆中文善本书志》,上海:上海辞书出版社,1999,第157页。

⑥沈津:《书丛老蠹鱼》,北京:中华书局,2011,第3页。

⑦沈津:《书城风弦录》,第26页。

十五(上海)、一百四十八(上海)。

此本字体版式均同《锦绣万花谷》,绝大多数书口均为黑口。因序中序后都有弘治三年年号,哈佛大学哈佛燕京图书馆就定为弘治三年排印,可能有误。经陈正宏先生目验,此书有极少数页码版心上印“弘治岁在/玄黓困敦”(弘治壬子,五年),判断此书实际排印于弘治五年或稍后。①正是这里留下排印年代的几页书口文字,透露了此书和弘治五年活字印本《锦绣万花谷》(9行本)使用的是同一批版盘,也就是说两本同出于一家刻书铺。这个发现至少在此本的版本鉴定上有着重要意义:不能无视书口的“弘治岁在玄黓困敦(弘治五年)”的年号,而将版本定为“弘治三年”印本。(此处使用的“版盘”和“刻书铺”,均有特定的意思,详细解释见下文。)

5.《会通馆印正宋诸臣奏议一百五十卷》,18行17字,框高20.7厘米,宽15.4厘米。版心上印“弘治岁在/阏逢阉茂”(弘治甲戌,经查弘治无“甲戌”年)两行,下印“会通馆活/字铜板印”两行。黑鱼尾,左右双栏。《善本总目》著录:明弘治三年华燧会通馆铜活字印本。(书影6)

按:此书现存三处。两本全,一藏北京中国国家图书馆,一藏台北“国家图书馆”;一本残,藏中国科学院图书馆,存六十八卷。

會通館印正本諸臣奏議卷第一
龍圖閣直學士開國伯趙汝愚輯
君道門
君道一
論人君之大德有三 司馬光

书影6:会通馆印正宋诸臣奏议,明活字印本。“言”字第一笔写作横。

①详见陈正宏《东亚汉籍版本学初探》上海:中西书局,2014:“卷四十二的第一、七、九、十四、十七、二十、二十三、三十二叶的版心,均留有他本中未见的版心印字,虽然不甚清晰,但综合诸叶所存,可知版心上方所印为‘弘治岁在玄黓困敦’,下方所印为‘会通馆活字铜板印’。”

经比对细节,三书虽略有差异,但确实同为一版。判断为一版的依据在于三本文字基本相同,出入不大,且绝大多数活字所在的位置大小都一样。但也存在差异。主要是文字异同(见表1)。最不像话的是正文首页书名不同。台湾藏本作“会通馆印正宋诸臣奏议”,中国国家图书馆藏本作“会通馆印正本诸臣奏议”①。据笔者不完全记录,除首页排错外,中国国家图书馆藏本的卷六卷七目录也都错排作此书名。再看看两本序文的异同,可以帮助我们了解华燧对文本的修改。(台北“国家图书馆”藏本未能目验,就首页而言,和中科院本同。故视为同版。)

表1:国家图书藏本与中科院图书馆藏本的文字异同

中国国家图书馆藏本②	中科院图书馆藏本
……有《宋诸臣奏议》之书所以不没于世也。书成于宋宗室赵公汝愚,其所选录则皆争言之有益于国家者。……书行岁久,板就湮讹,吾邑大夫荣侯忧失其传,欲重锓梓而重民费,乃俾燧会通馆活字铜板印正,以广其传。始燧之为是板也,以私便手录之烦。今以公行天下,使山林泽薮之间,亦得披览全文,开明心目,观感而兴起,吾侯之举也。 ……燧鄙且浅,不能效涓埃于光天化日之下,是书之行,庶几亦区区草莽之私云。弘治三年仲冬既望,后学锡山华燧谨序。	……有《宋诸臣奏议》之书所以不没于世也。书成于宋宗室赵公汝愚,其所选录则皆争言之有益于国家者。……书行岁久,板浸湮讹,吾邑大夫荣侯躬实,欲重锓梓而重民费,乃就会通馆活字铜板翻印,以续其传。始燧之为是板也,将私便手录之烦。今以公行天下,使山林泽薮之间,亦得披览全文,吾侯之举也。 ……燧鄙且贱,不能效涓埃于光天化日之下,是举也,庶亦区区草莽之私云。□□□□□□(此六字被剜去)既望,古吴华燧谨序。

①《北京图书馆古籍善本书目》(北京:书目文献出版社,1987)就如此著录的书名。版本则著录为“明弘治华燧会通馆铜活字印本”。

②据王文进《文禄堂访书记》,上海:上海古籍出版社,2007,第103页。

其次是书口题字的差异。必须指出,此处的文字虽少,但对版本鉴定的影响极大。台湾藏本仅见网站书影,书口上方有“阏逢岁在”四字,背面看不到;北京藏本版心上方年号则被逐页撕去。① 北京大学辛德勇先生根据所见台湾藏本半页书口的文字推测年号应该是“阏逢摄提格”,阏逢摄提格即甲寅即弘治七年,故认为此本可能是弘治七年排印。② 笔者目验中科院图书馆的藏本,书口完好。确认此书正文首页上书口处的年号是“阏逢岁在/弘治阉茂”,从第二页起改为“弘治岁在/阏逢阉茂”。《图说中国印刷史》所载台湾藏本正文首页书口所题年号即如此。依据书口年号“阏逢阉茂”当是弘治甲戌年,但弘治并没有甲戌年,故无法根据此定版本年代。大约也正因为如此,中国国家图书馆藏本的书口年号才被前收藏者悉数撕去并逐页修补,也因此形成和他本的差异。一部书,书口年号被人逐页撕去数百页,而保留序后的年号,版本鉴定者都应该问一个为什么。这也是《北京图书馆古籍善本书目》将其著录为明弘治华燧会通馆铜活字印本的原因。

《善本总目》将《会通馆印正宋诸臣奏议》的版本定为弘治三年排印,疑即根据序后所署年代,依据并不足。辛德勇先生定为弘治七年排印也有误,情有可原,因为他未见原书。

中国国家图书馆赵前先生撰《明代版刻图典》,在前言“明代刻书概述”中将《会通馆印正宋诸臣奏议》定为“明弘治三年会通馆铜活字印本”,但是在编排图版时,将弘治五年印本《锦绣万花谷》放在“活字本”的第一页,将《会通馆印正宋诸臣奏议》著录为“明弘治华燧会通馆铜活字

---

①请注意这里所谓逐页细心撕去,并逐页进行修补,工作量之大,难以想象。

②辛德勇先生在提出此鉴定意见时也做了详细的说明。可见他的思维非常缜密。全文如下:案此华氏会通馆印《宋诸臣奏议》,据米山寅太郎《图说中国印刷史》(日本汲古书院,2005)第九章第二节《明铜活字印刷》(页252)附台北“国家图书馆”藏本书影,书口上方彷佛印有“阏逢摄提格岁在弘治”字样。“阏逢摄提格”为甲寅年,若然,此书应印制于弘治七年。过去普遍认定此书排印于弘治三年,依据的是华燧在弘治三年撰写的印书序言,但在印书序言撰写之后一定时期内始实施印制,也是古时印书常有的事情,因此,这部《宋诸臣奏议》,似乎应当是印制于弘治七年。不过,我所见书影印制不甚清晰,一时又无缘观览原书,而此书复有大字本与小字本两种活字版的区别,或分属先后不同时间印制,所以,目前对此还无法做出确切的判断,姑书此志疑。详见辛德勇《重论明代的铜活字印书与金属活字印本问题》,《燕京学报》2007年第2期。

印本”,放在第二页。笔者怀疑他也注意到《会通馆印正宋诸臣奏议》书口年号被逐页撕去,对“弘治三年”的鉴定意见有疑惑,故采取了审慎的办法。

笔者以为,此本依据《北京图书馆古籍善本书目》的著录,定版本项为明弘治华燧会通馆铜活字印本最为稳妥。

6.《会通馆集九经韵览□□卷》,9行17字,框高23.4厘米,宽16厘米。书口年号有两种题法,一题“弘治岁在/旃蒙单阏”(弘治乙卯,八年);一题“弘治岁在/箸雍敦牂”(弘治戊午,十一年)两行,下印“会通馆活字铜板印”两行。单栏。《善本总目》著录:明弘治十一年华氏会通馆铜活字印本。(书影7)

按:此本有三家收藏。国家图书馆藏十四卷(卷一至十四),天一阁藏七卷(卷八至十四),台湾傅斯年图书馆藏十四卷(卷一至十四),均残本。依据是陈正宏先生发现了《九经韵览》卷十六的残页,说明此书至少有十六卷。[①]

7.《会通馆印正缉补古今合璧事类前集六十九卷后集八十一卷续集五十六卷别集九十四卷外集六十六卷》,9行17字,框高23.6厘米,宽16.2厘米。书口年号有两种题法,一题“弘治岁在箸雍敦牂”(弘治戊午,十一年),一题“弘治岁在旃蒙单阏”(弘治乙卯,八年)两行,下印“会通馆活字铜板印”两行。单栏。《善本总目》著录:明弘治十一年华氏会通馆铜活字印本。(书影8)

按:此本仅见两家收藏。天一阁藏二百九十卷[②],以及上海图书馆藏二百七十四卷[③]。

①陈正宏:《东亚汉籍版本学初探》,第213页。

②前集一至二十、二十五至三十三、三十五至六十三、后集一至四十、四十二至八十一、续集全、别集一至十、六十八至九十四、外集一至二十六、三十四至六十六。

③前集六至十八、二十五至三十六、四十九至六十三、后集全、续集一至七、三十二至四十二、别集一至五十五、六十八至九十四、外集一至八、十至十三、十八至二十、二十九至六十六。

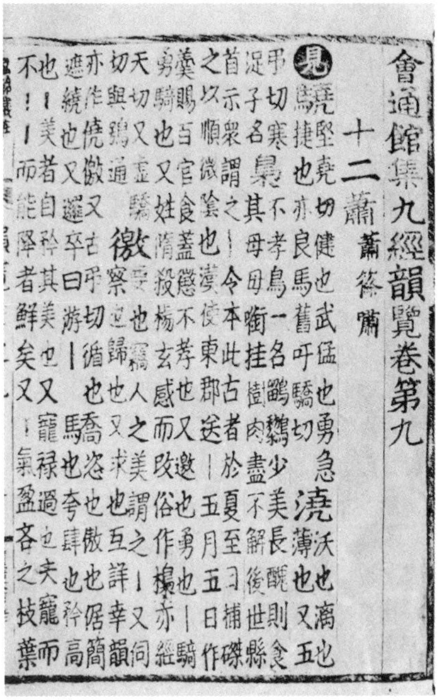

书影7:会通馆集九经韵览,明弘治十一年印本。“言”字第一笔写作竖

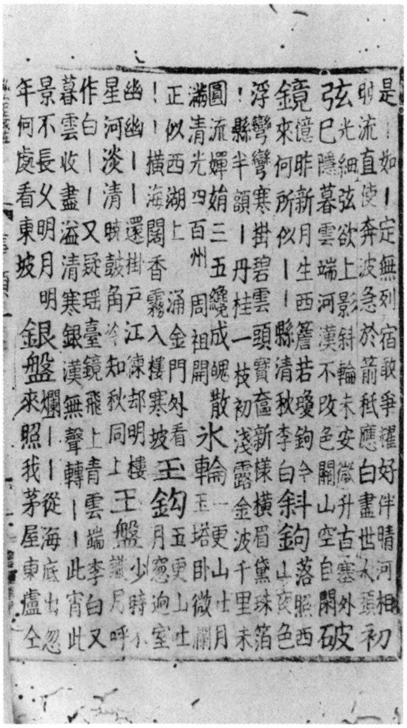

书影8:会通馆印正绀补古今合璧事类,明弘治十一年印本

8.《容斋随笔十六卷续笔十六卷三笔十六卷四笔十六卷五笔十卷》,9行17字,框高23.5厘米,宽16厘米。版心上印“弘治岁在/旃蒙单阏”(弘治乙卯,八年)两行,下印“会通馆活字铜板印”两行。单栏。《善本总目》著录:明弘治八年华燧会通馆铜活字印本。(书影9)

按:《善本总目》著录国家图书馆藏两部;《北京图书馆古籍善本书目》则著录藏三部,其中一部《四笔》序目及卷一至八配清抄本,另一部《续笔》卷十六配清抄本。

9.《会通馆校正音释书经十卷》,9行17字,框高23.1厘米,宽15.4厘米。版心上年号两行被挖去,下印“会通馆活字铜板印”两行。单栏。《善本总目》著录:明会通馆铜活字印本。(书影10)

按:上海图书馆藏孤本,原为文禄堂藏。《文禄堂访书记》著录:版心上挖去年号,下印“会通馆活字铜版印”两行。

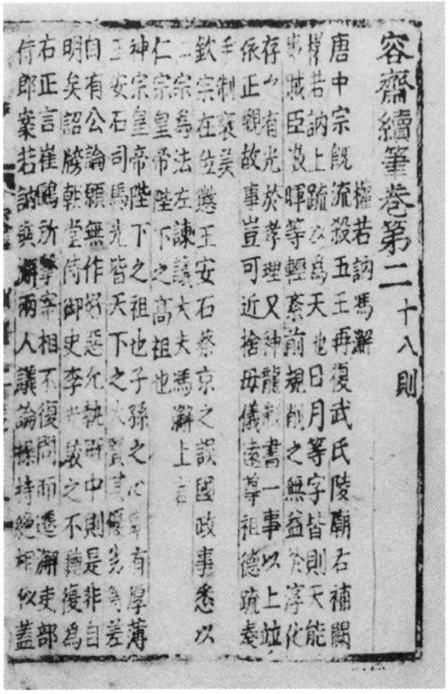

容齋續筆卷第二 十八則

唐中宗既流殺五王再復武氏陵廟右補闕

书影 9:容斋随笔,明弘治八年印本

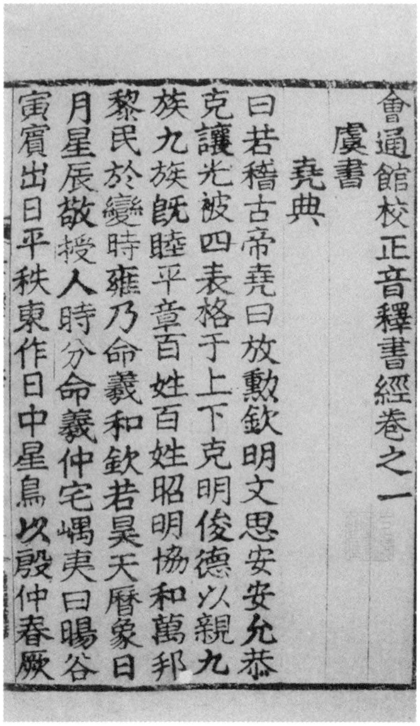

會通館校正音釋書經卷之一

虞書

堯典

曰若稽古帝堯曰放勳欽明文思安安允恭

克讓光被四表格于上下克明俊德以親九

族九族既睦平章百姓百姓昭明協和萬邦

黎民於變時雍乃命羲和欽若昊天曆象日

月星辰敬授人時分命羲仲宅嵎夷曰暘谷

寅賓出日平秩東作日中星鳥以殷仲春厥

书影 10: 会通馆校正音释书经,明会通馆活字印本

10.《会通馆校正音释诗经二十卷》, 9 行 17 字,不知版心尺寸。版心上疑印“弘治岁在/强圉大荒落”(弘治丁巳,十年),下印“会通馆活字铜板印”两行。单栏。《书城风弦录》著录:明弘治十年华燧会通馆铜活字印本。并附书影。

按:此本孤藏美国哥伦比亚大学东亚图书馆。未注版心尺寸。书口只能从书影勉强辨出“弘治岁在强”五字,不清楚书口背面题写何字,字体行款版式是华氏会通馆活字印本习见者。(详见沈津《书城风弦录》。)按照沈津先生著录“弘治十年”,推得书口背面题写的应该是“圉大荒落”四字。

11.《会通馆校正音释易经四卷》,具体排印时间不详。

按:据沈津《书城风弦录》记载,藏加拿大英属哥伦比亚大学东亚图书馆。

12.《会通馆校正音释春秋十二卷》,明弘治十年华燧会通馆铜活字印本。

按:据沈津《书城风弦录》记载。但未云藏于何处。

13.《记纂渊海二百卷》,7 行 13 字,框高 16.7 厘米,宽 13.4 厘米。白口,黑鱼尾,左右双栏。《善本总目》著录:明弘治华燧会通馆铜活字印本。(书影 11)

按:《善本总目》著录国家图书馆、上海图书馆两家藏。国家图书馆藏本存一百九十八卷(缺四十三、四十四卷);上海图书馆藏全本。

14.《会通馆印正文苑英华纂要八十四卷辨证十卷》,7 行 13 字,框高 15.3 厘米,宽 12 厘米。书口题“岁在柔兆□□”,黑鱼尾,左右双栏。《善本总目》著录:明刻本。(书影 12)

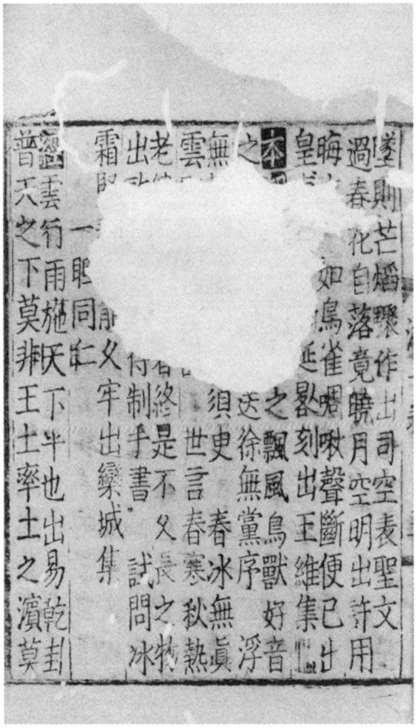

书影 11:记纂渊海,明弘治华燧会通馆活字印本。“言”字第一笔写作横

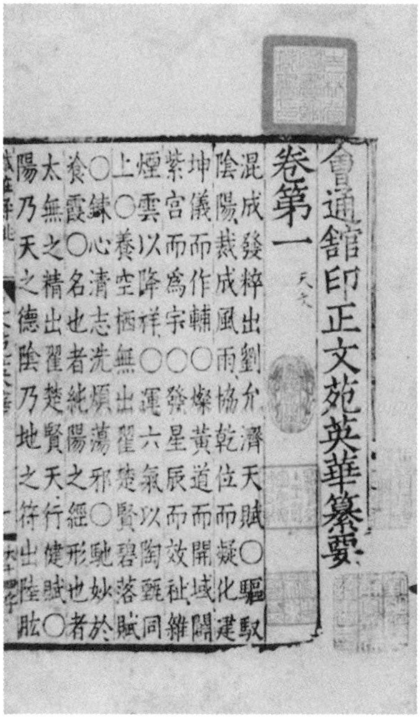

會通館印正文苑英華纂要
卷第一

书影 12:会通馆印正文苑英华纂要,明刻本

按:《善本总目》著录中国国家图书馆等五家收藏;另见台北“故宫博物院”有藏,其网站著录“明正德丙寅锡山华氏会通馆活字本”。据书影判读并不是活字印本而是刻本。此刻本字体行款等和华氏会通馆活字本极为相似,疑翻刻于活字本。故一并考察。活字本则未见有存世。

二、基于版本鉴定对会通馆活字印书的认识

(一)华燧印书使用的不是自己制作的活字

对于华氏会通馆使用的活字,绝大多数研究者认为是华燧及其家族制作的①,未见有不同意见。这其实是对古代活字印刷不同认识造成的不同判断。笔者认为,华燧及其家族是活字的使用者并不是制作活字者。理由详见下文。

其一,从文献记载的角度分析。

华燧(1430—1513)传记笔者见有四篇。明邵宝撰《会通华君传》:“会通君姓华氏,讳燧,字文辉,无锡人。少于经史多涉猎,中岁好校阅同异,辄为辨证,手录成帙,遇老儒先生,即持以质焉。或广坐通衢,高诵不辍。既而为铜板锡字以继之,曰吾能会而通之矣。乃名其所曰‘会通馆’。人遂以‘会通’称,或丈之,或君之,或伯仲之,皆曰‘会通’云。”②其余三篇文字虽稍有差异,但大意相同,不再征引。传记中的华燧给我们留下的印象大致就是一文人,一老人,一位老书生。钱存训先生对华燧的评价比较精辟:“使用铜活字最早之华燧,据文献记载,其性格似为一迂儒,不善经营,读书印书约在中年之后,而非一有天才富创造力之发明家。”③

我们知道,活字印刷自宋代发明以来,宋元间虽见有断断续续的使用记载,但是惜不见有实物留存。会通馆的活字本实物是汉文古籍中最早的活字印本,被张秀民先生誉为“相当于欧洲的摇篮本,特别珍贵”。④ 如果是华燧自己制作数以万计活字用于印书,不说是发明,也是一个创新。

①因为学界均持此观点,极容易找到,恕不征引。

②《华氏传芳集》,明嘉靖十一年华从智刻隆庆六年华察续刻本,卷十五。

③钱存训:《中国古代书籍纸墨及印刷术》,北京:北京图书馆出版社,2002,第192页。

④张秀民、韩琦:《插图珍藏增订版中国印刷史》,杭州:浙江古籍出版社,2006,第559页。

华氏对自己的这种创新,未在书中留下哪怕一点点记载,家族史料中也未留下任何记载。参考清代的史料可以了解,私家制作活字用于印书是规模浩大的工程。比如清代道光年间泾县制作数十万泥活字印书的翟金生,就多次在书中记载自己制作活字经历的艰辛。同样在清代道光年间制作数万铜活字用于印书的林春祺,也在书中留下制作活字如何费钱费力的文字记载。对比而言,在明弘治年间活字印刷尚未勃兴之时,华燧制作出数以万计的活字,并成功印制出相当规模的印刷品,更具难度和创新意义,而他在著作中未留下只言片语的记载,极不正常。

这是怀疑这副活字不是华燧制作的理由之一。

其二,从存世活字印本的字体版式分析。

首先分析字体。

前人多以为华安两家使用的是一副活字。以黄永年先生的鉴定意见为代表:"(华燧)小号铜活字的字体比较圆劲,有点像宋小字蜀本,大号的则近似南宋浙本而较粗壮"、"(华坚)小字大字的字体均同华燧会通馆,当即是同一副铜活字"、"安国所用的这副铜活字无论大小均和华燧、华坚所用极为相似,有可能是由华家出让给了安氏"。①

也有认为华家、安家以及明代其他诸家使用的活字字体是有区别的。比如张秀民先生认为:"活字本的字体有多种多样,华家与安家不同,而华燧、华珵、华坚三家又不一样,苏州、南京、建宁铜字有不同。"②

真正注意到华燧会通馆使用了两副活字的似乎只有魏隐儒。他在和马世华合著的《历代汉字字体与书法选粹》一书中写到"《容斋随笔》,宋洪迈撰,明弘治八年无锡华燧会通馆铜活字排印本。字赵体,字画圆笔","《会通馆印正文苑英华纂要》……仿宋刻本字体。此会通馆另一套活字,字画有棱有角,略似欧柳,起笔收笔略顿……"。魏隐儒先生除了将华氏两书的字体分别作了"赵体"和"略似欧柳"的描述外,未见其对华燧为何使用两副活字的原因做过探索。③

①黄永年:《古籍版本学》,南京:江苏教育出版社,2005,第184、185页。

②张秀民、韩琦:《中国活字印刷史》,北京:中国书籍出版社,1998,第98页。

③魏隐儒、马世华:《历代汉字字体与书法选粹》,北京:印刷工业出版社,1993,第175—176页。

此外，更多的学者在描述华燧会通馆活字时往往使用了"大字本""小字本"的表述，说明学者也不是没有注意到华氏活字本的字体差异，但未见有人对产生大小字体的原因进行深入的研究，遑论对华、安诸种活字印本字体的研究了。

笔者仔细对比了华氏会通馆、兰雪堂和安氏所用活字，同意张先生所作"华燧、华珵、华坚三家使用的不是一副活字"的判断。进而还观察到即便是华氏会通馆一家，也不止用了一副活字。以《锦绣万花谷》为例，9行本和7行本使用的就不是同一副活字。参见书影2和4。

两副活字字体相似度极高，否则目验经验极为了得的黄永年先生也不会认为是一副活字。仅凭目测肯定大多数学者都不会相信笔者的判断，类似魏隐儒先生采用对字体进行描述也不行，因为字体的差别非常细微，无法用语言准确表达。这也是目验法"只能意会不能言传"的弊病。① 经过数年努力，笔者终于找到华燧使用两副活字的证据：两副活字的"言"的写法存在明显差异。一副活字的"言"字第一笔写刻作横，另一副活字的"言"字第一笔则写刻作竖。②

华氏会通馆活字印本多达十数种，这两种"言"字写法在一部书中没有发现混用的状况："言"字第一笔写作横的从头至尾都写作横，当然，写作竖的也自始至终写作竖。小字如此，大字也都如此。这就是华燧使用了两副活字的明证。之所以存在这种差异，是源于写工长期的书写习惯。写样师傅在书写中，各自的书写习惯都会反映在字体上。华氏会通馆的活字本中，两副活字似乎都由不同的写样师傅自始至终完成书写，这种因为书写习惯形成的差异，正好被我们鉴定版本时加以利用。

经比对，言字第一笔写作竖的那副活字，有大小字两种（被称为"大字本"）。排印了《会通馆校正宋诸臣奏议》《会通馆集九经韵览》《会通馆印正绢补古今合璧事类》《容斋随笔》《会通馆校正音释书经》《会通馆校正音释诗经》及弘治五年弘治七年印本《锦绣万花谷》等9行本共计7

①比如魏先生将华氏活字印本的字体描述为"赵体"和"略似欧柳"，并不能让我们对两书的字体有准确的印象。依赖便捷的书影拍摄和传输技术，只需比较本文所附书影9和12就会明了。

②其实尚有其他一些字的写法存在差异，不例举。参见书影6、7。

种。言字第一笔写作横的那副活字，只有小字（即“小字本”）。排印了9行本《会通馆印正宋诸臣奏议》1种；7行本《会通馆印正锦绣万花谷》《记纂渊海》各1种。其余4种因海内不藏，未经目验，不予置评。

再分析版式。

行款对于古籍版本鉴定有着重要意义，行款不同是版本异同的首要因素。前人甚至编有《宋元行格表》行世，是我们鉴定版本时的参考工具书之一。奇怪的是，行款在活字本鉴定中有着比雕版版本鉴定更重要的意义，但却少有人注意。

一部雕版书无论部头大小，一旦决定行款版式，会根据行款先刻印格子纸用于写样，同时会设计好书口、鱼尾、单双栏线、有无行线等细节。用这样的格子纸写样刻印的结果，全书版式肯定一致。

活字本则有些不同。决定制作活字，同时会依据活字尺寸，按照设计的相应行款制作好排版盘。（笔者在下文将之称为版盘。）版盘的中缝也会设计好书口、鱼尾，包括四周栏线和行线，因此，活字印本的版式实际随着版盘的制作完成已经被固定。如需改变行款就要重新制作版盘。

如不是丛书，雕版一般行款比较自由，字体版式也不同。一副活字动辄成千上万，字体一旦刻成，不可能随意更换，版式也常常固定不变。改变版式的前提是重新制作新版盘，更加重要的是，无论怎样改换版盘的行款，因为字体的尺寸固定，通过测量字体和计算，我们可以得出是否为一副活字的结论。当然前提是字体风格一致。

下面对华氏会通馆的活字印本使用的版式等进行考察，见表2（附存世情况）。

表 2：华氏会通馆活字印本的版式

序号	简书名	善目著录版本	行款尺寸（厘米）	栏线	书口	存世数量（包括残本）
1	锦绣万花谷	明弘治五年华燧会通馆铜活字印本	9行17字 23.9×16.3	双栏	弘治岁在玄黓困敦	1或2
2	锦绣万花谷	明弘治七年华燧会通馆铜活字印本	9行17字 23.6×16	单栏	弘治岁在阏逢摄提格	2或3（至少1部残）
3	会通馆印正锦绣万花谷	明华氏会通馆铜活字印本	7行13字 16.1×12.7	左右双栏	有刻工，无年号	3（均残）
4	会通馆校正宋诸臣奏议	明弘治华燧会通馆铜活字印本	9行17字 23.9×16.3	双栏	弘治岁在玄黓困敦	2或3（至少2部残）
5	会通馆印正宋诸臣奏议	明弘治三年华燧会通馆铜活字印本	18行17字 20.7×15.4	左右双栏	弘治岁在阏逢阉茂	3（至少1部残）
6	会通馆集九经韵览	明弘治十一年华氏会通馆铜活字印本	9行17字 23.4×16	单栏	弘治岁在旃蒙单阏、弘治岁在箸雍敦牂	3（均残）
7	会通馆印正缉补古今合璧事类	明弘治十一年华氏会通馆铜活字印本	9行17字 23.6×16.2	单栏	弘治岁在旃蒙单阏、弘治岁在箸雍敦牂	2（均残）
8	容斋随笔	明弘治八年华燧会通馆铜活字印本	9行17字 23.5×16	单栏	弘治岁在旃蒙单阏”	2或3（至少2部有残缺）

续表

序号	简书名	善目著录版本	行款尺寸(厘米)	栏线	书口	存世数量(包括残本)
9	会通馆校正音释书经	明会通馆铜活字印本	9行17字 23.1×15.4	单栏	书口年号被撕去	1
10	会通馆校正音释诗经	明弘治十年华燧会通馆铜活字印本(善目未著录)	9行17字	单栏	弘治岁在强圉大荒落	1
11	会通馆校正音释易经	善目未著录	应该是9行17字			1
12	会通馆校正音释春秋	明弘治十年华燧会通馆铜活字印本(善目未著录)	应该是9行17字			1
13	记纂渊海	明弘治华燧会通馆铜活字印本	7行13字 16.7×13.4	左右双栏	白口	2(1部有残缺)
14	会通馆印正文苑英华纂要辩证	明正德元年华燧铜活字印本	7行13字 15.8×12.1	左右双栏	岁在柔兆	无存世本

据表2统计,会通馆9行本有11种,其中1种只有小字,每行两排,可称18行本;7行本3种,其中2种只有小字,每行两排,可称14行本。

会通馆使用较多的是9行本,有两种不同的边栏。一种版式是单栏,大小字均有,书口有"弘治岁在□□"题字,框高在23.5厘米,宽16厘米左右。此种版式使用最多,14种书中有8种都是这种版式。(见表中2、6—12号。)特别值得注意的是,弘治五年本《锦绣万花谷》和《会通馆校正宋诸臣奏议》都使用了上书口是"弘治岁在玄黓困敦"年号的版盘;《会通馆印正缉补古今合璧事类》和《会通馆集九经韵览》都使用了上书口是"弘治岁在旃蒙单阏""弘治岁在箸雍敦牂"年号的版盘。说明这是一家刻书铺制作的活字本。另一种也是9行本,现存2种。大小字均有,书口也有"弘治岁在□□"题字,但是双栏,尺寸也稍大,框高在23.9厘米,宽16.3厘米左右。(见表中1、4号。)两种版式,显著的区别是一为双栏,一为单栏。双栏的板框尺寸比单栏多0.3厘米。因为双栏要稍稍高一点,两种板框中所排活字的尺寸应该一致。综合判断,笔者认为华燧会通馆最多使用的是这家刻书铺的版盘和活字。

另有9行本1种,即《会通馆印正宋诸臣奏议》,只有小字,也称18行本。左右双栏,首页书口题"阏逢岁在弘治阉茂",框高20.7厘米,宽15.4厘米。见表中5号。同样是9行本,《会通馆印正宋诸臣奏议》的板框的高度要比上两种少3厘米,且是双栏。说明活字的尺寸比上两种9行本还要小些。简言之,虽说都是9行本,但不是一家刻书铺的活字。

7行本现存3种,均为左右双栏,白口。(见表中3、13、14号。因14号《会通馆印正文苑英华纂要辩证》是翻刻活字本,尺寸可能会有变化,不做结论。)按实测字体大小,也略似于《会通馆印正宋诸臣奏议》。故《会通馆印正宋诸臣奏议》《会通馆印正锦绣万花谷》《记纂渊海》应该是华燧会通馆使用了另一家刻书铺的活字。

经对字体版式的仔细考察,笔者认为华氏会通馆**至少**使用了两副大小不同,写法不同的活字。①

①此处"至少"的意思是:笔者经过仔细的比对,怀疑小字本《会通馆印正宋诸臣奏议》《会通馆印正锦绣万花谷》《记纂渊海》还有使用了两副不同活字的可能。因为两副字体差异极小,无法准确表述,故略去不谈。感兴趣者可细细比较书影4、6、11。

一旦认定华氏同时使用了两副不同的活字,那么,问题就出现了:现有的华氏制作活字用于印刷的观点值得怀疑。

制作一副可以用于印刷的活字,少则上万枚,多则十万枚。无论是使用,或是存放,即便是今天,也并非易事,古代则更加困难。华燧不可能更没有必要同时制作两副大同小异的活字用于印刷。仅凭这一点就可说明,华燧使用的活字不可能是自己制作的,华氏只是活字的使用者。

(二)华燧使用的活字是刻书铺制作的

既然华燧及会通馆使用的活字不是自己制作,最有可能制作活字的是刻书铺。所谓刻书铺,即私人成立的专门刻印书籍的组织(古代有书肆、书林、书坊、刻字铺、经籍铺等多种名称),实质就是通过刻印书籍及印刷品获得利润的组织或机构。笔者以为比较合适的名称应该是刻书铺或刻字铺(刻书铺和书坊的区别在于,刻书铺不一定有门面,甚至不一定有名号,因而多不被我们所知),本文则一律称为刻书铺。

要说清楚这个问题,先将刻书铺的概念及运行情况略作介绍,以便进一步阐说。

书铺的历史,可以追溯到雕版印刷尚未出现的时期。书籍只作为纯粹阅读品时,书铺的存在价值并不大。伴随书籍具备了商品的属性,书铺就自然会产生和发展。雕版印刷技术出现前,书写是书籍生产的主要手段。雕版印刷发明以后,刻书铺应运而生,替代了书铺,先从刻印历日、符咒、字书、佛经开始,版面从小到大,从简单到复杂;技术从粗到精;内容则由少到多,直至经史子集,诸子百家,无所不包。刻书铺的名字被我们所了解的只是书籍或史料中有记载的极少数,更多的是无名或曾经有名但不为今天的我们所知。其主要特征是由主持者和各种工匠组成。主持者承担着寻找资金和选题、编辑、设计等任务,工匠则承担了将主持者的出版意图制作成出版物的写刻印装各项具体工作。由于书籍的生产和制作需要不同的工匠协同工作,渐渐地工匠也会按照需要抱团组成相对稳定的组织参与各项出版印刷工作。在此姑且把这种工匠间的松散或紧密的联系团体叫做刻工组织。刻工组织和刻书铺主互相依赖,共生共荣。刻工及其组织是刻书铺赖以生存的技术保障,刻书铺(书坊)则是刻工及其组织出卖技术的主要窗口。刻工组织的形式多种多样:有联合形式的家庭作坊、家族作坊;有独立形式的工匠组织、为专项任务成立的工匠组织等等。其本质就是凭借技艺通过书籍制作流通获得经济效益的组织。当然,随着雕版印刷术的发明和逐步成熟,随着出版物的增加,生产书制作书的单位(刻书铺)必须随之发展。印刷史上任何一种进步都离不开刻工对印刷技术的精益求精及其对技术的创新。表现之一就是宋代随着雕版印刷术完全定型,这些工匠中的佼佼者又针对雕版印刷存在的弱点发明了活字印刷术。学界将古代的书籍生产,分为官刻、家刻和坊刻三大系统。这样的分类,强调了出资者的作用,弱化了刻书铺在技术层面上对书籍生产所起的重大作用,以至我们对刻工组织的研究不够,因此我们对刻工组织形式之一刻书铺的作用也就显得认识不足。

也许这样表述坊刻本和官刻本、家刻本的关系更有利于总结印刷史且更合乎历史真实:坊刻本是书坊出资的用于盈利的产品;但是书坊制作的不都是坊刻本,家刻本甚至官刻本中的绝大多数都是书坊(刻书铺)承担制作的。

刻书铺自从出现之日起,为了应对社会印书的需求和获得较多的利润,就必须不断通过提高技术,提高刻印效率,降低成本等方法,以适应和满足刻书的需要,也只有这样,才能通过刻印书籍和印刷品取得的利润来维持生存。因此,刻书铺对(可以降低费用的)新制作生产方式充满兴趣。活字印刷术从发明并通过沈括《梦溪笔谈》的记载被人们所了解以后,宋元时期的文献中就记载有多人使用泥、木、金属等各种材质制作活字印书,并取得"印数十百千本,则极为神速"的成绩。这种一次投入可以反复使用的印刷术,节约而快速的优点明显,特别是金属活字(耐印性较好),一次投入理论上可以无限次使用,比较雕版费木材,保存版片浪费空间和钱物等种种弊病,听起来是有百利而无一害的好方法。不过,缺点也明显。以金属活字为例,必须购买金属,额外邀请金属加工工匠,加上固版使用的药泥和随之产生的人工等等,活字印刷的初期投入并不小。在雕版印刷技术成熟并大行其道时,雕版的优越性也相当明显:初期投入费用不高,写刻印装工匠驾轻就熟,印刷的作品已经被阅读者广泛接受。利弊相较,刻书铺选用活字印刷的重要原因是,从理论上看中了活字排版速度远远高于刻字,在需要时可以大大提高生产效率。随着明朝政府对出版物的审批制度逐步松弛，出版物逐步增加，伴随出版物的增加，阅读者也会增加，而阅读者的增加，又反过来需要有更加大量的出版物来适应。从明弘治年间起，出版业出现了前所未有的迅猛发展情形。为了应对这种变化，会有少数刻书铺投入资金，制作活字，希望加快出版物制作速度，适应市场的需要。

史实也是如此。以明弘治年间为界，在此前，活字印刷虽一直在使用，但断续时间长，使用者不多，所印书籍品种偏少，存世实物极为少见。此后，活字印刷开始加速发展，存世实物骤然增加。标志有以下几点：一、活字印刷突然勃兴于明弘治年间。从传世的汉文古籍看，以华燧会通馆活字本为最早，加上苏州金兰馆等，仅弘治年间的活字印本就超过10种1000余卷。二、正德嘉靖年间，无锡、苏州、南京以及福建、浙江等地都成功用活字排印了书籍，品种丰富，数量空前，逐渐成为雕版印刷的重要补充。[①] 三、明清两代各种材质制作的活字都成功印刷了若干书籍，并且能满足阅读需要。读书人在对活字印刷的质量有微词的同时，对其中的印刷精品（如明金兰馆《石湖居士集》、明活字印本《小字录》、清活字印本《唐眉山诗集》《后山居士诗》等）也颇为青睐。可以从另一个角度证明读书人也逐步接受了活字印刷品。

在中国活字印刷术的推进进程中，古代刻书铺起了绝对主力的作用。除了清代内府两次大规模的制作铜活字和木活字（印制了《古今图书集成》《律吕正义》和《聚珍版丛书》等书），以及少数几家如清代林春祺、翟金生私人制作的活字外，可以说，中国古代的活字印刷始终是刻书铺在使用，在坚持。这种连绵不绝的制作和使用活字的最大动力，应该就源于刻书铺为了降低印刷成本获得更多的利润的追求。

刻书铺制作活字用于印刷，明清皆有例证，只不过清代较明显而明代有些隐晦。比如清代聚珍堂活字印本《红楼梦》以及诸多的活字印本家谱，大家都没有异议的认为是刻书铺的作品。明代的金兰馆（《石湖居士集》《西庵集》）、碧云馆（《鹖冠子》）、念初堂（《函史》）、崧斋（《唐诗类苑》）、丽泽堂（《璧水群英待问会元》）等等活字印本，从表象上看似乎是

①据张秀民先生《中国印刷史》记载，不算家谱，丛书算一种，存世活字印本约2000种左右；承中国人民大学活字本研究专家宋平生先生相告，据他最新统计，存世活字印本约4000种左右。

私家所印，实际都是刻书铺所为。笔者经过对大量明清活字印本的鉴定，形成了活字几乎都是由刻书铺制作的观点①，笔者还找到相当多的支撑依据。此处不展开，仅举几例证之。(1)排印金兰馆《石湖居士集》《西庵集》的那副活字，尚排印了《韩诗外传》(考证过程见笔者另文)。《韩诗外传》书口没有金兰馆的文字标识。假设是金兰馆私家制作的活字，《韩诗外传》的书口应该也有金兰馆的牌记才对。反证了金兰馆只是《石湖居士集》《西庵集》的出资人名号，不是活字的所有者。(2)排印念初堂《函史》的那副活字，还排印了《潜学稿》，《潜学稿》中并未见念初堂堂号。(3)印《开元天宝遗事》的活字还印了《晏子春秋》和《石门洪觉范天厨禁脔》，《开元天宝遗事》文前有牌记："建业张氏铜板印行"，其余两种则没有。说明是张姓刻书铺为三家印制的活字本。谁在书中留下印记，谁可以留下什么印记，出资人才有这样的权利。《开元天宝遗事》上张氏的留名，应该是出资人同意的结果。因为《晏子春秋》和《石门洪觉范天厨禁脔》的出资人没有同意张氏留名，书中自然就没有张氏留下的痕迹。(4)排印周堂活字本《太平御览》和董传教三余斋活字本《诗史》使用了版式字体相同的一副活字，两书中分别有周堂、董传教三余斋的署名。这也是活字是刻书铺制作，谁付费使用谁留名的依据。

由私家提供稿本和编校工作，并付费给刻书铺，由刻书铺制作并提供成品，这是明清以来刻书业逐步成熟和最为典型的制作方式。不光私家通过付费的方式购买刻书铺及工匠的劳动成果，官家印书主要也是通过付费的方式，购买刻书铺及工匠的劳动成果。如果要说官、私家有区别的话，就是部分官家可以征用工匠劳役来替代刻印费用。还可以这样来表述刻书铺和官私家刻印书籍的关系：私家也好，官家也罢，一般不会常年豢养一批工匠，用于印书。顶多是在有了某个出书项目后，召集工匠到家中或官府中工作一段时期，项目完成后，工匠拿钱走人。最为常态的关系是，有出书需要时去找刻书铺或者刻工组织的召集人，就项目谈项目，项目结束，银货两讫，关系也就结束。所谓的藩府活字印本《栾城集》《辩惑编》以及浙江庆元县学活字印本《诸葛孔明心书》，其实都是这种关系下

①官府也制作活字。如清内府印《古今图书集成》《武英殿聚珍版丛书》等。将官府视为活字制作单位，所占比例就极小。

刻书铺的产品：官家出资，刻书铺排印制作。

现在已知私家制作的活字仅仅有清代的吕抚、翟金生、林春祺等少数几家。（用于排印家谱的私家活字不算。）当然，古代私家制作活字用于印书的并不仅仅就这几家，因为无名无姓或者未能留下记录的还会有一些，但肯定地说不会多。从几家制作活字的过程来看，其制作活字的艰辛很多人不能承受。换个角度说，私家印一两部书是为了久远传名，在雕版印刷盛行的大环境中，没有必要花费巨大的精力去制作活字。所以，华燧也好，其他私家（如金兰馆、碧云馆、崧斋）、官家（如蜀藩、益藩、庆元县学）也罢，没有必要采用先制作活字然后再印书的方式。刻书铺制作的活字，必须加以使用才能获得效益。在制作活字后，刻书铺为了获得效益，必然会想方设法招徕官家私家使用。比如降低排印工价，形成比采用雕版印书更加低廉的价格就是方法之一。两者相结合的结果，就是有**少数**私家官家由于这样那样的原因，选择了刻书铺制作的活字来印书。

华燧（会通馆）和刻书铺的关系应该就是如此。华燧（会通馆）先后向两家刻书铺提供底本以及费用，试验用刻书铺制作的活字排印书籍，华燧承担了编辑和校对文本的工作，前后长达10余年。这就能合理解释华燧使用两副以上字体不同的活字印刷的现象了。

华燧使用两副不同的活字的事实说明，明弘治年间，无锡至少有两家刻书铺开始了活字的试制工作。他们在活字制作后，都找到了愿意试用的华燧及会通馆。试用的结果很显然，一家较好，排印了约10种书；另一家稍差，只排印了3种书。

（三）华燧排印的活字印本多是书稿

明代使用活字印刷之初，排印技术、版盘制作技术、固版技术及校对水平难免拙劣，活字排印本最初也不可能一蹴而就取得满意的印刷效果。在早期使用活字印刷时，华燧和刻书铺之间达成的很可能是印制书稿的协议，因此，印刷品多半具有书稿的性质。

其一，文献和纸张依据。

先说文献依据。《九经韵览》书后的华燧识语：“《九经韵览》以一天下之音，然后圣教复行，而异端息。士得各专一经，以图进取，有志之士尚恨不能遍观而尽识，黾勉旁搜成籍，未敢以为定论，浸用活字铜版具稿，以俟君子云。”（据国家图书馆藏本序文）其中的“用活字铜版具稿”，不排除此处的“具稿”有自谦的意思，但结合此书存世本文字本本不同的情况（详见下文），不排除有用活字印刷代替人工抄写稿件的意思。

《会通馆印正宋诸臣奏议》序曰：“燧会通馆活字铜板印正，以广其传。始燧之为是板也，以私便手录之烦。”其中“私便手录之烦”一句，更表达了华燧使用活字有减轻“手录之烦”的目的。

明活字印本《庄子鬳斋口义》书后有正德汪伟跋云：“林希逸著三子口义，颇平实显白，近已罕得。祭酒临颍贾公藏善本，偶诸生胡旻有活字印，因命摹之，以代抄写。”以“活字印”代“抄写”之意，非常明显。华燧使用活字制作稿本在前，汪伟在后，看来当年用活字来代替抄写是风气所致。

依据以上文字推断，活字制作初期，印本由于质量较差，不能被文人普遍接受。刻书铺制作活字后少有人或没有人愿意使用，不得已刻书铺用仅仅相当于抄写的工钱和纸墨成本，招徕如华燧、汪伟之类的文人采用活字抄写书稿。

再说纸张依据。笔者目验会通馆活字印本有白纸黄纸杂夹使用的情况。比如上海图书馆藏《会通馆印正缉补古今合璧事类》，因时间关系仅仅翻阅了四本，为白纸本，但是其中一册（后集卷三第一页和二十一页）夹用两张黄纸。无独有偶，陈正宏先生也发现此书上图藏本“（前集）卷五十一的第十四页和卷五十五的第四页，是用黄纸刷印的”。① 其他学者还目验有更为奇怪的现象：“（会通馆活字印本）纸张有的拼接而成，或直接或横接，粘成一页，为其他活字本所罕见。”②

古今印书，选定并备好纸张是一项重要工作。无论用白纸黄纸，纸色均匀是起码的要求，这样能最大限度地避免成书有纸色不一（俗称“夹心糕”）的现象。华燧会通馆活字本混合用纸情况在古代（现当代也是如此）其他书籍中极其少见，也极不正常。如是印制书稿，纸张则可以马虎

①陈正宏：《东亚汉籍版本学初探》，第207页。

②张秀民、韩琦：《中国活字印刷史》，第104页。

一点。这也是华氏的活字印本部分是书稿而不是书籍的证明。

华燧活字本原本深藏各大图书馆,其中更有卷帙浩繁者,笔者无法完全查阅,而学者一般对纸张的使用情况注意不够。如果能细检这些原本的用纸情况,肯定还会有更多的发现,以支撑这个观点。

其二,存世华燧活字印本大多是残本或稿本。

现存华燧排印的活字本,版本复杂,加之多为残本(详情参见表 2),全帙极少,实质当时有一些就是书稿,而不是成书。

经初步比对,《善本总目》著录的华燧及会通馆的活字存世本,几乎本本文字都有不同,处于修改状态的占绝大多数。

比如,《宋诸臣奏议》有三种以上不同的版本:大字本一,小字本二,文字均有不同。小字本存世共三部,两部全,中国国家图书馆藏本为最为马虎的排印本,不可思议地将首页书名都错排为"本诸臣奏议",台北"国家图书馆"和中科院图书馆藏本均已改过。序文的文字差异也说明活字排印过程中华燧对文本不断在修改的状态。(文字差异情况见上文《会通馆印正宋诸臣奏议》条,表 1。)

大字本《宋诸臣奏议》存世除美国哈佛大学哈佛燕京图书馆藏全本外,其余 5 家藏本相加共得六十多卷,几乎不重复。也就是说存世仅一部半。据沈津先生介绍,美国哈佛大学哈佛燕京图书馆藏本"每隔数卷之末尾,钤有'校完'红色木记"。"这本《诸臣奏议》虽为初印之本,但可看到错字俱挖去,并有贴补,或以笔填入,或以活字钤上。"[①]书上的"校完"红色木记,以及挖补痕迹,熟悉版本鉴定的朋友一定知道,这是稿本才具有的特征。

陈正宏先生在《东亚汉籍版本学初探》特别记录了他对上图藏大字本《宋诸臣奏议》的调查。据他说调查"很不充分",即便如此,他在 11 卷中就查到有 48 处挖改现象。挖改方式有两种,一种"挖去原误字所在的方形纸块,从纸背粘一小方块,再在正面用捺印的方法改正其字",一种"直接在误字上用毛笔书改"。通过陈先生的描述,我们也可以清晰的看到对印本(稿本)进行校对的状况。因此,可以认为存世的一部半大字本

①沈津:《书丛老蠹鱼》,第 3 页。

《宋诸臣奏议》也是稿本。

《锦绣万花谷》文字版式不同的版本有五种以上:《善本总目》著录了三种版本,均为孤本;以《中国印刷史》(插图珍藏增订版)第626页收录的《锦绣万花谷》两种首页书影为例,不仔细看可认为是一版。除上文所说16行第2字一本作“此”,一本作“北”外,仔细比对,则字字细节均不同,这和活字本成书时校对后发现个别字错植后的改植不同,完全是重新排版的结果。台湾收藏的小字本两种,文字也多有不同,明显如“天体”的“体”字,一本排的是繁体,一本排的是简体,实际也是重新排印的两版。总之,将华燧排印的5种《锦绣万花谷》细细校对就会发现,每本文字均有不同。同一种书由一个出资人排印五次以上的现象,版本史上极为少见,也极不合理,笔者据此判断这五种都是先后重排的稿本。弘治七年9行活字本《锦绣万花谷》才是华燧最终的定稿。从崇古书院翻刻《锦绣万花谷》的字体版式细节来看,和弘治七年9行本几乎完全一致。这种使用活字排版形成稿本,再经多次校对重排作为雕版底本的方法,在明代经常被使用。明代翻刻活字本《锦绣万花谷》《会通馆印正文苑英华纂要》《会通馆印正文苑英华辨证》《蔡中郎集》《古贤小字录》等是其中著名者。这些翻刻本字体版式特征和活字印本高度一致,应该直接使用了活字本作为翻刻底本,这样可以省去写样工序。也从另一个角度证明了活字印本具有的稿本性质。

《会通馆集九经韵览□□卷》存世有三部,两部为十四卷,一部为七卷。细细观察三本,国家图书馆藏本、台湾傅斯年图书馆藏本和天一阁藏本上都有改动字迹。傅斯年图书馆藏本卷端首页次行“一东”下,有“东董送屋”四字,国图本没有;傅斯年图书馆藏本书口上方有“弘治岁在著雍敦牂”,国图本则是墨丁。陈正宏先生也指出:“值得注意的是本书(指天一阁藏本——笔者注)部分文字有明显的捺印痕迹。如卷八首页前半叶第二行大字‘十一先’之下的小字注‘先铣霰屑’四字,均明显为捺印而成。”笔者将陈先生指示之处和国图藏本做了比较,国图本此处没有四字小字注;更加明显的是序文最后一段,在相同的行格中,国家图书馆和台湾傅斯年图书馆藏本的文字不同,语义也就不同(见表3)。

表3:序文最后一段(相同行格)的文字异同

国家图书馆藏本	台湾傅斯年图书馆藏本
大宋经文悉依汉魏旧音,有异六书者必审释。(双行小字)举五经四书□□(此处残损,应该是"取士"两字),以一天下之心,九经韵览以一天下之音,然后圣教复行,而异端息。……寖用活字铜版具稿,以俟君子云。	太祖高皇帝监(应为"鉴",原字误)前代得失,举五经四书取士,以一天下之心。洪武正韵以一天下之音,然后圣教复行,而异端息。……寖用活字铜版具稿,以俟君子云。

也就是说,三本均可视为修改稿本。结合陈正宏先生见有卷十六残页的情况(详见上文),此书实际并没有最后完成,存世三本应该都是书稿。

限于篇幅及笔者见闻,不一一举例。如果有条件将华燧及会通馆所印活字本都找来目验、比对,结果将更会证明笔者的判断不误:书稿居多而成书极少。

明清活字本为稿本的现象还有许多例证,因篇幅所限不一一列举。据笔者统计,已知存世信息的明活字本约105种,其中60种为孤本,且多残本。相比较同时期的雕版印刷的存世本,孤本比例明显要高得多,其中应该也多为稿本。

当然,必须指出,华氏活字印本中有一些当时就是成书。比如《容斋随笔》《会通馆校正音释书经》等。存世数量稀少并不是判断是否是稿本的理由。制作书籍的目的是供人阅读的,阅读过程肯定会损坏大量的书籍,加上数百年的自然灾害和人为灾害都会影响书籍的保存。这些才是古籍存世量日益稀少的主要原因。但依据华氏活字本诸多文字不同的现实,我们可以想见当年华氏使用活字制作的多是书稿。

因为活字本具有的稿本性质,版版文字就会有不同。了解这一点,会给我们从事古籍整理工作的同事有启示:如果选用活字本作为工作底本,务必调查清楚同版的其他活字本文字有没有异同,最好选用定稿本,避免事倍功半的情况发生。

(四)华燧使用的活字应该不是铜活字

1.对“铜版锡字”中“铜版”的理解

对明华燧及会通馆使用活字材质首先提出质疑的是潘天祯先生。在此前,学界普遍认为华氏使用的是铜活字。潘先生依据无锡华氏家族的文献,认为华燧使用的活字是锡字而不是铜字。此后,许多学者撰文论争,至今已有三十年,学界依旧是两种意见,未能统一。笔者注意到,分歧的焦点就集中在对“铜版活字(或活字铜版)”的不同解读,进一步说就是对“铜版”的不同解读。

所谓“铜版”是指何物?尽管潘天祯先生连篇累牍地援引文献描述过①,最为精确的描述是乔宇在“会通华处士墓表”中所说“范铜为版,镂锡为字”,指出铜版就是“活字印书的板”(潘天祯语),但学界普遍不以为是,《善本总目》将这批活字本都著录为“铜活字印本”就是明证。原因大略是学者对古代活字印刷技术不甚了解和缺乏研究造成的。以李致忠先生的叙述为代表:“一版字排好了,四周加围与字面同高但彼此不相连接的边条,一共四片,分上下左右,这就是所谓的边栏。与此同时,行行文字之间也要搷加各种材料但都与字面同高的薄片,以便撑紧各行文字。尽管边栏捆得很紧,界片加搷得很牢,但由于它们是单件拼合,因而在边栏四角、界行与上下边栏之间的衔接,总不是那么紧密,总有一定间隔。”②这段话看起来是李先生个人对“板”的认识,估计学界对活字印刷排版固版技术的认识也大抵如此。

基于这样的认识,学界整体(包括潘天祯先生在内)对明活字印本上存在的“铜版”痕迹未加注意,更未见有人加以研究,忽略了“铜版”是客观存在的事实,也忽视了版盘(版式)在活字版本鉴定中的重要作用。

刻书铺制作活字的同时,必须按照活字字丁的大小和事先设计的行款,制作固定尺寸的版盘用于排版印刷。版盘的制作材料先后有过铁质、铜质、泥质和木质的数种。③ 其中铜质的就可以称为“铜版”。因为清代

①详见《潘天祯文集》(上海:上海科技文献出版社,2002)中相关文章,恕不征引。

②李致忠:《古书版本鉴定》,北京:文物出版社,1997,第173页。

③刘向东:《对中国古代活字印刷技术的认识》,《版本目录学研究》第4辑,北京:北京大学出版社,2013,第353—368页。

以后木活字盛行，版盘的材质基本都是木质，早期的金属版盘已经退出人们的视野很久，以至于知晓其形状和制作技术者甚少。笔者孤陋寡闻，极少数对版盘的质地做过研究的学者之一是艾俊川先生，他用极为精炼的文字和典型的书影，讲述了对华燧活字本《容斋随笔》的鉴定过程，证明华燧活字印本的版盘是青铜制作的。①

版盘经确定并制作完成，就适合这副活字多次使用。你要印的几种书行款不同，可以通过变更行款来适应版盘，即将不同行款的书都排成统一行款的书。华燧就较多的使用了 9 行 17 字，四周单边的版盘，排印了《容斋随笔》《会通馆集九经韵览》等至少 6 种书籍。观察华燧使用的版盘，栏线四角和鱼尾旁均没有缝隙，行线和栏线交接处也没有缝隙，这是金属铸造加焊接而成的版盘形成的痕迹。可证明代乔宇所说“范铜为版”并不误，艾俊川所做“板框为青铜铸造”的考证更对我们认识版盘以及版盘材质有重要帮助。从行款和字体以及版盘特征判断，同样是早期活字印本的弘治年间金兰馆活字本《石湖先生集》《西菴集》也使用了一种金属版盘：10 行 21 字，左右双栏，框高 20.9 厘米，宽 15 厘米，栏线四角等不见缝隙。可以认为，明代恢复宋元以来的活字印刷技术系统中最初采用的就是金属材质版盘。

此外，观察华燧排印的《会通馆集九经韵览》《会通馆印正缉补古今合璧事类》《容斋随笔》等书，版式一致，大小尺寸一致，除了书口的书名不同外，上书口“弘治岁在/□□□□”下书口“会通馆活/字铜版印”的文字往往都一致。（排字工匠为了提高效率，拆版时往往会保留书口不用变化的文字不拆。）通过进一步观察我们还可以看到，版盘是将底板、板框、栏线，以及鱼尾、横线等制作成一个整体的盘状物。剩下空间只需按照文本内容排放活字字丁（包括书口的书名卷数等也是预留位置摆放字丁），通过固版形成整体类似于雕版板片，方便刷印。同样，观察金兰馆排印的《石湖先生集》《西菴集》，也会发现版式一致、大小一致、鱼尾位置一致，甚至上书口“弘治癸亥金兰馆刻”字体都高度一致的版面特征。透过这

①原文是“板框为青铜铸造”。详见艾俊川《文中象外》，杭州：浙江大学出版社，2012，第 111—118 页。

些版面特征我们可以清晰看到版盘的痕迹。

一般来说,制作两只版盘就可以应付活字排版的需要。制作金属版盘的材质,自然是铜质的最好,尤其适应明早期的活字金属活字,采用的可能是宋代毕昇使用的药泥加热再冷却的固版方法。经估算,设定每枚铜活字的尺寸为 1.0 cm 见方,高 0.5cm,制作 5 万枚至少要用 420 斤铜。(铜的比重为 8g/cm^3。)而做一只长 25cm,宽 16cm,厚 2.5cm 的版盘只需用铜 8 斤左右。在明代限制用铜的社会背景下全部用铜制作活字和版盘一来费用高,二来可能会触犯刑律。① 刻书铺花费 16 斤铜就可以制作两只铜质版盘,则比较容易,也不会触犯刑律。

2.对"铜版锡字"中"锡字"的理解

目验华氏会通馆活字印本 10 余种,其中《宋诸臣奏议》《锦绣万花谷》《会通馆印正绯补古今合璧事类》卷帙巨大,每部均有 2000 页左右,从弘治初到弘治末,时间则超过 10 年。长时间刷印如此卷帙浩繁的书籍,如果所用的是木活字,应该出现字迹漫漶不清的现象。但是,事实上会通馆所印诸书,字体清晰,字画完整。这些现象说明活字应该是金属材质的。笔者还注意到,会通馆往往在上书口摆放有"弘治岁在/□□□□"的小字,下书口有"会通馆活/字铜板印"的小字,很多书口磨损情况非常明显。比如《会通馆印正绯补古今合璧事类》,上下书口的小字多数模糊不清,甚至就是一个个墨团。故可以判断书口小字是用的木质活字。书影 13 对比正文和书口的大小字的不同痕迹,则可以清晰地看出会通馆活字本正文使用的应该是金属活字。

中国古代最多使用的金属活字主要就是铜锡两种。至于会通馆所用是铜字还是锡字,现在并没有有效的鉴定方法。有学者说"目测存世活字印本,其制字材料基本上是分辨不清的"。② 学界也基本持此看法。笔者也不例外,仅仅目验无法对活字材质是铜还是锡做出准确的鉴定和判断。既然对华燧所用活字的材质,目验方法无法形成有效的鉴定。笔者推测

①关于明代控制用铜的背景材料,辛德勇先生在《重论明代的铜活字印书与金属活字印本问题》中征引考证极其丰富精当。请参阅。

②陈正宏、梁颖编《古籍印本鉴定概说》,上海:上海辞书出版社,2005,第 87 页。

华燧使用应该是金属活字，更应该是锡活字。

上文叙述了刻书铺使用活字印刷术制作书籍的概况，结合明代政府产铜不多和控制用铜的社会背景，加上刻书铺制作活字必然会追求的经济收益的实际情况，判断刻书铺使用铜活字的可能性极小。经统计，《善本总目》著录有37种铜活字印本①，这批所谓的铜活字印本牵涉到无锡、苏州、南京、浙江庆元、福建芝城等广大地区，这些地区在明代也有经济发达和欠发达地区之分，无锡苏州自打明代中期起就是经济发达地区，此地的刻书铺假设说也可能有实力制作铜活字，但是要说经济欠发达的浙江庆元县都制作有能应付印书需要的数以万计的铜活字，不太可靠。相反，用锡做活字的可能性更大。

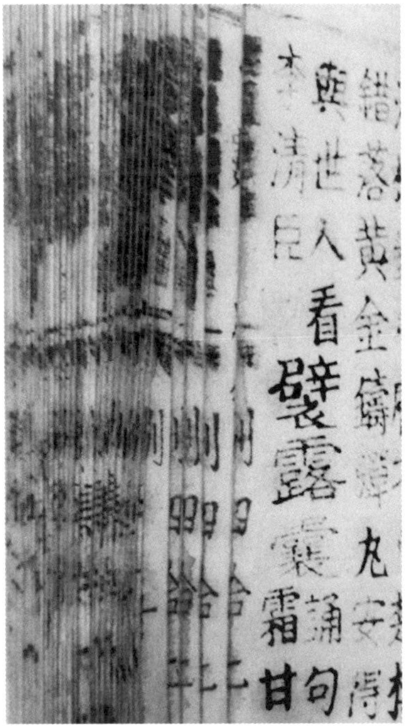

书影13

具体分析华燧使用的是锡活字的理由也是两条。

首先，铜和锡都是古代制作器皿和钱币必须使用的金属。加工工艺成熟，加工技术难度大致相同。

所谓铜和锡，都不是现代提纯技术条件下的纯铜和纯锡。比如铜，由于所含的杂质不同，形成称为黄铜青铜红铜的合金铜。在数千年铸造器皿和钱币的历史中，工匠积累了丰富的浇铸铜(锡)合金，焊接铜(锡)合金的制作技术。从加工技术方面来说，无论用铜合金或锡合金制作活字技术难度没有差别。

我们再比较铜和锡的各种物理性能：铜硬锡软，锡更容易雕刻；铜的

①既然大家都没有找到活字材质的鉴定方法，《善本总目》对铜活字印本的鉴定也肯定存在差误，既有将木活字印本鉴定为金属活字的可能，也有将金属活字鉴定为木活字的可能，但是增减后金属活字的总数超过30种则没有问题。

熔点高，锡的熔点低，锡更加易于铸造；稳定性、耐腐蚀性等等也比铜要好一些。总之，在材质性能方面，锡的硬度在能够满足制作活字的所有要求的前提下，比铜还低一些，更容易施刀雕刻。元代王祯《造活字印书法》中有使用锡活字的记载，证明锡活字由来已久，华氏会通馆使用锡质活字的概率大于铜活字。

其次，用铜或用锡制作活字，成本差别明显。对于想通过印书获得丰厚利润的刻书铺来说，使用锡制作活字，便于雕刻，印刷效果并不输于用铜，成本远远低于铜。刻书铺只要稍作算计，使用锡质活字的概率则远远大于使用铜质活字。所以说，刻书铺使用铜活字的概率极小。

因此，"铜板锡字"，是对华燧使用铜质版盘和锡质字丁的最为准确的描述，值得采信。也因此，《善本总目》著录的明铜活字本中绝大多数是锡活字本。

当然，这不是说明代一定就没有铜活字。铜活字比较锡活字，有着耐印性更好、易于填压式排版（此是活字排版方式之一，不详解）、更加贵重等特点。在出资者财力充裕，有提高活字档次的愿望的情况下，实验制作铜活字用于印刷也是有可能的。比如，笔者认为无锡安国桂坡馆排印《吴中水利通志》等活字本，使用的倒可能是铜活字。因本文只谈华氏会通馆活字印本，关于安国使用铜活字的考证，将另撰文介绍。

中山大学图书馆学丛书　第七种
Sun Yat-sen University Library Science Series, No.7

2016年
中文古籍整理与版本目录学国际学术研讨会论文集

The Proceedings of the International Symposium on Descriptive Bibliography and Scholarly Editing of Chinese Ancient Books in 2016

程焕文　沈津　王蕾　张琦　主编

下

GUANGXI NORMAL UNIVERSITY PRESS
广西师范大学出版社
·桂林·

出资借版，质量保证

——再谈晚清书肆“督造书籍印”及其功用

郭明芳

（东吴大学中文研究所博士班）

前　言

版本学、出版史研究中，有所谓督造书籍印者，较少为人所注意。或由于钤印此印记与书籍原扉叶或牌记分属不同书肆，或有以为书版转移之谓。① 而此类印记多出现于清末民初扫叶山房、江左书林、校经山房等系列②出版品中，故以扫叶山房为议题的杨丽莹曾为文讨论③。对此类督造书籍印，杨氏的结论是，此印代表着扫叶山房与他坊共同出资刊印书籍所钤盖印记，是表示印刷权而非书版版权之谓。而这种说法是否有所不足？又杨氏所论仅止于扫叶山房督造书籍印与扫叶山房、江左书林、校经

①老淘（林文龙）《重检韡园医学六种话当年》：“这些书版式不尽一致，最后可能随着潘霨退休，将全部版片集中，由振新书社重新刷印，合称《韡园医学六种》，且钤盖‘苏州观西振新书社督造书籍’印记，说明了全书成套之后，已经以商品形式推出，方便有志之士购求。”引见“书卷清谈集古欢”博客，网址：http://blog.udn.com/lty411005/24074505。

②校经山房为原在扫叶山房服务的朱记荣于上海所开设，江左书林则原与扫叶山房为联号关系，清光绪十二年（1886）拆伙独立，然两家或有共享书版刷印贩卖情形，此详杨丽莹著《扫叶山房史研究》（上海：复旦大学出版社，2013）。

③详参杨丽莹撰《晚清民间书坊“督造书籍”印考略》，《图书馆杂志》2010年第8期，第78—80页转第97页。此文后有增补收入杨著《扫叶山房史研究》。

山房之间关系，再进一步追问，此类钤于扫叶山房出版品中督造书籍印是否尚有其他书肆的出版品，并未有详论。

除此之外，督造书籍印是否仅存在于扫叶山房系列出版品，他肆是否也有类似印记，亦未见详论。关于这点，杨氏于《扫叶山房史研究》云："其余书坊的印记，目前笔者仅见两例，有待进一步调查，故此处暂不作讨论。"①

基于以上问题意识，笔者打算再从扫叶山房系列出版品，并旁及他肆续加讨论，或可延伸补充。现以所得材料，发为本文，或可得一较为完备结论。本文计分以下诸节进行讨论：(一)督造、印造释义；(二)从扫叶山房谈起——督造书籍印不只是出资雕版；(三)他肆所见的督造印记及其功用；(四)"印造"与"督造"相类；(五)督造书籍印产生原因蠡测。

一、督造、印造释义

"督造"者何？两字分开来说，督有督理、监督管理之意；造则有制造、制作之意，而督造一词亦应有监督制造之意。此词较早见于唐代所修《北齐书》中。按，《北齐书·敬显俊列传》云："及义举，以俊为行台仓部郎中。从攻邺，令俊督造土山。"在此，督造有督建造军事工事，以表负责之意，其后引申转为负责雕版印刷用语。

督造如指负责书籍印刷之语，或称"监刊"，或称"督镌"，或称"督刻"，其所指或为民间刊刷，或为官府刊刷，不一而足。前者如明豹变斋刊胡安国《春秋》有"武林朱锡玄句读、陈淏子校正、金灿督镌"。另一方面，民间刻书作为监督图书制造者或有质量保证之意。如台南卢崇玉松云轩所刻书多有"台郡松云轩卢崇玉督刻""台郡松云轩卢崇玉刻""台郡松云轩卢崇玉刻字""台郡卢崇玉督刻""台郡松云轩精刻"等字②。

至于官府，如清光绪初台湾布政使夏献纶(？—1879)刊之《全台舆

①杨丽莹：《扫叶山房史研究》，第114页，注1。

②杨永智：《明清时期台南出版史》，台北：台湾学生书局，2007，第292—293页。

图》,时委之台南松云轩刷印①,于夏序后有“绘图委员候补从九品余宠监刊刷”亦是。此为官府刊书委之民间,亦有监督以确保质量之意。

另外,尚有“印造”一词,亦类“督造”,然与刷印事较为接近。顾名思义,“印”有印刷之意,单指印刷制造。此词出现时间较晚,至少于宋、元之际已广泛使用,如《宋史》多言印造纸钞会子之类。又元代成书的小说《五代史平话》亦言:“至今年六月,板方成,献之周太祖,令本监印造,颁赐诸路州县学。”此即指雕印书籍事。其后,于佛教或道教等民间善书更常使用“印造”一词,如“国立台湾图书馆”藏光绪十三年(1887)重刊之《关帝明圣真经》,其扉页有“若有善男信女祈求灵验要印造者每本价五十文”。

“雕造”一词亦当指印刷事。惟此词所见较少,如光绪十九年(1893)武进费氏所刊《新雕校证大字白氏讽谏》有牌记:“光绪癸巳九月雕造”。

另一方面来说,纸厂亦有使用“督造”一词,亦应有品管严格保证之意,例如东海大学馆藏一部康熙继善堂刊本《弘简录》于卷十三之第三叶末钤有“程祥隆和记定厂选料加工督造毛六八太各色名纸发行图”印记。故或可知,印造、督造、雕造皆指与印刷、造纸相关之事,有负责以确保质量之意。

版本学或印刷史上,相对于“督造”,“印造”一词则较为明确指雕版刷印事。而“督造书籍”是否亦有监督管理书籍制作之意,有待探究。笔者假设,于书籍制造上,书肆品管严格,对于销售亦是一种质量保证的标记。钤印此印记,不仅是负责的表现,更是有很强的招徕广告效果。以下笔者先以扫叶山房为例说明,再谈其他书肆之例,最后则总结此类督造书籍印的使用情形。

---

①按,另有《台湾舆图》一幅,亦为余宠监刊,此图末有广州富文斋刻字,为广州所刊。而《全台舆图》刻字亦不似台地书坊所为,惟书末周懋琦跋刻字与前不同,较像台地书肆刻字,或可推知此书亦委由广州富文斋刊梓,书版运回台,台夏道夏献纶病故,时由台湾知府周懋琦接任,故补撰跋于台刻之。杨永智《明清时期台南印刷史》将之列松云轩出版品,或可再修正。另此书委之松云轩刷印事,详可见[日]前岛南央撰《赤崁采访册(一)》,《爱书》3,1934年12月,第42页。

二、从扫叶山房谈起——督造书籍印不只是出资雕版

杨氏所言督造书籍乃扫叶山房系列书坊共同出资刊印书籍之谓。而事实上督造书籍并不止于共同出资，还包括出资向他坊租用版片刷印情形。这类出资租用书版刷印书籍，笔者名之“有偿的借版刷印”。

关于“借版刷印”亦较少谈及，沈津尝有文谈及此类借版刷印之书，多属于无偿的善书之属①。而事实上，亦存在着有偿的借版刷印。此类有偿借版刷印的目的，或许也与无偿借版印刷一样，促使书籍能流通，但绝大部分情形应是透过出借书版以作收营利。笔者曾见有中国人民大学图书馆所藏一部李光明庄刊《目耕斋初集》，扉页有“扫叶山房督造书籍印”记即属于此类。

按，此本为清末南京李光明庄所出版，人大所藏版心亦有“李光明庄”字。然该书却有钤扫叶山房印记者，应非扫叶山房有出资。盖两书肆崛起背景与兴盛时间略有不同，再加上一在南京，一在苏州、上海，联合出版应不可能。其次，李庄自刊科举书为世所知，如作书肆间互通有无的有偿借版刷印，自然较杨氏共同出资刊印说为合理。其三，李庄经营在李允银(1823—1896)过世后，逐渐走下坡，此时透过出借书版或可减轻若干经营压力。

除李庄之例外，笔者再举一部《孝经》为例说明。此部《孝经》有扉页，作“扫叶山房藏版”，又钤有“扫叶山房督造书籍”印。一般见到此书，很正常地会认为是扫叶山房刊行。但事实上，核对扫叶山房刊印的《孝经》后，发现此版与扫叶山房刊版实属不同书版所印。吾人固然可以解释作扫叶山房原版经刷印而漫漶，再次雕印一版。然事实上，扫叶山房在光绪中期以后已逐渐改用石印，再雕印书版的可能性极低。此或扫叶山房原版损坏，或印刷需求大，有偿借用他坊书版印刷以应急，于书扉页另行刻印扫叶山房并钤该肆督造印。

又笔者曾见光绪四年(1878)韩应陛(？—1860)读有用斋刊行之《金

①沈津撰《借版刷印的拱宸桥竹枝词》，《国学茶座》第10辑“老蠹鱼书话”，2016，第74—76页。

石三例》两种，更可说明此种情形。两种中，其一为有扫叶山房督造书籍印者，其二为无此钤印者。两者相较，无扫叶山房督造书籍印者较有者开本宽 2—3 厘米。或可知无印者应是读有用斋自刊本，较小且有印者应是有偿借版刷印。①

以上皆可说明钤扫叶山房督造印有可能是租借他坊书版刷印。

又人大馆藏扫叶山房刊印的《礼记(集说)》，其扉页亦钤督造印记，并刻有“扫叶仁记藏版”。从扉页文字，很清楚地可以看出“扫叶仁记”与“藏版”字迹是先后刻上的，颇不协调。又此本与扫叶山房光绪二年(1876)重修本亦有不同。而此本又是何肆所刊？经比对，与北京大学所藏湖南尊经阁刊本同，或许是扫叶山房仁记主人远至湖南借版刷印。

当然这类有扫叶山房督造印记的书籍原书版所有者不止于上述之南京、湖南两地，上海、琴川(常熟)、浙江、北京诸地，凡是有市场需求，有利可图者，扫叶山房主人可以不辞辛劳到各地访觅良本，商订有偿借版规则，以供刷印贩卖。而这样的情形，只能以“利之所趋”为解耳。例如说扫叶山房席家又向丹阳黄氏租借其家刊《增补事类统编》刷印。按，是书为道光间丹阳黄氏敦好堂所刻，有牌记，或可知原为家刻本。

又北大藏《郎潜纪闻》牌记：“光绪十年刻于琴川”“壬午重校本”，钤“扫叶山房督造书籍”印。宣统三年(1911)扫叶又有自刊石印本。又山大亦有藏同书，然著录刻于广州，或“琴川”二字篆文误为“广州”。

又北大馆藏《七家试帖辑注汇抄》牌记为“同治九年(1870)夏六月版藏京师琉璃厂”，亦有扫叶山房督造印。

又向木樨山房借刷《李氏音鉴》。《李氏音鉴》李汝珍撰，嘉庆间宝善堂雕印，同治间书版转为木樨山房所有，该肆同治、光绪间亦有刷印。扫叶山房于光绪间又向木樨山房有偿借版刷印。

又人大馆藏光绪四年(1878)潘霨敏德堂刻《左传事纬》亦有扫叶山房督造印，可知其向苏州潘家有偿借版刷印。

又香港中文大学馆藏姚清祺刊本《癸巳存稿》扉页亦有扫叶山房督

---

①一般说来，自刊本版面会较为宽广；书肆所刊者，由于成本因素，或版面会较小。雷梦水《古书经眼录》曾于“池北偶谈”条记：“又见一本，版式与此本相似，惟版心稍小，外栏稍细，印工亦劣。”(济南：齐鲁书社，1984，第 106 页)此本或为书肆所印贩者。

造印。

又辽大馆藏道光廿七年(1847)吴门南园扫叶山庄陈氏刻《诗毛氏传疏》,钤印有“校经山房督造书籍”。

此类有偿借版刷印不仅向民人租借,有时也向官府租借刷印,如北大馆藏光绪六年(1880)吴门节署刻《沈文肃公政书》,牌记作“光绪庚辰仲冬吴门节署印”,左下镌“扫叶山房发兑”,并钤“扫叶山房督造书籍”。发兑即发行经销,其与督造应不同。但助理有督造一印,或可知此本乃向官府借刷贩售之本。

又与扫叶山房有相当渊源的“江左书林”亦曾向官书局江苏书局借《古文苑》书版刷印。以北大藏者牌记作“光绪丙戌江苏书局开雕”,函套所贴书签钤“上洋江左斋拣〔书林〕督造古今书籍发行”。

而此类督造书籍印不止是有偿借版刷印,尚有本家出版的质量保证意思,例如说北大馆藏老扫叶山房刻《三鱼堂文集》《外集》《附录》,封面作“老扫叶山房藏板”,钤“扫叶山房督造书籍”。北大注记:“据康熙旧刻版修补。”此本既非合资刊印,亦非有偿借版刷印,乃自家书版刷印,钤印此印记自然有质量保证的意涵在内。

从以上扫叶山房既有的各例看,对于钤印“扫叶山房督造书籍”印功用,在杨说仅言合资雕印说之外,我们有了更多不同的认识。尤其是对有偿借版刷印问题,以上各例提供更多材料,我们更可从中看到扫叶山房经营史上,其主人为了生意不惜访求善本的苦心。而这种有偿的借版刷印,不仅是对图书流通起了重要作用,而且也是某种形式的跨坊合作。另一种情形,虽发现例证较少,但也对督造印记有招徕读者购买该肆出版品,起了质量保证作用,有进一步认识。

三、他肆所见的督造印记及其功用

对扫叶山房督造书籍印功用有了更进一步认识后,笔者想再追问此类督造印始于何时、何地,以及其作用等问题。当然此类印记今日所见不多,笔者不敢妄下断语,仅能就现有材料略为论说。

至少目前所能找到的材料中,至清同治、光绪间此类督造印已大量出

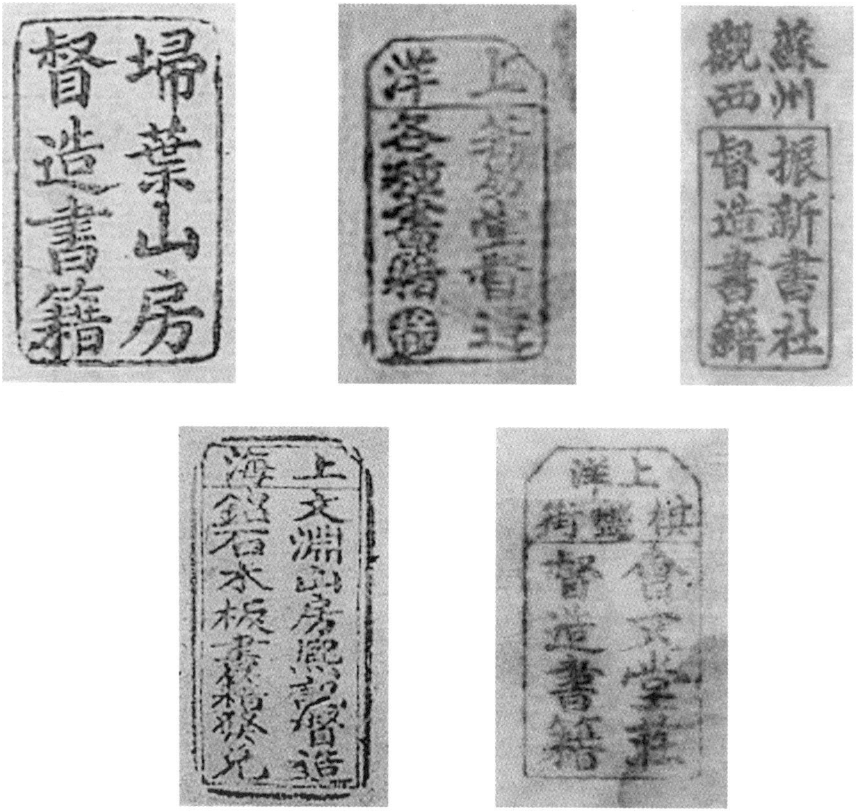

图1:各种督造书籍印

现。除了扫叶山房外，苏州的振新书社、上海著易堂、文渊山房，以及广州、汉口等地均有之。以下分别说明之。

（一）振新书社，光绪至民国间苏州玄妙观西书肆

北大馆藏清光绪间江标灵鹣阁刊《江刻书目三种》，其牌记题“灵鹣阁藏板/苏州振新书社经印”，左下并钤“苏州观西振新书社督造书籍”，又首册末附《振新书社书目》。这里的“督造”，很显然与印制有关，类似版藏某地，刷印某地，或许是振新书社主事者与江标之间的借版刷印。

又四川大学馆藏苏州书局刊本《元文类》，牌记作“光绪己丑江苏书局开雕”又钤“苏州振新书社经印”。按，此虽未言“督造”，然“经印”与督造应可视为相似，且不少江氏《灵鹣阁丛书》多钤此印。

又老淘（林文龙）《重检铧园医学六种话当年》一文谈潘蔚刻医书亦

有振新书社督造印。他推测认为,“这些书版式不尽一致,最后可能随着潘霨退休,将全部版片集中,由振新书社重新刷印,合称《铧园医学六种》,且钤盖‘苏州观西振新书社督造书籍’印记,说明了全书成套之后,已经以商品形式推出,方便有志之士购求。”笔者认为应可再作修正,潘蔚家所刊书亦见于扫叶山房,此应书坊向潘家借版刷印者。

以上苏州例。

(二)著易堂,光绪间上海书肆

山大藏《壹是纪始》牌记作“光绪戊子甬北寄庐藏版”,钤印“上洋。著易堂督造/各种书籍□”。此为上海著易堂向浙北寄庐借版所刷印。

(三)文渊山房,光绪间上海书肆

人大藏会稽陶氏增修《大清律例总纂集成》,扉叶钤有“上海。文渊山房熙记督造/铝石木板书籍发兑”。按,《大清律例总纂集成》,文渊山房自光绪二十八(1902)年起,至三十二(1906)年止,每年均有出版,或铅印,或石印。而此印所言督造,与发兑相等,或者亦含有经销发售之意。

(四)会文堂,清末上海书肆

孔夫子旧书网见一商务印书馆出版《传种改良问答》,于扉页钤有“上洋棋盘街会文堂庄督造书籍”印。此书当为商务印书馆印制装订贩卖予会文堂者,其已跳脱有偿借版刷印或仅有制版权范畴。此乃假言督造,实则经销贩卖,而与发兑一词接近。

(五)千顷堂书局,光绪间上海书肆

台北“故宫”藏原香港中山图书馆所藏光绪二十二(1896)年南菁书院刊本《子思子》,钤印有“上海三马路中千顷堂书局印行古今书籍”印。

又中国国图藏清末李光明庄刊《宋元明诗约钞三百首》,其牌记下方钤印有“上海三马路中千顷堂书局印行古今书籍”朱印。

又保利八周年春拍(3227号)《状元阁孔子家语》,朱印扉页钤有“上海二马路千顷堂图书发行所”。

又川大藏光绪二年(1876)东川官舍《集韵》,其牌记有“苏州振新书社印刷发行”,又有“上海三马路中千顷堂书局印行古今书籍”印。

按，此虽不言督造而言印行，然皆非本肆所刊书籍，或有可能是经销发售之意，亦即千顷堂向上述诸肆批发书籍至本肆销售。

以上上海例。

（六）奎照楼，乾隆至光绪间浙江绍兴书肆

北大藏道光五年（1825）余姚守福堂刻《困学纪闻注》，扉页作"道光乙酉年开雕/困学纪闻注/余姚守福堂藏版"，又钤"奎照楼庄督造书籍"。此书实际上是光绪间奎照楼向守福堂有偿借版刷印。按，普林斯顿大学藏有《伤寒》一书，扉页作"浙绍奎照楼藏版"，为乾隆中后期刊光绪十一年（1885）奎照楼修补本。

（七）郭文元堂，清末浙江书肆

山大馆藏端木国瑚撰、东瓯郭文元堂刻《周易指》，扉页钤有"东瓯郭文元督造书籍"。这里称"督造"实际上非有偿借版刷印，而有私人委之书肆刊印书籍，有监督制造书籍之意，与"印造"一词同，兼有质量保证之意。

以上浙江例。

（八）善成堂，清末汉口书肆

武汉大学馆藏清末汉口善成堂刻《重刊五百家注音辨昌黎先生文集》，扉页作"遵依宋本/两仪堂梓"，钤"汉口善成堂书局督造书籍印"。

又武大馆藏宣统二年（1910）成都渭南严氏孝义家塾重刊本《戴东原集》，牌记作"宣统二年嘉平月渭南严氏孝义家塾雕于成都"，并钤"汉口善成堂书局督造书籍印"。

以上湖北例。

（九）儒雅堂，光绪间广州书肆

台北"故宫"藏原香港中山图书馆所藏光绪二年浙江书局重刊之《十驾斋养新录》，有"粤东儒雅斋督造书籍印"。按，此亦为儒雅堂有偿借版浙江书局刷印例。

又港中大馆藏合河康氏、登云合刻《骈体文钞》，牌记作"合河康氏本、登云合印行"、卷末有牌记作"合河康氏刻梓家塾"，封面镌"粤东儒雅

堂督造书籍”。按，此为儒雅堂有偿借版刷印例。

又人大馆藏光绪二十年(1894)广雅书局刊《二十二史札记》，封面作“光绪甲午中〔仲〕春广雅书局刻”又钤“粤东儒雅堂督造书籍”。按，此为民间书肆向官书局有偿借版刷印。

(十)林记书庄，光绪间广州书肆

川大馆藏光绪十一年(1885)广州萃文堂重刻《后山先生集》，牌记叶作“光绪十一年重刻赵本”，并钤“广州林记书庄督造书籍”。版心下镌“爱庐校本”，卷末镌“番禺陶福祥校刊”，王原序后镌“广州龙藏街萃文堂承刊”。

又美国华盛顿大学馆藏光绪三十二年(1906)番禺陶氏爱庐刻《梦溪笔谈·补笔谈·续笔谈》，牌记作“番禺陶氏爱庐校刻光绪三十二年丙午夏四月刻竟华阳王秉恩署端”，又有朱印“广州/林记书庄督造书籍”。

以上广东例。

四、“印造”与“督造”相类

“印造”一词，与“督造”相同。早年亦有监督印制之意，尤其在官方印的历书，或民间印行佛经多用此词。前者如《大清道光三年岁次癸未时宪书》封面书有“钦天监钦遵御制数理精蕴印造时宪书颁行天下”，而此类《时宪书》用语多类此。而佛经刊行亦多用“印造”一词以表印制，北大藏清普陀永记经房刻《金刚般若波罗蜜经》封面有“普陀永记经房印造”。

又北大馆藏清末昭庆经房刻《放生仪轨》有“版存昭庆经房印造”。

又如澳门大学馆藏民国十五年(1926)刊印之《禅门日诵》扉页有“浙省昭庆慧空经房翻刻印造”。

后有旁及民间书肆或私人所刊行者，亦有“印造”一词的使用，如人大馆藏清光绪二十七年(1901)广州广雅书局刊行之《广雅书局藏书目录》有“广州登云阁印造”。

又川大藏《校刊词律》《词律拾遗》，牌记有“杭省。版存三元坊、聚珍堂印造”。

除此之外，他还是质量保证之意，如人大馆藏清末会稽徐氏莫澜堂重印乾隆四十六年(1781)仁和汪日桂重刻本《十六国春秋》,牌记钤有“会稽徐氏莫瀾堂印造”印。

五、督造书籍印产生原因蠡测

透过以上分析,“督造”一词指的是出资借用书版刷印,与另一种单纯批售者不同。虽然后期督造亦兼有单纯批售之意。按,古来有“发兑”一词,所谓发兑即指发行销售,意涵有某肆直接向另一肆购买书籍进行贩卖,类似通路商之意。

为何“督造书籍”或“印造”印记于清晚期大量出现?杨氏推论则认为是共同出资雕印书版,再分别刷印之谓,乃为联合出版之先声。他认为是历经太平天国后,采用这种方式,遭战火毁弃的出版业才能迅速恢复以往繁荣。① 但杨氏所论仅及扫叶山房,未及他坊,此论或有所偏狭,或可再修正。

笔者认为钤印有“督造书籍”或“印造”应非联合出版,其与恢复被太平天国蹂躏的出版业亦无关。它应是一种因应西方著作权制度所衍生出新的出版形态,以别于过去书坊自己雕印或翻刻贩售的一体化经营模式。笔者分析其大量出现原因如次。

太平天国时,战争导致出版业萧条是毋庸置疑的。战后,书院开始恢复,但苦于无书籍可读,一般士子亦然。因此,战间或战后,或有督抚提倡以公办民营方式,刊印图书,以供所需,此即近代出版史上的官书局如雨后春笋般兴起。官书局遍布全国(不包括台湾省),出版品物美价廉,对书院或民间士子取得书籍应有很大帮助。而于民间亦有跟随官书局脚步,逐渐恢复过往书肆景致。例如,广东省富文斋即配合官府刊行多种图书,南京李光明庄亦自金陵书局出走,卓然而为金陵出版霸主。

而所谓联合出版与此“借版刷印”不同,不应混为一谈。联合出版是指合两家以上书肆共同出资金、人力刊印书籍,而所刊印书籍大多属大部头者,如清末官局合刊廿一史。其书版归属应非属任一方,也无须做任何

①杨丽莹:《扫叶山房史研究》,第122页。

说明。而借版刷印者,书版所有权归于卖方,买方仅有印刷权。买方于印刷后,于书籍告示相关版权理所当然。更何况今日所见杨氏所谓有督造印即联合出版,若部头不大,如前述《金石三例》仅数册,一坊即可雕印,不必再联合雕印。再说,书坊主为免浪费资源,就既有书版商议刷印,亦能达到同样效果。

笔者认为此类督造或印造印记应是过往"督刊"之类词的变体,他不仅不是联合出版先声,也与恢复太平天国对出版业的破坏无关。实际上,此类督造印记于书坊刻书有多种不同意涵:一是有偿借版刷印,二是质量保证的标记。此类于清末出现的"督造书籍"印,对一些书肆来说,透过出借书版,或许也是另一种书肆经营手段,透过书版租借获取租金,如李明书庄一例。吾人从长远来看,此类有偿借版在当时也发挥了图书流通重要功能,亦即某地图书,透过有偿借版,得以传至另一地。

再者,西方版权观念传入,原版书肆对其他书肆翻印与确保自家版权更进一步主张权利。著作权法乃是规范著作人及其著作相关法令,凡有侵害一肆版权者,国家可据以起诉侵害人,以确实保障著作权人权益。此法于中国正式立法在民国十七年(1928),该法规定著作重制与散布相关罚则。然其精神于清末西风东渐已逐渐形成,尤其面对古代书肆与西方出版业相撞之时,书肆为免纷争,书肆或主动申之官府,以确保权益。此时尤其牵涉到外人权益时,官府应非于过往仅消极处理,而有积极作为。过去越权翻印情形,或许开始有这种有偿借版刷印。扫叶山房主人见到不错之书籍,不会主动翻刻。他可能会先与该肆主人商议,签订租借书版刷印契约,进行刷印装订。但如原书坊已停业消灭,或是无法联系,则直接翻印。

结　语

通过本文,吾人可对"督造"印记有以下新的认识:一是如杨丽莹所言共同出资雕印书籍之谓,刷印方只有印制权而无书版拥有权;二是向书版拥有者有偿借版刷印,此类出现于扫叶山房系出版品甚多;三私人委托书肆雕印书籍,书肆钤印督造、印造印亦有质量保证之意;四是督造书籍演变至后来,与古代“发兑”亦同,亦即有经销发售之意,此则已失督造原义。因此,不管书肆或私人钤印督造、印造印,其主要目的在昭告世人,这部书是在书肆或私人亲自监造下完成,有质量保证的意味,请读者认明印记,以免购得赝品。

而“督造”印记之所以有别于过去扉页注记的“藏版”,盖非属于该肆所雕造。而此类“督造”印记出现于光绪以后,或许象征着光绪以后出版市场上竞争激烈以及对著作权观念的萌芽所致。透过此类有偿借版,遏止过往书肆翻印、盗印无法可管,只能以消极作法申告版权却无成效。现在有此作法,不仅增加书版拥有者收入,对借用者以丰富其出版品内容,更重要的是对原书版权亦有所保护。而吾人所见此印记多在江苏省大城市,亦可见到此类情形于城市间更行激烈。

晚清广州社会阅读演变探析

——以《广州大典》所收蒙学图书为视角*

唐 艳

（中山大学资讯管理学院）

一、《广州大典》图书构成

《广州大典》的出版，为学界提供了丰富的历史资料，有助于了解民国以前的广州社会文化。目前，《广州大典》已经出版了五十九辑（520册），收录了3397种②民国以前"广州人士（含寓贤）著述、有关广州历史文化的著述及广州版丛书"③，即跟广州相关的图书几乎都在收纳范围内。该书以"丛、经、史、子、集"为纲，依照图书内容进行归类，可知现存广州史部图书最多，其次是集部和丛部图书，子部和经部图书再次之。从所收图书的刊刻年代，可知各类图书在广州发展变化的脉络。根据所收图书版本的产生年代，制成表1。

* 本文系《广州大典》与广州历史文化研究专项项目"《广州大典》蒙学类文献研究"（编号：2017GZY31）的研究成果之一。

②一说4064种，本文采用依照广州大典数据库择取后的统计结果3397种。

③广州大典编纂委员会，《广州大典》第一辑第1册，广州：广州出版社，2015，第2页。

表 1:《广州大典》收录不同时代图书一览表

	从	经	史	子	集	总计
唐	0	0	0	1	0	1
元	0	0	3	0	0	3
明	0	9	72	24	44	149
清	792	150	978	484	806	3210
民国	0	0	18	10	0	28
总计	792	159	1171	519	850	3391①

资料来源:广州大典数据库 http://gzdd.gzlib.gov.cn/HRCanton/Search/Search

从表 1 约略可知,广州地区在明代以前的文献现存较少,仅子部有唐敦煌写卷 1 种,史部有元代稿本和刻本 3 种,史部文献在时间上的连续性较强,元明清各时期的史部文献,为研究广州历史提供了丰富的史料。明版各类图书开始增加,清版图书种类丰富,所占比重最大。若仅从现存文献数量的历时变化看,清代广州文教事业发展在文献上呈现出显著的特征:各部类文献种类增加,数量大幅度增长,并逐渐显现出岭南文化的独特性。本文将以蒙学图书为视角进行分析,探讨蒙学图书发展对社会阅读的影响。

《周易·蒙卦·彖辞》曰:“物生必蒙,故受之以蒙。蒙者,蒙也,物之稚也”。《故训汇纂》释义中,“蒙”有“稚”“幼小之貌”“童蒙也”“暗昧”等义项。清代陈荣衮认为,“教初学童子自七岁至十二岁者曰‘训蒙’,蒙也者,谓蒙昧不明,藉先生教训之,以开其蒙,而使之不复蒙也”,陆胤认为该释义与近代西学之“启蒙”(enlightenment)相近②。可知蒙学即去“蒙昧”的启蒙之学,是教育的重要组成部分。蒙学图书亦即启蒙读本,也被称为“蒙养书”。蒙学图书在《广州大典》中置于子部最后一类,子部蒙学类。

①前文统计《广州大典》共收录图书 3397 种,因有 6 种图书出版地是日本,未纳入本表,故此处总计数量是 3391 种。

②陆胤:《文字难易与教育新旧——戊戌前后蒙学变革论的语文侧面》,《现代中国》第十五辑,北京:北京大学出版社,2014,第 66 页。

二、《广州大典》蒙学图书的收录情况

《广州大典》第五十五辑专门收录子部蒙学类图书，共三册，收录蒙学图书36种。其中明代蒙学图书1种，即《分韵四言对偶启蒙不分卷》，明代蒙贤和史垂教两人在宋代真德秀《对偶启蒙》的基础上，加以补韵和删补后成书，《广州大典》收录该书明万历三十四年(1606)端州六委斋刻本。其他蒙学图书35种，则主要是清代编刻的，现存清代蒙学图书数量较多，侧面反映了清代广州地区对启蒙教育的关注度日渐增加。

(一)蒙学图书的编著者分析

《广州大典》所收蒙学图书的编著者共有33人(含合著作者)，其中，除了《粤音指南□卷》(存卷三卷四)一书作者不详外，另有图书四种均标"蒙学书塾"编，但在书序中又能看出具体作者，亦算入作者总数，以便进行作者群体分析。此外，在前人论著基础上加以改编，或者进行注释的作者，该图书最初版本的作者，如果并非广州人士(寓贤)，则不在作者分析范围。部分作者资料甚少，不一一列举分析。

《广州大典》所收清代蒙学图书的编著者约30人，陈荣衮及蒙学书塾编著蒙学图书共10种，约占《广州大典》所收录蒙学图书总量的28%，其中9种图书书名中包含"妇孺"二字。陈荣衮(1862—1922)，广东新会人，字子褒，号晚庵，是康有为早期的弟子，曾参与戊戌变法，受改良思想影响，主张"教育救国"。戊戌变法失败后，加入中华基督教会，前往日本五年，考察日本的启蒙教育，1899年回国后在澳门荷兰园创办"蒙学私塾"和教育学会(后改称蒙学会)，"蒙学塾"招生不限性别，自称"妇孺之仆"①。他提倡使用白话文，并在其办学期间，坚持用白话文编印蒙学教材。署名蒙学书塾编的《妇孺译文》有卢子骏(字湘父)自序，谈及编著该书是受陈荣衮思想的影响，用文言翻译粤语，"陈君子褒游历日本，考求教育，归而创蒙学书塾，编辑读本，力求文字与语言合一"②。从该书序中可知，当时在蒙学塾执教人员认同陈的理念，并在实践上使用白话文编蒙学

①陈汉才:《康门弟子述略》，广州:广东高等教育出版社，1991，第74页。

②卢湘父:《妇孺译文》，《广州大典》第五十五辑，第416册，广州:广州出版社，2015，第423页。

图书。

另一个编著蒙学图书数量较多的是广东东莞人王炳耀(字煜初),牧师,有论著多种,他的《拼音字谱》是最早的音素化声韵双拼式,即音节结构的每一音素都以字母表示出来,并且兼拼其他各省方音,还有拉丁字母对音,是清末一种速记符号式汉语拼音方案。他最先根据我国断句法,吸收外国新式标点,草拟了十种标点符号①。此外,他还编著了《拼音分韵》和《拼音启智篇》各一卷,着力于拼音的启蒙教育。

其余蒙学图书作者亦在各领域各有所长,如唐廷枢(1832—1892)就读于教会学校,并曾从事海关译员,后成为著名的买办和洋务运动家,编有英语启蒙图书《英语集全》,该书第六卷即"买办问答"相关英语。邓廷铿"十四岁就学于香港皇仁书院,二十一岁随使美国,备员翻译,嗣后遍历英法等国,所到之处,考察其学艺政术"②,回国后受托教授英语,翻阅当时英语诸书,"觉其缺事甚多",故撰写《英语会话初编》,以期对于国家设立之英语学科,有所裨益。桂坫(1867—1958),1894 年中进士,曾任国史馆纂修官,浙江严州知府,长于修史,工书,著《科学韵语》,现存卷上,被收入《广州大典》。冯兆年,是清代藏书家,编辑有《翠琅玕馆丛书》,其《马拉语粤音译义》四卷,序言中提及"曾游南洋各岛,以马拉语与诸国不同,逐类分门,译以广东土俗之音,令□者一目了然,诚商贾之秘笈也"③,被纳入蒙学类图书。《广州俗话书经解义》的作者麦仕治,生平不详,从《中国近代海关高级职员年表》中看到相关记载,籍贯广东,1868 年 5 月进入海关工作。麦仕治在该书自序中说,"余因此当我平日在税关办公事后,归家,得有余时候,将《诗经》《书经》两套书,逐句书句,音注以俗话,解发明白,不怕贻笑大方,庶冀少年妇女男子,教育得稍识个字"④。此外,如陈修堂,生平不详,曾参与合信《全体新论》的编译,该书刊印后广

①张普:《中华小百科全书·语言文字卷》,成都:四川辞书出版社,1994,第 231 页。

②邓廷铿:《英语会话初编》,《广州大典》第五十五辑,第 417 册,广州:广州出版社,2015,第 487 页。

③冯兆年:《马拉语粤音译义》,《广州大典》第五十五辑,第 417 册,广州:广州出版社,2015,第 509 页。

④麦仕治:《广州俗话书经解义》,《广州大典》第五十五辑,广州:广州出版社,第 417 册,2015,第 1 页。

受好评，编著《博物新编图说》一卷，采用图文结合的方式启蒙博物。

上述蒙学图书的编著者虽然从事不同的职业，有教师（塾师）、官员、买办、翻译员、海关职员、牧师、藏书家等等，但他们有一个共同的特征，都关注启蒙教育，较频繁地接触新事物，并在一定程度上受新思想或理念的影响，在编著的蒙学图书上得到不同程度的体现。

（二）清代广州蒙学图书内容之新

清代广州地区编著蒙学图书的数量有所增加，蒙学图书的内容也在传统蒙学教育的基础上有所增益。王海波认为中国古代“蒙学教育主要包括道德伦理教育、博物教育、语言及诗文教育”，并且以“德育为首”①。《广州大典》所收录的蒙学图书在传承传统蒙学教育理念的基础上，拓展了蒙学图书的启蒙内容，丰富了蒙学内容的表现形式。

《广州大典》收录蒙学图书在包含识字、词语、信札材料、声韵对仗、道德、历史文化、文学等传统蒙学内容外，新增了以下启蒙知识：外语（英语、马来语）、国外相关博物知识、科学以及妇孺新读本。

首先是蒙学图书内容之新。传统启蒙教育并不提倡女性读书，而清末广州有识之士已经开始提倡女性读书，并在蒙学图书中反复强调这种理念。陈荣衮在《幼稚自序》中说，“万级之浮屠，从地脚始；千仞之木，从根核始；金代银代之世界，从妇孺始”②。蒙学书塾的教师抨击“女子无才便是德”的理念：“世言女子无才便是德，此一言也，祸尽中国二万万之妇女矣。夫妇女独非人哉？乃令不读书不明理，与木偶无异，岂非无才便是德之一言有以害之乎？”③他们认为女子应该读书，“女子之责，以相夫训子为最要，但女子不学，则不能明理，安能相夫训子哉？然则外人戏我中华，以为半教之国，非无故矣”④。认为女子有心向学，女子学习对于家

①王海波：《蒙学简论》，博士学位论文，曲阜：曲阜师范大学，2014年，第1页。

②陈荣衮：《幼稚》，《广州大典》第五十五辑，第416册，广州：广州出版社，2015，第266页。

③蒙学书塾：《女子并非以无才为德论》，《广州大典》第五十五辑，第416册，广州：广州出版社，2015，第398页。

④蒙学书塾：《女子宜读书论》，《广州大典》第五十五辑，第416册，广州：广州出版社，2015，第398页。

庭、对社会发展有益。并针对上海创设女学堂一所，竟遭御史奏参而闭歇事①，表示可惜，认为中国应该兴女学，建议“使中国各处设女塾，使女子人人入塾读书，贯通文理”②。虽然该文也将不读书的女子看做家累，是影响为官者尽忠、士者勤学、农工商贾尽心力技能的因素，体现了传统思想的深度影响，但是其倡导广设女学，使女子人人读书的想法确实值得肯定。在图书内容上，采用新标准，以开启民智为目的，“国势之弱由于国民之智不开”，如认为“雷公、电母、雨师、风伯”等语窒塞民智，故以列地理类之风云雨露等新的地理须知。

此外，在具体图书的内容上，《阅报有益论》的观点是“报者，载地球万国之事也，夫以万国之政事，地球之公理，一目可览焉，日日得阅万国之新政新理，即不出户庭而知天下事”，宣传阅报的益处。新增历史内容，如用三字言说中国“在古时，称大国，到而今，弱到极。道光时，二十年，英吉利，开香港；到咸丰，第六年，打广东，第十年，英法国，打京城，圆明园，放火烧；到光绪，甲午年，日本国，来打仗，我国败，失台湾”③，简略介绍中国晚清历史的同时，试图唤起读者的国家意识和民族意识，倡导无论男女老幼，要同心合力求自强。增加介绍国外的自然景观名物风俗，如“日本变法，许多学堂，男女读书，国所以强”，“英京伦敦，异常之富，屋背地底，皆有铁路”④等内容，拓展蒙学图书读者的视野。

(三)清代广州蒙学图书语言和形式新特征

多样化的书面语，是《广州大典》收录蒙学图书显著的语言新特征。从广州粤语形成和使用的历史来看，粤语历史悠久，但主要在口语中使用，书面语主要还是文言文。清末部分人士已经开始提倡使用白话文，并在部分蒙学图书直接将粤俗语用于书面语，口语系统与书面语结合，使启

①蒙学书塾：《中国不兴女学之弊论》，《广州大典》第五十五辑，第416册，广州：广州出版社，2015，第403页。

②蒙学书塾：《女子读书有益论》，《广州大典》第五十五辑，第416册，广州：广州出版社，2015，第403页。

③陈荣衮：《绘图三四五字书》，广州：广州出版社，《广州大典》第五十五辑，第416册，2015，第353—354页。

④同上书，第363—364页。

蒙教育更加便于粤方言群体接受。此外,将马拉语和英语纳入蒙学体系,拓展蒙学图书的内容。

陈荣衮《妇孺浅解》,用白话文写作,认为“天人神人至人圣人之学,从俗话始”,谈及“童子每遇古训,如与夷语”,可知口语与书面语的隔阂不易于蒙学教育的开展,故清末广州地区的蒙学图书是强调三点,“通今为主”“便俗实用”和“文字浅显”。通今为主,是指无论是学习古代的地理官制还是外国语言,都应先从易而难,先学习本国语言,了解当今的地理及官制。“今日编书宜为极贫极愚之国民设法,乃为有补大局,用语宜便俗实用”,故多用粤语,便于地方学生阅读,哪怕使用方言会被人说浅薄,只要有助于妇女蒙童学习知识就行;在文字选择上,选用浅显文字,“妇孺乐认之字,声入心通,乐何如之”。

最后,蒙学图书的形式也在一定程度上呈现了新特征,越来越注重引起读者阅读兴趣,多采用图文并茂和双语对译的形式。陈荣衮在《妇孺须知》序中,认为“凡较幼学之法,图学最重,图非必以绘事”,并在“改良终无已时”观念的驱使下,根据教学过程中学生的实际情状,屡次修改妇孺读物。如《绘图妇孺三四五字书》《再次改良妇孺新读本》《三次改良妇孺论说两种》等图书。

在语句长短上,认为“汉唐宋长文字”,会令学童望而却步,故选取“至浅至短者”,并介绍相对适合的教学方法,“教授者当引申发明之,仍以俚语俗事为指点”。也有作者根据自己学习中遇到的难题,总结解决方法,如龙柏《韵府萃音》自序讲述了作者在学习过程中经常遇到“记其音义遗其体画”的字,于是“以诗韵为纲,诸子书为目,类音以合之,藉音求字”。至于双语对译,有文言译俗语,中英对译等,如“女学”条,“中国个个人都话女人唔好读书,怎知欧西文明嘅国,唔拘男女,都要读书,总□一个人唔识字呢”,译曰“中国人人皆谓女子不可读书,岂知欧西文明之国,不拘男女,皆须读书,并无一人不识字耶”①。

综上可知,晚清有识之士为了使更多广州当地人接受启蒙教育,对蒙学图书加以改良。随着商埠的开放,接触国外的新事物较多,在蒙学图书

①卢湘父:《妇孺译文》,第428页。

内容上,增加了相应的内容;在蒙学图书的语言上,通过方言启蒙,降低蒙童在语言学习上的难度,遵循由浅入深,从易到难的学习规律。此外,还鼓励女性读书,呼吁广设学塾,使人人得以入学。广州清末蒙学图书内容、语言和形式上的拓展和丰富,在一定程度上吸引更多启蒙教育受众,推动基础教育的发展。

三、蒙学图书对广州社会阅读的影响

晚清广州开放为通商口岸后,随着中外商贸的发展,对多语言的需求增加,“华英方互通贸易,则语音不同,弗能达主客之情,书契互异,何以核名物之数”①,随着清政府在中高等教育中开设外语学习课程(英俄德法日语,英语为主),国外的思想随着相互交流和图书译介逐渐对广州社会产生影响,广州蒙学图书在内容、形式上的转变,对广州的社会阅读产生了以下几个方面的影响。

首先,晚清的蒙学明确倡导“广设学塾,人人入塾读书”,促进了社会阅读意识的萌芽。陈荣衮及蒙学书塾编辑出版的系列图书最能体现。以《妇孺》系列图书为例,将蒙学图书的阅读对象拓展到女性,论述女性读书的重要性,抨击“女子无才便是德”的论点,认为女性读书于己于家于社会均有益处,陈荣衮更以“妇孺之仆”自称。这些支持女性读书的声音,冲击着深受传统思想影响的民众,思考阅读跟自身是否可以产生关联这个问题,为阅读意识的社会群体下移谋求发展的契机。

其次,晚清广州社会思想发生变化,促进了该时期蒙学图书内容的拓展,为丰富广州社会阅读读物提供新的可能。晚清广州社会思想转变在蒙学图书内容上的体现,如语言种类的增加,用粤方言阐释文言文,试图打破口语体系与书面语体系的隔阂,融合二者;或是开始教授外文,广州的地理位置毗邻东南亚诸岛,相互往来的商人以英语和马拉语为主,故在蒙学教育中增加马拉语、英语教育。再者,蒙学图书内容也更加接近童稚的学习心理,采用图文并茂的形式吸引读者;宣扬女子读书,增加地理、博

①吴湘:《英语集全》,《广州大典》第五十五辑,第417册,广州:广州出版社,2015,第191页。

物、科学等常识性内容，拓展妇女儿童的视野。此外，随着报纸的发行，国内外新闻和思想传播范围有所拓展，社会阅读的读物形式也逐渐丰富。

最后，晚清广州地区蒙学图书内容和形式的拓展，以及人们通过降低蒙学图书的难度，增加蒙学图书的受众，都从侧面反映了该时期广州地区对启蒙教育的重视。该地区接受启蒙教育群体和人数的增加，为该地区培养了一代具备阅读能力和阅读意识的读者。如女性阅读意识的开端，不仅影响了接受启蒙教育的女性，也在潜移默化中对其家庭产生一定程度的影响，为民国时期社会阅读的推广打下了思想和舆论基础。

四、余　论

晚清以来，受外来思想的影响，广州地区社会文化逐渐发生变化，蒙学图书仅是《广州大典》收录图书的冰山一角，通过对《广州大典》蒙学图书的分析，可从微观角度了解清末广州地区社会阅读的演变。《广州大典》收录的丰富图书资源，尚有待学者进行深度挖掘，在文献中梳理和勾勒广州社会文化的各种演变，拓展广州历史文化的研究领域和研究深度。

浅析清代社会通俗小说发展的三个阶段及其特点

赵俊杰　赵　辰

(私人藏书家)

清代社会通俗小说这种文学表现形式,在我国文学史上占有重要的地位,研究并搞清楚这一时期通俗小说的发展脉络,有着极其重要的作用,根据本人多年的研究,将清代社会通俗小说的发展划分三个阶段,即清初(1644—1686)阶段、清代中期(1686—1875)阶段、清代晚期光绪(1875—1911)阶段,并借此详论清代社会通俗小说三个阶段的不同特点。

一

清朝初期的20多年因为台湾的国土尚未收回,清政府不得不采取笼络人心的政策,政治上大胆启用汉人做官吏,文化上则尊崇儒学,推广儒家思想,以此取得汉人对清朝统治的拥护跟支持,并迅速取得了成效。这一时期通俗小说的发展,继承了明代社会的遗风,刻印小说题材多翻刻明代通行的小说品种,不同的是,清初一些坊肆在翻刻通俗小说的过程中,也逐步形成了自己的一些特点跟风格,浅析如下:

第一,清初开始盛行小说加注点评。我们将顺治元年至康熙二十五年(1644—1686)称为通俗小说的清初阶段。金圣叹总结前人刻小说的特点,认为《西厢记》《水浒》是好书,并且详加评点,重新出版金圣叹点评第五才子书《水浒志传评林》《贯华堂第六才子西厢记》。两部小说一推出，名动社会，李渔评论："读金圣叹所评《西厢记》，能令千古才人心死。"毛伦毛宗岗父子点评的《三国演义》，也受到了欢迎，各个坊肆争用毛伦父子评点的《三国》为底本，纷纷翻刻出版。由此清代以后再无其他版本的《三国演义》流行于世，全部为毛评《三国演义》。康熙四年(1665)，毛伦还依照金圣叹点评，做了《琵琶记》点评，后人称之为第七才子小说，这一时期小说创作者纷纷加入点评行列，一时成为风气与时尚，使点评小说成为清初一大特点。

第二，金圣叹提出才子佳人小说概念，并将《水浒》《西厢记》等作品，第一次与《庄子》《史记》《离骚》等圣贤之书等同起来，统称才子佳人必看之书。中国封建社会1000多年来，都以正统的儒家思想做统治学说，所学圣贤之书皆为科举仕途，小说属于荒诞不经的野史，是"稗官巷语""道听途说的小道消息"，被士大夫阶层所不齿，金圣叹认为，天下才子应读的书为一庄二骚三史四杜五水浒六西厢，它们分别是《庄子》《离骚》《史记》《杜甫》《水浒》《西厢记》。金圣叹认为这些都是才子书，是天下读书人应该读的好书。金圣叹作为清初有影响地位的文人，在中国文学历史上，第一次把通俗小说的地位，提高到了与《庄子》《史记》《杜甫》等同的地位。这一点，金圣叹为通俗小说的发展及在中国文学史中应处的地位做出了历史贡献。金圣叹这个观点一提出，便遭到了当时社会文人士大夫的抨击打压，认为是大逆不道的言论(一种底层社会喜欢的不经之学，居然跟圣贤之书并列)，这种大胆的观点受到了当时社会的排斥。后来李渔找到金圣叹，说《水浒》是小说，《西厢记》是戏曲，怎么可以跟《庄子》《史记》同列才子书？金圣叹接受了李渔的观点，康熙七年(1668)，李渔以明嘉靖叶版《三国演义》为底本，通过自己的刻书铺"芥子园"，出版《李笠翁评点三国第一才子书》，图二百四十幅，版画请名笔妙手，如传神阿堵，曲尽其妙。立即受到大众的欢迎，由此，第一才子佳人小说确立了地位。这里需要说明，毛伦父子的《三国》，甫一出面是以第一奇书的面目，而李渔的《评点三国演义》才是历史上第一个以第一才子佳人小说的名称流传于世的。后人多不了解，认为第一才子书是毛伦毛宗岗父子所评的《三国演义》,这是一种谬误。我们统观中国文学史,有清一代,最著名的是清初出现的"十大才子佳人小说"。分别为《三国演义》《好逑传》《玉娇梨》《平山冷燕》《水浒》《西厢记》《琵琶记》《花笺记》《斩鬼传》《驻春园》。这些才子佳人小说一时风靡,引得文人莫不追捧,清代咸丰间人说"读书人书房案头,若不放置《西厢记》《花笺记》,就不是读书人"。可见才子佳人小说受清代社会追捧的程度。历来有唐诗宋词元曲明清小说的提法,是金圣叹最早将小说提高到了这个位置。

第三,科举制度在清初依然对通俗小说的发展起到了强烈的抑制作用。科举制度从隋朝建立以来,大量有才华的士子通过科举走入封建社会的仕途。清代社会建立初期,科举制度执行得较为完善,很多有才华的士子,"两耳不闻窗外事,一心只读圣贤书"。不客气地说,清初一批文人写小说,基本都是落第秀子发泄心中不满的一种方式。如大才子李渔,金圣叹等等。清初主流社会依然排斥那些"琐语淫词"的通俗小说,这种倾向与封建社会所宣扬的正统儒家思想是一脉相承的,即"万恶淫为首"。所以即使小说作者本人,他骨子里也是为传统礼教所束缚,认为写那些风花雪月的男女情事,为人所不齿。这种不敢以真面目视人,偷偷摸摸写作小说的思维形式一直贯穿于有清一代,其表现形式,就是小说作品的署名,基本都是采用化名伪名托名的方式。作者既然不敢光明正大署名,那为什么还不断地有人加入写作大军?这个问题很简单,封建社会生活方式基本"一耕一读"。通俗小说在广大的民间具有极大的市场,有市场就会有人为了赚钱盈利而介入。那些私家书坊当然要赚钱,要刻印通俗小说。这种不署名的文学表现方式,世界上独中国一家,算是有特色的文学表现形式吧。现在看来,我们是不能谴责那些小说作者的,毕竟那些小说作者也需要贴补家用,也要生活的。但给后人的研究,平添很多麻烦,这也是通俗小说版本研究是最难事的原因。即便是现在,传世的大量小说,我们仍无法搞清楚其作者到底是谁。这也同时需要国家层面重视此一问题。毕竟单靠几个学者个人的独自研究,困难还是很多的。清初科举制度把最为优秀的人才引入了仕途,反过来,这些既得利益者为了维护封建伦理,以封建卫道士的面目,开始拼命打压通俗小说的存在,这一现象自康熙二十五年(1686)后爆发了。

二

清代通俗小说第二阶段,最显著的特点,就是遭到朝廷"禁毁"。

清代康熙二十五年至同治十三年(1686—1874),是通俗小说第二个发展阶段,为期约190年,是清代统治阶级残酷镇压的阶段。随着清代政权收复了台湾,形成了大一统局面,社会的稳定也开始更加巩固,康熙认为,该是实现清代思想专制统一的时候了。这一时期文字狱开始增多,国家对社会上大量流传的"琐语淫词"也不再容忍。康熙二十五年,江宁巡抚汤斌《严禁私刻淫邪小说戏文告谕》曰:"为政莫先于正人心,正人心莫先于正学术……若仍前编刻淫词小说戏曲,坏乱人心,伤败风俗者,许人据实出首,将书板立行焚毁。其编次者、刊刻者、发卖者,一并重责,枷号通衢;仍追原工价,勒限另刻古书一部,完日发落。"汤斌官谕,矛头直接对准了通俗小说的创作与流通,一时风起浪高,小说的命运遭到了打击。

康熙二十六年(1687)二月,刑科给事中刘楷疏请除淫书,称"自皇上严诛邪教,异端屏息,但淫词小说,犹流布坊间,有从前曾禁而公然复行者,有刻于禁后而诞妄殊甚者。……责令学臣并地方官,一切淫词小说,……立毁旧板,永绝根株"。经九卿议复,应如所请。谕称:"淫词小说,人所乐观,实能败坏风俗,蛊惑人心。朕见乐观小说者,多不成材,是不惟无益而且有害。……俱宜严行禁止。"皇帝颁旨明令全面禁止淫词小说,这是比较重要的一次。虽然明朝也有禁毁小说的政策,例如明初禁《剪灯新话》,但明代是对个别小说的禁毁政策,而康熙采取的是对淫词小说的全面封杀。这其中比较重要的原因,是因为清初统治者为了统治的需要,重新确立了程朱理学为正统的观念。由是,明代中叶以来王阳明心学为思想基础的新的观念,被清代统治阶层再次否定了。虽然清代初期对文人,开始思想的禁锢,但因为坊肆刻印小说,有着丰厚的利益,射利之徒依然屡禁不止,继续私下刻板贩卖小说。为此康熙五十三年(1714),康熙再次谕旨给礼部:"朕治天下以人心风俗为本,欲正人心,厚风俗,必崇尚经学,而严绝非圣之书,此不易之理也。近见坊间多卖小说淫词,荒唐俚鄙，殊非正理，不但诱惑愚民，即缙绅士子，未免游目而蛊心焉。所关于风俗者非细，应即通行严禁。其书作何销毁，市卖者作何问罪，着九卿詹事科道会议具奏。寻议，凡坊肆市卖一应小说淫词，在内交与八旗都统、都察院、顺天府，在外交与督抚，转行所属文武官弁，严查禁绝，将板与书一并尽行销毁。如仍行造作刻印者，系官革职，军民杖一百，流三千里；市卖者杖一百，徒三年。该管官不行查出者，初次罚俸六个月，二次罚俸一年，三次降一级调用。从之。”礼部奉此上谕，通告全国一体遵行。此道上谕后来被收入《大清律例》卷二十三刑律贼盗的条款中。由是，禁毁淫词小说在法律上成为定例。中国通俗小说史上，刻、印、贩卖、阅读小说，受到封建法律制度的强力约束，这也是中国文学史上，最为严厉的政策了。

自康熙定《大清律例》，严禁淫词小说后，乾隆、嘉庆、道光、咸丰四朝，秉持了这一政策，不断地重申或者重新颁布严禁淫词小说的政策。同治时期，更成立了“收缴销毁淫词小说局”这个专门的常设机构，对江南书局私人书坊，刻印的书版片，按照市面的价格进行回收销毁。从根本上铲除小说贩卖的渠道与途径。书局还与各私人书坊，约定不再刻印贩卖的合约，致使小说的流通，遭到严重打击。

从康熙二十五年至同治七年，通俗小说在历朝政府严厉政策打压下，日渐凋零。虽期间也出现了《红楼梦》《镜花缘》《儒林外史》等伟大著作。毕竟在清政权的全力打压与销毁下，通俗小说终于在100多年里沉寂下来。这是清代第二个阶段最为显著的特点。

第二个特点。清代第二阶段出现的小说，艺术表现形式更加低劣粗俗。尤其是版画，完全失去了明末清初的精美风格，绣像小说的雕版完全走向粗俗，毫无美感可言，版画的人物绣像，也变为单人静止状态，线条粗硬，人物形象丑陋。究其原因，明末清初所请刻工皆为名家圣手，清中期在禁毁政策打击下，有手艺的艺人已经不敢做刻工了。通俗小说的刻印贩卖都属违法，处于地下的秘密状态。所以，这一期间的通俗小说粗制滥造，也就可以理解了。我们知道了上述清代中期的通俗小说状态，也就能够了解，清中期及之前的通俗小说，在清代政府打击下，能够流传到今天，有多么不容易了，很多通俗小说只剩片纸另册，完全不能成套。所以，20

世纪70年代，小说收藏家傅惜华收藏残本《新闻跨天虹》3、4、5卷，民国初期的恩熙收藏残本《宛如约》9—12回，都将之作为至宝，镇宅之物，其欣喜之情也可以理解了。总之，清代第二阶段完全禁锢了通俗小说的传播与发展，我们一定要记住这点。

清中期小说第三个特点，在封建政权持续的政策打压销毁下，在封建士大夫阶层鄙夷排斥的眼光中，小说创作者多是屡次科举落第，抑郁不得志的秀才。这些落第秀才，愤恨科举制度，转而开始做小说以发泄胸中不满，而作者本人因各种原因，往往又处于最低下的社会地位，生活境况困苦，很多小说家饱受了生活的磨难，甚至食不果腹。曹雪芹写《红楼梦》，过的是“茅椽蓬牖，瓦灶绳床”“举家食粥酒常赊”的困苦生活。对于这一时期小说作者的生活境况，我们务须有清楚的认识，也只有这样，才能更全面了解这一时期小说创作的实际情况。

三

晚清小说的状况：晚清小说发展开始进入繁荣时期。

第三个阶段，这一时期从清代光绪继位至宣统三年(1875—1911)，共计36年时间。清代统治末期，苛捐杂税沉重，民不聊生，咸丰期间开始的太平天国运动，迅速席卷半个中国，给清王朝的统治以沉重打击。虽然太平天国被清政府曾国藩、李鸿章镇压，但清王朝统治根基已经摇摇欲坠。这一时期通俗小说的发展开始变得活跃起来。其中最为主要的原因有四个。第一，政治上，对小说的禁毁开始变成一纸空文。康熙时期制定的《大清律例》，对小说的严惩流于形式。清政府借助汉人曾国藩、李鸿章，才将太平天国消灭，由此政权机构开始由汉人控制。一批有着先进思想的军阀开始了洋务运动，吸收西方的先进技术跟思想，以图强国。作为通俗小说创作流传紧箍咒的“禁毁政策”被打破，使得坊肆可以公开刻印贩卖通俗小说而渔利。第二，技术上，洋务运动促使西方先进思想传播，同时一批先进的西方印刷技术也开始进入中国社会，延续了一千多年的木板雕刻，开始被更加先进的石印技术、金属活字印刷所取代，有了先进的印刷技术，办报纸以适应社会需求成为可能，而新型的报社连载小说这种形式迅速被社会阶层接受。这一时期出现大批报纸连载小说,例如《老残游记》《官场现形记》《文明小史》《二十年目睹之怪现状》等等,深受大众欢迎。后结集出版。这种先进生产力带来的技术革命,也成为小说繁荣的重要原因。第三,思想上,这一时期小说的地位得到了空前的提高。通俗小说作为一种民间文学文体,对百姓大众所具有的影响力,已经被社会文人跟有识之士所认识。另一方面来说,清代晚期,中国文盲率超过90%,普通农村大众基本处于文盲状态,“儒释道”三教虽具有影响,但真正能够打动百姓,让百姓喜闻乐见的也只有通俗小说一种文体。而“诗词歌赋”早已演变为文人的东西,从老百姓的视野里消失了。光绪二十年(1894),甲午战争失败,清政府开始维新变法,小说也因为维新变法获得了新生,得到快速发展,借助新的技术革命,在具有革命思想文人的大力创作中,小说很快进入繁荣阶段。第四,艺术上,晚清小说有了新的突破,具体表现在:一是制作材料,新的印刷技术石印版本开始大量流行,古老的木刻雕版被抛弃,这样提高了效率,节省了出版时间跟材料,大大降低了小说的成本,更加易于将通俗小说推广到普通民众中去。二是这一时期讽刺小说与翻译小说开始出现并且得到传播,这种文体小说出现跟清王朝行将灭亡有关系。具有先进改良思想的民主改革派人士,通过通俗小说这种文学形式,大力宣扬革命的思想,用新小说对旧的封建制度封建思想进行批判与讽刺。“维新变法”“君主立宪”的新思想开始提倡。西方文化及其先进技术也通过小说的译制,传播于社会。这些都是清代统治200多年来,不可能出现的事情,而清代末期不改革,就灭亡。清代末期讽刺小说的传播,唤醒了大众,加速了清王朝灭亡的必然趋势。随着民国政府的建立,延续了约1300年的科举制度也遭到取缔,1000多年抑制通俗小说创造发展的两座大山“禁毁”和“科举制度”,被彻底抛弃了。从此我国通俗小说的发展真正走上了健康的道路。

我们从清代社会通俗小说发展的三个阶段,搞清楚了封建制度对通俗小说发展的制约,也搞清楚了封建士大夫阶层仇视通俗小说的丑恶嘴脸,看到了通俗小说作家困苦的生活与无奈。即便如此,因为通俗小说有着广大的民众基础,中国在几千年社会发展中积淀了深厚的文化内涵,因此，在清代267年当中，依然出现了曹雪芹、蒲松龄、李汝珍、吴敬梓等伟大作家，出现了《红楼梦》《聊斋志异》《镜花缘》《儒林外史》等一系列伟大的作品，出现了反抗封建社会包办婚姻、追求自由恋爱的才子佳人小说。而这一切伟大作品，依然在那个时代影响着人们（包括世界人民）的精神世界，并对民国时期通俗小说的大繁荣起到了关键与积极的推动作用。

书志写作的传统、现在和未来

——兼论《书志》集刊的创立

张　波

（中国国家古籍保护中心）

五经六籍总名书，积记其事谓之志。文献学之书志，有读书志、藏书志、访书志诸端，原以私家撰述、详记经眼图书为主，公立图书馆兴起之后，兼具学术性和资料性的书志对揭示馆藏亦具有重要价值，馆藏书志的编纂和写作与既往相比也有了新的要求，书志正成为一种被不断规范的古籍整理体例。一般而言，整理一馆所藏，必先有目而后有志，古籍编目由簿录而至详赡，需较长时间酝酿。2007年"中华古籍保护计划"启动迄今，全国公藏单位所藏古籍得以全面普查，各馆古籍登记目录陆续出版，整理研究成果相继面世，善本书志之编纂恰当其时。鉴于此，国家古籍保护中心创办《书志》集刊，志在探讨并推广有效的书志编纂经验，促进并服务于馆藏书志的编纂事业。本文试从传统、现状和未来三个层面对书志写作的相关问题做一概述，以期抛砖引玉，引起更多同人重视。

一、书志在传统目录学中的定位及其新特征

（一）书志与传统目录学体例之关联

传统的图书著录有三种主要体例：叙录、传录、辑录。叙录体源于刘向《别录》，传录体创于王俭《七志》，辑录体则始于马端临《经籍考》，三种

体例不仅是古代目录学中的菁华所在，也是治学者应遵循、掌握的著录规范。分而言之，三种体例有如下主要特征：

1.叙录体

叙录体导源于所谓“言其作意”，即简单叙述作品主题旨意的书序。刘向在整理图书和编纂书目过程中，给所校的每一部书撰写叙录，阐明校雠经过，介绍作者生平，叙述学术源流，辨别图书真伪，评价图书得失。叙录体提要的内容主要包括三个方面：审定和鉴别图书的版本，说明校雠经过；评价作者生平及其学术思想；评价图书的内容。

2.传录体

传录体是王俭在编《七志》时用的。据《隋书·经籍志序》说：《七志》“亦不述作者之意，但于书名之下，每立一传”。介绍作者生平，力图让人们通过了解作者，去了解文献内容及考证文献。这种传录体提要，是刘向之叙录体提要中“推论其生平”的扩展，独立形成我国古代传录体提要体例。

3.辑录体

辑录体基本上是引用成文，广泛辑录与一书有关的资料如序、跋、题记、历代目录的叙录、注释、列传中的叙述文字等于书名之下，成为提要，供研究参考之用。这种体例的提要以元代马端临的《文献通考·经籍考》为代表，它不但辑录了晁公武的《郡斋读书志》和陈振孙的《直斋书录解题》的资料，而且还辑录了汉、隋、唐、宋等朝的艺文志、经籍志中各种书目的序、跋等文字，以及史书列传、各种文集内的有关资料。

书志作为古代图书著录方式之一，早期无专属之体例，也没有与类似的著录方式如艺文志、经籍志、书籍志、读书志、藏书志、访书志、经眼录、叙录、书录等有所区分。这类著录大多由私人藏书家完成，其名称之间并没有严格的界限，从内容来看，或重版本辨析，或重源流考辨，不一而足，皆根据现实需要或学术兴趣偏好取舍材料。如晁公武的《郡斋读书志》作为存世最早的私人解题目录，其为每部书撰写的解题多通过知人论世的方式完成。明清以来受书画鉴藏之风的影响，“藏书志”成为备受青睐的书籍著录方式，其讨论书籍缮刻工拙、详记钤印题跋等等，极大地丰富了传统的著录体例内容。这一学理脉络也成为今日学者讨论“书志”体例的基点,如严佐之先生认为书志的体例结构,其"底线"应具备:"书目、题跋记、解题、辑录序跋四者合一的完整性"①。

总体而言,私家藏书志在撰写时不免带有个性色彩。如傅增湘《藏园群书题记》在版本考证的同时存录大量名家题识和名家藏印;叶德辉《郎园读书志》乃作者一生读书所得,欲合考订、校雠、收藏、鉴赏为一家。因此,传统的书志写作,乃文人雅士以藏书自珍自守,以访书为乐为业,以读书著述立志立命者也,有著书立说,成一家言之意。

(二)馆藏书志的体例特征

馆藏书志的编纂可追溯至清末公立图书馆的兴起。其撰写虽然遵循传统的体例原则,但是编纂书志作为一项图书馆古籍整理工作,毕竟不同于私家撰述。私家书志的撰写多是对自家收藏的全面回顾总结,撰述者本人往往就经眼之古籍而生辨章学术、考镜源流之志,带有传统著述的"立言"性质;而馆藏书志是图书馆工作人员针对一个公立图书馆的全部古籍文献所作的深入介绍,其编纂目的主要是为研究者查阅使用,其本质是提供文献服务,这就意味着馆藏书志的体例特征较之传统又应该具有一些新的特点。

1.客观性

骆伟先生在《试论古籍书志及其特点》②一文中指出:书志是传统目录学的称谓之一。且书志与书录应为同一体例,而与提要相区别。并认为古籍书志的特点是:客观性、考证性、学术性、信息性。吴格先生也认为书志体例应主要与提要相区别:"提要"侧重辨章学术、考镜源流,"书志"则应重点反映版本特征,内容分析、评价等非其所措意。③ 这都说明现代学者认为,书志的编纂应该更加侧重于客观层面。因为在传统的目录学链条中,提要无论是成于众手还是个人撰述,像《四库全书总目》那样对每部书的内容价值都作出学术考据性质的论说,或者像王重民先生《中国善本书提要》那样对每部书的版本都力求作出扼要的判断,其体例及其所

---

①严佐之:《"开聚书之门径","标读书之脉络":论"藏书志"目录体制结构——以张金吾〈爱日精庐藏书志〉为中心》,《中华文史论丛》第六十九辑,上海:上海古籍出版社,2002。

②骆伟:《试论古籍书志及其特点》,《山东图书馆学刊》2011年第1期。

③吴格:《古籍书志编纂漫议》,《书志》第一辑,北京:中华书局,2016。

能为研究者提供的信息已经相对稳定。而书志作为一种可以被不断规范的、与之相区别的图书著录体例,应该更注重客观反映古籍的特征,包括版本特征和内容特征,使研究者在未见原书的情况下能够通过查阅书志获得该书的全部客观信息,尤其是获得这部书(而非另外一部)独有的信息,找到它对学术研究有价值的文献资料,从而发挥它自身难以取代的作用。

2.资料性

现存古籍版本著录、鉴定成果的日趋完备以及信息检索途径的日趋多样化为书志的编纂提供了极大便利。如何辨证取舍,对编纂者的学术能力提出了更多考验。如何能发前人所未发,起到后出转精之效果,是评价当今馆藏书志学术价值的要素。这对书志的资料性也提出了新的要求。

从查阅者的角度出发,书志如果能成为一种综合性、集成性的文献,就能有效地节约查阅成本。通过查阅书志获得关于一部书的所有信息,不仅包括该书的版本、内容信息,也尽可能汇集前人对这部书的研究成果,使一篇书志成为一部书的代言者,成为关于该书的学术简史。这并非要求书志编纂者要成为研究某部书的专家,而是要求编纂者从书志使用者的角度出发,先期查阅使用者可能需要查阅的资料,并进行摘编和汇总。同时,书志应成为一种可供查阅者直接使用的文献资料,其内容所包含的引用文献需具备可追溯性,即可以通过注释便捷地找到该引用文献的原始出处。

3.工具性

馆藏书志的工具性应该包括两个层面。在现有的情况下,书志作为一种文献资料应具备工具书的性质,即其内容能够满足一般学术研究的需要,通过查阅书志,获得有效的信息。例如,在文学研究中,研读著作的序跋尤为重要,这时,检索如台北《"中央图书馆"善本序跋集录》这样的工具书便比翻查各家别集中所收序文更有效率。而对于文献研究,古籍版本的递藏又受到普遍关注,这时,对某家文献流传的专题考察则更能清晰地解决问题。这些出发点提示我们在设立书志编纂体例时应具备足够的学术视野,充分考虑研究者的需求,使书志篇目所涵盖的信息尽可能地全面周到。同时,考虑到应用日趋广泛的古籍数据资源的发布,全书影像检索在未来得以实现,书志编纂也应具有长远的规划,使之在未来依然可以作为一种主要的应用工具为古籍检索和使用者提供服务。例如,古籍中包含大量的手书序跋、藏书家印鉴等信息,如果书志中载录的相关文字得以纳入古籍数据库,或者能与古籍影像同时检索呈现,那么它将为使用者便捷、准确地提供原文,有效降低释读原文的难度。

总之我们认为,馆藏书志的编纂既要注重书志在目录学传统中的定位,又要兼顾现在及未来古籍资源在提供方式上所具有的新特点,使书志成为对揭示馆藏有价值、对读者查阅有帮助的有用之书。

二、目前已出版的馆藏书志及其体例特点

目前已经出版的馆藏书志无论在编纂方式还是编纂体例两个层面都值得深入分析探讨,他们的编纂经验和体例模式为有志于编纂馆藏书志的同人提供了极好的样本,使后来者有所依据,有所凭藉。本文限于篇幅只能略作管窥,并未比较已出版的馆藏提要、书录等。

(一)屈万里《普林斯顿大学葛思德东方图书馆中文善本书志》,台北:艺文印书馆,1975

该志乃屈万里先生上世纪七十年代担任美国普林斯顿高深研究所研究员时编纂,其工作以王重民先生书志旧稿为基础。该书凡例指出:“善本书志目的之一,在能概述某书版本之优劣,或其传刻源流,俾阅书者知所取舍。如不从事校勘工作,则版刻优劣,即难质言。而雠校一书,往往需时累月经年;撰述书志者,必无此日力。”这说明撰者对现代馆藏书志的编纂与传统私家书志撰写之间的差异已经有所洞察,然而编纂者仍然在撰写时力求出新,如证四库提要之讹误,揭晚明书业之冒版,乃至书贾作伪,以残充全等皆作为重点加以论述。此外,该志在记录版本时兼顾传统与现代,在记录行格之外,采用了当时新兴的版框尺寸记录法。这些都为后来学者编纂书志提供了范例。

（二）台北"国家图书馆"特藏组《"国家图书馆"善本书志初稿》，台北："国家图书馆"

该志经史子集丛陆续出版于1996年至2000年。其编纂组织工作起源于1994年的"第二阶段古籍整编计划"，由13人撰写该馆所藏善本书志。该志包括经部1128部，史部2774部，子部3414部，集部4867部，丛部186部，是台北"国家图书馆"在整理古籍目录的基础上完成的详细文献记录，其书志内容项目力求完备，在编纂方式上分部出版，便于总结经验，不断完善。

（三）沈津《美国哈佛大学哈佛燕京图书馆中文善本书志》，上海：上海辞书出版社，1999/桂林：广西师范大学出版社，2011

该志乃沈津先生1992年至2010年任职美国哈佛大学哈佛燕京图书馆时编纂，全书400余万字，著录古籍3098种。其体例设定具有集大成性质，"不仅要将群书部次甲乙，条别异同，推阐大义，疏通伦类，更应辨章学术，考镜源流，乃至搜讨佚亡，而备后人征考"，且"应在前人的基础上更加详细地揭示书之内容版本，尽可能精审确凿，而不仅仅是一张图书馆卡片的放大"。[①] 此外，该志的出版也具有里程碑式的意义，它既是凭借一己之力、经年累月完成的著作，同时也为合作式的书志编纂积累了丰富的工作经验（如与严佐之、谷辉之等先生的合作）。在哈佛书志出版后，沈津先生将撰写书志时的工作方法、撰写体例、参考书目等一一公布，并首次提出了"哈佛模式"，使书志的撰写成为一种有规矩可循、有成式所法、有范本可参的具备操作性且富有吸引力的古籍整理事业，对后来者具有重要启示。

（四）陈琦等《武汉图书馆馆藏古籍善本书志》（第一辑），武汉：湖北人民出版社，2004

该志体例详赡，版本判断来源有据，不仅注明出处，而且注明引用资料之版本，篇目力求反应每部古籍之特色，注重比较，多处以图片、图表的

---

①任雅君、沈津：《〈美国哈佛大学哈佛燕京图书馆藏中文善本书志〉编纂访谈记》，《天一阁文丛》，杭州：浙江古籍出版社，2012。2011年版的书名多一"藏"字。

形式,将一部书的版本特征及其与其他不同版本的差异展现出来,使读者一目了然。其他如记录购进日期及书价等,亦将许多过去读者难以获知的书籍信息予以披露。该志乃图书馆员合力完成,主编韩兆海、张颖,执笔人陈琦、鄢静慧、张蓉。

(五)陈先行等《柏克莱加州大学东亚图书馆中文古籍善本书志》,上海:上海古籍出版社,2005

该志由柏克莱加州大学东亚图书馆邀请上海图书馆陈先行、郭立暄二位先生编纂而成。其体例重在版本考订,亦附有详实的客观信息。馆方事先拟定了详细编纂计划,全程派出专业人员协助编纂工作。编纂者前期查阅利用了上图及国内的馆藏资源及研究工具对该馆所藏之善本目录逐一核查,在充分准备的前提下赴美,短时间内完成撰写工作,并请复旦大学图书馆吴格先生审定全书。可以说该书的编纂出版是馆际合作的成功典范。

(六)《傅斯年图书馆善本书志经部》,台北:"中央研究院"历史语言研究所,2013

该志所收馆藏经部善本 463 部,全彩印制,每种典籍皆附书影,具有图录性质。书志文字于一篇之中每项条目间有清晰标引,便于识别。书后附藏书家、印主索引,亦富有特色。

(七)马月华等《美国斯坦福大学图书馆藏中文古籍善本书志》,桂林:广西师范大学出版社,2013

该志收录善本 154 种,由马月华、郭恺淳合作撰写。篇目列有"著录"一项,如该书见于哈佛书志、柏克莱书志等皆予以标注,不难看出该志的编者追随前辈学人的足迹。此外该书志每篇附有卷端书影,末尾载录书名、作者、出版项的英文信息,便于研究者应用。

三、《书志》集刊的创办理念

(一)征稿范围

《书志》集刊由国家古籍保护中心创办于 2014 年,主要登载入选《国家珍贵古籍名录》的善本书志。其范围乃国务院正式公布之五批《国家珍贵古籍名录》,共12273部古籍;其撰述遵循先哲所创之古籍著录方式,语言务求雅驯扼要;其体例以客观著录为原则,凡书名、著者、卷数、内容、刊者、序引、题跋、牌记、刻工、钤印诸项,皆如实反映原书面貌,可供标记索引,以期适于未来数据库之建设,为研究者提供更多便利。

此外,各收藏单位组织人力编纂之善本书志,研究机构开展之专题文献整理,名家时贤新著揭示某类专藏之作,凡符合本刊客观著录之宗旨者,皆选载刊布。又以书志之体,本区别于提要,其内涵演绎,体例沿革,皆需论辨方能明晰,凡旨涉书志编纂理念之创见,每辑亦选登宏论一至两篇,诚盼海内方家赐教。

(二)第一辑概况

《书志》集刊创办以来,国家古籍保护中心进行了广泛的宣传工作,积极开展约稿、征稿工作。制作了《书志》征稿启事和文稿规范手册,在第八、九期古籍鉴定与保护高级研修班、第五批全国珍贵古籍名录初审会举办期间发放给有关专家征求意见;同时将电子版通过网络发送各有关单位、专家学者。于2014年9月在贵州举办了第一次书志培训班,由吴格先生授课;同年12月在广州举办了第二次书志培训班,由沈津先生主讲。培训班的成功举办为刊物的宣传、征稿工作起到了积极的推动作用。

《书志》第一辑的编纂受到了图书馆界和各大高校文献学领域许多专家学者的殷殷关爱,最终由海内外同人通力合作,编委会成员荷担其责,成稿十四家,积字五十万。其中既有综论书志撰写的经验之谈,评析体例的论衡之文,又有垂范后学的叙录提要,深耕不辍的考证心得,以及海峡对岸的编纂实践,此皆为书林存史之作。又有专题若干辑入书苑撷英,以类相从,如佛教文献;以人为别,如元人著述、黄丕烈藏书;以版本时代看,有元刻本、嘉靖刻本,皆有自开篇目,长期连载之意。亦有一馆之藏的初步揭示,如中山大学图书馆、芝加哥大学图书馆,皆有同人孜孜不倦,他日当成一馆之书志。此外,我们特邀两篇稿件,中西兼顾,拟为今后国家珍贵典籍书志的撰写树一范例。

（三）未来方向

为了使《书志》编纂工作制度化、规范化，国家古籍保护中心办公室于2016年初成立了《书志》编纂工作委员会。我们现在已经邀请了4位知名学者担任刊物的学术顾问，并聘请主编1人、副主编2人、编委37人，共同指导《书志》的编纂工作。作为一个全新的专题刊物，《书志》集刊愿意在书志编纂体例上进行总结和探索，为各收藏单位搭建交流编纂经验的平台，发布最新的书志出版动态，保存编纂善本书志的单位和个人所积累的相关经验和阶段性成果，并最终促成这些成果汇整为专书形式予以出版。

整理古籍文献形式多样，提供文献服务手段各异，书志只是诸多形式手段中的一种。如何根据不同的研究需要，满足相对应的数据需求，这是编纂馆藏书志的首要意义。目前，囿于古籍善本馆藏分散，各收藏单位整理情况丰简有别，因此读者有时难以便捷地利用文献。如何在未见原书的情况下，通过善本书志获得更为充分、详细的文献信息；以及在未来原书可通过影像检索取得的情况下，通过查阅书志获得更为准确的信息，使不同的研究者能够各取所需，似可成为今天的书志编纂者需要认真思考的问题。

通过书志精审地考察版本源流，古往今来学者之撰述取之不尽，然而如何将其考论之功落实到每一具体的文献当中，使查询者能够一目了然，则仍然考验文献整理者的功力。客观的文献整理并非刻板的文献整理，只要整理者始终能以理解之同情去呈现文本内容以及文本递藏过程中的意义，就可以为使用者提供不一样的视角，使之得以专注于自己感兴趣的部分，对它们作出有价值、有境界的解读。因此，以一部书籍为基础，完整地呈现其内容价值、版本系统和递嬗关系，并尽可能反映社会背景和文化思潮影响下每种书籍不同的传播境遇，从而最终形成的扎实而系统的书志条目，是《书志》集刊所期待的成果。

赵万里与《续修四库全书总目提要》述略*

付 佳

(清华大学科学技术史暨古文献研究所)

"续修四库全书总目提要"是上世纪二三十年代进行的一项规模浩大的古籍整理编目工程,由日本主导的"东方文化事业总委员会"下设的"北京人文科学研究所"负责组织,当时国内众多知名学者皆参与其中。赵万里在1934年至1937年间①,共为《续修四库全书总目提要》(下文简称《续修四库提要》)撰写了349篇提要稿,撰述对象为明人别集和王国维著作。《续修四库提要》的宗旨在于延续和补充《四库全书总目提要》(下文简称《四库提要》),选目范围以《四库提要》编纂时未采和清嘉庆至民国时期新出的名人著述为主。四库馆臣轻视明人著作,所收明人别集有不少遗珠,王国维是近代学术大师,著作之丰、成就之高,罕有与其相匹者,故这两类书籍之提要在《续修四库提要》中具有相当的分量。但对于参与编写之事,赵万里自己并未在文字中提及只言片语,本文就所撰提要本身和其他相关材料来讨论赵万里撰写的缘由、过程,并评析这部分提要稿的特点和价值。

---

* 本文为北京市社科基金项目"赵万里研究"成果之一,项目编号15WYC084。

①据吴格《日本东洋文库藏〈续修四库全书总目提要〉编纂资料》,赵万里所撰提要的收稿时间为民国二十三年(1934)十月至二十六年(1937)四月。吴文载《域外汉籍研究集刊》第三辑,第371—404页。

一、明人别集提要

《四库提要》中著录明人别集1092种，其中存目854种，虽然为数甚众，但因明代国祚绵长、出版文化发达，且距离年代较近，故文人别集的数量十分庞大，相对明代别集总量，《四库提要》所收只是很小的一部分①。在此之外，《续修四库提要》又增选了大量明人别集，其中291篇提要为赵万里所撰。赵万里治学领域广泛，对目录版本、辑佚校勘、金石、文学等皆有涉猎，文学方面以整理研究词曲文献见长，在诗文方面的成果并不多。之所以请他撰写明人别集提要，应跟北平图书馆的藏书有直接关系。赵万里自任职北平图书馆善本部起，一直负责古籍采访任务，在30年代初期先后为北图购得明人别集近千种。尤其是在1932年，通过沪上学者陈乃乾联络牵线，购得吴兴蒋氏密韵楼所藏明刊明人别集500余种②。蒋氏所藏明人别集，原多为宁波范氏天一阁和贵阳陈氏听诗斋故物，其中过半为《四库提要》未收。因此，北平图书馆当时就可谓收藏明集善本最丰的机构。而赵万里于1930年发表的《北平图书馆善本书志》中，就已著录70余部明人别集，并撰写了简单的提要，主要介绍版本信息。应该正是由于便于利用的丰富馆藏和已有的编写相关目录提要的经验，赵万里被聘请为《续修四库提要》撰写明人别集类提要。

在正式撰写提要之前，赵万里编了一份《拟纂书目》。中国科学院图书馆所藏《续修四库提要》的修纂资料中，有《续修提要拟纂书目》上下两册，铅印本，收录了通俗小说、明人别集、明人史部著述、词曲等部类所拟编写的书目。其中明人别集类首行题“四库未收明人集目录第一辑，见于《四库存目》者不录，《存目》虽收而卷数不同者亦录入焉”，署名赵万里。这份《拟纂书目》收录明人别集450种，每一条目著录书名、卷数、作者和版本，与《续修四库提要》中实际撰写的篇目相比，不仅数量悬殊，而且在

①据张春国的统计，现存明代别集有2988位作家的7176种著作，编修《四库全书》之时，数量应更多，故初略计算，《四库总目》采纳了约七分之一。参考张春国《四库明人别集研究》，南京师范大学博士论文，2015，第39页。

②有关购书详情，见陈乃乾致赵万里的两封书信中。

别集的择选上存在极大的差异，二者所选仅有 78 种重合①。发生如此巨大的变化，原因或许有多方面，比如有主事者或他人参与作了修改处理的可能，但由于文献无征，尚无法推测。就《续修四库提要》与《拟纂书目》的差异情况来看，有两方面变化趋势是十分突出的，且变化原因也是有理可循的。

首先，对照赵万里所编《北平图书馆善本书目》（1933 年）可知，《拟纂书目》中所收皆是北平图书馆所藏的明刊明人别集，来源单一，而《续修四库提要》中书籍来源则相对多元化，说明赵万里在撰写提要过程中，以北图藏书为主体，还利用了各种途径，多方搜集、探求，扩大了书籍的来源范围。将《续修四库提要》所载明人别集的版本信息和相关藏书目录加以比对分析，可知除了北图的藏书，赵万里主要利用了“东方文化事业图书筹备处”和南京图书馆的藏书。“东方文化事业图书筹备处”，是“北京人文科学研究所”专设的图书馆，主要就是为编纂《续修四库提要》服务。该馆也购藏了大量的古籍善本，据《北京人文科学研究所藏书目录》及《续目》所载，约有明人别集 500 种。赵万里所撰《续修四库提要》中《蒲庵集》（旧抄本）、《谢文庄公集》（嘉靖刻本）、《铨部王先生集》（万历刻本）、《留夷馆集》（万历刻本）、《李裕州萧然亭集》（万历刻本）、《梨云馆集》（天启崇祯间刻本）、《江止庵遗集》（清初刻本）、《宝日堂初集》（明崇祯刻本）等应该都是采用了该馆的藏书。南京图书馆于 20 世纪初购入了丁氏八千卷楼藏书，内多珍稀的明人别集善本。赵万里在国立东南大学上学之时，曾在一年间每日去南京图书馆借阅、抄录原八千卷楼的藏书，所以他对南图的明人别集情况应该是熟悉的。《续修四库提要》中的《心远楼存稿》（清抄本）、《思复斋稿》（旧抄本）、《王文安公集》（旧抄本）、《梅花百咏》（抄本）、《田兵部集》（明抄本）、《洞庭集》（嘉靖刻本）、江峰漫稿（嘉靖刻本）、《四六雕虫》（万历刻本）等，都是采用了南图所藏

①在赵万里编《拟纂书目》之前，“北京人文科学研究所”委员会已拟定了一份撰写提要的书目，共收录 27000 余种书籍，其中集部书目由王式通、戴锡章、江庸、章华、梁鸿志、何振岱、狩野直喜、内藤虎次郎等负责编拟。由于这份拟目现只存稿本，收藏单位尚不予公开阅览，所以明人别集部分究竟何人所拟、数目几何，别集择选与赵万里所拟及最后所撰写的篇目有何区别，尚不得知。

原八千卷楼的善本,多数为仅存的孤本。赵万里在《续修四库提要》中,极少提及书籍现藏之所,而在《田兵部集》中也明确指出:“同光间自明范氏天一阁散出,流入丁氏善本书室,今又归南京图书馆,世殆无第二帙也。”①此外,还有来源于其他公私藏家的善本,可追索的如万历刊吴承恩《射阳先生存稿》是当时于故宫昭阳殿中新发现的孤本,又如明抄本汤式《笔花集》也是唯一存世的孤本,为赵万里从好友平妖堂主人(马廉)手中借阅。通过更多的渠道择选善本,无疑使《续修四库提要》所录书籍的版本质量、文献价值得到了提升。还值得一提的是,当初赵万里所采用的这批古籍,如今多已更换了藏所,且更加分散。原北平图书馆的部分明刊明人别集,在抗战中运往上海后,又经赴美迁台,今藏于台北“故宫博物院”。原“东方文化事业图书筹备处”之书,《谢文庄公集》《林忠宣公集》等已随“中央研究院”史语所迁入傅斯年图书馆,《宝日堂初集》《梨云馆集》等则在新中国成立后分拨给中国科学院图书馆。原北京故宫中的《射阳先生文集》也辗转入藏台湾“故宫博物院”,《笔花集》则入藏了北京大学图书馆。因而这批古籍,也成为近代时局动荡、社会变迁中,古籍频繁转易、随时流散的典例。

其次,相较《拟纂书目》,赵万里在撰写过程中增加了大量晚明文人别集。因《拟纂书目》中仅收录了北平图书馆藏明刊明人别集,大部分为嘉靖、万历时期刊本,成书时间都在明代前中期。而四库馆臣在选录明人别集时,出于思想、政治、文学等种种因素,对晚明诗文成见甚深。从文学创作上看,四库馆臣认为明代诗文“格以代降”,前中晚期的水平逐次递减;而晚明文人的诗文中,又多牵涉到政治、思想方面的敏感问题,往往被斥为异端邪说、亡国之论。因此按存世的明代各时期的文人别集数量看,《四库提要》著录的比率也按前中晚期逐次减低,多数晚明文人的别集都被排斥在外。《拟纂书目》中所选明代别集仍集中在前中期,就明显与弥补、修正《四库提要》的宗旨相悖。赵万里显然是意识到了这一缺陷,才在之后的撰写过程中大大增加了晚明文人别集。一些被清廷禁毁之书如

①中国科学研究院图书馆整理《续修四库全书总目提要(稿本)》,第25册,济南:齐鲁书社,1996,第295页。

徐石麟《可经堂集》、钱世升《赐余堂集》、谢士章《谢含之集》、王在晋《兰江集》等都收录在了《续修四库提要》中。所选晚明人别集中,有不少是清代晚期及近代整理刊行的丛书本,如《过宜言》《雪翁诗集》《吞月子》《王侍郎遗书》《冯侍郎遗书》《钱忠介集》《陈贞公遗集》等皆是采用张寿镛编刻的《四明丛书》本,他如《虞山丛刊》《吴兴丛书》《武林往哲遗书》《云南丛书》《金陵丛刻》等也都有采用。这也体现出赵万里择选明人别集,并不全以珍稀善本为念,而是从诗文水平、作者身份等多方考量,尽可能从更大范围中挑选出值得传世的作品。

从明人别集提要的内容上看,包含了版本信息、诗文赏析、人物评骘等多方面,详实丰赡,在赵万里一生所写近千篇目录提要中,可谓是最出色的。赵万里长于目录版本之学,注重分析版本源流、特征自是所写提要的突出特点。除了于各篇提要中清晰描述版本信息,揭示版本特征,有的还详考递藏、流转关系,如于史鉴《西村先生文集》提要中云:

每册有"溧阳侯裔鹨辫堂印",皆史氏旧藏。全书皆明时旧钞,惟序目及卷二十三乃后补,盖即九世后编年等加入也。王士禛《香祖笔记》云:"吴江门人徐电发寄《西村集》二十八卷,乃其乡前辈史鉴所著。"此本前后有"旧史徐釚菊庄"、"徐氏藏书"、"购此书不易愿子孙勿轻弃"诸印,第六册又有徐电发手写《列朝诗集小传》一纸,当即《香祖笔记》所见之本。电发与明古同里,故此书得于其家。菊庄书散,辗转归入上海徐渭仁,故卷前又有徐紫珊跋语二则。自明之末季迄于嘉道间,此书踪迹不离淞沪,然迄未版行,仅在徐紫珊时有传录本流入武林丁氏善本书室,寥寥天壤间未见第三本,亦明集中一秘笈也。①

此篇提要通过序跋、藏印,查索相关文献,将复杂的辗转递藏关系一一梳理清楚,可视作考察古籍流传的范例。有的别集版本情况复杂,赵万里会将多个版本进行比较,以说明所选版本价值。如在《王文端公集》提要中,将此书明清时期三次付梓的情况,卷帙分合、内容异同都作了对比,

①《续修四库全书总目提要(稿本)》,第25册,第140页。

以突出所选隆庆本为“最善最足之本”①。尤其是对《四库总目》已著录而《续修四库提要》中另择版本的别集，如《西庵集》[弘治十六年(1503)金兰馆铜活字本]、《密庵先生诗选》(天启刻本)、《遵岩先生文集》(嘉靖刻本)、《太虚轩稿》(万历刻本)等都是较《四库提要》所收内容更丰的足本，赵万里不殚繁琐，将诗文篇目细加比对，并在提要中把所选版本增益的篇目一一列出，以充分展现于《四库提要》之外另择版本的意义。

诗文评赏也是赵万里所撰明人别集提要的重要内容，每篇中或详或略都有着墨，其中不乏对诗文风格特色的独到见解。如论王澹《墙东集》之诗：“风格清华，神藻靓丽，轶无余思，触有余音，实词人之诗，非诗人之诗也。”②《续修四库提要》之前的文献中，以钱谦益《列朝诗集小传》、朱彝尊《明诗综》及《四库提要》为集中评价明人诗文别集的代表。赵万里对明代诗文的评论一定程度上参照了钱、朱之说，但相较钱、朱二氏及四库馆臣，赵万里所处时代距明代已远，社会环境、文学思想已变，因而没有钱谦益因诗学立场而带有的主观好恶以及馆臣因政治思想而带有的偏颇之见，所作的评论更为公允持平。如对钱谦益极力打压的复古派，赵万里在《华阳集》提要中，肯定前七子之一王廷相之诗“五古有沉郁之思，壮丽之色，近体亦骨势稜稜，有逍遥远举之志”，并称赞其文：“剖析义理，敷陈利害，绝无冗沓腐滥之习，覃精殚思，力追两京，盖毅然而不惑于俗学者也。”③又如前述四库馆臣认为明代前中晚期诗品文风逐次衰颓：“万历以后，公安倡纤诡之音，竟陵标幽冷之趣，幺弦侧调，嘈囋争鸣，佻巧荡乎人心，哀思关乎国运，而明社于是乎屋矣。”④赵万里全然没有“格以代降”的观念，更无以政治牵附于文学的偏见，在《鹄湾类稿》提要中，指出竟陵派谭元春之诗“才调不高”⑤，而在《珂雪斋近集》提要中称赏袁中道之诗：“独抒性灵，不拘格套，情与景会，千言立就，翻王、李之窠臼，破台阁之陈格，易板重为轻巧，变粉装为本色。”⑥都是根据作品本身作出评点赏析。

①《续修四库全书总目提要稿本》，第25册，第329页。
②同上书，第70页。
③同上书，第316—317页。
④清永瑢等：《四库全书总目提要》(第四册)，石家庄：河北人民出版社，2000，第5206页。
⑤《续修四库全书总目提要稿本》，第25册，第308页。
⑥同上书，第307页。

赵万里对每一部别集中的诗文都细加品读,区分轩轾,择选出名篇佳句并指明妙处所在,也对不足之处加以指摘。如于张廷臣《玉山草堂集》提要中云:“廷臣作诗清婉深至,颇具理法,如《毗陵道中》《寒日在东轩作》《宿吕城》《高格》《东郊九日观菊》《秋江词》《望月歌》等篇,皆称杰构。文虽平直不事锤镕,然摅辞发藻,终伤肤显,未能自成家数也。”①又如于朱存《图南馆近草》提要中云:“此编所收皆古今体诗,乐府绝律杂厕,才雄格老,不类阆苑中人手笔。如《秋感》云:‘鸟飞露冷三川暮,猿啸天寒四野秋。’《投慈恩寺携酒邀集》云:‘鹤树移斜日,莺林度晚风。’《赠经略使者》云:‘剑捧星辰天北极,阵开云乌海东头。’……皆极苍莽浑厚之作也。”②这样品评高下、披沙拣金,对于明代诗文的经典化构建具有重要意义。

与评论诗文风格水平的客观立场不同,赵万里在对诗文作者的评骘上带有主观的感情倾向,这在他评论人物生平和诗文反映的人格精神上都有所透露,尤其是对怀有民族气节的明末忠义之士充满赞赏和慨叹。如于郑敷教《桐庵文稿》提要中写道:“甲申、乙亥间死事诸臣传铭特多,狡童、禾黍之悲痛溢于言表,敷教不愧为明之尽臣矣。”③于徐石麟《可经堂集》中云:“尺牍似宋贤,而杀身之烈又与屈子《怀沙》正复不殊,诚可以风末世而励薄俗矣。”④特别是在《夏节愍全集》中,痛悼夏完淳年少捐躯:“呜呼!当断续之交,丁无妄之世,怀申胥之志,赋汨罗之文,生为才人,死作鬼雄,百世之下,读其歌章,亦可哀其遇也。”⑤而赵万里撰写提要之际,正值日本加紧侵华、局势日益危急之时,在由日本人组织的编纂工程中,笔下几番流露出民族悲愤之情,似乎也在隐曲地投射内心的情绪。由此也可以看出,前人撰写的目录提要常有类似序跋之作,往往有更浓的文章创作意味。

①《续修四库全书总目提要稿本》,第25册,第246页。

②同上书,第229页。

③同上书,第108页。

④同上书,第187页。

⑤同上书,第321页。

二、王国维著述提要

赵万里与王国维其人其著述都深有渊源。二人同里，又为姻亲，故赵万里在大学毕业之后北上拜于王国维门下，又当了王国维在清华国学研究院的助教，以入室弟子和助教的双重身份，在王国维生命的最后两年中，一直随侍左右。这两年间，赵万里在读书问学的同时，主要工作是为老师检阅书籍、校录文稿，王国维晚年的著述如《蒙古史料四种校注》《古行记四种校注》等都是由赵万里校定、抄录成书。在王国维的指教下，赵万里逐渐步入了王国维的治学领域，掌握了以整理文献、考索史料为主的研究方法，大量抄校文稿也使他在版本、辑佚、校勘方面得到了更多训练，这些都为他之后的工作和研究奠定了基础。王国维去世之后，赵万里仍留清华国学院工作一年，专门负责整理王国维遗作。其间他撰写了《王静安先生年谱》《王静安先生著述目录》《王静安先生手批手校书目》，对王国维的生平学行、著述情况作了初步的总结。并协助罗振玉编纂《海宁王忠悫公遗书》，将一些散稿编入《观堂别集补遗》《观堂集外文》。之后他离开了清华，但整理王国维著作的工作并未随之结束，而是持续进行了多年。在撰写《续修四库提要》之前，他又发表了《〈人间词话〉未刊稿及其他》，将《唐五代二十一家词》《古史新证》稿本整理出版，并鉴于《海宁王忠悫公遗书》之缺失，重新开始编纂王国维全集，即后来出版的《海宁王静安先生遗书》。故而赵万里是对王国维著述最为熟悉和了解之人，最堪担当撰写提要之责，王亮《〈续修四库全书总目提要〉研究》中也曾指出赵万里是撰写王国维著述提要的不二人选①。

与明人别集提要一样，赵万里所撰王国维著述提要也是内容丰富、描述清晰，具有相当高的水准，但却呈现出不同的特点。由于对王国维学行、著述十分熟悉，赵万里于提要中多叙述王国维著书作文的始末原委，揭示写作背景、动机以及过程中的调整变化，使得提要具有一定的史料性质。如《耶律文正公年谱》中写道："王君于甲子、乙丑之际，移居京西清华园，始从事蒙古史之研究，草《长春真人西游记校注》，以探蒙古初期史

①王亮：《〈续修四库全书总目提要〉研究》，复旦大学博士论文，2004，第77页。

迹。念文正与长春各有一种宗教信心以运用于实际政治，遂并草此谱以观会通，久之未能写定。"①编撰《耶律文正公年谱》的缘由，王国维并未诉诸文字，非经赵万里道出则外人不可得知。又如《传书堂藏书志》中云：

> 此编草创于己未之秋，断手于癸亥之冬，前后凡历五年，卒至于成。初王君在上海时，以诸子学费稍绌，谋兼一撰述事，闻乌程蒋孟蘋（汝藻）方拟撰所藏书目，已聘吴县曹君直（元忠）舍人任其事，逾岁无少成，至是曹氏以事辞，乃得应蒋氏之聘……此目分类具遵《四库全书总目》，每书首载序跋、姓氏、年月及首卷前题下之衔名，次作一简短的提要，至收藏印记、名贤题识、无不备书。遇宋、元善本，必载其行款版式，多以通行本比勘一过，录其异文为校记俪焉。其附校记者以宋本为多……凡所考证，如南北监本单疏、越州所刊八行注疏，及眉山本七史之源流，均有特发之覆，而《两浙古刊本考》《五代两宋监本考》两书，亦草创于此时。此数年间精力，盖毕萃于此数书矣。清稿三十余巨册，躬自缮录，存蒋氏处，至今未获刊行，知其事者无不引为遗恨。②

由此不仅可知王国维承担此项书志工作的具体情由、编纂过程，还可以据此了解王国维中年转向目录版本考证之学并取得重要成就的一项直接原因，甚至由此可以窥见赵万里所撰目录提要有模仿《藏书堂善本书志》的痕迹。再如《壬癸集》提要云：

> 此编收古今体诗二十首，皆作于壬子、癸丑间。时清社易屋，王君方与上虞罗振玉氏避地日本西京田中村，尽弃旧日所治通俗文学，日读礼经尽数卷，而一返于名物、声韵、训诂之学，暇日辄以吟咏自遣，以寄故国兴亡、狡童禾黍之感……后全稿交京都圣华房以江州旧木活字摆印百部，不匝月为友好散尽，其纸贵可知。越岁甲寅，始正式刊布于《国学丛刊》，自是流传渐多。又八年，重加裁正，刊入《观堂集林·缀林》，距壬子初稿时匆匆已十易寒暑，而君亦垂垂老矣。今以活字本与《集林》互

①《续修四库全书总目提要稿本》，第25册，第35页。

②同上书，第53—54页。

勘，异文甚多……文义无不后胜于前，前辈临文不苟之精神于斯可见，今《集林》本行而活字本微，故不辞繁屑，举其异同之迹于此。①

赵万里清楚叙述了《壬癸集》之题写背景、成书刊印经过，读之仿如作者自序，作诗心境情由跃然纸上，并通过比较两个版本的异同反映出前后用词炼句的变化，进而传达出王国维的创作精神。此类之例尚多，兹不赘述。总之，撰述动机、成书过程作为学术研究的重要方面，在作者自叙之外，能够读到具体而准确的材料，是十分难得的。这些材料可将王国维著作置于特定的背景和坐标中，有助于看清其学术演进变化和准确评价其著述的成就得失，对于了解王国维的为人治学亦有意义。

作为王国维弟子，赵万里的学术研究很大部分是承"王学"之绪余而继续推进。如承袭"二重证据法"，重视纸上史料与考古文献相印证，整理出土墓志，编撰《汉魏南北朝墓志集释》；延续王国维《唐五代二十家词辑》，而作《校辑宋金元人词》；订补《五代两宋监本考》，写成《南宋诸史监本存佚考》。在撰写《续修四库提要》过程中，也多对王国维著述进行补充、修正。赵万里在提要中直陈对于王著之失"毋庸为讳"，对于发现的大小问题都尽量予以指正。如《耶律文正公年谱》提要中，指出王国维对耶律楚材的生卒年考订有误，并根据新近的研究成果进行了纠正。由于工作之便，赵万里有机会接触和使用更多的金石、善本材料，所以对王国维著述在文献利用上的纠谬补缺最为突出。如于《唐韵佚文》提要中指出："顾此书校辑时，独于岛田翰《古文旧书考》卷一古写本萧吉《五行大义》背记所引诸条均未甄录，乃一大憾。"②并将《五行大义》中所引《唐韵》佚文39条罗列于后，以作补苴。尤其是在赵万里熟悉的词曲文献领域，如《清真先生遗事》提要中，对王国维论《片玉词》版本之误作出了纠正，《曲录》《曲录余谈》二书提要中，对王国维所作剧曲目录中重出、失考、失收、误收等现象作了大量的补充拾遗和考订修正。此外对于王国维著述中一些细微问题，如用于辑校之书所选版本不精，有误字脱文等，都

①《续修四库全书总目提要稿本》，第25册，第25—26页。

②同上书，第8页。

在提要中作了改正,以期尽量减少书中的失误,将王国维著述整理得更为完善。

综上所述,赵万里所撰《续修四库提要》涉及两个不同领域,皆颇具价值,可堪古籍目录提要的典范之作。其中明代别集提要不仅可作为了解明代别集文献之门径,对研究明代诗文的艺术成就、风格流派、文学地位等亦有参考价值;王国维著述提要是对王国维学术研究的整理和总结,是赵万里贡献于"王学"的重要成果。二者在内容上虽有侧重,各具特色,但都达到了相当高的水平,是赵万里平生所撰目录提要之代表。最后需要指出的是,赵万里于30年代所撰的提要稿,随《续修四库提要》的其他手稿材料一起尘封了几十年。直至70年代初台湾出版《续修四库全书总目提要》才首次公开了部分提要稿,其中赵万里所撰300余篇全部在内。之后冀淑英曾将部分提要稿以《静安先生遗著选跋》《明人文集题记》为题发表,所发文章经过整理、修饰,与原稿的文字内容有少许出入,应予以注意。

守望传统文化的精彩接力

——《安徽省图书馆馆藏章伯钧书志》评介

舒和新

（安徽省皖西学院图书馆）

中华民族持续五千年文明史的内核，是一脉相承的中华文化。中国传统文化之所以能够绵延不绝，根本原因在于传统文化本身的生命力，同时也与一代代文化人的虔诚守望息息相关。

在中国现代史上，章伯钧先生曾经留下了深深的印记。出生于安徽省桐城县的章伯钧早年兼学中西文化，年轻时投身革命，加入中国共产党，参加北伐战争、南昌起义；后坚持民主斗争，成为中国共产党的亲密盟友。建国后曾任职中央人民政府、全国政协、中国民主同盟，也曾担任《光明日报》社长；1957 年以后淡出政治舞台。

章伯钧关心家乡文化事业、病中嘱托将所藏珍贵善本图书捐赠家乡的行为令人感动。出身书香世家、家学渊源的章先生爱书、惜书，节衣缩食、散尽千金搜集古籍珍本，因而家富藏书。至“文革”前，家藏珍本已达三万多册，成为京城十大藏书家之一，在现当代政治家中，少有人能出其右。但在“文革”中，其大多数藏书被化为灰烬或纸浆，剩余的几千册在周恩来总理的关照下，被运到北京图书馆（现国家图书馆）暂存。章伯钧病重时，嘱咐夫人李建生：这些书如果能保存下来，一定要捐献给家乡图书馆。1986 年 5 月和 2013 年 3 月，李建生和章先生的子女章师明、章诒学等分两次将 330 种 2562 册和 39 种 702 册古籍珍本捐赠给家乡的安徽省图书馆。

章伯钧是一位极具慧眼的收藏家，他收藏的善本，既多精刻，又多足本，名家校注本或汇评本亦不少，很是珍贵。在从2007年开始的五批《国家珍贵古籍名录》评审中，章家捐赠的珍本一共有32部入选，并有两部进京参加了文化部主办的“国家珍贵古籍特展”，其中《泾川水东翟氏宗谱不分卷》（国家珍贵古籍名录编号04009）一书为泥活字印本，字迹整齐清朗，其精美不逊于铜活字印本，同时也以事实进一步证明了北宋毕昇用泥活字印书的真实性。可见这批古籍文献的价值之高。

安徽省图书馆对章家所捐珍本极为重视，在存藏条件完善的标准书库设专区专柜存放。不仅如此，为进一步介绍宣传章先生所藏珍本，彰显章先生对保护中国传统文化的贡献，同时为使这批文献能够为社会了解和应用，安徽省图书馆还专门为其编撰书志。

书志是对古籍责任者、版本、版式、递藏源流等基本信息的记录，也包含书志撰写人对该书的认识。宽泛地说，书志是书目的一种，但书志具提要性质，比一般的书目内容丰富，更能反映古籍的面貌特征和递藏源流，给无缘识读原书的读者提供比较全面的信息。中国古代和近代的学者、藏书家撰写的各种书志比较多，现代、当代出版的书志则较少，以王重民先生编著的《中国善本书提要》（上海古籍出版社1983年出版）最为著名。为了尽可能客观准确地描述章伯钧藏书的信息并揭示其文献价值和版本价值，安徽省图书馆组织馆内一批既有精深专业素养、又有较丰富工作经验的古籍工作者，前后历时近一年，完成了《安徽省图书馆馆藏章伯钧书志》的编写，比较详细地揭示了章先生所藏珍本的面貌与价值。为了保证书志的编写质量，安徽省图书馆还专门聘请国家图书馆古籍馆副馆长陈红彦研究馆员作为外审专家，对书稿进行了全面审核。2013年9月，这部寄托着安徽省图书馆对章伯钧先生及其家人敬佩之情的善本书志由黄山书社出版。

纵览全书，《安徽省图书馆馆藏章伯钧书志》（以下简称《章伯钧书志》）具有以下特点：

第一，《章伯钧书志》是由受赠机构编著的私人藏书志。王重民先生的《中国善本书提要》著录的是作者在北京图书馆、北京大学图书馆和美国国会图书馆所经眼的中国古籍善本书;沈津先生也历时两年(1992—1994)写成《美国哈佛大学哈佛燕京图书馆藏中文善本书志》;台北“故宫博物院”于1986年编辑出版了《“故宫博物院”藏沈氏研易楼善本图录》。但大陆的古籍收藏机构很少为馆藏善本古籍编写书志,至于受赠机构为私家藏书编著书志,安徽省图书馆的《章伯钧书志》或是首次。

第二,《章伯钧书志》包含有书影。受各方面因素限制,《中国善本书提要》只有文字介绍,没有书影;《美国哈佛大学哈佛燕京图书馆藏中文善本书志》中的书影不多,每个部类不超过100幅,因而虽收书3097种,书影却只有500多幅①;《“故宫博物院”藏沈氏研易楼善本图录》以图(书影)为主,文字介绍比较简单。而《章伯钧书志》既有书影、又有比较具体的文字介绍,图文并茂,使读者能够对原书及其价值产生既生动直观、又全面清晰的认识。

第三,《章伯钧书志》精于考证。由于古代文献历史久远,不同时期的文献呈现不同的特点,仿冒篡改亦不少,因而古籍著录需要精深的专业知识和严谨科学的工作态度。《章伯钧书志》的编纂者在著录过程中,使用了《四库全书总目》《藏园群书经眼录》《藏园订补郘亭知见传本书目》《中国古籍善本书目》等权威参考文献,也曾对照《文献通考》《文渊阁四库全书》《四部丛刊》等大型文献或工具书,力求全面客观地呈现所著录文献的价值。对于版本难以确定的文献,著录者根据隐藏于文献中的线索进行考证,如在著录清抄本《梅屋集一卷揽秀集一卷眺雪集一卷云海集一卷认春集一卷》时,著录者注:“按,书中避清世宗讳,不避高宗讳,似为雍正时抄本”②;在著录清卓氏近青堂刻本《遗民诗十二卷附近青堂诗一卷》时,通过对十二卷本和十六卷本中凡例、目录的比较,确定十二卷本系原辑初刻本③。为了对版本和书中内容作出准确判断,编著者经常对同一种文献的多种版本进行比对,并著录重要版本的存藏单位,如在著录明万历十年(1582)赵用贤刻《管韩合刻》本《韩非子二十卷》时,不仅列举了

①书丛老蠹鱼:《〈哈佛燕京善本书志〉终于出版了》,沈津先生博客文章,见 http://blog.sina.com.cn/s/blog_4e4a788a0100qpy1.html。

②安徽省图书馆:《安徽省图书馆馆藏章伯钧书志》,合肥:黄山书社,2013,第250页。

③同上书,第247页。

多种版本，而且著录了《管韩合刻》本的几家存藏单位①。在著录各书时，提要都会节录书中序跋之关键内容；对于《四库全书总目》收录的文献，提要还照录其对该文献的介绍和评价。

第四，《章伯钧书志》著录详尽。书志优于普通书目的主要特点，就是内容比较丰富。这部书志全面具体地著录了各种文献的书名、卷数、撰著者、版本、册数、行款、牌记、字体、版框高广、序跋、题识、插图、刻工、写工、印工、绘工、装帧、钤印以及书品、印刷、纸墨、刀法等，如在著录《水经注笺四十卷》时，不仅全面描述了该书的责任者、版本、版式、递藏源流等基本信息，介绍了笺注者，而且著录的刻工达十九人之多②。同时，每篇提要还简要介绍撰著者，对部分藏书的价值与得失也进行概括性介绍或评论，如著录明万历三十三年(1605)《庄子郭注十卷》，不仅介绍了郭象其人，在提要结尾处还注明："按，《庄子》注本虽多，然向以郭注最善。郭象对司马彪之本'以意去取'，又在向秀注之基础上另创新见，于庄子之意体会最为深入。又此书字作宋体，刻印极精，观之甚为悦目。唯使用竹纸，今已严重老化。"③。这部书志的多数条目后都有"按"，对于书中序跋和《四库全书总目》都未能点出的重要内容，提要会在"按"中进行重点介绍，如明胡文焕刻《格致丛书》本《新刻诸子续要二卷》提要在节录胡文焕序和庄汝敬序的要点后，"按，此书名《诸子续要》，然收录《论语》《春秋左传》《礼记》《孟子》之文，则已为经部之书矣，取名殊为不妥。又拾缀《老子》《商君书》……《高士传》诸书中篇章文句供时人观览，故实为一种类书耳。然引用猥杂，排次无法，疏略亦畸轻畸重，如引用《商君书》几达全书四分之一，实未知编者之用意矣。加之随意删改原文随处皆有，故只可谓供寻拾之俗书也，殊无足观矣"④。显然，这里通过对书中内容的分析、篇章文句的核对，对全书做出了负面评价。不仅如此，这部书志还对入选《国家珍贵古籍名录》的珍本注明入选批次、名录编号以及馆藏索书号，如著录《考工记二卷》的结尾处，注明"本书已入选第一批《国家珍贵古籍

①安徽省图书馆:《安徽省图书馆馆藏章伯钧书志》，第88页。

②同上书，第49页。

③同上书，第83页。

④同上书，第128页。

名录》,名录号01334";此外,书志还著录有索书号1:2105①。

从上述特点中可以看出,《安徽省图书馆馆藏章伯钧书志》是一部内容丰富、具有深度和特色的古典目录学专著,既全面具体地揭示了章伯钧所赠文献的价值,为读者和研究人员提供了这批珍贵文献的各方面信息,也表达了安徽省图书馆人和社会各界对章先生珍爱传统文化的敬意。

当然,作为一部古籍书目类文献,《安徽省图书馆馆藏章伯钧书志》也存在一些不足。最主要的缺陷是,由于这部书志的编写工作是在2011—2012年间进行的,作为《安徽省图书馆建馆百年丛书》的一种,赶在2013年安徽省图书馆百年馆庆时面世,因而内容只包括对章先生家人于1986年捐赠的首批330种文献的介绍,未能将章先生家人2013年春续赠的39部珍本的内容反映出来,成为一个很大的遗憾,只能留待书志再版时续补。这个缺憾也证明,古籍保护工作应该遵循自己的逻辑,而不应该赶时间或作为各种面子工程的一部分。另外,不知出版社是否也在赶时间,由黄山书社出版的这部书志还存在一些文字错误,如在宋霖《章伯钧珍藏古籍善本书捐赠始末》一文中多出一个"《"符号②,在《后记》倒数第4行中多出一个"完"字等③。但瑕不掩瑜,就这部书志的性质和作用而言,其价值还是相当高的。

为传承中国传统文化,章伯钧伉俪在战火和动荡的时局中不惜重金,尽力搜集并保护古籍珍本;家人遵照章先生病中嘱托,将保存下来的珍贵典籍捐赠安徽省图书馆;安徽省图书馆在妥善保管的同时,为这批珍贵文献精心编纂书志,实不愧为守望传统文化的精彩接力。不仅如此,安徽省图书馆相关部门和领导对书目编纂非常重视,而具体负责书志撰写工作的张秀玉、常虚怀、曾涛三位同志都是拥有博士、硕士学位和精深专业知识的中青年古籍工作者,因而人们有理由相信,在全社会重视传统文化保护和传承的大背景下,守望传统文化的精彩接力还会一代代地继续下去。

①安徽省图书馆:《安徽省图书馆馆藏章伯钧书志》,第6页。

②同上书,第9页。

③同上书,《后记》。

南京大学图书馆藏古籍善本书志七种

李铁伦

（南京大学图书馆）

南京大学现藏古籍近四十万册，主要来自原金陵大学、中央大学的旧藏，其中善本古籍有三千余种三万余册，包括四百余种各类稿本、抄本，多数系未经刊刻、出版者。近年来，我们陆续从馆藏稿抄本中遴选出文献价值较高者四十三种，计划影印出版，并为各书撰写书志，目前已进入审稿、校对阶段。本文收录书志七种，并附卷首书影，以求正于方家。

一、辽金正史纲目二十卷

清杨陆荣编，其子杨密效校字。清稿本。

凡十册。半叶十行，行二十一至二十三字。无边框、界栏。

杨陆荣，字采南，号潭西，青浦人。县诸生。顺、康间在世。潜研经史，著述颇丰。《四库全书》收《易互》六卷、《禹贡臆参》、《五代史志疑》四卷、《三藩纪事本末》四卷四种。国家图书馆藏清康熙至乾隆间刻《杨潭西先生遗书》收六种，除《易互》《禹贡臆参》《五代史志疑》外，又有《潭西诗集》二十一卷、《经学臆参》二卷、《殷顽录》六卷三种。

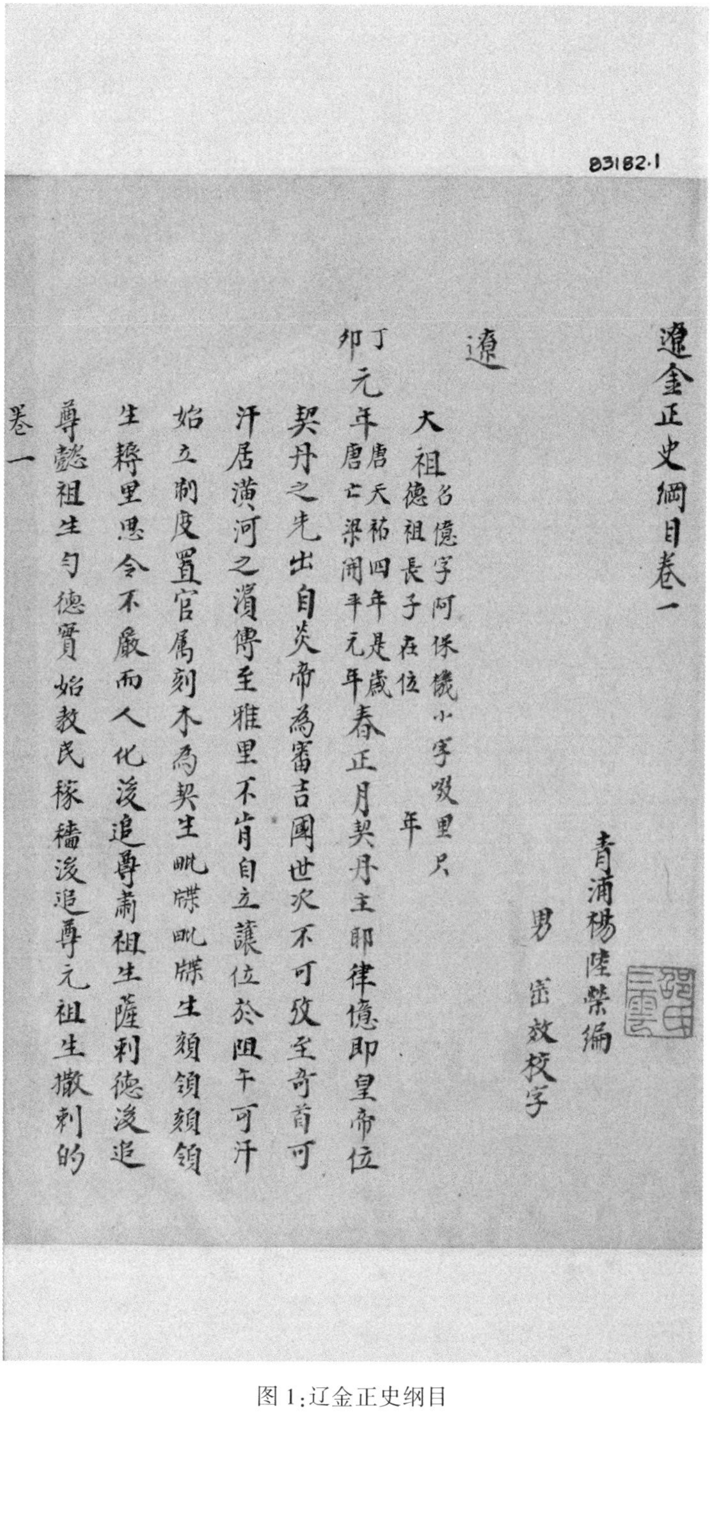

遼金正史綱目卷一

青浦楊陸榮編

男　寍效校字

遼

大祖名億字阿保機小字啜里只德祖長子在位　年

丁卯元年唐天祐四年是歲唐亡梁開平元年春正月契丹主耶律億即皇帝位

契丹之先出自炎帝為審吉國世次不可攷至奇首可汗居潢河之濱傳至雅里不肯自立讓位於阻午可汗始立制度置官屬刻木為契生毗牒毗牒生頦領頦領生耨里思令不嚴而人化後追尊肅祖生薩剌德後追尊懿祖生匀德實始教民稼穡後追尊元祖生撒剌的

卷一

图1:辽金正史纲目

是书仿朱熹《通鉴纲目》形式，记辽、金两朝之事（其中卷一至十为辽，卷十一至二十为金），起辽太祖元年（907），终金哀宗天兴三年（1234）。书前有编纂凡例二十七条，为杨陆荣所作，涉及该书起讫年代、内容收录范围及年代、制度、姓名等之书法，如卷一五载金熙宗皇统元年（1141）“五月，大（太）师领三省事梁宋王干本卒”，与凡例“三朝国主书殂，太后、后、太子书薨，亲王、皇子以下书卒”相符，而《金史》卷四《熙宗本纪》载此事则书“薨”。正文以编年形式，首记史事大纲，次低二格记史事详情，次更低一格载编者评论。

纲目部分主要史源为正史本纪，《辽史》《金史》之外又多参考《宋史》，如卷一五载皇统元年“冬十月，宋遣禀议使魏良臣来”，《辽史》《金史》本纪均不载，当据《宋史》卷二九《高宗本纪六》。且杨氏并非径抄史书文字，而多经改写，如《金史·熙宗纪》载皇统三年（1143）“正月己丑朔，以皇太子丧不御正殿，群臣诣便殿称贺。宋、高丽、夏使诣皇极殿遥贺。乙巳，万寿节，如正旦仪”，①《纲目》则作：“春正月，以皇太子丧不受贺，生日如之。”于正史记载歧异处，杨氏亦有所抉择，如《金史·熙宗纪》载皇统二年（1142）“八月丁卯，诏归朱弁、张邵、洪皓于宋②”，《宋史·高宗纪》则作：“（六月）庚戌，金遣洪皓、张邵、朱弁来归……八月……戊戌，洪皓至自金国，入见。”③《宋史》可信，《金史》叙述失当，《纲目》则作：“秋七月……遣宋使洪皓、张邵、朱弁等归。”七月既非下诏、又非抵宋之时，三人当在归途，书以是月“归”，义优。

杨氏清初时人，编撰辽、金两朝正史之纲目，在史料上当少有发见，是书价值较大者为作者之史观。其一方面体现在书前编纂凡例中，另一方面则体现在正文冠以“杨陆荣曰”的评论。《通鉴纲目》及《续编》，为编年之体，史源不外乎正史及《通鉴》，《四库全书》收于史部史评类，正为此意。

此书未经刊刻，有校改痕迹，当即杨氏原稿。

书首钤“中央大学图书馆藏”阴文方印，目录下有沈复灿“鸣野山房”

---

①（元）脱脱等：《金史》卷四，北京：中华书局，1975，第79页。

②同上。

③（元）脱脱等：《宋史》卷三〇，北京：中华书局，1977，第559页。

朱文方印，卷一下钤邵晋涵“邵氏二云”朱文方印，则此书曾经邵、沈递藏。

二、永乐实政十三卷

明张辅等修纂。明蓝格抄本。

凡十二册。半叶十一行，行二十二至二十四字。四周单边，白口，单鱼尾。版框高 20.4 厘米，宽 15.6 厘米。

是书成于众手，前列修纂官六十一人，其中监修张辅等三人，总裁杨士奇等五人，纂修曾棨等二十二人，又催纂一人、稽考参对五人、誊录二十一人、收掌一应文籍四人。然据台湾“中央研究院”历史语言研究所影印抱经楼本《明太宗实录》所列修纂官，实共八十三人，较《永乐实政》多总裁官一人、纂修官五人、稽考参对三人、誊录十三人。

张辅(1375—1449)，字文弼，河南祥符(今开封市)人。明成祖大将张玉之子。历事成、仁、宣、英四朝，战功显赫，累加光禄大夫、左柱国，封英国公。正统十四年(1449)，随英宗北征，卒于土木堡之变，年七十五。谥忠烈，追封定兴郡王。

杨士奇(1366—1444)，名寓，字士奇，江西泰和(今吉安市泰和县)人。建文年间入翰林院任编纂官，参与修撰《明太祖实录》；成祖即位，改翰林院编修，寻入内阁，升侍讲；永乐二年(1404)，拔为左中允，五年(1407)升为左谕德，十五年(1417)晋升翰林学士，十七年(1419)改左春坊大学士兼翰林学士；仁宗即位，升为礼部侍郎兼华盖殿大学士；后晋少保、少傅，兼兵部尚书；宣宗朝任总裁修撰《明仁宗实录》；英宗正统三年(1438)，《明宣宗实录》成，晋少师，卒，赠太师，谥文贞。

曾棨(1372—1432)，字子棨，号西墅，江西永丰人。永乐二年(1404)进士第一，授翰林修撰。任副总裁参与修纂《永乐大典》，书成，升侍讲学士；十六年(1418)主考礼部会试，升侍读学士，授奉训大夫；宣德元年(1426)升右春坊大学士，进讲文华殿；二年(1427)，任詹事府少詹事，掌管太子宫内事务，仍值文渊阁；宣德五年(1430)充廷试读卷官，参与修撰太宗、仁宗两朝实录，七年(1432)病逝，赠礼部左侍郎，谥襄敏。

全书十三卷，编年体，由《文庙靖难记》二卷、《文庙圣政记》九卷、《仁

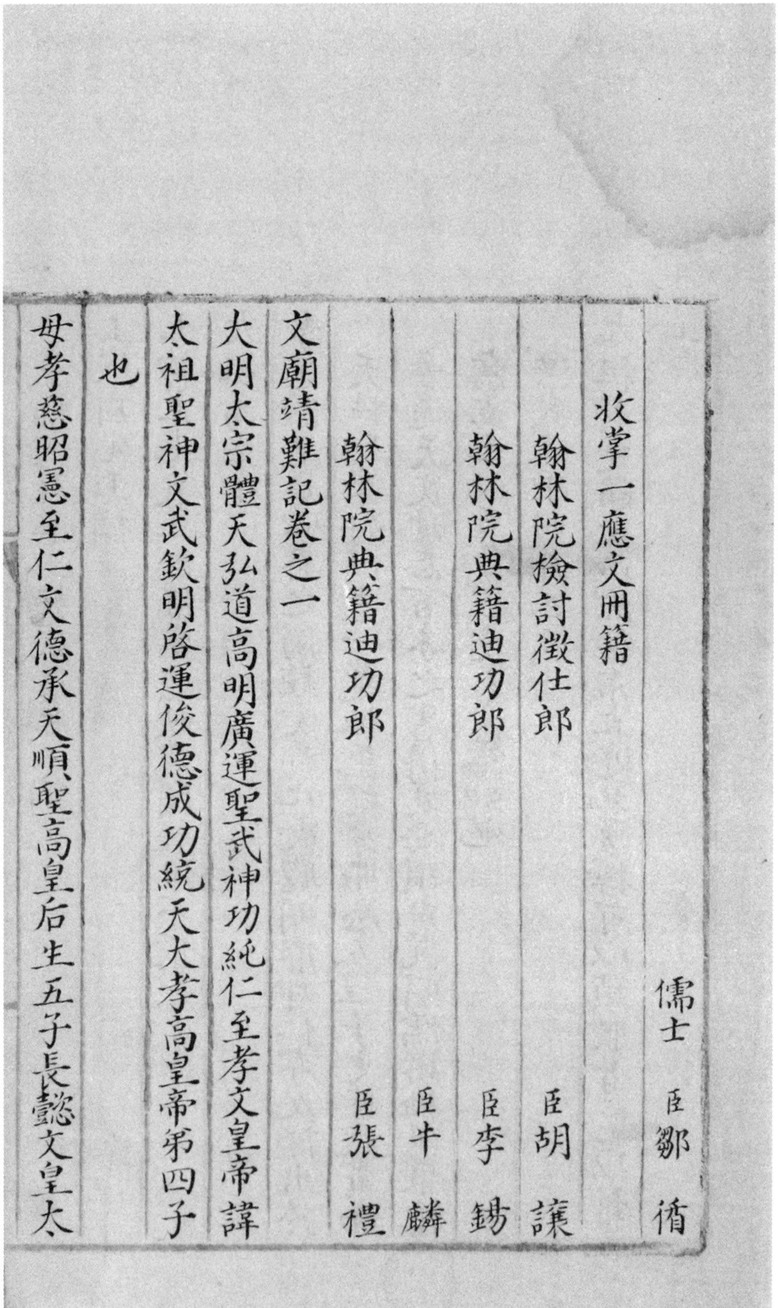

儒士 臣鄒循
收掌一應文冊籍
翰林院檢討徵仕郎 臣胡讓
翰林院典籍迪功郎 臣李錫
臣牛麟
翰林院典籍迪功郎 臣張禮
文廟靖難記卷之一
大明太宗體天弘道高明廣運聖武神功純仁至孝文皇帝諱
太祖聖神文武欽明啓運俊德成功統天大孝高皇帝第四子
也
母孝慈昭憲至仁文德承天順聖高皇后生五子長懿文皇太

图 2:永乐实政

庙圣政记》二卷三部分组成。文庙指明太宗朱棣,仁庙则指仁宗朱高炽。书首录宣德五年正月二十一日《进文庙实录表》,次列修纂官诸人。《文庙靖难记》载建文元年(1399)至四年(1402)六月事,卷二末附《制谕都督陈晖等》文。《文庙圣政记》记事接《靖难记》,始洪武三十五年(即建文四年)七月,终于成祖之薨。《仁庙圣政记》载仁宗朝事。对读《实政》与《实录》,可知前者乃后者之节抄,且其间文字多有异同,可以互考。如《靖难记》卷一载:"洪武三年(1370)四月乙丑,太祖封建诸子。"《实录》无"四月"二字,当系误脱;又载:"十三年(1380)二月壬寅之国。"《实录》"二月"作"三月",洪武十三年二月壬戌朔,月内无壬寅日,而三月壬辰朔,壬寅为十一日,《靖难记》误"三"作"二"。

据《中国古籍总目》,《靖难记》又有北师大藏明抄本(存卷一),复旦藏清抄本,"台图"藏明抄本;《文庙圣政记》明抄本又见藏北大(存明洪武三十五年至永乐元年部分,李盛铎跋)、北师大(存卷三),复旦亦藏清抄本(题"圣政记");《仁庙圣政记》国图、北师大、"台图"均藏有明抄本,又有《晨风阁丛书》本(其间文字多有不同,如抄本卷一载永乐二十二年九月"乙酉,文武群臣上表请立皇后、增诸王禄米。上谓户部尚书夏原吉曰:'朕诸叔在者无几……'",丛书本无"曰"字,显然有此字者义优;又如是年八月,抄本载:"八月丙辰,文渊阁大学士兼翰林院学士杨荣、御马监少监海寿传遗命至北京。"丛书本"丙辰"作"甲辰",永乐二十二年八月癸卯朔,甲辰为二日,丙辰为十四日,二书此事后又载癸丑(十一日)事,则作"甲辰"是,《明史》卷七《成祖本纪下》即作"甲辰",可证抄本误)。

三、皇朝太平治迹统类三十卷

宋彭百川撰。孔氏岳雪楼抄本。

凡十册。半叶十行,行二十三字。无边框、界栏。

彭百川,字叔融,眉山丹棱县人。约生于宋孝宗乾道九年(1173),卒年不详,当晚于宁宗末或理宗初。其人能继承其父嗜学之志,然迷信巫史,因而缓葬其亲二十年。著述之可考者仅此一种。

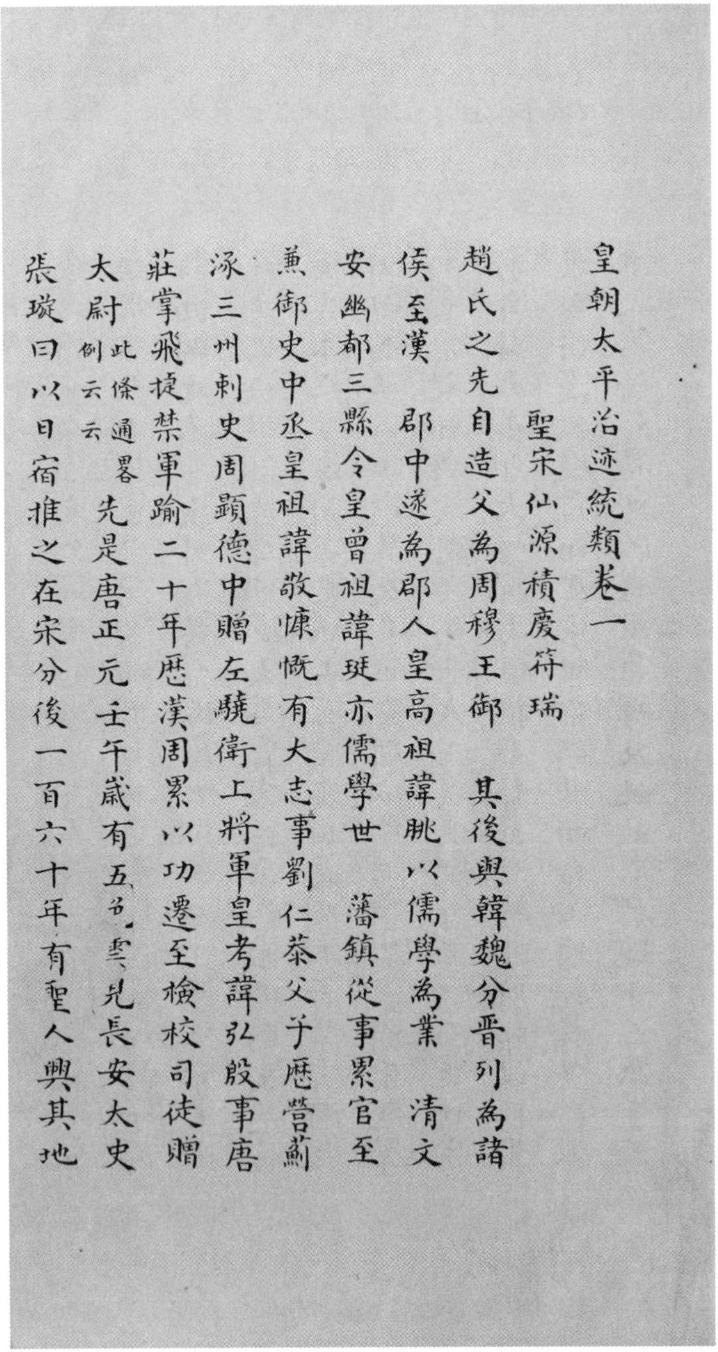

皇朝太平治迹統類卷一

聖宋仙源積慶符瑞

趙氏之先自造父為周穆王御　其後與韓魏分晉列為諸侯至漢　郡中遂為郡人皇高祖諱朓以儒學為業　清文安幽都三縣令皇曾祖諱珽亦儒學世　藩鎮從事累官至兼御史中丞皇祖諱敬慷慨有大志事劉仁恭父子歷營薊涿三州刺史周顯德中贈左驍衛上將軍皇考諱弘殷事唐莊掌飛捷禁軍踰二十年歷漢周累以功遷至檢校司徒贈太尉此條通畧例云云　先是唐正元壬午歲有五色雲見長安太史張璇曰以日宿推之在宋分後一百六十年有聖人與其地

图3：皇朝太平治迹统类

此本首录陈振孙《直斋书录解题》、赵希弁《读书附志》提要及朱彝尊《跋》。内容为北宋一代典故:“于朝廷大政及诸臣事迹,条分缕析,多可与史传相参考①”,分八十八门,各立条目,盖仿袁枢《通鉴纪事本末》之体。其中如“圣宋仙源积庆符瑞”“仁宗经制西夏”“元祐党事始末”等系朝廷大政,“苏轼立朝大概”“程颐出处本末”“蔡确新州之行”系名臣事迹,“祖宗科举取人”“官制沿革”“兵制损益”则为历朝制度。其史源则当为李焘《续资治通鉴长编》。

此书问世后即以抄本形式流传,然旧本均已亡佚,今日可见最早者为钱塘龚翔麟玉玲珑阁抄本(现藏台湾“中央图书馆”),三十卷。此本源自明焦竑藏本,而焦藏本又系今日可见诸本之祖本;后经吴县袁廷梼、福州陈征芝、山阴周星诒、吴县蒋凤藻递藏,归于吴兴张均衡,被据而刻入《适园丛书》。同时,朱彝尊亦借焦本传抄,不分卷,惜其时“焦氏本卷帙次第为装订者所乱,佣书人不知勘正,别用格纸抄录,以致接处文理不属”,②四库馆臣又据而抄入《四库全书》。此本后为钱塘丁丙所得,今藏南京图书馆。

此外,上海图书馆有谦牧堂旧藏本五册、彭元瑞旧藏本十册;国图有清抄本三种,分别为十册、六册、五册,《四库提要著录丛书》据十册本影印;中央民族大学藏曹效曾校订本十册;又有皕宋楼旧藏本十二册,后入静嘉堂文库。以上各本均不分卷。三十卷本除龚抄本、《四库》本、《适园丛书》本外,仅南大所藏之岳雪楼抄本。岳雪楼为广东孔广陶藏书楼,藏书颇精,富于殿本,与伍崇曜粤雅堂、潘仕成海山仙馆、康有为万木草堂齐名;又喜刻名家书籍,抄书数百种,以校勘精审见称。

邓广铭先生有《对有关〈太平治迹统类〉诸问题的新考索》一文,见《邓广铭治史丛稿》(北京大学出版社 1997 年版,页 347 至 378),本节参考此文而成。

---

①(清)纪昀等:《钦定四库全书总目(整理本)》卷五一《史部七·杂史类》,北京:中华书局,1997,第 718 页。

②同上。

四、越南舆地略不分卷

清袁昶抄。清抄本。

凡一册。半叶十行,行十九或二十二字。绿框。四周单边,白口,单鱼尾。版框高 19.0 厘米,宽 14.2 厘米。

袁昶,原名振蟾,字爽秋,一字重黎,号浙西村人,浙江桐庐人。光绪二年(1876)进士,官至太常寺卿,事迹见《清史稿》卷四六六、《清史列传》卷六三本传。

扉页有题识一段,云:"《越南舆地略》一卷,后附滇粤入交州路程。此本似较近人《越南辑略》较简明可据。"后钤"柏园翁"朱文方印,当系翁奎孙所书。此书前半主要记载越南地区历史建置沿革,以顺化、广治、广平等三十省系辖下诸府、县,各载其地理位置、山水形势、风俗物产、名胜古迹、故事传说,体例内容均不出古地志窠臼,其中多有涉及黎朝与明清两朝战争者,如页二八至二九共七百余字即载明末清初安南战事。此书部分内容与盛庆绂《越南图说》相同,文字有所差异,当有较为直接之源流关系,可资互勘;亦有不见载于他书者,如页八云:"右自富安以下五府一州一镇并各镇俱属近代新辟,从前未入职方。今特列于后,而略述其恢拓之由以备考云。"是富安府、平康府、延庆府、平顺府、嘉定府、定远州、河仙镇以下内容均为此书独有。后半则载"安南路途水步出入日程远近",未见载于他书。

此书未经刊刻。

版心上镌"浙西邨舍"、下镌"陈郡袁氏"篆字,第一页版心正中又书"越南舆地略"五字。卷首有"南沙翁子"朱文圆印,是翁奎孙之印;又有"金陵大学臧书"朱文方印及"漱六轩"朱文长方印,后者系姚世勤之印。书末有"怀抱观古今"朱文方印。

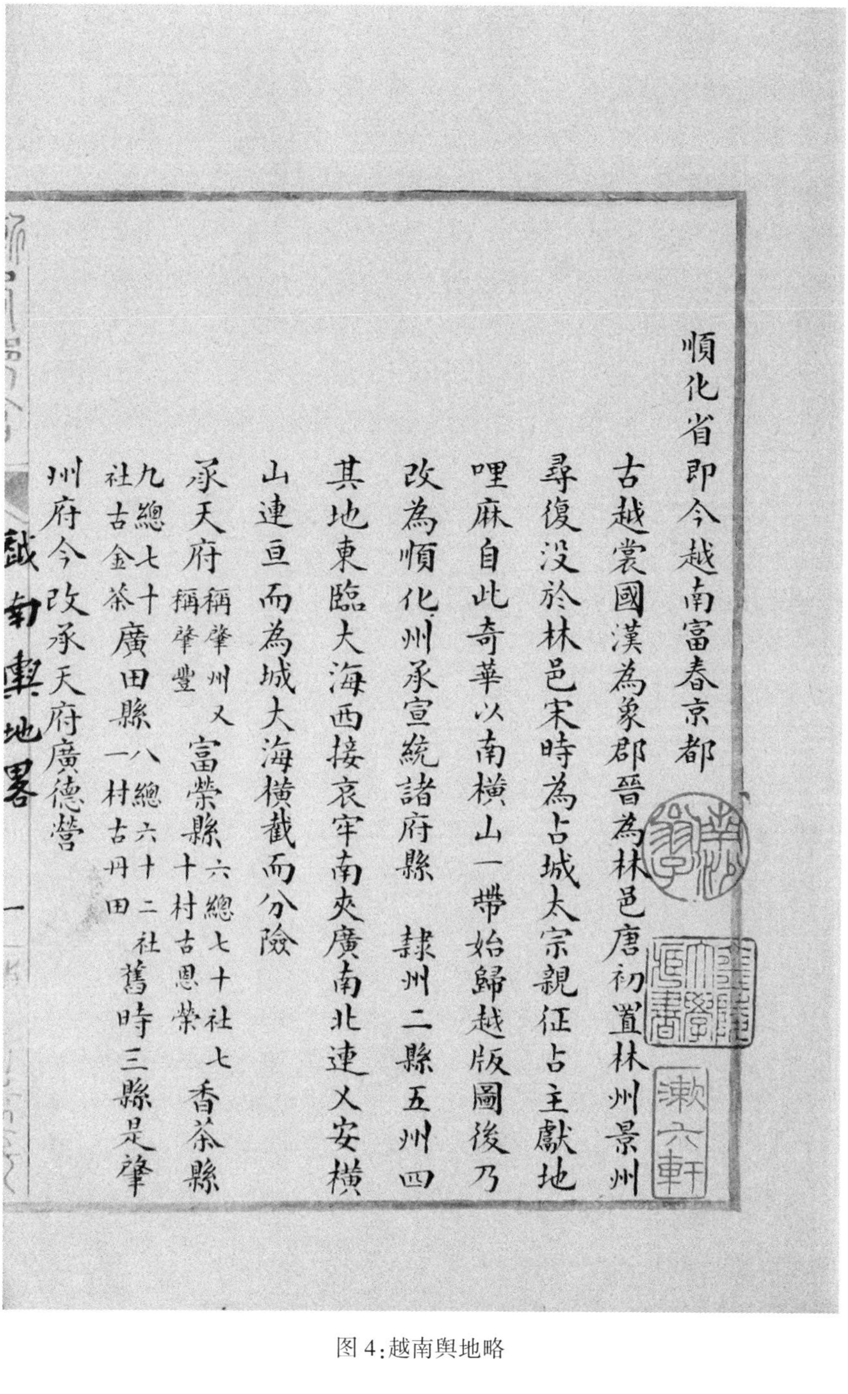
順化省即今越南富春京都
古越裳國漢為象郡晉為林邑唐初置林州景州尋復沒於林邑宋時為占城太宗親征占主獻地哩麻自此奇華以南橫山一帶始歸越版圖後乃改為順化州承宣統諸府縣　隸州二縣五州四其地東臨大海西接哀牢南夾廣南北連乂安橫山連亘而為城大海橫截而分險
承天府稱肇州又稱肇豐　富榮縣六總七十社七十村古思榮　香茶縣九總七十社古金茶　廣田縣八總六十二社一村古丹田　舊時三縣是肇州府今改承天府廣德營
越南輿地畧　一

图 4:越南與地略

五、国朝典故志要不分卷

清锡珍辑。清稿本。

凡二册。半叶十行左右不等,行三十至四十余字不等。无边框、界栏。

锡珍,字席卿,额尔德特氏,蒙古镶黄旗人,字仲儒,号席卿。同治七年(1868)进士,累官至吏部尚书,卒于光绪十五年(1889),事迹见《清史列传》卷五三。著有《同治六年丁卯科顺天乡试朱卷》一卷(同治刻本,上图藏)、《钦定吏部则例》八十七卷(光绪十二年刻本,上图、辽宁省图书馆藏)、《仓场事宜初稿》一册(稿本,中国人民大学图书馆藏)、《锡席卿先生遗稿》十六种不分卷(稿本十七册,北京大学图书馆藏)及此《国朝典故志要》不分卷(稿本二册,南大藏)。

书前有邓之诚题记,言此书之作者、内容与价值,不见于《邓之诚读书记》(中华书局2012年版),亦与《桑园读书记》(三联书店1955年版)所载者有较大差异,系邓氏佚文,兹录于左:

国朝典故志要　共二册　锡珍稿本　邓氏五石斋藏

锡珍字席卿,额勒德特氏,蒙古镶黄旗人。同治七年进士,官至吏部尚书,光绪十五年卒。《清史稿》一五六(按:当是卷三六八《列传一五五》)《壁昌传》附载其事。锡珍为和宁曾孙,壁昌之孙,恒福之子,四世皆官一品,实为旗族世家。且屡代皆有著述,和宁著有《西藏赋》,最为知名。予从其后人以重金得此书及《八旗驻防考》《通仓事宜》《乾隆以来满汉大臣表》,虽未题署姓名,然与燕京大学图书馆所藏锡珍手稿前半《台湾事宜》《闽还纪程》《渡台纪程》《奉使朝鲜纪程》《使东琐记》《使东诗草》校对笔迹,实出一手,皆出锡珍所撰,豪(按:当系"毫"字假借)无疑义。此书原题"国朝典故志要",所志有出于会典之外者(自注:功臣封爵自云录自稽勋司旧档,昭忠祠云录自原册)。盖锡珍服官既久,由其经历而及者也。纪事至光绪初叶,尤为难得。清代典章制度之书,出于私人记载者至少,以此与吴振(按:原误作"树")棫《养吉斋丛录》相较,觉《丛录》犹多传闻之误,而此则实事求是,极为翔实。安得好事者为稍加整理,刊以行世,岂就学者之幸耶!

民国戊寅邓之诚题于风烟旧里。

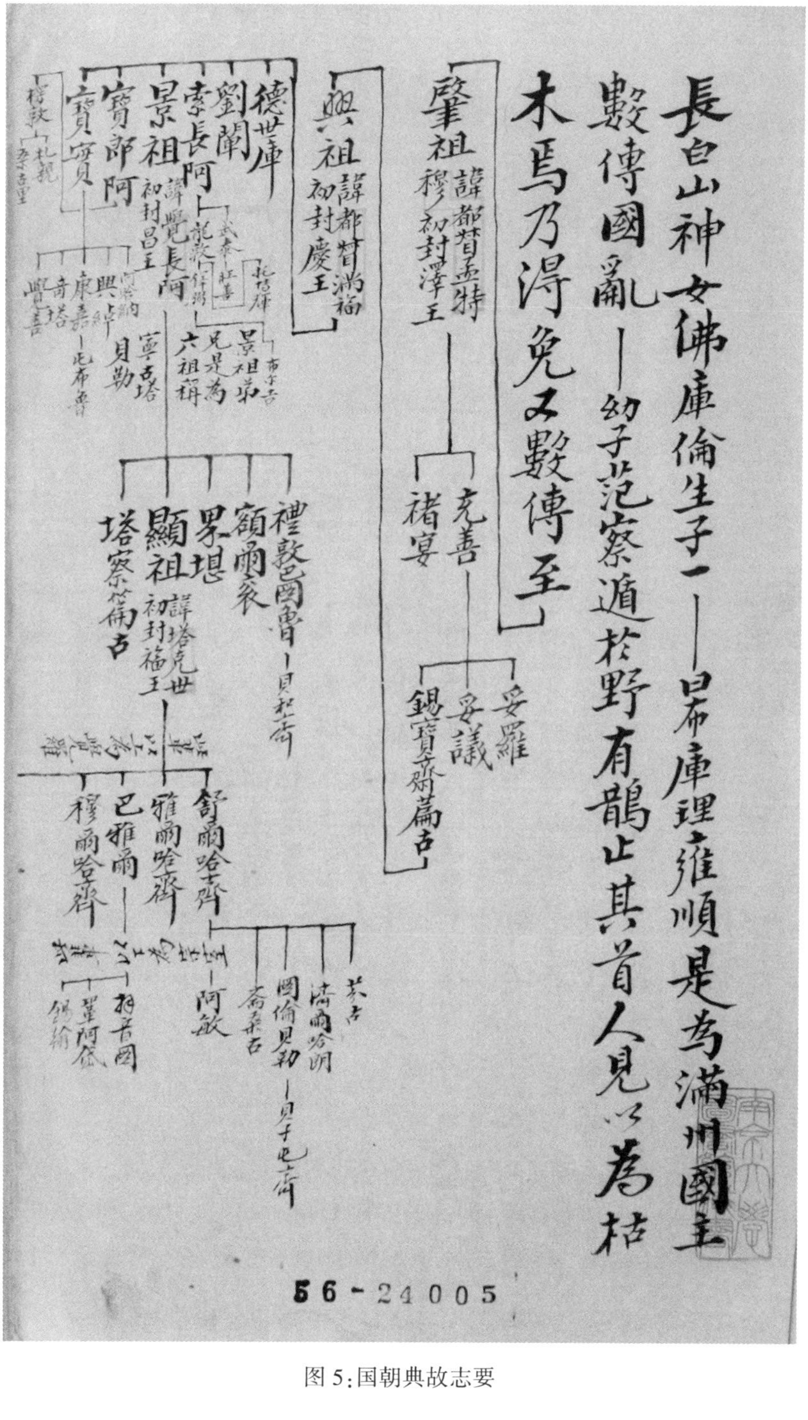
長白山神女佛庫倫生子一——曰布庫理雍順是為滿州國主

數傳國亂——幼子范察遁於野有鵲止其首人見以為枯

木焉乃得免又數傳至

肇祖 諱都督孟特穆 初封澤王

充善　褚宴

妥羅　妥義　錫寶齊篇古

興祖 諱都督福滿 初封慶王

德世庫　劉闡　索長阿　景祖 諱覺昌安 初封昌王　寶部阿　寶實

禮敦巴圖魯　額爾袞　界堪　顯祖 諱塔克世 初封福王　塔察篇古

舒爾哈齊　雅爾哈齊　巴雅爾　穆爾哈齊

图5:国朝典故志要

《桑园读书记》亦有是书提要，然书名不同，作“皇朝掌故备要”，云：

> 《皇朝掌故备要》，锡珍稿本。锡珍字席卿，镶黄旗蒙古人。同治七年进士，由编修官至吏部尚书，卒年未四十。先世自和瑛、璧（按：原误作“壁”，后径改）昌、福恒，以至锡珍，四世八座，家门贵盛，故熟知中朝掌故。和瑛著《西藏赋》，一生踪迹，多在诸边，尤详蒙古、西域形势民情。璧昌知兵，著兵书三种。锡珍自谓喜研掌故之书，辑而为此，然有官书所不载者。盖家世旧闻，历官所记，体例略依会典，以现行者为断，不重沿革。有清一代典制之书，除官修者外，学士文人，每视为吏胥之学，不甚垂意，乌知自后代视之，凡曾见于施行者，不论巨细，无一而非掌故也。锡珍他所撰述，有《八旗驻防考》，详稽兵数及西北道里、山川险易、种人喇嘛。又有《仓场事宜》，言漕言仓，以及船帮花户，无不备具。又有《乾隆以来内阁军机处部院大臣表》。昔年得此类书，颇欲为之编订刊行，因循未果，今以饥饿不能守，归之他人矣。惜哉。他所见锡珍书，尚有《台湾事宜》《闽还纪程》《渡台纪程》《奉使朝鲜纪程》《使东琐记》《使东诗草》《会殿阅卷日记》《记乙亥翰詹大考》《记丙戌进士等第官阶》《字说》《字典姓氏》《唐以来选举志略》，及和瑛手稿《草堂寤填词》《臣道》，璧昌手稿《牧令要诀》《星泉自记》，均藏于燕京大学。①

颇疑撰于前录题记之后，前题记云“民国戊寅邓之诚题”，为民国三十七年（1948），而《桑园读书记·题解》言“乙未夏至邓之诚识”，是1955年，可证；又《桑园》相较前题记，对本书及锡珍其他著作内容之叙述加详，是当撰于细读锡氏诸著之后，亦可为证。

本书所载以清代现行典章制度为主，分类极繁，逾一百三十目，其中绝大多数均有标目。概而言之，涉及皇室宗系、礼乐、职官制度、刑法律令、国家财政、军政防备、山川河渎、匠作营造诸方面，诚如《桑园读书记》所言“体例略依会典”。是书文献价值较高。锡珍历官尚书省工、刑、户、吏各部及其他政要部门，得见各类原始档案，正如右录邓之诚题记，“功臣

①邓之诚：《桑园读书记》，北京：三联书店，1955，第27页。

封爵”部分乃“录自稽勋司旧档”,“昭忠祠”部分则“录自原册”,这些“原册”“旧档”均系最原始的第一手文献,故前题记言是书所载“有出于会典之外者”。此外,锡珍并非径录底本文字,而是在移录底本记载的基础上多有校订,此稿所存墨笔、朱笔校改处往往而在,如“八旗刊爵”部分,“此谱错误甚多”(页 83),故几乎满眼朱笔校订,如此不仅保存了史源文献原本的面貌,还记录了锡氏对错误内容的修正。

书非抄于一时,当随见随录,各部分字迹工草不一。如 77 页“八旗封爵”标目下注“辛巳岁冬十月由验封司旧存敕书中录出”,知本节抄于光绪七年(1881),据《清史列传》,锡珍光绪七年十月“调吏部右侍郎”,验封司正为吏部下设机构,故锡氏得见该司旧档。然前页 35 至 76 为宗室世系,无标目,末却注“丙戌正月识”,是光绪十二年(1886),抄写年代先后与书页顺序不符。细察字迹,76 页识语明显较前宗室世系正文部分潦草,知正文当抄于辛巳十月之前,而识语则为丙戌岁所录。

六、山右石刻丛编不分卷

胡聘之撰。清稿本。

凡三十二册。半叶十二行,行三十字。红格。四周双边,大口,单鱼尾,版心镌“山右金石志卷”六字。版框高 27.9 厘米,宽 18.5 厘米。多浮签,大小不等。

胡聘之,又名崇儒,字莘臣,一字蕲生,号景伊,湖北天门人。同治乙丑(四年,1865)进士,历任翰林院编修、会试同考官、四川乡试主考官、内阁侍读学士、太仆寺少卿、顺天府知府、山西布政使、浙江布政使等职,官至山西巡抚,政绩显赫。

此书修撰过程,据胡聘之光绪二十四年(1898)所撰《序》,胡氏早有编纂此书之志,光绪二十一年(1895)调任山西巡抚,时任绛县令胡延时“就所得晋刻,手录原文,成《考证》八卷”,次年春“以所著求正于余,因请设局编纂,而以总纂自任”,聘之因“檄通省州县各拓境内碑刻而输之局”,“复委山西通判江宁吴君廷燮,并其兄陕西知县廷锡,与胡君分代考证”,约两年而书成,复经聘之考核,并录副本与缪荃孙多次商榷而补辑厘

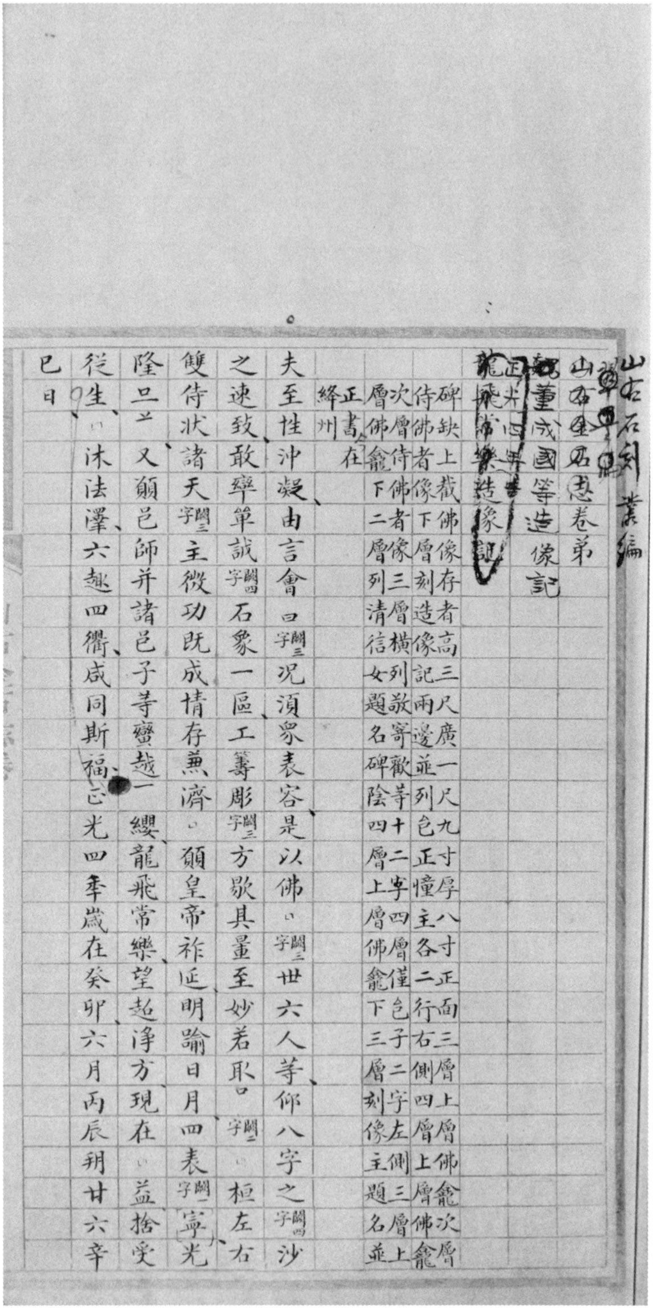
山右石刻叢編
山右金石志卷弟
董成國等造像記
正光四年龍飛常樂等造像記
碑缺上截佛像存者高三尺廣一尺九寸厚八寸正面三層上層佛龕次層
侍佛者像下層刻造像記兩邊並列色正幢主各二行右側四層上層佛龕
次層侍佛者像三層橫列敬寄歡等十二字四層僅色子二字左側三層上
層佛龕下二層列清信女題名碑陰四層上層佛龕下三層刻像主題名並
正書在
絳州
夫至性沖凝由言會□字闕三況須衆表容是以佛□字闕三世六人等仰八字之字闕四沙
之速致敢竭單誠字闕四石象一區工籌彫字闕三方歌具量至妙若耶□字闕三□桓左右
雙侍狀諸天字闕三主微功既成情存兼濟□顙皇帝祚延明踰日月四表字闕一寧光
隆□□又顙邑師并諸邑子等竇越一纓龍飛常樂望超淨方現在□益捨受
從生□沐法澤六趣四衢咸同斯福正光四年歲在癸卯六月丙辰朔廿六辛
巳日

图 6：山右石刻丛编

订后方刊印成书。盖成于众手。此本系原稿，随处可见修改、增删之痕，字迹亦各不相同。

是书载后魏至元代山西境内石刻造像记、寺碑、经幢、塔铭、碑志、摩崖等，录文并作考释。录文尽量保存原石行款，遇有空格、漫漶处概以“□”标注，题名均低正文一格。考释内容涉及文字、史事、人物、职官、历史地理等诸多方面，并注意比较其他金石类著作对同一石刻记载之同异。浮签则记石刻之标题、规格、书法、位置等。天头时注修改意见，如《裴耀卿碑》按语“唐会要秘书省光宅元年”云云，稿本为双行小字，天头注云：“唐会要下用大字写。”刻本即改作大字。

是书有光绪二十七年（1901）刻本（二十五年仲冬付梓二十七年季秋讫工），计四十卷，较稿本多出约70目，稿本所载亦有数石不见于刻本。其间文字亦多有不同，多系刻本修正稿本之脱文误字；亦有差异大者，如《裴镜民碑》按语刻本引《陈书·孝行传》及《唐书·殷峤传》考证殷仲容一段九十九字不见于稿本，稿本有双行小字“《法书要录》云：令名，开山子，所书有《头陀寺碑》，今不传”一段，刻本作正文大字且无“所书有头陀寺碑今不传”十字。又有誊清稿本不分卷四十册，现藏台湾“国家图书馆”。

七、敦行录不分卷

清王宏俊辑。稿本。

凡一册。半叶十三行，行二十八至三十字不等。无边框、界栏。

此书卷首题“补野王宏俊志迁氏甫辑”，其人之事迹无考，据《纪言》“乾隆三十二年岁次丁亥闰七月朔二日补野王宏俊偶识于广宁公署”知其为清初时人，乾隆间在世。

据《纪言》所载，王宏俊于乾隆二十八年（1763）春“应表弟陈子履泰之约，寄迹关东”，闲暇读书，见书“中有关治身缮性、应世接物之宜法宜戒者”则随笔记录，至三十二年（1767）闰七月连缀成书，并命之名曰“敦行录”，一方面是为“远游萍踪之一得”，另一方面则用以警醒自己“毋事徒知”。书中所录多为古今人物言行对于治身养性、应世接物有示范意义

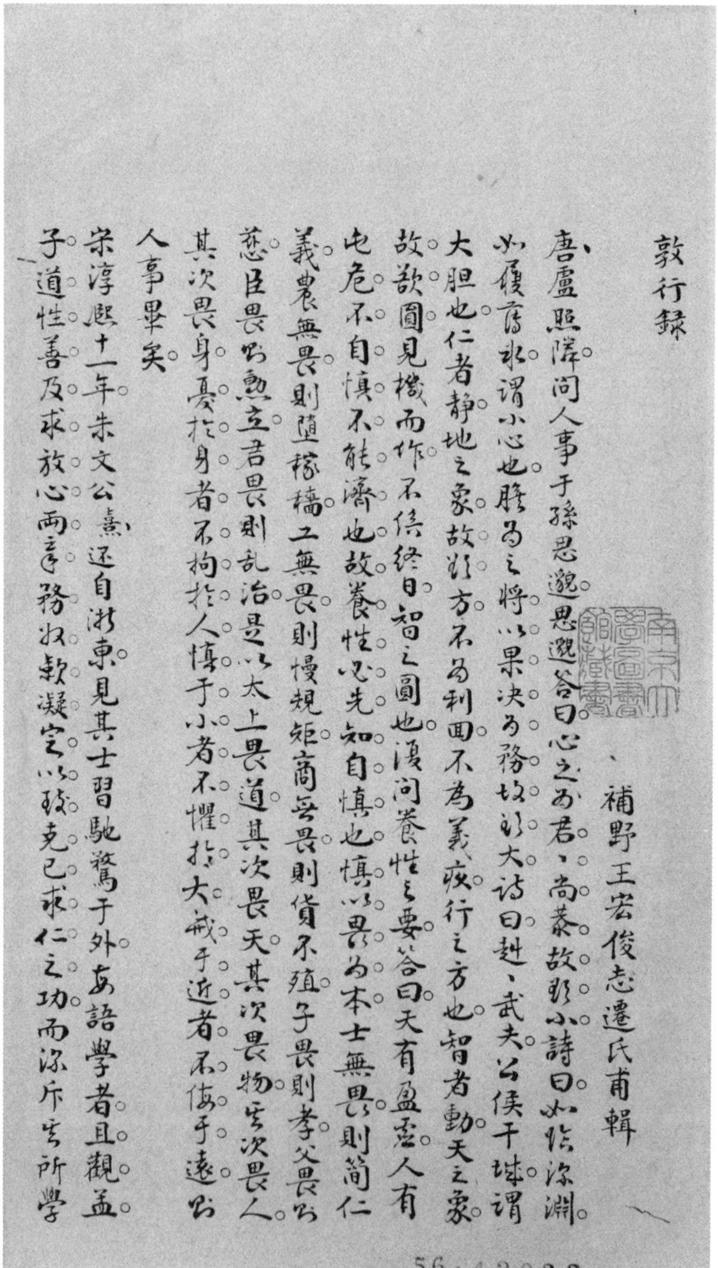

敦行録

補野王宏俊志遷氏甫輯

唐盧照隣問人事于孫思邈思邈答曰心之爲君，君尚恭故欲小詩曰如臨深淵如履薄冰謂小心也膽爲之將，將以果決爲務故欲大詩曰赳赳武夫公侯干城謂大膽也仁者靜地之象故欲方不爲利回不爲義疚行之方也智者動天之象故欲圓見機而作不俟終日智之圓也復問養性之要答曰天有盈虛人有屯危不自慎不能濟也故養性必先知自慎也慎以畏爲本士無畏則簡仁義農無畏則墮稼穡工無畏則慢規矩商無畏則貨不殖子畏則孝父畏此慈臣畏此勲立君畏則亂治是以太上畏道其次畏天其次畏物其次畏人其次畏身憂於身者不拘於人慎于小者不懼於大戒于近者不侮于遠此人事畢矣

宋淳熙十一年朱文公熹還自浙東見其士習馳騖于外每語學者且觀孟子道性善及求放心兩章務收斂凝定以致克己求仁之功而深斥其所學

图 7:敦行录

者，尤以宋明人事为多。又随时记录，既未分门别类，排列又颇为杂乱。其取材范围较广，除常规史籍、语录（言行录）外，又见引“家训”“古联”“元人惜寸阴赋”等。

书冠“敦行录”名者不仅王宏俊一家。《四库全书》杂家类存目（卷一三三）著录清张鹏翮《敦行录》二卷，此书亦“辑古来嘉言善行，以敦本适用”“所纪皆厚德之事”，与王书相仿。又［道光］《巢县志》卷一三著录清曹浚“集古今名人言行为一帙，名敦行录”，性质亦当相近。

此书未经刊刻，亦不见书目著录及其他文献征引。

书首《纪言》首、尾分别钤“共乐书礼之族”阴文长方印，“王宏俊印”“千智”朱文方印。书末钤有“淡春山人”阴文方印。

吉林大学图书馆善本书志四则

王丽华

（吉林大学图书馆）

吉林大学图书馆共有线装古籍近四十万册，其中善本四万余册，随着古籍普查的不断开展，有一百二十一部古籍入选《国家珍贵古籍名录》。为了更好地揭示这些珍贵资料，配合国家古籍保护中心撰写善本书志的任务，我馆已经开始撰写善本书志的工作，首先从入选《国家珍贵古籍名录》之书开始，逐步完成全部馆藏善本书志。由于人力及兼顾其他工作的原因，进展稍慢。撰写书志的过程，也是馆员自身业务素质不断提高的过程。要完成高质量的书志，需要具备诸多条件：

首先，应有一支高素质的人才队伍。书志的撰写，涉及语言文字学、历史学、文献学、版本目录学、地理学、中医学等各学科的知识，需要编目员具备良好的学习能力。尤其是善本藏量较大的图书馆，更应重视人才的规模和梯队建设。能委此任的人员太少，势必影响书志完成的时间和质量。

其次，需要有严谨的工作态度。书志撰写，有一定的规范，每一项目均应仔细审核，认真取舍，深入考证，才能做到准确规范地揭示一部书的基本内容，向读者传递更多的信息，使未见此书之人，亦能通过书志了解到相关的信息，有效地为教学科研服务。

第三，齐全的工具书。各种相关工具书的配置越全越好。古籍编目常用的工具书有很多，有关版本及印刷史方面的；有关人名、地名、年代、职官、室名别号、藏书印等方面的；历代官私藏书目录、专题书目、版本书目等；古籍书影、图录等。

第四，有效利用网络资源和数字资源。数字图书馆时代，海量的信息资源遍布网络，古籍编目人员应该具有一定的网络检索能力以及网络资源的收集整合能力，并将这些信息资源作为撰写书志的重要参考资料。

我馆从事此项工作的人员均从事古籍编目和版本鉴定工作多年，并参加过国家古籍保护中心举办的书志撰写培训班，对书志撰写要求及规范比较了解，工作认真负责，考订严谨，本着客观描述与考订考证相结合的原则，进行每一部善本书志的撰写工作。现将我馆撰写的善本书志四则去掉书志规范格式选录于下，求正于专家学者。

一、明嘉靖四年薛祖学刻本《六礼纂要》 名录号 07348

《六礼纂要》六卷，明侯迁廷训、潘勖撰，明嘉靖四年(1525)薛祖学刻本，四册。版框 20 厘米×12.6 厘米，装帧 27 厘米×15.2 厘米。半叶十行二十一字，白口，四周双边。第一册封皮断裂。

第一册为卷一、卷二；第二册为卷三；第三册为卷四；第四册为卷五、卷六、“刻六礼后”跋。卷一冠礼篇，卷二婚礼篇，卷三丧礼篇，卷四祭礼篇，卷五饮礼篇，卷六射礼篇。附明嘉靖四年薛祖学跋。

侯廷训(1484—1546)，字孟学，号笔山，浙江乐清蒲岐侯宅人。明正德十六年(1521)进士，除南京礼部主事。明嘉靖三年(1524)冬，廷训因著《大礼辩》数千言而触怒世宗，被逮捕下狱。其子一元伏阙讼冤，得以释放，谪降泗州判官，又降为曲州县丞，后稍迁升为漳南兵备佥事。所至建社仓、均农田、平剧盗、革羡余，颇有政声。不久以疑狱与御史争论，被诬陷为贪酷罢官归里。《[光绪]乐清县志》人物志有其小传。著有《六礼纂要》《笔山小稿》《泗志备遗》等书。

潘勖，广东罗浮人，明正德时著有《罗浮山图记》。

薛祖学《跋刻六礼后》：“蓝田两峰李公少有奇节，长慕二吕之学，欲

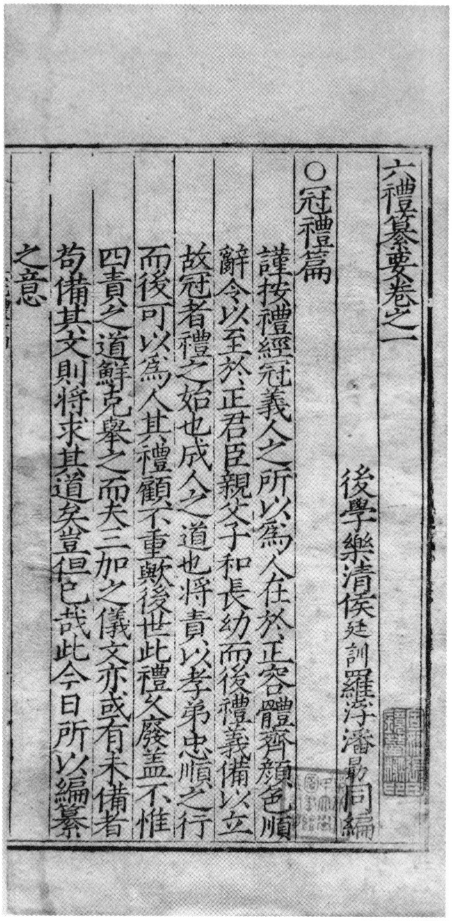
六禮纂要卷之一
後學樂清侯廷訓羅浮潘昜同編
○冠禮篇
謹按禮經冠義人之所以為人在於正容體齊顏色順
辭令以至於正君臣親父子和長幼而後禮義備以立
故冠者禮之始也成人之道也将責以孝弟忠順之行
而後可以為人其禮顧不重歟後世此禮久廢蓋不惟
四責之道鮮克舉之而夫三加之儀文亦或有未備者
苟備其文則将求其道矣豈但已哉此今日所以編纂
之意

图1:《六礼纂要》书影

倡道四方,未能也。筮仕丹徒首刻乡约教民,故丹徒有乡约焉。由丹徒为御史,衔命按江北,复取六礼行之,今江淮复有六礼焉。是故有童子三加冠也,有男女亲迎也,有棘人也,有宗庙昭穆也,有锺鼓弓矢宾主也。或曰六礼非吕氏书,而仪节楷范恒似乎乡约何也?曰二吕之道本周孔者,程朱之书合二吕者,则两峰之立教有自矣,夫乡约行诸一方,六礼通之天下,在一方则立一方之礼,在天下则言天下之礼。两峰之功业可知已,是故冠三加则民不偷,亲迎则夫妇有别,棘人广孝,昭穆考仁,宾主雍容履让也。孝而别仁、让而俗不偷,治孰有加焉。祖学于时有执射之役者,是故刻其书以传。嘉靖乙酉(四年)秋八月知泗州事关中渭南薛祖学。”

钤印:卷端白文“固始张氏镜菡榭印”。

刊刻者:薛祖学,陕西渭南人,明正德九年(1514)进士,嘉靖间官泗州知州。据载死于关中大地震。有关此书的成书刊刻情况,《何塘集》“六礼纂要序”载:“侍御蓝田李先生奉命巡按江北,政务既举,以礼教未洽为虑,檄令泗州判官侯廷训会同学正潘勖,纂集冠婚丧祭饮射六礼,而提调则令知州薛祖学刊印成书。将给发按属各府州县,俾提调官、督教官、生员讲习而倡行之,以敦礼教,以厚风俗,以俾治化。复令训导陈言来南京征予言以序首简。”①蓝田李先生即李东,陕西蓝田人,明正德十二年(1517)进士,嘉靖初巡按江北。

递藏源流:此书卷端钤有“固始张氏镜菡榭印”,此印为张玮之印,证明其曾藏过此书。张玮,河南固始人,字效彬,号敔园,斋号镜菡榭等,民国时期曾为苏联公使。雅好古法丹青,精吉金鉴定,富收藏,钻研不倦。

不见《明史·艺文志》著录,《中国古籍善本书目》有载,仅吉林大学图书馆一家有藏。《四库》系列丛书亦未收录。

二、明正德十六年刘瑞、曹山刻本《仪礼经传通解》　名录号 07345

《仪礼经传通解》三十七卷续二十九卷,宋朱熹撰,宋黄干、杨复续,明正德十六年(1521)刘瑞、曹山刻本。十册二函。版框 20.5 厘米×14.5 厘米,装帧 27.4 厘米×16.5 厘米。半叶十一行二十字,白口,左右双边。

此书共十册二函。第一函第一册:目录序跋,卷一至卷六。第二册:卷七至卷十三。第三册:卷十四至卷二十一。第四册:卷二十二至卷二十七。第五册:卷二十八至卷三十七。第二函第一册:续目录,续卷一至卷五。第二册:续卷六至卷十四。第三册:续卷十五至卷十六。第四册:续卷十七至卷二十五。第五册:续卷二十六至卷二十九。

朱熹(1130—1200),字符晦,又字仲晦,号晦庵,晚称晦翁,谥文,世称朱文公。祖籍江南东路徽州府婺源县(今江西省婺源),出生于南剑州尤

①(明)何塘撰,王永宽校点《何塘集》,郑州:中州古籍出版社,1999,第 139 页。

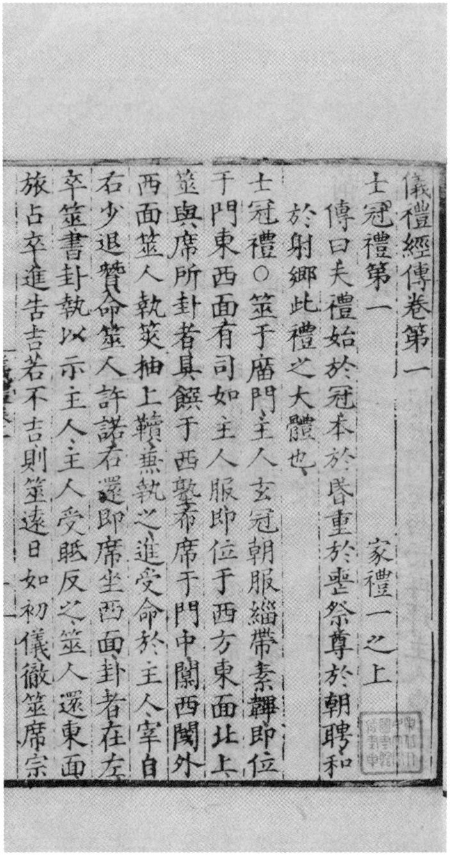
儀禮經傳卷第一　　家禮一之上
士冠禮第一
傳曰夫禮始於冠本於昏重於喪祭尊於朝聘和
於射鄉此禮之大體也
士冠禮○筮于廟門主人玄冠朝服緇帶素韠即位
于門東西面有司如主人服即位于西方東面北上
筮與席所卦者具饌于西塾布席于門中闑西閾外
西面筮人執筴抽上韇兼執之進受命於主人宰自
右少退贊命筮人許諾右還即席坐西面卦者在左
卒筮書卦執以示主人主人受眂反之筮人還東面
旅占卒進告吉若不吉則筮遠日如初儀徹筮席宗

图2:《仪礼经传通解》书影

溪(今属福建省尤溪县)。宋朝著名的理学家、思想家、哲学家、教育家、诗人,闽学派的代表人物,儒学集大成者,世尊称为朱子。朱熹是唯一非孔子亲传弟子而享祀孔庙,位列大成殿十二哲者中。朱熹是程颢、程颐的三传弟子李侗的学生,任江西南康、福建漳州知府、浙东巡抚,做官清正有为,振举书院建设。官拜焕章阁侍制兼侍讲,为宋宁宗皇帝讲学。

朱熹著述甚多,有《四书章句集注》《太极图说解》《通书解说》《周易读本》《楚辞集注》,后人辑有《朱子大全》《朱子语类》等。其中《四书章句集注》成为钦定的教科书和科举考试的标准。

黄干(1152—1221),字直卿,号勉斋,黄瑀第四子。祖籍长乐县,徙居闽县(今福州市区)。自幼聪颖,志趣广远。年十七,父殁。淳熙二年

(1175)，黄干往见刘清之求学，清之奇其才，令从朱子受业。著有《朱熹行状》《勉斋集》《书传》《易解》《孝经本旨》《四书通释》《仪礼通解》等。

朱熹《仪礼经传通解》，生前并未完成，由其弟子黄干续撰《丧礼》《祭礼》。然黄干撰《祭礼》仅成草稿，杨复先是整理草稿为十三卷，后经十数年努力，重新撰成《祭礼》十四卷。杨复以朱熹礼学思想贯穿全书，理论体系之精密超过朱熹本人，因此在宋末元初影响甚大，卫湜、真德秀、马端临等皆极推崇。可惜后来失传，明清两代学者几无人得见，甚至将黄干《祭礼》稿本误为杨复所撰。至清末陆心源得此书，始悟两种《祭礼》截然不同。陆氏藏本后归静嘉堂，静嘉堂非秘不示人，而一百年来未尝有前往阅读者。本书编者费时三月，赴静嘉堂阅览微卷抄写全书，经两年整理，公布这份埋没五百年的重要著作，以供学林共同研究。目前所知，静嘉堂本是孤本，且有缺卷，鉴于以往学界往往混淆此二部祭礼，编者相信此书仍有传本，期望各地图书馆以此本对照所藏《仪礼经传通解续》，发现其他传本。

刘瑞序："岂非天哉！书刻于南京国子监，卷帙浩繁，点画漫漶，士大夫非惟不之读，识其名者或寡矣。瑞窃叹曰：斯礼也，制作之宜、古今之变略备矣。后圣有作，将取而折中焉。今与其弃也，无宁先识大义，而后讲贯其精奥乎？乃命教授陈垐、教谕粘灿、王士和督诸生手录经传。雠校既定，出赎金付杭郡曹推官山刻焉。逾年毕工，山之劳著矣。以书来，曰愿有序也，敬题其端，俾天下后世志于礼者有考也。正德辛巳（十六年）春三月望日后学西蜀刘瑞序。"

张虙序："南康旧刊朱文公仪礼经传与集传集注，而丧、祭二礼俄空焉，盖以属门人勉斋黄干俾之类次而未成也。虙来南康，闻勉斋已下世，深恨文公之志不终。士友间有言勉斋固尝脱稿，今在南剑陈史君处，欲全此书，索之南剑可也。南剑知之，果以其书来，且并遣刻者数辈至，于是锓木，更一年而后毕。是虽丧、祭二门，而卷秩多前书三之一，以是刊造之日长，点勘之功乡贡进士杨用为多。又助以王镇圭、童居钦、黄嵩三君，披阅精强，错简脱字往往无之。虙生不为晚，而不能一识文公。文公不可得而见，得见勉斋者斯可矣，又复失之。分符星渚，乃文公遗爱之地，高山仰止，惓惓兴怀，兹又得全其所欲述之书，以毕其平日传受之志，岂非幸欤？弟闲习礼度，不如式瞻仪刑；讽味遗言，不如亲承音旨。诚有如古人之论，抚卷为之三叹也。嘉定癸未（十六年，1223）孟秋上澣四明张虙识。”

杨复跋：“勉斋黄先生编纂祭礼，用先师朱文公礼书之通例，先正经而后补篇。正经则以特牲馈食、少牢馈食、有司彻为先，所以尊圣经也，而大戴迁庙、衅庙二篇附焉。补篇则以祭法为先，所以明大分也。而天地神祇、宗庙百神，以及于时巡、迁国、立君、讨罪、会同、行役、类祃、雩禜、祈禳、衅衅之礼次之，而乐舞、器服、祭用无不备焉。夫礼莫重于祭，自天子宗庙而下，其仪文制度各有精义而不可易。宗庙之祭，自天子诸侯下及于士庶人，其文理密察，各有常经而不可紊。今见于仪礼者，惟特牲、少牢、有司彻三篇仅存。夫特牲，士礼也；少牢、有司彻，大夫礼也。大夫以上，并逸其文。若夫事天事地，国家之大典大法皆湮没不传，而先王制作精微之意不可得而复考，亦可叹矣。幸而有司之所职掌、圣门之所问答、诸儒之所纪录，犹散见于周官传记之书，尚可裒集以见其梗概，此补篇之所为作也。初先生集丧礼、祭礼，粗有成编，嘉定己卯（十二年，1219）奉祠间居，始得订定丧礼，俾复预检阅之役，次第将修祭礼，故朝夕议论多及之。尝有言曰：祭礼已有七分，惟天神一门为郑氏谶讳之说所汩，其言最为不经。今存其说于书者，非取之也，存之于书，使天下后世知其谬，乃所以废之也。又有不可不正者，夫禘，王者之大祭也。王者既立始祖之庙，又推始祖所自出之帝，祀之于始祖之庙也，以始祖配之，其见于礼记大传小记，亦已明矣。而郑氏乃云禘为祀天于圜丘。郊与圜丘本是一事，以所在言之则谓之郊；于郊筑泰坛象圜丘之刑以祀天，则谓之圜丘，非郊之外别有圜丘也。而郑氏又云圜丘比郊为大祭。自郑氏之说既立，而圣经之意益微，诸儒起而争之，其说多矣。惟赵伯循之言为尤精当，其说曰：郑氏以禘为配祭昊天上帝于圜丘，盖见祭法所说禘、郊、祖、宗，禘文在郊上，谓为郊之最大者，故为此说。祭法所论禘、郊、祖、宗者，谓六庙之外永世不绝者有四种尔，非关配祭也。禘之所及最远，故先言之，何关圜丘哉？是以先师《论语》‘问帝章’，特著赵伯循《春秋纂例》之说，非专以释一章之旨，此正礼书笔削大义之所存也。黄先生此论特发其端尔，即其所已言，推其所未言者，又可知也。不幸志未遂而先生没，岂天尼其事而啬其传邪，抑斯文未丧，犹有所待而后明邪？正经特牲、少牢、有司彻，先生尝教学者分章句，附传记而未备。先生既没，学者不敢妄意增损，谨录其稿而藏之，且记其语于篇端，以俟后之君子云。嘉定癸未季夏门人三山杨复谨书。”

陈宓序："右朱文公先生所编礼书已刻于南康，独丧、祭二门属勉斋黄先生补而足之。宓假守延平，将刻之郡庠，适南康张侯虑以书来索。盖延平本无此书，刻此二门则无始。南康已有此书刻此二门则有终。于是，归其书于南康，俾得为全帙云，嘉定癸未七月初吉朝奉大夫权知南剑州军州兼管内劝农事借紫陈宓谨书。”

钤印：朱文“师简堂图书印”、白文“室又”。

递藏源流：萧鸣盛藏，卷七卷端钤有朱文“师简堂图书印”，此乃明代萧鸣盛之藏书印。萧鸣盛（1575—1644），明崇祯间富沙人，字儆韦，室名师简堂，业书坊。刻印过徐肃颖删润《丹桂记》二卷，陈继儒辑评《五子隽》五种（《老子隽》一卷，《庄子南华真经内篇》一卷，《管子隽》二卷，《韩子隽》二卷，《屈子离骚经隽》一卷）。

《仪礼经传通解》的最佳版本当为东京大学东洋文化研究院藏宋刻本，前三十七卷系嘉定十年（1217）刊本，续二十九卷系嘉定十六年刊本，间有补配。此书原为傅增湘旧藏，精校精刻。国家图书馆亦藏有宋嘉定十年南康道院刻本、宋嘉定十五年（1222）南康犨刻元明递修本。

三、明嘉靖十四年吴郡苏献可通津草堂刻本《韩诗外传》　名录号 07302

《韩诗外传》十卷，汉韩婴撰。明嘉靖十四年（1535）吴郡苏献可通津草堂刻本。五册，版框 21 厘米×15 厘米，装帧 26.1 厘米×18.5 厘米，半叶九行十七字，白口，四周双边。单白鱼尾。版心下镌“通津草堂”。封面题签“韩诗外传”。

书分十卷，前附元至正十五年（1355）钱惟善序、韩婴小传，书末附苏献可《志〈韩诗外传〉后》跋。

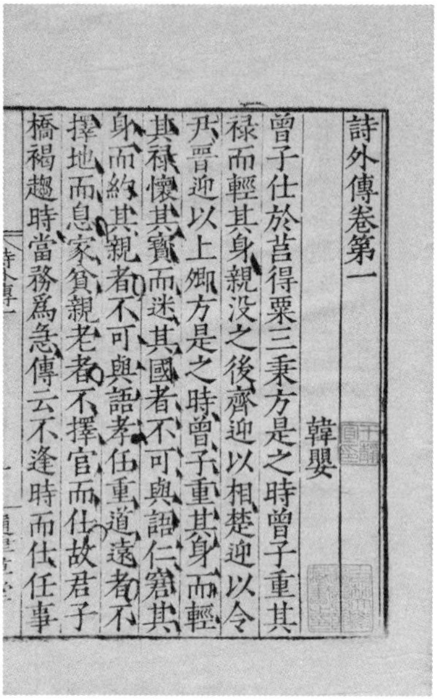
詩外傳卷第一
韓嬰
曾子仕於莒得粟三秉方是之時曾子重其
祿而輕其身親沒之後齊迎以相楚迎以令
尹晉迎以上卿方是之時曾子重其身而輕
其祿懷其寶而迷其國者不可與語仁窘其
身而約其親者不可與語孝任重道遠者不
擇地而息家貧親老者不擇官而仕故君子
橋褐趨時當務爲急傳云不逢時而仕任事

图 3:《韩诗外传》书影

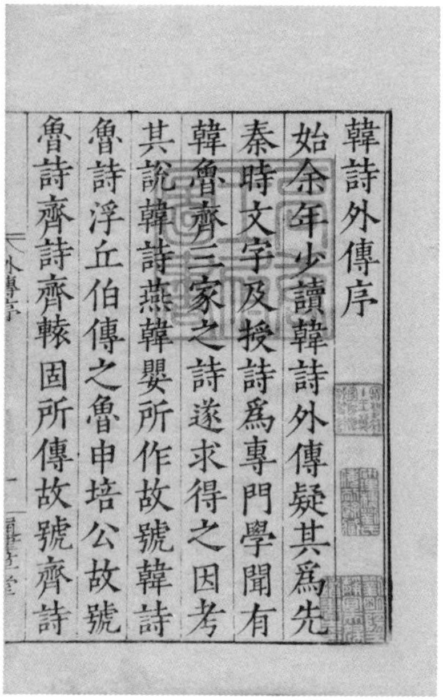
韓詩外傳序
始余年少讀韓詩外傳疑其爲先
秦時文字及授詩爲專門學聞有
韓魯齊三家之詩遂求得之因考
其說韓詩燕韓嬰所作故號韓詩
魯詩浮丘伯傳之魯申培公故號
魯詩齊詩齊轅固所傳故號齊詩

图 4:《韩诗外传》书影 2

韩婴,生卒年不详。西汉燕(今属河北)人。文帝时为博士,景帝时至常山王刘舜太傅。武帝时,与董仲舒辩论,不为所屈。治《诗》兼治《易》,西汉“韩诗学”的创始人,其诗语与齐、鲁大不相同,他推测《诗》之意,杂引《春秋》或古事,与经义不相比附,与周秦诸子相出入,皆引《诗》以证事,而非引事以明《诗》。燕、赵言《诗》皆本于韩婴。

钱惟善序:“始余年少读《韩诗外传》,疑其为先秦时文字,及授诗为专门学,闻有韩、鲁、齐三家之诗,遂求得之。因考其说,韩诗,燕韩婴所作,故号韩诗。鲁诗,浮丘伯传之鲁申培公,故号鲁诗。齐诗,齐辕固所传,故号齐诗。或以国称,或以氏传。齐诗魏代已亡,鲁诗亡于西晋,而韩之传,又与齐鲁间殊,然归一也。《汉艺文志》:《韩诗》三十六卷,《内传》四卷,《外传》六卷,《说》四十一卷。《隋经籍志》:《韩诗》二十二卷。薛氏章句。《唐艺文志》:《韩诗》,卜商序,韩婴注,二十二卷,又《外传》十卷。《韩诗》存而无传者,至唐犹在,今存《外传》十篇,非韩婴传诗之详者,遗说时见于他,与毛说绝异。兹固不暇论也。然观《外传》,虽非其解经之详,断章取义,要有合于孔门商赐言诗之旨。况文辞清婉,有先秦风,学者安得不宗尚之？海岱刘侯贞来守嘉禾，听政之暇，因以其先君子节斋先生手钞所藏诸书悉刊置郡庠，期与四方之士共之。顾其意与秘而不传、视为己私者，相去远矣。余闻后汉薛汉世习《韩诗》，父子以章句著名，因号薛氏章句。今侯父子以韩诗相传，盖慕薛氏之风而兴起千载下者。非果有得于韩氏源要，其能然乎？余既获重阅一过，故著其说如此，尚当舍余诗学侯诗也。至正十五年龙集乙未秋八月曲江钱惟善序。"

苏献可《志〈韩诗外传〉后》："汉以来言诗者，有齐、鲁、毛、韩诸家，今惟毛公传行而三诗亡矣。独韩氏有外传在。余间读而爱之，惜其未有善本也。嘉靖乙未（十四年，1535）之夏游云间得之。盖胜国时刻于嘉禾者，归而与二三同志校焉，因重刻诸家塾，期年告成，按钱曲江序称嘉禾本成于至正乙未（十五年），而甲子三周，余复有事于此，似非偶然者。然则古文奇籍，在宇宙间，其显晦信有时耶。吴郡后学苏献可子忠甫志。长洲周慈写，陆奎刊。"

序钤印四枚："高唐王府图书"朱印、"宝静簃主王静宜所得秘籍记"朱文、"研理楼刘氏倭劫余藏"白文、"刘明阳王静宜夫妇读书之印"白文。卷端钤印："王静宜印"朱文。书末跋后钤印四枚："静宜所有"、"研理楼刘氏倭劫余藏"白文、"有书自富贵无病即神仙"白文、"刘明阳王静宜夫妇读书之印"白文。

刻书者苏献可：生平不详，据其跋，知其为明代吴郡人，字子忠。堂号通津草堂。刻书家，曾刻《韩诗外传》《论衡》《绝妙古今》等书。

递藏源流，刘明阳王静宜夫妇：刘明阳（1892—1959），字静远，天津人。民国藏书家。国民初，入天津政法大学学习，毕业后，在天津报业任职，后担任律师。自幼酷嗜图书，略有收入，即购书籍，数十年不懈。抗战开始后，闲居在家，以购藏古籍为业。藏书楼有"研理楼"，又名"双静阁"，取其字号"静远"和夫人王静宜之名。所藏书籍中以文集、刑律、典章制度、奏疏等为重点，且多有研究，如收有明嘉靖本《谳狱稿》、《大明律例》、万历本《明开天玉律》、康熙殿本《康熙大清汇典》、明刻本《杨襄毅公奏疏》、《明疏议辑略》、《古今宗藩懿行考》等珍稀版本近百种，《古今宗藩懿行考》一书，书品宽大，版式疏朗，大字精刻，为明末藩刻本之上品。其镇库之本为明抄本《册府元龟》1000卷。

夫人王静宜,亦喜藏书,曾变卖贵重首饰资助刘氏藏书。在"文革"期间,迫于生计,藏书不断散售于各古旧书店,被焚烧亦有不少,仅有十余部珍贵之本被北京图书馆购藏。藏书印有"研理楼刘氏藏"、"有书自富贵无病即神仙"、"宝静簃主王静宜所得秘籍"朱文方印、"研理楼刘氏/倭劫余藏"白文长方印、"研理楼/刘氏藏"白文长方印、"天津刘明阳/静远父藏书"朱文长方印、"刘明阳王/静宜夫妇/读书印"白文方印等。当代学者刘翁云写有《研理楼群书题记抄》。

高唐王府:高唐王府是明代藩府,衡恭王祐楎庶四子朱厚煐。高唐王,讳某,号岱翁。工篆隶,癖嗜古书,写录多秘本,鼎革后散落市肆,纸墨精好,装潢工致。

《中国古籍善本书目》著录。

四、明嘉靖三十三年张氏猗兰堂刻本《盐铁论》名录号08218

《盐铁论》十二卷,汉桓宽撰,明张之象注。明嘉靖三十三年(1554)张氏猗兰堂刻本。十二册,版框17.9厘米×14.3厘米,装帧26.4厘米×17.5厘米,半叶九行行十七字,黑口,左右双边。单白鱼尾。书末版记:嘉靖甲寅(三十三年)春张氏猗兰堂梓行。封面墨笔题"盐铁论十二卷,张之象注。"旁钤"周汞弢读书记"朱印。

书共十二册。每册一卷。卷一:本义一、力耕二、通有三。卷二:错币四、禁耕五、复古六、非鞅七。卷三:晁错八、刺权九、刺复十、论儒十一、忧边十二。卷四:园地十三、轻重十四、未通十五、地广十六、贫富十七。卷五:毁学十八、褒贤十九、相刺二十。卷六:殊路二十一、颂贤二十二、遵道二十三、论诽二十四、孝养二十五。卷七:刺议二十六、利议二十七、国疾二十八、散不足二十九、救匮三十、盐铁针石三十一、除狭三十二。卷八:疾贫三十三、后刑三十四、授时三十五、水旱三十六、崇礼三十七、备胡三十八。卷九:执务三十九、能言四十、盐铁取下四十一、击之四十二、结和四十三、诛秦四十四、伐功四十五、西域四十六、世务四十七。卷十:和亲

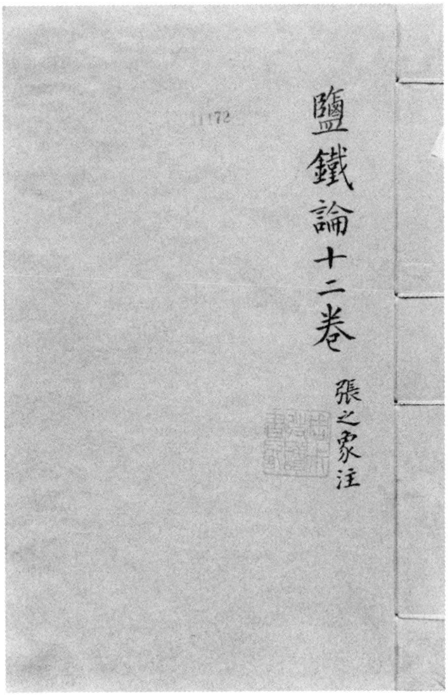

图 5:《盐铁论》书影 1

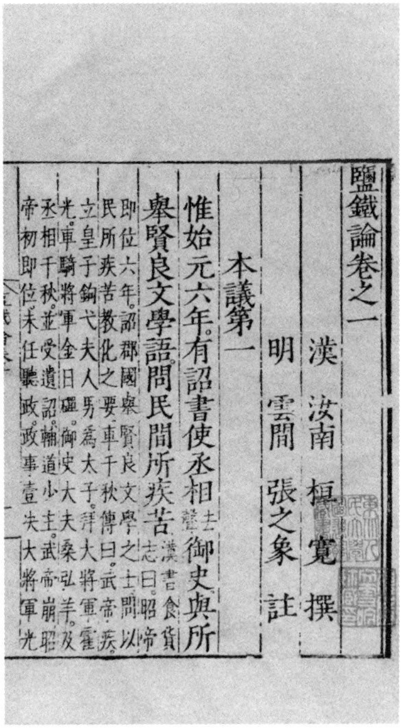
鹽鐵論卷之一
漢 汝南 桓寬 撰
明 雲間 張之象 註
本議第一
惟始元六年。有詔書使丞相去聲御史與所舉賢良文學語問民間所疾苦漢書食貨志曰昭帝即位六年。詔郡國舉賢良文學之士問以民所疾苦教化之要。車千秋傳曰。武帝疾。立皇子鉤弋夫人男為太子。拜大將軍霍光車騎將軍金日磾御史大夫桑弘羊及丞相千秋。並受遺詔輔道少主。武帝崩。昭帝初即位。未任聽政。政事壹決大將軍光

图 6:《盐铁论》书影 2

四十八、徭役四十九、险固五十、论勇五十一。卷十一:论功五十二、论邹五十三、论蓄五十四、刑德五十五。卷十二:申韩五十六、周秦五十七、诏圣五十八、大论五十九、杂论六十。

桓宽(生卒年不详),字次公,汉代汝南郡(今在河南上蔡西南)人,宣帝时举为郎,后官至庐江太守丞。知识广博,治《公羊春秋》,著有《盐铁论》等。

张之象(1496—1577),字月鹿,又字玄超,别号碧山外史,晚年号王屋山人。明上海县龙华里(今龙华乡)人。祖萱,湖广参政,父鸣谦,顺天通判。之象,太学生,幼颖异。晚居秀林山,罕入城市。一心著述和编纂,收藏古籍,家有“猗兰堂”和“细林山馆”,是其刻书和藏书之地。上代遗留颇多藏书,他搜求“集部”古籍尤富。曾据此自辑自刻印《古诗类苑》一百三十卷、《唐诗类苑》二百卷、《唐雅》二十六卷等。

张之象序:“张子曰:余尝谓文学政事,孔门设教,判为两科,要之皆儒

者之能事，通一无间者也。是故学优乃仕，仕优乃学，此乌可以偏业语之哉！借所谓文学云者，而不通政事，则空言无当，殆非达儒之谓矣。余于桓氏《盐铁论》不独好其文，盖多其善言政事焉。夫君子非患不文也，患不适用耳。乃世之策士云者，徒骋章句之学，而中无卓见，牵合雷同，阿徇逢迎，多所顾忌，不能一张胆正言，吐露忠赤，毕展其志，何者？大抵以干禄为累，得失动心，虽欲抗论，不可得已。苟如是，则上负天子，下负所学，是尚可以为士乎？夫士贵立志，亦贵养气，志不立则中懦，气不养则外怯。孔子曰：'三军可夺帅也，匹夫不可夺志也。'孟子曰：'我善养吾浩然之气。'且云：'说大人，则藐之，勿视其巍巍然。'盖君子求诸己而已，其用其舍，其得其失，当自有任其责者，于我何与焉。孔子欲行王道，东西南北，七十说而无所遇。孟子亦奔走齐、梁，所如不合。道之不行，岂孔、孟之罪哉？然万世之下，六经昭如，七篇具在，道赖以传，至今不泯。说者谓夫子贤于尧、舜，孟子功不在禹下，信哉言也。汉兴，百有余载，敦尚儒术，文学贤良皆诵法孔、孟，知所自好，其议罢盐、铁、酒榷、均输，愤节时政，贯综国体，至能以韦布直诋公卿，辩难侃侃，无少假借，不降其志，不馁其气，虽古称国士，何以加焉。当其时，虽不见用，卒乃赖桓氏采录为书，遂至不朽。后之儒者，试取而读之，不以俗学自困，则志意奋扬，待问而发，临文不逊，尽言不讳，将以尧、舜待其君，伊、周待其相，孔、孟待其身，又何疑惧之有！如其不遇，则徒吾所好，箪瓢陋巷，带索鼓琴，以咏先王之风；不然，或撰造一家之言，建不朽之业，寄知音于后世，亦可矣。《诗》云：'优哉游哉，聊以卒岁。'此之谓也。盖古之人得志则泽加于民，不得志，修身见于世，达则兼善天下，穷则独善其身，嚣嚣如也，何必枉道求合哉？夫一言之间，推见心术，窥测至隐，若是乎言之不可不慎也。汉武帝时，颇多策士，后先奏对，各异其说，董生一言主正，公孙氏一言主和，至观其终世行业，亦以类判，如其所言。自此以降，则文学贤良茂陵唐生、九江祝生、刘子雄、鲁万生者，声称孝昭之世，迹其行事，虽不少概见，然深考其说，立意较然，不诡于道，其为孔、孟之徒也必矣。往余尝师事泾野吕公、西玄马公，学儒者言，勗余以立志养气之说，自孔、孟求之，毋曲学以阿世，及指称汉代作者，此书为最，其言治理，并可施设，儒者之能事毕在是也。嗟乎！哲人既逝，雅训犹存，不敢废坠，谨为注释，因著其说如此。若盐铁终始之详，余别有序，姑藏之山中，以俟知者，此不具载云。嘉靖癸丑(三十二年，1553)闰三月朔旦云间张之象序。”

首册封面钤印：“周叔弢读书记”朱印，序首钤“醴陵文湲读有用书斋藏书印”朱印、卷端钤“醴陵文雪吟珍藏印”白文。

递藏源流：周叔弢(1891—1984)，中国古籍收藏家，文物鉴藏家。原名暹，字叔弢，以字行。著名政治家、实业家、收藏家，安徽省东至县人，出身于封建官宦家庭，他幼年住在扬州，后移居青岛，民国三年(1914)又移居天津，直至1984年2月14日在天津逝世。

文湲(？—1914)，字雪吟，号哲卿，湖南醴陵人，著名藏书家。清光绪十七年(1891)举人。善书法，长于诗古文辞。其藏书处为读有用书斋，王闿运书并跋额。其藏书印常见者有三，除本书所钤二方之外，尚有“文湲之印”。

《中国古籍善本书目》收录。

浙江图书馆藏《嘉兴藏》残本叙录

吕　芳

（浙江图书馆）

一、关于《嘉兴藏》

《嘉兴藏》又称《径山藏》，因其在浙江嘉兴的楞严寺流通而被称为《嘉兴藏》或《楞严藏》，以其刻版贮存于浙江径山寂照庵亦名《径山藏》。是中国明末清初的众多名僧圣贤倡议和推动，由民间募资刊刻完成的方册本大藏经。是中华大藏经诸种版本中刊刻时间最长、规模最大、内容最为丰富的一部大藏经。

学界对《嘉兴藏》的研究很多，但对于其版本仍存有争议：其一，刻藏终止时间的不确定；其二，子目的不确定。关于刻藏的终止时间，一般认为，《嘉兴藏》刻藏完成在清康熙末年，也有学者发现，直到清嘉庆年间，还有一些经卷刻入《嘉兴藏》。《中国古籍总目》子部页3019著录嘉兴藏版本为"明万历十七年（1589）至清乾隆间五台山嘉兴径山等地刻本"。"北京慈航《径山藏》（嘉兴藏）研究中心"与民族出版社合作重辑的《嘉兴藏》在内容简要中称其"是存世的一部内容最为丰富、规模最为巨大的佛教汉文典籍，自明末到清代嘉庆年间，前后刻印200余年"。《嘉兴藏》版本的不确定性也体现在其子目的不确定性上，《嘉兴藏》的正藏基本翻刻《永乐北藏》的经书，有千字文编号，子目可以确定，而续藏、又续藏几乎没有千字文编号,它不是根据一个既定的目录刻书,而是随着刻经事业的发展而发展,刻书的范围往往超乎其原有的计划,随着资金、政局变动等各种因素而变化,它总共刻了多少书,至今是一个未知数。续藏、又续藏收录了此前历部大藏经没有收录的中国佛教著述,包括经疏、戒律、史传、语录等,是《嘉兴藏》不确定的部分,也正是其鲜明的特色和独有的价值所在。

二、浙江图书馆藏《嘉兴藏》残本叙录

浙江图书馆藏有一部残本《嘉兴藏》,没有整理编目,不被人知悉。随着全馆古籍普查工作的进行,我有幸于 2015 年下半年,在善本室老师的帮助下,对这部残本《嘉兴藏》进行了整理,整理中参考了《中国古籍总目》、民族出版社重辑之《嘉兴藏》目录。《中国古籍总目》是现存中国汉文古籍的总目录,旨在全面反映中国主要图书馆及部分海外图书馆现存中国汉文古籍的品种、版本及收藏现状。2008 年民族出版社影印出版的《嘉兴藏》,是自《嘉兴藏》问世 300 年来的首次再版,通过繁琐细致的工作,最终确定了现存于世的《嘉兴藏》全部版本目录,共 380 函,收书 2350 种左右,比《嘉兴藏》的最全的典藏本——故宫藏本目录多 23 函,110 种①。经整理,我馆馆藏该部藏经共 593 册,737 种,2879 卷。就封面、戳记等来认定,此书来源不一,是汇集在一起的。书中各子目顺序已经散乱,同一子目之书也不在一处,我将同一子目之书按卷次排列后,再找到《中国古籍总目》中所对应的条款,与之参校,著录其基本信息,如有异同,则附注于旁,这样一轮整理之后,发现有二十八种子目,总目未收,再求之于民族出版社重辑之《嘉兴藏》目录,经查找,发现有二十种子目是此二书均未收的,现将这二十种子目信息简要摘录于下:

1.雪山禅师语录一卷

(明)雪山禅师撰,(明)释超何辑。明崇祯十二年(1639)刻本。一

①高建中:《功德无量的出版工程——重辑佛教宝典〈嘉兴藏〉》,《中国民族》2009 年第 9 期。

册。封面改装,开本高 26.7 厘米,宽 17.8 厘米,版框高 22.9 厘米,宽 15.6 厘米。半叶十行,行二十字,四周双边,白口,无鱼尾。版心上题:支那撰述,中题:雪山禅师语录、叶码,最下方为墨钉。

卷前有目次,目次:上堂、小参、晚参、勘辨机缘、书问、颂古、赞偈、佛事、塔铭、祭文、后跋。卷端题"雪山禅师语录/住韶州府英德县西山西华禅寺",下题"侍者超何记录"。书末有祭文,祭文篇首有"维崇祯十年(1637)九月十二日,观察使刘泽大谨用蔬茗祭于雪山禅师老和尚龛前曰"语,可知雪山禅师卒于崇祯十年九月之前。又据刘泽大后跋"雪山师密云,密云微妙莫测,语录仅窥一斑,雪坡偲其兄雪山湮没于世,矢志守龛三年",知雪山师从密云禅师。据卷端,雪山禅师曾住韶州府英德县西华禅寺(今属广东省)。卷末有牌记:岭南英州刘门赖氏、生员刘克绅捐资贰两,山门执事行贤、行元、行湛、行道、行祖、行禅、超源、超英、超权、超然、明密、明远、实诚、实让、了缘,崇祯己卯(十二年)季秋超何募刻,板存嘉兴府楞严寺藏经坊般若堂流通。

2.永宁天轮云禅师语录二卷

(清)释智云撰,(清)释德臣等辑。清刻本。一册。封面有签条印迹,现无签条,有墨笔题"永宁天轮和尚录"。开本高 26.9 厘米,宽 17.1 厘米,版框高 22.0 厘米,宽 15.6 厘米。半叶十行,行二十字,四周双边,白口,无鱼尾。版心上题:支那撰述,中题:永宁天轮云禅师语录、卷次、叶码,最下方为墨钉。

分上、下两卷,卷上卷端题"永宁天轮云禅师语录",下题"嗣法门人德臣德峥等编"。卷前有两篇序,其一:龚翰《永宁天轮和尚语录序》曰:

> 予向奉教于浪老人,复承慈于寿昌先师,摸索此中若磁引燧,近以文战失利,曳裾戎马之场。偶于九凰广慧壁间见天轮和尚禅偈数首,惊喜失声曰:予遯迹澥滨求一解事人不可得,何意有握灵虵之珠,掺太阿之剑者近在咫尺乎?寻春入山,遂与和尚相见……因索其语录,出一编见示。静夜篝灯读之,觉浪老人、寿昌先师咄咄曳杖而至,因书弁简端以示天下。秦淮发僧谨序。

其二：林齐铉《序》曰：

自庵严二公为和尚得法高弟，结集遗录不殊庆喜，余不禁有感而为之弁言。时康熙甲子（二十三年，1684）夏仲吹台山人林齐铉拜手于万泉会真精舍。

卷末有塔铭：

师讳智云，号天轮，四川重庆府熊氏子。父协镇共，讳应凤，母丁氏，幼随父来瓯。某年公守盘石，江城寇至无援，力战死之。时师已作方外人矣……师生于明崇祯壬申（五年，1632）十月十六日，世寿四十有八，僧腊三十，卒于清康熙己未（十八年，1679）六月十三日……清康熙十八年岁次己未长至日芩谿法弟超渡顿首拜撰。

从这塔铭可知，天轮云禅师法名释智云，生于明崇祯五年，祖籍四川重庆，后随父母至浙江温州，卒于清康熙十八年。卷末有牌记：剃度弟子行阶、行衍、行明、行时、行惺、行有、行清、行杰、明慧、行珂，优婆夷弟子张门任氏法名行识。

3.啸月朗禅师语录十卷

（清）啸月朗禅师撰，（清）释德轮等辑。清康熙二十年（1681）刻本。一册。存卷六至十。封面有墨笔题"啸月禅师语录"。开本高27.2厘米，宽17.8厘米，版框高22.3厘米，宽15.8厘米。半叶十行，行二十字，四周双边，白口，无鱼尾。版心上题：支那撰述，版心中题：啸月朗禅师语录、卷次、该卷内容、叶码，最下方为墨钉。

卷六首叶缺，卷七卷端题"啸月朗禅师语录"，下题"侍者德轮集"，其余各卷集者不同，分别为"侍者禅毓集""侍者本信集""侍者德麐集"，卷六至十版心中题"拈古""颂古"。卷十卷末有"行由"：

余籍本邑婺州邵族，生明崇祯丙子（九年，1636）嘉平廿三日也，父子昭，字允正，别号正之，母杨氏，兄弟有二，余忝其次……（行由残）。

从这残的行由可知，啸月朗禅师为浙江金华人，生于明崇祯九年。卷六卷末有牌记：捐资助刻语录名氏，知有、杲如、梅逸、各助银壹两，越凡助银贰两，康熙辛酉（二十年）孟春吉旦。其余各卷也有此牌记，只是助刻姓氏，助刻银两不同。结合行由与牌记，推断啸月朗禅师应活至清朝。此书版本年据牌记。

4.天目全庵禅师语录二卷

（清）全庵禅师撰，（清）释超羁等辑。清康熙三十年（1691）刻本。一册。封面改装，开本高 26.6 厘米，宽 17.5 厘米，版框高 21.2 厘米，宽 15.2 厘米。半叶十行，行二十字，四周双边，白口，无鱼尾。版心上用黑线描出一框，内无字，版心中题：天目全庵禅师语录、卷次、叶码，最下方为墨钉。

分上、下二卷，卷一叶一至六缺，卷下卷端题"天目全庵禅师语录卷下"，下题"嗣法门人超幢超羁等编"，末有"行由"：

师云……行进钱塘人氏。父沈，母胡，于明万历辛亥（三十九年，1611）腊月初四生娩，两月余即丧父，孤贫无倚。母鞠毓至年十二，舍本里无诤寺出家。依隐松为师，二十芟染，二十七主院事，中间备历辛勤苦难尽悉。二十九己卯欲求出世，正因渴慕天童密老和尚，往受具戒，即谒昙和尚求开示……是秋竟往报恩寺参先师和尚……余自庚辰（崇祯十三年，1640）三月十七挂搭报恩，始蒙先师耳提面命，痛下针锥……至年三十八岁顺治戊子（五年，1648）正月初一起期，工夫殊觉纯一……是年辛亥（康熙十年，1671）初度，先师命回天目……至年乙卯（十四年，1675），不幸先师示寂……一生愚钝怯懦，发言行事不契众心，至七十而住天目，虽十有余年其间事事引愆克己，而风波迭起谮害横生，幸天龙覆庇，苟全始终……

末有超羁跋：

辛未(康熙三十年,1691)中夏羁自江右趋觐老人于雄峰,蒙以所编集诸会录稿命付梓……斯录以天目为正,而海会极乐崇福三会语录皆附后而不计序次……夷则中浣之二日沙溪门人超羁谨识。

从行由与释超羁跋可知,全庵禅师为浙江钱塘人,生于明万历三十九年,至清康熙三十年仍健在。末有牌记:智度门人超融捐资敬刻本师老和尚语录二卷流通/专祈法界含灵同圆种智者/康熙三十年七月吉旦/板存崇福禅寺。

5.谷云和尚语录三卷

(清)释宗音撰,(清)释照观辑。清康熙刻本。一册。封面改装,开本高26.5厘米,宽17.8厘米,版框高22.0厘米,宽15.5厘米。半叶十行,行二十字,四周双边,白口,无鱼尾。版心上题:支那撰述,版心中题:谷云音禅师语录、卷篇名、叶码,最下方为墨钉。

卷端题:"谷云和尚语录",下题:"监寺照观编次奉梓",各卷卷端未题卷次,根据叶码起讫与卷端分为三卷,卷一版心篇名处题"举古卷一""拈古卷一""拈颂卷一",卷二版心篇名处题"颂古卷二",卷三版心篇名处题"歌偈卷三""赞偈卷三"。书末有"临济三十四世婺州吴宁蟾山新安禅寺谷云音和尚行略":

谷云禅师讳宗音,金华东阳斯氏子吴孝子,斯敦后也……豁翁和尚凡六坐道场,师皆一往随侍,洞了余蕴,同门首推。后因母有年,欲导之归法,乃归乡。既念婺东绝无正席,负锡云流之辈无从厝济,时新安古刹适至圮甚,绅衿檀越及诸禅宿请师主焉。初老和尚以师刚颖超常,故不早为付授,欲抑之,使晚成嘉器。康熙戊申(七年,1668)老和尚东游抵双林,师至,老和尚甚喜,辄以源流衣拂付嘱焉。嗣后一往如常,虽主新安有年,未尝(行略残)。

从此篇行略可知,谷云和尚法名宗音,浙江金华人,清康熙年间担任新安禅寺的主持。卷末无牌记。

6.雪林义禅师语录四卷

(清)雪林义禅师撰,(清)释德璘等辑。清康熙刻本。一册。封面改装,开本高26.9厘米,宽17.6厘米,版框高22.1厘米,宽15.5厘米。半叶十行,行二十字,四周双边,白口,无鱼尾。版心上题:支那撰述,版心中题:雪林义禅师语录、卷次、叶码,最下方为墨钉。

卷一卷端题:"雪林义禅师语录卷之一",下题:"侍者德璘录"。其余三卷各题有录者,分别为:"侍者明本录""侍者性杲录""侍者德本录"。卷一卷端(著者后另起一行):"住杭州仁和菩昙禅寺语录/顺治十年(1653)二月吉日入院",卷二卷端(著者后另起一行):"住越州会稽云门显圣禅寺语录/康熙九年(1670)十月十八日入院",卷三为"拈古""颂古""杂偈",卷四为"真赞""付法偈""行状"。行状云:

> 师乃豫章临江新喻郭氏子,父字台山,母黄氏。于龆龀时,怙恃双失,长兄抚育。至年十九,忽染时症,病中始知人命无常,遂欲发心出家……兄以出家为耻,大怒呵斥。师退思无计,是夜遂潜逃至圆通庵求旋元师披剃,时崇祯壬午(十五年,1642)二月十九日也。未几闻孤岩老和尚自匡卢来恢复洞山,师即荷囊上山受具,并请益参禅之要……方丈付衣拂源流,命监理院事。至顺治癸巳(十年)秋,老和尚受越州浮峰之请,遂将菩昙方丈命师主持,师辞不获,乃勉强允诺……至康熙九年三月十日老(行状残)。

由行状与卷端可知,雪林义禅师祖籍江西,清顺治十年住杭州仁和菩昙禅寺,清康熙九年住绍兴会稽显圣禅寺。卷末无牌记。

7.牧庵名禅师语录□□卷

(清)牧庵禅师撰,(清)释海岸等辑。清康熙刻本。二册。存卷一至三、六至八。封面改装,开本高26.8厘米,宽17.1厘米,版框高22.1厘米,宽15.4厘米。半叶十行,行二十字,四周双边,白口,无鱼尾。版心上题：支那撰述，版心中题：牧庵名禅师语录、卷次、叶码，最下方为墨钉。

卷一叶一至三缺，卷二卷端题："牧庵名禅师语录/住密印禅寺语录"，下题："参学弟子海岸等记录"，其余三卷各题有录者，分别为："参学弟子海苍等记录""嗣法门人德普德崧录""嗣法门人德广德恒录""嗣法门人德渊德义录"。卷六前有三篇序（序出现在卷六前应为装订错误），其一序名"弁山语录序"：

> 牧庵禅师坐弁山龙华三年于兹矣，遐迩问道者，日给不暇……今有嗣法弟子汇其语录若干册入都请序于余……康熙三十三年（1694）花朝前一日，赐进士出身翰林院侍读学士癸酉科顺天乡试正主考余不溪法弟徐倬苹邨氏拜撰。

其二序名"叙"：

> 用是寿之梨枣若干卷，其嘉惠斯人之意抑何深且远哉……赐文林郎掌江南道事福建曾监察御史前中书科中书舍人辛酉山东分校文闱庚午直隶分校武闱雉城法弟臧眉锡顿首拜撰。

末序名"牧庵名禅师语录序"：

> 视牧师之语录矣，爰折幔而乐为之序云，时康熙甲戌（三十三年，1694）春月花朝前三日赐状元及弟协镇湖州等处地方副总兵部督佥事加一级古越法弟罗淇撰。

前一序为正体宋字，后二序为行书。卷六卷端（著者后另起一行）："康熙庚午年（二十九年，1690）腊月，师于婺州密印寺受湖郡当道绅衿文学诸檀获暨法兄湘翁和尚两序勤奋，请住本郡长兴县弁山龙华寺，于辛未年（三十年，1691）四月十二日进院。"由卷端可知，清康熙二十九年，牧庵禅师曾住浙江湖州弁山龙华寺。卷末无牌记。

8.瑞白雪禅师语录□□卷

(□)瑞白雪禅师撰,(□)释净慧等编。一册。存卷五至八。封面改装,开本高27.0厘米,宽17.8厘米,版框高23.1厘米,宽15.6厘米。半叶十行,行二十字,四周双边,白口,无鱼尾。版心上题:支那撰述,版心中题:瑞白雪禅师语录、卷次、叶码,最下方为墨钉。

卷端题:“瑞白雪禅师语录”,下题:“侍者净慧录,嗣法弟子净斯、嗣法弟子净侣仝编梓”,卷六至八录者不同,分别为:“侍者净圣录”“侍者净慧录”“侍者净生录”。卷五至八卷端分别题:“颂古”“问答机缘”“法语”“杂咏”。卷末无牌记。

9.足宜彙禅师语录□□卷

(清)足宜彙禅师撰,(清)释德正等辑。清康熙刻本。一册。存卷一至三。封面有签条,用墨笔题书名、卷次,开本高26.6厘米,宽17.5厘米,版框高22.0厘米,宽15.4厘米,半叶十行,行二十字,四周双边,白口,无鱼尾。版心上题:支那撰述,中题:足宜彙禅师语录、卷次、叶码,最下方为墨钉。

卷端题:“足宜彙禅师语录”,下题:“侍者德正德密记录”。卷前有序,其一:“足宜彙禅师语录序”:

> 吾老弁山入就老人,其双眼圆明之一良匠欤,故脚下儿孙皆杰出伟人。三传之间有足宜彙公禅师,诚桑门翘楚,接纳得方,继述有道,可谓克绍箕裘者也。故丛林皆诵,石盉有子,入就有孙。盖模范良,所出之器皆良耳。其继席城山,日为人升堂入室所有语言门人梓出,问序于余……时康熙十六年(1677)九月朔又三日白岩偶道人净符书。

其二:“序”,末署“时康熙戊午(十七年,1678)又三月赐进士第中宪大夫太常寺少卿兵科左给事中倘湖居士来集之题并书”。卷末无牌记。

10.允藏显禅师语录四卷

(清)释智显撰,(清)释普悦等辑。清康熙刻本。一册。封面有签条印迹,现无签条,有墨笔题书名。开本高26.3厘米,宽17.1厘米,版框高

22.5 厘米，宽 15.6 厘米，半叶十行，行二十字，四周双边，白口，无鱼尾。版心上题：支那撰述，中题：允藏显禅师语录、卷次、叶码，版心下为墨钉。

卷一卷端题："允藏显禅师语录/越州古岸普济禅寺语录"，"康熙丁巳（十六年，1677）仲秋日，师在称山海会，受江北阮凝和、阮玉华、阮予俊、阮予赤等诸大檀获请，于本年腊月十二日进院"，下题："嗣法门人普悦、如贤、德皓、德滋等同编"。卷二卷端题："允藏显禅师语录/古越会稽广度禅寺语录"，"康熙辛酉（二十年，1681）七月初三日，师在普济受会稽诸大檀获请，于十月初六日进院"，下题："嗣法门人德绍、德干、普闻、德源等同编"。卷三卷端题："允藏显禅师语录/山阴城山资教禅寺语录"，"康熙丁卯（二十六年，1687）正月二十八日，师在古岸普济寺受山阴众绅衿与同门思修和尚率两序并耆旧请，于三月二十四日进院"，下题："嗣法门人德方、德常、德林、德贤等同编"。卷四卷端题："允藏显禅师语录/杭州钱塘县大雄寺语录"，"康熙癸酉（三十二年，1693）孟夏，师在山阴天乐万寿受请，于七月初十日进院"，下题："嗣法门人源澄、无尘、德文、德茂等同编"。卷末有行实，云"智显古越会稽毛氏子，母族吴于崇祯乙亥年（八年，1635）正月二十八日卯时生……"（行实残）。由行实、正文可知，允藏显禅师法名智显，浙江绍兴人，生于明崇祯八年，清康熙十六年至三十二年活动于杭州、绍兴等各大寺院。卷末无牌记。

11.元拂风禅师语录五卷

（清）元拂风禅师撰，（清）释德明等辑。清康熙刻本。一册。封面有签条印迹，现无签条，有墨笔题书名。开本高 25.1 厘米，宽 17.1 厘米，版框高 21.8 厘米，宽 15.6 厘米，半叶十行，行二十字，四周双边，白口，无鱼尾。版心上题：支那撰述，中题：元拂风禅师语录、卷次、该卷内容、叶码，版心下为墨钉。

卷一卷端题："元拂风禅师语录/住浙江处州宣平县普照寺语录"，"康熙二十五年丙寅（1686）三月，师在文峰方丈受宣平魏护法暨阖邑绅衿请，以九月十五日入院"，下题："维那德明编录"。卷二卷端题："住文峰崇慧禅院语录之二"，下题："书记德湛编录"。卷三至五录者不同，分别为："侍者正海编录""后堂德镜编录""监院本洪编录"。

卷前有"元拂风禅师语录序",云"元拂大和尚佩文峰正印,畅洞上真风……康熙二十六年丁卯(1687)十月之吉,赐进士第文林郎知宣平县事法弟魏康孙拜撰"。卷末行实曰:

> 福缘山德镜大师请说行脚……予闽汀清流县伍氏子,父号弼臣,母曾氏,生于明天启六年(1626)丙寅十月二十八日……甲子(康熙二十三年,1684)年住文峯,丙寅年开法处州普照寺,期毕复回文峯,丁卯年文峯结制,己巳年(二十八年,1689)九月老和尚计至,庚午年入闽请老人灵骨至文峯造塔,辛未住永康法华庵,癸酉住汤溪广云寺,今年乙亥(三十四年,1695)退院入山……自参学四十余年,从无一念滥厕法门。

由行实可知,元拂风禅师祖籍福建,生于明天启六年,清康熙三十四年仍健在,活动于浙江各地寺院。卷末無牌記。

12.嬾放大禅师语录□□卷

(清)嬾放大禅师撰,(清)释德定等编。清康熙刻本。一册。存卷三至五。封面有签条,用墨笔题书名。开本高27.5厘米,宽18.0厘米,版框高22.1厘米,宽15.3厘米,半叶十行,行二十字,四周双边,白口,无鱼尾。版心上题:支那撰述,中题:嬾放大禅师语录、卷次、叶码,下为墨钉。

卷三卷端题:"嬾放大禅师语录卷第三/住衡阳岐山仁瑞禅院语录三",下题:"嗣法门人德定德念等编次"。卷四至五卷端各题"拈古"、"杂著"。卷五末"行实"曰:

> 乙巳八月,吴文宇居士洎合山大众怀香入室请师说行脚者再,师乃曰:予楚常德人,姓毛,父如凤,母危氏,生予于万历甲寅(四十二年,1614)五月九日丑时。幼耽嬉戏,少读书,弱冠□江湖,偶舟次,睹浮尸,大惊,便弃家……是年佛成道日,乃以拄杖源流见嘱,嗣后辞入岐山结茅焉。自住岐山以来,机缘法语更详余卷,不再叨叨。如上落索一番,无端自呈丑拙久立下座。

由行实可知,嬾放大禅师生于明万历四十二年,那么开篇讲述行实的乙巳应为康熙四年(1665)。卷末无牌记。

13.融光卓尔灿禅师语录□□卷

(清)卓尔灿禅师撰,(清)释寂心等辑。清康熙刻本。一册。存卷一、六。封面有签条印迹,现无签条,无题字。开本高26.5厘米,宽17.6厘米,版框高22.3厘米,宽15.4厘米,半叶十行,行二十字,四周双边,白口,无鱼尾。版心上题:支那撰述,中题:卓尔灿禅师语录、卷次、叶码,版心下为墨钉。

卷一卷端题:"融光卓尔灿禅师住暨阳延庆禅寺语录","己酉春,师在龙山觉庵受山会东阳暨邑缙绅护法及本寺耆旧诸山名德请住宝掌溪山延庆禅寺,十一月初三日进院",下题:"侍者寂心记录"。卷六卷端题:"融光尔卓灿禅师住显圣禅寺语录卷","师于康熙戊辰(1688)九月下浣六日,受本寺檀护绅衿暨前住悟则和尚耆旧同两序请,是日拈启上堂,乃云……",下题:侍者德芳德俊记录",此二卷卷端未标卷次,仅于版心处标有卷次。由正文内容可知,至清康熙二十七年(1688),卓尔灿禅师仍在浙江各地寺院活动。卷末无牌记。

14.箬庵和尚磬山语录一卷

(清)箬庵和尚撰,(清)释行颖辑。清刻本。一册。封面有墨笔题:"箬庵和尚语录　戊辰秋　甄夏署　珍珍阁珍藏"。开本高27.7厘米,宽17.4厘米,版框高22.3厘米,宽15.4厘米,半叶十行,行二十字,四周双边,白口,单黑鱼尾。版心上题:支那撰述,中题:箬庵和尚磬山语录、叶码,版心下为墨钉,有若干叶,叶码处为墨钉,在墨钉下另镌叶码。

卷端题:"箬庵和尚磬山语录","师受荆溪众护法请,于戊子八月朔日领众到院",下题:"书记行颖编次　侍者行澄　行策记录"。首叶有钤印:"启淑/信印"。卷末有墨钉。据卷端,箬庵和尚戊子年仍活动于寺院,而戊子年有1588年(明万历十六年)、1648年(清顺治五年)、1708年(清康熙四十七年)等,据《嘉兴藏》的开刻时间与此书的版刻风格,此戊子年非明万历十六年,此书应为清刻本。

15.**佛法金汤二卷**

(明)屠隆撰。此书收入《大藏经补编》(蓝吉富主编,台北:华宇出版社,1985),三卷。一册。封面有墨笔题:“佛法金汤　戊辰秋　甄夏署珍珍阁珍藏”。开本高27.3厘米,宽17.0厘米,版框高23.1厘米,宽15.3厘米,半叶十行,行二十字,四周双边,白口,无鱼尾。版心上题:支那撰述,中题:金汤、卷次、叶码,版心下为墨钉。

分上、下卷。卷上卷端题:“佛法金汤上”,下题:“四明鸿苞居士屠隆著 海阳西竺庵福厚重梓”。首叶“佛法金汤序”,有钤印:启淑/信印,序云:

> 鸿苞居士,儒者也,宋儒之言其所幼而读者也。彼岂不知儒而必排之,又岂不知佛而必欲遵信崇奉之,诚深见其有所可而有所不可也。余虽未敢谀鸿苞居士皆悟后之谈,然其融通教乘称性排荅,发新知而非为臆说,循旧论而不病耳……万历壬寅(三十年,1602)春王正月补陁山西岩谷沙门真一和南书。

末“佛法金汤跋”云:

> 屠子之著金汤也,反唇相稽,严辟舛谬,肇开正信,提挈悟机,如金城汤池,无瑕可入。其关于学术人心,殆匪浅鲜者,而邑邑开士积如念。此书流传吴越,新安罕见觏,遂乘艾诞嚫资借刊行布,并标各檀氏讳,表章胜缘。乃知梵呗有金汤而慧光普摄,金汤无沮格而佛法弥弘,鸿苞氏固为佛忠臣而积禅伯洵为屠益友。余不慧深嘉兹举,聊揭末简数言,用征一时缘起。邑人无依居士智莲程文洙书于西竺精舍。

此跋《大藏经补编》本未收。卷上卷末有牌记:助刻善信姓氏于后,丁惟曜、胡文湛、金三伟等45人,卷下卷末也有牌记:助刻释子元闻、福善、广益等39人,弟子汪海德、程慈成、汪慈祥等10人。

16.盐官佛牙石樵禅师语录一卷

(清)石樵禅师撰,(清)释明真辑。清顺治刻本。一册。封面有印签:“支那撰述　普明石照烨禅师语录　墨钉”,签上有钤印“浔彻”。开本高25.5厘米,宽17.1厘米,版框高21.0厘米,宽14.9厘米,半叶十行,行二十字,四周双边,白口,无鱼尾。版心上题:支那撰述,中题:石樵禅师语录、叶码,版心下为墨钉。

卷端题:“盐官佛牙石樵禅师语录”,下题:“侍僧明真记录”。卷前有序,首叶有钤印:“启淑信印”,“序”云“牙以佛名寺,以佛牙名其来久矣……时丙申小春月黄坡朽遯庵蔡联璧沐手拜题”,序后有“众护法请启”“众护法请开堂启”。卷末“行实”云:

> 岁在甲午(顺治十一年,1654)冬节月峰首座剑门西堂旻谷监院及众执事等请师说行状,师曰……余乃直隶安庆怀宁人,俗姓于父,号东望,母盛氏,生于天启乙丑年(五年,1625)正月初九日……

由行实可知,石樵禅师生于明天启五年,祖籍安庆,清顺治十一年仍健在,而序末的丙申应为清顺治十三年(1656)。卷末无牌记。

17.天童密云禅师辩天说一卷

(明)释圆悟撰,(清)释道忞辑。一册。封面有印签:“支那撰述　天童密云禅师辩天说　墨钉”。开本高28.4厘米,宽17.9厘米,版框高23.9厘米,宽15.8厘米,半叶十行,行二十字,四周双边,白口,无鱼尾。版心上题:支那撰述,中题:密云禅师辩天说、叶码,版心下用黑线描出一框,内无字。卷前无图,无序,卷端题:“天童密云禅师辩天说”,下题:“匡山黄岩寺门人道忞述繇并录”。此书共18叶,卷末有长墨钉,无牌记。

另有《密云禅师语录》,《中国古籍总目》与重辑《嘉兴藏》目录皆著录为“十二卷附年谱”,而馆藏《密云禅师语录》一册,其版心题:卷十三、卷十四,卷端著者处皆为墨钉。另有一册版心中题:密云禅师语录,但其卷端题:“密云禅师住浙江宁波府鄞县天童景德禅寺语录”,下题:“侍者行其记录”(有钤印:启淑信印),其封面有墨笔题:“明本密云禅师语录　戊

辰秋　甄夏署　珍珍阁珍藏”，开本高27.4厘米，宽17.6厘米，版框高23.7厘米，宽16.1厘米，半叶十行，行二十字，四周双边，白口，无鱼尾，版心上题：支那撰述，卷端、版心未標卷次。此二书内容在十二卷本中可见，而《天童密云禅师辩天说》未见于十二卷本。

18.福州护国铎夫凡禅师语录□□卷

（清）铎夫凡禅师撰，（清）释明沂编。清刻本。一册。存卷一至六。封面改装，开本高26.9厘米，宽17.6厘米，版框高21.4厘米，宽15.2厘米，半叶十行，行二十字，四周双边，白口，无鱼尾。版心上题：支那撰述，版心中题：“护国铎夫禅师语录”或“广长铎夫禅师语录”或“天圣铎夫凡禅师语录”、卷次、叶码，版心下为墨钉。

卷一卷端题：“福州护国铎夫凡禅师语录”，“康熙庚午（二十九年，1690）秋，师就护国，受同门孤朗和尚请住福州于山护国禅寺，于腊月初八日上堂”，下题：“招嗣法门人明沂编”。卷二卷端题：“婺州广长铎夫凡禅师语录”，“康熙戊寅（三十七年，1698）春二月上澣，师在金华蕙山静室受兰邑郑明府瑶峰暨士庶檀越请住广长山门”。卷三卷端题：“婺州天圣铎夫凡禅师语录”，“康熙己卯（三十八年，1699）春，师住兰溪古保宁寺受金华绅衿严旦曹东麓朱起潜……暨各刹耆宿本山监院然宗等请于四月初八进院”。卷四卷端题：“天圣铎夫凡禅师语录”，卷五卷端题：“铎夫凡禅师拈颂”，卷六卷端题：“天圣铎夫凡禅师语录”。

卷前“芝厓老和尚语录序”云：

> 芝厓法叔系浙之金华巨族……果为沙弥时，曾展礼慈颜于广陵法云寺之犀轩，亲闻謦叹，惜未执侍巾瓶，尤以为憾，忽忽经四十年矣。果今执帚云林，喜嫡嗣又蘗法兄从婺州明招山来，攀留首众弹指年余，不觉水乳情深，纪纲是赖。因出师翁数十年为法为人之实迹见示，将欲梓行于世，嘱以一言篇首，果欣然捧读……时维乾隆戊辰（十三年，1748）七月朔云林小姪义果拜手识。

据书中序跋，该书不早于清乾隆十三年。又据卷端内容，铎夫凡禅师乃浙江金华人,于清康熙二十九年至三十八年,住福州护国禅寺、金华广长山门、兰溪古保宁寺等。卷末无牌记。

19.完璞禅师语录□□卷

(清)完璞禅师撰,(清)释法弘等编。清刻本。一册。存卷一至四。封面改装,开本高25.9厘米,宽16.7厘米,版框高21.3厘米,宽14.0厘米,半叶九行,行二十字,四周双边,白口,无鱼尾。版心上题:支那撰述,中题:完璞禅师语录、叶码,最下方为墨钉。

卷一卷端题:"完璞禅师语录","雍正丁未(五年,1727)冬,师在座元寮受兰邑诸绅衿护法及本山檀越两序耆宿请,住保宁古寺,于戊申(六年,1728)春王正月十一日进院",下题:"学人法弘等编"(弘避讳)。卷前有序,序云:

> 完老和尚,三座名蓝,四众瞻仰……己丑夏,婺州七宝法宏和尚忽手一编适予曰,此先人之语句也,欲寿之枣木,以惠来今,和尚幸为序之……时乾隆己丑(三十四年,1769)夏五月下浣之吉,云林法姪德琳拜手谨识。

据书中序跋,该书不早于清乾隆三十四(1769)年。又据卷端内容,完璞禅师于清雍正六年住保宁古寺。文中镌句读。卷末无牌记。

20.志学通禅师语录□□卷

(清)志学通禅师撰,(清)释真耀等编。清嘉庆刻本。一册。存卷五至七。封面墨笔题:"志学通禅师语录卷五之七"。开本高27.7厘米,宽17.7厘米,版框高20.7厘米,宽15.3厘米,半叶十行,行二十字,四周双边,白口,无鱼尾。版心中题:志学通禅师语录、叶码,版心上、下为墨钉。

卷端题:"志学通禅师语录","嘉庆二十五年(1820)岁在庚辰,受浙省杭城诸大檀护,请住海潮寺,于六月二十五日进院",下题:"嗣法门人真耀等编"。卷六至七为"拈颂"。镌句读。据卷端内容可知,志学通禅师于清嘉庆二十五年住杭州海潮寺。卷末无牌记。

三、浙江图书馆藏《嘉兴藏》残本的特征

以下对此二十种书，从著者、体裁、版本特征加以简要总结：

1.著者

（1）身份：除《佛法金汤》的著者屠隆不是僧人，其余十九位都是僧人。

（2）著者活动区域：大部分都曾在浙江各地寺院传道。

（3）生活年代：这十九位僧人，除雪山禅师、密云禅师为明朝人，瑞白雪禅师生卒不详，其余十六位都生活至清代。

2.体裁

除《佛法金汤》《天童密云禅师辩天说》，其余都是僧人语录，语录中又往往收有该人的诗文，内容丰富。

3.版本特征

（1）行款

书口：均为白口。

边栏：均为四周双边。

行字：除《完璞禅师语录》为半叶九行，行二十字，其余均为半叶十行，行二十字。

鱼尾：除《箬庵和尚磬山语录》为单黑鱼尾，其余均无鱼尾。

版心：《天目全庵禅师语录》版心上用黑线描出一框，内无字，版心下为墨钉；《天童密云禅师辩天说》版心上题：支那撰述，版心下用黑线描出一框，内无字；《志学通禅师语录》版心上、下为墨钉，除这三种书外，其余均上题“支那撰述”，下为墨钉。

（2）牌记

《雪山禅师语录》卷末牌记有捐资者姓氏，捐资银两，并有募刻者姓氏、时间，有“板存嘉兴府楞严寺藏经坊般若堂流通”语。《永宁天轮云禅师语录》牌记：剃度弟子行阶、行衎、行明、行时、行惺、行有、行清、行杰、明慧、行珂，优婆夷弟子张门任氏法名行识。《啸月朗禅师语录》牌记：捐资助刻语录名氏，知有、杲如、梅逸，各助银贰两，越凡，助银贰两，康熙辛酉

(1681)孟春吉旦”。《天目全庵禅师语录》牌记:智度门人超融捐资敬刻本师老和尚语录二卷流通专祈法界含灵同圆种智者康熙三十年(1691)七月吉旦板存崇福禅寺。《佛法金汤》牌记:助刻善信姓氏于后,丁惟曜、胡文湛、金三伟等45人。其余均无牌记。

(3)封面

《盐官佛牙石樵禅师语录》《天童密云禅师辩天说》封面有印签,《盐官佛牙石樵禅师语录》印签上有钤印:“淂彻”。《足宜彙禅师语录》与《嬾放大禅师语录》封面均有签条,其上有墨笔题书名、卷次。《永宁天轮云禅师语录》《允藏显禅师语录》《元拂风禅师语录》均有签条印迹,现无签条,有墨笔题书名。《箬庵和尚磬山语录》《佛法金汤》封面均有墨笔题:“佛法金汤　戊辰秋　甄夏署　珍珍阁珍藏”,且书中首页均有钤印:启淑/信印。《啸月朗禅师语录》《志学通禅师语录》封面有墨笔题书名。《融光卓尔灿禅师语录》有签条印迹,现无签条,无墨笔题书名。其余书封面已改装。

四、浙江图书馆所藏是否为《嘉兴藏》零种?

那么,如何判定浙江图书馆藏的这二十种书是否为《嘉兴藏》零种。

是从刊刻版式上?明末清初《嘉兴藏》刊刻版式对清代佛教典籍,甚至清代文献刊刻有较深的影响。但刊刻风格可以被模仿,《嘉兴藏》的版式是当时佛家刻书的风尚。

是从牌记上?刻印佛教经典,是记录刻书者的大德,所以一般刻书者都刻有牌记。有学者作过统计,《嘉兴藏》中有百分之八十以上的书刻有牌记,①并认为这些牌记大部分有一定的格式,少部分随心所欲。② 那么僧人的著作是不是相对于正统的经、律、论,显得更灵活一些呢?没有牌记的书,如何判断它是藏中之书?

如何判定是否为《嘉兴藏》零种,目前大致有两种看法,一种认为,查

①王蕾、韩锡铎:《从辽图藏本认识〈嘉兴藏〉》,《中国典籍与文化》2009年第1期

②王蕾、韩锡铎:《关于〈嘉兴藏〉的几个问题》,《图书馆学刊》2011年第5期。

证《经值画一》，只有被此书收录的，才能被认定为零种，其余都应存疑。另一种则认为，《嘉兴藏》在当时的僧俗中有很大的影响力，禅师以著作能入藏作为毕生的追求之一，并以此托付门人帮助实现，因此，有很多“语录”是有门人募资，模仿《嘉兴藏》的版式特征进行刊刻，最后送至嘉兴楞严寺经坊流通。从这个意义上讲，只要出于此种自觉向《嘉兴藏》靠拢的意愿，刊刻符合《嘉兴藏》整体特征的，都应被认定为藏中之书。从广义上讲，《嘉兴藏》的重辑工作远未结束。

浙江图书馆藏的这二十种书，大部分符合《嘉兴藏》整体特征，也有一些风格上出现了细微的变化，如刻于清嘉庆二十五年的《志学通禅师语录》文中出现了明显的句读符号，再查看刊刻于清乾隆三十四年的《完璞禅师语录》，文中也镌有句读，而在乾隆之前的刻本中尚未出现句读。诸如此类，这些变化能否成为区分《嘉兴藏》的证据，还是说大藏在后期，刊刻风格确实出现了变异？我从事古籍整理经验尚浅，认识不足，无法做出判断，只能求助于各位方家，如有错误，敬请指正。

浙江图书馆藏王修题跋考

曹海花

（浙江图书馆）

古籍题跋作为考察古籍内容、刻印、流传及其他信息的重要资料，对版本目录学、藏书史、文化史等相关学术研究有重要价值，历来受到藏家、学者的重视。某个人的成批量的不间断的题跋，更是研究其人的重要史料。浙江图书馆藏王修题跋很好诠释了这一点。王修（1898—1936），字季欢，一字修之，又字云蓝，号杨盦，浙江长兴人，民国藏书家、书画家、金石家。通过古籍（含民国传统装帧文献）普查，理清出馆藏王修批校题跋者凡151部，分藏善本书库（132部）和普通古籍书库（19部），其中我馆入选前五批国家珍贵古籍名录的古籍经王修题跋者有两部，即03271明万历四十八年（1620）闵齐伋刻朱墨套印本《读风臆评》一卷及08817清初抄本（四库底本）《河东柳仲涂先生文集》十五卷。其批校题跋方式有批、校、题签、篆书题册次、观款、题记、题跋等。我们将题跋及有明确纪年的题记、观款列为考察的范围，计132部。从署款时间看，从1916年王修19岁起至1934年37岁间，几乎每年都有题跋真迹留下。可以说，题跋贯穿了王修短暂一生的一多半时间。

一、王修题跋内容述

馆藏王修题跋内容丰富,可分得书记、校书记、版本述、藏书厄、夫妻共、交游考、豢养乐,下一一揭之:

(一)得书记

王修祖上仁寿堂富藏书,其秉承家学,嗜收藏,《诒庄楼书目》①王修自序及《彝罍词》②卷前王修撰《王季妇温夫人行述》中对此均有论述,“蒙夫妇同有书癖,公暇,恒与彝罍游海王村,购朱明以前椠印、名家抄校及韩刻、倭刻中土所罕见者,纵残帙,辄罗致之,重值不吝,搜求殆逾千余种,不知费心血几许,去黄金几许矣”,“岁庚申,余宦游北平,携与俱,公余每过琉璃厂、隆福寺搜求善本书籍旁及古玩,苟见希物,夫人辄怂恿购买,时值匮乏,虽典质从之,毫不吝惜”。看王修的题跋,就是一出精彩的得书记。跋中有言“今见此而遂如小儿贪饼,不吝多金留之”[日本宽政八年(1796)刻本《扬子法言》十卷序跋末叶墨笔题],读来不觉捧腹。

1.得书时间

丙辰[1916,明嘉靖十年(1531)安国桂坡馆刻本《初学记》三十卷]、己未[1919,清光绪三年(1877)吴兴会馆刻本《藤阴杂记》十二卷、张云璈稿本《游楚吴吟》不分卷]、庚申[1920,明嘉靖三十三年(1554)梁佐刻蓝印本《丹铅总录》二十七卷]、辛酉[1921,清抄本《观象玩占》(残存卷四至十五)、清嘉庆五年(1800)抄本《钦定天禄琳琅书目》十卷]、壬戌[1922,明万历至泰昌秀水沈氏刻本《宝颜堂秘籍》(存陈眉公订正韩仙传一卷、宝颜堂订正衍极一卷)、明正统四年(1439)袁旭刻本《宛陵先生文集》六十卷拾遗一卷、明刻本《对类》二十卷、明刻重刊京本纂图互注标题六子全书本《冲虚至德真经》八卷、民国四年(1915)武进董氏诵芬室据明如隐堂刻本影印本《洛阳伽蓝记》五卷]、癸亥[1923,明万历刻本《周礼训隽》二十卷、明天启七年(1627)李鸣春刻本《吕氏春秋》二十六卷]、甲子(1924,明刻本《青罗馆诗》六卷)、乙丑(1925,朝鲜完营铜活字印本《杜律

①王修:《诒庄楼书目》,民国十九年(1930)铅印本。

②温匋:《彝罍词》,民国二十年(1931)铅印本。

分韵》五卷、明嘉靖刻本《容斋五笔》七十四卷）、丙寅（1926，明末刻本《昌谷集》四卷）、戊辰（1928，清归安姚氏咫进斋抄本《经史正音切韵指南》一卷、清姚氏咫进斋抄本《汇刻历代史志凡例》一卷）；癸酉［1933，明万历六年（1578）刻本《古今廉鉴》八卷、清嘉庆十七年（1812）歙鲍廷博知不足斋刻本《笠芸诗瓢》十二卷］。从1916年到1933年，十八年间，寻书、购书几不中断。

2.得书地点

"京师隆福寺带经堂"（明刻重刊京本纂图互注标题六子全书本《冲虚至德真经》八卷）、"北京隆福寺冷摊"（明万历至泰昌秀水沈氏刻本《宝颜堂秘籍》（存陈眉公订正韩仙传一卷、宝颜堂订正衍极一卷）、"宣武门内海市鉴古斋"（清抄本《观象玩占》（残存卷四至十五）、"京厂甸"［明正统四年（1439）袁旭刻本《宛陵先生文集》六十卷拾遗一卷］、"厂甸庙会摊上"（明刻本《对类》二十卷）、"京口旅邸"（明末刻本《昌谷集》四卷）、"琉璃厂翰文斋"（明嘉靖刻本《容斋五笔》七十四卷）、"琉璃厂寇朝楹书肆"［明天启七年（1627）李鸣春刻本《吕氏春秋》二十六卷］、"厂肆"（明万历胡氏文会堂刻百家名书本《新刻韩诗外传》十卷、清光绪遵义黎氏日本东京使署刻古逸丛书本《玉篇残》四卷）、"上海"（清抄本《无住词》一卷）、"吴门"［明嘉靖十年（1531）安国桂坡馆刻本《初学记》三十卷、明嘉靖三十三年（1554）梁佐刻蓝印本《丹铅总录》二十七卷］、"杭州"［清归安姚氏咫进斋抄本《经史正音切韵指南》一卷、民国四年（1915）武进董氏诵芬室据明如隐堂刻本影印本《洛阳伽蓝记》五卷、明万历六年（1578）刻本《古今廉鉴》八卷、清姚氏咫进斋抄本《汇刻历代史志凡例》一卷］、"嘉兴"［清抄本《友云诗》一卷、清嘉庆五年（1800）抄本《钦定天禄琳琅书目》十卷］、"沈阳"（朝鲜完营铜活字印本《杜律分韵》五卷）。宦游北京、寓居上海、避居杭州，王修的人生轨迹在其题跋言及的这些得书地点中亦得到了显现。

3.得书费银

王修嗜收藏，虽"重值不吝"，"时值匮乏，虽典质从之，毫不吝惜"，跋中自谓"不为俭""自谓贪"也。明嘉靖刻本《容斋五笔》七十四卷"银泉直五百有五十”,民国四年(1915)武进董氏诵芬室据明如隐堂刻本影印本《洛阳伽蓝记》五卷“用银二百钣”,明万历胡氏文会堂刻百家名书本《新刻韩诗外传》十卷“以八十金得”,明嘉靖十九年(1540)刻唐百家诗本《唐李推官披沙集》六卷(卷四至六配温匋影抄本)“十六金”,明天启七年(1627)李鸣春刻本《吕氏春秋》二十六卷“值银二十八钣”,清嘉庆五年(1800)抄本《钦定天禄琳琅书目》十卷“以三十金赎”,明万历六年(1578)刻本《古今廉鉴》八卷“以四十钣得”,清光绪遵义黎氏日本东京使署刻古逸丛书本《玉篇残》四卷“以六十金得”,民国抄本《读书敏求记》四卷“用湖北官钱二千”。虽如此,随着家资薄弱,偶不得已“易米炊”[明天启七年(1627)李鸣春刻本《吕氏春秋》二十六卷书尾题“今吾斋惟许宗鲁仅存,余者或易米炊,或为友人携去,则此亦球璆视之矣”]的王修不禁发出感慨:

近五六年来明椠佳本值须数百金,直视书为古玩,而读书之人日少矣。余自童年即好蓄书,以今视昔,每书之价何止倍蓰。人恒劝鬻之以求利,而余病不能从,方节衣缩食,日求蟫糇之入室,无惑乎时贤之大笑也。[清雍正二年(1724)抄本《十七史蒙求节录》一卷衬叶辛酉(1921)十一月二十四日墨笔题]

4.得书因缘

清光绪三年(1877)吴兴会馆刻本《藤阴杂记》十二卷、清嘉庆二十四年(1819)莱阳初氏刻道光七年(1827)补刻本《吉金所见录》十六卷首一卷末一卷乃王修叔父王蔼人所寄赠,其中《吉金所见录》王修题云:“其时余在京,正日事搜讨古泉,故叔父以此鼓兴。”清抄本《东莱先生校正三国志详节》二十卷乃癸酉(1933)四月望后三日走访乌冠军教授于旧督学署时蒙相赠,王修喜言“不啻百朋之锡”。

在题跋中,王修提及不与校值购张复鼎、严迪庄藏书之事,唏嘘之情溢于言表:

余于己未岁得于张霍侯先生。霍侯名复鼎,杭州人,故湖州校谕桐轩先生之嗣,赘于吾邑钱氏。性倜傥,落拓不羁,坎坷三十年,贫无以给,复嗜酒,尤喜入市肆饮,故其所蓄多归余易银以沽,余不与校值也。[张云璈稿本《游楚吴吟》不分卷册 2 书尾壬戌(1922)冬十月二十日墨笔题]

甲子春在北京得严氏藏书百余种,以迪庄为覲侍年伯子,殁后楹书竟不能守,怆然于怀,故不问善莠,无计偿值,尽留之。然为他人有不知几倍蓰矣,迪庄有知,能无长叹息耶?[清乾隆十七年(1752)张晋康重刻海虞毛氏本《韩诗外传》十卷卷一首叶前癸酉(1933)蓝笔题]

"遇书籍之力不能有者"(《王季妇温夫人行述》中语),乃借付书手抄得:

原稿在施欣时茂才处,此本余于己未夏五月属书手魏干臣从原稿钞得者。[民国八年(1919)长兴王氏诒庄楼抄本《却病小草》三卷衬叶壬戌(1922)六月十日朱笔题]

三月上巳厂估以乾隆中开化纸写本《会试录》来,索价三十圆,余爱其卷帙甚大,书迹秀茂,畀十金拟留之,坚不肯,乃借付写手,两日钞竟,聊备寻绎。[长兴王氏仁寿堂抄本《乾隆十九年甲戌科会试录》一卷书尾壬戌(1922)五月廿四日墨笔题]

(二)校书记

王修于所蓄之书常费力校勘,以求尽善。明万历胡氏文会堂刻百家名书本《新刻韩诗外传》十卷书尾墨笔题"《韩诗外传》以沈辨之野竹斋刻本及通津草堂刻本最精,宋本不易觏也。此为胡焕文刻本,木石居士用嘉定本精校,不啻宋本矣",王修对校本的评价是很高的。

校书如扫落叶,从题跋中可以看出王修不妄校,不佞宋,态度审慎:

甲子二月以明活字本校,彼此均有缪误,善本之难得如此,俟见别本

当以墨笔重校耳。[日本元文元年(1736)刻本《晏子春秋》四卷卷端甲子(1924)二月廿四日朱笔题]

灼知其误者,以朱笔改之,何敢妄下丹黄,固明知落叶满庭焉。[民国抄本《读书敏求记》四卷衬叶甲子(1924)五月朱笔题]

余甲子在北京以吴郡刻校是本,未卒业而原本为人携去,以其未能校善,遂恝置之。兹避祸杭州,得见宋椠,顿忆往事,亟取校之,两宵完功。并拟影拓每卷首尾,以不及久留,只得罢。是活字本虽有谬误,宋本亦不能免,别为校记俟异日,不免为佞宋者罪人乎?[清宣统二年(1910)守政书局活字印本《孙可之文集》二卷书尾戊辰(1928)九月墨笔题]

一时不得校时,不快之情也跃显纸上:

惜《具茨集》不在行箧,未能校勘一过定其相合与否耳。[清初抄本《具茨先生晁冲之叔用诗集注抄》一卷衬叶辛酉(1921)嘉平既望后四日墨笔题]

戊午夏余得南浔刘氏刻本《资暇集》,与彝罂共读之。跋语虽力言所祖本之佳,然讹谬触处皆是,深以为恨。今于厂肆买得乱纸一筐,拣得写本书数种,皆谢氏钞本。中有《资暇集》,似善于刘刻,但刘刻在南中,未能对勘,为之不快。[清嘉庆谢宝树授经图屋抄本《资暇集》三卷衬叶癸亥(1923)冬至墨笔题]

(三)版本述

聚书、校书的过程中,王修的版本知识越发丰富。藏而优则述,1934年,浙江图书馆和浙江大学联合举办学术讲座,陈训慈馆长邀王修来浙图讲版本两次,讲座内容后由其弟子童书业、叶笑雪整理成《版本述》一文,分上下两篇,发表于《浙江图书馆馆刊》第三卷三、四期。《版本述》主要讲了刻本和活字本,其中对刻本着墨最多,介绍了自唐至清的刻本概况,还专门讲述了日本刻本、朝鲜刻本。题跋中也时见王修精到的版本论述,特撷以下几例以窥之：

余所见尹和靖先生集凡三刻，一嘉靖九年(1530)莆田洪珠牧会稽梓其八卷，当时以需直百五十金未留，后得影写本；一天启间刊本，半叶八行；一即此本。忆前年张菊生觅和靖集厂肆，穷搜迄未得。余半载竟睹四本，良喜墨缘匪浅，眼福宏多。若非钱神作祟，则俱入我书囊，意中事耳。此本前有蔡宗兖序，后有洪珠序，知其原出于嘉靖，特此本增附集二卷并附录一卷耳。闻有六卷本，余未见，未能臆断，不知如何编次也。[清刻本《和靖尹先生文集》十卷衬叶癸亥(1923)十一月墨笔题]

是书在明凡三刻，初刻于蓟辽，此本是也。再刻于湖湘，三刻于郧阳。邻苏老人在日本所见著录于《访书志》者即第三本也。邻苏称是书为孙子注之善本，叹《四库》不著录，而疑其亡佚。然其仅见第三刻，则此之可贵可知。使其得睹此本，不知当如何重视也。[明万历七年(1579)梁梦龙刻本《孙子书》三卷序跋2末叶墨笔题]

《孔子家语》宋元椠世无传本，藏家竞珍景写，未必可据耳。此为倭刻，镂版在崇祯十一年(1638)前，前后无序跋，不知祖本，然以明时诸本(如袁覆宋及万历本)可校之者触处皆是，则涧薲、荛圃诸人若见，此当与宋椠同珍秘箧矣。[日本宽永十五年(1638)东京风月堂刻本《孔子家语》十卷衬叶甲子(1924)秋七月墨笔题]①

邵位西《四库简明目录标注》记元刻本《北史》十行行二十二字，板心有"信州路儒学刊"，或但云"信州儒学"。此两零叶，行字与合，但一叶板心仅记字数，一叶有"弋阳县学刊"并记字数，可见位西先生亦但袭传说，未目睹全帙也。此两叶苟以楮墨为衡，当为原刻初印，故精耽若此。[北史元版书叶乙丑(1925)端午五月墨笔题于宣南湖州馆]

①按：王跋后有墨笔题"是书虽云从宋本正，但并非影印，仍系日本人缮写付梓，是以讹误颇多，甚至以'元'为'无'而刊作'无'，殊可惜耶"，不同意王氏意见。款署"戊辰九月聃父借校毕手记"，是书卷端钤"聃父过目"印，"聃父"乃长兴朱承杰字号。

（四）藏书厄

1927年王家印刷所因印刷“打倒新军阀——蒋介石”之传单被人告发，印刷所被查抄，王修潜往日本避难，后返国避居杭州。1932年，仁寿堂又不慎失火。经此二劫，王修所藏图书丧失大半。秘籍随劫佚散，对一个嗜藏之人来说无疑是痛苦的。题跋中多次提及两次劫难，枨触颇深：

岁戊辰余出门乃稍无所忌，忆四月偕彝罂阅城站书肆得此本，盖自丁卯避地来杭，此第一次买书也。（清姚氏咫进斋抄本《汇刻历代史志凡例》一卷衬叶墨笔题）

丧乱之余，睹兹而益怅惘。［明正统四年（1439）袁旭刻本《宛陵先生文集》六十卷《拾遗》一卷衬叶庚午（1930）六月墨笔题］

此十年中多故极已，吾斋秘籍随劫散佚，宁忍追算，前尘如梦，回首不堪。顾是之存，转增枨触。又癸酉八月朔墨笔题：《宝颜堂秘籍》昔年所收逾百余种，亦未珍视之。丁卯夏上海之厄，胥付乌有先生。今日转宝一二种零种。咦！世事无常，宁有定耶？（明万历至泰昌间秀水沈氏刻本《宝颜堂秘籍（存陈眉公订正韩仙传一卷、宝颜堂订正衍极一卷）》衬叶墨笔题）

余小子无状，壬申冬孟仁寿堂灾，先人遗书凡十六万册均罹厄，疚痛自罪，罪无可逭。［清抄本《虞园诗隽》五卷衬叶癸酉（1933）十月十七日蓝笔题］

（五）夫妻共

王修与夫人温匋皆能书画、诗词，尤喜藏书，视金石如性命，直追宋之赵明诚、李清照夫妇。夫妻二人均入《长兴县志》“人物”卷。温匋字彝罂，《王季妇温夫人行述》中言“夫人固夙崇奉易安者，癸亥得郡先辈奚虚白先生写本《漱玉词》，因用多本校定刻之，逐颜所居曰‘拜李楼’”，故王修题跋中称夫人或为“彝罂”或为“拜李楼主人”。二人同有书癖，一起寻书、买书、读书、校书、抄书。得书遇残本者，温匋更是“樵瘦金书补成完帙”。明嘉靖十九年（1540）刻唐百家诗本《李端诗集》三卷衬叶有辛酉

(1921)冬嘉平月墨笔题"是集阙卷中十四页,从友人借得全本,属彝罂影写补之,乃成完璧,用自窃喜";《郎士元诗集》一卷书尾有辛酉(1921)重阳后十三日墨笔题"《郎士元诗集》一册,得于厂肆,前缺四页,彝罂为影钞补之";《唐李推官披沙集》六卷(卷四至六配温匋影抄本)卷六末有温匋辛酉(1921)嘉平朔墨笔题"右明覆宋刻《披沙集》残本,从云碧楼借别本影钞补全,自二十一日写始凡十日竣事,复以《全唐诗》校对一过,尚缺诗四首,用录附于后"。

馆藏经王修题跋书籍同钤夫妇二人印章者有清光绪三十二年(1906)谭泽闿抄本《唐诗选录》四卷、明嘉靖刻本《六朝诗集》(存陆士衡集七卷、陆士龙集四卷)、清光绪三十年(1904)刻本《光绪甲辰恩科会试题名录》一卷、明嘉靖三十三年(1554)江夏黄氏浮玉山房刻本《唐诗二十六家》(存李峤集三卷、王昌龄集二卷、崔颢集二卷、崔曙集一卷、祖咏集一卷、常建集二卷)、清乾隆十七年(1752)张晋康重刻海虞毛氏本《韩诗外传》十卷、明嘉靖二十三年(1544)陆楫俨山书院云山书院刻本《古今说海》(存桂海虞衡志一卷等六十种)、朝鲜刻本《栎庵集》十二卷《别集》二卷、朝鲜完营铜活字印本《杜律分韵》五卷、朝鲜抄本《天文类抄》二卷、朝鲜刻本《鸥湖书室记》一卷、朝鲜内阁活字印本《崇祯纪元后五戊子式年司马榜目》二卷附录一卷、清光绪二十六年(1900)临桂王鹏运四印斋刻本《樵歌》三卷、清抄本《无住词》一卷、清刻本《梦华集》一卷《蕉云诗稿》一卷《补辛卯前诗》一卷、清顺治三年(1646)河滨李楷刻本《陋草》一卷、明万历五年(1577)刘效祖刻本《严石溪诗稿》六卷、明刻本《青萝馆诗》六卷、清道光十八年(1838)郭柏苍怀璞斋抄本《适园杂著》一卷、明嘉靖二十三年(1544)莆田邹守愚刻本《芝园集》三十六卷、清初抄本《赵氏家藏集》八卷、王修抄本《和靖尹先生文集》八卷、民国九年(1920)温匋抄本《秦韬玉诗集》一卷、民国温匋影宋临安府陈宅书籍铺抄本《唐求诗集》一卷、明末刻本《昌谷集》四卷、明万历四十一年(1613)高邑赵南星刻本《离骚经订注》一卷、明万历四十六年(1618)刻本《晚唐十二家诗集》十二卷、明嘉靖十九年(1540)刻本(《唐李推官披沙集》卷四至六补配温匋抄本)《唐百家诗》一百七十一卷、明万历二十年(1592)程荣刻汉魏丛书本(四库底本)《申鉴》五卷、明嘉靖刻本《郊祀奏议》二卷、明嘉靖刻本《南宫奏牍》二卷、明俞显谟刻朱印本《金石韵府》五卷、明刻本《云仙散录》一卷、清嘉庆谢宝树授经图屋抄本《资暇集》三卷、明万历三十八年(1610)刻本《曲志》七卷、清刻本《竹香斋象戏谱》四卷、明万历刻本《文始经释辞》九卷、清姚氏咫进斋抄本《汇刻历代史志凡例》一卷、明万历应天府刻本《南国贤书》五卷、明万历刻秘册汇函本《南唐书》十八卷、清归安姚氏咫进斋抄本《经史正音切韵指南》一卷、明万历刻本《周礼训隽》二十卷、北史元版书叶等42部①。

在王修的题跋中,夫妻同乐的欢快羡煞观者:

辛酉嘉平朔灯下校。久不校书矣,近无事,因检此书校读。彝罂影钞《披沙集》颇勤,亦将竣事。寒夜共灯,并乐事也。(清康熙抄本《河东柳仲涂先生文集》十五卷卷三末朱笔题)

戊午夏余得南浔刘氏刻本《资暇集》,与彝罂共读之。[清嘉庆谢宝树授经图屋抄本《资暇集》三卷衬叶癸亥(1923)冬至墨笔题]

余偕彝罂同游京口旅邸,苦无可读书,乃假散步遍阅冷书店,不期得此。[明末刻本《昌谷集》四卷李长吉小传末叶丙寅(1926)嘉平九日墨笔题]

但天不假年,温甸1930年因难产去世,年仅33岁。失妻之痛楚,从王修题跋中读来不觉泪流:

①从题跋之书所钤印章来看,王修者有"王修之印"、"王季欢"、"王修之印章"、"王修鉴藏书画"、"长兴王氏诒庄楼藏"、"王修"连珠印、"长兴王修考藏善本"、"杨莽手校"、"杨弇秘籍"、"长兴王氏藏书"、"下箬里人"、"长兴王氏校藏经籍碑版印记"、"杨弇"、"王杨弇"、"诒庄楼藏书印"、"杨莽"、"字余曰云蓝"、"王修之玺"、"泉园"、"诒庄楼"、"长兴王修考藏乡先哲遗著录"、"修之在京师时所买"、"辛未"、"云蓝"、"杨弇眼学"、"杨弇所宝"、"长兴王氏藏书"、"王修手录"、"修之审定"、"君子居"、"王"花押印、"杨"花押印,温甸者有"温甸""王温甸""彝罂""彝罂手钞",夫妇共印者如"长兴王氏季欢彝罂夫妇印记"。这其中未被揭示者有"字余曰云蓝"、"王修之玺"、"修之在京师时所买"、"辛未"、"云蓝"、"杨弇所宝"、"王修手录"、"君子居"、"王"花押印、"杨"花押印、"彝罂手钞"印。

拜李楼主人景写一本，忽忽十年，主人墓有宿草矣。展卷泫然，弥增惮痛。［民国九年(1920)温匋抄本《秦韬玉诗集》一卷衬叶辛未(1931)九月墨笔题］

拜李楼主人殁今四年矣，今岁游沪归，重阅此书，不胜怆然。［民国十九年(1930)王修抄本《今传是楼诗话》一卷衬叶癸酉(1933)四月墨笔题］

乙丑秋理箧南还，知买书之豪力已不胜，彝罂因有辑解题之勖，且自任襄助。沪居一年，忽遘奇祸，书半散失。戊辰搜集劫余，志犹未息。己巳冬，彝罂怛化，余心念俱灰。转期果成是愿，以慰亡人。荏苒四年余，属稿仅数十篇，能不呼负耶？［清顺治三年(1646)河滨李楷刻本《陋草》一卷书尾癸酉(1933)七月晦墨笔题］

是本得于北平海王村。前后序胥失之，未能决为何时椠本。且失四、五、廿七三叶，欲为并序跋补写之。因循十载，拜李楼主人既殁死，谁复起余？长夜无聊，偶检旧箧，不禁怆然涕下矣。［明刻本《云仙散录》一卷衬叶癸酉(1933)七月廿四日墨笔题］

（六）交游考

王修壬申(1932)十月将自辑自刻《箬溪艺人征略》四卷《附录》一卷赠于韩登安，于征引书目首页墨笔题“登安道兄鉴存”。交游之乐散见题跋中：

是夜与安吉徐级三、同邑汪友萍、张次拔三君语至天晓，市浆买饼，以御薄寒。四人所谭，文事游戏无所不有，各人主见不同，议论亦各极其妙，亦年来一乐事也。［明万历四十六年(1618)刻本《晚唐十二家诗集》十二卷册3衬叶癸亥(1923)九月二十二夜墨笔题］

（七）豢养乐

书家豢养，情怀自不同，王修题跋中虽仅见一例，但足显其豢养情趣：

余不嗜豢养，夙性如斯。丁卯夏以避难居杭州，斋无书案无楮，败笔破砚，渺乎如木难火齐。因邻人之言，乃蓄鸽。彝罍挟金求诸市，日有所得，各品具逮五六十羽。余谓不考古籍，纵蕃息冠全浙，不过一假农耳。因遍搜纪鸽之书，千顷目所录今罕传，涵芬楼《养鸽》一书言近俚，独此为善。于是命工写一本，备昕夕观览焉，夫亦不亦博弈之意乎？［民国十七年(1928)王氏诒庄楼抄本《鸽经》一卷衬叶戊辰(1928)九月晦墨笔题］

二、王修题跋特色考

(一)题跋方式传统中有新颖

在王修题跋中，有一种方式为其他题跋者所少见，即用特定稿纸(十行，行二十字，蓝色方格)浮叶撰写提要。馆藏132部王修题跋中有日本刻本《欧阳论范》二卷、日本承应三年(1654)小嶋弥左卫门刻本《新续列女传》三卷、明嘉靖刻本《六朝诗集》(存陆士衡集七卷、陆士龙集四卷)、明万历四十八年(1620)闵齐伋刻朱墨套印本《读风臆评》一卷、明嘉靖刻本《郊祀奏议》二卷、明俞显谟刻朱印本《金石韵府》五卷、明万历四十一年(1613)高邑赵南星刻本《离骚经订注》一卷、明嘉靖三十三年(1554)朱氏家刻本《凌溪先生集》十八卷、明嘉靖刻本《六朝诗集二十四家》五十五卷、明嘉靖刻本《南宫奏牍》二卷、明万历三十八年(1610)刻本《曲志》七卷、明万历三十八年(1610)刻本《觞政》一卷、明万历二十年(1592)程荣刻汉魏丛书本(四库底本)《申鉴》五卷、清道光十八年(1838)郭柏苍怀璞斋抄本《适园杂著》一卷、明万历刻本《文始经释辞》九卷、民国温匋影宋临安府陈宅书籍铺抄本《唐求诗集》一卷、朝鲜抄本《天文类抄》二卷、明万历四十六年(1618)刻晚唐十二家诗集本《许浑丁卯诗集》一卷、明万历刻本《王青屏先生诗集》二卷、清嘉庆蒙养山房抄本《先芬录》不分卷、清乾隆刻养和堂丛书本《乌衣香牒》四卷、明崇祯刻本《逸园新诗》一卷、明崇祯刻本《咏怀诗次阮韵》一卷、明崇祯刻本《咏怀诗》一卷、清刻本《竹香斋象戏谱》四卷、明嘉靖三十年(1551)张希举刻本《梓溪文集》五卷、明末刻本《昌谷集》四卷等27部是采用这种形式。其中明末刻本《昌谷集》四卷最为典型，即有浮叶撰写提要，其李长吉小传末叶又有墨笔题跋。

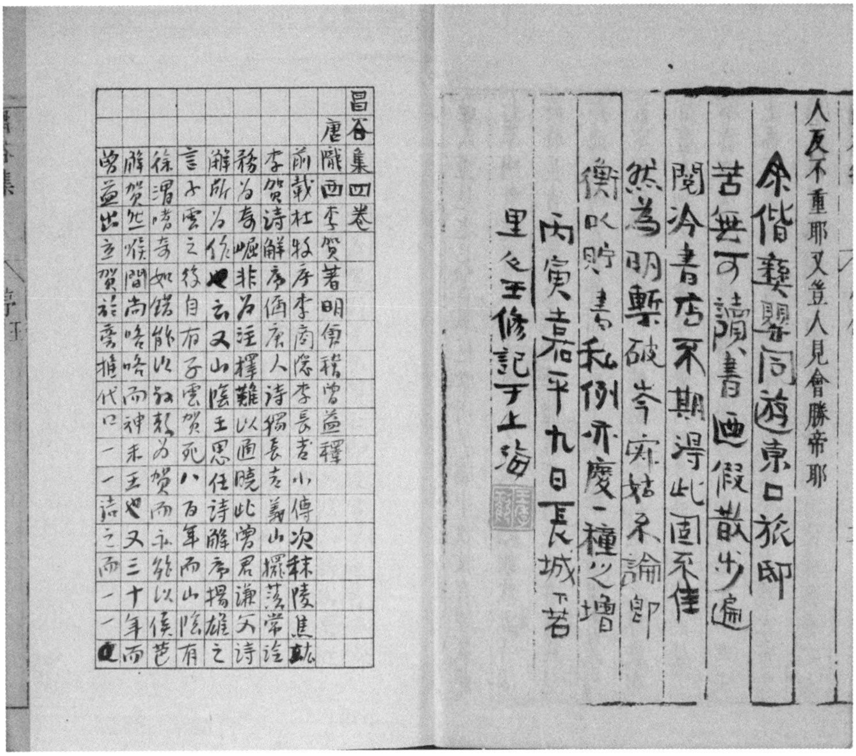
昌谷集四卷
唐隴西李賀著 明曾益釋
前載杜牧序李商隱李長吉小傳次秣陵甚敖
李賀詩解序倆庚人詩獨長吉義山擺落常詮
務為奇崛非為注釋難以通曉此曾君謙父詩
解所為作也云又山陰王思任詩解序揚雄之
言子雲之後自有子雲賀死八百年而山陰有
徐渭嗜奇如賀能以劫為賀而不能以侯芭
解賀然侯闇尚喑喑而神未王也又三十年而
曾益出立賀於壹推代口一一詁之而一一[illegible]

人反不重耶又豈人見會勝帝耶
余偕夔嬰同游京口旅邸
苦無可讀書迺假散步遍
閱冷書店不期得此固不佳
然為明槧破本實姑不論即
衡以貯書私例亦應一種之增
丙寅嘉平十九日長城下若
里之王修記于上海

图1:明末刻本《昌谷集》四卷浮叶撰提要及李长吉小传末叶墨笔题跋

(二)题跋内容彰显选书之旨

从题跋来看,王修选书重至亲、重乡贤、重古旧、重罕见。

1.重至亲

明万历三十九年(1611)西吴王继贤蒙城县学刻本《古蒙庄子》四卷序跋2末叶有庚申(1920)秋七月十有六日墨笔题"长兴太原王氏十七世孙修谨保藏"①;清抄本《友云诗》一卷书尾墨笔题"仅以有先曾王父印,故珍视之"②;清光绪刻本《[光绪乙酉科]浙江乡试同年齿录》不分卷册3衬叶有甲子(1924)五月墨笔题"先子是榜七十九名,齿录在此册,特志便

①按:《诒庄楼书目》王修自序中有"壬戌六月厂贾以明刻《古蒙庄子》来,索重值。余绎览竟,见为先七世祖笠云公知蒙城时所刻,以初未知有此刊本,惊喜欲狂……用此署牓,所以追怀祖德",即指此。这也是"诒庄楼"得名之由。

②按:指卷端所钤"王沅之印"和"竹卿"印。

检”;清抄本《虞园诗隽》五卷衬叶有癸酉(1933)十月十七日蓝笔题:“先兄信伯公癸卯秋闱报罢,郁郁不怿,次年春以疫亡,年才十九。是岁余七龄,其遗物若手批诵读之书、诗文之稿,均未解为之保存。厥后以薄宦走齐楚燕赵,中怀系念,固未尝一日恝然,迄未遑躬行。壬申遭火,此念终身莫得偿,永纠痛恨焉已。今月无聊,偶检敝簏,得是册,审为先兄遗,狂喜之余,不啻璆球已。”

2.重乡贤

倪沣稿本《艺香诗草略存》一卷书尾壬戌(1922)夏六月墨笔题“乡先哲遗墨,桑梓文献,此修所最关怀也”;明万历七年(1579)叶日新、徐琳刻本《见闻纪训》二卷衬叶墨笔题“此书多纪吾乡老辈遗事,余童时见长兴志颇多纪录,极欲一读全书,今岁于京师无意中得见,缘非浅已”;清抄本《河防一览》十四卷衬叶墨笔题“潘季驯为同郡人,陈昌言、郎子渊先生长兴先哲,余特珍视之,不亦宜乎”。因重乡帮文献,非珍品者亦不惜囊括,清抄本《兵垣四编》四卷附四卷衬叶甲子(1924)新秋望墨笔题“是书盖景写闵本者,且除闵刻恐或无第二刊也。余以其为乡先哲臧晋叔评辑之书,故珍视焉。频年访求刻本,竟不可得。夫闵刻之书,非罕有者,非奇珍也,求之十年竟无有,亦以天下事诚有难定算者矣。去腊,厂估以此本来朕,以旁求勿得渴思已久,且是影抄,虽写工不通,讹谬满纸,慰情聊胜于无,竟重价收之,亦可见嗜书之勤而于乡先哲遗著爱之尤癖且痴矣。脱简讹误,俟得刻本再加详校,俟诸异日。”清光绪三年(1877)吴兴会馆刻本《藤阴杂记》十二卷册一封面墨笔题:“此书非珍品,不过有清郡人著述之一种耳”。因重乡邦文献,发现所得书中乡邦资料极少,失望之情脱口而出,清嘉庆再到亭刻本《浙江诗课》十卷阮元序末叶辛未(1931)立夏王修于杭州涌金门外表忠观右寓楼墨笔题“余渴想是书久矣,辛未春仲无意中得之……湖郡七邑独长兴如是之少,余不能无失望之感于所获之仅也。”

3.重古旧

明初刻本《新编事文类聚翰墨大全》一百三十四卷衬叶辛酉(1921)长夏墨笔题“是本存癸集卷九、卷十、卷十一三卷,虽只一鳞片爪,亦三百年前物矣,存之以志余之好古弥笃”。清雍正抄本《闲窗括异志》一卷衬叶辛酉(1921)冬十一月墨笔题“此残本《闲窗括异志》,目录八十七则,今存四十二则,亦后残缺,非当时原本,即如此也,余所藏小说类书最少,此系雍正时钞本,距今二百余年,谓非旧物得乎”。明末刻本《昌谷集》四卷李长吉小传末叶丙寅(1926)嘉平九日墨笔题“固不佳,然为明椠,破岑寂姑不论,即衡以贮书私例,亦庆一种之增”。

4.重罕见

清初抄本《赵氏家藏集》八卷衬叶庚午(1930)五月二十五日墨笔题“余以罕觏,并不欲以人废言,珍而藏之,自夸殊众人见也”。陶浚宣稿本《官阶古称考》一卷衬叶癸酉(1933)重九墨笔题“陶浚宣手写本,略简殊甚,盖一时兴致随手钞撮而成,备书翰之用,原非以言撰述也。以墨迹,故珍之”。

(三)题跋内容可纠补史料

上海人民出版社1992年版《长兴县志》卷二十七《人物》“王修”条言王修“后又师事清末词人陈文焯,传其词与金石,得窥乾嘉学派门径”。按:查有清末词人陈文焯与亲家钱开震从杭州到东北组建奉化县(今梨树县),建县后陈文焯参与纂修《奉化县志》。此陈文焯与王修无碍,王修师事者应为“郑文焯”,有王修题跋为证:清光绪二十五至二十七年(1899—1901)刻本《山右石刻丛编》四十卷衬叶有戊辰(1928)六月墨笔题“是书旧为先郑叔问师物”,“郑叔问”即郑文焯。

清嘉庆二十四年(1819)莱阳初氏刻道光七年(1827)补刻本《吉金所见录》十六卷首一卷末一卷封面有丁丑(1937)嘉平墨笔题跋。据《长兴文史资料》第三辑王修学生叶笑雪撰、陈训慈校补的《本县藏书、金石家——王季欢》一文①,王修于1936年5月24日下午1时30分去世,《文澜学报》第二卷第二期《长兴王季欢先生做古》一文亦言王修卒于5月24

①该文见《长兴文史资料》第3辑,1989,第23—27页。

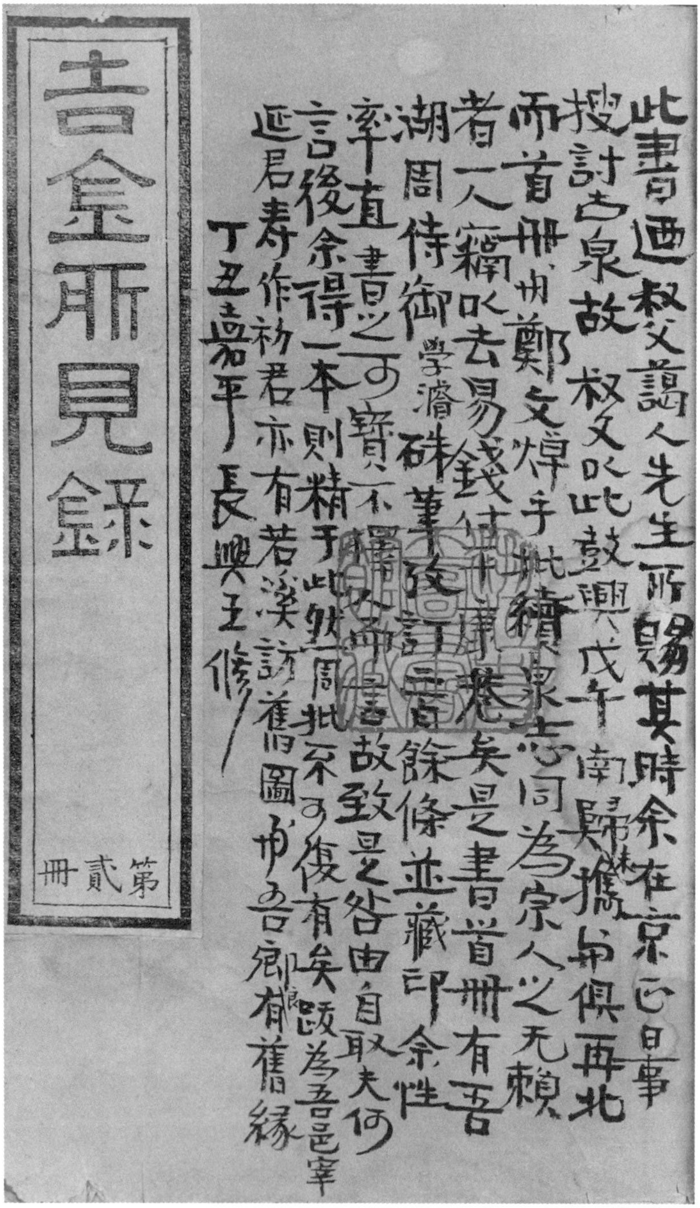

图 2:清嘉庆二十四年莱阳初氏刻道光七年补刻本《吉金所见录》册 2 封面王修题跋

日下午 1 点 30 分①,何以此处出现王修 1937 年年底的题跋,存以待考。

综观馆藏王修题跋,其宦游京师、退返上海、避居杭州的人生经历,夫妇二人寻书、买书、蓄书、校书的书意生活,藏书经劫而散、丧妻独孤的痛楚感受,一一通过题跋得以揭示。1933 年,"既困于沙壳子,又厄于精神"(王修稿本《长兴先哲遗著征》四卷封面朱笔题语)的王修将诒庄楼藏明版《藏经》4332 卷寄存浙图,1934 年又寄存善本 736 种 4089 册,1952 年 4 月其后裔王新捐赠寄存书籍计 667 种 3716 册。王修藏书终得归所,化私为公,嘉惠学林,可感可佩。"然笃学好义,以其爱乡爱国之精神,足以长垂不朽,不仅在一邑为足传了",叶笑雪撰、陈训慈校补《本县藏书、金石家——王季欢》以此作结,诚然。今对馆藏王修题跋作粗浅梳理,意欲为进一步探究王修提供重要史料。②

①《长兴县志》卷二十七《人物》"王修"条言王修"民国二十五年 4 月 25 日病逝于杭州",似应商榷。见《长兴县志》,上海:上海人民出版社,1992,第 806 页。

②本文还参考了《浙江图书馆志》编纂委员会编《浙江图书馆志》,北京:中华书局,2000,第 7、94、187 页;李芳《王修与诒庄楼藏书》,《图书馆研究与工作》2004 年第 3 期,第 75—77 页。

广东特殊版式之诗文集叙录四种

——兼谈顺德梁氏家族

肖　卓

(中山大学图书馆)

近代岭南人文荟萃、民众富庶,隶属广州府的顺德更是因其独特的地缘优势,而享有“岭南壮县”和“南国丝都”的美誉。顺德钟灵毓秀,岭南历史文化积淀亦十分深厚,是粤菜、粤曲和粤绣的发源地之一。北宋至清末,顺德出过状元四名,进士数百,还孕育了明代“后七子”之一的梁有誉,“明末岭南三杰”之一的陈邦彦等。顺德温氏、黎氏、陈氏等望族,或为书香世代,或为书画世家,又或儒学传家,家族中父子、兄弟或子侄俱有诗文集传世,正所谓人杰地灵、英才辈出。

梁氏则是顺德的名门望族之佼佼者,诗礼传家,名贤辈出,梁氏族人所撰诗文别集达数十种之多,如明代有成化十一年(1475)进士梁储的《郁洲遗稿》,“南园后五子”之一、嘉靖二十九年(1550)进士梁有誉所撰之《兰汀存稿》,万历二十三年(1595)进士梁有年的《使东方集》等。清代则有乾隆四年(1739)进士梁善长的《鉴堂诗钞》,乾隆十三年(1748)进士梁翰的《寸知堂遗草》,乾隆三十七年(1772)进士梁泉的《弼亭遗文》,嘉庆十九年(1814)进士梁蔼如的《无怠懈斋诗集》,其子梁邦俊的《小崖遗草》,孙梁植荣的《珠江七绝》,侄儿梁九图的《紫藤馆诗钞》,梁九图族兄梁诗拔的《愧斋遗诗》等等。

一、广东特殊版式之诗文集叙录

中山大学图书馆所藏《寸知堂遗草》《无怠懈斋诗稿》与《紫藤馆诗钞》三书版式独特,让人过目不忘。近日查阅广东省立中山图书馆所藏《愧斋遗诗》时,发现版式亦与前三书相似。这几部书不同于一般的线装书,其边栏或为草花栏,或为双套环栏,或为书卷型花边栏。四书均用白棉纸刷印,洁白如玉,触手如新。全书楷书写刻上版,板框或用绿色,或用棕色,文字用墨色,印刷精美,堪为清代中晚期精刻精印本,让人爱不释手、过目不忘。因其相似的风格使笔者隐约觉得这几种书之间必然有某些联系,仔细翻看,果不其然。这四部书均是广东地方文献,都是清代岭南地区的诗文别集,且著者均为梁氏家族的诗书名家,分别为历任知县的梁翰、曾任内阁中书的梁蔼如、资政大夫礼部仪制司员外郎梁九图及其族兄梁诗拔。梁蔼如是梁翰的族弟,而梁九图则为梁翰和梁蔼如的侄儿,梁诗拔为梁九图族兄,关系都相当近,这几书是否同为一家所刻呢,下面将逐一来分析这其中的联系。

(一)梁翰撰《寸知堂遗草》

《寸知堂遗草》一卷。梁翰撰,梁九图编。清道光二十六年(1846)梁氏十二石山斋写刻本。半叶六行十六字,四周花边栏,序跋边栏为灰色套云拐子,诗集正文因边栏及字体不同分为甲乙两种,甲种为褐色书卷形花边栏,乙种为竹简形花边栏,白口,无鱼尾。内封镌"寸知堂遗草。道光丙午仲冬刊。十二石山斋藏板",藏板下有一木记"十二石/山斋/居士"。梁翰,字遇屏,广东顺德麦村人。侨寓佛山。清乾隆甲子(九年,1744)举于乡,乾隆戊辰(十三年,1748)成进士。历任罗源知县、龙川县教谕。修城垣,行社仓法,禁民火葬,戒民溺女,民俗为变。岁旱以粤田水车制,教民仿为之,民便甚,号梁公车。为治八年,罗源民众爱如父母。甲申(二十九年,1764)署昭武同知,以病移归。[1] 从以上记载,可见梁翰勤政爱民,有政声。梁翰还能诗善画。[咸丰]《顺德县志》载其著有《循阳前草后草》《旅燕草》《宦游草》《教养纪实》,可惜查各馆书目均未见记载。

[1]戴肇辰、史澄纂修《[光绪]广州府志》卷一百三十二,清光绪五年(1879)刻本。

《寸知堂遗草》是目前唯一可见之梁翰著作。全书写刻字体俊秀，刷印精美。卷端题“寸知堂遗草。顺德梁翰遇屏著。侄九图编”。诗集仅一卷。以诗题计，共收诗作57篇。该书有甲乙两个版本，甲种本前有道光岁次乙巳（二十五年，1845）孟冬梁氏外孙吴弥光序，言“梁丈汇刻本家之诗，而以公集属序于余，余喜其能表章旧德，嘉惠后人也，故不辞而为之序”。按：此处“梁丈”即梁九图，“汇刻本家之诗”言下之意梁氏曾汇刻本家之诗歌，不仅梁翰的《寸知堂遗草》，九图自著的《紫藤馆诗钞》、梁蔼如之《无怠懈斋诗稿》也应该为其所刻。只是未知除此之外汇刻家集是否还有其他本（梁九章、梁九华、梁僧宝等）。吴弥光则是佛山著名书画家吴荣光之弟，字章垣，号朴园，举人出生，亦是文人。内封题该书为“十二石山斋藏板”，十二石山斋为梁九图室名，显然此书由梁九图刻板，后藏板于其梁园的十二石山斋。卷末镌小字一行“端州刘遇亨刻”。书后有道光丙午（二十六年，1846）十月梁九图跋，言“族伯戢龛司马固长洲沈文悫公门下士，文悫论诗以盛唐为宗，专主沉郁顿挫；司马则喜乐易和平。殁后全集散失，独五七律一卷为其外孙吴中丞荣光所藏，图惧其将并此而淹没也，乃为之付梓”。按：沈文悫即沈德潜。吴中丞即吴荣光，为梁翰外孙。跋中写明其殁后全集散佚，因而我们无缘目睹《顺德县志》中所提及诸书。跋中梁九图用“乐易和平”即概括了梁翰五七律的诗风，显见其亦非常懂诗。梁翰除工诗外，还善书画，广东顺德博物馆藏有其所绘的《墨竹图》。

（二）梁蔼如撰《无怠懈斋诗稿》

《无怠懈斋诗稿》一卷，梁蔼如撰，梁邦俊编。清道光写刻本。半叶六行十六字，四周花边栏，序跋边栏为竹节藤蔓边栏，诗集正文为环扣花边栏，白口，无鱼尾。我馆藏有两部，但内封与书中序跋不尽相同，因而此处我们区分为甲种与乙种。甲种板框为绿色，内封镌“无怠懈斋诗稿。道光庚戌六月。南山张维屏题”；乙种板框为褐色，内封镌“无怠懈斋诗稿。侄九图篆”。梁蔼如，生于清乾隆三十四年（1769），卒于清道光二十年（1840），字远文，号青厓。广东顺德麦村人。嘉庆十三年（1808）戊辰举人，会试不第，就内阁中书。十九年（1814）甲戌进士。“补阁缺，旋告假归。与南海庶常谢兰生、县令黎阶平相与讲明心见性之学,运气调息无间,自言酒色财气不能累之。识者咸以为实。以寿终。"①"工诗善书,篆学《峄山碑》、隶学《夏承碑》、草学王右军、楷学颜鲁公、行学苏东坡。画法宗黄公望与王鉴。"②辞官归隐后梁蔼如在梁园中筑建了无怠懈斋,吟诗作画其中,后因精湛的书画艺术与出色的文学才华而享誉岭南。书画作品现存四十余幅,藏于广州美术馆佛山博物馆和顺德博物馆等。"广东美术馆藏有他画于嘉庆二十三年(1818)和画于道光三年(1823)的《山水轴》。广东省博物馆藏有他画于道光八年(1828)的《溪山深秀图》,线条灵动明澈、笔墨沉着厚重,气格清挺雄健,上有陈澧等十九家题跋,是传世最佳作品。《广东文物》记载过孙仲英藏有他画的设色山水,画家黄般若藏有他画的《花溪渔隐图》。"③我馆也藏有其所绘的《远浦归帆图》,为黄海章教授所赠。

《无怠懈斋诗集》是梁蔼如仅见之诗歌结集。全书写刻秀逸,刻印精美,版式独特。卷端题"无怠懈斋诗稿。顺德梁蔼如远文著,子邦俊编"。诗集为一卷,以诗题计,共 79 篇。书前有道光壬寅(二十二年,1842)夏五己酉朔凌扬藻序,言及顺德梁青厓先生殁后,第二年其子小厓出其诗集,嘱凌扬藻作序事。凌扬藻赞青厓为人低调,"少无宦情,修洁自好",嘉庆甲戌(十九年,1814)中进士,不久后便"请假南旋,不返凤城,侨居佛山",以吟诗作画为乐。"入其室,插架万轴,甲乙秩如","暇则吮墨濡毫,作书作画,片缣尺素,海内珍之若拱璧"。凌扬藻评价梁氏品行诗风均类陶渊明,"操行峻整,敻然自拔,名挂朝籍反类于遯世,离俗岩栖谷处者之所为遥遥焉。若与渊明相望于千载之上,故其诗孤情逸韵,与世殊绝有知味者,当相赏于酸咸之外而自得之也",并告知小厓其先人造诣之精深,"可与读渊明诗,即可与之读先生诗歌也"。按:小厓即梁蔼如子梁邦俊,字伯明,号小厓。官太常寺典簿。亦工诗善画。

卷末镌"孙植荣、植桐校刊"。书末有道光戊申年(二十八年,1848)春日陈官兰跋,言青厓"性恬淡,通籍后早赋遂初闭门静居,惟以书画自

①戴肇辰、史澄纂修《[光绪]广州府志》卷一百三十二,清光绪五年刻本。

②谢文勇编《广东画人录》,广州:岭南美术出版社,1985。

③同上。

娱”,其诗歌虽留存不多,“而笔墨之外别有性情”,读诗即可想见其人。吴炳南跋曰:“先生五古高于七古、五律,五律遒于七律,生平得力必有独深者”。最后其子邦俊题识曰:“先君子性雅淡,书画之暇,时作咏吟,即事寄情,涉笔成趣,恒若不烦绳削,盖言志也。题画赠答,每随分散,搜遗箧,仅得稿若干首,惧其散而无所纪也,爰付梓以传家焉。”可见梁蔼如生前并无此《无怠懈斋诗稿》,是孝子邦俊结集出版的。

《无怠懈斋诗稿》中虽无梁九图序跋,然乙种本内封镌“无怠懈斋诗稿。侄九图篆”,显示该书名为梁九图所题。联想到吴弥光在《寸知堂遗草》序中所言“梁丈汇刻本家之诗”之句,九图至少也是编刻者之一。另外在梁九图所编撰的《岭表诗传》与《十二石山斋诗话》中均有对仲父梁蔼如人品与诗歌的评述。如《岭表诗传》中言“中翰自都中归,闭门静坐,默悟道要,诗之冲淡适如其人”。《十二石山斋诗话》中言:“仲父青厓中翰著有《无怠懈斋诗稿》,五古近韦柳,五律近王孟,集中二体最为擅长,七律亦有可传。”

(三)梁九图撰《紫藤馆诗钞》

《紫藤馆诗钞》二卷,梁九图撰,清道光写刻本。半叶六行十六字,四周花边栏,序跋为菱形花边栏,正文为书卷形花边栏,白口,无鱼尾。内封为张岳崧题书名。梁九图,字福草,因游览衡山时,收得十二块黄蜡石,而别署十二石山人,名其居室为“十二石山斋”。广东顺德麦村人。梁蔼如侄,九章从弟。寓居佛山。官刑部主事。工诗,其著作除《紫藤馆诗钞》外,还有《十二石山斋诗话》《汾江随笔》《汾江草庐唱和集》《石圃闲谈》《岭南琐记》等,辑录作品有《纪风七绝》《岭表诗传》《紫藤馆杂录》和《十二石山斋丛录》等。亦工书画,尤善绘兰,现有多幅《墨兰图》及行草书法藏于广州美术馆和佛山博物馆。①

《紫藤馆诗钞》是梁九图诸多著作之一。全书写刻,字体秀美,刷印讲究。卷端题“紫藤馆诗钞。顺德梁九图福草撰,男思问校刊”。卷末署“端州刘遇亨刻”。诗集二卷,以诗题计,共收诗作83篇。我馆藏有三部,各书序跋略有出入。此处,笔者仅以其中较全一部为例加以描述。书

---

①佛山市博物馆编《佛山市文物志》,广州:广东科技出版社,1991。

前有道光癸卯(二十三年,1843)年秋七月珠海老渔张维屏序,张氏对九图诗歌赞誉有加,且语焉颇详,如评《十八滩》"句法质直,颇得古歌谣遗意",赞《九曜石》与《鄱阳湖》"用史事推波助澜,亦有健气"。书前还有吴炳南、吴荣光、张岳崧、郭尚先等人序。吴荣光序曰:"福草姻长,幼以能书名,壬寅仲秋得读其诗,学力精深,寄意高远,异日当与书法并传矣。"张岳崧亦言:"佳咏属意深远,真能追至唐人。"书后有吴聘、陈寘和陈官兰跋。吴聘跋九图诗集曰:"天才宏放,逸思飚举",陈寘跋《紫藤馆吟草》言"深得唐贤三味"。陈官兰赞福草先生笔力雄奇,思致清绮,能独浚灵源,扫除凡径。诗集最末有梁九图自识,简单几个字即讲述了《紫藤馆诗钞》的刊刻缘由,"非欲出而问世也",仅为了"赠各知己"。

(四)梁诗拔撰《愧斋遗诗》

《愧斋遗诗》一卷,梁诗拔撰,梁九图编,清道光二十六年(1846)刻本。半叶六行十六字,四周花边栏,序跋为菱形花边栏,正文为书卷形花边栏,黑口,无鱼尾。内封镌"愧斋遗诗。道光丙午冬日。石泉题"。石泉即李可琼。梁诗拔,字士陞,号愧斋,顺德人。梁九图族兄。

是书为梁诗拔殁后,梁九图收录遗箧编辑而成,因诗作散逸较多,全集仅收得诗歌数十篇。全书亦写刻上板,字体飘逸,刻印讲究。卷端题"愧斋遗诗。顺德梁诗拔士陞撰,弟九图编"。卷末亦镌"端州刘遇亨刻"。此书为省立中山图书馆所藏。书前有道光丙午年(二十六年,1846)梁九图序,言先生:"年二十举茂才,既而屡踬干有司,环堵萧然,琴书外,盖无长物。然性狷介,朱石君相国督粤时知其名,欲见之,不可得。芒鞋棕帽,时纵游东西二樵间。识者咸谓余家青厓中翰能静,先生能逸,诚笃论矣。先生暮年叠抱丧明之痛,故殁后著作尽临蟫蠹,仅存诗数十篇,亟为之拾录付梓。"

二、诗文集及其与顺德梁氏家族之联系

至此,我们对四种诗集有了较为全面的了解,知道它们在外观形态、版式风格方面有着相似的部分。其实,除此之外,四部书还揭示出梁氏家族之间更多的联系,待笔者继续分析:

(一)版刻的独特性为最明显之特征

一般古籍线装书四周多为单线或双线的粗细线条,即古籍行款著录中的四周单边或双边和左右双边等几种板框形式。四周单边又有另外一个别称即文武边。另据其他文献记载,除用粗细线作为边栏外,多用“卍”字形排列组成的边栏,或用一节节竹子图案组成的“竹节栏”,又或用古代乐器图案组成的“博古栏”等。从这几部诗集中我们看到了更加丰富多样的边栏形式,如环扣栏、书卷形边栏、竹筒形栏、草花栏、套云拐子边栏等。而且边栏与正文字体均采用不同的颜色,正文使用墨色,边栏或为褐色,或为灰色,又或为绿色。此种版本应当是将板框和正文分两次刷印而成,也可以说是套印的一种。这种刻本形式通常出现于印谱类文献中,因板式较为复杂,刷印程序较一般繁琐,所以刻印不多,流传较少,多为诗人在交游中作为礼品赠送而流传。别具一格的边栏,让人赏心悦目,爱不释手。

(二)地域特征亦其诗集的主要特征

诗集的编纂本身需要人力、物力、财力,刊刻如此精美的古籍线装书投入的资金要更多一些。因此,此种版本的编刻者,一般都来自经济发达的地区。他们的具体籍贯地,在广东主要集中于番禺、顺德两县。番禺长期以来属广州府治,其政治与文化中心的地位,为刻书创造了优越的人文环境;顺德则是富庶的鱼米之乡,科甲方面历代均居于全省前列,素有“状元之乡”“名士之乡”等美誉,也为刊刻诗集提供必备的经济和文化条件。① 这四部诗集的刻风相似,其中《寸知堂遗草》甲种本与《紫藤馆诗钞》《愧斋遗诗》都是采用的书卷形花边栏,卷末均镌刻“端州刘遇亨刻”。书前后的序跋亦提及梁氏刻书事,可见这几书为道光年间顺德梁氏家刻本无疑。《无怠懈斋诗稿》板框不同,然正文字体风格与另两种一致,书中梁邦俊题识言自己刻父亲诗集之事,卷末镌“孙植荣、植桐校刊”。显然此书也是顺德梁氏家刻本。

①陈凯玲:《广东省级清诗总集研究》,浙江大学硕士学位论文, 2008。

（三）著者之间的关系惹人注目

梁翰和梁蔼如分别是梁九图的先祖和叔父，是梁氏家族成员。梁诗拔则为梁九图的族兄。叔侄均工诗善画，多才多艺，兴趣广泛。这正是有清一代社会文化气氛浓厚，所造就的一批才学兼备的大家。他们往往既是诗人、学者，同时又是书家、画家。如梁翰是乾隆戊辰（十三年，1748）进士，梁蔼如为嘉庆甲戌（十九年，1814）进士，梁九图虽无意仕进，其著述却不少，且儿子梁僧宝亦是咸丰己未（九年，1859）进士。梁翰善画竹，梁蔼如擅长篆、隶、行、草各体，梁九图亦精于绘兰竹等。梁氏家族是顺德名门望族，《梁氏支谱》（梁九图所纂修）记载梁氏世居顺德麦村，乾隆年间迁居佛山松桂里，后渐成为佛山大族，族中有不少富商人士，为本族文化艺术的繁荣奠定了经济基础。岭南四大名园之一的梁园即由梁蔼如、梁九章、梁九华及梁九图叔侄四人陆续建成于清嘉道年间。首先，梁蔼如在松桂里筑"无怠懈斋"，之后梁九图造"十二石山斋"和"汾江草庐"，其兄梁九华建"群星草堂"，梁九章建"寒香馆"。至此，梁园基本格局形成，前后历时四十余年，成为清代岭南文人园林的典型代表之一。叔侄均精通国学字画，常与时下俊彦竞相酬唱。① 梁园成为梁氏与友人谈诗论画、交游酬唱的场所，理所当然也成为结集刻印的场所。例如《寸知堂遗草》内封镌"道光丙午冬刊。十二石山斋藏板"，《十二石山斋丛录》内封牌记则镌"道光戊申秋九月。梁氏十二石山斋刊"，从这两则牌记可知梁园中的十二石山斋是其主要刻书藏板之地。

（四）梁氏家族刻书的核心人物

梁九图博学多文，早年从湖南衡山购得十二块黄蜡石，建成十二石山斋，自号十二石山人。又因于梁园辟一汾江草庐，而被称为汾江先生。梁九图汇刻了梁氏本家诗集，本书所述及的《紫藤馆诗钞》无疑是其自刻本，《寸知堂遗草》与《愧斋遗诗》是九图为先祖与族兄编辑并刊刻之诗集，《无怠懈斋诗稿》虽非其刻印，但内封题名下署"侄九图篆"。除此之外，梁九图自著之书亦多为自己所刻印。据我馆藏本可知《十二石山斋丛

①罗一星：《岭南人文图说之二十九——佛山梁园与梁氏家族》，《学术研究》2006 年第 5 期。

录》为清道光戊申(二十八年,1848)秋九月梁氏十二石山斋所刻,《紫藤馆杂录》为清道光二十五年(1845)八月梁氏紫藤馆刊,他与吴炳南所辑《岭表明诗传国朝诗传》亦为紫藤馆藏板。另有香港中文大学所藏《十二石山斋诗话》为清道光二十六年(1846)梁氏十二石山斋刻本,以上各书中有几方木记:紫藤/居士(左阳右阴方印)、九图/之印(阴文方印)、福/草(阳文方印)、十二石/山斋□/居士(阴文方印)、紫藤馆(阴文竖长方印)等,可见梁九图确为梁氏家族刻书中不可或缺的核心人物。

综上所述,顺德梁氏的这四部著作不仅是广东地方文献杰作,亦是广东版刻史中的精刻精印本,在版刻历史上有着特殊重要的历史意义,是广东版刻史乃至整个中国版刻史的重要补充。①

①本文还参考了《佛山梁氏:延续九百年的中华血脉》,《佛山日报》2011年9月17日;曾大兴《广府历代文学家之地理分布》,《广府文化》2012年第1期;张新民《中国文化世家:岭南卷》,武汉:湖北教育出版社,2003。

黄景仁《两当轩集》版本述略

邓骏捷　许隽超

（澳门大学中文系　黑龙江大学文学院）

黄景仁者，寒士也，天才也，亦古代落魄文人之典型。人文之乡、天纵之才、清狂性格、显赫诗名、未叨一第、一生贫病和英年早逝，这些因素集于一身，使其达到清代"康乾盛世"中无数科场失利寒士凄惨命运之极至。景仁之诗，清雄悲放，才气发越，如寥天一隼，回翔高秋，雄视一代。所著《两当轩集》虽为其个人生活之反映，却道尽无数沉沦寒士心声，从深层传达出"盛世"哀音，故而"乾隆六十年间，论诗者推为第一"①。景仁以其"诗人之诗"于清代诗坛上独树一帜，而综观中国古典诗史，《两当轩集》亦堪称上乘名家之作。

一、黄景仁小传

黄景仁（1749—1783），字汉镛，一字仲则，号鹿菲子。江苏常州府武进县人。乾隆十四年（1749）正月初四日生于高淳学署，小名高生。毗陵浮桥黄氏，乃黄庭坚弟叔达后，世居江西清江之荷湖。明初黄遵以举人秉铎武进，因家焉。祖大乐，岁贡生，高淳县学训导。父之琰，县学生。景仁四岁而孤，母屠氏督之读，所业倍常童。七岁由高淳归武进，居白云溪北。

①包世臣：《齐民四术》卷六《黄征君传》，中华书局，2001，第209页。

入塾开笔,为制举文。九岁至江阴应学使者试,十六岁应府试,知府潘恂于三千人中取为案首,明年夏补府学附生。

乾隆三十一年(1766)春,潘恂延同年邵齐焘主龙城书院,选士之优者入学,丰其廪给,景仁与洪亮吉、杨伦、杨梦符皆受业。邵齐焘读景仁所作,叹为奇才,视若犹子,时加戒勉,期以远大。然景仁方镂心鉥肝,刻厉为诗,以求异于众,其志非举业所能牢笼。三十三年(1768)秋,邵氏卒,景仁感无有知者,乃辗转浪迹皖、浙、楚、湘。每独游名山,探奇历险,经日不出,值大风雨,或瞑坐崖树下,牧者以为异人。逸气豪情得江山之助,诗益奇肆,紫阳书院山长郑虎文、湖南按察使王太岳皆以国士目之。自湖南归,几于无诗不佳,同侪悉敛手下之。

乾隆三十六年(1771)春,景仁至当涂,为太平知府沈业富掌书记,时顾九苞、汪中、洪亮吉咸在幕中,主宾甚相得。冬,入安徽学使朱筠幕。朱筠负海内文望,提倡风雅,倾怀下士,邵晋涵、章学诚、吴兰庭、戴震、王念孙、洪亮吉等,皆先后居莲幕中。翌岁三月上巳,朱筠为会于采石矶之太白楼,甫设筵,景仁独离席,立于悬崖之巅,江风吹衣,飘飘有凌云之致。既入座,座客佥曰:"今日不可无题咏。"景仁从容出素纸为长句,洒洒百余韵,酒未阑而诗成,激昂壮丽,皆谓谪仙复生。时八府士子就试当涂,毕集楼下,咸从奚童乞白袷少年诗竞写,一日纸贵焉。

乾隆四十年(1775)冬,景仁北上京师。翌年四月赴津门召试,列二等,旋自备资斧,抄书四库。四库馆例,誊录生五年共限写一百八十万字,期满议叙。此后五载,除四十五年(1780)秋冬客山东学政幕外,景仁足未出京师,以誊录课程之迫也。其间从翁方纲、王昶、朱筠、蒋士铨等游,旧雨新知,讲道谭艺,极文酒之乐。诗转深稳,学益精进,同辈推为诗坛盟主,然穷困亦不可解矣。陕西巡抚毕沅见《都门秋思》诗,奇其才,景仁遂于四十六年(1781)夏游西安,并受毕沅厚资。是秋返都,以议叙例得主簿,入赀为县丞,在京候铨,寓法源寺。

乾隆四十八年(1783)春,复为债家所迫,抱病入陕,次于安邑,以瘵疾卒于河东盐运使沈业富署中,时四月二十五日也。运使以一命之服殓之,友人洪亮吉持其丧以归。

景仁子乙生(1771—1822),字小仲,通郑氏《礼》,善书。立身严峻,端凝寡言笑，友董士锡、陆继辂、包世臣。体素羸，道光元年（1821）举孝廉方正，明年卒，年五十二。子淳余，将冠而夭，族子志述（1819—1860）兼嗣。女仲仙，亦能诗，适兴化顾麟瑞，顾九苞次子也。

景仁长身疏眉而秀目，性清异绝俗，然举止往往类童稚。年甫弱冠，以前、后《观潮行》驰名大江南北。丁乾隆盛世，与天下名士巨公讲求文艺，上下其议论。六应省试而见摒，浪游人海，卒无所遇，豪气哀情，藉歌咏以发之。其诗出入唐宋，不主一家，而激昂排奡，才气横绝一时。尤善言情，所为《绮怀》诸作，芬芳悱恻，颇得义山《无题》之神理。工书能画，兼长鉴古，以其余技旁通篆刻，文秀中含苍劲。间仿翻沙法治铜印，直逼汉人气韵，盖当时之通人也。

二、景仁遗稿之传钞与《两当轩集》之选刻

黄景仁曾嘱挚友洪亮吉为其刊刻文集，亮吉所撰《候选县丞附监生黄君行状》记述如下：

> 君自知年不永，尝共赴吊邵先生于常熟，夕登虞山，游仲雍祠，北望先生墓，慨然久之，曰："知我者死矣。脱不幸我先若死，若为我梓遗集如《玉芝堂》乎？"《玉芝堂》者，王君太岳为邵先生所刊诗文集名也。亮吉以君语不伦，不之应。君就便爇神祠香，要亮吉必诺乃已。①

可见景仁生前虽已名扬南北，却未有打算刊刻诗作。然有清一代，各种景仁诗词集至少达三十种，可谓蔚为大观。

（一）景仁遗稿之去向与传钞

乾隆四十八年（1783）二三月间，景仁力疾出都，赴西安投靠毕沅。但在到达山西解州安邑县运城后，景仁病殆，卒于沈业富官署。景仁临终前贻书亮吉，俾经纪其丧。亮吉从西安赶至，惟惜景仁已逝。在扶柩出潼关时，亮吉致书毕沅，其中有云："见其遗棺七尺，枕书满箧。……伏念明

①洪亮吉《行状》，黄景仁撰、翁方纲选编《悔存诗钞》，清嘉庆元年（1796）刘大观刻本，第2页。

公，生则为营薄宦，死则为恤衰亲，复发德音，欲梓遗集。……今谨上其诗及乐府，共四大册。此君平生与亮吉雅故，惟持论不同，尝戏谓亮吉曰：'予不幸早死，集经君订定，必乖余之指趣矣。'省其遗言，为之堕泪。今不敢辄加朱墨，皆封送阁下，暨与述庵廉使、东有侍读共删定之。即其所就，已有足传，方乎古人，无愧作者。惟藁草皆其手写，别无副本，梓后尚望付其遗孤，以为手泽耳。"①如此，景仁身故之后，遗稿即由亮吉呈送毕沅，以期刊刻。

另有三事与景仁遗稿有关：（一）沈在廷《经余书屋诗钞》卷三《挽黄仲则先生》（其六）"新词珍重感前言"句，自注云："君言词无别本，子善藏之。"又《经余书屋诗钞》卷五《书黄仲则先生〈竹眠词〉后，曷禁泫然》云："宿草何妨仍一哭，新词空自葺三编。"②可见景仁逝世之前，曾把其《竹眠词》稿本交予沈业富之子沈在廷。然据洪笺，在廷或于副录《竹眠词》后，将遗稿转交亮吉。（二）翁方纲撰于"乾隆四十八年冬十有一月望"之《悔存斋诗钞序》云："今年夏，闻黄君仲则殁于解州。其冬，运使沈公钞寄其诗来，俾予编次。既而洪君穉存所为仲则《行状》，称其诗可传者凡二千首。今是钞仅千首，予又删其半，存五百首而已，又不知尚有可传之作若干首落何处也。"③可见在景仁逝世不到半年内，沈业富已将遗稿中半数诗作，钞送远居北京之翁方纲。（三）嘉庆七年（1802），王昶于选编《湖海诗传》后，称："（黄景仁）生平所作，未有成编。余遣人赴蒲，录其集以归，最为完善。"④可见王昶曾差人赴景仁身故之地山西运城⑤，抄录其集。综上所述，景仁身后不久，遗稿即为人所一再传钞，广泛流播矣。

（二）翁方纲选编、刘大观刊刻之《悔存斋诗钞》八卷本

翁方纲在删选黄诗五百首，编成八卷后，便谋刊刻。《复初斋诗集》

---

①洪亮吉：《卷施阁文乙集》卷六《出关与毕侍郎笺》，《洪亮吉集》第1册，北京：中华书局，2001，第344—345页。

②转引自许隽超、康锐编《黄仲则资料汇编》，哈尔滨：黑龙江大学出版社，2012，第130页；另参许隽超《黄仲则年谱考略》，上海：上海古籍出版社，2008，第331页。

③翁方纲《序》，《悔存斋诗钞》，第1页。

④王昶：《湖海诗传》，上海：上海古籍出版社，2013年影印清嘉庆八年（1803）三泖渔庄本，第409页。

⑤景仁逝于山西解州安邑县运城，蒲州临近解州，王昶此处或为约略之词。

卷二七《编次黄仲则诗偶述五首》(其五)云:“巷南来吴子,秀韵出葩藻。相对把君诗,空阔共怀抱。商待温与陈,醵金办梨枣。”其中“吴子”,未能确指;“温”,或为温汝适。至于“陈”,翁方纲于翌岁正月二十七日致洪亮吉函云:“此去年冬删定仲则之诗,尚未寄与沈公,而闻陈□□已开锓矣,是以且未示人。”又,沈津辑《翁方纲题跋手札集录》载翁方纲致陈崇本函云:“仲则自作小传,是其手书,片纸久弃敝箧。今遍检不获,恐偶置某册内,当再寻之,然断不至遗失也。一检出,即奉上誊入,今且存空纸一二叶于卷前可耳。藉候不既。学弟方纲顿首伯恭老先生史席,七月二日。”可知前札“陈□□”,即指陈崇本。① 因除翁氏外,陈刻本未为他人所论及,且至今亦未见,故此是否刻成,尚待进一步查考。

据目前所知,最早刊刻黄诗者为毕沅。乾隆五十九年(1794),毕沅辑成《吴会英才集》二十卷,其中卷五录“黄景仁古今体诗七十一首”、卷六录“黄景仁古今体诗七十首”,共141首,总题《两当轩诗》。② 毕沅所据之底本,当为洪亮吉所呈之景仁遗稿无疑。而今存最早之景仁诗集,则是《悔存斋诗抄》。此本书名页题“悔存斋诗钞,武进黄仲则著,嘉庆丙辰(元年,1796)邱县刘松岚梓”。首翁方纲《序》,次洪亮吉《行状》,次《目》,《目》后有刘大观题记。正文题《悔存诗钞》。卷八后附刘大观《仲则诗刻成,作长言以咏叹之》《岁暮过常州题仲则墓》二诗。题记云:

> 大观不识仲则。乾隆己酉(五十四年,1789),识其友施雪帆于岭外,得读仲则诗,才十余首,一鳞片甲,已为倾心。又七年,客吴下,求仲则遗稿不得,得《吴会英才集》,亦非全本。及至都下,谒翁覃溪先生,乃见钞本八卷,拟为付梓而未果。今再来都下,始请于先生,得如初愿,窃自幸也。嘉庆元年丙辰六月,丘县刘大观记。

故此本之开雕,当在嘉庆元年(1796),多家书目著录为乾隆本,非是。另,此本收入北京出版社《四库未收书辑刊》,已成通行之书。

①详见许隽超《黄仲则年谱考略》,第343页。

②毕沅选辑《吴会英才集》,清乾隆嘉庆间刻本。

(三)赵希璜辑刻《两当轩诗钞》十四卷本之初刻与增刻

嘉庆四年(1799),赵希璜"古义不忘死友",在河南安阳县署辑刻《两当轩诗钞》十四卷。书成之后,希璜请吴蔚光作序,吴于当年十二月撰成《两当轩诗钞序》。此本有初刻、增刻之别,过往未为学界所了解,今略述如下:初刻本今温州图书馆有藏,书名页题"《两当轩诗钞》,嘉庆己未(四年)镌,安阳县署藏版"。首嘉庆四年吴蔚光《叙》,次乾隆乙未(四十年,1775)景仁《自叙》,次洪亮吉《行状》,次赵希璜《校仲则诗付梓,不觉怆然》诗二首。正文署"武进黄景仁仲则著,长宁赵希璜渭川校"。初刻本纯为景仁诗集,并没附有词作。至于增刻本,则有《悔存词钞》二卷,是景仁诗词合刊本之始,惜今未见,不过可从嘉庆二十二年(1817)郑炳文补刻本推测而知。补刻本书名页题"《两当轩诗钞》,南河高堰厅署藏板",首景仁《自叙》,次洪亮吉《行状》,次赵希璜《校仲则诗付梓,不觉怆然》诗二首,次郑大谟《题两当轩集》诗四首。计《两当轩诗钞》十四卷,《悔存词钞》二卷,书后附郑炳文《两当轩诗钞后跋》。《后跋》详述补刻原由及过程:

> 独忆渭川员外与先君子同官豫中,以诗、古文词相切劘。先君子亦笃爱是集,因与手书往复,谋付剞劂,窃于随侍时亲见之。洎令嗣星厓别驾,又尝共事南河,员外就养袁浦,而是集之板亦移庋焉。员外殁后,星厓奉讳旋粤,道远不克携以自随。寻有河患,而板之残缺漫漶者多矣。念先君子与员外既有同志,而是集终不可泯没,亟取其残缺者补之,漫漶者修之,期于复还旧观焉。……兹取员外所梓原本补完之,凡古今体诗八百五十四首、词一百五十八阕,庶无憾焉。

郑炳文父大谟"笃爱"黄集,曾与赵希璜共同商讨刊印《两当轩诗钞》。希璜后将《两当轩诗钞》书版携至袁浦,然因河患毁损甚多,炳文遂据"原本"进行补刻。故此,补刻本所据之《两当轩诗钞》定然附有《悔存词钞》。赵希璜卒于嘉庆十年(1805)九月二十三日,相信其生前已增刻《悔存词钞》二卷。《两当轩诗钞》初刻本极为罕见,而郑炳文补刻本则保存《两当轩诗钞》增刻本之全貌。①

在此需要指出，从此本可以发现郑炳文《后跋》关于所收诗词数量之说法并不准确。道光年间许玉彬校刊本（详见下文）《后跋》曾经指出："按是集所见凡三本：赵渭川原刻诗十四卷、八百十七首，郑文轩补刻跋语称诗十六卷、八百五十四首。然覈其卷数、诗数，仍与原刻相符，未尝增益。词二卷，凡八十阕，各本皆同。郑初印本跋云一百五十八阕，覆刻本又改云七十九阕，均未免矛盾也。"许玉彬校核精准，正确地指出郑跋之错误。至于所谓"郑初印本"即"南河高堰厅署本"，而"覆刻本"则指稍后据其翻刻之"书带草堂藏板"本。盖因两本不仅所刻相符，剜改之迹亦甚明显。

（四）吴蔚光《竹眠词》钞本

由于《两当轩诗钞》初刻本未有附刊《悔存词钞》，遂引发吴蔚光搜集黄词作之举。吴蔚光《〈竹眠词〉跋》云：

> 仲则词稿……赵渭川为刻《两当轩诗》成，欲续刻此，未果也。去秋，杨荔裳自蜀书来，属余取之小仲，小仲今由洪稚存寄余。因使人钞一副，而以原本致于荔裳，鸠工较渭川必较易而速，拭目俟之。（嘉庆）七年五月廿日。

吴蔚光钞本今藏上海图书馆。前有吴氏手书跋文。卷端题"诗余"，计三卷，卷一收词 78 阕，卷二收词 62 阕，卷三收词 74 阕，合 214 阕。吴钞本是最接近景仁词作遗稿之过录本，遗稿今不可见，故其对于了解遗稿具有重要意义。②

至于吴蔚光《〈竹眠词〉跋》中提到"以原本致于荔裳"一事，可从杨芳灿（荔裳）替袁通所选《三家词・悔存词选》略作推测。《悔存词选》前有杨芳灿嘉庆十二年（1807）《序》，卷首题"金匮杨芳灿蓉裳选定，钱塘袁通

---

①吉林大学图书馆所藏郑炳文《两当轩诗钞》补刻本为民国王駌基故物，卷首有题记云："郑氏重刊跋谓'取残缺者补之，漫漶者修之'，盖系就赵氏原刊补葺者也，故每页字迹不同。其整洁无讹字、笔划稍肥者，为赵氏原刊之板。"其说可资参考。

②详参邓骏捷《黄景仁词集的流传与版本考述》，《文学遗产》2016 年第 2 期。

兰郘参校”。[1]《悔存词选》收黄词 54 阕,全见于郑炳文补刻本《悔存词钞》,且题名相同,编次一致,可见《悔存词选》乃据《两当轩诗钞》增刻本选定,且应没有参考过吴蔚光所寄之“仲则词稿”。因此杨芳灿手上是否有景仁遗稿,显然很成疑问。还有一种可能是,杨芳灿收到吴蔚光所寄“仲则词稿”,亦见到《两当轩诗钞》增刻本《悔存词钞》,所以未有刊刻景仁词集。

同在嘉庆七年,王昶编选《湖海诗传》四十卷,卷三十四收入黄诗 26 首;[2]又选编《国朝词综》四十八卷,将 14 阕黄词收入卷四十四。[3] 两书之底本,当为王昶差人“赴蒲”录归之景仁遗稿传钞本。

(五)《悔存斋诗抄》《两当轩诗钞》之重刻与翻刻

刘大观刊刻之《悔存斋诗抄》、赵希璜选刊之《两当轩诗钞》(附《悔存词钞》)为景仁诗词之早期选刻本,两书于嘉庆年间皆曾被重刻和翻刻。如上所述,郑炳文本是赵希璜《两当轩诗钞》增刻本之补刻本,“书带草堂”本则是郑补刻本之翻刻本。另,嘉庆二十二年(1817),刘大观居怀庆,主覃怀书院讲席。夏,南下游楚,遇署盐法武昌道章廷梁之子章炜,刘大观请其重刻《悔存斋诗钞》。此本书名页题“悔存斋诗钞,武进黄仲则著,嘉庆丁丑庐江章琯香重梓”。书前有章炜(琯香)《悔存斋诗钞序》,云:“《悔存斋诗钞》者,武进黄君仲则之诗,翁覃溪先生为删存五百首,而刘松岚观察于嘉庆丙辰刻之都中者也。越二十有二年丁丑,观察携之来楚,以其校雠未精,取以畀炜,使重刻焉。……惟仰观察之意,以广其传,而窃志其缘起于简端。庐江章炜谨序。”此本虽据嘉庆元年本重刻,然从章《序》可知,其曾经刘大观校改,故有一定参考价值。

三、道光年间《两当轩集》之翻刻与新编

道光年间属《两当轩集》刊刻之转折期,呈现翻刻本、新编本并存,钞

---

[1]袁通选编《三家词》,清道光十一年(1831)袁祖惠刻本。

[2]王昶:《湖海诗传》,第 409—414 页。

[3]王昶、黄燮清、丁绍仪编《清词综》第 3 册,北京:北京图书馆出版社,2006,影印本,第 179—187 页。

本与刻本交互作用之态势。

(一)《两当轩诗钞》之一再翻刻

上承嘉庆末年,此一时期出现一些以郑炳文补刻本(或“书带草堂本”)为底本之《两当轩诗钞》翻刻本。迄今所见,至少有以下数种:

(1)《黄少尹集》,道光二十四年(1844)黄锡申刻本;

(2)《两当轩诗词钞》,“道光丙午(二十六年,1846)春日留丹书屋印行”本;

(3)《两当轩诗钞》,道光年间“葄古山房藏版”本;

(4)《两当轩诗词钞》,道光年间“两仪堂梓行”本。

以上各本与郑补刻本、书带草堂本构成一个序列,寻其源头,皆可谓赵希璜《两当轩诗钞》增刻本之苗裔。其中《黄少尹集》为景仁侄儿锡申请江南河道总督、两江总督麟庆捐资刊刻,书前有麟庆《黄少尹集序》,后有锡申《跋》。虽然黄锡申之名不见于民国《浮桥黄氏宗谱》卷一《世系图》,①但为黄氏族人则毫无疑问。此是景仁亲属初次参与《两当轩集》出版活动,对于后来咸丰、光绪年间黄志述夫妇三次刊刻《两当轩集》不无先导意义。

(二)李澄编校《竹眠词》四卷本与王昶钞本

此一时期之《两当轩集》新编本,既有诗集本,亦有词集本,更有诗词合刊本;而这些新编本往往与景仁遗稿及其传钞本,存在直接或间接关系。

第一种是道光八年(1828)江都李澄(练江)编校《竹眠词》四卷本。清华大学图书馆所藏李澄辑《梦花杂志》五卷,后附《竹眠词》四卷。书名页题“竹眠词”;正文署“武进黄景仁仲则著,江都李澄练江校”。卷首有王僧保、王昶两序。僧保云:

> 黄仲则先生盛名满天下,吾友李君练江谓其人激昂慷慨,不可一世,而落寞不得意。故其发于声也,多不平之鸣。览其豪情壮思,骎骎乎入

①详参许隽超《黄仲则年谱考略》,第381—383页。

稼轩之室。……《竹眠词》板藏江都李君家，坊友戴燕孙请以行世，属予校订。……道光戊子(八年)冬仪征后学王僧保叙。

从上可以推知，此本应为李澄编校，并刻书版。王僧保曾应戴燕孙之请，参与刊定。此四卷本《竹眠词》按词调(词牌)编排，卷一有51个词调(《虞美人》前后出现三次)，共收92阕(目录作“调”，下同)；卷二有19个词调，共收42阕；卷三有23个词调，共收39阕；卷四有12个词调，共收41阕。[①] 合共116个词调，214阕。

李澄编校《竹眠词》四卷本，是第一部景仁词集单刻本，且这种编排方式，不仅前所未见，也后无来者，故应予以高度重视。从王僧保《序》可知，李澄嗜好黄词，因词及人，有所契合，可谓仲则异代知音。应是出于玩赏之便，所以李澄将所得黄词钞本，按调重排，以便时加观摩诵读。以吴蔚光钞本加以比对，可以发现此本两个特点：一、吴钞本按编年分为三卷，此本虽按调编排，但细察每调中各阕次第，则与吴钞本大体一致。因此准确地说，此本是按调编年体。二、吴钞本共录黄词作214阕，此本亦214阕，全见于吴钞本。因此，尽管此本多有讹脱，然综合以上两点，充分证明其底本与据景仁遗稿过录之吴钞本有着同源关系。

至于此本之底本，可能来自王昶所藏景仁遗稿之传钞本。王昶曾差人往山西抄录景仁遗稿，而此本所载王昶《序》云：

余闻仲则名久。乾隆戊戌(四十三，1778)，仲则来受业门下，始得尽见其诗。往往排荡感激，如天风海涛，而随手拈出，靡不入妙。又似麻姑狡狯，掷米都成丹砂也。顾常憙为词，间出以示余。余谓诗与词二，仲则既工诗，又欲于词坛高寘一座，愿不过奢耶？以诗为词，不如不为矣。仲则笑而退。今读其词，固有可与诗并存者。惜仲则逝矣，徒增视予之痛耳。乾隆乙巳(五十年，1785)正月三日，述庵王昶。

①此本目录中卷四《洞庭春色》为“一调”，内文实为二阕；《贺新郎》为“十六调”，内文实为17阕，此处根据内文统计阕数。

序文撰于景仁卒后不到两年，应是遗稿录归之时，王昶悲痛之情尤见诸笔墨之间。又，从序中可见王昶评价黄词，在景仁生前、身后，显得略有差异，但应没有刊印之想，故此序当是王昶书于《竹眠词》钞本之题记。王昶编选《湖海诗传》中黄诗后，“存全本于书塾中，以待后之笃嗜者之论定”，此一“全本”必然包括附有题记之黄词钞本。后来其被辗转传钞，并落入李澄之手，遂有编校《竹眠词》四卷本之举。

（三）许玉彬等《两当轩诗钞》《竹眠词钞》校刊本与吴兰修校钞本

第二种是道光十三至十四年（1833—1834）黎兆棠、许玉彬校刊本。此本书名页题“黄氏仲则《两当轩诗钞》十四卷《竹眠词钞》二卷”，内题“道光十三年广州重刊版本”。首吴尉光《原叙》，次景仁《自叙》，次赵希璜《校仲则诗付梓，不觉怆然》诗二首、郑大谟《题两当轩集》诗四首，次洪亮吉《行状》、吴兰修《小传》。正文署“武进黄景仁著，顺德黎兆棠校刊”。书后附郑炳文《原跋》、许玉彬《后跋》。《后跋》云：

> 按是集所见凡三本，……（见上引）余与钟君翼民、姚君掞藻喜读是集，合诸本校而刻之。十四卷内《落花》二绝句已见九卷，作七律一首，题虽异而诗同，今删去。从《湖海诗传》补诗三首，从《悔存诗钞》补诗一首，仍为十四卷。又得写本《竹眠词》一百三十六阕，写本所无，从原刻《悔存词钞》补十四阕，从《词综》补三阕，仍为二卷，今称《竹眠词》者，从其多也。各本字句互有异同，兹依吴石华师所定，不复注云。道光十四年五月，番禺许玉彬跋。

可见此本《两当轩诗钞》是以赵希璜增刻本、郑炳文补刻本等合校，又据《湖海诗传》等增补而成。至于《竹眠词钞》二卷，则以“写本《竹眠词》一百三十六阕”为基础，又据赵希璜本《悔存词钞》补 14 阕、《国朝词综》补三阕而成，共收黄词 153 阕。由此说明许玉彬等人旨在编出一部囊括他们当时能够搜集到所有景仁诗词之《两当轩集》新本，即继赵增刻本后第二个景仁诗词合刊本。

至于此本《竹眠词钞》所据"写本《竹眠词》",即今澳门大学图书馆所藏《竹眠词钞》。书前有汪宗衍题记,云:

> 赵希璜刊本《两当轩诗钞》坿《悔存词钞》,仅七十九阕。道光间许玉彬重刊本改用吴兰修校钞本《竹眠词钞》,凡一百三十余阕,详见许跋。此钞本标题、阕数、编次悉与许本同,书眉朱笔校记亦与许本合,当为吴氏手笔,即许刊之底本也。卷首有"桐华阁印"方印,吴氏著有《桐华阁词钞》,刊入《学海堂丛刻》中。甲申(1944)小寒,宗衍记于楼荫书屋。

此钞本原为宗衍之父汪兆镛所藏。兆镛,学海堂专课生,师事陈澧,嗜好旧籍,藏书甚富。曾从陈澧四子宗颖处得吴兰修《桐花阁词》原刻本,发现《学海堂丛刻》本"删汰过半",遂于宣统三年(1911)合编两本重刻。吴兰修(石华)任粤秀书院监课、学海堂山长,建楼"守经堂"于粤秀书院,藏书三万余卷。汪兆镛与学海堂中人过从甚密,或许吴校钞本原由学海堂旧藏,辗转落入汪氏之手。此钞本已收入《中国古籍珍本丛刊·澳门大学图书馆卷》,较便参阅。

关于吴兰修校钞本,黄志述《〈两当轩集〉考异》卷上《诸家刻本目录》"《两当轩诗钞》十四卷《竹眠词》二卷(道光十三年番禺许玉彬等刻)"案语云:"诗依赵本校刊,李申耆师曰:'词为杨荔裳方伯选本。'"①其说有何依据,已难考知。但以杨芳灿《悔存词选》与吴校钞本比对,可以轻易发现两者差异颇大,故此李申耆所言,似乎不很可靠。景仁一生游迹未及岭南,但友朋中却有一些粤籍文人学士(如温汝适、冯敏昌、潘有为、赵希璜、张锦芳),粤地也不乏黄诗喜好者(如黎简、张维屏)。乾隆五十六年(1791),黄乙生随调补新宁知县万应馨到广东仁化,并携景仁遗稿拜谒广东巡抚朱珪。② 因此《竹眠词》流传至岭南,很可能始自乙生游粤之时。

---

①黄志述:《〈两当轩集〉考异》卷上,《两当轩集》二十二卷《考异》二卷《附录》六卷,清咸丰八年(1858)十二月黄氏家塾刻本,第1页。

②详参朱珪《知足斋诗集》卷十四《〈题黄仲则遗稿〉序》,见《清代诗文集汇编》第376册,第505页。

此外,从吴兰修校钞本也可发现一些端倪:第一是题名。“竹眠词”是景仁生前所命名,而“悔存词钞”之名则始自赵希璜《两当轩诗钞》增刻本。吴校钞本与李澄编校本同名为“竹眠词”,可见皆较接近景仁遗稿之题名。其次是编次。以吴兰修钞本与吴校钞本比对,可以发现一个有趣现象:即吴校钞本第一阕至一百一十七阕与吴兰修钞本编次基本一致,可见吴校钞本主体部分(前一百一十七阕)与黄氏家藏稿本关系密切,或即传钞自乙生游粤时所携景仁遗稿。①

(四)吴修编《两当轩诗集》十六卷本

以上所述各本《两当轩集》,皆据景仁遗稿之传钞本进行编选刊刻;而吴修所编《两当轩诗集》十六卷,则是第一部以遗稿为底本编刻之景仁诗集。此本书名页题“《两当轩集》,海昌蒋氏别下斋藏版”。首道光四年吴修《两当轩诗集序》,次景仁《自叙》,次翁方纲《悔存斋诗钞序》,次刘大观《悔存斋诗钞跋》,次吴蔚光《两当轩诗钞序》。次辑《两当轩诗评》五则。次《两当轩诗集总目》,题“海盐吴修思亭编次”。正文为诗十六卷,间录翁方纲、孙星衍等人评语。后附王昶《黄仲则墓志铭》、洪亮吉《行状》。最后为蒋光煦《跋》。后附《篝灯教读图题赠》四卷,乃蒋光煦为表彰其母马氏所辑。吴修《序》云:

> 武进黄君仲则,诗名著乾隆间,没后名益重。……嘉庆初年,邱县刘氏始刊《悔存斋诗钞》五百首,长宁赵氏又刊《两当轩诗钞》八百余首,顾前后多错乱,且去取失宜,述庵少司寇尝言之矣。君与同里孙观察渊如、洪编修稚存、赵司马味辛齐名,世称孙、洪、黄、赵。三君者,余皆与游处,相与上下其议论,独未识君,而识君之子小仲,得读君手定诗稿千一百篇,益叹服欣喜,欲为刊行,久而未果。今小仲亦归道山,且无子,乃介丁君若士复假原稿,细为校阅,起癸未,终癸卯,凡二十年,年月先后,可按诗而得,遂编成十六卷,授之梓人,践前诺以公同好。视赵氏所刻,多十之三。其间句字互异之处,指不胜数,鱼豕之讹,悉为厘正。《行状》称篇幅完善者二千首,殆非手自删存者耳。

①详参邓骏捷《黄景仁词集的流传与版本考述》,《文学遗产》2016年第2期。

此序撰于道光四年(1824),上距黄乙生去世已两年。吴修(思亭)读景仁诗,“思慕其人”,然因刘大观本、赵希璜本未能反映黄诗全貌,遂从乙生处假得景仁稿本①,时加奉读,并欲刊刻。吴修曾将稿本交予丁履恒(若士),在乙生去世后取回;并按“年月先后”,始于乾隆二十八年癸未(1763),终于乾隆四十八年癸卯(1783),编成第一部编年体景仁诗集。

道光七年(1827),此本开雕甫半,吴修先卒。蒋跋云:

> 海盐吴君思亭,与先生之子小仲交,得其全稿,编成十六卷付梓,甫雕及半而吴君卒。今秋,其嗣君小亭将远游粤中,慨剞劂之未竟也,出以见赠。未一月而吴君家火,所藏签轴皆为灰烬,独斯集得免于厄,是若有呵护之者,岂文章有灵,不欲泯没于世邪!

跋文撰于道光十七年(丁酉,1837),盖即此本完工之时,可见成书前后费十三年之久,历经两家之手,而其中曲折惊险处,读蒋跋可想而知。

四、两种咸丰本及光绪本《两当轩集》

咸丰八年(1858),景仁孙志述先后刊刻《两当轩集》二十卷本和二十二卷本,其中二十二卷本为所有《两当轩集》中最全最好之本。而其后之光绪本等各种版本,皆源于两种咸丰本。

(一)咸丰八年八月《两当轩全集》二十卷本

早在道光末年,黄乙生“兼嗣子”黄志述②就曾多方搜集景仁遗稿,以及各种黄集刊本,详加校雠,并拟梓行全集。志述于咸丰八年正月才完成各本黄集《考异》。《〈两当轩集考异〉序》云:

---

①黄乙生所藏稿本是否即景仁运城遗稿,以及乙生如何得到此本,仍待查考。一种可能是,毕沅通过洪亮吉将遗稿交还乙生,以存先人手泽。

②《浮桥黄氏宗谱》卷六《谱图指掌·四房》云:“志述,乙生兼嗣子,行一,字仲孙,一字廷飏。”详参许隽超《黄仲则年谱考略》,第373页。

先大父诗集,始毕秋帆宫保选入《吴会英才集》,词稿王兰泉侍郎选入《词综》。厥后诸家稍广之为专集,至吴思亭布经本,得诗千余首而大备。惜其遽返道山,词未付梓。道光戊申(二十八年,1848),吴君咨来归诗词原稿。盖布经借录后寄丁丈若士,辗转相假,而吴君之尊人硕甫先生携往秦、蜀、滇、黔,志述屡以书请,乃见归也。志述既得原稿,因取诸家刻本参校之,得若干条,汇为《考异》二卷。原稿旧题《悔存钞》及《悔余存稿》,诸家以大父尝取《史通·隐晦篇》"以两当一"之语名轩,多题为《两当轩集》,兹仍之。

可见直至道光二十八年,吴咨才应黄志述多次请求,归还景仁稿本。志述根据稿本,撰集各本异同而成《考异》二卷,又汇编景仁全部诗、词、文于一书,命名为《两当轩集》。此外,志述在编校《两当轩集》时,曾请毛庆善应允将其《黄仲则先生年谱》附入集中。故此毛庆善与季锡畴完成年谱初稿修订后,将之寄予志述,并付刊刻。① 季锡畴《〈黄仲则先生年谱〉跋》云:

《仲则先生年谱》,往于道光丁未岁与毛君叔美编纂,刻于尚友斋中。当时未得先生原稿,故仅据赵氏、吴氏刊本及洪氏《行状》,与夫同人唱酬之作,参互钩稽,仍不无缺略讹舛之憾。方欲重为搜辑,而毛君已归道山,予迫羸老,未暇也。逮今岁戊午,仲孙得先生手定稿编纂付梓,乃得受而读之,序次了然,十年遗憾,为之顿释。因与陆君紫峰及仲孙重加删订开雕,惜乎毛君之不及见也。咸丰八年夏四月,太仓季锡畴识。②

从上可知,咸丰八年四月之时,景仁第一部"全集本"《两当轩全集》已经基本编成。而今咸丰本中《黄仲则先生年谱》曾由季锡畴、陆瀓恩(紫峰)据《两当轩全集》进行过修订,故与尚友斋本有所不同。

今见上海图书馆藏此本,书名页题"《两当轩全集》二十卷《考异》二卷《附录》六卷",内题"咸丰八年家塾校梓"。卷首景仁《自叙》,次吴俊

①毛庆善、季锡畴:《黄仲则先生年谱》,清道光二十七年(1847)尚友斋刻本。

②毛庆善、季锡畴:《黄仲则先生年谱》,咸丰本《两当轩集》附录五,第14页。

所绘“仲则先生小象”及徐廷华题辞,次“《两当轩集》校刊姓氏”,目录后镌“阳湖杨肇基、杨瀚云合镌”。卷一至十六为古近体诗,卷十七至十九为诗余,卷二十为遗文(署“族子坤厚辑”)。后为《考异》二卷。附录一为序跋,附录二为传状志文,附录三、四为唱酬题赠,附录五为年谱,附录六为诗话、先友爵里名字考。此本出于景仁稿本,既依循其编年体,且不仅诗词合刊,又增加遗文一卷,所收景仁作品数量超越此前各本。同时,全书经黄志述校订,在文本可靠性上亦超越此前各本。此外,《考异》二卷、《附录》六卷,为研究景仁其人其作提供大量可贵资料。有鉴于此,学界对此本甚为重视,先后收入《续修四库全书》《清代诗文集汇编》。

(二)咸丰八年十二月《两当轩集》二十二卷本

然而过往没有注意到,在二十卷本《两当轩全集》刊刻后,黄志述很快又进行补充,增刻成二十二卷本《两当轩集》。① 关于增刻过程,志述交代如下:

> 道光二十八年,志述得先大父手定诗稿十五卷、词稿三卷,案时事皆止于乾隆辛丑(四十六年,1781)。续以吴思亭布经本所增诗二十七首,赵渭川员外所增诗三首,为今第十六卷,亦仅及壬寅(1782)正月,下距易箦时尚年余。且辛丑岁游太原、秦中,有诗二卷,见武虚谷知县吊文,今其存者才数首尔。……后乃于书肆得壬辰至甲午(1772—1774)初稿一册,去年十月校刊是集,谨摘其未刻者。而季丈菘耘、周君淳之、吴君敬叔各有录示,并为补遗,分坿诗词卷末。今年八月梓工告竣,庄君竹安忽于其家旧簏中捡得初稿百余纸,盖丙戌至壬辰(1766—1772)作也。吴刻所增者为辛丑夏日作,其手定稿亦在焉。大喜逾望,急取第十六卷校改之,而初稿虫穿蠹蚀,涂注模糊,徐子楞、庄涤园、陆紫峰三先生及周君弢甫共为审定,去其重出者,得如干首,因裁并前刻补遗,都为二卷。于是《两当轩集》统计有诗千一百七十首,词二百十六阕。……壬寅以后诗词,当即王兰泉侍郎所称《蔗梢集》。又《浮湘》《渡淮》两赋,《如无录》二卷,皆见推于先辈,不知何时更得而备刻之也。咸丰八年冬十二

①详参许隽超《黄仲则年谱考略》,第386—387页。

月，孙志述谨识。

从上可知，二十卷本在咸丰八年八月刻成后，庄竹安忽于家中捡得景仁“丙戌至壬辰”诗作“初稿百余纸”；志述遂取之校改第十六卷，又与徐廷华（子楞）、庄敏（涤园）、陆繖恩、周腾虎（弢甫）共同审定，去其重出，编成补遗二卷，二十二卷本《两当轩集》在咸丰八年十二月刊成。

今见北京师范大学图书馆藏此本，书名页题“《两当轩集》二十二卷《考异》二卷《附录》六卷”，内题“咸丰八年家塾校刊”。卷首景仁《自叙》，文次吴俊所绘“仲则先生小象”及徐廷华题辞，次“《两当轩集》校刊姓氏”、“《两当轩集补遗》校刊姓氏”。目录后镌“武进杨肇基、阳湖杨瀚云合镌”。卷一至十六为古近体诗，卷十七至十九为诗余，卷二十为遗文，卷二十一、二十二为补遗，卷二十二后附黄志述《跋》。后为《考异》二卷，《附录》六卷（同于二十卷本）。另补刻徐廷华诗一首、庄敏诗两首、邵震亨诗一首，最后为季锡畴跋文。特别需要指出，卷二十一补遗收“古近体诗六十五首”，卷二十二补遗收“古近体诗五十五首、诗余二首[①]”，全书共录黄景仁“诗千一百七十首、词二百十六阕”，故此本是各种黄集中最全之本。

在两种咸丰本《两当轩集》刊印流传后，分别出现据它们进行抄录或翻印之本。二十卷本有同治十二年（1873）集珍斋活字翻印本；二十二卷本有同治六年（1867）刘履芬钞本，此钞本已收入《国家图书馆藏钞稿本乾嘉名人别集丛刊》。

（三）光绪二年《重刊两当轩全集》二十二卷本

咸丰本面世不及数载，太平天国军席卷江南，咸丰十年（1860）兵围常州。光绪《武进阳湖县志》卷二十四《人物·忠节》载，黄志述“分守南门，城陷，巷战死”[②]。而据谢兰生《军兴本末纪略》卷三，黄志述卒于咸丰十年四月初六日。常州城破，咸丰本书版毁于战火。志述妻吴氏“怆然念

①《两当轩集》补遗所收两阕黄词，早已见于《两当轩全集》卷十九之末，《两当轩集》只是将其改刻于卷二十二。因此就黄词言，二十二卷本实与二十卷无异。

②王其淦、吴康寿修，汤成烈等纂《武进阳湖县志》，《中国地方志集成·江苏府县志辑》第37册，南京：江苏古籍出版社，1991，第623页。

先泽之就湮，痛其夫毕生之志未能传久”，遂“节缩衣食，勤力针黹”①，积十数年所得，终于光绪二年（1876）重刻《两当轩集》。

此本书名页题“《重刊两当轩全集》二十二卷，光绪二年家塾校梓”。卷首黄景仁《自叙》，次“仲则先生小象”及徐廷华题辞，次汪昉《序》，序尾镌“曾孙婿刘清泰莼浦、曾孙男竞执武校字”。次“《重刻两当轩集》校刊姓氏”。正文二十二卷，后附《考异》二卷、《附录》四卷。此本据咸丰二十二卷本翻刻，但删去附录中卷三、四“唱酬题赠”。清末以来，光绪本流传较广，成为坊间通行本，上海扫叶山房曾于宣统二年（1910）据之出版石印本。

总之，同治以后各种《两当轩集》皆源出咸丰本，然而翻印、传钞难免错漏（如光绪本漏刻黄诗八首，集珍斋本错误亦在不少），故均不及咸丰二十二卷本之完善。

结　语

清代嘉庆以后，黄景仁诗词集一再刊刻，加上各种传钞本，至少达三十种，可谓蔚为大观。这种现象充分说明景仁诗词震撼一代又一代人之心灵，深得无数读者热爱。而在各种黄集刊刻过程中，景仁之亲属（尤其是子乙生、孙志述、孙媳吴氏）、友好、黄诗（词）爱好者，前赴后继，不断追求刊刻更加完善之黄集，亦可见景仁诗词巨大而恒久之魅力。

①详参汪昉《序》，《重刊两当轩全集》，清光绪二年（1876）黄氏家塾本刻本，第1页。

莫伯骥《叶氏藏书纪事诗补续》佚文及其文献价值

许艳青

（暨南大学图书馆）

叶昌炽（1849—1931）撰《藏书纪事诗》七卷，收录了五代至清末藏书家741人。① 叶氏参考历代典籍，对古代藏书家的史事进行钩沉，尤为注重其藏书之事，成为研究藏书活动的滥觞。此后，叶书体例成为范本，学者们从不同的角度对一些藏书家进行研究。民国时，藏书大家莫伯骥有察于叶书有所缺漏，特对叶书进行了大量的补续，补充了许多有价值的材料，并加入了清末至民国的一些藏书家。莫氏的续补，为我们更加详尽地了解我国古代的藏书活动和研究藏书史，提供了不少极有价值的材料。

一、《藏书纪事诗》的变体与补续

叶氏所创藏书纪事诗体例，按照时代顺序，以人物为目，每篇均冠以七言绝句一首，诗后则摘引相关史料，末加按语加以考评。历代藏书盛事与珍本流传之线索，皆可见于叶书。此后引发了20世纪30年代藏书研究的高潮。广东在这方面成就最大，最早仿叶书体例进行撰述的是学者

①叶昌炽：《藏书纪事诗》（附补正），上海：上海古籍出版社，1999。出版说明、补正序认为该书收录了五代至清季之间的藏书家一千一百余人。徐雁在《〈藏书纪事诗〉收录藏书家不足千人》一文中，根据相关文献记载，并据目录所载各卷传主人数，统计的结果是七百三十九人。（《广东图书馆学刊》1986年第3期。）据笔者重新做了统计，叶书中藏书家共七百四十一人。

兼藏书家伦明(1875—1944),“拾清季之遗珠,补辛亥以来之阙如”,撰成《辛亥以来藏书纪事诗》。① 伦书共有诗作155篇,收录藏书家149人,附录28人。伦书不仅继承了叶书体例,更多是变体创新,如为涵芬楼作诗,打破了叶氏只为藏书家立传的体例。相比较叶书为通代藏书家传,而伦书则为断代藏书家传,启发了后世续者研究。② 其次是徐信符(1879—1947)著《广东藏书纪事诗》,徐氏别出心裁,从地域上对广东省各个时期的著名藏书家兼及书院藏书加以论述,收录明代迄民国广东藏书家52人,内容颇为丰富。③ 第三位则是莫伯骥,从史料上对叶书进行了大量补续。其他还有王謇(1888—1968)著《续补藏书纪事诗》,所记详于江浙,他省则比较疏略。吴则虞(1913—1977)作《续藏书纪事诗》,稿本未刊。等等。在这些补续之作中,惟莫伯骥的《补续叶氏藏书纪事诗》不存于世,难窥全貌,故有辑佚的必要。

叶氏《藏书纪事诗》存在着一些错误和遗漏,王欣夫已经做了纠谬补缺的工作,学术界受益良多。④ 然而,对叶书的补正却不始于王欣夫。近代广东著名藏书家、“五十万卷楼主”莫伯骥(1878—1958),字天一,东莞人。他不仅藏书丰富,而且学问精良,在目录学、版本学、校雠学等方面颇有造诣。他依托其丰富的藏书,潜心学问,著有《叶氏藏书纪事诗补续》等五十多种。可惜这些著作大都在战乱中遗失,留存于世的只有《五十万卷楼藏书目录初编》(以下简称《初编》)和《五十万卷楼群书跋文》(以下简称《跋文》)。《叶氏藏书纪事诗补续》虽不存于世,但其佚文散见于《初编》和《跋文》中。笔者在翻阅这两部目录著作过程中,发现了不少补续叶氏《藏书纪事诗》的佚文。与王欣夫补正对比,莫氏补续,有许多独到之见。这些材料的发现,使叶书中一些藏书家、学者、书贾的史事更为详尽。兹将所见之佚文辑录如次,略加考评,以飨读者。

①伦明:《辛亥以来藏书纪事诗》(附校补),上海:上海古籍出版社,1999。

②周生杰:《〈辛亥以来藏书纪事诗〉新论》,《社会科学战线》2012年第9期,第163—167页。

③徐绍棨:《广东藏书记事诗》,沈云龙主编《近代中国史料丛刊续编》,第二十辑,台北:文海出版社,1975,第271—276页。

④王欣夫(1901—1966),一名大隆,江苏吴县人,复旦大学教授。生平好藏书,精研目录版本之学。做《荛圃藏书题续录》四卷时,莫伯骥曾将自己所藏附有荛圃题记的资料寄与王。

二、莫伯骥补续的佚文

(一)补叶书

1."东丹王倍"条(叶书卷二)

莫伯骥在《湛然居士集》十四卷(清吴谷人写本)中,对耶律家族数人著作作了更加详尽的描述:

近人叶昌炽著《藏书纪事诗》,论耶律氏为辽东丹王后。东丹王曾市书至万卷,藏于医巫闾之绝顶望海。通阴阳,知音律,工辽、汉文章,尝译《阴符经》,善本国人物事,见《辽史》。故文正著《湛然居士集》,其子铸著《双溪醉隐集》,未始非医巫闾万卷之为诒谋。

伯骥按:《内阁书目》《绛云楼书目》均著录《耶律文献集》为文正父履著。履官金尚书右丞,见《元史》。而《庶斋老学丛谈》谓耶律氏四世皆有集,共百卷行于世,盖连宣慰使《柳溪集》而言。柳溪,文正孙也。漠北大族以萧氏、耶律氏为最显,文正家学濡染,实有来自。诵芬佑启,播为佳话。惜鞠裳(笔者按:叶昌炽字)未能遍举耳。(跋文第472页)①

2."果恭亲王"条(叶书卷四)

《前汉记》三十卷,《后汉纪》三十卷,明嘉靖刊,前清果亲王点读,番禺陈兰甫批校本。莫伯骥对叶书卷四所言果亲王有补:

此本为前清果亲王用朱笔点读,番禺陈京卿用紫笔批校,极为不苟。卷中并夹字条多张,盖精心雠勘之本也。卷前有两人藏章。果亲王颇嗜收藏,亦有刻本,叶氏《藏书纪事诗》已及之。惟距西康三十里之武侯祠中有刻石之《七笔钩》诗,为果亲王入藏巡视时所吟者。今此石尚存,未审即其人否耳。(跋文第119—120页)

---

①括号内页码均为《初编》(1936年东莞莫氏铅印本)或《跋文》(1947年铅印本)原书版心页码。

3.“吕留良庄生 子葆中无党”条(叶书卷四)

《山阴祁氏藏书目》不分卷,精写本,二厚册,杨雪沧旧藏。关于祁氏书聚散之迹,涉及到吕留良与黄宗羲之间的争端,莫氏根据史料作了补足:

> 沈玉清《冰壶集》云:“石门吕晚村与梨洲先生素善,延课其子,既而以事隙。相传晚村以金托先生买祁氏藏书,先生择其奇秘难得者自买,而以其余致晚村,晚村怒。又晚村欲刻刘蕺山遗书,致刻资三百金。先生受金不刻,而嗾姜定庵刻之,附晚村名于后,晚村愠甚。辄于时文评语中阴诋先生为伪学,甚且迁怒阳明。而先生亦嗤之为纸尾之学。两家子弟门人各树帜而争,几于雠仇,而先生之名亦为之稍减矣。”以上可见祁氏书聚散之迹。全氏、沈氏二说不同,故两存之。沈氏之说,叶氏《藏书纪事诗》未之及也。(跋文第210页)

王欣夫在叶书“补正”中亦参考过莫氏跋文:

> 莫伯骥跋吕无咎抄《苕溪渔隐丛话》云:“卷末有‘御儿吕氏南阳讲习堂抄藏’墨笔一行,有‘吕印补忠’白文章、‘无咎’朱文章。全书为吕氏留良第五子补忠手写,编中‘学’字、‘留’字俱缺末笔,盖补忠本生祖讳‘元学’,官繁昌知县。‘留’字则其父讳也。晚村七子:公忠、主忠、宝忠、诲忠、补忠、纳忠、止忠。公忠改名葆中,字无党,补忠字无咎。诸大藏书家闻有无党遗笔,若无咎则不多见。”①

4.“张拱端孟恭”条(叶书卷四)

《鲍溶诗集》六卷集外诗一卷,写本,曹秋岳、张拱端校。莫氏在文末对张拱端有补注:

①叶昌炽:《藏书纪事诗》(附补正)卷四,第360页。莫伯骥:《苕溪渔隐诗评丛话前集六十卷后集四十卷》(吕无咎写本),《五十万卷楼群书跋文》,民国三十七年(1948)铅印本,第634页。

《吴县志》云："张孟公，字孟恭，太原人。父庆，昭勇将军，官于吴，遂家焉。孟恭以诸生应征辟，授职方主事。好奇任侠，游杨廷枢、徐汧之门。国变后逃于禅，易名兴机，筑别墅于虎丘，栖隐其间，以其学授二子七女，皆工诗善画。晚年失明，年九十余卒。"《明遗民诗》卷十六云："释兴机，字震岩，山西太原人，住金陵天界寺。即张孟公，孟公一字拱端。"《冯钝吟集》有《赠张孟公诗》，言从予学符篆。叶氏《藏书纪事诗》卷四，于张氏一节，尚多影响之词，未能切实，故稍详焉。（初编第883页）

5."萧梦松"条(叶书卷四)

《春秋公羊传》二十卷，明刊本，萧梦松、丁俭卿旧藏，莫伯骥手校。莫伯骥跋此书曰：

护页有白文"柘塘居士"白文章，"闽中蓼亭萧梦松图史之章"两方形印，"藏之名山，传之其人"朱文方形章，"名山草堂，萧然独居，门无车马，室有图书，沈酣枕籍，不知其余，俯仰今昔，乐且晏如，萧蓼亭铭"白文大印，前有"松云古梦""九仙山里人家""山阳丁晏之章"三印，序上有"闲中日月，醉里乾坤"大方印，卷第一前有"兰话堂书画印"长方形章，"萧氏梦松""静居氏"两章，"山阳丁晏藏书章"，是此书先为闽人萧家所藏，后归丁俭卿颐志斋者。

"萧蓼亭铭"一印，叶氏《藏书纪事诗》卷四称曾在潘氏滂喜斋见明刻《刘屏山集》有之，又有"萧蓼亭四世家藏图籍印"，而此书"藏之名山"等章则叶氏未及，故稍详记。（跋文第75页）

王欣夫补正：

涵芬楼藏明刊《李文饶公文集》有萧氏藏印甚多。有"晋安萧蓼亭手定书籍"等叶氏未及之印(下略)。①

①叶昌炽：《藏书纪事诗》(附补正)卷四，第428页。

对比莫氏所记,知其补了“藏之名山,传之其人”“兰话堂书画印”,其余“松云古梦”“九仙山里人家”等印仍未提及。

另外,莫伯骥在跋文中题:

> 叶氏据林吉人《朴学斋稿》,知萧君为康熙间人,而事实则无可考云。俭卿之子寿昌《睦州存稿》有《颐志斋藏书目》,叙中有云:“聚书之难不以贪多为富,藏书之善必以识讹为先。”则丁氏所藏当不陋矣,而叶氏之诗何以遗之?宴字俭卿,道光辛巳(元年,1821)举人,《山阳县志·文苑》有传。(跋文第75页)

6.“玉栋筠圃”条(叶书卷五)

莫伯骥在《嵩山集》二十卷(钞宋本,读易楼旧藏)跋中提到此书当是前清满人玉栋所藏。关于玉栋及其读易楼,莫氏说:

> 卷首有“玉栋之印”白文方形章,“读易楼秘笈”朱文长形章,当是前清满人玉栋所藏。王芑孙集有《读易楼记》称:“吾友玉栋筠圃,于今辇下为藏书家。读易楼,其所贮书处也。予过楼中,怪其插架不著标题。曰:吾能目识之也。其好之之勤如此。”法式善集中有诗《咏筠圃》,翁方纲亦有《题筠圃读易楼图》诗,王、翁诗文,叶氏《纪事诗》已及之,法式善诗尤兹考证,叶或未见,故未录入也。法式善诗云:“南有天一阁,北有读易楼。得一贤子孙,胜蓄千琳璆。阁尚巍然存,楼今为墟邱。”见《存素堂诗续集录存》卷一。又卷五有诗云:“买书容易到斜阳,读易楼中万卷凉。零落都门诸梵宇,鲜红小印辨王黄。”自注云:“玉筠圃藏书多收自渔洋、崑圃二家,今零落矣。”法式善小史《稼轩词》题记著之。(跋文第439页)

7.“法式善开文”条(叶诗卷五)

法式善(1752—1813),原名运昌,字开文,别号时帆、梧门、陶庐、小西涯居士。清代文学家、藏书家。乾隆帝盛赞其才,赐名“法式善”,参与编纂武英殿分校《四库全书》。著有《存素堂集》《陶庐杂录》等。叶书“法式善开文”条，王欣夫有补正：

《存素堂稿》有《校永乐大典记》，谓尝以唐人张燕公、陈子昂、颜鲁公、权载之、独孤及、韩昌黎、柳柳州、刘宾客、李义山诸氏之文取校《大典》，较通行本各有增益，其不习见者盖往往而有云。欣夫案：此依莫伯骥《五十万卷楼藏书题跋》转录。①

由此可见，王欣夫编著《藏书纪事诗补正》亦参考了莫伯骥的藏书题跋。

8.“阮文达元”条（叶书卷五）

“文选楼”章，铜质为之，今归南海黄氏劬学斋，伯骥曾摩挲及之。王培荀《乡园梦忆录》卷三云：“阮云台母林太夫人，性躭坟典，绘有石室藏书小照，独坐石上，云台执书侍立。”主事郝懿行，室王氏照圆题诗有云：“斋名积古从公定，室有藏书是母留。”云台绩古斋后改积古，故云。叶氏《藏书纪事诗》未及此节，为照录之，以彰母教焉。（跋文第78页）

9.“黄丕烈绍甫”条（叶书卷五）

莫伯骥在《宋之问集》上下卷（明翻宋本，黄荛圃缪小山旧藏）跋文末题：

此本有“求古居”“缪荃孙藏”两章。按：缪氏藏元刊曾世荣《活幼心书》三卷，为荛圃旧藏本，缺页皆荛翁手补。封面荛圃题云：五砚楼旧藏，求古居重装。黄氏跋此书，盖谓得于五砚楼，重付装池，而识其缘起。求古居实为黄氏斋名，叶鞠裳氏列荛圃斋名颇富，尚未及此也。

之后，莫伯骥又引用荛圃《求古精舍金石图序》所云，以证“求古居”章为荛翁所捺也。

①叶昌炽：《藏书纪事诗》（附补正）卷五，第558页。

10.“张金吾月霄”条(叶书卷六)

莫伯骥在《新编目连救母劝善戏文》(不分卷,明刊本,张月霄妻李静芬旧藏)跋文末题:

(此本)末有“景和”二字朱文章,“静芬”二字白文章。孙原湘《张月霄妻李孺人传》云:“孺人姓李,名景和,字静芬。既嫔月霄,琴鸣瑟应,雍雍如也。月霄连试不得志,自奋于古,慨然思为杜郑马王之学,日购奇书读之,遇宋刊元椠不惜多方罗致。积书至八万余卷,孺人濡染既深,遂能别识。月霄每重价购得秘籍,必相对鉴赏。孺人知其难为继也,从容进曰:‘蓄之富何如读之熟耶?’其明识婉顺如此,卒年四十。此本当是爱日精庐中璇闺宝玩也。叶氏《藏书纪事诗》有双芙阁事实而未及月霄妻,当补之。”(跋文第658页)

11.“童珮子鸣”条(叶书卷七)

莫伯骥在《跋文》集部五《童子鸣集》六卷中记述:

叶鞠裳所撰《藏书纪事诗》,以子鸣为书贾列载卷七,只录《少室山房笔丛》《列朝诗传》《带经堂集》所载事实,而子鸣六卷之集,叶氏未有述及,盖传世之罕可知矣。弇州、百谷之《传》《志》叶诗亦不详也。[①] 子鸣更有《佩萸杂录》《九华游记》《南岳东岱诗》《龙游县志》等著述,见《百谷志》中,未审尚可寻求否?原刻本有“梁溪顾氏天籁堂雕”八字,读其集中诸诗,知子鸣与梁溪顾氏游,故从而开雕其集也。(跋文第575页)

(二)续叶书

1.邹炳泰

《新刊欧阳文忠公集》残本三十四卷,明刊本,陈兰邻旧藏。莫氏补注:

①王世贞,号弇州山人,著《童子鸣传》;王穉登,字百谷,著《百谷志》。

（邹炳泰）生平雅意儒素，见于诗集及丛谈者甚详。而叶氏《藏书纪事诗》竟遗其人，伯羲所撰《补正》已及之，得之坠绪，赖其钩沉，固属艺林美事。（初编第940页）

2.端方

《南岳总胜集》三卷，宋刻本，元人王元伯旧藏。莫氏提到：

端方，讬话络氏，号午桥，又号陶斋，浭阳人，藏金石经籍至富，金石曾编目，而经籍阙如。丁氏八千卷楼之书得归于江南图书馆者，陶斋力也。所遗《忠愍公奏议》中亦有言图籍事者，叶鞠裳《藏书纪事诗》应续斯人。（初编第416页）

3.吴棠

《尔雅》二卷，从元刻巾箱本影写，滁山堂旧藏。莫氏跋曰：

卷末有"滁山堂"大方章，当是盱眙吴尚书棠遗本。棠号仲宣，官蜀最久，致仕寓滁州，故有此章，平时则以"望三益"章捺于各藏本也。张氏之洞《广雅堂诗集》有《滁山书堂歌》，中有云："忽忆家园万牙签，蛛丝茧迹无人扫。"注云："藏书甚富，率皆善本旧椠。"又云："滁山深蔚滁泉香，中有尚书读书堂。宋椠明抄四罗列，朱履白发中徜徉。不惜饼金购一轴，充栋都曾经手触。狨座牙旗十五年，长物止此堪夸目。"吴又尝聘秀水高均儒校勘经籍，见《嘉兴府志》五十二。叶氏《藏书纪事诗》未及尚书事，当补之。吴刻书有《望三益斋丛书》十八册，其自著者有《望三益斋烬余吟》二卷，《存稿》四卷，别刻《望三益斋诗文抄计谢恩褶字》一卷，《诗集》四卷，《杂体文》四卷。（跋文第77页）

此书原为清吴棠旧藏，叶昌炽未提及其藏书概况，莫伯骥从张之洞著述及地方志中，找寻其只鳞片羽，以补《藏书纪事诗》之不足。

4.元李氏种德斋、清冯驼子

> 叶氏所列书贾，宋如陈道人，明如童子鸣、胡贸楷可云略备，然如元之李氏种德斋（《松雪斋诗集》卷四有记），清之冯驼子，均应补入。伯虁所撰之《藏书纪事诗补编》已辑录多人，因论子鸣事略记于此。（跋文第575页）

三、莫伯骥补续的文献价值

上文补叶书中的“童珮子鸣”，叶书将其列入书贾，后人研究也多从书商的角度提及童珮。通过阅读莫伯骥所提材料，我们从中得知，童珮曾就学于明代著名学者归有光，以诗文游于公卿间，精于考证书画、金石，也是著名的藏书家。与当时著名文坛领袖王世贞、王穉登交谊极深。莫伯骥在《童子鸣集》跋文中提及童珮著作之一《龙游县志》，龙游另一名人余绍宋，曾主持纂修民国《龙游县志》，得到梁启超的高度评价。莫伯骥在《童子鸣集》跋文中云：

> 往者梁任公自北平函来，尝述及县人余君绍宋独立撰成《县志》，曾来饮冰室检书等语，但未悉尚有子鸣旧《志》为底本否？刊成与否亦无所闻。（跋文第578页）

莫伯骥对余绍宋的《龙游县志》是否以子鸣旧《志》为底本提出疑虑，给学界进行史料考证提供了线索。也让后人了解童珮在诗文、藏书、方志学等领域更加精彩的一面。

续叶书中提及的邹炳泰、端方及吴棠三人，有关其藏书方面的资料较少。邹炳泰曾任《四库全书》纂修官，集部提要多出邹氏之手，另外邹炳泰也为《永乐大典》本辑佚功臣。[①] 在王謇的《续补藏书纪事诗》中无。笔

①司马朝军：《〈四库全书总目〉编纂考》，武汉：武汉大学出版社，2005，第35—36页。

者翻阅今人所著藏书史①,仅在《中国藏书家通典》中有邹炳泰作为藏书家的记载"清藏书家,藏书楼有午风堂,有《欧阳文忠公集考异》,乃罕见秘本;《姜氏秘史》被杨绍和'海源阁'递藏。著述有《纪听松庵竹炉始末》《午风堂丛谈》《午风堂诗集》等"。②

另如端方,端方是近代著名人物,曾任湖广、两江、直隶总督,著名收藏家、金石学者。在任继愈主编《中国藏书楼》一书中,端方没有单独设立条目,仅在丁氏与八千卷楼里提及:"两江总督端方担心八千卷楼藏书重蹈陆氏皕宋楼流落异国覆辙,于是奏请清政府以75000元将丁氏藏书全部买下,庋之南京江南图书馆(今南京图书馆)。"③近代江南图书馆的发展,是与端方的努力分不开的,后世学者已有文章提及。莫伯骥很早就注意到端方在收藏金石文献及注重图书馆发展方面的贡献,是其价值所在。

再如吴棠(1812—1875),字仲宣,安徽盱眙人,清道光十五年(1835)举人。为官之后,好藏书,建望三益斋和滁山书堂为藏书之所,所藏多为善本旧椠。在藏书史相关资料中,任继愈主编《中国藏书楼》仅在中国私家藏书印印文图表里提及吴氏藏书印有"盱眙吴氏藏书、望三益斋、盱眙吴氏望三益斋藏书之印、勤惠公孙"④。范凤书著《中国著名藏书家与藏书楼》对吴棠及其"望三益斋""滁山书堂"做了介绍,引用了张之洞《滁山书堂歌》,但《嘉兴府志》内容及其著作未有涉及。由此可见,辑出莫伯骥所撰《叶氏藏书纪事诗补续》内容,对研究清代著名藏书家吴棠提供了更加全面有价值的参考资料。

据此,莫伯骥《补续藏书纪事诗》在研究古籍流传、藏书活动、藏书家史实等方面有重要的学术价值,不仅仅续补了叶氏《藏书纪事诗》,更为研究中国古代尤其是清末的藏书活动提供了便利。故而,莫氏此书,虽仅存残篇断句,但将其辑出,不啻为学术界提供一些翔实的新材料。

---

①肖东发:《中国私家藏书》上、下,贵阳:贵州人民出版社,2009。郑伟章:《中国著名藏书家传略》,北京:书目文献出版社,1986。任继愈主编《中国藏书楼》,沈阳:辽宁人民出版社,2001。范凤书:《中国著名藏书家与藏书楼》,郑州:大象出版社,2013。苏精:《近代藏书三十家》,北京:中华书局,2009。

②李玉安、黄正雨:《中国藏书家通典》,北京:中国国际文化出版社,2005,第456—457页。

③任继愈主编《中国藏书楼》,第1616页。

④同上书,第291页。

关于随庵藏书目之整理问题

李弘毅　张晓熹

（西南大学图书馆）

徐乃昌（1869—1943），安徽南陵人，号随庵，清光绪十九年（1893）举人，曾任过江苏候补知府、江苏高等学堂总办和淮安知府等职。光绪三十年（1904），受湖广总督张之洞委派率队去日本考察时务。光绪三十二年（1906），在办理叔父徐文达曾经手的仪征淮盐总栈中，因缉私有功，倍受器重，宣统三年（1911），被任命为江南盐法道兼南陵关监督。“晚年笃信佛法，常问净土于印光法师，深契微旨，晨夕持经礼佛弗辍。间与陈庸庵太老师、李拔可、李耆卿、朱象甫、刘翰怡、袁伯夔、狄楚青、俞濠观、姚虞琴、夏剑丞、费范九、刘锡之、冒鹤亭、程演生诸世丈时相往还，读碑题画，商讨故书古物，年已七十而精神不衰。”①“卒于共和癸未年（1943）正月二十八日申时，享年七十有六。”②随庵一生之学术成就，尤以鉴赏、收藏和校勘研究最具特色，当世罕有匹敌。其堂号有“鄦斋”“积学斋”“镜影楼”和“小檀栾室”。

①程演生：《徐积馀暨妻马氏附告哀启》，民国三十三年（1944）铅印本。

②《清授资政大夫盐法道金陵关监督南陵徐公行状》，民国三十三年（1944）铅印本。

一、随庵藏书及其书目(藏书记、藏书志)

随庵藏书尤其丰富,堪称近代私家藏书最杰出者,缪荃孙曾言:“南陵徐积馀观察,德行纯竺,问学淹雅,收藏富有,冠冕皖南。”①说明他的收藏颇具规模和特色,当然藏书也就是体现特色的一个重要方面,显然藏书目的编制就对他来说尤为重要了:一方面是可以帮助自己管理好藏书;另一方面就是更能体现出他在传承记载、传播、发展华夏文化精髓和促进人类文明进步中,官方藏书无法替代的作用。笔者仅就目前所能见到的随庵藏书目(藏书记、藏书志),略述于下:

一、国家图书馆藏抄本《积学斋藏书记》(三册)。以收藏信息上看,书中钤有:“长乐郑振铎西谛藏书”“长乐郑氏藏书之印”和“北京图书馆藏”印。也被记录在《西谛书目》,云:“《积学斋藏书记》四卷,钞本,三册。”按收藏信息看,此文献是郑振铎先生捐献给图书馆的,至于是谁所抄,原稿又在何处,这些问题均有待于细致考证。以文献分类角度来看,它是按照四部分类来进行编排的,作者曾对所收文献进行了细致校勘。所收录善本 691 部,其中经类 85 部、史类 154 部、子类 225 部、集类 227 部。这些珍贵文献仅限于宋代至明代之间,同时还涉及有少量稿本和抄本。缪荃孙在本书《序》文中言:随庵“所收国初及乾嘉时之善本尤多,以时近不入记。荃孙得国朝人文集千种,以比积馀所藏犹小巫也。”②还云:“传播经学、史学、地学、算学无所不备,书又多可传,无偏嗜、无杂糅。”③看来随庵的这个《藏书记》仅是精选善本书目记,从记载内容上看,颇具强烈时代特色,可惜的是所藏大量清儒经典文献并未收入其中。

二、上海博物馆藏抄本《积学斋藏书记》(九册)。该文选卷前有缪荃孙序,正文按经史子集四部分类。2014 年上海古籍出版社在整理出版《中国历代书目题跋丛书》中,特将其编入第四辑。据吴格先生云:此文献“皆以蓝格抄书纸工笔抄录,文字及篇目,多经徐乃昌亲笔校核删改,共

①《艺风堂文漫存》卷二《乙丁稿·积学斋藏书志序》,第 20 至 21 页上的记载。缪荃孙:《艺风堂文集》,沈云龙主编《近代中国史料丛刊》本,台北:台湾文化出版社,1966。

②《随庵藏书记序》,国家图书馆藏抄本。

③《积学斋丛书序》,《艺风堂文集》卷五册,第 945 页,文海出版社有限公司。

著录所藏典籍823部,为现知最全抄本"。

三、2007年北京保利国际拍卖有限公司春季拍卖图录载:编号为2765的《积学斋藏书记》,著录为丁巳年编,定稿本,八本。

四、稿本《积学斋善本书目》。该文献目前收藏在华东师范大学图书馆古籍书库中。是书每半叶十行,行二十字,白口,四周单边,上鱼尾,版心下印:"北洪泰"三字。右边印:"民国　年(阴阳)历　月(印号)第　号"。版框20.3cm×15.2cm,开本:22.3cm×18.9cm。书目后有跋语二篇,其一署名徐靖,并云:"该目积公亲笔,子孙珍之。"①

五、《积学斋书目》(后附《随庵藏器目》)一卷。据韩进先生言:《积学斋书目》"绿格纸。半叶十二行,四周单边。框21.9×14.1cm。金镶玉装裱。以中、铎、鼎、彝共17个器型分类著录吉金60件。器名下列旧藏家,计有青仪阁、积古斋、怀米山房、两罍轩、恒轩、蝶砚庐、刘铁云、嘉荫簃、朱筱沤、攀古楼、程木庵十三家清代著名的青铜藏家。目后又简单罗列'汉洗七种'等共30件汉、元、明古物。可知它编写于清光绪二十一年(1895),随庵时年二十八岁。卷后又接三纸,收录青铜器36件,著录较详,有与《随庵藏器目》相重复者。"②

六、稿本《积学斋藏书目》。此文献是按箱来编排的,目前藏于国家图书馆。是书每半叶十行,行二十三字,小字双行同,白口,上鱼尾,笺纸右边印:"年阴历历　月　日号　礼拜　第　号",书口下镌:"飞霞室""正大盛"。记录有四十箱,在箱之后,又是按千字文来进行排序,记录从第四十九号开始,至五十九号结束。由此而推断,说明随庵多忙于事务,其藏书未有时间整理。伦明曾言:随庵"今所藏已尽散,其佳者多归天津李嗣香"。③ 很明显反映出已经有了丢失。这样看来,这个书目是属于一个残存的汇聚目录。

七、稿本《南陵徐氏藏书目》。上海图书馆藏,一册。"所录图书,多

①该书目由华南师范大学文学院教授甘露于2002年在华中师范大学读博士期间特为笔者抄出。同时还可参见韩进先生撰写的《徐乃昌稿本书目二种》一文,见《文献》(季刊)2011年4月2期。

②韩进:《徐乃昌稿本书目二种》,《文献》2011年第2期,第56—59页。

③谭卓垣、伦明等撰《清代藏书楼发展史·续补藏书记事诗》,沈阳:辽宁人民出版社,1988,第354—355页。

为善本。”①

八、南开大学图书馆藏《积学斋书目》一卷。

九、丁福保藏《随庵徐氏藏书志》。

按以上所列随庵书目文献来看,说明随庵藏书目颇具特色,凸显出了私家藏书的特点。中国古代藏书业可分为官藏、私藏、寺院藏和学校藏四大类。这里仅从官藏与私藏方面来进行比较说明:首先,私家藏书目并不等同于公藏书目,特别是有些特色是公藏目录所未具备的,诸如编纂者之随意性、思想观,同其撰写者的个人嗜好、专业素养都有密切联系,并且充分反映在他的著述中。其次,值得说明的是,目前流传的《积学斋藏书记》,一是国家图书馆藏本三册四卷本,二是上海博物馆藏九册本,三是北京保利国际拍卖有限公司2007春季拍卖图录所载的《积学斋藏书记》六册本。据此看来,此类文献有多种抄本传世,当然笔者能够见到的文献,也仅为前面二种。柳向春曾从校勘角度将上博本与国图本来作过比较,云:“两者重合者有六百六十二部,即国图本中所收,有二十九种不见于上博本中,其中子部二十四种,集部五种。又国图抄本著录各书,题名之下亦未标注类名,与上博本之附录两种相同。综合诸种因素,大概可以推论,此本当据《藏书记》初稿本抄出。而上博本则为徐氏家藏之本,后来又经徐氏累次改定者。而改定之定稿,即上博之主体部分,均经徐氏补加类名。另外两部分,则经徐氏亲手改动,但似并未最终定稿,故未与主体部分合并,且未加类名。而其成稿,当亦较晚,为徐氏陆续撰成。”②由此证明了二者之间是有差异的。最后,关于藏书目与藏书志(记)之间的关系。当然藏书目是形成藏书志(记)的基础,而前者只需记录下书名、作者、卷册和版本就可以了,它既可从收藏角度去展现,也能依照分类来布局。庋藏查阅,咸称便利。故此,凡重视古籍的研究者,均把它视为治学中的首要之学。诸如清儒王鸣盛就曾云:“目录之学,学中第一紧要事,必从此问途,方能得其门而入。然此事非苦学精究,质之良师,未易明也。”③张之洞也于《书目答问·谱录类书目之属》自注中谈到:“此类各

①柳向春:《徐乃昌及其积学斋藏书记》,《藏书家》2013年第7期,第65—71页。

②同上。

③王鸣盛:《十七史商榷》卷一,清乾隆丁未(1787)新镌,洞泾草堂藏版。

书，为读一切经史子集之途径。”①足以说明，书目编纂是一门高深的学问。而后者之撰写，除须具备上述特点外，还更需要具有深厚阅历和专业素养等，并从“辨章学术，考镜源流”角度，对文献进行深层次的揭示。

综其所述，密切结合徐乃昌的整个生活经历而论，证明了他是具备这些条件的。故此编纂出的《随庵藏书目》和《积学斋藏书记》等文献，颇受收藏家和研究者所关注。

二、《徐乃昌日记》之发现与随庵书目的整理研究

目前发现的稿本《徐乃昌日记》，是西南大学图书馆收藏到的一部珍贵文献，该史料记录了作者从庚申年（1920）元月至戊寅年（1938）五月之间，即他乔迁到上海直至逝世前的一段重要经历。因徐乃昌身份和经历之特殊性，其文献颇受学界所重视，目前此文献已由国家图书馆出版社于2015年影印出版，这不仅保护了原始文献，更可贵的是为学界研究提供了难得的史料。其实从其史料发现过程来看，中国社会科学院文学所著名学者吴则虞先生有着巨大功劳，他曾于《皖人书录（二）》中这样叙述到：

> 他手订《积学斋书目》九本，又《积学斋日记》三十厚册，在1955年由我介绍到重庆某学院图书馆。索价仅一百元，当时我手也没有钱，以至没有留下。②

按其所述，有几点值得注意：首先，从其语言表述来判断，当然这里所言的“他”，即指徐乃昌，说明这两部珍贵文献均出自徐乃昌之手；其次，所言“某学院图书馆”，即指当时的吴先生任教的西南师范学院图书馆，吴先生当初正为该院中文系教授；再次，至于所云“《积学斋书目》九本”，经查考学校馆藏原始书目信息，仍未见有此历史记录，说明图书馆并没有收藏到此书。至于如今流失何方，还有待于新史料的发现。另外，又据其他书录信息考察，目前国家图书馆还珍藏有一部与此类似的书目，被著录

---

①《书目答问》卷一，民国十九年（1930）扫叶山房刊本。

②《安徽史学通讯》，1958年第2期，第9—10页。

为:“抄本《积学斋藏书目》,九册。”笔者曾依据书体风格、墨迹进行过综合分析,看来非为徐氏之原本,故国图专家将他们收藏到的史料定性为传抄之本,是比较准确的。至于说吴先生所见之本与此文献是有一定联系,是否可定性为随庵原稿,也仍有待新史料之发现。

《徐乃昌日记》所包涵内容丰富,仅就收藏而论,就涉及有商周甲骨、青铜器、敦煌经卷、石刻史料、名家书画和本文要论述的图书等内容。作为一位擅长于出版的文化使者来说,他的文献收藏就更具历史意义了,不仅可以支持自己出版,也为他人研究提供了重要史料,诸如罗振玉、郭沫若和陈重光等,就是最大的受益者。其《日记》的可贵之处,往往翔实记录下了许多他在鉴赏或收藏到一部珍贵善本时之感受,以及他对该文献所作的校勘内容。诸如在该文献民国九年庚申(1920)中,就多次记录到了他在交游过程中鉴赏、收藏珍贵善本的一些情况:

二月初七日,先荣禄公忌辰。到仁济堂,翟展成同年来讯询春振,约初十先后来申。辛大宗、周友梅来谭。菊生约往型华酒叙,雪琴、沅淑、古微、聘三、孟苹、翰怡同坐。孟苹有北宋本《化书》大字本,得于湖南,价四百元。沅淑借校于宝颜堂秘集本。沅淑云:“《道藏》本北京白雪观本《北藏》已胜于秘籍。北藏出于宋本,南藏则非南京瓦官寺本,系《南藏》今已遭粤乱散失。今北宋本又胜于《道藏》矣。”《道藏》据近考查所知者有三本,北京白云观、上海白云观皆有《北藏》本、河南南阳元妙观亦有一本,《南藏》《北藏》未之知也。释藏明支那本如皋定慧寺有全帙,他日当往观之。《释藏》亦有南、北藏,梵夹本《南藏》半页六,《北藏》半页五。许灵阴有支那本释藏,稍有残缺,戊辰年为来青阁收得,遂劝李季皋以一千八百元购之,庚午十月记。黄吉周由苏来交新裱成南宋搨本《怀仁集圣教序》,此本旧为杨大瓢藏,有跋,后归道州何氏子毅,亦有题款,裱工价六元。又去冬裱成《天玺记功碑》屏,价十四元,均付清。答拜顾鼎梅①,座中晤丁辅之②,逡同至怡园。

初八日,晨同沅淑③、孟苹④至涵芬楼观善本书:《周易经传》九卷宋刻宋印本,单注,补钞七八九,共三卷。半叶十行,行十六字,小廿四字,白口,四周双线,板心上记字数,板心下记刊工人名,鱼尾有壬戌刊,壬申重刊,癸丑重刊。卷一第十六叶尾下有"开禧乙丑换"五字。《礼书》一百五十卷宋刻宋印,皮纸。《周易要义》宋刻宋印,皮纸。存一上、一中、一下、二上、二下、七上、七下、八、九、十,共十卷。阙三上、三下、四上、四下、五上、五下、六上、六下,共八卷。半叶九行,行十八字,白口,单边,板心上记字数,板心下记刊工名。《礼记要义》卅三卷,宋刊宋印,皮纸,板式同《周易要义》,阙首二卷。汪启淑、郁松年、丁日昌旧藏。有金锡寿嘉兴人跋。《汉书》一百廿卷,宋景祐本,元大德、明正统补,绵纸印。半叶十行,行十九字,小廿六字,白口,单边,板心下有刊工人名。张芙川藏书,李兆洛、钱天树有跋。黄荛圃手记,景祐本叶数补配,大德、正统板修叶数。《史记集解》一百卅卷,宋刊元明修补本,黑口,四周双线。补板至弘治止。弘治板心上有监生程孙蕙四字。半叶十行,行十九字,板心上记字数,板心下记刊工人名。《资治通鉴考异》卅卷,建本,宋刊宋印。半叶十一行,行大字廿字,小廿三字。《通鉴纪事本末》残本,存廿二卷,宋刊宋印,绵纸。半叶十一行,行十九字,白口,板心上记字数,板心下记刊工人名。《通鉴续编》残本,元刻元印,黑线口,半叶九行,行廿二字。《宋史全文续资治通鉴》,元刻元印,残本,黑线口。半叶十六行,行廿六

---

①顾鼎梅(1875—1949),浙江绍兴人。博雅好古,擅书法,汉隶饶有古趣,画则以白阳、新罗为宗,为上乘之文人画。尤精碑版金石目录之学。

②丁辅之(1879—1949),原名仁友,又名仁,字子修,又号甫叟,鹤卢,守寒巢主。因得赵之谦为其外祖父魏稼孙所刻"鹤庐"印,遂袭用其号,浙江杭州人。八千卷楼丁松生后人,家富收藏,嗜甲骨文,尝以甲骨文撰联成册,又喜篆刻。为西泠印社创始人之一。

③傅增湘(1872—1949),近代版本目录学家,藏书家、教育家。字润沅、沅叔,别署双鉴楼主,晚号藏园居士,江安县人。清光绪二十四年(1898)中二甲六名进士。选翰林院吉士,授编修。光绪三十一年(1905)先后创办了北洋女子师范学堂、京师女子师范学堂等多所学堂(另有天津女子公学等)。宣统元年(1909)兼署直隶提学使,任内大力推行小学教育,尤重视乡村小学的建设。宣统三年(1911)武昌首义后选为北方议和代表。嗣被选为全国约法会议议员。1917年任北京政府教育总长。因长期从事图书版本目录、校勘古籍研究,购得珍本图书收藏达20余万卷,著《藏园群书经眼录》《藏园群书题记》《双鉴楼善本书目》等。

④蒋孟苹,近代吴兴著名藏书家,并以"密韵楼"为其藏室。

字,存十二、十六、十七、十八、十九、廿七、廿八、廿九、卅、卅四,共十卷。《资治通鉴》宋刊元修本。半叶十一行,行廿一字,每叶有小耳,白口,上记字数,下记刻工人名。《古史》宋刻明印本。半叶十一行,行廿二字。《新刊黄帝内经素问》廿四卷附《亡篇》宋刊宋印巾箱本。半叶十行,行十八字,黑线口,目录后有牌子:“读书堂刊”四字,板心上记字数,前宝应元年王冰序,后有题名一行:“将仕郎守殿中丞孙兆重改误。”又林亿等校正序。后有题名三行:朝奉郎守国子博士同校正医书上骑都尉赐绯鱼袋高保衡;朝奉郎守尚书屯田郎中同校正医书骑都尉赐绯鱼袋孙奇;朝散大夫守光禄卿直秘书阁判登闻检院上护军林亿。每卷有启玄子次注,林亿、孙奇、高保衡奉敕校正,孙兆重改误。《本草衍义》宋刻宋印残本,存卷六至卷二十,阙卷一至卷五。半叶十一行,行廿一字,白口,上记字数,下记刻工人名。每卷首有:“通直郎添差充收买药材所办验药材寇宗奭编撰。”卷末有:“庆元乙卯秋八月癸丑识。”结衔题名四行:“段杲、徐宇、曾亨、江涔。”又一行:“朝奉郎权江南西路转运判官吴猎。”《历世真仙体道通鉴》元刊元印本。存卅四卅六,共二卷。半叶十二行,行廿三字,黑口。《论衡》三十卷,三朝本。半叶十行,行廿字,板心上记字数,明补本改年号,下记刻工人名,亦有不记。《续世说》十二卷,影宋钞本。半叶十行,行十八字,目录后有黑牌子:临安府陈道/入书铺刊行。《静修先生文集》廿二卷,元刻元印本。黄丕烈旧藏。半叶十三行,行廿一字,黑线口。《清容居士集》五十卷,元刊元印本。半叶十行,行十六字,白口,单边。游半淞园,午刻赴李伯贞兴华贞元会,酉刻洪希甫倚虹园之约。阚霍初、陈知白名榆阴,戒安子来未晤。向古书流通处取《齐山岩洞志》廿四卷,青阳陈蔚撰,嘉庆十年刻,码洋八元。《元和郡县补志》江宁严观撰,乾隆四十年刻本。岱南阁本《元和郡县志》,附严观《拾遗》二卷,码洋八元。岱南阁本初部附补志,后印本有之,即严观刻本。《书目答问》云:“拾遗二卷误也。”口九时,淑畹由宁回。

从以上所述两则内容可以看出,《徐乃昌日记》记载的内容十分丰富,是完全可以补充到随庵藏书目录和藏书记中去的。诸如(五代)谭峭撰《化书》六卷,虽然在《积学斋藏书记》中已有了记载,而以这里所述来看，亦能将其校勘内容更为完善。同时，《徐乃昌日记》所记录作者收藏到的珍贵善本亦有不少，有许多是以前在编纂书目（书志）中未能记录的内容，看来这正揭示出了私家藏书的典型特色，并且说明西南大学藏稿本《徐乃昌日记》颇值得研究者重视，如果说有学者能够结合随庵以前编纂出的书目、藏书记进行研究，定能整理出一部比较翔实的随庵书目和藏书记来。尤其在这方面的探索，对近代私家藏书史之撰写，版本目录学的深入研究，均会有促进作用。

对于私家目录、藏书记之整理，均是学界长期关注并进行深入探讨的一项重要内容。清儒王鸣盛就这样谈到过："凡读书最切要者，目录之学。目录明，方可读书，不明，终是乱读。"①不管它是公藏，或是私藏目录，对于指导人们治学和探讨，均是大有帮助的。研究者尤其应该清醒认识到，私藏家的文献珍藏特色，同其收藏者之嗜好、学养是有着密切联系的，同时其保存传承之功，也更优于官方藏书。并且这些特色在随庵撰写并编纂《藏书记》《藏书目》和《日记》时均展现得尤为突出。如果探索者围绕这些文献中记载的独特内容开展与之相适应的创新学术研究，将来必定会取得较佳的学术成就。

①王鸣盛：《十七史商榷》卷七，清乾隆五十二年（1787）洞泾草堂刊本。

《广州大典》僧人诗文集二种述论

李福标

（中山大学图书馆）

《广州大典》集部收历代现存广州僧人诗文集总计12种，[①]这固然是历史上曾经出现过的诗文集文献的一小部分，却也是极重要的一部分，能从一个侧面大致反映出古代广州地区佛教文化的发达程度。其中有2种清代僧人文集《月鹭集》《虚堂诗集》，以前仅见于史志之著录，一般书目文献不见其踪迹，[②]可想它们尘封久矣，几于失传。《广州大典》从南京图书馆、上海图书馆搜集影印，善莫大焉。惜其亦未得全帙，《月鹭集》仅有前集而后集不见，《虚堂诗集》原有十卷而仅得七卷。这虽于这两部诗文

①其中别集有李云龙（二严和尚）《啸楼遗稿一卷》（集部432册）、释函昰《瞎堂诗集二十卷》（集部434册）、释今释《遍行堂集四十九卷续集十六卷》（集部434、435册）、释一机《涂鸦集杂录一卷文部一卷书问二卷》（集部436）、释大汕《离六堂集十二卷近稿一卷二集三卷潮行近草三卷》、释今无《光宣台集二十五卷》（以上集部439册）、释古云《月鹭集十卷》、释成鹫《咸陟堂集二十五卷二集八卷赋一卷诗集十七卷》（以上集部440、441册）、释古奘《虚堂诗集十卷》（集部442册）、释纯谦《片云行草一卷》（集部443册）等10种，总集有周大樽辑《法性禅院唱和诗六卷续集六卷》、徐作霖等辑《海云禅藻集四卷》（以上集部515册）2种。

②冼玉清《广东释道著述考》著录，称未见。《中国古籍善本书目》未著录。

别集的点校整理与传播工作有所不便,①但仅存的部分自具其特殊的文献价值,对于考察清康熙中后期广州地区佛教文化及当时佛门文学活动颇为重要。今对此二种别集略作讨论,聊供学界研究之参考。

一、释古云及其《月鹭集》

《月鹭集》十卷,清释古云撰。清康熙刻本。原藏南京图书馆。原书板框高17.6cm,宽12.cm。前有康熙三十年(1691)张进箕序、刻集法属名单。卷端题"月鹭集　释古云不挂著",而不标卷次;书口上镌书名,下标卷次及该卷内容。卷一序15首,卷二序6首、说6首,卷三记7首、题5首、引13首,卷四疏55首,卷五启6首、尺牍8首、赞5首、祭文7首、碑1首、赋1首、附颂古13首,卷六五古15首、七古8首、排律2首,卷七五律89首,卷八七律64首,卷九七律76首,卷十五绝4首、七绝21首、词22首。

释古云,字云庵,广东增城人。俗姓周,名瑞骃。少师从增城举人湛子云,勤奋好学,于书无所不读,得甘泉《心性图》,深窥其奥。橐笔砚应有司试,日益有名。年二十六弃诸生,入广州海幢寺,礼阿字,呈偈言,阿前首肯之。遂付以法。时澹归今释亦着僧衣在海幢,古云因请教甘泉心性之学及白沙"静定端倪"之旨,曰:"我亦从此来。"良久再问,即起去。古云沉吟曰:"此老从儒来,所学饱饫,岂欺我哉。"遂尽焚书籍笔砚,一意修静,潜行密证,长养圣胎,益信陈、湛所传为不虚矣。尝曰:"禅者,六波罗蜜之一耳。彼侈言大乘,专以伸权竖拂为能事,不至堕鬼国不止。"故终其身以宗、律并行,持戒称精严焉。康熙乙酉(四十四年,1705),嗣阿字主法席,皈依方丈者千余众。时与古云分席雷峰者有丽南。后古云得法

①以上诗文集文献,李云龙(二严和尚)《啸楼遗稿一卷》、释函昰《瞎堂诗集二十卷》、释今释《遍行堂集四十九卷续集十六卷》、释一机《涂鸦集杂录一卷文部一卷书问二卷》、释大汕《离六堂集十二卷近稿一卷二集三卷潮行近草三卷》、释今无《光宣台集二十五卷》等,曾在《广州大典》编峻之前即已经中山大学古文献研究所主持、中山大学图书馆等单位参与点校整理,且大部分已经以《明末清初佛门史料丛刊》(第一辑、第二辑)的名义,于2006年至2015年间先后由中山大学出版社、广东旅游出版社出版,少量未出者也已交付出版社待印。而其中释古云《月鹭集》十卷、释古奘《虚堂诗集》十卷却没有引起整理者的注意,或即限于条件而未搜访到全本,故未列入点校整理计划。

门人有四:传铎,字非铃;传渔,字智壑;传严,字慧轮;传晟,字丽南。慧轮住海幢,丽南住雷峰焉。年八十入寂(嘉庆《增城县志》言"世寿八十一,且索汤沐入寂")。著有《金刚铦义》《圆觉经义》。其为诗有《月鹭》前、后集,皆俊朗,迥然于尘坌之外。并撰有《丹霞山别传寺重建普同塔志铭》《海幢鼎建禅堂改建客厅功德碑记》等文。以上生平,据乾隆《番禺县志》卷二十、嘉庆《增城县志》卷十五、同治《番禺县志》卷二十等撮录之。今按,其生平各书所载略有出入,乾隆《番禺县志》、同治《番禺县志》称其"年二十六弃诸生",而嘉庆《增城县志》言"年三十六"入海幢。以一个饱读诗书,对理学又有深入研究的诸生来说,年三十六弃儒入佛,或许是比较切合实际的。又,其主海幢法席,据今藏广州海幢寺《海幢法系图》目之,其实也不是直接承继阿字今无而来。康熙二十年(1681)今无示寂之后,海幢寺住持在古云之前尚有以下几位:(一)角子今龘(?—1710),曹洞宗第三十五世,函昰第七法嗣。于康熙二十一年(1682)继今无主法海幢寺。后又于康熙三十一年(1697)继乐说今辩二度住持海幢寺,至康熙三十六年(1697)迁丹霞别传寺后,由其嗣法徒古奘继之。(二)乐说今辩(1638—1697),曹洞宗第三十五世,函昰第六法嗣。主海云、海幢两山,至康熙三十一年(1692)迁福州长庆寺法席。(三)愿来古奘,曹洞宗第三十六世,今龘和尚法嗣。康熙三十七年(1698)以首座继席海幢。(四)尘异今但(?—1732),曹洞宗第三十五世,函昰第九法嗣。康熙四十二年(1703)受请入主海幢法席,至康熙四十四年(1705)由今无法嗣古云继之。(五)云庵古云,曹洞宗第三十六世,今无阿字法嗣。康熙四十四年(1705)入主海幢,寂于康熙五十年(1711)。可见,在今无之后,古云之前,海幢寺尚有四位五任住持。古云年八十示寂,由康熙五十年上溯八十年,则古云生于明崇祯四年(1631)。古云为海幢住持时已经是七十五岁高龄了。除此之外,又据今无《光宣台集》、徐作霖等编《海云禅藻集》等可知,释古云曾为释今无之书记。今无示寂后,古云撰有《海幢阿字无禅师行状》,又与释古正一同编辑今无《光宣台集》二十五卷。

书前张进箕序云:"但愿空诸所有,慎勿实诸所无。万语千言,见一丝之莫挂;三玄五位,借半偈以全提。花放管城,凝艳飞香,岂是寒崖枯木;蛟腾学海,唾珠咳玉,无非甘露醍醐。若言文字非禅,试问如何学佛?师幼本儒林,久参洞下。吟风咏月,坦风月之襟怀;勺水锄云,适水云之兴致。雷峰顶上,助狮吼已多年;海寺堂中,留凤毛于异日。恨识荆之不蚤,喜读稿之无遗。麈尾春风,淑气尽舒茗叶;鹞头秋水,深情不减桃花。丰姿类鹤,笔墨犹龙。诚哉是白社之白眉,信矣动青莲之青眼。钵囊好句,光分骊项之珠;瓦缶喑声,响愧雷门之鼓。命题弁首,不弃菲葑。敢拂知交,固辞不敏。谨陈鄙俚,附骥佳章。时康熙辛未季春朔日上谷小野山人张进箕题。"康熙辛未,即康熙三十年(1691),此时古云年六十,尚未主海幢。则《广州大典》所收此集为《月鹭集》前集无疑,而后集不见。张进箕,未详。

前"刻集法属"名单列有:"方丈乐和尚、尘异大师、洞林徐公、兀堂师太、大持何公、子兼方公、巨潜王公、融虚师兄、重吕何公、赤冈湛公、观大师兄、起慧师兄、会木师兄、子万方公、慈元许公、定池师兄、者赓黄公、君博郑公、躍生何公、千长黄公、禹闻郑公、直上黎公、礼孟梁公、翰客列公、雪木师兄、五长卢公、自声师兄、喈莑林公、汧甫秦公、嵩峰禅师、尹子罗公、野塘崔公、敦成汤公、声序黄公、衍慈廖公、昌紫王君、泝游郑公、飞卿湛公、湫霞师兄、坚六师兄、远云师兄、超汉师兄、俞飏崔公、尊生梁公、本明师兄、慧办师兄、际斯高公、定生禅师、自破师兄、元一许君、湛斯梁君、昂远许君、知一师兄、义圆师兄、辅之屈公、守约湛公、汝梅郑公、畹九黎公、紫函郑公、元赞张公、锦尚郑公、载道汤公、博雅张公、刚际郑君、南柄师兄、珠存师兄、同三马公、震白师兄、大严师兄、平如师兄、泽沾何公、净止师兄、调六上座、专品上座、挂云上座、容光师兄、鹫如师兄、程万何君、脱三师兄、霁光师兄、镜觌上座、末啰师兄、非两师兄、含屿师兄、澜宗湛君、俨望郑君、痴卖上座、自宁上座、而大上座、公载林君、慧平上座、进者上座、旦复曾君、景从吴君、乔卓何君、文布刘君、砺白上座、琼客区君、翔盛上座、乐五上座、非雪上座、堪大上座、伊佐上座、河带徐君、六严禅师、俊千邓君、迹臣李君、作干黎君、人泽上座、体大上座、非铃上座、善择上座、盘谷上座、元澄上座、法岸禅师、莫吾梁君、知幻上座、会初上座、百谷凌君、际有禅师、羽尧莫君、厥桐梁君、沃心师兄、豁融师兄、铁林禅师、殿华梁君、海容师兄、祥之方君、之屏孔君、樗木师兄、赤水上座、慧海上座、智确上座、瑶林上座、会千上座、福严上座、翔焕上座、乃参郑君、尚陶郑君、魁先刘君、法泉上座、解雪禅师、圣幢上座、阜生陈君、圣时汤君、直指禅师、维襄秦君、凌虚上座、麒匹家弟、贲新家男、廷诏廷誉家侄。”今按，从此“刻集法属”看，列名第一者为今辩乐说，时为海幢方丈。所列僧人，当大多为海幢常住，对于考察海幢寺的历史无疑是一份难得的文献资料。从这份名单也可反映出古云在海幢寺的地位，古云诗文在当时的影响。而此《月鹭集》刻本当为康熙海幢经坊刻本。

二、释古奘及其《虚堂诗集》

《虚堂诗集》十卷，清释古奘撰。清康熙五十八年(1719)刻本。原藏上海图书馆。原书板框高 18.2cm，宽 13.5cm。卷端题“獦獠蛮古奘愿来著”。前有曾隆志叙、自叙。卷一五古 19 首，卷二五古 25 首，卷三七古 13 首、五言排律 1 首、四言 2 首，卷四五律 72 首，卷五五律 94 首，卷六五律 87 首，卷七七律 62 首，卷八七律 63 首，卷九五绝 147 首，卷十七绝 91 首。

古奘，字愿来，小字拾影，号影堂。广东新会古冈人。俗姓汤。吴逆之乱，兵入粤，汤氏一门三十余口遇害，古奘方在襁褓，婢负之坠楼，逃置草坡。僧惟一遇之，偶见其影，因拾得，养之，名拾影。四岁能赋《白莲诗》，共称再来人。长参角子禅师。初，粤僧惟空隐一派为盛，空隐传天然，天然传阿字、澹归，阿字开海幢，澹归开丹霞。其长庆、栖贤，皆天然之徒分住。中多隐君子，不遇于时，激而遁其间，不欲留姓氏于当世。角子名葿，其父今如乃新会黄秀才。角子童年受道法，继阿字住海幢，一夕梦唐僧陈玄奘入室，明日古奘来参，语甚合，因付衣钵，立为首座，改名古奘，应梦也。角子入丹霞，古奘遂住海幢，后徙别传及长庆、栖贤。性至孝，念家破，值己生日，哀感经旬，门弟子毋敢以师诞语人。与成鹫交好，诗文书札，时有往来。所著有《虚堂诗集》《蠹余集》。乾隆《番禺县志》卷二十有传。按，据《虚堂诗集》十卷，还可以了解到古奘人生经历的诸多细节，今试胪列如下：

(一)《虚堂诗集》卷三《闰中秋歌》诗有云：“皇帝龙飞四海一，在宥于今五十七。中间两见闰中秋，前者庚申今戊戌。野老马齿亦五十，对此清光百忧集。"此诗主要叙述他幼年的悲惨遭遇,作于康熙五十七年(1718)。诗云"野老马齿亦五十",则知古奘生于康熙八年己酉(1669)。时古奘方四岁,三藩之乱起,他亲身经历全家罹难的全过程,深刻地影响其一生。诗中言及之庚申,即康熙十九年(1680),时古奘年仅十一岁。幼年的记忆是如此血腥,以至每到中秋月圆都是他的噩梦。(二)卷二《壮游》诗云:"忆昔十八九,桂江恣游戏。朝登独秀峰,暮寻明月寺。秉烛仙人床,摩挲党人记。"又游南岳、洞庭,云:"时携二三人,更鼓潇湘枻。遥看南岳峰,祝融独高峃。芙蓉知几许,一一水底翠。长沙与洞庭,万里随俯视。""兴阑入庐霍,栖心金轮地。"读此诗,可对古奘的青年时代有一个大概的了解。(三)据书前序曾隆志叙,古奘十九岁时,即康熙二十七年(1688),由高凉返广州海幢寺。(四)卷三《丁丑春余从吴越归谷阳,未几有苍梧之役,旅榻金山,夜长难寐,秋风攒思,辄题十二韵以志所怀》诗,诗云:"我生类蓬梗,行止信飞沈。十纪归梅市,浃旬及桂林。"谷阳,即古镇江。金山,即金山寺,在镇江西北。梅市,在今绍兴市境内。相传汉梅福避王莽乱,至会稽,人多依之,遂为村市。此即诗中所谓"吴越"。苍梧,在今广西梧州市西北,此代指桂林。丁丑,即康熙三十六年(1697),时古奘二十八岁。(五)据《海幢寺法系图》载,愿来古奘于康熙三十七年(1698)以角子今跫首座继席海幢,至康熙四十二年(1703)尘异今但受请入主海幢法席止,主海幢寺六年。(六)《虚堂诗集》卷七《小除前七日立春作》:"又见春归小岁前,愁心一倍入新年。"诗中原注:"甲申年小除前五日立春,余于雷峰与先圆兄有作。"甲申,即康熙四十三年(1704),时古奘于海幢退院往丹霞别传寺。又,同卷有《丹霞立春作》诗,亦作于同时。(七)卷二《九哀诗》,叙云:"岁丙戌,苍梧山寇横野,劫掠乡村又不知其几,独临水乡黎氏全家毙于火中,无人哀之。余是时寓渠渠庐,睹其事,有所感焉。遂作五古一篇,用慰冤魂。言之凄怆唏嘘,亦莫知其然而然也。因其九人,故名九哀云。"丙戌,即康熙四十五年(1706)。诗既写苍梧事,则古奘时当在苍梧(即桂林)。(八)卷七《丁亥琼南客中除夕与诸公作》诗。丁亥,即康熙四十六年(1707)。时古奘渡海在海南。诗云:"三年空谷听猿猱,今日谁知泛海涛。幕府有情怜故旧,山僧无意出蓬蒿。未知明岁归何处,且喜今宵伴尔曹。笑杀东风多事甚,年年飞入鬓边毛。"(九)

卷七《春日琼南客中书怀》诗，次于《丁亥琼南客中除夕诸公作》诗之后，当作于戊子年(康熙四十七年，1708)。诗云："我亦崎岖南北人，五年两度海南滨。曾无一事干时贵，剩有三衣惹路尘。明月清风庐岳寺，红泉翠壁祝融春。愁心莫问今多少，落尽繁花草又新。"在海南时与范总戎相交，有多首诗涉咏此人。又，卷二有《戊子初夏，一峰范总戎有朝觐之行，余亦将渡海还山，离思苍茫，感激良多，赋此奉送并以为别》诗。所谓"还山"，即还海幢也。则知此前古奘退海幢方丈之后，渡海去琼州。初夏欲还海幢，则经海陆路抵达广州时，当在五月。本年十二月八日，天然和尚寂后二十三年，雷峰海云寺新建瞎堂成。古奘撰《戊子腊八雷峰瞎堂新成纪事》诗纪其事，有云："吾祖天然翁，千载投针芥。少小穷太极，粃糠帝尧世。三自上黄岩，坐断金轮际。沐浴扶桑日，声光何赫大。宝镜悬高空，天人皆拥彗。家风承渊源，缜密自相济。十坐菩提树，叶落乃归柢。室中狮子儿，再请法轮继。大道无去来，还家儿孙计。"见《虚堂诗集》卷二。(十)卷八《寄答关敬叔孝廉》小引云："敬叔昆仲，苍梧之高士也，与余平生厚善，余每思投老苍梧者，盖为二公焉。戊戌秋，公有书相招，复以己丑闻余将还苍梧，作诗志喜长句见示，余因感知己之深，未能即往，聊述七律一首寄之。"戊戌，即康熙五十七年(1718)。己丑，即康熙四十八年(1709)，古奘还桂林。(十一)卷七有《庚寅元旦心公过访以诗见示作此奉答》诗。庚寅，即康熙四十九年(1710)。又，《将之丹霞留别云庵和尚》诗次于其后，当同年所作。又，其后有《海幢病中书怀》诗："销磨药里半风波，四十飞腾早晚过。卧疾维摩殊不减，买山支遁本无多。萧条古道惟高枕，淡泊空门附一歌。莫怪年来频抱病，除将抱病更如何。"又，卷七《生日书怀》诗云："又是秋林落故枝，飞腾四十不胜悲。"古奘四十岁时，即康熙四十九年。本年又有《初秋还丹霞作》诗。则古奘往还于海幢与丹霞之间。(十二)次年，即康熙五十年(1711)，约有《喜许苍岚明府携姚耘书杨其渊诸公入山》诗："预恐明年当此景，碧天无路接清尘。"诗中原注："时余将入长庆。"又有《同许明府诸公听天然岩瀑布》《将之长庆留寄许明府》《寄姚耘书》《将之怡山留别许明府》《次韵答许明府送余之怡山》等诗，见《虚堂诗集》卷七。(十三)卷七又有《癸巳初春敬叔金中使衔旨奉其尊公先大方伯灵榇还京于其临行作此奉送》诗。金敬叔，未知何人。又,卷一《滕王阁》诗,叙云:"予往来南昌数矣,舟泊阁下又不知其几许。癸巳秋,从八闽还,故人强邀之,始乃一登临。因作是诗,以纪一时之兴云。"癸巳,即康熙五十二年(1713)。卷五虽残阙,但据书前目录有《癸巳初夏博山剖云和尚枉顾病庐以佳章见示作此奉答》诗,卷八有《癸巳初夏送天昭于防御奉祖大将军命入北请皇恩特赐龙藏》诗、《季夏晦日麦仲诒陈亮畴集海幢方丈分赋得十五删》诗,卷五有《癸巳初秋电生还羊城省觐,余亦入武夷深隐。廿年友朋一旦分睽,天涯之情,有不可言者。漫作此送之并以为别》,可以考知此年古奘的大致行迹。(十四)卷八《甲午岁暮承秉公大士枉道入山作此送别》诗。甲午,即康熙五十三年(1714)。(十五)卷六有《乙未冬三山长庆两序诸公专使入丹霞于其将归作此寄之》诗。乙未,即康熙五十四年(1715)。(十六)卷九《山居》十四首小引:"丁酉夏予于海幢,智公出《山居》五律三十首,情真语确,读者知其为云际孤鹤也。时欲和之,以应酬未暇。戊戌春,丹霞无事,偶检憨大师集中有五绝十六首,意味深远,盖善于言道者。余慕之,遂冲口而出,信笔而书,得诗十四首,非敢与古人较胜,亦各言其志而已矣。因寄智公,聊见千里同风云。"丁酉,即康熙五十六年(1717);戊戌,即康熙五十七年(1718)。又,卷十《丹霞新岁即事》诗其五:"恨不松风作食斋,愁添盐米作生涯。海田忘味三年断,廪鼠嗔人两月乖。"诗末原注:"山中无施盐三年,且岁又荒,大众断粮两月,真无可以告诉者,悲夫!"当作于此二年间。(十七)卷八《寄答关敬叔孝廉》小引云:"敬叔昆仲,苍梧之高士也,与余平生厚善,余每思投老苍梧者,盖为二公焉。戊戌秋,公有书相招,复以己丑闻余将还苍梧,作诗志喜长句见示,余因感知己之深,未能即往,聊述七律一首寄之。"戊戌,即康熙五十七年(1718)。

书前曾隆志叙云:"譬之车,才,轮辐也,法,衔勒也,借古人之法以驭吾才,而立言之能事毕矣。诗者,言之有韵者也。五七言近体,言短而韵长,为法更严且难,非才、法兼者不能致其精。今之学者限于学之所不精,苟而之俚焉,屈于气之所不举,诡而之险焉,而风雅之道病矣。吾友愿兄和尚,负绝群之资,于世出世典,靡不一览洞然,所为诗尤清超健隽,虽未尝拟一李青莲而效之,而得意处偏能酷似海内,固多才士哉。予必为兄首屈一指,以其随意纵横而格律老成,实能兼才与法之全,神契古人而不为古人所拘也。明诗人惟徐昌穀才近太白,有称于时。近日则吾粤屈翁山笃好学李,洒笔千言,直跻青莲之堂奥,咀嚼其菁英,足以踜跨侪辈,一时亦罕与抗衡者。兄后翁山四十年而生,幼丁家难,既而被僧服,每视其侪辈所为诗,辄读不终首弃去,曰:'吾意殊不尔也。'及其自作,往往有超诣之句,雅不自是。十九岁,从高凉返广州,受戒具,予始见其诗,惊曰:'此太白一瓣香也。翁山而后无人得此笔者矣。愿益自爱重,十年后必有知君者。'兄笑而退。旋出岭参方,未几复入岭,得法于丹霞角子龍和尚。慧海昭融,肆口而谈,无非妙谛,奋笔所就,悉达璇源,洒洒洋洋,若出天汉银潢之水而下注也,又匪直始予向之所惊者矣。是诗乃兄之剩技而剩者,已自足传。兄著作颇多,不自爱重,随手散逸,今所刻止近体若干首,厘为若干卷,皆侍僧掇拾于焚弃之余,存什一于千百者。夫近体难工,较古体为甚。束长篇于数十字之中,叶律谐声,行八达之衢,去鄙俗而存大雅,浑才、法于无可见而才与法益神。子曰:'言之不文,行而不远。'兄之诗有道之文,文之至者也。御锋车而趋宝所,行无弗届,兹其轮蹄之偶见者乎。兄方受八闽之请,法舆已戒,侍僧来问序,因车以为发端。同参弟曾隆志伊甫和南。"

自叙云:"人各有性情不同,人各有诗不同。人之性情不同,犹如其面;人之诗不同,又若其性情。今之人,必求其同乎己者谓之佳,异乎己者谓之恶,此诚与吾好尚有大相径庭者焉,何也?譬如一人以手障自己之面目,认他人之面目以为己有,观者必以为狂妄,况乃自己之诗,自己之面目,自己之性情,而认他人之诗、他人之面目、他人之性情、他人之好尚,而为己有,可乎?孔子曰:'诗三百,一言以蔽之:思无邪。'此诗吾之性情也,吾之思也。若夫邪之与正,观者自得之,予何言哉。倘求之于声律、索之于工拙,吾之诗、吾之面目性情,失之久矣,吾又恶乎言哉。昔丁敬礼曰:'文之佳恶,吾自得之。后世谁相知定吾文者。'曹子建叹为达言。吾乡李燕客先辈自评其诗,亦曰:'吾之诗美恶,惟吾自知之。'此二人者,不求知于人而人自传之。吾则不然。夫臭,人之所恶者,而北海有逐臭之夫。吾诗,吾之臭也。逐者亦可,不逐者亦可,吾之诗吾之面目性情,未尝因人好恶而失之也。且夫学道人,诗乃剩伎,又恶可刻刻于臭中求其好恶耶?杜少陵有言:'文章一小技,于道未为尊。'予于此亦云,幸毋索我于优孟衣冠可也。予稿三十年前者尽已失散,今之存者同学电公、侍者丽舟所录,然亦仅存五六耳。盖予平生疏懒,随手应酬则已。故所存者止此。因同学之好,故授之梓人,以公之逐臭者云。'康熙岁次己乡二月花朝日古冈释古奘题于丹霞长老峰下。"今按,己亥即康熙五十八年(1719)。序中云"予稿三十年前者尽已失散",三十年前,即康熙二十八年,时古奘二十岁(详见下)。古奘四岁能诗,至二十岁时固已创作颇夥,而此《虚堂诗集》是其后所作者。二十岁至六十岁,也正是其人生经历最为丰富,文学创作日渐成熟而最为丰产期。这一时期的诗作结集,基本能代表他一生的诗歌创作成就。六十岁以后,古奘的创作也绝不会停歇。惜其另一诗文集《蠹余集》不见,倘是六十以后之作,亦当有不少精彩内容无疑。

《广州大典》所收《虚堂诗集》亦为残本,其中卷四、五、六不见,当是原藏本第二册遗失。原书钤"知非楼所藏书"。

三、二种诗文集的价值

这二种诗文集虽非古云、古奘二人诗文创作的全部,但其于佛教历史和文学的价值仍然是不可低估的。

(一)可藉以考察真实不虚的社会生活,与史志相印证

如前所述,古云、古奘其诗文集无疑是了解他们个人生活经历的第一手材料。不仅如此,他们还活生生地展示了历史的细节,可供史官采摘。如古奘《虚堂诗集》卷三《闰中秋歌》诗云:"皇帝龙飞四海一,在宥于今五十七。中间两见闰中秋,前者庚申今戊戌。野老马齿亦五十,对此清光百忧集。岂无好友共盘桓,转见欢来翻成泣。忆昔鲸鲵横波澜,高凉都邑皆凋残。千家万家冻饿死,白鸟啄屋屋瓦干。其中最苦又梅麓,新鬼烦冤旧鬼哭。盗贼杀人如杀畜,血流填河河水浊。是时余亦在烽火,老者被缚少被祸。三十口人惟孤身,巢倾岂得卵不破。转眼苍茫四十春,旧事今来愁更新。休教明月照花前,好使浮云埋玉轮。玉轮纵埋愁不已,忧从中来岂能止。父兮母兮安可知,白骨青山谁烝祀。皇天雨露思滂沱,胡为闲人独偏颇。明月明月奈尔何,予生哀乐何其多。呜呼!予生哀乐何其多。"高凉,是古代岭南极重要的古郡县,乃汉武帝元鼎六年(前111年)置,是合

浦郡五属县之一，县治址在今高州长坡一带。今之恩平、阳江、阳春、电白、茂名、高州、化州、吴川皆其属地。诗中叙“忆昔鲸鲵横波澜，高凉都邑皆凋残”一段，即指康熙十二年十一月吴三桂据云南起兵，攻湖南诸省之事，即方志中释古奘传所谓的“吴逆之乱”。

古奘因其自身的悲惨经历，对耳闻目睹的人间苦难特为关注。《虚堂诗集》卷二《九哀诗》前有序，见前引。其诗云：“树头树尾乌，啃啃绕回廊。欲飞不肯飞，含情久低昂。是时日庚寅，返照入空堂。主人千里归，楼上灯烛张。大妇烹鲤鱼，鱼眼赤浪浪。小妇携两婢，嬿婉罗酒浆。酒浆犹未终，哀伤忽在旁。前门走萑苻，后门揽衣裳。黑云飞上天，日月无精光。高楼何崔嵬，一炬与之长。可怜白发母，垂老罹惨殃。可怜黄口儿，双双作鬼殇。麋游必返顾，鸟死必哀翔。可怜七尺躯，永绝痛烝尝。长泣跪阿母，小男实不祥。阿母谓男言：汝魂毋飞扬。生虽长已矣，死亦谐中肠。自汝失天只，夜夜泣孤鸯。汝小未相识，焉知瘦与强。汝兄齐早夭，汝嫂守空房。地下今相遭，烦冤诉天皇。母请一繁弱，男请一干将。干将斩猛虎，繁弱射欃枪。振袖激清风，万民乐且康。然后驾彩凤，归哉广汉乡。一母将九雏，啾啾鸣未央。”此诗反映了康熙四十五年（1706）桂林山贼横行乡里的历史细节。

（二）可藉以考察清康熙中后期广州海幢寺的佛教活动

明清之际，曹洞宗博山下无异元来禅师高弟道丘和道独南还岭表传法。以宗宝道独首座天然函昰为领袖的海云系，有罗浮山华首台、广州海云寺、海幢寺、韶关丹霞山别传寺等为据点；以栖壑道丘和在惨弘赞为初祖的鼎湖系，据肇庆鼎湖山庆云寺和南海宝象林等为主要道场。为改朝换代的时代风云所激荡，一大批不愿仕新朝的遗民士大夫以及坚持抗清的文人志士进入佛门，寻求心灵的安居。他们在巨大的社会、人生矛盾中救赎身心，于禅棲之际留下众多经解语录；而又不能忘情世事，乃以文字寄托情怀，撰写史传著作和诗文篇章，影响波及全社会。这一时期是岭南佛教继魏晋南北朝、唐宋的又一个大发展时期。佛教队伍规模之庞大，弘化之热忱，前所未有，且远超北方地区，直与江南相抗，为当时佛教的三大中心（江南、岭南、滇南）之一。近年学术界对岭南佛教的这一段历史也特为关注,并已有相当深入的成果。①

然而在清中期之后,随着道丘、道独、天然、弘赞、阿字、今释等大老在顺治、康熙初年谢世之后,所谓“海云十今”的其他人物,如今但、今辩、今萴等,影响相对来说小得多,且已进入老年。高峰过后,岭南佛门不再有一呼百应的领袖人物,自然进入一个相对平缓的发展期。而对这一段相对平静的历史,学术界却几乎没有人深入研究。当年那些逃禅的遗民,因缅怀故国,不愿意与新朝合作,故深隐山林与僻远处,罗浮山华首台寺、丹霞山别传寺、广州番禺海云寺、肇庆鼎湖山庆云寺等是他们的首选,广州城里的光孝寺、大佛寺却尽力回避之。时过境迁,二三十年后,佛教的发展开始往交通相对方便、文化相对发达的市区回流。诗文的酬唱活动也在光孝寺、海幢寺等地显得更为活跃。古云、古奘作为天然和尚的徒、孙辈,曾为广州海幢寺的住持,可以说是清康熙中后期佛门的代表。其诗文集《月鹭集》《虚堂诗集》的发现,无疑为此期岭南佛教的学术研究打开了一个通道。

古云《月鹭集》卷八《恭和天老人庐山赏牡丹》诗云:“繁华刺眼古今同,独对名花万壑中。绣幕妆浓争倚日,朱帘人醉更凌风。为怜绝世天香意,谱出深春别样红。似梦陆郎添一笑,可堪胜事隔长空。”又卷九《和庐山诸上人侍赏牡丹》诗末云“岭南亦有撩春思,未信姚黄尽作家。”据《瞎堂诗集》及汪宗衍《天然和尚年谱》,此诗当作于康熙十八年己未(1679),时天然和尚已是七十二岁高龄,在庐山紫霄峰净成,有《净成看牡丹诗》之作。古云此诗是和天然和尚而作的,且古云和诗时在海幢。此时广州佛门与庐山保持紧密的联系是固不待言,且是以广州海云寺、海幢寺为据点的。从上对古奘《虚堂诗集》能体现古奘生平的线索的罗列中,我们也可以大致考察比古云稍晚的一个时期广州地区佛教发展及其与其他地区佛门的交流与影响。古奘曾往来于广州与福州长庆、海南、桂林之间,并

①上世纪末,有周齐、姜伯勤、蔡鸿生等学者涉足此一领域,在历史学和宗教学的高度有所突破,出现了《清初岭南佛门事略》及《石濂大汕与澳门禅史:清初岭南禅学史研究初编》等重要成果。本世纪初,以中山大学中国古文献研究所为中心,组织了一批学者从事于《岭南名寺志·古寺系列》、《清初岭南佛门史料丛刊》(第一辑)等系列文献整理。广州番禺、花都及韶关丹霞山召开了四次学术研讨会,有会议论文结集出版,即《悲智传响——海云寺与别传寺历史文化研讨会论文集》(北京:海关出版社,2007)、《天然之光——纪念函昰禅师诞辰四百周年学术研讨会论文集》(广州:中山大学出版社,2010)。

有住持丹霞山别传寺和往返于罗浮山的经历,而这些活动无疑也都是以广州海幢寺为据点的。广州海幢寺是经明清之际一代宗师道独及天然和尚、今无和尚、澹归和尚开创并住持的佛门重镇,又稍偏于广州河南地区,僧徒与居士的往来比较方便,随着社会的日益稳定,经济生活的日益繁荣,佛教对于世俗市民的影响,佛教文化的持续发展,佛教徒与文化名流往还唱酬的活跃、深入当较前更为有利,海幢寺的影响也日益凸显。海幢寺历史上海幢经坊、海幢诗派的出现,即是其证。

(三)可藉以考察当时佛门特殊的文学观

古云、古奘在今无、今释、今蓕等大老的提持下,勇猛精进,在佛教的实行与诗文创作上皆有可观。《月鹭集》《虚堂诗集》作为清康熙中后期出现的有代表性的诗文集,其中有关诗文评的诗序、题跋必然引起读者的注意。

古云生于明崇祯四年(1631),长其师阿字今无两岁(今无生于明崇祯六年,1633),约康熙六年(1667)出家,康熙五十年(1711)圆寂。其《月鹭集》编竣于康熙三十年(1691)。他仍可以说是明遗民逃禅的人物。但他年寿较长,经历过三藩之乱,抗清复明的思潮已渐趋平息,人心思定成为社会生活的主流。古奘年辈较晚,对前明王朝已然相对的隔膜,对清朝的统治没有师祖辈那种从内心生发的抵触情绪。然耳濡目染其师的一言一行,又自然对明清两朝有复杂难言的感情在。在进行文学创作时,与其师祖辈关心改朝换代的大事相比,他更注重抒写自己的性情,表现自己的面目,或者更关注身边普通民生的疾苦。古奘《九哀》诗,即使是在写时事,其沉郁顿挫的歌号里也分明有古奘自己悲凉的影子。在文学创作与批评观上,古奘与其师祖辈相比有变化是固不待言的,而古云既基本与师祖相同,却也因时代的变化而发生了一些变化。其文学批评观已然将视角从注重文学对社会、对政治、对广阔民生的密切关注,开始转为对诗文本身功能、品格、技巧的探究。这是一种由外而内的转向。具体表现为:

1.重"道"而轻"技"。而于诗之"道",强调写自己面目、性情。古云《月鹭集》卷二《慧容上人诗集序》:"通万物之性则曰化、汇万变之情则曰神。若道而不通万物之性,汇万变之情,则不如吟风弄月、雕龙绣虎辈,反见目前风光。"古奘《虚堂诗集》自序亦云:"倘求之于声律、索之于工拙,吾之诗、吾之面目性情，失之久矣，吾又恶乎言哉。……夫臭，人之所恶者，而北海有逐臭之夫。吾诗，吾之臭也，逐者亦可，不逐者亦可，吾之诗吾之面目性情，未尝因人好恶而失之也。且夫学道人，诗乃剩伎，又恶可刻刻于臭中求其好恶耶？杜少陵有言：‘文章一小技，于道未为尊。’予于此亦云，幸毋索我于优孟衣冠可也。”他们甚至推崇不重文字的、“天机未动”之前一窥便破的诗，因为这样的诗脱略“技”的层面，逼近于“道”。《月鹭集》卷二《自破义公诗集序》云：“不识字之诗，诗较精，不识字之禅，禅较敏，皆于天机未动前，一窥便破。六祖禅师不练诗，而亲见黄梅后，率多偈言。偈者，诗与禅相为表里者也。自破义公以禅流作诗，有寓句，即席成吟，坐客逊其精敏。然公虽名家子，自幼失学，不识字……”这种观点，显然是从其祖天然和尚《似诗》中承继而来，然又有其新意。与此相关，他们自然推重“天分”，崇尚“天籁”。《月鹭集》卷二《汤秀君诗集序》云：“天籁不鼓而自鸣，故虽樵童野叟，鼓腹而歌，亦可与卿云纠缦赓复旦者同乐。无为之化，盖动于天也。曹植才如绣虎，刘勰如雕龙，针线虽工，刀斧虽巧，又岂能较天分于咳唾成珠辈？”卷三《题兀堂诗卷后》：“诗不可无天分。天分如风，学如船，船虽牢，篙师舵长非不美且备，以之泛小津则可矣，若涉大江海，则匪风不能。潘才如江，陆才如海，假其天分不高，又岂能颉颃千古，为艺林叹赏。……因告好诗辈，使知欲求济巨之船之不可无风也如是。”

2.“天分”与“学力”之辨。古云偏于前者，甚而推崇“不识字之诗”，然也同样重视学习与经历，以此磨炼“见地”，从而提升诗的品格。《题兀堂诗卷后》称其“其诗之妙本之天分者十之七，而学力佐之”。《自破义公诗集序》亦云：“澹归和尚具如椽之笔，作宗门爪牙，为公激发劝参，兼习文字二年，无所不通，领丹霞监院。澹去，属乐和尚主法席，公服勤二老间，黠毅有英才，多所成办。尝腰包入万军无惧容。破巨浪，三走奇甸，数奉师命游岭外，谒文武诸大吏，应对如响。谈笑足风韵，挥楮可观，尤长骈偶言，人莫能浅深之。或谓公好禅，每以偈为诗，虽居酬唱中，深自策励，与乐和尚叩击。乐尝称公见地高。”

3.推崇唐诗，而不废宋调。释古云主张清远而丽的灵秀之风，其《月鹭集》卷二《陈光佩诗集序》云：“张子野诗格绝清，储光羲诗品甚远。远则不贵近，清则不贵浊，而始可与言诗。然世之称庾信以其绮丽，称徐摛以其轻丽。丽,又诗调之所由归也。解方叔如莺娇花重,似乎绮丽;张九龄如素练轻缣,似乎轻丽。绮则近浊,轻则类远。是绮丽之典赡,又不如轻丽之婉扬也。沈宋钱郎,独标盛中唐之上,为大历才子,与王孟、高岑齐声敌价。其后有郑谷辈,变而为咸通十哲。又其后有李商隐辈,变而为西昆体,下至晚唐之张祜,雕虫小技,咸能不坠风雅之林,则诗之清远而丽,一以唐人之鹄也。唐之后岂遂无诗?盖以其专一代文献,宋明以来所不如。专则必精,故满阆之诗有唐风,人独羡之。近代若王、李、钟、谭,秉诗之铨衡,各有所宗,然于风雅之遗,虽广罗博采,不必皆唐,而要不出唐之围范,亦犹唐人于三百篇也。”卷三《题兀堂诗卷后》亦云:“今兀堂诗一派悠扬流丽,时出其灵敏,以轶驾古人,五律得唐之神髓,七言及古风,亦自跃然可爱,盖光公居林下优悠淡易,道韵足为后学标表。”而一旦涉及诗歌真性情、真面目时,其态度即表现出宽容一面,不为唐音所拘。《题湛然和尚诗后》云:“诗有真面目真性情,虽格调、声律各擅所长,然不得以衣冠掩优孟,使读之者,即时地不同,尝恍然如见其人,乃为贵也。湛然和尚胸次洒落,然寄兴甚远逸,故其为诗淡远而多风,自是宋贤一流,格不练而自成,声不敲而自稳,可谓不以衣冠掩性情面目者矣。其月夜舟中曰:‘烟霞有癖同高枕,霄汉无心自解禅。’其《题渔图》曰:‘自古无拘束,何愁岁月残。’噫!犹足以想见其高韵。”

总观其文学批评观,与世俗文学批评圈相比,固然算不得新鲜稀奇,而作为禅门中人,大体是有其背景、出发点、关注点、切入深度等方面的不同的。读者毋轻易之则可。

以上所述论者,仅就《广州大典》所收清中后期二种僧人文集中所呈现的信息摭摘而来。这二种诗文集反映的内容是较为丰富的,相对于明清之际释函昰《瞎堂诗集》、释函可《千山诗集》、释今释《遍行堂集》、释今无《光宣台集》等文集来说,其艺术的高度或者反映时事的深广度或许稍显逊色,然自具其面目,只不过其价值尚未为人所深入探讨而已。限于个人学识,所得不免片面而肤浅,挂一而漏万,请方家批评指正。同时,我们也期待《广州大典》或其他单位、个人能早日访得《月鹭集》后集、《虚堂诗集》全本及古云、古奘等粤地僧人的其他著述,以飨读者,并推进相关方面的学术研究。

金陵大学图书馆农业图书研究部抄本方志初探

周　艳

（南京大学图书馆）

引　言

地方志是南京大学图书馆的特藏文献，目前，馆藏古代方志4000余种，4万多册，其中列入善本的有300多种，稀见方志百余种，孤本方志40余种。其中，抄本方志是南京大学图书馆所藏方志的重要组成部分。尤其是金陵大学图书馆时期和20世纪60年代施廷镛担任南京大学图书馆副馆长时期，在馆方组织下，分别进行了较大规模的地方志抄写活动，因而产生了两类特色方志馆藏——金陵大学图书馆农业图书研究部抄本和南京大学图书馆抄本。据《南京大学图书馆藏地方志目录》（油印本）统计，馆藏方志中金大抄本约42种左右，20世纪60年代抄本约43种左右。① 本文结合相关文献，对金大抄本方志的产生背景、具体种类、存藏

①万国鼎、储瑞棠于1933年编的《金陵大学图书馆方志目》，并未对金大抄本特别著录，一律以“抄本”著录之。《南京大学图书馆藏地方志目录》（油印本）对此两类方志的版本项著录并无统一规范，如对金陵大学图书馆农业图书研究部抄本的著录，便有“金陵大学图书馆抄本”“本馆抄本”“1932年抄本”“抄本”等不同类型；对南京大学图书馆抄本的著录，又有“某某年南京大学图书馆抄本”“某某年抄本”“某某年某某人抄本”“本馆传抄本”“传抄本”等不同类型。这给笔者的统计带来不少困难。笔者将上述不同类型版本著录对照原书，大致理清范围，在此基础上进行统计，但疏漏之处在所难免，故只能得出大致准确的数据。

情况及价值影响等进行初步探讨,以就教于方家。

一

金陵大学的方志收藏,始于1921年金大与美国农业部开展中国农业史研究的合作项目,在美国农业部赞助经费的支持下,开始大力收集相关书籍,其中尤以方志为大宗。其间款曲,陈长伟先生言之甚明:

> 民国十年(1921),本馆与美国农部组织合作部于本馆,志在汇编我国古来农书索引。由美国政府派王德女士来宁,主任其事。有毛君雍、刘君纯甫、何君汉三人助理之。现王女士以事回国而毛君亦赴美治植物病理学,刘何二君仍留该部任事。自本校得赈后余款百万元以来,该部遂扩充为研究部。去年由万君国鼎总揽其事,并聘杭君立武编纂荒灾史。本年杭君他就,陈君祖渠继之,编制中西杂志报章中亦载关于农林学科之索引。现计该部搜罗关于各省通志及府县志者凡六百四十六种,关于地理地学书籍者凡三百余种。此项图书由各省机关赠送者甚多,而以江苏省长公署所遗为最多焉。①

经过十多年的努力搜求,到1933年编成《金陵大学图书馆方志目》的时候,金大的方志藏量已经仅次于北平图书馆,居全国第二:

> 民国十二年(1923)秋,本校农林科拨款创设农业图书研究部于图书馆,除编纂工作外,致力于我国旧农书及地理图籍之收聚,迄今共得五万余册,内以方志为大宗。……二十一年(1932)夏,改研究部为农业经济系农业历史组,而将原有购书之职,归之图书馆。时适数逾二千种,幸达年来想望之的。且书款亦罄,可望之资助,因事稽迟,愧无余力。爰即编目付印,告一段落。……本目所载,计二千一百零四种,二万二千零五十六册……本目之编纂,储君瑞棠之力为多。书之采购及整理,得刘君纯甫、刘家豪、吴永铭、范永康、韩畇元诸君之助亦不少。而庋藏之富,犹赖前校长包文,农学院前院长芮思娄,今院长谢家声,中国文化研究所徐

①陈长伟:《金陵大学图书馆》,《金陵光》1925年第14卷第2期。

则陵、贝德士、李小缘,图书馆前馆长克乃文,今馆长刘国钧诸先生,会记毕丽斯女士之力,及哈佛燕京研究院与本校农业经济系之资助。①

当时因研究需要,加之经费充足,金大通过各种途径努力搜求全国各地方志,而难以购买的稀见方志则通过抄写的形式录副本入藏。或请方志持有单位代为抄录副本,或馆方组织人员进行抄写。前者没有统一形式,难以一一识别,后者则产生了一批金陵大学图书馆农业图书研究部抄本。

二

这类抄本版式特征为半页十行,细黑口,单鱼尾,四周单边,书口下方有"金陵大学图书馆农业图书研究部钞本"字样。版框高 20.0 厘米,宽 14.0 厘米。抄工精整,有些抄本会偶有红笔校改痕迹。农业图书研究部成立于 1923 年,《金陵大学图书馆方志目》编成于 1933 年,这批抄本产生的时间即在这十年之间。这次抄写活动组织者、参与者为谁,具体流程为何,由于文献阙如,并无太多的历史细节以资参考。

笔者目验原书,对这批抄本按省份进行分类统计,相关情况详见表 1。

表 1:金陵大学图书馆农业图书研究部抄本情况统计表

省份及方志种数	方志信息②	版本及现存情况③
辽宁 4	铁岭乡土志一卷 (清)佚名编 清光绪末年修	仅存抄本。上海、辽宁、沈阳、旅大、吉大、南大六家藏。
	[光绪]辽阳州志 佚名纂 清光绪三十四年(1908)修	仅存抄本。山大、南大、福师大三家藏。
	盖平县乡土志二卷 (清)张国珍编 清光绪三十四年(1908)修	仅存抄本。上海、辽宁、沈阳、旅吉大、南大五家藏。
	盘山厅乡土志不分卷 (清)柴朴编 清光绪三十三年(1907)修	抄本上海、沈阳、南京、南大、浙江五家藏。1962 年辽宁省图油印本多家藏。

①万国鼎:《金陵大学图书馆方志目·序言》,1933。

②南京大学图书馆:《南京大学图书馆藏地方志目录》(油印本)。

③版本及现存情况,照录中国科学院北京天文台主编《中国地方志联合目录》,北京:中华书局,1985。其中藏书单位的简称亦照录,不再一一出注。

续表

省份及方志种数	方志信息	版本及现存情况
吉林 3	东平县乡土志不分卷　(清)赵国熙纂修　清光绪三十四年(1908)修	抄本上海、辽宁、南大三家藏。1960年吉林省图油印本多家藏。
	[民国]大赉县志略于英蕤纂修　民国二年(1913)修	仅存抄本。科学、上海、吉大、吉林、南大六家藏。
	海龙府乡土志　(清)海龙府劝学所编　清光绪三十四年(1908)修	抄本上海、沈阳、南大三家藏。1960年吉林省图油印本多家藏。
黑龙江 9	[民国]拜泉县志　张祖溶纂修　民国三年(1914)修	仅存抄本。科学、吉大、黑龙江、南大四家藏。
	[民国]嫩江县志　不分卷　赵富安纂修　1913年修	仅存抄本。科学、上海、吉大、黑龙江、南大五家藏。
	[民国]安达县志　1913年修	抄本科学、上海、吉大、南大四家藏。伪满康德三年(1936)铅印本旅大、安徽二家藏。1960年黑龙江省图油印本多家藏。
	[民国]兰西县志　王英敏纂修　1913年修	仅存抄本。科学、吉大、黑龙江、广东、南大五家藏。
	[民国]海伦县志不分卷　辛天成纂修　1913年修	仅存抄本。北京、科学、吉大、黑龙江、南大五家藏。
	[民国]肇州县志略不分卷　张樾修　1913年修	仅存抄本。科学、一史馆、北大、上海、黑龙江、南大、广东七家藏。
	[民国]青冈县志不分卷　兆麟纂修　1913年修	科学、上海、吉大、黑龙江、南大五家藏。
	[民国]瑷珲县志　1913年修	仅存抄本。科学、辽宁、吉大、黑龙江、南大五家藏。
	[民国]逊河县志　1929年修	仅存抄本。考古所、吉大、黑龙江、南大四家藏。

续表

省份及方志种数	方志信息	版本及现存情况
青海 7	西宁县风土调查记　1932 年纂	抄本仅北京、南大两家藏。1959 年甘肃省图书馆油印本民宫、甘肃、青海三家藏。
	互助县乡土调查记　1932 年纂	
	乐都县风土概况调查录大纲记 1932 年纂	
	亹源县风土调查记　1932 年纂	
	共和县风土调查记　1932 年纂	
	民和县风土调查记　1932 年纂	
	青海省贵德县风土调查大纲记 1932 年纂	
广西 18	[道光]庆远府志二十卷,首一卷　(清)英秀、桓梧等修,唐仁纂　清道光八年(1828)修	刻本北京、上海、广西二(胶卷)三家藏,抄本北大、南京、南大、广西一、广西二、广西档六家藏。
	[宣统]凭祥土州乡土志不分卷　(清)佚名编　清宣统年间(1909—1911)修	仅存抄本。上海、南京、南大、广西一、广西二、广西博、广西档七家藏。
	[民国]明江县志:不分卷　明江县政府编　民国二十一年(1932)修	仅存抄本。科学、上海、南京、南大、广西一、广西二、广西博七家藏。
	[宣统]明江厅上石州志略不分卷　(清)佚名编　清宣统年间(1909—1911)修	仅存抄本。北京、南大两家藏。
	明江厅乡土志不分卷　(清)佚名编　清宣统年间(1909—1911)修	仅存抄本。上海、南京、南大、广西一、广西二(胶卷)五家藏。
	[康熙]养利州志不分卷　(清)傅天宠原纂修,汪溶日续纂修　清康熙三十三年(1694)修	原刻本在日本内阁文库,科学、南京两家胶卷。抄本南大、广西一、广西二、广西档四家。

续表

省份及方志种数	方志信息	版本及现存情况
广西 18	[民国]永淳县志七卷,地方治乱纪要一卷黄天锡修,陈尔训、苏锡盛等纂 民国十三年(1924)修	抄本科学、上海、南大、中大、广西一、广西二、广西档七家藏。晒印本民院一家藏。
	[光绪]恩阳州判志不分卷 (清)佚名纂 清光绪十四年(1888)修	仅存抄本。北京、广西二(胶卷)、南大、广西一、广西档五家藏。
	[民国]镇边县志四卷 (清)程恩沛原修,杨象震原纂,许克襄续纂修 清光绪三十四年(1908)修,民国二十年(1931)续修	仅存抄本。上海、南京、南大、武大、广西一、广西二、广西博七家藏。
	[民国]西林县志不分卷 西林县团务总局编 民国二十年(1931)修	仅存抄本。科学、上海、湖北、广东、广西一、广西二、广西档七家藏。
	[康熙]西隆州志 (清)王誉命纂修 清康熙十二年(1673)修	抄本北京、科学、上海、辞书、天津、南京、南大(缺第一、二册)、湖北、广西一、广西二(胶卷)、广西博十一家藏。1957年广西第二图书馆油印本民宫、哈师院、广西二、广西档四家藏。
	[道光]罗城县志四卷 (清)万文芳、阮正惠修,李化人、朱家修[等]纂 清道光廿四年(1844)修	刻本台湾一家藏。清光绪柳州觉非印书社石印本四家藏。抄本南大、南京、南京地理所三家藏。
	天河县乡土志 杨家珍纂 清光绪三十二年(1906)纂	仅存抄本。广西一、南大两家藏。
	[嘉庆]武宣县志二卷 (清)高攀桂修,梁士彦纂 清嘉庆十三年(1808)修	刻本五家藏。清抄本 二家藏。抄本南大、广西一、广西二三家藏。

续表

省份及方志种数	方志信息	版本及现存情况
广西 18	[道光]修仁县志十卷　(清)林光棣纂修　清道光十年(1830)修	仅存抄本。北大、上海、南大、广西一、广西二(不全)五家藏。
	[道光]义宁县志六卷　(清)谢澐修,朱象斑纂修　清道光元年(1821)修	仅存抄本。北京、历博、北师大、南大、台湾、广西一、广西二、广西档八家藏。
	[康熙]阳朔县志四卷　(清)陈洪畴修,权汝骏、徐元达纂　清康熙十二年(1673)修	仅存抄本。北京、上海、南京、南大、南京地理所、台湾、广西一(不全)、广西二(不全)八家藏。
	[道光]阳朔县志六卷,首一卷　(清)吴德征修,覃勷平、唐作砺等纂　清道光十八年(1838)修	刻本天津、科学(胶卷)两家藏。抄本南大、南京地理所、广西一、广西二四家藏。
贵州 1	[道光]印江县志二卷　(清)郑世范纂修　清道光十七年(1837)修	刻本三家藏,精抄本一家,影抄本二家藏。抄本十六家藏。石印本十家藏。

三

由表 1 可见,这批抄本主要抄录的是东三省、青海、广西、贵州等边远地区的方志。它们的祖本多数或原稿不存,或并未付梓,或为海内孤本,因此,这批抄本便具有了不可取代的文献价值。尤其是东三省及青海省的 23 种方志,皆未付梓,原稿亦多不存,如此一来,金大抄本便成为祖本,目前其他单位所藏抄本,多为辗转传抄金大本而来。南大馆现存一批 20 世纪 60 年代为兄弟单位抄录方志的校勘记资料,可为我们了解当时的历史情境提供珍贵的文献依据。这批资料共计 17 种方志的校勘记①,详见表 2。

①这批资料是南京大学图书馆由鼓楼校区搬往仙林校区后,整理图书过程中发现的,当时应该不止抄录这 17 种方志,但资料所限,已难究其详。

表2：20世纪60年代南京大学图书馆为兄弟馆抄录方志一览表

馆藏方志名称	抄录者	校勘者
铁岭县乡土志		何宇铨
通河县乡土志		何宇铨
西林县志		何宇铨
逊河县志		何宇铨
青冈县志	徐琨	何宇铨　施元谟
青海省贵德县风土调查大纲		施元谟
共和县风土调查记	谢伯敏	何宇铨
亹源县风土调查记	季康	何宇铨
嫩江县志	施元谟	何宇铨
安达县志	林成镛	何宇铨　施元谟
兰西县志	葛存方	施元谟　何宇铨
西宁县风土记	林东序	何宇铨　施元谟
拜泉县志	熊同仁	何宇铨　施元谟
肇州县志略	凌季康	何宇铨　施元谟
互助县风土调查记	谢伯敏	何宇铨
民和县风土调查记	王幼安	施元谟
乐都县风土调查记	王幼安	施元谟

阅读这批校勘记资料可知，当时主要是以馆藏金陵大学抄本方志为底本，为中国科学院、吉林大学等单位提供抄录副本。这一历史情景，《青冈县志校勘记》《嫩江县志校勘记》言之甚详：

是志未见原刊本，前金陵大学农业图书研究部有手抄本，现存于南京大学图书馆。一九六四年甲辰之夏，施廷镛馆长因中国科学院图书馆之托，特属徐琨先生手抄一部，复以雠校两抄本之役，委诸宇铨、元谟等。由于原钞本亦为重钞，或致以讹传讹，其间重复舛误以及俗笔异体之字，所在多有……此次校勘,仅以原有钞本为据,别无版本可言。更有进者,东省各志,馆藏甚富,多为手写,无一刻印,廷镛馆长,曾加遍览,究其来源,或托由当时官府,或当时学校,展转传钞而来,近数十年来,东北多事,变化万千,书未版行,原稿何在,已不可知,则今日之馆藏之东北各志,乃国内之祖本,弥足珍矣。……

校勘者何宇铨　施元谟　一九六四年七月于南京①

又按本年之夏,南京大学图书馆先后为国内各方面复钞东北之方志,凡数十种,廷镛馆长以东省近修各志,多未版行,检查馆藏同时钞本,皆系展转复钞而来。自后东北多事,变化万千,原稿之无存,殆已十九而然,则今日馆藏之手抄本,即为国内之祖本矣。良足珍视!

公元一九六四年十一月贵阳何宇铨②

这批金大抄本方志,部分经20世纪60年代南大图书馆为各兄弟单位复抄,得以扩大流传范围,尤其是古籍影印工程大规模开展后,它们大部分又被收入《中国地方志集成》《乡土志稿抄本选编》等大型影印方志丛书中,化身千百,惠泽学林,真正起到了继往开来的作用。本文首次将其作为一个整体单位提出,以此向前贤致敬。

①《青冈县志校勘记》,现存南京大学图书馆古籍部。

②《嫩江县志校勘记》,现存南京大学图书馆古籍部。

《嵇康集》佚名题跋姓氏考辨

沈燮元

（南京图书馆）

明吴氏丛书堂抄本《嵇康集》十卷，原藏国立北平图书馆，现在台湾“国家图书馆”。此书迭经《皕进斋善本书目》《清学部图书馆善本书目》《京师图书馆善本简明书目》《北平图书馆善本书目》等书目著录。其中以《清学部图书馆善本书目》著录较为详尽，现将原文抄录如下：

《中散集》十卷，吴匏菴先生家抄本。卷中讹误之字，皆先生亲手改定。自板本盛而人始不复写书，即有书不知较雠，与无书等，祇供囊损浥烂耳。观前贤于书籍用心不苟如此，又可凭以证他本之失也。庚子六月入伏日，记于顾南原之味道轩。

乾隆戊子（三十三年，1768）冬日，得于吴门清汪伯子家。张燕昌。

六朝人集存者寥寥，苟非善本，虽有如无。此《嵇康集》十卷，为丛书堂抄本，且匏菴手自雠校，尤足宝贵。历览诸家书目，无此集宋刻，则旧钞为尚矣。余得此于知不足斋，渌饮年老患病，思以去书为买参之资。去冬，曾作札往询其旧藏残本《元朝秘史》，今果寄余，并以此集及元刻《契丹国志》、活本《范石湖集》为副，余赠之番饼四十枚。闲窗展玩，因记数语于此。观张芑塘徵君跋，知此书旧出吴门，而时隔卅九年又归故土。物之聚散，可惧可喜，特未知汪伯子为谁何耳。嘉庆丙寅（十一年，

1806）寒食日，晨雨小润，夜风息狂。荛翁书。

四月望后一日，香严周丈借此校黄省曾本，云是本胜于黄刻多矣。余家亦有黄刻，暇日当取校也。前不知汪伯子为谁何，今从他处记载，知其人乃浙籍而寄居吴门者，家饶富，喜收藏骨董，郡先辈如李克山、惠松厓皆尝馆其家，则又好文墨者也。是书之出于其家固宜，后人式微，物多散佚，可慨已。然思后人得其物而思其人，俾知爱素好古，昔有其人，犹胜于良田美产，转徙他室，数十百年后，名字翳如，不更转悲为喜乎！伯子号念贻，云余友朱秋厓乃其内姪也，故稔知之。荛翁又记。

是书余用别本手校，副本备阅。于丁卯岁（嘉庆十二年，1807）为旧时西宾顾某借去，久假不归，遂致案头无副，殊为可惜。顷因启厨见此，复跋数语，俾知此本外尚有余校本留于他所也。癸酉（嘉庆十八年，1813）五月廿有六日，复翁记。其去得书之日已八阅岁矣。

按此书题跋者共有三人，第一人无撰者姓名，其文最后仅云“庚子六月入伏日，记于顾南原之味道轩。”按顾南原为顾霭吉之号，字畹先，后改字天山，号南原，吴县人。游京师，为宋骏业、王原祁所称赏，充《书画谱》纂修官，终于仪征教谕。善山水，精缪篆、八分、有《隶辨》行世。如以顾霭吉活动时间论，则此佚名作者之时代当在雍正乾隆之间。《嵇康集》先后研究与整理者有鲁迅、叶渭清、戴明扬、王大隆等人，鲁迅、叶渭清均从事校雠，并未提及题跋人真实姓名问题。首次提出题跋人姓名者为戴明扬，戴氏著有《嵇康集校注》，他在《参校书目》中是这样说的，“明吴宽丛书堂藏钞校本，题《嵇康集》，书口有‘丛书堂’三字，书中有墨笔朱笔两校，末有顾千里、张燕昌、黄丕烈等跋，旧藏北京图书馆，解放前已被美蒋匪帮劫往美国。顾氏跋云‘《中散集》十卷，吴匏菴先生家钞本，卷中讹误之字，皆先生亲手改定’”。戴氏的所谓顾广圻跋，我曾查遍顾氏现存文字，并未发现见有该篇跋文，其云顾广圻跋，未知根据何在？其次误认为顾广圻跋者为王大隆。大隆字欣夫，吴县人。先后师事金松岑、曹元弼，专精三礼之学，兼治目录版本，长期搜辑清代藏书家版本学家黄丕烈、顾广圻题跋和佚文成《黄顾遗书》一书，但不幸的是《黄丕烈集》在出版社不慎遗失，只有《顾千里集》尚在，因王先生认为这篇《嵇康集》跋文是顾千里所撰，故把这篇文字误收在《顾千里集》内。当书要正式出版时，特请中国社会科学院语言研究所杨成凯先生再加审阅。杨先生认真地审阅了原稿，对一些细微处，如原稿目录和正文有个别出入，文中偶有笔误等等，进行了改正，补上了个别标点和缺字。他认为有个别跋文，如《嵇康集跋》，可能是误入。因为现在既有原跋影印本，又有鲁迅、王重民诸家录本，落款尾作于顾南原之味道轩，却没有顾氏署名，同书有黄丕烈三跋，此跋视而不见，只字不提，若系顾氏之跋，似乎不会不置一词。他还指出，笔者的《顾千里年谱》把此跋按署年归为顾氏十五岁所作，也很勉强，值得斟酌。杨先生说的都对，但是有一点他没有说对，说《嵇康集跋》可能是误入，认为这篇跋文不是这部书上的。因此这佚名题跋作为顾广圻所作的说法，都被杨成凯先生作了否定，但这佚名题跋究竟是谁，杨先生也没有说。近年因整理黄丕烈《士礼居题跋》，看了许多最近出版的书影，果然得到了意想不到的收获，如这部丛书堂抄本《嵇康集》的题跋原文，全部印在《"中央图书馆"善本题跋真迹》上，见图1。跋文最后有二枚印章，第一枚印文模糊，无法辨认，第二枚印章是白文"迂甫"二字，初步获悉佚名题跋者的号叫"迂甫"。随即我按图索骥，查了二部专载姓名字号的工具书，一部是周骏富编的《清代传记丛刊索引(一)》迂夫(先著)P.628，另一部是杨廷福、杨同甫编的《清代室名别称字号索引》迂甫(先著)P.656。更可喜的是这迂甫的别号，只有他一个人，没有第二个人叫迂甫的。按先著，字迂夫，号蠲斋，一号染庵，别号盍旦子，亦称之溪老生。著有《之溪老生集》八卷《劝影堂词》三卷。我虽然初步找到了迂甫是先著的号，但觉得这是孤证，似乎还不能证实是否是先著所书。最近因整理黄丕烈《士礼居题跋》，时常翻阅各种书影，皇天不负有心人，果然在《上海图书馆善本题跋真迹》一书里，发现在一部名叫《唐诗汇钞》的书上有先著的亲笔题跋，见图2。经过我将其与《嵇康集》上的书影相对，笔墨如同一辙。至此这《嵇康集》上的佚名题跋者得到了真正的落实，是先著，而根本不是顾广圻。从这件小小的事实中，我总结出了一条经验：凡从事版本鉴定，无非都要从行格、避讳、刻工、刀法、纸张多方面去考量，但我觉得书法的比对，印章的辨别，也可以作为鉴定版本的不二选项。

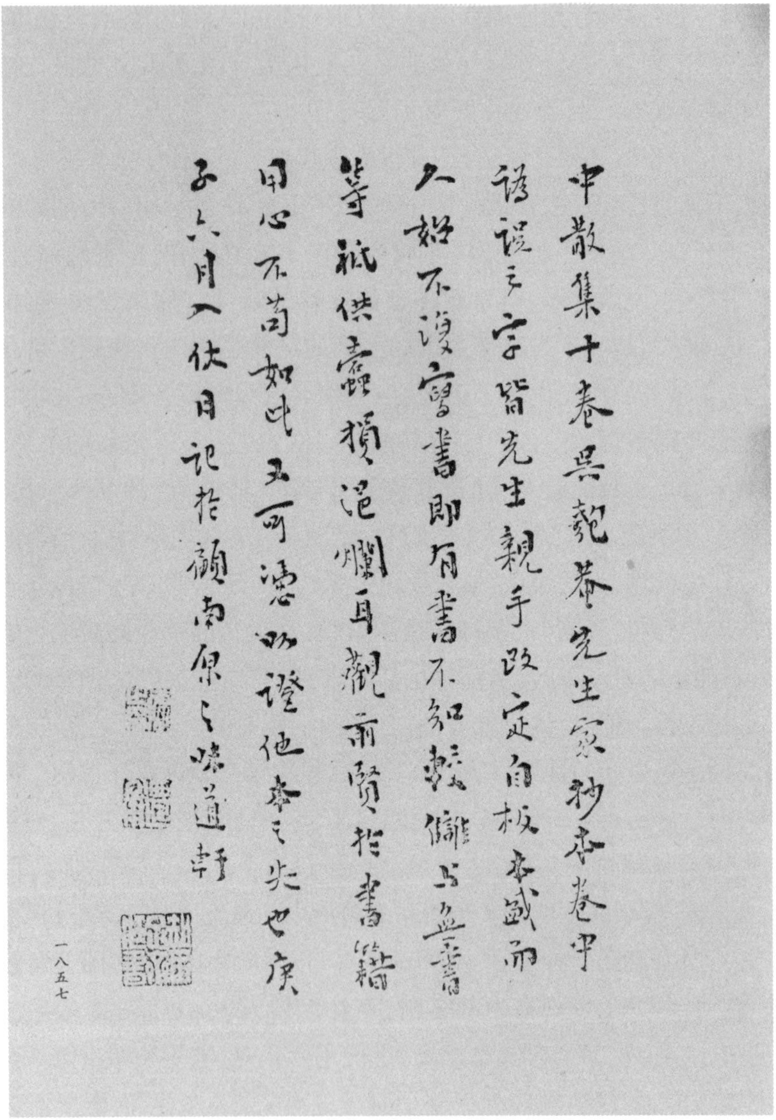
中散集十卷吳匏菴先生家鈔本卷中
謏誤之字皆先生親手改定自板本盛而
人好不復鈔書即有書不知較讎以無書
等祇供蠹損混爛耳觀前賢於書籍
用心不苟如此益可憑以證他本之失也庚
子六月入伏日記於顧南原之嘯道軒

一八五七

图 1

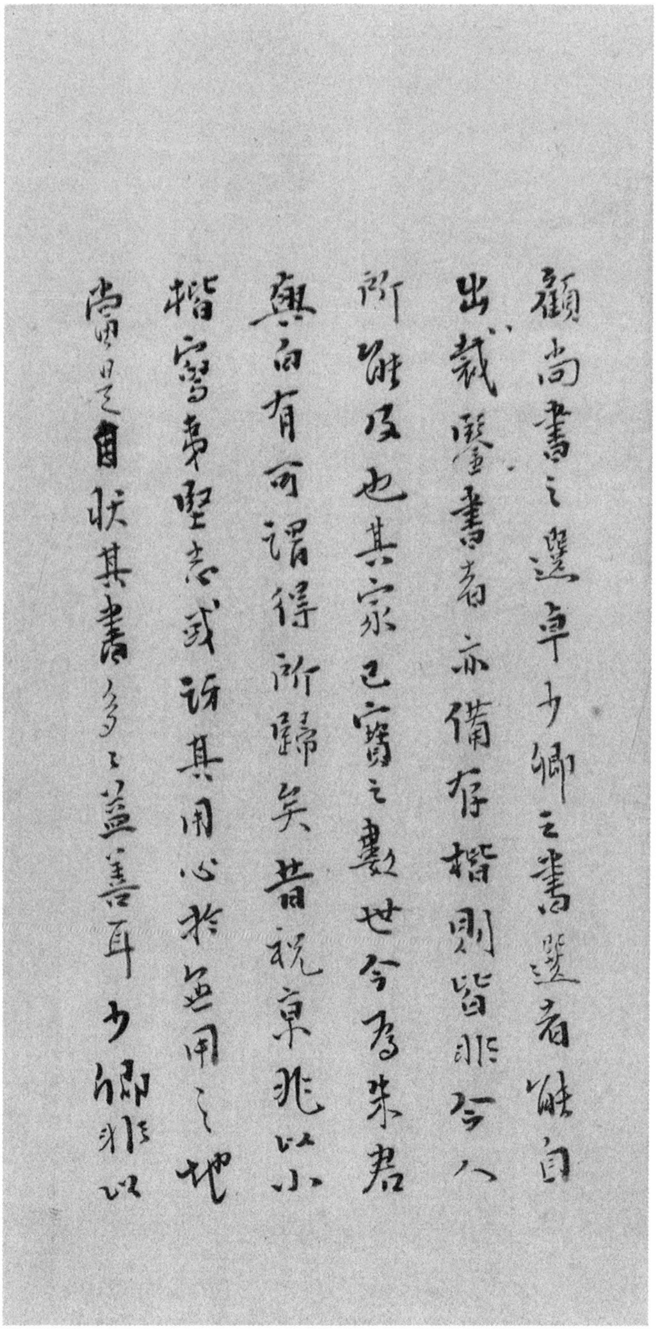
顏尚書之選章少卿之書選者雖自
出裁鑒書者亦備存楷則皆非今人
所難及也其家已寶之數世今為朱君
與白有可謂得所歸矣昔祝京兆以小
楷寫夷堅志或訴其用心於無用之地
嘗見之自狀其書多多益善耳少卿非以

图 2A

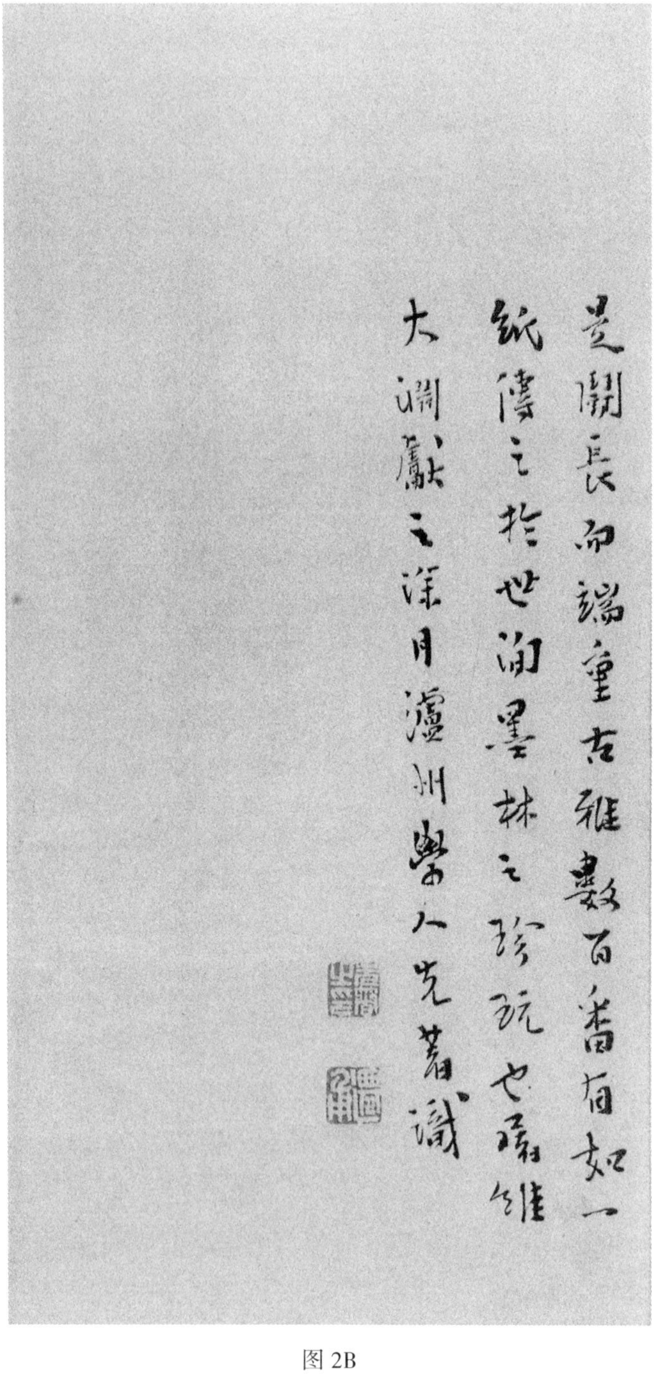

是册長而端重古雅數百番有如一
紙傳之於世洵墨林之珍玩也時維
大淵獻之涂月瀘州學人先著識

图 2B

论明万历北监本《尚书注疏》

杜泽逊

（山东大学儒学高等研究院）

前记：余与门生从事《十三经注疏汇校》，以《尚书注疏汇校》为起首，历时二载而竣，付中华书局出版。更集札记五卷，另为一集，兹取论万历北监本者为一篇，提交中山大学研讨会，以就教于方家。2016年国庆节。

目次：（一）万历北监本文字规范之一例；（二）北监本之避讳；（三）北监本校雠之可称道者；（四）北监本挖改；（五）北监本误改；（六）北监本据《周礼》改《尚书》疏文；（七）北监本据蔡传改经文；（八）北监本据《汉书》删字之不可取；（九）北监本误改疏文起讫语；（一〇）北监本校雠之误；（一一）北监本擅改"释文"；（一二）北监本文字规范偶有未安；（一三）北监本因李元阳闽本漫漶而致误；（一四）浦镗据北监本修版之误；（一五）浦镗、阮元用北监本修版一脉相沿。

（一）万历北监本文字规范之一例

《十三经注疏》成于南宋建阳书坊，至元十行本仍为建阳坊刻，其文字规范程度之低，每况愈下。至李元阳重刊十行本，有所改良，至万历北京国子监本，始根本改观，由坊本转变为官版。今就监本用字规范化，举

“答”字一例,以见其余。

《洛诰》监本卷十五第三十页二行经:“奉答天命。”“答”,唐石经、宋刊八行本、李盛铎藏宋本、宋王朋甫本、纂图互注本、宋魏县尉宅本、蒙古平水本、岳本、十行本、永乐本、李元阳本、毛本、阮本均作“荅”。唯监本改作“答”,殿本从监本。又《顾命》监本卷十八第三十七页十八行经:“用答扬文武之光训。”“答”,唐石经、宋刊八行本、李盛铎旧藏宋本、宋王朋甫本、纂图互注本、蒙古平水本、岳本、十行本、永乐本、闽本、阮本均作“荅”,唯监本改“答”,毛本、殿本从监本。又同上三十八页二行经:“答曰:眇眇予末小子。”“答”,唐石经、宋刊八行本、李盛铎旧藏宋本、宋王朋甫本、纂图互注本、蒙古平水本、岳本、十行本、永乐本、闽本、阮本皆作“荅”,唯监本改“答”,毛本、殿本从监本。《洛诰》《顾命》监本、殿本一致,可见皇家刊本之严谨,亦可见明清至近代“荅”“答”二字规范之轨迹。毛本于《顾命》从监本作“答”,于《洛诰》则作“荅”,不从监本,似可见毛本用字之规范在监本、殿本之下。余与门生校《十三经注疏》,于异形异体字认定甚严,必须二字音义全同。“答”“荅”二字音义不全同,因而出校记,良有以也。《辞源》(1979 年版)于“荅”字下有“当、对”义项,用证为《洛诰》“奉荅天命,和恒四方”。于“答”字下有“应对”义项,书证为《顾命》“燮和天下,用答扬文武之光训。”盖所据为毛本,不知唐石经、宋刊八行本、李盛铎藏宋本、宋王朋甫本、纂图互注本、宋魏县尉宅本、蒙古平水本、岳本、十行本、永乐本、闽本两处均作“荅”,监本、殿本均作“答”也。版本校雠之于辞书编纂,其用亦不可轻也。

(二)北监本之避讳

万历国子监本之谨严,首先表现于文字规范,次之表现于避讳不苟。

万历北京国子监刻《尚书注疏》避明帝讳:璋,缺笔作璋,避太祖朱元璋讳;熾,缺笔作熾,避仁宗朱高炽讳;鎮,缺笔作鎮,避英宗朱祁镇讳;照,缺笔作照,避武宗朱厚照讳;鈞,缺笔作鈞,避神宗朱翊钧讳。又洛,缺笔作洛,未知系朱常洛为太子时为之避讳,亦或天启间修版避讳。监本《周易注疏》濡字缺笔作濡,避宪宗朱见濡讳。皆明代刻书所罕见,前辈时贤所鲜言者。余与门生所见如此,特记之以补避讳学及版本学之缺典。

(三)北监本校雠之可称道者

万历北监本之谨严,于文字规范、避讳不苟可见其气象,而于文字校雠,改正旧本之讹误,亦不乏佳例。前人论北监本《十三经》《二十一史》多加贬斥。如顾炎武《日知录》云"秦火未亡,亡于监刻"。王欣夫《文献学讲义》云北监《十三经》《二十一史》"只据南监本重刻,不过整齐了行款,没有据其它善本校勘,故论其内容,反不如南雍本远甚"。黄永年《古籍版本学》云"其中有的的确未经很好校勘,如北监本的《十三经注疏》《二十一史》之类"。是皆未能多加校勘,陈陈相因,非中肯之论也。北监校勘之善,详举如下:

1.《尧典》监本卷二第四页十八行经:"聪明文思,光宅天下。"孔传:"言圣德之远著。"释文:"著,张虑反。"宋魏县尉宅本同。"虑",十行本、永乐本、闽本作"盧",《经典释文》作"虑",北监本改"虑",是校雠之一证也。阮本作"虑",亦经改正也。

2.《尧典》监本卷二第十六页二行疏:"其后三苗复九黎之德。""德",宋刊单疏本、宋刊八行本、宋魏县尉宅本、蒙古平水本、十行本、永乐本、闽本均作"恶"。监本改"德",毛本、殿本从北监。阮本从十行作"恶"。卢文弨云:"官本从《国语》作德。"阮元《校记》云:"作'恶'与《国语·楚语》异。"《定本校记》云:"'恶',监本依《楚语》改作'德',似是。徐氏友兰《群书拾补识语》云:本为'悳',讹'恶'。"然则,监本改"德"是也。黄怀信先生从八行本作"恶",校记云《国语》作"德","九黎之德,即谓其恶"。余谓仍以徐友兰说为长。

3.《尧典》监本卷二第十七页四行疏:"黎司地以属人。""司"字,宋刊单疏本、宋刊八行本、宋魏县尉宅本、蒙古平水本皆同。十行本、永乐本、闽本、阮本作"言",乃十行本之讹。监本改"言"为"司",毛本、殿本沿之。阮元文选楼刻《十三经注疏校勘记》(以下简称《校记甲》)云:"十行、闽本俱作'言',误。"阮元南昌府学刻《十三经注疏》附《校勘记》(以下简称《校记乙》)云:"毛本'言'作'司'。案:所改是也。"实则监本改,毛沿监本耳。是监本重校雠也。

4.《尧典》监本卷二第十九页五行疏:"但日由空道,似行自谷,故以谷言之。非实有深谷,而日从谷以出也。""以出",宋刊单疏本、宋刊八行本、宋魏县尉宅本、蒙古平水本、《要义》本、十行本、永乐本、闽本作“之出”。监本、毛本、殿本作“以出”，阮元《校记甲》云：“作‘之’似误。”改“之”为“以”自监本始。

5.卷三《舜典》：“五十载，陟方乃死。”孔传：“方，道也。舜即位五十年……寿百一十二岁。”疏：“……《孟子》云：舜荐禹于天子，十七年。”宋刊单疏本、宋刊八行本、宋魏县尉宅本、蒙古平水本、十行本、永乐本、李元阳本、阮本均同。监本改为：“《孟子》云：舜荐禹于天，十有七年。”此据《孟子》原文改孔疏。毛本、殿本从之。阮元《校记乙》云：“毛本‘十’作‘十有’，是也。闽本亦误。”按：阮校对十行本而言，当作毛本“子十”作“十有”。毛沿监本而已，阮元曾校监本，此偶遗之，误归其功于毛本也。至于李元阳本以前各本均误，阮本又未之及也。

黄怀信先生误从阮校，“十”下增“有”字，作“舜荐禹于天子十有七年”，仍衍“子”字。亦不校监本、毛本、殿本所致也。

阮元《校记甲》云：“十有”，十行本、李元阳本俱误作“子十”。最得其实。至南昌本则未校“子”字，偶失也。

6.《大禹谟》：“奉辞罚罪。”传世各本“罚”字同，唯唐石经、蔡沈《书集传》作“伐”。监本改为“伐”，毛本、殿本、库本均从之。《岳本考证》、阮元《校记》均以“伐”为是。卢文弨《拾补》于《胤征》孔传以“罚”为是。《胤征》孔传“奉辞罚罪曰征”，“罚”字亦各本同，唯北监本改“伐”，毛本、殿本、库本从之。阮元《校记》云：“唐石经作‘伐’，明监本及毛本俱因之。古本及蔡传亦俱作‘伐’。”泽逊按：北监本校刻之时，是否参校唐石经，实不敢必，以张尔岐《仪礼监本正误》，据唐石经校监本，脱误甚多，似可推知监本未尝参校唐石经。则监本改“罚”为“伐”，当依蔡传。阮云从唐石经，似非。日本山井鼎《七经孟子考文》于《大禹谟》《胤征》皆云足利古本作“伐”。《定本校记》于《大禹谟》云内野本、神宫本作“伐”，于《胤征》云九条本、内野本作“伐”。《敦煌经部文献合集》云唐天宝二年(743)写本《古文尚书·胤征》(伯三七五二号)、唐写本《古文尚书·大禹谟》(斯八〇一号)均作“伐”。知监本改“罚”为“伐”，良是。

7.《皋陶谟》监本卷四第二十七页四行疏：“是为强毅也。”“毅”，宋刊单疏本、八行本、宋魏县尉宅本、《尚书要义》、元刊明修十行本、永乐本、李元阳闽刻本、阮本俱作“貌”。监本改“毅”，毛本、殿本从监本。按：经：“扰而毅。”孔传：“扰，顺也。致果为毅。”疏：“‘致果为毅’，宣二年《左传》文。彼文以‘杀敌为果，致果为毅’，谓能致果敢杀敌之心，是为强毅也。”考《左传》宣公二年：“杀敌为果，致果为毅。”疏：“兵戎之事，明此果毅以听之之谓礼。能杀敌人，是名为果，言能果敢以除贼。致此果毅，乃名为毅，言能强毅以立功。”知“强毅”用以释“毅”，若“貌”则不合。知单疏本、八行以下各本均误，至监本始校正之。此类讹误，自当追溯《左传正义》，乃可得其真，所谓他校法也。

8.《益稷》监本卷五第二十三页一行经：“帝庸作歌曰：勑天之命，惟时惟几。”孔传：“用庶尹允谐之政，故作歌以戒。安不忘危。勑，正也。奉正天命以临民，惟在顺时，惟在慎微。”第二十四页六行疏：“勑是正齐之意，故为正也。言人君奉正天命以临下民。”阮本“人君”作“天合”。阮元《校记乙》云：“宋板、闽本同。山井鼎曰：不可解也。按：‘天合’当作‘人君’。明监本得之。毛本‘正’误‘政’。”按：宋刊单疏本、宋刊八行本、宋魏县尉宅本、十行元本、永乐本、李元阳本均作“天合”。监本、毛本、殿本作“人君”。是改“天合”为“人君”自监本始。毛本、殿本从监本。则监本校雠自有用心之处，而毛本于监本之长亦特留意之。至于殿本，亦从监本也。

9.《禹贡》监本卷六第八页六行疏：“还都白帝所治。”“治”，宋刊单疏本、宋刊八行本、宋魏县尉宅本、十行本、永乐本、闽本作“知”。阮元《校记甲》：“‘治’，十行、闽本俱误作‘知’。”《校记乙》：“案：‘知’当作‘治’，闽本亦误‘知’，毛本不误。”《定本校记》：“还都白帝所知。单疏、[足利]八行如此。监本‘知’改作‘治’，是也。”泽逊按：上文“白所治也”“还都白所治也”，可证此当作“还都白帝所治”。监本据上文改，毛本、殿本从之，此监本之可嘉者。

10.《禹贡》“济河惟兖州”疏：“李巡注《尔雅》解州名云：……河南其性安舒，厥性宽豫，故曰豫。豫，舒也。”宋刊单疏本、宋刊八行本、宋魏县尉宅本、蒙古平水本、十行本、永乐本、李元阳本、阮本皆同。监本“其性安舒，厥性宽豫”八字作“其气著密，厥性安舒”。毛本、殿本沿监本。阮元《校记乙》云：“宋板、闽本同。毛本作‘其气著密，厥性安舒’。”实则毛本沿监本也。余谓监本改“其气著密，厥性安舒”当有所据，嗣属王晓娟检寻,知系李巡说,见于《经典释文·尔雅音义》(《公羊》庄十年传徐疏引李巡《尔雅注》同《释文》)。以《尚书·禹贡正义》引李巡注《尔雅》一节,与《尔雅音义》引李巡说相校,大抵相同,亦小有出入,差距大者为解豫州两句。邵妍谓李巡解州名用语皆为"其气××,厥性××",如"其气清,厥性相近,故曰冀"。"其气蔽壅,厥性急凶,故曰雍"。"其气燥劲,厥性轻扬,[故曰扬]"。"其气专质,厥性信谨,故曰兖"。"其气深要,厥性剽疾,故曰幽"。(《尔雅音义·释地》引)唯豫州孔颖达引作"其性安舒,厥性宽豫",未若《释文》引作"其气着密,厥性安舒"为句式一律也。良是。知北监所改确有依据。唯孔颖达引李巡说明云"李巡注《尔雅》解州名",所据似为李巡原书,未必取自陆德明《经典释文》也,仍宜两存之。邵妍覆校《禹贡》,举以相质,因共检讨如上。

11.《甘誓》监本卷七第二页十四行经:"左不攻于左,汝不恭命。"孔传:"左,车左。左方主射。攻,治也,治其职。""攻治"二字十行本作"绝之",李元阳本因之。宋王朋甫本、宋魏县尉宅本、监本、毛本、殿本皆作"攻治"。盖十行本因前一行"天之罚"下孔传有"绝之"二字,写工看错行,而有此误。李元阳沿之未察。监本则发现并改正。毛本、殿本皆沿监本。阮本从十行本作"绝之",《校记》云:"闽本、葛本同。岳本、毛本'绝之'作'攻治'。"未置可否。又检阮元《校勘记》单行本云:"十行、闽、葛俱误作'绝之也'。"良是。南昌本校记之暧昧,殆由阮元未见宋王朋甫本、宋魏县尉宅本,又不信毛本之故。单行本《校记》之不可忽,即此可见。至于监本,勘正功不可没,阮竟未之及。

12.《胤征》监本卷七第十六页三行疏:"今言日月不合于舍,则是日食可知也。日食者,月掩之也。""日食可知",宋刊单疏本、宋刊八行本、宋魏县尉宅本、蒙古平水本、十行本、永乐本、闽本、阮本作"日月可知"。监本改"月"为"食",毛本、殿本沿监本。《定本校记》云:"'月',监本改作'食',是也。"此即理校也。北大出版社本、上海古籍本均改"食",唯云据毛本改,非其朔也。

13.《咸有一德》监本卷八第四十页八行释文:"太戊,马云:太甲子。"十行本、永乐本、闽本脱"云"字,监本补,毛本从监本,而阮本从十行本亦脱"云"字。阮元《校记甲》有释文校记:"十行本脱'云'字。"阮刻本既脱

"云"字,摘附校记又无此条,则读者于"太戊,马太甲子"一句难明其义矣。北大出版社本据《释文》原书补"云"字,是。

14.《泰誓中》监本卷十一第十一页十六行疏:"物在水上谓之浮。""之"字十行本(明修)误为"水",李元阳本沿其误。监本则改正为"之",毛本从监本。按:宋刊单疏本、宋刊八行本、宋魏县尉宅本、蒙古平水本均作"之",监本所改与宋刊诸本合,自有渊源。阮元《校记乙》归功于毛本,未得其实。

15.《洪范》监本卷十二第十一页六行疏:"亦我所为不乖剌也。""剌",宋刊单疏本、宋刊八行本、宋魏县尉宅本、蒙古平水本、十行本、永乐本、闽本、阮本作"倒"。泽逊按:乖剌,古语,见《礼记》《汉书》《楚辞》《三国志》等。"乖倒"一词见北宋陈瓘奏,谓"意语乖倒",斥王安石、章惇,两用之,见宋杨仲良《宋通鉴长编纪事本末》,又《历代名臣奏议》。宋以前文献未见。则监本所改当是。殆宋人熟悉"乖倒"一词,遂误"乖剌"为"乖倒"。至监本觉其非而改之。毛本、殿本、库本作"刺",沿监本而小误也。

16.《立政》监本卷十七第二十八页十六行经:"夷微卢烝。"孔传:"蛮夷微卢之众帅。""帅"字宋王朋甫本、元十行本、永乐本、李元阳本、阮本作"师",宋刊八行本、蒙古平水本、监本、毛本作"帅"。阮元《校记乙》云:"众师。闽本、葛本同。毛本'师'作'帅'。案:'师'字误。"意谓毛本是也。实则监本已改"帅",较其前十行本、李元阳本作"师"者为优,而与宋刊八行本合。毛本沿监本耳。

17.《立政》监本卷十七第三十一页十八行经:"亦越武王率惟敉功。"孔传:"亦于武王循惟文王抚安天下之功。""功",宋刊八行本、宋王朋甫本、蒙古平水本、监本、毛本同。十行本、永乐本、李元阳本作"力"。阮本作"力",《校记乙》云:"闽本、葛本同。毛本'力'作'功',是也。"似归美于毛本,实则监本已改为"功",较其前十行本、李元阳本作"力"者为优,而与宋刊八行本、宋王朋甫本、蒙古平水本合。知监本留意校雠,有足道者。

又"抚"字,宋刊八行本、宋王朋甫本、蒙古平水本、李元阳本、监本同。元十行本作"无",阮本沿十行本之误作"无"。而阮元《校记乙》摘句作“抚”,不另出校记。当订补。

18.《顾命》监本卷十八第三十一页四行疏:“遣弟兴,诣孙策。策引白削斫席。”“诣”,宋刊单疏本、宋刊八行本、蒙古平水本、十行本、永乐本、闽本作“治”。“席”,宋刊单疏本、宋刊八行本、蒙古平水本、十行本、永乐本、闽本作“虎”。阮元《校记甲》云:“诣,宋板、十行、闽本俱误治。”又云:“席,宋板、十行、闽本俱作虎,是也。”汪文台《十三经注疏校勘记识语》云:“严虎遣弟诣孙策,身不亲往,策无由得斫之。毛本‘虎’作‘席’,是也。《三国志》注引同。”泽逊按:宋刊单疏本、宋刊八行本、蒙古平水本、十行本、永乐本、闽本均误“治”、误“虎”,至北监本始改正之,毛本、殿本皆沿监本。

19.《吕刑》监本卷十九第三十五页十六行疏:“欲令其谦而勿自恃也。”“恃”,宋刊单疏本、宋刊八行本、蒙古平水本、十行本、永乐本、闽本均作“取”。监本改“恃”,毛本、殿本从监本。阮元出校而未置可否。泽逊按:此经文“虽畏勿畏,虽休勿休”之疏文:“汝所行事,虽见畏,勿自谓可敬畏。虽见美,勿自谓有德美。欲令其谦而勿自取也。”下文孔传之疏则云:“凡人被人畏,必当自谓己有可畏敬。被人誉,必自谓己实有美德。故戒之,汝等所行事,虽见畏,勿自谓可敬畏。虽见美,勿自谓有德美。教之令谦而不自恃也。”各本作“自恃”。监本改经文之疏“自取”为“自恃”,当依传文之疏。揆以文意,所改是也。

20.《吕刑》监本卷十九第三十八页十七行疏:“既得囚辞,简核诚信,有合众心,或皆可刑,或皆可放。”“或皆可刑”,宋刊单疏本、宋刊八行本、十行本、永乐本、闽本作“或记可刑”。“记”字不通。卢文弨云:“或皆可刑,宋、元本‘皆’并作‘记’,疑是‘说’误。”阮元《校记》亦引卢文弨云“作‘记’非”。泽逊按:蒙古平水本作“或皆可刑”。监本据闽本重刊,改为“或皆可刑”,与蒙古平水本合,毛本、殿本沿监本。作“皆”字是也。此系经文“其审克之,简孚有众”之疏。下文孔传之疏云:“简核诚信,有合众心,或皆以为可刑,或以为可赦。”语义全同,“或皆可刑”即“或皆以为可刑”,正作“皆”。则蒙古平水本、监本作“皆”是。监本之校勘者是否见蒙古平水本或他古本,已无可考,唯改“记”为“皆”,与下孔传之疏文合,与蒙古平水本亦合,足订宋刊单疏本、宋刊八行本、十行本、永乐本、李元阳本之误，可见监本校勘之细致，亦可知蒙古平水本自有可取也。夫蒙古平水本较之宋刊八行本，讹误殊甚，而间有碎玉零金，往往可宝，未可以坊本粗疏而忽之也。

21.《吕刑》监本卷十九第四十页十三行疏："简核诚信，有合众心，或皆以为可刑，或以为可赦。""或以为可赦"，宋刊单疏本、宋刊八行本、蒙古平水本、十行本、永乐本、闽本作"或可以为赦"，监本改"或以为可赦"，毛本、殿本从监本。阮元云："十行、闽本俱误作'或可以为赦'。"又云："毛本作'或以为可赦'。案：所改是也。"实则监本改之，毛本沿监本耳，非毛本之功。

22.《吕刑》监本卷十九第四十一页十八行疏："五刑之疑，各自入罚，不降相因。不令死疑入宫，宫疑入剕者，是古之制也。""令"，宋刊单疏本、宋刊八行本、蒙古平水本、十行本、永乐本、闽本作"合"。泽逊按："合"字不通，监本改"令"是也，二字形近而讹。毛本、殿本从监本。

(四)北监本挖改

《洪范》监本卷十二第八页六行疏："水火者，百姓之所饮食也。""所"字笔画粗大，显系挖改。宋刊单疏本、宋刊八行本、宋魏县尉宅本、蒙古平水本、十行本、永乐本、闽本作"求"，意者监本初亦作"求"，后校改为"所"，是以"求"字为误也。毛本、殿本从之作"所"。阮元《校记乙》云："毛本'求'作'所'，与岳本合。'求'字误也。"夫岳本无疏，此系疏文，何来"与岳本合"乎？是阮元《校记甲》以毛本为底本，至《校记乙》改十行本为底本，毛本为校本，误"毛"为"岳"，觉其缺毛，更添毛本，余另有文讨论之。改"求"为"所"自监本始，毛本从监本耳。又山井鼎、物观《考文补遗》亦以毛本为底本以校足利八行本，此条则失校。

(五)北监本误改

北监本校勘不苟，而改之未当，亦往往而有。举例如下：

1.《尧典》监本卷二第十八页四行疏："自下降监，则称上天。""下"，宋刊单疏本、宋刊八行本、宋魏县尉宅本、蒙古平水本、十行本、永乐本、闽本、阮本作"上"。浦镗、卢文弨、阮元皆云"上"是。作"下"自监本始，毛本、殿本沿其误。

2.《顾命》监本卷十八第二十一页一行疏:"以上欲指明三公中分天下之事。""三公",宋刊单疏本、宋刊八行本、蒙古平水本、十行本、永乐本、闽本俱作"二公",是。监本误改为"三公",毛本、殿本沿其误。阮本从十行本出,故作"二公",不误。卢文弨、阮元校记均指为毛本误,未确。实监本误,毛沿误耳。

3.《顾命》监本卷十八第二十五页七行疏:"所言出缀衣于庭。""所"字,宋刊单疏本、宋刊八行本、蒙古平水本、《要义》、十行本、永乐本、闽本俱作"此"。浦镗云:"'此'误'所'。"卢文弨云:毛本"所"当作"此"。阮元云:作"此"不误。泽逊按:"此"字误"所",从监本始。毛本、殿本沿监本误。

4.《顾命》监本卷十八第三十九页八行疏:"王又以瑁受宗人。""受",宋刊单疏本、宋刊八行本、蒙古平水本、《要义》、十行本、永乐本、闽本、殿本、库本、阮本作"授"。卢文弨云:当作"授"。泽逊按:"授"误"受"自监本始,毛本沿误。殿本改为"授",是。

5.《康王之诰》监本卷十九第四页十五行疏:"文王所忧,非忧西土而已。""文王",宋刊单疏本、宋刊八行本、蒙古平水本、《要义》、十行本、永乐本、闽本作"文武"。按此释经文"惟周文武,诞受羑若,克恤西土"孔传:"言文武大受天道而顺之,能忧我西土之民,本其所起。"作"文武"是。监本误为"文王",毛本、殿本沿监本。

(六)北监本据《周礼》改《尚书》疏文

《召诰》监本卷十五第十二页十三行至十四行疏:"周礼大司徒云"以下引《周礼》"日景"字凡六见,宋刊单疏本、宋刊八行本、宋魏县尉宅本、蒙古平水本、十行本、永乐本、闽本俱作"影"。监本改作"景",毛本、殿本沿监本。卢文弨云:"唐人引经,多用近世字,不尽依本书。后人乃据本书改正之。"阮元《校记甲》云:"'景',宋板、十行、闽本俱作'影',下同。按:《周礼》作景。"此监本据《周礼》改《尚书正义》也。依卢文弨说则不必改。此可见监本校雠之不苟,非仅重刻已也。

(七)北监本据蔡传改经文

《君奭》监本卷十六第二十六页二行经:"弗永远念天威,曰我民罔尤违。""曰"字宋刊八行本、宋王朋甫本、纂图互注本、宋魏县尉宅本、蒙古平水本、岳本、十行本、永乐本、李元阳本均作"越"。阮元《校记乙》云:"蔡传本'越'作'曰'。卢文弨云宋元以来本无不作'越'字,蔡传亦以'于'为训,似亦本作'越'字。按:唐石经亦作'越'。"则监本改"越"为"曰"似从蔡传本误改。毛本作"越",从旧本也。殿本作"曰",则沿监本。于此可见,毛本亦非草草,而殿本亦有未照也。

(八)北监本据《汉书》删字之不可取

《尚书序》监本卷一第十三页九行疏:"于是诏太常使掌故鼌错往受之。""鼌错"前宋刊单疏本、八行本、魏县尉宅本、蒙古平水本、元刊明修十行本、永乐本、李元阳闽刻本均有"臣"字,监本删之,殆以此疏明言"儒林传云",而《史记》《汉书》儒林传均无"臣"字。夫经疏引《史记》《汉书》而文有出入者多矣,岂可尽依《史记》《汉书》改之?孔颖达所见《史记》《汉书》乃唐初写本,今日所见至早亦不过宋本耳,各尊所闻,适为得宜。"臣"字自单疏本以来相沿已久,自应存其旧。故毛本虽从北监出,仍依旧本加"臣"字,殿本亦从监本出,而仍加"臣"字,岂不知《儒林传》无"臣"字耶?浦镗云:"毛本'掌故'下衍'臣'字。"卢文弨、阮元皆从之,黄怀信先生点校本、北大出版社本遂皆删"臣"字,旧本面目因之不得见矣。

(九)北监本误改疏文起讫语

《尚书》孔传末有"也"字,孔颖达疏于起讫语"某某至某某"往往略去"也"字。监本偶有改用"也"字者,当系妄改。《大诰》卷十三第三十三页十六行疏:"天亦至从也。""从也"二字,宋刊单疏本、宋刊八行本、宋魏县尉宅本、十行本、永乐本、闽本、阮本作"必从"。此即孔传末有"必从也"三字,孔颖达疏起讫语不用"也"字,而用"必从"为结,监本改用"从也"为结,是不知孔疏习惯而误改。卢文弨指出:"元本'从也'作'必从'。案:标句不带语辞者多。"即此意也。阮元似不明此,其《校记甲》云:"'从也',十行、闽本俱作'必从'。按:各本传末俱有'也'字。"是阮元以"从也"为长。泽逊按:当从卢说及宋元各本作"必从"。又卷十三第三十二页十七行疏:"惟大至易也。""易也",宋刊单疏本、宋刊八行本、宋魏县尉宅本、蒙古平水本、十行本、永乐本、闽本、阮本作"不易"。是孔传"不易也”，孔颖达疏原取“不易”为结，监本不明其例，改为“易也”。卢文弨明指：“不易”，毛本作“易也”，误。阮元《校记甲》则云：“‘易也’，十行、闽本俱作‘不易’。按：各本传末俱有‘也’字。”则阮以“易也”为长。亦不明孔疏文例。自当以卢说为是。

（一〇）北监本校雠之误

昔阮文达校《十三经注疏》，于《尚书注疏校勘记·引据各本目录》谓十行本“讹字虽多，无臆改之失”。万历北监本任事诸臣郑重校勘，改旧文而无校勘记，此宋元诸本通例，无足怪者，唯校改之佳者固夥，而误改之咎往往不免，阮文达所谓“臆改之失”是也。举例如下：

1.《尧典》监本卷二第十页六行经：“百姓昭明，协和万邦，黎民于变时雍。”孔传：“言天下众民皆变化从上。”“从”，宋刊八行本、宋王朋甫本、纂图互注本、宋魏县尉宅本、蒙古平水本、岳本、十行本、永乐本、闽本作“化”。监本改“从”，毛本、殿本沿监本。按：下文疏：“于是变化从上，是以风俗大和。”殆为监本所据。唯传“昭亦”至“大和”疏：“故知谓天下众人皆变化化上，是以风俗大和。”又云：“民言于变，谓从上化。”“从上化”即“化上”。又云：“百姓昭明，亦是变上。”“变上”即“化上”。则孔传仍以“化上”为是。北监本改“从上”非。阮元不置可否，是未深考。黄怀信先生点校本从毛本、殿本作“从上”，更谓疏不释“化上”，非。监本既改孔传“化上”为“从上”，又改疏文“故知谓天下众人皆变化化上”之“化上”为“从上”。虽文从字顺，实不必改。

2.《尧典》监本卷二第十七页十行疏：“主岳与否，不可得知”。“与”，宋刊单疏本、宋刊八行本、宋魏县尉宅本、蒙古平水本、十行本、永乐本、闽本均作“以”。卢文弨《拾补》云：“‘以否’犹‘与否’，疏内多如此。”阮元《校记甲》：“唐人‘与否’多作‘以否’。”是监本改“以否”为“与否”，不懂唐人习语也。毛本、殿本皆从监本。阮本从十行本，作“以”，不误。

3.《盘庚》“盘庚五迁将治亳殷”疏：“盖盘庚后王有从河南亳地迁于洹水之南，后又迁于朝歌。”“河南”之“南”，宋刊单疏本、宋刊八行本、宋魏县尉宅本、蒙古平水本皆同。永乐本、十行本明修版、李元阳本作“有”。监本作“自”，毛本从监本。阮元《校记乙》云：“有从河有亳地迁于洹水之南。闽本同。宋本'河有'作'河南'。案:'南'字是也。明监本、毛本作'河自',亦误。"泽逊按:误"有"字当从十行本始,监本觉其不通,改为"自",毛本、殿本俱沿监本,皆误。夫十行本误"南"为"有",尚属形近之讹,北监本改"有"为"自",则系觉其不通而臆改之也。

4.《泰誓上》:"惟十有一年,武王伐殷。"孔传"周自虞芮"至"乃退以示弱"疏:"《无逸》称文王享国五十年,自嗣位至卒,非徒九年而已。"毛本如此。山井鼎《七经孟子考文》云:"宋板'自'作'则'。谨按:正德、嘉靖二本'自'作'至',万历、崇祯本作'自'。宋板为愈。"阮元《校记》从之。泽逊按:宋刊单疏本、宋刊八行本、宋魏县尉宅本、蒙古平水本皆作"则",以其语气观之,甚是。十行本(正德修)作"至",显误。李元阳本沿之。监本知其误,改"至"为"自",顺则顺矣,非宋本之旧,是为臆改。毛本、殿本皆沿监本之误。

5.《洪范》经:"曰雨曰霁曰蒙曰驿曰克曰贞曰悔,凡七。"孔传:"卜筮之数。"下接经文:"卜五,占用二。"十行本及其前各本如此。李元阳闽本经文"卜五"之"卜"误为小字孔传,与上孔传"卜筮之数"连读为"卜筮之数卜"。北监本以义不可通,又以其上经文"凡七",因改孔传连读"卜筮之书卜"为"卜筮之数七"。误上加误。至毛本则改正之,殿本沿毛本,良是。

6.《多方》监本卷十七第十七页十八行经:"王曰:呜呼猷,告尔有多方士暨殷多士,今尔奔走臣我监,五祀。""有多方士",宋刊八行本、宋王朋甫本、十行正德修本、李元阳本、毛本、阮本作"有方多士"。监本、殿本、库本作"有多方士"。盖监本以《多方》篇中"多方"一词常见,故改"有方多士"为"有多方士"。殿本、库本皆沿之。孔传云:"王叹而以道告汝众方与众(阮校云"众"当作"殷")多士。"难以遽断。唯下文"尔惟和哉"孔传:"汝有方多士当和之哉。"知孔传所据本仍为"有方多士"也。监本作"有多方士"当误。殿本、库本沿而未察。阮元未出校。毛本出监本之后,仍作"有方多士",与宋本合,不误,为可贵耳。"有方多士"与"殷多士"相对,"有方"即诸侯方国也。

7.《吕刑》监本卷十九第二十六页四行经:"皇帝哀矜庶戮之不辜。"孔传:"君帝,帝尧也。"释文:"皇帝,皇宜作君字,帝尧也。"疏:"君帝帝尧哀矜众被杀戮者。”泽逊按：经文“皇帝”各本同，唯《经典释文》云：“君帝，君宜作皇字，帝尧也。”此与孔传“皇帝，帝尧也”释义同，知《释文》“君帝”一条乃释经文者，盖陆德明所见经文作“君帝”也。孔传“君帝”，宋刊八行本、李盛铎藏宋本、宋王朋甫本、纂图互注本、蒙古平水本、岳本、十行本、永乐本、闽本均作“皇帝”，监本改“君帝”，毛本、殿本沿监本，殆以疏文“君帝帝尧”而改传也，殊误。释文“皇帝，皇宜作君字”，宋王朋甫本、纂图互注本、蒙古平水本、十行本、永乐本、闽本作“君帝，君宜作皇字”，与《经典释文》同，监本改“君”为“皇”，改“皇”为“君”，殆以经文作“皇帝”，与《释文》作“君帝”牴牾，改释文以从经文也，不知陆氏所见经文乃唐前旧写本，与宋板容有不同也。殊谬。疏文“君帝”，宋刊单疏本如此，而宋刊八行本作“皇帝”，殆以经、传皆作“皇帝”，改疏以就经、传也，亦谬。他本皆作“君帝”。此节孔传、释文监本误改，毛本、殿本沿之，清人所见者即此改本也。

（一一）北监本擅改“释文”

1.《尚书序》监本卷一第十三页一行正文：“失其本经，口以传授。”释文：“传，直恋反。”“恋”字，宋王朋甫本、纂图互注本、宋魏县尉宅本、蒙古平水本、元刊明修十行本、永乐本俱作“专”，与《释文》原书同，至李元阳本误为“传”，监本觉其不通，改为“恋”。毛本沿之。阮元《校记甲》：“以传，直专反。‘专’，毛本误作‘恋’。按：释文‘传’字遇平声则作音，遇去声即不作音，故下载‘及传’二字但释其义而已。”刘晓东师云：“作直专反是。《群经音辨》：‘传，授也，直专切。’‘传，记所授曰传，直恋切。’‘直恋反’为去声，《广韵》《集韵》皆有此音。改反切实是对意义的分别。”则监本改“直恋反”乃是对“传”字误解而致。知“直传反”之非，当寻求依据（如《释文》原书或十行本等），方可校改，否则即为臆改。明人校书风气，每为清人指责，良有以也。

2.《盘庚上》监本卷九第八页十行释文：“强，其两反。”“两”，宋王朋甫本、纂图互注本、宋魏县尉宅本、蒙古平水本作“丈”，与《释文》合。十行本、永乐本、闽本误作“文”。监本以“文”字不合，改为“两”。通则通矣，而非其旧。是监本校勘未检《释文》原书，依理改之也。毛本沿监本，至殿本改“丈”，则依《释文》而复其旧。

3.李元阳本《武成》经：“归马于华山之阳，放牛于桃林之野。”孔传：“皆非长养牛马之地。”释文：“华山在恒农。长，丁丈反。”北监本改“恒”为“弘”，改“丁”为“竹”。余与郭冲检校各本及陆氏《释文》宋本，结果：《释文》、宋王朋甫本、宋魏县尉宅本、元十行本、李元阳本皆作“恒”、“丁”。监本、毛本、殿本“恒”作“弘”（殿本“弘”缺末笔）。监本、毛本“丁”作“竹”（刘晓东师云：丁丈反是类隔，“竹”亦后代改为音和）。殿本作“丁”。按：弘农，汉灵帝刘弘在位时改恒农，后复为弘农。北魏拓拔弘在位时又改为恒农。陆氏《释文》作“恒农”，当袭北朝旧音义。《舜典》释文“华山在恒农”，亦同。唐孔颖达正义称弘农。宋人合刻经注释文或经注疏释文，《舜典》已改为“华山在弘农”，宋王朋甫本、宋魏县尉宅本、十行本、李元阳本、监本、毛本、殿本、阮本莫不作“弘”。《武成》则仍作“恒”不改。至监本始改为“弘”，毛本、殿本沿之。阮元单行本《十三经注疏校勘记·尚书释文校勘记·舜典》“华”字下云：“华山在宏农。‘宏’（当作“弘”，避讳改为“宏”。下同），叶本作‘恒’，与毛居正所见本合。毛氏曰‘宏’作‘恒’误。《武成》释文亦误作‘恒农’。‘宏’、‘恒’声相近，传写误也。兴国及建本《舜典》释文作‘宏农’。《武成》释文犹作‘恒农’，改正未尽耳。”又《武成》“华”字下校记云：“华山在恒农。‘恒’，毛本作‘宏’。段玉裁云‘宏’宋人改作‘恒’。按：说详《舜典》。”则阮校认为“恒农”为宋人误改。实则《经典释文》舜典、武成二处均作“恒农”，自有来历。宋人改《舜典》释文为“弘农”。《武成》释文则未改。至万历北监本，则并《武成》释文亦改为“弘农”。不知陆德明作“恒”自有来历也。段玉裁谓“弘”、“恒”音近，传写之误，实为臆说。

（一二）北监本文字规范偶有未安

《经典释文·尚书音义·伊训》：“緫音揔。”从手、从糸义自有别。而监本不加区别，皆改作“揔”，释文亦改为：“揔音总。”唯此条监本仍作“总”（经文：“百官总己以听冢宰。”），偶存其旧也。殿本皆作“总”，亦未确。

（一三）北监本因李元阳闽本漫漶而致误

《洛诰》监本卷十五第三十五页二行疏：“言王之留己乃为祀事。”

"祀",宋刊单疏本、宋刊八行本、宋魏县尉宅本、蒙古平水本、十行本、永乐本、闽本作"此"。监本误"祀"。检闽本"此"字漫漶,乃监本致误之由也。毛本从监本出,而改正为"此",知另据旧本校勘也。殿本亦从监本出,而改"祀"为"此",盖受毛本启发。

(一四)浦镗据北监本修版之误

浦镗称监本误某,监本初印实不误,殆修版误。如:

1.《尧典》监本卷二第十七页十行疏:"惟司天地。"浦镗《正字》云:"'惟',监本误'作'"。今检初印监本实作"惟",不误。

2.《尧典》监本卷二第四页十八行经:"聪明文思。"释文:"聪,千公反。"浦镗《正字》:"千公切,监本'千'误'于'。"泽逊按:监本实作"千",不误。浦据修版之误也。又殿本误"于",以其所据万历监本为修版误"于"所致也。库本又沿殿本,亦误为"于"。

(一五)浦镗、阮元用北监本修版一脉相沿

北监本刻于万历十五年(1587),笔画纤细,易致漫漶,故崇祯康熙间迭有修补,讹误滋多,殿本据以重刻,浦镗、阮元据以校勘,皆修版多误之本,是则北监本蒙诟之一端也。

1.《尚书序》监本卷一第三页七行疏:"七十子丧而大义乖。"浦镗《正字》云:"子,监本误于。"阮元《校记甲》:"'子',监本误作'于'。"检万历监本实作"子",盖浦、阮用修版也。

2.《尚书序》监本卷一第三页八行疏:"伪起哀平。"浦镗《正字》:"'平',监本误'乎'。"阮元《校记甲》:"'平',监本误作'乎'。"实则监本不误。殆浦所见为修版,阮径用浦校耳。

3.《尚书序》监本卷一第三页十一行疏:"又舟檝取涣。"浦镗《正字》云:"檝,监本误从手。"按万历北监本实从木。浦镗所据,盖修版误也。

4.《尧典》监本卷二第六页十行疏:"同于郑玄矣。"浦镗《正字》云:"'郑',监本误'奠'。"阮元《校记甲》亦云:"'郑',监本误作'奠'。"而万历北监本实作郑,不误。

5.《尧典》监本卷二第二十一页十行疏:"言各正三月之中气也。""正",浦镗《正字》云"'正',监本误'王'。"阮元《校记甲》:"'正',监本

误作‘王’。”检北监本实作“正”。此殆浦用修版,阮又袭浦也。

6.《尧典》监本卷二第二十三页九行疏:“摠言北方是万物所聚之处。”“北方”毛本作“此方”。浦镗《正字》:“‘此’,监本误‘比’。后可知者不出。”阮元《校记甲》:“‘此’,监本误作‘比’。后可知者不悉校。”实则监本作“北”,不作“比”。盖浦据监本修版,而阮径袭之。

7.《舜典》监本卷三第二页十行疏 :“《诗》毛传训塞为实。”殿本《考证》云:“‘实’,监本讹‘贵’,今改正。”浦镗《正字》:“《诗》毛传训塞为实。‘实’,监本误‘贵’,《诗》传作‘瘗’。释文云:崔集注本作‘实’。”阮元《校记甲》:“《诗》毛传训塞为实。‘实’,监本误作‘贵’。”《校记乙》同。泽逊按:万历北监本作“实”,不误。殿本据修版,殆误为“贵”。浦氏、阮氏似沿殿本《考证》,未必真校也。监本误字,阮元好沿浦镗《正字》。此其一例耳。

8.《舜典》监本卷三第二十页九行疏:“令勤念刑罚。”“勤”,浦镗《正字》云:“监本误‘动’。”阮元《校记甲》云:“监本误作‘动’。”泽逊按:万历北监本实作“勤”,浦氏所见殆修版,误作“动”。至于阮元《校记甲》,殆袭浦氏也。又库本“勤”误“劝”,誊录之误也。《荟要》本不误。

9.《禹贡》监本卷六第一页九行注:“禹之王以是功。”浦镗《正字》:“‘王’,监本误‘至’。”阮元《校记甲》:“‘王’,监本误作‘至’。”泽逊按:监本初印本作“王”,不作“至”。浦所见为修版,阮所见亦修版,殆所见同误,然亦颇疑阮元《校记甲》径袭浦镗《正字》也。

10.《洛诰》监本卷十五第三十二页十一行疏:“理犹自未能定于尊礼。”浦镗《正字》:“犹,监本误狷。”阮元《校记甲》:“‘犹’,监本误作‘狷’。”按:北监本初印实作“犹”,不误。殆浦镗所见为修版,误作“狷”。阮元《校记甲》径袭之耳。

11.《立政》监本卷十七第二十六页九行注:“王有华夏。”“王”,浦镗、阮元均谓监本误“主”。今检监本实作“王”。知系监本修版误“主”。殿本亦误“主”,沿监本修版误也。库本又沿殿本误“主”。他本则作“王”,不误。又同页十三行疏“王有华夏”,殿本作“主有华夏”,其误同。

12.《康诰》监本卷十四第四页九行疏:“慎去刑罚。”浦镗《正字》:“慎字监本误。”阮元《校记甲》:“‘慎’,监本误作‘值’。”则浦镗、阮元所见监本皆修版致误。万历原板固作“慎”也。

13.《召诰》监本卷十五第五页八行注:“命众殷侯甸男服之邦伯。”浦镗《正字》:“监本‘殷’误‘股’,‘甸’误‘旬’。”阮元《校记甲》:“‘众殷侯甸’,监本误作‘众股侯旬’。”泽逊按:监本作“众殷侯甸”,不误。浦镗、阮元殆据修版,或阮元径袭浦作,未校原书也。

14.《酒诰》监本卷十四第二十五页十六行疏:“明为互矣。”“互”,蒙古平水本、殿本作“君”。卢文弨《拾补》云:“监本改‘互’为‘君’字,非。”按:监本实作“互”,即殿本作“君”推之,则卢所见为监本修板,作“君”,殿本亦从监本修板作“君”,皆误。

《洞天玄记》袭自《太平仙记》考*

黄仕忠

（中山大学中国古文献研究所）

一

杨慎(1488—1559),字用修,号升庵,四川新都人。正德六年(1511)进士第一,授翰林院修撰。正德十二年(1517)八月,武宗微行出居庸关,杨慎上疏抗谏,被迫称病还乡。明世宗即位,被召至京师,任经筵讲官。嘉靖三年(1524)七月,两上议大礼疏,谪戍云南永昌卫。次年正月至戍地。在云南计三十余年,而未得还朝机会。嘉靖三十八年(1559)七月,卒于云南。年七十二。所著有《升庵集》八十一卷。擅散曲,撰有《陶情乐府》《十二段锦》等;亦能戏曲,有《洞天玄记》杂剧行世;或谓《泰和记》亦为其所撰。

《洞天玄记》杂剧,今存两种版本。

一为万历三十三年(1605)刊《四太史杂剧》本,日本神田喜一郎旧藏,今藏大谷大学图书馆。署"新都杨慎升庵著,后学孙学礼校",分作四出。卷首有嘉靖十六年(1537)春玄都浪仙"洞天玄记序";嘉靖二十一年

* 本文为"《全明戏曲》编纂及明代戏曲文献研究"项目之相关成果。

(1542)冬杨悌“洞天玄记前叙”，卷末有同年冬杨际时之“洞天玄记后序”。题目作“无名子收昆仑六贼，降东蛟夺先天一气”；正名作“战山君配姹女婴儿，宴清都作洞天玄记”。

二为明脉望馆旧藏《古名家杂剧》本，卷首亦有三篇序；另有嘉靖三十七年(1558)夏杨慎门人张天粹之“洞天玄记跋”。卷端、版心题“洞天玄记”，署“国朝杨升庵撰”，题目正名略同上条；唯末句作“宴清都作洞天玄记”，多一“作”字。此本分作四折①。

玄都浪仙在序中说：

> 刘子曰：《洞天玄记》，洞天贞逸闭关草玄，休暇而戏为之者也。夫贞逸以玉堂仙史，远游荒徼，浮云富贵，葆啬性灵，此其有感而云云也。……或曰今之传者，直指为陈自得，视此盖差异云。予曰：世之赝书无限，如《云仙散录》《周秦行纪》《碧云騢》者，假托名流，幻惑时辈，甚则公取人长而据为己有，极可恶已。昔东阳柴廓作《行路难》，乃僧宝月窃而有之，遂使后世流传，不知有廓。若自得者，其诸宝月之徒与？此虽一事之微，而人之无良，风之偷薄孰甚焉？君子是以重为之感也。

此剧为杨慎被谪云南，“远游荒徼”，“有感”而“戏为之者”。杨慎于嘉靖四年(1525)正月抵滇。故此剧成于嘉靖四年至撰此序的十六年之间(1525—1537)。杨悌《前叙》也说：“吾师伯兄太史升庵，居滇一十七载，游神物外，遂仿道书，作《洞天玄记》，与所谓《西游记》者同一意。”此处行文不甚谨严，所言当指杨慎于谪滇期间撰成此剧，而非指居滇十一年后撰此剧，则两序所言，才不致相互矛盾②。

“或曰今之传者，直指为陈自得”一语，说明时人把此剧归于陈自得所撰，则杨慎之剧，实有剽窃之嫌。故玄都浪仙特作澄清，痛责陈自得“无良”，“公取人长而据为己有”，如僧宝月之窃柴廓，“遂使后世流传，不知

---

①此本现藏中国国家图书馆，《古本戏曲丛刊》第四集、《中华再造善本》均据此本影印。《孤本元明杂剧》第十一册，据此本校录。

②王季烈《孤本元明杂剧提要》，以为两序所说时间不一，相互矛盾。见《孤本元明杂剧提要》，北京：中国戏剧出版社，1957，第23a—24a页。

有廓”,从而为杨慎翻转了此桩公案。

又,张天粹之跋云:“嘉靖甲寅冬,古上元甲子日,愚自京师之任,抵泸再见洞天真逸。仙翁喜出《洞天玄记》,示曰:‘此刻稍嘉,奉霞川仙友一览。’愚拜受之,珍韫笥箧。”张氏在嘉靖三十三年甲寅(1554)冬于泸州拜会乃师,获赠《洞天玄记》刻本(序中称“此刻”),则杨慎本人亦认《洞天玄记》为己作,并以赐门人。此后,杨慎著有此剧,遂无异议。如王世贞《曲藻》说:“杨状元慎才情盖世,所著有《洞天玄记》《陶情乐府》《续陶情乐府》。”李贽《续藏书》卷二十六“文学名臣”收录“修撰杨公”传,附列著作有《洞天玄记》;明王圻《续文献通考》卷一百七十八“经籍考”亦载:“《洞天玄记》《滇载记》,俱杨慎用修著。”又,《四太史杂剧》之辑刊,原出自焦竑授意,故焦竑亦认为此剧为杨慎所撰①。

明崇祯间祁彪佳编《远山堂剧品》,于杨慎名下著录《洞天玄记》,列入“雅品”,有注云:“一名《证有(无)为太平仙记》。”

《太平仙记》杂剧,今存明万历间赵琦美脉望馆钞校本,卷端、叶心题“太平仙记”,未署作者,亦无序跋。题目作“无名子收昆仑六贼,降东蛟夺先天一气”;正名作“战山君配姹女婴儿,证无为作太平仙记”。未标分折。②

此剧至晚在明嘉靖初已行于世,故嘉靖间《晁氏宝文堂书目》卷中“乐府”著录,简名作“太平仙记”;另有“降六贼伏龙虎太平仙记”③,当为同一剧之别本。唯均未题作者名。清初《钱遵王述古堂藏书目录》卷十著录作“证无为作太平仙记(抄)”④;钱曾所录,即据所得之脉望馆旧藏钞校本。

《远山堂剧品》说《洞天玄记》“一名《证有(无)为太平仙记》”。祁彪佳《与沈大来》亦云:“《太平仙郎(记)》即《洞天玄记》,相传杨升庵所作,弟未甚心赏之。盖王凤洲《词藻》原云升庵颇不为当家所许耳。”(据南京

①参见黄仕忠《日本所藏中国戏曲文献研究》,北京:高等教育出版社,2011,第189—198页。

②此版本今藏中国国家图书馆,《古本戏曲丛刊》第四集、《中华再造善本》均据此本影印。

③(明)晁瑮:《晁氏宝文堂书目》,上海:上海古籍出版社,2005,第137、144页。

④见林夕主编《中国著名藏书家书目汇刊·明清卷》第16册,北京:商务印书馆,2005,第526页。

图书藏《远山堂尺牍》)"相传"二字,颇可玩味;且对杨作"未甚心赏";只是在《剧品》中著录时,他还是采用了通行的意见,所以将《太平仙记》作为《洞天玄记》的别题,而不是作为独立的剧本收录。

由此可以证实,这《太平仙记》即是陈自得所撰之本。故近人王季烈编《孤本元明杂剧》收录此剧,增署"明陈自得"撰;并于"提要"内云:"与杨升庵所撰《洞天玄记》,不惟事迹完全相同,即曲文宾白,相袭者亦十居其九。按《洞天玄记》刘序云,'世之赝书无限,假托名流,幻惑时辈,甚则公取人长,掩为己有',谓《洞天玄记》被陈自得窃而有之也。然此记者,即陈自得窜改升庵之书所成欤?今考此记改易杨作之处,如第一折【点绛唇】第二句'有谁参到','到'字杨作'透',失韵。【那咤令】第六句'云朋月老'下,杨有'吃了些那玉液琼浆沉醉倒'句,元人格本无此句。第二折之【集贤宾】【逍遥乐】【金菊香】【梧叶儿】等曲,句法颇多不同,皆此记合元曲规律,杨作不合。杨之【尾声】,此改为【浪里来煞】,亦以【尾声】之句法多误也。第三折【满庭芳】中,此记增'狂情逐五鬼三尸,勾引起无端事,我亲行到此'三句,方与张小山'西窗酒醒'一阕相合。第四折【驻马听】中,'还婴儿姹女姻缘债,庆龙虎把冤业解'二句,杨作'还婴姹姻缘债,庆龙虎风云会,把冤仇善解',亦此记比彼为合律。然则陈之改杨,皆确有见地,非漫为点窜也。抑有人疑此记为元人旧本,升庵钞录之,掩为己有,则本王元美《曲藻》所云'升庵多剽元乐府秘本'一说也。然无确证,未敢臆断。"①

今人则多承参此提要所言,以为陈窃于杨,不过也肯定了陈氏所改,"确有见地"。如傅惜华《明代杂剧全目》(北京:作家出版社,1958)云:"按此剧与上文著录杨慎之《洞天玄记》杂剧,不惟情节完全相同,即曲词宾白,亦大抵相袭。……盖此剧乃陈自得窜改杨慎之作而成。"(页112)庄一拂《古典戏曲存目汇考》(上海:上海古籍出版社,1982)亦谓:"与杨慎《洞天玄记》,不惟事迹相同,即曲文宾白,袭取者亦十居其九。据刘序所云,陈自得窃而有之。则此记当属窜改之本无疑。"(页427)李修生主编《古本戏曲剧目提要》(北京:文化艺术出版社,1997)则谓:"此剧与杨

①王季烈辑校《孤本元明杂剧》第1册,北京:中国戏剧出版社,1957,第23a—24a页。

慎《洞天玄记》所演事迹相同,曲文宾白也大都相同。……《太平仙记》可能是陈自得抄袭杨慎《洞天玄记》而成。但杨慎曲文往往不协音律,《太平仙记》对之作了改动,且很有见地,并非胡乱抄袭。"(页180)

又,最近曾绍皇先生有《杨慎杂剧创作之文献述评与文本考辨》(载《武陵学刊》,2014年第2期)一文,通过对两剧前两折的比对,"根据古籍流传'后出转精'的一般原理",重申陈窃自杨,认为《太平仙记》对《洞天玄记》作了较大润色修改,"使之更符合戏剧舞台和戏曲音律的要求"。(页95)

其实,嘉靖初时人称此剧为陈自得所撰,是符合事实的,因为通过两剧的比较,可以找到孰先孰后之证据;而玄都浪仙称陈氏"剽窃"杨作,与事实正好相反。今述于后,以求正于方家。

二

笔者在编校《全明戏曲》时,于杨慎名下收录《洞天玄记》,以《四太史杂剧》本作底本,以《古名家杂剧》本作校本。两者之间,除异体字或手民之误外,仅个别字词或句子有异。《古名家杂剧》本似据《四太史杂剧》本略加校改而成,如第一折有"侫侬先生"一称呼,《四太史杂剧》《太平仙记》同,而《古名家杂剧》本作"偎侬先生","偎"实为误字;又《太平仙记》"吾有小法,可取此龙",《四太史杂剧》本作"吾有小法可取此",脱一"龙"字,语遂不贯;《古名家杂剧》本再删一字,作"吾有小法可取",此句方得以稳住。

又因前人已言二剧前后承袭,故既以《太平仙记》作为《洞天玄记》之参校本,又以《洞天玄记》作为《太平仙记》的参校本,各校一过。

校勘中发现,两剧文字差异确实不大。其差异之处,主要在开头部分和第四折后半部分。其他地方虽有字句的变换,总体而言,并不很多。这说明两者确实出于一源,有先后承袭关系。但从北曲杂剧的曲律与体制,以及文字、文理高下来说,《太平仙记》的总体水准是在《洞天玄记》之上的;所谓"后出转精",当亦认同其文字优于《洞天玄记》。

但是,在比较中发现的两处异文明显出于"窜行",从校勘学的角度,可以判定其先后。参见图1、2,表1。

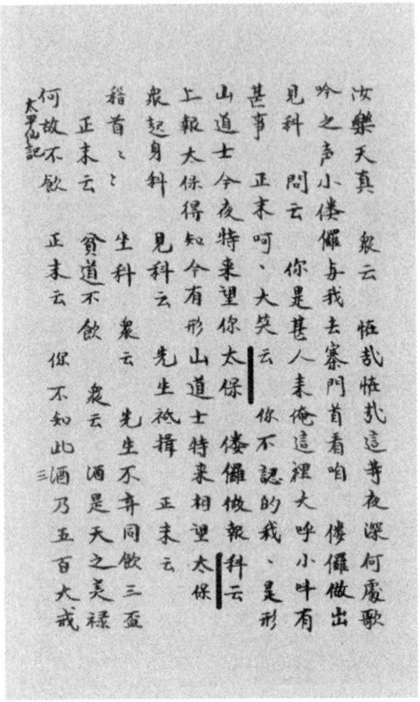

汝樂天真 衆云 恠哉恠哉這等夜深何處歌
吟之声小儫儸与我去寨門首看咱 儫儸做出
見科 問云 你是甚人來俺這裡大呼小叫有
甚事 正末呵、大笑云 你不認的我、是形
山道士今夜特來望你太保 儫儸做報科云
上報太保得知今有形山道士特來相望太保
衆起身科 見科云 先生祇揖 正末云
稽首、、 生科 衆云 先生不弃同飲三盃
正末云 貧道不飲 衆云 酒是天之美禄
何故不飲 正末云 你不知此酒乃五百大戒
太平仙記 三

图 1-1:脈望馆本《太平仙记》第一折

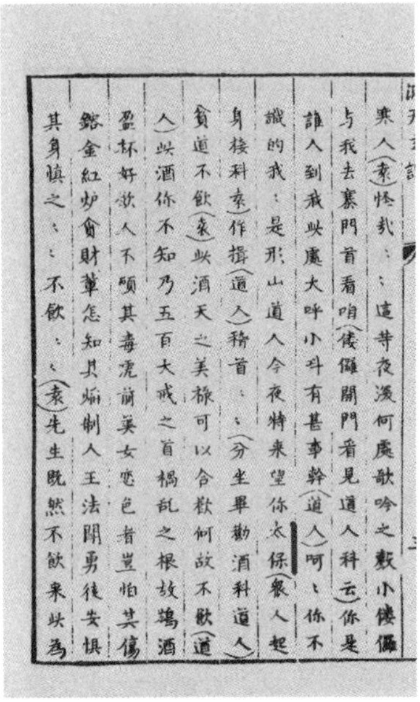

衆人(衆)怪哉、、這等夜深何處歌吟之數小儫儸
与我去寨門首看咱(儫儸開門看見道人科云)你是
誰人到我此處大呼小叫有甚事幹(道人)呵、你不
識的我、、是形山道人今夜特來望你太保(衆人起
身接科衆)作揖(道人)稽首、、(分坐畢勸酒科道人)
貧道不飲(衆)此酒天之美禄可以合歡何故不飲(道
人)此酒你不知乃五百大戒之首禍乱之根故鴆酒
盈杯好欲人不顧其毒虎前美女恋色者豈怕其傷
鎔金紅炉貪財輩怎知其焰制人王法開勇徒妄惧
其身慎之、、不飲、、(衆)先生既然不飲來此為

图 1-2:脈望馆本《洞天玄记》第一折

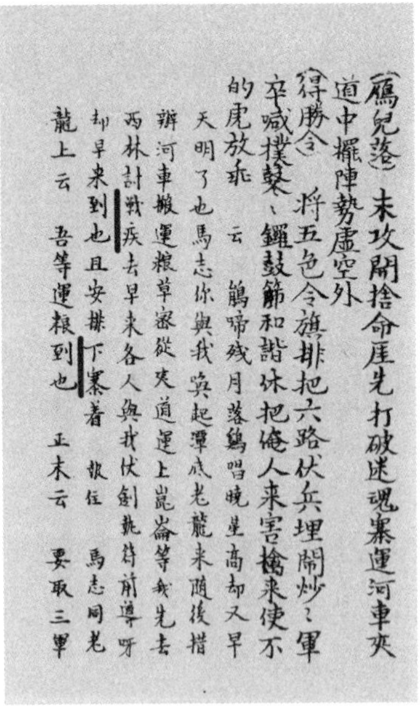

(鴈兒落)末攻開捨命崖先打破迷魂寨運河車夾
道中擺陣勢虛空外
(得勝令)將五色令旗排把六路伏兵埋鬧炒、、軍
卒喊撲鼕、鑼鼓節和諧休把俺人來害擒來使不
的虎放乖 云 鵑啼殘月落鷄唱曉星高却又早
天明了也馬志你與我喚起潭底老龍來隨後措
辦河車搬運糧草密從夾道運上崑崙等我先去
西林討戰疾去早來各人與我伏劍執符前導呀
却早來到也且安排下寨着 故任 馬志同老
龍上云 吾等運糧到也 正末云 要取三軍

图 2-1:脈望馆本《太平仙记》第四折

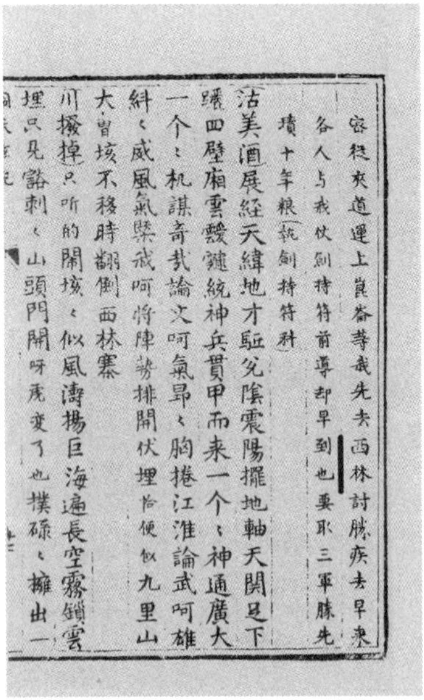

密從夾道運上崑崙等我先去西林討戰疾去早來
各人与我伏劍持符前導却早到也要取三軍勝先
積十年粮(執劍持符科)
沽美酒展經天緯地才驅兇陰震陽擺地軸天關足下
踐四壁廂雲靉靆統神兵貫甲而來一个、、神通廣大
一个、、机謀奇哉論文呵氣昂昂胸捲江淮論武呵雄
糾糾威風氣槩我呵將陣勢排開伏埋恰便似九里山
大會垓不移時翻倒西林寨
川撥掉只听的鬧垓垓似風濤揚巨海遍長空霧鎖雲
埋只見豁剌剌山頭門開呀怎変了也撲碌碌擁出一

图 2-2:脈望馆本《洞天玄记》第四折

表1:《太平仙记》与《洞天玄记》异文

《太平仙记》	《洞天玄记》(《四》、《古》同)
今夜特来望你太保。(倭罗作报科云)上报太保得知,今有形山道士,特来相望太保。(众起身科)(见科云)先生祇辑。(正末云)稽首稽首。(坐科)(众云)先生不弃,同饮三杯。(正末云)贫道不饮。	今夜特来望你太保。□□□□□□□□□□□□□□□□□□□□□□□□□□(众人起身接科)(袁)作辑。(道人)稽首稽首。(分坐毕,劝酒科)(道人)贫道不饮。
(正末云)……马志,你与我唤起潭底老龙来,随后措办河车,搬运粮草,密从夹道运上昆仑。等我先去西林讨战。疾去早来。各人与我仗剑执符前导。呀,却早来到也。且安排下寨着。(报住)(马志同老龙上云)吾等运粮到也。(正末云)要取三军胜,先积十年粮。	(道人)……马志,你与我唤起潭底老龙来,随后供办河车,搬运粮草,密从夹道运上昆仑。等我先去西林讨胜。疾去早来。各人与我仗剑持符前导。却早到也。□□□□□□□□□□□□□□□□□□□□□□□□□□□□□□□□(道人)要取三军胜,先积十年粮。

表内加下划线者为两剧之异文。《洞天玄记》栏之“□□”处,为其脱文;即是《洞天玄记》在抄录时窜行所致。

第一栏所列为第一折中文字,因“望你太保”和“相望太保”,“太保”两字重合,《洞天玄记》抄录时误从第二个“太保”往下抄,遂致脱中间“(倭罗作报科云)上报太保得知,今有形山道士,特来相望太保”一段,而从剧情衔接上来看,“倭罗作报科云”的内容是不能缺少的。

第二栏所列为第四折【雁儿落】曲与【沽美酒】曲之间的宾白。因“早来到也”和“运粮到也”,两处“到也”相重,直接从后一“到也”往下抄录,致使这两个“到也”之间的文字被抄漏了。从文意来看,这里也确实是抄漏而非删去。因为“疾去早来”一语,是指使马志前去叫老龙一起搬粮,马志实有下场动作,两本均略去。“各人与我仗剑执符前导”,当为舞台之圆场。“却早来到也”,指的是率军来到目的地。然后才是马志携老龙重新上场,道“吾等运粮到也”;只有运粮而到了,才能接“要取三军胜,先积十年粮”。也就是说,这中间的文字是不可缺少的,否则便会导致剧情不畅。

此两处之窜行,已经可以判定是《洞天玄记》据《太平仙记》抄录删改而成。我们再来看两剧的异文,除前文王季烈已经列举之曲律方面陈本优于杨本之外,还可以再举若干例证:

表2:《太平仙记》在曲律方面优于《洞天玄记》

《太平仙记》	《洞天玄记》	说明
观人犯法,斗勇徒安惜其身	制人王法,斗勇徒安惧其身	首四字义别,后者不通。惜/惧,显为形误。
铅华触目	铅华独见	触目/独见,后者形误。
以应三日,乃月初之旨也	以应三日,乃月出之旨也	后者同音而误。
逐一开发弟子	逐一开教弟子	开发/开教,义有别。
不免将人败坏	不免将来败坏	原言将人如何,非言将来如何。
父子兄弟替不得	父母兄弟替不得	父与子可互替,父与母则不成。
只因桩短锁头松	只因桩断锁头松	桩短而致松动,非断裂。
吾有小法,可取此龙	吾有小法可取此(《四》) 吾有小法可取(《古》)	《四》脱一字,致语气不全;《古》本再删一字,遂稳住。
撑天拄地	撑天握地	“握地”,不通。
此日真言,他时休悔	此自真言,他时休悔	此日/他时对应;“此自”则非。
移浊骨,换灵胎。尽平生手段神通大	移步诀,换灵胎。尽平生手段神灵大	“浊骨”方与“灵胎”相对应;“神灵大”,不词。
凯歌快哉	凯歌便裁	“便裁”,不词。

以上诸例,或是形近而误,或是信手误书别一词,或是脱漏所致,均非为主动认真删改所导致的差异。因此,可以判定:《洞天玄记》并非是精心之作,实是率意删节前人之作而成者。

再回头来看两剧的差异。两剧最大的区别是卷首部分:

表 3:《太平仙记》与《洞天玄记》卷首差异

《太平仙记》	《洞天玄记》(据《四太史杂剧》本)
(正末扮道人上云)道本无名强立名,个中悟者可修行。……	(末上)【苏武慢】堪叹浮生,年来岁去,偏有许多忙事。蜗角劳劳,蝇头攘攘,只为虚名微利。白发难饶,朱颜易老,日月长绳怎系。细思之,何苦奔驰,阳焰空花身世。好回首放浪山林,逍遥云水,火宅风尘都弃。紫府丹丘,蓝岑翠巘,别是一壶天地。青鸟喉歌,红鸾掌舞,金醴朝朝长醉。宴清都拍手群仙,且听洞天玄记。 (末问)可惜良辰美景,休要乱道胡支。请问后房子弟,搬演何代传奇?(内应)宴清都洞天玄记。(末)好,好!这故事,容成公传与彭祖,广成子按授予轩辕。迷方者执文泥象,知音者得意忘言。来者形山道人。好做好看。(道人上开)(手执鱼鼓简板念)家住形山东复东,此中何别蕊珠宫。……

《太平仙记》直接由"正末扮道人上云",吟定场诗,说定场白,此为北曲杂剧之常例。《洞天玄记》则增加了一段文字,而定场诗与白文之前半部分与之全异。这段增加的文字,《古名家杂剧》本标明为"开场"。观其体制,即是从南戏传奇的"副末开场"而来。也就是说,《太平仙记》原是按照北杂剧规范写成的剧本,而《洞天玄记》则增入了"副末开场"一段,即是从南戏传奇来的,亦即南杂剧的方式,所以《四太史杂剧》本标作"出",而不是北曲杂剧的分"折";《古名家杂剧》本改"出"为"折",剧首部分径标作"开场",而非"楔子"。

总而言之,《洞天玄记》是对《太平仙记》稍作改动而成。它主要变动了第一折的开头和第四折的后半。而最重要的变化,实是在体裁上将原来的北杂剧改成南杂剧,增加了南曲体制的"副末开场",故特别作"出"而不作"折"(《古名家杂剧》本当是为了统一体例而再改为"折");至于对曲文方面所作的改动,则完全没有顾及合律与否的问题。开场之【苏武慢】词,陈述创作缘起与创作时之心态,大略符合杨慎赴滇后的心境。所谓"蜗角劳劳,蝇头攘攘,只为虚名微利";"细思之,何苦奔驰,阳焰空花身世",因叹息虚名微利,故"紫府丹丘,蓝岑翠巘,别是一壶天地",走向道家炼丹出世,这仍然是借他人酒杯,浇自己之垒块,只不过杨慎是连内容到文字一起借了过来。

三

明代史乘谓慎投荒多暇,书无不览,明世记诵之博,著述之富,允推第一。① 据今人统计杨慎著作,有近二百种。但著述如此繁富的另一面,是身处边荒的杨慎或许并不以原创著作为追求。特别是在散曲、戏曲、弹词等俗文学的创作方面,这一点可能更为明显。

明王世贞《曲藻》著录杨慎所作散曲云:"杨状元慎才情盖世,……第他曲多剽元人乐府,如'嫩寒生花底风''风儿疏剌剌'诸阕,一字不改,掩为己有。盖杨多抄录秘本,不知久已流传人间矣。"明沈德符《万历野获编》也说:"曾见杨亲笔改定祝枝山《咏月玉盘》'金饼'一套,窜易甚多,如'西厢待月断送莺莺'改为'成就莺莺',余不尽记矣。"(卷二十五)盖杨慎多将他人曲作略作改窜,作为己作,且不以为非;或以为游戏人生,作为身处边荒之发泄,原不以"创作"为意,也无意作传世之期。

明人所称杨氏剧作,尚有《太和记》一种。《徐氏家藏书目》子部卷四"传奇类"著录简名"太和记",未题撰人。《钱遵王述古堂藏书目》卷十"曲"类著录有"杨升庵《太和记》四卷一本",未标"抄"字,则所藏或为刻本。《曲海总目》、《曲目新编》著录云:"《兰亭会》、《太和记》(二十四出,故事六种,每事四折)以上二种,杨慎作。"《今乐考证》"著录三"亦有著录。《曲录》卷三著录,谓:"太和记六本。见《也是园目》及《曲海目》。每本四折,凡六本。"庄一拂《古典戏曲存目汇考》卷六,于杨慎名下设此目,谓"置此存疑"(页423)。

按,沈德符《万历野获编》卷二十五"太和记"条称:"向年曾见刻本《太和记》,按二十四气,每季填词六折,用六古人故事,每事必具始终,每人必有本末。出既曼衍,词复冗长。若当场演之,一折可了一更漏,虽似出博洽人手,然非本色当行。又南曲居十之八,不可入弦索。后闻之一先辈,云是杨升庵太史笔,未知然否。……杨升庵生平填词甚工,远出《太

①《明史》卷一九二《杨慎传》,北京:中华书局,1974,第5083页。

和》之上。今所传俱小令,而大套则失之矣。曾见杨亲笔改定祝枝山《咏月玉盘》'金饼'一套,窜易甚多,如'西厢待月断送莺莺'改为'成就莺莺',余不尽记矣。"可知万历或万历之前就有此记刻本,但未署名,故沈氏见到刻本,犹未能知作者为谁。但记"一先辈"认为是杨慎撰作。清焦循《剧说》卷四:"近伶人所演陈仲子一折,向疑出《东郭记》,乃检之,实无是也。今得杨升庵所撰《太和记》,是折乃出其中。"①

明许潮撰有《泰和记》,明清人通常将其视作传奇著录。吕天成《曲品》卷下著录作:"许时泉所著传奇一本:《泰和》。每出一事,似剧体,按岁月,选佳事,裁制新异,词调充雅,可谓满志。"②

南京图书馆藏祁彪佳《远山堂尺牍》收《与沈大来》二信。其一谓沈氏所编《盛明杂剧》:"《二集》中,《泰和记》二十四折,是许时泉潮所作,非杨升庵也。"其二则谓"如许时泉之《太和》,沈词隐之《博笑》,叶桐柏之《四艳》,车柅斋之《四梦》,彼已汇成全记,似不宜仍作散剧。"

《传奇汇考标目》载:"许潮,字时泉,靖州人。泰和。"清黄文旸《曲海总目》、支丰宜《曲目新编》于"明人传奇"内载:"《泰和》,靖州许潮作。"清梁廷枏《曲话》卷一,亦谓:"许潮作《泰和》。"

前文已考杨慎之《洞天玄记》,实改自《太平仙记》杂剧,因疑杨慎之《太和记》,亦是据许潮《泰和记》略加点窜而成,文字相差亦不甚大,且曾有刻本问世,因而到万历之后,世人已难辨别。盖晚明人多以杨慎所撰名为《太和记》,系杂剧;许潮所撰题作《泰和记》,系传奇。

概言之,以《太和记》与《洞天玄记》的情况来看,杨慎于散曲、戏曲之写作,初不以之为能事,故率意而行,或据他人之作稍加点窜,以为游戏之笔。而世人既重杨状元之名声与才华,亦同情其经历和遭际,复加推重;因所见与世间所传者或相矛盾,复以为杨慎必不致剽窃他人之作,遂曲为杨慎辩护,而致真相湮没。

四

至于《太平仙记》之作者陈自得,前人或以为生平著述无考。如傅氏

①焦循:《剧说》,北京:中华书局,1959,第643页。

②吴书荫:《曲品校注》,北京:中华书局,1990,第308页。

《明代杂剧全目》云:“陈自得,字、号、籍里,及生平事迹,今皆不详;仅知为明嘉靖时人。所存杂剧一种,亦系改窜他人之作。”(页112)庄氏《古典戏曲存目汇考》云:“字里未详。仅知为明嘉靖时人。”(页426)其实不然。陈自得为炼丹家,今人述明代炼丹术,多有述及。只是从晚明以降,对他的生活年代及籍贯居里等,已多讹传,尚需细加斟别。

明伍守阳《仙佛合宗语录》,著录佛道诸家著作,有:“陈自得之《外丹敲爻歌》(嘉靖时福建人也),之《黄白直指》,之《金谷歌》,之《竹泉词》。”①

民国间陈撄宁曾获陈自得著作《琴心重光》抄本,并作校理,有民国二十七年(1938)丹道刻经社铅印本②。此整理本署“明福建竹泉陈自得著”,按:“福建”二字原作“福堂”,系陈氏校改。此书原为清雍正间“玉峰山阳春子”所存,阳春子有序,述其生平,然亦有讹误。节其大略如下:

陈竹泉,闽人,名自得。将冠,始学诗。年二十四五,颇究性理天人之学。景泰元年庚午(1450)教书薇垣方伯家。后游江湖,于诸子百家靡不涉猎。景泰四年癸酉(1453),邂逅外丹之事,获睹点化黄白神效,遂趋事之,执弟子职。三载余,荡尽家赀而无所得。而退而日夜寻试究里,知识日长,道理日明。自此形诸歌诗,以写其怀,积日成卷,曰《养道策》,时成化三年丁亥(1467)也。其《南吕·一枝花》有“入斯道四十余春”句,深叹学道苦心。其诗云:“破琴烧火炼凡铅。”故取义以名其书。太华山人《承志录》著录其所作,有《金谷歌》《渔庄录》《秋日中天》《洞天秘典》《黄白直指》《黄白破愚》六书。

陈撄宁校本《琴心重光》,附录有陈自得四篇序跋。其一为《黄白直指自序》,署“成化丁丑夏四月甲寅”。另有二篇《黄白直指跋》,一署“兴化汪诚好真氏跋”,称:“陈君竹泉与吾为中表亲,好神仙术。”其二为昆陵董中守一氏之“识”,称:“陈竹泉先生所著《黄白直指》一书,……诚修玄之要旨,而至道之真传也。”第四篇为《铅汞奥旨序》,系陈自得自序,署“明成化庚寅仲春”,时为成化六年(1470)。

①《重刊道藏辑要》,毕集二,成都:二仙庵,1906,第83b页。

②《中华仙学养生全书》据民国印本收录此书,上册,北京:华夏出版社,2006。

按，陈自得《竹泉集》，清傅金诠《证道秘书》卷三“外金丹”内收录①。有汪诚序，云：“余姓汪，名诚，字好真，祖居扬州兴化人也，自幼与同郡陈竹泉交好。彼陈子即吾父之甥男也。陈子因苦好丹道，家资荡然，贫屡益甚。余常念亲戚，馈以钱米，每相笃受。不意彼遇异人，授以口诀，感悟真玄，始成丹道。因而念余，乃撰此书，以酬往昔之小惠也。”

此序与前引“兴化汪诚好真”于《黄白直指跋》中所言“陈君竹泉与吾为中表亲”相合。汪诚自称“祖居扬州兴化人也，自幼与同郡陈竹泉交好”，则陈亦为扬州府人，而非福建人。伍守阳及玉峰山人称陈氏为“福建人”或“闽人”的说法，当以此“兴化”为福建兴化而致误。盖诸人均未见汪诚所作《竹泉集》序中“扬州兴化人”之语，遂有此误。

《竹泉集》另一序系毘陵董重理（字守上）撰，署“时大明成化元年二月吉日董仲理序”。又附有汪诚所撰《陈自得起贫赞》，词云：“子因好道，二十余年，奔波劳碌。亿万百千，倾家破产。子怨妻嫌，受尽夙业，顿悟真玄。”而陈自得《铅汞奥旨》自序，亦称“予早岁读书，粗知礼义。及长，笃好玄门，罔知至道，遍访明师，广求高士。历经数载，未见一人；进道无方，退而有憾。于是独取诸祖丹经，列仙书传，朝夕玩味，岁月穷研，诚格皇天默佑，一旦豁然顿悟。”

自成化元年（1465）前推“二十余年”，陈自得入道应在正统五年（1440）左右。又虑其“及长，笃好玄门”，设其二十五岁左右入道，则其生年当在永乐十三年（1415）前后。其卒则在成化之后。若其在嘉靖元年（1522）仍在世，则年已 107 岁左右，但服丹者寿多不永，故应无此种可能；则称其为嘉靖时人，亦非。

陈自得精于炼丹术。据《琴火重光》所载，《咏铅银砂汞》其二云“西邻少女兑方成”，其三云“青龙线气号天硫”；《咏坎离震兑》其二云“姹女南园住”“欲识黄婆为己土”；《金火条目》其十四“琉珠为龙”“姹女虽配金公”，其十九云“姹女已怀金胎”；【西江月】其八云“只论龙线虎炁”；二十一云“虎气假名黑汞，龙线绰号红铅”。又，《竹泉集》之《夫妇歌》，亦称“黄婆作主镇中宫”。而《太平仙记》杂剧中的人物，分别为“姹女”“婴

①胡道静主编《藏外道书》（影印本）第 11 册，成都：巴蜀书社，1994。又见周全彬、盛克琦校《证道秘书》，北京：宗教文化出版社，2014。

儿”“黄婆”“老龙”“怪虎”,盖此剧所演,实是以丹证道,与陈自得外丹派之思想一脉相承。其所选取之意象,皆有所托,非深知炼丹之术则不能为。

陈自得年岁早于杨慎七十余年,《太平仙记》杂剧之意境,与其人著述颇相切合。则嘉靖初人将“今之传者,直指为陈自得”,即《太平仙记》杂剧本为陈自得之作,原是据所见而言,并未厚诬杨慎。

概言之,陈自得,扬州兴化人,号竹泉。约生于永乐中期,其卒当在弘治之后。早年习儒,粗知礼义。及而立之年,好神仙术,费尽赀产而无悔意。取诸丹经、列仙书传,朝夕玩味。于景泰癸酉(四年,1453)得外丹之术。自言炼外丹者,必先通晓内丹法。所著有《外丹敲爻歌注解》《金谷歌(注解)》等,今佚;今存有《竹泉集》、《琴火重光》、《黄白直指》(残)。亦能词曲。所撰北曲杂剧《太平仙记》一种,嘉靖初杨慎取以改删为南杂剧《洞天玄记》。

山东省图书馆藏宋赣州本《文选》递藏考

李勇慧

（山东省图书馆）

山东省图书馆藏南宋赣州州学刻本《文选》一册，有清王懿荣、王崇焕（王懿荣子）、王献唐三人题记，入选第二批国家级珍贵古籍名录。近年我馆进行抢救性修复过程中，我与本馆同人对此书进行了多方考证。今以新见史料，对其递藏情况再加考证。

一、基本情况

馆藏南宋赣州州学刻本《文选》，残，存三卷：十二、十三、四十二，共八十七叶。卷十三卷端题"文选卷第十三/梁昭明太子撰/唐李善注/唐五臣吕延济/刘良/张铣/吕向/李周翰注"（见图1），卷十二末题"州学斋长吴拯校对/州学学谕管献民校勘/左从政郎充赣州州学教授张之纲覆校"，卷十三末题"州学斋长吴拯校对/乡贡进士杨揖校勘/左迪功郎赣州司户参军李盛覆校"（见图2）。框高20.3厘米，宽18.4厘米，开本高37.5厘米，宽23.6厘米。每半叶九行，行十四、十五、十六字不等，小字双行二十字，白口，左右双边，双鱼尾，版心上镌字数，中镌"文选卷第××"，下镌刻工姓名。避讳字有弘、玄、泓、演、胤、镜、悬等，皆缺末笔。原为蝴蝶装，清

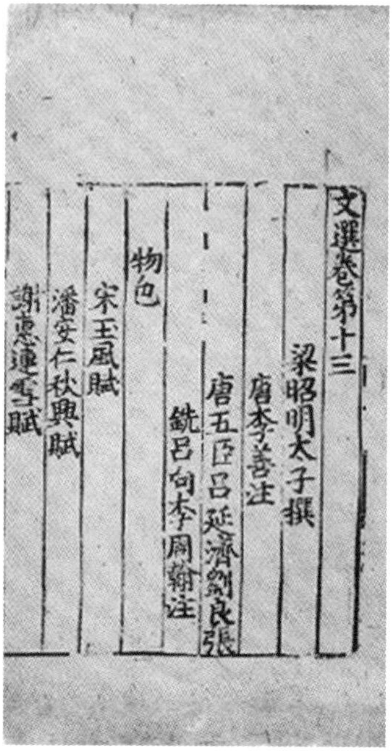
文選卷第十三　梁昭明太子撰
唐李善注
唐五臣呂延濟劉良張銑呂向李周翰注
物色
宋玉風賦
潘安仁秋興賦
謝惠連雪賦

图 1:卷十三卷首

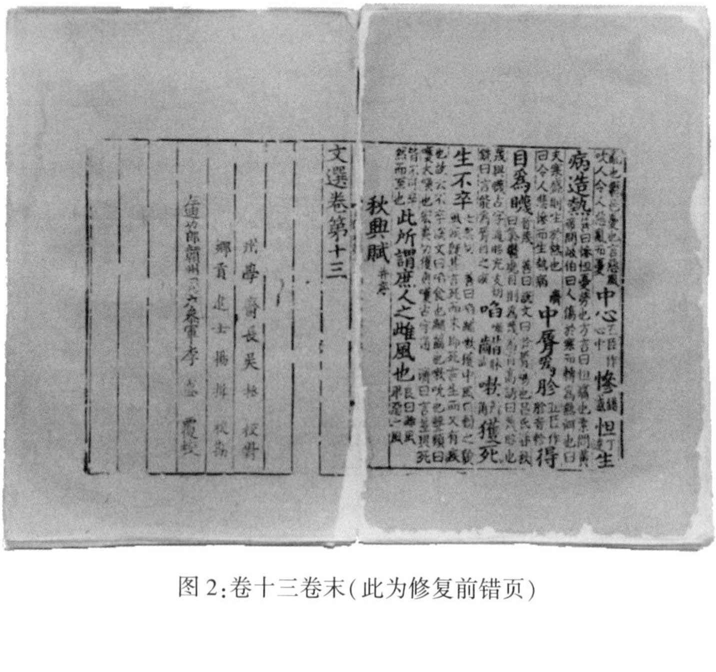
文選卷第十三
秋興賦

图 2:卷十三卷末(此为修复前错页)

中晚期修复时改为经折装①。此本刀法朴拙,行格疏朗,楮墨精绝,是存世最早的六臣注《文选》版本,被视为六臣注善本第一。

二、递藏考

本书卷末有存页简目一纸,墨笔,不知何人所书。文曰:“宋版《文选》断简八十七半页/卷十二后半页,覆校衔名/海赋二十四半页,中起泱漭澹泞,至何有何无,上缺至百川潜渫/江赋四十五半页,中缺及其谲变儵至若乃岷精半页/卷十三目录全一页,覆校衔名/风赋全九半页/鸚鵡赋四半页,中起鹍鸡于幽险,至安知大小之所如上,到鹄鹭轶于云际缺/秋兴赋一半页,中起衰憀栗兮,至登山怀远而悼近,首尾缺/卷四十二目录前半页。”

前有王懿荣题记:“宋赣州本《文选》,内府《天禄琳琅书目续编》著录,称‘流传颇少’。”(见图3)王崇焕题记:“梁选宋雕存几叶,隃麋差映绛云楼(顷见钱牧斋尚书旧藏宋赣州本《文选》,全璧可珍,墨光与此有浓淡之分耳)。一瓻祗合玲珑贮(扬州马秋药先生玲珑山馆藏书綦富,阮文达亟称之),蛱蝶原装认赣州。惠公宪台乡长鉴存。崇焕敬署。丙寅嘉平十四日。”(见图4)王献唐题记:“此为南宋赣州刻本《文选》,尚是原装,印刷亦不甚晚,仍属宋本。王献唐。五八、十一、十六。”钤“献唐”阳文方印。(见图5)

此本在清嘉庆以前的递藏情况,因无印章、题记及其他史料等佐证,已不可考。据现有资料考证,此本在清中晚期成为清嘉庆进士蓬莱王德瑛家中物。清光绪六年(1880)被甲骨文发现者福山王懿荣得于蓬莱县城太和银楼,民国十五年(1926)王懿荣子王崇焕赠给日照马惠阶,后由马惠阶归藏济南张景栻,1962年由张景栻入藏山东省图书馆。

①我国著名修复专家潘美娣、杜伟生先生2010年来山东省图书馆参加修复论证会时介绍说,该书所存书叶均无纸捻、线订留下的痕迹,故原为蝴蝶装,修复时间在清中晚期。

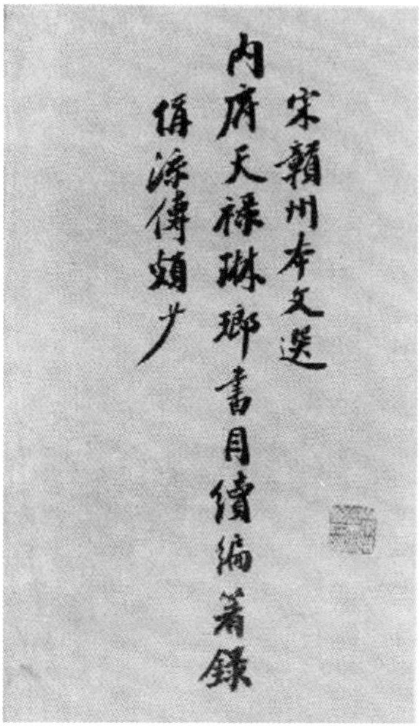

图 3:王懿荣题记

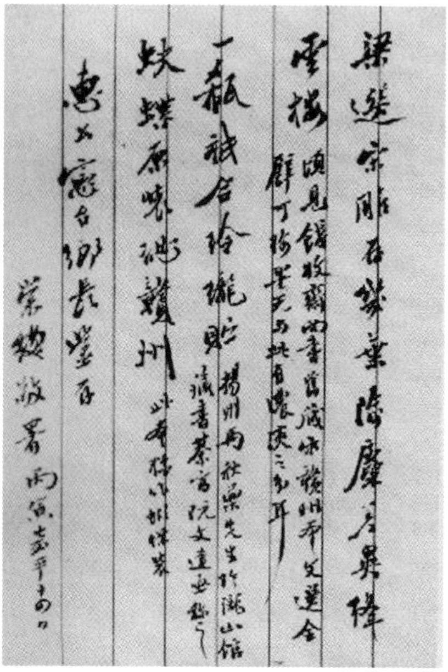

图 4:王崇焕题记

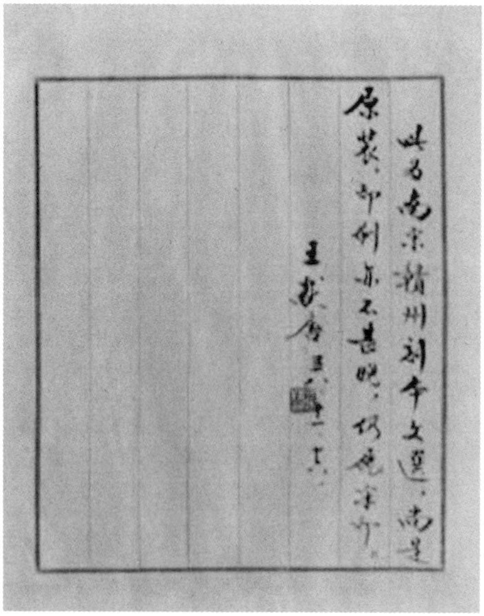

图 5:王献唐题记

（一）清嘉庆进士蓬莱王德瑛——蓬莱县城太和银楼——金石学家福山王懿荣（1880）——王懿荣之子王崇焕（1900）

据王懿荣《天壤阁杂记》，此本最早可知的收藏者为王德瑛。王德瑛，字莲墅，出生于文化世家烟台福山王氏，王懿荣本家六房伯父，清嘉庆十九年（1814）进士，历任河南考城、伊阳、扶沟、安阳县令，同考官。为政有声，著述颇多。著有《日省吾斋杂著》，刻《今古文孝经汇刻》等。《天壤阁杂记》："庚辰（1880）十二月到家……得宋赣州本大字《文选》六臣注残本七十叶于蓬莱县城太和银楼。银估好聚旧书，索重值，凡旧板必收之。此刻缺笔谨严。《天禄琳琅》所称'流传者少'，惜止［只］此数十叶，已装粗册。此本支六房莲墅先伯家物。伯好收书，兼好刻书，刻有今古文各家注《孝经》十二种。讳德瑛，嘉庆甲戌进士，官河南安阳令。当时所拓《西门豹碑》较今本多十余字。有牟丈陌人①校本书，又传有文天祥手批《十七史》。群从乱后零落，遗书多售于烟台富商及山东候补官。"②

王德瑛藏品散出后，清光绪六年（1880）王懿荣购于蓬莱县城太和银楼。王懿荣（1845—1900），字廉生，堂号天壤阁，烟台福山古现村人。中国近代金石学家、鉴藏家、书法家。光绪六年进士，授翰林编修。三为国子监祭酒。王懿荣泛涉书史，嗜金石，为发现和藏研甲骨文第一人。著有《汉石存目》《古泉选》《南北朝存石目》《福山金石志》等。与翁同龢、徐郙、潘祖荫、吴大澂、罗振玉、刘鹗等鉴藏家和学者交游密切。光绪六年，王懿荣以新科进士身份由京还乡时，在蓬莱县城太和银楼重值购得此书，但其在《文选》的题识后未署年月。光绪二十六年庚子（1900），义和团攻掠京津时，任京师团练大臣。八国联军攻入京城，皇帝外逃，偕夫人与儿媳投井殉节，谥号文敏，此书遂由其四子王崇焕收藏。

王崇焕，字汉章，光绪十八年（1892）出生，庚子年父亲殉国时年仅9岁，时寄居天津亲戚家。王崇焕遗传乃父文化禀赋，颇有建树。曾在直隶财政厅任职，历任河北省教育厅秘书、烟酒公卖局秘书、京奉铁路警察教练所教师。新中国成立后，曾任天津铁路学校校长。著有《甲骨文存》

---

①指清著名经学家栖霞牟庭。

②吕伟达主编《王懿荣集》，济南：齐鲁书社，1999，第257—258页。

《古董录》,编纂《王文敏公年谱》等,还保存有父亲收藏的甲骨490片。

(二)日照马惠阶(1926)——济南张景栻——山东省图书馆(1962)

王崇焕题记中“丙寅”为民国十五年(1926),时王崇焕34岁。“惠公”,指的是山东日照人马惠阶。马惠阶(1875—1936),名官和,字惠阶,山东日照人,室名“欣遇草堂”。留学日本,回国后兴办企业。清宣统年间,在家乡与人合办织布厂。民国初年到济南,任省参议会议员,开办济南电话公司,派弟马丹铭①在济宁滕县开办分公司。1917年,与安鹏东、安善圃(时任省财政厅长)集资200万元开办山东工商银行,在上海、天津、青岛设立分号。1920年出资修筑八陡至博山轻便铁路,是山东省首次私人出资修筑铁路。1926年,应直隶省长褚玉璞之邀,出任直隶省财政厅厅长,并创办直隶省工商银行。马氏兄弟皆喜收藏,以古籍和碑拓字画为主。

1926年王崇焕题识中云“惠公宪台乡长鉴存”,说明将家藏宋本《文选》赠予马惠阶。时王崇焕在直隶财政厅任职员,是马惠阶部属。1928年3月,马惠阶创办的工商银行倒闭,欠政府12万元债务,家藏286种6875册古籍被政府抵押充公,存于山东省图书馆,内多善本,是该馆于清宣统元年(1909)建馆后一次性入藏善本数量最多的。王献唐《一年来本馆工作之回顾》:“十七年三月,工商银行倒闭,欠公款十数万元,总理马惠阶以家藏书籍,悉数抵入馆中。其中正多善本,前此所未有也……十七年春间,马惠阶藏书全部归馆,凡二百八十六种,六千八百七十五册。其中明刻精本颇伙,且皆整饬阔大。清刻各书,亦都精刻初印。至宋元旧椠,及钞校善本,仅三四十种,以较旧存,自分天壤,是为本馆收藏善本之始。”②但王献唐文中未提到赣州本《文选》在工商银行倒闭时的下落。

①马丹铭,名官敬,马惠阶胞弟,山东法政学堂毕业,好收藏。1912年任《山东日报》社长。1918年,与济宁商人刘子玉等人集资联合建设济宁电灯股份有限公司,1920年投产。1940年任昌邑日伪县长。著《北洋军阀时期山东党政简史》,未刊稿。

②王献唐:《一年来本馆工作之回顾》,《山东省立图书馆季刊》1931年第1集第1期。

马惠阶、马丹铭,与民国山东省立图书馆馆长王献唐是姑表亲,王献唐称之为表兄。王献唐(1896—1960),名凤琯(后改名琯),字献唐,号凤笙,室名双行精舍、顾黄书寮,山东日照人,青岛特别高等专门学校土木工程、青岛礼贤书院文科肄业。著名考古学家、图书馆学家、版本目录学家、文物鉴藏家,精于文字、音韵、金石、目录、版本,兼长诗文、书画和印章。著有《炎黄氏族文化考》《中国古代货币通考》《山东古国考》等逾千万字。1929 年 8 月起,任山东省立图书馆(山东金石保存所)馆长。1953 年起,任山东省古代文物管理委员会(今山东省文物局前身)副主任,为山东文献的抢救与保护做出了特殊贡献①。民国七年(1918),22 岁的王献唐到济南求职,投奔远嫁济南的马家姑母,就是马氏兄弟的母亲,在时任山东省议会议员马丹铭任社长的《山东日报》做编辑②。

王献唐与马氏兄弟之间在 20 世纪二三十年代来往甚密,尤其是马丹铭,与王献唐交往频繁,对王献唐影响更大,曾教其要"体贴世事人情","作文贵奇,谈话贵庸"等人生哲理③。与王献唐多金石交,王献唐日记中多有"丹铭以所藏旧拓西安本《庙堂碑》嘱鉴定,为书数语"④等记载。因为这层关系,由王献唐介绍,马氏将此书转与济南著名收藏家张景栻收藏。张景栻在《藏书家》撰文云:"马氏曾以所藏善本书一批抵山东银行债务事,载《山东省立图书馆季刊》。此书(指《通鉴总类》——引者注)存卷七下册,似从内阁大库散出者,以王献唐先生之介,连同马氏所藏宋刊赣州本胡蝶装《文选》残本及元刊本数种归我。"⑤

张景栻(1913—2006?),字亦轩,精鉴别,富收藏,有杨守敬观海堂旧藏日本卷本百十卷⑥等书籍、字画、碑版、玉器等稀见珍贵古物,数量无

①参见拙著《一代传人王献唐》《王献唐著述考》,济南:山东教育出版社,2012、2014。

②王献唐《访碑图诗》:"越岁文坛益征逐,鸟鹊南飞明湖曲。(民七来济南,主《山东日报》《商务日报》笔政。)"《文献》1982 年第 9 期、《文教资料简报》1983 年第 1 期。

③王献唐《登假室日记》(1920 年 7 月 26 日):"丹兄教我六字,曰'体贴世事人情'。余近来对人立论多矫异,不合于俗,以致遭人白眼。日后,当于此六字痛下工夫。丹兄又述《庭训》二语,曰'作文贵奇,谈话贵庸',亦当铭诸心版。"未刊稿。

④王献唐《五灯精舍日记》(1935 年 5 月 24 日),未刊稿。

⑤张景栻《宋刊通鉴总类》,载《藏书家》第一辑,济南:齐鲁书社,1999。

⑥参见张景栻、张昊《杨守敬旧藏日本卷子本目录》,载《藏书家》第四辑,济南:齐鲁书社,2001。

考。20世纪80年代,齐鲁书社邀其校点桂馥《说文解字义证》、整理王献唐《五灯精舍印话》。新中国成立后未任公职,靠医术与买卖文物生活,自称“济南布衣”,与王献唐是多年的书友,尤其是在20世纪50年代。

张景栻文中并未谈到马氏转让此书时间,坊间有一种说法认为马氏转让时间在1928年3月马氏经营银行倒闭前后,但未见史料等证明这一点。一是1928年马惠阶抵押书籍时,张景栻年仅15岁,尚未开始大规模收藏古物;二是牵线人王献唐1927年3月到江西九江投奔国民党元老丁惟汾,至1929年5月一直在南京国民党中央党部任职,1929年8月才来济南任山东省立图书馆馆长。而且王献唐1927年3月至1930年7月7日长达三年多的日记亡佚①;三是王献唐在一生所撰数百万字日记、题跋中,详记与藏友的交往,但现存1920至1948年所作近二百万字日记、题跋中,从未出现过张景栻(亦轩)的姓名、字号。

王献唐记录与张景栻最早的交往时间在新中国成立后的1950年,时王献唐未至新政府任职,在家养病,靠新政府每月救济的一百斤小米与卖旧物度日。1950年10月,张景栻来到王献唐所居“三家村”,赠送清高凤翰②木瘿印一方,王献唐戏作《木瘿图》并题云:“南阜老人不知何处得一木瘿,自镌为印。阅二百二纪,亦轩获以赠余。余病数年,偷息人间世,犹木之有瘿也。戏制此图,附拓原印,庶于默默中相视而笑。”③1958年11月26日,时任山东省文物管理委员会副主任王献唐为张景栻藏《文选》写了一纸题记,认定此本为宋刻蝴蝶装。是年,王献唐将其1930年所购聊城海源阁旧藏清顾广圻校清乾隆四十七年(1782)汪启淑刊大字本《说文解字系传》转让张景栻④。1960年11月8日,王献唐去世。1962年6月22日,此本出现在《山东省图书馆善本账簿》,该簿上写有二字“新购”,说明此书于1962年入藏山东省图书馆。张景栻生前曾对杜泽逊教授言,其所藏宋赣州州学刻本《文选》一册在早年让归山东省图书馆。

---

①张书学、李勇慧:《王献唐日记稿本述略》,载《藏书家》第十六辑,济南:齐鲁书社,2009。

②高凤翰(1683—1749),号南阜,青岛胶州人。清代著名画家、书法家、篆刻家,扬州八怪之一。

③王献唐:《茹庐养疴排闷之作》,稿本。

④参见杜泽逊《长伴蠹鱼老布衣》,载《藏书家》第四辑,济南:齐鲁书社,2001。

三、历代书目著录与海内外存藏情况调研

南宋赣州州学刻本《文选》,《天禄琳琅书目后编》《皕宋楼藏书志》《铁琴铜剑楼藏书目录》《日本访书志》《嘉业堂善本书影》《“中央图书馆”善本图录》等十余种书目均有著录。岛田翰称此书“大版大书,字大如钱,楮墨精绝,而版样则极雅古”①。成于嘉庆二年(1797)的《天禄琳琅书目后编》曰“流传颇少”②。

经调研,海内外现共有 4 个足本,至少 11 个残本。藏有足本的机构有:日本静嘉堂文库(陆心源皕宋楼旧藏)、日本宫内厅书陵部(妙觉寺僧日兴旧藏)、中国国家图书馆、吉林省图书馆(钱谦宜绛云楼旧藏)(见图6);藏残本单位:中国国家图书馆、上海图书馆、山东博物馆(见图 7)、清华大学、台湾汉学研究中心(4 部)、台北“故宫博物院”(2 部)、山东省图书馆。经我的同事与吉林省图书馆、山东博物馆联系,得到二馆书影。经核对,与我馆所藏为同一版本。其他馆的藏本,与我馆藏本行款亦完全相同。

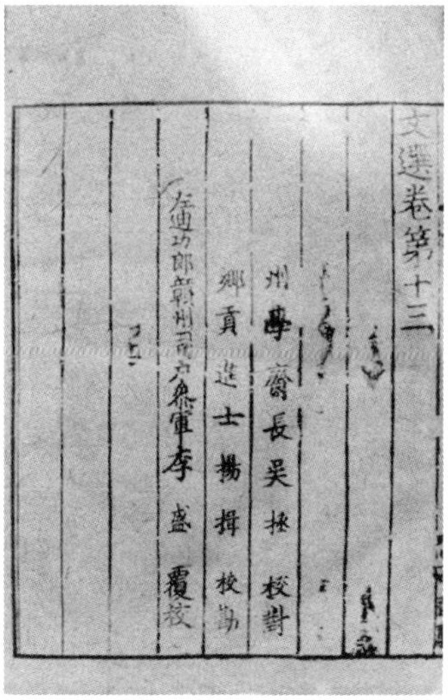
文選卷第十三
州學齋長吴拯校對
鄉貢進士楊揖校勘
左迪功郎贛州司户參軍李盛覆校

图 6:吉林省图书馆藏本

---

①[日]岛田翰:《古文旧书考》第二卷,第六十八页,日本明治三十七年(1904)刻本。

②(清)彭元瑞等:《天禄琳琅书目后编》第七卷,十页,清光绪十年(1884)王先谦长沙刻本。

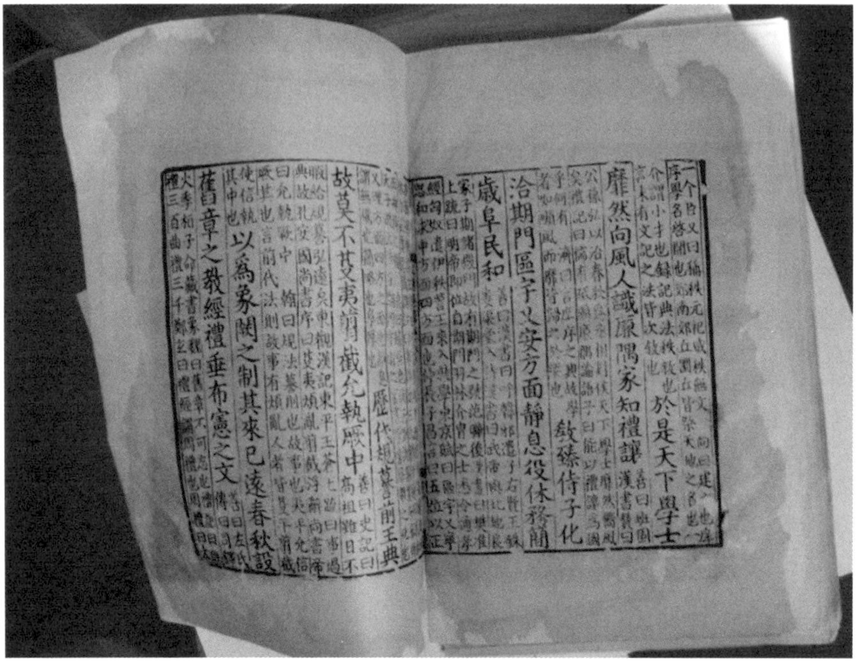

图 7:山东博物馆藏本

四、结　语

本文所记有关山东省图书馆藏宋赣州本《文选》题记等,是中国藏书史的重要史料,记录了百余年间一部古籍从私藏到公藏的转变。该书的递藏过程,亦是历代先贤泣血呵护中华千千万万件珍籍的一个缩影。

明刻《盛唐四大家集》小记

王　德

（私人藏书家）

一、《盛唐四大家集》版本总论

此明刻四家集，收《王摩诘集》十卷、《孟浩然集》四卷、《岑嘉州集》八卷、《高常侍集》十卷，共三十二卷。半叶十行，行十八字，版框高 17.5 厘米，宽 12.5 厘米。白口，左右双边，线鱼尾。

查《中国古籍善本总目·集部·总集类丛编·断代类》明代汇刻唐人集，行款为十行十八字者有明刻《唐十二家诗》、明刻《唐五十家集》、明嘉靖十九年（1540）朱警刻《唐百家诗》、明正德十四年（1519）陆氏刻《唐五家诗》、明嘉靖二十六年（1547）王准刻《唐十子诗》等五种，然《唐十二家诗》中《高常侍集》二卷、《岑嘉州集》二卷，与此卷数不合；《唐百家诗》无王、岑、高三人，其《孟集》三卷亦与此不合；而《唐五十家集》《唐五家诗》《唐十子诗》中皆无此四家。

王、孟、岑、高，后世并称盛唐四大家，故合而刻之。全书分体编次，按五言古诗、七言古诗、五言律诗、七言律诗、五言排律、七言排律、五言绝句、七言绝句等区分类聚。明刻唐人文集，除李杜、韩柳之外，前人甚重之，清代著名藏书家黄丕烈跋明嘉靖王廷刻本《陈子昂集》云："唐人文集旧刻甚少。往闻前辈论古书源流，谓明刻至嘉靖尚称善本，盖其时尚不敢作聪明以乱旧章也。"是以民国间大藏书家傅增湘辈见到此本《王摩诘集》时，亦深珍重，而于《藏园群书题记》中跋而藏之。（傅氏《藏园群书经眼录》所载诸书，以今日目光而论，皆难得之珍本；而其《题记》所录，则更等而上之，往往为稀世珍品。）然所得仅王、岑二家而已，其《经眼录》著录《高常侍集》时驳莫氏谓为《唐百家诗》本，注曰："实即正德刻四家本也。"是傅氏明知有四家合刻者，而见此零本犹珍视如此。他如郑振铎得此《高常侍集》后，喜出望外，于当日跋中称："玄览堂所储唐人集又多一善本矣。"并感慨系之曰："闻正德时曾刻王、高、孟、岑四集，惜予仅得王、高二集。"今《中国古籍善本总目》零种皆著录。此则四家全套，未见前人著录。

二、《盛唐四大家集》的递藏

至于此书之传承，晚明时为闽县徐𤊹、徐𤊹兄弟所藏，有"徐𤊹之印"、"闽中徐惟起藏书印"二印为证（其中"闽中徐惟起藏书印"一方为林申清《明清著名藏书家·藏书印》著录）。徐氏兄弟并有才名，时称"二徐"。万历间与邓原岳、谢肇淛、曹学佺等倡导风雅，闽中诗歌称一时之盛。二人承父余绪，于鳌峰坊筑红雨楼、缘玉斋、宛羽楼，储书五万余卷，多善本、秘本，俨然为闽中藏书巨擘。兄徐𤊹（约1580—约1637），字惟和。万历四十六年（1618）举人。负才淹蹇，肆力诗歌。其诗大抵圭臬唐人，而不为割裂饾饤之单。谢肇淛《五杂俎》称其才情声调，力追古制，尽涤时趋。生性豪爽，家虽不富却好周济，于是家困，有"穷孟尝"之称。一生好学不倦，诸子百家无所不读，常服道士衣冠从僧道游。有《幔亭集》传世。弟徐𤊹（1570—1642），字惟起，又字兴公。生性恬淡，终生布衣。自幼性嗜典籍，博闻强识，尝自谓："人生之乐，莫过于闭户读书。"生平精于考证，所藏之书，大多"点墨施铅"，撰有序跋。一生著述甚丰，撰有《红雨楼藏书目》《红雨楼题跋》《鳌峰集》《笔精》《榕阴新检》等。

入清后此书为同邑林吉人所珍藏，有"鹿原林氏藏书""朴学斋"诸印。林佶（1660—1712?），字吉人，号鹿原。康熙五十一年（1712）进士，授内阁中书,入禁廷预编修。善篆隶楷法,文师汪琬,诗师陈廷敬、王士祯。尝以其师汪琬《尧峰文抄》、陈廷敬《午亭文编》、王士祯《渔洋山人精华录》、《古夫于亭稿》四集,手缮付雕,楷法宛妙精雅,为世所重,世称“林氏四写”。《国朝耆征录》卷一百二十九称其“家多藏书。徐乾学锓《通志堂经解》、朱彝尊选《明诗综》,皆就传抄。”尝自云:“年来过不自量,购求先儒集录,毋虑数千卷,几复鳌峰徐氏之旧。而家亦缘是愈贫,荔水庄池半属他姓。”长子正青,字洙云,在家购得徐𤊹遗书五十余种,录其目与跋寄至京邸,林氏欣喜过望,咏诗多首,其《璞学斋诗稿》卷一有《青儿得鳌峰徐兴公遗书五十余种,录其目与跋寄至京邸,喜而有作并示岍儿》古体五言长诗一首,内云:“昨复至二纸,快意说新获。书是徐氏遗,字是鳌峰迹。图印识收藏,题跋详䌷绎。四十七种书,百十年间隔。一旦归书囊,如揖重来客。”又云:“适有宛羽遗,许以十城易。亟脱汝母训,佐以古玩剧。煌煌二千本,奕奕充余宅。贫儿暴得富,匹夫竟怀璧。”——诗中所咏得徐氏宛羽楼书四十七种,“煌煌二千本,奕奕充余宅。贫儿暴得富,匹夫竟怀璧”。可见所得佳刻名钞甚富,或许此正德本《盛唐四大家集》亦随此批书而转归吉人插架,可谓书缘不浅矣。林氏因得徐氏藏书精华,又以乡贤前辈之故,尝从徐氏《红雨楼集》稿本中辑录出题跋部分二百余则,包括书籍、碑帖、书画题记等为《红雨楼题跋》。

又百余年至清中晚期,此书入严复之师黄宗彝之红雨山房,有“黄熤之印”“古闽黄肖嵒书籍印”“肖嵒图书”“宗彝”“闽南黄熤肖嵒图籍”及“红雨山房”诸印。黄宗彝(1814—1862),初名熤,字肖岩,又字圣漠,号左鼓右旗山人,侯官人。生性豪爽,乐于助人。道光二十九年(1849),福州举人刘家谋任台湾府学教谕,邀其同往,作《婆娑词》,为寓台文人中填词之第一人。晚年为近代著名思想家严复之师,三年而卒。擅古文,工诗词,尤精小学。著有《遗诗》一卷,《婆娑词》二卷(今存一卷),《方言古音考》八卷以及杂文若干篇。生平喜藏书,取唐李贺诗句“桃李乱落如红雨”,名其书斋为红雨山房,“贮书其中,卷轴琳琅数千卷,多人间未见之本。啸哦之乐,虽南面无与易也”。全书经其朱笔通篇圈点批阅,并多次题记:《孟集》卷一首有“黄宗彝读”朱笔一行;卷二首有“肖巖读”朱笔一行。《岑集》卷一尾有“侯官黄宗彝阅”朱笔一行;卷二尾有“道光戊申

(1848)九日卯刻阅/宗彝记”朱笔二行;卷三尾有“肖巖阅过”朱笔一行;卷七尾有“左鼓右旗山人读过”朱笔一行;卷八尾有“黄宗彝读”朱笔一行。《高集》卷一首有“黄宗彝阅”朱笔一行;尾有“侯官黄宗彝读”朱笔一行;卷二尾有“黄宗彝阅”朱笔一行;卷三尾有“肖岩阅”朱笔一行;卷四尾有“宗彝阅”朱笔一行;卷五首尾并有“黄宗彝阅”朱笔一行;卷六尾有“东冶黄生阅”朱笔一行;卷七尾有“侯官黄宗彝句读”朱笔一行;卷八尾有“东冶黄生阅”朱笔题记一行。

至此,此书一直在闽中流传,至晚清民国间始为贵州莫棠所得,有“独山莫氏铜井文房藏书印”“莫棠楚生父印”印。莫棠(1865—1929),字楚孙,一字楚生,贵州独山人。晚清大儒、藏书家莫友芝九弟莫祥芝第三子。早年游宦两广十余年,官至广东韶州知府。民国以后弃官归隐,寓居苏州,富藏书,娴于目录版本之学,绍继友芝余绪。雅好收录黔人著述,并尽力助其刊布。

四百年来历经晚明闽县徐𤊹、徐𤊹兄弟之宛羽楼,清初闽县林佶鹿原斋,古闽黄宗彝红雨山房,独山莫棠铜井文房等递藏,传承有序;复经黄宗彝通篇圈点并多次题记。

三、《盛唐四大家集》版本源出考

按此《盛唐四大家集》,前辈所得所见皆零种,以其十行十八字之行款,皆谓源出南宋书棚本。余谓源出宋本是真,甚至可溯源至唐,故其卷数与唐代初编本相吻合,其文字亦常有胜出通行本者,但非尽出棚本也,其版本源流复杂难辨。试一一辨别如下。

(一)《王摩诘集》十卷,卷前有银青光禄大夫尚书兵部侍郎御史大夫王晋撰《进王摩诘集表》。傅增湘《藏园群书题记》著录此本,跋中引顾千里语,谓题《摩诘集》者蜀本也,题《右丞集》建昌本也。此本题《摩诘集》,殆出于蜀本云云。考顾千里跋北宋蜀刻本《王摩诘集》云:“建昌本前六卷诗,后四卷文,自是宝应二年(763)表进之旧;而蜀本第二以下全错乱,故直斋以为‘尤无伦’也。又读洪迈《万首绝句序》云:‘如王涯在翰林,同学士令狐楚、张仲素所赋宫词诸章,乃误入王维集。’其王维诗后注云:

‘别本维又有《游春词》等十五首并五言十五篇，皆王涯所作，今以入涯诗中。’案蜀本第一卷末有此各篇，但诗前标翰林学士知制诰王涯名，盖其始钞缀于此，而刻者不知删去耳，亦未误为维诗，如洪所见之别本也。”此本分次与建昌本同，其前六卷诗，后四卷文，未如千里所谓蜀本自第二卷以下全错乱者，亦无王涯诗刻入卷一者——是其断断乎不出于蜀本亦明矣。《仪顾堂书目题跋汇编》跋宋麻沙本《王右丞集》(即千里所谓建昌本者，参见《静嘉堂宋元版图录·解题篇》)云：“卷六末有跋云：‘韦苏州诗韵高而气清，王右丞诗格老而味长，虽皆五言之宗匠，然互有得失，不无优劣。以标韵观之，右丞远不逮苏州，至其词不迫切而味甚长，虽苏州不及也。’凡七十余字，为元以后刊本所无。卷五(五当为四之误)《送梓州李使君》‘山中一半雨’，不作‘山中一夜雨’，与《敏求记》所记宋本同。惟卷二《出塞作》脱二十一字”云云，此本卷六末无七十余字题跋，“山中一半雨”正为“山中一夜雨”，而卷二《出塞作》建昌本所缺二十一字则一一在焉。又据《静嘉堂宋元版图录》所载图版，卷四末一首为《河南严尹弟见宿弊庐访别人赋十韵》，此本在卷五(第八页)，“花醥和松屑”之“醥”字，建昌本作“醴”，其下小字注曰：“一本作醥”——是此本亦非出建昌本之证也。然其何以具蜀本之题名而文本稍近于建昌本？余亦不解。千里谓此二本“除序次外，其多寡异同亦互有短长”，疑此正德本为以蜀、建二本重编、校正后所刻。为现存王集明刻十卷本中最古者。《藏园订补郘亭知见传本书目》(中华书局2009年版)P988著录：“明正德间刊本，十行十八字，白口，左右双栏。前王缙表及答敕。失刊书序跋，以字体雕工论，是正德间风气。”《中国古籍善本总目》(线装书局2005年版)著录，仅九部。

(二)《孟浩然集》四卷，卷首有宜城王士源撰《序》及天宝九年(750)特进行太常卿礼仪使集贤院修撰上柱国沛国郡开国公韦滔撰《重序》。史称：浩然为诗，伫兴而作，造意极苦。篇什既成，洗削凡近，超然独妙。虽气象清远，而采秀内映，藻思所不及。皮日休《孟亭记》云：“先生之作，遇景入咏，不钩奇抉异，令龉龊束人口者，涵涵然有干霄之兴。若公输氏当巧而不巧者也。”其集有二卷、三卷、四卷之别，篇数亦多不同。三卷本有：宋刊三卷本，半页十二行二十一字，白口，左右双边，今藏国图，有黄丕烈跋(称元刻须溪批点本非特强分门类，不复合三卷原次序，且脱所不当脱,如《岁晚归南山》,此本有之,作《岁暮归南山》卷三五言律诗中;又元刻衍所不当衍,如《岁除夜有怀》,明知《众妙集》中为崔涂诗也,此本亦误收之,在卷四七言律诗中);明铜活字印本《唐人小集》三卷本;明铜活字单印本《须溪先生批点孟浩然集》三卷,分类与此迥异,详《藏园群书经眼录》。另有明刻八行十八字本三卷;明万历顾道洪刻三卷本,附《补遗》一卷《襄阳外编》一卷《拾遗》一卷;汲古阁刊三卷本,以事为类。二卷本有:明万历三十一年(1603)许自昌霏玉轩刊《前唐十二家诗》二卷本;明凌蒙初刻朱墨套印二卷本;清康熙间汪立名刊《唐四家集》二卷本;《全唐诗》亦作二卷。四卷本仅此一刻,颇罕见,《四部丛刊》据以影印。天宝间王士源所编,称"其诗凡二百十八首,分为四卷"。是知四卷本仍士源所编之旧,极为珍贵。郑振铎《西谛书跋》谓"明刊四卷本又多出诗四十五首",是尤为篇什最多之本。《中国古籍善本总目》P1183 著录,连批校题跋本在内,全国仅国图、上图等十部。

傅增湘《藏园群书题记》卷十一《校蜀本孟浩然集跋》称:"卷中词句最异者如《寻香山勘上人》诗'谷口闻钟声'一联在'苔壁饶古意'下,《汉中漾舟》诗'波影摇妓钗'一联在'日入须秉烛'下,《家园卧疾》诗末增'顾予衡茅下'等四联,《登总持浮图》少'累劫从初地'等二联,《送崔遏》诗三四联与一二联互易。"我取出所藏《盛唐四家集》中《孟浩然集》,分四卷。然傅氏所谓明本颠倒、残缺、衍夺处,此本皆不误,益知余藏本之佳善。惟《送崔遏》遍寻不着,当系《送崔易》之误写。

(三)《岑嘉州集》八卷,卷首有京兆杜确撰《序》。《唐才子传》云:"参,南阳人,文本之后。天宝三年(744)赵岳榜第二人及第。累官左补阙起居郎,出为嘉州刺史。杜鸿渐表置安西幕府,拜职方郎中,兼侍御史,辞罢。别业在杜陵山中,后终于蜀。参累佐戎幕,往来鞍马烽尘间十余载,极征行离别之情,城障塞堡,无不经行。博览史籍,尤工缀文,属词清尚,用心良苦,诗调尤高。唐兴罕见此作。放情山水,故常怀逸念,奇造幽致,所得往往超拔孤秀,度越常情。与高适风骨颇同。读之令人慷慨怀感。每篇绝笔,人辄传味。至德中,裴休、杜甫等常荐其识度清远,议论雅正,佳名造立,时辈所仰,可以备献替之官。未及大用而谢世,岂不伤哉!有集十卷,行于世。杜确为之序云(观杜序,明言勒成八卷,是此处所谓十卷者误也)”。据《文禄堂访书记》著录南宋陈氏书棚本岑集,虽行款与此相合,然卷数不同,书棚本分成四卷,知其非出书棚本。今国图有宋本《岑嘉州集》(存前四卷),行格、卷数与此皆合,疑为此之祖本,惜未能借出对校一过以释此疑。按:《嘉州集》据《唐书·艺文志》、《崇文总目》、晁氏《读书志》、马氏《经籍考》、郑氏《艺文略》、焦氏《经籍志》所载,并作十卷,此本八卷,独为殊异。然观杜确序,云“区分类聚,勒成八卷”,兹刻为数正符,当为原本之旧者。此书《四库》未收,阮氏进呈即此八卷本。《藏园订补郘亭知见传本书目》P993 著录:“明正嘉间刊本,十行十八字,白口,左右双栏。分体为次,前京兆杜确序,言区分类聚,勒成八卷云云。”附王国维语:“正德庚辰沈恩刊于蜀中本,四卷,以明刻十行十八字者校之,所缺甚多,非足本。”静安此语当以此本为完足佳刻也。今存世旧刻有八卷、七卷及四卷本,惟无十卷本。黄丕烈《荛圃藏书题识》卷七跋此集八卷本云:“余以宋人《书录解题》及《文献通考》证之,则八卷为旧。”八卷本除此刻外,另有国图藏宋刻残本;明正德十五年(1520)谢元良刻本,行款与此不同。七卷本有明刻黑口本,十行十七字,四周双边;明正德十五年熊相、高屿刻本,即《四部丛刊》底本。四卷本则明正德十五年沈恩刻本,十一行二十字,黑口,四周单边。即王静安所称不足本也。其七卷本叶景葵有校本,与此本文字、篇什互有短长,详《卷盦书跋》。《中国古籍善本总目》P1186 著录,连批校题跋本在内,全国仅国图、上图等十部,其中有一部残缺。

(四)《高常侍集》十卷,无序跋。适字达夫,一字仲武,沧州人。少性拓落,不拘小节,隐迹博徒。后举有道,授封丘尉。未几,哥舒翰表掌书记,后擢谏议大夫。负气敢言,权近侧目。蜀乱,出为蜀、彭二州刺史,迁四川节度使。还为左散骑常侍。永泰初卒。《唐才子传》云:“适尚气节,遭时多难,以功名自许。年五十,始学为诗,即工,以气质自高,多胸臆间语。每一篇已,好事者辄传播吟玩。尝过汴州,与李白、杜甫会。酒酣,登吹台,慷慨悲歌,临风怀古,人莫测也。”尝选至德迄大历述作者二十六人诗为《中兴间气集》二卷。其集十卷,凡诗八卷,文二卷。存世以此明正德本为最古。《藏园订补郘亭知见传本书目》P991 著录:“明正德中刻本,页二十行,行十八字,校四库所据汲古影宋精钞多绝句一首,与王、岑二家合刻。明正德刊本，十行十八字，白口，左右双栏。与《王摩诘集》行款同，失序跋。柳蓉春肆中见。按：高集宋刊本不存，传世以正德本为最佳。"其后有明活字印《唐人小集》本，凡八卷，有诗无文，影入《四部丛刊》中，郑振铎称其"独为完善，并较他本多《听张立本女吟》一首"，此本亦有之（在卷八）；又有张逊业《东壁图书府》本，只诗二卷；以后翻刻张本之诸明刊《十二家诗》，如许自昌、杨一统所刻，亦皆二卷本；《四库全书》所著录者为影宋抄本；但更改处甚多，"虏""胡"诸字均改作"敌将"或"强寇"矣。《中国古籍善本总目》P1186 著录，连批校题跋本在内，全国仅国图、上图等八部，其中一部残缺。

余重此书，一以其书源出宋椠，甚至可溯源至唐本，故其卷数与唐人初编本相合，异于通行本，而文字亦常有胜出通行本处。近代藏家与学者中如傅增湘、郑振铎辈皆极珍视，虽收录零种，亦分别于《藏园群书题记》与《西谛书跋》中考其源流、论其版本之善。而此四家合刻者历代公私书目中皆未记载，流传至今已成天壤孤帙，其珍稀若此。古人云"冥冥中有神灵呵护"者，此之谓也。其二也，以其传承有自，四百年来历经晚明闽县徐熥、徐𤊹兄弟之宛羽楼，清初闽县林佶鹿原斋，古闽黄宗彝红雨山房，独山莫棠铜井文房等递藏，钤印累累，传承有序；复经黄宗彝通篇圈点并多次题记，弥足珍贵。而尤以清初书法家林吉人题诗中频频提及所收徐氏红雨楼所藏佳椠名钞四十七种，所谓："四十七种书，百十年间隔。一旦归书囊，如揖重来客。"及"适有宛羽遗，许以十城易。亟脱汝母训，佐以古玩剧。煌煌二千本，奕奕充余宅。贫儿暴得富，匹夫竟怀璧。"其欣喜之情溢于纸上，知徐氏藏书在康熙时即已见重于世。或许此正德本《盛唐四大家集》亦随此批书而转归吉人插架，惜无目录可验。然时过境迁，自林氏迄今，又忽忽三百余年，当日所收四十七种佳椠名钞，尚有几种存世，而此书最终安然归于我双德堂，为所藏明中期刻本之白眉，可谓翰墨因缘不浅矣。

《玉篇》流传及两种版本小考

胡建强　许　欢

（上海博古斋拍卖有限公司）

《玉篇》成书于南朝梁大同九年（543），太学博士顾野王撰。顾野王（519—581），字希冯，吴郡人。入陈为国学博士，黄门侍郎。此书是继《说文解字》后我国文字学上非常重要的一部字典。与《说文》不同，《玉篇》以正体书作为收字对象，是我国目前所见最早的以楷体为收字对象的字典。

一、《玉篇》一书的系统流传情况

（一）《玉篇》版本目前最早的著录是《隋书·经籍志二》："《玉篇》三十一卷，陈左卫将军顾野王撰"；在唐代封演《封氏闻见记》卷二著录"《玉篇》三十卷，顾野王撰，凡一万六千九百一十七字"；另外《旧唐书·经籍志》《崇文总目》中均有著录"《玉篇》三十卷，顾野王撰"。此书最晚的著录是钱遵王《述古堂书目》所著录的"顾野王《玉篇》三十卷，三本，宋版"。然钱氏所著录的《玉篇》是否是顾野王所著的原本《玉篇》，在此需要打上一个问号，因为在南宋时期《郡斋读书志》里著录"《玉篇》三十卷，右梁顾野王撰。唐孙强又尝增字，僧神珙《反纽图》附于后"，很明显此时的《玉篇》已经是唐代孙氏的增注本，而并非顾野王的原版了。由上推断，顾野王所著的原版《玉篇》可能在宋初已经在国内佚失。直至清末，黎庶昌、罗振玉访日，在日本找到唐写本残卷。黎氏收入《古逸丛书》，罗振玉对残卷进行了影印。1985年中华书局影印出版《原本〈玉篇〉残卷》，汇集了黎氏和罗氏本以供研究，此是后话。

（二）唐高宗上元年间，富春孙强对《玉篇》进行修订增注，减少注文，增加大字，世称“上元本”《玉篇》。《郡斋读书志》卷四小学类著录：“《玉篇》三十卷，右梁顾野王撰。唐孙强又尝增字，僧神珙《反纽图》附于后”，其所著录的《玉篇》，即为此“上元本”《玉篇》。此外《直斋书录解题》也著录：“《玉篇》三十卷，梁黄门侍郎吴兴郡顾野王希冯撰。唐处士富春孙强增加。”元代《文献通考》也载《玉篇》三十卷，完全引晁公武《郡斋读书志》内容。以此推断，此上元本《玉篇》有可能在南宋至元初间亡佚，所以《文献通考》才全文引用《郡斋读书志》内容。

（三）宋真宗大中祥符六年（1013），陈彭年等奉旨重修《玉篇》，以上元本为底本进行修注，天禧四年（1020）雕版印行凡30卷，542部，22873字，名为《大广益会玉篇》，世称“广益本”《玉篇》，也叫今本《玉篇》。最早著录于《崇文总目》：“翰林学士陈彭年与史馆校刊吴锐、直集贤院邱雍等重加刊定。”此书与顾野王原本《玉篇》相比，多出大字近6000个，删去原本大量的字形解说和书证，尽去顾野王案语，新增了正字数目，失去了原本《玉篇》的特色，使《玉篇》更具实用价值。在原本《玉篇》和上元本《玉篇》皆已经亡佚的情况下，作为现今唯一所存的《玉篇》，其价值也是不言而喻的。

二、广益本《玉篇》宋元刻本存世情况

清代《天禄琳琅书目》①收有广益本《玉篇》有四条：1.卷一载《大广益会玉篇》一函六册。2.卷五载《大广益会玉篇》一函十二册。3.后编卷三载《大广益会玉篇》一函六册，均存“大中祥符六年敕雕印颁行牒一道”。

①（清）于敏中、彭元瑞等著，徐德明标点《天禄琳琅书目·天禄琳琅书目后编》，上海：上海古籍出版社，2007。

4.后编卷八载《大广益会玉篇》一函二册,一函八册两种,无“大中祥符六年敕雕印颁行牒”。

《中国古籍善本书目》①著录广益本《玉篇》宋元版本的现今存世状况是:国家图书馆藏《大广益会〈玉篇〉三十卷》存一卷和《总目偏旁篆书之法》一卷,宋刻本,半页 11 行,行 19 字。

元代版本为:

1.元延祐二年(1315)圆沙书院刻本(国图、上图藏)。

2.元詹氏进德书堂刻本(国图藏)。

3.元郑氏刻本(残)(国图藏)。

4.元蔡氏刻本(国图藏)。

5.元刻本(上图、福建师大藏)。

其中 1、2 有《玉篇广韵指南》一卷;3、4 有《新编正误足注玉篇广韵指南》一卷”;5 除了正文没有任何附录。

《藏园订补郘亭知见传本书目》著录广益本《玉篇》宋元版本有:

1.宋宁宗间浙刻本,附分毫字样一卷。日本帝室图书寮藏。

2.宋刊本,11 行 19 字,注双行 25 字,四周双边。存卷一和《总目偏旁篆书之法》一卷,潘氏宝礼堂旧藏。

3.元延祐二年圆沙书院刻本,南皮张氏旧藏。

4.元至正二十六(1366)年南山书院刊本。以上两种附“广韵指南一卷”。

5.元建安蔡氏刊本。

6.元建安郑氏刊本,周叔弢旧藏不全。以上两种附《新编正误足注玉篇广韵指南》一卷。②

另外徐乃昌《积学斋藏书记》P30 著录《大广益会玉篇》三十卷,元翠严精舍刊本。半页十三行,行大小字数不等,黑口单边。但未见有任何附卷。此本《经籍访古志》P79 亦有著录。

综合以上广益本《玉篇》的宋元版本情况可以大致得出这样的结论:

①中国古籍善本书目编辑委员会:《中国古籍善本书目》,上海:上海古籍出版社,1989。

②莫友芝著,傅增湘订补《藏园订补郘亭知见传本书目》,北京:中华书局,2009,第 176 页。

1.《大广益会玉篇三十卷》附《分毫字样》一卷。现存宋宁宗间浙刻本,日本帝室图书寮藏。另潘氏宝礼堂藏宋刻残本。《大广益会玉篇三十卷》存一卷和《总目偏旁篆书之法》一卷,宋刻本,国图藏。

2.《大广益会玉篇三十卷》附《玉篇广韵指南一卷》现今各公共机构所藏的版本有三种:分别是元延祐二年圆沙书院刻本(国图、上图藏);元詹氏进德书堂刻本(国图藏)以及《藏园订补郘亭知见传本书目》著录的元至正二十六年南山书院刊本,此本据傅增湘著录知书内有"至正丙午良月南山书院新刊"牌记,但查《中国古籍善本书目》未见国内公藏。

3.《大广益会玉篇三十卷》附《新编正误足注玉篇广韵指南》一卷,现公藏有:元郑氏刻本(残)国图藏;元蔡氏刻本,国图藏。

三、广益本《玉篇》明清刻本存世情况

《中国古籍善本书目》著录《广益本玉篇》明刻本著录情况大致为:《大广益会玉篇三十卷》附《玉篇广韵指南》一卷,有明刻本:

1.明初刻本(十二行二十字)。

2.明朱一棫刻本。

3.明弘治五年(1492)詹氏进德书堂刻本。

4.明弘治十七年(1504)黄氏集义书堂刻本。

5.明刘氏明德书堂刻本。

6.明万历元年益藩刻本。

7.明刻本(九行十七字)。

8.明刻本(十二行字数不等)。

9.明刻递修本(十二行二十一字)。

著录清刻本只有一种:清康熙四十三年(1704)张士俊刻泽存堂五种本。

《藏园订补郘亭知见传本书目》著录《广益本玉篇》明清刻本情况为:《大广益会玉篇三十卷》附《玉篇广韵指南》一卷,有明刻本:

1.明初刻本(十二行二十字)。

2.明司礼监刻本(九行十七字)。

3.明弘治五年詹氏进德书堂刻本,周叔弢藏。

4.明刻本(十二行,黑口,四周双栏,海虞瞿氏藏,号为元刊本)。

5.明万历元年(1573)益藩刻本。

著录清刻本两种:清康熙四十三年张士俊刻泽存堂五种本、清康熙四十五年(1706)曹寅扬州使院刻本。

四、两种广益本《玉篇》

(一)据上述广益本《玉篇》现今的版本存世情况,并对照《第一批国家珍贵古籍名录图录》0352 条著录元延祐二年圆沙书院刻本书影,《第三批国家珍贵古籍名录图录》07009 条著录元詹氏进德书堂刻本书影,和各种明代刻本《玉篇》可知,元明两朝的广益本《玉篇》来源是一个系统,即宋陈彭年等重修的《大广益会玉篇》。明代所有的《玉篇》都是根据元代《玉篇》的版本系统进行翻刻的。直至涵芬楼影印《四部丛刊》本,其所依据的也是这个版本。

(二)清康熙年间,朱彝尊请张士俊翻刻一部《玉篇》并作序,朱氏认为此《玉篇》是唐代修订的"上元本"《玉篇》,这就是目前唯一入善本总目的那套康熙四十三年张士俊刻泽存堂五种本《玉篇》,《藏园订补郘亭知见传本书目》著录的清康熙四十五年曹寅扬州使院刻本就是以泽存堂五种本为底本翻刻的,清道光三十年(1850)新化邓氏本、中华书局的《四部备要》本所用的底本都是这个版本。

(三)以上两个版本的《玉篇》就是现今存世的广益本《玉篇》的两个系统。在《四部提要》撰写的时候,纪晓岚就曾经对这两种《玉篇》进行过评论,原文如下:

> 一为曹寅所刊,与张本一字无异,惟前多大中祥符《敕牒》一道,称重修本。一为明内府所刊,字数与二本同,而每部之中,次序不同,注文稍略,亦称大中祥符重修本。案《文献通考》载《玉篇》三十卷,引晁公武《读书志》曰:"梁顾野王撰,唐孙强又尝增字,释神珙《反纽图》附于后。"又载《重修玉篇》三十卷,引《崇文总目》曰:"翰林学士陈彭年与史馆校

刊吴锐、直集贤院邱雍等重加刊定。”是宋时《玉篇》，原有二本。彭年等《进书表》称：“肃奉诏条，俾从详阅，讹谬者悉加刊定，敷浅者仍事讨论。”其《敕牒》后所列字数称：“旧一十五万八千六百四十一言，新五万一千一百二十九言，新、旧总二十万九千七百七十言，注四十万七千五百有三十字。”是彭年等大有增删，已非孙强之旧，故明内府本及曹本均称重修。张本既与曹本同，则亦重修本矣。乃删去重修之牒，诡称上元本，而大中祥符所改“大广益会”之名及卷首所列字数，仍未及削改，可谓拙于作伪。彝尊《序》乃谓胜于今行大广益本，殆亦未见所刊，而以意漫书欤？

显然纪晓岚认为这两种《玉篇》实际上全是宋朝陈彭年所重修的《玉篇》，朱彝尊序本根本不是什么上元本，只是去掉了大中祥符的序。那么事实是否如此呢？

五、两种广益本《玉篇》的小比较

笔者很有幸能看到这两种系统《玉篇》的代表书。其一来自于2016年博古斋秋拍古籍善本专场（以下简称“博古本”）。这套元刻《玉篇》最开头存“上呈《玉篇》启”，后为“大广益会《玉篇》总目”，再后为“《玉篇》广韵指南”，接下来就是正文卷一开始。半页12行，行20或21字，小字双行，黑口，四周双边。对照《第一批国家珍贵古籍名录图录》0352条著录元延祐二年圆沙书院刻本及《第三批国家珍贵古籍名录图录》07009条著录元詹氏进德书堂刻本书影，行格完全相同，但此部字体与珍贵名录所著录的书影存在些许差别，最明显的是卷一“一部第一”的“部”字起笔的点划，三种版本均不相同。“博古本”的字体风格相比目前公藏最早的元延祐二年圆沙书院刻本《玉篇》更具元代早中期的风貌。它可能是现今未见著录的一个版本，但据内容和行格看，此书非常明显是大中祥符间修订的《广益本玉篇》的系统。

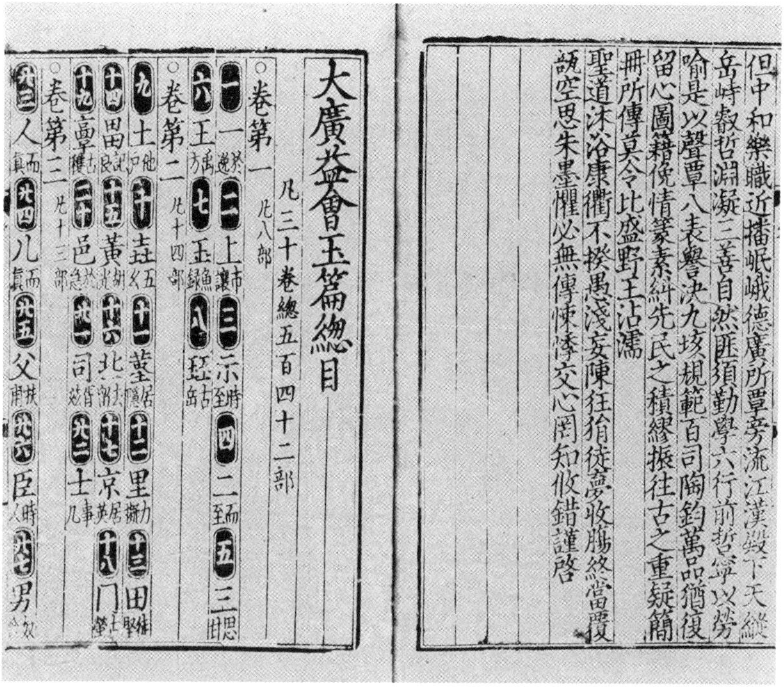

但中和樂職近播岷峨德廣所覃旁流江漢轂下天縱
岳峙叡哲淵凝三善自然匪須勤學六行前哲寧以勞
喻是以聲覃八表譽決九垓規範百司陶鈞萬品猶復
留心圖籍俛情篆素糺先民之積繆振往古之重疑簡
冊所傳莫今比盛野王沾濡
聖道沐浴康衢不揆愚淺妄陳往猶徒夢收腸終當覆
瓿空思朱墨懼必無傳悚悸交心罔知攸錯謹啓

大廣益會玉篇總目

凡三十卷總五百四十二部

卷第一 凡八部

一 一 二 上 三 示 四 二 五 三 六 王 七 玉 八 珏

卷第二 凡十四部

九 土 十 垚 十一 堇 十二 里 十三 田 十四 畕 十五 黃 十六 北 十七 京 十八 冂 十九 亯 二十 邑 廿一 司 廿二 士

卷第三 凡十三部

廿三 人 廿四 儿 廿五 父 廿六 臣 廿七 男

大廣益會玉篇卷第一 凡八部

一部第一 凡九字

一 弌古文 天 元 丕 吏 ……

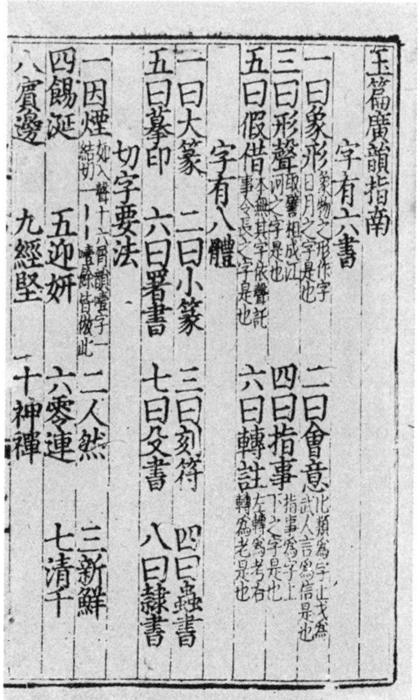

玉篇廣韻指南

字有六書

一曰象形 二曰會意
三曰形聲 四曰指事
五曰假借 六曰轉註

字有八體

一曰大篆 二曰小篆 三曰刻符 四曰蟲書
五曰摹印 六曰署書 七曰殳書 八曰隸書

切字要法

一因煙 二人然 三新鮮
四餳涎 五迎妍 六零連 七清千
八賓邊 九經堅 十神禪

图1：博古本《上呈〈玉篇〉启》及总目（上）、卷一（左下）、《〈玉篇〉广韵指南》（右下）

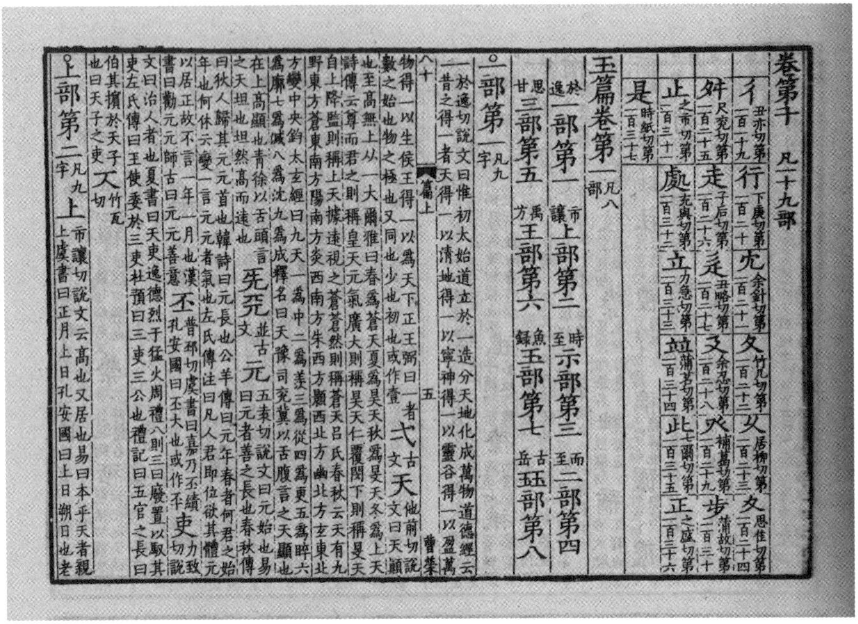
玉篇卷第一 凡八部

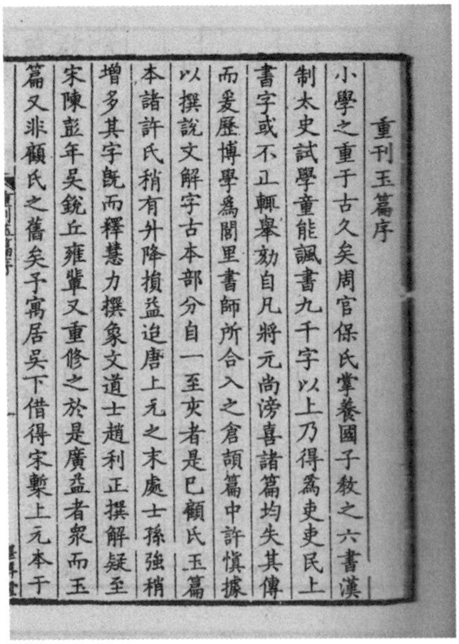
重刊玉篇序

小學之重于古久矣周官保氏掌養國子教之六書漢制太史試學童能諷書九千字以上乃得爲吏吏民上書字或不正輒舉劾自凡將元尚滂喜諸篇均失其傳而爰歷博學爲閭里書師所合入之倉頡篇中許慎據以撰說文解字古本部分自一至亥者是已顧氏玉篇本諸許氏稍有升降損益迨唐上元之末處士孫強稍增多其字旣而釋慧力撰象文道士趙利正撰解疑至宋陳彭年吳銳丘雍輩又重修之於是廣益者衆而玉篇又非顧氏之舊矣予寓居吳下借得宋槧上元本于

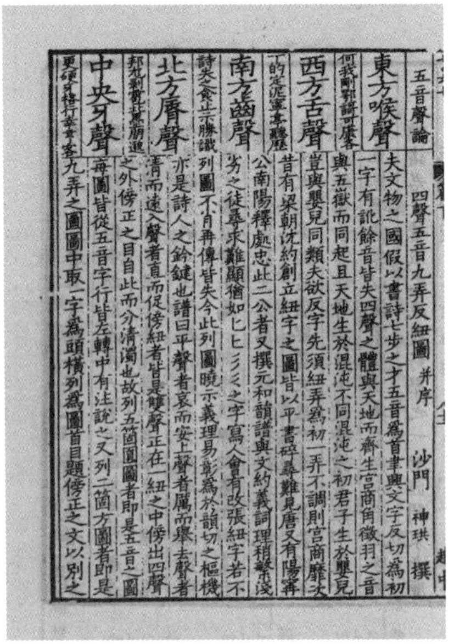

图2:泽存堂本卷一(上)、朱彝尊序(左下)及《神珙反纽图》(右下)

其二,是中华书局1987年出版,2014年印行的《大广益会玉篇》(据康熙四十三年张士俊刻泽存堂五种本影印。简称"泽存堂本")。在泽存堂本前朱彝尊作序一篇:"……顾氏《玉篇》,本诸许氏。稍有升降损益。迨唐上元之末,处士孙强稍增多其字。既而释慧力撰象文,道士赵利正撰解疑。至宋陈彭年、吴锐、丘雍辈又重修之。于是广益者众,而《玉篇》又非顾氏之旧矣。予寓居吴下,借得宋椠上元本于毛氏汲古阁,张子士俊请开雕焉……孙氏《玉篇》虽非顾氏之旧。然去古未远。犹愈于今之所行大广益本《玉篇》。复上元本而古之小学存焉矣。"从序中可知朱彝尊说此书来源是汲古阁的宋刻,朱氏序后有《大广益会玉篇》序,其后是正文,正文后有《分毫字样》和《神珙反纽图》,最后是张士俊的跋。

先从书的注音上看,两种书的注音都是"某某切"。王念孙《广雅书证·卷二》"尻也"条作案语云:"反切之名,自南北朝以上皆谓之反,孙愐《唐韵》则谓之切。唐元度《九经字样》序云:'声韵谨依《开元文字》,避以反言。'是则变反言切,始自开元。"所以唐宋之前的反切注音,一般谓之"某某反",唐宋之后则一般谓之"某某切"。我们从罗振玉和黎庶昌的原本《玉篇》残卷的影印本中,也可以很清楚的看到,其文字注音全是"某某反"。黄孝德《〈玉篇〉的成就及其版本系统》(《辞书研究1983年第2期》)一文中提出,上元本《玉篇》增字在唐上元元年(674),尚未到开元时期,其注音为何不是"某某反"呢?

这是否能作为"泽存堂本"的翻刻底本不是上元本的证据呢?众所周知,清前期文字狱严重,如果一书通篇全是"某某反",显然非常刺眼,泽存堂本完全有可能在翻刻的时候,把注音部分全部改成"某某切"。另外,最为重要的是,"上元本"《玉篇》成书于上元年间并不等同于其刊刻也在上元年间,如果其在开元后誊写刻印,此书的注音自然就全改成了"某某切"。所以,这并不是此书底本非上元本的铁证。

我们再从内容看,两书都分三十卷,部首均为542部,内容基本一致,但是"检字"方法有所区别,"博古本"是三十卷目录和542部全列于正文前;"泽存堂本"是分为上中下各十卷,每十卷目录后列部首,部首下再列页码。

《天禄琳琅书目》卷一:"近吴江张士俊泽存堂重刊宋本《玉篇》,朱彝尊为之序,谓顾氏《玉篇》,唐上元末孙强稍增多其字,至宋,陈彭年、吴锐、邱雍辈又重修之。于是,广益者众,而《玉篇》又非顾氏之旧。孙氏

《玉篇》去古未远，尤愈于今之所行。大广益本《玉篇》复上元本，而古之小学存焉矣。其书较是本独无牒文。二十四卷后新加两条在三十卷后，而阙十八卷后两条，但多附《分毫字样》及《神珙反纽图》耳。”以此对照两书，“博古本”在卷十八后和三十卷后都有“新加偏旁正俗不同例”及“类隔更音和切”两条，而泽存堂本不存。《分毫字样》及《神珙反纽图》在博古本和泽存堂本中均存，只不过泽存堂本存于书末，而“博古本”存于正文前，隶属于《玉篇》广韵指南。在此要说明的是“博古本”正文前的广韵指南内容非常丰富，包括《字有六书》、《字有八体》、《切字要法》、《辨字五音法》、《辨字十四声法》、《三十六字母切韵法》、《切韵内字释音》、《四声五音九弄反纽图》(即《神珙反纽图》)、《罗文反样》、《奇字指迷》、《字当避俗》、《字当从正》、《字之所从》、《字之所非》、《上平证疑》、《下平证疑》、《上声证疑》、《去声证疑》、《入声证疑》、《分毫字辨》。泽存堂本则仅存《分毫字样》及《神珙反纽图》。

《天禄琳琅书目》卷一：“今覆两本，字数俱符，而泽存堂重刻本须部反多一‘䰍’字，又何说也”？对照“博古本”和“泽存堂本”，“泽存堂”本“䰍”条下注“方乎步侯二切，短须发皃，亦做䫜”。“博古本”卷五“须”部有一字刻印不清晰，下注“方于步侯二切，短须发皃”。这个校勘点，在2011年湖北大学赵琴《元刻本与宋刻本〈玉篇〉之比较》一文中也有提及，在《比较》一文中两种版本增字考证的第一个字就是“䰍”字。明确写到元刻没有此字，也无“䫜”字。“博古本”此字虽然刻印不清晰，但其注解与“泽存堂本”收录的“䰍”基本一致。而且据《比较》一文中写到《万象名义》有此字，无“䫜字。《万象名义校释》：“方于反。白发短分也。”可以看到《万象名义校释》注音和“博古本”是一致的。所以“博古本”这个未刻印清晰的字是否是“䰍”字，需要进一步对照现今存世的元刻《玉篇》进行比较，“博古本”元刻《玉篇》是否与现今流行的元刻内容不同，这也是要注意的一个问题。

注音的区别在两版中不止一处，比如卷二十五，“贝”部，“卖”字，“博古本”注音“莫懈切，衒也，或作粥鬻”，“泽存堂本”作“余六切，衒也，或作粥鬻”。“卖”字条显示“博古本”的读音是现代“卖”的读音，同时也写明了通“鬻”，而“泽存堂本”的读音并非“mai”音，实际上就是yu。

两版的注释详略也有差别，比如卷三“人”部，“仁”字条“博古本”注

“而真切,郑玄曰爱人以及物也,《说文》仁亲也”,而“泽存堂本”下注:“而真切,《周礼》曰六德仁,郑玄曰爱人以及物,《左传》云不背本仁也,又曰参和为仁,《论语》曰杀身成仁,又曰克己复礼为仁,孔子曰人者仁也,郑玄曰仁谓施以恩义也,又曰郊社之义所以为仁,鬼神也,郑玄曰仁犹存也,《白虎通》曰仁者好生,《说文》云仁亲也,古文作忎也”;卷十一,“宀”部“奥”条,“博古本”注“于报切,《尔雅》室西南隅”,“泽存堂本”注“于报切,《尔雅》曰西南隅,谓之奥,谓室中隐奥之处,《论语》曰宁媚于奥”。

另外就是两书的字序排列顺序不同,这个现象在两书中出现非常的多。以第九十五部“可”部为例,“博古本”顺序为“可”“哿”“奇”“哥”;“泽存堂本”排列为“可”“奇”“哿”“哥”。从南朝梁顾野王编写成书至唐宋,历朝文字肯定有所加减,所以笔者找了唐写本原件现存的,且收字相同的一个部首对照,据日本早稻田大学《玉篇》唐写本原本照片可以看到,“泽存堂本”的顺序与唐写本是一致的。

从上述的几个举例来看,“博古本”在注音上面比“泽存堂本”要更为接近现今的读音,也更注重音韵上的附录及说明。而在字意的注释上和字序的排列上,显然“泽存堂”本更接近于顾野王的原本《玉篇》。我想,这也是为什么宋代陈彭年等重修的《玉篇》能成为主流的一个原因,因为简略所以更趋于流行。而“泽存堂本”《玉篇》,其底本应该要比“博古本”更接近于顾野王的原本《玉篇》,非常有可能是“上元本”的《玉篇》,朱彝尊在汲古阁看到并翻刻的宋刻《玉篇》可能是上元本的简略本,但是和宋大中祥符间修订的“广益本”不同,“泽存堂本”还是保留了一些顾野王原本《玉篇》注释的内容。在“上元本”《玉篇》只听其名未见其书的现今,“泽存堂”本《玉篇》并非只是删去大中祥符序的诡称伪作,也是有其价值的。2012 年上海师范大学魏现军的博士论文《玉篇研究——以孙强〈玉篇〉为中心》一文里论证了国图所藏金刻本《新修絫音引证群籍玉篇》的蓝本是孙强的“上元本”《玉篇》,此文中有《大广益会玉篇》的校订一章,可以更进一步进行对照参校。

《玉篇》的版本流传状况非常复杂,以上文字只是浅尝即止的微小探讨,希望抛砖引玉,使之得到更多校勘学方面的佐证。①

①本文还参考了陈建裕《〈玉篇〉版本研究》,《西藏大学学报》1999 年第 2、3 期。

略论《古今图书集成》的描润本与石印本

冯立昇

(清华大学科学技术史暨古文献研究所)

《古今图书集成》是我国现存规模最大的综合性类书,由陈梦雷纂集,于康熙四十年(1701)十月至康熙四十五年(1706)四月完成初稿。雍正皇帝即位后,又命蒋廷锡等重新编校,于雍正四年(1726)刊行。此书10000卷,分装5000册、又目录20册,共计5020册,整套书文字部分采用铜字排版印刷,图以木刻雕版印制。采用的纸张有两种,一种为开化纸印本,一种为太史连纸印本。两种纸均质量上乘,印刷精美。该书以其卷帙之大、排版印刷之精著称于世,因其卷帙浩繁,初版只印了65部(其中样书1部),当时便成为珍籍。至光绪年间,因雍正铜活字本《古今图书集成》已非常稀少,遂由皇家组织再次刊印。这次刊印是将一整套雍正本加以涂改和描润后作为影印底本,然后照相石印。影印工作由清总理各国事务衙门操办,清廷为出资方,交上海同文书局承印,于光绪二十年(1894)刊印完成。以往有不少文章对《古今图书集成》的描润本与光绪石印本进行过介绍和讨论,但由于未能对二者进行细致和深入的考察与分析,对描润本和石印本的认识还存在一些问题。本文在对描润本与雍正铜活字本和光绪石印本进行科学观察和对比分析的基础上,探讨不同版本的特点及成因,以期获得对描润本和石印本的更为全面和准确的认识。

一、关于《古今图书集成》的描润本

《古今图书集成》石印本的底本即描润本，现藏清华大学图书馆。光绪十六年(1890)，光绪皇帝命人从民间购得雍正年间殿本原书一部，除避讳原因需要涂改文字外，原版也存在墨色不一、有黄色斑点及字画不清问题，不进行修整肯定会影响影印效果。因此前期进行了大规模的涂抹改写、勾画描润工作，以作为影印的底本。之后共印出100部，装潢与原铜活字本相近，清廷意将其原书化身百部，作为外交手段，向各国大使馆赠送，以宣扬此“中国之大百科全书”。主持这次影印的清总理各国事务衙门[光绪二十七(1901)年改为外务部]后由民国外交部接管，影印的底本即描润本便留于外交部，而当时清华大学归外交部辖，故转赠清华图书馆收藏①。陶湘考察得出结论：“其描润底本，民国初年外交部赠清华大学，今详察之，确系铜版开花纸初印，染矾磨蜡，纸色因而皇厚，……开花纸年久即有黄色斑点，以粉笔饰之，字画不清之处，以粉笔勾之。既非裱褙，亦非抄写，确为石影之底本。”②陶湘对开化纸素有研究，他所说的“开花纸”，即开化纸，可知《集成》描润本用纸为开化纸。这部《古今图书集成》“光绪描润本”在抗战期间也被运往重庆，历尽兵、火之灾，现仅存558册(图1)。

逐册翻检留存下来的这500余册及所存散叶，可知该书字迹清晰且整齐划一，修整、涂抹、勾描工程巨大，描润者应不仅是将雍正以后六位皇帝的名讳涂白改写和对原铜活字版字迹不清之处以加以勾描，而是将全书描黑修饰了一遍。描润后铜活字本特有的一些版印风格已不存在，呈现的是一部抄工精熟、字体规整的写本(图2)。书中的双行小字、板心口题、木刻版图也同样经过了细致的修饰。从描润本散页背面观察，原印的字样可显露无遗(图3)。电子显微镜下观察，描字痕迹清楚(图4)。

①宋建昃：《描润本〈古今图书集成〉述介》，《文献》1997年第3期，第255—260页。

②陶湘编《故宫殿本书库现存目》卷中，故宫博物院，民国二十二年(1933)铅印本。

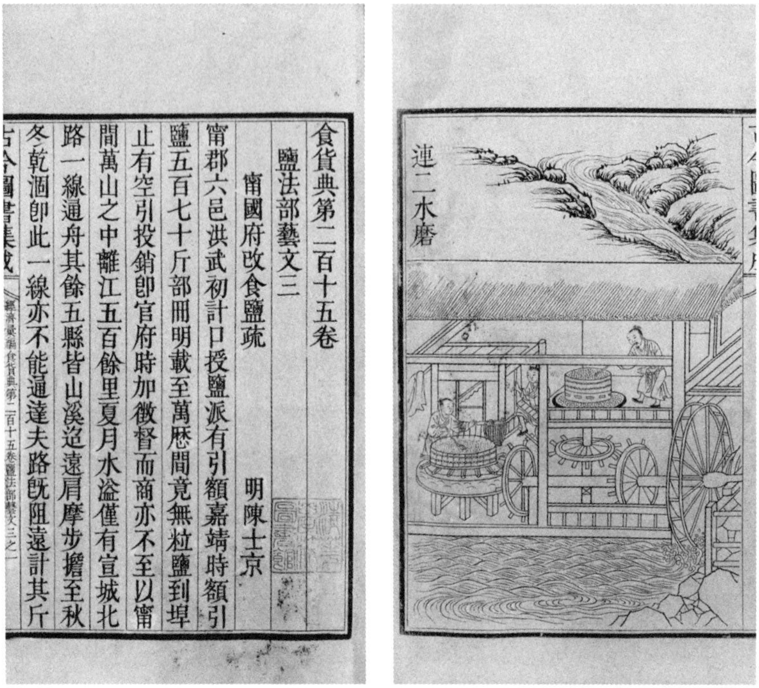

食貨典第二百十五卷

鹽法部藝文三

甯國府改食鹽疏　明陳士京

甯郡六邑洪武初計口授鹽派有引額嘉靖時額引鹽五百七十斤部冊明載至萬歷間竟無粒鹽到埠止有空引投銷卽官府時加徵督而商亦不至以甯間萬山之中離江五百餘里夏月水溢僅有宣城北路一線通舟其餘五縣皆山溪迢遠肩摩步擔至秋冬乾涸卽此一線亦不能通達夫路旣阻遠計其斤

古今圖書集成　經濟彙編食貨典第二百十五卷鹽法部藝文三之一

图 1:《古今图书集成》描润本书影

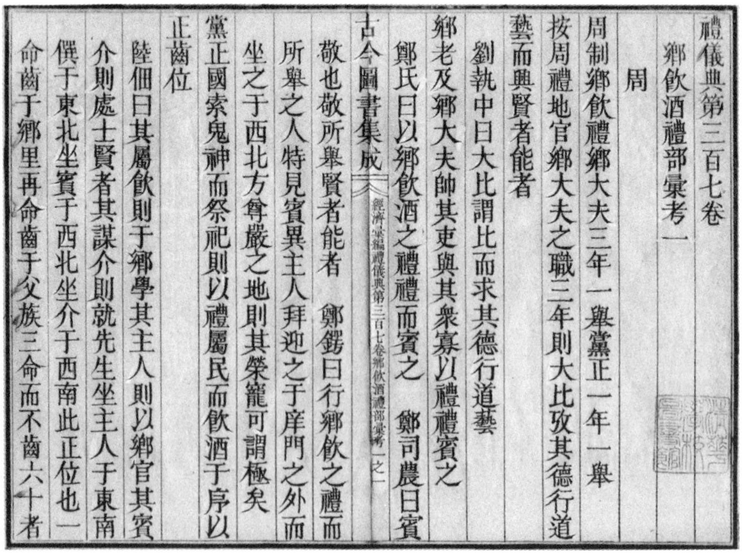

禮儀典第三百七卷

鄉飲酒禮部彙考一

周

周制鄉飲禮鄉大夫三年一舉黨正一年一舉

按周禮地官鄉大夫之職三年則大比攷其德行道藝而興賢者能者

劉執中曰大比謂比而求其德行道藝

鄉老及鄉大夫帥其吏與其衆寡以禮禮賓之

鄭氏曰以鄉飲酒之禮禮而賓之　鄭司農曰賓敬也敬所舉賢者能者　鄭鍔曰行鄉飲之禮而所舉之人特見賓異主人拜迎之于庠門之外而坐之于西北方尊嚴之地則其榮寵可謂極矣

黨正國索鬼神而祭祀則以禮屬民而飲酒于序以正齒位

陸佃曰其屬飲則于鄉學其主人則以鄉官其賓介則處士賢者其謀介則就先生坐主人于東南僎于東北坐賓于西北坐介于西南此正位也一命齒于鄉里再命齒于父族三命而不齒六十者

古今圖書集成　經濟彙編禮儀典第三百七卷鄉飲酒禮部彙考一之一

图 2:《古今图书集成》描润本的留存的一叶(涂抹改写实况)

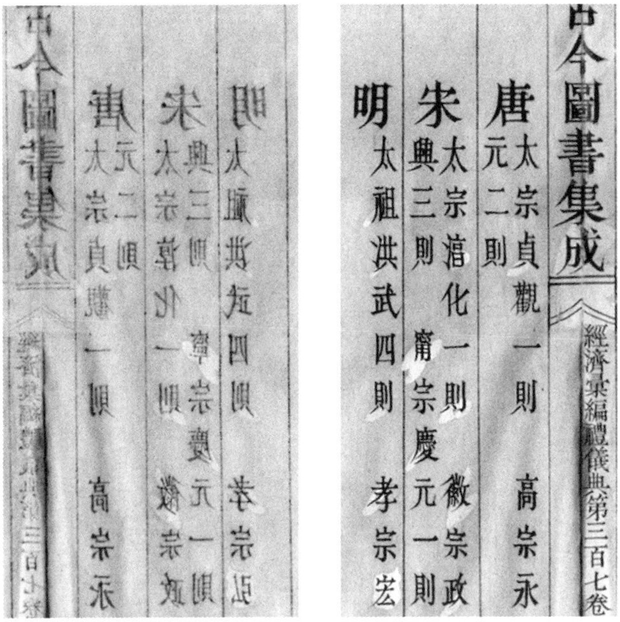

图 3:正反面对比(因避讳涂改字:湻甯宏)

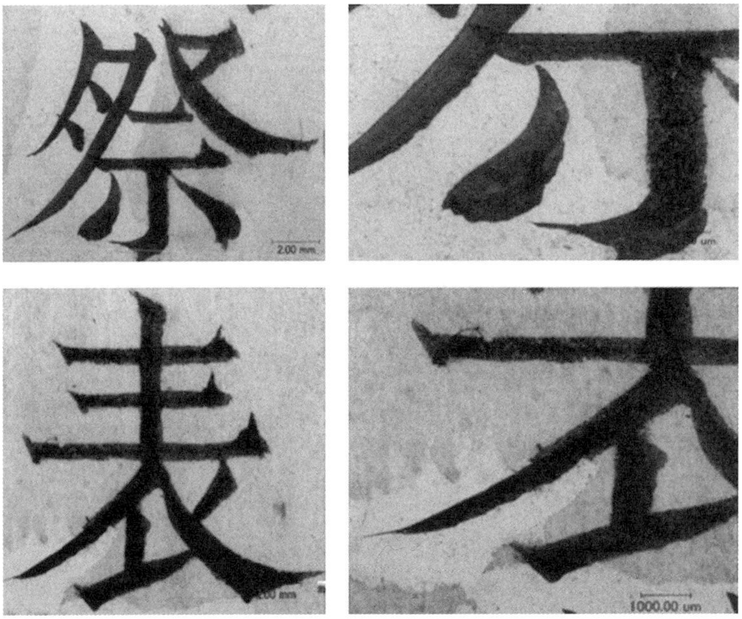

图 4:显微镜下的描写字

这样浩繁之描润工程，在中国印刷史上也是绝无仅有的。由于精细加工、校改，利用描润本印出的石印本墨色鲜明，版面光洁，不比原版逊色，堪称佳本。鉴于其重要历史价值和学术价值，《古今图书集成》描润本不久前通过专家评审，入选第五批国家珍贵古籍名录。

《古今图书集成》描润本为研究印刷、造纸技术史提供了重要的课题和材料。开化纸制作工艺现已失传。学界对开化纸的原料成分存在不同观点。学界有观点认为开化纸为皮纸，主要以楮皮、桑皮和三桠皮为混合原料①。也有人认为是以立夏嫩竹为主要原料。我们为此利用描润本不同三个残页取样，进行了纤维检测分析。结果如下：

检测样品1为清华大学图书馆馆藏《古今图书集成》描润本残页，中缝题：明伦汇编皇极典第一三五卷帝纪部汇考，一百二十九之三。含有竹、树皮和稻草纤维。其中：竹纤维占80%，树皮纤维与稻草纤维约占20%。其中竹纤维根据纤维长度、宽度的统计结果，判断应为嫩竹纤维。检测样品2为描润本三百七卷目录部分残页，其纤维检测结果为100%构皮。检测样品3为描润本三百七卷礼仪典乡饮酒残页，其纤维检测结果为100%檀皮。样品并非来自同一个页面，不排除雍正时印刷《古今图书集成》采购了不同作坊生产的纸印刷。也可能以皮纸为主，少量使用了竹纸。这一工作还有待进一步深入，但无论如何，这对传统造纸技术和印刷史研究有重要价值。

《古今图书集成》描润本中多处经白色涂改液涂改，为探索清代涂改液的颜料成分提供了不可多得的研究材料。清华大学科技史暨古文献研究所与北京印刷学院印刷与包装工程学院合作进行了研究。课题组利用超景深三维视频显微镜、扫描电镜-能谱仪、激光显微共聚焦拉曼光谱仪等技术，成功分析出白色颜料主要为碱式碳酸铅[铅白，$2PbCO_3 \cdot Pb(OH)_2$]，可能伴有少量碳酸铅($PbCO_3$)。研究表明，铅白至迟在光绪年间已用于制作涂改液。

①刘仁庆：《中国古纸谱》，北京：知识产权出版社，2009，第153—154页。

二、关于《古今图书集成》的石印本

承印《古今图书集成》石印本的同文书局，是中国人最早开设的石印书局之一。该局光绪八年（1882）创建于上海，由广东人徐鸿甫、徐愚斋兄弟集股投资创办，其规模曾居清末石印业之首。石印本增加了《考证》二十卷，册数由原来的522函5020册增为每部装成5044册，版式与殿本一致，非常精美（图5）。《考证》对《古今图书集成》核对原书进行了校订，旁征博引，订正原书引文错讹脱漏之处约万条，故有更高的实用价值。影印工作始于光绪十七年（1891），二十年（1894）告成，由两江总督验收解进。清华大学图书馆藏本首册卷底副页钤“江南江西总督关防”长方朱印（图6）。

有学者认为“石印本并非按原大影印，板框的宽和高都有所增加，字

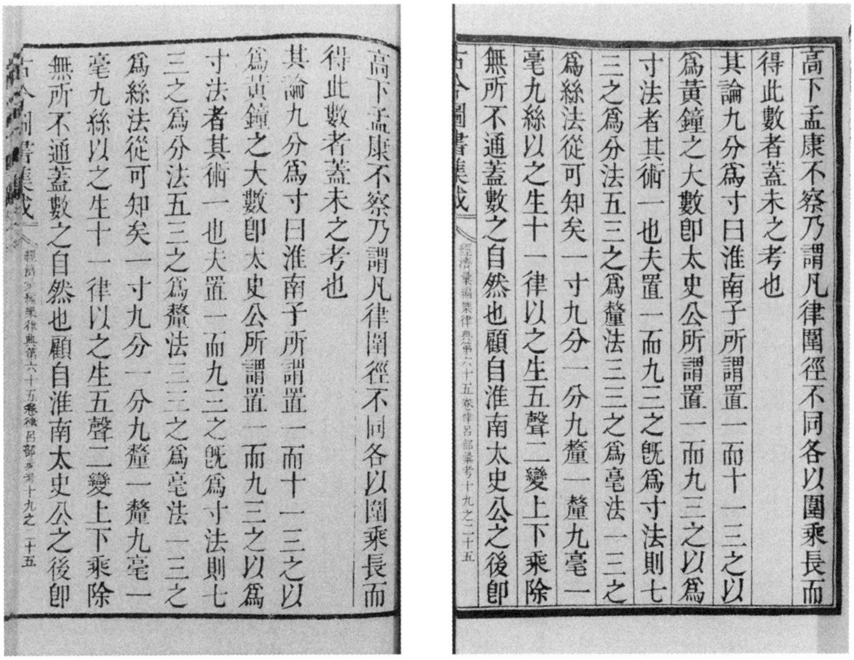
高下孟康不察乃謂凡律圍徑不同各以圍乘長而
得此數者蓋未之考也
其論九分爲寸曰淮南子所謂置一而十一三之以
爲黃鐘之大數即太史公所謂置一而九三之以爲
寸法者其術一也夫置一而九三之旣爲寸法則七
三之爲分法五三之爲釐法三三之爲毫法一三之
爲絲法從可知矣一寸九分一分九釐一釐九毫一
毫九絲以之生十一律以之生五聲二變上下乘除
無所不通蓋數之自然也顧自淮南太史公之後即
古今圖書集成 經濟彙編樂律典第六十五卷律呂部彙考十九之二十五

图5：《古今图书集成》石印本书影

体较原版本稍稍放大”①,也有学者称石印本“其版圈图样,按照原式放大十分之一”②。我们经过细致考察,认些说法是不确切的。前面已有介绍,描润本是通书描黑修饰了一遍,不是局部涂改,因此字体较原版字体稍稍变粗了一点,而版框也有所加粗(其内还加了细栏线),这样按描润本原大影印而成石印本有些许放大是自然的。我们将石印本和铜活字本进行比对后发现,版面大小几乎是相同的(图7),再与描润本比较,可以肯定石印本是按描润本原大影印的。

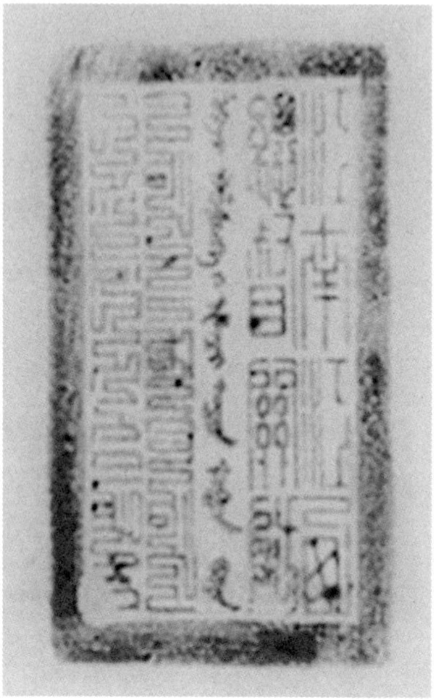

图6:石印本上的长方朱印

此外,张秀民先生在《中国印刷史》中称,同文书局于光绪十一年(1885)曾印成字体较小的缩印本一万卷,计1500部。有不少学者接受了这一观点③。但也有学者认为《古今图书集成》缩印小字本不曾问世。④ 根据光绪年间《申报》刊登的广告,同文书局确有刊印小字本的计划。光绪九年六月《申报》广告页上刊出“同文书局石印《古今图书集成》启”,启文叙述了《古今图书集成》的成书经过、价值及翻印的理由和条件,同时还开列了设想的五种版式规格及价目,其中包括三种缩印小字本。光绪十年五月,同文书局在《申报》上登出“《古今图书集成·目录》告成”,称:“石印《古今图书集成》一书,本局原议收足一千五百股之额,始敷成本,招股以来,恐稽时日,又未便速行截股,惟有随办随收,早期蒇事,且免附股在先诸君之劳盼望,兹于本月

①李善强:《〈古今图书集成〉石印本与铜活字本考异》,《图书馆界》2014年第1期。

②裴芹:《点石斋与同文书局竞印〈古今图书集成〉广告拾零》,《〈古今图书集成〉研究》,北京:北京图书馆出版社,2001,第199页。

③王大忠:《清光绪朝石印本〈古今图书集成〉刊印述略》,《大观周刊》2012年第12期。

④裴芹:《〈古今图书集成〉同文版小考》,《内蒙古民族师院学报(哲社版)》1992年第4期。

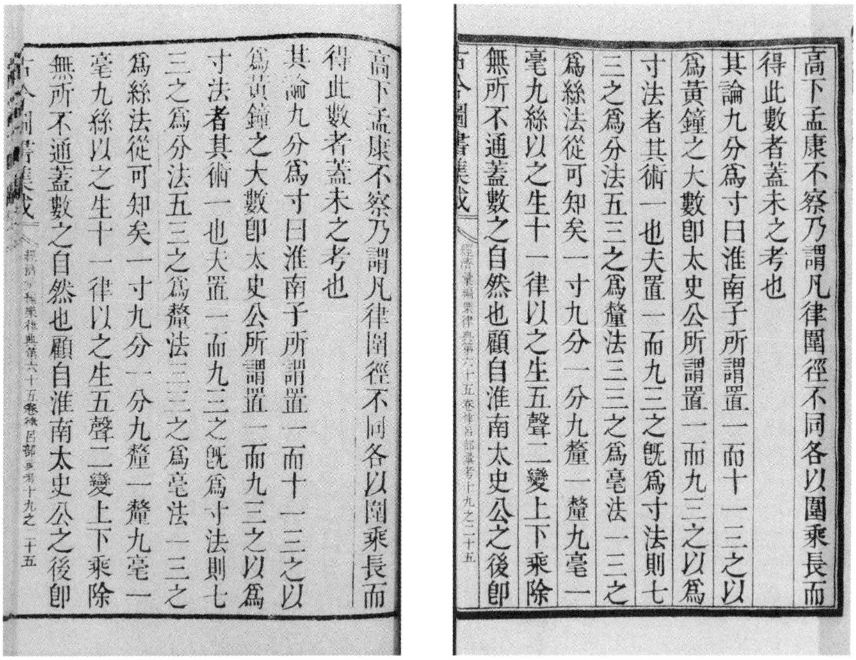
高下孟康不察乃謂凡律圍徑不同各以圍乘長而
得此數者蓋未之考也
其論九分爲寸曰淮南子所謂置一而十一三之以
爲黃鐘之大數卽太史公所謂置一而九三之以爲
寸法者其術一也夫置一而九三之旣爲寸法則七
三之爲分法五三之爲釐法三三之爲毫法一三之
爲絲法從可知矣一寸九分一分九釐一釐九毫一
毫九絲以之生十一律以之生五聲二變上下乘除
無所不通蓋數之自然也顧自淮南太史公之後卽
古今圖書集成 經濟彙編樂律典第六十五卷律呂部彙考十九之二十五

高下孟康不察乃謂凡律圍徑不同各以圍乘長而
得此數者蓋未之考也
其論九分爲寸曰淮南子所謂置一而十一三之以
爲黃鐘之大數卽太史公所謂置一而九三之以爲
寸法者其術一也夫置一而九三之旣爲寸法則七
三之爲分法五三之爲釐法三三之爲毫法一三之
爲絲法從可知矣一寸九分一分九釐一釐九毫一
毫九絲以之生十一律以之生五聲二變上下乘除
無所不通蓋數之自然也顧自淮南太史公之後卽
古今圖書集成 經濟彙編樂律典第六十五卷律呂部彙考十九之二十五

图 7:《古今图书集成》雍正铜活字本(左)和光绪石印本(右)同页对比

念五日全书目录印成,照原书订著二十本。”同文书局在发行《集成・目录》时努力征求认购者,并声称《集成・艺术典》“不日亦可告成”。但此后未见后续广告和报道,直到光绪十六年承办影印原大版的《图书集成》。而同文书局创始人之一徐愚斋的《徐愚斋自叙年谱》称:“光绪十七年,辛卯,内廷传办石印《图书集成》一百部,即由同文书局承印。”徐愚斋只字不及缩印《古今图书集成》一事,因此裴芹先生推断同文书局从未缩印过《图书集成》是合理的。

陶湘《故宫殿本书库现存目》对石版影印《古今图书集成》经过及其用纸和费用等问题有过较为详细的介绍。关于清末石印本《图书集成》的刊印过程及用纸、所用价银、庙讳敬避等,在清内府刻书档案均有反映。清光绪十六年十月十四日,廷臣奕劻等面奉谕旨:“着照殿版式样石印《图书集成》。……现与同文书局核实,估计议用料半开三纸,照殿版原式刷印一百部,每部计价规平银三千五百两,惟料半纸出于安徽,常年制造为数最多,此书卷帙浩繁,必须添造,约计须以三年为期,方能供用,议即立限三年,令其印齐。先行购买殿本原书一部,以为描润照印底本,另给价银一万三千五百余两,事竣乃将原书呈缴,并于一百部之外,报效黄绫本一部,不给价值。"

光绪十六年十月十四日的奏折, 有光绪朱批"依议",可见是最后决定用料半开三纸。"料半开三纸"是加厚宣纸。手工抄纸,造一定纸张用一定量的纸浆,成品称"一料纸",一般是1000张。宣纸有三个厚度:一是普通厚度;一是"料半",即用造普通纸一又二分之一的料,造1000张纸,它的厚度比普通纸厚一半。当时进行过成本核算:"若用料半开三纸,照原式样刷印六十部,每部计规平银五千一百六十九两零。刷印一百部,每部规平银三千五百十三两零。"最后决定印百部。

我们对《古今图书集成》石印本一残片纸样样品进行了检测,发现稻草70%,檀皮30%,与安徽宣纸成分相符。清华图书馆所藏的光绪十四年(1888)印成铅活字本《古今图书集成》,用纸为机器连史纸,颜色变化较大,颜色明显变深,且因油墨问题多有发黑之处。但石印本因用手工宣纸,现在依然色泽洁白,文字也非常清晰,说明墨的质量也是很好。

清廷确实作为外交手段,向各国大使馆赠送过石印本《图书集成》。光绪三十四年(1908)二月十二日,出使英国考察宪政大臣、外务部右侍郎汪大燮奏:"兹英绅所设中国学会,其用意亦在使英伦学子考求中国文明。查:时上海排印钦定《图书集成》尚有存书,近年新修《大清会典》已付石印,今岁可以告成,合无仰恳天恩嚣各颁全部,由外务部饬运英伦转给祗领,庶遐方得邀稽古之荣,绝域同仰古文之盛。所有英绅研究中国文明掌故,拟恳颁赏书籍缘由。"《胡适留学日记》曾记"哥伦比亚大学有中国政府所赠之雍正三年(1725)刊竣之《古今图书集成》一部。"笔者曾在美国哥伦比亚大学东亚图书馆藏翻阅过该馆所藏《古今图书集成》,实为清廷赠送之的石印本(图8)。国会图书馆也藏有一部同样的《古今图书集成》的石印本。

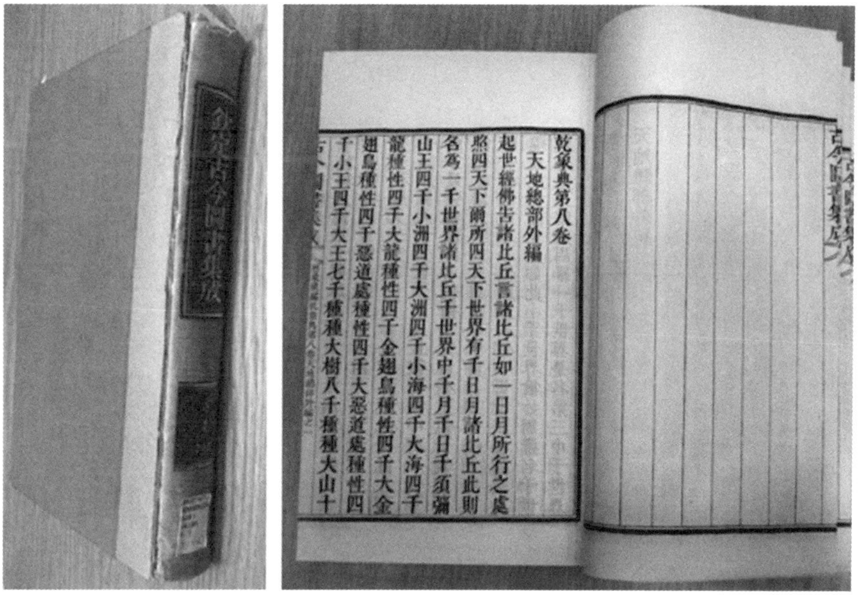

图 8:哥伦比亚大学东亚图书馆所藏《古今图书集成》石印本书影

三、结　语

综上所述,我们可以得到以下几点认识:

(一)虽然光绪石印本《古今图书集成》是以雍正铜活字本为底本影印的,但由于经过对全书通篇描黑、涂改后照相影印,不仅与铜活字本在印刷和用纸方面不同,在字体上也有较大差异。描润本涂抹勾画随处可见。不仅将每页不清楚的框线、栏线重新勾画,对字形尚好的字直接用笔描黑,对避讳字或字形不好的字则用涂改液涂白,重新书写或改写。有的将整个字涂白改写,有的将偏旁或某个笔划涂白改写。未涂白的字几乎都进行了笔墨修饰。插图部分的版图也进行了修饰或涂描。

(二)光绪石印本与雍正铜活字版本最大的区别是,增刊了《考证》二十四卷。《考证 》订正了引文的错误及脱缺,皆核对原书。此次印刷校证详细,精细加工,所以印出的本子墨色鲜明,版面光洁。石印本墨色鲜明超过铜活字初印本,堪称佳本。

(三)光绪石印本是按雍正铜活字本的描润本原大影印的,有学者关于石印本是“按照原式放大十分之一”的说法是不确切的。

(四)同文书局确有通过照相石印小字本《图书集成》的计划,但这一计划未能实施,缩印小字本未曾问世。

通过对清华珍藏的《古今图书集成》描润本和石印本的研究,使我们重新认识了描润本的版本价值、文物价值与科学价值。当然我们对其研究还是初步的,随着研究工作的深入,其对印刷史、造纸史及其传统工艺的价值也将得到进一步的揭示。

《四部丛刊》本《贞观政要》之底本非明成化内府刻本

董运来

（华南师范大学图书馆）

笔者在申报国家珍贵古籍名录的过程中，发现《中国古籍善本书目》著录的华南师范大学图书馆藏《贞观政要》明代崇府刻本实为明成化内府刻本，并将《四部丛刊》本《贞观政要》和华南师范大学藏明成化内府刻本比较，发现《四部丛刊》本《贞观政要》之底本非张元济所认为的明成化内府刻本。

一、张元济认为《四部丛刊》本《贞观政要》之底本为明成化内府刻本

《四部丛刊》为商务印书馆影印的大型古籍丛书，主其事者为精通版本目录学的张元济先生。《四部丛刊》续编（1934 年印成）史部第一种《贞观政要》版本牌记为"上海涵芬楼影印明成化刊本原书板匡高二十七公分宽十九公分"。张元济《涵芬楼烬余书录》：

贞观政要十卷　唐吴兢撰　元戈直集论　明成化刊本　八册

卷首成化元年（1465）宪宗御制序，次吴澄、郭思贞题辞，次临川戈直集论序，次吴兢自序、篇目，次集论诸儒姓氏凡二十二人。是为明内府

刊本,见周弘祖《古今书刻》。藏印:“好古敏求”“时敏斋郑氏积书之章”“存存老人积书教子子孙宝之事事□理”“梅钱之印”“梅钱”“隅庵”。①

将《涵芬楼烬余书录》所著录的《贞观政要》的内容、藏印和《四部丛刊》本《贞观政要》(图1、图2)比对,可以断定《涵芬楼烬余书录》所著录的《贞观政要》正是《四部丛刊》本《贞观政要》的底本。根据《四部丛刊》牌记和《涵芬楼烬余书录》的著录可以知道,主持商务印书馆的张元济先生认为《四部丛刊》本《贞观政要》的底本为明成化内府刊本。涵芬楼烬余书20世纪50年代由文化部拨交北京图书馆,此部《四部丛刊》底本《贞观政要》应当现存中国国家图书馆(原北京图书馆)。

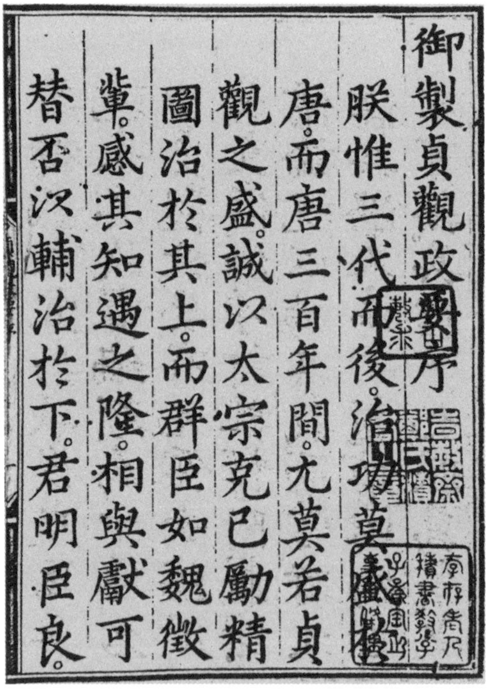
御製貞觀政要序
朕惟三代而後治功莫盛
唐而唐三百年間尤莫若貞
觀之盛誠以太宗克己勵精
圖治於其上而群臣如魏徵
輩感其知遇之隆相與獻可
替否以輔治於下君明臣良

图1:《四部丛刊》本《贞观政要》1

①张元济:《涵芬楼烬余书录》第二册,上海:商务印书馆,1951,第42页。

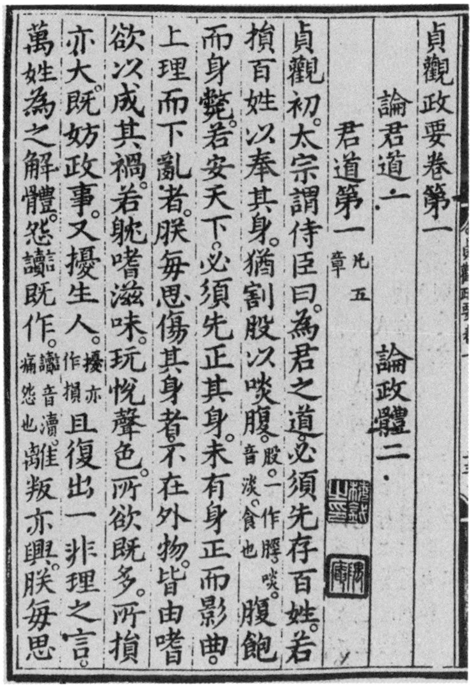
貞觀政要卷第一
論君道一　論政體二
君道第一 凡五章
貞觀初太宗謂侍臣曰為君之道必須先存百姓若
損百姓以奉其身猶割股以啖腹股一作脛啖音淡食也腹飽
而身斃若安天下必須先正其身未有身正而影曲
上理而下亂者朕每思傷其身者不在外物皆由嗜
欲以成其禍若躭嗜滋味玩悅聲色所欲既多所損
亦大既妨政事又擾生人擾亦作損且復出一非理之言
萬姓為之解體怨讟既作讟音瀆痛怨也離叛亦興朕每思

图 2:《四部丛刊》本《贞观政要》2

二、《四部丛刊》本《贞观政要》之底本与华南师大所藏真正的明成化内府刻本《贞观政要》不同

《中国古籍善本书目》著录华南师范大学图书馆藏有一部明成化十二年(1476)崇府刻本《贞观政要》①,笔者将华南师大藏本(图3)与广东省立中山图书馆所藏明成化十二年崇府刻本相对照,发现华南师大藏本并非崇府刻本,而是明成化内府刻本。判定华南师大藏本非成化十二年崇府刻本的依据:一是华南师大藏本没有成化十二年崇府刻书的牌记;二是仔细比较,不难发现华南师大藏本和广东省立中山图书馆藏崇府刻本绝非同一版本,尽管表面看来二者很相像。定为明成化内府刻本的依据:一是有"广运之宝"印,印章所钤位置和《天禄琳琅书目》著录的《贞观政

①中国古籍善本书目编辑委员会:《中国古籍善本书目(史部)》,上海:上海古籍出版社,1993,第22、1640页。

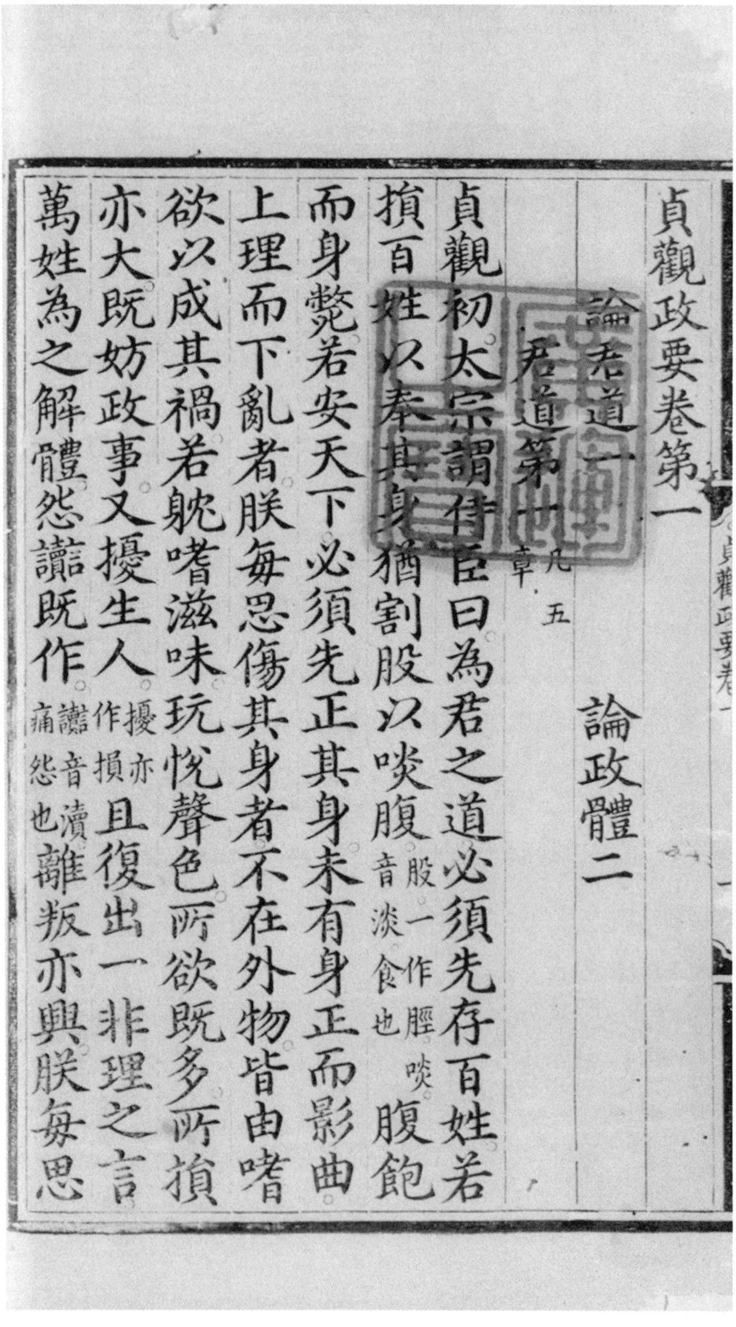
貞觀政要卷第一
論君道一　論政體二
君道第一　凡五章
貞觀初太宗謂侍臣曰為君之道必須先存百姓若損百姓以奉其身猶割股以啖腹股一作脛啖音淡食也腹飽而身斃若安天下必須先正其身未有身正而影曲上理而下亂者朕每思傷其身者不在外物皆由嗜欲以成其禍若躭嗜滋味玩悅聲色所欲既多所損亦大既妨政事又擾生人擾亦作損且復出一非理之言萬姓為之解體怨讟既作讟音瀆痛怨也離叛亦興朕每思

图 3:华南师范大学藏明成化内府刻本《贞观政要》

(《第二批国家珍贵古籍名录图录》017 页)

要》明成化内府刻本的位置完全相同。《天禄琳琅书目》卷八明版史部：

> 贞观政要　一函，五册。
>
> 唐吴兢撰，元戈直集论。十卷。前明宪宗序，次元吴澄序，次郭思贞、戈直二序，次吴兢原序，次集论诸儒姓氏。
>
> 宪宗序称《贞观政要》，有元儒士临川戈直复加考订注释，附载诸儒论说，以畅其义。顾传刻岁久，字多讹谬，因命儒臣重订刻梓云云。是此书之凡有集论者，皆为元后所刊。此本系奉敕重梓，纸墨亦精，然较前金版之书则远逊其古香古色矣。
>
> 明内府藏本，有"广运之宝"。朱文，序、卷一之卷三、卷五、卷七、卷九。①

二是钤有"广运之宝"印章的刻本字体活泼、写刻流畅、书法秀逸，其他本子从书法角度不及钤有"广运之宝"的本子，这正说明其他本子是翻刻成化内府刻本。《第二批国家珍贵古籍名录》亦认可了我的版本鉴定结果，著录华南师大藏本为明成化内府刻本。经过比对，《四部丛刊》本《贞观政要》之底本与华南师大所藏真正的明成化内府刻本并非同一版本，则《四部丛刊》本《贞观政要》之底本不是张元济先生所认为的明成化内府刻本。

三、明成化内府刻本的翻刻本尚存多种

除了明成化十二年崇府翻刻内府本之外，明代还有不止一种和明成化内府本极相似而并非明成化内府本的刻本，我比对过台湾"国家图书馆"opac 目录中著录为明成化内府本的几种书影，实际并非同一版本。这种著录上存在的问题比较普遍，凡是著录为明成化内府刻本的《贞观政要》，如果没有"广运之宝"印章，很可能是明成化元年内府刻本的翻刻本。姚伯岳先生有《论覆刻本》一文，很有助于理解这种现象。

---

①于敏中、彭元瑞等：《天禄琳琅书目 · 天禄琳琅书目后编》，上海：上海古籍出版社，2007，第 269 页。

四、余　论

《中国古籍善本书目》凝聚了前辈的大量心血和智慧，但限于当时的条件，在著录上尚有某些不足，如上文所述将华南师大藏明成化内府刻本《贞观政要》误为明崇府刻本。笔者另有《读中国古籍善本书目札记》一文，还列举过一些，其他学人也指出不少。《四部丛刊》在版本方面久负盛名，限于历史条件，版本标注也可能会出错，前人已经指出过一些，笔者发现的《四部丛刊》本《贞观政要》的著录失误为四部丛刊版本著录失误又增一例。当前国家开展的古籍普查工作，充分享受了网络时代检索资料和制作、传播、比对书影的便利条件，极大地推进了版本鉴定工作的进行。前修未密，后出转精，古籍工作正迎来前所未有的机遇。

《燕京岁时记》编著出版考

赵长海　刘　洋

（郑州大学）

一、出版与流布

清末富察敦崇著《燕京岁时记》于光绪三十二年（1906）刻版印行，字数不足三万，但流传甚广。为研究节令、风俗、物产、技艺提供了很多独特材料。加之文笔优雅，考辨精到，契合时代，又有实用导览功能，故出版以后，士人争相传阅。曾有数种译本传布海外，周作人先后发表两篇文章予以介绍和评介。此后的各类工具书，如《辞海》《中国学术名著大词典·古代卷》《中国民间文学大辞典》《中国文化大百科全书·综合卷（下）》《中国商业文化大辞典（上）》《中国都城辞典》等都有专门辞条予以介绍。周作人在1942年《关于〈燕京岁时记〉译本》一文中说："敦崇所著《燕京岁时记》是我所喜欢的书籍之一，自从民国九年初次见到，一直如此，以至今日。"①其另外一篇文章评价此书时说："本来做这种工作，要叙录有法，必须知识丰富，见解明达，文笔殊胜，才能别择适当，布置得宜，可称合作，若在常人徒拘拘于史例义法，容易求工反拙，倒不如老老实实地举其所

①周作人：《关于〈燕京岁时记〉译本》，原载《国立华北编译馆馆刊》一之一，1942年10月。见钟叔河编《周作人文类编》六《花煞（乡土·民俗·鬼神）》，长沙：湖南文艺出版社，1998，第59页。

知，直直落落地写了出来，在琐碎朴实处自有他的价值与生命。”①正因为此书多是作者浸润其中的亲见亲闻，又有深厚的文献考辨之功，每件物事，用寥寥数语即可描摹真切，故令人随便翻开，常读而不厌。

但是这本名著，我们常翻阅和引用的北京出版社1961年本，和据此又排印的北京古籍出版社1981年本，均是删节本。此书“出版说明”仅有一句“我们根据原刻本排印”，但其不录序跋，删去众多条目后的附录诗文，径行改补删削文字等等，均没有任何说明或校记。其录入之时因只有一个光绪三十二年本（为刻字铺文德斋刻本，同年版归文奎堂，仅改动了牌记），而刻本原即有诸多错误，整理本除沿袭刻本错误外，录入亦多有错误漏失。对作者介绍仅谓其是满族人，有数种著作传世，对其著述背景则无一语道及。故这个古籍整理本可说是一个不完善甚至可以说是失败的整理，给人留下了太多的遗憾，实有待于在充分的版本研究基础上，重新整理出一个更为完善的本子。

二、手稿的形成与递藏

近几年在国家珍贵古籍名录申报及古籍普查中，郑州大学图书馆发现有此书一函三册作者手稿本，分别是粗稿、第三次清稿、第四次清稿，是著述不同阶段形成的，且均为著名学者刘复（字半农）原藏。馆藏还有一个光绪三十二年的刻本，亦为刘复原藏本。

《燕京岁时记》粗稿本不分卷，为富察敦崇手稿本。一册。半页八行，字数不等，框高14.5cm，宽9.5cm，用四周双边红格稿纸，书口下端印有“松云斋”字样，盖为作者专用稿纸。封面右侧书“粗稿”，左题“燕京岁时记，己亥九月廿二日题签”。无序跋目录。卷端首行书名下有藏书印白文“江阴刘氏”“刘复”。第二行为“长白　富察敦崇　礼臣氏编”。书口双鱼尾，标页数，全书共计48页。书末有日期“己亥十一月十七日编录竣”。

《燕京岁时记》第三次清稿本不分卷，富察敦崇手稿本。一册。用与

①周作人：《燕京岁时记》，原载《北京晨报》1936年1月13日。见钟叔河编《周作人文选（1930—1936）》，广州：广州出版社，1995，第435页。

粗稿同样的稿纸。封面右侧书“细稿”,左题“燕京岁时记,光绪二十五年岁次己亥嘉平月初九日订,第三次清稿”。有序,序末署“光绪二十五年岁次己亥嘉平月赐进士出身刑部主事砚愚兄润芳澍田氏拜序”。第60页有跋,末署“光绪二十六年岁次庚子三月十六日敦崇自记”。全书序文1页,内文66页。跋在第60页,则后面数页为此后所补。

《燕京岁时记》第四次清稿本不分卷,富察敦崇手稿本。一册。半页十行,字数不等,框高13cm,宽10.5cm。用四周双边红格稿纸,书口下印有“玉竹斋”字样,为作者专用稿纸。封面题有“燕京岁时记,庚子九月廿二日重抄,十月廿六日抄讫,乃第四次之清稿也”。序文同第三次清稿本。第65页跋与第三次清稿本同,后又有再跋谓:“再,此记皆从实录写,事多琐碎,难免有冗杂芜秽之讥,而究其大旨,无非风俗、游览、物产、技艺四门而已,亦《旧闻考》之大略也。又记。”跋后又有此书补遗一页及空白页数纸。

郑州大学所藏《燕京岁时记》,是三个不同阶段手稿本,其编纂渐进过程和时间标示均十分清晰明了。为揭示此书编纂修订及出版过程提供了宝贵资料,并可借此纠正原来的一些错误或不准确认识。

粗稿从1899年9月22日(所标年月均为阴历)题签到11月17日编竣,编录粗稿时长近两个月。

第三次清稿本从1899年12月9日到1900年3月16日写跋之时,历时三个半月,而在编订此稿之初,作者即已请其挚友润芳澍田写就了序言,故此稿起首即贯以序言。

第四次清稿本则是1900年9月22日至10月26日,用时一月有余。

从以上时间判断,粗稿之前,当还有一稿,才会有以后的第三第四次清稿之说。而粗稿和第三次清稿之间,时间太短,不足一月,当是粗稿之后,在粗稿本上直接进行修改,很快即进行了第三次清稿的编订,故粗稿即第二次稿本。三册清稿本编订用时一年有余,故此书之编订则用时二年或更长时间。

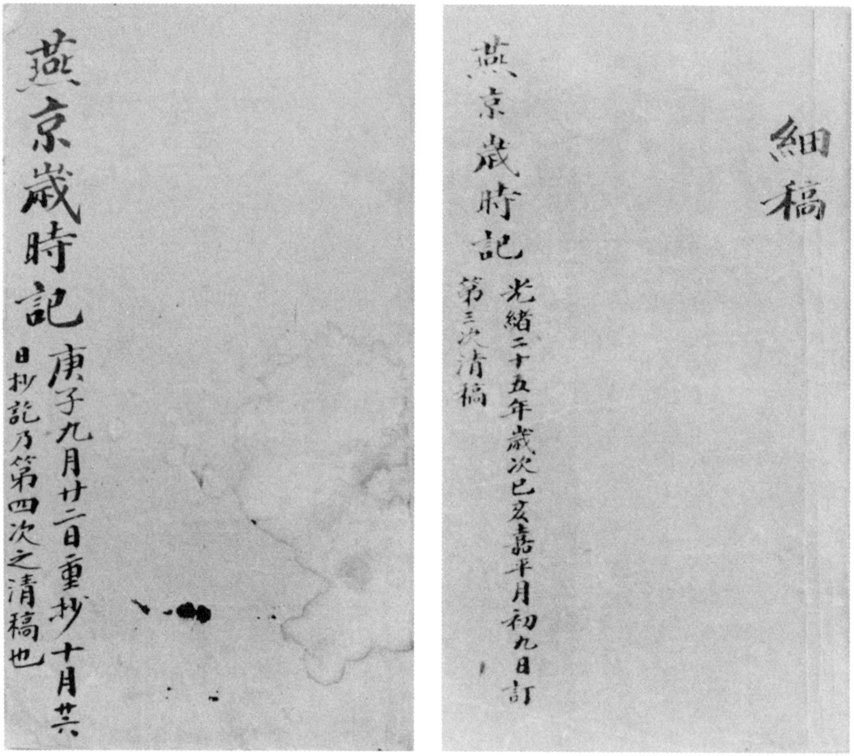

图1：第四次清稿本（左）及第三次清稿本封面（右）

此书之编订大概在光绪二十五年（1899）初，因在富察敦崇自编《思恩太守年谱》（亦称《富察氏敦崇礼臣年谱》，写本六卷，存吉林省社会科学院图书馆，2015年有整理本出版）中，其光绪二十五年“四月”条有：“作《燕京岁时记》，尚未脱稿。初八日，见街前有舍缘豆者，遂载入记中。”① 查郑州大学图书馆藏此书粗稿，已经有“舍缘豆”条。

三册稿本均为作者富察敦崇手稿。从封面书名题签到内文誊抄，从书中红笔勾乙到墨笔修改，及所粘接红色签条及墨色浮签等考察笔迹，均是一人手书。确是作者手稿无疑。此后本人在拍卖会上又买到一册富察敦崇稿本《紫藤馆诗草》一册，封面题写书名，署有日期“光绪壬辰秋七月初十日订”，并钤盖有朱文椭圆印“紫藤馆”；卷端首行下钤有朱文圆印“敦”，及朱文小方印“礼臣”。版式大小与《燕京岁时记》相类，亦为红格

①高文俊等辑校《思恩太守年谱》，长春：吉林文史出版社，2015，第125页。

稿纸,其书名题签、内文字体和勾乙修改等与此三册稿本完全一致,更印证此三册稿本当为作者手稿本。吉林省社会科学院图书馆所藏六卷写本《思恩太守年谱》,乃20世纪80年代由天津古旧书店购入,从吉林省社科院图书馆王广瑞《富察敦崇著述考》一文对其版式、字体和著述方式的描述看,颇疑此亦当敦崇手稿。但因一直未能见到书影,故无法最后确定。

郑州大学图书馆藏三册《燕京岁时记》手稿本及刻本一册,均为民国著名学者刘复(1891—1934,字半农)原藏,是1956年郑州大学建校后从京津等地旧书店购入。

刘半农为民国著名学者,惜于1934年7月赴西北调查途中不幸染病去世。其生前藏书甚多,据《北平晨报》报道,北京大学曾有刘氏藏书如何处理案,决议照刘半农遗嘱交北京大学图书馆保管之。① 其后且有刘氏遗著展览会的举办,但《北平晨报》报道之决议,似乎并未践行。据《京报·万余册之刘复藏书将存图书馆供市民阅览》报道:“北京大学故教授刘半农,生前藏书甚夥,经该友人商鸿逵整理数(书)目,一部分业已就绪,约计三千余种,共万余册,多属语言音律专门图籍,且书中经刘氏批校处甚多。北平图书馆长袁同礼,并特派该馆馆员,帮同商氏整理。闻该书整理完竣后,拟如梁任公藏书办法,寄存北平图书馆,供市民阅览云。”②

据《京报》所载,刘氏藏书拟寄存北平图书馆。但此中详情并未见有文字披露。1946年学校复课后,清华大学教务长兼任图书馆主任的潘光旦对古籍悉心搜求,陆续收购了一大批私人藏书。其中即有1947年2月主持收购的刘半农藏书1774种,其中:“中文书万余册作价2000万元,西书千余册美金千元。”③由此推断,刘半农藏书并未捐赠北京大学图书馆,而是辗转寄存于北平图书馆十几年,后被清华大学图书馆收购入藏。

而其部分藏书或即于此时流散市场,多年后分别为吉林省社科院图书馆和郑州大学图书馆购得。

---

①《优恤刘复昨议决呈请办法,奖学金拟募集四千元》,原载《北京晨报》1934年7月26日。见王学珍、郭建荣主编《北京大学史料·第二卷·1912—1937上》,北京:北京大学出版社,2000,第470—471页。

②《万余册之刘复藏书将存图书馆供市民阅览》,原载《京报》1935年1月15日。转引自王学珍、郭建荣主编《北京大学史料·第二卷·1912—1937上》,第473页。

③转引自韦庆媛《金天羽藏书之归宿》,《兰台世界》2013年第4期,第66页。

刘半农为著名音韵学家、文学家,其兴趣广泛,生前曾为赛金花写传,名《赛金花本事》,但未能完成,后由其弟子商鸿逵完成此著。故刘半农搜集富察敦崇此类著作,亦是情理之中的事儿。

三、编著与修订

图书的著述编纂需要不断的修改完善。从此书的三次稿本及最后正式刻版印刷,可明显看出这一具体的修订过程。仅从篇幅看,第三次清稿比粗稿增加三分之一有余,而第四次清稿又比第三次清稿增加三分之一有余,则第四次清稿相较于粗稿差不多增加了一倍的内容。

其体例和编排细节,亦是逐次完善。如粗稿各条目,虽然大体亦按时令先后排列,但尚未在条目之前标示月份,而第三次修订稿则在月首条目之前单独一行标示月份,或在首条之下标示以下某某月。而到第四稿,则去掉了单独一行的标示月份,统一成在某月的首条之下标示月份。粗稿在条目内容的处理上,遇有庙讳、御名、圣讳等需顶格的尚有部分没有顶格,引用需另起一行也没有统一,附录另起一行且低二字,在粗稿中亦没有完全统一。这些在第三第四稿均逐渐得到了完善。

从文字看,亦是不断精雕细琢的过程。如七月之“丢针”条,粗稿全文为:“七月七日午时,闺阁少女以细茎投水中,视其影以乞巧,谓之丢针。”其文字平直且不准确,与第三四次清稿本及刻本相差甚远。第三次清稿本改为:“京师女子,于七月七日以碗水暴日下,各投小针,浮之水面,徐视水底日影,或散如花,动如云,细如线,粗如椎,因以卜女之巧。谓之丢针。”内容精炼,文采斐然有趣。第四次清稿本,则把“京师女子”改为“京师闺阁”,因乞巧仅为闺阁女子也,这样就更准确了。而到刻本,则又有进步,其最后句子改为:“因以卜女之巧拙,俗谓之丢针儿。”①增加了“拙”、“俗”、“儿”,虽仅增三字,但意思更加精确,口语化且更贴近现实。

第四次清稿本之后,或当还有一稿,故刻本较第四次清稿本有所完善,但亦间有脱漏。如在“打春”条内,稿本有:“每岁立春,顺天府别造春

①富察敦崇:《燕京岁时记》,北京:北京出版社,1961,第71页。

牛春花进御前及仁寿宫、中宫，凡三座。”而到刻本，则漏去“中宫”二字。这样“凡三座”所指则意义不全，乃明显刻版之时的脱漏。又如在“白云观”条，稿本中的“长生久视”刻本误为“长生久世”，而1961年及1981年排印本则仍延误之。又如“舍缘豆”条，第三第四次清稿本引用《日下旧闻考》，有谓“京师僧俗念佛号者”，而刻本则误为“京师僧人念佛号者”。查《日下旧闻考》原文，则稿本正确刻本失误。从刻本诸多脱漏遗误看，其刻板之时或未能认真校对。

用第四次清稿本与刻本校勘，刻本除增加一条很简短的“月当头”外，没有新增条目，内容亦仅是极少量的字句修改。所以第四次清稿本可谓已基本定稿，此后或还有一个第五次清稿本，或直接写样，于光绪三十二年交京城著名刻字铺文德斋刻版。最后定稿当在光绪二十七年到出版之前。这是因为在刻本“东西庙”条，最后有一小字注谓“隆福寺于光绪二十七年十月二十二日燬于火”①，而此注为第四次清稿本所缺，第四次编订清稿之时，隆福寺尚未被火也。

第四次清稿本半页十行，每行字数不等，而刻本半页十行，每行二十二字。第四次清稿本与刻本相较，版式上除每行字数不一致外，其他均很一致，字体亦有相仿之处。故怀疑作者第四次清稿本之后，是自己写就样稿，誊写样稿之时有少许的修正和补充，然后交付文德斋刻版。

从各稿的修改方式看，主要用红笔涂抹勾乙，墨笔修改添加。对于新增条目或条目附录，则补遗于书末。如粗稿共计48页，从第43页后为补遗。细稿（第三次清稿）共计66页，第61页后为补遗。第四次清稿共计65页，最后有1页补遗。除此之外，第三次清稿于天头粘贴单行红笔签条，标示需要调整的条目次序及字体大小等；对于增加内容较多的条目内容，则粘接用同样稿纸书写的少量墨笔浮签。第四次清稿本则大量使用浮签，少则数行，多则是整页粘贴于相应增加之处，并折叠于页内。对每处需要顶格书写的，则在天头之处用红圈标示。这样对于下次誊写标示得十分醒目明确，也使得整个版面整洁有序。

作者每稿都用工楷誊写，删削订补规范，版式清晰，一丝不苟，这和作

①富察敦崇：《燕京岁时记》，光绪三十二年（1906）文德斋刻本，第14页。

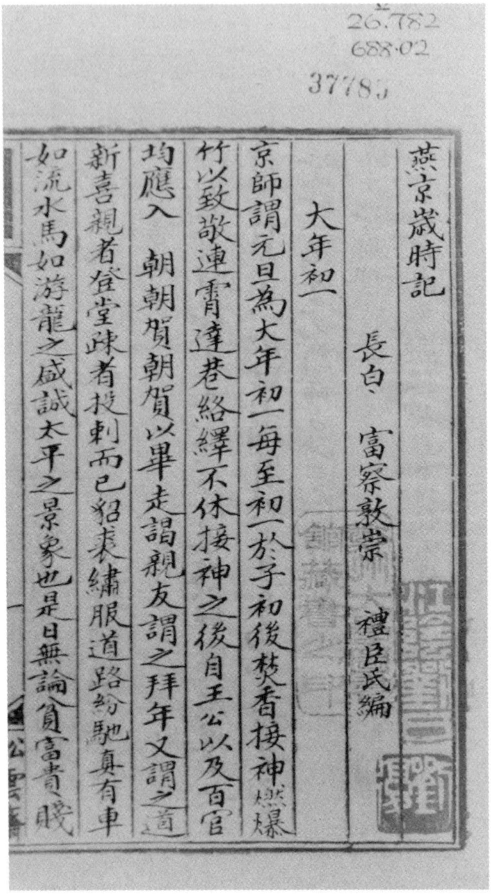

燕京歲時記
長白 富察敦崇 禮臣氏編
大年初一
京師謂元旦為大年初一每至初一於子初後焚香接神燃爆
竹以致敬連宵達巷絡繹不休接神之後自王公以及百官
均應入 朝朝賀朝賀以畢走謁親友謂之拜年又謂之道
新喜親者登堂疎者投刺而已貂裘繡服道路紛馳真有車
如流水馬如游龍之盛誠太平之景象也是日無論貧富貴賤

图2:粗稿本卷端

者曾长期担任兵部笔帖式养成的良好习惯有关。

四、编著背景

通过对《燕京岁时记》三种稿本的研究,纠正了以往对此著成书过程的一些错误认识。因刻本序言末署“光绪二十五年岁次己亥嘉平月”,其自跋末署“庚子三月十六日”,故研究者多认为此书编著在八国联军侵略进京之前。但第四次清稿本则明确标注时间为“庚子九月廿二日重抄,十月廿六日抄讫”,且这次修改编订分量很大,但时间却很短。这是因为“庚子事变”之时(公历1900年8月15日慈禧携光绪帝西逃,8月16日八国联军基本占领北京城，1901 年 8 月 8 日，八国联军从北京撤退完毕），富察敦崇基本蜗居在家，后清政府设留京办事处于柏林寺，虽需每日报到，但事务清闲，故可以全力以赴从事此书之编订。《燕京岁时记》一书即于此段时间定稿，而第四次清稿之后的修订只是极小量的字句润饰和修补。

富察敦崇作为上层官吏的旗人，罹此国难家祸，惨痛于心，著有《都门纪变三十首绝句》留世，可谓庚子之变之诗史，向为史家所重视。其中第十四首《吊殉难》谓：“浩气丹心不可降，阖门忠义死双双。余生欲拟阳秋录，暗把霜毫向小窗。”①此即是用笔墨留史的意思。特别是在三十首绝句之末，有具体的时间记载：“自九月二十四日起，或一日数首，或数日一首，至嘉平月而止。此诗言皆实录，并无浮词。倘能传之将来，或可稍知殷鉴，黍离麦秀，伤何如之。庚子除夕三更，自记。”②由此可知，富察敦崇《都门纪略》写作与《燕京岁时记》定稿均为庚子事变蜗居之时。

《都门纪略》与《燕京岁时记》均形成于八国联军侵占京城之时，但却是两种旨趣完全相反的著作。《都门纪略》的悲愤激越与《燕京岁时记》的闲情雅致形成鲜明的对比，二者能够交织统于一时一人，不能不令人佩服，亦不能不令人深思和困惑。

当然，这种腥风血雨的乱世景象，在《燕京岁时记》这部以风情民俗为主的小册里也有委婉的反映。如“赐冰”条于第四次清稿本增加有：“是物今尚有之，清泠可听，亦太平之音响也。”又如在“祭关帝”条于第四次清稿本增加内容有“盖帝之御灾捍患有德于民者深也”。第四次清稿本增加“走马灯”条，内有：“走马灯之制，亦系以火御轮，以轮运机，即今轮船、铁轨之一班。使推而广之，精益求精，数百年来，安知不成利器耶？惜中土以机巧为戒，即有自出心裁精于制造者，莫不以儿戏视之。今日之际，人步亦步，人趋亦趋，诧为奇神，安于愚鲁，则天地生材之道岂独厚于

①见高文俊辑校《思恩太守年谱》第 149 页，及《都门纪变》1908 年刻本。阿英编《中国近代反侵略文学集之四·庚子事变文学集》（上、下册）亦收入。

②阿英编《中国近代反侵略文学集之四·庚子事变文学集》（上、下册），北京：中华书局，1959，第 133 页。

彼而薄于我耶？是亦不自愤耳！"①盖作者于庚子之义和团进京之时，携家拖口避居乡下；八国联军进京后，作者目睹王室权贵之家被洗劫一空，亲旧亦多有殉难或被杀者。作者除于当时撰有《都门纪略》以抒愤慨外，次年尚著有《崇寿上人传》《族姊传》及《祭庚子诸死难文》悼惜殉难和被杀者。又有《增旧园记》纪述侵略者焚毁其先祖所建园林胜景之事。当此之时，编订中的《燕京岁时记》虽为民情风俗之怡情文字，亦不能不有所反映焉。

五、著述特色

《燕京岁时记》这本小册子字数虽仅有三万字，但历时二年方编纂而成，其能够成为名著，可以说有很多方面的因素。除文字精炼雅致，契合时代外，富察作为世家大族的官僚旗人，于声色玩好、园艺鉴赏可谓十分精通，史事文字看似信手拈来，其实是长期浸润的结果。如在"九花山子"，富察敦崇列举的菊花名目多达133种，其第四次清稿在列举菊花名目后，接下来原稿有"皆予曾蓄养者"被红笔抹去，旁边小字修改为"皆予所记忆者"。修改当然更为准确，133种不可能作者都曾蓄养，但由此透漏一个信息，作者或曾蓄养过很多品种，故于菊花品种名目极为熟悉。其他很多细小之处，无不透漏出作者的熟稔和嗜好，如"蛐蛐儿、聒聒儿、油壶卢"的价格行情，"花儿市"里面对鸽子品种的罗列，"灯节"里对灯市和焰火的描述等，均观察细致、感受真切，能于简短文字即引人入胜。

在编订过程中，作者还不失时机到有关景点查勘验证，以使记载更加准确。如在《思恩太守年谱》光绪二十六年（庚子年）四月初十日条，有记游钓鱼台事，对此处胜景多有描摹，盖此时在义和团即要进京之前，故尚有此雅兴游览及履勘文字。此日所记有谓："元时有玉源潭者，亦莫知其方向矣，余事详《燕京岁时记》中，作诗一首，载《紫藤馆诗草》中。盖予时作《燕京岁时记》，甫经脱稿，恐有未详，故亲往履勘之也。"②而此所言"甫

①以上数条引用见郑州大学藏《燕京岁时记》第四次清稿本，光绪三十二年（1906）刻本文字同。

②高文俊等辑校《思恩太守年谱》，第129页。

经脱稿”,即第三次清稿刚刚完成(其跋在庚子年三月十六日)。而此处所言诗载《紫藤馆诗草》,查本人所藏稿本及影印刻本,正有此诗并序。其记正与《燕京岁时记》“钓鱼台”条基本相同。

《燕京岁时记》中描摹之声色玩好、技艺游耍、花草虫鱼、穿着吃食等琐细之事,多作者亲历亲闻,使人如有亲手把玩,亲临其景之感。除此之外,作者征引文献繁多,考辩精到而毫无冗沓之感。此书文献征引最常用的主要有《日下旧闻考》《帝京景物略》《宸垣识略》《宛署杂记》《析津志》《北京岁华记》《荆楚岁时记》等,其他征引文献尚有《玉烛宝典》、东方朔《占书》、《大清会典》、《涌幢小品》、《居易录》、《月令广义》、《岁时百问》、《续齐谐记》、《汉书》、《后汉书·礼仪志》、《风俗通义》、《埤雅》、《寄园寄所寄》、《燕都游览志》、《广群芳谱》等。特别是《日下旧闻考》征引最多,除很多条目后另行“谨按日下旧闻考”字样外,文内亦多有“旧闻不载”“旧闻考不载”等语。故此书对前列有关京都风物民情的主要著作之缺漏误失,多所纠谬考正,且真切记录清末的实际情况。对不得其详的亦说明之。如在“填仓”条引证《北京岁华记》后,有谓:“此条所记与今大略相同。惟富贵之家从未有食牛肉者,亦未有客至苦留之说,乃记者一隅之论也。”①其“筵九”条引证谓:“按《帝京景物略》曰:燕九又曰宴邱。今则曰筵九,究未知其孰是。”②在诸多引证后,作者多有自己的判断和分析,如在“恶月”条,在引证《荆楚岁时记》后有谓:“夫荆楚之与燕京,相去远矣,而自昔风俗有相同者。”③又如在“添火”条,在引证《析津志》“西山化石根名曰不灰木,以之为粗布及器皿,不畏火,今西山有之”后,作者辨析谓:“此条所记未尽得实。以之为器皿则可,以之为粗布则从未之见。或即火浣布之讹。况此木实产易州,非西山也。”④作者于西方列强军器技艺亦颇为关注,且注意到西方农业科技方面著作,如在“东西庙”条,在说到严冬培育花木之时就说到“尝观泰西弄学书中”等等。

此书之所以能传播久远,还在于作者思想纯正,虽然书中寺观及朝拜

①富察敦崇:《燕京岁时记》,北京:北京出版社,1961,第48页。

②同上书,第47页。

③同上书,第66页。

④同上书,第80页。

条目甚多,但不迷信神怪鬼魔,不幻想仙真成佛,如在“白云观”条有:“相传十八日夜内必有仙真下降,或幻游人,或化乞丐,有缘遇之者,得以却病延年。故黄冠羽士,三五成群,趺坐廊下,以冀一遇。究不知其遇不遇也。观内老人堂一所,皆道士之年老者居之,虽非神仙而年过百龄者时所恒有,亦修养之明征也。”①又如在“城隍出巡”条,其最后有“亦无非神道设教之意”的总括,说明作者不迷信,遵崇儒家“子不语怪、力、乱、神”的纯正思想。这在《思恩太守年谱》中,亦有很多相类的记载,如“予素不信因果,然因果时亦有之”②等语。对于设坛拜神,谓能刀枪不入呼风唤雨之义和团,则斥其为“荒诞不经”乌合之众,是真儿戏。

六、作者考述

富察敦崇(1855—1926),满州镶黄旗人,咸丰五年(1855)七月出生于燕京铁狮子胡同歌斯堂,因号“铁狮道人”,此外还有“铁石”“芸窗”“聱叟”等诸多别号。其自编《思恩太守年谱》谓:“姓富察,名宗杰,字俊臣,一字伟人,又字默卿,乳名定格,行二。后更名敦崇,字礼臣。”③他一生喜好文事,著述甚丰。其家族显赫,为满族八大姓之一,既产生过贵为国母的皇后,亦有过无数重臣名将。其曾祖、祖父及父均世袭二等敦惠伯,母为贝勒奕绘第七女。其亲朋故旧多在朝为官,于史事掌故多能识其本源,著为文字精妙平实,故人乐观之。

富察敦崇自幼聪慧,然多次应试,均以族人回避,不得进入考场,只好援例纳官。自光绪五年,依八旗通例,报捐笔帖式,加光禄署正衔。不久分发兵部行走,兵部候补主事。十三年,借补兵部满洲笔帖式之缺。十四年,充满档房委署主事。十八年,派充三坛工程处、国子监、太和门监修。二十七年,补兵部主事。二十八年,提升员外郎,后赏三品。三十一年,充满档房总办。三十二年,兼署司务厅掌印等多官。三十三年,调充捷报处总办。宣统元年六月,派补广西思恩府知府未到任,八月调东三省委用,

---

①富察敦崇:《燕京岁时记》,北京:北京出版社,1961,第49页。

②高文俊等辑校《思恩太守年谱》,第126页。

③同上书,第1页。

任奉天巡防营务处提调，年底奉东三省总督令，到各地巡视军政，此即《南行诗草》之作也。宣统二年七月，任昌图税捐局委员职。敦崇尚气节、重文事、喜游览，其宗侄翰臣曾称许其："族中群彦，性喜诗书以礼法持身者，惟余一人。"①

对于敦崇之卒年，原众说纷纭，最近吉林省社科院王广瑞著文《晚清文人富察敦崇生平事迹考》，结合冯其利、杨海山先生合编《〈沙济富察氏宗谱〉补录》予以考证，谓敦崇于"1926年，身着清代朝服拍照后于西直门外高粱桥下投河自尽"。此结论当是可信的。《紫藤馆诗草》卷首之《铁狮道人传》谓其晚年境况："宣统三年七月因病请假就医，甫至京遽遭国变，遂不复出，时或自言自语，时或拍案呼咤，惟遇隆裕皇太后大事，成服而出，缟素二十七日，并恭视山陵奉安，自后遇疾不服药，岁时生辰不受家人朝拜，日求速死。尝自拟挽联曰：'辽海好如归去鹤，尘寰不作再来人。'"②

为《燕京岁时记》作序的润芳澍田，序末署"赐进士出身、刑部主事、砚愚兄"，在《思恩太守年谱》里亦称润澍田或润澍田芳。其姓氏名字及履历原均甚模糊。查敦崇自编《年谱》，润芳澍田，名芳，字澍田，姓祥佳氏，满洲镶白旗人。与其兄来春帆（名芳），皆光绪元年乙亥科举人，师从敦崇叔父绍云公（乌拉布，翰林，工部侍郎）就学，润芳兄弟二人与敦崇兄弟二人为十余年同学，故文中多称二人为盟兄。润芳长敦崇三岁，中乙未（1895）进士，由兵部主事出为河南许州知州（直隶州），署陈州知府。民国《许昌县志・官师》有传，谓其勤政廉民，热心教育实业，曾创办初级师范及多所中小学，去任之时曾有德政碑云云。

《燕京岁时记》刻本序言由庆珍博如代笔隶体书写上板，序末署"花翎四品衔、兵部员外郎、姻小弟"，中国书店郑炳纯先生曾收藏有一册庆珍批本《燕京岁时记》，其批语对各条目多有补充说明。郑先生曾著文《庆珍批本〈燕京岁时记〉》予以详细介绍并录入批语，但庆珍博如之姓氏生平情况并没有文字可作参考。从《思恩太守年谱》中的零星记载可知，庆

①富察敦崇：《紫藤馆诗草》"再寄翰臣"之诗序，1912年铅印线装本，第12页。

②周承荫：《铁狮道人传》，载富察敦崇《紫藤馆诗草》卷首，1912年铅印线装本。

珍名珍字博如，姓瓜尔佳，号铁梅，满洲镶红旗人。为贵州巡抚嵩昆之子，在兵部长期供职，为敦崇多年同事。敦崇与庆珍及庆珍之侄崇蓉舫为多年好友，常有饮酒赋诗酬唱之作。对于庆珍生平情况，张中行先生《负暄琐话》专门有一篇《庆珍》短文，谓其约生于同治年间，活到公元一九四〇年左右，并对其才情和晚年潦倒多有描摹，是乃行家所写趣人趣事，是有味道的文字。

《杜阳杂编》中华书局排印本底本小识

刘 瑛

(甘肃省图书馆)

一

《杜阳杂编》,笔记小说集,唐苏鹗撰,记唐代宗迄懿宗十朝事,多为海外珍奇宝物之叙。苏鹗,字德祥,武功(今属陕西)人,生卒年不详。玄宗朝宰相苏颋同族,僖宗光启年进士,仕历无考。因居武功杜阳,故以地名书。世传书目多见著录。《新唐书·艺文志》入"小说家类"著三卷①。《郡斋读书志》《直斋书录解题》入"小说类"均著三卷②。《崇文总目》入"传记类"③,《通志·艺文略》分别入"传记·冥异"与"小说类"④,《文献通考·经籍考》入"小说家类"⑤,均著三卷。《宋史·艺文志》入"小说家类"著二卷⑥,或以为传刻之误。《四库全书总目》入"小说家·异闻类"著三卷⑦。究其存世,今国家图书馆、上海图书馆均藏有三卷明抄本及三

①《新唐书》卷五十九《艺文三》,上海:开明书店,1934,第143页。

②晁公武:《郡斋读书志》,南京:江苏古籍出版社,1988,第370页。陈振孙:《直斋书录解题》,上海:上海古籍出版社,1987,第321页。

③王尧臣等:《崇文总目》,台北:华文书局,1969,第3651页。

④郑樵:《通志·艺文略》,北京:中华书局,1987,第789、798页。

⑤马端临:《文献通考·经籍考》,北京:中华书局,1986,第1757页。

⑥《宋史》卷二百六《艺文五》,北京:中华书局,1977,第5226页。

⑦永瑢等:《四库全书总目》,北京:中华书局,1965,第1209页。

卷清抄本。其中,国家图书馆三卷清抄本,原藏铁琴铜剑楼,此本有他本均佚之序①。另上海市文物保管委员会藏有明陈汝元校之旧抄二卷本。传世本尚有《说郛》本[明抄本、明钮氏世学楼抄本、清顺治三年(1646)李际期宛委山堂刻本、1986年上海出版社《说郛三种》本],《稗海》本(明万历商濬刻清康熙振鹭堂重编补刻本),《四库全书》本(清乾隆阁抄本及影印本),《学津讨原》本[清嘉庆十年(1805)张氏照旷阁刻本],《唐人说荟》本(清乾隆刻本、清道光刻本、清宣统石印本、民国石印本),以及《唐代丛书》本,《五朝小说》本,《广十四家小说》本,《古今说部丛书》本,《笔记小说大观》本等多种。另《历代小史》本为节本,仅一卷;《旧小说》本选其故事十三则;《绿窗女史》《古今说海》均选其《同昌公主外传》(《同昌公主传》)②。1927年上海商务印书馆《丛书集成初编》本以《学津讨原》本校刻较精,据以排印,此本中华书局1985年重印③。1958年中华书局上海编辑所排印本一说据《学津讨原》本,此说见周勋初《唐代笔记小说叙录》,收于2000年江苏古籍出版社《周勋初文集》④;一说据《稗海》本,此说见阳羡生点校本《杜阳杂编》,收于2000年上海古籍出版社《唐五代笔记小说大观》⑤,此本标明以1958年中华书局上海编辑所排印本为底本。笔者以为判识1958年中华书局上海编辑所排印本究竟以何为底本,应属必要,故对清嘉庆十年张氏照旷阁《学津讨原》本(下文称"学津")、明万历商濬刻清康熙振鹭堂重编补《稗海》本(下文称"稗海")及1958年中华书局上海编辑所排印本(下文称"中华")三者加以比较,略列其异同。

二

卷上,①"及□潼关……"。"学津"p1、"中华"p15均作"及迴潼关";

①中国古籍善本书目编辑委员会:《中国古籍善本书目·子部》,上海:上海古籍出版社,1994,第641页。

②中国古籍善本书目编辑委员会:《中国古籍善本书目·丛部》,上海:上海古籍出版社,1989,第26、60、94、193、201、208、422页。上海图书馆:《中国丛书综录·子目》,上海:上海古籍出版社,2007,第1050页。

③苏鹗:《杜阳杂编》,上海:商务印书馆,1927。苏鹗:《杜阳杂编》,北京:中华书局,1985。

④周勋初:《唐代笔记小说叙录》,载《周勋初文集》第5卷,南京:江苏古籍出版社,2000,第421页。

⑤上海古籍出版社:《唐五代笔记小说大观》,上海:上海古籍出版社,2000,第1370页。

"稗海"p1作"及廻潼关"。②"……遇牛方□"。"学津"p1、"中华"p15均作"遇牛方迴";"稗海"p1作"遇牛方廻"。③"……朕将□尔"。"学津"p1、"中华"p15均作"朕将迴尔";"稗海"p1作"朕将廻尔"。④"……胡呼胡呼□□□"。"学津"p1—2作"可柰何";"稗海" p1、"中华"p15均作"何柰何"。⑤"……高盛之义□"。"学津"p2作"高盛之义";"稗海"p2、"中华"p15均作"高盛之义也"。⑥"昨朕□尘……"。"学津"p2作"昨朕蒙尘";"稗海"p2、"中华"p15均作"昨朕蒙尘"。⑦"为琴瑟□则鬼神悲愁忭舞为弩□则箭出一千步为弓□则箭出五百步"。"学津"p3作"为琴瑟絃(玄字缺笔)则鬼神悲愁忭舞为弩絃(玄字缺笔)则箭出一千步为弓絃(玄字缺笔)则箭出五百步";"稗海"p3、"中华"p17均作"为琴瑟弦则鬼神悲愁忭舞为弩弦则箭出一千步为弓弦则箭出五百步"。⑧"……乃□然流涕……"。"学津"p4作"乃泫(玄字缺笔)然流涕";"稗海"p4、"中华"p17均作"乃泫然流涕"。⑨"大□中……"。"学津"p4作"大歴中";"稗海"p4、"中华"p17均作"大曆中"。⑩"……逐日□□□"。"学津"p2作"逐日而驰者";"稗海" p2、"中华"p16均作"逐日者"。⑪"……为儿时常为□宗器之"。"学津"p3作"为儿时常为元宗器之";"稗海"p3、"中华"p17均作"为儿时常为玄宗器之"。⑫"视之则出仙人玉女□鹤绛节之象……"。"学津"p3作"视之则出仙人玉女元鹤绛节之象";"稗海"p4、"中华"p17均作"视之则出仙人玉女云鹤绛节之象"。⑬"而更镂金玉水精为□盖流苏……"。"学津"p5作"而更镂金玉水精为幡盖流苏";"稗海"p5、"中华"p18均作"而更镂金玉水精为幡盖流苏"。⑭"由是上令三藏僧不空念天竺密语□□而退"。"学津"p5作"由是上令三藏僧不空念天竺密语千声而退";"稗海"p5—6、"中华"p19均作"由是上令三藏僧不空念天竺密语于口而退"。⑮"……虽镶之□金函石匮……"。"学津"p6、"稗海"p6均作"虽镶之于金函石匮";"中华"p19作"虽镶之金函石匮"。⑯"……以钱三十万□买之"。"学津"p6作"以钱三十万贯买之";"稗海"p6、"中华"p20均作"以钱三十万买之"。⑰"及朝恩将伏诛……"。"学津"p6"将伏"作双行小字;"稗海"p6、"中华"p20"将伏"均作正文大字。⑱"……而干似□竹……"。"学津"p6作"而干似枯竹";"稗海"p7、"中华"p20均作"而干似苦竹"。⑲"朝廷上下相蒙……”。“学津”p8 作“朝廷上下相彖”;“稗海”p8、“中华”p21 均作“朝廷上下相蒙”。⑳“载有龙□□拂……”。“学津”p9 作“载有龙髯紫拂”;“稗海”p9 缺 3 字“载□□□拂”;“中华”p22 作“载有龙须拂”。㉑“其褥出自□骊国……”。“学津”p9 作“其褥出自句骊国”;“稗海”p10、“中华”p23 均作“其褥出自勾骊国”。㉒“方知汉□帝……”。“学津”p9 作“方知汉成帝”;“稗海”p10、“中华”p23 均作“方知汉武帝”。㉓“……怠于□务”。“学津”p10 作“怠于庶务”;“稗海”p10 作“怠于庻务”;“中华”p23 作“怠于尘务”。㉔“……深□上意”。“学津”p10 作“深协上意”;“稗海”p11、“中华”p24 均作“深叶上意”。㉕“……□为玉屑和香稻以啗之”。“学津”p13、“稗海”p14 均作“常为玉屑和香稻以啗之”;“中华”p27 作“为玉屑和香稻以啗之”。㉖“又大□中……”。“学津”p13—14 作“又大歴中”;“稗海”p11、“中华”p24 均作“又大曆中”。㉗“……而□不辱其受献……”。“学津”p15、“稗海”p16 均作“而受不辱其受献”;“中华”p29 作“而绶不辱其受献”。㉘“……大者占地二三□”。“学津”p16、“中华”p30 均作“大者占地二三畝”;“稗海”p17 作“大者占地二三畆”。

卷中,①“……大□鸡卵……”。“学津”p1、“稗海”p1 均作“大于鸡卵”;“中华”p31 作“大如鸡卵”。②“……眉娘生而眉如□细长也”。“学津”p2、“稗海”p2 均作“眉娘生而眉如绿细长也”;“中华”p31 作“眉娘生而眉如线细长也”。③“……弟子将□……”。“学津”p3 作“弟子将葬”;“稗海”p3、“中华”p32 均作“弟子将葬”。④“是以进善□恶……”。“学津”p3 作“是以进善黜恶”;“稗海”p3、“中华”p33 均作“是以进善出恶”。⑤“……内给事张惟则自新罗使□……”。“学津”p4、“中华”p33 均作“内给事张惟则自新罗使迴”;“稗海”p3 作“内给事张惟则自新罗使廻”。⑥“□顾旧路……”。“学津”p4、“中华”p34 均作“迴顾旧路”;“稗海”p4 作“廻顾旧路”。⑦“……其□曰……”。“学津”p4、“稗海”p4 均作“其篆曰”;“中华”p34 作“其上曰”。⑧“时有处士伊祁□解……”。“学津”p5 作“时有处士伊祁元解”;“稗海”p5、“中华”p34 均作“时有处士伊祁玄解”。⑨“常游□青兖间……”。“学津”p5 作“常游歴青兖间”;“稗海”p5、“中华”p34 均作“常游歷青兖间”。⑩“而□解鲁朴……”。“学津”p5

作“而元解鲁朴”;“稗海”p5、“中华”p35 均作“而玄解鲁朴”。⑪“……□解曰……”。“学津”p5 作“元解曰”;“稗海”p5、“中华”p35 均作“玄解曰”。⑫“□解请上自采饵之……”。“学津”p6 作“元解请上自采饵之”;“稗海”p6、“中华”p35 均作“玄解请上自采饵之”。⑬“时□解方坐于上前……”。“学津”p6 作“时元解方坐于上前”;“稗海”p6、“中华”p35 均作“时玄解方坐于上前”。⑭“……□解曰……”。“学津”p6 作“元解曰”;“稗海”p6、“中华”p36 均作“玄解曰”。⑮“□解将还东海……”。“学津”p6 作“元解将还东海”;“稗海”p6、“中华”p36 均作“玄解将还东海”。⑯“……与□解观之……”。“学津”p6 作“与元解观之”;“稗海”p7、“中华”p36 均作“与玄解观之”。⑰“□解笑曰……”。“学津”p6 作“元解笑曰”;“稗海”p7、“中华”p36 均作“玄解笑曰”。⑱“……□解乘黄牝马过海矣”。“学津”p7 作“元解乘黄牝马过海矣”;“稗海”p7、“中华”p36 均作“玄解乘黄牝马过海矣”。⑲“…炊一升得饭一□……”。“学津”p8、“稗海”p8 均作“炊一升得饭一㪷、“中华”p37 作“炊一升得饭一斗”。⑳“上因中元日荐于□元皇帝……”。“学津”p8 作“上因中元日荐于元元皇帝”;“稗海”p8、“中华”p37 均作“上因中元日荐于玄元皇帝”。㉑“……则皆金玉也”。“学津”p8“则皆”作双行小字;“稗海”p9、“中华”p38“则皆”均作正文大字。㉒“夜则光起妆奁中”。“学津”p8“妆奁”作双行小字;“稗海”p9、“中华”p38“妆奁”均作正文大字。㉓“……睹金钱玉屑之内有□□将化为蝶者……”。“学津”p8 作“睹金钱玉屑之内有蠕蠕将化为蝶者”;“稗海”p9、“中华”p38 均作“睹金钱玉屑之内将有化为蝶者”。㉔“以关□置于腹内……”。“学津”p8 作“以关捩置于腹内”;“稗海”p9、“中华”p38 均作“以关戾置于腹内”。㉕“……所解□□……”。“学津”p9 作“所解何伎”;“稗海”p9、“中华”p39 均作“所解伎何”。㉖“敬宗皇帝宝□元年……”。“学津”p9 作“敬宗皇帝宝歴元年”;“稗海”p9、“中华”p39 均作“敬宗皇帝宝曆元年”。㉗“……观者皆□其目……”。“学津”p10 作“观者皆眩(玄字缺笔)其目”;“稗海”p10、“中华”p40 均作“观者皆眩其目”。㉘“宝□二年……”。“学津”p10 作“宝歴二年”;“稗海”p11、“中华”p40 均作“宝曆二年”。㉙“……上令内人藏之金屋宝帐□……”。“学津”p10 作“上令内人藏之金屋宝帐中”;“稗海”p11、“中华”p40 均作“上令内人藏之金屋宝帐”。㉚“……于百尺竿上张弓□五条……”。“学津”p11 作“于百尺竿上张弓弦(玄字缺笔)五条”;“稗海”p11、“中华”p40 均作“于百尺竿上张弓弦五条”。㉛“是时观者目□心怯”。“学津”p11 作“是时观者目眩(玄字缺笔)心怯”;“稗海”p11、“中华”p41 均作“是时观者目眩心怯”。㉜“……白居易求□珠赋谓之□祖”。“学津”p12 作“白居易求元珠赋谓之元祖”;“稗海”p12、“中华”p41 均作“白居易求玄珠赋谓之玄祖”。㉝“……□者如咽”。“学津”p12 作“含者如咽”;“稗海”p13、“中华”p42 均作“合者如咽”。㉞“……因以声□得为宫人”。“学津”p12 作“因以声律得为宫人”;“稗海”p13、“中华”p42 均作“因以声得为宫人”。㉟“遂命取□□连环系于玉彘之前足……”。“学津”p13 作“遂命取玻璨连环系于玉彘之前足”;“稗海”p14、“中华”p43 均作“遂命取颇梨连环系于玉彘之前足”。㊱“……而涯广自引□……”。“学津”p13 作“而涯广自引论”;“稗海”p14、“中华”p43 均作“而涯广自引谕”。㊲“……索米僦□”。“学津”p14、“稗海”p15 均作“索米僦舍”;“中华”p44 作“索米僦含”。㊳“……官□秘书郎”。“学津”p15 作“官歷秘书郎”;“稗海”p15、“中华”p45 均作“官歴秘书郎”。

卷下,①“复□降真台……”。“学津”p1 作“复脩降真台”;“稗海”p2、“中华”p46 均作“复修降真台”。②“……晶荧□耀……”。“学津”p1 作“晶荧炫(玄字缺笔)耀”;“稗海”p2、“中华”p46 均作“晶荧炫耀”。③“……则□□如在目前”。“学津”p3 作“则歷歷如在目前”;“稗海”p3、“中华”p47 均作“则歴歴如在目前”。④“洲□有久视山……”。“学津”p3 作“洲中有久视山”;“稗海”p3、“中华”p47 均作“洲上有久视山”。⑤“大中□……”。“学津”p5 作“大中初”;“稗海”p5、“中华”p50 均作“大中中”。⑥“……其酒□□而出……”。“学津”p6 作“其酒瀝瀝而出”;“稗海”p7、“中华”p51 均作“其酒瀝瀝而出”。⑦“……率皆□于上意”。“学津”p6—7 作“率皆协于上意”;“稗海”p7、“中华”p51 均作“率皆叶于上意”。⑧“……海□晏咸通”。“学津”p8、“稗海”p9 均作“海岳晏咸通”;“中华”p53 作“海岱晏咸通”。⑨“……类玳瑁□……”。“学津”p9 作“类玳瑁斑”;“稗海”p9 、“中华”p54 均作“类玳瑁班”。⑩“有□□金陵者……”。“学津”p10 作“有得之金陵者”;“稗海”p10 作“有金陵得者”；“中华”p55作“有金陵得之者”。⑪“……观者□惑其目”。“学津”p10作“观者眩（玄字缺笔）惑其目”；“稗海”p11、“中华”p55均作“观者眩惑其目”。⑫“旌旗珂珮兵士卤簿率□加等”。“学津”p12、“稗海”p13均作“旌旗珂珮兵士卤簿率多加等”；“中华”p57作“旌旗珂珮兵士卤簿率加等”。⑬“可及官□大将军……”。“学津”p13作“可及官歴大将军”；“稗海”p13、“中华”p57均作“可及官歴大将军”。⑭“左军容使西门季□素鲠直……”。“学津”p13作“左军容使西门季元素鲠直”；“稗海”p13、“中华”p57均作“左军容使西门季玄素鲠直”。⑮西门季□曰……”。“学津”p13作“西门季元曰”；“稗海”p14、“中华”p58均作“西门季玄曰”。⑯“一□讲座……”。“学津”p13作“一曰讲座”；“稗海”p14、“中华”p58均作“一为讲座”。⑰“……血流□地……”。“学津”p14、“稗海”p15均作“血流洒地”；“中华”p59作“血流满地”。⑱“……即设金花帐温清□……”。“学津”p15作“即设金花帐温清牀”；“稗海”p15 、“中华”p60均作“即设金花帐温清床”。

三

上列三者异同略计84处，卷上28处、卷中38处、卷下18处。避讳、异体、笔误、衍脱、写刻及通用习惯等各种情况均有。凡此84处，“学津”与“稗海”同者11处，“学津”与“中华”同者6处，三者各异者3处，而“稗海”与“中华”同者多达64处。尽管这64处同者未必能一一尽述其实，仅以此数字判识，似乎也有失深入，但笔者还是据此以为，1958年中华书局上海编辑所排印本以明万历商濬刻清康熙振鹭堂重编补《稗海》本为底本的可能远大于以清嘉庆十年张氏照旷阁《学津讨原》本为底本的可能。换句话说，笔者以为阳羡生先生是持论有据的。限于学力，单薄有余，详考细究，俟诸异日。①

①本文还参阅了邬宗玲《试论〈杜阳杂编〉的价值》，《乐山师范学院学报》2008年第4期；卞孝萱《晚唐小说与政治——从〈杜阳杂编〉等看“甘露之变”后的唐文宗》，《宁波大学学报》（人文科学版）2002年第2期。

明孤本财政册籍《山东经会录》补考

申 斌

(北京大学历史系)

《山东经会录》是明山东布政使司纂修的财政册籍,明隆庆五年(1571)十月刻本。该书册原为日本学者内藤湖南恭仁山庄旧藏,梁方仲访日期间曾经寓目并且征引过其中内容①;岩见宏曾撰文对该书进行专门介绍,概述了其内容和史料价值,并据其中所载公牍简要分析了一条鞭法的情况②。该书现藏于日本京都大学文学部图书馆。京都大学人文科学研究所汉字情报中心和北海道大学图书馆藏有影印本,不过人文科学研究所汉字情报中心藏影印本卷首有缺页。正文部分半面十行二十一字,白口,双鱼尾,四周双边。卷首为《山东等处承宣布政使司为开局会计以定一省经制事》的公移。正文依赋役项目分为税粮、均徭、里甲、驿传、马政、盐法六部分。每部分又分为横图、总额、因革、附录四个小部分。横图采用表的形式按照六府顺序依次记载各县的赋役细目,总额是隆庆四年(1570)全省和各府的赋役总记录,因革记载数额的调整及相关衙门公

①参见梁方仲《一条鞭法年表》,《梁方仲经济史论文集》,北京:中华书局,1989,第494页。梁方仲:《历代户籍、地籍、租约、赋役册诠释》,《梁方仲文集·中国社会经济史论》,北京:中华书局,2008,第49页。案:梁文作仁恭山庄,当为笔误。

②岩见宏:《关于〈山东经会录〉》,载岩见宏《明代徭役制度研究》,京都:同朋舍,1986,第317—342页。

文的摘要，附录补充因革部分语焉不详的内容以及尚未采纳实行的建议。笔者曾撰文介绍《山东经会录》概况，并分析其纂修经过①，但限于主题和篇幅，尚有若干于明代财政史不无价值的问题未及申述，今做补考，以为学界参考。

一、编纂背景与文献价值

明朝嘉靖、隆庆、万历时期出现的一条鞭法是自唐中叶两税法体制形成以来赋役、财政制度领域最深刻的变革。由于一条鞭法是因应着社会经济发展变化，自下而上的一种制度变革趋势，并非根据顶层设计自上而下的改革，因此制度变革过程并非单向线性推进，而是充满了尝试调整、反复曲折。每次赋役财政方针改变后各地司府州县衙门一般会编纂新的赋役会计册籍，记录改革中厘定的赋役项目、数额与征派原则，作为改革成果的记录和今后赋役征派工作的依据②。这类册籍不同于明初直接记录每个家户人丁事产情况的黄册和具体地块坐落的鱼鳞图册，它们主要是为官府内部的财务核算服务的，是带有财政计划性质的账簿。这些册籍无疑是考察明朝赋役制度与财政转型最重要的原始资料，但现存此类档案文献甚少，今将笔者管见所及的存世明代赋役册籍列表如次。

现存明代财政册籍简表

时代	名称	收藏、影印情况	编纂主持者	附注
嘉靖三十八至四十年（1559—1561）间	河南赋役总会文册	国家图书馆，《北京图书馆古籍珍本丛刊》第60册		十卷存一卷。按赋役项目编排。涵盖税粮、均徭、王府校厨等役、岁办、岁支、里甲、课程、驿传、杂用、军卫。

①申斌：《明代官文书结构解读与行政流程复原：以〈山东经会录〉的纂修为例》，《安徽师范大学学报》2016年第6期。

②参见梁方仲《一条鞭法》，载《梁方仲经济史论文集》，第34—89页。万明：《明代珍稀文书的回归：〈钦依两浙均平录〉》，《中国社会科学报》2012年第296期。

续表

时代	名称	收藏、影印情况	编纂主持者	附注
嘉靖三十九年（1560）之后	江西赋役纪	天一阁，《天一阁藏明代政书珍本丛刊》第8、9册		存十卷。先按府县、后按赋役项目编排。涵盖税粮、均徭、驿传、民兵。
嘉靖四十五年(1566)	钦依两浙均平录	日本尊经阁文库	庞尚鹏	不分卷。按府县编排。赋役项目仅限均平。
隆庆五年(1571)	山东经会录	日本京都大学文学部	王宗沐	十二卷。按赋役项目编排。涵盖税粮、均徭、里甲、驿传、马政、盐法。
万历九年(1581)	四川重刊赋役书册	国家图书馆，《北京图书馆古籍珍本丛刊》第60册	刘庠	二卷。先按地域，后按赋役项目编排。涵盖均徭、民快、里甲。
万历三十九年(1611)	江西赋役全书	台湾“国家图书馆”，《明代史籍汇刊》第25册	王应麟 李长庚	不分卷。按府县编排。各自开载户口田地山塘额数及派米、派银额数，税粮、四差分解各项。
万历四十三年(1615)	重订赋役成规	北京大学图书馆，《续修四库全书》第833册	熊尚文	不分卷。按扬州府总及其下属州县编排。先开载原额、减免、实征税粮条鞭银额，本色米额，然后分别开列税粮、条鞭各项细目。
万历四十八年（1620）或次年	赋役全书、徭里全书	北京故宫博物院图书馆	尹伸	《赋役全书》八卷，一次开载会计凡例、应增应减、田粮斗则、验派规则、本色起存岁用款项、折色起运、折色岁用存留款项、另项带征。《徭里全书》分别开列均徭、里甲两项。

续表

时代	名称	收藏、影印情况	编纂主持者	附注
泰昌元年(1620)	徽州府赋役全书	台湾“国家图书馆”,《明代史籍汇刊》第24册		不分卷。分别府县。各自开载户口人丁、田地山塘额数、共该银数、夏税秋粮、条鞭物料、徭费等项。

结合保存在地方志、地方性政书等文献中的财政册籍内容,我们可以约略将明代用于官府内部财政管理的册籍划分为四类。第一类是针对田赋、均徭等不同赋役项目而编纂的专项册籍,《钦依两浙均平录》即是这一类。第二类是以省等行政区域为范围,将不同赋役项目分类汇编而成的册籍,《山东经会录》即属此类。这两类册籍在全国范围内集中产生于嘉靖、隆庆时期。第三类是经过赋役合并改革后的册籍,万历时期的赋役全书属于此类。这类册籍的特征是前面开列户口人丁和田地山塘数额,其次开列应征总额(银、实物),再次开列赋役细目,有时还将派征则例单独开列。此类册籍中的赋役细目作用主要在于计算应征总额和分解支出,而户口人丁和田地山塘数额则扮演摊派应征税额的对象之角色。整个册籍结构体现了一条鞭法下“加总、摊派”的会计技术与选定作为摊派对象的数额(可以是田额、人丁额、税粮额)并加以固定的原额主义处理方式。第四类册籍产生稍晚,大约在万历末到崇祯时期。这类册籍基本因袭第三类册籍,唯一的变化是赋役细目的开列方式不再依照田赋、均徭、里甲、驿传、民壮等赋役项目分类,而是按照起解对象重新划分为:解部、解司、解府、存留等类别。这暗示着由于统一折银征收,一个赋役项目的内容或者说制度渊源对负责经征的州县衙门而言重要性下降,而明确州县衙门对其他不同衙门解拨责任(即州县对各起解对象的支出数额)则变得至关重要。这与明末经费膨胀背景下出现的改拨、抵支等册籍操作一起构成了明末册籍的特点。

二、财政册籍的缮写、刊刻方式与经费来源

关于明代财政册籍的具体缮写刊刻经过,少有史料记载。《山东经会

录》卷首所载公牍《山东等处承宣布政使司为开局会计以定一省经制事》中的一段材料，透露出一些具体情况，弥足珍贵。

> 其议过前项各款书册，该本司会同酌议更定，即应缮写，呈请所有合用纸札笔工等项，相应委官管理。查得济南府同知牛若愚在任，堪以督理，合无候呈允日，备行本官，将议过前项书册定本，督令省祭官商宗礼等拘选善书人役，在于空闲处所，如式攒造，一样二本，呈请两院鉴裁刊刻。其纸札笔工等项合用银两，听本官具数申请，本司于库贮香税银内动支给发，事毕将用过数目造册呈报。于本年七月二十七日具呈照详。

据此可知，在赋役数额等酌议更定之后，由专人（此处为归省祭祖的商宗礼）挑选擅长书写的“人役”在空闲处所“缮写”，一样二本，形成一个手写的定本。缮写成的两本册籍分别呈请两院（巡抚、巡按）鉴裁。在得到巡抚“依拟刊刻”的命令后，再正式刊刻成刻本，颁布所属衙门。缮写、刊刻所需的“纸札笔工等项”费用，另由专人（此处是济南府同知牛若愚）管理。负责官员根据实际开支报告，从布政使司库所贮香税银中支出。《山东经会录》每页版心下方均有刻工姓氏和刻字数，当是为计算工钱之用。

三、《山东经会录》的流传和使用情况

《山东经会录》在《明穆宗实录》中无相应记载，只有康熙《临海县志》在王宗沐传中记载他任山东布政使期间曾“编东省经制全书”①，当即指《山东经会录》。《明史·艺文志》《千顷堂书目》《四库全书总目》等目录中也未著录此书，仅清钱曾《钱遵王述古堂藏书目录》卷四著录有“山东经会录十二卷十二本”②。今人纂修的目录学著作，如《中国古籍善本书目》，王绍曾《山东文献书目》，杜信孚、杜同书《全明分省分县刻书考》中

①洪若皋：《（康熙）临海县志》卷7《人物志》，《中国方志丛书》华中地方第509号影印康熙二十二年（1683）序刊本，台北：成文出版社，1983，第2册第588页。

②钱曾：《钱遵王述古堂藏书目录》卷4，《中国著名藏书家书目汇刊（明清卷）》第16册影印清钱氏述古堂钞本，北京：商务印书馆，2005，第317页。

亦无著录。之所以如此,当与明清时期藏书观念有关。此类为行政实务编纂的册籍实属档案性质,不属藏书之对象,因而也容易散佚,今京大藏《山东经会录》遂成孤本。

罕见于记载和著录的《山东经会录》编成之后究竟是否发挥了作用呢?万历元年(1573)《兖州府志》卷二十六《民役》下有"(隆庆)五年(1571)山东左布政王宗沐经会录云"一条,据《山东经会录》征引了一份有关徭役改革的官文书①。明潍县人刘应节②在《赠韩鉴奏免东郡养马序》中提到:"山东养马之政,惟济兖东三府有之,不及青登莱者,山海之间,地多砂砾,不堪收种,且非京畿接壤,不便调遣,故不及于东三郡,此《山东经会录》所载也。"③由此可见,在万历时,《山东经会录》确被作为重要的典制依据为人征引。

四、纂修人员考与一条鞭法实行之政治背景

了解参与纂修《山东经会录》官员的履历、政治关系对我们理解该史料不无价值,而且透过对他们人际关系和履历的考察,还能使我们对一条鞭法相关的政治史背景有两点新认识。

1.梁梦龙

据卷首,时梁梦龙任巡抚山东等处地方兼督理营田都察院右佥都御使。梁梦龙,字干吉,号鸣泉,直隶真定人,嘉靖三十二年(1553)进士。三十四年(1555)十月由庶吉士授兵科给事中,三十四年升户科右,工科左,三十八年(1559)升吏科都,四十一年(1562)升顺天府丞,四十二年(1563)调河南副使。④ 隆庆四年(1570)二月丁卯擢右佥都御使,巡抚山

---

①朱泰、游季勋裁正,包大爟纂修《兖州府志》,《天一阁明代方志选刊续编》第55册影印万历元年刻本,上海:上海书店,1990,第15—16页。

②《明史》卷220《刘应节传》,北京:中华书局,1974,第5787—5789页。

③严有禧纂修(乾隆)《莱州府志》卷14,《中国地方志集成·山东府县志辑》第44册影印乾隆五年(1740)刻本,南京:凤凰出版社,2004,第327—328页。

④萧彦:《掖垣人鉴》卷14,《四库全书存目丛书》史部第259册,第307页。

东。① 隆庆五年(1571)十一月甲戌,迁右副都御使,移抚河南。② 国家图书馆藏有其文集《赐麟堂集》六卷,然其中并无《山东经会录》相关记载。

梁梦龙在山东巡抚任上,其首要事迹就是酌定赋役。这也是《山东经会录》的编纂背景。《大明穆宗庄皇帝实录》卷四十八载有“隆庆四年八月丙午巡抚山东都御史梁梦龙等条上赋役三事”,其具体内容为:

> 一正夏税秋粮之规。言税粮征收,载在律例甚明,倾行一条鞭法,同时并征,民力不堪,奸弊滋起,宜如旧例,以次第征解。一正分收分解之规。言往者编佥大户,分定仓口,近为一串铃法,总收分解,转移侵匿,常课益,宜复旧例,给大户收完,交纳司府,司府差类解。一正均徭原编之规。言料价银五万三千余两,乃均徭正额,今派入地亩,偏累农家,抛荒流徙,职此之故,亦宜仍旧,还均徭,各州县如数征解。户部覆奏从之。③

以反对一条鞭法著称的葛守礼曾撰有《与姜蒙泉中丞论田赋》④《与梁鸣泉中丞论赋役》⑤《与梁鸣泉中丞》⑥,向姜廷熙、梁梦龙备陈新法弊害与恢复旧法的必要。梁氏这一改革背后,葛守礼的意见起了相当作用当是无疑。而梁氏的改革也颇为葛守礼赞赏,在梁氏离职之时,葛守礼为其撰写《送中丞梁鸣泉擢抚河南序》,叙述了改革的背景,褒扬其功绩。葛序中称:

> 先是东土自国初来,地赋人差确有定额,官以是程督,民以是输办,父祖子孙相习,靡称不便。乃厌常者稍役聪明,以求治效,概数变更旧

①《明穆宗实录》卷42,第1071页。“隆庆四年二月丁卯,改河南布政使司右布政使梁梦龙为都察院右佥都御史督理营田巡抚山东。”

②《明穆宗实录》卷63,第1520页。“隆庆五年十一月甲戌升巡抚山东都察院右佥都御史梁梦龙为右副都御史巡抚河南。”

③《明穆宗实录》卷48,第1200—1201页。

④葛守礼:《葛端肃公文集》卷9,《四库全书存目丛书》集部第93册,第356—357页。

⑤葛守礼:《葛端肃公文集》卷9,第360—361页。

⑥葛守礼:《葛端肃公文集》卷9,第361—362页。

法,小民不知所守,滋益病,其最大者百需皆归于地。公曰以地论差,南方之宜也,以南政治北,譬诸饮食,如北人日啖虾蛤,有不病者鲜矣。令悉复国初之旧,民欢若更生。①

由此可知,梁梦龙认为南北情况不同,"以地论差"即以土地为依据编派差役的办法不适于北方,应该因地制宜厘定赋役,具体措施就是"复国初之旧"。

除了整理赋役之外,梁氏的政绩还在于:安置登州莱州的辽东流民②;"议通海运"等。隆庆五年黄河淤塞,梁梦龙采纳左布政使王宗沐的建议,试行海运③,并于九月当年上书皇帝正式提出这一建议。④ 得到批准后与王宗沐、潘允端三人共同负责此事。⑤ 获得成功后,三人均受优叙。⑥ 梁氏并将议论过程中奏议汇编为《海运新考》。⑦ 但海运最终因飓风导致运粮船失事而废止。⑧

梁梦龙乃是张居正的门生,极受张的重视。⑨ 钱谦益在为梁梦龙写的墓志铭中记载,在张居正任用的人员中,"少保真定梁公,其眉目也"⑩。

①葛守礼:《送中丞梁鸣泉擢抚河南序》,《葛端肃公文集》卷2,第286页。

②方象瑛:《明史分稿残编》,《明代传记资料丛刊》第1辑第40册,北京:北京图书馆出版社,2008,第173—184页。又见葛守礼《送中丞梁鸣泉擢抚河南序》,《葛端肃公文集》卷2,第286页。

③《明史》卷223《王宗沐传》,第5877页。

④《明穆宗实录》卷61,第1496页。"隆庆五年九月乙酉山东巡抚都御史梁梦龙等上海运议。"

⑤钱普:《海运新考后序》,《海运新考》,《四库全书存目丛书》史部第274册,第409—410页:"会上采给事御使奏,下之部,部复议,海运必从胶莱二州,故公所部地宜,以其事属公。"

⑥梁梦龙:《海运新考》卷下,《四库全书存目丛书》史部第274册,第408页;《明神宗实录》卷4,第139页。"隆庆六年(1572)八月丙辰以复海运功,升巡抚都御史梁梦龙、王宗沐各俸一级,赏银三十两,纻丝二表里,参政潘允瑞升一级,赏银十两。"

⑦关于《海运新考》的编纂情况,参见钱普《海运新考后序》,梁梦龙《海运新考》,《四库全书存目丛书》史部第274册,第409页。陈与郊:《海运新考序》,《隅园集》卷1第17页,《四库全书存目丛书》集部第160册,第364页。

⑧《明史》卷223《王宗沐传》,第5877页。

⑨《明史》卷225《梁梦龙传》,第5916页。"神宗初,张居正当国,梦龙其门下士,特爱之,召为户部右侍郎。"

⑩钱谦益:《柱国光禄大夫太子太保吏部尚书赠少保谥贞敏梁公墓志铭》,《牧斋有学集》卷28,《续修四库全书》第1391册,第271页。

梁梦龙是张居正的心腹无疑。此后梁在处理辽东军务方面颇有建树，仕途顺利。但是张居正过世后，梁氏的政治处境也转而困难，最后由于江东之、邓练、赵楷的弹劾，不得不致仕还乡。《明史·梁梦龙传》中如是载道：

> 十年(1582)六月，居正殁。吏部尚书王国光劾罢，梦龙代其位。逾月，御使江东之劾梦龙浼徐爵贿保得吏部，以孙女聘保弟为子妇，御史邓练、赵楷复劾之，遂令致仕。①

2.张士佩

张士佩，字文夫，陕西韩城人，嘉靖三十五年(1556)进士。② 隆庆间任巡按山东监察御使。③ “按山东，调停海运，安辑流移，尤加意官评。”后移山西参政。④

3.王宗沐

王宗沐，字新甫，号敬所，浙江临海人。⑤ 师事欧阳德。⑥ 嘉靖二十三年(1544)进士。嘉靖三十五年(1556)王氏督学江西时，曾厚遇邓以赞与张位。⑦ 后王逝世后，其子王士崧请求张位撰写王氏的墓志铭，请求邓以

---

①《明史》卷225《梁梦龙传》，第5915页。关于江东之参劾冯保、徐爵，闲及梁梦龙事，参见樊树志《晚明史》，上海：复旦大学出版社，2003年，第383—384页。钱谦益：《柱国光禄大夫太子太保吏部尚书赠少保谥贞敏梁公墓志铭》，《牧斋有学集》卷28，《续修四库全书》第1391册，第271页。“江陵既殁，言官追论无虚日，蜚语及公，公抗辨求去，三上乃得请。”可见梁之致仕，实乃政治斗争的结果。

②何出光、陈登云等撰，喻思恂续撰《兰台法鉴录》卷17，《北京图书馆古籍珍本丛刊》第16册，北京：北京图书馆出版社，2000，第454页。毕沅、傅应奎纂修《韩城县志》卷6《贤良》，《中国方志丛书》华北地方第547号，第330页。

③康熙《山东通志》卷24《职官志》，康熙十七年(1678)序刊本，第21页b。

④叶向高：《户部尚书起都察院右都御使总督仓场赠太子少保濾滨张公神道碑》，《苍霞续草》卷14，《四库禁毁书丛刊》集部125册，北京：北京出版社，2000，第201—203页。

⑤洪若皋纂修《(康熙)临海县志》卷7《人物志》，第584—591页。

⑥黄宗羲：《明儒学案》卷15“浙中王门学案五侍郎王敬所先生宗沐”条，北京：中华书局，1985，第315页。“先生师事欧阳南野。”《欧阳南野文集》即王宗沐所编。

⑦邓以赞：《通议大夫刑部左侍郎致仕敬所王先生行状》，《邓定宇文集》卷4，《四库全书存目丛书》第156册，第395—396页。“丙辰，复以副使视江右学政。……先生督学时，予洎今大学士洪阳张公最被遇。”

赞撰写行状。[1] 其《敬所王先生文集》的序也是由张位撰写的。[2] 王氏任山东左布政使起自隆庆四年九月丙寅[3],终于隆庆五年十月甲辰升任漕运总督,约十一个月。其在任期间主要事迹为:

一、编制《山东经会录》。《临海县志》记载他任职期间曾:"编东省经制全书,清各铺行税额。"[4]

二、试行海运。嘉靖四十四年(1565)黄河淤塞于徐沛,隆庆五年又淤塞于下邳,当时有人提议开胶莱新河,时任山东布政使司左布政使的王宗沐反对,而主张试行海运[5],并详考海运兴革,编写了《海运详考》[6]。王的想法得到巡抚梁梦龙的支持,命其以粟米进行试验,获得成功。梁梦龙遂将其意见上奏,得到了皇帝的认可。隆庆五年十月甲辰,王宗沐升任漕运总督,[7]翌年三月,王氏正式上奏海运方案,[8]并于当年七月试行海运

①邓以赞:《通议大夫刑部左侍郎致仕敬所王先生行状》,第395页。"其孤水部等持先生年表,将北走燕,请铭张公,而征予状。"

②张位:《刻敬所王先生文集序》,《敬所王先生文集·序》,《四库全书存目丛书》集部第111册,第1—3页。

③《明穆宗实录》卷49,第1213页。"隆庆四年九月丙寅朔起前广西左布政使王宗沐为山东左布政使。"

④洪若皋纂修《(康熙)临海县志》卷7《人物志》,第588页。

⑤李春芳:《海运详考序》,《李文定公贻安堂集》卷4,《四库全书存目丛书》集部第113册,第113页。陈文烛:《漕抚奏疏序》,《二酉园文集》卷1,《四库全书存目丛书》集部第139册,第19页。

⑥海运建议获得皇帝同意后,此书被海道笔峰陈君刊刻,李春芳为之作序。据李春芳《海运详考序》所载,此书应当撰成于试行海运之前,但邓以赞《通议大夫刑部左侍郎致仕敬所王先生行状》称"先生谓是非常之原,难以口舌之争,自疏请罢,犹上《海运详考》及《漕河指掌图》"。参见《邓定宇文集》卷4,《四库全书存目丛书》第156册,第394—400页。抑或是《海运详考》成书在试行海运之前,而上呈皇帝在试行海运之后。

⑦李春芳《海运详考序》:"王公……遂详考海运……守臣上其议,天子以为是。"《明穆宗实录》卷61,第1496页。"隆庆五年九月乙酉,山东巡抚都御史梁梦龙等上海运议。"据此守臣当指梁梦龙。陈文烛:《漕抚奏疏序》中言"先生谓大海可航也,事闻于朝,上奇而试之",第19页。又邓以赞:《通议大夫刑部左侍郎致仕敬所王先生行状》,中载:"因条海运机宜上中丞梁公,梁然忻然曰,社稷至计,不图今日从王先生得之。命以粟试行,直达无壅,于是当事者知先生力可办漕。即山东拜右副都御使,总制河漕。"第397页。《明穆宗实录》卷62,第1504页。"升山东布政使司左布政使王宗沐为都察院右副都御使总督漕运兼提督军务巡抚凤阳等处。"

⑧《明穆宗实录》卷68,第1637—1642页。

获得成功,①因此王宗沐、梁梦龙、潘允端均受到升赏。② 然而不久,南京户科给事中张焕疏称海运中有八只船漂没,而王宗沐隐瞒了这一情况。而后,王宗沐也上疏为自己作了辩驳。隆庆六年十月户部商议决定:“万历元年为始,海运止以十二万为则,候数年之外,另行裁酌。”③十一月王宗沐再一次上疏辩解并且请求回籍,但未被批准。④ 此事在当时似乎并未对王的仕途造成实际影响,他不久升任刑部左侍郎。⑤ 王宗沐的仕途最终结束于万历九年(1581)。当年二月,王宗沐因被弹劾而致仕,⑥原因在于他与张居正的不和。邓以攒《行状》记载称:“辛巳大计,持论之臣以意逢执政,多及睚眦之郄,虽以先生不免焉。”⑦可见其致仕实乃科道官逢迎执政即张居正(按辛巳为万历九年,首辅为张居正)的结果。其实张王二人不睦由来已久,王氏担任刑部左侍郎时曾因一名官员的定罪问题与张居正意见相左致怨。⑧ 而在此之前,在海运问题上,王宗沐可能跟张居正已经心生嫌隙,当时张居正赞同刘应节开胶莱河的主张,而王宗沐则力

①《明神宗实录》卷3,第71页。“隆庆六年七月丙戌,总督漕运都御史王宗沐奏报海运抵岸。”

②《明神宗实录》卷4,第139页。“隆庆六年八月丙辰,以复海运功,升巡抚都御史梁梦龙、王宗沐各俸一级,赏银三十两,纻丝二表里,参政潘允瑞升一级,赏银十两,把总运官亦特加升赏,以示鼓舞。”

③《明神宗实录》卷6,第212—214页。又据陈文烛《漕抚奏疏序》中言万历元年亦曾河海交运。载氏著《二酉园文集》卷1,《四库全书存目丛书》集部第139册,第19页。又《明神宗实录》卷4,第153—154页。“隆庆六年八月丁卯,大理寺卿陈一松、总督漕运都御史王宗沐、巡抚河南都御史梁梦龙各自陈乞罢,不允。”疑梁、王乞罢的原因与张焕的奏报有关。

④《明神宗实录》卷7,第265页。“隆庆六年十一月甲辰,漕运总督王宗沐奏辩海运漂没事,乞回籍听勘。户部以漕运在迩,请敕宗沐矢心任事,仍照原议,习熟海道,备一时权宜之计。从之。”

⑤《明神宗实录》卷43,第965页。“万历三年十月己巳,升总督漕运巡抚凤阳地方兵部右侍郎王宗沐为刑部左侍郎。”

⑥《明神宗实录》卷109,第2096页。“万历九年二月丁未,给事中秦耀御史钱岱等以考察拾遗论劾……刑部左侍郎王宗沐原任听调……既而南京科道外吴管、杨际熙等复纠逢时、宗沐、嗣功、尧臣、东莱及侍郎胡执礼等宜罢。……得旨……王宗沐……致仕。”

⑦邓以赞:《通议大夫刑部左侍郎致仕敬所王先生行状》,《邓定宇文集》,第398页。

⑧洪若皋纂修《(康熙)临海县志》卷7《人物志》,第590—591页:“佐司寇时,江陵擅权,侍郎刘□□论获罪下狱。先生草爰书调护保全。江陵怨□□巳计察嗾言官拾遗,遂告休。”

驳不可。[①] 刘应节恰又与张居正的门下诸人过从甚密。[②] 因此茅坤在《祭王敬所少司寇文》中评价说："是故翱翔王途，驰骋当世，仅及新政相公，五七年间耳，其他若华亭则窘而系之于肃朝之时，而江陵则又忌且摧之于今上之始。"[③]即王宗沐仅是在新政（高拱）担任首辅时（隆庆五年五月至六年六月）得以施展才华，而嘉靖朝华亭（徐阶）执政时（嘉靖四十一年五月到隆庆二年七月）则不得施展，张居正执政时更是受到打击。由此可见王氏政治处境一斑。

4.吴文华

吴文华，字子彬，号容所，福州府连江人，嘉靖三十五年成进士，隆庆三年十一月晋山东参政[④]，得到巡抚梁梦龙的赏识与推荐，[⑤]五年正月晋按察使[⑥]，十月升任江西右布政使。[⑦] 吴赴任江西后，在处理赋役问题上颇有作为[⑧]，推测起来，在山东参与编纂《山东经会录》对其影响颇大，时人称其名声日高，"业日峻"。[⑨] 但是吴与张居正之间也不是很融洽。因

①《明史》卷220《刘应节传》，第5789页："初，王宗沐建议海运，应节与工部侍郎徐栻请开胶莱河，张居正力主之。用栻兼佥都御史以往，议凿山引泉，计费百万。议者争驳之。召栻还，罢其役。"

②《明史》卷212《戚继光传》，第5616页。"当国大臣徐偕、高拱、张居正先后倚任之。居正尤事与商确。……诸督抚大臣如谭纶、刘应节、梁梦龙辈，咸与善。"

③茅坤：《祭王敬所少司寇文》，《茅鹿门先生文集》卷27，《续修四库全书》第1345册，第91页。

④《明穆宗实录》卷39，第968页。"隆庆三年十一月壬申升广西按察司副使吴文华为山东布政司参政。"

⑤叶向高：《容所吴公行状》，《苍霞草》卷13，《四库禁毁书辑刊》集部第124册，第332页。"中丞真定梁公服公干局，特疏荐诸朝。"

⑥《明穆宗实录》卷53，第1323页。"隆庆五年正月戊子升山东右参政吴文华俱为按察司按察使。"

⑦《明穆宗实录》卷62，第1506页。"隆庆五年十月戊申升山东按察司按察使吴文华为江西布政使司右布政使。"按此处与黄凤翔《资政大夫南京兵部尚书赠太子少保容所吴公墓志铭》记载不同。参见黄凤翔《田亭草》卷14，《续修四库全书》第1356册，第262页。"乙丑晋四川参议，明年晋广西提学副使，居三载，晋山东参政，踰年，晋按察使，仍山东，又居三载，晋江西右布政使。"

⑧叶向高：《容所吴公行状》，《苍霞草》卷13，第332页。"随晋江西右布政使，厘正赋役十余事，众咸便之。"黄凤翔：《资政大夫南京兵部尚书赠太子少保容所吴公墓志铭》，《田亭草》卷14，第263页。"其在山东江西也，督储清戎，课吏折狱，厘正赋役，所措施，人人称便。"

⑨郭子章：《督府吴小江先生寿序》，《蠙衣生粤草》卷3，《四库全书存目丛书》第154册，第516页。

为不被张居正所认可,吴文华在万历三年九月出任广西巡抚。[①] 吴的好友郭子章在献给吴氏的寿序中就直接说他是“以不能于故相,出抚越西”[②],在任期间,吴设计攻占征剿广西瑶民,张居正想将功劳归于自己的亲信凌云翼而不能,就减少对吴的赏赐。[③] 万历七年六月吴升任户部右侍郎,但以母亲年老为由乞求归乡,得到了准许。[④] 当时正值万历五年九月张居正夺情事件之后,张居正极为厌恶有人提出归养之类请求,毫无疑问吴文华此举再次触犯了张居正。[⑤] 万历十一年吴文华再次出仕,此时张居正已经逝世。[⑥] 有文集《济美堂集》,收入《四库全书存目丛书》集部第131册。《容所吴公行状》评价说:“当江陵败,公卿在位者,十九波及,独公先事引去,不入国门。”[⑦]

5.刘孝

刘孝,字子仁,号遂渠,河南安阳人。隆庆戊辰进士。为东兖道时,河槽淤塞,孝请行海运之法。[⑧] 隆庆四年十一月至隆庆六年正月间任山东

---

①《明神宗实录》卷42,第956页。“万历三年九月癸丑,以应天府府尹吴文华巡抚广西都察院右副都御史。”

②郭子章:《督府吴小江先生寿序》,《蠙衣生粤草》卷3,第517页。

③叶向高:《容所吴公行状》,《苍霞草》卷13,第332页。“其后北三功尤奇……而督府某者(按:即两广总督凌云翼),相国(按:即张居正)私人也……相国欲以为督府功,度不可,乃薄其赏。”《明神宗实录》卷77,第1653页。“万历六年七月丙辰,广西汉土官兵征剿过河池、咘咳、北三等徭贼。”

④《明神宗实录》卷88,第1826页。“万历七年六月甲午,新升户部右侍郎吴文华以母疾疏乞终养,许之。”

⑤叶向高《容所吴公行状》记载道“时相国方夺情,诸言省侍归养者皆恶闻,缙绅相戒,无敢启口。公独触忌不顾,时论韪之”,第333页。同样的记载也见于过庭训《本朝分省人物考》卷70,《吴文华》,《续修四库全书》第535册,第148页;郭子章:《督府吴小江先生寿序》,《蠙衣生粤草》卷3,第517页。

⑥《明神宗实录》卷132,第2465页。“万历十一年正月壬午,起原任户部右侍郎吴文华为兵部右侍郎兼都察院右佥都御史巡抚广西。”

⑦叶向高:《容所吴公行状》,第335页。

⑧康熙《山东通志》卷24《职官志》,第35页b;嘉庆《安阳县志》卷19《人物志》,《中国方志丛书》华北地方第108号,第490页。

布政司左参政。①

6.**龙光**

龙光，布政司左参政，攸县人，由进士隆庆间任。②

7.**宋守约**

宋守约，长治人，进士，隆庆五年正月任布政司右参议。③

8.**周鉴**

周鉴，萍乡人，按察司副使提学。④ 字孔明，正统乙丑进士，选授监察御使，出按江西。⑤ 梁梦龙曾节取历代史书篇章编为《史要编》十卷，并将此书的校对事宜托付周鉴。⑥

9.**李汶**

李汶，字宗齐，号次溪，任丘人，嘉靖四十一年进士。按察司副使驿传。⑦

10.**刘庠**

刘庠，钟祥人，按察司副使河道。⑧

11.**潘允端**

潘允端，字仲履，号充庵，上海县人，嘉靖四十一年进士，任山东布政使司参议、按察司副使分巡海右兼管青州兵备道。颇得梁梦龙、王宗沐的

①《明穆宗实录》卷51，第1273页。"隆庆四年十一月庚午升吏部验封司郎中刘孝为山东布政司左参政"；《明穆宗实录》卷65，第1573页。"隆庆六年正月癸未，改山东布政司布参政刘孝总部京粮，给皇亲锦衣卫带俸正千户魏咏秦奉李奈刘贤董雄马越等各庄田三十顷，从其请乞也。"

②康熙《山东通志》卷24《职官志》，第35页。

③康熙《山东通志》卷24《职官志》，第42页。《明穆宗实录》卷53，第1319页。"隆庆五年正月癸未山东佥事宋守约俱为布政使司右参议。"

④康熙《山东通志》卷24《职官志》，第54页b。

⑤焦竑：《山东按察使周公鉴传》，《国朝献征录》卷95，《续修四库全书》，第385页。

⑥梁梦龙：《刻史要编叙》，《史要编》，《四库全书存目丛书》史部第138册，第453页。"余拊巡山东，讬学宪周君（按：当为按察司副使提学周鉴）督儒学师生杂校之，未竟有河南之命，携至会省。"

⑦叶向高：《李公墓志铭》，《苍霞续草》卷2，《四库禁毁书辑刊》集部第125册，第117—120页。

⑧康熙《山东通志》卷24《职官志》，第55页a。

赏识,曾与梁、王一同试行海运,因梁氏等推荐升任右参政。① "而公以杰才蒙妒,中厥不复,竟以方伯终于家。"②

12.临清兵备道副使王宗舜

王宗舜,字用中,山西闻喜县人,嘉靖三十二年进士,四十五年由河南道御使丁忧,改补浙江道,隆庆元年巡按应天,六年升河南参议,累升陕西参政致仕。③

13.巡查海道副使郭文和

郭文和,曲阳人。④

14.曹濮兵备道副使何子寿

何子寿,交城人。⑤

15.分巡济南道佥事高克谦

高克谦 ,山阴人。⑥

16.东兖道佥事谢东阳

谢东阳,四川保宁所人。⑦

17.武定兵备道佥事甄敬

甄敬,字子一,山西平定州人,嘉靖三十二年进士,三十五年由大名知县选福建道御使,三十七年巡按陕西,三十九年巡按淮阳,升山东佥事,累升陕西行太仆寺少卿,卒。⑧

---

①申时行:《中奉大夫四川布政使司右布政使潘公墓志铭》,《赐闲堂集》卷31,《四库全书存目丛书》集部第134册,第644—646页。"临海王公宗沐尝与公论海运事,奇其才。"《明穆宗实录》卷62,第1505页。"隆庆五年十月丙午,升山东按察司副使潘允端为本布政使司右参政,仍兼原职。以抚按官梁梦龙等疏荐也。"

②申时行:《中奉大夫四川布政使司右布政使潘公墓志铭》,《赐闲堂集》卷31,第15页。

③何出光、陈登云等撰,喻思恂续撰《兰台法鉴录》卷17,《北京图书馆古籍珍本丛刊》第16册,北京:书目文献出版社,1990,第455页。

④康熙《山东通志》卷24《职官志》,第55页a。

⑤同上。

⑥康熙《山东通志》卷24《职官志》,第64页b。

⑦同上。

⑧何出光、陈登云等撰,喻思恂续撰《兰台法鉴录》卷17,第440页。

18.沂州兵备道佥事叶宪

叶宪,南昌人,进士。[①]

19.济南府推官周于德

周于德,字贞吉,河南祥符县人,隆庆二年进士,五年由济南府推官选江西道御使,万历元年巡盐两淮,升江西佥事,累升山西参政,二十三年外察闲住(指免去官职,在家闲居)。[②]

20.兖州府推官景嵩

景嵩,字□□□□前卫人[③]

21.东昌府推官钱普

钱普,无锡进士隆庆二年任,隆庆五年离任。[④]

22.青州府推官张集

张集,兴邑举人,青州府推官。[⑤]

23.掖县知县赵钦汤

赵钦汤,字新盘,解州人,隆庆二年进士。隆庆三年至万历元年任掖县知县。[⑥] "公初为掖令,知民所苦在驿传,首为平繇,比要丁口……擢户部主事。"[⑦]

由上述分析可见,梁梦龙与王宗沐在隆庆四年、五年的山东政局中乃是关键人物,他们不但主持了改订赋役、整备海运等事项,而且还举荐了一批官员,政治活动频繁。由此我们可以推断《山东经会录》的编纂也是在他们两人推动下完成的。《山东经会录》要处理的是当时各地都在普

①康熙《山东通志》卷24《职官志》。

②顺治《祥符县志》卷4,隆庆戊辰科进士,第7页a。

③何出光、陈登云等撰,喻思恂续撰《兰台法鉴录》卷18,第486页。

④嵩山修,谢香开纂《(嘉庆)东昌府志》卷15《职官》,《中国地方志集成·山东地方志辑》第87册,第230页。

⑤毛永柏修,李图纂《(咸丰)青州府志》卷10,《中国地方志集成·山东地方志辑》第31册,第2页。

⑥《(乾隆)掖县志》卷3《职官志》,《中国地方志集成·山东地方志辑》第45册,第7页。

⑦李维桢:《南京户部右侍郎赠户部尚书赵公墓志铭》,《大泌山房文集》卷78,《四库全书存目丛书》集部第152册。

遍进行的赋役改革问题,由此也让直接参与编撰者积累了重要的经验和政治资本,那些参与编纂的人员后来在其他地区任职时,也多有进行厘正赋役的活动。由此可以推想,官员迁转或许是当时赋役制度改革扩展的一个原因。

在目前关于一条鞭法改革的政治史论述中,一般将张居正作为支持一条鞭法的一方,而将葛守礼等反对一条鞭法的作为另一方①。但事实上,没有资料表明张居正对一条鞭法持明确观点。一条鞭法本身作为起于基层的改革方法,始终未成为国家定制,也自然不存在自上而下推行的过程。而前述人物关系的考述显示,《山东经会录》纂修本身其实乃是“复国初之旧”或者说反对“一条鞭法”的产物,其推行者王宗沐固然与张居正存在派系差异,但本次“酌定赋役”最终裁决者梁梦龙却是张居正的嫡系。梁氏虽是张居正门生,但此次改革却明显受到葛守礼观点的影响。这提示我们,在具体的政治实践中,支持一条鞭法还是主张复旧法这一政治主张的差异不一定必然地与政治派系、人脉关系挂钩。

①韦庆远:《张居正和明代中后期政局》,广州:广东高等教育出版社,1999,第623—625页。

嘉业堂影刻《三国志》所据底本考辨

刘奉文

（东北师范大学图书馆）

刘氏嘉业堂为晚清四大藏书楼之一，所藏经、史、子、集四部文献甚丰，并择其善本校刻，辑刻有《嘉业堂丛书》《求恕斋丛书》《吴兴丛书》等。嘉业堂收藏史部书，以所谓宋版"四史"为最佳，刘承幹也最得意。聊城杨氏海源阁藏有宋版四经、四史，号为"四经四史之斋"。刘承幹也不示弱，其《三国志跋》云：

> 余曩刻《史记》、前后《汉》，颇欲觅斯志佳本，足成四史。搜访既久，始获是帙。刊正通行本谬误，悉符所见宋刻，而行款并刻工姓名，与适园藏本无异，惟点画波磔较圆活刚劲。谛审再四，知为元椠祖本，真为天水朝所刻无疑，惟《吴书》中偶有缺卷，用南雍本补之，有遗憾耳。乃以巨价购归插架，并属手民陶子麟精摹入梓。昔聊城杨氏得是志，以"四经四史"名斋。余所藏甲部，未足与竞而已，乙部尚有宋椠宋印《宋书》《魏书》、欧阳文忠《唐书》，诚足傲睨海源主人矣。

大有"炫富"之意。此似乎是很多藏书家的"通病"。不过，合了古人"问富以书对，求田有砚存"的观念，也无可厚非。刘氏嘉业堂所藏"四史"，一为所谓蜀大字本《史记》，一为白鹭洲书院刻本《汉书》，一为一经堂本

《后汉书》,一为所谓“大字监本”《三国志》[①]。刘氏亦于嘉业堂中辟“宋四史斋”珍藏之,并有影刻之举。[②]

嘉业堂四史入藏的时间有先后,其影刻工作也是如此,刘承幹的《三国志跋》已经告诉了我们,四史中《三国志》获得最晚,因此影刻也在最后,这使人容易联想起明末清初毛晋刻《十七史》,最后刻的也是《三国志》。据《中国丛书综录》著录,《史记》底本为“宋蜀大字本”,影刊于民国八年(1919),《汉书》底本为宋嘉定十七年(1224)白鹭洲书院本,影刊于民国九年(1920),《后汉书》底本为宋嘉定元年一经堂本,影刊于民国十年(1921),《三国志》底本为宋本,影刊于民国十七年(1928)。据郑伟章《叶菊裳先生年谱》[③],民国五年(1916)五月十六日,“(叶昌炽)自苏州赴上海,馆于爱文义路84号刘承幹家,为之校刻宋版四史。其先,刘承幹延陶子麟刻仿宋四史……先生谓刘氏,既花大笔财产刊刻此书,应该进行认真校雠,附以校勘记。刘氏采纳了先生意见,即聘先生为之撰校勘记。先生在其家除校四史外,还为之鉴别、购藏古籍,尤以鉴别卢址抱经楼书为大宗。自六月初八起,始以校《史记》为日课。”叶氏卒于民国六年九月,《史记》并未校完,校勘记为绝笔,手稿后为王大隆欣夫先生所得,见著录于《蛾术轩箧存善本书录》,称叶昌炽、杜肇纶撰,则杜为续成者。

一、刘氏嘉业堂影刻《三国志》底本为元刻本考

关于刘氏搜访所得《三国志》,即嘉业堂影刻“四史”之一的《三国志》底本,刘承幹认为是宋版,所谓“真为天水朝所刻无疑”,而且是“元椠祖本”。此本的版刻年代不但关系到嘉业堂影刻《三国志》的版本源流和版本价值,也关系到宋、元版《三国志》的流传及著录问题。

笔者经过考察各家著录和影刻《三国志》的实际情况,认为嘉业堂原藏、影刻《三国志》的底本应该著录为元大德池州路儒学刻本,即元本,而非宋本。

①郑伟章:《叶菊裳先生年谱》,《津图学刊》1993年第3、4期,1994年第1期。

②苏精:《近代藏书三十家》,北京:中华书局,2009年,第228页。

③郑伟章:《书林丛考》(增订本),长沙:岳麓书社2008年,第391页。

(一)行款格式与元刻本一致

吉林大学图书馆藏嘉业堂影刻本一部,朱孝臧题书名“三国志”,副页并题“戊辰季秋吴兴刘氏嘉业堂景宋本”两行。戊辰为民国十七年(1928),为刘氏影刊成书之年份。刘氏《三国志跋》则写于民国十五年(1926),岁在丙寅清明节,后发表于《青鹤》杂志1933年1卷8号。影刻本目录亦分上、中、下,分别冠于三志之首。正文每半页十行,行二十二字,注文小字双行行字同。四周双边,小黑口,三鱼尾,版心下有刻工姓名。小题在上,中题某书,下题国志几,与现存元刻残本及著录的元刻本全同,而与传世宋刻皆不相同。

(二)根据刻工

刻工可见“宋宰”“刘”“程德父”“吴”“必”“徐”等等,基本不出见于著录的元大德刻本刻工之外,与台湾《“国家图书馆”善本书志》著录所藏元大德本刻工基本一致。如果按照刘承幹的说法,此本既是宋刻,其与元刻刻工不当全同,若是元翻宋版,可能刻工照刻,但宋版刻工决不能完全同于元版刻工,当然,如果前后时间相距不大,有部分刻工重复,还是可能的,如两个朝代交替之际,刻工可能一直在世,但要看其时间跨度大小而定。

(三)根据字体

刘承幹谓“行款并刻工姓名,与适园藏本无异,惟点画波磔较圆活刚劲”。所谓“适园藏本”,即元大德本也,刘氏所谓字体“点画波磔较圆活刚劲”,符合传世元刻本风格,而刘氏影刻本虽然有意仿宋,对字体有所“加工”,却也未出元刻左右。

(四)根据著录

刘氏在《三国志跋》中列举了《三国志》的宋元刻本,有关的为所谓“吾乡适园张石铭观察藏有元本,每半页十行,每行大小字俱二十二,首尾题识暨目录一如宋刻,亦分标纪传等名”者。按张石铭即张钧衡(1872—1927),字石铭,号适园主人,近代藏书家,浙江吴兴人。藏书情况见所著《适园藏书志》。《适园藏书志》卷第三史部一“正史类”著录《三国志》六十五卷，为“元池州本配宋衢州本”：

> 此本元大德刊本，每半页十行行二十二字，大、小字同，高七寸四分，广五寸三分，白口，双边，上有字数，下间有刻工名。后配二册，是宋刊，行数同，字数大十九字，小二十三字，高六寸八分，广四寸九分，有“修职郎衢州录事参军蔡宙校正兼镂版，右迪功郎衢州州学教授陆俊民校正”衔名二行，后补版亦甚多。《三国志》宋刻止海源阁有十行十八字本，皕宋楼有衢州本，松江韩氏有小字十三行本，余无所见，持静斋作疑辞，元刻配宋刊均有补版，不必疑也。收藏有“留耕堂藏”朱文方印，“泰峰”朱文、“郁印松年”白文两方印。

张氏适园藏本今在台湾“中央图书馆”，见著录于台湾《“国家图书馆”善本书志初稿》史部。[①] 刘承幹藏书见于《嘉业堂藏书志》及《吴兴刘氏嘉业堂善本书景》（后文简称《书影》）[②]著录。《嘉业堂藏书志》著录为：“半页十行，行大、小俱二十二字。线口，四周双边。目录分上、中、下，冠各志首，每卷首行，篇目在上，阅三格题某书，又阅三格题国志几，末行同。中缝鱼尾下题某志几，上记字数，下列刻工姓氏。”[③]亦是元刻本的行款格式。但又说“若元大德本，更自桧以下矣”，显然不认为此本为元大德本。按此稿为董康所撰，虽非刘承幹自撰，但与刘所写《跋》意见一致。在刘《跋》和董《志》中，提到了所谓咸平《吴书》，绍兴、绍熙及元本，对自己所藏本，刘承幹不但认为是宋刻本，而且还认为是出于各本之外的绍熙以前的刻本，为绍熙建刻本之源：“此本爽朗悦目，避讳虽未谨严，而字体遒美，纸墨精良，实导建本之先河。尝取绍熙刻与此本校，绍熙本之异于通常本者，均与此本相合，是刻于绍熙之前无疑。”并见《嘉业堂藏书志》。但是，从刘《跋》知道，似乎将绍兴本与绍熙本混为一谈，如云“次为绍兴衢州本，商务印书馆涵芬楼《魏书》一种，每半页十行，大字十八，小字二十三。日本宫内省图书寮亦有之，而缺《魏书》之首三卷”。其实日本宫内省图

①该馆1997年排印本。

②北京图书馆出版社2003年影印《珍稀古籍书影丛刊》之四。

③刘承幹著，吴格点校《嘉业堂藏书志》，上海：复旦大学出版社，1997，第192页。

书寮所藏本即百衲本所收者,亦即绍熙本也,其前三卷据商务印书馆涵芬楼所藏绍兴本前三卷补之。《书影》著录《三国志》两部,据《目录》,一部为宋刊本,一本为"南雍三朝本二十一史"。其著录为宋刊本者,收书影 2 页,为《魏书》卷第一《武帝纪》第 1 页两面,《书影》第 125、126 页,可见"宋氏图书"朱文方印,即现藏于台湾"中央图书馆"、著录为元大德丙午池州路儒学刊本《三国志》,见后文。其著录为"南雍三朝本二十一史"者,见《书影》第 201 页、202 页、203 页、204 页,即所谓宋衢州州学刊元明递修本。第 203 页、204 页为大德丙午朱天锡跋,不知因何系于衢州本之后。

二、刘氏嘉业堂藏本的流传及归宿

嘉业堂影刻《三国志》的底本即见于《嘉业堂藏书志》著录者,但著录为宋刻本而已。

此本苏精《近代藏书三十家》称为"大字监本" ,又称得自于费念慈后人,不知何据。据《嘉业堂藏书志》著录,此本曾经明代藏书家朱大韶收藏。钤有"石史""华亭朱氏""横经阁收藏图籍印"等印。按朱大韶,字象元,号文石。明松江华亭人。嘉靖二十六年(1547)进士。又有"宋氏图书"一印,不知为何人。此本后来散出,归王文进文禄堂,见著录于傅增湘《藏园群书经眼录》、王文进《文禄堂访书记》。傅增湘著录为"元大德九路本":"此帙配入宋衢州本数卷,旧藏刘翰怡承幹家。翰怡刻古本《四史》即用此本。旋归于刘惠之,今又自惠之家散出矣。(辛巳十二月十三日文禄堂取阅)。"辛巳为民国三十年(1941)。刘惠之当是刘体智,惠之又作晦之,则此本从刘承幹处散出,先归刘体智,又散出,归王文进,傅从王文进文禄堂借阅,并著录。王文进《文禄堂访书记》①亦著录云:

> 又元大德九路刻本,半页十行,行二十二字,注双行,线口,板心上记字数,下记刊工姓名"王百川","张椿年刊","刘宗辉","朱可山","吴郁","文元"。

①王文进:《文禄堂访书记》,《中国历代书目题跋丛书》本,上海:上海古籍出版社,2007。

《吴志》卷十二至十五，宋衢州本，板心下记刊工姓名……元补刊线口，上记字数，刊工姓名“宗二”，“王元”。有朱文“石史”，“华亭朱氏”，“横经阁考藏”，“吴兴刘氏嘉业堂藏”印。

可见此本即嘉业堂旧藏本，而且是嘉业堂影刻《三国志》底本，而傅增湘与王文进均“降级”著录为元大德九路本，并见收录于《文禄堂书影》。①此本今藏台湾汉学研究中心，台湾《“国家图书馆”善本书志初稿》著录为“元大德丙午(十年，1306)池州路儒学刊本”，四十册。钤有“吴兴刘氏嘉业堂藏”及上述各家藏印，之外还有刘世珩(1875—1926)及蒋祖诒的藏书印，刘氏藏书印有“刘世珩观”“葱石读书记”等，蒋氏藏印有“蒋祖诒读书记”“乌程蒋祖诒藏”“穀孙校读”等，知此本最后由文禄堂归了蒋氏密韵楼，并由蒋祖诒携往台湾，最后归台湾汉学研究中心的。在此之前，或云刘承幹将所藏四史等售予了潘明训宝礼堂，查《宝礼堂宋本书录》，只著录《三国志残本》七册，松江韩氏旧藏残宋本《魏志》九卷，今藏国家图书馆，由宝礼堂主人捐赠者。

日本学者阿部隆一在《中国访书志》中认为嘉业堂藏本是宋衢州刊宋元递修本，此说可商榷。虽然此本配补有部分宋衢州本和明嘉靖南京国子监递修本，但不能因此就著录为宋衢州州学刻本。刘承幹《三国志跋》称：“惟《吴书》中偶有缺卷，用南雍本补之，有遗憾耳。”我国台湾学者经过对馆藏本的考察称：“此本明修版较多，元修版次之，宋版最少。”所以尽管《吴志》卷十二至十五为配补，又有元修、明配，仍然著录为“元大德丙午池州路儒学刊本”。古籍传本残缺不全是正常的现象，也是常见的现象，尤其是古本，因为流传既久，因为各种原因，难免受损，不但宋元旧本如此，明清版原刻原印本流传下来的也极少见，所以有递修和配补问题，是古籍版本考证和著录中最难之事。今天国家进行古籍普查和定级申报也存在这个问题，要根据和考虑版本的实际情况和历代著录进行如实著录和定级，不要随意“上靠”。

元大德版《三国志》不但今天见不到全本全貌，早在清代已经如此。

①北京图书馆出版社2003年影印《珍稀古籍书影丛刊》之四三。

保存下来的递修本、补本、配本也是难得一见的善本了。所以,嘉业堂影刻《三国志》据所藏元刻影刊,版式划一,经过校勘,有校勘记,罗列殿本、绍兴、绍熙本文字异同。据刘氏《跋》,刻工与三史同为名手陶子麟,版刻精工,所以堪称佳刻,于《三国志》的流传有功。

关于阮氏提要及“二礼编目”话题

李国庆

(天津图书馆)

阮氏提要，指阮元撰《四库未收书提要》(以下简称《阮提要》)。“二礼”，指傅以礼和袁同礼，因其名并有“礼”字故名。两位学者在清光绪和民国时期先后整理了《阮提要》和阮元进呈书《宛委别藏》，分别刊印发表了《揅经室经进书录》(以下简称《傅目》)和《宛委别藏现存书目及其版本》(以下简称《袁目》)。《傅目》侧重提要的梳理，而简于版本的胪列；《袁目》详于版本之著录，而省略了阮撰提要。“二礼编目”，互有侧重，互为补充，遂为研究《阮提要》和《宛委别藏》之重要文献。

《阮提要》《宛委别藏》《傅目》及《袁目》，是本话题的关键词。四者有内在的关联性，在诸如提要撰写、古籍著录、部居分类及版本鉴定等方面，同异相间，各有短长。经过比对，我们可以发现其中存在的一些问题。这些问题涉及了彼此之间的关系，反映在古籍整理、分类、编目及版本等方面普遍存在的一般性问题。探讨这些专业问题，对我们目前所从事的古籍工作或有所帮助。

一、关于阮元进呈四库未收书及撰写提要话题

(一)阮元进呈四库未收书

清乾隆纂成《四库全书》后,学者阮元认为此书收录尚有遗漏,故网罗放失,以一人之力,付十年之功,收集历代典籍170余种。与此同时,阮元还将每种书仿四库提要式,各撰提要一篇,随书陆续进呈内府。所进之书,或是由阮元倩书手依据原版书缮写影抄而成,或是阮元觅得的原刊印本。也就是说这批秘籍是由阮元"均据旧本影写精抄,间有元明刻本及佚存丛书残本"而陆续进呈嘉庆皇帝的。嘉庆皇帝褒奖有加,遂取传说夏禹登宛委山得金简玉字之意,在清宫内特辟"宛委别藏",专储这批进呈典籍,并御笔题名。故此,阮元进呈之书,称为《宛委别藏》。

据载,民国十四年(1925),故宫博物院点查养心殿(即溥仪住处),于正殿书架上,发现了这宗进呈书——全套《宛委别藏》。经过清点,共计一百函,又目录二函。每函均装以木匣,虽外表的样子和《四库全书》相似,然进呈本的行款格式及开本的尺寸大小却不相同。因阮元以个人之力,进呈稀见善本古籍,为保存所借抄和征集的善本之本来面目,行款格式和书品大小一仍其旧故也。不像《四库全书》那样,属于官方行为,统一征访遗书和缮写,统一格式和开本尺寸。《宛委别藏》各书首页一般钤有"嘉庆御览之宝"阳文方印,存在个别书漏钤的情况。这部丛书没有副本,仅此一套,颇具历史文物、学术资料和艺术鉴赏价值。

《阮提要》和《宛委别藏》,是"四库学"研究的重要学术成果,阮元开启"四库学"研究先河,笔者认为,阮元是"四库学"研究的开创者,位居首席,当之无愧。而《傅目》及《袁目》,则是研究《阮提要》和《宛委别藏》的重要学术成果。

(二)阮福编刊《揅经室外集·四库未收书提要》

清道光三年(1823),阮元之子阮福,在文选楼校刻其父阮元《揅经室集》,遂将阮元在嘉庆时陆续进呈的诸书提要,进行搜集整理,收入《揅经室集》的"外集"中。《外集》五卷,收录阮元撰写的提要凡175篇。阮福编刊的这部《外集》,其在编目上存在一个明显的不足之处,就是全书不按经史子集四部分类,各卷所收诸书,先后排列无序。从卷一首载经部礼

类书《礼记要义》,卷五末载史部地理类书《舆地纪胜》,就可略知一二。

为何题名《外集》? 这与鲍廷博和何元锡等学人参与提要撰写有直接关系。

阮福在《外集》首载刻书序中作了说明,云:"家大人在浙时会购得四库未收古书进呈内府,每进一书,必仿《四库提要》式奏进提要一篇,凡所考论,皆从采访之处,先查此书原委,继而又属鲍廷博、何元锡诸君子参互审定。家大人亲加改定,纂写而后奏之。十数年久,进书一百数十部。此提要散藏于扬州及大兄京邸。因偕弟祜、孔厚校刻《揅经室集》,请录刊提要于集内。家大人谕此篇半不出于己笔,即一篇之中创改亦复居半。文不必存,而书应存,可别而题之曰'外集'。道光二年(1822)阮福谨记。"

我们据此序得知,阮福编刻的这部《外集》,是在父阮元的指导下进行的。之所以称之为《外集》,主要是因为这170余篇提要,不是阮元一人独立撰成,而是在学者鲍廷博、何元锡等诸君子的参与之下完成的。这既是事实,同时又体现了大学者阮元的谦恭之意。

阮元主持撰写的这170余篇提要,"因出众手",难免存在一些问题。钱塘严杰在其撰写的《外集》卷末识语中,举出实例,作了说明,他说:"右提要五卷,计书一百七十五种。其中,《元秘史》十五卷,因词语俚鄙,未经进御。又赵元镇《建炎笔录》三卷,《辨诬笔录》一卷,已见赵氏《忠正德文集》,即《钦定四库全书总目》所云'笔录七篇'是也,亦未进呈。又《皇元征缅录》一卷,《招捕总录》一卷,乃《元文类》中所载《征缅》《招捕》二篇,并采访者未核其实而误录也。"

大凡躬亲编目者都知道,古籍编目,貌似简单,实则很难。难到几乎没有一部目录书是十全十美的。凡是自诩自己编的目录书没有问题者,那是自欺欺人。清代学者傅以礼多年研究这部《外集》,发现是书分类无序,提要内容也存在不少问题。因此,利用自己的藏书,在助手的协助下,历时数年,完成了《傅目》,为我们留下了可资参考的重要"四库学"文献。

(三)关于影印出版《宛委别藏》问题

书成于清嘉庆皇帝时的《宛委别藏》,长期以来,深藏宫内,以原本形式,一线单传。即不便流通,又存在保护方面的安全隐患。这一点,早为同道所关注。为了使其化身百千,先是故宫博物院择其中 40 部,委托商务印书馆于民国二十四年(1935)影印出版,名曰《选印宛委别藏》。后来的整部《宛委别藏》,直至 1981 年方由台湾商务印书馆影印出版。这两个影印本,一选一全,均据“原写稿本” 影印。而“原写稿本”的版本情况如何?其所据之底本情况如何?抑或其所收诸书的其他传世的通行版本又是情况如何?这是我们关注的地方。“二礼编目”的研究成果,大致回答了这些问题。

相对影印出版“原稿本”《宛委别藏》而言,对于影印出版“通行本”《宛委别藏》的旨趣和可能性问题,一直没有人提出。笔者认为,现在讨论这个话题,恰逢其时,可以简单进行讨论。可以将“二礼编目”作为基础,将“二礼编目”所胪列的全部 174 种典籍的通行版本,进行比对遴选,编成一个通行本《宛委别藏》的版本目录。更有进者,以此目为据,收录诸通行之本,持付出版社。斯举虽属于第三次影印出版,然实则为第一次影印出版之通行本《宛委别藏》。据查,“二礼编目”中所列举的通行之本,大多数为丛书本,获取底本较为容易。少部分属于单行本,可逐一寻觅。只要有付出,自然有所得。开列一份《宛委别藏》“通行本”目录,为影印出版“通行本”《宛委别藏》,提供先决条件。是目之成,我们跻而望之。

二、关于傅以礼编刊《揅经室经进书录》话题

(一)《揅经室经进书录》介绍

《揅经室经进书录》,清光绪八年(1882)大兴傅氏刻本。上下册。书签题“揅经室经进书录”,封面题“七林书堂校录汇函　揅经室经进书录　晋江陈棨仁署端”。牌记题“光绪壬午仲夏大兴傅氏开雕”。卷首转载阮福《外集》序,次《揅经室经进书录》总目、次大兴傅氏序、次《揅经室经进书录》目次、次《揅经室经进书录》正文。卷末载归安陆心源《书后》。

傅以礼在卷首序言中,较为详细披露了自己整理阮氏提要,重新编成这部《书录》的原委,对我们了解此书,很有帮助。兹录原文如下:“嘉庆

中,阮文达相国视学浙江,继官巡抚,先后采进遗书一百七十四种,皆《四库》未经著录。每书仿《钦定提要》,概括全旨,撮举大凡,各有解题,随书奏进。仁庙奖赉有加,特建'宛委别藏'以庋之。文达次子福衮集稿本为《揅经室外集》,题曰《四库未收书提要》,凡五卷行世。近日沪上坊肆又有巾箱排印本流传甚久,为储藏家证引之资。惜书成众手,时有抵牾,又未分门类,不便检寻(李按:其下有双行小字从略,下同)。曩岁癸酉尝命侍使逐篇分录,有志重编,寻以事中辍。客夏杜门却扫,复加诠次,凡考论偶疏、衍夺失校,辄据他书是正(李按:同上),并就所见新旧椠本,分别附注,用备嗜古者访求,复从《瀛洲笔谈》增《通鉴释文》一种及《洞霄诗集》篇尾二十一字。部类谨遵《四库全书总目》,厘为经史子集四卷。杨卧云舍人曾相助排比,谓此书原名似已进见,遗与附存书目淆溷,因改题《揅经室经进书录》,已定可缮写。缅昔乾隆朝崇文奉典,嘉惠士林,既以《四库全书总目》《简明目录》次第刊布,复舂《永乐大典》中罕觏秘籍,用聚珍版印行,颁发东南五省,海内传播,家置一编,百余年来,涵濡教泽,风气益开,承学之士,莫不愿读未见书,借抄传刻,一意搜罗,于是载籍大备。昔之帐秘枕函,今皆复显于世。以礼僻宦海峤,见闻弇陋,半生涉猎,所及计出《四库》暨此书之外者,已不下百数十种。往往书名已见《总目》、为当日采访未得者,谨依此书体例,胪列其目,略疏原委,亦以有明为断,成备采《书录》如干卷,附是编后,倘有继文达而起者,荟萃校录,上尘乙览,非特前贤馔著,汇登册府,得以传示无穷。即金匮石室之藏,亦由是愈臻美富,用昭圣世右文之盛。岂不懿与?是所望于当代之大人君子。时光绪八年岁次壬午六月朔大兴傅以礼节子谨识。"

《傅目》首列四部分类目录,析为部类属三级类目,类下依次开列所收诸书。分类悉遵四部之法,十分精到,这是有分类的《傅目》,对没有分类的《外集》所做出的最大贡献。这是《傅目》在编目上一个最大优长之处。著录事项依次包括类目、书名及卷数。分类目录之后,为各书提要正文。《提要》正文一般以各书的书名卷数和版本为条目,每个条目之下,为该书提要。尤其是在一书之后,开列是书的经眼版本,此为傅氏首创。为后人研究,提供版本上的选择。不知何故,在《傅目》中,尚有 95 部书,没有著录版本一项,这是其存在的不足之处。

(二)《傅目》分卷、分类及其收书数量统计

卷一　经部	收书 26 部(第 1—26)
易类	1—3
书类	4
诗类	5—8
礼类	9
春秋类	10、11
五经总义类	12、13
四书类	13—16
乐类	17、18
小学类・训诂之属	19
小学类・字书之属	20—22
小学类・韵书之属	23—26

卷二　史部	收书 34 部(第 27—60)
编年类	27、28
纪事本末类	29
杂史类	30-34
诏令奏议类・奏议之属	35
传记类・名人之属	36—38
载记类	39
地理类・总志之属	40
地理类・都会郡县之属	41—49
地理类・杂记之属	50
地理类・游记之属	51
地理类・外记之属	52
职官类・官箴之属	53

续表

卷二　史部	收书34部(第27—60)
政书类·通志之属	54
政书类·仪志之属	55
政书类·法令之属	56、57
目录类	58
史评类	59、60

卷三　子部	收书54部(第61—114)
儒家类	61—63
兵家类	64—66
医家类	67—76
天文算法类·推步之属	77
天文算法类·算书之属	78—80
术数类·占卜之属	81、
术数类·阴阳五行之属	82—84
艺术类·书画之属	85、86
艺术类·杂技之属	87
谱录类·草木禽鱼之属	88
杂家类·杂考之属	89—91
杂家类·杂说之属	92
杂家类·杂纂之属	93
类书类	94—98
小说家类·杂事之属	99—101
小说家类·异闻之属	102—105
释家类	106
道家类	107—114

卷四　集部	收书 60 部(第 115—174)
楚辞类	115
别集类	116—144
总集类	145—158
诗文评类	159—161
词曲类・词集之属	162—168
词曲类・词选之属	169—172
词曲类・词话之属	173
词曲类・南北曲之属	174

(三)二礼目在类分古籍上的差异

傅以礼和袁同礼在编目时,因各自所持分类视角的不同,故对一书的分类有所不同。他们没有把一部相同的书分到同一个类中,而是各入其类,分到了两个不同类中,以下所列的十六部书的分类,就属于这种情况。其中,有些属于部居相同,而分类不同。例如:《聱隅子》二卷,《傅目》入子部儒家类 ,《袁目》入子部艺术类;《黄帝阴符经疏》三卷,《傅目》入子部道家类,《袁目》子部入术数类;《详注周美成片玉词》十卷,《傅目》入集部词曲类,《袁目》入集部别集类。有些则属于部居不同,而分类也不相同者。例如:《琴操》二卷,《傅目》入经部乐类,《袁目》入子部艺术类;《一切经音义》二十五卷,《傅目》入经部小学类・字书之属,《袁目》入子部释家类;《汉唐事笺》十二卷,《傅目》入史部政书类・通志之属,《袁目》入子部杂家类。

我们知道,对一部书进行分类,是古籍整理专业性很强的一项工作。对一些传本较为稀见,自己不太熟悉的书,一般做法是先查阅参考公私藏家所编制的古籍书目,看看其分类情况,然后根据书的内容,再进行定夺。采用这种分类方法进行分类,较为稳妥,一般不会出现大的错误。否则,只是根据主观想象,或望文生义,容易导致分类错误。笔者推测,二礼对以下所列的十六部书的分类,有些可能存在问题。这需要篇幅进行深究,本文姑且从略。

兹仅将“二礼目”分类差异举例列下：

书名	《傅目》分类	《袁目》分类
琴操二卷	经部乐类	子部艺术类。
一切经音义二十五卷	经部小学类·字书之属	子部释家类。
汉唐事笺十二卷	《傅目》入史部政书类·通志之属	《袁目》入子部杂家类。
五服图解一卷	政书类·法令之属	《袁目》入经部。
謦隅子二卷	《傅目》入子部儒家类	《袁目》入艺术。
汉官仪三卷	《傅目》入子部艺术类·杂技之属	《袁目》入史部。
广黄帝本行记一卷	《傅目》入子部小说家类·异闻之属	《袁目》入史部。
轩辕黄帝传一卷	《傅目》入子部小说家类·异闻之属	《袁目》入史部。
古清凉传二卷	《傅目》入子部释家类	《袁目》入史部。
黄帝阴符经疏三卷	《傅目》入子部道家类	《袁目》入术数类。
谗书五卷	《傅目》入集部别集类	《袁目》入子部杂家类。
贤良进卷四卷	《傅目》入集部别集类	《袁目》入子部杂家类。
详注周美成片玉词十卷	《傅目》入集部词曲类·词集之属	《袁目》入别集类。
樵歌三卷	《傅目》入集部词曲类·词集之属	《袁目》入别集类。
苹洲渔笛谱二卷	《傅目》入集部词曲类·词集之属	《袁目》入别集类。
遗山乐府五卷	《傅目》入集部词曲类·词集之属	《袁目》入别集类。

(四)傅以礼整理阮元《外集》,主要做了以下几个方面工作:

1.傅《书录》对阮《外集》的基本著录事项进行梳理和辨析

(1)对书名项进行梳理和辨析,例如:

《陆宣公奏议注》,《外集》原本书名上冠"唐"字,傅《书录》删之。

《通历》,《外集》原本作"纪"字,傅《书录》改"纪"为"历",并用方框围之,以示避讳。傅氏解释云:"原本篇内庙讳用古文恭代,独标目易以'纪'字。书名本不当改,况前后两歧,殊失检照。"

(2)对分卷项进行梳理和辨析,例如:

《外集》著录"《诗说》十二卷,汪士钟刻本"。阮元《提要》云:"昆山徐氏传是楼有藏本,乃宋时雕刻,前有《总说》,惜第二、第九、第十卷都缺。此为影宋抄本,缺卷都对,即从徐氏藏本录出者。"针对汪士钟刻本,傅《书录》云:"汪氏刻本,仅补第二卷,尚缺卷九、卷十。归安陆氏十万卷楼藏有完本。"

《外集》著录"《醉翁谈录》五卷"。傅《书录》云:"此书原本八卷,莫友芝《宋元旧本书经眼录》云:'相传文达裁去后三卷,盖如《直斋书录》斥唐人《教坊记》猥亵之意。'"

(3)对著者项进行梳理和辨析,例如:

《中兴两朝圣政》,《外集》著录"此书不知编集人姓名"。傅《书录》云:"此书宋桀题留正等编。"

《史载之方》,《外集》著录"宋史载之撰。载之字里未详"。傅《书录》云:"史载之,名堪,蜀人,见《直斋书录解题》。《书录解题》有堪《指南方》二卷,凡三十一门,各有论。卷第与此正同,当即此书也。"

(4)对版本项进行梳理和辨析,例如:

《续复古编》,四卷。《外集》未列版本。阮元提要云:"此从吴江潘耒家所藏旧抄过录。前有危素、宇文公谅、杨翮、蒋景武及杨桓诸人之序。唯尚缺上正下讹一类,无从补缀为可惜也。"对此,傅《书录》云:"此书常熟瞿氏、归安陆氏均藏有完本。"

《岑嘉州集》,《外集》未列版本。傅《书录》云:"是集有正德中熊相所刻七卷本,犹是宋元相传旧帙。"

(5)傅以礼对一书的基本著录事项综合进行考辨,例如:

针对《外集》所载的《遁甲符应经》三卷,宋杨维德等撰,傅在《书录》中对书名、卷数和撰者进行考辨,云:"此书《直斋书录解题》亦载,题《景佑遁甲玉函应符经》,司天春官杨惟德撰,作二卷,与《通考》合。"

2.傅《书录》对阮《外集》的提要文字进行补"脱"和正"误"

(1)补"脱"字,例如:

《左氏摘奇》,阮《外集》提要云:"《左氏摘奇》皆手所约。"傅《书录》云:"原本'约'下,脱'取'字。据《摘奇》本书补。"

《广黄帝本行记》,阮《外集》提要云:"此从钱曾旧抄藏本影写,恐世间更无足本,《读书敏求》中具载之。"傅《书录》云:"原本脱'记'字。"

(2)正"误"字,例如:

《尔雅新义》,阮《外集》提要云:"邢昺已引《说文》辨其失。"傅《书录》云:"原本'邢'误'刑'。"

《嘉定镇江志》,阮《外集》提要云:"书当成于此时也。"傅《书录》云:"原本'当'误'堂',据《瀛洲笔谈》校。"

3.傅《书录》对阮《外集》的提要内容进行增补和考辨

(1)增补内容,所补文字,均列出处,甚便查核。例如:

《五行大义》,阮《外集》提要云:"隋萧吉撰。吉字文休,梁武帝兄。"傅《书录》云:"原本梁武帝兄下漏载'长沙宣王懿之孙'七字,似吉为梁武兄矣。据《隋书》本传增补。"

《洞霄诗集》,阮《外集》提要云:"因仿《四库全书》伯牙琴之例,归诸宋人。"傅《书录》云:"原本'归诸宋人'下,即以'焉'字终篇,'从其志也'至篇末二十九字,据《瀛洲笔谈》增入。"李按:傅《书录》补入的篇末二十九字是"从其志也。卷末有厉鹗等题词,而书中所录亦极修洁,固可与邓志并存也"。

(2)考辨内容,阮《外集》提要或内容有误,或表述不当,傅《书录》予以改正。例如:

《莆阳比事》,阮《外集》提要云:"取唐以来上下千百年间,凡莆阳事之可传者,绮分璧合,厘为七卷,名曰《比事》。"傅《书录》云:"此书所载莆事,上溯战国,下讫南宋。阮氏谓断自唐代,误矣。”

《增广钟鼎篆韵》,阮《外集》提要云:“卷末有‘洪熙侯书籍印’,盖明时本也。”傅《书录》云:“瞿镛《恬裕斋藏书记》称:‘序后朱描巨印,其文是‘缉熙殿书籍印’六字。’按:《玉海》:‘宋绍定六年,缉熙殿成,御书二字榜之。’《宋史》理宗本纪:‘六年秋九月,以缉熙榜记,宣付史馆。’是此印当在宋时。其描于此书,乃出书贾作伪。钱氏《敏求记》认为‘洪熙殿’。张氏《藏书志》、阮氏进呈《四库遗书提要》又认为‘洪熙侯’具伪,而并未考其不当有是印也。按:《藏书志》只误‘缉’为‘洪’,《敏求记》并误‘殿’为‘侯’。阮氏遂沿其谬,瞿氏盖颠倒误记也。”

4.傅《书录》对阮《外集》部分提要条目进行增补和否定

(1)傅《书录》增补阮《外集》提要条目,例如:

《资治通鉴释文》,此条提要,阮《外集》未收,傅《书录》予以增补。

傅《书录》云:“此篇原本未载,今据《瀛洲笔谈》增入。《笔谈》为阮文达从弟亨撰。所载进书提要一百五篇。是篇均已登列。唯缺此条,当是缮刻时偶佚脱耳。”

(2)傅《书录》否定了阮《外集》部分提要条目,或因其书已经收入《四库全书》,或因其书抄自已经收入《四库全书》之中者,或因其书已经收入《四库全书总目》存目,例如:《伤寒明理论》《策学统宗》及《支遁集》等三书是也。

傅《书录》自序云:阮《外集》“书中最舛者,如《伤寒明理论》,已入《四库》;《策学统宗》已列‘存目’,皆不应复录。其次则《支遁集》,亦不足存。考是集,《宋志》已不载,亡佚久矣。明嘉靖中,明人皇甫涍忽以二卷刊行。明仁援引古籍,例不著出处,一时遂诧为秘策,互相抄传,不知其书全从《宏明集》录出,别无增益。如《清凉传》中,文殊像赞序,即未采及,是并不得称重辑本。况《宏明集》,《四库》已收,焉用此抄撮者乎?”

傅《书录》卷末,载陆心源《书后》,云:“《揅经室外集》,谬泪甚多,而以《严氏明理论》提要为尤谬。考《伤寒明理论》,金成无己撰,前有壬戌八月锦屏山严器之序及开禧改元五月甲子历阳张孝忠刊版序。明万历中,吴勉学刊入《医统正脉》,《宋史·艺文志》因首有严序讹为器之作。

脱脱之疏,原无足怪。阮氏据无序、无名之本,袭《宋史》之谬,属之器之,诧为秘册,冒昧进呈,岂知《四库》医家类中早著于录乎? 夫《明理论》,非僻书也;吴刊,非罕见也。阮氏尚不能辨其伪,他所著录,可尽信乎?”

陆心源对阮氏,采取了全盘否定之态度,近乎偏颇,有失公允。笔者认为,为古籍传本进行编目,斯役不简单,不出错很难,而编好一部高质量的目录更是难上加难。

三、关于袁同礼编《宛委别藏现存书目及其版本》话题

(一)袁同礼编《宛委别藏现存书目及其版本》

民国二十一年(1932)袁同礼依据故宫博物院所藏《宛委别藏》原稿本,编制《宛委别藏现存书目及其版本》一文,收书 174 种。《袁目》首次发表于《图书馆学季刊》第六卷第二期。

《袁目》以列表形式予以揭示,主要包括书名及卷数、撰者或注者、收入版本、每半页行款、其他版本,凡五个著录事项。其中,“每半页行款”,指的是其上一项“收入版本”而言。在“其他版本”项中,依次胪列的各种版本,当是袁同礼知见的传世通行版本。

该文的可取之处在于:每个条目的著录事项较为详备。尤其是对每一部书详细开列了该书的各种版本。该文的不足之处在于:粗分经史子集四部,在一级类四部之下,不再细分类属,分类过于简单。其所列诸书,或前后倒置,或归类错误。在著录事项中,或因校勘不审,或因排版不慎,有些存在文字错误。

《袁目》文前题记云:“清嘉庆间阮元进呈四库未书收一百七十二种,每种仿四库提要式各撰提要。其后阮福校刻《揅经室集》,即以各书提要,收入为‘外集’。民国十四年点查故宫养心殿(即溥仪原住处),于正殿书架上发现此书,题名为《宛委别藏》,共一百函,又目录二函。每函均装以木匣,与四库全书相似,为尺寸大小不一致。书之首叶,有‘嘉庆御览之宝’阳文方印(亦有无此印者,为《周易诗讲义》《诗说》《诗传注疏》等),各书均据旧本影写精钞,间有元明刻本,及佚存丛书残本,亦同时进

呈。内有分类错误者,如《书经补遗》专述书法,应入子部今入经部。《回汉史韵》原系类书,而竟入史部。同部之书,分类亦毫无次序,大约为陆续进呈者。间有内中之书,为阮氏所未收者,如《读史管见》《资治通鉴释文》等,而同时亦有阮目已著录,而今并无其书者,为《说文解字补义》《舆地纪胜》《两京新记》等十四种,或已散失,或竟未进呈,均待考。兹将现有各书,依四库分类,列表如左,并记其版本行款焉。”

袁同礼在这里,针对阮元在进呈书时的分类,举出了几个错误例子:

其一:《书经补遗》专述书法,应入子部,其入经部。

其二:《回汉史韵》原系类书,应入子部,其入史部。

其三:同部之书,分类亦毫无次序。

《袁目》文后题款云:“下列书十四种,阮氏会撰提要收入《揅经室外集》,今故宫所藏之《宛委别藏》并无其书,附记于此。”

1.汉文鉴二十一卷　宋陈鉴编;

2.两京新记一卷　唐韦述撰　佚存丛书本 粤雅堂本 湖北书局巾箱本　南京札记本;

3.燕喜词一卷　宋曹冠撰　别下斋刻本　四印斋刻本;

4.南华真经注疏三十五卷　唐成元英撰　古佚丛书本;

5.萧冰厓诗集三卷　宋萧立之;

6.徐文清公家传一卷　蔡朱元龙等同撰;

7.铁厓赋稿二卷　元杨维桢撰;

8.日湖渔唱一卷　宋陈允平撰　词学丛书本　粤雅堂本;

9.重编海琼白玉蟾文集六卷续集二卷　宋葛长庚撰　明刊本;

10.说文解字补义十二卷　唐色希鲁;

11.文馆词林四卷　宋许敬宗撰　佚存丛书本;

12.图解素问要旨论　金刘守真撰;

13.舆地纪胜二百卷　宋王象之撰　道光二十九年(1849)扬州岑氏刻本　咸丰五年(1855)仿宋刻本;

14.元秘史十五卷　连筠簃刻本　光绪三十四年(1908)叶氏观古堂刻本　渐西村舍丛刻本。

(二)《袁目》所列版本与《傅目》未列版本书目之比对

我们从《袁目》开列的各种版本不难看出,袁同礼所见的版本,要远多于傅以礼。他在开列版本方面下了很大功夫。这是《袁目》可圈可点的一个重要方面。

相对《袁目》而言,《傅目》在版本胪列方面,逊色很多。尤其是《傅目》中,竟有95部书没有开列版本。为何如此?究其原因,笔者推测认为,一是所录典籍,十分稀见,世传善本和通行本并不多见,傅氏编目时确实没有见到原本;二是傅氏把主要精力放在了对阮氏提要进行梳理、分类与增补方面,而把胪列版本则放在了次要位置。《傅目》未列的这95部书,《袁目》大多均开列了版本。

兹将《傅目》未列版本之书目,与《袁目》开列之版本,作比对如下:

《傅目》未列版本之书目	《袁目》胪列之版本
周易经疑三卷	影钞元刊本　十三行行廿三字。
尚书要义三卷	影旧钞本　八行行廿一字　苏局刊二十卷本。
诗义集说四卷	影钞明刊本　十二行行廿四字。
礼记要义三十三卷	影钞宋刊本　九行行十八字　苏局刊本。
春秋集传十九	元延佑甲寅临江路学刊本　九行行廿二字　八千卷楼钞本　存卷一之十七卷廿一之廿二。
左氏摘奇十二卷	影钞宋钞本　八行行十七字。
九经疑难四卷	影钞澹生堂钞本　十行行廿二字。
四书笺义纂要十二卷纪遗一卷	影钞元泰定刊本　十一行行廿二字至廿四字不等　守山阁本。
论语丛说三卷	影钞元刊本　十六行行廿六字。
四书待问二十二卷	影钞元刊本　十四行行廿三字　碧琳琅馆本。
续复古编四卷	影钞旧钞本　五行　光绪十五年姚觐元仿元刊本。
集篆古文韵海五卷	影钞旧钞本　八行　碧琳琅馆本。
增广钟鼎篆韵七卷	影钞本　七行行十二字。
编年通载四卷	影钞宋刊本　五行行十七字。

续表

《傅目》未列版本之书目	《袁目》胪列之版本
皇宋通鉴长篇纪事本末一百五十卷	影旧钞本　十一行行廿二字　广雅局本。
运使复斋郭公言行录一卷	钞本　九行行十八字。
淳佑临安志六卷	影钞宋刊本　九行行二十字　武林掌故第四集本。
云间志三卷	影钞本　十行行二十字　观自得斋本。
玉峰志三卷玉峰续志一卷	影钞本　九行行二十字　镇洋缪朝荃东仓书库刻本。
昆山郡志六卷	影钞本　八行行十八字　观自得斋本　镇洋缪朝荃刻本　嘉定钱氏刻本。
重修琴川志十五卷	影钞汲古阁旧校本　九行行十八字　元至正刊本　清嘉庆张氏金帚编本。
南岳总胜集三卷	影钞明影宋本　十行行廿一字　嘉庆壬戌唐仲冕刻本　丽楼丛书本。
游志续编二卷	影钞本　十行行廿一字　八千卷楼本　新阳赵氏高斋丛书本　武进陶氏用钱磬室手写影印本。
太常因革礼一百卷	影钞旧钞本　十一行行廿二字　碧琳琅馆本　广雅局本。
律文十二卷音义一卷	影宋刊本　九行行十八字。
五服图解一卷	影钞元至治刊本　十四行行廿五字。
通历七卷续五卷	影钞本　十二行行二十字　叶氏观古堂排印本。
孔丛子注七卷	影钞宋巾箱本　八行行十四字　光绪间海昌陈锡麒重刻本　四部丛刊本。
养正图解全卷	光绪钞本　十二行行廿一字　武英殿本。
玉函经一卷	影钞宋刻本　十一行行廿一字　随庵丛书本。
类编朱氏集验医方十五卷	影钞本　十二行行廿二字。

续表

《傅目》未列版本之书目	《袁目》胪列之版本
图解素问要旨论八卷	(李按:《袁目》将此书列入附录,没有标出版本。)
陈氏小儿病源方论四卷	影钞宋刊本　十一行行廿一字。
宝佑四年会天历一卷	影钞曝书亭旧钞本。
嘉量算经三卷	钞本　八行行十七字。
三术撮要一卷	影钞影宋刊本　十行行十九字　十万卷楼本　宣统辛亥徐乃昌仿宋刊本。
遁甲符应经三卷	钞本　十一行行廿二字。
书经补遗五卷	影钞本　九行行二十字　涵芬楼秘籍本。
汉官仪三卷影	钞影宋钞本　十行行十七字　十万卷楼本　道光四年鲍崇城仿宋本　续古逸丛书本。
书斋夜话四卷	影钞本　十行行二十字。
为政善报十卷	影钞元刊本　九行行二十字。
醉翁谈录五卷	钞本　十行行二十字　八千卷楼钞本八卷　碧琳琅馆本　适园丛书本。
自号录一卷	影明钞本　九行行二十字　十万卷楼本。
回溪史韵二十三卷	影钞影宋本　十一行行二十字。
历代蒙求一卷	影钞述古堂藏元刊本　八行行十八字。
群书通要七十三卷	影钞元至正重刊本　十三行行二十四字。
群书类编故事二十四卷	影钞元刊本　十三行行二十四字。
续墨客挥犀十卷	钞本　九行行十八字　古今说海本仅一卷　涵芬楼影印旧钞本　八千卷楼钞本十卷。
友会谈丛三卷	钞本　九行行二十一字　十万卷楼本。
道德真经传四卷	影钞道藏本　十一行行二十四字。
道德经论兵要义四卷	钞本　十行行十七字。

续表

《傅目》未列版本之书目	《袁目》胪列之版本
道德真经集解八卷	录道藏本　九行行十七字　嘉业堂刻本。
南华真经注疏三十五卷	古佚丛书本。
通玄真经注十二卷	钞本　十行行十七字　铁华馆本　续古逸丛书本。
陆士衡文集十卷	影钞徐民瞻刊本　十一行行二十一字　明正德覆宋刊本　明刊汉魏二十一名家本　百三家集本仅二卷　小万卷楼本　四部丛刊本。
华阳陶隐居集二卷	录道藏本　十行行十七字　明刊二十一家本　百三家集本仅一卷　观古堂本。
岑嘉州集八卷	钞本　十行行十八字　明正德照相刊本　正德沈恩蜀刻四卷本　明东壁图书府刊本　八千卷楼钞本　光绪甲申同文书局石印四唐人集本　四部丛刊本。
钓矶文集五卷	影钞述古堂藏宋本二　八行行十九字　丁氏钞文集十卷本　席氏刊诗三卷本。
增广笺注简斋诗集三十卷无住词一卷	钞本　十行行十八字　瞿氏藏宋刊本　四部丛刊本　聚珍本十六卷无笺注　归安朱氏刻本。
贤良进卷四卷	钞本　九行行二十字　瑞安孙氏刻水心别集本。
毅斋别录一卷	钞本　九行行二十字。
平庵悔稿十二卷	影旧钞本　十行行二十一字　河北省立图书馆藏旧钞本八卷。
史咏集二卷	钞本　八行行二十一字。
古逸民先生集三卷	钞本　十行行二十一字　八千卷楼钞本。
重编海琼白玉蟾文集六卷续集二卷	明刊本。
桐江集八卷	钞本　十行行二十一字　八千卷楼钞本。
贞一斋诗文稿二卷	影钞丛书堂钞本　九行行二十字。
东皋诗集五卷	钞本　十二行行二十四字　明弘治刊本。

续表

《傅目》未列版本之书目	《袁目》胪列之版本
梅花百咏一卷	影钞元刊本　九行行十六字　四库收者为释明本著元刊本。
蚁术诗选八卷	钞本　十一行行二十一字。
铁厓赋稿二卷	(李按:《袁目》将此书列入附录,没有标出版本。)
王征士诗集八卷	钞本　十行行二十一字。
松雨轩诗集八卷	影钞明刻本　十行行二十字　武林先哲遗书本附补遗一卷附录一卷。
慎斋集四卷	钞本　十行行二十一字。
观澜集注三十卷	影钞宋本　十一行行十九字　方功惠仿宋刊本。
分类唐歌诗残本十一卷	影钞绛云楼藏本　十行行十八字。
注解章泉涧泉二先生选唐诗五卷	钞本　八行行十六字　叠山先生评注四种合刻本。
诗苑众芳一卷	影钞元钞本　九行行十五字　十万卷楼丛书本。
策学统宗前编五卷	影钞元刊本　十一行行二十一字。
策要六卷	钞本　十四行行二十二字。
编类运使复斋郭公敏行录	钞本　九行行二十字。
元赋青云梯三卷	影钞元钞本　十行行二十八字。
声律关键八卷	钞本　十五行行三十三字。
详注周美成片玉词十卷	钞本　十行行十七字。
王周士词一卷	影钞汲古阁旧钞本　十行行十八字　八千卷楼钞本　归安朱氏刻本。
樵歌三卷	影钞汲古阁旧校本　十行行二十一字　归安朱氏刻本　四印斋刻本。
燕喜词一卷	别下斋刻本　四印斋刻本。

续表

《傅目》未列版本之书目	《袁目》胪列之版本
遗山乐府五卷	影钞旧钞本　十行行二十一字　河北省立图书馆藏旧钞本　归安朱氏刻本　元遗山全集本　新乐府四卷。
蚁术词选四卷	影钞旧钞本　十一行行二十一字　况周仪刊本　王鹏运刻本 四印斋本。

(三)笔者对《袁目》中存在的错误进行举例及订正

袁同礼编《宛委别藏现存书目及其版本》时,或因校对不精,或因排版不当,在诸如书名、撰者时代及题名、版本等诸项中出现了一些错误。笔者略举数列,并依据原本予以订正。每条析分"袁目错误举例"和"笔者订正及依据"两个部分,兹条序如次:

袁目错误举例	笔者订正及依据
1.说文解字补义十二卷　唐包希鲁	《袁目》作者项误题作者时代"唐",实为"元",据国图藏明刻本改正,《续四库》202 册收录。
2.续古篆韵六卷　元吾丘衍	《袁目》作者项误题"元吾丘衎",实为"元吾衎",衎"丘"字。据清道光六年三山陈氏独抱卢刻本改正。
3.钟鼎篆韵七卷　元杨峋	《袁目》作者项误题"杨峋",实为"杨旬(左金字旁)"。据上海图书馆藏清抄本改正,《续四库》237 册收录。
4.续复古编四卷　元曹本　影钞旧钞本　五行　光绪十五年姚觐元仿元刊本	《袁目》版本项误题"十五年",实为"十二年"。据清光绪十二年年归安姚觐元影刻元刊本改正。
5.中兴两朝圣政六十四卷　不著名氏	《袁目》作者项题"不著名氏",实为"(宋)留正等撰"。据清嘉庆间抄《宛委别藏》本改正,《续四库》348 册收录。

续表

袁目错误举例	笔者订正及依据
6.徐文清公家传一卷　蔡朱元龙等同撰	《袁目》作者项误题“蔡元龙等同撰”,实为“(宋)朱元龙等同撰”。据明正德间刻本改正。
7.膳夫经一卷　唐杨煜	《袁目》误题作者为“杨煜”,原本作者项题“杨晔”。据国图藏清初毛氏汲古阁抄本改正,《续四库》1115册收录。
8.为政善报十卷　宋叶留	《袁目》误题作者时代为“宋”,实为“元”,据清嘉庆间抄《宛委别藏》本改正,《续四库》753册收录。
9.道德经论兵要义四卷	《袁目》书名脱“述”字,据民国涵芬楼影印明正统道藏本改正,《续四库》954册收录。
10.毅斋别录一卷　不著撰人名氏	《袁目》作者项题“不著撰人名氏”字,实为(宋)徐侨撰,据明正德刻本增补。
11.松雪轩诗集八卷	《袁目》误题书名为“松雪轩诗集”。据清光绪二十年钱塘丁氏嘉惠堂刻本改正。
12.诗苑众芳一卷	《袁目》未题编辑者名氏。此书编辑者实为“(宋)刘瑄”,据清光绪中归安陆氏刻十万卷楼丛书本增补。又《中国丛书综录》204页著录。
13.云庄四六余话一卷　宋杨困道	《袁目》误题作者名“杨困道”,原本作者题名“杨囦道”。据清嘉庆四年铜川顾氏刻读画斋丛书本改正。

陶子麟刻《张氏宗谱》

励双杰

（私人藏书家）

“陶家宋椠传天下”，这句话最早不知出自何人之口。但现在只要一提到清末民国时期的黄冈人陶子麟（1857—1928），大家总是喜欢用这一句话来形容他仿宋影刻的神技。喜欢陶子麟这种技术的人很多，与他同时代，做过广西巡抚又兼任过总理各国事务大臣的藏书家柯逢时就曾说过这样的话：“鄂匠惟陶子麟一人可恃。”另一位藏书家刘世珩也有“子麟，梓人中之正派人”的赞词，在陶子麟殁后，更有“陶椠常与天地在，高枝共浴日月光”的挽联。这样的例子，还能举出好多，可以说举不胜举。

到了当代，古籍拍卖会上，每一部陶刻都能拍出不可思议的善价。韦力先生在他的《【书版】陶子麟：刊版之美，冠盖清民》一文中就有这样的描述：“（嘉业堂的《前四史》）他从民国三年（1914）开始雕刻，直到民国十七年（1928）方才完成。正因为他下了这么大功夫，该书才被后世视之为民国影刻本中的翘楚。关于此书的印本，在八九十年代嘉业堂借版给他人曾经刷印过一些，而这种后刷本，而今的市场价也在十几万元。”由此可见，在当下，谁家里要是没有几件陶子麟刻本，似乎都不好意思自称“藏书家”了。

我专藏家谱，对于陶子麟的刻本，自然不敢奢求，唯一所企盼的，就是找到他家族的家谱。名人家谱，实在是我家谱收藏中最大的喜好。陶子麟是湖北黄冈人,而我于黄冈地区的家谱多有所见,也确实得到过好多部黄冈陶氏谱,如光绪二十三年(1897)木活字本《陶氏三甲谱》六卷首一卷六册、光绪二十四年木活字本《陶氏八甲谱》四卷首一卷四册、民国十八年(1929)五柳堂木活字本《陶氏宗谱》三十卷首四卷三十一册、民国二十五年(1936)五柳堂木活字本《陶氏宗谱》十四卷首二卷十六册、民国三十四年(1945)五柳堂木活字本《陶氏宗谱》十二卷十二册,等等,竟然都找不到他的世系记载。缘分未到,奈何。

不过,黄冈陶氏家族本是刻书印书(包括家谱)世家,我在其他的家谱中,还是找到了一些他们家族的作品,如民国三十四年黄冈百忍堂木活字本《张氏宗谱》和民国三十五年(1946)《黄氏宗谱》注明摆印者均为"陶兰台",民国三十六年黄冈爱莲堂木活字本《周氏宗谱》载明为"冈邑陶华棠刊",民国六年(1917)麻城知音堂木活字本《钟氏宗谱》印谱者为"冈邑陶新亭",等等,常能见到,数量非常之多,只是不知哪一种跟陶子麟的关系更近更多一些。

而实际上,在我的思绥草堂所收藏的家谱中,有一部湖北黄冈《黄氏宗谱》,我一直认为就是由陶子麟所刻。这部《黄氏宗谱》七卷首二卷尾一卷八册,是民国四年(1915)本源堂印本,因为卷首二册为刻本,余下七卷六册为木活字摆印,所以我称之为刻、活字本。这部家谱中,最为醒目特出的,就是置于家谱之首的序言,那种仿宋的字体,第一眼就觉得是陶子麟的手法。武昌藏书家陈琦(徐徐堂)对于陶子麟研究颇深,他的藏书中有一个系列就是陶刻,韦力先生就有"陈琦对陶子麟特别推崇"的评语。在陈琦"徐徐堂的博客"中,有一篇《关于湖北陶子麟》的博文,其中就有这样一句话:"陶氏仿宋本风格独异,虽无款识,见而能知。"这实际上也是藏书界对于陶刻的共识。看多了,确实一眼能认出他的风格。而这部《黄氏宗谱》,就是一个很好的例子。

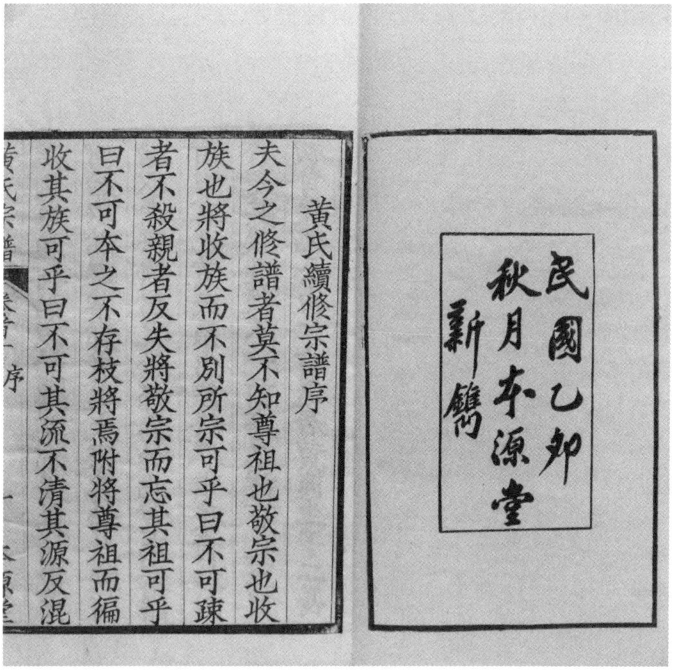
民國乙卯秋月本源堂新鐫

黄氏續修宗譜序

夫今之修譜者莫不知尊祖也敬宗也收族也將收族而不别所宗可乎曰不可疎者不殺親者反失將敬宗而忘其祖可乎曰不可本之不存枝將焉附將尊祖而徧收其族可乎曰不可其流不清其源反混

黄氏宗譜 卷首 序 一 本源堂

图 1:民国四年本源堂《黄氏宗譜》1

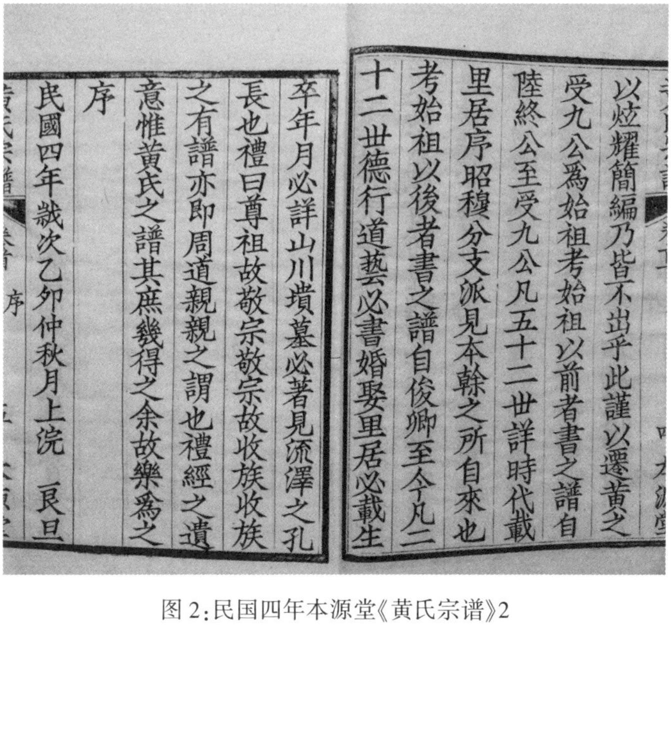
以炫耀簡編乃皆不出乎此謹以遷黄之受九公爲始祖考始祖以前者書之譜自陞終公至受九公凡五十二世詳時代載里居序昭穆分支派見本榦之所自來也考始祖以後者書之譜自俊卿至今凡二十二世德行道藝必書婚娶里居必載生卒年月必詳山川墳墓必著見流澤之孔長也禮曰尊祖故敬宗敬宗故收族收族之有譜亦即周道親親之謂也禮經之遺意惟黄氏之譜其庶幾得之余故樂爲之序

民國四年歲次乙夘仲秋月上浣 艮旦

黄氏宗譜 卷首 序

图 2:民国四年本源堂《黄氏宗譜》2

到了民国三十五年，这个黄氏家族续修家谱时，前面的这篇序仍旧用了民国四年的旧版，可见这篇序言的雕版对于他们来说，确实是非常的珍贵。

只是这两部《黄氏宗谱》的上面，并没有“陶子麟”的字样，尽管知道跟他脱不了干系，但“一口咬定”的事，事实上也毫无意义。

不过，陶子麟刻的家谱，终于还是被我找到了一部。

这是一部河南商城地区的《张氏宗谱》，2004 年 9 月 9 日得自于一位专跑湖北地区收购家谱的谱商。我一直认为，2004 年是家谱市场的分水岭，也是一个最高峰值之年，在此之后，家谱出现在市场上的数量和质量都开始慢慢有所下降。而在此之前，有所残缺或品相不佳的家谱，对于我们这一拨收藏家谱的人来说，往往都是不屑一顾的，因为选择的余地太大了。

河南商城与湖北黄冈，虽然分属两个省份，却是毗邻之区。而这两个地方，也是修谱的传统之地。2004 年前后，我经眼上手了很多这一带的家谱。这部商城《张氏宗谱》，最吸引我的，就是扉页上的“光绪二十有七年岁在辛丑弟（第）三次续修刊于武昌裔孙孝谦敬题黄冈陶子霖镌”四行大字，每行八字，共三十二个字。

为了这个“陶子霖”，又伤透了一番脑筋。后来在《孔子家语》的扉页上发现了“玉海堂景宋丛书之一光绪二十有四年太岁在戊戌二月贵池刘世珩以家藏汲古阁旧本付刻于武昌黄冈陶子霖镌”这么几行字，总算放下心来。陶子麟作陶子霖，是有出典的。其实，还有叫做陶子林、陶子龄的。终于明白了，这就跟鲁迅先生有 183 个笔名一样，其实也用不着过分的惊诧。

在这一行字中的“武昌裔孙孝谦”，是本谱的主修之一。他的世系是这样记载的：“孝谦，字观复，号巽之，廪贡生，光绪壬午科顺天乡试举人，己丑科进士，钦点翰林院庶吉士，庚寅散馆，钦取馆元授职编修国史馆协修，充癸巳、甲午两科顺天乡试同考官，甲午科会试同考官，保送湖北补用知府。”

从这里可以看出，这位张孝谦是光绪己丑科的进士，起点很高。查他的资料，发现张孝谦实际上是清末民初的一位风云人物。民国人姜泣群在《朝野新谭》的“袁大总统历史”这一节中记载：“时康有为惩甲午之败，力倡变法。袁公以翰林张孝谦之介绍交于康氏，遂大相得与。”袁世凯因为张孝谦的介绍，才得于结识康有为，可见张孝谦在历史上的作用。

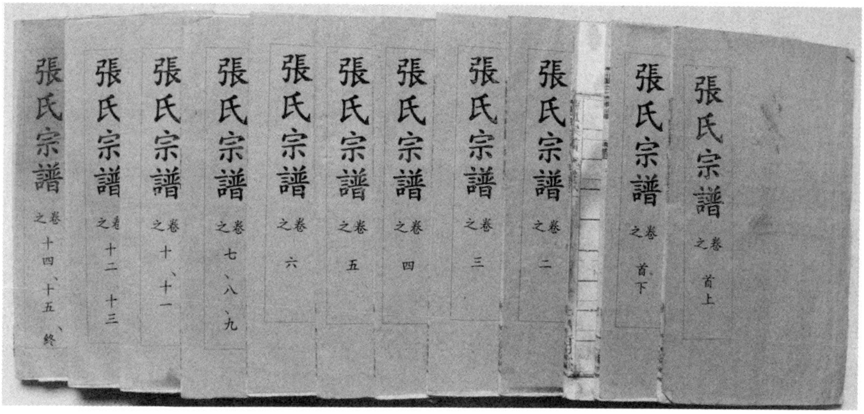

图 3:商城《张氏宗谱》

图 4:商城《张氏宗谱》扉页

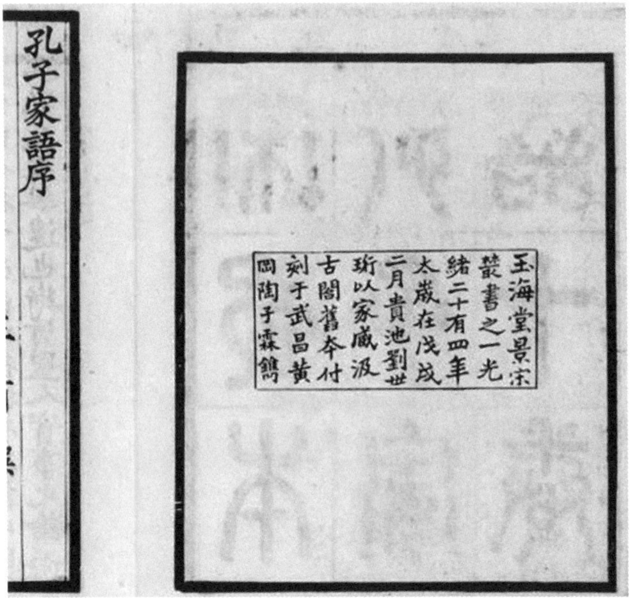
孔子家語序

玉海堂景宋叢書之一光緒二十有四年太歲在戊戌二月貴池劉世珩以家藏汲古閣舊本付刻于武昌黃岡陶子霖鐫

图 5:《孔子家语》扉页

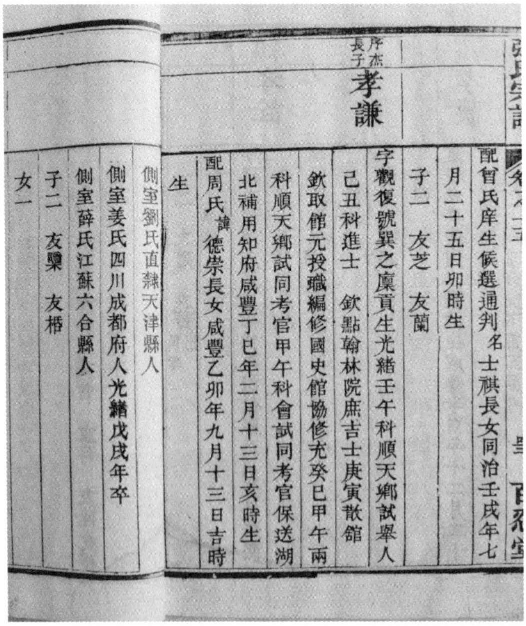
序杰長子 孝謙

配曾氏庠生候選通判名士祺長女同治壬戌年七月二十五日卯時生

子二 友芝 友蘭

字觀復號巽之廩貢生光緒壬午科順天鄉試舉人己丑科進士 欽點翰林院庶吉士庚寅散館 欽取館元授職編修國史館協修充癸巳甲午兩科順天鄉試同考官甲午科會試同考官保送湖北補用知府咸豐丁巳年二月十三日亥時生

配周氏諱德崇長女咸豐乙卯年九月十三日吉時生

側室劉氏直隸天津縣人

側室姜氏四川成都府人光緒戊戌年卒

側室薛氏江蘇六合縣人

子二 友檠 友椿

女一

图 6:《张氏宗谱》张孝谦的世系

而这,也成为清末维新派政治团体“强学会”成立的先声。《中国近现代史》中的“强学会的成立”是这样记载的:“清光绪二十一年四月,康有为发动‘公车上书’失败后认识到,欲实行变法维新,必先‘合群’以开风气,即结成团体,扩大维新思想的宣传。遂决计组织学会,争取官吏与士大夫对变法运动的支持……七月底八月初,康有为联络一批帝党官员,如户部郎中、军机处章京陈炽,刑部郎中沈曾植、翰林院编修沈曾桐、丁立钧、张孝谦等人,‘各出义捐’,集资设会。十月初,强学会正式成立……推陈炽、沈曾植为正董,沈曾桐、侍读学士文廷式为副董,而实以张孝谦负实际责任。列名会籍或参预会务者还有梁启超、麦孟华、汪大燮、王鹏运、陈仰垣、袁世凯、徐世昌、杨锐、张权等,共22人。”这22人无不是一顶一的人物,张孝谦能成为“强学会”的实际负责人,可以看出他的能力和声望都是非同一般。

而在修谱的光绪二十七年,即1901年4月25日,时任直隶总督兼北洋大臣的袁世凯向慈禧太后和光绪皇帝建议“开民智”,手段之一就是通令各省,一律开办官报局。到了1902年3月,袁世凯在保定开办“北洋官报印刷局”,就是请张孝谦任“北洋官报印刷局”的总办。当年的12月1日,《北洋官报》正式创刊,这也是全国第一份邮发的报纸。以后,各省各地的官报纷纷出现,多以《北洋官报》为模仿对象。

袁世凯能将这么重要的事委任给张孝谦,也表明了对官报创办的重视。

在民间,张孝谦还有“差点成状元”的传说,大致的情节是这样的:“光绪十五年(1889)己丑科,李鸿藻与翁同龢尽管依序充任阅卷大臣,但翁同龢阅罢费念慈殿试对策卷,颇为欣赏,就打算把状元授付给这名考生,即与李鸿藻商议,李鸿藻此时也已确定张孝谦殿试对策卷宜为第一名,便执意不可替换。翁、李二人一为光绪帝老师,一为同治帝老师,一为清议党‘南派’支柱,一为清议党‘北派’领袖。翁同龢之争毕竟属于越权破例,李鸿藻再争也无法一锤定音,继续僵持下去则会耽误进呈御览和发榜事宜,‘乃两置之’——干脆谁都不取,状元另定张建勋,榜眼改拟李盛铎。”不过,查《明清进士题名碑录》光绪十五年己丑科,一甲三名是张建勋、李盛铎、刘世安,而费念慈是二甲第六名,张孝谦已是二十三名。不太可能会有什么状元之争。

但这样的民间传说,会把张孝谦的声望推到一个怎样的高度,完全可以想象得到。而张孝谦能把家族刻谱的大事交给陶子麟,也可见对陶子麟的高度信任。

以当时陶子麟的名气,他是他那个时代,工价最贵的一个。韦力先生曾根据刘承幹日记里记载的资料作比较,得出了这样的结论:“陶子麟刻书的费用一律是每千字 5 元大洋,这个价格几乎高过其他人的一倍。可见当年陶子麟能够在社会上抢手,肯定不是薄利多销。我细细地查过了嘉业堂刻书的所有工价,嘉业堂所刻之书,陶子麟从头至尾的刻书价格始终是 5 元,也始终是嘉业堂所有刻书中最贵的一家。”

这部“百忍堂”《张氏宗谱》十五卷首二卷,除卷首下是活字排印以外,余下十一册均为刻本。平均一册大概在六七十页左右,十一册就是七百页以上。卷首这一册是每半页九行,行二十四字,除去空格,还得加上版心的文字,大概一页在 400 字左右。余外十册世系,每半页是十行,行二十四字至二十六页,空白相对较多,但字体也稍小一些,也算每页 400 字,这样总共是 28 万字。以每千字 5 元大洋算,就是 1400 元大洋。

尽管这只是一个大概估价,也有仿宋字和匠体字之分,价格也有高低,但不管怎样,都是一个不菲的价格。王晓清在《陶子麟与雕版刊刻》(《武汉文史资料》2015 年第 3 期)中就提到:“民国初年王国维在上海仓圣明智大学编辑《学术丛编》,拟请陶子麟为刊物雕刻刊版,但王国维也感叹陶氏刻字价格太高。”

其实,无论是陶子麟最有名的仿宋字还是他的匠体字,只要出自他手,都是好字。从韦力先生在他的《【书版】陶子麟:刊版之美,冠盖清民》一文中所提供的图片就可以看出,陶子麟给盛宣怀刻的《唐荆川先生文集》,就是这种所谓的匠体字,而这部《张氏宗谱》,用的就是相同的一种字体。

除了工价贵,时间上的拖沓也是一个重要因素。家谱的时效性要比其他的书籍都强得多,族人的生、卒需要随时体现在刚刚完成的家谱上。一部活字家谱,一般在几个月的时间内能够搞定,就算是雕版印刷,换成其他的工坊,最多也不过一二年就足够了。然而,这是《嘉业堂志》称之为“天下第一好手”的陶子麟刊刻,与其他作坊自然不可同日而语。家谱中唯一一册活字排印的卷首下《宗谱三次续修书后》就这样记载:“惟此采访,系光绪壬辰年截止,缮稿寄至武昌,越数年而始付剛,又数年而运板返商。迟延既久,始各刷印成帙。”光绪壬辰是光绪十八年,即1892年,而光绪二十七年辛丑是1901年,其间已相差了九年。而这还不是雕版完成的时间,因为这篇文章中,还有另外的话:“兹谱光绪辛丑年刊于武昌,宣统庚戌春碎石岭瑾公支下用官堆纸张刷印六十部,珽公支下购杭连纸重印五十部,玢公支下全印贰拾部。”两段文字合在一起,就是说,家谱从光绪壬辰的1892年交给陶子麟,一直到光绪二十七年的1901年才开始雕刻,几年以后雕版完成后运回商城,开始印刷。而这印刷的时间是宣统二年庚戌的1910年,也应该就是雕版竣工运到商城的时间。从交给陶子麟到印刷成功,其间花了18年的时间。

若非陶子麟的这块金字招牌,谁愿意修一部家谱要等待这么长时间呢。就因为这个漫长的18年,好多家族中的老人,已经等不到了。而那些当时刚出生的婴儿,此时可能已有娶妻生子,产生了新的家族成员。

就因为这样的原因,还有哪个家族会找陶子麟雕刻家谱?简直就是头脑发昏自寻烦恼。

江凌在《清末民初武昌陶子麟书坊刻书业考略》(《长江论坛》2008年第4期)一文中考证:“陶子麟自光绪十二年(1886)后,终其一生勤勉刻书。据不完全统计,刻书达170余种800余卷。”而王海刚在《近代黄冈陶氏刻书考略》(《出版科学》2007年第6期)中更是详细地列出了“黄冈陶氏刻书表”,却无一部是家谱。说明让陶子麟来雕刻家谱,在当时就已成为一件并不“靠谱”的事。

而这部目前已知惟一陶刻《张氏宗谱》的发现,无疑为陶氏刻书研究提供了新的材料。

《宗谱三次续修书后》中的“宣统庚戌春碎石岭瑾公支下用官堆纸张刷印六十部,珽公支下购杭连纸重印五十部,玢公支下全印贰拾部”这段话表明,这部《张氏宗谱》总共印了一百三十部。然后,查《中国家谱总目》,此部家谱并没有著录,可见经过了历次运动和社会变革之后,传世已经非常之稀。

还有一个关键点,就是陶子麟刻书,在其他的印本中,并没有注明过印量,而明确载明印刷数量,并且注明是何种纸张印刷的,只有这部《张氏宗谱》。这也更说明了这部家谱的珍贵之处。

浙江图书馆藏《图书府》初探

秦华英

（浙江图书馆）

浙江图书馆嘉业藏书楼是近代著名私人藏书家刘承幹所建收藏古籍之所，全盛时期藏书有六十多万卷，除宋刻元椠、地方志、明清稿本外，普通古籍中亦颇有不经见之籍。笔者在参加嘉业藏书楼的古籍普查时，发现一部名为《图书府》的丛书比较特别。这部书共九十六册（其中《路史》十二册提存杭州古籍善本库），开本大小一致，但是纸质不同、版式各异。书根处有墨笔题"图书府"，同时有墨笔标明册次、此册内容。每册均钤"吴兴刘氏嘉业堂藏书印""刘承幹字贞一号翰怡"二印（部分钤其中之一）。第一册有书写的目录，题曰"图书府总目"，后依次列子目，未题编辑者。

查1918年至1924年前后缪荃孙等编撰的《嘉业堂藏书志》①，《图书府》和所列子目，均未见著录。1924年南浔嘉业藏书楼落成，周子美、施韵秋进行编目，查这一时期的《嘉业藏书楼书目》②，《图书府》著录于丛书部分。《嘉业藏书楼书目》中"图书府"条目后所列子目与第一册卷前抄写的子目相同，但略有差异。例如，第一个子目，前者著录为：四书五经字

①缪荃孙、吴昌绶、董康撰，吴格整理点校《嘉业堂藏书志》，上海：复旦大学出版社，1997。

②此书现存于嘉业藏书楼。

辨八卷(小字注:陈鹤龄),后者著录为:陈鹤龄十三经字辨八卷;第三个子目,前者著录为:列朝廉吏传六卷(小字注:黄汝亨),后者著录为:黄汝亨列朝廉吏传六册。后者著录得更准确,且书写工整,可见书前的子目是经过整理后抄写的。

书前除目录外,没有其他的说明文字。这部书的编辑者是谁,是否为刘承幹?编辑者为何将这些书汇编在一起?现在都不知道。编辑者的问题暂时无法考证。但是将这些书汇编在一起的意图,或许可以从各个子目有没有相同点处着手,看看是否有迹可循。下面先将各个子目的分类、著者、版本作一简单介绍。

1.十三经字辨八卷　清陈鹤龄辑　清乾隆三十年刻本　六册

入经部·群经总义类·文字音义之属。

陈鹤龄,字瑶宾,南通州人,举人,终顺天府学教授。

据《中国古籍总目》经部第995页知,清乾隆三十年(1765)古吴三多斋刻本为最早的版本,藏所仅国家图书馆、北京大学。故此书应是最早的版本且传本较少。

2.闽南道学源流十六卷首一卷　明杨应诏撰　明嘉靖四十三年(1564)建安杨氏华阳书院道宗堂刻本　六册

入史部·传记类·总传之属。

杨应诏,号天游,建安(今属福建)人,嘉靖十年(1531)举人。

据《中国古籍总目》史部第656页知,版本仅有明嘉靖四十三年建安杨氏华阳书院刻本,藏所仅台湾图书馆。故此书应是最早的版本且传本较少。

3.廉吏传不分卷　明黄汝亨辑　清雍正十一年(1733)刻本　六册

入史部·传记类·总传之属。

黄汝亨(1558—1626),字贞父、贞甫,号寓庸,又自号玉衡主人,武林(今浙江杭州)人,万历二十六年(1598)进士,官至江西布政司参议。

据《中国古籍总目》史部第549页知,明万历刻本为最早版本,藏所多处;清雍正十一年刻本藏所仅南京图书馆。另浙江图书馆、清华大学图书馆也藏有雍正本。故此书虽不是最早版本,但传本较少。

4.国朝名世类苑四十六卷　明凌迪知撰　明万历刻本　十五册

入史部·传记类·总传之属。

凌迪知，字稺哲，号绎泉，乌程（今浙江湖州）人，嘉靖进士，官至兵部员外郎。

据《中国古籍总目》史部第592页知，版本仅有明万历刻本，藏所多处。故此书是最早版本。

5.交泰韵二卷　明吕坤撰　明万历吕知畏、吕知思刻本　二册

入经部·小学类·音韵之属·韵书。

吕坤（1536—1618），字叔简，号新吾，宁陵（今属河南）人，万历二年（1574）进士，官至刑部侍郎。

是书包含凡例一卷、总目一卷。《四库全书存目丛书》据福建图书馆藏明万历刻本影印，实际为二卷，但在《中国古籍总目》处著录为一卷。据《中国古籍总目》经部第1144页知，一卷本最早有明万历刻本，二卷本只有明末胡正言十竹斋刻本。故此书应是最早版本。

6.近体乐府一卷　宋周必大撰　明毛氏汲古阁刻本　与《竹斋诗馀》《袁中郎广庄》合为一册

入集部·词类·别集之属。

周必大（1126—1204），字子充、洪道，号省斋居士、青原野夫、平园老叟，吉州庐陵（今江西吉安）人，绍兴二十一年（1151）进士，官至左丞相。

据《中国古籍总目》集部第3270页知，明汲古阁刻宋名家词本是最早版本，藏所多处。故此书应是最早版本。

7.竹斋诗馀一卷　宋黄机撰　明毛氏汲古阁刻本

入集部·词类·别集之属。

黄机，字几仲，一作几叔，号竹斋，婺州东阳（令属浙江）人。

据《中国古籍总目》集部第3270页知，明汲古阁刻宋名家词本是最早版本，藏所多处。故此书应是最早版本。

8.袁中郎广庄一卷　明袁宏道撰　明周应麐刻袁中郎十集本

第一册的总目没有著录此种，但是因为它和《近体乐府》《竹斋诗馀》合订为一册，且书根墨笔题的内容也有“广庄”，故暂作为一种子目著录于此。

入子部·道家类·先秦之属·庄子。

袁宏道(1568—1610),字中郎,又字无学,号石公,湖广公安(今湖北公安)人,万历二十年(1592)进士,官至吏部郎中。

《中国古籍总目》子部第2353页著录有多个明刻本。此书为较早版本。

9.庐山纪事十二卷　明桑乔撰　明嘉靖四十年(1561)刻本　四册

入史部·地理类·山水志之属·山。

桑乔,字子木,江都人。

据《中国古籍总目》史部第3912页知,明嘉靖间刻本是最早版本,藏所有五家。故此书应是最早版本。

10.陆学士题跋二卷　明陆树声撰　明万历十八年(1590)刻本　二册

入子部·艺术类·书画之属·题跋。

陆树声(1509—1605),字与吉,号平泉,松江华亭(今属上海)人,嘉靖二十年(1541)进士,官至礼部尚书。

《中国古籍总目》子部第1282页仅著录明万历刻陆学士杂著本,藏所有三处。故此书应是最早版本,且传本较少。

11.路史四十七卷　宋罗泌纂　宋罗苹注　明万历三十九年(1611)广陵乔可传刻本　十二册

入史部·杂史类·通代之属。

罗泌,字长源,号归愚,吉州庐陵(今江西吉安)人。罗苹为罗泌子。

据《中国古籍总目》史部第213页知,明万历三十九年广陵乔可传刻本藏所有四处。较此本早的宋刻本藏所一处,明嘉靖间洪楩刻本藏所三处。另,浙江图书馆等多家也藏有万历本。故此书不是最早版本。

12.元经薛氏传十卷　隋王通撰　唐薛收传　宋阮逸注　明刻广汉魏丛书本　五册

入史部·编年类·通代之属。

王通,字仲淹,绛州龙门(今山西稷山)人。

《中国古籍总目》史部第105页著录有明刻本、明刻汉魏丛书本、明刻广汉魏丛书本等，藏所较多。此书是较早版本。

13.东莱左氏博议课钞二卷　宋吕祖谦撰　清吴清辑　清嘉庆二十四年(1819)刻本　一册

入经部・春秋类・左传・传说之属。

吕祖谦(1137—1181)，字伯恭，人称东莱先生，婺州金华(今属浙江)人，隆兴元年(1163)举进士，官至著作郎。

《中国古籍总目》经部第71页仅著录清嘉庆二十四年愈愚书塾刻本，藏所仅上海图书馆。故此书应是最早版本且传本较少。

14.述记(遂古堂两汉三代遗书)三十四种　清任兆麟编　清乾隆五十三年(1788)震泽任氏忠敏家塾刻本　五册

夏小正一卷　汉戴德传

鬻子一卷

逸周书一卷

周公谥法一卷

武王践阼一卷

弟子职一卷

管子一卷

老子一卷

晏子春秋一卷

家语一卷　三国魏王肃注

曾子一卷

书序一卷

诗序一卷

孙子一卷

司马法一卷

周易乾凿度一卷

尸子一卷

荀卿子一卷

庄子一卷

楚辞一卷

小尔雅一卷　汉孔鲋撰

尚书大传一卷　汉伏胜撰

戴礼记一卷　汉戴德撰

乐记一卷　汉刘向撰

贾子新书一卷　汉贾谊撰

春秋繁露一卷　汉董仲舒撰

韩诗外传一卷　汉韩婴撰

新序一卷　汉刘向撰

说苑一卷　汉刘向撰

列女传一卷　汉刘向撰

扬子法言一卷　汉扬雄撰

白虎通德论一卷　汉班固撰

说文一卷　汉许慎撰

汉纪一卷　汉荀悦撰

入丛书部·杂纂类·清代前期。

任兆麟,字文田,号心斋,又号有竹居,江苏震泽人,嘉庆元年(1796)举孝廉方正。

《中国古籍总目》丛书部第375页仅著录清乾隆五十三年震泽任氏忠敏家塾刻映雪草堂印本,藏所八处。故此书应是最早版本。

15.善女人传二卷　清彭绍升撰　清乾隆四十六年(1781)刻本一册

入史部·传记类·总传之属。

彭绍升(1740—1796),字允初,法名际清,江苏长洲(今苏州)人。

《中国古籍总目》史部第539页著录:清乾隆四十六年刻本(上海图书馆藏)的作者为"清童岳荐辑";彭绍升撰本仅清同治十一年(1872)常熟刻经处刻本,藏所有三处。此书目录后有"乾隆四十六年秋九月会稽清信士童岳荐校刊",《中国古籍总目》乾隆本的著者应是因此误作"童岳荐”。故此书应是最早版本，且传本较少。

16.四书翼注论文三十八卷　清张甄陶撰　清嘉庆十五年（1810）浙湖竹下书堂刻本　九册

入经部·四书类·四书总义·传说之属。

张甄陶（1713—1780），字希周，一字惕庵，福建福清人，乾隆十年（1745）进士。

《中国古籍总目》经部第900页著录版本有：清乾隆四十一年（1776）南海凌氏刻本，藏所为南京图书馆；清乾隆五十二年浙湖州竹下书堂刻本，藏所有三处。《中国古籍总目》未著录嘉庆刻本。

17.日知荟说四卷　清高宗弘历撰　清乾隆元年（1736）刻本　三册

入子部·儒家类·礼教之属·俗训。

弘历（1712—1799），爱新觉罗氏，1735年即帝位，年号乾隆，庙号高宗。

《中国古籍总目》子部第179页著录有稿本，最早的版本是清乾隆元年武英殿刻本（藏所多处）。此书应是最早的刻本。

18.古今韵略五卷例言一卷　清邵长蘅撰　清康熙三十五年（1696）宋荦刻本　四册

入经部·小学类·音韵之属·韵书。

邵长蘅（1637—1704），一名衡，字子湘，别号青门山人，江苏武进人。

《中国古籍总目》经部第1146页著录有：清康熙二十五年（1686）刻本（藏所一处）、清康熙三十三年（1694）刻本（藏所一处）、清康熙三十五年刻本（藏所二处）。另，温州图书馆等多家藏有清康熙三十五年刻本。

19.觚不觚录一卷　明王世贞撰　明刻本　与《溪山馀话》《吴中故语》《清暑笔谈》合为一册

入子部·小说家类·杂事之属。

王世贞（1526—1590），字符美，号凤洲，又号弇州山人，太仓（今属江苏）人，嘉靖二十六年（1547）进士，累官至南京刑部尚书。

20.溪山馀话一卷　明陆深撰　明刻本

入子部·杂家类·杂学杂说之属。

陆深(1477—1544),初名荣,字子渊,号俨山,上海人,弘治十八年(1505)进士,累官至四川左布政使,后进詹事府詹事。

21.吴中故语一卷　明杨循吉撰　明刻本

入史部·地理类·杂志之属。

杨循吉(1456—1544),字君卿,一字君谦,吴县(今江苏苏州)人,成化二十年进士,授礼部主事。

22.清暑笔谈一卷　明陆树声撰　明刻本

入子部·杂家类·杂记之属。

著者见前文。

《觚不觚录》《溪山馀话》《吴中故语》《清暑笔谈》版式相同,应属同一丛书。与浙江图书馆藏的《广百川学海》(明刻本)、《五朝小说》(明刻本)、《说郛续》[明末刻清顺治三年(1646)两浙督学周南李际期宛委山堂印本]比对,版式均一致,暂时不能确定属于那一丛书,但都是较早的版本。

23.世说新语广钞二卷　明邢侗辑　明刻本　一册

入子部·杂家类·杂记之属。

邢侗(1551—1612),字子愿,山东临清人,万历二年(1574)进士,官至陕西行太仆寺少卿,工书法。

《中国古籍总目》子部第1847页仅著录明末刻本,藏所仅湖北图书馆一家。此书应为较早刻本,且传本较少。

24.容斋随笔十六卷续笔十六卷三笔十六卷四笔十六卷五笔十卷　宋洪迈撰　明崇祯三年(1630)嘉定马元调刻本　十二册

入子部·杂家类·杂学杂说之属。

洪迈(1123—1202),字景庐,号容斋,饶州鄱阳(今江西波阳)人,绍兴十五年(1145)进士,以端明殿学士致仕。

据《中国古籍总目》子部第1653页知,明崇祯三年嘉定马元调刻本藏所较多,且有多个版本早于这一版本。

综上可见：分类方面，经部五种、史部八种、子部八种、集部二种、丛书部一种，五部均有，不属于同一类目，所以这不是一部专门性的丛书。著者方面，各个子目的作者隋、宋、明、清等朝均有，不属于同一个时代；作者的籍贯也是各地都有，并不是同乡。可以看出，著者方面没有共通点。版本方面，这部书与大多数丛书不同，并不是统一出版的，而是将各子目已有的本子汇总在一起；从各自的版本来看，明刻十六种，清刻八种，大部分是此子目的最早版本或者是流传较少的版本。

刘承幹《嘉业老人八十自叙》中提到："所获既富，遂发刊辑丛书之愿，择孤本与罕传之本，次第授梓，成丛书数种。网罗前哲遗编，曰《嘉业堂丛书》；汇集近儒述作，曰《求恕斋丛书》；限乡贤所著者，曰《吴兴丛书》；阐性理微言者，曰《留馀草堂丛书》。"①《图书府》所收子目，经、史、子、集、丛五部均有，著者并非同乡但都是前贤，版本虽非孤本但大都是罕传之本。《图书府》的编辑意图或许可从罕传之本方面考虑。

除编辑意图外，还有一个问题可以探讨一下，就是这部丛书为什么题名为"图书府"？唐代张说《恩敕丽正殿书院赐宴应制得林字》云："东壁图书府，西园翰墨林。"清厉荃辑、清关槐增辑《事物异名录》中"秘书省"条目下有："图书府　典籍府：《宋史 · 杨徽之传》：秘书监曰图书之府。又《西都赋》：天禄、石渠，典籍之府。"图书府，顾名思义为图书之府，多意指宫中藏书处。《日知荟说》《觚不觚录》《容斋随笔》三种收入《四库全书》。《十三经字辨》《闽南道学源流》《廉吏传》《国朝名世类苑》《交泰韵》《近体乐府》《庐山纪事》《陆学士题跋（存目作平泉题跋）》《路史》《元经》《溪山余话》均收入《〈四库全书〉存目》。另《〈四库全书〉存目》收录的《陆学士杂著》十一卷，其提要中有提及"陆学士杂著二卷""清暑笔谈一卷"；收录的《袁中郎集》四十卷，"广庄"是其中的一部分。这样看来，半数的子目收入《〈四库全书〉存目》。这些书并不是四库采进本，但是有题名相同甚至版本相同的书曾经藏于清宫的武英殿或翰林院。名曰图书府，不知是否有这方面的原因。但是，诸书合订流传不易，名为图书府，可

①应长兴、李性忠主编《嘉业堂志》，北京：国家图书馆出版社，2008，第305页。

见编辑者对这部书是非常珍爱的。

《中国丛书综录》的《前言》中说明:“丛书是汇集许多种重要著作,依一定的原则、体例编辑的书。”《中国历史大辞典》中“丛书”一条为:“或称丛刊、丛刻、汇刻书。集多种单独的著作成为一套冠以总书名的出版物。有综合性与专门性之分。有的一次出齐,有的则逐册出版连续多年。”这部《图书府》将多部书汇集在一起,有一个总书名,但是没有出版过,更像是丛书底本的汇编,也可以说是一部丛书稿本。以这种形式存在的丛书虽然罕见,但并不是仅此一家。比如,清乾隆年间编纂《四库全书》时,被选定用于抄写的四库底本,后来存于翰林院供士子查阅,可谓是第八份《四库全书》。① 可叹的是,这份《四库全书》经庚子事变已散亡无存。《图书府》的存在,不仅保存了很多罕见传本,更为我们展现了丛书的一种独特形式。

①参见杜泽逊撰《四库采进本之存贮及命运考略》,《图书馆工作与研究》2001 年第 2 期。

《元城先生语录》朱印本初探

吕文瑞

（甘肃省图书馆）

《元城先生语录》，一称《元城语录》，为宋马永卿编集刘安世语。刘安世（1048—1125），字器之，学者称"元城先生"，魏（今河北大名）人。登进士第，不就选，从学于司马光。元祐初，司马光入相，荐为秘书省正字。历官右正言、起居舍人兼左司谏、左谏议大夫。后被章惇、蔡京贬为外官，不使入朝。刘安世正色立朝，弹劾无所顾忌，时号"殿上虎"。《宋史》有传。马永卿，字大年，合肥人，迁扬州，流寓铅山。生卒年不详。北宋大观三年（1109）进士。又尝官于江都、浙川、夏县及关中①。有《懒真子》五卷传世。大观中，刘安世谪亳州，寄居永城。马永卿方为主簿，受学于刘安世。后追录其言，因撰集其语为《元城先生语录》三卷。全书分条记事，共分乡里、献书、治书等六十二条。此书虽名语录，但颇及考证，间涉佛道学说，于治经史、育后人、研风俗、述文化等，多可参证。《元城语录》刊行后，颇具影响，明人崔铣以《宋史·艺文志》有《刘安世语录》二卷，早佚，乃精心搜寻，拾遗补缺，辑成《行录》一卷，附于《元城语录》之后，与之并行于世。

据《中国古籍善本书目》（以下简称《书目》），《元城先生语录》有11

①永瑢等：《四库全书总目》，北京：中华书局，1965，第1039—1040页。

条版本记载,除去名人批校题跋本,仍有9条①。实际上可以归纳为两大系统:行录系统6条和非行录系统3条。行录本,即《元城语录》后附《行录》一卷,乃明崔铣辑,有明正德、万历刻本和清抄本。明王崇庆撰《元城语录解三卷附行录解一卷》亦在此列,有明刻本。行录系统后世比较流行,《四库全书》所收即为此。非行录系统,则无崔铣所辑《行录》一卷。其中明嘉靖十年(1531)严肃刻本虽无《行录》而有《附录》一卷。民国间陶湘据严肃本覆刊,写刻精美。甘肃省图书馆(以下简称"甘图")藏有严肃刻本的朱印本。据《书目》可知,严肃刻本仅著录国家图书馆和上海图书馆有藏。可以认为,明嘉靖十年严肃刻本《元城先生语录三卷附录一卷》较为珍稀,甘图所藏其朱印本,更可宝贵。笔者试将其真面目揭露一二。

一

《元城先生语录三卷附录一卷》,宋马永卿辑,明嘉靖十年严肃刻本。板框19.1cm×13.2cm,半叶十行,行二十字,白口,左右双边,双对黑鱼尾。上鱼尾下题"元城语录卷上/中/下",下鱼尾上镌叶数。卷端题"元城先生语录卷上/中/下",次行低两格题"左朝散郎主管江州太平观赐绯鱼袋马永卿编"。前有二序,后有附录一卷及一跋。分别是张九成和马永卿序,严肃跋。

《元城先生语录序》一:

> 余观马永卿所著《元城先生语录》,呜呼!前辈不复见矣。使余读之至于三叹息也。余考先生所学所论,皆自不妄语中来。其论时事、论经史,皆考订是非,别白长短,不诡随,不雷同,不欺于心而终之以慎重,此皆不妄语之功也。司马温公心法,先生其得之矣。绍兴丙子(二十六年,1156)八月范阳张九成序。(此序朱印本缺,据陶湘覆刊本录。)

---

①《中国古籍善本书目·子部》,上海:上海古籍出版社,1994,第530—531页。

《元城先生语录序》二：

仆家高邮，少从外家张氏诸舅学问。五舅氏讳枞字圣作，七舅氏讳桐字茂实，九舅氏讳楫字济川。大观三年冬，仆将赴亳州永城县主簿，七舅氏戒仆曰：永城有寄居刘待制者，汝知之乎？仆谢不知。舅氏因为言先生出处起居之详，且曰：汝到任可以书求教。仆到任之次日，因上谒，三日以书求教。先生曰：若果不鄙，幸时见过。仆因三两日一造门。后数月，先生以仆为可教，意亦自喜。尝曰：某在谪籍，少人过从，贤者少年初仕宦，肯来相从，愿它日无负此言。是时先生寓于县之回车院，年六十三四，容貌堂堂，精神言语雄伟闿爽。每见客，无寒暑无早晏，必冠带而出。虽谈论逾时，体无欹侧，肩背耸直，身不少动，至手足亦不移。噫！可畏人也。仆从之学凡一年有余，后先生居南京，仆往来数见之，退必疏其语，今已二十六年矣。仆既不能卓然自立，行其所学以追前辈，已负先生之托矣。若又不能追录先生之言，使之泯绝，则仆之罪大。仆怀此志久矣，独以奔走因循，欲作复止。比因窃禄祠廪，晨昏之暇，辄追录之，以传子孙，盖以仆声名之微，不能使它人之必传也。先生元城人，讳安世，字器之，事在国史。绍兴五年(1135)正月望日维扬马永卿大年序。

跋：

元城刘先生语录板尝刻于大名，岁久残缺。余至黄，政理之暇，与少参汪公东溪论及先生事，公因出昔年巡历所得语录以示余，余读之，窃谓温公所以教先生如“诚”之一字，自不妄语始，可为万世师法。先生尝力行七年而后成，则此语多得于力行之后，信哉不妄也已。间日又与太守毛公石厓论之，公复出彭方伯公所著《铁汉楼记》以示余，余喜之，复考先生之行实，并附于录，使后之学者读其书知其人，得以私淑先生之正学直气，抑可廉顽而立懦也，顾不韪哉。遂正其舛缪，捐俸重刻与同志共焉，观者毋以为僭。嘉靖辛卯(十年)秋七月既望毘陵严肃谨识。

张九成(1092—1159)字子韶，钱塘人，号横浦居士、无垢居士，北宋末南宋初期思想家。绍兴二年(1132)进士第一,后官至礼部侍郎。因反对和议忤秦桧,谪居江西南安十四年。桧死,起复,任温州太守。卒谥文忠。《宋史》有传。严肃其人无考。

附录部分,卷端题"附录",版心题"元城语录卷后",包含《元城先生行实》和《铁汉楼记》两部分内容,跋文亦有说明。《铁汉楼记》紧接行实内容之后,其后接跋文。卷末题"元城语录后终"。据跋文可知,附录当为严肃辑。

二

甘图所藏朱印本,字口清晰,点画分明,系初印无疑。从装帧形式来看,无线眼,只用两个纸锔装订。无书衣。开本 27.1cm×18.0cm。有墨笔读点"丶"和墨笔批校。附录部分有水渍一滴,浸透后六叶该处文字。据此处文字漫漶不清可知此朱墨水溶性强。

从叶数编号连缀不辍来看,本书内容共六十七叶,朱印本缺第一叶,即张九成序。从纸锔处残留纸屑来看,前后各有一护叶,书前护叶佚失。即本书用纸共六十九张,纸张为竹纸,色黄,较普通竹纸厚实。

本书分上中下三卷。除卷端题名外,每卷卷末亦有题名同卷端,卷末题名与正文间隔一行。惟卷中内容完结处该叶刻满,卷末题名即刻于下一叶首行。该行本应为卷下卷端题名处,如此便委曲求全,刻于此行下方。次行本应为著者題名处,亦省,直接正文内容。

本书最重要的也最有价值的是有墨笔校勘文字,共 12 处。兹一一陈述。

1.第十一叶第 1 行第 14 字"无":字形不规范。旁有三角符号,此行书眉处书写规范字形。规范字形左旁贴一浮签(浮签用纸同原书,版刻字体风格亦同),签上朱印"亦无及",此句即"无"字所在处,签上"无"字已改为规范字形。

2.第十六叶第 6 行第 3 字"漆":刊刻错误。旁有三角符号,其上书眉处书写正确字形。左旁浮签上朱印"被漆唾",即"漆"字所在处,已改为正确字形。

3.第二十一叶第7行第1字“邑”:刊刻错误,刻成了“巴”。旁有三角符号,其上书眉处书写正确字形。左旁浮签上朱印“邑二王”,“邑”已改为正确字形。

4.第三十五叶第10行第5字“手”:刊刻模糊。旁有三角符号,其上书眉处书写规范字形。左旁浮签上朱印“国手而”,“手”已改为规范字形。

5.第三十五叶b面第1行第3字“局”:刊刻错误,头上多了一点。点上墨笔一挑,其上书眉处书写“丶挖去”。左旁浮签上朱印“对局者”,“局”字头上点已挖去。

6.第三十七叶第3行第6字“亡”:刊刻模糊,前两笔模糊不清。旁有三角符号,并在原字上描出前两笔,其上书眉处书写规范字形。左旁浮签上朱印“国不亡盖”,“亡”已改为规范字形。

7.第三十七叶b面第6行第6、7字“湏皆”:刊刻失误。这两字上贴白纸浮签,签上书写“湏皆”,同时于其上书眉处书写规范字形。左旁浮签上朱印“必湏皆是”(“皆”字“白”作“日”),“湏皆”已改为规范字形。

8.第三十八叶第2行第6字“本”:刊刻失误。于原字上描出一撇,其上书眉处书写正确字形。左旁浮签上朱印“仆本朝官”,“本”已改为正确字形。

9.第四十二叶b面最后一字“且”:刊刻模糊。与原字上书写正确字形,其上书眉处亦书写正确字形,右旁浮签上朱印“矣且”,“且”已改为规范字形。

10.第四十五叶b面第6行第17字“其”:刊刻错误,刻成了“英”。旁有三角符号,其上书眉处书写正确字形。左旁浮签上朱印“之道其性”,“其”已改为正确字形。

11.第四十七叶b面第7行第16字“十”:刊刻失误。于原字上描出一竖,其上书眉处书写正确字形。左旁浮签上朱印“三十其”,“十”已改为正确字形。

12.第五十九叶第1行第13字“计”:刊刻错误,刻成了“讨”。旁有三角符号,其上书眉处书写正确字形。左旁浮签上朱印“自全计吕”,“计”已改为正确字形。

根据以上这些特点，推断此本或为清样本，墨笔校勘亦或严肃所为。

三

就《元城先生语录》正文内容，取通行之文渊阁本《四库全书》进行比较，基本一致，只有十余处稍异，兹列于下：

1.卷上“先生问仆旧治甚经”一条，四库本“自此作尧典以尚书序也，旧典他序同在一处”，严肃本作“自此作尧典以上书序也，旧与它序同在一处”。

2.卷上“先生尝问仆参禅乎”一条，四库本“平生未曾与人言者”，严肃本作“平生可曾与人言者”。“可曾”误，“未曾”是。

3.卷上“先生与仆论变法之初”一条，四库本“或可以生死祸福恐之使回”，严肃本作“或可以生死祸福恐之得回”。

4.卷上“先生尝曰太祖极好读书”一条，四库本“每夜于寝殿中看历代史”“但人不知口不言耳”“往往独尽利害之实”，严肃本作“每夜如寝殿中看历代史”“但人不知及口不言耳”“往往尽利害之实”。

5.卷中“先生尝言老先生每于朝廷阙政”一条，四库本“未尝与士大夫闲谈”“待其先犯边然后当用兵也”“则两国用兵之胜负系之于天”，严肃本作“未尝与士大夫轻议”“侍其先犯边然后当用兵也”“则中国夷狄之胜负系之于天”。

6.卷中“先生于余论国初”一条，四库本“又中国阳位午方也”“靖糜之事虽由人谋不臧”，严肃本“又中国阳夷狄阴也”“靖康之事虽由人谋不臧”。

7.卷中“先生曰某之北归与东坡同途”一条，四库本“同读郑公使北语录”“辽主明知利害所在”，严肃本作“同读富郑公使北语录”“虏主明知利害所在”。

经比较，除个别字词有异外，突出差异在于四库本对原文本的删改，如宋元时期著作中出现“胡虏”“夷狄”之类对少数民族带有污蔑性称谓的语词，清统治者一律要求改易用语，致使许多收入《四库全书》的著作面貌全非。此例一也。

其中也有个别严肃本误者，经过校改仍未发现。通过对此朱印本校改情况的研究，一是发现其校改侧重于字形清晰，使人能识，至于语词准确、文意连贯，倒在其次。二是此朱印本仍属样稿性质，只经一人校对，或另有他人再校一本，亦未可知。因条件所限，无缘亦未及比对国图和上图藏本。后将补之。

四

经比较，笔者认为甘图藏朱印本版本价值较大，值得研究。首先，正文卷末的"附录"部分在《元城先生语录》系列版本中较为少见，可补充或佐证刘安世生平事迹。其次，作为最初印的朱印本，刻印精良，楮墨俱佳，已属难得。更可宝贵的是，作为清样本，有主持刊刻者严肃的批点校字墨书。而且，将已校改过的正确的、规范的文字重新刊印，并将重新用朱墨印好的文字签条贴于此校改本上，这种庄重而严肃的态度和做法，值得学习和提倡。

孔平仲《续世说》考述

郭向东　李　辉

（甘肃省图书馆）

孔平仲（1044—1103），临江军新淦县（江西峡江县）人。英宗治平二年（1065）进士，曾为秘书丞、集贤校理、江东转运判官等。孔平仲长于史学，工文词，与其兄文仲、武仲俱有文名，并称“三孔”，有《续世说》《珩璜新论》等著述传世。关于其生平履历，学界存在争议。《续世说》取材丰富，体现孔平仲深厚的史学功底，其体例对《世说新语》既有继承又有创新，故此书具有一定的资料价值和学术价值。

一、孔平仲生平与著述

（一）孔平仲生平履历

孔平仲，字义甫，一作毅父，有作毅甫，《宋史》卷三四四云《孔文仲传》“平仲，字义甫”，《东都事略》卷九四《孔平仲传》云“平仲，字毅父”，《容斋随笔》云“孔毅甫”。《宋史》、《四库全书总目提要》、清代编纂的《新喻县志》称其为临江新喻（今江西新余）人，明清修《临江府志》称其为临江峡江人。黄宏在《北宋三孔籍贯新考》一文中比较详尽地梳理和实地考察籍贯归属地，证明孔平仲籍贯是宋时的临江军新淦县，明代嘉靖五年（1526）析新淦地峡江镇置峡江县，即孔平仲为今峡江县人。

孔平仲生活在北宋中后期,少年得志,中年以后仕途坎坷,在党论之争的漩涡中沉浮挣扎。《宋史》本传云:

> 平仲,字义甫。登进士第,又应制科。用吕公著荐,为秘书丞、集贤校理。文仲卒,归葬南康。诏以平仲为江东转运判官护葬事,提点江浙铸钱、京西刑狱。绍圣中,言者诋其元祐时附会当路,讥毁先烈,削校理,知衡州。提举董必劾其不推行常平法,陷失官米之直六十万,置狱潭州。平仲疏言:"米贮仓五年半,陈不堪食,若非乘民阙食,随宜泄之,将成弃物矣。傥以为非,臣不敢逃罪。"乃徙韶州。又坐前上书之故,责惠州别驾,安置英州。徽宗立,复朝散大夫,召为户部、金部郎中,出提举永兴路刑狱,帅鄜延、环庆。党论再起,罢,主管兖州景灵宫,卒。平仲长史学,工文词,著《续世说》《释稗》《诗戏》诸书传于世。①

《宋史》粗略的勾画出平仲的一生履历,李春梅在《临江三孔研究》一文中,通过对《江西三孔氏族谱》《续资治通鉴长编》《宋会要》及一些地方志等材料的梳理,并对作者部分诗文系年来补充完善,对三孔事迹编年进行了详尽的考证。本文对材料进行梳理,并按照时间顺序将孔平仲的生平罗列出来。仁宗庆历四年(1044)甲申,平仲生;嘉祐七年(1062),孔平仲中乡举,时年十九岁;治平元年(1064)孔平仲为国学解魁;治平二年(1065)登进士第,授洪州分宁县(今江西修水县)主簿;熙宁四年(1071)平仲任密州(今山东诸城)教授,后任衢州军事推官。熙宁七年(1074)至熙宁九年(1076)居家丁父忧;熙宁十年(1077)任秘书省校书郎充都水监勾当公事;元丰元年(1078)以奉议郎通判虔州(今江西赣州),监江州钱监;元祐二年(1087),召试馆职,孔平仲经吕公著推荐任秘书丞;次年得授集贤校理,又为太常博士;元祐三年(1088),孔文仲权知贡举,卒于任上,诏孔平仲为江南东路转运判官,护文仲柩归葬南康;元祐六年(1091),任秘阁校理,提点江浙铸钱;绍圣元年(1094),平仲提点京西南路刑狱;后移淮南西路提刑;绍圣三年(1096),平仲除知衡州;元符元年

①《宋史》卷三四四。

(1098),因“提举荆湖南路常平董必劾平仲不行平常之法,置狱潭州”;因疏言“米贮仓五年半,陈不堪食,若非乘民阙食,随宜泄之,将成弃物矣。倘以为非,臣不敢逃罪”,乃徙韶州;元符二年(1099),因前上书讥毁先朝政事,授惠州别驾;后安置英州;建中靖国元年(1101),复为朝散大夫,召为户部、金部郎中,出任提举永兴路(今陕西西安)刑狱;崇宁元年(1102),党论之祸再起,复被罢职;孔平仲管兖州太极观,奉祠而卒(1103)。

(二)孔平仲著述

孔平仲是孔子的后裔,属江西支脉①,在家族文化的熏陶和江西丰厚的地域文化的浸染下,他博学多识,刚正守议,与兄文仲、武仲并称“清江三孔”。兄弟三人于嘉祐、治平年间连科进士及第,声名大振,在政坛和文坛都享有极高声誉。宋代王庭珪在《故孔氏夫人墓志铭》中曾给予“三孔”极高的评价:“孔氏崛起,震惊南斗。一时声名,风声雷吼。江西氏族,无出其右。”黄庭坚在《和答子瞻和子由常父忆馆中故事》中誉其:“二苏上连璧,三孔立分鼎。”孔平仲身为宋代江西名家,与其兄俱少年得志,在文坛享有盛誉,荣极一时,兄弟三人中,孔平仲著述丰富,影响最大,《宋史》称其“长史学,工文词”。

孔平仲一生著述丰富,流传广泛,历代目录书大都有记载,现将其著作存佚加以陈述。

《释稗》一卷,现已佚,《宋史·艺文志》、《宋史》本传题平仲著有此书,《遂初堂书目》题平仲著《释稗》一卷,而《郡斋读书志》《直斋书录解题》对此书已无著录,元代以后历代官私书目未见著录,可知其亡佚已久。

《良史事证》一卷,现已佚,《宋史·艺文志》著“孔平仲《良史事证》一卷”。《容斋随笔》云“世传孔毅甫《野史》一卷,凡四十事,予得其书于清江刘靖之所……予谓决非毅甫所作,盖魏泰《碧云騢》之流耳”,也未见后世历代官私书目著录,不知与《良史事证》同一书否。

《续世说》十二卷,下文详细陈述其版本价值,不再赘述。

---

①孔德成、孔庆塑、孔令熙等据《(民国)孔子世家谱》影印《孔子世家谱·临江派》,济南:山东友谊出版社,1990。

《孔氏谈苑》四卷,《四库全书》著录为"《孔氏谈苑》四卷"。《宝颜堂秘籍》本著录为"谈苑四卷",《艺海珠尘》本著录为"《孔氏谈苑》五卷"。全书内容广泛,所录当时史实轶事较多,事物纪原、志怪故事。《四库全书总目提要》也称其"是书多录当时琐事,而颇病丛杂"。

《珩璜新论》四卷。《四库全书》《说郛》《墨海金壶》《宋人小说》著录为"《珩璜新论》一卷",《古今说海》《格致丛书》《说库》著录为"《孔氏杂说》一卷",《宝颜堂秘籍》著录为"《孔氏杂说》四卷",《学海类编》著录为"《珩璜新论》四卷",今池洁先生整理本亦为四卷。《四库全书总目提要》称:"是书又提《孔氏杂说》。吴曾《能改斋漫录》引作《杂说》,而此本卷末有淳熙庚子吴兴沈诜跋,称渝川丁氏刊版,已名《珩璜论》。"

《诗戏》三卷。《郡斋读书志·附志》云"孔毅父诗戏一卷",《宋史·艺文志》云"《诗戏》一卷",《宋史》本传亦题平仲著有此书。《四库全书总目提要》在《清江三孔集》云:"别出《诗戏》三卷,皆文、集句之类,盖仿《松陵集》杂体别为一卷例也。"三卷《诗戏》共收录孔平仲杂体诗九十六题百余首,约十数种。是继皮日休、陆龟蒙《松陵集》后又一次个人创作杂体诗的高潮。

《清江三孔集》是孔平仲诗文著录最早的诗文集,三孔诗文集的编刻,始于南宋,"庆元中濡须王遴愚守临江,裒辑刊行"。① 据张剑考证:"南宋临江守王莲于宁宗庆元五年(1199)收辑三孔诗文遗文,合刻为《三孔先生清江文集》行世,据王跋可知该书共四十卷,虽非完璧,但已是三孔诗文存世数量最多之编集。《宋史·艺文志》亦题《三孔清江集》四十卷。陈振孙《直斋书录解题》中著录《清江三孔集》四十卷,并云:'其著述各数十篇,多散逸弗得。今其存者,文仲才二卷、武仲十七卷、平仲二十一卷而已。'但此庆元刻本原本早佚,此后,清江三孔集多以抄本形式流传,现存十余种明清善本中,除嘉庆二十二年(1817)孔氏水北本是刻本外,其余均为抄本。陆心源《皕宋楼藏书志》集部题旧抄本《三孔先生清江文集》四十卷,傅增湘《藏园群书经眼录》集部录有《三孔先生清江文集》四十卷抄本两种(其一为残本)和《三孔先生清江文集》三十卷抄本三种。民国

①(宋)陈振孙《直斋书录解题》卷十七。

胡思敬综合南京丁氏抄本与江西孔氏水北本又成三十四卷本。因此,清江三孔集传世版本从卷数上分有四十卷本、三十四卷本和三十卷本。”①这些诗文,涉及出使远游,登览吊古,或人情世故的经历,为了解作者的生活环境及思想的变化提供了真实史料。

二、《续世说》考述

孔平仲长于史学,尤精于考证,周必大在《清江三孔集序》中说:“毅尤精史学,更践中外,天下共称其文。”他对魏晋南北朝隋唐五代十国的掌故了若指掌,对各国之历史及相关记载都较为熟悉。这段时期史料的记载纷繁复杂,只有长于史学,才能融会贯通,辨出材料的真伪。孔平仲饱读经史,作为擅长史学的文学家,所撰诗文虽现存不多,但他却编撰了一系列随笔杂文,现存有《孔氏谈苑》《续世说》《珩璜新论》等杂笔小说,尤以《续世说》最能体现其良好的史学功底。

(一)《续世说》体例内容

《续世说》一书是继南朝宋刘义庆《世说新语》之后较有代表性的世说体著作,《直斋书录解题》《宋史·艺文志》等都将其归入小说家类。它模仿《世说新语》创作体例,《世说新语》分三十六门,《续世说》分三十八门,无《豪爽》门,增加了《直谏》《邪谄》《奸佞》三门,共一千九十九条。体例上“分门隶事、以类相从”,内容上“依人而述,品第褒贬”,在叙事方法上,篇幅短小,用简短的语言记录士人的轶闻趣事,故事来源大都是对某些朝代的政治、社会、典章、故实、风土人情的记录与考释,具有一定的史料价值,既是对《世说新语》继承与模仿,也是创新和发展,对我们研究唐宋历史、文学及政治均大有裨益。

秦果《续世说序》云“学士孔君毅甫平仲,囊括诸史,派引群义,疏剔繁辞,撰叙名理,厘为十二卷”,将取材范围定在史书范围内。

阮元在《揅经室外集》卷一云:“《续世说》十二卷,宋孔平仲撰。取

①张剑:《现存清江三孔集版本源流略考》,《文献》2003 年第期。“王莲”,《直斋书录解题》作“王遴”。

宋、齐、梁、陈、隋、唐、五代事迹，依刘义庆《世说》之目而分隶之。”

钱熙祚在《续世说跋》云：“录自刘宋迄后周，仍分三十八门，于南北朝取李延寿，于唐取刘昫，于五代取薛居正，其讹脱处，并得诸书订正。今薛史从《永乐大典》重辑，有数条可转据此书补之，惜余姚邵学士分纂时未见也。”

《中国古代小说总目提要》中对《续世说》取材范围进一步阐述：“编次南北朝至隋唐五代事迹，多采李延寿的《南北史》、刘昫《旧唐书》、薛居正《旧五代史》。亦兼取前人笔记小说，如《雅量》篇娄师德唾面自干事，出唐刘悚《隋唐嘉话》和刘肃《大唐新语》；《排调》篇何尚之与颜延年互嘲事出梁谢绰《宋拾遗》等。”

由此可知，《续世说》取材的史书有《晋书》《宋书》《南齐书》《梁书》《陈书》《魏书》《北齐书》《周书》《隋书》《南史》《北史》《旧唐书》《新唐书》《旧五代史》《资治通鉴》等史书外，还有前人的笔记小说《宋拾遗》《大唐新语》等。因孔平仲“长史学，工文词”，在选材上注重文学性、故事性，熔裁精审，多数小说能以精彩片段昭示题旨，表现人物性格，叙事风格轻松、简练、含蓄、幽默，寥寥数笔就把人物形象勾勒出来，意在言外，颇中要味。与注重言谈、轶事的笔记体短篇小说《世说新语》相比，《续世说》更重视“发史氏之英华，便学者之觑览”的史料价值。

“世说体”笔记小说以描写文人士大夫阶层生活为主，以表现士大夫阶层的理想、思想和审美情趣为重点，对人物进行品评，暗寓褒贬。本书在《德行》《言语》《政事》篇都有侧重，卷十增加的《直谏》门有八十二篇之多，其中有关唐太宗善于纳谏的故事就有十八条，虽是大笔勾勒，却写的性格鲜明，富有情趣。全书始终贯穿作者儒家的忠孝仁义思想和史学秉笔直书、精于考证、经世致用的思想，他在《续世说》中大力推崇古人的嘉言懿行，正如郭豫适先生《文白对照历代世说精华·序》中所言：“或深念社稷，为国忧心；或以国事为重，不以私隙废公；或居官清廉，身无长物；或知有凶险，不愿嫁祸于人；或刚正不阿，宁遭祸而不说假话；或忠于友道，冒死不肯败义求生；或知过必改，断然弃旧图新；或面临杀戮而无惧色；或视金玉如瓦石，丝毫不为所动；或不以学问为个人私产，将自己的私得慷慨献助于他人。”

(二)《续世说》刊刻流传

《续世说》成书之后,多为抄本,它的流传情况秦果在《续世说》序中有详尽的叙述:

惜其书成,未及刊行,转相传写,不无乌焉成马之弊。今兹善本,从义郎李君敏得之于前靖守王君长孺,相與锓板而藏焉。王亲授于孔,知其不谬,李今为沅人,徒有其本,而所传盖未广也。绍兴丁丑(二十七年,1157)春,雒阳王公无染濯守沅之明年,郡学鼎新,人材益进,尝顾谓僚佐曰:"沅为郡僻远,史书尤不易备,会史之要,莫善于《世说》,《续说》又尽善也。"俄李氏以其书板来售,即加是正,复命鑱刻,以补其不足,将俾人得其传,其利溥哉!①

此序为时人所作,且与作者时代相去不远,且有附于原书刊刻,是原始可靠的史料。通过此序及书后牒记可知,《续世说》最早的刊本当为绍兴二十七年沅州公使库本。《东都事略》卷九四、《古今纪要》卷一九、《宋史》卷三四四《孔平仲传》、《遂初堂书目》、《文献通考·经籍考》、《宋史》卷二〇六《艺文志五》均有著录。可见此书刊本当时为世人所多见。

《续修四库全书总目录》题"《续世说》十二卷,宋孔平仲撰,影印清嘉庆间钞《宛委别藏》本。"阮元《续世说》提要云:

此书平仲无自序,有绍兴戊寅(二十八年,1158)长沙秦果序,序言平仲书成未刊,从义郎李敏得善本于前靖守王长孺,相与锓板,王亲授于孔,知其不谬,丁丑之春,雒阳王濯来守沅之明年,李氏以其书版来售,既加是正鑱刻,以补其不足云云,后有沅州公使库总计纸张数目,并印造纸墨裱褙工食钱数目,后又有右迪功郎司法兼监使库翁灌、右从事郎军事判官闵敦仁、右迪功郎州学教授校勘胡抟、左朝奉郎通判军州事秦果、左朝散大夫知军州事王濯五人,题名皆沅州官也。此从宋沅州刻本传写者,卷帙无整无缺,特书中部次错杂有两条合为一条者,抑且时代先后往

①《续世说》序(《宛委别藏》本)。

往倒置，盖校勘之时不免有私为窜改之弊，必非平仲原本之误也。①

阮元对其版本来源及流传情况做了详尽的叙述，并且对文中行文讹误也加以指正，盖宋本亡佚后当为最精良传本，清以后对此书收录大都出于此。据《读书敏求记》卷三、《荛圃藏书题识续录》卷二、《增订四库简明目录标注》卷一四、《藏园群书经眼录》卷九、《藏园订补郘亭知见传本书目》卷一一，《书林清话》卷三等书目著录，在清代“沅州公使库本”仍见于时，广为传世的版本有《宛委别藏》传写宋沅州公使库本、《守山阁丛书》刊本、《粤雅堂丛书》刊本、清影写宋临安陈道人书籍铺刊本（涵芬楼藏书）。《中国小说总目提要》在《续世说》条云：“经《宛委别藏》、《守山阁丛书》、《粤雅堂丛书》分别收入，方广为流传。”

现存的单行刻本鲜有听说，查《中国古籍善本书目》，抄本有上海图书馆藏明抄本《续世说》十二卷、清张蓉镜抄本《续世说》十二卷（清孙原湘、蒋凤藻跋），南京图书馆藏清抄本《续世说》十二卷。

《宛委别藏》是清朝学者阮元收集、编纂、抄录而成的，《宛委别藏》里《续世说》在扉页上有“宛委别藏传写宋刻本”，卷末有绍兴二十七年（1157）沅州司法兼监使翁灌等五人衔名及沅州公使库修补工价纸张用钱数，可知此本即为清影写宋沅州公使库本。1988年江苏古籍出版社出版《续世说》，以此为底本，在扉页上有“宛委别藏传写宋刻本”，卷端有阮元作“《续世说》十二卷提要”。1996年上海东方中心出版了一套“文白对照历代世说精华”，内收孔平仲《续世说》，亦以此本为底本。

《守山阁丛书》本为清道光二十四年（1844）金山钱氏据《墨海金壶》残版及《借月山房汇钞》残板，重新增补刊刻，《守山阁丛书》本中《续世说》钱熙祚跋云：“《续世说》十二卷，世事传抄，今所传乃影宋沅州公库使刊”，知其底本亦宋沅州公使库本。1935年商务印书馆出版《丛书集成初编》，收录的《续世说》以此为底本，在书的卷端有“金山钱熙祚锡之校”。《四部备要》收录的《续世说》以守山阁本为底本，在扉页有“影印守山阁丛书”。

①《续世说》提要（《揅经室外集》）。

《粤雅堂丛书》本《续世说》，伍崇曜文后跋云：“且北宋旧帙，流传日尠，虽无裨正史，未足为考订”，知其底本仍为宋本。2006年大象出版社“全宋笔记”第二编《续世说》以此本为底本。

（三）《续世说》的价值

《续世说》内容多选自正史及前代笔记小说，作者选材注重文学性与故事性，依类而立，要而不繁。是研究宋代《世说体》小说的重要文本，具有较高的学术价值和文献价值。四库馆臣在《珩璜新论》提要云其书“皆考证旧闻，亦间托古事以发议，其说多精核可取，盖清江三孔在元祐、熙宁之间，皆卓然以文章名，非言无根柢者可比也”，指出孔平仲杂笔小说在宋代文学史与政治史上的地位。

“‘世说’之名肇刘向”①，《世说新语》的成书，是这一体式的最高成就，《续世说》对其有继承有创新。《世说新语》分三十六门，《续世说》分三十八门，无《豪爽》门，增加了《直谏》《邪谄》《奸佞》三门。作者分门别类地集中提供不少资料，从而省去检索浩繁史书的功夫，每一标题即标志同一主旨的史实的集合，而在一个标题下，作者往往把性质相近的内容放在一起。如《德行》门“崔仁师治青州逆狱”以下，理狱断案事四条，一目了然，省时省力，又如内容繁多的卷十《直谏》一门，为我们提供了八十余条各种劝谏的材料，真可谓洋洋大观。历史笔记体裁的《续世说》，自它完成之日起，就烙上笔记小说的烙印，后世出现的各种“世说”体小说的问世，不能说与《续世说》没有关系。

《续世说》一书，篇幅短小，文字精炼，语言幽默，能在短小的篇幅里，以生动的笔触记载一些人物故事，他所选的这些精采片段，排列成书，可读性强，有令人手不忍释的力量。一个个小故事，反映的是历史长河中，各朝代的政治事务、人际关系及当时人们的精神面貌，《续世说》有利于世人了解历史，得到教益和启示，也为研究孔平仲及宋人的思想提供资料。《续世说》内容取材于南、北《史》至五代时的正史及小说，更重视“发史氏之英华”，有较高的史料价值。还可根据其收录的丰富资料纠史之误，补史之阙，其材料虽然来自正史，但很大程度上，它的可读性与欣赏性都高于史书。它在中国文言笔记小说中占有重要的地位。

---

①（宋）黄思《东观余论》卷之下《跋世说新语》。

清初刻本《吟红集》初印、后印本比较研究*

唐新梅

(四川大学图书馆)

湖南图书馆藏有一部明遗民诗文集《吟红集》,海内罕见。究竟该书版本如何,其中篇卷多少,先前并不为太多人所知,只能从个别研究论文中略窥端倪。① 近年来,随着大型丛书《清代诗文集汇编》的问世,《吟红集》才又得以广为流传。② 不过,仔细翻检影印本《吟红集》中的篇目,发现其中有多处文段缺失,系存藏过程中遗佚所至。其实,除湖南图书馆所藏这部《吟红集》外,日本国立公文书馆内阁文库也藏有一部,刊印时间早于前者。该书的作者是明末清初浙江山阴女史王端淑,美国汉学家魏爱莲(Ellen Widmer)认为《吟红集》里面大量的诗文都属于 Ming-Loyalist Writing③,即遗民写作,这里的"遗民"既是指王端淑书写的对象,更是指她写作的身份。作者的这种身份和写作立场使得《吟红集》的成书和流传在明末清初的书籍史上具有了独特的文化意义。

* 本文系国家社科基金青年项目"历代女性文章总集研究(15CZW030)"阶段性成果之一。

①参见张敏《王端淑研究》,南京师范大学文学院硕士论文,2007;郭玲《王端淑研究》,中南大学文学院硕士论文,2009。

②收入《清代诗文集汇编》第82册,上海:上海古籍出版社,2010。

③参见 Susan Mann, Yu-yin Cheng 合编 *Under Confucian Eyes: Writings on Gender in Chinese History* (University of California Press, 2001),该书第十二章是由 Ellen Widmer 翻译编辑的王端淑诗文。

一、《吟红集》的成书

据胡文楷《历代妇女著作考》，王端淑诗文集有《吟红集》三十卷及《留箧》《恒心》《无才》《宜楼》等集。① 除《吟红集》尚存外，其余均已亡佚。顺治十三年(1656)，毛奇龄为《留箧集》所作序尚保存在《西河文集》中。序云："玉映为季重先生少女，先生制文传海内，而玉映继之。中郎有女，可慰孰甚！乃七八年前，予亦得读所为《吟红集》者，时先生尚在，通家子弟，争相传道。"②王端淑父亲王思任卒于顺治三年(1646)，如果毛奇龄所记属实，则《吟红集》在顺治三年左右就已经有文本流传，但未必是刊刻定本。现存《吟红集》中收录了两首自题之作，即《读姜绮季序予〈吟红集〉》和《阅〈吟红集〉》③，似乎王端淑在初稿被"争相传道"之后，又不断增编新作，并请人作序，甚至自题本集。

内阁文库所藏《吟红集》卷首有王绍美、吴国辅、王登三及王端淑丈夫丁圣肇序，并《刻〈吟红集〉小引》一篇，卷末有邢锡祯跋。其中王登三小叙署"己丑孟秋"题，己丑是顺治六年(1649)。此集总目作三十卷，正文只有二十九卷，卷二十六偈嗣刻付阙。其中诗、赋、词、曲十七卷，序、记、传、状、铭、赞各体文章十二卷，含遗民传记一卷和甲申以后浙江殉难忠臣、义士、烈女纪事三卷。是集主要作于顺治初年，其中有明确纪年的最晚作品是卷九的诗作《辛卯三月五日，突有某氏之侮，闷气填胸，终夜不寐，偶集曲牌一律，得乂字》，辛卯为顺治八年(1651)。而湖南图书馆藏本增补了顺治九年至十一年的作品。如卷二十八《盟铭》云："壬辰春杪，小雨初霁。"卷六《癸巳上元复一日代睿子寿涂四别驾四十初度》、卷九《甲午马日，王泰然将军、吴奉璋别驾、李枚臣明府、孙天印中翰、赵我法参戎过草堂，睿子出余集请教，阅竟留饮，泰然以春灯雪月颁令，我法遂拈首句，各续一律，代睿子咏》，壬辰、癸巳、甲午分别为顺治九年(1652)、十年(1653)、十一年(1654)。如前所述，毛奇龄《留箧集序》作于顺治十三年

①胡文楷：《历代妇女著作考》，上海：上海古籍出版社，2008，第248—250页。按：胡文楷所据为吴县吴慰祖藏咸丰元年(1851)抄本，今未见。

②(清)毛奇龄《西河文集》序七《闺秀王玉映〈留箧集〉序》，《毛西河先生全集》，嘉庆元年(1796)萧山陆凝瑞堂补刊印本。

③见《吟红集》卷九、卷十一。

(1656)。而据胡文楷《历代妇女著作考》,《然脂集》引王端淑《留箧集》诗一首,即《青藤为风雨所拔歌》,该诗又见于王端淑所编《名媛诗纬》卷四十二,其小序云:"甲午正五月,忽大风雨,藤尽拔,予怜之,辄援笔作《青藤为风雨所拔歌》。"甲午为顺治九年(1652)。据此可知,《吟红集》与《留箧集》所收作品在时间上是衔接的。《吟红集》初刻本仅收顺治八年以前作品,后来增补了顺治九年至十一年作品,而《留箧集》则收录顺治九年至十三年作品。毛奇龄序云:"《吟红集》诗文多激切,而《留箧》反之。《留箧》独有诗,然其诗已及刘禹锡、韩翃,闺秀莫及焉。《留箧》者,予为之名也。"不仅时间相承,作品风格也有转变。大概因为写作《留箧集》时,明亡已十年,作者的遗民心态渐趋平和,故不如《吟红集》诗文感情之激切。

二、《吟红集》的版本

在中、日两国的馆藏目录中,两部《吟红集》只著录为"清刻本",均未标明具体刊刻时间。① 从版式上看,两书均系手写上版,笔迹相同;每半页八行,行十八字,白口四周单边,为同一底版所出。《吟红集》卷十九收录了王端淑为丈夫丁圣肇代笔的两篇奏疏《奏为陈乞当严事》《奏为易名屡奉等事》,分别作于戊子年(1645)二月和五月。当时浙江正处于鲁王政权与南下清军的对峙局势当中,王端淑所居之绍兴属于鲁王治下,其父王思任被鲁王政权任命为礼部右侍郎,故而奏疏中尚有"皇明""圣明"字样,而且"明""国""诏""主上""圣鉴"等字皆顶格或空格书写刊刻,可见忠于前明的遗民立场。集中诗文遇"玄"字都不避讳,则全书刊刻时间大约是在康熙以前。内阁文库本卷首还保留了丁圣肇所作序言,其中称:"集曰〈吟红〉,不忘一十七载黍离之墨迹也。"明亡于崇祯十七年(1644),则丁圣肇序当作于顺治十七年(1660),为《吟红集》刊刻时间之下限。顺

①《映然子吟红集》三十卷、附《啸馀》一卷,(清)王端淑、(清)王士瀚(《啸馀》),清刊本,2册,公文书馆,丰后佐伯藩主毛利高标本,内阁文库(藏),(编号)318—39。http://kanji.zinbun.kyoto-u.ac.jp/kanseki? detail(日本所藏中文古籍数据库)检索结果。又:《映然子吟红集》三十卷,(清)王端淑撰,清刻本,2册,八行十八字,无格,白口,四周双边。钤有"玉函山房藏书"印。见张勇等编《湖南图书馆古籍线装书目录》,北京:线装书局,2007,第1948页。

治十八年(1661),诗人徐夜南游杭州,读到王端淑的《吟红集》,对其才华十分钦佩,遂作《读〈吟红集〉赠玉映大家》一首①,自注云:"玉映明时王思任之女,因遭乱世为尼,所著诗刻有《吟红集》。"徐夜所见为《吟红集》刻本,与丁圣肇作序时间相符。因此,《吟红集》的版本似可定为顺治十七年(1660)刻本。②

对比两部《吟红集》所收篇目,湖南图书馆藏本增刻了不少。内阁文库本有诗、词、曲 293 题 404 首,赋 5 篇,文 56 篇;湖南图书馆藏本有诗、词、曲 309 题 421 首,赋 5 篇,文 63 篇,以下是湖南图书馆藏本增刻篇目:

卷数	湖南图书馆藏本增刻篇目
卷二	《一矢冤》
卷三	《宝剑歌为李席玉寿代睿子咏》、《无衣二章章六句》、《喜周公勷盟兄别驾常州》(代)、《续九歌》(三章)、《过闽莆杨衷玄广文之青阳令叔德山先生任》(代)
卷五	《赠张子美学宪》(代)、《嵊邑吴亮工父母太翁昆老以现任司训练太君李母双寿》(代)
卷六	《癸巳上元后一日代睿子寿涂四长别驾四十初度》、《次钱稺农、钱子方坐两联句韵》(二首)
卷七	《寿纯所二伯翁代长裕》、《闻张振公婶舅父荣任云间》(代)
卷九	《兵宪耿玉齐,睿子同年也,候命台署,忽逢劲旅,其社友唁之,有安知非福岂虑谭句,玉齐步韵惠箑,睿子嘱余代和,仍用原韵》、《甲午马日,王泰然将军、吴奉璋别驾、李枚臣明府、孙天印中翰、赵我法参戎过草堂,睿子出余集请教,阅竟留饮,泰然以春灯雪月颁令,我法遂拈首句,各续一律,代睿子咏》、《仍用前首句代睿子送吴濬之孝廉还燕》、《代寿李席玉初度》

①(清)徐夜著《徐夜诗集校注》,武润婷、徐承诩校注,济南:山东大学出版社,1997,第 276 页。

②魏爱莲选译《吟红集》所使用的底本即为内阁文库本,故而她认为该书的刊刻时间是在 1651 至 1655 年之间,并援引了邹漪《诗媛八名家集》序言作为旁证。见 *Under Confucian Eyes: Writings on Gender in Chinese History*,第 192 页,注释 13。

续表

卷数	湖南图书馆藏本增刻篇目
卷十	《明妃梦回汉宫次浮翠轩吴夫人韵》
卷十一	《三山》
卷二十七	《茹仔苍小像赞　仔苍,予侄女子也,高才善咏》、《化愚大师寿赞》、《李席玉小像赞》(代)、《题李枚臣明府像赞》(代)、《季雍七弟行乐图赞》(代)
卷二十八	《盟铭》、《题吴梦勋别驾五十寿铭》

以上增补内容均位于卷末,系在原版上续刻而成。增刻与原刻时间相差不远,字体也与原刻相同,或为同一刊工所刻。可参见《吟红集》卷三和卷二十七原刻与增刻本卷末书影(图1、2)。

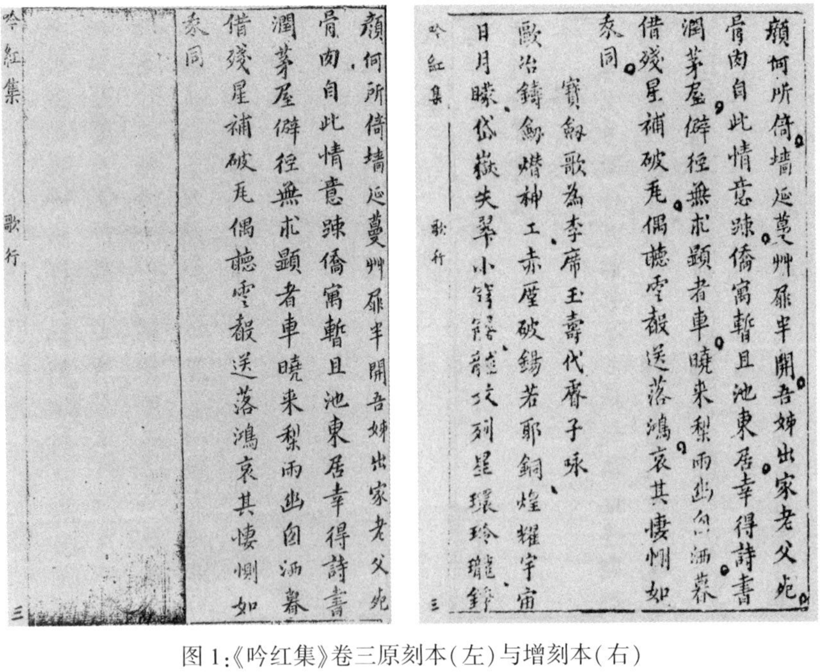

图1:《吟红集》卷三原刻本(左)与增刻本(右)

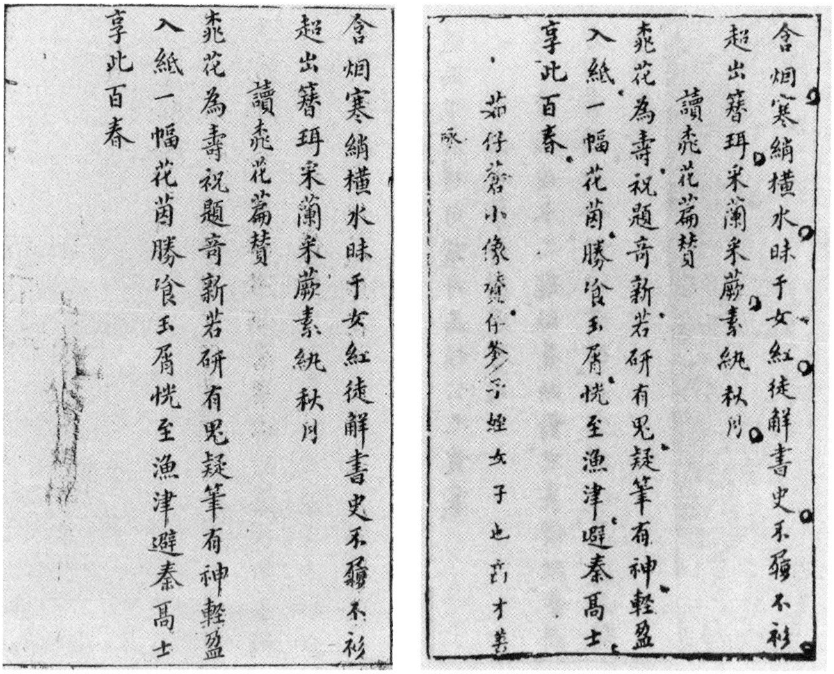

含烟寒綃横水昧于女紅徒解書史不獵本衫
超出簪珥采蘭采蕨素紈秋月
讀蕊花篇贊
蕊花為壽祝題奇新若研有覓疑筆有神輕盈
入紙一幅花茵勝食玉屑恍至漁津避秦髙士
享此百春

含烟寒綃横水昧于女紅徒解書史不獵本衫
超出簪珥采蘭采蕨素紈秋月
讀蕊花篇贊
蕊花為壽祝題奇新若研有覓疑筆有神輕盈
入紙一幅花茵勝食玉屑恍至漁津避秦髙士
享此百春

图 2:《吟红集》卷二十七原刻本(左)与增刻本(右)

三、据内阁文库本补齐相关篇目

不过,湖南图书馆藏本没有内阁文库本保存完好,卷首、卷三、卷七、卷三十和卷末均有残缺,前后序跋亦仅存《刻〈吟红集〉小引》残篇。从文献价值来看,两本不可或缺,应当互补。

有鉴于此,本文据内阁文库本《吟红集》补齐相关篇目,或可弥补《清代诗文集汇编》影印本遗珠之憾:

(一)序

序吟红集

今古有大恨事,风雅一席,独文士擅之,闺中即多慧巧,不过如鹃啼月午、蛩咽秋庚,候至天鸣,无关至极,此一恨也。或则悬格评诗,凡文士之体丰无骨、才艳伤纤、意婉近卑、情柔入媚者,即题之曰“脂淹粉腻、闺阁细唾”耳。然则诗之劣格,闺中顾代文士为之受贬,此又一恨也。夫以须眉丈夫而题之曰“脂粉”、曰“闺阁”，须眉丈夫诚耻之。今有英杰女子于此，缒心廓目，叱命奴骚，无洲不翻，有楼必碎，踔然自命，起而一雪闺中之耻，又俾诸须眉丈夫咸自憎其须眉，而叹服女子中有如此英杰。余之所谓大恨者，今更以为大快，则余于暵然子仅见之矣。

暵然子之诗，不必问其何格，第随取一二语评之。如“权变英雄事，才踈到老闲”“七寸小臣刃，五步大王头”，即何减少陵之奇蔚；如“抱负若非逢狗监，上林谁识汉相如”“轻嘱我儿勿浪啼，米薪娘解罗衣质”，即何减苏州之俊朗；如“莺湿羽衣怜艳冶，苔伤花影补心旌”，则王江宁之娟秀也；如“果尔颖君重若山，谁留此业祸人间。蔡伦囚困蒙恬斩，一炬咸阳皆得闲”，则李青莲之灵警也；如“暗月催光窥柳色，笑人啼鸟弄春思”，则静远逼嘉州矣；如“问师夜色娟娟影，知在回峰第几颠”，则淡远追摩诘矣；如“孤云苍秀空山起，光入古松老不死”，则沉峭迈昌谷矣。盖其肠回五色，腕俊双丸。雕追鹰击以标新，珠涵玉泻以蕴贵。而俱原本于家学之醇备，顾能使人讽咏无多，肃然生敬。

至其评论古今，谈引节烈，则凛然忠愤。吾辈偷生，皆当愧死。但曰风雅女子，乌足以知暵然子哉？不然古今闺中诗人，岂无蔡拍酸笳、苏机锦字？蚄发远山之黛，墙邻流水之音。斗茗椀于蟾宵，跨瑶笙于鹤背。心陨片言，色飞双字。而风范未尊，箴诲无闻，只同归于艳冶而已矣。

暵然为家季重先生爱玉，嫔于丁自庵先生之季公睿子。睿子高才傲骨，余乐与之晨夕。自庵与余内子兄弟也，余是以得尽读暵然子之诗。暵然子既使今古闺中人不代文士受贬，又使今古文士不为闺中留恨，厥功既伟，何妨共宝天下乎！嗟乎，家有名士，乃在香奁，臣叔洵痴，余亦何解于斯语。

叔绍美子玙氏书于梅庄

序

文章一流，与人品不类，而制艺为甚，词赋次之。今人厕身学宫，辄作经济语，效解事人模样，及售而见试一无所长。夫论辨亡而陷河梁军，赋上林而终久园令，比比且然。是以古人不专耻文学一途，而兼重行谊。然而王莽、华歆身未荣、节未败，其行谊又何如也？无他，所重者在乎功名，故非徒文章并行谊，而亦以其赝者为倖进之媒耳。若夫诗章乐府，皆古人思慕怨悱之怀，讬诸笔墨，多直写性灵，情至文生，良有以也。虽然沅湘之所赋、名山之所藏，则又晚而见废，视之为无聊之事矣。至于闺阁丽媛，绝不闻科制事，誉非所望也，故其言真；亦不与兴亡数，骚非所寄也，故其言冷。间有所怀疑，不过谢妪柳絮词、思伯飞蓬句耳，何足当辞坛之再瞵也。

若吾乡闺秀暎然子更有异者。不佞与其父季重为把臂交，季重居官侃侃，而为文复大展其生平。自予游蓟都，侍从辇跸，又会国家多难，不及与乡党诸名公把酒论诗。忆昔度庾岭，始缔社，因效颦焉。变革以来，越地风雅为晟。偶得《吟红集》一帙，阅未竟，叹赏再四，乃知出自季重君季女之手。其所著牢骚愤激，绝去腻粉涂胭之状，而直追三唐。不应科制而具其才，不与兴亡而有其感者也。真者其直笔，而冷者为微辞，虽大家集史之成，不是过焉。识者观其诗暨古文词，想见其为人，倜傥傲岸，不可一世，是又不可谓文章人品之不类也。史迁疑留侯魁梧奇伟，而其状乃如妇人女子，则世之真为妇人女子，而作魁梧奇伟之文、见魁梧奇伟之志者，非暎然子其谁？则又当与千古英雄并垂不朽矣。若以胡天胡帝论文章、论人品，非所以不知暎然子也。

古司隶氏吴国辅题于嘤鸣斋

小叙

诗委也有源焉，其源厚者，其委渊静而寒洁。吾妹暎然子，父季重宗伯，而翁文忠公天行先生，忠孝文章之盛，一身际之。而睿子一官屣去，灭灶更燃，暎然子更椎布操作以事之，曰："能如是乎与子偕隐，居恒读史，知人论世，严而辩也。"庶几踵成汉纪，如班家妹，岂欲仅以诗词见？既以诗词见，亦必如《安世房中》荐之郊庙，若谢道韫之柳絮因风、李易安之吹梅角暖，又其每下者矣。

己丑（顺治六年，1649）孟秋近庵居士兄岂三皞长题

叙

三百篇多闺中作，予向醉心《雄雉》《葛覃》诸篇。若李夫人章句于瓠子歌行，固相击节也。予内子性嗜书史，工笔墨，不屑事女红。黛余灯隙，吟咏不绝。雪霁窗岭，云障金台，内子得句，不废疾书。居燕邸数载，先太史愤伤于熹庙阉人。先帝变兴，煤峰泣血，予遂携家南归，内子更多长沙、三闾之句。归蠡，家于翁□谑庵小楼处，于白马岩田庐数年。得林峦花鸟之情，为帘窥镜感之助。荆布尘甑，鬓无惊燕，淡如也，而诗章盈于粧奁矣。集曰“吟红”，不忘一十七载黍离之墨迹也。予不自言，得吾内子而于是获良友，亦足志也。将翱将翔，弋凫与雁，内子其有以勖予哉！

衢间散人睿子氏漫题

刻吟红集小引

夫古今著作亦多矣，其传之后世者，必见之当世。乃当世之人，恒见之而不惜，及见之而兴嫉。作者无以自屈于当世，散失湮没于衰草寒烟，不可记述。因而期识者于后世，无论一诗，太史有然。悲夫！当世有旷才异调，幽吟绝伦，当世不知之，而期识者于后世，吾窃为当世者陋之。

余越闺秀王子映然，善读父书，为诗空异，落笔飞烟，真不愧古之作者。吾辈窃叹当世之才，不钟之轮菌之士，而钟之妆镜之窟，相与搁笔惊异。但南北囊空，萧条琴带，金露冰萤，枯桐咲菊，能无抑郁消阻之思乎？虽有作者，传之无人，非作者之罪，而不见知者之罪已。是不愿责之后世，而窃以责之当世，则又深有厚待于当世之士也。剞劂之役，敢共勷之，毋俾后人之议当世之士弃才于前，忌才于女子。

同秋社盟弟：

鲁益、张岱、杜肇勋、吴应芳、诸彦侨、王缄三、王登三、张弘、王雨谦、赵美新、王楫、邢锡祯、李时灿、陆士慎、李玮、刘明系、诸朗、杨选、张弧、钱其恒、蔡瑜、徐斗芳、吴庆祯、姜廷干、吴沛、孙承明、许宏、陶溲、叶绍高、陈鬲、成绘 茹铉 朱曾蠡、马胤璜、诸胤诜、蔡球、章觉士、商相盘、俞嘉谟、裘纁、严汝霖、陈善孜、张恭孙、徐衍、吴道新、丁圣化、丁从龙等同顿首拜具。

(二)正文

1.卷九　诗类　七言律(上)

代睿子怀玉尺弟

凋残花萼失芳丛,嗟尔天涯我孰同。
鸿雁序离悲夜月,鹡鸰诗就泣东风。
萦牢梦隔西江杳,沦落音难越水通。
景物触怀思切切,何时携手叹飘蓬。

邻妇

鸟声初啭堕花春,静女幽妆采落蘋。
脸映芙蕖娇且艳,眉修清月淡无尘。
一泓秋水留西子,半幅轻绡写洛神。
秀色供餐饥可乐,不才忝已在东邻。

初雪

寂寥偏历岁寒中,雪掩低云径未通。
幽致略疑颜巷别,雅情聊与吕窑同。
钟声夜击棂窗月,纸裂阴吹古墓风。
望藉阳春舒蕴结,堤边闲数小桃红。

予年十二,梦随羽士陟广寒,园曰"青芜",因作青芜园记记此

飏如冲举逅黄冠,引入青芜曰广寒。
丹草芃芃新月暎,双鬟对对碧云攒。
幽游一晌归春杳,谪落三旬解俗难。
败叶声敲清梦远,荒鸡啼彻晓钟残。

2.卷十三　诗类　七言绝

侄女丁君淑雨中过访

片玉流香抱雨来,绿绮憔悴老琴台。
桃源空使仙槎远,漠漠秋烟怅子回。

3.卷二十二　纪事(中)

傅文学公中煌

昭代建文时靖难兵起,周公是脩约同官解缙、胡广曰:“若国一破,我等当同死国难,毋渝盟。”及城破,惠庙出狩,是脩遣使至解、胡处侦之,胡方令人饲猪,解回:“与公等作忠臣传可也。”侦者回命,是脩曰:“一猪微事尚然不舍,肯捐生乎?”乃自缢而死。后果解、胡出降,皆为成祖庙宰辅。及毅宗呈帝时,逆贼李自成入犯侍御,王公章与给谏光时亨共守禁门,约同死难。寻城陷,贼三问,章皆不应,乃死之。问时亨,即跪下而授伪职。不知此三人将何颜见二公于地下。

今吾越虽称弹丸之地,有傅公其人者与此二事颇类,谨记之以正大方。公名烱,中煌其字也。家世暨阳,邑庠生。丙戌(顺治三年,1646)六月间,北兵渡江,薙发令颁,公期约同志五六人共死大明国难,届期无一至者,公因赋诗而自沉于浣江。乡里咸悼公,而不直其同志者。

朱茂才公鸿儒

公讳玮,系山阴人,读书靡外务。丙戌六月间,从父避兵于梅里尖墓次,辄对壁坐泣。间语舅曰:“舅畏兵,甥不畏也。”舅曰:“惟汝则那。”曰:“得所往耳。”因隄而防之。一日,故称从鬄于招提,忻然而往,疑稍解弛,家人就事。公绕室而走,遽驰返入舍,冠巾服,拾垩书案“宁为戴发鬼,莫作剃头人”,留箑逸去。家人索之,林舍俱无,视垩书,知公殆矣。埜扣灌夫曰:“顷见少年望墓膜拜,之河之上。”迹之,乌有,知骑鲸矣。祖父号于塘曰:“明将徙家项里,宁守魄以罹难,抑弃骨以远难?”三终,踊而出水,角巾僵立,引之并崖而敛之,时年二十有四。

杨文学公雪门

公字雪门,不知何名,萧山人,邑庠生。丙戌西陵不支,公同妻某氏死之。闻其至姻某者,登名进士,为鲁监国重臣,今尚靦颜在籍,时服金钱，逍遥于宾署之中，不知其心尚欲何为。吁，一人只做一人事，莫要管他。

4.卷三十　词

【金衣公子】中州女瞽讴

细柳缓调莺。揾鲛鮹，柔指轻。明妃摩诘谁堪并。中州韵清。缠头乏绫。青衫泪湿伤人听。羡先生，恨无私墨，亲笔点双睛。

【前腔】答某

佳秀在于斯。现文星，越水湄。轻挥每就雕龙句。蓬蒿叔夷。离披孔祢。君平岂得恒，如是即天池。词华清丽，闺阁愿师之。

【前腔】罗坟看芙蓉

秋水困芙蓉。弄西风。香蓝松。拒霜留待词人供。寻幽小舩。移云翠峰。娇姿恨染愁烟重。鸟喁喁。锦城一咲，随处觅仙踪。

【前腔】雨中

阴雨堕梅天。远山光，忽起烟。飞飞花点巢梁燕。迷云乍展，鹦哥倦眠。疏林翠落初凉。院小池边，碧荷擎处，泛出丽珠圆。

（三）跋

南阳国师云："还知大唐国里无禅师么？"一云："不是无禅，只是无师。"一云："不是无师，只是无禅。"通斯意可以知诗矣。读赵子可孙、诸子良月《吟红集序》，余亟欲观之。丁睿子携一编来示，真可擅作者之席，而独令闺阁中横分一帜，奇矣！今《吟红集》具在，二子以传业许之，诚为不谬。虽然，谓不可传，眼生脑后；谓即可传，镜上生尘；谓传其不可传者，犹是色里胶青。读此三语，才可为瞁然子吐气雪屈。到此，吉先居士直得瘗笔藏锋，何以故，难瞒他一真道人哑然一笑。

山阴邢锡祯吉先氏谩跋

南开馆藏稿抄本作者信息考辨四则

惠清楼

（南开大学图书馆）

对于一部图书来说，作者显然是其中最为重要的信息之一，而对于后人对图书的利用而言，若缺乏作者信息或作者信息有误，无疑会让该书的利用价值大打折扣。因此如何准确清晰地辨析和标注相关古籍的作者信息，自然也就成了图书馆的古籍善本工作者的重要职责。大部分古籍的作者一般都标注得比较明确，存在问题的，经过图书馆和古籍文献等方面的研究者多年来的努力，也大多业已厘清。但也有一些比较稀见的文献，特别是独家馆藏的稿抄本之类，由于书籍的格式、内容等不完整，而且往往"藏在深闺人未识"，这些书籍的作者信息或者缺失，或者不够准确。南开大学图书馆古籍部藏有较多的明清时期的稿抄本，在几代学人的不断努力下，其版本目录和作者信息，已经有了较好的标注，但也因种种原因，尚存在缺失或不够准确的地方。笔者近些年在核查古籍目录信息的过程中，发现了一些问题，为更好地做好相关的古籍编目工作，笔者利用业余时间努力做了一些考辨。现选取其中四则自认为比较有价值的考辨，刊布于此，以分享和就教于学界同人。

这四则考辨涉及现存目录中的五部图书，均为南开馆的独家藏品，它们都与苏州有关，其中四部为民国教育家蒋炳章的私藏。另一部《吴中先贤品节》为藏书家秦更年的私藏，还入选了国家珍贵古籍名录。厘清和补正这些书籍的作者信息，显然对于学人更好地利用这些书籍具有重要的意义，笔者相信，这些资料的充分利用，对于研究苏州士人交往、蒋氏家族以及吴地风土民情都非常有价值。

一、《吴中先贤品节》作者信息辨正

《吴中先贤品节》入选国家珍贵古籍名录，在目录书中多有著录，一般均题："明褚亨奭辑，明稿本"。该书卷端题"吴门后学褚亨奭似召氏辑"。钤阴文印"亨奭"，内封页钤阴文印"亨奭之印""西畴爰心人"，目录页阳文印"似召"①，格纸中缝有"破砚斋"三字，殆褚氏斋名②。全书凡分德望、勋业、经济、刚直、清节、理学、孝廉、文学、风雅、勇退、家世、狂简、隐逸、艺术、女流、方外等十六类共六十八传，大体记明初至天启年间的吴县人物③。

卷前有民国扬州藏书家秦更年的题识，秦更年认为，有清一代，该书官私书目均无著录，惟《苏州府志・艺文四》于祝允明《苏材小纂》后，赵用贤《三吴文献志》前录有"褚亨奭《吴中先贤品节》"字样，据此判断褚氏系明代人。但实际并非如此，褚亨奭另有著述《姑苏名贤后纪》一卷。在小引中讲其辑录明代苏州名贤时间"亘甲申而止④"，说明后书成于清初，即 1644 年之后。伊元瀚（字浪翁）在《姑苏名贤后纪》跋文中讲，他因为表兄夏荐玄"文学得交似召兄……每一相见未尝不流连握手，有倾盖如故之欢。徒以其绪论慷慨，意气如云，可当以坎爻相许。今读其著述载记，善善恶恶，方知其千秋自命，为吾辈中有心人，直可无愧不朽云"，这段跋写于康熙甲寅（十三年，1674）重阳日⑤，距明亡已有三十年，《吴中先贤品节》的作者似召还健在，和夏荐玄、伊元瀚为同辈友朋，显然是明末清初人。所以说，《中国古籍善本书目》史部 04932 条著录该书时，作者时代断

①秦更年题识语云："卷首有亨奭、似召两小印，盖犹褚氏手稿。"馆藏目录以题识为根据定为手稿本。

②秦更年在题识中猜测。无考。

③刚直类中有记神宗万历四十一年（1613）进士周顺昌，其卒年为 1626 年（天启六年）。

④明代灭亡之 1644 年。

⑤王大隆等：《乙亥丛编》，上海：商务印书馆，1935，第 376 页。

为明代，不甚准确。

上文已述及，《吴中先贤品节》共分十六类，广记各路才俊，彰显吴地山水灵性；纵及一家父子，细述一门学风。比如，风雅类，传记祝允明，唐六如，王雅宜，文征明长子文三桥、次子文文水，陈白易等六人。谈及文三桥书法，赞扬他："少承家学，善正行草，书尤工古隶，咄咄逼其父。"家世类下，记皇甫氏父兄子弟五人，袁氏兄弟五人，张氏兄弟三人。时吴中皇甫家族四子皇甫冲、皇甫涍、皇甫汸、皇甫濂俱有才名①，张氏兄弟三人（张凤翼、张燕翼、张献翼）继起，皆科场有名，吴人时语曰："前有四皇，后有三张。"②于书中可见一斑。勋业目下记明代抗倭将领朱纨，捍卫海疆，倭寇闻风丧胆，后却遭他人织罪构陷，愤而自裁，荡气回肠。

隐逸类提及赵凡夫先生，没有记述，只备注"备具名贤续纪"③。说明作者辑录此书时《姑苏名贤续纪》已经问世，而《姑苏名贤续纪》成书于明亡后之清代初期，见上海古籍出版社1992年版《中国古籍善本书目》史部04930、04931条④，所以《吴中先贤品节》成书于清初，为褚氏清初稿本。作者亦非明代人，而是明末清初人。

《吴中先贤品节》目录页有印多枚：右下角一小方印被挖补，其他印自下而上依次是"谦牧堂藏书记""志诜私印""曾在秦婴阇处""南开大学图书馆藏书"。卷端藏印有："汉阳叶名沣润臣甫印""秦曼青""秦更年印"。卷末亦有藏印多枚，"谦牧堂书画记""宝云斋""潘功甫籍观""婴阇秦氏藏书"等。由此可推知，此书曾经清满洲正白旗人揆叙⑤收藏，由揆

①皇甫冲，嘉靖七年（1528）举人；皇甫涍，嘉靖十一年（1532）进士；皇甫汸，嘉靖八年（1529）进士；皇甫濂，嘉靖二十一年（1542）进士。

②张燕翼、张献翼，嘉靖四十三年（1564）举人。

③即《姑苏名贤续纪》。

④《姑苏名贤续纪》第十四页文然跋，赵诒琛等《甲戌丛编》，上海：商务印书馆，第857页。

⑤揆叙，清满洲正白旗人。字恺功，号惟实居士。太傅明珠之子，成容若侍卫德之弟。康熙时官至左都御史，卒谥文端。精鉴别。藏书处名谦牧堂。

叙而递及叶名沣父子①。秦更年题识以为,潘功甫曾沂道咸间曾官京师②,“似借观自叶氏也”。后归秦氏插架,终落南开馆藏③。书为明贤手迹,先后为硕儒大家收藏借阅,藏印累累,又有秦氏④题识,颇具价值。

现代著名版本目录学家、藏书家,复旦大学教授王大隆(1901—1966)1935年做《乙亥丛编》时,为《姑苏名贤后记》跋,以为:“同治《苏州府·艺文志》著录《吴中先贤品节》,《传是楼书目》著录《濠南人物纂》,疑皆即此书(《姑苏名贤后记》)。”今翻检《吴中先贤品节》与《姑苏名贤后记》对比,后书中作者:“或得之亲炙,或得之目睹,或得之传记……著录十四人,自隆万迄崇祯,葺其行实,勒为后纪。”实际不是一种图书。这一误会实因没有看到南开独家馆藏的《吴中先贤品节》之故。至于《吴中先贤品节》与《濠南人物纂》是否为同一种书,因尚未见到该书,只能有待方家考证了。

二、《函稿》作者考

《函稿》是南开馆藏蒋炳章藏书中的一种,现有目录中题为“稿本,不著撰人”。该书首页钤印“幼竹”“吴县蒋炳章留庵藏记”“刑部司马”。末页有印“幼竹”。查娄关蒋氏宗谱⑤与《清代硃卷集成》⑥:蒋锡绶(1816—1861),字印若,号幼竹,行四。嘉庆己卯年(二十四年,1819)六月四日生,苏州籍。高祖文源(坦菴),曾祖含光,祖父曾熻(号竹浦,晚号

①叶志诜,清学者、藏书家。清著名学者苏州人叶昌炽曾阅览过他的藏书,称他收罗广泛。子叶名沣,道光十七年(1837)举人。历任内阁中书,国史馆、玉牒馆纂修,侍读学士。京察优等。输资捐官得浙江试用道。喜藏书,藏书处名宝云斋、八万卷楼。

②实际潘曾沂为官京师并非道咸间,而是从道光元年(1821)至道光五年(1825),时间很短,一生大部分时间在故里苏州度过,咸丰二年(1852)去世。武英殿大学士潘世恩长子。嘉庆二十一年(1816)举人。道光元年,援例得内阁中书。五年,患肺病辞官归里,遂不复出。长斋礼佛,究心佛典,亦以济世利民为务。

③1964年南开馆朱鼎荣先生带同人上海购得秦更年藏书若干,此书即在其中。见陈作仪《朱鼎荣与南开图书馆》,《南开大学报》,2010年6月8日。

④秦更年,近代藏书家、目录学家、金石学家。

⑤光绪《娄关蒋氏本支录右编》十二卷首末各一卷,蒋锡宝等辑,清光绪三十一年(1905)刻本。

⑥顾廷龙主编《清代硃卷集成》第382册,台北:成文出版社,1992,第45页。

延秋老人)。父亲华墀(字蔚林,号味苓,例贡生)住今苏州市阊门内临顿路西花桥巷。为藏书家蒋炳章曾祖辈。

该书为蒋锡绶给亲朋好友写的近四十封信件的草稿。所涉人物有其前辈、弟兄,以及子侄,不仅可见古人信件的客套礼数,还可见清代文人的日常生活与交往,有很高的资料价值。

三、《鸿雪巢日记》作者考

《鸿雪巢日记》亦为蒋氏藏书的一种,已被标为:"写本,不著撰人。"日记首页有"吴县蒋炳章留庵藏记""刑部司马"二章。该日记与馆藏其他蒋炳章藏书一样,黄色书皮,淡黄丝线订制,竹纸做衬,金镶玉装。外函套书签题名《鸿雪巢日记》,书前无题记,卷首有作者记日记的缘由,"庚申(咸丰十年,1860)四月,苏垣失陷,余奉太恭人避难相城西乡。七月二十七,痛遭太恭人大故,苫块偷生,勉持大事。八月十五,僅奉灵輀至光福迁溪,相地西泾河头,筑土权厝。事毕,资斧已罄,不得不出外作沿门托钵之计。因于九月初买櫂赴湖州,一路而行,棘人栾栾,劳人草草,干戈遍地,不知何所适从也!因作日记以志雪鸿。鸿雪巢诗词另录"。查《吴县志·艺文考二》,知道吴县蒋嘉栋著有《鸿雪巢诗词稿》。顾廷龙《清代硃卷集成》有关蒋嘉栋资料称:

> 母氏李,敕封孺人、诰赠恭人、覃恩诰封宜人、诰赠夫人。著有《兰韵楼小草》。
>
> 祖母氏李,乾隆辛丑(四十六年,1781)进士刑部河南司员外郎诰赠通议大夫翰林院侍读学士加三级晋赠通奉大夫布政使衔云南按察使讳以健公孙女,嘉庆戊午年(三年,1798)誊录光禄寺署正貤赠通奉大夫布政使衔云南按察使讳存厚公女,敕封孺人,诰赠恭人,晋赠夫人。著有《兰韵楼小草》,工篆法画兰。①

再从蒋氏家谱可知蒋嘉栋为蒋炳章伯父,由此可知,蒋炳章收藏的此

①顾廷龙主编《清代硃卷集成》第107册,第99、100页。

种日记，作者为蒋嘉栋。

蒋嘉栋（1828—1874），字良伯，号松生，蒋炳章伯父，同治六年（1867）举人，官工部营缮司主事、总理衙门章京。著有《鸿雪巢诗词稿》①。日记记事从咸丰十年（1860）九月至十一年（1861）十二月，同治元年（1862）正月至九月二十三日。字体娟秀，墨色深浅不一，有改有删，属稀珍之日记原稿本，并非他人抄写本。内容记载先辈过世丧葬事、过年祭祖事、太平军影响家人无法进城在家录写奏折事，与亲戚朋友间信件往来记载也在在多有。可见苏州士人日常生活细节，亦可见历史事件对老百姓生活的具体影响，资料价值弥足珍贵。

四、《甲子日记》和《癸亥、乙丑日记》作者考

《甲子日记》和《癸亥、乙丑日记》在目前南开馆的古籍目录中为两种书，同为蒋氏藏书，均注称："抄本，撰著者不详。"南开馆前辈在目录卡片中有关《甲子日记》的附注云："著者姓氏虽未详，其往来者如丁松生（丙）等皆一时知名之士，此甲子为同治三年（1864）之甲子无疑，从日记中获知作者精通医学，在此一年中，除居馆自学外，多为亲友医病，且省试获售是其一生中最重要之阶段。有'吴县蒋炳章留庵藏记'一印。"有关《癸亥、乙丑日记》的附注言："此毛边纸抄本，同治癸亥、乙丑（二年、四年）日记，有'吴县蒋炳章留庵藏记'章。是否即蒋炳章本人，不得而知。"从日记内容看，作者和同治甲子举人陈孚益同年，应该是苏州人，与蒋炳章族人蒋嘉霖有交往。

基于卡片附注，将两部日记比对阅读，发现日记实为一人所记之同治二年（1863）至四年（1865）日记，是一种图书。日记中涉及的人物、店铺名称一致。笔迹、用纸亦完全相同。

以下对作者名氏做一考证。

文中可见其壬戌（同治元年）三月廿二日由寺前村动身到木渎。五月二十六日到大沽口，六月初一日到京，住延寿寺街长元吴会馆。八月八

①民国《吴县志·艺文考二》，36页b，光绪《娄关蒋氏本支录右编》十二卷，首一卷末一卷，蒋锡宝等辑，清光绪三十一年（1905）木刻本，卷六。

日入院试，名落孙山。留京备来年。住馆课儿，就教前贤，诸如："以前做散文就正许海秋……"，"仰蒋翰林子良（彬蔚为予荐一馆地）以事羁迟，须俟来年"。后受友人邀请，二十四日去了河北容城县。文中多次提及家乡前辈蒋子良，比如，过年去蒋家中拜访，在京城受其招待等，从用语称谓等方面看，其并非蒋氏族人。

日记中二十三次提及同年某甲、同年某乙，涉及多人，包括冯桂芬的儿子冯芳植，吴县人沈恩华、彭复斋等。查看这些被提及的人都是江苏本地人，可知作者参加的是乡试，为举人。且甲子日记中有省试获售的记载。

乙丑年五月二十五日日记，"沈伟卿同年（恩华）来，致到蒋子良侍御手简诗册，留同醉棠、循之午膳后去"。查沈氏简历，沈氏为同治三年举人。

乙丑年五月十八日记给清卿宣甫写信，"……炳于初十日抵津，昨已搭定也素轮船，约廿一日开行"云云。

乙丑年七月十八日，张生甫尊慈复邀诊脉，阴盛极阳，病势未转，勉与连理汤。作札与清卿宣甫话别。"炳迂拙之性粗疏如故，阁下初无一言见箴"。通篇有五处自称"炳"据此知道日记作者的名字中有"炳"字。

乙丑年七月十九日，生甫尊慈求诊脉，伏四末，厥冷无回阳意，教灸气海穴。作札复缉庭宣南……"炳闰月初始达里门，家务馆务一时坐集，外间时习，未及周知"。文中又一次自称"炳"。

民国《吴县志》，同治三年甲子科举中式名单如下：吴大澂、王鼎元、冯芳植、濮廷苞、许赓飏、洪钧、彭福保、顾肇熙、吴大衡、陈孚益、赵钧、王赞尧、王炳、沈恩华、蒋步瀛、汪鸣銮、郑思赞。①

名字中有炳字者只有王炳一人，有关他的详细信息为"王炳，朴臣，改名炳燮，见进士"②。光绪二年（1876）进士表中的信息："王炳燮，朴臣，原名炳，官邯郸知县。"③住在齐门花溪，与日记中所记作者的活动范围相合，所以说，该日记作者为王炳。

①民国《吴县志》卷十五《选举表七》，第12页a、b。

②民国《吴县志》卷十五《选举表七》，第12页a。

③民国《吴县志》卷十三《选举表五》，第19页b。

王炳燮(1822—1879),清光绪间元和人,字絅斋,号朴臣,光绪二年进士,官邯郸、天津知县,著有《毋自欺室文集》。(其抄本手迹有:宋朱熹《朱文公诗赋全集》二卷,《元和王朴臣先生手抄文》不分卷附救命书一卷。)①又有资料记其字朴臣、璞臣,号絅斋,别号西山瘿人,室名暗然居、毋自欺室。著作有《国朝名臣言行录》十六卷②。这些都不妨碍我们核定他为该日记的作者这个基本的信息,日记还给我们提供了一些重要的画面,即:此人精通医术,无论居家、外地客留、人在旅途,常为人所邀,予患者把脉医病。也重视子弟教育,日记中常见其晚间课儿读书的记载,外出之后,也会书信探问,关心孩子的课业长进情况。很勤奋,早起或者临睡读书习字;好雅聚,与友人彼此家中或者茶舍,小饮叙谈;还热衷于吴地的慈善事业。同治四年闰五月八日记:“至新桥巷谒冯景丈,晤话女普济堂事。”

①瞿冕良:《中国古籍版刻辞典》,济南:齐鲁书社,2009,第71页。

②张耘田、陈巍:《苏州民国艺文志》上册,扬州:广陵书社,2005,第65页。

四川大学图书馆藏《守中正斋丛书》考辨

宋桂梅

（四川大学图书馆）

古籍丛书目录的编撰始于清嘉庆四年（1799）顾修所辑《汇刻书目初编》，此后有众多学者注力于丛书目录的编纂和研究，《中国丛书综录》是丛书目录编纂史上的里程碑，《中国古籍总目·丛书部》则是集大成者。但大型丛书目录的编纂多依赖各馆藏书目录，并非编者逐种依原书著录。而各馆原藏书目编撰思路和分类著录原则又各不相同，这就可能会出现一些书与目录不符的情况。笔者近日对本馆原著录的两部《守中正斋丛书》进行子目编目时，结合《中国古籍总目》等书目的著录，修正了其中一部的名称和分类，并指出《中国古籍总目》等书目对其版本著录的失误。

一、馆藏两部《守中正斋丛书》的品种辨析

《守中正斋丛书》系清末四川宿儒姜国伊的独撰汇印丛书。该丛书篇帙繁众，并非一次刻竣，整部刊刻时间从清同治年间持续到光绪末期。虽是姜国伊独撰，但刊刻却成于众人之手，版式并无一定例，且无总书目。本馆原书目著藏此书两部，一部八册，计收子目四种；一部二十八册，计收子目十六种。《中国丛书综录》和《中国古籍总目》均著录了《守中正斋丛书》，版本定为清同治光绪年间，收子目十七种，收藏单位五家，子目内容

和顺序相同，为方便考察，列目如下①：

周易古本撰十二卷附二卷

诗经思无邪序传四卷　清同治十一年（1872）刻

春秋传义十二卷附补义一卷

孔子家语十卷　清姜国伊正本并补注　清光绪二十年（1894）刻

孝经述一卷　　清光绪十五年（1889）刻

大学古本述注一卷

中庸古本述注一卷

孟子外书一卷　清姜国伊正本并补注　清光绪二十一年（1895）刻

癸甲乙记一卷丙申续记一卷丁酉续记一卷天道问一卷经问一卷

蜀记一卷赜说一卷补说一卷　清光绪元年（1875）刻

尹人尺牍存一卷

尹人文存二卷　诗存附赋话对联不分卷　制艺存一卷

神农本草经三卷　清姜国伊辑　清光绪十八年（1892）刻

脉经真本十卷首一卷　晋王叔和撰　清张柏校正　清光绪十六年（1890）刻

伤寒方经解一卷

医学六种

内经脉学部位考一卷

目方一卷

婴儿一卷

实风虚风图一卷

经说二卷

经验方一卷

大戴礼记正本一卷

本馆所藏二十八册本，除缺子目《脉经真本》十卷首一卷一种外，其余十六种子目，在顺序和内容及版本上，均与上述著录相符，可以视为与

①中国古籍总目编纂委员会：《中国古籍总目》，北京：中华书局，2009，第1216—1217页。

总目所录为同一品种。而八册本，本馆著录视为《守中正斋丛书》的残本，此部书根题序从“2”至“9”，显缺第一册。现存八册，子目四种：

神农本经经释

脉经真本十卷首一卷

伤寒方经解一卷

医学六种

此四种除《神农本经经释》外，余三种在子目顺序和内容上均与总目所录《守中正斋丛书》对应部分相符。众所周知，丛书在长期流布过程中会形成不同程度的增损。此八册本，是不是在流传过程中遗失了其他品种，而又新增了《神农本经经释》一种呢。其实不然，仔细比对，此八册本与馆藏二十八册本及《中国古籍总目》所录，有两点相异。其一，子目数量悬殊。《守中正斋丛书》收录子目十七种，而本馆八册本仅收子目四种，且四种皆是姜氏的医学著述，更有一种《神农本经经释》为《守中正斋丛书》子目所无。其二，《守中正斋丛书》刊刻成于众人之手，无统一的内封牌记，前已述及。但此八册本每种子目内封正面均镌有著者、题名及题签人，背面均镌“四川成都学/道街黄氏茹/古书局印行”。例如：《医学六种》内封正面镌“姜尹人先生著/医学六种/尹昌龄题”，内封背面镌“四川成都学/道街黄氏茹/古书局印行”。可见，这并不是《守中正斋丛书》损益后的品种，而是一部经过重新选目，由成都茹古书局汇印的姜氏医学类著述。

《守中正斋丛书》收子目十七种，内容涉及经、子、集三个部类，而茹古书局汇印的这部丛书，俱是姜氏的医学著述。《中国丛书综录》由于成书较早，且只收录了国内 41 家单位的藏书，所以没有著录茹古书局汇印的姜氏医学著述。成书于 1986 年，由中国中医研究院图书馆所编的《馆藏中医线装书目》著录了一部《姜氏医学丛书》，收姜氏医学著述五种，版本著录为“清光绪十八年成都茹古书局刻本”①。《中国中医古籍总目》和

①中国中医研究院图书馆编《馆藏中医线装书目》，北京：中医古籍出版社，1986，第 321 页。

《中国古籍总目》也收录了《姜氏医学丛书》，在子目顺序、内容及版本著录上均与中国中医研究院图书馆书目相同。本馆所藏茹古书局汇印的姜氏医学著述与诸家书目著录的《姜氏医学丛书》相较，除缺子目《神农本草经》一种外，余四种在子目顺序和内容上，均与上述书目所录一致，当属同一品种书。

遗憾的是，诸家书目著录此书时，版本均著录为"清光绪十八年成都茹古书局刻本"。实际上，成都茹古书局是成都志古堂经理黄致祥于1931年才创办的：

> 以祖遗田产三十四抵押借款，用黄氏济忠堂名义，顶下了高锡铭开在学道街的二酉山房的口岸、存书和生财家具，筹备开办茹古书局。……民国十九年(1930)，筹备大体就绪，黄致祥便向志古堂辞职。次年，茹古书局正式开张营业。①

故《姜氏医学丛书》的版本应是民国而非清光绪十八年。猜测各书目致误的原因，可能是依据《神农本草经》卷末姜国伊光绪十八年九月自撰的跋文。

综上考察，根据《中国丛书总目·丛书部》编撰原则"若其编纂旨趣发生变化，另起总名，纵令其子目与原编差异不足五分之一，不得再将二者视为同一品种"②，本馆所藏的两部《守中正斋丛书》属于不同品种，应分别立目。且原题名为"《守中正斋丛书》[残]"的八册本丛书应更题名为《姜氏医学丛书》，版本为民国成都茹古书局刻本，并注明缺《神农本草经》一种。疑本馆所遗失的第一册当为此种。另外，参照《中国古籍总目》据"收入'丛部'之丛书必须'子目跨部'"③的著录原则及《姜氏医学丛书》的汇编特点，将其分类定为"子部/医家类/类编之属"。

①傅登瀛：《成都志古堂和茹古书局》，《成都志通讯》1987年第12期，第45页。
②阳海清：《论中国古籍"丛部"之构建》，《图书情报论坛》2009年第2期，第5—8页。
③同上。

二、《守中正斋丛书》子目《神农本经经释》成书考辨

在辨别两部丛书品种问题时，笔者发现《守中正斋丛书》既无总序跋亦无总目录。《中国丛书综录》和《中国古籍总目》根据各馆存藏情况，著录其子目为十七种。其实，在著录的五家收藏单位中，各家藏本子目也不尽相同。上海图书馆藏本与《总目》一致，而川大馆则缺少《脉经真本》一种，南大图书馆则缺《孝经述》《大学古本述注》《中庸古本述注》三种，又多出《戊戌续记》一种和光绪二十八年(1902)新刊《四书五经义》一种①。面对这种差异，笔者对该丛书的子目又进行了梳理，考察了其中一种有争议的子目的成书问题。

《守中正斋丛书》中附刻有几份书目，提供了一些有关本书子目的信息。本馆藏本每种子目首册的内封上均粘有一张笺条，最右端镌"守中正斋丛书"，中列子目名称，左下端镌"蜀岷姜国伊尹人著"。但每张笺条所列子目不完全相同，共有两种情况，暂且将其定为《守中正斋丛书》目 1 和《守中正斋丛书》目 2。南大藏本亦有此现象，仅有三张笺条，疑其他脱落。另外，南大藏本在《春秋传义》末册附刻了一份题"岷阳姜国伊著"的《读书别墅书目》，而川大藏本中同名书目则是附刻于《孟子外篇》册末。这两份附刻书目也不完全相同，根据序跋，《春秋传义》成书于清光绪十一年(1885)，《孟子外篇》成书于光绪二十一年(1895)，暂且将这两种内容不完全相同的书目分别定为《读书别墅书目》1 和《读书别墅书目》2。为方便比对，列表如下：

①南京大学图书馆所藏《守中正斋丛书》的相关情况，承本馆唐新梅老师和南大图书馆周艳老师提供资讯，在此致以谢忱。

书目	所列子目
《读书别墅书目》1	周易古本撰四本　尚书■　诗经思无邪序传四本　仪礼■　春秋传义六本　孝经述　论语述注■　家语正■　大学古本述注一本　中庸古本述注一本　孟子述注■　蜀记一本　赜说补说一本　神农本经经释续刊　伤寒方经解一本　内经脉学部位考一本　医说五种(目　婴儿　经说上　经说下　经验方　共一本)　文存一本　诗存续刊　制艺存续刊　尺牍存
《读书别墅书目》2	周易古本撰四本　尚书■　诗经思无邪序传四本　仪礼■　春秋传义六本　孝经述　论语述注■　家语正二本　大学古本述注一本　中庸古本述注一本　孟子述注■　孟子外篇一本　蜀记一本　癸甲乙记经问附一本　赜说补说一本　神农本经经释续刊　伤寒方经解一本　内经脉学部位考一本　医说五种(目　婴儿　经说上　经说下　经验方　共一本)　文存一本　诗存二本　制艺存一本　尺牍存一本　考正神农本经一本　王氏脉经四本。
《守中正斋丛书》目 1	周易古本撰　尚书■未刊　诗经思无邪序传　仪礼■未刊　春秋传义　论语翼注未刊　家语正　孝经述　大学古本述注　中庸古本述注　孟子翼注未刊　孟子外书考　癸甲乙记经问附　蜀记赜说补说附　尺牍存　文存　诗存赋话对联附　制艺存　神农本经　本经经释　晋王叔和脉经　伤寒方经解　医学六种
《守中正斋丛书》目 2	周易古本撰　尚书■未刊　诗经思无邪序传　仪礼■未刊　春秋传义　论语翼注未刊　家语正　孝经述　大学古本述注　中庸古本述注　孟子翼注未刊　孟子外书考　癸甲乙记经问附　蜀记赜说补说附　尺牍存　文存　诗存赋话对联附　制艺存　神农本经　本经经释　晋王叔和脉经　伤寒方经解　医学六种　大戴礼记正本

上表书目中,对于尚未刊刻的均注明“未刊”,刊刻未竣的则注明“续刊“,对于只有书名而实际尚未成书的均以“■”表示。不难看出,上表四种书目具有赓续关系,比如《家语正》在《读书别墅书目》1 中,尚未成书,而在《读书别墅书目》2 中,已注明为“二本”。又如《内经脉学部位考》在《读书别墅书目》2 中作为一级子目单列,而在《守中正斋丛书》目 1 中,已归入《医学六种》,成为丛书的二级子目。同时,通过对比可以看出,《守

中正斋丛书》目2在附刻的四种书目中收录的子目种类最多最全，且已刊各书在子目顺序和内容上与《中国古籍总目》的著录十分相近，仅有一种子目有出入，已具有全书总目录的性质。

但这四份附刻书目不论其是阶段性成果书目还是最终成果的总书目，均列《神农本经经释》或《本经经释》为整部丛书的一级子目，且从后两种书目提供的信息来看，已然刻竣。但在附刻书目所列已刊各书中，仅此书未被《中国丛书综录》和《中国古籍总目》所录在《守中正斋丛书》子目之列，而且川大和南大馆藏的《守中正斋丛书》也确实不含此种。

该如何看待这种丛书中附刻的书目？这种刻书书目文献和当代书目著录及实际馆藏差异的原因何在？虽然丛书在刊刻的过程中，实际出书与先刻总目不尽相同的情况屡见不鲜，《本经经释》是不是也属于这种只见于书目而实际并未付梓呢？需要对《本经经释》的成书和梓行过程进行考释才能确认。

姜氏撰于光绪十八年的《神农本草经》序言，不仅自述了其考辑《神农本草经》经文的缘由，也详尽记录了注经经过和遭遇：

> 咸丰庚申（十年，1860），久病不愈，究心医学。岁辛酉（十一年），日注神农本经，同治壬戌季（元年，1862）冬，得一百八十药；郫茂才周君命三手为抄存。迄岁辛未（十年，1871），复得药百种，洞子口市医戴姓，以术借抄，遂名籍繁江诸邑。光绪丙子（二年，1876）遇贼黄河，行李全失，戴愈靳此书不出也。岁辛卯（十七年，1891），周君病将没，以抄稿复归。国伊当是时，系心圣经，亦未暇终此事也。壬辰（十八年）夏，疫几遍天下，慨然念古圣苦心，万世民命，乃全注之。撰用内经详加诠释。遵孔子赞易体例，经传分列。国伊昔年旧注，但拈大意，今日续注，只字无遗；俾圣人复起，必从吾言。（据川大馆藏《守中正斋丛书·神农本草经》）

可见，《神农本经经释》始注于咸丰十一年（1861），续注于光绪十八年(1892),其间遇盗转手,命运多舛。即使姜氏后来"全力注之",至光绪二十一年(1895),仍未完成,"壬辰自京返蜀,日注神农本经及书经礼经。特以小人环攻,药经仅注百五十品,《尚书》《仪礼》仅一二篇而已。"(据川大馆藏《守中正斋丛书·癸甲乙记》)迟至光绪二十二年(1896),姜氏寄送好友林有仁新近刻成的书籍,有《孟子外篇》《神农本草经》《象告》,也不及见有《神农本经经释》。且姜氏在给好友的回信中述及近期学术活动,也未见提及此书进展,信中言及:

> 《仪礼》十七篇,其精义皆在于无言语处,古圣人使人躬行而自得之。惟名物器数义不可悉。国伊所为,迟至今日而未成注也。《大戴礼记》二千余年无人校理,愈远愈讹,国伊删定亦犹《家语》正本也。正月付梓,贫无赀,仅刊半部。先寄序目,腊底当全寄也。兹寄《孔子家语》二本。(据川大馆藏《守中正斋丛书·尹人尸牍存》)

但姜氏自光绪二十一年始,开汇集自己的著述,以备流传,在致林有仁的书信中云:"国伊昔年北上送书各省,尚未广也。自去年印自著丛书八十部,俟一两岁,当携幼子远游,布散海内,以待后贤。"(据川大馆藏《守中正斋丛书·尹人尸牍存》)而此时《神农本经经释》注解尚未完成。虽然见藏的《守中正斋丛书》所收著述、尺牍、文存实际止于光绪二十四年(1898)①,但从现存于《姜氏医学丛书》中的《神农本经经释》判断,是书目录著录上中下品药二百六十五种,而正文只载上品和中品药,下品药仅存目无注解。若不是手稿遗失,姜氏最终未能全注此书的可能性极大。因此,迟至光绪二十四年,《神农本经经释》因尚未注完或无力付梓,所以只存目而实未随丛书一起流传各地,只见收于晚出汇印的《姜氏医学丛书》中。

在编制书目时,丛书的著录相对复杂,对子目的细察深究实属必要。各种书目与实物的结合兼之文献考证是一种行之有效的方法。

①南大馆藏《守中正斋丛书》子目中有光绪二十八年(1902)刊的《四书五经义》一卷,当系丛书流布过程中,书商或藏家补购的新出品种。

厦门大学图书馆藏四部未刊古籍题跋辑录

王志双

（厦门大学图书馆）

近年来，笔者在工作中陆续发现厦门大学图书馆藏古籍颇多为昔日著名藏书家的旧藏故物，其间丹黄手校朱墨灿然者有数十部。兹辑录其中四种未刊题跋，并加以考释，以飨同好，希冀能对相关古籍整理研究有所裨益。然才疏学浅，又地处偏僻，难广见闻，疑窦仍在在而有，幸博雅有以教之。

一、《陶靖节集》十卷，（晋）陶潜撰，（明）何孟春注，明嘉靖六年（1527）刻本。（明）徐㶿跋，（清）刘文淇等跋

《陶靖节集》十卷，二册，半叶十行二十字，双行小字二十字，白口，四周单边，无鱼尾。版框高19.6厘米，宽13.9厘米。入选第二批国家珍贵古籍名录（名录号为08678）。是书卷一为四言律诗，卷二、三、四为五言律诗，卷五为赋、辞，卷六为传、赞，卷七为述、记、疏、祭文，卷八、九为四八目（即《集圣贤群辅录》），卷十为附录，有颜延之撰《靖节陶征士诔》、萧统撰《陶渊明传》、陶集序录、诸家总论等。

何孟春（1474—1536），字子元，号燕泉，郴州（今湖南郴州市）人。明

弘治六年(1493)进士,历兵部郎中、河南参政、太仆卿、云南巡抚、吏部右侍郎诸职。卒谥文简。何孟春学问赅博,工诗文,著有《余冬叙录》《余冬诗话》《何文简疏议》等。据明嘉靖六年(1527)陈洪谟撰《陶靖节集重刻序》,可知是书刊刻原委:"嘉靖丁亥(六年)夏,少宰燕泉何公归政于留都,舟过浔阳,余遣人候之,公缄一编贻余。启封,则公手注《靖节集》也。且曰:盍刻诸。余因忆昔侍公滇南,尝受读是编。比来豫章尘俗嚣纷,每欲诵陶诗以自适,检诸巾笥不可得。兹获三复是编,神思丽然矣,乃授南康罗守辂刻之白鹿洞……南康告既讫功,遂漫题其首。"

何氏之注陶集"注疏精确""具注具评,附以新得,以致详也",倍受时人及后代学者珍重。该书曾为明代著名藏书家徐𤊹父子及清著名学者刘文淇等诸人收藏,书中有其亲笔题跋。其一云:

> 此集先君少所披阅,筮仕之后,携之四方,珍若拱璧。盖五六十年前,陶集仅有何氏一注为善,他无别梓也。年来刻本甚多,余独宝此者,手泽存也,子孙其重之哉!万历壬子(四十年,1612)夏𤊹书。① (《陶靖节集重刻叙》末叶,下钤"徐氏/兴公"白文方印、"徐勃/之印"白文方印。)

由跋文可知,此本原系徐𤊹之父徐棉旧藏。徐棉(1513—1591),闽县(今属福州市)人,字子瞻,自号相坡居士,嘉靖乙丑岁(四十四年,1565)贡生,授江西南安府训导,擢广东茂名县教谕,升永宁县令。此本钤有"徐棉/私印"白文方印、"子瞻"白文方印、"永宁/令印"白文方印。

徐𤊹(1570—1642),为徐棉次子,又名勃,字惟起,一字兴公,别号三山老叟、天竺山人、竹窗病叟、筠雪道人、读易园主人、笔耕惰农、绿玉斋主人、鳌峰居士等,万历间举人。𤊹博学工文,善草隶、山水,万历间,与曹学佺共主闽中词坛,称"兴公诗派",著有《红雨楼集》《鳌峰集》《闽画记》《闽南风雅》《徐氏笔精》《续笔精》《榕阴新检》《荔枝谱》等。𤊹嗜藏书,

①(明)徐𤊹等撰、马泰来整理、吴格审定《新辑红雨楼题记·徐氏家藏书目》,上海:上海古籍出版社,2014,第118页。

建绿玉斋、红雨楼、宛羽楼、南损斋等藏书楼，积书数万卷，多宋、元、明秘本珍籍。他不惟嗜藏，而且对藏书勤加校勘，纠正谬误，编成《红雨楼书目》《红雨楼题跋》。此本钤有徐𤊹的藏书印四枚："晋安徐兴/公家藏书"朱竖长方印、"徐氏/兴公"白文方印、"徐㶿/之印"白文方印、"闽中徐𤊹/惟起藏书"朱文竖长方印。

其二云：

> 徐𤊹字兴公，明之福建人，藏书甲天下，著述甚富。《四库全书》已著录所藏，《周鼎》最有名，见《焦山志》，凡考古家莫不重视其人。是集乃兴公物并亲笔题跋，殊堪珍贵。夫陶诗宋刊本世已稀罕，即此何注本亦不常见，且有前人批评，安得不重宝之。缘是不惜巨价购于北平厂肆，希吾子孙世守勿弃为幸。道光己丑（九年，1829）清明前一日真州刘文淇识。（卷八末，下钤"青溪/书屋"白文方印、"刘氏/文淇"白文方印。）

刘文淇（1789—1854），字孟瞻，室名青溪旧屋，江苏仪征人。自幼师从舅父凌曙（1775—1829），精研古籍，贯穿群经，著作甚丰，有《左传旧疏考正》《楚汉诸侯疆域志》《扬州水道记》《读书随笔》《青溪旧屋文集》《奇门行军要略》等。刘文淇在题跋中盛赞徐𤊹藏书之富，述及何注陶集实乃珍品佳制，故不惜重金购进，望后世子孙好好保存。

其三云：

> 阅陶靖节诗始悉道南书屋主人藏书甚丰，举凡各家珍本无一遗漏，诚是为后世藏书者之师焉。跃云居士谨识。（书内浮签，下钤"道行"朱竖长方印。）

道南书屋主人、跃云居士各指谁，笔者见闻寡陋，或有待查寻。

其四云：

> 丁巳春王九日，阅于师经堂。（卷二卷端朱笔题。）

此题跋未落款识名姓，不知为何人所书。亦有待考查。

何孟春注《陶靖节集》有四种刻本，除上述明嘉庆六年刻本外，尚有明正德刻本（福建省图书馆、华南师范大学图书馆、芷兰斋藏，入选第二批国家珍贵古籍名录，名录号：05111—05113）、明嘉靖二年（1523）范永銮重刻本（福建省图书馆藏，入选第二批国家珍贵古籍名录，名录号：05114）及明緜眇阁刻本（国家图书馆、浙江省图书馆藏）。

陶渊明诗赋闻于后世，代有誉颂。陶集以宋本中僧思悦据萧统《文选》、参校宋庠刊定而重新编订之十卷本最为见重，亦为今存世诸本之母本。譬如李公焕本、何孟春本、汲古阁本、张溥《汉魏六朝百三家集本》、张尔公本、毛晋绿君亭本、何焯校本、陶澍《靖节先生集注》、吴瞻泰《陶诗汇注》等，均据宋本而互有勘正者。今人古直《陶靖节诗笺定本》（层冰草堂丛书本）、丁福保《陶渊明诗笺注》（上海医学书局1929年）、王瑶《陶渊明集》（人民文学出版社1956年）、逯钦立《陶渊明集》（中华书局1979年）、袁行霈《陶渊明集笺注》（中华书局2003年）等，均递有增进。而徐𤊹跋、何孟春注嘉靖刻本，在近五百年的流传中，辗转为多位藏书家收藏，书上钤有藏书印70枚，有十余处朱墨笔书校读标识，笔迹明显不同，当为数人所为，故是书仍有其独有之学术价值，尚待卓志者致力焉。

二、续笔精二卷，（明）徐𤊹撰，1956年郑氏春檗斋抄本。郑丽生跋

> 徐氏《续笔精》未刊，汾贻、平冶、白易与余各藏有旧钞本。平冶、白阳死后，不知流落何所？汾贻晚年亦如黄荛翁之割其所爱矣。顷者北平书估南来访余，议及此书可易米四斗，老妻大喜，怂恿成交。余恐后此不易得，乃竭两夜之力，撮钞其中有关闽事者若干条，以备征考邦献之助。匆匆过录。（书尾，下钤“丽生/题跋”朱文方印。）

以往学者在研究明代藏书家徐𤊹时，很少提及他的另一部著述《续笔精》，致使其寂寂无闻。厦大馆所藏该本为1956年郑丽生节抄本，仅存有

关闽事者三十六条，但内容丰富，涉猎广泛。条目有《浦城人物》《泉州阁帖》《黄勉斋墓》《风灾》《刻集》等。

郑丽生(1912—1998)，字一序，号恬斋、春檗斋、东廓居士，福州人。福建国学专修学校毕业。民国时期历任《中央日报》(福建版)、《福建时报》、《粹报》等报编辑、总编辑。1950年到1966年，为福建省图书馆和福建师范大学图书馆誊抄古籍。1980年起，参加《汉语大词典》编纂及审稿工作。1983年，任福州市地方志编纂委员会编审。1984年3月，受聘为福建省文史研究馆馆员，为《福建文史》编委。他颇熟悉地方掌故，精于考据，著述宏富，寓目者有《林则徐诗集校笺》《闽广记》《福州岁时风俗类征》《小说旧闻钞补》等。郑丽生学博多闻，却才丰遇啬，在世时即钞书鬻文、鬻书但为稻粱谋。他在妻子怂恿之下，以《徐氏续笔精》旧钞本易米四斗，即为实例之一。

前揭跋文之中“汾贻”，即林家溱(1891—1965)，字汾贻，福建省侯官县(今福州市)人，为清道光名臣林则徐之玄孙，清末曾留学日本，新中国成立后任福建省文史馆馆员。他好古书，精于目录之学，博洽多闻，笔耕不辍，著有《魏子安先生年谱》《拥尘室读书记》等。

前揭跋文之中“平治”，即林宗泽(？—1937)，字雪舟，号平治，福建省侯官县(今福州市)人。他曾任浙江候补知县。民国初，陈衍主纂《福建通志》，知其博洽，聘为分纂，前往浙江采访，周历于文渊、文澜、天一诸阁，传钞有关闽献之秘籍归，于修志多所沾益。日本入寇初期卒。他最熟乡邦掌故，言之如数家珍，不吝重价收购经籍，藏书甚丰，以乡哲遗著为多。他不仅善藏书，而且著述亦勤，有《平冶楼诗本》《平冶楼联话》等。林汾贻曾为其编《平冶楼书目》，惜身后尽散，林家溱、郭白阳、沈祖牟、郑丽生各有收藏。

前揭跋文之中“白易”，即郭白阳(1901—1956)，藏书家，名可光，号伯旸、白阳，福建侯官(今福州市)人，为清代著名藏书家郭柏苍的玄孙。他出生于书香世家，高祖郭柏苍兄弟五人皆登科第，家族先人均有著述行于世。幼承家学，笃学好古。毕业于福建公立外国语专门学校，曾任福建省政府建设厅科员。“好聚书，尤好抄书”，藏书颇丰，且多珍善之本。勤于笔耕，编撰及著述达10余部，如《竹间续话》《林文忠遗事》《全闽词话》

《福建艺文志续》《闽藏书家考略》等

《续笔精》是明代福州乡贤徐𤊹遗著,且为未刊稿。郭白阳在《竹间续话》中曾云:“徐兴公之《续笔精》、林衡之《竹窗笔记》、陈怡山之《海滨外史》……皆钞本未刊者也。”他曾述及自己藏有《续笔精》的情况:“兴公又有《续笔精》,未刊。其原稿昔藏陈石遗①先生家,后鬻于螺江陈氏。余曾访得先生钞藏本二册,仅百余则,吉光片羽,亦足珍也。”由此可知,郭氏所藏《续笔精》并非完帙。因感慨于“前辈著述,多不亲自校梓,后世子孙,弃若土苴而泯没无传者,夥矣”,郭白阳与董执谊先生及林汾贻、沈祖牟二君,“欲举诸家所藏孤钞罕本,印为《闽海丛书》”,但因抗日战争爆发而未果。抗战胜利后,郭白阳将二十年来孜孜搜求的数百部乡贤著述捐赠给福建省图书馆,使私藏变公藏。②

郑丽生明知其好友林家溱、郭白阳所藏旧抄本《续笔精》已不知去向,自己所藏当为珍罕之本,但因生计所迫,不得不忍痛割爱,鬻书易米,实属无奈之举,令人惋惜。郑丽生亦知此书“恐后此不易得”,故连续两夜奋力撮抄,这为我们保留下了研究福建的珍贵资料。如《刻集》一则云:“吾郡国初以来,文献甚盛,名贤巨公皆有著作,生前皆不刻板,至身后或子孙门人始取而授梓焉。至万历中,林双台方伯、王云竹参知、林仲山司空,因当道门人之请,三公谦让,强之始梓诗选。方伯名其集曰《栎寄》,参知名其集曰《缶音》,司空名其集曰《覆瓿》。前辈之不敢以作者自居如此,嗣后渐次效法。刊行于世亦皆素有名于词苑者。迨至天启、崇祯,不论雅道流俗,才识之尢,臭不火木,殊为可厌也。虽然诗文不亲自经理,后世子孙往往弃若土苴,竟泯泯无传,咸遭不刻之弊也。曹能始锐意搜罗,或得于糜烂醢鸡之中,选而行之,功亦不浅。”

陈微新近出版《明代藏书家徐惟起研究》(福建教育出版社 2016 年)一书,在《现存的徐𤊹部分著述目录》一节中言及《续笔精》,并注明国家

①陈石遗即陈衍(1856—1937),字叔伊,号石遗,福建侯官(今福州人)。清光绪八年(1882)举人,曾入台湾巡抚刘铭传幕,官至学部主事。清亡后,在南北各大学讲授,编修《福建通志》。他精通经史训诂之学,工诗词,为同光体闽派诗宗。著有《石遗室诗话》《石遗室丛书》等。

②郭白阳辑撰,福州市地方编纂委员会整理《竹间续话》卷四,福州:海风出版社,2001,第 87 页。

图书馆(清万花楼抄本)、厦门大学图书馆、福建师大学图书馆各藏有抄本。据查福建省图书馆亦藏有《续笔精》抄本一部。但因时间关系,笔者尚未前往上述三馆查阅。

三、《江阴城守纪》二卷,(清)韩菼编,附《江阴城守纪》一卷,(清)许重熙编,清爱日精庐木活字本。叶昌炽校并跋

《江阴城守纪》二卷,二册,半叶八行十七字,白口,四周双边,单黑鱼尾。版框高19.6厘米,宽13.9厘米。前有清康熙五十四年(1715)韩菼撰《江阴城守纪叙》。

是书主要内容记录清顺治二年(1645)夏江阴人民为抵制清朝“留头不留发,留发不留头”的剃发令,坚定“头可断,发不可剃”的信念,在“江阴抗清三公”阎应元、陈明遇、冯厚敦等的领导下进行的斗争。江阴坚守长达八十余日,后全城殉国,无一人投降,城内死难者约九万七千人,江阴遗民仅五十三人因躲在寺观塔上而保全性命。是役,清军折损三个王爷十八员大将,死者七万五千余人。

是书为清爱日精庐木活字本,版心下有“爱日精庐”四字,未见相关书目著录。爱日精庐是清代江苏著名藏书家、版本学家、刻书家张金吾(1787—1829)的藏书楼名。他致力于藏书、校书、刊刻书籍、研心校雠。是书在刊印时避清宣宗旻宁名讳,“宁”字写为“寕”,当为清道光间木活字本。该书在清代尚有道光中古槐山房木活字《荆驼逸史》本,但两种版本的成书先后尚有待考证。

是书有叶昌炽墨笔题跋二则:

阎公未入城,与众约法,号令归一,则其望重也。甫入城,题诗庙壁,以视必死,则其志坚也。造战具,饬守备,谋积聚,遴骁勇,则其心细也。变乌合之众为节制之师,则其才大也。赏罚严明,于循真挚,则其意诚也。伪降以诱敌,劫营以出奇,畀神像以巡城,结草人以收箭,则其谋多也。慕其义,则童子亦能斩将,感其诚则灵,神灵亦屡助威,则其忠可格

天也。从容而就义，慷慨以成仁，则其节可风世也。彼诵诗书，被忠孝者反不及一武生；头乌纱，身绛袍者，而不及一典史。人之贤不贤，何如此其远哉！（《江阴城守纪》卷下末）

统读一过，觉阎、陈二烈士之仗节死义，远不愧张、许二公，近可媲史可法阁部之守扬州、黄陶庵之守嘉定。而阎公之出奇应变，忠勇兼全，坚城久守，尤史、黄诸公之所难也。以其勇略，佐我兴朝，功名成就，当远出四藩王之上，而以未入流之典史，预知必死，而百折不回，抑又奇矣。观其答良佐之语，题敌楼之门，非深于学道者不能。当是时，拥重兵，据要地者比比也，或溃而死，或俘而降，以视阎公何如哉？使外援未绝，内备不穷，西城一隅，犹未易破也。然于八十日中损三王杀十八将，斩七万余千人，功烈亦伟矣哉！鞠裳手校并记。（《江阴城守纪》末，下钤白文方印"昌炽"。）

叶昌炽（1849—1917），字菊裳，又字菊棠、鞠裳、鞠常，号颂鲁，晚号缘督。江苏长洲（今苏州市）人。他是清光绪十五年（1889）进士，历任翰林院庶吉士、国史馆协修、纂修、总纂官，参与撰著《清史》，后入会典馆，修《武备图说》，迁国子司业，加侍讲衔，擢甘肃学政，斯后引疾归。著有《语石》《藏书纪事诗》《缘督庐日记钞》等。他尤善金石、版本及方志之学，是清末民初著名的金石学家、文献学家、藏书家。由上述题跋可知，叶昌炽对阎应元、陈明遇等领导民众进行的艰苦卓绝抗清斗争给予了高度评价。特别对在江阴守城中起中流砥柱作用的典史阎应元的智勇双全、舍生忘死的忠义之节进行了概括总结。他们虽官卑职微，但视死如归、宁死不屈的精神与那些变节降清的达官显贵形成了鲜明的对比。

叶昌炽一生着力辑古佚书、校理群籍、搜集碑版、抄书作文。是书即经叶昌炽精心校对，《江阴城守纪叙》首叶钤有"鞠裳手校"朱方竖椭圆印可为证。检阅全书可知，叶昌炽用朱笔校改十余处，如"长谒阎、陈二公词"，改"词"为"祠"；"先是，福建勤王师为清兵所败，有乌船三只逃至江上，贱售器攸，江民争买"，改"攸"为"械"；"适本营守备陈瑞之乘马赴东关，众恕其纳欵谋参升、参将，且代方亨申文请剿也，詈辱之"，改"恕"为"怒"；"烟光降火相杂"，改"降"为"烽"；"割其头身随城下，外兵齐来抢尸,城上梆鼓齐鸣,砖石小箭如雨黠下,伤千余人”,改“随”为“堕”,改“黠”为“点”;“贝勒引大革趋吴淞”,改“革”为“军”;“遇战不行,扬帆云”,改“云”为“去”;“二人待下如此,故民怀德畏咸,濒死不悔”,改“咸”为“威”等。书中尚有数处叶昌炽朱笔眉批,如:卷上,页二十三A:“方亨为明进士,清兵未至,首先纳款,其气节可知。在兴朝固为顺民,在胜国岂非叛徒邪!况不能抚循士民,而欲以威劫之。其身未杀,其心早已死矣。”卷下叶三A:“理直气壮,如读文信国《正气歌》、史忠正《答摄政王书》,而阎公足智多谋,孤忠亮节,不在两公下。其勇而善战反似过之。”叶昌炽对此书真可谓是精读精校。

是书首卷卷端钤有“荃孙”及“云轮阁”二枚朱文竖长方印,均为缪荃孙藏书印,表明是书曾为缪氏收藏。缪荃孙(1844—1919),字炎之,一字筱珊,晚号艺风老人,江苏江阴人。他是中国近代教育家、目录学家、史学家、方志学家、金石家,中国近代图书馆事业的奠基人,中国近代教育事业的先驱者。

书中尚钤有“怀德/堂印”朱文方印及“臣印/韩菼”白文方印,二印疑为伪印。依据为册一《江阴守城纪叙》首叶及册二《江阴守城纪》卷下首叶均经裁割,另纸粘补上述二印,挖补痕迹明显。

四、醉翁谈录八卷,(宋)金盈之撰,旧抄本,黄裳跋

《醉翁谈录》八卷,一册,半叶八行二十字,墨笔抄写,间有朱笔校改。是书记唐代遗事、宋人诗文和宋代京城风俗等。全书分八卷,卷一为《名公佳制》,卷二为《荣贵要览》,卷三、卷四为《京城风俗记》,卷五为《琐闼异闻》,卷六为《禅林丛录》,卷七、卷八为《平康巷陌记》凡七十事,缺一事。《千顷堂书目》《宋元旧本书经眼录》《百川书志》著录为八卷。然陆心源《皕宋楼藏书志》著录为四卷,阮元《揅经室外集》著录为五卷。此书尚有国家图书馆藏明抄本(存四卷)、《宛委别藏》本、《碧琳琅馆丛书》本、《适园丛书》本、《芋园丛书》本。该书被《续修四库全书》收录(第1166册),据清嘉庆抄《宛委别藏》本影印。

是书有黄裳题跋三则,其一云:

杭州清河坊汇古斋中所得,虫伤鼠咬已甚,爰拔之出于泥牢中。倩工重装藏之,亦功德事也。同得者尚有翁氏石墨书楼所藏《西斋偶得》等三种也。又旧抄《北窗识小录》八卷,皆唐栖朱氏所藏也。癸巳(1953年)九月十九日雨窗记。黄裳。(书尾,下钤"黄/裳"朱文方印。)

其二云:

甲午(1954年)二月初九日装毕重展,此系照宋板抄出者。卷中有缺文皆宋板原缺也。矜慎之至。黄裳更书。(朱笔书写,书尾,下钤"黄裳/小雁"朱文方印。)

其三云:

乙未(1955年)谷雨前二日重展,距初得此已年余矣。(书尾,下钤"黄/裳"朱文大方印。)

黄裳(1919—2012),原名容鼎昌,当代散文家、高级记者,亦是一位学识渊博的藏书家、版本学及书话家。他在戏剧、新闻、出版领域均有建树,晚年更以藏书、评书、品书著称于文坛。除上述三枚藏书印外,是书尚钤有"黄裳容氏/珍藏图籍"白文竖长方印(目录首叶)、"黄裳藏本"朱文竖长方印(首卷卷端)。从黄裳题跋可知,该书是他1953年在杭州清河坊汇古斋中购得,因虫蛀鼠啮,残破已甚,故请人修复重装。

黄裳题跋中所言"《西斋偶得》等三种",是指《西斋偶得》三卷、《凤城琐录》一卷、《西斋诗辑逸》三卷,著者为清代人博明。这三部与《醉翁谈录》都是黄裳客居杭州时所购买的。此前,三书曾为"翁氏石墨书楼所藏"。翁氏即翁方纲(1733—1818),字三正,一字忠叙,号覃溪,晚号苏斋。直隶大兴(今属北京)人,乾隆十七年(1752)进士,官至内阁学士,是清代书法家、文学家、金石学家。翁氏博学,以藏书富而闻名,石墨书楼即为其藏书楼之一。另据黄氏题跋可知，西斋三种、《醉翁谈录》及《北窗识小录》均为“唐栖朱氏所藏”。唐栖朱氏即指道光至光绪间浙江塘栖藏书家朱学勤、朱澄父子。朱学勤（1823—1875），字修伯，浙江仁和（今杭州市）人，居塘栖之丰田，咸丰三年（1853）进士，选为翰林院庶吉士，改户部主事，入军机处，历任鸿胪寺少卿、大理寺卿等。他博通古典，嗜书尤笃，喜搜罗古籍善本，家有“结一庐”，藏书甚丰。与广东丰顺丁日昌、长沙袁芳瑛并称为道咸时期东南士大夫三大藏书家。其长子朱澄（？—1890），字子清，号复庐，以道员需次江宁。朱澄克承父业，搜罗更广，庋藏益富。西斋三种上钤有“结一庐藏书印”朱文方印。《醉翁谈录》目录叶钤有“结一/庐藏/书印”，首卷卷端钤“复庐赘/媚沪上所得”白文竖长方印，书尾钤“复卢流/览所及”白文竖长方印。

黄裳曾为西斋三种题跋云：“此博明著作三种，传世颇罕。虽嘉庆时刻，亦堪珍重，况此为翁覃溪故物耶。后更藏朱氏结一庐，并有平安馆主人手题，前贤故迹，皆可覆按。客岁余滞杭城二月，暇辄访书。清河坊抱经堂经过最少。一日百无聊赖，辄更过之。架上残书，虫啮鼠伤，积尘盈寸。偶观数册，每有结一庐印记，遂发兴穷搜之，凡得四种。已谐价矣，主人自外归，见余恐甚，翻阅后叱其妇欲泣。遂悔约，索值十倍。无已，仍买之。其吴枚庵家旧钞《百川书志》却为抽出，不能更得矣。甲午十一月初二日，来燕榭记。《西斋偶得》三卷，《风城琐录》一卷，《西斋诗辑逸》三卷，蒙古博明希哲著。嘉庆辛酉（六年，1801）刻。十行，二十二字。白口，四周双边。前有嘉庆五年北平翁方纲《西斋杂著二种序》。又翁氏附识一叶，手书上板。次乾隆三十八年（1773）自叙。诗集前亦有方纲题诗，亦手书上板。扉页题‘翁覃溪、邵楚帆两先生同鉴定’。收藏有‘大兴翁氏石墨书楼珍藏图书’（朱文大方印）、‘结一庐藏书印’（朱方）。”①黄氏此题跋可与《醉翁谈录》题跋内容相互印证。

现代著名藏书家潘景郑亦曾购买过抄本《新增醉翁谈录》，并题写书跋云：“残本《新编醉翁谈灵》四卷，不著撰人。全书八卷，今佚其半，存卷五之八，都四卷。内容所载皆唐代说部琐闻，可备掌故。卷五为《琐闼异

①黄裳：《来燕榭书跋》（增订本）之“西斋三种”条，北京：中华书局，2011，第338页。

闻》,载肃宗以后禁闱逸闻,凡十五事,为他书所未及。卷六为《禅林丛录》亦十五事,载贺叶僧下山娶尼疏,兼及摩登伽事,虽杂诙谐,颇寓针砭。卷七卷八为《平康巷陌记》凡十四事,所载平康故闻为详,收录当时传诵曲章,下里巴人之典,亦可概见当时习俗所趋向也。案此书虽残齾不具,向来未见传刻,唐人说部流传至今,盖亦无几,则此本弥足珍视也!检《汲古阁秘本书目》,著录《影宋钞本醉翁谈录》二册,值一两二钱,当即此本。卷尾毛氏藏印,累累可证。后归汪氏艺云书舍。全书影写工整,伪字以粉笔涂改,间有一二校正处,当是斧季手笔,弥足珍弆。丙子(1936年)九月二十一日得此残本。"①由此可知,潘氏所购藏的为明末清初毛氏汲古阁影宋抄本《新增醉翁谈录》,与我馆所藏的《醉翁谈录》为同一部书,惜未著录行款格式。黄氏鉴定言"此系照宋板抄出者",定不为妄,但不知依据何在?希能见到潘氏所著录的毛钞本《新编醉翁谈录》,与厦大馆所藏做详细的比对,当有新的发现。

《醉翁谈录》黄裳题跋三则未收入《来燕榭书跋》(增订本)、《古籍稿钞本经眼录:来燕榭书跋题记》及《劫余古艳:来燕榭书跋手迹辑存》等著述中,据此可补诸书之遗阙。②

①潘景郑:《著砚楼书跋》之"毛钞本新编醉翁谈录"条,上海:古典文学出版社,1957,第215—216页。

②本文还参考了以下文献:郑伟章:《文献家通考》,北京:中华书局,1999。徐𤊹著,沈文倬校点《红雨楼序跋》,福州:福建人民出版社,1993。福建省文史馆编《郑丽生文史丛稿》,福州:海风出版社,2009。

王大隆手辑严元照《悔庵书跋》

眭 骏

（复旦大学图书馆）

王大隆（1901—1966），字欣夫，号补安，后以字行，江苏吴县人。幼岐嶷好学，曾先后师从近代著名学者吴江金松岑（1873—1947）、吴县曹元弼（1867—1953），以博学笃行而见重学界。民国十八年（1929）后，受聘于上海圣约翰大学国文系，先后任讲师、副教授、教授。新中国成立后，因院系调整，转至复旦大学中文系任教，直至逝世。先生教学之余，致力于传统文献研究，其继承清代以来吴中朴学传统，平生治学，由经学、小学入门，泛滥子史百家，通晓学术源流，熟谙古今著述，被公认为一流学者。又好书如命，非惟藏书满架，且矻矻于钞校编纂，前贤遗著及稀见文献，赖以存传。其身后部分藏书归复旦大学图书馆，成为馆藏善本之重要组成部分。

严元照（1773—1817），小名际寿，字久能，一作九能、修能，号蕙边，别号良玉、管香居士，浙江归安人。幼慧，有神童之目。年十六，受知于浙江学政大兴朱珪，补博士弟子员。既而厌弃举业，绝意进取，专治经史，刻励为古文词。所居芳椒堂，聚书数千卷，中多宋元佳椠。寝馈其中，乐而忘疲。年二十一，谒余姚卢文弨，文弨示以治学之法。年二十四，仿古人掌录之意，掇拾所闻，撰《娱亲雅言》，初见考据之功。又寄稿于嘉定钱大昕，大昕时主苏州紫阳书院，赏异之，赐序勉焉。元照既受教于卢、钱，其学益进，其名亦渐知于时。江南学者多愿折辈行与之交，如歙县鲍廷博、钱塘梁同书、金坛段玉裁、元和顾广圻、武进臧庸堂、同邑吴兰庭等，论学赏疑，往返颇频。嘉庆四年(1799)，仪征阮元巡抚浙江，立诂经精舍。时元照年二十七，与仁和汪家禧、杨凤苞，并以高才受知，肄业其中。嘉庆十一年(1806)，元照年三十四，因家难忽起，自归安移居德清，卜居城北柯家山北麓。自后屏户息影，一意校书撰述。继而年甫不惑，身染沉疴，反复不愈，于嘉庆二十二年(1817)六月病卒，享年仅四十五耳。著述存世者计有《娱亲雅言》六卷、《尔雅匡名》二十卷、《蕙櫋杂记》一卷、《悔庵学文》八卷、《柯家山馆遗诗》六卷、《柯家山馆词》三卷。元照丰才啬遇，年未中寿，若假以岁月，则成就当不止于此。《清史稿·儒林三》有元照简传，才六十四字耳。当代文献学家顾廷龙先生尝撰《严九能年谱》，于严氏生平学行，详加考证，为迄今为止最翔实之严氏研究之作。

此严氏《悔庵书跋》，为王大隆先生恭楷手辑，前有一九六六年六月题识。共录元照跋文七篇，从中颇可窥见严氏学术蕲向。兹将全文点校整理，谨供学界参考。

《书跋》首有王大隆先生题识云：

九能经术词章，造诣皆深。性尤嗜书，芳椒堂所藏，多宋元椠本。遍交并时通儒硕彦。其目录之学，鉴赏似鲍渌饮，校雠似卢抱经。更难能者，于大部秘籍，率手钞以传。如宋椠《仪礼要义》《夷坚志》诸书，为世所艳称。《仪礼要义》并先后手钞两部，其一曾留寒斋数月，即顾千里据以补景德单疏阙卷者。谐价未成，至今惜之。题跋大都已刊入《悔庵学文》，为删定之稿，与手迹往往有详略之异。而卷尾所记琐事，若鲍、卢之所为者，则集中例当删薙。然一时交际，逸闻坠掌，多足资考据、作谈助者，今悉录之。跋中多及其宠姬香修事，曾作《画扇斋秋怨词》，遍征题咏。又于所藏善本，皆钤香修小印，以蕲芳名与古籍同永其传。郭频伽题词所谓“香修，几生到此，书缝列芳名，指印同留”者也，用情可谓深挚。先后与陆梅谷之虹屏，劳巽卿之双声并称。然虹屏尚能作诗词，善钞书，而香修则多愁善病，不容于大妇，憔悴以死，未闻有可表述者。盖昔日士大夫所谓风流韵事，徒见其恶俗而已。读九能书跋，略之可也。公元一九六六年六月，王欣夫识。

1.尔雅新义二十卷　旧钞本

《尔雅新义》,宋陆佃著。《永乐大典》不收。自来藏书家,绝不著录。《经义考》云未见。案,陈氏《书录解题》极口诋諆。余意佃固多识于鸟兽草木之名者。其撰《埤雅》,虽多穿凿,要为博赡。注释《尔雅》,应不大相远,何至遂如陈氏之言乎!予求此书有年,初闻徽州有之,道远莫能致。后闻同邑丁小疋教授插架有之,遂从借阅。乃从宋本旧钞,共二十卷,殆即陈氏所云其曾孙子遹刻于严州者也。家君以其罕见,手录一本畀余,五旬而毕,命余校勘。卷首有元符二年(1099)自序,文极诡诞。全书之穿凿荒鄙,难以言喻。其注"履帝武敏",引"武未尽善";注"大者谓之栱",引"大舜有大焉"。何不经若是。觉陈氏所讥玩物丧志,未足蔽辜也。佃又号通小学,宜稍知识字。閲字从門,《经典释文》《开成石经》皆从門,自是隋唐缪体。佃不知正其误。于閲,恨也,注反附会之曰門内之事,则竟以为从門矣。"蠸蚼蠲蚕","蚕"字从天、虫,他典切。义与"蠶"字迥别。唐俗借作"蠶"字(《广韵》"蠶"字注云:"俗作蚕。"故知起于唐人尔),后遂相承如此。然固未有以"蚕"字解《尔雅》"蠶"字者。佃注云:"蚕老而后眠。"是意以"蚕"为"蠶",且不知"蟓桑茧"之文,又是何物也。通小学者,固如是乎?其所读破句亦不少,"狄臧槔贡綦",郭不分句读,《释文》《广韵》以"狄臧槔"为句,佃以"槔"字属下读;"朴枹者,谓榇采薪",佃以"谓"字为句;"蠸蚼蠲蚕,莫貈蟷蜋,虰蛵负劳",各以四字为句,古无异读,佃以"蚕"属"莫貈"为句,"虰"属"蟷蜋"为句,皆由杜饔,绝无所本。其注多引用《荆公字说》,当元符已禁用王氏新说,而佃尚欲鼓其颓波,疑误学者,殊可恨也。然则奚取乎此书而存之?曰:《尔雅》文字多讹。毛晋所刻注疏本出,多至不可枚举。此书乃北宋本,经文多可是正俗本,今悉疏之于左。《释诂》:"底、底、尼、定、曷,遏止也。"与《释文》《石经》合。《释文》:"底,丁礼反;底,之视反。"后人妄疑是重文,辄改"底"字为"废"。《释言》:"楮,柱也。""楮"从木旁。《说文》"楮"训"柱砥"。《玉篇》:"楮,柱也。"皆在木部。《释文》《石经》亦同。近本误从手,《说文》《玉篇》手部无此字。华,皇也。与《释文》《石经》合。近本倒其文,作"皇华"也,误。《释训》:"怟忯悌悌，爱也。"《说文》："忯，爱也。从心氏声。巨支切。"《玉篇》："忯，敬也，亦爱也。"近本误从氐。《说文》无"怟"字，《玉篇》有之，都替切，闷也，音义与"忯"别。镬，煮之也。镬字从金，近本误连上"濩"字，亦从水。《释天》："四气和，谓之玉烛。"李善注《文选》，屡引皆同，《石经》亦同。后来误作"四时"，不知下有"四时和，谓之通正"。之文不可混也。《释地》："珣玗琪玗，从于；枳首蛇枳，从木。"皆与《释文》合。近本误作"玕"，作"轵"。《释丘》："当途梧丘。"邢氏疏云："当道有丘名梧丘，言若相遇于道路然也。"近本误作堂途。《释水》："河水清且灡漪。"灡从蘭，与《释文》合。近本误从闌。《释艸》"孟狼尾"，与《石经》同。近本"孟"讹"盂"。"泽乌薞"，与《释文》《石经》同。郭注云："即上蘾也。"近本竟作"蘾"，则重文矣。《玉篇》《广韵》"薞"字注云："乌蘾草。""茡麻母"，"茡"，孙叔然音"嗣"。《释文》《石经》皆从字。《说文》作芓，麻母也。从草子声。疾吏切。《玉篇》茡与芓同。《广韵》茡字注，正引此文。近本误从孚。《说文》："莩，艸也。从艸孚声。"芳无切，音义各别。"蒙王女"，《石经》同。近本"王"讹"玉"。《释木》："擭橐含擭。"《释文》《石经》皆从手，近本讹从木，又讹作"檴"。案《说文》"檴"即"樗"字。狄臧槔，近本"臧"讹"藏"。《广韵》"槔"字注引此文，作"臧"。《释文》《石经》亦同。"杬鱼毒"，杬从元，《释文》同，近本讹作"杭"。"还味棯枣"，棯旁从木，《释文》《石经》同。《玉篇》木部、《广韵》"棯"字注，皆引此文。近本误从手。"蔽者翳"，近本"蔽"讹"弊"。《释文》《石经》作"蔽"。"祝州木"，《释文》《石经》"祝"皆从示，近本误从木。《释鸟》"鸧麋鸹"，近本"麋"讹"糜"，《释文》作"麋"，云或作"鹛"。"眉""麋"二字，古通用。"麋"不与"眉"通，则知从麻者非矣。"鸉白鷢"，《释文》《石经》同。《玉篇》鸟部、《广韵》"鷢"字注引此文。近本误分为两字，作"楊鳥白鷢"。凡此皆宜据以止俗本之讹。其他与今本异，而亦有所本者，《释诂》："勴。助也。勴作[illegible]。"《玉篇》《广韵》"勴""[illegible]"两收，皆训助。《说文》力部有"[illegible]"无"勴"。楼，聚也。楼从木，《释文》从手，云或作楼。《释言》："耋，老也。耋作耊。"耋、耊义相近，亦可通。袍，襺也。"襺"作"蔄"，《释文》云，或作"蔄"。鬻，糜也。"糜"作"麋"。《释文》引《字林》云：泽，麋也。则从鹿亦是。翿，纛也。"翿"作"翢"，与《石经》同。《广韵》"翿"亦作"翢"，音义同《玉篇》，字别义同。赫兮烜兮,烜从火,与《释文》《石经》同。《释文》云:"烜者,光明宣著。"今并作"咺",则从火者,乃是正文。《释天》"是禷是禡","禷"作"類"。案,诗本文作"類",诗《释文》云或依《说文》作"禷",不云依《尔雅》。是《尔雅》原作"類"可知矣。《释艸》"苹蓱",《释文》作"苹萍","蓱""苹"字同。《释木》"味荎著",《石经》同,《释文》作"荎",云今作"味"。"痤椄虑李",痤从疒,与《释文》合。《释畜》"一目自瞯",《释文》从閑,云或作"瞯"。"短喙玁猲",别本"玁"作"猲"。"猲""玁"字同。以上数条异文,皆有所本,当备参考。嗟乎,俗刻滋讹,学者苦《尔雅》之难读久矣。是书之存也,庸可废乎?故书跋于后,以谂世之读者,俾究心焉。苟或乐其新奇,吾将颂尹和静论苏氏经说之言以告之。嘉庆元年(1796)岁在柔兆执徐仲冬之月廿四日,芳椒堂主人严元照书。

2.谢氏后汉书补逸跋　钞稿本

吴武陵太守谢承字伟平撰《后汉书》百三十卷,其书亡于南宋。而或言明内阁有之,方从哲携归德清,不足信也。傅青主言,其家旧藏明刊本,曹全碑出土时,曾援据是书,无一不合,以为大胜范书。是亦无稽之言也。唯姚之骃《后汉书补逸》中所辑四卷,虽仅存百一,犹可以见其真。大概谢书于忠义、隐逸搜罗最备,不以名位为限,其所以发潜德之幽光者,蔚宗不及也。若其他事迹与范书异者,亦未见定胜。近仁和孙颐谷侍御,以姚本收辑诸书既多遗脱(姚氏未尝见《太平御览》),其标目亦颇有疏略,乃重为订定。于姚本既多所补正,复为考所出之书,悉明著之。于其所遗漏者,复为采撷,续成一卷。凡范书以及异同之处,亦注出之,良为精无。窃谓诸书所引,于字句之间,既多损益,又芟节过当。今兹零星掇拾,已不足见谢氏之用意。然残圭断璧,终贵乎真,爱古者能恝置之耶?侍御考之《隋书经籍志》,而知谢书无帝纪;考之《北堂书钞》,而知有《风教传》;考之《太平御览》,而知有《东夸传》;考之《史通》,而知有"百官""舆服"志,"姜诗""赵壹"传。又易"论赞"而为"诠",与诸史不同。世有作伪者,以此数端验之,可以破矣。余从侍御借钞,遂书于后。乾隆乙卯(六十年,1795)嘉平初七日,归安严元照。

3.十一经问对五卷　校钞本

此书《通志堂经解》所刻者，失其自序，末二卷多阙字。抱经学士得元板，钞此本。乾隆甲寅（五十九年，1794），学士曾邮示余，未及录副。次年，余得明人蓝格钞本，较此更胜，即以此呈学士。卷中字画不能明了者，即据余本校改。时学士年七十有九矣。是年冬，下世。学士既殁，藏书星散，尽落估人手。仁和宋助教大樽与估人约，凡学士手校书，每一册易以银钱一饼。此书亦归助教。余以明钞本易得之，重是名儒手泽，珍秘不敢亵视。余别有校通志堂本，已贻钱唐何梦华。嘉庆十年（1805）岁在乙丑秋八月十二日，归安严元照书于画扇斋。

4.容斋随笔十六卷续笔十六卷三笔十六卷四笔十六卷五笔十六卷　明无锡华燧活字本

此卷中十七则，引《孟子》"行者有裹囊"。新刻医流俗本，改"囊"作"粮"。此旧本之可贵也。嘉庆八年（1803）十一月廿三日雨中书。元照。（在卷一后）

竹墩朱履端教谕，章君之师也。今兹年八十有五，犹留馆章氏。余于教谕案头见此书。余与章氏缔昏姻之雅，亦教谕启之。今夕校勘罢，遂作跋。将就寝，而教谕之讣至，于今日晡时捐馆。其族弟竹海文学馆余家，故来报。既送竹海去，复挑灯书于三卷之末。异日章君见此跋，定黯然也，初六日元照又书。

案，嘉庆九年（1804）十二月初六日黄昏第二跋，载《悔庵学文》第七卷。

5.云烟过眼录二卷别录二卷　校钞本

嘉庆八年七月，钞《女真征缅录》《女真招捕总录》既毕，乃以丁龙泓征君手钞此录，录一副本。丁本系小行押书，甚草草，脱误亦极多。余以意标出，未敢轻改。十八日晡时记。

元和顾涧蘋广圻寄贺纳姬词一阕，调寄《浣溪沙》，又以近作咏物词

五阕寄来。香修病,已五日卧床矣。修能严元照书。(卷上)

二十日录毕。昨甚热。今日午后得雨,凉。香修病起,女又病。修能手书。

晚间接到段封翁之讣,金坛段懋堂先生之封翁也。封翁及见元孙,寿九十四。懋堂年已七十矣,真人世奇福。余去冬访懋堂于其家,曾见封翁,揖让俯仰,绝无老态。修能又书。

中夏下旬,自武林归,路经塘栖里,访宋茗香助教左彝,观所藏书,借得数种。中有丁龙泓先生手钞《云烟过眼录》一册,小行押书,古逸可爱。新秋始终凉,以楷书誊之。书中汤允口、叶森、文璧三人,皆有附注。丁钞或别行低一格,或径杂于各条中,皆非也。又提行分段亦多,酌知其谬者,余悉为正定。然讹字脱文,尚不胜摘,俟访他本校之。

公谨引林石桥语,谓当时名琴,樊泽卜氏之奔雷居其一。樊泽今属归安,距余家不及五里。今有琴堂庵,相传为藏琴之所也。又载贾秋壑《祭器铭》,乃景定三年(1262)锡家庙于行都而造者。案,似道家庙在西湖葛岭之西,有摩崖大八分书云:"景定三年正月八日,贾似道蒙上恩,赐家庙第宅于行都。辞勿获,因集芳园邻旧居,就给约莫缗钱,使营葺也。用谨钦承,子子孙孙,其毋忘忠报。"共五十四字。志乘无载之者。前临海县知县金匮华君瑞潢寓居湖上,访求经年,乃始得之,附载于此。廿一日清晨,严元照书于芳椒堂。(以上卷下)

向华秋槎先生借得祕笈本研硃,校对一过,补入"张万户藏"一段。卢鸿《草堂十志诗跋》,此本亦不载,即校于别录,不复补订矣。其他讹脱亦甚多,与此本相伯仲,虽校之,殊未得为完善也。十二月十八日,修能校毕识。香修卧病二日矣。

廿三日齐午后录罢,寄楮分。懋堂先生有札。女病亦小愈矣。修能。(别录上)

廿五日午后,修能录毕。即将钞宋本《夷坚志》矣。

宋氏所藏丁龙泓手写《云烟过眼录》,后有《别录》二卷。《前录》以所藏之人为目,而此则记某年月日观于某所,与《前录》多参错不同。前后自壬辰至乙未,计四年,乃至元二十九年(1292)至元贞元年(1295)也。其年次亦杂乱无序。征君谓是公谨初稿,殆可信矣。卢鸿《草堂图》,其诗《前录》不载,此则全载之,并书人姓名。惜脱误太多,以《前

录》校改一二,殊未能尽。欲求善本,俟诸异日云。修能识。(《别录》下)

案,以上五六两跋,并而为一。末跋亦有删改,载入《悔庵学文》卷八。

6.颜氏家训□卷　萧山徐北溟校本

萧山徐君北溟为抱经学士补注《家训》,并补注《观我生赋》,多所纠正。余雅服其赅博,借其稿来阅。大人为度录于此本,为书其后。北溟名鲲,赤贫,旅寓武林,与抱经学士、颐谷侍御相友善。两先生极推重之。余去冬与鲍以文丈在杭州,遂与北溟订交。又尝为我校《麟角集》,极精细。乾隆六十年(1795)乙卯仲春廿九日,元照识。

今于壬戌(嘉庆七年,1802)初秋游览西湖,时巡抚阮公招客校经。元和顾君广圻、李君锐,武进臧镛堂,与北溟皆在诂经精舍。其时北溟性情改易,虽与余无间言,余亦谨避之,不敢屡相昵。余归未几,北溟遂下世。闻其死之状,甚可悲也。止一子,蠢不知书,北溟所有书册,尽属之他人。其子今不知作何状?北溟腹笥饶富,注书是其所长。此书补注,不知抱经先生何以不刻?先生乙卯冬下世,计犹及见之。此书上方字,先君手写。先君下世已十年矣,展读一过,心焉如割。嘉庆十五年(1810)庚午七月初三日,际寿谨识。天气凉甚,如深秋候。(傅增湘《藏园群书题记》)

7.周益文忠公书稿十五卷　宋庆元刻本

辛亥(乾隆五十六年,1791)秋八月下澣,仆访知不足斋主人鲍君以文于乌镇,言及《周益公集》。以文出宋椠残本两册观之,云得自苏州。纸墨古雅可喜,欲从假读,以文即举以相贻。良友之惠,不敢忘也。亟记之册后,以志勿谖云。二十八日漏三下,独坐书。芳椒堂主人严元照。

去年仲秋,余过乌镇,以文先生赠余《周益公书稿》二卷残本。纸墨绝佳,有"贞元""季雅"二图记,知是凤洲藏书。季冬三月,以文家厄于火,是册得免落他人之手。於乎,悕与。壬子元旦,芳椒堂主人严元照书。

沈兆奎致文禄堂、德友堂信札辑注

康冬梅　程仁桃

（北京师范大学图书馆）

沈兆奎(1885—1955),字无梦,号羹梅,江苏吴江人。清代重臣沈桂芬之孙,著名文人,版本学家,金石学者。早年步入政界,并游历于京、津、江汉等地,后随广西学政汪贻书赴日本考察教育,归国后以七品官分管学部。辛亥革命后,由其叔父沈家本推荐至大理院任书记官、司法部秘书、河南烟草局局长等职。1949年后就职于上海文物保管会,50年代初期任上海图书馆善本组组长。曾参加《续修四库全书提要》的编纂及《晚晴簃诗汇》的校勘工作。著有《无梦庵遗稿》《江西青云谱志》《志略》等。平生喜文史翰墨,收藏丰富,与叶恭绰、沈尹默、汪东、于右任、李思浩、陈清华等人往来频繁,又与徐森玉、张允亮共为傅增湘"藏园三友"。傅增湘称:

> 是三君者,识力精能,见闻广博,频年搜讨,贶我实多。或偶逢罕秘为目所未经,或创获珍奇而力不克举,相与流传钞白,校定丹黄,时补佚文,共商旧学。①

①李玉安、黄正雨:《中国藏书家通典》,香港:中国国际文化出版社,2005,第873页。

文禄堂是近人王文进于民国年间在北京开设的一家古旧书店。王文进(1893—1960),字晋卿,别字梦庄居士,河北任邱人。光绪二十七年(1901),其长兄王子鉌设德友堂书肆于北京文昌会馆,光绪三十二年(1906)招其来学。初习装订修补,辛亥后渐解辨别版本,并于民国十四年(1925)别设文禄堂书店于东南园。民国二十二年(1933)迁至琉璃厂,民国三十一年(1942)又迁至厂甸路南,委张礼庭管理,后由长兄子锡华继其业。由于王文进笃学好古,勤于钻研,文禄堂逐渐成为当时古旧书业中之佼佼者。张元济、周叔弢、陈清华、朱文钧、李盛铎、王礼培、莫伯骥、潘明训等知名藏书家多与其有交往。该店在经营古旧书业之外,也刻印书籍。曾为缪荃孙刊刻《自订年谱》,又刻《南峰乐府》,影印宋本《周礼》、祝允音注《韩文公文集》,编印《文禄堂书影》,修板印行福山王氏《天壤阁丛书》、归安沈氏《枕碧楼丛书》、《沈寄簃遗书》、海丰吴氏《金石汇目分编》等书。1956年公私合营,文禄堂并入中国书店,王文进被聘为中国书店顾问,继续发挥专业所长。

北京师范大学图书馆藏有稿本《文禄堂藏各家手札》,内有沈兆奎手札三十通(其中两通为致德友堂)。其中1928年四通、1930年四通、1931年四通、1934年十通(含致德友堂两通)、1937年八通。手札内容多为借书、购书,装订修复等事宜,记录了沈兆奎访书、购书的诸多细节和经过,反映了沈氏对古籍品相、版本、装订等方面的具体要求,对了解相关古籍的版本流传和修复历史不无裨益。王文进曾将这些信札按时间顺序整理订册,是为本文编排依据。

(一)《礼记集解》问明价钱否?张刻《尔雅》①一册,望交来一看。此致文禄堂。沈羹梅。

(二)雷氏《说文》②一本送还。《说文管见》一本,望为裁齐钉线。

①张刻《尔雅》,即清嘉庆二十二年(1817)张青选清芬阁刻本。

②雷氏《说文》,即雷浚的《说文引经例辨》,此书在《说文》引经的研究中是一部很具有史学意义的著作。雷浚(1814—1893),清代学者。字深之,号甘溪。江苏吴县人。江沅弟子。以刊书为业,曾官训导。著有《说文外编》《说文引经例辨》《韵府钩沉》等。

此致文禄堂。沈羹梅字。四月一日。

(三)《弇山别集》六套送还,纸张太老,不愿留矣。《东都事略》如有印工好者,望代找一部。此致文禄堂王晋卿先生。沈羹梅。

(四)海门赖古堂有新刻本《黄氏日钞》并《古今纪要》等三套,索价二十五元,还价九元,当未肯售,便中请往一看,代为议定价目(十三四元)取来。又,现拟用铅字排印凌廷堪《校礼堂全集》(诗文、杂著、年谱皆全)大约两万部,顷资本四万余元,较寻常印刷价目已为极省,兹与庾楼①等人(四分)各认一股,贵号如愿加入一股最好,将来出书售卖等事皆望帮忙也。此致晋卿先生。羹梅留字。

(以上四通1928年整理订册)

(五)借《孙夏峰全书》中《北学编》《洛学编》两种一阅。如宝号无此书,望向他处转觅一部。殿本《万年书》为寻一部。此致文禄堂。琉璃厂东南园路北。沈羹梅。

(六)《万年书》再觅一部整齐者,能得光绪官板最佳,此部三数日即还。《北学编》《洛学编》能借得否?缪四爷②寄售书内有活字本《续通鉴长编》③,如未卖去,望送交傅三爷④处一看。此致文禄堂。沈七。

(七)《程侍郎集》三册送还。昨日在外间架上见小本《无声诗史》《国朝画识》两套,望检来一看。此致文禄堂。沈七字。

(八)《埤雅》一册仍须检还,《夏峰全书》如未寻得,暂可不用,余俟

①庾楼:张允亮(1889—1952),张人骏之子。字庾楼,民国藏书家,与徐森玉、沈兆奎同为傅增湘"藏园三友"。藏有宋本《李太白集》《草堂诗笺》,元本《杨仲宏集》等。先后在故宫博物院、北平图书馆、北京大学图书馆、北平古物陈列所任编纂员、善本部主任、研究员、图书馆主任。著有《故宫善本书影》《北京大学善本书目》《方志目》《故宫善本书志》等。

②缪四爷:缪子受,缪荃孙之子,所寄售之书为艺风堂旧藏。

③清嘉庆二十四年(1819)海虞张氏爱日精庐木活字本《续资治通鉴长编》。

④傅三爷:傅增湘,傅氏兄弟四人,增湘排行第三。

见面详谈。此致文禄堂。沈羹梅启事。

（以上五至八通1930年整理订册）

（九）十日未见，极念。笔记已改好，原本密行横格，不易清楚，可另用宽行格本钞出，有不识别者，留待面谈。以后起稿最好用南纸店现行之稿心纸，每行有夹线者最便钩改也。《说文书目》尹彭寿①本太略，无法添注，但就有用各种圈书名上刻本佳者圈刻本上，粗备记忆。欲观其全，须向重威②处借余所编之目，请人钞出持来，余为标点，方可搜讨。《法言》宋残本有人索看，望检交带来。晋卿贤弟。无梦。

（十）《四库提要》九十六册，原用电光线，最不结实，望改用丝线照钉。此书常看，以速为妙。又《说部丛书》一部四十册，照所分本裁齐，洋线钉，不忙。又《皇清经解》二本，分本错误，望为改钉，下角摩去重写，另一本作字样，大小宽窄无误。沈羹梅。

（十一）《说部》书已送肄文堂③装钉，故未交来。《潜邱札记》吴刻本④易得到否？为问。此致文禄堂。沈羹梅。

（十二）《益雅堂全集》价既甚贵，而纸墨亦实可厌，只可还之。去年所见之原刊（海渊阁）白纸黑字《辨略》，如未卖去，望为取来。此致文禄堂。沈羹梅。

（以上九至十二通1931年整理订册）

①尹彭寿（约1835—1904?），字慈经，号竹年，山东诸城人。著有《国朝治说文家书目》等。

②张重威（1901—1975），扬州仪征人。原名张垕昌，字重威，号潜园、默园。民国著名金融家、收藏家。

③肄文堂，清末民国京城装裱修复最负盛名的古书店之一。

④吴玉搢刻本：吴玉搢（1698—1773），字籍五，号山夫，江苏淮安人。曾删定刊刻《潜邱札记》。

（十三）《太平御览》即用昨日所看孙尔准①藏本，其价目俟晋卿回来面商可也。望即将全书送交汪宅②。此致文禄堂。沈羹梅。

（十四）《经学文钞》二十本，用真丝线换钉，其余一切不动。柜上所有《太平御览》（鲍刻③），可检前十本送五斗斋汪少爷④一看，价目是否六十元，日前所说余不记得矣。此致德友堂。沈羹梅字。

（十五）《六书存微》十二本，喷水压平，三面截光，换线不换皮。《诗韵》一本压平，换皮不换线。《集韵考证》一本交原铺换皮，并本钉成厚册。《尔雅图》一本寄卖，价五元。德友堂收阅。沈羹梅。

（十六）《周礼》封面篆书注字须重写，先莫付印，望画格纸来。此致文禄堂。无梦。

（十七）《钟鼎款识》（一卷），宋王原之撰，阮刻⑤大本；《历代钟鼎彝器款识》二十卷，宋薛尚功撰，阮刻本；《积古斋钟鼎彝器款识》十卷，阮元撰。此三种有初印本，望送一阅。此致文禄堂。沈羹梅。

（十八）《离骚图》一本，衬六吉连⑥加洒金，蓝绸皮钉好，不包角。此致文禄堂。羹梅。八月二十四日。

---

①孙尔准（1770—1832），字平叔，又字莱甫，号戒庵，明万历年间状元，清乾隆年间入值军机处，后擢为广西巡抚。著有《奉天录》《泰云堂集》《游黄公涧记》等。辑有《明诗钞》《福建通志》等。

②汪逢春（1884—1949），清末民国间京城四大名医之一。

③清嘉庆十七年（1812）鲍崇城刻本。此本由鲍崇城与阮元一同校勘，订正明本讹误，还原宋本旧貌。

④汪逢春的书斋名“五斗斋”。

⑤阮元（1764—1849），字伯元，号云台，又号揅经老人，雷塘庵主等，晚号怡性老人。江苏仪征人，乾隆五十四年（1789）进士，多次出任地方学政，巡抚及总督等职。先后任礼部、兵部、户部、工部侍郎，拜体仁阁大学士。历官乾隆、嘉庆、道光三朝，谥号文达。是清代著名的学者、刊刻家、思想家，在经史、数学、天算、舆地、编纂、金石、校勘等方面都有着非常高的造诣，被尊为三朝阁老、九省疆臣，一代文宗。生平整理、刊刻、收藏大量图书。

⑥汪六吉制造的连史纸。

（十九）《十笏草堂集》虫眼太多，不欲留矣。如有《渔洋三十六种》之《王礼部集》，较此为佳。又秦刻①小方字《鬼谷子》，望寻一部来，陈澄中②所要也。此致文禄堂。沈羹梅。

（二十）《三长物斋诗文略》两套阅过，送还。《任氏十种》只有《述记》，盖无他种，先退还，再寻一全书来看。外致伦哲如③一信，便中交去为要。此致文禄堂。沈羹梅。

（二十一）《任氏十种》一册退还，另一册留，望取全书来看。《汪氏遗书》旧刻本一册退还，另一册留。望取《上湖分类文编》以下十二种来看。《蛾术堂集》一套退还，望函致上海蟫隐庐④取一部来。《泾川丛书》留看，决计买一部，再觅整齐洁净者。此致文禄堂。沈羹梅。

（二十二）潘维城《论语古注集笺》（江苏书局刻本，白纸，价一元六角），朱祖谋《宋词三百首》（《彊邨丛书》单行本），以上两种望各觅一部来看，价目稍有出入不妨也。此致文禄堂。沈羹梅。

（以上十三至二十二通1934年整理订册）

（二十三）《宛陵集》与《四部丛刊》相同，《路史》错字太多，皆不欲存，先送还。《经解检目》如寻得，望交来手。《三朝要典》，元方⑤云并未

---

①秦恩复（1760—1843），清代藏书家、文字、校勘学家。嘉庆十年（1805）秦恩复校刻《重校鬼谷子》，是目前所能见到最好的校刻本。

②陈清华（1894—1978），字澄中。湖南祁阳人，定居上海。著名藏书家，号为江南藏书第一，与周叔弢齐名，有“南陈北周”之称。

③伦明（1875—1944），字哲如。广东东莞人。近代藏书家、学者。著有《续修四库全书刍议》《续书楼藏书记》《王渔洋著述考》《续修四库全书提要稿》《丁卯五言诗》《版本源流》《建文逊国考疑》等。另有《辛亥以来藏书纪事诗》，为学界所推重。

④蟫隐庐为近代著名学者罗振玉从弟罗振常于中年时期在上海设立的旧书店。“蟫”即蠹鱼，俗称“蛀书虫”，罗氏此命名有隐于书林之意，或引申喻埋头读书之意。

⑤赵钫（1905—1984），字符方。光绪时军机大臣荣庆之孙，姓鹗卓尔氏，蒙古正黄旗人。抗日战争爆发前后，移居天津，任天津中南银行副理，新中国成立后任中国人民银行参事室参事，并迁居北京。早年受业于吴江沈兆奎，遂通版本目录之学。喜收藏古籍，与王晋卿友谊深厚，并委托他代为采集旧本，相互切磋版本之学。新中国成立后，其藏书捐赠北京图书馆。

拟购，由我主持，以百三十元收之，便中可送去也。晋卿览。羹梅。

（二十四）代取商务馆《元曲选》（粉匣代箱）一部，其价两星期内付之，商务馆系月账也。借开明局新印《论语古注集笺》一看，借《玉烛宝典》一看（如有美浓纸单行本，可购一部）。借《耆贤类征①》《忠义门李林松传》一看，傍晚自来取。文禄堂。沈羹梅。

（二十五）《论语集笺》《玉烛宝典》送还。《元曲选》如已配齐，望送来。陆心源刻《秋室集》，望购一部。汪佑《星溪文集》《存吾文集》《二洪文集》《清献堂全编》，皆望一寻，或买或借。邃雅书中，有赵绍祖《竹书纪年》，借来一看。《元曲选》既未记得，现已看过，暂时送还。《二洪文集》送还。《艺风堂集》换全部来。《玉篇》望代还文禄阁，墨一盒代还墨因簃②。新印《汉官仪》（附例说）一百份（一百册），望门口贴笺待售，定价八角，实收六角，天津亦望分销。邃雅③处有《陶诗》一本，张澍④刻《诸葛武侯集》，望取来。再觅《王会篇笺释》一部（江苏局刻）。此致。文禄堂。沈。

（二十六）手卷一个，内有引首蜡笺一张，包首饰一块，又小手卷一卷，外有旧宣一纸，皆望转交玉池山房⑤裱工。大手卷量好尺寸，原人带回最好。昨日所看之《艺风堂续集》，邃雅如能单卖，便可与柜上正集相配，免得再寻矣。未知价目如何？文禄堂。沈羹梅。

---

①《耆贤类征》即《国朝耆献类征》，清人李桓辑，是一部大型清代人物传记资料汇编。

②民国时期京城知名的碑刻店。店主张樾丞（1883—1961），名福荫，以字行，新中国开国大印的制作者，河北邢台新河人，1930年出资设墨因簃碑刻店。

③邃雅斋书店，开设于1925年，由董金榜（会卿）、刘子杰、郭子璋三人合伙经营，张樾丞出资。

④张澍（1776—1847），清代学者，字伯瀹、寿谷、时霖等，号介侯、鸠民、介白，甘肃武威人。嘉庆四年（1799）进士，选庶吉士。历任玉屏、屏山、兴文、水新诸知县，署临江通判，所至有政声。博览经史，游历名胜，搜辑刊刻关、陇文献，纂著诗文颇多。有《五凉旧闻》《三古人苑》《续黔书》《秦音》《蜀典》《姓氏五书》《诗小序翼》《养素堂诗集》《养素堂文集》等数十种。有藏书处“二酉堂”，搜集地方文献为多。

⑤河北枣强县人马恒雨（字霁川）于民国七年（1918），在京城南新华街长春会馆（也叫玉行会馆）内开设的一家以字画装裱为主的店面，兼营古玩生意。

（二十七）《艺风堂续集》前日未经送来，交来手带回。此致文禄堂。沈羹梅。

徐璈《诗广诂》望寻一部来看。

（二十八）送去《管子》四本，用裱皮钉线，天地头截齐，无伤眉批也。此致文禄堂。沈羹梅。

（二十九）《渊雅堂集》二函送还。借《读史兵略》一看。此致文禄堂。羹梅。

（三十）《畴人传》字小不耐看，仍望觅大字刻本全者。王芑孙《渊雅堂集》，望交来一阅。此致文禄堂。沈羹梅。

（以上二十三至三十通1937年整理订册）①

①本文还参考了以下文献：王文进：《文禄堂访书记》，上海：上海古籍出版社，2007。孙殿起：《琉璃厂小志》，上海：上海书店出版社，2010。雷梦水：《书林琐记》，北京：人民日报出版社，1988。

中山大学2016年“中文古籍整理与版本目录学国际学术研讨会”后记

2016年“中文古籍整理与版本目录学国际学术研讨会”是2012年11月、2014年11月中山大学图书馆举办的“中文古籍整理与版本目录学国际学术研讨会”的继续。会议共有160人参与，其中中国大陆学者100人、中国台湾地区4人、中国港澳地区7人，美国、加拿大、日本8人，此外中山大学2015、2016级专业硕士研究生30人。参会代表中年龄最大者为遐龄93岁的沈燮元先生、90岁的王贵忱先生。

值得高兴的是，本次研讨会请到了教育部全国高等院校古籍整理研究工作委员会主任、北京大学中文系教授安平秋先生，中国国家图书馆副馆长、国家古籍保护中心副主任张志清先生，他们皆是中国国内古籍整理、出版两个重要部门的领军人物，正是因为他们卓越的领导才能，这方面的工作才得以顺利进行。安先生十多年中执掌全国高校古籍整理研究的帅印，运筹帷幄，硕果累累。张志清副馆长则在全国图书馆系统中不遗余力地推行古籍的普查、整理、鉴定以及古籍的保护与修复。十年来，他握筹布画，足迹踏遍各地图书馆，最近又把触角伸入佛寺道观，成绩傲人。会上，他们分别就古籍整理、保护的过去与未来，作了全面的极为精彩的主旨演讲。这不仅是他们对图书馆领域深入版本目录学研究的支持,也让在座各位进一步了解当前古籍整理研究的大局与态势。

一个民族的复兴需要强大的物质力量,也需要强大的精神力量。现在保存在国家图书馆、各省市一级图书馆、大学图书馆中的古籍图书,以及社会上的私家藏书,都承载着灿烂的中华文明,传承着历史文化。历代各个领域的学者,他们的著作经过各种兵燹、水火灾害,乃至人为的政治因素的破坏,而保存到今天,确实不易,那是祖先留给我们的宝贵文化遗产,它代表着中华民族的悠久历史文化。保护和传承先民的著作,就是守护民族和国家过去的辉煌,因为它代表了今天的文化资源以及未来的希望。

最近十年,古籍整理、版本目录学的研究又翻开新的一页。这一领域涌现出的许多研究成果,多受益于新材料的发现,研究方向也向更深层次扩展。这十年也恰恰是一些杰出学者职业生涯的关键时期,他们的研究奠定了目录版本学、文献学的教学与研究基础,使后来的学者受益并成熟。在座的图书馆同人,他们不仅有当仁不让的保管责任,也有整理、研究及揭示重要馆藏的使命。

中山大学图书馆举办的本次学术研讨会为与会专家、学者代表提供了一个互相沟通交流的平台,我们可以了解这个领域新的研究成果。论文集集中了七十位作者的大作,凝聚了近两年来他们对文献学、目录版本学研究的新成果。这些论文中有一些是很值得探讨的。

在介绍各馆所藏图书保护的文章中,有美国华盛顿大学东亚图书馆、加拿大不列颠哥伦比亚大学亚洲图书馆的成果介绍,从时间、来源、整理、特点、利用等方面对两馆的情况作了详细的叙述。两馆所藏中文古籍,是很多大学古籍所以及中国图书馆界的学者不了解的。他们的介绍,也为国家古籍保护中心及国内有关出版机构将来进行资源回归提供了重要资讯。

专书叙述的文章较多。重要者如陈鸿森《〈文献家通考〉举正》,若没有数十年对清代学者史料的关注,作者又怎能指出书中之讹误?小小的一则一段,竟能引出大段细考,陈氏“订之补之”之功莫大焉,这真正是大手笔做小文章。王水乔《云南大理国写经的发现、整理及研究》,是介绍并研究云南大理国写经的较为系统的专文,它推动了写经的版本学研究,同时写经的装帧及纸张也是值得注意的。杜泽逊《论明万历北监本〈尚书注疏〉》,是他与杜门弟子从事《十三经注疏汇校》系统工程中的一段成果。说的虽是北监本,却是不落窠臼、独具匠心之作,它实际上为当今校勘学提供了一个严谨周密、涓滴不漏的范式。王国良看遍美、日、韩、中国大陆、中国台北、中国香港等国家和地区的藏本,将错综复杂的《太平广记》校勘整理之专著及版本搞得一清二楚,写出的《近代〈太平广记〉校勘整理之专著述评》是自出机杼、戛戛独造之佳作。

写作善本书志,是重要的资源丰富的大馆将来必做的工程,是揭示馆中珍藏善本内涵的必要手段。张波《书志写作的传统、现在和未来——兼论〈书志〉集刊的创立》,述及书志在传统目录学中的定位及其新特征、目前已出版的馆藏书志及其体例特点,引起了与会代表的热烈讨论。她也为即将出版的《书志》摇旗呐喊,这个属于国家古籍保护中心的平台可为图书馆同人提供一个最好的对口的书志发表园地。《南京大学图书馆藏古籍善本书志七种》《吉林大学图书馆善本书志四则》,都是写作书志的样式,也可供研究者参考。这次新出版的《〈广州大典〉海外珍稀文献书志》,是中山大学图书馆特藏部同人遵照"哈佛模式"写作的尝试。

论及广东地区藏书的文章,如《海珠遗珍——〈古雪楼印存〉与清末广州河南地区的文人艺事》《晚清广州社会阅读演变探析——以〈广州大典〉所收蒙学图书为视角》,都是从不同角度去诠释广东地方文献。

刘浩敏的《中国印谱版框的功能与美学》,也是匠心独运、与众不同之作。几十年间,学界发表的谈印谱的文章并无专门涉及版框的装饰性,我们平时所见各种刻本中的边框极少变化,多是四周单边、四周双边、左右双边。如若没有经眼大量印谱,是很难想象文人雅趣及民间风俗色彩可以在边框中得以体现。

沈燮元先生,今年九十有三,是上海人口中的“老法师”,也是当今在世的一位经冬犹茂、精爽不衰的最高年的重要版本目录学家。沈燮元先生曾自始至终参与《中国古籍善本书目》编纂的全过程,贡献颇多。最近,南京图书馆在请他作口述历史,这是要尽快做的好事。他三十年来很少参加各种学术研讨会,然而中山大学图书馆举办的前两次研讨会他都与会,且是老僧入定,一动不动,认真听讲。他向这次研讨会提供了一篇《〈嵇康集〉佚名题跋姓氏考辨》,虽然文字不长,却以小见大。文章特别指出几位版本学家的不足之处,认为版本鉴定还要进行书法的比对及印章的辨别。像这样一位历史老人,我们祝他长春不老,向他致敬。

中山大学图书馆为本次学术研讨会举办了“中山大学图书馆藏容庚捐赠碑帖”的展览。容庚先生是中山大学的教授、著名学者,他生前曾向中山大学图书馆捐赠了2000余种珍贵古籍和碑帖拓本。展览从679种拓本中选取部分珍本展出,其中最可圈点的是1934年所刻《中华民国华北军第七军团第五十九军抗日战死将士公墓碑》之拓片,碑文讴歌抗日将士奋勇杀敌,顽强灭寇的精神,为胡适所作,钱玄同书,碑文及书法堪称双璧。可惜原石毁于1935年,原碑拓片更显珍贵。

研讨会另外两个展览,是上海收藏家王德先生及河北收藏家赵俊杰先生十多年来的珍藏精品,这不仅丰富了研讨会的内容,也让我们大开眼界,了解到民间收藏中居然还有那么多难得一见的珍贵善本。六朝写经及初唐经卷,《程氏墨苑》《琵琶记》《柳如是画像》等更是展览中的白眉。

非常感谢广西师范大学出版社集团有限公司为研讨会及时印制并送到了《〈广州大典〉海外珍稀文献书志》及《书海扬舲录》,感谢国家图书馆出版社赠送给各位代表的《本草日历》及书袋。

中国省市一级的公共图书馆或大学院校图书馆时有各种学术研讨会的举办,但规模不大,出席者不多,影响力多不彰显。我以为:在不到一个星期的时间里,中山大学图书馆竟然接连举办了两场各一百人次以上的国际学术研讨会,这在中国图书馆事业史上是从未有过的豪举,是中山大学图书馆的一种自我挑战,也是接受各方的检阅。十一月十二日,是中山大学的九十二周年校庆,这两场研讨会也是中山大学图书馆向学校校庆的献礼。我想起了孙中山先生为中山大学所拟定的校训:“博学、审问、慎思、明辨、笃行”,人们都说图书馆是知识的源泉,是知识的海洋,在《礼记·儒行》篇中有“儒有博学而不穷,笃行而不倦”句,“笃行”就是为学既有所得,就要努力践履所学,使所学最终有所落实。对图书馆人来说,我们只有踏踏实实,一心一意,坚持不懈,方能真正做到“笃行”,这也是程焕文馆长多年来所推行的成果。

程焕文馆长曾希望中山大学图书馆应该对中国以及世界图书馆事业有所贡献,他要求中山大学图书馆以后每两年都举办一次这样的盛会,这包括古籍保护与修复的国际学术研讨会及古籍整理、版本目录学的国际学术研讨会,这也对我们提出了更高的要求。两年后我们一定再有机会向在座的专家学者学习请教,我们也定当再次邀请各位重聚羊城,握手中大。谢谢大家。

沈 津

2016 年 11 月 9 日